Die österreichische
Gewerkschaftsbewegung

Fritz Klenner/Brigitte Pellar

Die österreichische Gewerkschaftsbewegung

Von den Anfängen bis 1999

Verlag des Österreichischen Gewerkschaftsbundes

Umschlagfotos:
Fotoarchiv des ÖGB; H. Mannsberger, Wien

2., bearbeitete und aktualisierte Auflage, 1999
ISBN 3-7035-0765-9

Gedruckt auf chlorfrei gebleichtem Papier

Medieninhaber: Verlag des ÖGB GesmbH Wien
© 1987 by Verlag des Österreichischen
Gewerkschaftsbundes GesmbH Wien
Satz: Bergler, Wien
Hersteller: Verlag des ÖGB GesmbH Wien
Verlags- und Herstellungsort: Wien
Printed in Austria

ISBN 3-7035-0345-9

Inhalt

Vorwort zur 2. Auflage (Fritz Verzetnitsch) 15
Vorwort zur 1. Auflage (Hans Fellinger) 19
Einleitung (des Verfassers) 25

I. VORLÄUFER DER GEWERKSCHAFTSBEWEGUNG

Zünfte, Bruderschaften, Knappschaften 31
    Stadtbewohner gegen Adelsherrschaft 31
    Unter dem Druck des Frühkapitalismus:
    der Niedergang des Zunftwesens 32
    Geselleninteressen gegen Meisterinteressen 33
Die Lohnarbeiter im Frühkapitalismus 37
    Das Ende der Bruderschaften 37
    Die Manufakturarbeiter und ihre soziale Lage 38
    Die Wurzeln moderner Gewerkschaftsorganisation:
    Unterstützungsvereine und Fabrikskassen 40
In der Anfangsphase der »industriellen Revolution« 42
    Vom Manufakturarbeiter zum Industriearbeiter 42
    Eine neue Epoche beginnt: die siegreichen
    bürgerlichen Revolutionen im ausgehenden
    18. Jahrhundert 45
    Der Beginn des Industriezeitalters in Österreich 47
    Die Arbeiterschaft im Vormärz 49
Die Revolution von 1848 53
    Der Kampf um ein demokratisches Mitspracherecht . . 54
    Der erste Kampf der Arbeiterschaft um soziale Rechte . 54
    Der Sieg der kaiserlichen »Kamarilla« 59
Die Arbeiterschaft unter der Herrschaft
des »neuen Absolutismus« 62
    Soziales Elend im Wirtschaftsliberalismus 62
    Erste Ansätze einer Sozialpolitik 63
    Unterdrückung jeder selbständigen
    Interessenorganisation 64
    In der Übergangszeit zum Verfassungsstaat 65

II. DIE GEWERKSCHAFTSBEWEGUNG IN DER ÖSTERREICHISCH-UNGARISCHEN MONARCHIE

Die Anfangsjahre der modernen Gewerkschaftsbewegung 67
    Verfassung und Staatsgrundgesetz: Die Vereins- und Versammlungsfreiheit wird Wirklichkeit 67
    Die ersten Arbeitervereine und organisierten Arbeitskämpfe 69
    Der Kampf um Koalitionsfreiheit 72
    Der Beginn der legalen Gewerkschaftsbewegung 73

Staat und Gesellschaft bis zum Ausbruch des Ersten Weltkriegs 76
    Regierungen – Parteien – »große Politik« 76
    Wirtschaftsstruktur – Wirtschaftsentwicklung – Wirtschaftspolitik 95
    Die kulturellen Leistungen 101
    Die soziale Lage der Arbeiterschaft und die sozialpolitische Entwicklung 103

Die Entwicklung zur anerkannten Interessenvertretung der unselbständig Erwerbstätigen 114
    Die Gewerkschaften im Kampf um den Weg der Arbeiterbewegung 114
    Die geeinigte Arbeiterbewegung zeigt ihre Kraft: der 1. Mai 1890 119
    Der Zusammenschluß der Freien Gewerkschaften in der Gewerkschaftskommission 124
    Vom kleinen Lokalverein zur großen Kaderorganisation 132
    Der Weg in die nationale Spaltung 141
    Arbeitskämpfe: schärfere Gangart der Unternehmer – bessere Streikorganisation der Gewerkschaften 149
    Die Entwicklung des Kollektivvertragswesens 156

Die Gewerkschaften während des Ersten Weltkriegs 159
    Von der internationalen Solidarität zur nationalen Loyalität 159
    Zusammenbruch der Volkswirtschaft und Kriegsgewinn 166
    Gewerkschaftsarbeit unter den Kriegsgesetzen 170
    Signale der Friedenssehnsucht 181
    Vom Ende der Monarchie zur Ausrufung der Republik 198

III. SOZIALDEMOKRATISCHE PARTEI UND
FREIE GEWERKSCHAFTEN
»SIAMESISCHE ZWILLINGE« ODER SELBSTÄNDIGE
TEILE DER ARBEITERBEWEGUNG?

    In der Gründungsphase 207
    In der Phase der Entwicklung zur Massenbewegung .. 209
    In der Phase der Beteiligung an der politischen Macht 213

IV. DIE GEWERKSCHAFTSBEWEGUNG BIS
ZUM ENDE DER ERSTEN REPUBLIK

    Um die Überlebenschance der jungen Republik 217
        Die Revolution, die keine war 217
        Der neue Staat und das Erbe der Kriegspolitik 227
        Das sozialpolitische Werk der Ersten Republik 231
        Die Gewerkschaftsorganisation im Aufwind 240
        Im Kampf gegen die Not 247

    Von der »Genfer Sanierung« zum Justizpalastbrand 259
        Die »Sanierungspolitik« und ihre Folgen 259
        Unkoordinierte gewerkschaftliche Lohnpolitik
        gegen geeinte Unternehmermacht 262
        Die Katastrophe des 15. Juli 1927:
        Anfang vom Ende der Demokratie 266

    Der Weg in den »Ständestaat« 270
        Die Gegner der Demokratie im Vormarsch 270
        Die große Wirtschaftskrise und der Abbau der sozialen
        Errungenschaften 274
        Die Gewerkschaften in der Verteidigung 278
        Die »autoritäre Lösung« siegt 286

V. DIE CHRISTLICHEN GEWERKSCHAFTEN
VON IHREN ANFÄNGEN BIS 1934

    Die christliche Arbeiterbewegung
    in der österreichisch-ungarischen Monarchie 299
        Tradition der Toleranz: die katholischen
        Gesellenvereine 299
        Der Kampf gegen den Liberalismus und
        die katholische Sozialreformbewegung 299
        Die christliche Arbeiterbewegung beginnt sich
        zu organisieren 303
        Die Anfänge der christlichen Gewerkschaftsbewegung 304
        Die Schaffung der zentralen Organisation 305
        Im Zeichen von Nationalitätenkonflikt und Krieg 307

| | Die Christlichen Gewerkschaften in der Ersten Republik | 308 |
| | Im Spannungsfeld zwischen gewerkschaftlicher und politischer Bewegung | 310 |

VI. DIE ILLEGALE GEWERKSCHAFTSTÄTIGKEIT UND DIE ZEIT DER UNTERDRÜCKUNG

Im autoritären System des »Ständestaats« 313
    Ende der Demokratie – Ende sozialer Rechte 313
    Die »Einheitsgewerkschaft« des »Ständestaats« 315
    Die Freien Gewerkschaften im Untergrund:
    Form und Inhalt der illegalen Arbeit 318
    Zwischen Mussolini und Hitler 329
    »Wir lassen uns nicht an Hitler verkaufen!« –
    Die illegale Arbeiterbewegung gegen den »Anschluß«
    an das nationalsozialistische Deutschland 334

März 1938: Österreich hört auf zu existieren 341
    »Ja« für Österreich 341
    Vom »Anschluß« zur Annexion durch
    Hitlerdeutschland 343
    Gegenwehr sinnlos? 351

Unter der Herrschaft des braunen Faschismus 355
    Die arbeitenden Menschen im nationalsozialistischen
    Wirtschaftssystem 355
    Im Kampf für Unabhängigkeit und Demokratie 357
    Die Opfer 366

VII. WIEDERGEBURT UND WIEDERAUFBAU

Anders als nach 1918 369
    Im Chaos des Zusammenbruchs der NS-Herrschaft .. 369
    Ein Staat, den alle wollten 374
    Der Österreichische Gewerkschaftsbund tritt
    auf den Plan 380
    Versorgungsprobleme 389
    Vom Weltgewerkschaftsbund zum Internationalen Bund
    Freier Gewerkschaften: der Verlust einer Illusion 396
    Vom Weltgewerkschaftsbund im Stich gelassen 398
    Die Gewerkschaftsbewegung und
    das Zustandekommen des Marshall-Plans 401

Die Preis- und Lohnabkommen – ein zielführender Weg . 406

Die Bewährungsprobe: der kommunistische
Generalstreikversuch 414
    Der Konflikt beginnt 414

Die Streikaktion läuft an 417
Ein zweiter Versuch 420
Die Reaktionen 423
Die Erinnerung verblaßt 428
Lehren und Konsequenzen 430
Die letzten Jahre unter fremder Kontrolle 432
Das Wirtschaftsdirektorium scheitert 432
Dem Staatsvertrag entgegen 435

VIII. GEWERKSCHAFTSARBEIT UND WIRTSCHAFTS-PROBLEME IN EINEM FREIEN LAND

Am Ende der Ära der »Wiederaufbaukoalition« 443
Die Paritätische Kommission 443
Wirtschaftlicher Aufstieg und politische Erstarrung .. 448
Der Gewerkschaftsbund und die Alleinregierungen 454
Habsburg, Reprivatisierung, 40-Stunden-Woche 454
Sachliche Politik gegenüber den Alleinregierungen .. 457
Konsumgesellschaft, Gastarbeiter 459
Eingliederung in den europäischen Wirtschaftsraum .. 460
Gewerkschaftspolitik in einer sich wandelnden
Gesellschaft 463
Auf gefährdeter Überholspur 468
Die Aufholperiode 468
Der Rückschlag 472
Die siebziger Jahre relativ gut überstanden 476
Die kritischen achtziger Jahre 478
Das Aus für die Alleinregierung 478
Budgetdefizit und Budgetkonsolidierung 480
Steigende Arbeitslosigkeit und ihre Folgen 487
Die Krise der »Verstaatlichten« 489
Versäumnisse und Chancen 490

IX. DIE GROSSEN THEMEN DER ZWEITEN REPUBLIK

Die Sozialpolitik seit 1945 493
Der Aufbau des »sozialen Netzes« 493
Neue Aufgaben für den Sozialstaat 501
Betriebsnahe Kollektivvertragspolitik 504
Die Sozialpartnerschaft, ein Austriacum 508
Antithese zum Klassenkampf von »oben«
und von »unten« 508
Das Bild der Sozialpartnerschaft in der Öffentlichkeit 511
Eine Analyse 515
Die Ausschüsse der Paritätischen Kommission 521

Österreichs Gemeinwirtschaft und die verstaatlichten
Unternehmungen im Wandel der Zeit 526
   Nur bedingt Gemeinwirtschaft 526
   Wechselnde Organisationsformen 528
   Ein neuer Beginn 533
   Gewerkschaft und Gemeinwirtschaft –
   die Wirtschaftsgesinnung ist entscheidend 537

X. DER ÖSTERREICHISCHE GEWERKSCHAFTSBUND – DIE ORGANISATION UND IHRE ENTSCHEIDUNGSSTRUKTUREN

Der Aufbau der Organisation 543
   Die Gliederung des ÖGB 543
   Das Finanzwesen 549
   Die Kompetenzverteilung 552
   Die parteipolitische Gliederung des ÖGB 553
   Landesexekutiven und Bezirksausschüsse 559
   Die Frauenabteilung 560
   Die Jugendabteilung 561
Die Kammern für Arbeiter und Angestellte 563
Die Mitglieder des ÖGB 564
   Die Bedingungen für die Mitgliedschaft 564
   Die Organisationsdichte 565
   Verhältnis zwischen Gewerkschaftsführung
   und Gewerkschaftsmitgliedern 572
   Die innere Demokratie 576
   Das Problem des »geschlossenen Betriebs« 578
Gewerkschaftsarbeit konkret 580
   Die Bildungsarbeit 580
   Zur Frage der Streiks 583
   Die Öffentlichkeitsarbeit 586
   Internationale Aktivitäten 590
   Der ÖGB im Meinungsbild der Öffentlichkeit 599
Das Forum der ÖGB-Bundeskongresse 603
   Grundsätzliche Weichenstellungen 603
   Mitbestimmung und Arbeitszeitverkürzung
   im Vordergrund 608
   Die Humanisierung der Arbeitswelt 616

XI. DIE PRÄSIDENTEN DES ÖGB

   Der Gründungspräsident Johann Böhm 626
   Das Interregnum Franz Olah 632
   Der Langzeitpräsident Anton Benya 639

Die einzelnen und die Bewegung 644
Der Generationssprung 646

Überlegungen zum Ausklang:

XII. AN DER SCHWELLE EINES NEUEN ZEITALTERS

Drohende Kluft zwischen Arbeitnehmern 651
Die internationale Lage 653
Die Lage in Österreich 655
Das Stigma des Dinosauriers verlieren 661
An der Wegkreuzung 662

XIII. DIE ÖSTERREICHISCHE GEWERKSCHAFTS-
BEWEGUNG ZWISCHEN DEM 11. UND DEM
14. ÖGB-BUNDESKONGRESS

Die Herausforderung an die Gewerkschaftsbewegung
am Ende des 20. Jahrhunderts 667
   Standortbestimmung in einer neuen Phase
   der Marktwirtschaft 667
   Die dreifache Anforderung: helfen, sichern und
   erweitern, verändern 670
   Neue Allianzen – alte Probleme 674
   Analysen, Kritik und Ratschläge zur »Anpassung
   an die Moderne« 677
   Warum die Gewerkschaftsbewegung keine
   Anpassungsstrategie verfolgen kann und will 681

Die Gewerkschaftsbewegung und die politische
Entwicklung seit 1987 685
   Neoliberalismus – Trendsetter gegen Gewerkschafts-
   bewegung und Sozialstaat 685
   Das Ende der Nachkriegsordnung in der Weltpolitik .. 691
   Die Vertretung von Arbeitnehmerinteressen
   im zusammenwachsenden Europa 699
   Österreich im Spannungsfeld zwischen Fortschritt
   und Rückschritt 707

Der Kampf um soziale Regeln für Markt und
Gesellschaft 726
   Handlungsspielraum für den Sozialstaat 726
   Gleiches Recht für alle Arbeitnehmergruppen 739
   »Konvergenzkriterium« Beschäftigung 745
   Politische Steuerung der Weltwirtschaft 753

Wirtschafts- und Sozialpartnerschaft auf dem
Arbeitnehmerprüfstand 761
Um die Sicherung von »strategischem Eigentum« in
österreichischer Hand *(unter Mitarbeit von Karl Haas,
Franz Riepl und Gustav Zöhrer)* 769
   Privatisierung zwischen Ideologie und Realität 769
   Gemeinwirtschaft, staatliche Leistungen und
   Mitbestimmung unter dem Druck der Markteuphorie . 775
   Die ÖIAG – vom Mantel der Verstaatlichten Industrie
   zur staatlichen Beteiligungs- und Privatisierungs-
   holding 784
   Neue Instrumente für eine neue Rolle des Staates 789
Gewerkschaftsarbeit unter veränderten Rahmen-
bedingungen 793
   Gefragt: eine neue Qualität von Innovations- und
   Bildungspolitik 793
   Mitbestimmung unter den Bedingungen der neuen
   Unternehmensstrategie 800
   Überbetriebliche und überregionale Kollektiv-
   vertragspolitik 804
   Aufrechterhalten einer solidarischen und
   produktivitätsorientierten Lohnpolitik 811
   Arbeitszeit: Flexibilisierung ja – Ausbeutung nein ... 817
Organisation für die Zukunft 823
   Daß der Mensch im Mittelpunkt zu stehen hat, muß
   als Vermächtnis an neue Generationen weitergegeben
   werden 823
   Die Konfrontation der Gewerkschaftsbewegung
   mit den Umbrüchen auf dem Arbeitsmarkt 833
   Neue Wege zu den Arbeitnehmern 844
   Instrumente der Interessenvertretung – Instrumente
   der Beteiligung 855
   Der ÖGB und der Reformprozeß in den Arbeiter-
   kammern 868
   Weichenstellung für die gewerkschaftliche
   Organisation 883
   Die ÖGB-Bundeskongresse – Stationen und Weichen-
   stellungen 891

XIV. CHRONIK 897

XV. ANMERKUNGEN 947

XVI. PERSONEN- UND SACHREGISTER 997

Vorwort
zur 2. Auflage

Die Gewerkschaftsbewegung hat zwei Dinge nie getan: Sie hat nie ihre Geschichte verleugnet, um modern zu erscheinen, und sie hat diese ihre Geschichte nie als abgeschlossenes Kapitel der Vergangenheit betrachtet, das man zu Jubiläen aus der Mottenkiste holt. Geschichte ist ja keine trockene Wissenschaft, die darum streitet, ob eine Jahreszahl falsch oder richtig ist, ob etwas in der Vergangenheit gut oder schlecht gelaufen ist. Geschichte ist für uns Gewerkschafter etwas sehr Lebendiges, das mit uns ganz konkret zu tun hat. Denn sie ist nichts anderes als die Summe aus allen Ereignissen, Erfahrungen und – richtigen und falschen, guten und weniger guten – Entscheidungen von Generationen, die unser Handeln, unsere Vorstellungen, unsere Hoffnungen, aber auch unsere Ängste geprägt haben. Und wir schreiben die Geschichte jeden Tag weiter – wenn wir als Gewerkschafter Beschlüsse bei den ÖGB-Bundeskongressen fassen, wenn wir unsere politischen Standpunkte formulieren und durchzusetzen versuchen, wenn wir in Kollektivvertragsverhandlungen und in der Politik die Entscheidung treffen müssen, ob ein Kompromiß im Interesse der Arbeitnehmerinnen und Arbeitnehmer, die wir vertreten, noch tragbar ist, wenn wir die Menschen in den Betrieben und außerhalb der Betriebe ansprechen. Das wird in diesem Werk zur Geschichte der österreichischen Gewerkschaftsbewegung, das jetzt wieder neu und auf aktuellstem Stand vorliegt, besonders deutlich.

Betrachtet man die wirtschaftlichen und gesellschaftlichen Veränderungen der letzten zwölf Jahre vor dem Hintergrund der weit mehr als hundert Jahre, in denen sich die arbeitenden Menschen nach und nach und immer wieder aufs neue zu Gewerkschaften zusammenschlossen, um gegen soziale und politische Rechtlosigkeit zu kämpfen, um erworbene Rechte und Existenzgrundlagen zu verteidigen und um gegen neue Ungerechtigkeiten anzutreten, zeigt sich, daß vieles, was der Zeitgeist als modern und fortschrittlich einstuft, ein sehr altes Gesicht hat. Weil sich die Arbeitsorganisation in den Betrieben veränderte und dank der neuen Kommunikationstechnologien weiter rasant verändert, heißt es zum Beispiel, mit dem Abschied von der »fordistischen« Produktionsorganisation mit ihren zentralisierten Großbetrieben, wo alle Arbeitsprozesse an einem Standort zusammengefaßt sind, werde quasi automatisch auch das Ende der umfassenden gewerkschaftlichen Interessenvertretung eingeläutet. Dabei wird geflissentlich übersehen, daß die Produktionsorganisation, die der Autohersteller Ford in der ersten Hälfte unseres Jahrhunderts unter Nutzung der zu seiner Zeit neuesten Technologien perfektionierte, die Fließbandfabrik, damals ebenso revolutionär war wie heute eine dezentralisierte Arbeitsorganisation mit Hilfe der Kommunikationstechnologien.

Nach der Phase der großen industriellen Revolution im vorangegangenen Jahrhundert, in der die Gewerkschaftsbewegung als Gegenmacht der Arbeit zum alles beherrschenden Kapital und seiner Ausbeutungskonzepte entstanden war, mußte sie jetzt bei der Organisation der Mitglieder häufig wieder ganz von vorne beginnen. Denn die Produktionsorganisation und der Umgang mit den Beschäftigten schien vielen um so viel »humaner«, daß sie persönliche Besserstellung nicht durch unbotmäßiges Verhalten gefährden wollten. Absolute Unterordnung unter sein Diktat war aber das, was der Patriarch Henry Ford als Gegenleistung verlangte – und Gewerkschaften waren ihm ein Greuel. Ford wehrte sich hartnäckig dagegen, die Gewerkschaft in seine Betriebe hineinzulassen, als die anderen Autokonzerne schon Verträge mit der UAW, der amerikanischen Automobilarbeitergewerkschaft hatten. Legendär sind die Kämpfe, die die amerikanischen Automobilarbeiter in den dreißiger Jahren mit dem Fordkonzern um ihre Anerkennung führen mußten, Kämpfe, in denen die Gewerkschaft aber zunehmend stärker wurde. 1941 änderte Ford seine Haltung und schloß als erster in der US-Automobilindustrie einen Vertrag mit der Gewerkschaft, der die Einhebung des Gewerkschaftsbeitrages durch automatischen Lohnabzug festlegte.

Die Gewerkschaftsbewegung hat es in ihrer Geschichte immer wieder geschafft, den nicht nur ideellen, sondern sehr praktischen Wert von Solidarität gegen die diversen Zeitgeister erkennbar und erlebbar zu machen. Wir werden uns auch zu Beginn eines neuen Jahrtausends nicht davon abhalten lassen, dafür zu kämpfen, daß Solidarität weiterhin salonfähig bleibt. Wir Gewerkschafterinnen und Gewerkschafter verstehen aber nationale und internationale Solidarität nicht nur als ein Eintreten für gute Arbeitsbedingungen, höhere Löhne und Gehälter sowie für die Sicherung des jeweiligen Arbeitsplatzes. Wir verstehen Solidarität als einen Beitrag zum gesellschaftlichen Kampf um Demokratie, um Menschenrechte, um nationale und soziale Rechte, als einen Beitrag, um gerechte Verteilung und auch den gerechten Zugang zu geistigen und kulturellen Werten zu erreichen, als einen Beitrag zum Kampf um Emanzipation und um Frieden.

Geschichtsbewußtsein ist ein wichtiger Grundstein für Zukunftsbewältigung. Die Zukunft der Solidarität hängt eng mit der Demokratie zusammen. Solidarität muß heute weltweit geübt werden. Mehr denn je stehen Arbeitnehmerinnen und Arbeitnehmer im Zeitalter einer ungehemmten, rücksichtslosen Globalisierung vor der Notwendigkeit, durch solidarisches Verhalten neue politische Rahmenbedingungen für die Arbeitswelt und die Gesellschaft insgesamt zu schaffen. Sie müssen dazu beitragen, daß nicht nur eine einseitige globale Umverteilung der geschaffenen Werte in die reichen Länder und dort wiederum in die reichen Minderheiten stattfindet. Sie kämpfen – wie eh und je – um Rahmenbedingungen für ein sozial gerechtes und ökologisch nachhaltiges Wirtschafts- und Gesellschaftssystem.

Der Kampf um Solidarität steht vor einer neuen Ausgangslage. In einer reinen Wettbewerbsgesellschaft wird Solidarität oft als Hindernis für den individuellen Aufstieg empfunden. Solidarität mit den Arbeitslosen wird wiederum vielfach als Forderung abgewertet, den Betroffenen die vermeintlich selbstverschuldete Arbeitslosigkeit abzunehmen. Solidarität mit den Generationen wird als Belastung und Bedrohung für die Zukunft empfunden, Solidarität mit Ausländern als Mißachtung der eigenen Probleme. Das Leitmotiv der Gewerkschaften – die Solidarität – beginnt zwischen zwei Menschen und endet in der globalen Welt.

Es scheint mir übrigens sehr logisch, daß diejenigen, die so gerne die Unterschiedlichkeit der Arbeitnehmerinteressen in den Vordergrund stellen, auch jene sind, die das Ziel des ÖGB, die Rechte der Arbeiter endlich in vollem Umfang an die Rechte der Angestellten anzugleichen, mit dem vorgeschobenen »Argument« ablehnen, das sei für die Wirtschaft nicht verkraftbar. Auf der einen Seite betont man die Ungleichheit als für die moderne Gesellschaft typische Entwicklung, die nicht mehr rückgängig gemacht werden könne, auf der anderen Seite tut man alles, um sie einzuzementieren.

Die Absicht, die dahinter steckt, kann auch nicht gerade als neu und modern bezeichnet werden. Das Auseinander-Dividieren der Arbeitnehmer, um zu verhindern oder zu erschweren, daß sie ihre gemeinsamen Interessen erkennen und sich deshalb organisieren, ist eine der Strategien des »Kapitals«, seit die Arbeiterbewegung begann, ihm als Gegenmacht entgegenzutreten. Wenn es im letzten Abschnitt dieser Gewerkschaftsgeschichte heißt, der Neoliberalismus sei mit den Krallen des Tigers zu vergleichen, der seinen Dompteur, den Sozialstaat, anfällt, der »sozial gebändigte Kapitalismus« sei – sinngemäß – kein Dauerzustand, auf den man sich verlassen kann, dann meine ich, ist das eine sehr realistische Einschätzung.

Die Gewerkschaftsbewegung, die nie Grund zu romantischen Träumen hatte, sondern selbst in ihren ruhigsten Zeiten ständig um Lebensgrundlagen und Besserstellung der Arbeitnehmer kämpfen mußte, weiß, wie unverändert stabil der Gegensatz zwischen »Arbeit« und »Kapital« geblieben ist. Diese Gegensätze nicht zu verschleiern, aber sie so zu entschärfen, daß sie für die Mehrheit der Menschen, für den Staat und die Demokratie nicht existenzbedrohend werden, ist der moderne Sozialstaat angetreten. Und wir als Gewerkschaftsbewegung hatten und haben entscheidenden Anteil daran, daß er seine Aufgabe erfüllen kann. Für uns war Demokratie immer mehr als eine Regierungsform, die ihren Gesetzgeber durch Wahlen bestellt. »Die Demokratie im Staatswesen muß durch die Demokratie im Betrieb und in der Wirtschaft ergänzt werden – erst dann ist es tatsächlich Demokratie«, schrieb Fritz Klenner 1947, als das neue Betriebsrätegesetz in Kraft trat. Sein Anliegen und das Anliegen aller Gewerkschafter seit damals war und ist es, die »Demokratie im Betrieb« über die rein formale Bestellung eines Betriebsrates hinaus lebendig zu machen. Es ist unser Ziel, sie mit jenen Mitspracherechten auszustatten, die sie benötigt, um die Arbeitnehmerinteressen gleichberechtigt zu vertreten und sie durch ihre Einbindung in die Gewerkschaftsbewegung aus der Isolation herauszulösen, die die Beschränkung auf die Situation in einem einzelnen Betrieb bedeuten würde. Das genau stört die Gegner der Gewerkschaftsbewegung, weil es erschwert, die Arbeitnehmer in den einzelnen Betrieben gegeneinander auszuspielen. Und auch das ist nicht neu, sondern so alt wie der Kapitalismus selbst.

Für die Interessen der Arbeitnehmer und mit ihnen für ihre Interessen verantwortungsbewußt einzutreten, war nie bequem. »Nichts ist schwerer und erfordert mehr Charakter, als sich im offenen Gegensatz zu seiner Zeit zu befinden und laut zu sagen Nein.« Diese Worte des Dichters Kurt Tucholsky zeigen sehr gut die Position an, mit der sich die Gewerkschaftsbewegung immer dann konfrontiert sieht, wenn industrielle Revolutionen stattfinden, die gleichzeitig grundlegende Veränderungen in Gesellschaft und Arbeitswelt bewirken. Gerade aber in solchen Phasen der Geschichte ist die Aufgabe, die sie zu erfüllen hat, für die Menschen und jede Demokratie, die diesen Namen verdient, unverzichtbar. Dieses Buch zeigt das eindrücklich auf.

Ich hoffe, daß sein Inhalt und seine Aussagen die in Politik und Wissenschaft Verantwortlichen zu einer sachlichen Auseinandersetzung mit Entwicklung und Funktion der österreichischen Gewerkschaftsbewegung animieren.

FRITZ VERZETNITSCH
PRÄSIDENT DES ÖGB

Wien, im November 1999

Vorwort

Die Gewerkschaftsbewegung bedarf einer Geschichte zum Gebrauch, schreibt der Autor dieses Buches, Professor Fritz Klenner, in seinem Schlußkapitel. Daran hat er sich in dieser neuen »Kurz«-geschichte der österreichischen Gewerkschaftsbewegung, die anläßlich des 11. Bundeskongresses des ÖGB erscheint, gehalten.

In den 17 Hauptabschnitten des Buches schildert er in ungemein detailreicher Form die Vorläufer der Gewerkschaften im Spätmittelalter, die ständischen Zünfte und Gilden, die Anfänge der Gewerkschaften in der Zeit der österreichisch-ungarischen Monarchie, ihren Aufstieg und ihre Niederlage in der Ersten Republik sowie die mehr als vier Jahrzehnte der ungebrochenen Entwicklung des 1945 neu gegründeten einheitlichen und überparteilichen Österreichischen Gewerkschaftsbunds.

Klenner begnügt sich nicht mit einer historischen Abhandlung, um Geschichte nur um der Geschichte willen zu behandeln. Er will Nutzanwendung aus Fehlern und Fortschritten der Vergangenheit für die unmittelbare Gegenwart ziehen – auch als Voraussetzung für die Bewältigung der Zukunft. So setzt er sich im Schlußteil des Buches mit jenen Fragen auseinander, die über die aktuellen Tagesprobleme hinaus die Herzen und Hirne aller aktiven Gewerkschafter bewegen müssen und Antworten erfordern:

Wird es den Gewerkschaftern gelingen, an der Schwelle eines neuen Zeitalters, in der die Maschinen der »Schornsteinindustrien« durch die Computer der Mikroelektronik abgelöst werden, den notwendigen technologischen Strukturwandel in sozial kontrollierter Form zu bewältigen? Ist es möglich, die Gefahr abzuwenden, daß Arbeitslosigkeit und die Spaltung der Gesellschaft in Arbeitsbesitzer und Arbeitslose zu einem Dauerzustand in den Industriestaaten werden? Stehen nicht viele arbeitsrechtliche und sozialpolitische Errungenschaften, Früchte des jahrzehntelangen gewerkschaftlichen Ringens, auf dem Spiel? Sind nicht auch die Gewerkschaften als Dinosaurier des Industriezeitalters zum Aussterben verurteilt, weil sie den Übergang zur Dienstleistungsgesellschaft nicht schaffen? Oder nicht die wirtschaftlich erzwungene Abwanderung der Beschäftigten aus unbeweglich gewordenen Großbetrieben in die anpassungsfähigeren, aber für die gewerkschaftliche Organisation viel schwieriger zu erfassenden Klein- und

Mittelbetriebe? Werden Flexibilisierung und die damit einhergehende Individualisierung der Arbeitnehmer das kollektive Verhandeln, die Bewahrung und Verbesserung der Rechte der Arbeitnehmer schwächen? Und wird die stärkste Kraft, auf die Gewerkschaften bauen können, die Solidarität, schwinden?

Fragen über Fragen. Klenner weicht keiner aus. In seinen Antworten finden viele Überlegungen in den Anträgen des ÖGB-Bundesvorstands und in den Arbeitspapieren zum 11. Bundeskongreß ihren Niederschlag. Doch mit seinen Aussagen zum Beispiel über die baldige Verwirklichung des Industriegruppenprinzips, der Enttabuisierung der Dienstpragmatik des öffentlichen Sektors und der Konsequenzen, die sich für Manager und Betriebsräte aus der Krise der Gemeinwirtschaft ergeben, geht er freimütig weit darüber hinaus.

Fritz Klenner zeichnet aus, daß er stets nicht nur die Vergangenheit der Gewerkschaftsbewegung erforscht, sondern auch über künftige Entwicklungen nachgedacht hat. Diese Eigenschaft hat er auch in seinem hohen Lebensalter – vor wenigen Wochen konnte er in bewundernswerter geistiger und körperlicher Rüstigkeit seinen 81. Geburtstag feiern – nicht verloren.

Deshalb kann das Vorwort zu einem Buch, in dem Klenner Porträts der bisherigen drei Präsidenten des ÖGB zeichnet, von Johann Böhm, von Franz Olah und von Anton Benya, nicht geschrieben werden, ohne auf die Person des Autors einzugehen, dessen Lebensweg mit ihnen und mit dem ÖGB seit 1945 eng verbunden war.

Fritz Klenner, am 13. August 1906 als Sohn eines Wiener Postbeamten geboren, wuchs in bescheidenen Verhältnissen auf. Nach dem Besuch der Unterstufe der Realschule blieb ihm ein damals teures Studium verwehrt, er fand 1921 als Lehrling in der Wiener Kommerzialbank seinen ersten Arbeitsplatz, der ihn zur Mitgliedschaft in der damaligen Gewerkschaftsorganisation der Bank- und Sparkassengehilfen führte. Schon kurze Zeit später war er ein Vertrauensmann der Bankangestellten, gewann seine ersten journalistischen Erfahrungen als ehrenamtlicher Redakteur ihres Fachblatts, später als ihr Bildungsreferent. Nach einer kurzen Zeit der Arbeitslosigkeit fand Klenner wieder Arbeit in der Zentralsparkasse, wo er zum Betriebsrat und in der Folge auch in den Vorstand seiner Gewerkschaft gewählt wurde. Die Sozialistische Arbeiterjugend der Wiener Josefstadt, seines Wohnbezirks, wurde seine politische Heimat. Er blieb seiner Gesinnung treu: in den elf Jahren der Unterdrückung Freier Gewerkschaften im autoritären Ständestaat und in der Diktatur des Nationalsozialismus, die ihn fünf Jahre in den Kriegsdienst zwang.

Als er aus der Gefangenschaft zurückkehrte, war es Anton Proksch, der ehemalige Jugendsekretär der Freien Gewerkschaften und damalige Generalsekretär des vor wenigen Monaten gegründeten ÖGB, der Klenner im September 1945 mit der Leitung der Organisation des Pressereferates betraute. Es war, wie sich später erwies, eine glückliche Entscheidung. Klenner, zwar ohne umfassende journalistische Erfahrung, aber ausgestattet mit der Begabung zum Schreiben und dem Talent, die meisten seiner vielen neuen Ideen unter den ungemein schwierigen Lebensbedingungen der ersten Nachkriegszeit und gegen manchen Widerstand in den eigenen Reihen durchzusetzen, machte sich voll Eifer ans Werk. Er baute in kurzer Zeit das Pressewesen des Gewerkschaftsbunds auf, gründete 1947 den Verlag des ÖGB, ohne den heute die Bildungs- und Informationsarbeit der Gewerkschaften keine geistigen Grundlagen vorfände. Neben Anton Proksch war es vor allem Johann Böhm, der Klenner Rückenfreiheit schuf und ihm Vertrauen und Toleranz schenkte, auch dann, wenn manche andere seinen Tatendrang bremsen wollten.

Als 1948 der 36jährige Betriebsratsobmann einer Wiener Radiofabrik, Anton Benya, als Organisationssekretär in die ÖGB-Zentrale Hohenstaufengasse berufen wurde, begann die Zusammenarbeit und Freundschaft zweier Männer, die, wie Benya einmal schrieb, eine zueinander ideale Ergänzung bildeten, vor allem in der Zeit von 1955 bis 1959, als sie gemeinsam als Stellvertretende Generalsekretäre des ÖGB wirkten.

Klenner wurde 1959 zum Kontrollobmann des ÖGB gewählt und übte diese Funktion bis 1971 aus. 1962 wurde er auch zum Generaldirektor der damaligen Arbeiterbank berufen. Im vorliegenden Buch schildert der Autor, der selbst stets mit Ehrlichkeit und Korrektheit alle seine Aufgaben, auch die des gewissenhaften Umgangs mit Gewerkschaftsgeldern, wahrgenommen hat, die Fakten aus dem Bereich des ÖGB, die zum Fall Olah führen. Als Beitrag zur Wahrheit erinnert Klenner an den zeitlichen Ablauf dieser Affäre: Olah ging als Innenminister im Frühjahr 1963 in die Regierung und legte deshalb freiwillig sein Amt als Präsident des ÖGB zurück. Ein halbes Jahr später, im September 1963, wurde Anton Benya, der Vorsitzende der Metall- und Bergarbeitergewerkschaft zu seinem Nachfolger an die Spitze des ÖGB berufen. Erst 1964 führten die Aufdeckungen seiner finanziellen Verfehlungen zum

Einbekenntnis seiner Schuld vor dem Bundesvorstand und zum endgültigen Rückzug aus dem ÖGB.

Auch bei Klenners Rückkehr in seinen ursprünglich erlernten Beruf als Bankkaufmann erwies er sich als erfolgreicher Reformer. Als er nach 11jähriger Tätigkeit als Generaldirektor 1972 die Bank für Arbeit und Wirtschaft verließ, hatte er das traditionelle Kreditinstitut der Gewerkschaften und Konsumgenossenschaften gründlich modernisiert und so die Grundlagen für dessen erfolgreiches Wirken in den folgenden Jahren gelegt.

Seither hat sich Klenner, abgesehen von manchem Ehrenamt, auf seine publizistische Arbeit und die Aufsicht und Beratung seines »Kindes«, des Verlages des ÖGB, zurückgezogen, eine Tätigkeit, die er in wenigen Wochen zumindest offiziell beenden will. Seine Füllfeder, und dies ist wörtlich und nicht bildlich gemeint, denn Klenner ist kein Schreibmaschinenhämmerer, wird er allerdings erst aus der Hand legen, wenn auch er einst dem hohen Alter Tribut zahlen muß.

Diese lange Kurzgeschichte der österreichischen Gewerkschaftsbewegung, die von ihren Anfängen bis zu den Ereignissen dieses Jahres führt, ist die Krönung des Werks von Fritz Klenner als Gewerkschaftshistoriker. Begonnen hatte diese Arbeit mit der 1951 und 1953 erfolgten Veröffentlichung der ersten beiden dicken Bände des heutigen Standardwerks »Die österreichischen Gewerkschaften«, deren umfangreiche Namens- und Sachregisterarbeiten damals für meinen Kollegen Dr. Gottfried Duval und mich die erste Bewährungsprobe als junge Redakteursaspiranten im Pressereferat des ÖGB war.

Wie Klenner damals, neben seiner anstrengenden Arbeit als Leiter des Pressereferats und des Verlags des ÖGB, noch Zeit fand, sich in die Geschichte der Gewerkschaftsbewegung zu vertiefen und sein sich selbst beigebrachtes Wissen, als Historiker war er Autodidakt, in zwei umfangreichen Büchern niederzulegen, ist für mich auch heute noch bewundernswert. Noch dazu, wo er sich auf nur wenige wertvolle, aber völlig veraltete Vorarbeiten, wie die Geschichte der österreichischen Sozialdemokratie von Ludwig Brügel und die Geschichte der österreichischen Gewerkschaftsbewegung von Julius Deutsch, stützen konnte, beide aus den Jahren der Ersten Republik stammend und deshalb ziemlich veraltet. 1967 erschien zum ersten Mal Klenners Monographie der Gewerkschaftsbewegung als Kurzfassung und zeitliche Fortführung der ersten beiden Bände seines Standardwerks, das 1979 mit dem 3. Band abgeschlossen wurde.

Was Klenner einst begann und mit dieser neuen Kurzgeschichte der Gewerkschaftsbewegung fortsetzt, trägt seine Früchte in der so wichtigen Aufarbeitung unserer Vergangenheit: die zunehmende Zahl von Veröffentlichungen der 15 Gewerkschaften über die Geschichte ihrer eigenen Organisationen, die heuer bereits im Verlag des ÖGB erschienene erste gründliche Darstellung der Geschichte der Christlichen Gewerkschaften Österreichs von Ludwig Reichhold und die Eröffnung des ersten Arbeitsweltmuseums in Steyr zeugen vom wachsenden Interesse für unsere Wurzeln, das in den satten Jahren der Hochkonjunktur zu verschwinden schien.

Klenner schrieb nicht für die Geschichtsforscher. Er wendet sich mit seinem kritischen Optimismus vor allem an die gewerkschaftlichen Vertrauenspersonen. Denn, nur wenn auch sie diese Haltung mittragen, können die Gewerkschaften die Chancen zugunsten der Arbeitnehmer nützen, die ihnen neue Technologien bei Arbeit, Bildung und Freizeit eröffnen.

HANS FELLINGER
LEITER DES PRESSEREFERATS DES ÖGB

September 1987

Einleitung

Die Gewerkschaftsbewegung in der politisch-gesellschaftlichen Entwicklung Österreichs

Entstehung und Aufstieg der österreichischen Gewerkschaftsbewegung vollzogen sich in dem großen Raum der österreichisch-ungarischen Monarchie, die in dieser Form 1867 geschaffen wurde. Sie bestand aus zwei gleichberechtigten Staaten, die durch das gemeinsame Herrscherhaus der Habsburger miteinander verbunden waren, aber getrennte Regierungssysteme hatten: einerseits »die Länder der ungarischen Stephanskrone« (Transleithanien = die Länder jenseits der Leitha), andererseits »die im Reichsrate vertretenen Königreiche und Länder« (Cisleithanien = die Länder diesseits der Leitha). Wenn hier von der österreichischen Gewerkschaftsbewegung bis 1918 die Rede sein wird, dann ist mit »österreichisch« »cisleithanisch« gemeint; wenn Aussagen nur auf das Staatsgebiet der späteren Republik Österreich oder auch auf die Entwicklung in Ungarn bezugnehmen, wird dies ausdrücklich erwähnt werden.

Das Herrschaftsgebiet der Habsburger hatte teilweise zum Deutschen Reich gehört, dessen Wahlkönig den Titel eines »Römischen Kaisers« trug (römisch-deutsches Kaiserreich) und das man deshalb im Volksmund »Heiliges römisches Reich deutscher Nation« nannte; es existierte von 962 bis 1806, und seine Kaiserwürde war jahrhundertelang fast ununterbrochen im Besitz des »Hauses von Österreich«. Dieses »alte Reich« war zwar erst durch Napoleon zerschlagen worden, aber es hatte zu Anfang des 19. Jahrhunderts schon lange keine politische Bedeutung mehr gehabt. Aus dem alten Feudalstaat hatte sich ein »Staatenhaufen« entwickelt, dessen absolute Fürsten um die Vorherrschaft in Mitteleuropa kämpften. Ab etwa Mitte des 18. Jahrhunderts war der Machtkampf zwischen Hohenzollern-Preußen und Habsburg-Österreich im Vordergrund gestanden. Die Schlacht bei Königgrätz hatte schließlich 1866 die Entscheidung gebracht: Preußen errang die Führung im deutschen Raum. Die Habsburgermonarchie, deren Herrscher seit 1804 den Titel eines »Kaisers von Österreich« führten, wurde zum Donaustaat Österreich-Ungarn. Die Interessen waren zwiespältig: dem Deutschen Reich wie den östlichen und südlichen Völkern des Nationalitätenstaats zugewendet.

Zeit seines Bestandes war das Habsburgerreich die Brücke zwischen Osten und Westen, vor allem zum Balkan und zum Nahen Osten. Doch die Vielfalt der Nationalitäten und Kulturen unter der Herrschaft einer absoluten Regierung hatte schon immer zu Spannungen geführt, und im Zeitalter des aufkommenden Nationalbewußtseins zeigte dann das Nationalitätenproblem seine sprengende Kraft: Im Habsburgerreich war die Revolution von 1848 nicht nur das Aufbegehren des Bürgertums gegen den Absolutismus und der Arbeiterschaft gegen die ungeheuren sozialen Mißstände der frühen Industriegesellschaft gewesen. In Prag, Budapest und Mailand hatte sie sich zu einem Kampf um die Selbstbestimmung gegen den absoluten Anspruch der Monarchie entwickelt. Nach der Niederlage von Königgrätz konnten schließlich die Ungarn Habsburg einen Kompromiß abringen. Aber bei der Gründung der Doppelmonarchie 1867 blieben die Interessen der slawischen Völker unberücksichtigt, was das Weiterschwelen des Nationalitätenkonflikts bis zum Untergang des Vielvölkerstaates zur Folge hatte.

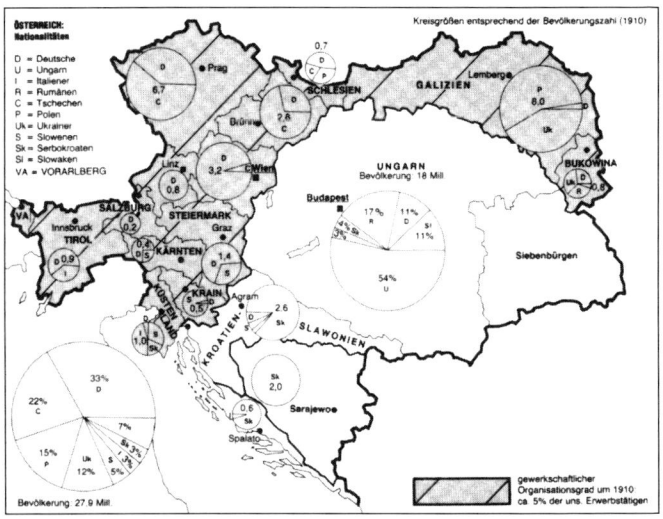

Die Habsburgermonarchie war ein weitgehend autarker Wirtschaftskörper, in dem eine produktionstechnisch rückständige Agrarwirtschaft dominierte. Die Güterproduktion wurde durch eine Schutzzollpolitik sowie durch Einfuhrbeschränkungen und -verbote gefördert, was den Anschluß an die viel weiter fortgeschrittene industrielle Entwicklung Westeuropas erschwerte. Die systematische Industrialisierung war überdies durch die nationalen

Gegensätze behindert. Der Wunsch nach Betonung der nationalen Eigenständigkeit führte zur Errichtung von Industrien aus nationalen Gesichtspunkten und zu weitgehender Zersplitterung der Produktion und des Absatzes. Der Nationalitätenkonflikt verhinderte nicht nur eine fruchtbare gemeinsame Wirtschaftspolitik der Gesamtmonarchie, sondern führte auch zu sozialen und politischen Gegensätzen zwischen beiden Monarchiestaaten, ebenso aber zwischen den Völkern innerhalb der beiden Staaten. Mit der militärischen Niederlage im Ersten Weltkrieg zerbrach auch die Armee als letzte Stütze des Vielvölkerstaates und der Dynastie.

Die österreichischen Gewerkschaften versuchten ursprünglich, die Interessen aller Arbeiter und Angestellten zu wahren, gleichgültig, welcher der sieben großen, oder der übrigen kleineren Nationalitäten »Cisleithaniens« sie angehörten. Der Nationalitätenhader machte aber letzten Endes vor der Gewerkschaftsorganisation nicht halt, – und noch bevor die Monarchie zerfiel, war die Gewerkschaftsbewegung national gespalten.

Die Tatsache, daß hier die immer vorhandenen Spannungen zwischen Internationalismus und den nationalen Interessen einer Arbeiterbewegung als Konflikt i n n e r h a l b der Organisation eines Staates ausgetragen werden mußten, zählt zu den Besonderheiten der Gewerkschaftsentwicklung Österreichs. Auch in einigen anderen Punkten unterscheidet sich diese Entwicklung wesentlich von jener vieler anderer europäischer Staaten: Zweimal im Verlauf eines Menschenalters wurde die gewerkschaftliche Aufbauarbeit unterbrochen, was zu einem Neubeginn unter völlig veränderten Bedingungen zwang, – der Beginn des Ersten Weltkriegs und der Einbruch des autoritären Systems, das die erste demokratische Republik vernichtete, liegen ja nur zwanzig Jahre auseinander.

Trotz der Auswirkungen des Nationalitätenkonflikts war die österreichische Gewerkschaftsbewegung bis 1918 eine Bewegung, die ein großes Reich umfaßte: Nach der Volkszählung von 1910 zählte »Cisleithanien« 27,9 Millionen Einwohner, die Doppelmonarchie insgesamt 53 Millionen. Mit dem Ende der Monarchie ging jeder der Nationalitätenstaaten seinen eigenen Weg und mit ihm die Gewerkschaftsbewegungen dieser Länder. Die deutschsprachigen Kerngebiete der Monarchie – die Länder Niederösterreich (mit der früheren »Reichshaupt- und Residenzstadt« Wien als eigenem Bundesland), Oberösterreich, Salzburg, Tirol, Vorarlberg, Steiermark und Kärnten – schlossen sich zur Republik Deutsch-Österreich zusammen, der etwas später noch das (bisher ungarische) Burgenland angegliedert wurde, während Südtirol nach dem Friedensvertrag von St. Germain-en-Laye an Italien abgetreten werden mußte. Der Vertrag verbot auch die selbstgewählte Bezeichnung »Deutsch-Österreich«, weil die Siegermächte alle Bestrebungen zur Vereinigung mit dem großen Wirtschaftsraum der gleichzeitig entstandenen deutschen Republik unterbinden wollten.

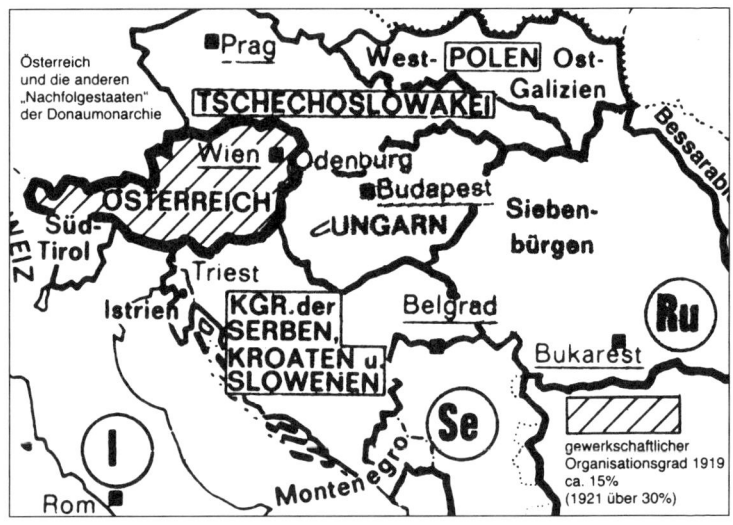

Losgelöst von ihrem agrarischen und industriellen Hinterland, stellte die neue Republik Österreich ein Rumpfgebilde dar. Das Land war von seinen bisherigen Hauptnahrungsquellen – den fruchtbaren Agrargebieten Ungarns, Galizien, Böhmens und Mährens – abgetrennt, was insbesondere Wien zu spüren bekam. Die wenigen noch verbliebenen großen Industrieunternehmen hatten den Zugang zu ihrer Kohlenbasis in Schlesien, Mähren und Nordböhmen verloren. Die Erste Republik rang Zeit ihres Bestehens um die Schaffung einer ausreichenden Basis für ihre ökonomische Selbständigkeit. Die großen wirtschaftlichen Schwierigkeiten trugen wesentlich zur Verschärfung der politischen Gegensätze bei. Wirtschaftlich und politisch zerrüttet und nicht »neutralisierbaren« außenpolitischen Einflüssen ausgesetzt, war schließlich die österreichische Republik in der Zwischenkriegsperiode ein neuralgischer Punkt Europas.

Der Erste Weltkrieg hatte die freie Gewerkschaftsbewegung nicht unterbunden, sondern nur in ihrer Weiterentwicklung gehemmt.

So konnte man 1918 an vorhandene Organisationsstrukturen anknüpfen, wenn auch die Rahmenbedingungen des Kleinstaats bei einer gleichzeitig wesentlich größeren Organisationsdichte (die durch das demokratische Klima ermöglicht wurde) eine Reihe von Anpassungsmaßnahmen notwendig machten. Das Ende der Demokratie mit der Errichtung des autoritären Systems 1934 stellte einen Einschnitt ganz anderer Qualität dar: Zum erstenmal seit 1870 (als die Koalitionsfreiheit gesetzlich verankert worden war) war der freien Gewerkschaftsbewegung jede legale Tätigkeit untersagt. Es gelang allerdings erstaunlich rasch, sich auf die Bedingungen der Illegalität einzustellen; es wurde eine Untergrundorganisation aufgebaut, die vor allem größere Betriebe erfaßte. Im Rahmen der vom Regime errichteten »Einheitsgewerkschaft« war zudem eine – wenn auch stark beschränkte und kontrollierte – legale gewerkschaftliche Tätigkeit möglich. Ein Umstand, den die Untergrundorganisation ebenso nützen konnte wie die allgemeine Schwäche der »Ständestaat«-Führung, die immer mehr vor dem inneren und äußeren Druck des Nationalsozialismus zurückweichen mußte. Erst der brutale Terror der nationalsozialistischen Gewaltherrschaft ab 1938 unterband auch weitgehend die illegale Arbeit. Ebenso wurden die Reste legaler gewerkschaftlicher Tätigkeit beseitigt; es gab nur mehr die zwangsweise aus Arbeitgebern und Arbeitnehmern gebildete »Deutsche Arbeitsfront«.

Mehr als ein Jahrzehnt existierte somit keine legale unabhängige Gewerkschaftsarbeit. Nach der Befreiung im Jahre 1945 mußte die Gewerkschaftsbewegung unter schwierigen Verhältnissen wieder neu beginnen. Aber man mußte doch nicht bei Null anfangen: Die Funktionäre der »alten« legalen und illegalen Organisationen, die überlebt hatten und nun den Wiederaufbau in Angriff nahmen, brachten ihre Erfahrungen beim Aufbau des Organisationsapparats ein. Vor allem eine Forderung, die in der »legalen Periode« bis 1934 zwar grundsätzlich akzeptiert, aber praktisch nicht durchzusetzen gewesen war, konnte nun – anknüpfend an die Erfahrungen der »illegalen Periode« von 1934 bis 1938 – zum Teil verwirklicht werden: ein zentralistischer Aufbau nach dem Industriegruppenprinzip. Not und Verfolgung während der Herrschaft des Faschismus führten auch die Gewerkschafter der verschiedenen politischen Richtungen zusammen. Es war daher selbstverständlich, daß die im »Österreichischen Gewerkschaftsbund« vereinigten neuen legalen Gewerkschaftsorganisationen auf überparteilicher Grundlage errichtet wurden. Damit war der Grundstein für ihren Aufstieg und ihre Bedeutung in der Zweiten Republik gelegt.

I. Vorläufer der Gewerkschaftsbewegung

Zünfte, Bruderschaften, Knappschaften

Stadtbewohner gegen Adelsherrschaft

Wie im übrigen Europa schlossen sich um die Jahrtausendwende auch in den wirtschaftlich entwickelten österreichischen Gebieten die Handwerker und Kaufleute in den Städten zu Zünften oder Gilden zusammen. Diese Vereinigungen waren letzthin nichts anderes als Interessenverbände der im Gewerbe und Handel tätigen Bevölkerung, die sich durch Organisation ein Machtinstrument gegen die in den Städten herrschenden Adelsgeschlechter schuf.

Entsprechend dem ständischen Charakter der spätmittelalterlichen Gesellschaft, waren die Zünfte und Gilden S t a n d e s v e r t r e t u n g e n, die sich streng von anderen Ständen abgrenzten. Sie legten gewisse für alle Zunftangehörigen bindende Vorschriften fest, deren Übertretung mit zum Teil drakonischen Strafen geahndet wurde. Einer der wichtigsten *Artikel* des Reglements war der »Zunftzwang«, der das Recht zur Ausübung des Gewerbes an die Mitgliedschaft band. Das heißt, alle außerhalb der Zunft Stehenden waren von der Ausübung eines »zünftischen« Berufs ausgeschlossen. Nach und nach erkämpften sich die Zünfte sehr weitgehende Vollmachten zur Regelung der Gewerbeangelegenheiten.

Das Zunftwesen breitete sich rasch aus, in Mitteleuropa erreichte es seine Blütezeit im 15. Jahrhundert. Fast alle Berufe, die im Hoheitsgebiet der Städte ausgeübt wurden, hatten damals ihre eigene Standesorganisation und ihre eigenen Standesregeln. Selbst die »fahrenden Fräuleins«, die »Hübschlerinnen«, hatten fast in jeder großen Stadt ihre Gilde, mit einem Gildenhaus und einer von der Stadtobrigkeit erstellten Hausordnung. Die Stadtobrigkeit, das waren längst nicht mehr die von den Feudalherren eingesetzten Beamten, sondern die durch die reichen Kaufleute und Handwerksmeister beherrschten Ratsversammlungen und deren Exekutivorgane. Nach oft blutigen Kämpfen hatten die organisierten Bürger den Adel verjagt oder zumindest entmachtet und ihr eigenes Herrschaftssystem aufgerichtet, dessen wichtigstes Instrument das Zunftwesen war. Formal waren alle selbständigen Mitglieder der Zünfte und Gilden gleichgestellt. Aber schon bald bildete sich eine eigene S t a d t a r i s t o k r a t i e heraus, – die Patrizierfamilien, deren wirtschaftlicher und politischer Einfluß oft ungleich größer war als jener der ehemaligen Adelsherren. Wie vor ihnen schon die »Gewerken« im Bergbau, wurden sie zu Wegbereitern und ersten Nutznießern des Frühkapitalismus. Damit kam es zu einer gewissen Interessenübereinstimmung mit den L a n d e s f ü r s t e n , die sich im 16. Jahrhundert gerade anschickten, die ständische Kontrolle abzuschütteln, um a b s o l u t regieren zu können. Die Familie Fugger aus Augsburg, die die Wahl und die Kriege Kaiser Karls V. finanzierte, ist hier das prominenteste Beispiel.

Unter dem Druck des Frühkapitalismus: der Niedergang des Zunftwesens

Die »Wirtschaftskapitäne« des Frühkapitalismus und die kleinen und mittleren Handwerker in den Städten hatten so gut wie keine gemeinsamen Interessen mehr. Als Schutzmaßnahme gegen die neuen Wirtschaftsmächte hielten die »gewöhnlichen« Handwerksmeister starr am Zunftwesen fest, – um so starrer, je stärker der Druck auf sie wurde. N a c h d e m D r e i ß i g j ä h r i g e n K r i e g (1618 bis 1648) beschleunigte sich der Niedergang des Zunftwesens. Die Berater der absoluten Herrscher des 17. und 18. Jahrhunderts sahen in den zünftischen Beschränkungen einen Hemmschuh für den Erfolg ihrer »merkantilistischen« Wirtschaftspolitik. Der m e r k a n t i l i s t i s c h e n W i r t s c h a f t s p o l i t i k (die an die frühkapitalistische Wirtschaftspolitik der selbständigen Stadtstaaten wie Florenz in Italien oder die Hansestädte im Deutschen Reich und Nord-Ost-Europa anknüpfte) ging es um eine regelmäßige Steigerung der Staatseinnahmen, die den zunehmenden Geldbedarf der zentralisierten Verwaltung, der Militärapparate und der aufwendigen Hofhaltung der Herrscher decken sollte. Eine dementsprechend hohe Besteuerung setzte aber eine Erhöhung des Wirtschaftskapitals voraus, die mit traditionellen Produktions- und Absatzmethoden nicht zu erreichen war. Deshalb förderte der Absolutismus unter anderem die Errichtung von M a n u f a k t u r e n . Das waren Großbetriebe für Massenproduktion, in denen oft zehntausende Lohnarbeiter händisch oder mit primitiven mechanischen Hilfsmitteln Luxusgüter für den Export, aber auch Textilien und andere Gebrauchsgüter für den Inlandsmarkt herstellten. Es gab darunter staatliche Monopolbetriebe ebenso wie private Betriebe, die das landesfürstliche »Privilegium« erhielten, ein bestimmtes (bisher zünftisches) Gewerbe zu betreiben, ohne daß sie einer Zunft angehören mußten. Dieses

Privilegium nannte man die »Hoffreiheit«, weil es zuerst nur an Hofbedienstete und erst später auch an andere Personen vergeben wurde.[1])

Im Konkurrenzkampf mit den privilegierten Manufakturen konnte d a s z ü n f t i s c h e H a n d w e r k nicht mithalten: Die Zünfte verloren nicht nur ihren Einfluß auf die Marktregelung und die Preisgestaltung, sondern auch immer mehr ihre alten ständischen Privilegien der Ausbildung des Nachwuchses, der »Arbeitsmarktkontrolle« und der Gestaltung des »Arbeitsrechts«. Sie versuchten zwar, in einer Art » k o n s e r v a t i v e r O p p o s i t i o n « ihre Stellung zu behaupten, indem sie zum Beispiel jedem, der einmal bei einem nichtzünftischen Unternehmer gearbeitet hatte, die Anstellung verwehrten. Aber dadurch machten sie die Situation nur noch schlimmer, weil sie langsam jeden Bezug zur Realität des Wirtschaftslebens verloren.

Im Habsburgerreich, wo die wirtschaftliche Entwicklung (zum Teil mit Ausnahme Böhmens und der italienischen Gebiete) weit hinter jener Westeuropas, aber auch West- und Norddeutschlands zurückgeblieben war, blieben die Zünfte zwar noch bis weit in das 19. Jahrhundert hinein bestehen. Doch im 18. Jahrhundert wurden die Zunftordnungen aufgehoben, und das Strafgesetzbuch des Jahres 1803 nahm ihnen den Rest ihres wirtschaftlichen Einflusses, indem es Verabredungen der Gewerbeleute, die auf Erhöhung des Preises einer Ware oder auf Erhöhung der Arbeitsleistung gerichtet waren, unter Strafe stellte. Sie erfüllten noch ihre Funktion als Interessenorganisation des mittelständischen Gewerbes, bis sie durch die Einführung der Gewerbefreiheit im Zeichen des Wirtschaftsliberalismus (der Wirtschaftsphilosophie des beginnenden Industriezeitalters) schließlich ganz beseitigt wurden.

Geselleninteressen gegen Meisterinteressen

Zur Zeit der Entstehung der Zünfte war das Verhältnis zwischen den Meistern und ihren Gesellen und Lehrlingen ein p a t r i a r c h a l i s c h e s. Das heißt, die Meister sorgten »väterlich« für sie, hatten aber auch die »väterliche Gewalt« über sie, einschließlich des Rechts auf Bestrafung. Die Gesellen und Lehrlinge ihrerseits fühlten sich zur Familie gehörig, in der sie ihre geregelten Pflichten und Rechte hatten. Sie waren ja auch keine lohnabhängigen Arbeitskräfte, sondern Lernende, die sich das notwendige Wissen aneigneten, um einmal selbst Meister zu werden. Wie in der Familie des Meisters hatte der Geselle auch in der Zunft seine genau festgelegten Pflichten und Rechte; damit war die Sicherung seiner Interessen gewährleistet.

Als die Zünfte Macht und Einfluß erworben und sich Privilegien gesichert hatten, löste sich allerdings das »altväterliche« Verhältnis, weil die Zünfte immer mehr zu Interessenvertretungen der Meister wurden. Im Spätmittelalter begann ein I n t e r e s s e n - k a m p f zwischen Meistern und Gesellen, der oft nicht minder blutig verlief als vorher der Kampf zwischen Stadtbürgern und Adeligen.

Um ihre Rechte in den Zünften zu wahren, bildeten die Gesellen selbständige Vereinigungen, die zumeist B r u d e r s c h a f t e n genannt wurden; in Wien entstand die erste Bruderschaft 1411. Die Rechte dieser Gesellenverbindungen wurden verschiedentlich in »Gesellenordnungen« zusammengefaßt.

Es lag in der Natur der Sache, daß die Bruderschaften als Interessenvertretung der unselbständigen zünftischen Handwerker nur eine sehr beschränkte Durchsetzungskraft haben konnten. Erstens waren die Verständigungsmöglichkeiten einer Berufsgruppe mit den Berufskollegen anderer Städte zu beschränkt und umständlich, um ein schlagkräftiges Zusammenarbeiten der über Städte und Länder verstreuten Bruderschaften zu ermöglichen. Zweitens gab es keinen Zusammenhalt zwischen den zünftischen Gesellen und den nichtzünftischen Handwerkern am Land, wo Meister und Gesellen in feudaler Abhängigkeit von den Grundherren lebten, sondern im Gegenteil ein sehr ausgeprägtes Standesbewußtsein der Zunftgesellen. Und drittens war selbst der Zusammenhalt der zünftischen Gesellen nicht immer allzu groß, weil ja – wenigstens noch bis etwa zum Ende des 15. Jahrhunderts – jeder Geselle die Hoffnung hatte, einst selbst Meister zu werden und so den Nöten des Gesellenstands zu entfliehen. Schließlich sorgte auch noch die einseitige Parteinahme der »Obrigkeit« für die Meister dafür, daß die Organisationen der unselbständigen Zunftmitglieder nicht allzu stark werden konnten.

Im B e r g - u n d H ü t t e n w e s e n entstanden hingegen schon frühzeitig von den Arbeitgebern wirklich unabhängige Interessenorganisationen. Denn hier bildeten sich auch früher als in anderen Wirtschaftszweigen (mit Ausnahme des Baugewerbes) unter dem Schutz landesfürstlicher Privilegien und staatlicher Monopole frühkapitalistische Wirtschaftsformen heraus. Die freien Handwerker und Knappen wurden so schon im Spätmittelalter zu abhängigen Lohnarbeitern, die unabhängig von ihrer Berufstätigkeit als Zimmerleute, Knappen oder Eisenarbeiter unter den glei-

Österreichs Gewerkschaftsbewegung
Stationen zur Demokratie

Verfassunggebende Nationalversammlung –
die ersten Frauen im Parlament:
vorne von links: Adelheid Popp, 1893 am ersten
Arbeiterinnenstreik beteiligt, neben ihr die
Gewerkschafterin Anna Boschek.

)07
ste demokra-
che Wahlen:
t allgemeinem,
ichem, direktem
d geheimem
ahlrecht für
inner

1919
Demokratische
Republik:
aktives und
passives
Wahlrecht
auch für
Frauen

chtsdemonstration 28. November 1905:
ssenbewegung und die Generalstreik-
g der Freien Gewerkschaften erzeugten
wendigen Druck.

1848
Durch die
Revolu-
tion er-
halten
männliche
Arbeiter
für kurze
Zeit das
Wahlrecht

Schwur der Arbeiter
vor dem Wiener Stephansdom

25/26
ıler
gleute
Bauern
ern
tische
be-
mung

Michael Gaismair,
der Führer des Tiroler Aufstandes
im großen Bauernkrieg

Bergarbeiter und Bauern
in die Regierung
Landverteilung
Verstaatlichung von
Bergwerken und Handel
Lohn in Bargeld
Abschaffung der Zünfte

chen Arbeitsbedingungen standen. Ihre aus den zunftähnlichen K n a p p s c h a f t e n weiterentwickelten gewerkschaftsähnlichen Zusammenschlüsse waren zum Teil regelrechte Wehrformationen. Während des großen Bauernkriegs 1525/26 kämpften sie fast überall – ob in Tirol, in Salzburg, in Kärnten oder in der Steiermark – gemeinsam mit kleinen nichtzünftischen Handwerkern auf der Seite der Bauern für Religionsfreiheit und eine sozial gerechte Gesellschaftsordnung. Doch während es den Bauern nach der Niederschlagung des Aufstands noch schlechter ging als vorher, konnten die Bergleute ihr bereits im 14. Jahrhundert errungenes fortschrittliches B e r g r e c h t wahren und sogar weitere Verbesserungen durchsetzen. Das Bergrecht sicherte den Knappen sozialen Schutz und Rechte und kann als Vorläufer des modernen Arbeitsrechts angesehen werden. Es gab darin relativ detaillierte Bestimmungen über Entlassungs- und Austrittsgründe: »Es soll kein Arbeiter, der sonst seine Arbeit treulich wartet, wegen Klagens oder Fürforderns (des Lohnes wegen) abgelegt werden, welcher Gewerke oder Hubmann das aber töte, der soll darum bestraft werden«, heißt es da beispielsweise. Auch sollten Arbeiter nicht vor Weihnachts-, Oster- und Pfingstferien »abgelegt«, also gekündigt werden. Es gab eine Haftpflicht des Bergarbeiters für das übergebene Werkzeug und für die eingegangenen Arbeitsverpflichtungen, aber auch die Fürsorgepflicht des Arbeitgebers und die Entgeltpflicht für Leistung eines »ziemlichen« Lohns. Die Lohnfestsetzung geschah durch Vertrag unter Mitwirkung »von verständigen Bergleuten«. Die Kontrolle übte eine regelmäßige Gruppeninspektion aus.[2]) Die Bergarbeiter behielten diese Rechte bis in das beginnende Industriezeitalter. Erst durch die Gesetzgebung des Wirtschaftsliberalismus gingen 1854 auch für sie diese alten Errungenschaften verloren.

Eine Ausnahme stellte auch die noch junge »Kunst« des Buchdruckens dar. Die B u c h d r u c k e r g e h i l f e n hatten in ihrer Zunftordnung, dem *Postulat,* ebenfalls eine Position erworben, die – im Vergleich zu den traditionellen Zunftordnungen – einer moderneren, freiheitlicheren Organisation entsprach.[3]) Zwei günstige Umstände machten dies möglich: Erstens hatten die Buchdrucker das einzige »Massenkommunikationsmittel« der damaligen Zeit in der Hand und wurden deshalb von der Obrigkeit etwas vorsichtiger behandelt als die Angehörigen anderer Gewerbe. Zweitens unterstand das Buchdruckergewerbe in den Städten, in denen es Universitäten gab, fast immer den Universitätsbehörden und damit einem speziellen und wesentlich freieren Recht. In Wien erlosch das Aufsichtsrecht der Universität 1767, und die Buchdruckerkunst wurde zu einem freien Gewerbe.

Die Lohnarbeiter im Frühkapitalismus

Das Ende der Bruderschaften

Immer weniger Gesellen gelang es, die Meisterwürde zu erwerben und sich selbständig zu machen. Im 17. und 18. Jahrhundert waren aus den Gesellen lebenslängliche Lohnarbeiter im Handwerksbetrieb geworden. Auch die Bezeichnung *Knechte,* die damals für die Gesellen in Gebrauch kam, dokumentiert ihr schwindendes soziales Ansehen und ihre große Abhängigkeit. Unter diesen geänderten Bedingungen war die alte Organisationsform der Bruderschaften als Interessenvertretung noch wirkungsloser als in der Blütezeit des Zunftwesens; in den Konflikten um die Durchsetzung sozialer Forderungen blieben sie immer häufiger erfolglos. Die G e s e l l e n a u f s t ä n d e lieferten den Behörden nur den Vorwand zur verstärkten Repression gegenüber den Bruderschaften, die gleichzeitig eine Handhabe für die Einengung der Zunftrechte bot. Auch der Streik der Wiener Schuhknechte im Jahre 1722 endete mit einer blutigen Niederlage: Sieben Personen wurden während des »Aufstands« erschossen, zwei »Rädelsführer« zum Tode verurteilt. Die Behörden verboten die Pfuscharbeit (die geduldet worden war und die den Gesellen die Möglichkeit geboten hatte, ihren kärglichen Lohn etwas »aufzubessern«) und hoben den »blauen Montag« auf (das heißt, das erworbene Recht auf den arbeitsfreien Montag) – Maßnahmen, die ganz im Interesse der Meister lagen. Aber gleichzeitig wurde auch die eigene Gerichtsbarkeit der Zünfte beschränkt und damit ein weiterer Teil der alten Standesrechte beseitigt.

Nur ein Jahrzehnt später entzog die Obrigkeit den Interessenvertretungen der Gesellen in den Habsburgerländern durch die Koalitionsverbote und Handwerkspatente von 1731/32 endgültig die Rechtsgrundlage. Für Wien, Niederösterreich und Oberösterreich erließ Kaiser Karl VI. (1711 bis 1740) eine General-Handwerksordnung, mit der alle damals bestehenden Gesellenvereine, B r u - d e r s c h a f t e n und ähnlichen Verbindungen a u f g e l ö s t und Neugründungen unter schwerste Strafe gestellt wurden. Im Strafgesetzbuch aus der Zeit der Kaiserin Maria Theresia (1740 bis 1780) war die Koalition unter die *halsgerichtlichen Verbrechen* aufgenommen. Das Strafgesetzbuch vom Jahre 1803, das auch die *Verabredung der Gewerbeleute* unter Strafe stellte, führt im Paragraphen 229 die Vereinigung von Handwerksgesellen unter den »schweren und Polizeiübertretungen« an.

Die Manufakturarbeiter und ihre soziale Lage

Sieht man von den »Bergfabriken« des Frühkapitalismus ab, so erfolgte in den Manufakturen zum erstenmal die Ansammlung größerer Mengen von Arbeitern in einem Gewerbebetrieb mit innerbetrieblicher Arbeitsteilung, – wenn auch noch unter dem Vorherrschen von Handarbeit.[4]) Vor allem die staatlichen Monopolbetriebe der »Textilindustrie« erreichten schon einen hohen Beschäftigtenstand. So zählten zum Beispiel die *Linzer Wollzeugfabrik* im Jahre 1762 fast 50.000 und die *Schwechater Kotton- und Barchentfabrik* im Jahre 1785 nahezu 25.000 Beschäftigte. Der Großteil dieser Arbeiter war aber nicht direkt in der »Manufakturfabrik« beschäftigt, sondern es waren meist ländliche Hausspinner und Weber, die in den umliegenden Gebieten für das Unternehmen arbeiteten. Das Manufaktursystem nützte dabei die s o z i a l e N o t rücksichtslos aus, um b i l l i g e A r b e i t s k r ä f t e zu bekommen; die Unterernährung war zeitweise so groß, daß sich selbst das Militär darüber beklagte, zu wenig einsatzfähige Rekruten zu finden. Menschen aus den Krisengebieten (etwa aus Gebieten mit aufgelassenem Bergbau) oder aus übervölkerten Landstrichen, »Insassen« von Arbeits- und Armenhäusern sowie arbeitsfähige Spitalspatienten stellten das »Arbeitskräftepotential«.[5])

Die a r b e i t s t e i l i g e M a s s e n p r o d u k t i o n erforderte ein völlig anderes Arbeitsverhalten, als es die Menschen bisher gewöhnt waren; die Arbeit wurde immer mehr f r e m d b e s t i m m t : Welche Teile eines Produkts in welcher Stückzahl in welcher Zeit herzustellen waren, konnten die Arbeiter hier nicht mehr selbst bestimmen. Dem »Gewöhnungsprozeß« half die staatliche Obrigkeit kräftig nach, indem sie allen »Arbeitsscheuen« mit der Z w a n g s a r b e i t drohte. So wurde in einer Resolution des Kommerzienrats 1763 die Forderung erhoben: »Die Erhebung (von) deren Fabriquen in einem Staate hat, nebst anderen nützlichen Absehen, auch dieses zum Gegenstand, damit dem müssigen Volk die Gelegenheit zur Arbeit und eigener Nahrungserwerb verschaffet, auch jene, die sich dessen nicht bedienen wollen, dazu wider Willen angehalten, somit dergleichen Müssiggänger in die

Arbeitshäuser eingesperrt werden.«[6]) Das erste »Zucht- und Werkshaus« der habsburgischen Länder war bereits 1671 in Wien errichtet worden. Es diente der Disziplinierung von »herrenlosem Bettelvolk und sonstigem schlimmen Gesindel, wie leichtfertige Weibspersonen und Kupplerinnen« sowie »trutziger Dienstboten« und »unbändiger Handwerksburschen«. Die Staatsverwaltung Kaiser Karls VI. hatte schließlich die Zwangsarbeitshäuser allgemein eingeführt.[7]) Karls Nachfolgerin Maria Theresia trieb als »aufgeklärte« Herrscherin den Ausbau des Manufakturwesens weiter voran und verschärfte demzufolge auch den Arbeitszwang. Ein Beispiel dafür ist das Spinnpatent vom November 1765, das die A r b e i t s p f l i c h t statuierte.

Eine weitere »Neuerung« der Manufakturperiode war die B e - s c h ä f t i g u n g   v o n   F r a u e n   u n d   K i n d e r n in den Produktionsbetrieben. Zwar beschäftigte auch der Handwerksbetrieb der früheren Zeit jugendliche Lehrlinge und Frauen als Hilfskräfte oder sogar Gesellinnen (wie zum Beispiel in Webereien, Spinnereien und Backstuben), aber in einem eher geringen Ausmaß und unter Einhaltung genauer zünftischer Regeln bezüglich Arbeitsbedingungen und Lohn. Doch in den Textilmanufakturen nahm die Zahl der Frauen und vor allem der Kinder bis zum Ende des 18. Jahrhunderts so stark zu, daß in einigen Betrieben mehr Kinder als Erwachsene arbeiteten.[8]) Sie wurden zum Lohndruck eingesetzt, was den Widerstand der männlichen Arbeiter weckte.

Auch als Maria Theresia 1770 die Beschäftigung von *Weibspersonen* anstelle der gelernten Gesellen in der Seidenwarenerzeugung gestattete, legten die betroffenen Gesellen zum Protest die Arbeit nieder. Sie wurden aber eingesperrt und mußten sich schließlich unter dem harten Druck der Behörden verpflichten, nichts gegen die kaiserliche Anordnung zu unternehmen. Eine Bittschrift, 22 Jahre später an Kaiser Franz II. gerichtet, die ersuchte, die Frauenarbeit in den Seidenwarenbetrieben einzuschränken und die *Weibspersonen* nur noch zum *Lazerolziehen* zu verwenden, blieb erfolglos. In einem Klagelied der Seidenzeugarbeiter heißt es: »Wenn höchstens drey Gesellen dort, sind zehn Menscher da ...«[9])

Die Lage der Manufakturarbeiter war eine denkbar schlechte. Einem niedrigen Lohnniveau, das kaum mehr als das Existenzminimum deckte, stand eine tägliche Arbeitszeit von 12 bis 14 Stunden gegenüber. Für Arbeitslosigkeit, Krankheit, Arbeitsunfälle oder Alter war im allgemeinen keine staatliche Vorsorge getroffen. Erst in der zweiten Hälfte des 18. Jahrhunderts gab es Ansätze einer sozialen Fürsorge – allerdings fast ausschließlich in den großen staatlichen Manufakturen, die sich die »Sozialleistungen« der staatlichen Bergwerksbetriebe zum Vorbild nahmen. Eine führende Rolle spielte dabei die *Linzer Wollzeugfabrik,* wo eine kostenlose Krankenversorgung und eine Witwen- und Waisenpension eingeführt wurden. Die *Porzellanfabrik im Augarten* und einige andere Manufakturen gründeten »Provisionsinstitute«, in deren Kasse die Arbeiter fünf Prozent ihres Lohnes zahlten, währen die übrige Finanzierung durch das Unternehmen erfolgte: Von diesen Geldern wurden Pensionen, Krankenbeihilfen, Sterbegelder usw. bezahlt. Hier treffen wir auf die »Urform« des Sozialversicherungssystems, das in »Cisleithanien« ein Jahrhundert später geschaffen wurde.[10])

Die Wurzeln moderner Gewerkschaftsorganisation: Unterstützungsvereine und Fabrikskassen

Im Zeitalter des Absolutismus wandelte sich nicht nur der Charakter der Lohnarbeit, es entstand auch eine neue Berufsgruppe, die es bisher auf diese Art nicht gegeben hatte: die Beamten, die der Staat benötigte, um eine effiziente Verwaltung und ein funktionierendes Kontrollsystem aufzubauen. Mit der Schaffung einheitlicher Rechtsnormen, den ersten Ansätzen einer breiteren Gesundheitsversorgung und der für das Zeitalter typischen Freude an Prunk und Festen nahm auch die Zahl der Angehörigen jener Berufsgruppen stark zu, die wir heute als »Selbständige« und »Freischaffende« bezeichnen würden. Da es für sie alle keine soziale Absicherung gab, gründeten sie U n t e r s t ü t z u n g s v e r - e i n e , um sich im Bedarfsfall einigermaßen vor ärgster Not zu schützen.

Der älteste der in Wien bestehenden Unterstützungsvereine war der im Jahre 1683 gegründete *Privatverein der in Wien befindlichen kaiser- und königlichen Rechnungs- und Controlsbeamten zu wohlthätigen Zwecken für sich und ihre Familienmitglieder.* Der Zweck dieses Vereins, der ursprünglich nur die Hofbuchhaltungsbeamten umfaßte, war die Unterstützung in Krankheitsfällen und anderen Notfällen, ferner die Förderung des Seelenheils der Mitglieder durch Meßopfer und die Unterstützung gesitteter und talentierter Kinder durch Erziehungsbeiträge.

Außer diesem ältesten Wiener Verein gab es in der zweiten Hälfte des 18. Jahrhunderts noch folgende Vereine von Beamten und Selbständigen: die *Witwen- und Waisensocietät des Wiener medicinischen Doctorencollegiums* (seit 1758); die *Witwen- und*

Waisenpensionsgesellschaft des Wiener juridischen Doctorencollegiums (seit 1760); die *Witwen- und Waisensocietät der bürgerlichen und in den k.k. Kronländern befindlichen und zur chirurgischen Praxis berechtigten Wundärzte* (seit 1764 – es war dies wohl der einzige der alten Vereine, dem es gestattet war, seine Tätigkeit über das ganze Habsburgerreich zu erstrecken); *Haydn, Witwen und Waisenversorgungsverein der Tonkünstler* (seit 1771); das *Pensionsinstitut für bildende Künstler* (1778); die *Witwensocietät des bürgerlichen Handelsstandes in Wien* (seit 1793); die *Societät der Oberlehrer und Directoren an den städtischen Volks- und Bürgerschulen,* die aus der *Societät der Lehrer der Trivialschulen in den Vorstädten der Haupt- und Residenzstadt Wien* hervorgegangen war (seit dem Jahre 1796 bestehend).[11])

Viele dieser Vereine blieben in etwas veränderter Form bis zum Sturz der Monarchie 1918 bestehen und wurden zu Keimzellen der gewerkschaftlichen Organisation der öffentlichen Bediensteten, denen ja zu »Kaisers Zeiten« eine selbständige Interessenvertretung untersagt war.

Die Lohnabhängigen, die in den sich ebenfalls ausweitenden Bereichen des Handels und der Dienstleistung tätig waren, befanden sich in einer noch weit schlimmeren sozialen Lage als die Beamten – sie waren nicht nur abhängig, sondern auch völlig rechtlos und der Willkür ihrer Dienstgeber ausgeliefert. Die auf Treue- und Fürsorgepflicht beruhenden alten »Gesindeordnungen« waren längst durch die Entwicklung überholt worden und hatten sich von einer Schutzbestimmung zu einem Ausbeutungsinstrument des Dienstgebers gewandelt. Gegen Ende des 18. Jahrhunderts entstanden deshalb auch Unterstützungsvereine dieser Berufsgruppen, die – davon abgesehen – erst sehr spät zu solidarischem Zusammenschluß reif werden sollten: 1793 wurde das *Pensionsinstitut der herrschaftlichen Livreediener in Niederösterreich* gegründet, 1795 das *Versorgungsinstitut für Handlungsdienst.*

Die Handwerksgesellen, deren Bruderschaften zerschlagen worden waren, konnten nicht einmal karitative Unterstützungsvereine bilden, denn die mißtrauischen Behörden versagten die Genehmigung. Nur für wenige »exklusive« Gewerbe wurden Ausnahmen gemacht: 1793 entstand die *Witwensocietät der bürgerlichen Gold- und Juwelenarbeiter* und 1803 wurde in der oberösterreichischen Landeshauptstadt Linz eine *Kranken- und Sterbekasse der Buchdrucker* gegründet, die aber, trotz gegenteiliger Abmachungen, unter der Willkürherrschaft der Prinzipale stand. Erst nach 1848 konnten für diese Kasse feste Normen geschaffen werden. Da den Buchdruckern mehrere Vereine bewilligt wurden, während die übrigen Handwerksgesellen unorganisiert bleiben mußten, sollten diese Organisationen im 19. Jahrhundert eine Brücke von den Bruderschaften zur modernen Gewerkschaftsbewegung bilden.

Auch die Arbeiter der privaten Manufakturen konnten vom Fabriksbesitzer meist keinerlei Unterstützung erwarten. So ergriffen sie in den größeren Betrieben ebenfalls häufig selbst die Initiative und führten Unterstützungseinrichtungen in eigener Regie. Die Fabrikstaglöhner der *Schwechater Kotton- und Barchentfabrik* gründeten beispielsweise sogenannte *Liebesversammlungen* oder sammelten *Liebesgaben,* um bei Arbeitslosigkeit, Krankheit, Arbeitsunfällen oder Alter Geldreserven zu haben.[12]) Das waren die ersten schüchternen Versuche eines solidarischen Zusammenschlusses jener neuen Gruppe von Lohnabhängigen, die Karl Marx später als *Proletariat* bezeichnen sollte. Denn diese »Fabrikstaglöhner« im ausgehenden 18. Jahrhundert arbeiteten schon in Betrieben, die eine Übergangsform zwischen Manufaktur und moderner Fabrik darstellten.

In der Anfangsphase der »industriellen Revolution«

Vom Manufakturarbeiter zum Industriearbeiter

Ausgehend von England, dessen Vorrangstellung auf dem Meer immer neue Rohstoffquellen und Absatzmärkte sicherte, griff die Industrialisierung zuerst auf Frankreich und von dort auf die anderen europäischen Staaten über. Die Entwicklung ging von der Massenproduktion in den Manufakturen zur F a b r i k m i t E i n s a t z v o n M a s c h i n e n . Die Einführung des Maschinenwebstuhls, der Dampfmaschine sowie – als eine der Folgen – der Ausbau eines Eisenbahnnetzes brachten einen gewaltigen technischen Fortschritt, gefährdeten aber auch Arbeitsplätze in veralteten Branchen; vor allem die Heimarbeiter der Textilmanufakturen und das Handwerksgewerbe waren betroffen. Denn die Maschine nahm den Menschen die Arbeit ab und machte das handwerksmäßige Erlernen mancher Gewerbe unnötig. So ist es kein Wunder, daß es während der Industrialisierungsperiode laufend zu Streiks und zur Zerstörung von Maschinen kam, – insbesondere in England, aber auch in den alten Manufakturzentren des Kontinents.

Nicht nur zahllose Handwerksgesellen, auch viele kleine Meister verloren ihre Existenzgrundlage und mußten froh sein, in einer Fabrik Arbeit zu finden. Die Fabrik »verschmolz« diese ehemals zünftischen Handwerker, Heimarbeiter der Manufakturen, Dienstboten, Landarbeiter (die durch die der Industrialisierung vorangegangenen Umwälzungen in der Agrarproduktion arbeitslos geworden waren) und andere Angehörige der alten ständischen und agrarisch-ländlichen Gesellschaft[13]) zur n e u e n g e s e l l s c h a f t l i c h e n K l a s s e d e r I n d u s t r i e a r b e i t e r s c h a f t . Ein Prozeß, der allerdings nicht in kurzer Zeit ablief, sondern sich über mehrere Generationen erstreckte.

Zum Unterschied von der Manufaktur in ihrer ursprünglichen Form konzentrierte die fabrikmäßige Herstellung von Gütern eine immer größer werdende Zahl von Arbeitern auf einzelne Betriebe. Hier diktierte die Maschine den Arbeitsrhythmus: Einheitliche Arbeitszeit für alle und Kontrolle der Arbeitsleistung im Verlauf der Arbeitszeit waren die wichtigsten Voraussetzungen für eine optimale Ausnützung der Maschinenkapazitäten. Für die aus Handwerk und Landwirtschaft kommenden Arbeiter bedeuteten diese Erfordernisse einen noch weit größeren Bruch mit ihrer bisherigen Lebensgestaltung als die Manufakturarbeit, deren Rhythmus wenigstens von Menschen und nicht von Maschinen diktiert worden war. Um eine entsprechende Betriebsdisziplin zu erreichen, griff man auf die in den Arbeitshäusern schon bewährten Disziplinierungsmittel zurück und ergänzte sie mit Maßnahmen, die in der Situation des f r e i e n A r b e i t s v e r t r a g s eine schwerere Strafe bedeuteten als zum Beispiel der Entzug einer Mahlzeit: »Im Grunde genommen mußte der Arbeiter erzogen werden, und wie man in anderen Bereichen (Schule, Militär) mehr der Bestrafung als der Belohnung zugeneigt war, so überwog bei der Disziplinierung der Fabriksarbeiter die Anwendung der ›Peitsche‹ gegenüber der Verabreichung des ›Zuckerbrotes‹. Die Strafen umfaßten Lohnabzüge nach einem festgelegten Bußgeldkatalog, Aussperrungen und Entlassungen sowie körperliche Züchtigungen hauptsächlich bei Kindern. Zur Entlassung gesellten sich als Einschüchterungsmittel für besonders aufsässige und unfügsame Arbeiter die ›schwarzen Listen‹ der Fabrikanten. Die auf diese Liste kamen, klopften vergebens in der weiteren Umgebung ihres Wohnortes an den Fabrikstoren an, für sie gab es keine Arbeit.«[14])

Der entscheidende Antrieb zur D i s z i p l i n i e r u n g war aber die Entlohnung, der Anreiz, durch Steigerung der Leistung mehr

Österreichs Gewerkschaftsbewegung
Stationen gegen Kinderarbeit

Wien 1856:
Kind als Bauarbeiter

Irgendwo in Europa um 1860: Kinderarbeit in Fabriken

1885
Verbot der Kinderarbeit unter 14 Jahren

1786
Verbot der Kinderarbeit unter 9 Jahren

1989
UNO-Konvention über die Rechte des Kindes

1992
Österreich ratifiziert die UNO-Konvention

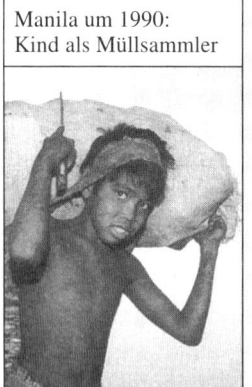

Manila um 1990:
Kind als Müllsammler

Kolumbien um 1990: Kinderarbeit im Bergbau

An der Spitze der Kampagne gegen die Kinderarbeit am Ende des 2. Jahrtausends stehen der Internationale Bund Freier Gewerkschaften und die Internationale Arbeitsorganisation

zu verdienen, um dadurch den dürftigen Lebensstandard etwas zu verbessern. Alles in allem dauerte es etwa zwei bis drei Generationen, bis es gelungen war, die neue Zeitökonomie, das Z e i t - i s t - G e l d - P r i n z i p , das Unterordnen unter den Rhythmus der maschinellen Produktion und den Verzicht auf eigene Gestaltung der Arbeitszeit im Bewußtsein der Arbeiter als Norm zu verankern.[15])

Arbeitspflicht und Zwangsarbeit waren in diesem System nicht mehr notwendig, um der Produktion genügend »Arbeitskräfte« zur Verfügung zu stellen. Die Zwangsarbeit hatte sich übrigens schon während der Manufakturperiode wegen geringer Arbeitsleistung als wirtschaftlicher Fehlschlag erwiesen: daß die Arbeitshäuser noch weiter fortbestanden, entsprach *sozialpädagogischen und kriminalpolitischen Erwägungen.* Der »freie Arbeitsvertrag« lockte mit der Chance besserer Entlohnung für bessere Leistung. Diese privatrechtliche Vertragsgestaltung verdrängte seit dem Ausgang des 18. Jahrhunderts immer mehr das alte Herr-Diener-Verhältnis. Sie beinhaltet die schuldrechtliche Verpflichtung des Dienstnehmers, aufgrund eines Dienstvertrags einem Dienstannahmeberechtigten seine Arbeitskraft zur Verfügung zu stellen. Die Lohnhöhe wurde ausschließlich vom Angebot an Arbeitskräften bestimmt, eine i n d u s t r i e l l e R e s e r v e a r m e e an Arbeitslosen war daher erwünscht. Die Lohnabhängigen standen dem wirtschaftlichen Übergewicht der Unternehmer hilf- und schutzlos gegenüber, der »freie Arbeitsvertrag« brachte ihnen nur Nachteile, solange sie als Vertragspartner keine »Gegenmacht« hinter sich hatten, die das Übergewicht der Unternehmer wenigstens teilweise ausgleichen konnte.

Eine neue Epoche beginnt: die siegreichen bürgerlichen Revolutionen im ausgehenden 18. Jahrhundert

In jenen Ländern, in denen die Industrialisierung die gesellschaftlichen Verhältnisse schon grundlegend geändert hatte, mußte früher oder später auch eine Veränderung der politischen Machtverhältnisse kommen. Die alten Monarchien paßten sich entweder der neuen Situation an und banden das Bürgertum als die neue bestimmende gesellschaftliche Kraft als gleichberechtigte Partner in das bestehende System ein, – wie es in England geschah. Oder sie wurden mit Gewalt beseitigt, wenn sie diesen Anpassungsprozeß versäumten oder zu spät begannen, – wie in Frankreich. Den Bedürfnissen des besitzenden Bürgertums und des von ihm beherrschten, durch die Industrialisierung schon weit entwickelten kapitalistischen Wirtschaftssystems entsprechend, zählten die gesetzliche Absicherung des »freien Arbeitsvertrags« und der gesetzliche Schutz des Privateigentums zu den dauerhaften Errungenschaften der F r a n z ö s i s c h e n R e v o l u t i o n und der Herrschaft Napoleons (1798 bis 1814). Die a m e r i k a n i s c h e R e v o l u t i o n , die zur Gründung der USA führte (1776 bis 1783), verhalf ähnlichen Prinzipien zum Durchbruch, deren konsequente Anwendung aus der ehemaligen britischen Kolonie im Verlauf eines Jahrhunderts eine wirtschaftliche und politische Großmacht entstehen ließ.

Die Französische Revolution verkündete zwar 1789 die *natürlichen, unveräußerlichen und geheiligten Menschenrechte*, aber zugleich wurde das Besitzrecht als *natürliches und unveränderliches Recht ..., unverletzlich und geheiligt* proklamiert. Mit Dekret vom 14. Juni 1791 erklärte die gesetzgebende Nationalversammlung alle Gesellenverbände und Arbeitergewerkschaften (die es damals in Frankreich schon gab) als ein *Attentat auf die Freiheit und die Erklärung der Menschenrechte* für aufgelöst. Der Wiederaufbau der Organisationen wurde unter Strafsanktion gestellt, die Behörden wurden angewiesen, Versammlungen von Handwerkern, Taglöhnern und Gesellen zur Beratung von Lohnfragen mit Gewalt zu unterdrücken. Durch Hungeraufstände beunruhigt, verfügte der Konvent (das erste durch a l l g e m e i n e W a h l e n bestellte Parlament) durch einstimmigen Beschluß in einem Dekret vom 18. März 1793, daß selbst Propaganda gegen die bestehende Eigentumsordnung – P r i v a t e i g e n t u m in Form von Grundbesitz und industriellem Besitz – mit Todesstrafe zu ahnden sei.[16]) Die Französische Revolution befreite wohl die Bauern von ihren Feudallasten und die Bürger von den Vorrechten des Adels. Die Arbeiter aber gingen leer aus, nachdem die am Anfang der Revolution gar nicht so schwachen radikalen und sozialistischen Tendenzen brutal unterdrückt worden waren. »Die Blutaristokratie war durch eine Geldaristokratie abgelöst worden«[17]), und diese blieb an der Macht, auch als die Republik wieder durch eine Monarchie ersetzt wurde.

Mit Verzögerung gingen die anderen Staaten Europas in den nächsten Jahrzehnten in der gesellschaftlichen Entwicklung den Weg Frankreichs – als einer der letzten auch die Habsburgermonarchie.

Der Beginn des Industriezeitalters in Österreich

Im Habsburgerreich vollzog sich der Übergang von der Manufaktur zur maschinell arbeitenden Fabrik nur langsam, die industrielle Entwicklung war hier anfangs voller Widersprüche.

Einerseits hing das damit zusammen, daß es aufgrund der wirtschaftlichen Rückständigkeit **kein selbstbewußtes Bürgertum** gab, das die Industrialisierung in Eigeninitiative vorantreiben konnte. Es gab auch **keinen Modernisierungszwang**, weil der durch hohe Schutzzölle abgesicherte Binnenmarkt genügend Absatzmöglichkeiten und damit Garantien für den Wohlstand bot, solange die wirtschaftlichen Privilegien erhalten blieben. Diese aber garantierte die **absolute Monarchie**, von der sich das Bürgertum deshalb weniger bedroht fühlte als von einer zahlenmäßig großen Industriearbeiterschaft. Hier befand man sich durchaus in Übereinstimmung mit den Behörden des Absolutismus, die die sozialen Folgen der Industrialisierung fürchteten, wie sie in der ersten Phase der Französischen Revolution sichtbar wurden. Noch mehr als das Aufbegehren des Proletariats fürchteten die Behörden allerdings ein eigenständiges Bürgertum, in dessen Interesse es liegen könnte, den Absolutismus mit Hilfe der Volksmassen zu beseitigen. Das sprach der berüchtigte Polizeiminister Graf Pergen 1794 deutlich aus, in dem Jahr, in dem er die wenigen Intellektuellen liquidieren ließ, die es im Habsburgerreich gewagt hatten, mit »französischen« Ideen zu sympathisieren:

»Diese Gattung nahrungsloser und größtenteils ungesitteter Menschen wäre es, welche jedem Staate die größte Gefahr, besonders bey jetzigen Zeiten androhe, da durch dieselbe die **Jacobinern den Umsturz der französischen Regierung, und das allgemeine Unglück Europas bewirkt haben**, und durch eben diese Staatsumwälzer ähnliche Comploten in einigen anderen Staaten durch Dahinsendung vieler Geldsummen schon wirklich bis fast zum Ausbruche ausgesponnen worden, und es kaum zu zweifeln sey, sie dürften was Ähnliches auch hierlands, wo nicht versucht haben, dennoch es noch zu thun die Absicht haben.«[18])

Weil Kaiser Franz (1792 bis 1835) und seine konservativen Berater also gesellschaftliche Veränderungen als Bedrohung ihres Herrschaftssystems fürchteten, bremsten sie die Industrialisierung ganz bewußt ein: Mehrere kaiserliche Dekrete verboten die Niederlassung von Fabriken für Wien und Umgebung.[19]) Man machte die

Industrialisierung generell für das Aufbegehren des Volkes verantwortlich und hing dem kleingewerblichen Ideal der Vergangenheit nach. Die Familie sollte zum Zentrum wirtschaftlicher Betätigung werden, von der Förderung der Hausindustrie erhoffte man einen alternativen Entwicklungsweg. So hieß es in einem Vortrag der niederösterreichischen Landesregierung, daß »nur dann ein Fabrikationszweig einer größeren Ausdehnung fähig wird, wenn er sich ein häusliches Gewerbe umstellet, wodurch auch dem verheuratheten Arbeiter, der eine doppelte Rücksicht verdienet, die Gelegenheit verschaffet wird, sich vermittelst seines Weibes und seiner Kinder einen mehreren Gewinn zu verschaffen«.[20]) Derartige Vorstellungen waren freilich nicht geeignet, in die Praxis umgesetzt zu werden, da die ökonomische Entwicklung an ihnen vorbeilief.

Auf der anderen Seite waren sich die weitblickenderen Berater des Kaisers der Bedeutung der Industrialisierung für die Stärke des Staats in der Auseinandersetzung mit den westlichen Nationen durchaus bewußt. Das gilt vor allem für Fürst Metternich, der als Außenminister und ab 1821 als »Haus- Hof und Staatskanzler« die eigentliche Macht in den Händen hielt. Die Epoche, der er als unerbittlicher Gegner aller Bestrebungen, die den Absolutismus in Frage stellten, prägte, wird als V o r m ä r z bezeichnet. Sie dauerte vom Wiener Kongreß 1815 bis zum Ausbruch der Märzrevolution 1848.

Im Vormärz entstanden in den österreichischen Erblanden und in Böhmen die e r s t e n I n d u s t r i e z e n t r e n (zum Beispiel Wien, Wiener Neustadt, Prag oder Linz). Die industrielle Entwicklung stand unter der Vorherrschaft der Textilbranche. Der Aufbau einer eigenen Maschinenindustrie konnte trotz vieler technischer Erfindungen erst sehr spät und nur mit Hilfe ausländischer Fabrikanten durchgeführt werden.[21])

Als »Vorleistung« für den Aufbau der Industrie wurden als ein Teil des neuen *Allgemeinen Bürgerlichen Gesetzbuchs* von 1811 Bestimmungen über den Dienstvertrag geschaffen, die für alle Arbeitsverhältnisse galten, auch für die gewerblichen Arbeiter vom Kleinbetrieb bis zum Industrieunternehmen. Sie waren so allgemein gehalten und nahmen so wenig Rücksicht auf die Situation der Arbeiter in der maschinellen Produktion, daß sie den Unternehmern praktisch einen Freibrief ausstellten.

Die wirtschaftlichen Vorteile bekamen insgesamt in der Kosten-Nutzen-Rechnung des Vormärz ein größeres Gewicht als der

Wunsch, von »gefährlichen« Arbeitermassen verschont zu bleiben. Denn mit dem Eindringen großbetrieblicher maschineller Produktionsformen nahm man auch im Interesse des Profits das Ansteigen der Zahl arbeitsloser und ungelernter Arbeiter gerne in Kauf. »... die in der Maschinerie angewandte Arbeiterzahl muß kleiner sein als die durch die Maschine verdrängte Arbeiterzahl«, so unterstrich Karl Marx die Tendenz des Kapitals zur Profitbildung mittels »Freisetzung« von Arbeitskräften.[22])

Daß die unter elenden Bedingungen lebenden Arbeiter ruhig blieben, dafür sorgte Metternichs Polizei und Geheimdienst, die jede freiheitliche Regung unterdrückten. Außer einigen Fabrikskassen und Unterstützungsvereinen der Buchdrucker gab es im Habsburgerreich nichts, was an eine moderne Arbeiterbewegung oder Gewerkschaftsbewegung gemahnte. Zu dieser Zeit waren im Westen Europas bereits die ersten Gewerkschafts- und Arbeitervereine entstanden und zahlreiche Unterstützungskassen gegründet worden: Die Zusammenfassung vieler Menschen an einem Ort zum Zweck gemeinsamer Arbeit unter den gleichen Arbeitsbedingungen brachte es schließlich zwangsläufig mit sich, daß sich die gemeinsam Arbeitenden auch zur Erreichung gemeinsamer Forderungen zusammenfanden, nachdem sie sich der Gemeinsamkeit ihrer Probleme bewußt geworden waren.

Die Arbeiterschaft im Vormärz

Die Industriearbeiterschaft des Habsburgerreichs war in der ersten Hälfte des 19. Jahrhunderts noch zu »jung«, um sich ihrer Gemeinsamkeit als soziale Klasse bewußt zu sein. Abgesehen davon wurde die Bildung von Arbeitervereinen durch polizeiliche Strafbestimmungen verhindert. Wenn Arbeitervereine am Entstehen waren, die sich keinen wirtschaftlichen Aufgaben stellten, sondern sich lediglich auf Bildungsinteressen und die Gewährung von Unterstützungen und dergleichen beschränkten, konnte zwar nicht aufgrund der Koalitionsverbote gegen sie vorgegangen werden, aber das V e r e i n s r e c h t bot eine Handhabe, um auch O r g a n i s a t i o n e n dieser Art nahezu völlig zu v e r h i n d e r n. Das damalige Vereinsrecht beruhte auf dem Grundsatz, daß ein Verein nur dann gesetzlichen Bestand habe und rechtmäßig tätig sein könne, wenn die Behörde seine Bildung ausdrücklich genehmigt hatte. Da aber die Genehmigung der Vereinsbildung im freien Ermessen der Behörden stand, war es leicht, die Bildung von Arbeitervereinen nicht zuzulassen. Im Österreich Metternichs wurde eben der Zusammenschluß von Personen zur Erreichung irgendeines Ziels nicht gerne gesehen, auch wenn dieses Ziel noch so wenig »gemeingefährlich« war.

Mit den F a b r i k s k a s s e n machte man allerdings eine Ausnahme: Sie wurden zunächst geduldet, vor allem dann, wenn sie durch B e i t r a g s l e i s t u n g d e s U n t e r n e h m e n s gut kontrollierbar waren. Ein Teil der Unternehmer förderte solche Fürsorgeeinrichtungen, weil sie ihnen ungefährlicher erschienen und die unbequeme Last eventueller Fürsorge abnahmen. Die Unterstützungskassen waren auch ein Mittel, um die Empörung der Arbeiterschaft über ihre krasse Notlage bei Krankheit und Arbeitslosigkeit abzufangen, da sie doch ein wenig Hilfe boten. Der Staat kümmerte sich ja nicht um die soziale Situation der Arbeiter: Außer einigen Bestimmungen zur Unfallvorsorge und dem Hofdekret von 1837, das die Unternehmer zur Zahlung eines vierwöchigen Spitalsaufenthalts verpflichtete[23]), gab es keinerlei soziale Absicherung.

Die Behörden bewerteten aus diesen Überlegungen heraus die Einrichtung der Fabrikskassen ebenfalls als positiv. So hieß es in einem Bericht, der die Ergebnisse einer vom Magistrat der Stadt Prag und den Kreisämtern im Jahre 1823 durchgeführten Untersuchung zusammenfaßte, »daß diese Kassen offenbar sehr nützliche und zweckmäßige Anstalten sind, welche in jeder Hinsicht befördert zu werden verdienen. Da indessen solche Kassen nur ein Ergebnis freiwilliger Übereinkunft sind und sein können, so haben sich die Behörden jeder direkten Einmischung zu enthalten, sobald nicht erwiesene Malversationen eine solche nach den bestehenden Gesetzen zulässig oder gar erforderlich machen ...«.[24])

Vor allem in Böhmen gab es aber auch im Vormärz Fabrikskassen, die n u r v o n d e n A r b e i t e r n e i n g e r i c h t e t und verwaltet wurden. Wie aus dem Bericht einer amtlichen Untersuchungskommission an das böhmische Landesgubernium vom 12. Mai 1845 über die Gebarung solcher Kassen in der Baumwollindustrie hervorgeht, waren sie am flachen Land ebenso zu finden wie in Prag. Die ältesten dieser Kassen waren schon vor 40 Jahren gegründet worden, also um *1805*. Manche beschränkten sich nicht auf einen Betrieb, sondern umfaßten sämtliche *Kotondruckereien* in einem Ort.

Die Arbeiterkassen bezweckten Hilfeleistungen in Notfällen und die Unterstützung reisender Berufsangehöriger. Es waren Krankheitsaushilfen, Leichenkostenbeiträge, die Unterstützung erwerbsunfähiger Vereinsmitglieder sowie Reisegelder vorgesehen. Hier lebte also in gewisser Hinsicht die alte Tradition der Bruderladen in verändertem Gewand weiter.

In den vierziger Jahren wurde unter dem Deckmantel karitativer Absichten hier auch oftmals Geld zur U n t e r s t ü t z u n g von (streng verbotenen) S t r e i k s gesammelt, so daß die Behörden spezielle Geldsammelaktionen von ihrer Bewilligung abhängig machten – ohne sie jedoch gänzlich unterbinden zu können. So wurden die Kassen zu einem ersten Instrument der Solidarität.

Als bei der Verschärfung der Wirtschaftskrise mit der Zunahme von Protestaktionen der immer mehr verelendenden Arbeiterschaft gerechnet wurde, griffen die Behörden zu schärferen Mitteln: Am 14. Mai 1845 wurden Neugründungen von Fabrikskassen verboten und ebenso Geldsammlungen unter den Fabriksarbeitern. So wollte man Solidaritätsakte zur Unterstützung von Streikenden unterbinden.

Die zunehmende Verwendung arbeitssparender Maschinen führte ab etwa 1830 neuerlich zu einer Verdrängung der erwachsenen männlichen Arbeiter durch Frauen und Kinder.

Im Schuhmachergewerbe war zum Beispiel die Frauenarbeit kurz vor Einführung der Nähmaschine gestattet worden, weil die Kunden für die Oberteile eine feinere Ausführung verlangten, für die man Schneiderinnen benötigte. Nach der Einführung der Nähmaschine wurden aus diesen Oberteilhandstepperinnen Maschinenstepperinnen, die männlichen Stepper verloren ihre Arbeit. In den meisten Baumwollspinnereien war über ein Drittel der Beschäftigten jünger als 14 Jahre.

Der Einsatz von Frauen und Kindern d r ü c k t e d i e L ö h n e und bewirkte gleichzeitig ein A n s t e i g e n d e r A r b e i t s - z e i t . Einem englischen Beobachter, der Österreich im Vormärz bereiste, erschien die Arbeitszeit in den Fabriken im Vergleich mit seiner Heimat *von grausamer Länge,* weil zum Beispiel für zwölf- bis 16jährige Kinder und Jugendliche ein zwölfstündiger Arbeitstag die Regel war.[25]) Dabei stellte die Beschränkung auf die zwölfstündige Maximalarbeitszeit durch das Hofkanzleidekret vom 11. Juni 1842 schon einen Fortschritt dar, vorher arbeiteten die Kinder nicht selten 13 bis 16 Stunden. Dieses erste gesamtösterreichische Kinderschutzrecht verbot auch die Verwendung von Kindern in Fabriken vor Vollendung des zwölften Lebensjahres. Das war aber nicht so »ernst« gemeint, denn gleichzeitig wurde die Einschränkung gemacht, daß es im Ermessen der Ortsbehörden lag, Kinder ab neun Jahren zur Fabriksarbeit zuzulassen. Die neun- bis zwölfjährigen konnten immerhin noch zehn Stunden beschäftigt werden, und nur für die ganz Kleinen unter zehn galt das Nachtarbeitsverbot.[26])

Ein erwachsener Wiener Arbeiter arbeitete im Jahre 1848 täglich 12 bis 16 Stunden, aber nur selten weniger als 14 Stunden. Dabei verdiente er pro Tag – einer ministeriellen Darlegung zufolge – 24 Kreuzer. Ein Mittagessen für eine Familie, von dem man kaum satt werden konnte, kostete aber auf jeden Fall 30 Kreuzer, weil die Mißernten während der letzten Jahre des Vormärzes die Getreidepreise in die Höhe schnellen ließen. Dazu kamen noch die ständig ansteigenden Mietzinsen, mit denen die Arbeiter ihre elenden Wohnungen bezahlen mußten, so daß das Mitverdienen von Frauen und Kindern zu einer Existenzfrage wurde.[27]) Da aber der Verdienst der Arbeiterinnen noch niedriger war als jener der Männer – viele bekamen nicht mehr als 10 Kreuzer pro Tag –, mußten auch Kinder von sieben Jahren an arbeiten, um zum Erhalt der Familie beizutragen. In der Not kümmerte sich niemand um das gesetzliche Verbot und die Unternehmen wurden von niemandem kontrolliert, solange dort »Ruhe und Ordnung« herrschte. Die Verwendung von Frauen und Kindern in den Fabriken brachte den Unternehmern nicht nur besseren Profit, sie hatte für sie auch noch einen anderen angenehmen Nebeneffekt: Lohndruck und Verschlechterung der Arbeitsbedingungen und die zunehmende Bedrohung durch Arbeitslosigkeit weckten den Widerstand der männlichen Arbeiter, was lange Zeit das Entstehen eines Zusammengehörigkeitsgefühls hinderte.

Im Vormärz war ein Fabriksarbeiter durchschnittlich drei Monate a r b e i t s l o s , und bis 1848 nahm die Arbeitslosigkeit immer größere Ausmaße an. Die Wirtschaftskrise bewirkte, daß viele finanziell schlecht abgesicherte Gewerbetreibende verarmten und ebenso, daß eine Reihe von Fabriken stillgelegt werden mußte. Andererseits machten die R a t i o n a l i s i e r u n g s m a ß n a h m e n in den großen Betrieben, vor allem der Einsatz moderner Maschinen, zahlreiche Menschenhände überflüssig. Viele Arbeiter starben den Hungertod und jene, die am Leben blieben, vegetierten in unvorstellbarem Elend dahin.[28])

Die Zahl der Bettler vermehrte sich in erschreckendem Maße, und es gab viele Unterstandslose, die Verbrechen nahmen überhand, und die Arbeitshäuser waren überfüllt.

Das reiche Bürgertum bildete karitative Vereine, um die Not zu lindern. Hingegen boten die Erdarbeiten für die beginnenden Eisenbahnbauten vorerst noch wenigen Menschen Beschäftigung. Alle Maßnahmen waren aber unzulänglich, weil sie letzten Endes nichts Grundlegendes an dem System änderten, das zu dem Elend geführt hatte.

Die Revolution von 1848

Gegen Mitte des 19. Jahrhunderts wurde ganz Europa von einer schweren Wirtschafts- und Finanzkrise heimgesucht. Steigende Arbeitslosigkeit vermehrte nicht nur in den habsburgischen Ländern das bereits vorhandene Elend. Anfang 1848 erschien das von K a r l M a r x und F r i e d r i c h E n g e l s verfaßte *K o m m u n i s t i s c h e M a n i f e s t,* das die internationale Arbeiterschaft aufrief, der Ausbeutung des Menschen durch den Menschen ein Ende zu setzen und sich über nationale Grenzen hinweg zum Kampf zusammenzuschließen. Es brachte damals nur die Ideen einer kleinen Gruppe von revolutionären Denkern zum Ausdruck und hatte noch keine praktische Wirkung. Aber die beiden Autoren hatten richtig erkannt, daß sich ein grundlegender gesellschaftlicher Wandel vollzogen hatte und die neue Klasse der Industriearbeiterschaft, das Proletariat, eine eigenständige Rolle in der Geschichte zu spielen begann.

Im Februar 1848 brach in Frankreich die Revolution aus; der »Bürgerkönig« Louis Philippe, der in der letzten Phase seiner Regierung von einer liberalen zu einer konservativen Politik übergegangen war, wurde gestürzt, Frankreich wurde zum zweitenmal in seiner Geschichte Republik. Die revolutionäre Erhebung griff auf Deutschland und das Habsburgerreich über.

Metternichs Staat steckte damals in einer akuten Krise. Die Staatsschuld, die im Jahre 1815 393 Millionen Gulden betragen hatte, war bis zum Jahre 1847 auf 748 Millionen Gulden angestiegen, hatte sich also fast verdoppelt. Das erstarkte Bürgertum sah nun die Gelegenheit gekommen, die verpaßte Französische Revolution nachzuholen und sich neben wirtschaftlichen auch politische Rechte zu sichern. Die Unterdrückung durch das Polizeisystem war so unerträglich geworden und hemmte den Wirtschaftsliberalismus in einem Maß, daß man sich nicht mehr damit begnügen wollte, täglich seinen Braten *und* die besten Weine auf den Tisch zu bekommen. Die Bauern erhofften sich eine Befreiung aus den Fesseln der feudalen Abhängigkeit, und die Arbeiterschaft hoffte auf eine Verbesserung ihrer sozialen Lage und die Beendigung ihrer Rechtlosigkeit.

Der Kampf um ein demokratisches Mitspracherecht

Am 13. März brach in Wien der Aufruhr los. Die Parole hieß *Verfassung für das ganze Volk,* das war die Forderung nach politischer Demokratie.

Unter dem Druck der revolutionären Erhebung mußte Kanzler Metternich zurücktreten und der Kaiser bereits am 15. März 1848 eine l i b e r a l e V e r f a s s u n g und die Einberufung einer Volksvertretung für die nichtungarischen Länder zugestehen. Ursprünglich wurde das Wahlrecht nur den Bürgern und Bauern zugestanden, aber im Mai erkämpfte sich auch die Arbeiterschaft die Teilnahme an der demokratischen Entscheidung. Im Juli wurde in den e r s t e n a l l g e m e i n e n W a h l e n der österreichischen Geschichte der Reichstag als Parlament für die nichtungarischen Länder gewählt. Der Reichstag beschloß im August das *Grundentlastungsgesetz,* das die Bauern von Zehent und Robot befreite und sie zu Eigentümern des Landes machte. Auch die grundherrliche Verwaltung und Gerichtsbarkeit wurde aufgehoben.

Der erste Kampf der Arbeiterschaft um soziale Rechte

Als sich am 13. März das Wiener Bürgertum erhob, erhoben sich auch die Proletarier in den Vororten. Das Volk aus den *bloßfüßigen Gründen* (die Bevölkerung der Vororte, die zum Teil den Sommer über barfuß ging) zog in die Stadt. Militär wurde aufgeboten und machte von der Schußwaffe Gebrauch.

Ohne die Hilfe der Arbeiter hätte das Bürgertum das Zurückweichen des Absolutismus nie erreicht, aber gleich zu Beginn traten die Gegensätze zwischen Bürgertum und Proletariat zutage. Denn die Arbeiter unterstützten zwar den Kampf um die *Konstitution,* aber sie v e r l a n g t e n a u c h s o z i a l e R e f o r m e n . Am 15. Mai 1848 wurden in den Wiener Druckereien aufgrund des von Buchdruckergehilfen überreichten *Promemoria an die Herren Repräsentanten des löblichen Buchdruckergremiums* die »Arbeiterpreise« für Setzer, Drucker und Schriftgießer neu festgelegt und kundgemacht. Es waren vor allem die Buchdrucker, die bahnbrechend vorangingen, einen Verein gründeten und das »*Österreichische Buchdruckerorgan*« herausgaben.

Die Arbeiter hatten seit den Märztagen mehr Bewegungsfreiheit, aber die Bedeutung eines organisatorischen Zusammenschlusses erkannte nur ein kleiner Teil von ihnen. Die Mehrheit glaubte noch, ein Appell an die humanitäre Gesinnung der Unternehmer wäre die richtige Methode, um soziale Forderungen durchzusetzen. So nannten die Schlossergesellen ihren Forderungskatalog *Promemoria der Schlossergehilfen an die Menschenfreunde;* er zeigt auch anschaulich auf, wie es im allgemeinen um die Arbeitsbedingungen bestellt war: *Die erste unserer Bitten besteht in der Abkürzung der Arbeitszeit, die nur von 6 Uhr früh bis 6 Uhr abends währen soll, anstatt wie bisher von 5 Uhr früh bis 7 Uhr abends.*

Wie wirklichkeitsfremd und unerfahren die Arbeiterschaft noch war, geht auch aus dem Beschluß der Wiener Webergesellen hervor, eine Deputation zu »Seiner Majestät« zu entsenden, um eine allerhöchste Entschließung zu *erflehen,* daß überall die Löhne erhöht und die Arbeitsstunden vermindert würden.

Unerfahrenheit und fehlendes Wissen über die tatsächlichen Ursachen der Ausbeutung machten es leider auch schon damals Demagogen leicht, die Unzufriedenheit auf einen » S ü n d e n b o c k « zu lenken, und als geeigneter Sündenbock boten sich die J u d e n an. Julius Deutsch brachte in seinem Buch über die österreichische Gewerkschaftsbewegung einen kennzeichnenden Versammlungsbericht:»Ferner wurde beschlossen, daß kein Arbeiter mehr bei einem j ü d i s c h e n Fabriksbesitzer in Arbeit treten dürfe, jeder dawider Handelnde wird von der Innung ausgestoßen. Der Grund liegt darin, daß der israelitische Fabrikant seine Arbeiter so viel als möglich drückt und schlecht bezahlt; d i e c h r i s t l i c h e n F a b r i k a n t e n n e h m e n a b e r k e i n e n , d e r b e i e i n e m J u d e n i m D i e n s t e s t a n d , in ihre Fabrik auf, und so sind diese Arbeiter gezwungen, in den jüdischen Werkstätten zu verweilen, wo man sie willkürlich behandelt und schlecht bezahlt.«[29]) Auch später mußte die Arbeiterbewegung immer wieder dagegen ankämpfen, daß versucht wurde, die Empörung über soziale Mißstände in antisemitische Bahnen zu lenken, obwohl einige ihrer bedeutendsten und verdienstvollsten Persönlichkeiten aus dem Judentum kamen.

Trotz aller Irrtümer und Unsicherheiten entwickelte die Arbeiterschaft in den ersten Monaten der Revolution ein neues Selbstbewußtsein. Die Arbeiter verlangten, als gleichberechtigte »Bürger« anerkannt zu werden – bei den politischen Entscheidungen ebenso wie im gesellschaftlichen Leben.

Das brachte zum Beispiel in unbeholfenem Deutsch die sogenannte *Große Zeugmacherlitanei* zum Ausdruck, wo unter anderem folgende Bitten geäußert wurden:
»O Herrn! erhöret uns! nix für uns
o Herrn, die eim ned danken wenn mans grüßt nix für uns
o Herrn die stinken vor Stolz nix für uns
o Fabriken, wo schlecht ghatzt wird im Winter nix für uns
o Fabriken, wo ma eingsperrt is wie im Arbeitshaus nix für uns
Unter deinem Schutz und Schirm, fliehen wir o Constitution
(...)
siehe an, unser Leben in diesem Jammerthal,
und zeige uns nach diesem Elende eine bessere Zukunft!«[30])

Ähnlich spricht auch der Arbeiter Brunner in seinen berühmten *Menschenrechten des Arbeiters:*
»Ihr nennt uns G e s i n d e l; wir nennen uns jetzt an B ü r g e r, denn auch der A r b e i t e r, nicht bloß der H e r r, ist k o n s t i t u t i o n e l l geworden.«[31])

In einer Reihe von Vereinbarungen, etwa der Maurer (»Es haben ... die Poliere den Gesellen stets auf menschenfreundliche Art zu begegnen, dieselben insgesamt mit Sie anzureden«)[32]), der Schmiedegesellen (»die Meister haben sich verpflichtet, die Gesellen anständig zu behandeln und sie mit Sie anzureden«)[33]), der Kellner und der Seifensiedergesellen[34]) wird diese allgemeine Vorstellung konkretisiert. Nichts kann den grundsätzlichen Wandel im Selbstverständnis der Arbeiter deutlicher ausdrücken, als die Änderung der Anredeform.

Jener Teil der Arbeiterschaft, der die Notwendigkeit des Zusammenschlusses und einer grundlegenden Systemänderung erkannt hatte, fand seine Verbündeten im demokratisch-radikalen Flügel des Bürgertums (der innerhalb des Bürgertums auch eine Minderheit war); die beiden Gruppen standen miteinander in engem Kontakt. Beide forderten sowohl Freiheit des Eigentums als auch Maßnahmen zur Sicherung der Lebensgrundlagen der Arbeiter. Allerdings konnten die gebildeten Bürger die Forderungen viel klarer formulieren als die Sprecher der Arbeiter, bei denen es oft noch eine größere begriffliche Verwirrung gab.[35])

Wie stark die Forderungen nach Maßnahmen, die die Grundlagen für eine kapitalistische Wirtschaftsreform schaffen sollten, mit Forderungen einhergingen, die erste Ansätze zur Korrektur der negativen sozialen Folgen eben dieser kapitalistischen Wirtschaft enthielten, geht aus einem bedeutsamen Dokument des Jahres 1848 hervor. Es handelt sich um das Dokument, das der unter der Führung von F r i e d r i c h S a n d e r stehende W i e n e r A r b e i t e r v e r e i n als Grundlage eines zur Selbstverständigung des Proletariats einzuberufenen » A r b e i t e r p a r l a m e n t s « verwendete. Nach der Beschlußfassung sollten dem Reichstag folgende Forderungen übermittelt werden:

- Gleichstellung der politischen Rechte des Arbeiters mit denen anderer Stände,
- Einsetzung von Arbeitsministerien, wozu auch Unternehmer und Arbeitnehmer gehören,
- freies Niederlassungsrecht,
- freie Gewerbeordnung,
- Feststellung der Arbeitszeit,
- Bildungsanstalten,
- Errichtung von Kranken- und Invalidenkassen,
- Einführung von Schiedsgerichten,
- Aufhebung des Paßzwangs,
- unbeschränkte Heiratserlaubnis usw.[36])

Karl Marx lebte im Revolutionsjahr in Köln, wo er als Redakteur der *Neuen Rheinischen Zeitung* tätig war. Um Geld für die Weiterführung dieses Organs der revolutionären Bewegung aufzutreiben, reiste er auch nach Wien. Während seines Aufenthalts in Wien vom 27. August bis zum 7. September hielt er drei Vorträge und traf mit Vertretern der Revolutionäre zusammen. Vier Tage vor seiner Ankunft war eine Demonstration der Arbeiter gegen von der Regierung verfügte Lohnsenkungen von Nationalgarde und Militär brutal auseinandergejagt worden; es gab Tote und Verletzte. Friedrich Engels schrieb über diesen Tag: »Der Klassenkampf zwischen dem Bourgeoise und dem Proletarier war auch in Wien blutig zum Ausdruck gekommen, und die konterrevolutionäre Kamerilla sah den Tag kommen, an dem sie im Stande war, den großen Schlag zu führen.«[37])

Die Ideen von Karl Marx fanden damals allerdings noch keinen Widerhall bei den Arbeitern. Mehr als vierzig Jahre später erklärte Victor Adler in einer Wiener Arbeiterversammlung anläßlich des zehnten Todestags von Karl Marx am 14. März 1893: »Im Jahre 1848 – und das war die erste Revolution, die Karl Marx mit sehenden Augen erlebte, die er mitgekämpft, die er uns gedeutet, erklärt hat und aus der wir lernen werden und gelernt haben – im

Österreichs Gewerkschaftsbewegung
Zusammenschluß – Station 1

Während des Revolutionsjahres schließen sich Arbeiter erstmals in Österreich zusammen und gründen den Wiener Arbeiterverein. Sie forder politische Mitbestimmung, geregelte Arbeitsze Sozialversicherung und Zugang zu Bildung.

Jahre 1848 war das Proletariat nicht nur hier in Österreich, auch drüben in Frankreich, wo die Hauptschlacht geschlagen wurde, eine unterentwickelte Klasse, eine Klasse, die sich selbst noch nicht kannte.«[38])

Die Kämpfe des Proletariats waren aber im Habsburgerreich nur eine Begleiterscheinung im Gefolge der Revolution, die hier eine andere Zielrichtung hatte als in Westeuropa. Die Freiheitsbewegung wandte sich *gegen den in deutscher und seit kurzem in magyarischer Sprache verwalteten und zumeist von Deutschen oder Eingedeutschten geführten theresianisch-josephinischen Beamtenstaat.* Dieser Grundgedanke kommt am besten in dem *Manifest der kroatisch-slowenischen Aktion* vom 21. Juli 1848 zum Ausdruck: »Unsere Haupttendenz ist die, eine freie Nation im freien österreichischen Kaiserstaat zu sein ...«[39])

Der Sieg der kaiserlichen »Kamerilla«

Im Oktober 1848 hatten sich bereits die Gegenkräfte gesammelt. Es waren damals nur mehr wenige bürgerliche Radikale, die mit den Arbeitern gemeinsam die Revolution verteidigten. Die meisten Bürger hatten sich längst wieder mit dem zum Gegenschlag bereiten Absolutismus arrangiert.

Am 31. Oktober 1848 wurde Wien von kroatischen und böhmischen Truppen im Sturm genommen. Die Zahl der Toten lag zwischen 1.200 und 2.000, die »Rädelsführer« starben unter den Kugeln von Erschießungskommandos. 1579 Verhaftungen wurden vorgenommen, 1537 Verhaftete ließ man nach acht Wochen frei. Fürst Windischgrätz verhängte als Kommandant von Wien über die Stadt den Belagerungszustand, alle p o l i t i s c h e n V e r e i n e wurden aufgelöst, die Zeitungen unter M i l i t ä r z e n s u r gestellt.

Neuer Regierungschef wurde Fürst Felix zu Schwarzenberg, ein Vertrauter des Hofs. Zunächst gab er sich noch als Befürworter der Liberalisierung. Als er sein Kabinett, dem auch zwei bürgerliche Minister angehörten, dem Reichstag vorstellte, erklärte er: »Das Ministerium wird nicht hinter den Bestrebungen nach freisinnigen und volkstümlichen Einrichtungen zurückbleiben, es hält es vielmehr als seine Pflicht, sich an die Spitze der Bewegung zu stellen.«[40]) Der R e i c h s t a g übersiedelte von Wien nach K r e m s i e r in Mähren, wo er zwei Monate lang an einem fortschrittlichen und realistischen *Entwurf der Konstitutionsurkunde für die österreichischen Staaten* arbeitete. Doch Schwarzenberg dachte gar nicht daran, den Verfassungsentwurf in die Tat umzusetzen. Der Reichstag sollte nur so lange diskutieren, bis die absolute Macht stark genug sein würde, mit den liberalen Einrichtungen endgültig aufzuräumen. Am 7. März 1849 wurde er gewaltsam aufgelöst. Soldaten mit aufgepflanzten Bajonetten trieben die Abgeordneten aus dem Sitzungssaal. Das ungarische Revolutionsheer wurde mit Hilfe des Zaren im August 1849 endgültig geschlagen, die Sieger übten blutige Rache. Die Erinnerung daran belastete das Verhältnis zum Haus Habsburg bis zum Auseinanderbrechen der Monarchie.

Am 9. Juni 1848 wurde die österreichische Gendarmerie aufgestellt. Am 31. Dezember 1851 hob der junge Kaiser Franz Joseph (der 1848 aus politischen Erwägungen der »Kamarilla« anstelle seines Onkels Ferdinand eingesetzt worden war) mit dem *Sylvesterpatent* die als Übergangslösung zwischen Revolution und »neuem« Absolutismus gedachte, aber niemals in Kraft getretene *oktroyierte Verfassung* auf. Die Pressefreiheit, die Gemeindeautonomie und das öffentliche Gerichtsverfahren wurden abgeschafft.

Wirtschaftlich war der »neue« Absolutismus allerdings zum Unterschied vom »alten« liberal eingestellt – in dieser Hinsicht hatten das besitzende Bürgertum und die Bauern einen Sieg errungen. Die B e f r e i u n g d e r B a u e r n von Robot und Abgabeleistung wurde nicht zurückgenommen. Und die H a n d e l s k a m m e r n , die – dem Vorbild Frankreichs folgend – mit dem Handelskammergesetz vom 15. Dezember 1848 geschaffen worden waren, blieben ebenfalls bestehen. Sie entwickelten sich zu einer bedeutenden Institution des österreichischen Wirtschaftssystems, und zu einer dauerhaften Vertretung des wirtschaftlichen Interesses des Bürgertums. Handelskammern sollten an allen Orten des Reichs errichtet werden, wo es eine ausgedehnte Gewerbe- und Handelstätigkeit gab. Sie hatten die Aufgabe, »Wünsche und Vorschläge über alle Gewerbs- und Handelszustände in Verhandlung zu nehmen und über erhaltene Aufforderungen oder auch ohne dieselbe, ihre Absichten und Gutachten für die Erhaltung der Förderung des Gewerbefleißes und des Verkehrs zur Kenntnis der Behörde zu bringen.«[41]) Insgesamt wurden 60 Handels- und Gewerbekammern in Österreich-Ungarn errichtet. »In keinem anderen Land Europas war die Kammerorganisation so durchgebildet und wohl überlegt, so einflußreich und so sehr in weiten Kreisen der Wirtschaft verankert, daher auch nirgends so erfolgreich und maßgebend am öffentlichen Leben beteiligt wie in Österreich.«[42])

Sobald die Arbeiterschaft sich wieder politisch bemerkbar machen konnte, erhob sie die Forderung nach Errichtung von A r - b e i t e r k a m m e r n, die, wie die Handelskammern die Interessen der Wirtschaftstreibenden, die Interessen der Lohnabhängigen im Rahmen einer öffentlich-rechtlichen Institution vertreten sollten.

Bereits im Frühjahr 1872 brachte der »gemäßigte« Arbeiterführer Heinrich Oberwinder dem Ministerium des Inneren und dem Reichsrat ein Memorandum über die Errichtung von Arbeiterkammern ein. Sie sollten bezirksweise gegliedert sein und die Vertreter der Arbeiterschaft in das seit einigen Jahren bestehende, aber noch nicht in allgemeinen Wahlen bestellte Parlament delegieren. Die einleitenden Sätze des Memorandums lauteten: *In Erwägung des Umstandes, daß die durchschnittliche Lebensdauer des Fabriksarbeiters etwa 33 Jahre beträgt, muß das Wahlrecht im Alter von 21 Jahren ausgeübt werden können. Die Arbeiterkammer hat Wünsche und Vorschläge über sämtliche Arbeiterangelegenheiten in Beratung zu nehmen, hat ihre Wahrnehmungen und Vorschläge über Bedürfnisse der Arbeiter zur Kenntnis der Behörden zu bringen – entweder auf Verlangen der letzteren oder aus eigenem Antrieb. Ehe die Regierung einen Gesetzentwurf, welcher Interessen der Arbeiter berührt, dem Reichstag oder den Landtagen vorlegt, werden die Arbeiterkammern um ihr Gutachten befragt.*

Abschließend stand die Forderung nach Errichtung eines Arbeitsministeriums oder einer eigenen Abteilung für Arbeiterangelegenheiten im Handelsministerium.

Oberwinder wurde von den Anhängern seines Gegners Andreas Scheu, vom »radikalen« Flügel, heftig angegriffen und wegen der Forderung nach einer Vertretung im Abgeordnetenhaus des Reichsrats über die Arbeiterkammern statt über das allgemeine Wahlrecht des Verrats bezichtigt, und auch die geeinigte Sozialdemokratische Partei lehnte einen solchen Plan ab. Deshalb verschwand ein 1886 von liberaler Seite im Abgeordnetenhaus eingebrachter Antrag, der dem Oberwinder-Antrag entsprach, 1889 in der Versenkung. Zur Errichtung von Arbeiterkammern kam es – unter ganz anderen Voraussetzungen – erst in der Ersten Republik.

Der Arbeiterschaft hatte die Revolution keine bleibenden Erfolge gebracht. In anderen Staaten wurden 1848 die Grundlagen für den Ausbau von Sozialpolitik und Sozialgesetzgebung geschaffen, im Habsburgerreich war nicht einmal der mittlerweile in der Praxis weitgehend übliche Zehn- bis Elfstundentag gesetzlich abgesichert. Weder der Reichstag von Kremsier noch die Regierung

Schwarzenberg schenkten dem Arbeiterproblem mehr als momentane Aufmerksamkeit. Das Proletariat, das den Verteidigungskampf im Oktober 1848 fast ganz allein geführt hatte, wurde zunächst ohne Hoffnung auf eine bessere Zukunft wieder in die Vorstädte zurückgedrängt.[43])

Die Arbeiterschaft unter der Herrschaft des »neuen Absolutismus«

Soziales Elend im Wirtschaftsliberalismus

Nach anfänglicher Stagnation setzte in den fünfziger Jahren des 19. Jahrhunderts die I n d u s t r i a l i s i e r u n g in verstärktem Umfang ein. Den Arbeitern, deren Zahl als Folge dieser Entwicklung rasch zunahm, brachte der Aufschwung der Industrie keine besseren Lebensbedingungen. Der im Sinn des Wirtschaftsliberalismus eingeleitete Übergang vom bisherigen rigorosen Schutzzollsystem auf ein System mäßiger Schutzzölle und eine durch weitere Mißernten bewirkte Lebensmittelknappheit bedeutete für sie Hunger und Arbeitslosigkeit. Die in den ersten Jahren nach der Revolution von 1848 herrschende Stagnation im Baugewerbe vergrößerte zudem das in den Vorstädten Wiens und in anderen Ballungsräumen ohnehin alltägliche W o h n u n g s e l e n d. In Wien, aber auch in den Ländern der Monarchie kam es wegen mangelnder Kaufkraft zu Geschäftsstockungen. Die A r b e i t s l o s i g k e i t war um 1860 noch immer so groß, daß man sich selbst »höheren Orts« mit den Maßnahmen gegen dieses soziale Übel zu beschäftigen begann.

Um Abhilfen gegen den Notstand zu finden, griff man zu einem Mittel, das auch später immer wieder angewendet wurde: Man veranstaltete eine Enquete, in der Beamte, Politiker und Experten Lösungsvorschläge erarbeiten sollten. Sie kam 1862 zu dem Ergebnis, »daß bei dem Mangel präliminarmäßiger Bedeckung für jegliche, wenn auch nicht so großartige Unterstützung der Zentralregierung die Mittel zur Abhilfe fehlen. In letzter Auflösung werde man mehr oder weniger immer auf lokale Mittel angewiesen bleiben, es würden daher nur unerfüllt bleibende Hoffnungen angeregt und nationalökonomische Debatten in Massen hervorgerufen, die zuletzt erfolglos bleiben«.[44]) Die Arbeitslosen blieben auf ein klägliches Armengeld ihrer Heimatgemeinde angewiesen, sofern sie keinen Unterstützungskassen angehörten. Darin erschöpfte sich weitgehend die »Sozialpolitik« jener Tage.

Erste Ansätze einer Sozialpolitik

Der Staat setzte der Unternehmerinitiative keine sozialpolitischen Schranken, so daß die Situation in den Fabriken oft schlimmer war als unter der Herrschaft Metternichs. Das *Allgemeine Berggesetz* von 1854 schaffte mit den traditionellen Bergordnungen sogar die bisher geltenden Arbeiterschutzregelungen für die Montanindustrie ab. Nur einige unverbindliche Richtlinien für die Beschäftigung von Frauen und Kindern wurden vorerst erlassen.[45]

Aber die Verwendung von Kindern als Fabriksarbeiter, die zur Konservierung veralteter Produktionsmethoden beitrug, hemmte die Bereitschaft zur Übernahme von technischen und ökonomischen Innovationen. Diese Überlegung war sicher ein wesentlicher Grund für den Entschluß der Regierung, die Arbeit von *Lohnkindern* in industriellen Unternehmungen einzuschränken. Das geschah mit den Bestimmungen des VI. Hauptstückes der n e u e n G e w e r b e o r d n u n g , die 1859 erlassen wurde und am 1. Mai 1860 in Kraft trat. Kinder bis zum Alter von zehn Jahren durften danach nicht mehr und Kinder zwischen zehn und zwölf Jahren nur mit Erlaubnisschein zur Fabriksarbeit herangezogen werden. Die Arbeitszeit der noch nicht Vierzehnjährigen wurde mit zehn, die Arbeitszeit der Vierzehn- bis Sechzehnjährigen mit elf Stunden begrenzt.

Weitere A r b e i t e r s c h u t z m a ß n a h m e n der Gewerbeordnung von 1859 waren das Truckverbot (Verbot der Lohnabgeltung durch Waren), ein minimaler Lohnschutz und die gesetzliche Regelung der Errichtung von Fabriks- und Genossenschaftskassen zur Versicherung gegen Krankheit und Unfälle.

Zehn Jahre später, also 1869, gab es in »Cisleithanien« nach einer Mitteilung der Statistischen Zentralkommission bei einer Gesamtzahl von 418.000 Arbeitern in zirka 1.100 Bergwerken und Industrieetablissements 219.581 Arbeiter (also rund 55 Prozent), die an *Bruderladen* und F a b r i k s k a s s e n sowie an anderen humanitären Einrichtungen beteiligt waren. Auf den Bergbau entfielen dabei 78.000 Arbeiter aus 391 Werken; sie gehörten 378 Bruderladen an. In der Industrie gab es 141.000 Arbeiter aus 709 Unternehmungen, die sich an Unterstützungskassen beteiligten. Die Einnahmen der Bergwerksbruderladen bestanden meist aus Einlagen der Bergleute und o b l i g a t o r i s c h e n Beiträgen der Unternehmer. Die Einnahmen der Fabrikskassen bestanden aus Einlagen der Arbeiter, die bis zu fünf Prozent des Lohns (meistens aber zwei Prozent) ausmachten und f r e i w i l l i g e n Beiträgen der Unternehmer von 25 bis 50 Prozent der Arbeitereinlagen. Diese Kassen konnten ihre Aufgabe wegen mangelnder Organisation und Finanzierung aber ebensowenig gerecht werden wie die durch das *Allgemeine Berggesetz* geschaffenen *Bruderladen*. Und die übrigen ohnehin mehr als unzureichenden Schutzbestimmungen blieben praktisch ohne Wirkung, weil die Kontrolle ihrer Einhaltung von der Mehrheit der Regierungsmitglieder abgelehnt worden war.[46])

Die Bedeutung der Gewerbeordnung von 1859 für den späteren Ausbau der Sozialgesetzgebung lag vor allem darin, daß es gelungen war, die Kompetenzen der Länder zu beschneiden und eine reichseinheitliche Regelung durchzuführen. In der aktuellen Situation brachte das für die Arbeiter freilich nicht immer Vorteile, denn manche weniger harten Bestimmungen, zum Beispiel über Arbeitsordnungen und Arbeitsbücher, wurden dadurch verschärft. Und im übrigen verwies die »liberale« Gewerbeordnung bezüglich der Ausgestaltung der Arbeitsverträge auf die Bestimmungen des *Allgemeinen Bürgerlichen Gesetzbuchs*.

Unterdrückung jeder selbständigen Interessenorganisation

Der neoabsolutistische Staat förderte zwar private wirtschaftliche Initiative, aber er behielt sich vor, *Grenzen und Richtungen dieser Aktivitäten festzulegen*.[47]) Die Einführung von Z w a n g s - g e n o s s e n s c h a f t e n für Unternehmer und Lohnabhängige zielte in diese Richtung.

Das Entstehen von selbständigen Arbeitervereinigungen wurde hingegen mit allen Mitteln unterdrückt. Selbst die formal gestatteten Vereine, die sich nur mit Unterstützungsangelegenheiten oder Pflege der Geselligkeit befaßten, waren ständig von Auflösung bedroht. Wie unduldsam die Behörden waren, zeigte die 1852 erfolgte Auflösung des im Jahre 1842 gegründeten Unterstützungsvereins für erkrankte Buchdrucker und Schriftgießer. Und wenn sich die Arbeiter unorganisiert gegen das Elend wehrten, wurde Militär eingesetzt –, wie zum Beispiel 1850, als es wegen der hohen Lebensmittelpreise und der schlechten Qualität der Nahrungsmittel beim Bahnbau am Semmering zu »Arbeiterexzessen« kam.

Die Entstehung einer gewerkschaftlichen Interessenvertretung war unmöglich, weil die *K o a l i t i o n* seit 1852 durch das Strafgesetz v e r b o t e n wurde. Auch die Gewerbeordnung von 1859 stellte die gewerkschaftliche Tätigkeit unter Strafsanktion.

In der Übergangszeit zum Verfassungsstaat

Um 1860 geriet das absolutistische Regime, bedingt durch eine Serie außenpolitischer Niederlagen, in eine Krise. Außenpolitisch hatte das Regime von Anfang an versagt, seit die Pläne des Fürsten von Schwarzenberg gescheitert waren, einen mitteleuropäischen Bundesstaat zu errichten; er sollte alle Mitglieder des nach dem Sturz Napoleons gegründeten *Deutschen Bunds* umfassen und Mitteleuropa zollpolitisch einigen. Vor allem sollten ihm das Habsburgerreich und Preußen mit ihrem ganzen Gebiet angehören. Aber weil Preußen nicht daran dachte, die Vorherrschaft der Habsburger anzuerkennen, verschärfte sich nur der Gegensatz zwischen den beiden führenden Mächten des ehemaligen römisch-deutschen Kaiserreichs. Und die Niederlage der Österreicher gegen Frankreich und Piemont in der Schlacht von Solferino 1859 versetzte dann dem Absolutismus den ersten schweren Stoß.

Zunächst versuchte das Regime, einen Kompromiß mit den demokratisch-liberalen Kräften zu schließen. So kam 1860 das *Oktober-Diplom* zustande, der erste Verfassungsentwurf seit 1849. Dieser Versuch scheiterte, und 1861 übernahm der deutsch-liberale Politiker Schmerling das Amt des Ministerpräsidenten. Allerdings basierten auch die Verfassungsgrundsätze des von ihm erlassenen *Februar-Patents* noch keineswegs auf demokratischen Prinzipien: Die Reichsratsabgeordneten waren Delegierte der Landtage, die ihrerseits nur von einer geringen Zahl wohlhabender Bürger gewählt wurden.[48])

Die liberale »Verfassungspartei«, die im Reichsrat bereits eine bedeutende Rolle spielte, setzte sich in ihrer Mehrheit ebensowenig für gesellschaftliche Änderungen ein wie die anderen im Parlament vertretenen politischen Richtungen. Der aus ihren Reihen hervorgegangene Ministerpräsident unterdrückte genau wie seine absolutistischen Vorgänger jeden Versuch der Arbeiter, sich zur Wahrung ihrer Interessen zusammenzuschließen, mit polizeilichen Maßnahmen. Aber das insgesamt doch etwas l i b e r a l e K l i m a ermunterte die Arbeiterschaft, V e r e i n s g r ü n d u n g e n z u v e r s u c h e n : So wurde 1862 in Wien die Gründung eines Arbeiterbildungsvereins vorbereitet, dessen Statut die Behörden allerdings nicht genehmigten. Auch begann damals schon der Zusammenschluß der Arbeiter als Konsumenten. Am 9. Oktober 1864 beschlossen 17 Wiener Webereiarbeiter, sich zum gemeinsamen Einkauf der wichtigsten Lebensmittel zusammenzutun und wöchentlich zehn Kreuzer einzuzahlen. Die K o n s u m v e r e i n s b e w e g u n g entwickelte sich rasch; begünstigt durch die innenpolitische Entwicklung, gab es in der nichtungarischen Reichshälfte 1870 bereits 402 Konsumvereine.

Immerhin sah die Regierung langsam ein, daß staatlicher Zwang allein nicht mehr ausreichte, um die aufbegehrende Arbeiterschaft zu »befrieden«. Man nahm sich den Standard der Arbeiterschutzgesetzgebung in Westeuropa zum Vorbild und setzte erste zögernde Schritte in Richtung einer Sozialgesetzgebung, die diesen Namen auch verdiente. Dadurch hoffte man, der »Gefahr« *sozialdemokratischer Tendenzen* und *subversiver Politik* entgegenzuwirken.[49]) Realisiert konnten diese Pläne allerdings damals nicht mehr werden.

Die Niederlage gegen Preußen bei Königgrätz (Sadowa) 1866 beendete den Versuch, den Absolutismus durch seine Verbindung mit einem machtlosen und willfährigen Parlament aufrechtzuerhalten. Der A u s g l e i c h s v e r t r a g mit dem opponierenden Teilstaat U n g a r n wandelte das bisher zentral von Wien gelenkte Habsburgerreich in den Zweistaatenbund der österreichisch-ungarischen Monarchie um.

II. Die Gewerkschaftsbewegung in der österreichisch-ungarischen Monarchie

Die Anfangsjahre der modernen Gewerkschaftsbewegung

Verfassung und Staatsgrundgesetz: die Vereins- und Versammlungsfreiheit wird Wirklichkeit

Die österreichische Reichshälfte erhielt 1867 die offizielle Bezeichnung *die im Reichsrate vertretenen Königreiche und Länder*, in der sich die verstärkte Bedeutung des Parlaments ausdrückte. Die neue Verfassung machte aus der absoluten eine – mit Einschränkungen – k o n s t i t u t i o n e l l e M o n a r c h i e . Zum erstenmal gab es eine Trennung zwischen gesetzgebender, richterlicher und Vollzugsgewalt. Die Regierungs- und Vollzugsgewalt lag auch weiter in den Händen des Kaisers und der von ihm (formal unabhängig vom Wahlergebnis) eingesetzten Regierung. Der R e i c h s r a t hatte das Recht der Legislative: Ohne seine Zustimmung konnte kein Gesetz mehr in Kraft treten.[1] Der Kaiser stand allerdings nicht unter der Verfassung (wie in anderen konstitutionellen Monarchien), sondern über ihr; das heißt, er konnte Verfassungsbestimmungen jederzeit ohne Zustimmung des Parlaments für ungültig erklären, wenn er beziehungsweise sein Ministerpräsident das für notwendig hielt. Und das Parlament war noch lange keine wirklich demokratisch gewählte Volksvertretung: Nach dem Verfassungsgesetz über die Reichsvertretung wurden die Mitglieder der ersten Kammer, des H e r r e n h a u s e s , gar nicht gewählt; die Mehrheit hatte als Angehörige des Herrscherhauses oder bedeutender Adelsgeschlechter Sitz und Stimme, dazu kamen vom Kaiser auf Lebenszeit ernannte Persönlichkeiten. Und die Mitglieder der vier K u r i e n des A b g e o r d n e t e n h a u s e s (Großgrundbesitz, Handelskammern, Städte und Landgemeinden) wurden nach wie vor von den Landtagen delegiert. Erst 1 8 7 3 führte man die d i r e k t e n W a h l e n für das Abgeordnetenhaus ein und entzog damit den Reichsrat dem direkten Einfluß der Landtage. In »Cisleithanien« galt nun zwar das direkte, aber noch immer nicht das gleiche Wahlrecht, denn seine Ausübung war auch weiterhin an den Nachweis eines versteuerbaren Mindesteinkommens gebunden.²) Mit dem Inkrafttreten der *Dezemberverfassung* begann die Epoche, deren Politik von der d e u t s c h - l i b e r a l e n »Verfassungspartei« geprägt wurde: 1868 wurde das Konkordat mit der römisch-katholischen Kirche stark eingeschränkt und die Ehegerichtsbarkeit weltlichen Gerichten unterstellt. Die Wahl der Religion wurde jedem Staatsbürger ab dem 14. Lebensjahr freigestellt, und der Staat übernahm die Leitung über das Unterrichts- und Erziehungswesen. 1869 brachte das *Reichsvolksschulgesetz* die Einführung der allgemeinen Schulpflicht bis zum 14. Lebensjahr, während die Schulpflicht in der ungarischen Reichshälfte weiterhin mit dem zwölften Lebensjahr endete.

Die Änderung des Konkordats war notwendig geworden, weil der Inhalt des bisherigen Vertrages mit dem Vatikan den Bestimmungen des neuen S t a a t s g r u n d g e s e t z e s widersprach. Dieses garantierte den Staatsbürgern persönliche Freiheit, Gleichberechtigung, Religionsfreiheit und das Recht auf freie Meinungsäußerung innerhalb der durch das Gesetz gezogenen Schranken. Für die Entwicklung der Arbeiterbewegung war von besonderer Bedeutung, daß es auch die V e r e i n s - u n d V e r s a m m l u n g s f r e i h e i t verbürgte.

Die wichtigsten Bestimmungen des Staatsgrundgesetzes:

Art. 2 *Vor dem Gesetze sind alle Staatsbürger gleich;*
Art. 3 *Die öffentlichen Ämter sind für alle Staatsbürger gleich zugänglich;*
Art. 4 *Die Freizügigkeit der Person und des Vermögens innerhalb des Staatsgebietes unterliegt keiner Beschränkung;*
Art. 5 *Das Eigentum ist unverletzlich;*
Art. 6 *Freie Wahl des Aufenthalts, Wohnsitzes und Erwerbszweiges, freier Erwerb von Liegenschaften mit freier Verfügung darüber;*
Art. 7 *Jeder Untertänigkeits- und Hörigkeitsverband ist für immer aufgehoben;*
Art. 8 *Die Freiheit der Person ist gewährleistet;*
Art. 9 *Das Hausrecht ist unverletzlich;*
Art. 10 *Unverletzlichkeit des Briefgeheimnisses;*
Art. 11 *Das Petitionsrecht steht jedem zu;*
Art. 12 *V e r s a m m l u n g s - u n d V e r e i n s f r e i h e i t ;*
Art. 13 *Freiheit der Meinungsbildung und Meinungsäußerung;*
Art. 14 *Glaubens- und Gewissensfreiheit;*
Art. 15 *Freie Religionsausübung der anerkannten Kirchen und Religionsgemeinschaften;*

Art. 16 *Freie häusliche Religionsausübung für nicht anerkannte Religionsbekenntnisse unter Wahrung der Rechtlichkeit und Sittlichkeit;*
Art. 17 *Freiheit der Wissenschaft und ihrer Lehre;*
Art. 18 *Es steht jedermann frei, seinen Beruf zu wählen und sich für denselben auszubilden, wie und wo er will;*
Art. 19 *Alle Volksstämme des Staates sind gleichberechtigt, und jeder Volksstamm hat ein unverletzliches Recht auf Wahrung und Pflege seiner Nationalität und Sprache.*

Mit Artikel 149 der Bundesverfassung zum V e r f a s s u n g s g e s e t z d e r R e p u b l i k Ö s t e r r e i c h erklärt, wurde es durch die Regierungserklärung vom 27. April 1945 ausdrücklich als wieder in Kraft stehend bezeichnet, einzelne Rechte sogar durch wörtliche Zitierung hervorgehoben.

Die ersten Arbeitervereine und organisierten Arbeitskämpfe

Durch die Vereins- und Versammlungsfreiheit hatten die Arbeiter endlich die Möglichkeit, Bildungsvereine zu gründen, Versammlungen abzuhalten und Vereinsorgane herauszugeben.

Am 7. November 1867 erschien die erste Nummer des vom Fortbildungsverein der Buchdrucker Wiens herausgegebenen *»Vorwärts«;* diese Zeitschrift erscheint noch heute als Organ der *Gewerkschaft Druck und Papier.*

Am 1 2 . D e z e m b e r 1 8 6 7 fand in W i e n eine von 3.000 Personen besuchte Versammlung statt, in der die Gründung eines A r b e i t e r b i l d u n g s v e r e i n s beschlossen wurde. Tausende Personen traten dem Verein sofort bei, dessen Statuten nun rasch die Genehmigung der Behörde erhielten. Selbst Unternehmer bestätigten in dieser Aufbruchsstimmung die Nützlichkeit der angestrebten Vereinsgründungen.

Aber der Tätigkeit p o l i t i s c h e r V e r e i n e zogen die Gesetze enge Grenzen, indem sie solchen Vereinen die Bekanntgabe der Mitglieder vorschrieben, die Errichtung von Zweigvereinen und den Kontakt zu anderen Vereinen verboten und den Mitgliedern das Tragen von Vereinsabzeichen untersagten. Da die Definition des Begriffs »politischer Verein« den Behörden überlassen blieb, bot das Vereinsgesetz die Handhabe, politische Gegner auf legalem Weg »kaltzustellen«. Davon war besonders die junge s o z i a l d e m o k r a t i s c h e A r b e i t e r b e w e g u n g betroffen, deren Bildungs- und Fachvereinen die Auflösung durch die Polizei drohte, wenn sie Versammlungen einberiefen oder Lohnkämpfe organisierten.

Nur vereinzelte Funktionäre der ersten Arbeitervereine kannten und vertraten die Ideen von Karl Marx, die Mehrheit war von den Ideen des deutschen Arbeiterführers Ferdinand Lasalle beeinflußt, und es gab auch etliche Anhänger von Hermann Schulze-Delitzsch, dem Vorkämpfer des bürgerlich-mittelständischen Genossenschaftswesens.

1868 kam es zu einer Auseinandersetzung zwischen den Anhängern Lasalles und denen Schulze-Delitzschs. Lasalle vertrat die S t a a t s h i l f e , er wollte der Arbeiterschaft das allgemeine und gleiche Wahlrecht, die gleichen politischen Rechte wie den anderen Staatsbürgern verschaffen, mittels deren sie dann den Kampf um ihre wirtschaftliche und soziale Besserstellung führen sollte. Schulze-Delitzsch wollte hingegen durch S e l b s t h i l f e , durch Spar- und Vorschußvereine und Produktiv- und Konsumgenossenschaften die soziale Not beseitigen. Er konnte in Deutschland mehr Anhänger gewinnen als in Österreich, aber hier wie in Deutschland neigte sich die überwiegende Mehrheit der organisierten Arbeiter schließlich der Idee Lasalles zu.

Gegen Ende 1868 und im Jahre 1869 wurden auch zahlreiche »Gewerksvereine« gegründet, deren Tätigkeit allerdings durch das weiter bestehende Koalitionsverbot begrenzt war. In Wien gingen viele dieser F a c h - u n d G e w e r k s c h a f t s v e r e i n e aus den Fachsektionen des Arbeiterbildungsvereins hervor.

Der Arbeiterbildungsverein schuf selbst bald eine Gewerbesektion, die folgende w i r t s c h a f t l i c h e F o r d e r u n g e n aufstellte:
- Zehnstundentag;
- Einschränkung der Frauen- und Kinderarbeit;
- Beschränkung der Nachtarbeit;
- Volles Koalitionsrecht;
- Einführung von paritätischen Arbeiterkammern als Schlichtungsstellen;
- Selbstbestimmung der Arbeiter in ihren eigenen Angelegenheiten, vor allem Selbstverwaltung der Krankenkassen (womit die damaligen Betriebskrankenkassen gemeint waren);
- Einführung von Fabriksinspektoren.

Der Arbeiterbildungsverein hatte schon im Jänner 1868 eine Arbeiter-Kranken-, Invaliden- und Unterstützungskasse gegründet,

die als Modell für die S e l b s t v e r w a l t u n g d e r K r a n -
k e n k a s s e n dienen konnte. Sie wurde zum Vorbild der in den achtziger Jahren durch die ersten Sozialversicherungsgesetze eingeführten Pflichtkassen.

Am 15. April 1869 fand in Wien die erste Kommis(Handlungsgehilfen)-Versammlung statt, veranstaltet vom *Kaufmännischen Fortbildungsverein.* An der Versammlung nahmen etwa tausend Personen, darunter zahlreiche Chefs, teil. In einer Resolution wurde die Herabsetzung der Arbeitszeit auf zwölf Stunden verlangt.

Im August 1869 unternahmen die Zeitungssetzer einen Vorstoß gegen die Sonntagsarbeit. Sie forderten mit der Begründung, daß die Sonntagsarbeit mit dem Gebote der Humanität und des Fortschritts unvereinbar sei, die Einstellung der Montagfrühblätter, und erreichten dies tatsächlich.

Die Vereins- und Versammlungsfreiheit führte 1868 und 1869 also zu einer regen Versammlungstätigkeit der Wiener Arbeiter und die Regierung wurde mit einer Reihe von Forderungen konfrontiert, deren Erfüllung am besten durch entsprechende arbeitsrechtliche Bestimmungen gesichert worden wäre. Aber man wollte von der »Freiheit« des Arbeitsvertrags, also der individuellen Vereinbarung, nicht abgehen, und verlagerte das Problem deshalb auf die Rechtsebene: *Die aus dem Arbeitsverhältnis hervorgehenden Streitigkeiten erfordern eine rasche und sachgemäße Entscheidung. Deshalb haben sich in den industriell fortgeschrittenen Ländern bereits seit langer Zeit Gewerbegerichte (Conseils des prud'hommes) eingebürgert, deren Judikatur ebenso rasch wie sachgemäß und billig ist.* Dienststreitigkeiten wie vorher vor ordentlichen Gerichten oder Schiedsgerichten der Zwangsgenossenschaften austragen zu lassen, wurde vom Liberalismus aus Gründen der wirtschaftlichen Freiheit und der Gewaltenteilung abgelehnt, also wurden in Österreich G e w e r b e g e r i c h t e als erster Versuch, ein modernes Rechtsverfahren zu entwickeln, eingeführt.[4]) Die paritätisch zusammengesetzten L a i e n g e r i c h t e waren sicherlich ein Fortschritt, brachten aber für die Arbeiter keinen wesentlichen Erfolg, solange sie nicht über den Rückhalt von durchsetzungskräftigen Gewerkschaften verfügten.

Das Gesetz vom Mai 1869 hatte bis zum Jahre 1889 die Errichtung von nur vier Gewerbegerichten zur Folge. Für ganz Wien und Niederösterreich bestand nur ein Gewerbegericht für die Wiener Maschinen- und Metallindustrie. Der große nordböhmische Industriebezirk besaß noch zwanzig Jahre nach Gesetzwerdung kein solches Gericht. Das Gesetz enthielt Bestimmungen, daß die Kosten für die Errichtung und Erhaltung der Gewerbegerichte dem Staatsschatz nicht zur Last fallen dürften, so daß es nur von dem guten Willen der Gemeinden oder der Handelskammern oder der besonderen Durchschlagskraft der Arbeiter in einem Berufszweig abhing, ob das Gesetz toter Buchstabe blieb oder nicht.

Immerhin aber erreichten die Fachvereine, daß dort, wo es schon eine Organisation gab, viele Übelstände bezüglich der Löhne und Gehälter abgestellt oder gemildert wurden. Für die überwiegende Mehrheit der Arbeiterschaft konnten sie nichts tun, die Not blieb unverändert groß. Vor allem im Textilgewerbe führte der scharfe Konkurrenzkampf zu einem Hungerdasein der noch beschäftigten Arbeiter. Wie die Wiener Handelskammer im Jahre 1869 erhob, erreichte der Verdienst der Webergehilfen in Wien kaum den Lohn eines gewöhnlichen – nicht eines besser bezahlten – Taglöhners: »Dabei ist nicht zu übersehen, daß der Webergehilfe durch so lange tägliche Arbeitszeit, wie sie der Taglöhner nie oder höchstens im Sommer hat, in Anspruch genommen ist.«[5]

Trotzdem war auch bei den Unorganisierten durch die Vereins- und Versammlungsfreiheit eine Schleuse geöffnet worden: Es kam immer öfter zu S t r e i k s , insbesondere i n d e n K o h l e n b e r g w e r k e n u n d T e x t i l f a b r i k e n B ö h m e n s . Die auch vom Liberalismus beibehaltene arbeitsrechtliche »Ideologie« des »freien Arbeitsvertrags« ließ sich nicht länger aufrechterhalten, denn der individuelle Abschluß des Arbeitsvertrags mußte dem Arbeiter jede Chance auf bessere Bedingungen nehmen, solange das Verbot gemeinsamer Absprachen zur Verbesserung der Arbeitsbedingungen weiterbestand.

Der Kampf um Koalitionsfreiheit

Das Vereins- und Versammlungsrecht genügte nicht, um auf die Gestaltung der Lohn- und Arbeitsverhältnisse dauernden Einfluß zu nehmen. Die Arbeiter verlangten die rechtlich gewährleistete Freiheit, sich zur Wahrung und Förderung der Arbeitsbedingungen in Berufsverbänden zusammenzuschließen, was Paragraph 77 der Gewerbeordnung von 1859 und der Paragraph 451 des Strafgesetzes verboten. Sie wollten nicht länger gezwungen sein, ihre Gewerkschaftsvereine durch das Vorschieben von Fortbildungs-, Unterstützungs- und Geselligkeitszwecken zu tarnen, und wollten sich nicht mehr damit abfinden, daß diese Vereine wegen Überschreitung ihres Wirkungskreises ständig von polizeilicher Auflösung bedroht wurden. Übertretungen des Koalitionsverbots *durch gemeinschaftliche Arbeitsverweigerung oder durch andere Mittel, von den Arbeitgebern günstigere Löhne oder Arbeitsbedingungen zu erzwingen,* wurden mit verschärftem Arrest von acht Tagen bis zu drei Monaten bestraft. Inländer wurden aus dem Kronland, wenn sie nicht dort seßhaft waren, Ausländer aus dem ganzen Reich ausgewiesen.

In den meisten Staaten Deutschlands[6]) hatte sich die Arbeiterschaft das Koalitionsrecht bereits errungen. In Österreich zog die Agitation für das Koalitionsrecht immer weitere Kreise, eine große Zahl von Petitionen wurde dem Abgeordnetenhaus überreicht, allein in der Zeit von Februar bis Mai 1869 waren es 52. Die Handels- und Gewerbekammern veranstalteten Enqueten über die Arbeitsverhältnisse und brachten der Forderung nach Koalitionsfreiheit Verständnis entgegen: »Niemand wünscht aufrichtiger als die Kammer, daß die soziale Stellung des Arbeiterstandes gehoben und ihm auch die politischen Rechte zuteil werden.«[7])

Am 13. Dezember 1869 sollte der Reichsrat zusammentreten, aber die Sitzung wurde verschoben. An diesem Tag fand auf dem Wiener Paradeplatz, dort, wo später das Parlamentsgebäude und das Rathaus errichtet wurden, eine große D e m o n s t r a t i o n d e r W i e n e r A r b e i t e r s c h a f t statt. Mehr als 15.000 Menschen demonstrierten für die Koalitionsfreiheit. Eine Deputation überreichte dem Ministerpräsidenten Taaffe (der später keineswegs mehr den Liberalen nahestand) eine Bittschrift. Die Mitglieder der Deputation wurden nach der Kundgebung verhaftet und wegen Hochverrat verurteilt, doch schon 1870 durch die konservative Regierung amnestiert.

Der Beginn der legalen Gewerkschaftsbewegung

Die Demonstration selbst hatte Erfolg. Schon am 14. Dezember wurde dem Abgeordnetenhaus ein Gesetzesentwurf über das Koalitionsrecht vorgelegt, und am 7. A p r i l 1 8 7 0 trat das K o a l i t i o n s g e s e t z in Kraft. Mit diesem Gesetz schlug die G e b u r t s s t u n d e d e r G e w e r k s c h a f t e n i n Ö s t e r r e i c h als vom Staat in ihren Absichten und Zielen anerkannte Vereinigung. Es war nun erlaubt, zur Durchsetzung besserer Arbeitsbedingungen mit Streik zu drohen, die Arbeiter konnten sich wegen gemeinsamer Einstellung der Arbeit verabreden und Vereinbarungen für einzelne Berufszweige treffen.

Österreichs Gewerkschaftsbewegung
Zusammenschluß – Station 2

Jahrgang 1870.

Reichsgesetzblatt
für die
im Reichsrathe vertretenen Königreiche und Länder.

XV. Stück. — Ausgegeben und versendet am 10. April 1870.

1870
Arbeiter demonstrieren für Koalitionsfreiheit, ihre Sprecher werden wegen Hochverrates verurteilt, dann aber amnestiert. Sie erreichen ihr Ziel: Straffreiheit für Gewerkschaftsgründung und Gewerkschaftskampf.

43.

Gesetz vom 7. April 1870,

wodurch unter Aufhebung der §§. 479, 480 und 481 des allgemeinen Strafgesetzes in Betreff der Verabredungen von Arbeitgebern oder Arbeitnehmern zur Erzwingung von Arbeitsbedingungen, und von Gewerbsleuten zur Erhöhung des Preises einer Waare zum Nachtheile des Publikums besondere Bestimmungen erlassen werden.

Mit Zustimmung beider Häuser des Reichsrathes finde Ich zu verordnen, wie folgt:

§. 1. Die Bestimmungen der §§. 479, 480 und 481 des allgemeinen Strafgesetzes vom 27. Mai 1852, R. G. Bl. Nr. 117, treten außer Wirksamkeit.

§. 2. Verabredungen von Arbeitgebern (Gewerbsleuten, Dienstgebern, Leitern von Fabriks-, Bergbau-, Hüttenwerks-, landwirthschaftlichen oder anderen Arbeitsunternehmungen), welche bezwecken, mittelst Einstellung des Betriebes oder Entlassung von Arbeitern diesen eine Lohnverringerung oder überhaupt ungünstigere Arbeitsbedingungen aufzuerlegen; — sowie Verabredungen von Arbeitnehmern (Gesellen, Gehilfen, Bediensteten, oder sonstigen Arbeitern um Lohn), welche bezwecken, mittelst gemeinschaftlicher Einstellung der Arbeit von den Arbeitgebern höheren Lohn oder überhaupt günstigere Arbeitsbedingungen zu erzwingen; — endlich alle Vereinbarungen zur Unterstützung derjenigen, welche bei den erwähnten Verabredungen ausharren, oder zur Benachtheiligung derjenigen, welche sich davon lossagten, haben keine rechtliche Wirkung.

§. 3. Wer, um das Zustandekomme[n ...] führung einer der in dem §. 2 bezeichnet[en ...] Arbeitnehmer an der Ausführung ihres frei[en ...] durch Mittel der Einschüchterung oder Gew[alt ...] Handlung nicht unter eine strengere Besti[mmung ...] schuldig und von dem Gerichte mit Arrest v[...]

§. 4. Die in den §§. 2 und 3 enthalt[enen ...] von Gewerbsleuten zu dem Zwecke, um den [...] zu erhöhen, Anwendung.

§. 5. Dieses Gesetz tritt mit dem Tag[e ...]
Mit dem Vollzuge desselben sind die [...] beauftragt.

Wien, am 7. April 1870.

Franz Joseph m. p.
Hasner m. p.   Plener m. p[.]

Prozeß gegen die Arbeiterdeputati[on] für Koalitionsfreiheit

Allerdings engte das Koalitionsgesetz bei kleinlicher Auslegung den Handlungsspielraum der Gewerkschaften durch die Bestimmungen über den Kontraktbruch und über das Arbeitsbuch ein. Und auch die Verfolgung aller »sozialdemokratischen Tendenzen« durch die Behörden brachte die ja in enger Verbindung mit der politischen Arbeiterbewegung entstandenen Gewerkschaften in ernsthafte Schwierigkeiten. Noch 1870 erfolgte die A u f l ö s u n g des Wiener Arbeiterbildungsvereins »wegen Überschreitung seiner gesetz- und statutenmäßigen Wirksamkeit durch seine ausgebreitete politische und laut strafgerichtlichen Urteils ›staatsgefährliche‹ Tätigkeit sowie durch seinen tatsächlichen Verband mit dem von ihm direkt gegründeten und zu Zwecken der politischen Agitation benützten Fachvereine.«[8]) Und auch die erwähnten Fachvereine waren damit kurz nach ihrer Gründung schon wieder verboten.

Die Arbeiterbildungsvereine und Fachvereine in Graz, Judenburg und in einigen anderen Orten wurden mit der gleichen Begründung »staatsgefährlicher« Tätigkeit aufgelöst. Diese Auflösungen führten in Wien zu großen Demonstrationen und zu Streiks, Militär wurde aufgeboten. Selbst die niederösterreichische Handels- und Gewerbekammer (Wien gehörte damals zum Kronland Niederösterreich) wendete sich mit einem Protest an das Ministerium des Inneren: *Eine bedauerliche Wendung hat die Arbeiterfrage in letzter Zeit genommen, indem sie zur Auflösung sämtlicher Arbeitervereine Niederösterreichs führte. Wenn die Kammer auch weit entfernt ist, strafwürdige politische Tendenzen, insofern solche bei einzelnen Angehörigen des Arbeiterstandes gerichtlich konstatiert werden, in Schutz nehmen zu wollen, so erscheint ihr doch die allgemeine Verurteilung und Auflösung der Arbeitervereine, welche die Arbeiter mundtot macht, eine zu weitgehende Maßregel zu sein ...*

Als die Regierung sah, daß die Unterdrückungsmaßnahmen auf Widerstand und allseitige Ablehnung stießen, verlegte sich das Ministerium Potocky auf Unterhandlungen. Die Arbeiterschaft bestand darauf, daß die Truppen und die Polizeimannschaften zurückgezogen werden sollten und die Vereine wieder reaktiviert würden. Die Arbeiter würden dann ihre Protestdemonstrationen einstellen.

Und mit ihrer mutigen Haltung erreichte die Arbeiterschaft ihr Ziel: Die Statthalterei erklärte, daß der Neubildung von Vereinen keine Hindernisse in den Weg gelegt würden. Die Arbeiter begannen nun allerorts Gewerkschaftsvereine zu bilden und bestehende auszubauen. Aber das Koalitionsgesetz wurde nach wie vor bei sehr vielen Arbeitseinstellungen durch den Einsatz von Polizei und Militär wirkungslos gemacht. Trotzdem drohte den Organisationen nun nicht vom Staat und nicht von den Unternehmern die größere Gefahr, sondern von einer lange anhaltenden Wirtschaftskrise und von internen Auseinandersetzungen über den Weg, den die Arbeiterbewegung gehen sollte, um zu Erfolgen zu kommen.

Staat und Gesellschaft bis zum Ausbruch des Ersten Weltkriegs

Regierungen – Parteien – »große Politik«

Die Habsburgermonarchie blieb auch als konstitutioneller Staat ein widersprüchliches Gebilde: In kultureller und sozialer Hinsicht gab es zwischen Galizien und der Lombardei, zwischen den Bergbaugebieten Böhmens und Mährens und den Bergbaudörfern der Alpenländer krasse, heute kaum vorstellbare Gegensätze. Hier prallten nicht nur die wirtschaftlichen und sozialen Interessen der sich entwickelnden Industriegesellschaft aufeinander und mit den Interessen einer rückständigen Agrargesellschaft zusammen, hier wurden diese Interessenkonflikte zusätzlich in das Ringen der Nationalitäten um Anerkennung und Führungsanspruch hineingezogen. Der Bürokratie fiel die Aufgabe zu, den diffizilen Vielvölkerstaat zusammenzuhalten, sie – und nicht die Parteien und Politiker – war (neben der Armee) die entscheidende Stütze des Systems. Ausschließlich der Dynastie als Garant der Existenz des Staats verpflichtet, sah sie sich als über den Gruppeninteressen stehend an und versuchte alle gesellschaftlichen Konflikte einzudämmen, die das »Staatswohl« zu gefährden schienen. Auf dem Hintergrund dieses Selbstverständnisses wird die zwischen selbstherrlicher Machtausübung und fortschrittlicher Gesinnung schwankende Haltung vor allem der hohen Ministerialbürokratie verständlich.

Der klassische L i b e r a l i s m u s mit einer voll ausgebauten und für das politische System wesentlichen parlamentarischen Demokratie in einer von einer dynamischen Unternehmerschaft getragenen Wettbewerbswirtschaft – wie er bereits in Westeuropa vorherrschte – konnte sich in der Donaumonarchie nie durchsetzen. Die Analyse, mit der Karl Marx 1854 die Politik des Neoabsolutismus charakterisierte, behielt bis 1918 ihre Gültigkeit: »Zwar etwas überspitzt, doch im Kern richtig, stellte Marx ... fest, daß in Österreich der ökonomische und der politische Liberalismus auseinander traten; genauer: daß zwar ökonomisch durchaus modernisiert, im Interesse der ökonomischen Macht der Bourgeoisie industrialisiert wurde, die politischen Ambitionen der Gesamtbourgeoisie jedoch abgeblockt blieben.«[9]) Vor dem Entstehen der modernen Massenparteien waren selbst die Exponenten jener Parteien, die die Interessen des Besitzbürgertums vertraten, häufig Adelige – wie die Fürsten Carlos Auersperg (Ministerpräsident 1867 bis 1868) und Adolf Auersperg (Ministerpräsident 1871 bis 1879), deren Amtszeiten Anfang und Ende der »Liberalen Ära« markieren.

Zunächst schien es so, als ob die freiheitliche Periode, in der die deutsch-liberale Verfassungspartei dominierte und in der sich die Unternehmer, von Staatsinterventionen unbehindert, frei entfalten konnten, bereits 1870 zu Ende gehen würde. Im April dieses Jahres stürzten die Tschechen, die sich dem zentralistischen Kurs des liberalen Kabinetts widersetzten und die Eigenstaatlichkeit der Länder der böhmischen Krone forderten, im Verein mit einer klerikal-feudalen Opposition die Regierung. Das folgende Ministerium unter Graf Hohenwart versprach die Autonomie für Böhmen und Galizien, konnte sich aber nicht durchsetzen, und so kamen nach diesem kurzen Zwischenspiel die Deutschliberalen doch wieder ans Ruder. Sie blieben auch noch nach einem schweren Rückschlag bei den Reichsratswahlen von 1873 an der Regierung. Die Stimmenverluste zeigten aber schon an, daß sich der Liberalismus auf die Dauer in einem Staat nicht behaupten können würde, in dem die gesellschaftlichen Interessen noch immer anders gelagert waren als in den hochkapitalistischen Gesellschaften des westlichen Auslands. Denn einerseits machten sich die Deutschliberalen die konservativen Grundbesitzer zu Feinden, andererseits aber auch die kleinen Bauern, das städtische Kleinbürgertum und die Arbeiterschaft, weil ihre Einstellung ... mehr an den Geist eines l a i s s e z f a i r e herankam, der vielen sozialen Problemen blind war.[10])

Neben den Arbeitern waren die Kleingewerbetreibenden die Hauptbetroffenen der großen Depression in den siebziger Jahren, die dem Börsenkrach von 1873 folgte. Ihnen galt die besondere Fürsorge der Konservativen, die einerseits unter dem Einfluß der katholischen Sozialromantik im Handwerk eine der Grundfesten für den katholisch-konservativen Staat und die ständische Gesellschaft erblickten, andererseits aber auch aus taktisch-politischen Gründen um die Gunst der Kleingewerbetreibenden bemüht waren. Otto Bauer, der große Denker der österreichischen Sozialdemokratie, stellte die Situation folgendermaßen dar: »Der Liberalismus ist durch den Börsenkrach, durch die Aufdeckung seiner Verbindung mit der Börsenspekulation ... kompromittiert. Feudaladel und Klerus suchen ihn zu stürzen, indem sie die durch den Kapitalismus verelendeten Klassen gegen ihn mobilisieren. Hohenwart, Belcredi, Liechtenstein fordern gewerbliche Mittelstandspolitik, antikapitalistische Agrarreform, Arbeiterschutzgesetze für die fabrikmäßigen Betriebe.«[11]) Durch die Beschränkung der Arbeiterschutzgesetzgebung auf die Fabriken sollten die Konkurrenzchancen des Gewerbes gegenüber der Großindustrie erhöht werden, während im Gegensatz dazu der sozialpolitischen Überlegungen aufgeschlossene linke Flügel der Liberalen sich nur eine (fast) alle Wirtschaftsbereiche umfassende Schutzgesetzgebung vorstellen konnte.[12])

Mit Unterstützung durch die Bauern und das Kleingewerbe gelang es den Konservativen dann 1879, die Vorherrschaft der Liberalen zu brechen. Neuer Ministerpräsident wurde Graf Eduard Taaffe, ein Jugendfreund des Kaisers. Er besaß die Kunst des Lavierens und die Bereitschaft zu Kompromissen, ohne die die Monarchie nicht zu regieren war. Von ihm stammt das Wort vom »Fortfretten und Fortwursteln«.[13]) Dem ersten Kabinett Taaffe gehörten noch Liberale an, doch die Vertreter des deutschen Bürgertums schieden bald aus. Die Regierung wurde nun ausschließlich von den » R e c h t s p a r t e i e n « , dem feudal-konservativen Hohenwartklub und den slawischen Parteien, getragen. Diese K o a l i t i o n d e s » E i s e r n e n R i n g s « konnte sich rund 15 Jahre halten.

Die Ära des »Eisernen Rings« ist nicht nur wegen ihrer Sozialgesetzgebung von Bedeutung (auf die noch zurückzukommen sein wird), sondern auch, weil in ihr jene Großparteien entstanden, die die österreichische Politik des 20. Jahrhunderts bestimmen sollten: die *Sozialdemokratische Arbeiterpartei* (SDAP) als »Mutterpartei« der SPÖ und die *Christlichsoziale Partei* als »Mutterpartei« der ÖVP.

Die G r ü n d u n g d e r S D A P war der Endpunkt eines zwanzigjährigen Wegs, auf dem die junge Arbeiterbewegung – unter heftigen Auseinandersetzungen – ihre ideologische Position und ihre »realpolitische« Zielsetzung gesucht und schließlich gefunden hatte.

Während sich die Gegensätze zwischen den Anhängern Lasalles und Schultze-Delitzschs bei der Gründung des Wiener Arbeiter-Bildungsvereins 1868 nur unbeträchtlich fühlbar gemacht hatten, brachten die Auseinandersetzungen zwischen »Gemäßigten« und »Radikalen« die Bewegung fast zum Zusammenbruch. Zunächst wurde der Bruderkrieg zwischen der von H e i n r i c h O b e r - w i n d e r und der von A n d r e a s S c h e u geführten Gruppe mit aller Schärfe ausgetragen. Man schreckte vor Beschimpfungen, Schmähungen und Verleumdungen nicht zurück, und das Bürgertum hatte an diesem Parteienhader die hellste Freude. Es ging um Prinzipielles: Oberwinder, mehr Demokrat als Sozialist, vertrat die Auffassung, daß die Arbeiterklasse zunächst im Bunde mit der liberalen Bourgeoisie für die bürgerliche Freiheit, die Demokratie, zu kämpfen habe. Scheu war gegen Kompromisse, vertrat den proletarischen Klassenstandpunkt und näherte sich den Anschauungen von Karl Marx.[14]) 1874 kam es zum völligen Bruch, und am 1. Oktober dieses Jahres veröffentlichte Oberwinder einen Aufruf zur Gründung eines *Allgemeinen österreichischen Arbeitervereins*; das Programm war reformistisch.

Von Graz aus unternahm Dr. Tauschinsky einen ersten Versuch, die österreichische Arbeiterbewegung zu einigen: Von ihm organisiert, trat in N e u d ö r f l (damals in Ungarn, heute im Burgenland gelegen) am 5. und 6. April 1874 eine Delegiertentagung zusammen. Auf dem Kongreß wurden die Grundzüge zu einer neuen Parteiorganisation beraten; die Zentrale der österreichischen *Sozialdemokratischen Arbeiterpartei* sollte fortan in Graz ihren Sitz haben, und in den einzelnen Kronländern sollten Landeskomitees errichtet werden. Die Differenzen zwischen »Gemäßigten« und »Radikalen« blieben jedoch bestehen, und die Gründung blieb eine Episode. Oberwinder ging später in die Schweiz, Scheu nach London.

In diesen frühen Jahren stand die österreichische Arbeiterbewegung in starker geistiger Abhängigkeit von der deutschen. Das war erstens eine Folge des allgemeinen politischen und materiellen Einflusses Deutschlands auf Österreich und zweitens auf die Bedeutung der deutschen Sozialdemokratie zurückzuführen, deren Organisation sich aufgrund des bereits 1867 im Norddeutschen Bund eingeführten allgemeinen Wahlrechts rasch entwickeln konnte. Der österreichische Arbeiterkalender für das Jahr 1883 geht so weit, zu schreiben, daß *die österreichische Arbeiterbewegung im großen und ganzen bisher nichts anderes war als ein Abklatsch der deutschen*. In diesem Kalender findet sich auch die sehr bemerkenswerte Feststellung, daß sich in Rußland, Deutschland, Ungarn und teilweise auch in Österreich als ein Symptom der herrschenden Unzufriedenheit eine a n t i s e m i t i s c h e B e w e g u n g bemerkbar mache, während eine solche in den westlichen Staaten Europas trotz tiefgreifender sozialer Wirren keinen Boden finden konnte.

In Österreich traten, so wie damals auch in Deutschland, zwei Strömungen zutage. Die eine stand auf dem Boden des 1869 beschlossenen *Eisenacher Programms* der deutschen Sozialdemokratie, das eine Art Kombination der Gedanken von Karl Marx und Ferdinand Lasalle darstellte: Es forderte das allgemeine Wahlrecht und wollte auf diesem Weg die politische Freiheit erringen, die Klassenherrschaft der Bourgeoisie untergraben und durch »*Expropriation der Exproprieateure*« (Enteignung der Ausbeuter, eine Formulierung von Karl Marx) den Grundstein zu einer klassenlosen Gesellschaft legen, in der die Ausbeutung von Menschen durch Menschen zu Ende sein sollte und Grund und Boden sowie Arbeitswerkzeuge Eigentum der Gemeinschaft sein sollten. Diese Gruppe galt nun als die » G e m ä ß i g t e n « . Die andere Richtung predigte, daß das Proletariat zuerst von den ökonomischen Fesseln befreit werden müsse und war für die Revolution um jeden Preis. Sie verwarf alle Reformen auf dem Boden der kapitalistischen Gesellschaftsordnung, da diese nur eine Verlängerung der Knechtschaft der Arbeiter mit sich brächten. Das waren jetzt die » R a d i k a l e n « .

Die bedeutendste Persönlichkeit der »Radikalen« war der aus London kommende J o s e f P e u k e r t , der mit seiner »Propaganda der Tat« von 1882 bis 1884 in Wien ziemlichen Einfluß erlangte. Seine a n a r c h i s t i s c h e n , antisemitischen, antiklerikalen und irredentistischen[15]) Zielsetzungen sprachen unter den ersten Wellen des Nationalitätenkonflikts und ideologischer Unklarheit viele Arbeiter an.

1884 kam es in Floridsdorf zu einem Attentat auf einen Polizeikonzipisten. Wegen »*Vorschubleistung durch böswillige Unterlassung der Verhinderung des Verbrechens*« wurde ein Sozialist zu zwei Jahren schweren Kerkers verurteilt. Bald fiel, ebenfalls in Floridsdorf, der Polizeiagent Blöch einem Attentat zum Opfer. Der Attentäter Stellmacher wurde zum Tode durch den Strang verurteilt. Über Wien, Korneuburg und Wiener Neustadt wurde der A u s n a h m e z u s t a n d verhängt.

Aufgrund des Ausnahmezustands wurden in Wien mehrere hundert Arbeiter ausgewiesen, eine Anzahl Vereine wurde aufgelöst und die radikalen Arbeiterblätter eingestellt. Im ganzen Reich setzten Sozialistenverfolgungen ein. In Wien trat die radikale Arbeiterbewegung nun in den Hintergrund und bekundete ihre Existenz nur hie und da durch Verbreitung von Flugschriften. Josef Peukert flüchtete in die Schweiz. 1886 ließ die Regierung zwei »Antiterrorgesetze« beschließen. Das erste dieser Gesetze ging auf eine Gesetzesvorlage zurück, die dem Abgeordnetenhaus im Jänner 1885 übermittelt worden war. Der Paragraph 1 der Vorlage lautete: *Die Bildung von Vereinen, von welchen mit Grund anzunehmen ist, daß sie geeignet sind, sozialistischen, auf den Umsturz der bestehenden Staats- oder Gesellschaftsordnung gerichteten Bestrebungen zu dienen, ist untersagt.* Es war also als »Sozialistengesetz« gedacht, das – wie in Deutschland – sozialistische Organisationen generell verbieten sollte. Dem energischen Einschreiten des Abgeordneten E n g e l b e r t   P e r n e r s t o r f e r war es zu verdanken, daß der Inhalt gemildert und schließlich »nur« ein sogenanntes Dynamitgesetz beschlossen wurde. Das zweite Gesetz war das sogenannte Anarchistengesetz. Es bestimmte, daß bei einer strafbaren Handlung, der »anarchistische, auf den gewaltsamen Umsturz der bestehenden Staats- und Gesellschaftsordnung gerichtete Bestrebungen zugrunde liegen«, nicht das Geschworenengericht zuständig sein sollte.[16])

Zwei weitere Gesetze gaben den Behörden eine weitere wirksame Waffe gegen die Arbeiterbewegung in die Hand. Im Jahre 1885 trat das Vagabundengesetz in Kraft, das Arbeitslose Vagabunden gleichsetzte. Durch ein gleichzeitig erlassenes Gesetz *betreffend die Zwangsarbeits- und Besserungsanstalten* wurde für die Errichtung einer entsprechenden Anzahl von Arbeitshäusern vorgesorgt, in die »arbeitsscheue Elemente« zur Zwangsarbeit eingewiesen werden sollten. Nicht nur vom Staat, auch von Provinzen, Bezirken und Gemeinden konnten solche Anstalten errichtet werden.

Die Jahre 1884 bis 1886 brachten wieder einen wirtschaftlichen Rückschlag, den die Arbeiterschaft durch vermehrte Arbeitslosigkeit und größere Not zu spüren bekam. Der Anarchismus, der sich als untaugliches Mittel im Kampf um eine gerechtere Gesellschaft erwiesen hatte, verschwand fast gänzlich. Unter dem Druck der sie gemeinsam treffenden Schikanen von Polizei und Justiz kamen die Gruppen der »Radikalen« und der »Gemäßigten« langsam wieder ins Gespräch. Die Zeit der Klärung brach an. Die Arbeiter kamen zur Überzeugung, daß ihre Befreiung nicht das Werk eines kecken Handstreichs, sondern nur das Werk gründlicher politischer und gewerkschaftlicher Organisationsarbeit sein konnte. Vorerst waren aber die Arbeiterorganisationen trotzdem noch im Rückzug begriffen.

Die A n s t r e n g u n g e n , die gemacht wurden, u m d i e E i n i g k e i t der österreichischen Arbeiterbewegung herzustellen, blieben nicht ohne Erfolg. Die Gegensätze zwischen den beiden Fraktionen milderten sich, es wurden Berührungspunkte und Annäherungspunkte gefunden. Beide strebten danach, die Arbeiter aufzuklären und zu organisieren.

Eine am 3. April 1887 in Wien abgehaltene Versammlung zeigte, daß die Anhänger beider Richtungen in wichtigen Grundfragen bereits gleicher Anschauung waren. Es zeigte sich, daß weder auf der einen Seite eine Überschätzung des Parlamentarismus, noch auf der anderen Seite eine Mißachtung der Bedeutung politischer Rechte vorherrschte. In einer Resolution wurde festgestellt, daß das Proletariat über die Bedingungen der ökonomischen Entwicklung aufgeklärt werden müsse, damit sich der Übergang zu einer neuen Gesellschaftsordnung *rasch und ohne Opfer vollziehe*. Um das Volk zum Bewußtsein seiner Aufgabe zu bringen, sei es notwendig, alle Fesseln, die die freie Meinungsäußerung hemmen, zu beseitigen: mit dem *Wiener Kompromiß* war die Basis für eine gemeinsame Tätigkeit geschaffen.

Um die Einigung bemühte sich besonders V i c t o r A d l e r . Die von ihm gegründete Zeitung *Gleichheit* wurde – gemeinsam mit der *Brünner Arbeiterzeitung* zum Meinungsbildungsorgan der Einigungsbewegung. Aus vermögendem jüdisch-bürgerlichen Haus stammend, von Beruf Arzt, kam der von tiefem sozialem Empfinden erfüllte Victor Adler zur Arbeiterbewegung, als sie in ihrer tiefsten Krise steckte. Ebenso wie Engelbert Pernerstorfer und der spätere christlichsoziale Politiker und Wiener Bürgermeister Karl Lueger gehörte er ursprünglich dem linken Flügel der Liberalen an. Der zunehmende Antisemitismus in diesen Kreisen und der Protest gegen die Ausnahmegesetzgebung führten ihn schließlich in das Lager der Sozialdemokratie – wie später auch Pernerstorfer.

Die Erwähnung des Germanisten Pernerstorfer und des Arztes Adler ist der gegebene Anlaß, um darauf hinzuweisen, daß die Unterstützung der Arbeiterbewegung durch einen Teil des liberalen Bürgertums und der Intelligenz und die Bedeutung dieser Unterstützung nicht übersehen werden dürfen. Intellektuelle leisten einen wichtigen Beitrag – angefangen bei Marx und Engels: »Sie verliehen der Bewegung den sprachlichen Ausdruck, sie lieferten ihre Theorien und Schlagworte, – der ›Klassenkampf‹ ist ein ausgezeichnetes Beispiel –, sie gaben ihr ihr Selbstbewußtsein und änderten dadurch ihre Bedeutung. Indem sie diese Aufgabe von ihrem eigenem Standpunkt auslösten, radikalisierten sie sie naturgemäß und gaben zuletzt selbst den bürgerlichen Gewerkschaftspraktiken eine revolutionäre Richtung, – eine Richtung, die die meisten nichtintellektuellen Führer zuerst übel aufnahmen.«[17]) Die Rolle der Intellektuellen in der Arbeiterbewegung schwankte zwischen der Rolle als Diener der Bewegung, die sich auf die Interpretation der Tagespolitik und der Zielsetzungen beschränkten, und ihrer Rolle als Träger selbständiger Ideen, die entweder befruchtend oder verwirrend wirkten. Das Engagement Victor Adlers war sicher ein großer Glücksfall für die österreichische Arbeiterbewegung.

Bereits zur J a h r e s w e n d e 1 8 8 8 / 1 8 8 9 tagte in H a i n f e l d ein Parteitag, der mit der G r ü n d u n g d e r S D A P die Einigung brachte. In einer Prinzipienerklärung wurde festgestellt, daß die Sozialdemokratische Arbeiterpartei in Österreich die Befreiung der Arbeiter von den Fesseln der politischen Rechtlosigkeit und die Erhebung aus der geistigen Verkümmerung ohne Unterschied der Nation, der Rasse und des Geschlechts anstrebe. Ferner nannte die Prinzipienerklärung als »realpolitisches« Ziel, daß eine lückenlose und ehrliche Arbeiterschutzgesetzgebung, deren Durchführung unter Mitkontrolle der Arbeiter stehen sollte, sowie die unbehinderte Organisation der Arbeiter in Fachvereinen, somit also volle Koalitionsfreiheit, angestrebt werden müsse.

Der Erfolg der Einigungsbemühungen stärkte auch die Rolle der österreichischen innerhalb der internationalen Arbeiterbewegung. Im Juli 1889 nahm eine Delegation der österreichischen Partei am G r ü n d u n g s k o n g r e ß d e r Z w e i t e n I n t e r n a t i o n a l e der sozialistischen Parteien teil. Auf diesem *Internationalen Sozialistenkongreß* hielt Victor Adler als Vorsitzender der SDAP eine Rede, in der er unter anderem ausführte, daß Österreich eine Arbeitergesetzgebung besitze, die – abgesehen von England und der Schweiz – die beste von ganz Europa wäre, wenn sie nicht fast nur auf dem Papier existierte. Die Gesetze könnten allzu leicht umgangen werden, die Behörden ordneten Ausnahmen an und diese erlangten stets die Bestätigung des Ministeriums.

Trotzdem hatte die Einigung der Arbeiterbewegung auch nicht ihren Eindruck auf die Behörden verfehlt. Im April 1889 gab das *Ministerium des Inneren* Instruktionen heraus, die die an den Versammlungen teilnehmenden Polizeiorgane zu höflichem und taktvollem Benehmen verpflichteten. Und 1891 wurde der 1884 verhängte A u s n a h m e z u s t a n d a u f g e h o b e n . Die Zeit, in der die Arbeiterschaft nur Organisationen mit »Sektencharakter« und keine wirksame politische Vertretung hatte[18]), war vorbei.

Die B e w e g u n g d e r C h r i s t l i c h s o z i a l e n fußte in verschiedenen, zum Teil gegensätzlichen politischen und geistigen Strömungen. Erst in den neunziger Jahren des 19. Jahrhunderts verschmolzen die christlich-reformerischen und die klerikalkonservativen Basiselemente zu einer eigenständigen politischen Größe und zu einer modernen Massenpartei.

Die erste politische Organisation, in der sich die Vertreter der klerikal-konservativen Strömung und ein Teil der »Reformer« zusammenfanden, war der parlamentarische Club des Grafen Hohenwart, der gegen den Liberalismus in Opposition stehende Klerikale und Föderalisten vereinigte, unter ihnen Graf Thun, der Herausgeber des Richtungsorgans *»Das Vaterland«* und der reformerisch eingestellte »rote Prinz« A l o i s L i e c h t e n s t e i n .[19])

Liechtenstein gehörte zu dem Kreis, den der Redakteur der Zeitung *»Das Vaterland«*, Karl Freiherr von Vogelsang, um sich versammelte. Vogelsangs Ideen, aus denen sich die S c h u l e d e r k a t h o l i s c h e n N e u - R o m a n t i k entwickelte, übten nachhaltigen Einfluß auf die christlich-soziale Reformbewegung aus. Ausgehend von der Ethik des Evangeliums, kritisierte er den individualistischen Eigentumsbegriff mit den Worten: »Privatinitiative ist nackter Eigennutz.« Das Prinzip der Konkurrenz »bedeute den Kampf aller gegen alle und die Anarchie der Produktion. Beide seien nicht aufbauende, sondern auflösende Sozialprinzipien«.[20]) Vogelsangs Ideen fanden immer mehr Anhänger in konservativen Kreisen und erreichten auch Mitglieder der kaiserlichen Familie.[21]) Und obwohl er die christlich-soziale Bewegung nicht als politische Partei verstanden wissen wollte, wurden ihre Anhänger schon sehr bald politisch aktiv.

Anfang der achtziger Jahre versuchte die »Reformer«-Gruppe um den Prinzen Alois Liechtenstein, den »gemäßigten« Flügel der sozialdemokratischen Arbeiterbewegung unter ihren Einfluß zu bekommen.[22]) Denn es gab ja genügend Berührungspunkte, die einen solchen Versuch als vielversprechend erscheinen ließen: Gemeinsam war den Sozialdemokraten und der christlichen Reformbewegung »insbesondere die Ablehnung des Feudalismus, des Kapitalismus, Absolutismus und Bürokratismus, des ungehemmten Wirtschaftsliberalismus, des Eigennutzes und der ›Hartherzigkeit‹ der Arbeitgeber«. Auch erhoben beide Gruppen »die Forderungen nach ›gerechtem Lohn‹, nach Arbeitszeitbeschränkung, Sonntagsruhe und Maßnahmen gegen Kinderarbeit« und traten für das »Recht der Arbeiter ein, sich zur Vertretung ihrer Interessen in Korporationen zusammenzuschließen«.[23]) Trotzdem war die Kluft zwischen den katholisch-konservativ geprägten Vorstellungen zur Lösung der »sozialen Frage« und den sich immer mehr festigenden Zielvorstellungen der sozialdemokratischen Bewegung zu groß. Um nur ein Beispiel herauszugreifen: Während die Sozialdemokraten von Anfang an die Chance zur politischen Mitbestimmung durch ein allgemeines, gleiches Wahlrecht für das Parlament forderten, sah Vogelsang das Parlament ausschließlich als Machtinstrument der Kapitalisten an, das beseitigt und durch eine berufsgenossenschaftliche, s t ä n d i s c h e   V e r t r e t u n g s k ö r p e r s c h a f t ersetzt werden müßte.[24]) Auch das Ziel der Vereinigung von Arbeitern und Unternehmern zu einem einzigen »Stand« erweckte bei den Sozialdemokraten nicht gerade Sympathien. So mußten die Anbiederungsversuche von feudaler Seite scheitern, die Karl Marx schon früher als unsinnig verhöhnt hatte: »Den proletarischen Bettelsack schwenken sie als Fahne in der Hand, um das Volk hinter sich her zu versammeln. Sooft es ihnen aber folgte, erblickte es auf ihrem Hintern die alten feudalen Wappen und verlief sich mit lautem und unehrerbietigem Gelächter.«[25])

Das Kleinbürgertum stand in seiner Mehrheit ursprünglich nicht im Lager der Konservativen. Der Kampf der Liberalen gegen die Kirche hatte auch in diesen Schichten seinen Niederschlag gefunden und äußerte sich in durchwegs freisinnigen Anschauungen; ebenso wurde der Ausbau der parlamentarischen Demokratie als durchaus notwendig angesehen. *So war zum Beispiel auch L u e g e r zu Beginn seiner politischen Tätigkeit absolut nicht kirchenfreundlich*[26]) und war Wiener Gemeinderatsabgeordneter der deutschnationalen Liberalen. Die kleinbürgerlich-liberalen Gruppen zeichneten sich durch einen extremen A n t i s e m i t i s m u s aus, der in ihrem Fall die Ursache für das Fehlschlagen der Bemühungen um die »gemäßigten« Sozialdemokraten war. Auf der Basis des Antisemitismus konnte dann auch eine Verbindung zum katholischen Lager hergestellt werden[27]), wo sich *in den idealistischen Elan* leider schon sehr bald *ein stark ausgeprägter Antisemitismus gemischt hatte*.[28])

Das politische Bündnis schien zunächst noch sehr unsicher, obwohl der Unmut des Kleinbürgertums über die großindustriefreundliche Politik des liberalen Kabinetts ausschlaggebend für die Übernahme der Regierung durch die Konservativen gewesen war. Zu seiner Festigung trug die Wahlrechtsreform von 1881 wesentlich bei, die den Steuerzensus in den beiden Runen der Landgemeinden und der Städte von zehn Gulden auf fünf Gulden heruntersetzte und damit neben den kleinen Grundbesitzern auch die Gewerbetreibenden in die parlamentarische Mitbestimmung einbezog.[29]) Ebenso erhöhte die Reform der Gewerbegesetzgebung im Interesse des Kleingewerbes die Sympathien dieser sozialen Gruppe für das christlich-konservative Lager.

1887 entstand ein loses Kampfbündnis aus Demokraten, Deutschnationalen, gewerblichen Reformern und Katholisch-Konservativen, das sich V e r e i n i g t e C h r i s t e n nannte; Karl Lueger profilierte sich hier zur eigentlichen politischen Führungspersönlichkeit. Fast gleichzeitig wurde der C h r i s t l i c h s o z i a l e V e r e i n gegründet, der zu einem wichtigen Vorläufer und zum organisatorischen Kern der Christlichsozialen Partei werden sollte.[30]) Erst durch die Tätigkeit dieses Vereins fanden die Ideen der katholischen Sozialreform in die politische Bewegung des Kleinbürgertums wirklich Eingang.[31])

Otto Bauer faßte die Entwicklung der Partei, die sich zum wichtigsten politischen Gegner seiner eigenen Sozialdemokratischen Partei entwickeln sollte, kurz folgendermaßen zusammen: »Da die Juden Träger des mobilen Kapitals sind, wird die Bewegung antisemitisch. Im feudalen Vaterland entwickelt Vogelsang ein System des christlichen Sozialismus. Die kleinbürgerliche Demokratie (Lueger) eignet sich dieses Programm an.«[32])

Langsam bildete sich auch eine christliche Arbeiterbewegung. Am 21. September 1892 wurde der C h r i s t l i c h s o z i a l e A r b e i t e r v e r e i n f ü r N i e d e r ö s t e r r e i c h als selbständige Arbeiterorganisation gegründet, von dem auch die c h r i s t l i c h e G e w e r k s c h a f t s b e w e g u n g ihren Ausgang nahm. An der Gründung war der erst zwanzigjährige Sattlergehilfe Leopold Kunschak maßgeblich beteiligt, der den Verein später in die Christlichsoziale Partei integrierte, aber die Eigenständigkeit der Arbeitervertretung innerhalb der von kleinbürgerlichen und bäuerlichen Interessen dominierten Gesamtpartei immer betonte.

In den letzten zehn Jahren des 19. Jahrhunderts fanden die christlichsozialen Reformbestrebungen starken Widerhall bei den großen Massen bedrängter Kleinbürger und Bauern; es entwickelte sich eine richtiggehende christlichsoziale Volksbewegung. Schon 1891 gab sich auch eine parlamentarische Gruppe die Bezeichnung »Christlichsoziale«. Als G r ü n d u n g s d a t u m d e r C h r i s t l i c h s o z i a l e n P a r t e i kann aber erst der 1 7 . M a i 1 8 9 5 angesehen werden, der Tag, an dem sich die Wiener Christlichsozialen versammelten, um eine gemeinsame programmatische Resolution zu verabschieden.[33]) In ihr wurde die Treue zu Papst, Bischof, Kaiser und Staat besonders hervorgehoben.

Die Politik der Christlichsozialen wurde also eindeutig von den Interessen des Kleinbürgertums beziehungsweise des Mittelstands beherrscht. Ihren Funktionären lag ebensowenig wie den Feudalkonservativen daran, die nun einmal eroberte Machtposition von der sozialdemokratischen Arbeiterbewegung gefährdet zu sehen. Deshalb verlor Ministerpräsident Taaffe die Unterstützung der Parlamentsmehrheit, als er 1893 die Reichsratswahlordnung neuerlich reformieren wollte. Es ging ihm darum, das Vordringen des nationalen Radikalismus bei den Deutschen und Tschechen einzudämmen, der nicht zuletzt durch die starke Einwanderung tschechischer Handwerker und Hilfsarbeiter in deutsche Gebiete zugenommen hatte. Er wollte durch einen nationalen Ausgleich in Böhmen die Grundlage zu einer deutsch-tschechischen Koalition legen und erhoffte sich von der Beteiligung neuer Wählerschichten eine Mehrheit für dieses Programm. Deshalb sollte – wenigstens für die Kurien der Städte und der Landgemeinden – das Zensuswahlrecht endlich aufgehoben werden. Aber nun schlossen sich alle gerade noch zerstrittenen Parteien der »Vielbesitzer« und der »Wenigbesitzer« gegen die »Garnichtbesitzer« zusammen.[34]) Der Ministerpräsident mußte sein Amt niederlegen, weil die Reichsratsmehrheit nicht zugab, »daß das politische Schwergewicht von den besitzenden Klassen auf die Besitzlosen überwälzt wird«, wie sich Graf Hohenwart als Sprecher der Feudal-Konservativen ausdrückte.[35]) Kaiser Franz Joseph war weitblickender als die, die Taaffes Pläne bekämpften. Am 29. Oktober 1893 sagte er im Kronrat voraus, daß die Wahlreform nicht mehr von der Tagesordnung verschwinden werde.[36])

Die folgenden Regierungen der konservativen Rechten und der liberalen Linken scheiterten gleichfalls. Erst die nachfolgende Regierung Badeni löste 1896 die Krise, indem sie den vier Runen der Privilegierten eine allgemeine Kurie hinzufügte. Da hier alle über 24 Jahre alten Staatsbürger die Wahlberechtigung erhielten, wurden etwa fünf Millionen neuer Wähler stimmfähig. Das Privilegienwahlrecht war durch diese Maßnahme nicht gefährdet, denn den 72 der a l l g e m e i n e n W ä h l e r k l a s s e zugewiesenen Mandaten standen beispielsweise 85 Mandate der Kurie der Großgrundbesitzer gegenüber, die nur 5.000 Personen vertrat.[37]) Trotzdem stellte die Errichtung der fünften Kurie einen bedeutenden Fortschritt dar, denn zum ersten Mal wurde es nun auch A r b e i -

tervertretern ermöglicht, an den parlamentarischen Verhandlungen teilzunehmen. Bei den ersten Wahlen errangen die Sozialdemokraten 14 Mandate. Die meisten Sitze gingen an die Christlichsozialen und Katholisch-Konservativen, weil eine »Seßhaftigkeitsklausel« die Stimmfähigkeit an den sechsmonatigen Aufenthalt in einem Wahlbezirk band.[38])

Die noch immer mehr symbolische Beteiligung am parlamentarischen Entscheidungsprozeß war den neuen Massenparteien selbstverständlich zu wenig. Vor allem die Politik der Sozialdemokratie stand in den ersten Jahren des 20. Jahrhunderts im Zeichen des »Wahlrechtskampfs«. Doch erst ein Ereignis außerhalb Österreichs brachte die Position der Gegner eines demokratischen Wahlrechts ins Wanken: In Rußland erließ der Zar unter dem Druck der ersten großen Revolutionsbewegung am 30. Oktober 1905 ein Verfassungsmanifest, durch das ein aufgrund demokratischer Wahlen zusammengesetztes Parlament errichtet wurde. Nun konnten die Sozialdemokraten darauf hinweisen, daß selbst das rückschrittliche Rußland ein höheres Maß an politischer Mitbestimmung erreicht habe als die Habsburgermonarchie. Und sie argumentierten, daß dieser Zustand unhaltbar sei – zumal damals in der ungarischen Reichshälfte die Einführung des allgemeinen Wahlrechts sicher schien (eine Chance, die dann allerdings vertan wurde).

Am 28. November 1905 kam es zur großen Wahlrechtsdemonstration in Wien und zu Massendemonstrationen und Arbeitsniederlegungen in ganz »Cisleithanien«. Die große Wiener Wahlrechtsdemonstration schilderte Oskar Helmer, niederösterreichischer Abgeordneter in der Ersten Republik und von 1945 bis 1959 Innenminister der Zweiten Republik, folgendermaßen: »Als wir in Wien einmarschierten, lag die Stadt unter einer dicken Nebeldecke. Um 8 Uhr früh wurde jedweder Verkehr lahmgelegt, erst um 10 Uhr erreichte die erste Gruppe das Parlament. In diesem Augenblick durchbrach die Sonne die Wolkendecke. Herrlich, grandios wirkte dieser Strom von kampfentschlossenen Menschen, der sich über die Wiener Ringstraße wälzte. Erst gegen 3 Uhr zogen die letzten Demonstranten am Parlament vorbei: Die Durchbruchsschlacht für das allgemeine Wahlrecht war gewonnen.«[39])

Der erste Wahlreformvorschlag wurde dem Reichsrat im Februar 1906 vorgelegt, doch Ministerpräsident Gautsch konnte die Reform nicht durchbringen und mußte zurücktreten. Der Widerstand kam nicht nur von den Feudalkonservativen, sondern auch von den deutschen und polnischen Parteien. Die Deutschen fühlten sich bei der Zuteilung der Mandate und der Abgrenzung der Wahlkreise benachteiligt, die Polen fürchteten um ihre Vormachtstellung gegenüber den Ruthenen.[40]) Nach weiteren Rückschlägen gelang es schließlich dem Kabinett unter Ministerpräsident Beck, die Zustimmung des Reichsrats für die Abschaffung des Kurienwahlrechts zu erhalten; das neue Wahlrechtsgesetz wurde am 26. Jänner 1907 von Kaiser Franz Joseph sanktioniert. Ein wirklich gleiches und allgemeines Wahlrecht erhielt Österreich allerdings auch damals noch nicht, denn bei der Mandatsvergabe wurde nicht nur die Kopfzahl der Bevölkerung in den Kronländern, sondern auch deren Steuerleistung berücksichtigt, was eine Bevorzugung der deutschsprachigen Gebiete bedeutete. Auch die gegenüber 1897 verschärfte »Seßhaftigkeitsklausel«, die nun das Recht der Stimmabgabe an die einjährige Ansässigkeit am Wahlort band, benachteiligte in erster Linie slawische Arbeiter und Taglöhner, die ihren Arbeitsplatz und damit ihren Wohnsitz häufig wechseln mußten.[41]) Ferner blieben die Frauen nach wie vor vom Wahlrecht ausgeschlossen.

Von den genannten Einschränkungen abgesehen, wurde das Abgeordnetenhaus des Reichsrats im Mai 1907 erstmals nach dem allgemeinen und gleichen Wahlrecht gewählt. Die Wahlen brachten die erwarteten Stimmengewinne der Massenparteien: Die Sozialdemokraten aller Nationalitäten erhielten 87 von insgesamt 516 Mandaten und wurden damit stärkste Einzelfraktion, die Christlichsozialen und Konservativen brachten es gemeinsam auf 96 Mandate, und der »Deutsche Nationalverband« stellte 90 Abgeordnete. Bei den nächsten Wahlen im Jahr 1911 (die die letzten in der Monarchie waren) konnte das deutschnationale Bündnis 25 Mandate gewinnen, während die Christlichsozialen und Konservativen 22 Sitze verloren. Im Gegensatz dazu hielten die Sozialdemokraten mit dem Verlust von nur fünf Mandaten ihre Position. Auch die Mandatszahlen der Nationalitätenparteien (Tschechen, Polen, Südslawen beziehungsweise Slowenen, Kroaten, Ruthenen, Italiener) blieben verhältnismäßig stabil; die Tschechen und die Polen stellten mit über 80 beziehungsweise über 70 Mandaten die stärksten Fraktionen.

Die Hoffnung des Kaisers, daß eine Demokratisierung des Wahlrechts das Gewicht der Auseinandersetzung im Reichsrat von den nationalen auf die sozialen Probleme verlagern würde, erfüllte sich nicht. Die nationalen Auseinandersetzungen nahmen höchstens an

Intensität zu, was auch durch das Wahlergebnis von 1911 dokumentiert wurde. Der deutsche und der slawische Nationalismus standen sich immer unversöhnlicher gegenüber.

Die Außenpolitik der Monarchie trug nicht gerade zum Abbau der innenpolitischen Spannungen bei.

1878 besetzte die Monarchie die zum Osmanischen Reich gehörenden Balkanländer Bosnien und Herzegowina. Vorangegangen waren ein Aufstand der christlich-slawischen Bevölkerungsgruppen in diesen Gebieten gegen nationale und religiöse Unterdrückung, ein erfolgloser Krieg des autonomen Königreichs Serbien und Montenegros gegen die türkische Oberherrschaft und ein Sieg Rußlands über die Türkei. Durch die Beschlüsse des Berliner Kongresses im Juni 1878 erhielt Serbien seine volle Unabhängigkeit. Seine Politik schwankte in den nächsten Jahrzehnten zwischen einer neuen Anlehnung an Österreich und dem Versuch, ein »Großserbisches Reich« am Balkan zu errichten.

Österreich-Ungarn wurde in den Berliner Verträgen das Besetzungsrecht über Bosnien und die Herzegowina zugesprochen; die Großmächte waren dabei auch bereit, eine militärische Intervention zu tolerieren. Rußland revanchierte sich so – wie in einem Geheimvertrag festgelegt – für die Neutralität Wiens in seinem Krieg gegen die Türkei. Ende Juli 1878 begann die Besetzung Bosniens und der Herzegowina durch österreichisch-ungarische Truppen. Allerdings wehrte sich die Bevölkerung. Zahlreiche Gefechte, die sich bis in den Herbst hinzogen, gestatteten nur ein langsames Vordringen der Besatzungsmacht. Noch Jahre hindurch kam es immer wieder zu Aufständen, obwohl die österreichische Verwaltung für die Entwicklung des abgelegenen Gebirgslands viel getan hatte. Sie betrieb aber auch eine forcierte Katholisierung, und mit der Aushebung von Rekruten machte sie sich gleichfalls unbeliebt.[42])

Die durch die Okkupation heraufbeschworene Entwicklung führte in der Folge zu einem wirtschaftlichen Imperialismus Österreich-Ungarns am Balkan. Da die Habsburgermonarchie im Gegensatz zu den anderen Großmächten keine überseeischen Kolonien besaß, begann sie, die Balkanhalbinsel als »Kolonialgebiet« zu behandeln und zu nutzen.[43]) Die Handelsbeziehungen mit dem ganzen Südosten wurden ausgebaut. Besonders für Serbien waren die Wirtschaftsbeziehungen zur Monarchie von entscheidender Bedeutung: Etwa 90 Prozent der serbischen Importe kamen aus dem Habsburgerreich.

Um seine Position am Balkan abzusichern, schloß Österreich-Ungarn 1879 den »Zweibund-Vertrag« mit Deutschland, dessen Reichskanzler Bismarck wesentlich zum Abschluß des »Berliner Vertrags« beigetragen hatte. Der Vertrag verpflichtete die Partner, einander bei einem russischen Angriff mit der gesamten militärischen Macht beizustehen, beim Angriff einer anderen Macht werde mindestens Neutralität garantiert.[44]) Als »Zweibund«-Partner galt das Habsburgerreich nun als deutscher Vorposten im Südosten, was das Verhältnis zu den Tschechen und vor allem zu den Südslawen weiter belastete.

Im geheimen »Dreikaiservertrag« von 1881 zwischen den Herrschern Österreich-Ungarns, Deutschlands und Rußlands erhielt Kaiser Franz Joseph von Kaiser Wilhelm I. und Zar Alexander III. die Zustimmung, die Okkupation Bosniens und der Herzegowina zu einem beliebigen Zeitpunkt in eine Annexion umzuwandeln, also als Besitz des Hauses Habsburg direkt der Monarchie anzuschließen. Die österreichisch-russischen Gegensätzlichkeiten auf dem Balkan blieben trotzdem bestehen.

So protestierten nicht nur die hauptbetroffene Türkei, die Balkanstaaten und die erst in letzter Sekunde informierten Westmächte England und Frankreich heftig, als Österreich-Ungarn 1908 überfallsartig die Annexion vollzog, auch das rechtzeitig informierte Rußland reagierte scharf. Selbst die deutschen Bundesgenossen waren verärgert. Die »Annexionskrise« konnte dann doch noch überwunden werden, nachdem die Türkei eine Abfindungssumme zugesagt bekommen und ein Abkommen abgeschlossen und das am längsten in Opposition stehende Serbien diesem Abkommen zugestimmt hatte. Rußland gab nach, weil Österreich-Ungarn die Öffnung der türkischen Meerengen für russische Kriegsschiffe zugestand.

Aber es trat nur eine vorübergehende Beruhigung ein. Denn es war klar, daß die zerfallende Großmacht Türkei ihre Balkangebiete auf die Dauer nicht würde halten können. Und es ging darum, wer den Balkan als ihr Nachfolger beherrschen sollte: die slawisch-christlichen Balkanstaaten entweder unter der Schirmherrschaft Englands und Frankreichs (die keine andere Großmacht an den von ihnen beherrschten östlichen Mittelmeerraum heranlassen wollten) oder mit Rußland im Rücken (das sich gerade diesen Zugang zum Mittelmeer sichern wollte) – oder Österreich-Ungarn und mit ihm die deutsche Wirtschaftsmacht.

1912 griff eine Koalition der Balkanstaaten Serbien, Bulgarien, Griechenland und Montenegro die Türkei an und konnte große

Gebietsgewinne erzielen. Im Streit um die Verteilung der von der Türkei abgetretenen Gebiete siegte Serbien im Bunde mit Griechenland, Rumänien und der Türkei im zweiten B a l k a n k r i e g 1913 über Bulgarien. Österreich-Ungarn kritisierte die Friedensbestimmungen, die für Bulgarien harte Bedingungen brachten, was zwar zur Annäherung Bulgariens an Wien führte, aber die Spannungen mit den übrigen Balkanstaaten noch verschärfte. Die Weigerung des k.u.k. Außenministeriums, einer von den Westmächten und Rußland vorgeschlagenen Erklärung über das *Desinteresse der Großmächte an der Balkanfrage* zuzustimmen und damit auf Gebietserweiterungen am Balkan zu verzichten, verringerte die Chancen zur politischen Lösung der Krise noch mehr. Die Atmosphäre zwischen der Habsburgermonarchie und Serbien war nicht erst aufgrund der letzten Ereignisse vergiftet. Schon der sogenannte »Schweinekrieg« hatte die Serben in der Überzeugung bestärkt, Österreich-Ungarn wolle die Existenz ihres Staats vernichten: Auf Wunsch der ungarischen Großgrundbesitzer, die einen lästigen Konkurrenten loswerden wollten, setzte die k.u.k. Regierung einen überhöhten Zollsatz auf die Einfuhr von Schweinen aus Serbien fest, was das ohnehin bettelarme Balkanland fast an den Rand des wirtschaftlichen Ruins trieb. Schließlich war dem serbischen Geheimdienst nicht verborgen geblieben, daß Generalstabschef Conrad von Hötzendorf Pläne für einen Präventivkrieg gegen Serbien vorbereitet hatte und konservative Kreise am Wiener Hof eine Teilung Serbiens zwischen dem Zarenreich und der Habsburgermonarchie für eine vorteilhafte Lösung des Balkanproblems hielten. Ebenfalls noch »inoffiziell« wandte sich deshalb die Regierung in Belgrad an Rußland um Hilfe. Der Zar versprach für den Ernstfall seine volle Unterstützung.[45])

Die seit 1908 schwelende Kriegsgefahr wurde akut, und im Habsburgerreich begann die Umstellung auf Kriegswirtschaft. Um die Kriegsvorbereitungen nicht durch lästige Bedenken der Volksvertreter zu behindern, v e r t a g t e m a n im M ä r z 1 9 1 4 d e n R e i c h s r a t auf unbestimmte Zeit – mit dem offiziellen Argument der »Arbeitsunfähigkeit« wegen der ständigen Auseinandersetzungen zwischen den Vertretern der verschiedenen Nationalitäten. Das Kabinett Stürgkh regierte von nun an mit dem » N o t - v e r o r d n u n g s r e c h t « nach Paragraph 14 des Staatsgrundgesetzes. Diese Verfassungsbestimmung besagte, daß bei dringender Notwendigkeit Anordnungen, die verfassungsmäßig der Zustimmung des Reichsrats bedurften, unter Verantwortung des Gesamtministeriums durch kaiserliche Verordnung erlassen werden konnten. Sie hatten in der österreichischen Innenpolitik schon vorher eine bedeutende Rolle gespielt – vor allem seit Ende der neunziger Jahre: Allein zwischen 1897 und 1904 waren 76 »Notverordnungen« erlassen worden. Doch damals war es um Einzelmaßnahmen gegangen, jetzt aber schaltete man die parlamentarische Kontrolle über die Regierungsentscheidung völlig aus.

Die 1. Mai-Demonstration des Jahres 1914 richtete sich deshalb nicht nur gegen Kriegsrüstung und Kriegshetze, sondern ebenso gegen diese Wiedereinführung des Absolutismus »auf kaltem Weg«. Im Maiaufruf der *Sozialdemokratischen Arbeiterpartei* und der Führung der Freien Gewerkschaften hieß es:

... Die Völker sind so rechtlos, so machtlos, wie sie es vor der Revolution von 1848, wie sie es vor dem großen Wahlrechtskampf waren. Kamarilla, Bürokratie und Generalität geben uns nach ihrem Gutdünken Gesetze, ohne uns, ohne unsere Vertreter um ihre Zustimmung zu fragen! Österreich ist heute das einzige Land in Europa, in dem der nackte Absolutismus regiert.
In würdeloser Knechtseligkeit erträgt das Bürgertum die Herrschaft des § 14. Ihr werdet den Absolutismus nicht ertragen. Zu einer gewaltigen Demonstration werdet ihr heuer die Feier des Ersten Mai gestalten, zu einer Demonstration
Gegen den Absolutismus!
Für die Demokratie!
Für die Selbstregierung der Völker!

Am 28. Juni 1914 wurden der österreichische Thronfolger Erzherzog Franz Ferdinand und seine Gemahlin bei einem Besuch in Sarajewo, der Hauptstadt Bosniens, ermordet – Franz Ferdinand galt als Slawenfreund. Er plante tatsächlich, die Doppelmonarchie in eine Dreiermonarchie umzuwandeln und den Slawen die volle staatsrechtliche Gleichberechtigung zuzugestehen. Hätte er seine Pläne verwirklichen können, wäre die Monarchie auch für Südslawen attraktiv genug gewesen, um die Idee eines geeinten, großen südslawischen Staats, das Ziel der serbischen Nationalisten, fallenzulassen.[46] Es waren also – so seltsam das klingen mag – gerade die slawenfreundlichen Ziele des Thronfolgers, die nicht nur den politischen Plänen der serbischen Nationalisten entgegenstanden, sondern auch tatsächlich die Existenz ihres Staats bedrohten: Nicht umsonst hatte Conrad von Hötzendorf – als einer der engsten Vertrauten des Erzherzogs – die erwähnten Präventivkriegspläne ausgearbeitet.

Die Ermordung des Thronfolgers hätte nicht zwangsläufig zum Krieg führen müssen, da Serbien bereit war, auf die meisten Forderungen Österreich-Ungarns einzugehen. Der alte Kaiser hatte kein Interesse an einem Rachefeldzug. Ungarns Ministerpräsident Graf Tisza mahnte zur Besonnenheit, da ein Angriff auf Serbien einen Konflikt mit Rußland und dadurch einen Weltkrieg auslösen müßte. Aber unter dem Einfluß der »Kriegspartei« und nach dem Einholen der Zustimmung der Regierung des Bündnispartners, des Deutschen Reichs, stellte die Wiener Regierung Serbien ein mit 48 Stunden befristetes Ultimatum, dessen Erfüllung die Hinnahme einer schweren Verletzung der eigenen Souveränität bedeutet hätte.[47]) Trotzdem war die Regierung in Belgrad zum Nachgeben bereit und scheint erst unter russischem Einfluß bezüglich einiger weniger Punkte eine negative Antwort gegeben zu haben. Aufgrund dieser *»nicht befriedigenden Antwort«* brach Wien die diplomatischen Beziehungen ab.[48])

Am 28. Juli 1914 erklärte Österreich-Ungarn Serbien den Krieg. Aber noch immer bestand eine Chance zur Eindämmung des Konflikts. Die deutsche Reichsregierung riet in einem Telegramm zur Mäßigung und Englands Außenminister Sir Edward Grey machte einen Vermittlungsvorschlag, der ein »Halt« der österreichischen Truppen nach der Besetzung Belgrads vorsah. Aber k.u.k. Außenminister Graf Berchtold und seine Umgebung ignorierten diese Stimmen.[49])

Rußland, Österreich-Ungarn und dann auch die anderen Großmächte begannen mit der G e n e r a l m o b i l m a c h u n g . Der Mechanismus der strategischen Pläne und der Bündnissysteme begann abzulaufen: Am 1. August 1914 übermittelte das Deutsche Reich Rußland und am 3. August Frankreich die K r i e g s e r k l ä r u n g . Am selben Tag folgte die Kriegserklärung Deutschlands an das neutrale Belgien wegen Durchmarschverweigerung, was für Großbritannien den äußeren Anlaß bot, am 4. August dem Deutschen Reich den Krieg zu erklären. Am 5. August erklärte Montenegro Österreich-Ungarn den Krieg, am 6. August Österreich-Ungarn Rußland und Serbien dem Deutschen Reich. Am 11. August erklärte Frankreich und am 12. August Großbritannien dem Habsburgerreich den Krieg. Am 23. August kam es zur Kriegserklärung Japans an Deutschland und Österreich-Ungarns an Japan. Dadurch und infolge der Kriegserklärung der Türkei an Rumänien und dann an Frankreich und Rußland wurde der europäische Konflikt schon 1914 zum Weltkrieg – lange bevor die Vereinigten Staaten von Nordamerika 1917 eingriffen.

Wirtschaftsstruktur – Wirtschaftsentwicklung – Wirtschaftspolitik

Nach 1867 hatte eine Spekulationswelle eingesetzt. Die österreichische Staatsverwaltung hatte bisher am Prinzip der Monopolbank festgehalten, erteilte nun bedenkenlos Bankkonzessionen. Die Aktiengesellschaft wurde zur vorherrschenden Unternehmungs- und Finanzierungsform und *brachte den endgültigen Durchbruch zum kapitalistischen Zeitalter.*[50]) In dieser »G r ü n d e r z e i t« kamen bis Anfang 1871 neue Wertpapiere im Umfang von 2 Milliarden Gulden auf den Markt. Der Konjunkturaufschwung nahm ab 1871 heftige Züge an. Bereits 1872 setzte der Rückschlag ein, so daß die am 1. Mai 1873 eröffnete Weltausstellung bereits in eine Zeit wirtschaftlicher Depression fiel.

Die Folgen der ungesunden Entwicklung zeigten sich: Am 9. M a i 1 8 7 3, dem »Schwarzen Freitag«, leitete ein B ö r s e n - k r a c h das Ende des Freihandels in Österreich ein. Am 10. Mai schrieb die *Neue Freie Presse* in ihrem Leitartikel: *Eine Katastrophe ist über die Börse hereingebrochen, wie sie eine unheilbrütende Phantasie nicht drastischer ersinnen könnten. Die Werte, welche die Börse seit Wochen zu hohen Kursen handelte, sind zweifelhaft geworden, das Mißtrauen in seiner furchtbarsten Wirkung hat sich des Marktes bemächtigt; diejenigen, welche mit Anspannung des Kredits Papiere kauften, sind nicht in der Lage, sie zu übernehmen, eine Insolvenz hat die andere zur Folge und aus der Verkettung der tausend Wechselbeziehungen zwischen der Börse und dem sozialen Leben hat sich eine Tragödie entwickelt, deren Abschluß noch nicht zu ermessen ist ...*

Von Mai bis November 1873 gingen 30 Banken, 19 Baugesellschaften und 20 Industriegesellschaften mit einem Kapital von 263 Millionen Gulden in Liquidation.[51]) Bis 1880 dauerte die Wirtschaftskrise, die zu einer Massenarbeitslosigkeit führte. Allein in den sechs größten Eisen- und Stahlwerken Niederösterreichs sank die Zahl der Arbeiter von 1872 bis 1875 um 50 Prozent.

Die Regierung versuchte einerseits mit einem Krisenprogramm stimulierend einzugreifen, andererseits mit dem Börsengesetz von 1875 eine neue Katastrophe zu verhindern. Der Eisenbahnbau wurde, um die Wirtschaft zu beleben, forciert. Aber trotz dieser Maßnahmen und Schutzzoll- und Stützungsmaßnahmen gelang kein Aufschwung.

Ein zukunftsweisender Schritt kam erst mit dem Gesetz von 1877, das den Staat ermächtigte, die in finanzielle Schwierigkeiten geratenen privaten Bahnlinien, die zum Teil vorher installiert worden waren, anzukaufen. Die erste Etappe der planvollen Wiederverstaatlichung des Eisenbahnwesens endete 1893.[52]) Die Verstaatlichung belebte den Eisenbahnbau.

Trotz des »Durchbruchs zum kapitalistischen Zeitalter« und der Entstehung großer Industriezentren blieb die Habsburgermonarchie bis zu ihrem Untergang v o r w i e g e n d ein A g r a r l a n d. In Galizien und Böhmen, noch mehr aber in der ungarischen Reichshälfte dominierte nach wie vor der feudale Großgrundbesitz: In Ungarn nahmen etwa 3.000 in aristokratischem oder kirchlichem Besitz befindliche Güter beinahe die Hälfte des nutzbaren Bodens in Beschlag, während die andere Hälfte kaum ausreichte, den Menschen auf den zahllosen kleinen Bauernhöfen einen bescheidenen Lebensunterhalt zu sichern. Im heutigen österreichischen Staatsgebiet herrschten die kleinen und mittelgroßen Bauerngüter vor, aber auch hier wurde die Agrarwirtschaft von einer geringen Anzahl großer Güter im Besitz der Aristokraten und einiger Klöster bestimmt.[53])

Die Leibeigenschaft war zwar 1848 ohne Entschädigung der Grundherrschaft abgeschafft worden, aber die anderen grundherrschaftlichen Rechte wurden nur gegen Entschädigung aufgehoben. Das führte einerseits zu einer langfristigen V e r s c h u l d u n g d e r K l e i n - u n d M i t t e l b e t r i e b e, was Investitionen zur Modernisierung der landwirtschaftlichen Produktion in diesem Bereich unmöglich machte. Auf der anderen Seite konnten die Grundherrn, und das war vorwiegend der Adel, die Ablösegelder nutzbringend investieren – und stiegen mit ihrer Hilfe beispielsweise ins Bankgeschäft ein, wo sie eine immer größere Rolle spielten. Sie waren ja nicht gezwungen, dieses Kapital in die Modernisierung ihrer land- und forstwirtschaftlichen Betriebe zu investieren, weil sie als Folge der geschilderten Entschädigungspolitik und durch Schutzzölle abgesichert am Binnenmarkt konkurrenzlos blieben und weil sie genügend billige Arbeitskräfte besaßen, um die traditionellen Produktionsmethoden beibehalten zu können: Für viele bäuerliche Familien war der Dienst bei der Grundherrschaft noch immer vorteilhafter als die Selbständigkeit. Sie hatten ihr gesichertes Auskommen, und auf gut geführten Gütern gab es sogar Krankenversicherung und Altersrente für die Bediensteten. Die Landarbeiter lebten in einer abgeschlossenen feudalen Welt, denn obwohl seit dem »neuen« Absolutismus die Selbstverwaltung der Gemeinden vorgesehen war, gelang es den Großgrundbesitzern, sich der Gemeindeverwaltung zu entziehen und ihre administrative Autonomie zu bewahren: »Der patriarchalische und paternale Charakter der adeligen Herrschaft blieb der bezeichnendste Zug der bäuerlichen Gesellschaft des Reiches, bis die Reformer der demokratischen Republiken ihn (nach 1918) abschafften.«[54])

Das Fehlen des Zwangs, moderne Anbaumethoden einzuführen, führte dazu, daß die Erträge der landwirtschaftlichen Produktion bestenfalls den Eigenbedarf deckten. Als die Hektar-Erträge ab 1909 unter den bisherigen Standard zurückfielen, mußte der Agrarstaat Österreich-Ungarn sogar Getreide einführen.[55]) So kam es auch immer wieder zu Engpässen bei der Versorgung der industriellen Ballungszentren mit Grundnahrungsmitteln und zur unverhältnismäßigen Erhöhung der Lebensmittelpreise; spontane Hungerdemonstrationen in den Wohnbezirken der Arbeiterschaft, die zumeist von Polizei und Militär mit Gewalt niedergeschlagen wurden, waren nicht selten die Folge. Und während des Ersten Weltkriegs sollte sich dann die R ü c k s t ä n d i g k e i t der Agrarwirtschaft katastrophal auswirken.

Durch die Rückständigkeit des Agrarsektors fehlten die Impulse für eine breite I n d u s t r i a l i s i e r u n g . Im Vergleich zu anderen Staaten Mittel- und Westeuropas entwickelte sich die Industrie in Österreich nur langsam. Das hatte, neben dem Fehlen der Grundvoraussetzung einer kapitalistisch arbeitenden und technisierten Landwirtschaft, mehrere Ursachen:

Erstens war die B i n n e n l a g e des Habsburgerreichs erschwerend für die wirtschaftliche Entwicklung. Die vielen Gebirge machten die Landwege beschwerlich und richteten zwischen den Industriezentren und den Adriahäfen nur schwer überwindbare Schranken auf. Und geeignete Wasserwege im Binnenland fehlten, da auch die Donau abseits von den eigentlichen Industriezentren lag.[56])

Zweitens kam hinzu, daß die Monarchie auf die E i n f u h r vieler Roh- und Hilfsstoffe a u s d e m A u s l a n d angewiesen war.[57])

Drittens – und das war ein entscheidender Faktor – b e g ü n s t i g t e d i e W i r t s c h a f t s - u n d S o z i a l p o l i t i k den feudalen G r o ß g r u n d b e s i t z und das K l e i n g e w e r b e , seit die feudal-konservative Koalition des »Eisernen Rings« 1880 die Regierungsgewalt von den Liberalen übernommen hatte. Erleichtert wurde diese Politik dadurch, daß das industrielle Großunternehmertum und mit ihm der Wirtschaftsliberalismus durch die Spekulationswelle, die zum Börsenkrach von 1873 und der dadurch ausgelösten Krise geführt hatte, diskreditiert war. Die Gewerbeordnung wurde in zünftlerischem Sinn umgebaut: Zwischen die freien und die konzessionierten Gewerbe wurden die handwerksmäßigen geschoben, für deren Ausübung ein Befähigungsnachweis erforderlich wurde, und den gewerblichen Zwangsgenossenschaften wurden neue Aufgaben zugewiesen. Auch der Ausbau der Sozialgesetzgebung hatte seine Funktion für das Zurückdrängen der Industrialisierung: Die Mehrheit der konservativen Partei, die von den böhmischen Großgrundbesitzern beherrscht wurde, trat nachweislich nur für die Verbesserung der Arbeiterschutzgesetzgebung ein, weil diese fast ausschließlich die industriellen Arbeiter betraf, während die landwirtschaftlichen Arbeiter ganz, die gewerblichen Arbeiter zum größten Teil unberücksichtigt blieben.[58]) Die Steuerbelastung des Großgrundbesitzes und der Kleingewerbetreibenden war wesentlich geringer als jene der Industriebetriebe, Staatsaufträge wurden, wo eine Alternative bestand, bevorzugt an Handwerker vergeben.[59])

Die industriefeindliche Steuerpolitik bewirkte die vierte Ursache der schleppenden Industrialisierung, den K a p i t a l m a n g e l . Der Expansion der Großindustrie waren durch die äußerst hohe Besteuerung der Großbetriebe, vor allem der Aktiengesellschaften, Grenzen gesetzt, die auch durch den – vom mit den Großunternehmen eng verflochtenen Bankkapital betriebenen – Zusammenschluß zu Kartellen nicht überwunden werden konnten.[60]) An der Kapitalschwäche der Unternehmer scheiterte oft die Einführung technischer Neuerungen.

Fünftens sind hier auch die verhältnismäßig s c h l e c h t e n A b s a t z b e d i n g u n g e n zu nennen, wodurch der Anreiz zur Massenproduktion bestimmter allgemein nachgefragter Waren fehlte. Das Volkseinkommen lag wesentlich niedriger als in den westlichen Staaten und im Deutschen Reich: Um 1900 betrug das Bruttonationalprodukt pro Kopf nur die Hälfte des englischen und zwei Drittel des deutschen. Von 1901 bis 1913 stieg das Volkseinkommen nominell um 86 Prozent, aber real nur um 49 Prozent, was einem jährlichen Zuwachs von 3,1 Prozent pro Einwohner entsprach. Das Prokopfeinkommen der berufstätigen Bevölkerung war 1913 um 51 Prozent niedriger als in Großbritannien und um 38 Prozent geringer als im Deutschen Reich.[61]) Die K a u f k r a f t war aber nicht nur g e r i n g e r , sondern auch w e n i g e r s t a b i l als anderswo, weil die immer wiederkehrenden wirtschaftlichen Depressionen die Absatzchancen verringerten und mögliche Aufwärtsentwicklungen unterbrachen. Und die lange Zeit hindurch bestehende weitgehende Selbstversorgung der bäuerlichen Bevölkerung bremste ebenfalls eine Ausweitung der Absatzmärkte für die Massenproduktion.

Dazu kam noch sechstens die Zersplitterung des Markts und der Kapitalkraft durch die in anderen Staaten nicht in so großer Zahl vorhandenen und nicht so stark ausgeprägten nationalen Gegensätze. Die nationalen Bedürfnisse waren der Anlaß zur Errichtung nationaler Industrien in den einzelnen Ländern der Monarchie. Das führte schließlich zu einem förmlichen Wirtschaftskrieg zwischen den Nationalindustrien, für deren Errichtung oft gar keine wirtschaftlichen, sondern nur national-politische Motive vorlagen.[62]) Besonders betroffen waren die am meisten industrialisierten Länder der böhmischen Krone: Schon 1868 gründeten tschechische Finanzleute die Zivnostenska Banka zur Förderung tschechischer Industrien und nationaler Vereine. Später bemühten sich tschechische Politiker um Staatsaufträge für tschechische Firmen und konnten ihrer nationalen Industrie auch tatsächlich einen bedeutenden Einfluß auf die verstaatlichten Bahnen, die Post und andere öffentliche Unternehmungen verschaffen.[63]) Der Geschäftsbericht der Österreichisch-Ungarischen Bank für das Jahr 1900 mußte feststellen, daß *in denjenigen Wirtschaftsgebieten, in welchen die industrielle und gewerbliche Produktion verherrschend ist, politische und nationale Gegensätze, durch welche das Vertrauen gestört und Entfremdung in die sonst naturgemäß auf einmütiges Zusammenwirken angewiesenen Volks- und Gesellschaftsschichten hineingetragen wird, zur Hemmung der wirtschaftlichen Entfaltung wesentlich beigetragen* hatten.

Die Interessen der einflußreichen feudalen Großgrundbesitzer, das »Sicherheitsstreben« in Form des Schutzes der Kleinbetriebe vor den Großunternehmen und der Nationalitätenkonflikt beeinflußten ständig die österreichische Wirtschaftsentwicklung und zementierten ihre kleingewerbliche Wirtschaftsstruktur und veraltete Produktionsformen wie die Hausindustrie und das Verlagssystem – jene aus der Zeit der Manufakturen stammende Betriebsform, bei der ein Verleger Produktion und Absatz in der Hand hatte, während die ausführende Tätigkeit beim Heimarbeiter in dessen Wohnung lag. Der statistische Vergleich macht die wirtschaftliche Rückständigkeit Österreich-Ungarns deutlich: Während die Alpen- und Sudetenländer mit 5,5 Prozent der europäischen Bevölkerung und 4 bis 4,5 Prozent der Industrieproduktion noch relativ gut abschnitten, lag die gesamte Monarchie mit 15,6 Prozent der Einwohnerschaft Europas und 6,3 Prozent der gesamten gewerblichen Erzeugung weit hinter den Industriestaaten zurück. Die Industrieproduktion pro Kopf war in der Donaumonarchie weit niedriger als in England, Deutschland, Frankreich, ja sie lag sogar noch hinter jener Belgiens, Hollands, Dänemarks und Schwedens zurück.[60])

Trotzdem entwickelten sich auch in der Habsburgermonarchie große Industrien und bedeutende Industriezentren. Zu hauptsächlichen Standorten der Industrie wurden in »Cisleithanien« Gebiete in Böhmen, Mähren und Schlesien, in Vorarlberg, in der Steiermark, in Wien und in Niederösterreich, vor allem im Raum Wiener Neustadt. In den Alpenländern gipfelte der Anfang der achtziger Jahre einsetzende K o n z e n t r a t i o n s p r o z e ß in der Gründung der *k.k. priv. Österreichisch-Alpinen Montangesellschaft:* Die Eisen- und Stahlproduktion wurde im steirischen Raum konzentriert, was zu einer schrittweisen Stillegung der meisten Werke in anderen Gebieten der Alpenländer und des nördlichen Balkans führte.

Wesentlich zum – relativen – Aufschwung trug die ruhigere Entwicklung im letzten Jahrzehnt des 19. Jahrhunderts bei; Industrie und Handel erreichten ein besseres Niveau, und die Finanzlage des Staats besserte sich wesentlich. Einer der stärksten konjunkturfördernden Faktoren vor der Jahrhundertwende war der rasche Aufschwung der deutschen Volkswirtschaft, der einerseits die Aufnahmefähigkeit des deutschen Markts für österreichische Exportwaren erhöhte und andererseits die deutsche Konkurrenz mit dem Fortschreiten der Konjunktur auf dem österreichischen Binnenmarkt weniger fühlbar machte.[65]) Die Konjunktur – im Inneren ausgelöst durch eine rege Investitionstätigkeit der kommunalen Behörden, eine kluge Bankenpolitik und durch Rüstungsaufträge – erreichte 1900 ihren Höhepunkt.

Ein Abschwung bis 1905 folgte, dem die Regierung Ernest von Körber durch Bahnbauten und Flußregulierungen zu begegnen trachtete. Der A u s b a u d e r A l p e n b a h n e n bleibt ein dauerndes Denkmal dieser Zeit.[66])

1904 trat wieder eine Belebung der Wirtschaft ein, die bis 1908 anhielt. Über diese Periode schrieb der anerkannte Wirtschaftspublizist Gustav Stolper im *Österreichischen Volkswirt:* »Künftige Wirtschaftshistoriker werden als das bemerkenswerteste Ereignis in der Entwicklung des österreichisch-ungarischen Wirtschaftslebens im ersten Dezennium dieses Jahrhunderts die erstmalige ausgiebige Teilnahme der Monarchie an einer Weltkonjunktur bezeichnen. Österreich-Ungarn hat von 1904 bis 1908 ein Jahrfünft

Hochkonjunktur mitgemacht, deren Ergebnisse nicht wieder spurlos verloren gegangen sind. Wir haben mit den anderen Industriestaaten der Erde eine Blüte erlebt, die wenigstens in gleicher Solidität vorher nicht ihresgleichen hatte.«[67])

Die A n n e x i o n s k r i s e v o n 1 9 0 8 zog eine Wirtschaftskrise nach sich, aber 1910 besserte sich die Wirtschaftslage nochmals und die gute Konjunktur hielt bis ins erste Halbjahr 1 9 1 2 an. Die im Spätherbst hereinbrechende B a l k a n k r i s e verursachte jedoch sofort eine Panikreaktion vieler Unternehmer; Massenentlassungen von Arbeitern und empfindliche Kürzungen der Arbeitszeit waren die Konsequenz. *Von den mißlichen Verhältnissen blieben nur jene Unternehmungen verschont, die seitens des Militärs zu Lieferungen der Heereserfordernisse herangezogen wurden*, stellte der Bericht der Gewerbeinspektion für das Jahr 1912 fest. Und er führte weiter aus, daß aus einer Reihe von Aufsichtsbezirken ein weiteres rapides Ansteigen der (ohnehin für kleine Einkommen kaum mehr erträglichen) Preise aller für den Lebensunterhalt notwendigen Artikel berichtet worden war.

Die Gefahr eines aktiven Eingreifens Österreich-Ungarns in den Balkankrieg wurde immer größer und führte zu einer K r e d i t k r i s e . Von den Banken und Sparkassen wurden die Ersparnisse abgehoben, andererseits häuften die Banken für den Ernstfall liquide Mittel. Das bedingte eine Einschränkung der Kredite und dadurch einen Rückgang der Produktion. Am Vorabend des Ersten Weltkriegs präsentierte sich die Doppelmonarchie als eine sehr komplexe Wirtschaftsgemeinschaft, die ständig an Kapitalmangel gelitten hatte und auf ausländisches Kapital angewiesen war. In den letzten Friedensjahren betrug die Höhe des investierten Fremdkapitals zehn Milliarden Kronen, von denen sechs aus Deutschland und drei aus Frankreich stammten, während die österreichisch-ungarischen Investitionen im Ausland bei nur 500.000 Kronen lagen.[68])

Die kulturellen Leistungen

Im Gegensatz zum Rückstand der Monarchie auf wirtschaftlichem Gebiet standen die kulturellen Leistungen. Eine Statistik über das österreichische Schulwesen aus dem Jahre 1904/05 zeigt, daß die Zahl der die Volksschulen besuchenden Kinder aus allen Ländern Österreichs nahe an hundert Prozent der Schulpflichtigen lag, die ungünstigste Zahl war 77,6 Prozent. Das war angesichts großer zurückgebliebener Gebiete, wie zum Beispiel in Galizien, ein gewaltiger Fortschritt im Kampf gegen das Analphabetentum.[69]) Kunst und Wissenschaft Österreich-Ungarns waren von globaler Ausstrahlung, seine Komponisten und Musiker erlangten Weltgeltung, seine Dichter und Schriftsteller gaben der Literatur eine spezifische Note, seine Denker und Forscher befruchteten das Wissen und erwarben sich weit über die Grenzen hinaus Rang und Anerkennung, so daß Robert Musil in seinem Roman *Der Mann ohne Eigenschaften* schreiben konnte: »Ja, es war, trotz vielem, was dagegen spricht, Kakanien vielleicht doch ein Land für Genies; und wahrscheinlich ist es daran zugrunde gegangen.«[70])

Allerdings sollten wir nicht vergessen, daß viele der Künstler und Wissenschafter, die so Großes leisteten und deren Arbeit so wichtig für die Entwicklung in unserem 20. Jahrhundert war, oft erst nach ihrem Tod auch »daheim« Anerkennung fanden.

Und wir sollten auch daran denken, daß die Mehrheit der Menschen nicht in dieser glanzvollen und faszinierenden Welt des »Wien um 1900« lebte, die noch heute Besuchermassen in Ausstellungen lockt, sondern im Alltag der überhöhten Lebensmittelpreise, der ungesunden Wohnungen, langer Arbeitszeiten, schlechter Löhne und einer nicht immer so gemütlichen »Obrigkeit«.

In dieser Welt begann damals die Arbeiterkulturbewegung, die ihre größte Blüte in der Ersten Republik erreichen sollte. Ein junger Mann, der ihr die Entdeckung seines künstlerischen Talents zu verdanken hatte, der Arbeiterdichter Alfons Petzold, sah, welche Kraft hier im Entstehen war: »Wenn auch, wie ich leider gestehen muß, die Bewohner der Vorstadt in hohem Grade indolent sind und die Volksbildung im Vereine mit dem Klassenbewußtsein nur Schritt für Schritt mühselig Boden gewinnt, so ist doch eines in unbestrittenem Maße vorhanden: die prächtige, aus dem Vollen schöpfende Volksleidenschaft. Und wo diese ist, ist auch Kraft in sittlicher und körperlicher Richtung hin zu finden, und Kraft ist das beste Schutzmittel gegen die Degeneration einer Klasse. Dort, wo die Augen noch freudig strahlen können, wenn sie etwas Schönes sehen, wo sie noch in Liebe oder Haß aufflammen, wo sie nicht wie tote Glaskugeln müde und schläfrig in die Welt glotzen, dort ist noch Platz für eine große, reiche Kultur in der Ferne der Zukunft.«[71])

Die soziale Lage der Arbeiterschaft und die sozialpolitische Entwicklung

Die Sozialpolitik entstand mit der Arbeiterbewegung und wuchs in dem Ausmaß, in dem diese an Stärke und Bedeutung gewann. Die soziale Gesetzgebung und sozialpolitische Maßnahmen sind also vorwiegend die Ergebnisse des Ringens der Arbeiterklasse gegen die maßlose Ausbeutung, die am Beginn der Industrialisierung eines Landes stand. Doch soweit größerer gesundheitlicher Schaden mit der Gefahr der Arbeitsunfähigkeit und der Beeinträchtigung der Militärtauglichkeit verhindert werden sollte, waren sie auch die Früchte der Erkenntnisse der Unternehmer und der Politiker aus den herrschenden Gesellschaftsschichten: Staat und Wirtschaft waren von sich aus gezwungen, Vorkehrungen zu treffen. Die Arbeiterbewegung erhielt in ihren sozialpolitischen Bestrebungen zeitweise auch die Unterstützung bürgerlicher Gelehrter und aufgeschlossener Intellektueller, die in polemischer Absicht als *Kathedersozialisten* bezeichnet wurden. Sie kritisierten die sozialen Zustände ihrer Zeit und erhoben die Forderung nach sozialpolitischen Korrekturen und einer teilweisen Umgestaltung der bestehenden wirtschaftlichen Verhältnisse, lehnten jedoch Theorie und Programmatik der damaligen Sozialdemokratie ab.

In den – mit kurzen Unterbrechungen – 13 Jahren der deutschliberalen Ära waren nur drei Gesetze in Kraft getreten, die für die Arbeiter und die Arbeiterbewegung eine positive Bedeutung hatten: das *Reichsvolksschulgesetz* von 1869, das mit der Ausweitung der allgemeinen Schulpflicht auch der großen Kinderausbeutung Schranken setzte, das *Koalitionsgesetz* aus dem Jahr 1870, das die Gewerkschaften aus der Illegalität befreite, und das ebenfalls bereits *erwähnte Gesetz über die gewerblichen Schiedsgerichte* von 1869, das aber noch kaum praktische Auswirkungen hatte. Die wenigen Arbeiterschutzbestimmungen der Gewerbeordnung von 1859 blieben wirkungslos, weil es keine Organe gab, die die Einhaltung des Gesetzes beaufsichtigten.

Aber ein Ereignis, das in der liberalen Ära stattfand, war von grundlegender Bedeutung für die weitere Entwicklung: Am 7. November 1872 begannen im preußischen Staatsministerium in Berlin Konferenzen »über die Arbeiterfrage«, an denen Delegierte der preußischen und der österreichisch-ungarischen Regierung teilnahmen. In 14 Sitzungen wurde eine Anzahl von Leitsätzen aufgestellt, die schon die Richtung erkennen ließen, in die die beiden Regierungen in Zukunft in der Arbeiterfrage gehen würden: auf der einen Seite Repression und strenge Beachtung der gesetzlichen Grenzen für die politische Arbeiterbewegung und die Gewerkschaften, auf der anderen Seite »Befriedung« durch bessere Sozialgesetze, die Gewährung eines gewissen Maßes an Mitbestimmung und Entscheidungsfreiheit. Die in Berlin formulierten Begründungen für die geplanten Maßnahmen waren zwar vom Geist des Liberalismus beeinflußt, die praktische Linie wurde aber auch von Regierungen, die anderen politischen Lagern nahestanden, beibehalten.

Die Bedingungen, *an welche die Konzessionierung der einzelnen Gewerkvereine zu knüpfen wäre und welche vielleicht später als gesetzliche Normativbestimmungen aufzustellen wären*, lauteten:
a) Mitwirkung bei Schiedsgerichten und Einigungsämtern und Unterwerfung unter dieselben;
b) Regelung des Lehrlingsverhältnisses;
c) sichere Fundierung und Kontrollierung der Kassen;
d) Verpflichtung der beliebigen Zulassung von Regierungskommissären zu allen Verhandlungen und Sitzungen.

Die Konferenz stellte fest, daß ein Verbot der öffentlichen Aufforderung zur Teilnahme an Streiks sich kaum ausreichend bewähren würde; es werde durch geheime Agitationen umgangen werden. Dasselbe gelte von einem etwaigen Verbot der Streikkassen. Es wäre daher besser, an dem alten Erfahrungssatz festzuhalten, »daß bei allen sozialen Konflikten, wenn sie richtig behandelt werden, der Besitzende immer stärker ist als der Nichtbesitzende, und daß die Heilung derselben weit mehr in einer naturgemäßen Regelung als in sekundären Palliativmitteln zu suchen sei. Das Bewußtsein der Stärke sei daher unter den Besitzenden möglichst zu heben und zu pflegen, die Koalition der Arbeitgeber, wovon schon die ersten Anfänge sich zeigen, werde dazu wesentlich beitragen; anderseits werde aber in der Organisation der Gewerkvereine, in dem schon früher besprochenen Sinn, die richtige Form für eine natürliche Regelung der gegenwärtig noch regellosen Verhältnisse gegeben sein.«[72])

Die Konferenz kam zu dem Ergebnis, daß die bestehenden Gesetzgebungen bereits die Mittel bieten, um Ausschreitungen beim Gebrauch der Koalitionsfreiheit, namentlich jeder terroristischen Agitation wirksam entgegenzutreten. Eine strenge und energische Handhabung der diesbezüglichen Verbotsgesetze wurde als eine dringende Notwendigkeit bezeichnet, damit der Glaube an die gesetzliche Autorität erhalten bleibe.

In den letzten Jahren habe der große Bedarf an Arbeitskräften zu einer leichtfertigen Auflösung von Arbeitsverhältnissen geführt: »Nicht so sehr die Streiks als vielmehr die Kontraktbrüchigkeit der einzelnen Arbeiter, welche namentlich bei großem Arbeitsandrang ohne Kündigung die Arbeit verlassen und überall wieder Beschäftigung finden, machen das Verhältnis zwischen Arbeitgeber und Arbeitnehmer zu einem regellosen und fast unerträglichen.«[73])

Die Ideen der katholischen Sozialromantik des Freiherrn von Vogelsang wurden in den Reihen der konservativen Partei aufgegriffen und bildeten die weltanschauliche Grundlage für den Ausbau der Arbeitsschutzgesetzgebung unter der Regierung Taaffe. Es war eine kleine, aber bedeutende Gruppe adeliger Abgeordneter, die sich zu diesen Ideen bekannte und das Abgehen vom liberalen Grundsatz der Nichteinmischung bewirkte.[74]) Es wurde schon im Zusammenhang mit der Wirtschaftspolitik darauf hingewiesen, daß die Mehrheit in der konservativen Partei den Aufbau der Sozialgesetzgebung aus anderen Motiven unterstütze: Weil sie vorwiegend zu Lasten der Industrie ging, kam sie den Interessen der Großgrundbesitzer und der Kleingewerbetreibenden entgegen.

Die Regierung konnte ihre sozialpolitischen Maßnahmen allerdings ohne Schwierigkeiten rechtfertigen, weil die inzwischen auch von der Presse angegriffenen Zustände in den Fabriken nicht länger tragbar waren. Fabrikbesitzer ließen schwangere Frauen – bei Androhung der Entlassung – bis zur Niederkunft schwerste Arbeit verrichten, sie dehnten die Arbeitszeit noch immer vielfach bis Mitternacht aus und gönnten den Arbeitern nicht einmal beim Mittagessen eine Pause. Eine von Vogelsang in Auftrag gegebene und von Prinz Alois Liechtenstein finanzierte Studie brachte auch den Skandal ans Licht, daß Kinder, die vor Erschöpfung zusammenbrachen, nicht selten durch einen Guß kalten Wassers wieder »munter« und arbeitswillig gemacht wurden.[75])

Im April 1883 hielt die Regierung eine Enquete zur Feststellung des normalen Arbeitstags ab, an der auch Arbeitervertreter teilnahmen. Das Ergebnis war negativ, da alle Vorschläge unzureichend waren.

Im Juni 1883 wurde das Gewerbeinspektorengesetz erlassen. Die Aufgaben der Gewerbeinspektoren umfaßten die Überwachung der Durchführung der Vorschriften des Arbeitsschutzes, der täglichen Arbeitszeit, der Führung von Arbeitsverzeichnissen und das Vorhandensein von Dienstordnungen sowie die gewerbliche Ausbildung der jugendlichen Arbeiter.

Die Zahl der Gewerbeinspektoren war anfangs viel zu gering und die Ausdehnung ihrer Amtsbezirke zu groß.

Im Jahre 1885 wurde durch eine N o v e l l e z u r G e w e r b e o r d n u n g die Fabriksarbeit für Kinder bis zu 14 Jahren verboten, Jugendliche bis 16 Jahre durften nicht mehr zu schweren Arbeiten, Frauen und Jugendliche nicht mehr zur Nachtarbeit herangezogen werden. Für F a b r i k e n wurde der m a x i m a l e A r b e i t s t a g m i t e l f S t u n d e n und die Sonntagsruhe mit 24 Stunden festgelegt. Eine Novelle zum »Allgemeinen Berggesetz« hatte schon 1884 die zehnstündige Nettoarbeitszeit für den Bergbau unter Tag eingeführt. Für das Kleingewerbe wurde die Arbeit von Kindern und Jugendlichen gleichfalls eingeschränkt, jedoch eine Festsetzung der Arbeitsdauer für andere Arbeiter unterlassen. Für Industrie und Gewerbe wurde das Truckverbot erlassen – das sogenannte Trucksystem sah die gänzliche oder teilweise Entlohnung in Ware vor, was für den Arbeiter Übervorteilung und Abhängigkeit vom Unternehmer bedeutete –, daneben wurden technisch-sanitäre Anordnungen zum Schutz des Lebens und der Gesundheit der Arbeiter, Lohnschutzbestimmungen und Fürsorgemaßnahmen für Wöchnerinnen getroffen.

Nach dem Ausbau der Arbeiterschutzgesetzgebung im Rahmen der Gewerbeordnung begann die Arbeit an der Schaffung eines effizienten Sozialversicherungssystems.

Die von den Arbeitern gegründeten freiwilligen Krankenkassen erfreuten sich einer ständigen Mitgliederzunahme, doch wurden ihre gemeinnützigen Bestrebungen oft genug durch die Behörden gehemmt. Bei Statutenänderungen machten die Behörden ihre Genehmigung von der Bedingung abhängig, daß sich die Kranken- und Invalidenkassen in wechselseitige Versicherungsvereine umbildeten. Dadurch wurden die Vereine steuerpflichtig und gelangten in ein sehr nachteiliges Abhängigkeitsverhältnis zu den Behörden. Eine Beschwerde an den Verwaltungsgerichtshof wurde abgewiesen, und die Humanitätsinstitute waren damit endgültig zu Versicherungsanstalten erklärt. Die Arbeiter antworteten mit der Auflösung der Invalidenkassen. Die Krankenkassen blieben bestehen, wurden aber durch die Besteuerung an den Rand des Ruins gebracht. Endlich, nach langem Kampf, wurde im April 1885 durch ein Gesetz die Steuer- und Gebührenfreiheit der Krankenkassen ausgesprochen. Die Steuerbehörde aber rächte sich und trieb die Steuer für die früheren Jahre ein.

Ende 1885 zählten die zu einem Verband zusammengeschlossenen Krankenkassen 36 Vereine mit 238 Filialen und 102.554 Mitgliedern. Die seit Gründung der Kassen geleisteten Unterstützungen betrugen rund 5,5 Millionen Gulden.

Die in der Gewerbeordnung von 1859 vorgesehenen Genossenschaftskrankenkassen waren nicht obligatorisch. In den Bergwerken bestanden aufgrund des Berggesetzes von 1854 geregelte Bruderladen. Für die große Masse der Fabriksarbeiter war für die Fälle von Krankheit und Invalidität so gut wie gar nicht vorgesorgt. 1883 und 1885 erlassene Novellen zur Gewerbeordnung führten Pflichtkassen auch in den Fabriken ein, regelten jedoch nicht die Beitragspflicht.

Vom Jahre 1883 bis zum Jahre 1887 beschäftigten sich die parlamentarischen Körperschaften mit den Entwürfen zu einem Unfall- und einem Krankenversicherungsgesetz. Die Gesetzentwürfe waren den in Deutschland schon in Geltung stehenden Gesetzen nachgebildet. Im Juli 1888 trat ein obligatorisches K r a n k e n v e r s i c h e r u n g s g e s e t z und im November 1889 ein obligatorisches U n f a l l v e r s i c h e r u n g s g e s e t z in Kraft. Die Land- und Forstarbeiter fielen nicht unter die beiden Gesetze, ebenso waren die im Kleingewerbe beschäftigten Arbeiter von der Unfallversicherung ausgeschlossen. Aufgrund dieser beiden Gesetze lösten sich viele freiwillige Kassen auf.

Die Bedeutung der allgemeinen Krankenversicherung zeigte sich in den steigenden Zahlen der Versicherten. Während 1890 etwa 1,5 Millionen krankenversichert waren, waren es um 1900 bereits 2,5 Millionen.

Mit der Sozialgesetzgebung der Regierung Taaffe hatte die Arbeiterschutzgesetzgebung in Österreich einen für die damalige Zeit im Vergleich zu anderen Staaten vorbildlichen Stand erreicht. In der Praxis erwiesen sich allerdings die gesetzlichen Bestimmungen als ungenügend, vor allem aber krankte es an der Durchführung, wie auch Victor Adler – unter Anerkennung der gesetzgeberischen Leistung – in seiner Rede auf dem *Internationalen Sozialistenkongreß* kritisierte. Erleichterungen im Interesse der Unternehmer konnten in bezug auf Arbeitspausen, die Sonntagsruhe und für bestimmte Dauer die Ausdehnung der elfstündigen Arbeitszeit auf 13 Stunden gewährt werden. Die Erlaubnis für die Ausdehnung der Arbeitszeit wurde vom Handelsministerium oft für ganze Industriezweige erteilt, und in Einzelfällen waren die Gewerbebehörden bei Ansuchen der Unternehmer um Verlängerung der Arbeitszeit sehr großzügig. Die Gewerkschaften waren noch zu schwach, um die Einhaltung der gesetzlichen Bestimmungen zu erzwingen.

Erst nach und nach konnten sie sich Bereiche der Mitbestimmung erobern.

Die seit dem Inkrafttreten der Gewerbeordnung von 1859 bestehenden Z w a n g s g e n o s s e n s c h a f t e n erhielten mit der reformierten Gewerbeordnung von 1883 neue Aufgaben und eine neue Organisationsstruktur, die an jene der vorindustriellen Zünfte erinnerte. Vollberechtigte Mitglieder der Genossenschaften waren nur die Meister, die in ihrer Gesamtheit die Genossenschaftsversammlungen bildeten.[76]) Den G e h i l f e n v e r s a m m l u n g e n oder Gehilfenausschüssen gehörten alle in der Genossenschaft erfaßten Gesellen an. »Die Tätigkeit der Gehilfenversammlung sowie deren Rechte und Pflichten« wurden durch ein von dieser selbst beschlossenes Statut geregelt.[77]) Unter den in Vereinen mit »sozialdemokratischen Tendenzen« organisierten Arbeitern kam es um die Frage zum Streit, ob sie Vertreter in die neugeschaffenen Gehilfenausschüsse wählen oder ob sie diesen fernbleiben sollten. Die »Radikalen« riefen zum Boykott auf, während sich die »Gemäßigten« für die Mitarbeit entschieden. Unter dem Einfluß der sozialdemokratischen Gehilfenvertreter wurden bei einer Reihe von Genossenschaften Statuten beschlossen, die eine weit über das vom Gesetzgeber vorgesehene Maß gehende Beteiligung der Gesellen am Entscheidungsprozeß innerhalb der Genossenschaft festlegten: Als Zweck der Gehilfenausschüsse nannten sie die Regelung der Arbeitszeit, des Arbeitslohns, der Arbeitsvermittlung und des Lehrlingswesens. Diese Statuten wurden von der Gewerbebehörde abgelehnt. Daraufhin legten viele Gehilfenausschüsse ihre Mandate nieder, andere verhielten sich abwartend. Im Juli 1886 zeigte sich die Behörde endlich geneigt, den Wünschen der genossenschaftlichen Arbeiter nachzukommen: Den Obmännern wurde mitgeteilt, daß man bereit sei, den Gehilfenausschüssen entsprechenden Einfluß auf die Regelung der Arbeitsverhältnisse einzuräumen.

Amtliche Einrichtungen wie die Zwangsgenossenschaften, die Verwaltungsausschüsse der Sozialversicherung oder die »Beiräte« der mit Arbeiterfragen befaßten Ministerien, aber auch nichtamtliche Organe, in denen Vertreter der Arbeitgeber und der Arbeitnehmer gleichberechtigt nebeneinander saßen, hatten den Vorteil, daß man sich kennenlernte, daß Vorurteile abgeklärt werden konnten und manche von ihnen auch verschwanden.

Eine solche Institution war der im Jahre 1885 in Wien konstituierte *Verein für Arbeitsvermittlung*, der zur Hälfte aus Arbeitgebern und Arbeitnehmern bestand. Diese Einrichtung wurde 1898 –

sehr zum Unwillen der sozialdemokratischen Arbeitervertreter – von der (christlichsozial verwalteten) Gemeinde Wien dem damals gegründeten *Städtischen Arbeitsvermittlungsamt* einverleibt.

Eine besondere Bedeutung für das Kennenlernen der gegenseitigen Standpunkte, aber auch für den Kontakt der Gewerkschaften zur Staatsbürokratie hatten die Beiräte der Ministerien, in die Arbeitervertreter berufen wurden. Der wichtigste von ihnen war der 1898 konstituierte *Ständige Arbeitsbeirat* des *arbeitsstatistischen Amts* im Handelsministerium. Er hatte die Aufgabe, »jene Angelegenheiten zu beraten und zu beurteilen, welche man unter der Bezeichnung sozialpolitische Fragen zusammenfaßt und die heute ohne Heranziehung von Vertretern aus dem Arbeiterstande nicht gehörig vorbereitet werden können«.[78]) Er setzte sich demgemäß nicht nur aus »Fachleuten« und Vertretern der mit sozialpolitischen Agenden befaßten Ministerien zusammen, sondern paritätisch aus Vertretern der Gewerkschaften und der Unternehmerorganisationen. Die auf Kompromissen zwischen diesen Kräften beruhenden Gutachten des *Arbeitsbeirats* zeigten der Regierung die Möglichkeiten und Grenzen einer Bereinigung der Interessensgegensätze auf.[79]) Der Arbeitsbeirat beendete seine Tätigkeit mit dem Ausbruch des Ersten Weltkriegs, die *Sozialpolitische Sektion* des Handelsministeriums, zu der das arbeitsstatistische Amt später gehörte, wurde der Kern des 1917 gegründeten *Ministeriums für Soziale Fürsorge*, der langjährige Leiter des arbeitsstatistischen Amts, Viktor Mataja, der erste Sozialminister. Nach ihm übte auch Ignaz Seipel, der spätere christlichsoziale Bundeskanzler, für kurze Zeit diese Funktion aus. Es wurde schon darauf hingewiesen, daß die neuen Sozialgesetze nur langsam zu »greifen« begannen und die Arbeiter nur wenig von dem auf dem Papier schon vollzogenen Fortschritt spürten.

Eine von den Gewerkschaften Wiens und der Umgebung im Jahre 1892 veranstaltete Enquete ergab, daß der schon durch das Gesetz in engen Schranken gehaltene Geltungsbereich des e l f s t ü n d i g e n   N o r m a l a r b e i t s t a g s in der Praxis n o c h   m e h r   e i n g e e n g t wurde, und zwar durch unerlaubte Überstunden nicht weniger als durch freigiebiges Gestatten der Überzeit seitens der Gewerbebehörden. Da in der Wiener Industrie der Kleinbetrieb vorherrschte, war hier nicht der gesetzliche Elfstundentag, sondern überlange Arbeitszeit von 12 bis 14, 15 und 16 Stunden charakteristisch für das gewerbliche Arbeitsverhältnis. Die Unregelmäßigkeit des Absatzes und die Eigenart vieler Wiener Handelsartikel als Saison- und Modewaren trugen dazu bei, diesen überlangen Arbeitstag im Kleingewerbe noch mehr auszudehnen: Arbeitszeiten von 18, selbst bisweilen 24 Stunden wurden gefordert und geleistet, wenn die »Saison da war«, oder knapp vor Liefertermin. In der Bauzeit dauerte für Maurer, Bautischler und Zimmerleute der Arbeitstag, so lange *es hell war.* Die Arbeitszeit der Geschäftsdiener, der Eisenbahn- und Tramwaybediensteten betrug regelmäßig 14 bis 15 Stunden, war aber »elastisch« genug, um im Bedarfsfalle noch mehr ausgedehnt werden zu können.

Die Heimarbeit in der Hausindustrie wirkte sich folgenschwer auf die Werkstätten- und Fabrikarbeiter des gleichen Gewerbes aus. Bei den Handschuharbeitern, Ledergalanterie- und Schuharbeitern war der Druck auf die Löhne und die Arbeitszeit besonders groß. Die Enquete zeigte, daß ganze Industrien ihre Wurzel in der Heimarbeit hatten. Von 1.800 Perlmutterdrechslern arbeiteten nur 600 außer Haus, von den 12.000 bis 14.000 Schneidergehilfen waren nur 2.000 bis 4.000 Werkstättenarbeiter, die übrigen arbeiteten bei Kleinmeistern, die sich mit dem Meisterbuch in der Hand vom Großkonfektionär Arbeit holten.

Sehr klar trat in Berichten der Experten das Vordringen der ungelernten Arbeit zutage. In manchen Gewerben hatte der technische Fortschritt die gelernte Arbeit völlig beseitigt. So kamen zum Beispiel in einer Kerzenfabrik auf 400 Arbeiter nur vier bis fünf qualifizierte Gehilfen. Es wurde auch festgestellt, daß sich die Frauenarbeit auf Gewerbe ausdehnte, bei denen man es dem Charakter der Arbeit nach nicht erwartete; so auf die Großbetriebe der Schlosserei, auf die Metalldruckerei, das Lackierergewerbe, die Möbeltischlerei usw.

Am tristesten waren die Arbeitsverhältnisse bei den Saisonarbeitern und den Ziegelarbeitern. Oftmals schliefen Männer und Frauen in gemeinsamen Unterkünften. Wegen der sexuellen Folgeerscheinungen wurden diese Unterstände als *Karnickelställe* bezeichnet.

Das Elend der Ziegelarbeiter, die eine Stunde vor den Toren Wiens in vollkommener Recht- und Schutzlosigkeit den Ausbeutungspraktiken der *Wienerberger Ziegelfabriks-, Aktien- und Baugesellschaft* ausgeliefert waren, erregte frühzeitig das Interesse Victor Adlers; schon im Jahre 1888 berichtete die *Gleichheit* über die Zustände in Inzersdorf. Am 15. April 1895 traten die Ziegelarbeiter, über 4.000 Männer und Frauen, in Streik, weil ihnen im Winter die Akkordlöhne gekürzt worden waren und sie im Frühjahr infolge der erhöhten Bautätigkeit die Chance sahen, höhere Löhne zu erkämpfen. Sie erhielten so wie die Arbeiter des Hernalser Werks für eine ganze Ziegelarbeiterfamilie bei einer täglichen Arbeitszeit von vier Uhr früh bis neun Uhr abends wöchentlich 12 Gulden. Sie verlangten 18 Gulden sowie die Abschaffung der sogenannten Prämien, die eigentlich Abzüge vom Lohn waren.

Gendarmerie und Militär wurden gegen die Streikenden eingesetzt, und es gab blutige Zusammenstöße mit lebensgefährlich verletzten Arbeitern und Arbeiterinnen.

Als Autor eines Artikels in der *Arbeiter-Zeitung* wurde Victor Adler wegen des Verbrechens der Störung der öffentlichen Ruhe angeklagt. In seiner Verteidigungsrede schilderte Adler die Zustände in Inzersdorf, von denen er sich schon im November 1888 nach einem Besuch eines Ziegelarbeiters in seiner Wohnung persönlich überzeugt hatte: »... Ich habe nicht geglaubt, daß Hunderte, ja Tausende von Menschen n a c k t auf Ringöfen schlafen, daß fünftausend Menschen, Arbeiter einer reichen Aktiengesellschaft, in Wohnungen hausen, die schlimmer sind als alles, was in der Beziehung möglich gedacht werden kann. Darum habe ich mich persönlich von den Verhältnissen überzeugt. Ich bin bei Nacht hinein ins Werk. Wir mußten uns einschleichen, denn so ohne weiteres kann man in dieses Werk nicht hinein. Wir haben Fürchterliches gesehen. In einer Wohnung, das ist in einem Raum, der ein Zehntel so groß ist wie dieser Saal, wohnen a c h t z i g M e n s c h e n beisammen. Auf verfaultem Stroh lagen Menschen zusammengepfercht, die ihre Hemden aus S p a r s a m k e i t s r ü c k s i c h t e n ausgezogen und neben sich gelegt hatten: Männer, Weiber, Kinder durcheinander. In einer Baracke sahen wir eine Frau, die ihr neugeborenes Kind neben sich liegen hatte. Ich fragte sie: ›Wo haben Sie entbunden?‹ Die Antwort lautete: ›Hier‹. Hier, mitten unter Männern und Kindern, unter sich die Glut, über sich die Winterkälte. Wir sind hinaus nach diesem Wort. Ich hatte gesehen und habe nun begonnen zu schreiben ...«[80])

Das Schwurgericht sprach Victor Adler frei.

Eine Untersuchung über die Wohnungssituation der Heimarbeiter, die Beamte des arbeitsstatistischen Amts 1899 durchführten, erfaßte 409 Wohnungen in ganz »Cisleithanien«. Sie ergab ein Bild grauenhaften Elends. Über einen Fall in Böhmen hieß es: *In den beiden in der Stube aufgestellten Betten dient als Unterlage schlechtes Stroh, einige zerrissene, grobe Linnen und über dies ein schmutziger Polster; zum Zudecken werden alte Kleidungsstücke verwen-*

det. Die einräumige Wohnung war zugleich Arbeitsstätte und wurde von drei Erwachsenen und drei Kindern »bewohnt«.

In vielen Fällen »lebten« fremde Bettgeher im gleichen Raum, so heißt es in einem Bericht: *Zur Illustration dieser Verhältnisse dient noch, daß in einem Falle der zwölfjährige Sohn eines Stückmeisters in Wien nicht nur den Schlafraum, sondern auch das Bett mit einer achtzehnjährigen Arbeiterin teilte und in Lemberg eine Wohnung angetroffen wurde, wo in einem und demselben Schlafraume zwei Schlafgänger in je einem Bette und das Dienstmädchen auf dem Sofa schliefen.*

Noch am Beginn des 20. Jahrhunderts spielte das H e i m a t r e c h t eine entscheidende Rolle bei der Regelung der durch die forcierte Industrialisierung entstandenen Probleme. Parallel zu den Sozialreformen der Gewerbeordnungsnovelle hatte sich eine Verschlechterung der die Arbeiter betreffenden Bestimmungen im Heimatrecht entwickelt. Nur der in der Ortsgemeinde Geborene (Beheimatete) hatte das Recht auf ungestörten Aufenthalt und den Anspruch auf Armenversorgung. Das *Vagabundengesetz* des Jahres 1885, das Arbeitslose den Landstreichern gleichstellte, blieb weiterhin in Kraft. Sein Paragraph 1 bestimmte, *wer geschäfts- und arbeitslos umherzieht und nicht nachzuweisen vermag, daß er die Mittel zu seinem Unterhalt besitze oder zu erwerben sucht, ist als Landstreicher zu bestrafen.* Die Strafe für dieses Delikt war strenger Arrest von ein bis drei Monaten. Unter »Umherziehen« war auch der Verbleib innerhalb e i n e r Ortschaft zu verstehen.

Wie diese Maßnahmen von den Betroffenen empfunden wurden, zeigt eine sozialdemokratische Agitationsbroschüre aus dem Jahre 1900. Darin heißt es: »Wir Österreicher selbst wissen ja seit lang, daß all der Fortschritt und der Freisinn und die Sozialreform Geflunke ist und daß unter der Kruste der Barbar steckt ... Die Entwicklung des Heimatrechtes ist für unser ganzes Asiatenthum so recht kennzeichnend. Anderswo in Europa hat man, je mehr sich die Industrie entwickelte, dem industriellen Arbeiter, der von Ort zu Ort zieht, wo ihn gerade der Unternehmer braucht, auch die rechtliche Möglichkeit des Aufenthaltes gegeben ... Anders natürlich in Österreich.«[81])

Das Fehlen einer ausreichenden Kontrolle und die Genehmigung von zahlreichen Ausnahmebestimmungen führte auch noch um 1900 dazu, daß für die Mehrheit der Industriearbeiter der gesetzlich vorgeschriebene Elfstundentag ein Wunschtraum blieb. Von einem Achtstundentag, den die Arbeiterbewegung seit ihrer machtvollen Demonstration am 1. Mai 1890 vehement in der Öffentlichkeit forderte, konnte ohnehin keine Rede sein. Aber kleine Fortschritte waren doch zu verzeichnen: 1901 wurde – als politische Folge des sonst nicht sehr erfolgreichen großen böhmischen Bergarbeiterstreiks – die Arbeitszeit im Kohlenbergbau unter Tag auf 9 Stunden gekürzt. Und im Jahre 1907 veröffentlichte das *arbeitsstatistische Amt* Erhebungen über die Arbeitszeit in Fabrikbetrieben, wonach die tägliche Arbeitszeit sich vorwiegend zwischen neun und elf Stunden bewegte. Allerdings hatten nur 8,8 Prozent der 930.000 erfaßten Arbeiter eine Arbeitszeit von neun Stunden und weniger – und Landwirtschaft, Handel und Kleingewerbe hatten weiter freie Hand bei der Festlegung der Arbeitszeiten. Mit dem Anwachsen der Gewerkschaftsbewegung und mit Unterstützung durch die parlamentarische Tätigkeit der Sozialdemokratischen Partei nach der Erringung des allgemeinen, gleichen Wahlrechts im Jahre 1907 verstärkte sich daher die Agitation für den Achtstundentag.

Auch die längst notwendige Reform des Sozialversicherungssystems und sein Ausbau wurden damals in Angriff genommen. Im Jahre 1906 konnte ein für die Privatangestellten wichtiges Gesetz, das P e n s i o n s v e r s i c h e r u n g s g e s e t z , durchgesetzt werden. Die Bestrebungen der Privatbeamtenschaft, eine Alters-, Invaliditäts- und Hinterbliebenenversicherung zu erreichen, hatten schon 1888 zur Petition des *Ersten Allgemeinen Beamtenvereins* in Wien geführt. 1893 hatte das Abgeordnetenhaus die Regierung zur Ausarbeitung einer Gesetzesvorlage aufgefordert. 1896 war es schließlich zur Einleitung von vorbereitenden Erhebungen gekommen, und im Mai 1901 hatte die Regierung den Entwurf eines Pensionsversicherungsgesetzes im Parlament eingebracht. Erst 1906 wurde der Entwurf nun Gesetz.

Die Beschlußfassung über das Pensionsversicherungsgesetz verstärkte die Bestrebungen nach einer Reform und Erweiterung der Arbeiterversicherung. 1904 war von der Regierung ein Reformprogramm der Arbeiterversicherung ausgearbeitet worden. 1908 wurde eine Regierungsvorlage im Abgeordnetenhaus eingereicht. Außer einer Reform der Kranken- und Unfallversicherung der Arbeiter sah der E n t w u r f d i e I n v a l i d i t ä t s - u n d A l t e r s v e r s i c h e r u n g für rund sechs Millionen unselbständig Erwerbstätige vor; die Rente sollte mit dem vollendeten 65. Lebensjahr gewährt werden. Die Beratungen im Parlament führten zu keinem Ergebnis. 1911 wurde ein neuerlicher Gesetzesentwurf eingebracht. Im Frühjahr 1914 stand endlich das Gesetzeswerk vor der Vollendung, unbedeutende Differenzen verzögerten die Beschlußfassung. Da wurde das Parlament ausgeschaltet, der Krieg brach aus und begrub die Hoffnungen auf sozialpolitische Fortschritte.

Die Entwicklung zur anerkannten Interessenvertretung der unselbständig Erwerbstätigen

Die Gewerkschaften im Kampf um den Weg der Arbeiterbewegung

Mit der fortschreitenden, wenn auch hinter der Entwicklung in Westeuropa zurückbleibenden Industrialisierung änderte sich auch der T y p u s d e s A r b e i t e r s . Der prägende Arbeitertypus war nicht mehr der Handwerker und Heimarbeiter, der noch am Beginn des 19. Jahrhunderts überwog. Die Maschinenbedienung verlangte ursprünglich nur geringe technische Kenntnisse, die fortschreitende Technisierung erforderte aber eine größere Spezialisierung. Die Industriearbeiterschaft teilte sich in zwei Gruppen: Auf der einen Seite standen nun die Werkmeister, Vorarbeiter und Spezialarbeiter, die bereits über Fachwissen verfügen mußten, um die gestellten Aufgaben erfüllen zu können. Ihnen gegenüber stand die Gruppe der Arbeiter, die mit Hilfe der Maschinen nur einfache Arbeitsvorgänge, oft bloße Reflexbewegungen des Arbeitszyklus der Maschinen zu vollführen hatten. Die selbstbewußten F a c h a r b e i t e r waren die Träger der Entwicklung der gewerkschaftlichen und politischen Organisationen. Die Hilfsarbeiter waren schlecht entlohnt und mit ihrer Arbeit und Entlohnung unzufrieden, sie hingen eher radikalen politischen Strömungen an. Dieser Teil der Arbeiter kam meist unmittelbar aus ländlicher Umwelt und war mit den Verhältnissen der Stadt oder der Industrieansiedlungen anfangs nicht vertraut. Er bildete zunächst eine s o z i a l e R a n d s c h i c h t , und das Traditionsgefühl der Arbeiterbewegung war diesen Menschen fremd.

Auch die Frauen, die vielfach zum Familienunterhalt beitragen mußten, standen a u ß e r h a l b d e r G e w e r k s c h a f t s o r g a n i s a t i o n . Seit Beginn der Frauenarbeit in den Manufakturen betrachteten die Arbeiter die Frauen als Konkurrenz, und es dauerte lange Zeit, bis sich ihre Haltung gegenüber der Frauenarbeit änderte. Aber nicht nur das: Frauen wurden am Arbeitsplatz nicht als »Arbeitskolleginnen«, sie wurden als »Geschlechtswesen« behandelt, anzügliche Redensarten und Schlimmeres als das waren gang und gäbe.

In ihrer Anfangsphase waren die Österreichischen Gewerkschaften O r g a n i s a t i o n e n v o n H a n d w e r k s g e s e l l e n u n d F a c h a r b e i t e r n. »Die Ablösung jahrhundertelang gültiger ständisch-hierarchischer Verhaltensmuster und zünftlerisch geprägter Organisationsformen durch Gewerkschaftsverbände erfolgte in einem langwierigen Prozeß parallel zu den strukturellen Veränderungen in einzelnen Handwerkszweigen.«[82])

Die Gewerkvereine erfaßten überwiegend den fortschrittlichsten Teil der Arbeiter, und dieser war überwiegend sozialistisch orientiert. Allerdings gab es über den Weg der Gewerkschaftsbewegung und den des »Sozialismus« keine klaren Zielvorstellungen. In ihren Programmen und Deklarationen zeigte sich lange eine Mischung der Ideologie der »Selbsthilfe« von Schulze-Delitzsch, der »Staatshilfe« des Lasalleanismus und des Marxismus. Den Behörden bot sich daher immer wieder die Gelegenheit, trotz Bestands des Koalitionsgesetzes gegen Organisationen mit Auflösungen wegen »staatsgefährlicher« Umtriebe vorzugehen.

Ende 1872 gab es in Österreich 75 Gewerkschaften und 59 Arbeiterbildungsvereine, die sich vielfach die gleichen Aufgaben wie die Gewerkschaften stellten. Ende 1873 waren die Organisationen bereits auf 237 mit einem Mitgliederstand von rund 83.000 angestiegen.

Der »*Arbeiterkalender*« des Jahres 1873 brachte folgende Statistik über den Stand der Gewerkschaftsbewegung*:

	Arbeitervereine	Mitglieder
Wien	*51*	*35.368*
Niederösterreich	*28*	*4.616*
Oberösterreich	*7*	*922*
Salzburg	*6*	*469*
Steiermark	*37*	*9.848*
Kärnten	*14*	*1.156*
Kram	*6*	*468*
Tirol	*5*	*356*
Böhmen	*36*	*11.707*
Mähren	*21*	*4.646*
Schlesien	*7*	*760*
Ungarn, Kroatien und Slawonien	*18*	*9.793*
Galizien	*1*	*200*
Insgesamt	*237*	*80.309*

Nach Art der Vereine waren es:

		Anzahl der Mitglieder
21	*Manufakturarbeitergewerkschaften*	*6.969*
1	*Sattler- und Riemerverein*	*900*
12	*Kleidermacherfachvereine*	*2.718*
4	*Anstreicher- und Vergoldergewerke*	*924*
1	*Handschuhmacherverein*	*262*
24	*Buchdrucker-, Schriftgießer- und Lithographenvereine*	*3.591*
5	*Holzarbeitergewerkschaften*	*2.324*
6	*Metallarbeiterfachvereine*	*2.646*
3	*Maurer- und Steinmetzvereine*	*981*
8	*Schuhmachergewerkschaften*	*3.018*
je 1	*Buchbinder-, Musikinstrumentenmacher-, Drucker- und Formenstecher-, Spengler-, Tapezierer-, Brauer-, Hafner-, Weiß- und Rotgerber-, Glaser-, Gold- und Juwelenarbeiter-, Geschäfts- und Fabrikdiener-, Hutmacher-, Drechsler-, Uhrmacher-, Bildhauerverein und*	
2	*Bäckervereine mit durchschnittlich je 500 Mitgliedern*	*8.500*
102	*Gewerkschaften*	*32.833*
67	*Arbeiter-Bildungsvereine*	*16.365*
2	*Arbeiterinnen-Bildungsvereine*	*500*
3	*sozialdemokratische (politische) Vereine*	*135*
7	*sozialdemokratische Produktionsgenossenschaften*	*584*
29	*Kranken- und Invalidenunterstützungsvereine*	*32.680*
	Insgesamt	*83.097**

* Die Differenz ist auf ungenaue Mitgliederstatistiken zurückzuführen.

Die Wirtschaftskonjunktur bis Ende 1872 verführte die Arbeiter zu vielen S t r e i k s , die oft gar nicht oder nur schlecht vorbereitet waren und die trotz guten Geschäftsgangs erfolglos endeten, da die Arbeiter nicht über genügend finanzielle Mittel zum Durchhalten verfügten. So schrieb der *Volkswille* schon im Mai 1871: *Die Arbeitseinstellungen nahmen in neuester Zeit in besorgniserregender Weise überhand. Zumeist sind sie nicht im mindesten vorbereitet und nur ins Blaue hinein vom Zaune gebrochen. Die Lohn- und Arbeitsverhältnisse sind überall drückend; allein, die Arbeiter mögen stets die Möglichkeiten des Aushaltens bedenken! Wenn so viele, mitunter großartige Streiks auf einmal unternommen werden, ist eine Unterstützung aller geradezu unmöglich, und sie müssen zum Teil erfolglos bleiben.*

Wenn die Behörden einem Fachverein die Führung oder Beteiligung an einem Streik nachweisen konnten, wurde er aufgelöst. So erging es 1872 dem Fachverein der Brauereigehilfen, *weil der Ausschuß beschlossen hatte, mit Hintansetzung des freien Willens der einzelnen Arbeiter, mit dem Brauherrn zu unterhandeln, und es den Vereinsmitgliedern zur Pflicht gemacht wurde, sich den diesfälligen Beschlüssen des Vereins zu fügen.* Man sieht, daß es der Behörde trotz des Koalitionsrechts nie an einer Begründung fehlte, wenn es galt, ihre Willkür zu bemänteln.

1873 war trotz polizeilicher Schikanen die Entwicklung der Wiener Gewerkschaften so weit vorangeschritten, daß diese beschlossen, sich zu einem V e r b a n d d e r W i e n e r F a c h g e w e r k s c h a f t e n zusammenzuschließen. Dieser Versuch scheiterte jedoch bald, denn die niederösterreichische Statthalterei verbot unter Hinweis auf den § 6 des Vereinsgesetzes die Bildung des Gewerkschaftsverbands als »staatsgefährlich«.

Es war das Jahr, in dem der Börsenkrach in Wien die große Krise auslöste. Sieben Jahre vergingen, ehe sich die österreichische Wirtschaft von diesem furchtbaren Schlag erholen konnte, noch länger dauerte es, bis ihn die Arbeiterschaft überwand.

1879 schrieb der *Österreichische Arbeiterkalender*, daß die im Jahre 1873 hereingebrochene geschäftliche Krise ungemildert fortdauere und die alte Prophezeiung, es werde bald besser werden, sich immer noch nicht erfüllen wolle: *Die Geschäfte stocken, die Arbeiter haben wenig oder gar nichts zu tun, und jenen, die noch das »Glück« voller Beschäftigung haben, ist der Lohn derart gekürzt, daß er kaum ausreicht zur Befriedigung der allerdringlichsten Bedürfnisse; allerorts daher Elend und Not.* Erst 1880 begannen sich die wirtschaftlichen Verhältnisse zu bessern. Industrie und Handel erholten sich vom Börsenkrach. Die Arbeiterschaft faßte wieder Mut; um so mehr wurde sie aber von Polizei und Behörden schikaniert.

Das größte Hemmnis einer geordneten Entwicklung war aber der B r u d e r z w i s t i n n e r h a l b d e r A r b e i t e r b e w e g u n g . Da es sich um einen politischen Meinungsstreit handelte, versuchte man, die Gewerkschaften nicht in den Konflikt hineinzuziehen, doch waren die Gewerkschaften zu eng mit den politischen Richtungen verbunden, als daß sich diese künstliche Zurückhaltung aufrechterhalten ließ. Die Jahre 1871 bis 1886 *»sind eine finstere Periode in der Geschichte der österreichischen Arbeiterbewegung«*.[83])

Zunächst erschütterten die Auseinandersetzungen zwischen den »Gemäßigten« unter der Führung Heinrich Oberwinders und den mehr nach Lasalle und Marx ausgerichteten »Radikalen« um Andreas Scheu auch die jungen Fach- und Gewerkschaftsvereine. Dann – zu Beginn der achtziger Jahre – gewannen die Anhänger der anarchistischen Ideen von Josef Peukert in den Gewerkschaften zum Teil großen Einfluß, während die Lasallianer und Marxisten, die dem Ziel der Beendigung der Ausbeutung auf dem Weg über die parlamentarische Demokratie näherkommen wollten, nun als »Gemäßigte« einen schweren Stand hatten. Als 1882 der Wiener Schuhwarenfabrikant Josef Mestallinger überfallen, chloroformiert und um einige hundert Gulden bestohlen wurde, die der Parteikasse der Radikalen zugeführt werden sollten, verschärfte sich der Gegensatz zwischen den beiden Lagern.

Die inneren Zerwürfnisse waren dem organisatorischen Ausbau der Gewerkschaften nicht förderlich. 1882 gab es noch immer nicht mehr als 85 Gewerkschaften und 56 Arbeiterbildungsvereine. Die geführten Streiks endeten meist ohne besondere Erfolge.

In der Schuhmachergewerkschaft hatten die »Radikalen« besonders großen Einfluß. Die Gewerkschaft wurde am 30. Oktober 1882 wegen Verbreitung verbotener Druckschriften behördlich aufgelöst. Es kam in Wien zu »Schusterkrawallen«, die bis zum 9. November anhielten; zur Aufrechterhaltung der Ruhe und Ordnung wurde Militär aufgeboten. Die Erregung griff auf Arbeiter anderer Branchen über. Das Spottlied:

Was macht die Polizei?
Steht sie nicht jedem Lumpen bei?
Ja, ja! Sie steht den Lumpen bei!
ging von Mund zu Mund.

Den Schuhmachern gelang die Reaktivierung ihres »Fachvereins«, und sie erhielten sogar das beschlagnahmte Vermögen der aufgelösten Gewerkschaft zurück.

Nach der Verhängung des A u s n a h m e z u s t a n d s über Wien und die niederösterreichischen Industriezentren wurde 1884 als eine der ersten Organisationen der »radikale« *Gewerkverein der*

Metallarbeiter von der Polizei aufgelöst. Die »gemäßigte« *Metallarbeiter-Union* beschloß 1885 ihre Selbstauflösung.

Vom Ausnahmezustand und den » A n a r c h i s t e n g e s e t z e n « der Regierung bedroht, beschlossen auch viele andere Gewerkvereine die f r e i w i l l i g e A u f l ö s u n g oder ihre zeitweilige Sistierung: *die Freie Genossenschaft der Buchbinder, Futteralmacher* (15. Februar 1885), der *Wiener Fachverein der Sattler, Riemer und Taschner* (22. Februar 1885), die Krankenkasse des *Gewerkschaftsvereins der Maurer und Steinmetzer* (2. März 1885), der *Verein der Buchbinder, Rastrierer, Ledergalanterie- und Kartonagearbeiter* (2. März 1885) und der *Fachverein der Meerschaum- und Massabildhauer* (15. März 1885). Der *Gewerbeverein der Schneider* beschloß am 9. März 1885 die Sistierung seiner Tätigkeit auf drei Jahre.

Die E i n i g u n g der sozialdemokratischen Arbeiterbewegung auf dem P a r t e i t a g i n H a i n f e l d um die Jahreswende 1888/89 war die Voraussetzung, um auch die Zwistigkeiten in der sozialdemokratisch orientierten Gewerkschaftsbewegung zu beenden.

Die Einigung und die Aufhebung der Ausnahmebestimmungen brachten wieder einen Aufschwung: Ende 1889 gab es in Österreich 95 Gewerkschaften, 104 Arbeiterbildungs- und Kulturvereine und 71 Kranken- und Invalidenkassen mit rund 60.000 Mitgliedern. Noch war aber jede der gewerkschaftlichen Arbeiterorganisationen auf sich selbst gestellt, und es fehlte ein fester organisatorischer Rückhalt. Der eigentliche Aufschwung setzte erst mit dem organisatorischen Zusammenschluß der vielen kleinen Fachvereine zu Fachverbänden ein, der in größerem Ausmaß ohne den – wenn auch losen – Zusammenschluß in einer zentralen Gewerkschaftskommission – wie er 1893 erfolgte – nicht möglich gewesen wäre.

Die geeinigte Arbeiterbewegung zeigt ihre Kraft: der 1. Mai 1890

Im Jahre 1889 beschloß der Pariser *Internationale Sozialistenkongreß*, die Arbeiter der ganzen Welt aufzurufen, am 1. Mai eines jeden Jahres für die Einführung des Achtstundentags zu demonstrieren. Der 1. Mai war gewählt worden, weil der im Dezember 1888 in Saint Louis in den Vereinigten Staaten abgehaltene Kongreß der *American Federation of Labor* eine ähnliche Manifestation für diesen Tag beschlossen hatte.

Österreichs Gewerkschaftsbewegung
Stationen zur Arbeitszeitverkürzung

1890 Am 1. Mai demonstrieren die Arbeiter für den 8-Stunden-Tag

1918 8-Stunden-Tag für Fabrikarbeiter

1948 48-Stunden-Woche

1959 45-Stunden-Woche im Arbeitszeitgesetz

1958 demonstrieren Bergarbeiter für die 45-Stunden-Woche

1969 Generalkollektivvertrag zur etappenweisen Einführung der 40-Stunden Woche (2. von links ÖGB-Präsident Anton Benya)

1975 40-Stunden-Woche als Gesetz

1983 fordert der 10. ÖGB-Bundeskongreß erstmals die 35-Stunden-Woche

1985 erster Kollektivvertrag mit 38-Stunden-Woche

Der 1. Mai, symbolisch der Festtag des Frühlings, hatte schon vorher Bedeutung erlangt. 1856 hatten die Bauarbeiter in Australien nach schwerem Kampf den Achtstundentag errungen und zur Feier des Sieges den 21. April als Feiertag gewählt. 1886 kämpften die Holzarbeiter in San Francisco um den Achtstundentag und beschlossen, am 1. Mai dafür zu demonstrieren.

Der Beschluß des Pariser Kongresses scheuchte die Behörden auf. Das Österreichische Ministerium des Inneren gab unmittelbar nach Bekanntwerden des Beschlusses den Statthaltern den Auftrag, die *Arbeiter, insbesondere aber Arbeitervereine und als Agitatoren und Arbeiterführer bekannte Individuen entsprechend zu überwachen.*

Schon im Herbst 1889 beschloß eine Vertrauensmännersitzung der Sozialdemokratischen Arbeiterpartei, die Arbeiter der ganzen österreichischen Monarchie aufzurufen, die Arbeit am 1. Mai 1890 ruhen zu lassen, in den Industriebezirken Volksversammlungen unter freiem Himmel und in den anderen Orten Vereinsversammlungen abzuhalten. Mit der Feier sollte eine Kundgebung für den Achtstundentag verbunden werden; imposante Arbeiterumzüge waren geplant.

Bemerkenswert ist, daß die Wiener Polizeidirektion den Zweck dieses Feiertags richtig erkannte: ... *Was die Führer aber um jeden Preis wollen, das ist die Hebung des Bewußtseins der Solidarität der Arbeiter, und aus dem Grunde beharren sie auf dem Achtstundentag und ganz besonders auf dem internationalen Festtag am 1. Mai 1890.*

Zuerst standen die Behörden in fast allen Staaten Europas auf dem Standpunkt, jede Demonstration zu verbieten und die *Aufforderung zur Einstellung der Arbeit am 1. Mai ohne Innehalten der gesetzlichen Kündigungsfrist und unter Verletzung gesetzlicher Verpflichtungen als strafbar zu erachten.* Doch bald zeigte es sich, daß die Begeisterung der Arbeiterschaft zu groß, die Bewegung zu mächtig war und daß die Aufrechterhaltung des Verbots mit einer Blamage für die staatliche Obrigkeit enden würde. In Frankreich, Deutschland und Österreich befaßten sich Ministerkonferenzen stundenlang mit diesem Problem, Berichte der Botschafter und Gesandten über die Stellungnahme anderer Regierungen wurden eingeholt, und der österreichische und der deutsche Kaiser entschieden sich anfänglich für das »Dreinhauen«. Noch am 4. April 1890 erging ein Erlaß an die Länderchefs, daß sie *unter allen Umständen sich der im Interesse der Aufrechterhaltung der öffentlichen Ruhe und Ordnung am 1. Mai 1890 allenfalls erforderlichen*

Beistellung einer genügenden Militärbereitschaft rechtzeitig zu versichern und diesfalls mit dem betreffenden Korpskommandanten und kommandierenden General in das nötige Einvernehmen zu treten haben.

Je näher aber der 1. Mai kam, desto größer wurde die Unsicherheit, desto milder wurden die Gegenmaßnahmen. Die Bewegung war zu elementar, als daß man sich ihr hätte entgegenstellen können.

Am 15. April 1890 lag dem österreichischen Ministerrat der folgende Bericht einer Kommission, bestehend aus Vertretern der einzelnen Ministerien, der niederösterreichischen Statthalterei und der Wiener Polizei vor: *Die Kommission war vollkommen einig in der Anschauung, daß die Arbeiter nicht berechtigt seien, sich den 1. Mai frei zu machen. Es stehe jedoch zu besorgen, daß im Falle einer strengen Festhaltung des theoretischen Standpunktes nichts gewonnen, sondern vielmehr noch ein großer Nachteil damit gewagt werde, daß durch die Erfolglosigkeit eines Entgegentretens seitens der Staatsverwaltung das Unvermögen derselben der mächtigen Bewegung gegenüber sich erweise.*

In den meisten Staatsbetrieben gab man dem Ersuchen der Arbeiterschaft, die Maifeier durch Arbeitsruhe zu begehen, *unter Wahrung des prinzipiellen Standpunktes* statt.

Von den Arbeitern mit Zuversicht und Entschlossenheit, vom Bürgertum mit Besorgnis und Angst erwartet, brach der 1. Mai 1890 an. Die einmütige Begeisterung hatte den Gegnern so imponiert, daß sie sich keine besondere Mühe gaben, die Arbeiter an der Maifeier zu hindern. Die großen Betriebe standen still.

Die Soldaten sind in Bereitschaft, die Tore der Häuser werden geschlossen, in den Wohnungen wird Proviant vorbereitet wie vor einer Belagerung. Die Geschäfte sind verödet, Frauen und Kinder wagen sich nicht auf die Gasse, auf allen Gemütern lastet der Druck einer schweren Sorge. So schrieb wörtlich die *Neue Freie Presse* am 1. Mai 1890.

Doch der Tag verlief ruhig. Im ganzen damaligen Österreich nahm die Maifeier einen überwältigenden Verlauf. Am Vormittag fanden Versammlungen, am Nachmittag Feste statt.

In den Versammlungen wurde die folgende Resolution angenommen: *Die am 1. Mai in ... tagende Versammlung erklärt im Einverständnis mit den Beschlüssen des Pariser Arbeiterkongresses, auf welchem die Arbeiter aller Länder durch über 400 Delegierte vertreten waren, daß die Forderung eines gesetzlich festzu-*

stellenden Normalarbeitstages, der in den wirtschaftlich entwickelten Ländern schon jetzt, unter Wahrung aller berechtigten Interessen der Industrie, auf acht Stunden bemessen werden kann, sowie die übrigen von dem Pariser Kongreß formulierten Forderungen des nationalen und internationalen Arbeiterschutzes eine Lebensfrage für das arbeitende Volk sind.

In Wien fanden am Vormittag des 1. Mai mehr als 60 Versammlungen statt, von denen einzelne mehr als 3.000 Besucher aufwiesen. Der Nachmittag wurde zu einem Spaziergang in den Prater verwendet. In endlosen Zügen schritten die Arbeiter durch die Straßen zu ihren Zusammenkunftsorten. Sie besorgten den Ordnerdienst selbst. Nicht die geringste Ruhestörung, nicht einmal die unbedeutendste Verkehrsunterbrechung, keine einzige Arretierung waren zu verzeichnen. Ein kleines Verdienst daran hatte die Polizei selbst, welche die Aufrechterhaltung der Ordnung den Arbeiterordnern überließ und nirgends provozierend eingriff. Das große Miltäraufgebot erwies sich als gänzlich überflüssig. Alle Zeitungen waren voll des Lobs, was um so auffallender war, als sie vorher Brand und Mord und Revolution prophezeit hatten.[84])

Auch in den anderen Industriegebieten Österreichs verliefen die Maifeiern bei großartiger Beteiligung würdig. Nur in Proßnitz, wo man am Vorabend des Fests einige Arbeiter verhaftet hatte, kam es zu einem Konflikt mit der Polizei.

Über die Bedeutung dieser ersten Maifeier schrieb der *Arbeiterkalender* für das Jahr 1891: *Für Österreich ist die Maidemonstration deshalb ein ganz besonders hervorragendes Ereignis, weil hier – und besonders in Wien – die vollständige Einstellung der Arbeit am 1. Mai nahezu eine allgemeine war. Unter dem Drucke der die Massen bewegenden Idee gaben viele Unternehmer den Arbeitern den Tag freiwillig, teilweise sogar ohne Lohnabzug, frei.*

Die *Times* schrieb über den 1. Mai: *Die Urheber der Kundgebung haben einen bemerkenswerten Erfolg erzielt, welcher ganz unabhängig von dem Schicksal einer oder mehrerer lokaler Bewegungen ist. Sie haben mit Gewalt die Aufmerksamkeit der gesitteten Welt auf das Bestehen der Beschwerden oder Forderungen der Arbeiterklasse gelenkt und so den Beweis für eine neuartige und unerwartete Fähigkeit gegeben, in ausgedehntestem Maße zu handeln. In der gesamten Welt bildet die Kundgebung der Arbeiter heute das Thema.*

Die Wiener Polizeidirektion stellt in ihrem Jahresbericht für 1890 fest: »Die allgemeine Spannung löste sich, als der 1. Mai ohne wesentliche Störungen des öffentlichen Lebens in allen Ländern verhältnismäßig ruhig vorübergegangen war. Die nicht dem Arbeiterstand angehörigen Gesellschaftsklassen waren zwar überrascht von den sichtbaren Erfolgen der Organisation der Arbeiterschaft, aber auch befriedigt von der Mäßigung der Arbeiterführer und der zutage getretenen Disziplin der Arbeiterklasse. Das fast geschwundene Gefühl der Sicherheit kehrte zurück.«[85])

Auch für die Forderungen nach Arbeitszeitverkürzung zeigten die Arbeitgeber von nun ab mehr Verständnis. Der Bericht der Gewerbeinspektion für 1893 stellte fest, daß man *in industriellen und gewerblichen Kreisen noch vor 5 bis 6 Jahren den von den Arbeitern angestrebten achtstündigen, ja selbst den neunstündigen Arbeitstag nicht für diskutierbar hielt; gegenwärtig steht man dieser Frage nicht mehr so schroff gegenüber und war speziell im Berichtsjahr die Verkürzung der Arbeitszeit auf 9 Stunden aus Anlaß der vielen Streiks Gegenstand eingehender Verhandlungen zwischen Unternehmern und Arbeitern.*

Im Mai 1891 erschien ein p ä p s t l i c h e s R u n d s c h r e i b e n , das sich mit der Arbeiterfrage beschäftigte. Es forderte für die Arbeiterschaft gerechten Lohn und soziale Maßnahmen zum Schutz der Familie und beauftragte den Klerus, die Arbeiter in ihren Bestrebungen nach Organisationsfreiheit und sozialem Aufstieg zu unterstützen. 1893 fand in Österreich die erste M a i f e i e r d e r c h r i s t l i c h e n A r b e i t e r s c h a f t statt. Am Vormittag wurden ein Gottesdienst und anschließend eine Versammlung mit dem Thema: »Wir und das päpstliche Rundschreiben über die Arbeiterfrage« abgehalten.[86])

Seither ist der 1. Mai weltweit als Feiertag der Arbeiterschaft zu einer Selbstverständlichkeit geworden. Dazwischen liegt allerdings eine Geschichte oftmaliger Verfolgungen und Verbote, liegt die Zeit der Unterdrückung durch den Faschismus.

Der Zusammenschluß der Freien Gewerkschaften in der Gewerkschaftskommission

Ende der achtziger und am Anfang der neunziger Jahre kam es im ganzen Reichsgebiet, insbesondere in den Industriegebieten in Böhmen und Schlesien, zu einer großen Zahl von S t r e i k s .

Bei Zusammenstößen mit dem Militär gab es im April 1890 im Ostrauer Berg- und Eisenrevier vier Tote und viele Verletzte.

Im Jänner 1892 gab es einen größeren Aufstand der Bergarbeiter in der Steiermark und in Kram. Die Streikenden verlangten strengere Einhaltung der Achtstundenfrist, die längst zu einer zehnstündigen geworden war, sowie eine geringe Lohnerhöhung und Abschaffung der Überschichten. Alle Versammlungen der 7.000 Streikenden wurden verboten, das ganze Revier wurde vom Militär besetzt. Die vom Geld der Arbeiter errichteten Lebensmittelmagazine wurden gesperrt und die Vorräte von den Soldaten verspeist. Den Gewerbetreibenden wurde von den Werkverwaltungen verboten, den Arbeitern zu kreditieren. Mehrere Streikführer wurden verhaftet, der Streik ging verloren, und eine Anzahl von Gemaßregelten wurde abgeschoben und ausgewiesen.

Der *Arbeiterkalender* 1891 schrieb über die Streiks: *Viele Streiks verliefen aber auch vollständig erfolglos, weil ungenügend vorbereitet und weil nahezu alle Arbeiter von einer geradezu ungesunden, die Partei hemmenden Streikwut besessen waren, welche sie vergessen ließ, die Momente eines Streiks kühl abzuwägen oder auch nur für Unterstützung zu sorgen.* Es bedurfte noch der Konzentration der gewerkschaftlichen Kräfte.

Bei Streiks bildeten die bestbezahlten und am besten organisierten qualifizierten männlichen Arbeiter die Avantgarde. Aber je mehr die Streiks zunahmen und je länger sie dauerten und nicht nur um die Lohnhöhe, sondern auch um die Verkürzung der Arbeitszeit und andere Verbesserungen der Arbeitsbedingungen geführt wurden, desto notwendiger wurde eine geschlossene Streikbeteiligung aller Betriebsangehörigen. Da längerdauernde Streiks auch der Unterstützung aus den durch Mitgliedsbeiträge gespeisten Streikkassen bedurften, ergab sich zwingend der Vorteil einer möglichst großen Zahl von organisierten Beschäftigten. Die ablehnende Haltung der Facharbeiter gegenüber der Aufnahme der Hilfsarbeiter war nun ein Hemmschuh und es änderte sich langsam die Einstellung, aber noch länger dauerte es, bis die Aufnahme der Frauen durchgehend in allen Organisationen durchgesetzt werden konnte. Noch gegen Ende der neunziger Jahre des vorigen Jahrhunderts verweigerte ein Drittel der Gewerkschaften die Aufnahme von Frauen.

Karl Kautsky warnte aber auch, hier auf die Buchdrucker gemünzt, vor einem K a s t e n g e i s t, der die Arbeiterbewegung spalten konnte: »Wo die Gewerkschaftsbewegung zu einer Pflege einseitigen Kastengeistes und zu einer aristokratischen Abschließung der bessergestellten Arbeiter führt, da trägt sie nicht nur nichts zur Hebung des gesamten Proletariats als Klasse bei, sie ist ein viel wirksameres Mittel dazu, als die brutalen und geistlosen Unterdrückungsmaßregeln, welche die herkömmliche Staatsweisheit anzuwenden beliebt.«[87])

Der gewerkschaftliche Zusammenschluß hat sich a n f ä n g l i c h in Form von L o k a l v e r e i n e n vollzogen. Nur in wenigen Berufsgruppen konnten gleich zu Anfang Landesvereine, also Organisationen, die sich auf das Gebiet einer damaligen Provinz – Kronland genannt – erstreckten, errichtet werden.

Die vielen Streiks in Branchen und Betrieben hatten der Arbeiterschaft die Notwendigkeit einer festeren Organisation und eines Streikfonds deutlich vor Augen geführt. Viele dieser Streiks dauerten wochen-, ja monatelang und konnten nur durch die Solidarität der Arbeiter anderer Betriebe und Berufe durchgehalten werden.

Der organisatorische Zusammenschluß der Gewerkschaftsvereine wurde durch die Gründung des Industriellenverbands begünstigt. Die Arbeiter erkannten richtig, daß ihnen in dem organisatorischen Zusammenschluß der industriellen Unternehmerschaft ein mächtiger und gefährlicher Gegner erwuchs, dem nicht unzählige kleine und schwache Fachvereine, sondern nur starke Verbände und eine zentrale Dachorganisation aller Gewerkschaften entgegentreten konnten.

Der erste Schritt zu einer Zusammenfassung der lokalen Vereine waren die F a c h - o d e r A r b e i t e r t a g e , die Kongresse der lokalen Vereine einer Branche.

Auf vielen der F a c h - o d e r A r b e i t e r t a g e wurde beschlossen, die gewerkschaftliche Organisation sofort energisch in Angriff zu nehmen. Die Lokal- und Bezirksfachvereine einer Gewerkschaftsgruppe sollten in einem Verband zusammengefaßt werden. Ungelernte Arbeiter und Frauen sollten in die Organisation einbezogen werden. Auf allen diesen Fachtagen wurde auch beschlossen, den Kampf um eine Revision der Gewerbeordnung im Sinne des Achtstundentags weiterzuführen. Alle Gewerkschaftsmitglieder sollten obligatorisch die Fachpresse erhalten, damit diese zu einem wichtigen Erziehungs- und Kampfinstrument werde. Als Ziel schwebte den meisten dieser Fachtage vor, einen einheitlichen, lokal gegliederten Verband der Arbeiter einer Berufsgruppe zu schaffen, der sich über das ganze Reich erstrecken sollte.

Die Gewerkschaften sollten Fonds für Arbeitslosenunterstützung und Widerstandskassen einrichten. Bei Streiks ohne Zustimmung der zuständigen Gewerkschaft sollte eine Unterstützung versagt werden.

Schon frühzeitig erhoben auf manchen dieser Kongresse die tschechischen Vertreter Einspruch gegen eine zu straffe Zentralisation. Sie befürchteten, daß die Interessen ihrer nationalen Gruppe dabei zu kurz kämen. Der sich hier anbahnende Konflikt sollte in den letzten Jahren vor dem Ersten Weltkrieg zur nationalen Spaltung der Freien Gewerkschaften der österreichischen Reichshälfte der Monarchie führen.

Die Arbeiterschaft erkannte auch immer klarer die Bedeutung des i n t e r n a t i o n a l e n Z u s a m m e n s c h l u s s e s d e r B e r u f s o r g a n i s a t i o n e n , und es fanden im letzten Jahrzehnt des 19. Jahrhunderts eine große Anzahl internationaler Fachkongresse statt. Einer der wichtigsten Beschlüsse, die auf diesen Fachkongressen gefaßt wurden, war unzweifelhaft der der Schaffung der *Internationalen Berufssekretariate*. Damit war man nicht länger auf die zeitweise Fühlungnahme bei Tagungen angewiesen; es kam zu einem ständigen Kontakt der Berufsorganisationen verschiedener Länder.

Auch die internationale Gewerkschaftsbewegung mußte in ihren Anfangszeiten Richtungsstreitigkeiten überwinden, wobei es vor allem darum ging, ob und wie die Gewerkschaften mit der politischen Arbeiterbewegung der Sozialdemokratie zusammenarbeiten sollten. Im Oktober 1892 wurde in Wien eine große Gewerkschaftsversammlung einberufen, um gegen die Pläne der Engländer zu protestieren, die Sozialisten von den »Nur-Gewerkschaften« abzuspalten.

Bei dieser Gelegenheit wählten die Delegierten ein Komitee, das die Wiener Gewerkschaftsorganisationen bei wichtigen Anlässen zusammenberufen sollte. Aus diesem Komitee entwickelte sich die *Provisorische Kommission der Gewerkschaften Österreichs,* die die Vorbereitung für den E r s t e n Ö s t e r r e i c h i s c h e n *G e w e r k s c h a f t s k o n g r e ß* traf, der zu Weihnachten 1893 (vom 24. bis zum 27. Dezember) in Wien zusammentrat.

Auf dem ersten Gewerkschaftskongreß waren 69 Wiener Gewerkschaftsvereine durch 158 Delegierte und 125 Provinzvereine durch 112 Delegierte vertreten. Der Kongreß wurde von Johann Smitka eröffnet. Als Vertreter der General-Kommission der Gewerkschaften Deutschlands war Karl Legien und als Vertreter des Gewerkschaftsrats der schweizerischen Gewerkschaften Keel anwesend. Im Namen der Sozialdemokratischen Partei begrüßte Jakob Reumann den Kongreß. Er führte aus, daß er nicht glaube, daß man auf der Tagung darüber streiten werde, ob der ökonomischen oder politischen Organisation mehr Bedeutung beigemessen werden solle, sondern er hoffe, daß man mit beiden kämpfen werde, um eine Besserung der Lage der Arbeiter herbeizuführen.

Zum Tagesordnungspunkt *»Organisation der österreichischen Gewerkschaften«* sprach Smitka. Die bisherigen Fachvereine seien sehr verschiedener Natur. Zum Teil seien sie reine Unterstützungsvereine, zum anderen stellten sie sich nur Bildungsaufgaben. Es sei aber die eigentliche Aufgabe der gewerkschaftlichen Organisation, die Arbeiter kampffähig zu machen, um, soweit dies möglich, in der Gesellschaft bessere Lebensbedingungen zu erringen.

Wenn die Bildung von Industriegruppen vorgeschlagen werde, so sei damit nicht gemeint, daß die einzelnen Fachvereine aufgelöst werden sollen, sondern daß sich die einzelnen Fachvereine zu einer Industriegruppe vereinigen sollten. Es werde aber noch einige Zeit dauern, bis es so weit sein würde.

Aus den Industriegruppen heraus solle je ein Vertreter gewählt werden: Diese Vertreter sollten zusammen die *Reichskommission der Gewerkschaften Österreichs* bilden.

Folgende Gruppeneinteilung wurde angenommen:

Gruppe I: *Bauarbeiter*
Gruppe II: *Bekleidungsindustrie*
Gruppe III: *Bergarbeiter*
Gruppe IV: *Chemische Industrie*
Gruppe V: *Eisen- und Metallindustrie*
Gruppe VI: *Gas- und Wasserarbeiter*
Gruppe VII: *Glas-, Porzellan- und Tonwarenindustrie*
Gruppe VIII: *Graphische Fächer und Papierindustrie*
Gruppe IX: *Handelsgewerbe und Angestellte*
Gruppe X: *Holzarbeiter*
Gruppe XI: *Horn-, Bein- und Schildkrotindustrie*
Gruppe XII: *Landwirtschaftliche Gruppe*
Gruppe XIII: *Lebensmittelbranche*
Gruppe XIV: *Lederindustrie*
Gruppe XV: *Textilindustrie*
Gruppe XVI: *Verkehrs- und Transportwesen*
Gruppe XVII: *Weibliche Hand- und Maschinenindustrie*

Da die Bewegung zur Schaffung einer obersten Gewerkschaftsinstanz von Wien ihren Ausgang genommen hatte, wurde sie von der Provinz anfangs mit Mißtrauen betrachtet. Der Kongreß und die Tätigkeit der Gewerkschaftskommission, vor allem nach 1895, schufen aber die Voraussetzung für die allgemeine Anerkennung und das Vertrauen der Kollegen auch außerhalb Wiens.

Im Jänner 1895 wurde aufgrund des Berichts der Kontrolle der bisherige S e k r e t ä r d e r G e w e r k s c h a f t s k o m m i s s i o n von seinem Posten entfernt und A n t o n H u e b e r zum Sekretär bestellt. Mit Hueber übernahm ein Mann diesen verantwortungsvollen Posten, der alle Voraussetzungen zur Bewältigung der umfassenden und schwierigen Aufgaben mitbrachte. Hueber stand von da an fast vier Jahrzehnte an der Spitze der österreichischen Gewerkschaftsbewegung und war eine ihrer bedeutendsten Persönlichkeiten.

In den Jahren 1895 und 1896 gelang es, weitere Zentralleitungen in Salzburg, Kärnten, Niederösterreich, Böhmen, in der Bukowina und in Galizien zu bilden. In den wichtigsten industriellen Gebieten, wie in Reichenberg, Gablonz, Tetschen, Warnsdorf, Teplitz, Karlsbad, Mährisch-Schönberg, Iglau, Neutitschein und Kaaden, wurden die Kronlandszentralleitungen durch B e z i r k s v e r t r a u e n s m ä n n e r ergänzt. Dieses Vertrauensmännersystem erwies sich bald als unentbehrlich.

Die Gewerkschaftskommission führte Agitationsreisen nach Mähren, Böhmen, Schlesien, Oberösterreich, Salzburg, Steiermark, Kärnten, Tirol und Vorarlberg durch, die nicht nur eine Neubelebung bestehender Organisationen, sondern auch die Gründung von zahlreichen neuen Vereinen zur Folge hatten.

Aufgrund der Beschlüsse des Gewerkschaftskongresses hatte die G e w e r k s c h a f t s k o m m i s s i o n als eine ihrer ersten Tätigkeiten ein S t r e i k r e g l e m e n t ausgearbeitet, das nach einigen von den Kronlands-Zentralleitungen beantragten Änderungen im August 1894 in Gültigkeit getreten war. Streiks mußten der Gewerkschaftskommission gemeldet und von ihr gutgeheißen werden, wenn Streikbewegungen aus allgemeinen Mitteln unterstützt werden sollten. Die Aufbringung der Unterstützungen erfolgte durch Streikblocks, die in den Betrieben verkauft wurden.

Im Jahre 1895 stellte die Gewerkschaftskommission in ihrem Tätigkeitsbericht fest, daß die großen Lohnbewegungen alle Kräfte der Kommission erforderten und ihre Nützlichkeit erwiesen hätten. Mit den geringen zur Verfügung stehenden Mitteln sei es gelungen, die an Streiks beteiligten Organisationen soweit wie möglich zufriedenzustellen. Die A u f b r i n g u n g d e r U n t e r s t ü t z u n g e n in Form von Streikblocks habe große Nachteile, da das Rechnungssystem umständlich, langwierig und die Abrech-

Österreichs Gewerkschaftsbewegung
Zusammenschluß – Station 3

Die erste Gewerkschaftskommission 1894–1896. In der Mitte vorne Anna Boschek, die Pionierin der gewerkschaftlichen Frauenorganisation, rechts neben ihr Anton Hueber, Sekretär der Kommission bis 1928.

Anton Hueber (zweiter von rechts) neben Victor Adler beim sozialdemokratischen Parteitag 1909

1893 Die sozialdemokratischen Gewerkschaftsverbände schließen sich in der Reichskommission der Freien Gewerkschaften Österreichs zusammen

nung auch nicht sehr verläßlich sei. Eine feste Umlage zur Anlegung eines Kampffonds wurde als der bessere Weg dargestellt.

Die Gewerkschaftskommission rügte, daß die meisten Organisationen in bezug auf die Höhe des Mitgliedsbeitrags auf einem ganz falschen Standpunkt stünden. Ihre Ansicht sei, daß man mit vielen Mitgliedern und niedrigen Beiträgen mehr leisten könne als mit wenigen Mitgliedern und hohen Beiträgen. Eine Organisation mit geringen Beiträgen gewinne die indifferenten Arbeiter leichter. Aber wenn die Mitglieder dann Forderungen an ihre Organisation stellen würden, beginne der Katzenjammer. Mangelhafte Agitation, unzureichende Arbeitsvermittlung, geringe Unterstützungssätze, jede Verkleinerung der Rechte und häufige Extrasteuern untergrüben das Interesse der Mitglieder an der Organisation derart, daß sie die Versammlungen nicht besuchten, ihren Verpflichtungen nicht nachkämen, die tätigen Funktionäre anrempelten und für alles verantwortlich machten. Sie würfen diesen vor, daß man ihnen beim Eintritt in die Organisation Versprechungen gemacht habe, die nun nicht erfüllt würden. Der stolze Bau der Organisation sinke zusammen wie ein Kartenhaus. Das Schlimmste dabei sei, daß die leitenden Funktionäre vor einer Reorganisation zurückschreckten, weil sie die wahren Ursachen des Rückgangs nicht begreifen könnten oder wollten. Die Beitragsfrage, stellte die Gewerkschaftskommission fest, sei der wundeste Punkt der Gewerkschaftsorganisation. Die Mitglieder durch einen niederen Beitrag für die Organisation zu gewinnen, sei leicht, aber sie dauernd der Organisation zu erhalten, sei nur durch eine Beitragsleistung möglich, die erlaube, den Mitgliedern Entsprechendes zu bieten.

Man sieht: Trotz aller Fortschritte steckte die österreichische Gewerkschaftsorganisation noch in den Kinderschuhen, und viele Jahre rastloser Arbeit waren erforderlich, um sie groß und stark zu machen. Am 31. Dezember 1895 betrug die Zahl der gewerkschaftlich organisierten Arbeiter 88.818 bei einem ausgewiesenen Beschäftigtenstand von 6.563.329. In Industrie und Gewerbe waren also nur 1,35 Prozent der industriellen und gewerblichen Arbeiter gewerkschaftlich organisiert. Der Prozentsatz der zu diesem Zeitpunkt in diesen Berufszweigen beschäftigten Frauen ist nicht bekannt, dürfte jedoch gegen 50 Prozent betragen haben, da nach der Volkszählung des Jahres 1890 in den Hauptindustriegruppen 51 Prozent der Beschäftigten Frauen waren.

Beim *Zweiten Reichsgewerkschaftskongreß* zu Weihnachten 1896 wurde ein Gesamtmitgliederstand von 127.833 Männern und 5.001 Frauen, zusammen 132.834, ausgewiesen.

Wesentlich später als in Österreich kam es in U n g a r n zum Zusammenschluß der Gewerkschaftsorganisationen. Erst im J ä n - n e r   1 9 0 0 trat in Budapest der G e w e r k s c h a f t s r a t zu seiner ersten Sitzung zusammen. Der Bericht des vorbereitenden Komitees zeigte, daß die ungarische Gewerkschaftsbewegung noch mit vielen Schwierigkeiten zu ringen hatte. Die ungarische Industrie befand sich noch im Anfangsstadium, und die Gewerkschaftsbewegung glich der in Österreich zu Beginn der siebziger Jahre.

Der Gewerkschaftsrat faßte den Beschluß, einen gemeinsamen Rechtsschutz zu errichten und dafür einen gemeinsamen Beitrag pro Mitglied einzuheben. Die ungarischen Behörden gingen gegen die aufstrebende Gewerkschaftsbewegung mit allen möglichen Schikanen vor. In Streikgebiete entsandte Delegierte wurden verhaftet und monatelang in Untersuchungshaft behalten. Geldsammlungen für Streikende wurden von den Behörden widerrechtlich verboten.

Mit ihrem Beginn und zum Teil bis ins 20. Jahrhundert war die gewerkschaftliche Tätigkeit aber auch in der österreichischen Reichshälfte nicht *eindeutig definierbar.* »Gewerkschaft« umfaßte damals neben der Verbesserung der Arbeitsbedingungen vielfach Kranken-, Unfall- und Arbeitslosenversicherung, Sterbegeld, Arbeitsvermittlung, Produktivgenossenschaften und sogar Gesangschöre. Noch zu einem Zeitpunkt, in dem die Zentralisierung bereits angelaufen war, 1896, bestimmte das *Regulativ für Ortsverbände der Gewerkschaftskommission* unter anderem die »Pflege des Gesanges und der Unterhaltung in gesanglicher, deklamatorischer und theatralischer Beziehung« zu deren Aufgabenbereich.[88]) Außerdem verstanden sich die Gewerkschaften als eigentliche Marktverbände und im Sinne von Karl Marx – als Preisverfechter der Ware Arbeitskraft, hatten daher kein unmittelbares Interesse an staatlicher Intervention. Erst um die Jahrhundertwende nahmen die Gewerkschaften in Österreich zunehmend »sozialorganischen Charakter« an, der Staat wurde Adressat arbeitsmarktpolitischer und sozialpolitischer Forderungen.[89])

Vom kleinen Lokalverein zur großen Kaderorganisation

Die Zusammenfassung der lokalen Gewerkschaftsvereine und der wenigen Fachverbände in der Gewerkschaftskommission begünstigte die gute Entwicklung.

Nach Erhebungen des *k. k. arbeitsstatistischen Amts* über die A r b e i t e r v e r e i n e Österreichs gab es mit Stand vom 31. Dezember 1900 6.931 Vereine. 3.628 Vereine (52 Prozent) waren f r e i g e w e r k s c h a f t l i c h e n , 1.007 (15 Prozent) katholischen und christlichsozialen, 152 (2 Prozent) den deutschnationalen und 459 (7 Prozent) den tschechischnationalen Organisationen zuzuzählen. Bei 1.685 Vereinen (24 Prozent) konnte die Zugehörigkeit nicht festgestellt werden. Es wurden 161 Zentralvereine registriert, denen eine große Zahl von Vereinen als Zweigvereine angegliedert war.

Das Innenministerium, die für Vereine zuständige oberste Behörde, sah den Zusammenschluß der vielen lokalen Gewerkschaftsorganisationen keineswegs mehr wie 1873, als es die Bildung des Verbands der Wiener Fachgewerkschaften verhinderte, als »staatsgefährlich« an, sondern maß ihm eine kanalisierende Funktion zu. Der Zusammenschluß böte die Möglichkeit, regelnd auf den Arbeitsmarkt und das Betriebsgeschehen einzugreifen, so daß zu erwarten sei, daß die Tätigkeit der Gewerkschaften trotz radikaler Parolen eine besänftigende Wirkung auf die Arbeiter haben werde.[90])

Die Annahme des Innenministeriums war insofern richtig, als der Kampf der Arbeiterschaft um Verbesserung ihrer Lebensbedingungen durch die gewerkschaftliche Tätigkeit in geordnete Bahnen gelenkt wurde und unüberlegte und impulsive Handlungen wesentlich eingeschränkt werden konnten. Trotz fallweise widriger Wirtschaftssituationen hatte die Gewerkschaftsbewegung um die Jahrhundertwende bereits genug Anziehungskraft, um, wenn auch langsamer, sogar dann weiter zu wachsen, wenn die Arbeitslosigkeit anstieg.

Die Zahl der M i t g l i e d e r a l l e r A r b e i t e r v e r e i n e belief sich, soweit hierüber Daten zu erlangen waren, um 1900 auf 907.294. Davon entfielen 563.769 (62 Prozent) auf f r e i g e w e r k s c h a f t l i c h e , 94.011 (10 Prozent) auf katholische und christlichsoziale und beiläufig je 16.000 (2 Prozent) auf deutschnationale und tschechischnationale Organisationen. Bei 24 Prozent war eine Organisationszugehörigkeit nicht festzustellen.

Demgegenüber gab es nach den Ergebnissen der österreichischen Betriebszählung des Jahres 1900 mehr als 2.260.000 Industriearbeiter.

Die zwei Tabellen auf der nächsten Seite, die der Ausgabe der Zeitschrift *Die Gewerkschaft* vom 11. Dezember 1903 entnom-

	Es gehörten an von je 100			
	Personen		Berufstätigen	
	1890	1900	1890	1900
Landwirtschaft	55,88	52,43	62,41	58,16
Industrie	25,76	26,78	21,23	22,25
Handel	8,85	9,96	6,23	7,34
Öffentlicher Dienst	9,51	10,83	10,13	12,25

Neben den hier erfaßten 14.107.452 berufstätigen Personen wurden noch 22.538 männliche und 456.167 weibliche Dienstboten gezählt. Die Zahl der nicht berufstätigen Angehörigen belief sich auf 11.564.539.

Arbeitsverhältnis	Berufskategorie				Summe
	Landwirtschaft	Industrie	Handel	Öffentlicher Dienst und freie Berufe	
Selbständige	2,164.682	593.344	368.568	1.184.985	4,311.579
Angestellte	20.789	76.649	111.898	236.205	445.491
Arbeiter	1,281.744	2,263.194	327.824	302.446	4,175.208
Taglöhner	803.937	104.189	180.748	2.442	1,091.316
Mithelfende Familienmitglieder	3,934.229	101.355	46.413	1.861	4,083.858
Summe	8,205.331	3,138.731	1,035.451	1,727.939	14,107.452

men sind, belegen, wie verhältnismäßig gering der Anteil der insgesamt in der Industrie Beschäftigten an der Gesamtzahl der Berufstätigen war, daß die Zahl der Industriearbeiterschaft um 1900 aber doch schon doppelt so hoch war wie die Zahl der unselbständigen landwirtschaftlichen Arbeiter.

Durch den Vergleich der Zahl der Vereinsmitglieder mit der Arbeiterschaft Österreichs ermittelte das *arbeitsstatistische Amt*, daß beiläufig z e h n P r o z e n t a l l e r A r b e i t e r a n V e r e i n e n b e t e i l i g t waren. Bei den Buchdruckern und Schriftgießern war mehr als die Hälfte der Berufsangehörigen organisiert, dann kamen die Verkehrsbediensteten, Metallarbeiter, Glasarbeiter und Keramiker und die Lederarbeiter. Die Frauen, die 3 0 P r o z e n t d e s G e s a m t b e s c h ä f t i g t e n s t a n d s bildeten, stellten nur 16 Prozent der Vereinsmitglieder; immerhin gab es aber 54 Vereine, denen ausschließlich Personen weiblichen Geschlechts als Mitglieder angehörten.

Während ihrer ganzen E n t w i c k l u n g bekamen die Gewerkschaften das A u f u n d A b v o n W i r t s c h a f t s k o n j u n k t u r u n d - k r i s e n zu spüren. Im Jahre 1901 flaute in Österreich der Geschäftsgang ab, was einen Mitgliederrückgang der Gewerkschaften zur Folge hatte. 1903 trat in einzelnen Industrien und Gewerben eine wirtschaftliche Besserung ein, die wieder den Gewerkschaften die Gewinnung neuer Mitglieder erleichterte. So zählte der *Verband der Bauarbeiter* am Ende des Jahres 1903 4.066 Mitglieder, ein Jahr später aber 14.773. Der Mitgliederstand des *Metallarbeiterverbands* stieg von 15.097 auf 20.400, der des *Holzarbeiterverbands* von 8.196 auf 15.014. Die *Union der Bergarbeiter* wies in diesem Jahr eine Mitgliederzunahme von 3.000 auf. Die *Union der Textilarbeiter* hatte Ende 1903 11.927 Mitglieder und Ende 1904 13.468.

Die Statistiken zeigen, daß trotz Zunahme der Mitglieder die Gewerkschaften eine K a d e r o r g a n i s a t i o n blieben, die nur einen »harten Kern« besonders aktiver und mutiger Arbeitnehmer erfaßte. Zu Massenorganisationen wurden die freien Gewerkschaften erst in der demokratischen Republik.

Mit steigenden Mitgliederzahlen und zunehmenden Aufgaben ergab sich die Notwendigkeit eines Apparats und der Beschäftigung vollberuflicher Funktionäre. Das führte zur H e r a n b i l d u n g v o n » F ü h r e r p e r s ö n l i c h k e i t e n «, die sowohl den Apparat zu nützen verstanden als auch Charisma ausstrahlen mußten, um von den Arbeitermassen akzeptiert zu werden. Manchen Intellektuellen fiel es daher schwer, Fuß zu fassen. Die Arbeiter wollten in ihrer tristen Lebenslage eine O r i e n t i e r u n g. Sie ihnen mundgerecht zu vermitteln, erforderte Einfühlsamkeit.

Victor Adler besaß dieses Einfühlungsvermögen; kennzeichnend dafür ist sein Ausspruch: *Lieber mit den Massen irren, als gegen sie Recht behalten.*

Die folgende Tabelle auf Seite 136 gibt einen Überblick über die E n t w i c k l u n g d e r f r e i e n G e w e r k s c h a f t s b e w e g u n g von 1892 bis 1904.

Mit dem Anwachsen der Gewerkschaftsbewegung und ersten größeren Erfolgen auf lohnpolitischem und arbeitsrechtlichem Gebiet hob sich das Selbstbewußtsein der Funktionäre. Das Vertrauen der Mitglieder gab ihnen Rückhalt. Arbeitern von Branchen, die Erfolg hatten, wurde wiederum das Rückgrat gestärkt.

Organisationsform	Jahr	Vereine				Mitglieder		
		Zentralvereine	Landes- oder Lokalvereine	Ortsgruppen	zusammen	männlich	weiblich	zusammen
Berufsgewerkschaften	1892	10	240	474	724	44.390	2.216	46.606
	1896	17	284	775	1.076	95.221	3.448	98.669
	1899	30	242	1.284	1.556	113.778	5.556	119.334
	1901	32	266	1.273	1.571	113.672	5.378	119.050
	1902	47	241	1.397	1.685	129.290	5.888	135.178
	1903	51	192	1.623	1.866	145.146	9.519	154.665
	1904	45	121	2.108	2.274	176.066	13.055	189.121
Allgemeine Gewerkschaften und Arbeiter-Bildungsvereine	1892	–	580	4	584	21.690	2.047	23.737
	1896	–	539	19	558	16.964	2.313	19.277
	1899	–	612	95	707	34.789	3.650	38.439
	1901	–	674	49	723	29.040	4.550	33.590
	1902	–	612	73	685	26.240	3.070	29.310
	1903	–	520	83	603	20.383	2.544	22.927
	1904	–	446	30	476	15.170	1.360	16.530

Das Aufgabengebiet der Gewerkschaften hatte sich seit dem letzten Jahrzehnt des 19. Jahrhunderts wesentlich erweitert, eine Reihe von Unterstützungseinrichtungen war geschaffen worden, öffentliche Körperschaften und Einrichtungen hatten begonnen, ihre Gutachten einzuholen und ihre Stellungnahme zu berücksichtigen. Freiwillig oder in Kämpfen hatten die Unternehmer von ihrer Existenz Kenntnis genommen und wohl oder übel ihre w a c h s e n d e B e d e u t u n g akzeptieren müssen. Schrittweise konnten die Gewerkschaften manche ihrer Forderungen verwirklichen.

Allerdings mußten sie auch ab und zu Beschlüsse organisatorischer oder sozialpolitischer Natur revidieren, die, im ersten revolutionären Elan gefaßt, sich später als voreilig erwiesen und mit einer nüchternen Beurteilung der Tatsachen nicht in Einklang zu bringen waren. In der Anpassung an die jeweilige Lage und der Ausnützung der sich aus dieser ergebenden Möglichkeit lag die Chance für die Bewährung der Gewerkschaften.

Die V e r k ü r z u n g d e r A r b e i t s z e i t blieb eine der z e n t r a l e n F o r d e r u n g e n der gesamten Arbeiterbewegung. Der Achtstundentag war das eigentliche Ziel, aber als e r s t e E t a p p e konzentrierte sich der gewerkschaftliche Kampf auf das D u r c h s e t z e n d e s Z e h n s t u n d e n t a g s als realistische Möglichkeit.

Im Mai 1899 traten in 64 Brünner Textilfabriken 12.000 unorganisierte Weber und Spinner zur Durchsetzung dieser Forderung in den Streik. Die Gewerkschaftskommission rief damals die gesamte Arbeiterschaft Österreichs zur Unterstützung des Streiks auf. Der Kongreß der Gewerkschaften Deutschlands spendete 25.000 Mark. Der Kampf der Brünner Textilarbeiter um die Verkürzung der Arbeitszeit gewann prinzipielle Bedeutung. Nach zweimonatiger Dauer endete der Streik mit einem Teilerfolg. Die Einigung besagte, daß die Arbeit am Montag um 7 Uhr früh, an den übrigen Tagen um 6.30 Uhr beginnen und an allen Tagen, mit Ausnahme des Samstags, um 6 Uhr abends enden sollte. Am Samstag sollte, wie vor dem Streik, um 5 Uhr Arbeitsschluß sein. Die Mittagspause betrug eine Stunde, Samstag drei Viertelstunden. Den Zehnstundentag gestanden nur zwei Fabriken zu. Weiter wurde eine Lohnerhöhung erreicht.

Im Oktober 1899 traten in Wien die Stockdrechsler schon mit der Forderung nach dem Neunstundentag in Streik.

Zu Beginn des Jahres 1900 kam es in West- und Nordböhmen, dem östlichen Teil von Mähren und dem westlichen Teil von Schlesien zum Streik von insgesamt 65.000 Bergarbeitern. Die gewerkschaftliche Organisation war schwach, denn es waren in diesen Gebieten nur rund 10.000 Bergarbeiter organisiert. Die wichtigsten Forderungen waren die Einführung einer reinen Achtstundenschicht und die Festsetzung von Minimallöhnen. Um die Ausstandsbewegung in einheitliche Bahnen zu lenken, schuf die Gewerkschaftskommission binnen acht Tagen eine Notstandsorganisation. Der Kampf dauerte bis Mitte März. Die Dauer der Schichten wurde zwar nicht verkürzt, aber es konnten Lohnerhöhungen von fünf bis zehn Prozent und sonstige Verbesserungen der Arbeitsverhältnisse errungen werden.

Wenn es auch keinen direkten Erfolg gab, so doch einen indirekten. Denn ohne die Erfahrung aus dem großen Bergarbeiterstreik, welche Kräfte durch solidarische Gewerkschaftsarbeit freigesetzt werden konnten, hätte die Montanindustrie der 1901 erfolgten gesetzlichen Einführung der Neunstundenschicht nie zugestimmt.

Sechs Jahre später war das Ziel des Zehnstundentags wenigstens für die Mehrheit der Fabriksarbeiter durch kollektivvertragliche Regelungen erreicht. Den gesetzlich abgesicherten Achtstundentag, für den ab 1907 wieder verstärkt agitiert wurde, konnte die Arbeiterbewegung aber in der Monarchie nicht erreichen.

Wie sehr die Arbeitsbedingungen vom Stand der gewerkschaftlichen Organisation abhängig waren, zeigt eine Zusammenstellung des *arbeitsstatistischen Amts* über die Stärke der Gewerkschaftsorganisationen vieler Länder und über die durchschnittliche tägliche Arbeitszeit zu Beginn des 20. Jahrhunderts:

Land	Anzahl der gewerkschaftlich organisierten Arbeiter	Auf 100 Einwohner entfallen gewerkschaftlich organisierte Arbeiter	Durchschnittliche tägliche Arbeitszeit in Stunden
Australien	*250.000*	*6,5*	*8*
Großbritannien	*1,905.000*	*4,6*	*9*
Dänemark	*96.000*	*3,7*	*9¾*
Vereinigte Staaten	*1,614.000*	*2,1*	*9¾*
Deutschland	*995.000*	*1,8*	*10½*
Schweiz	*54.000*	*1,7*	*10½*
Frankreich	*589.000*	*1,5*	*10½*
Schweden	*67.000*	*1,3*	*10½*
Niederlande	*12.000*	*0,2*	*10¾*
Belgien	*89.000*	*1,2*	*11*
Italien	*262.000*	*0,8*	*11*
Österreich	*119.000*	*0,45*	*11*

Diese Zahlen sind ein sprechender Beweis dafür, welchen bedeutenden Einfluß die Gewerkschaften auf die Besserung der Lebensverhältnisse hatten, Sie zeigen, daß es dort eine kürzere Arbeitszeit gab, wo die Gewerkschaften gut entwickelt waren. Die angeführten Zahlen über die Stärke der gewerkschaftlich organisierten Arbeiterschaft umfassen fast alle Industriestaaten; Länder mit schwacher Industrie blieben außer Betracht, so auch Ungarn, Spanien, Portugal und so weiter. Auch eine Statistik, die das New Yorker *Department of Labor* 1902 veröffentlichte, vermittelte eine ähnliche Aussage wie die Zusammenstellung des *arbeitsstatistischen Amts*.

Die immer wiederkehrenden Krisenerscheinungen hatten zur Folge, daß sich die Gewerkschaften mit dem P r o b l e m   d e r   A r b e i t s l o s i g k e i t beschäftigten. Da man erkannte, daß die Arbeitslosigkeit durch das Wirtschaftssystem bedingt war, suchte man Mittel, um die Folgen der Arbeitslosigkeit für den Arbeiter abzuschwächen. Der Kongreß der deutschen *Freien Gewerkschaften* behandelte eine Versicherung gegen Arbeitslosigkeit als eigenen Punkt der Tagesordnung. Im Kreise der österreichischen *Frei-*

en Gewerkschaften waren die Meinungen geteilt. Man wendete gegen eine staatliche Arbeitslosenversicherung ein, daß der Staat Interesse daran haben müsse, die Zahl der Arbeitslosen niedrig zu halten, und daher auch eine von ihm organisierte Arbeitsvermittlung einrichten müsse. Um diese wirksam zu gestalten, müsse die Bestimmung bestehen, daß ein angewiesener Arbeitsplatz nicht ausgeschlagen werden darf. Dadurch aber zwinge man Arbeitslose zur Annahme von Arbeitsstellen mit schlechten Arbeitsbedingungen und züchte Lohndrücker und Streikbrecher. Wenn sich aber die Arbeitslosenunterstützung auf die Gewerkschaften beschränke, so bleibe sie eine Waffe im Lohnkampf. *Mittelchen* der staatlichen Sozialpolitik reichten nicht aus, um die Schäden der bestehenden Gesellschaftsordnung wirklich zu heilen.

Konjunkturtiefs und Arbeitslosigkeit gefährdeten die Stärke der Gewerkschaftsorganisationen mehr als alle anderen Probleme. In der Zeit der A n n e x i o n s k r i s e von 1908 erlitten die Gewerkschaften zwar vorerst keine wesentlichen Mitgliedereinbußen, wohl aber wurden ihnen große f i n a n z i e l l e B e l a s t u n g e n insbesondere durch die Unterstützung arbeitsloser Mitglieder aufgebürdet.

1909 hielt die Wirtschaftskrise unvermindert an, und die Arbeitslosigkeit nahm zu. Die Beschäftigten mußten sich in großer Zahl mit Feierschichten oder mit vereinbarter verkürzter Arbeitswoche zufriedengeben. Arbeitslosigkeit, verbunden mit der vorherrschenden Lebensmittelverteuerung, blieb nun doch nicht ohne Wirkung auf die Gewerkschaften. Der Gesamtverlust betrug 32.000 Mitglieder. Der Gesamtmitgliederstand der *Freien Gewerkschaften* im Organisationsbereich der Wiener Kommission betrug Ende 1909 415.000. Die tschecho-slawische Kommission hatte zum gleichen Zeitpunkt einen Stand von 40.000 Mitgliedern. Im nächsten Jahr ging der Mitgliederstand im Bereich der Wiener Zentrale um weitere 3,53 Prozent zurück; 1910 waren hier nur mehr 415.256 unselbständig Erwerbstätige organisiert.

Allerdings konnte der Einbruch aufgefangen werden. Sobald sich die Wirtschaftslage besserte und die Arbeitslosenzahlen zurückgingen: Zum ersten Male seit 1907 hatten die Freien Gewerkschaften 1911 wieder eine Mitgliederzunahme zu verzeichnen. Die 75 der *Reichsgewerkschaftskommission* angeschlossenen Zentralverbände und Lokalgewerkschaften wiesen Ende 1911 einen Mitgliederstand von 421.905 aus. Zum gleichen Zeitpunkt hatten die tschechische freigewerkschaftliche Kommission 74.358 Mitglie-

Österreichs Gewerkschaftsbewegung
Stationen im Kampf um Gleichberechtigung

1892 spricht Adelheid Popp in einer Versammlung arbeitsloser Frauen

Frauenarbeit während des 1. Weltkrieges, Militär überwacht

Demonstration am internationalen Frauentag 1929 in Wien

Frauenkonferenz des IBFG 1963 in Wien

50 Jahre nach der Gründung: 12. ÖGB-Frauenkongreß 1995

der und die *Zentralkommission der Christlichen Gewerkschaften* 45.323 Mitglieder. Und im ersten Halbjahr 1912 konnten die Freien Gewerkschaften (die Entwicklung der Prager Gewerkschaftskommission gar nicht mitgerechnet) mehr als 30.000 neue Mitglieder für die Organisation gewinnen. Der Ausbruch der Balkankriege und die Wirtschaftskrise in ihrem Gefolge verhinderten die positive Weiterentwicklung, und führten direkt in den Weltkrieg.

Der Weg in die nationale Spaltung

Das Staatsgebilde der Habsburgermonarchie bestand aus einer Vielzahl von Nationen, die eine deutschsprachige Bürokratie zusammenzuhalten trachtete. Wachsendes Nationalbewußtsein, insbesondere der Tschechen, und die Reaktionen darauf führten zu immer größeren Konflikten, die auch vor der Gewerkschaftsbewegung nicht haltmachten. Bei der Beurteilung der Ursachen des Nationalitätenkonflikts muß auch berücksichtigt werden, daß die Reallöhne im deutschsprachigen Teil der Monarchie höher lagen als in den Ländern der böhmischen Krone oder etwa im polnisch-ruthenischen Galizien; dort waren sie um 35 Prozent niedriger als in Wien.

Mit der Zunahme der tschechischen Mitglieder in den *Freien Gewerkschaften* wurde das Bedürfnis immer dringender, den berechtigten nationalen Ansprüchen Genüge zu tun. In der Agitation und in der Verwaltung mußte der tschechischen Sprache mehr Raum zuerkannt werden. Die meist von deutschsprachigen Österreichern verwalteten Gewerkschaftsorganisationen waren zwar im Prinzip damit einverstanden, den Tschechen entgegenzukommen, es kam aber trotzdem immer wieder zu Auseinandersetzungen, weil man sich über das Maß des Entgegenkommens nicht einigen konnte.

Auf der Seite der Wiener Zentralen der sozialdemokratischen Arbeiterbewegung betrachtete man die Widerstände, die sich bei Teilen der Arbeiterschaft gegen eine straffe Zentralisierung geltend machten, *als Folge mangelnder politischer Schulung, nicht als Produkt nationaler Gesinnung.* Man glaubte, die wirtschaftlichen Gegebenheiten würden die Tschechen *zur vorbehaltlosen Anerkennung der internationalen zentralistischen Organisationen auf Reichsebene bringen.*[91]) Man vertrat den Standpunkt: »In den Fabriken arbeiten die Arbeiter verschiedener Nationen Seite an Seite unter denselben Bedingungen und sie sind gezwungen, sich denselben wirtschaftlichen Gesetzen zu beugen.«[92])

Deshalb können sie auch nur bessere Arbeits- und Lebensbedingungen erreichen, wenn sie sich zu e i n h e i t l i c h e n O r g a n i s a t i o n e n zusammenschließen. Dieser i d e a l i s t i s c h e I n t e r n a t i o n a l i s m u s konnte aber nicht verhindern, daß die jahrhundertelange nationale und ökonomische Unterdrückung des tschechischen Volks durch den österreichischen Feudaladel und die Bourgeoisie auch die sozialistischen tschechischen Arbeiter mit Mißtrauen gegen alles erfüllte, was nach Deutschtum aussah.

Schon auf dem *Zweiten Reichsgewerkschaftskongreß* im Jahre 1896 traten die nationalen Gegensätze hervor. Die tschechischen Vertreter kritisierten, daß im Sekretariat der Gewerkschaftskommission nur ein tschechischer Kanzleibeamter angestellt war, und verlangten neben Hueber einen zweiten t s c h e c h i s c h e n S e k r e t ä r.

Als Vertreter der Sozialdemokratischen Partei trat Victor Adler dafür ein, daß, wenn eine tschechische Gewerkschaftsbewegung vorhanden sei, ihr auch ein Vertrauensmann zugebilligt werden müsse. Sicher könne man eine Kommission nicht nach Nationalitäten zusammenstellen, aber man könne dem Sprachbedürfnis Rechnung tragen. Es kam zu einer lebhaften Debatte, und der Antrag der tschechischen Gewerkschaften wurde schließlich abgelehnt. Die tschechischen Vertreter protestierten gegen die Majorisierung und gaben die Erklärung ab, daß sie ihren Organisationen die Entscheidung überließen, welche Konsequenzen aus diesem Beschluß zu ziehen wären.

Mit der A b l e h n u n g des Antrags der tschechischen Gewerkschaftsmitglieder wurde ein verhängnisvoller Weg beschritten, der schließlich zur Spaltung der Gewerkschaftsbewegung »Cisleithaniens« führte.

Der Beschluß fand nicht nur bei den tschechischen Gewerkschaftsmitgliedern keine Zustimmung, auch etliche deutschsprachige Gewerkschafter hielten ihn für eine Fehlentscheidung. Die Sozialdemokratische Partei beurteilte ihn als t a k t i s c h e n F e h l e r – ein richtiges Urteil, wie sich schon sehr bald herausstellen sollte.

Am 6. Jänner 1897 beschloß eine Versammlung der Prager Metallarbeiter die Gründung einer selbständigen tschechischen Gewerkschaftskommission. Der Beschluß löste bei den tschechischen Gewerkschaften lebhaften Widerhall aus, sodaß bereits am 31. Jänner ein Kongreß der tschechischen Gewerkschafts- und Bildungsvereine zusammentrat, auf dem die Entscheidung fiel, eine *tsche-*

cho-slawische Gewerkschaftskommission mit dem Sitz in Prag und einem der *Reichsgewerkschaftskommission* ähnlichen Organisationsregulativ zu errichten. Von 1 8 9 7 an gab es somit in der österreichischen Reichshälfte der Habsburgermonarchie z w e i g e t r e n n t e Z e n t r a l o r g a n i s a t i o n e n der *Freien Gewerkschaften;* eine in Wien, die den Anspruch erhob, alle organisierten Arbeiter »Cisleithaniens« zu vertreten, und eine in Prag, die sich genau gegen diesen Anspruch stellte und sich als gleichberechtigte Zentrale der tschechischen Freigewerkschafter verstand.

So sehr die beiden Kommissionen miteinander in Streit lagen, wenn es um konkrete Gewerkschaftsarbeit ging, war – zumindest in der ersten Zeit der Trennung – doch immer wieder ein gemeinsames Vorgehen möglich. So vereinigte zum Beispiel der große Bergarbeiterstreik des Jahres 1900 die *Reichsgewerkschaftskommission* und die *tschecho-slawische Gewerkschaftskommission* zu gemeinsamer Arbeit. Damals festigten sich die Beziehungen sogar etwas und eine gemeinsame Konferenz beschloß, daß *im Interesse der gewerkschaftlichen Bewegung ein noch festerer und innigerer Zusammenschluß der beiden Kommissionen anzustreben sei.* Allerdings begannen die Zerwürfnisse bald wieder – und in noch größerem Ausmaß.

Der Prager Kongreß von 1897 hatte auch beschlossen, daß neben den bestehenden Gewerkschaften Organisationen tschecho-slawischer Arbeiter aufgebaut werden sollten, deren Gliederung dem Organisationsentwurf der *Reichsgewerkschaftskommission* gleichen sollte. Aber dieser Plan war zunächst noch ohne Chancen auf Verwirklichung; die e i n z e l n e n G e w e r k s c h a f t s o r g a n i s a t i o n e n selbst blieben – im Gegensatz zu den Zentralen – n o c h l ä n g e r als ein Jahrzehnt e i n h e i t l i c h .

Die der *Reichsgewerkschaftskommission* angeschlossenen Verbände und Vereine trugen – je nach der Lage – den nationalen Bedürfnissen ihrer tschechischen Mitglieder Rechnung. Es gab jedoch laufend Konflikte. Schon beim Kongreß des Eisenbahnerverbands im März 1896 lehnte Josef Tomschik, der Zentralsekretär des Verbands, die Forderung der tschechischen Vertreter nach einer Eisenbahnerzeitung in ihrer Sprache ab, »da man sonst auch polnische, slowenische und italienische Blätter herausgeben müßte«.[93]) Die Folge war, daß sich 1898 die Lokomotivführervereine Böhmens von der Gesamtorganisation trennten, worauf sich das Fachblatt *Der Eisenbahner* schließlich doch bemühte, den tschechischen Mitgliedern so weit wie möglich entgegenzukommen. Den

143

internationalen Charakter wollte man auch dadurch dokumentieren, daß der Slowene Kristan die Redaktion des »Eisenbahners« übernahm.[94])

Einen weiteren Konflikt, der nicht nur die Kommissionen berührte, gab es in der Frage eines Generalstreiks zur Durchsetzung des allgemeinen Wahlrechts und des Achtstundentags, an dem die tschechischen Bergarbeiter besonders interessiert waren. Die tschechische sozialdemokratische Parteivertretung trat für den Generalstreik ein, um die der politischen Agitation schwer zugänglichen Bergarbeiter für sich zu gewinnen. Die Wiener Parteiführung und die *Reichsgewerkschaftskommission* lehnten ab, da sie den gewerkschaftlichen Organisationsgrad und die gewerkschaftliche Reife der Mitglieder in der Mitte der neunziger Jahre noch nicht als groß genug ansahen, um einen Massenstreik durchzuhalten. Das hatte erhebliche Rückwirkungen auf die Haltung der tschechischen sozialdemokratischen Partei- und Gewerkschaftsfunktionäre. Denn »ein großer Teil der tschechischen Arbeiterführer hatte sich dem Glauben hingegeben, man könnte sehr rasch durch derartige außerparlamentarische Aktionen entscheidende politische Erfolge erlangen und im tschechischen Volke die dominierende Stellung einnehmen«.[95]) Mit der Erlangung des allgemeinen Wahlrechts glaubten die tschechischen Sozialdemokraten das nationale Problem automatisch gelöst.

Das Nationalitätenproblem in der Habsburgermonarchie war aber nicht auf diese einfache Art zu bewältigen. Die wirtschaftlichen und sozialen Verhältnisse waren viel zu differenziert und reichten – außer im deutschsprachigen Kernland der Monarchie – nicht an den industriellen und politischen Reifegrad Böhmens heran. So schwelte der Konflikt trotz vieler Vermittlungsversuche weiter.

Zur Klärung der Differenzen zwischen ihr und der *tschechoslawischen Kommission* berief die *Reichsgewerkschaftskommission* im Jahre 1905 einen außerordentlichen Gewerkschaftskongreß nach Wien ein. Am Kongreß nahmen 298 Delegierte teil, die 244.886 Mitglieder vertraten. Der Antrag der Prager Kommission, nationale Kommissionen zu bilden, wurde mit überwältigender Mehrheit abgelehnt. Die Begründung für die Ablehnung lautete, daß auch nationale Kommissionen blutleere, inhaltslose Institutionen wären. Es wurde aber als Kompromiß beschlossen, das Regulativ der Wiener Kommission zu ändern, um eine direkte Vertretung der Länder in der Zentralinstanz zu ermöglichen.

Es bestand bereits in jedem Kronland außer Niederösterreich eine Landeskommission (Wien war damals die Hauptstadt von Niederösterreich); außerdem gab es für größere Industriegebiete Bezirksverbände. Das Regulativ wurde nun so geändert, daß die Landeskommissionen von Böhmen, Mähren, Galizien und des Küstenlands (Istriens) je einen Vertreter in die zentrale Gewerkschaftskommission entsenden konnten.

Diese Kompromißformel konnte die Prager Kommission nicht zufriedenstellen, da ja ein Vertreter Böhmens nicht unbedingt ein Tscheche sein mußte und ihr selbst aus Prinzip kein Delegationsrecht für die Reichskommission eingeräumt worden war. Auch innerhalb der einzelnen Fachverbände verschärfte sich nun der nationale Konflikt.

Der Verbandstag der Hutmacher mußte sich mit einem in Böhmen bestehenden Sonderverein beschäftigen, und auch ein tschecho-slawischer Zimmererverband wurde ins Leben gerufen. Die tschechischen Textilarbeiter erklärten, der Konflikt könne nicht im Fachblatt besprochen werden, da die nationalen Reibungen nicht in ihre Branche getragen werden sollten.

Das Fachblatt der Handschuhmacher stand hingegen auf der Seite der Prager Kommission und stellte fest, daß sich die alte Erfahrung, *die auch Kaiser Joseph II. machte, wiederhole, daß der Charakter der österreichischen, hauptsächlich der slawischen Völker dem Zentralismus in jeder Form widerstrebe.* Der Vorgang der Spaltung der österreichischen Organisationen sei bedauerlich, aber es sei keineswegs ein Zeichen des *Verfalles, sondern im Gegenteil des frisch pulsierenden Lebens. So wie das Kind das Vaterhaus verläßt, wenn es selbständig geworden ist, werden auch immer Völker und Organisationen, die sich kräftig fühlen, ihr eigenes Leben führen wollen.*

Der Verbandstag der Metallarbeiter beschloß nach Verhandlungen zwischen Tschechen und »Zentralisten« eine Resolution, in der festgestellt wurde, daß die Einheitlichkeit der gewerkschaftlichen Kampforganisation aller in einem Staat lebenden Nationen die Voraussetzung einer erfolgreichen Tätigkeit der Gewerkschaften sei. Für die tschechischen Ortsgruppen sollten die Beiträge durch die Zentralkasse direkt an die Prager Kommission abgeführt werden. Die Prager Kommission wurde für die tschechischen Ortsgruppen anerkannt, soweit ihre Beschlüsse nicht im Widerspruch zu den Beschlüssen des *Reichsgewerkschaftskongresses* und des Verbandstags der Metallarbeiter standen.

Die Entwicklung zeigte jedoch, daß es in einer Periode schwerer allgemeiner Nationalitätenkonflikte »fast unmöglich war, in sich abgeschlossene Organisationsapparate, wenn sie einmal getrennt waren, wieder zusammenzufügen. Es ist bemerkenswert, daß die Quelle der nationalen Konflikte in der österreichischen Gewerkschaftsbewegung fast nie in den bei der hochgespannten Atmosphäre nationaler Demagogie unvermeidlichen nationalen Reibungen in den sprachlich gemischten Betrieben und Werkstätten, auch nicht in den Lokalorganisationen gelegen hat, sondern bei den Führungsgremien der Gewerkschaft und – das gilt spezifisch für die Tschechen – vor allem der Parteiapparate, die um der Machtbildung und des politischen Prestiges willen sich auf die Dauer nicht den Einflüssen der tschechisch-nationalen einerseits, und der deutschen bürgerlichen Parteien andererseits zu entziehen vermochten.«[96])

Die sozialistischen Linken im Ausland warfen der österreichischen Sozialdemokratie und den *Freien Gewerkschaften* vor, es nie verstanden zu haben, »die Arbeiterklasse in der Donaumonarchie als politische Einheit nach Grundprinzipien des marxistischen proletarischen Internationalismus aufzufassen und zu organisieren, weil sie die wirklichen Interessen des Proletariats ständig mit denen der österreichischen Bourgeoisie verwechselten, deren Interessen sie objektiv dienten«.[97])

Während also die »Linke« beide Seiten angriff, stellten sich die europäischen Gewerkschaftsführer eindeutig auf die Seite der Reichsgewerkschaftskommission. Die fünfte internationale Konferenz der Sekretäre der gewerkschaftlichen Landeszentralen, die im Jahre 1907 in C h r i s t i a n a (dem heutigen Oslo) tagte, beschloß eine Resolution, die zum Ausdruck brachte, daß die einzelnen Gewerkschaften die Pflicht hätten, den betreffenden Berufsverbänden im eigenen Land anzugehören, und daß die Verbände sich desgleichen der gewerkschaftlichen Z e n t r a l e i h r e s L a n d e s anzuschließen hätten. Erst wenn sie dieser Verpflichtung nachgekommen seien, könnten sich die einzelnen Berufsverbände international mit den entsprechenden Verbänden anderer Länder zusammenschließen. Diese Resolution richtete sich gegen die Bemühungen der P r a g e r G e w e r k s c h a f t s k o m m i s s i o n , für die tschechischen Organisationen eine direkte Vertretung in den internationalen Organen zu erlangen.

1909 verließen etwa 7.000 tschechische Metallarbeiter ihren zentralen Verband und gründeten eine eigene Organisation.

Während des Jahres 1910 verstärkten die Prager Kommission und die tschechische Partei ihre P r o p a g a n d a f ü r d i e B i l d u n g s o l c h e r »autonomer« tschecho-slawischer Gewerkschaften: die tschechische Sozialdemokratie hielt im März dieses Jahres in Prag eine Beratung ab, deren Ergebnis eine Empfehlung an die Gewerkschaften war, sich selbständig zu machen und die tschechische politische Bewegung mit der gewerkschaftlichen zu einheitlichem Vorgehen zu vereinigen.

Eine Landesgewerkschaftskonferenz in Brünn antwortete darauf mit einer Resolution, in der sie feststellte, daß sie eine einheitliche gewerkschaftliche Organisation in dem von nationalen Streitigkeiten des Bürgertums verhetzten Österreich als ein Lebensbedürfnis betrachte. *»Separatistische«* Gewerkschaftsorganisationen, deren Grundgedanke die Teilung der Arbeiter nach ihrer nationalen Zugehörigkeit sei, gefährdeten die Einheit des Vorgehens und die internationale Solidarität. Die Herausgabe eines eigenen Gewerkschaftsblatts in tschechischer Sprache wurde hingegen als sinnvoll angesehen und beschlossen. »Separatistisch« wurde die gängige Bezeichnung, die die Anhänger des Zentralismus für die Verselbständigungsbestrebungen der Tschechen gebrauchten, die tschechoslawischen Organisationen bezeichneten sich hingegen selbst immer als »autonom«.

Unter den tschechischen Gewerkschaftsmitgliedern kam es zu heftigen Auseinandersetzungen, und die Ansichten waren durchaus geteilt. Die Verbände der Chemiearbeiter, der Textilarbeiter und der Lederarbeiter spalteten sich, während die tschechischen Gießer sich für eine zentrale Organisation erklärten. Der Konflikt erreichte ein so gefährliches Stadium, daß die zentrale sozialdemokratische Parteileitung es für angezeigt hielt, einen letzten Ausgleichsversuch zu unternehmen: Als Klubsekretär der sozialdemokratischen Reichsratfraktion machte Otto Bauer in der Broschüre *Krieg oder Friede in den Gewerkschaften* den Vorschlag, nationale Sektionen innerhalb einheitlicher Reichsvereine und innerhalb der Gewerkschaftskommission zu errichten. Mitglieder der Reichsgewerkschaftskommission erwiderten jedoch auf diesen Vorschlag, daß eine nationale Differenzierung innerhalb der Gewerkschaften die Spaltung nicht verhindern, sondern nur fördern würde. Die Fronten blieben verhärtet.

Wie verhärtet, das zeigte sich am *Sechsten Reichskongreß der Gewerkschaften Österreichs* im Oktober 1910. Hier war der Kampf gegen die »Separatisten« – gegen die auch etliche tschechische Delegierte Stellung nahmen – das zentrale Thema. Der Kongreß sprach sich grundsätzlich für eine einheitliche Gewerkschaftsorganisation aus und setzte einen Termin für den Beginn von Einigungsverhandlungen fest. Sollten diese Verhandlungen zu keiner befriedigenden Lösung führen, so müßten die Zentralverbände den K a m p f um ihre Einheit führen: *So schmerzlich dieser Kampf sein würde, so müßte er leider in Österreich durchgefochten werden.*

Die Zentralisten konnten sich bei ihrer Argumentation auf die Aussagen des *Internationalen Sozialistischen Arbeiterkongresses* berufen, der Ende August 1910 in Kopenhagen stattgefunden hatte. Auf seiner Tagesordnung war auch der Konflikt in der österreichischen Gewerkschaftsbewegung gestanden, und alle auf dem Kongreß vertretenen Nationen und Gruppen – außer den tschechischen Vertretern – waren sich darin einig gewesen, daß die Gewerkschaften nicht national geteilt werden dürften: In einem einheitlichen Wirtschafts- und Staatsgebiet dürften die Gewerkschaften nicht nach Nationen zerrissen werden.

Die Einigungsappelle konnten jedoch in der Atmosphäre eines immer unversöhnlicher werdenden Nationalitätenkampfes nichts erreichen. E n d e 1 9 1 0 war es soweit, daß mit Ausnahme der Eisenbahner und der Tabakarbeiter – beide Organisationen hatten den Staat als Arbeitgeber – die Z e n t r a l o r g a n i s a t i o n e n g e s p a l t e n waren. Die nationalen Selbständigkeits- und Unabhängigkeitsbestrebungen waren vielfach auch innerhalb der Arbeiterbewegung unterschätzt, ihre Ursachen verkannt worden, so daß man die Chance nicht wahrnehmen konnte, die nationale Spaltung zu verhindern.

Nachdem die Spaltung endgültig vollzogen war, wurde jede Rücksichtnahme fallengelassen; die »autonomen« sozialdemokratischen Tschechen wurden zum »Feind« und umgekehrt. Die Formulierungen in der vom Metallarbeiterverband 1911 herausgegebenen Schrift *»Die Revolte des Separatismus«* zeigen das deutlich: *Alle Zentralverbände gespalten, die Gewerkschaftsorganisation in Böhmen lahmgelegt, in Mähren furchtbar geschwächt und in Wien sehr bedroht. Geschwächt von eigenen Klassengenossen gehen die Gewerkschaften den gewaltigen Kämpfen der nächsten Jahre entgegen: Das ist die Bilanz des gewerkschaftlichen Separatismus.*

Selbst die Statistik wurde zum Propagandainstrument gegen die verhaßten »Separatisten«. Die folgende Zusammenstellung stammt aus der Ausgabe der Zeitschrift der *Reichsgewerkschaftskommission »Die Gewerkschaft«* vom 19. Juli 1913. Sie gibt einen

Überblick über das Kräfteverhältnis zwischen den der freigewerkschaftlichen Reichskommission angeschlossenen Zentralverbänden und den übrigen Gewerkschaftsorganisationen Ende 1912. Bemerkenswert ist, daß man hier nicht – wie es ein Jahrzehnt vorher vermutlich noch selbstverständlich gewesen wäre – die Mitgliederzahlen der Zentralverbände und der »Separatisten« als sozialdemokratische Organisationen den Zahlen für die christlichen Gewerkschaften gegenüberstellte, sondern die »separatistischen« Gegner den politischen Gegnern aus dem christlichsozialen Lager gleichsetzte. Eine bessere Darstellung der Situation, zu der die Spaltung geführt hatte, läßt sich kaum finden:

Gebiet	Zentralverbände	Separatisten	Christlichsoziale	zusammen	Plus der Zentralverbände
Wien	159.857	} 4.381	11.876	} 19.394	177.764
Niederösterreich	37.301		3.137		
Böhmen	91.560	85.253	3.488	88.741	2.819
Mähren	29.638	12.701	3.195	15.896	13.742
Schlesien	17.941	72	3.216	3.288	14.653
Im übrigen Österreich	92.066	1.406	19.741	21.147	70.919
Zusammen	428.363	103.813	44.653	148.466	279.897

Arbeitskämpfe: schärfere Gangart der Unternehmer – bessere Streikführung der Gewerkschaften

Als es infolge der wachsenden Stärke der Gewerkschaftsbewegung und des erwachenden sozialen Gewissens nicht mehr leicht möglich war, die Bemühungen der Arbeiter um bessere Lebensbedingungen mit Hilfe der Justiz durch Kerkerstrafen und Schubwagen zunichte zu machen, bedienten sich die Unternehmer anderer Methoden, um ihre Arbeiter dem Einfluß »aufrührerischer Elemente«, die die Gewerkschaftsidee verbreiteten, zu entziehen. Sie setzten die Arbeiter, die für die Interessen ihrer Kollegen eintraten, auf sogenannte » S c h w a r z e   L i s t e n « ; der Arbeiter, der auf einer solchen Liste stand, konnte in seinem Beruf nicht mehr unterkommen. Die Unternehmer führten diesen Kampf ursprünglich geheim: Sie bedienten sich geheimer Zeichen, die sie in Arbeitsbücher und Dienstzeugnisse so geschickt einschmuggelten, daß jeder eingeweihte Arbeitgeber wußte, daß er den Stellenwerber, dessen

Arbeitsgesuch oder Zeugnis das Zeichen enthielt, nicht aufnehmen sollte. Später gingen die Unternehmer dazu über, ganz offiziell an die Mitglieder ihrer Organisationen Listen jener Arbeiter zu senden, die nicht aufgenommen werden sollten.

Im Jahre 1905 brachten nun einige Bäckergehilfen, deren Namen in einem Zirkular des *Clubs der Schwarzbäcker* in Wien enthalten waren, die Klage auf Schadenersatz beim Bezirksgericht Wien-Favoriten ein. Die Klage wurde vom Bezirksgericht und vom Wiener Landesgericht abgewiesen. Erst der Oberste Gerichtshof stellte fest, daß dem *gewerblichen Hilfsarbeiter die Verwertung seiner Arbeitskraft in demjenigen Fache, für das er vorgebildet ist, nicht unmöglich gemacht oder erheblich erschwert werden darf. Es muß als ein Postulat des öffentlichen Interesses verzeichnet werden, daß dem Arbeiter nicht die Mittel zur Erhaltung seiner Existenz entzogen oder doch die Grundlagen seiner Lebensführung vollständig verrückt werden.* Das Erkenntnis des Obersten Gerichtshofs besagte, daß die Namensverzeichnisse eine Vereitelung gesetzlicher Schutzvorschriften darstellten, widerrechtlich waren und zu Schadenersatz verpflichteten.

Mit diesem Urteil wurde den Gewerkschaften eine wertvolle Waffe zur Bekämpfung der »Schwarzen Listen« in die Hand gegeben.

Die Unternehmer fanden aber noch genügend andere Möglichkeiten, um die Gewerkschaftsarbeit zu erschweren und zu behindern. Eine der wirkungsvollsten Methoden war die Einrichtung von A r b e i t g e b e r - A r b e i t s n a c h w e i s e n . Durch eine solche Arbeitsvermittlung bekamen die Arbeitgeber die Möglichkeit der Ausschließung aller »Elemente« in die Hand, die als *gewerbsmäßige Friedensstörer* deklariert wurden: Arbeiter sollten nur dann in einem Betrieb Aufnahme finden, wenn sie einen Aufnahmeschein von der Arbeitsvermittlung des Arbeitgeberverbands vorwiesen. Auch für den Streikfall organisierten sich die Unternehmer, besonders die Industriellen, solidarisch gegen die Arbeiter: Die Arbeitgeberverbände boten ihren Mitgliedern Entschädigungen im Streikfall an. Im Falle eines Streiks sollten die Ausständigen unter keinen Umständen in anderen Betrieben Beschäftigung erhalten. Die Erzeugnisse eines Betriebs, in dem gestreikt wurde, sollten von anderen der Vereinigung angehörenden Unternehmern hergestellt werden, oder der Liefertermin sollte durch Aufnahme einer diesbezüglichen Klausel in den Vertrag bei Ausbruch eines Streiks seine rechtliche Verbindlichkeit verlieren.

Im März 1907 konstituierte sich die *Hauptstelle der Arbeitgeberorganisation der österreichischen Industriellen*. Obwohl der Sekretär der Hauptstelle in seiner Programmrede es als *höchstes und vornehmstes Ziel* dieser Einrichtung bezeichnete, *ein einheitliches, möglichst erfolgreiches Zusammenwirken von Arbeitgebern und Arbeitnehmern zu fördern,* war ihr eigentlicher Zweck, eine g e - s c h l o s s e n e F r o n t der Industriellen gegen den Kampf der G e w e r k s c h a f t e n um bessere Arbeits- und Lohnbedingungen aufzubauen. Die Organisation gab ein Reglement heraus, das streng vertrauliche Weisungen enthielt. Danach hatten sich die Unternehmer bei allen durch Vertrauensmänner oder Komitees der Arbeiterschaft vorgebrachten Forderungen *zunächst telephonisch* (man befand sich schon im ›Telefonzeitalter‹!), *sodann aber gleichzeitig mittels Zuschrift* mit dem Unternehmerausschuß in Verbindung zu setzen. Vor dessen Entscheidung durften keine Zusage und kein Zugeständnis gemacht werden. Die schon vorher für den Streikfall bestehenden Abkommen wurden als verbindlich erklärt und konkretisiert: Im Falle eines Streiks in einem Betrieb mußten die anderen, der gleichen Branche angehörenden Unternehmungen unter allen Umständen fünf Prozent der Einrichtung ihres Betriebs zur Durchführung dringender Aufträge des streikenden Betriebs bereitstellen. Der Vorstand war berechtigt, in Fällen des Zuwiderhandelns Höchststrafen bis zu 1.000 Kronen für den Einzelfall zu verfügen. Zur Deckung der Kosten der Organisation sowie von Aufwendungen, die durch Intervention bei Arbeitseinstellungen erwuchsen, wurde ein eigener Fonds errichtet.

Auch die Anlage von »Schwarzen Listen« gehörte – trotz des Erkenntnisses des Obersten Gerichtshofs – zu den verbindlichen Verpflichtungen der Mitglieder: *Übel beleumdete Arbeiter, Hetzer und Wühler sind von den Mitgliedern stets in Evidenz zu halten.* Die gleichzeitigen Bemühungen der Industriellen um die Revision des oberstgerichtlichen Spruchs hatten zudem Erfolg. Spätere Entscheidungen billigten dem Arbeitgeber wie dem Arbeitnehmer das Recht des Boykotts zu, wenn es nicht in einer *gegen die guten Sitten verstoßenden* Weise ausartete. Das konnte die »Hauptstelle« durchaus als Freibrief für die Weiterführung ihrer »Schwarzen Listen« auffassen.

Mit diesen Entscheidungen wurde allerdings auch den G e - w e r k s c h a f t e n das Recht auf K o a l i t i o n s z w a n g zugebilligt. Das heißt, es wurden zum Beispiel Organisationsklauseln in Kollektivverträgen möglich, die die Widerstrebenden miterfaßten und sie durch direkte oder indirekte Maßnahmen zum Anschluß an die Gewerkschaftsorganisation nötigten. Die Ansicht der Rechtsexperten dazu lautet: »Daß es hiebei nicht ohne Druckmittel abgeht, ist eine gewiß bedauerliche Erscheinung, der jedoch von staatswegen nicht leicht gegengesteuert werden kann.«[98] Es muß hier betont werden, daß dieses sogenannte *Closed Shop-System*, das die Arbeitsmöglichkeit von Unorganisierten in einem Betrieb ausschloß, sobald die Gewerkschaft dort genügend Einfluß hatte, in der österreichischen Gewerkschaftsbewegung immer umstritten war und auch in den früheren Zeiten weniger radikal praktiziert wurde als zum Beispiel in den angelsächsischen Ländern.

Die Einstellung eines Teils der Funktionäre der *Hauptstelle der Arbeitgeberorganisationen* galt selbst in den Kreisen der Ministerialbürokratie und der Unternehmerorganisationen als unangemessen hart und kompromißlos. Als Initiativen zur Schaffung eines Gesetzes gegen Streiks und Maßnahmen zum Schutz der Streikbrecher verlangt wurden, machte selbst der sonst eher als unnachgiebig geltende *Bund der österreichischen Industriellen* Einwendungen. Man könne kein Gesetz propagieren, so gab der *Bund* in einem vertraulichen Schreiben zu bedenken, das einseitig einen Schutz der Interessen der Unternehmer verlangt. Die Mittel des bestehenden Rechts reichten durchaus aus, um die berechtigten Forderungen der Unternehmer durchzusetzen, es käme nur darauf an, daß diese richtig gehandhabt würden: *Wenn alle Gerichte und politischen Behörden bei Arbeitskämpfen sich stets die hohe Bedeutung der auf dem Spiel stehenden öffentlichen und industriellen Interessen vor Augen halten, wenn sie das geltende Recht in wohlerwogener und sinngemäßer Weise in Anwendung bringen würden, so waren neue gesetzliche Bestimmungen gegen Streikausschreitungen kaum dringend erforderlich oder hätten nur den Wert, den Behörden durch eine präzise Formulierung eine sichere Handhabung zu bieten.*

Ein viel probateres Mittel, um den Einfluß der Freien Gewerkschaften zu beschneiden und keine »Streiklust« aufkommen zu lassen, sahen fortschrittlichere Unternehmer in der Erfassung der indifferenten Arbeiter in *Betriebsvereinen* oder sogenannten *unabhängigen Arbeitervereinen,* – in Organisationen, die von der Idee der Interessengleichheit zwischen Arbeitgeber und Arbeitnehmer ausgingen und von den Unternehmen finanzielle Unterstützung erhielten. In Massen von Broschüren und Flugschriften und in Artikeln der Unternehmerpresse wurde versucht, die Unternehmer über den Wert dieser »g e l b e n« O r g a n i s a t i o n e n aufzuklären, – nicht zuletzt, indem man auf die Erfolge der »Gelben« im Ausland hinwies. Es kam auch tatsächlich in manchen Unternehmen (etwa in den *Berndorfer Krupp-Werken*) zur Errichtung »unabhängiger« Vereine, aber bei der überwiegenden Mehrheit der österreichischen Arbeiterschaft verfing das Gerede von der »Harmonie« zwischen Kapital und Arbeit nicht, da es allzusehr in Gegensatz zu den Tatsachen stand.

Als Antwort auf die Frontbildung der Unternehmerorganisationen beschloß eine Wiener Gewerkschaftskonferenz, einen S o l i d a r i t ä t s f o n d s   d e r   R e i c h s g e w e r k s c h a f t s k o m m i s s i o n zu bilden. Jeder freigewerkschaftlich organisierte Arbeiter lieferte sechs Wochen lang je 20 Heller an den Fonds ab. Die einzelnen Gewerkschaften gingen daran, ihre Organisationsstrukturen zu verbessern und ihre Streikkassen aufzufüllen.

Damit standen sich zwei wohlgerüstete Gegner gegenüber, wenn auch den Gewerkschaften nach wie vor nicht annähernd so viel Macht und Mittel zur Verfügung standen wie den Unternehmerorganisationen. Aber auch sie waren mittlerweile so stark geworden, daß der Ausgang eines Arbeitskampfs für die Unternehmer ungewiß wurde. Weil keine Partei nunmehr so leicht niederzuringen war, wurden die A u s e i n a n d e r s e t z u n g e n   m i t   s t e i g e n d e r H a r t n ä c k i g k e i t ausgetragen, aber auch mit mehr Umsicht als früher.

Ein Beispiel dafür ist der Kampf im Wiener Baugewerbe, der vom 12. Mai bis 30. Juni 1906 währte und an dem 50.000 Arbeiter beteiligt waren: Im Dezember 1905 hatten die Bau- und Maurermeister beschlossen, den Arbeitern einen neuen Lohnvertrag aufzuzwingen, da es bei den vorangegangenen Vertragsverhandlungen zu keiner Einigung gekommen war. Daraufhin setzten die Bauarbeiter mit Teilstreiks ein, sobald die Bausaison im Gange war. Die Unternehmer antworten mit der Aussperrung der Maurer und der Bauhilfsarbeiter und dann mit einer Generalaussperrung der Arbeiter der baugewerblichen Nebenbetriebe, obwohl diese außerhalb des Konflikts standen. Zur Beilegung des Konflikts wurden schließlich in der Statthalterei 14 Tage lang in Anwesenheit der Vertreter der Gewerkschaft und der Unternehmervereinigungen Verhandlungen geführt. Die Bauarbeiter konnten eine Verkürzung der Arbeitszeit, die Festsetzung von Minimallöhnen und die Schaffung von Schiedsgerichten zur Schlichtung von Streitfällen erreichen.

Auch in anderen Berufsgruppen wirkten die B e h ö r d e n a l s
S c h l i c h t e r bei Verhandlungen mit, – ein Zeichen für die Anerkennung der Gewerkschaften als gleichberechtigter Faktor im wirtschaftlichen Kampf.

Eine » S t r e i k s t u d i e « des *arbeitsstatistischen Amts* belegte den Wandel, der sich im ersten Jahrzehnt des 20. Jahrhunderts vollzog. Bisher indifferente Arbeiterschichten beteiligten sich an den Arbeitskämpfen, die Streiks fanden immer häufiger mit Rückendeckung der Gewerkschaften statt und isolierte Aktionen gingen zugunsten von überbetrieblich geführten Arbeitskämpfen zurück:

Jahr	*Einzelstreiks*		*Gruppenstreiks*	
	Prozentsatz der Streiks	*Prozentsatz der Streikenden*	*Prozentsatz der Streiks*	*Prozentsatz der Streikenden*
1901	*89,3*	*78,2*	*10,7*	*21,8*
1902	*84,0*	*57,7*	*16,0*	*42,3*
1903	*85,7*	*69,7*	*14,3*	*30,3*
1904	*80,0*	*43,0*	*20,0*	*57,0*
1905	*81,2*	*55,9*	*18,8*	*44,1*
1906	*78,8*	*61,6*	*21,2*	*38,4*
1907	*78,1*	*61,1*	*21,9*	*38,9*
1908	*80,2*	*73,1*	*19,8*	*26,9*
1909	*84,5*	*78,9*	*15,5*	*21,1*
1910	*77,5*	*64,0*	*22,5*	*36,0*

Beachtlich war die steigende Zahl der Wirtschaftskämpfe im K l e i n g e w e r b e . Von 100 Streiks im Jahre 1901 betrafen 79,3 Prozent nur Großbetriebe, 1,9 Prozent Groß- und Kleinbetriebe, 18,8 Prozent nur Kleinbetriebe. Im Jahre 1910 betrafen von 100 Streiks 67,7 Prozent nur Großbetriebe, 5,4 Prozent Groß- und Kleinbetriebe, 26,9 Prozent nur Kleinbetriebe.

Ungefähr gleich blieb das Verhältnis der weiblichen zu den männlichen Streikenden. Der Prozentsatz der an Streiks beteiligten u n g e l e r n t e n A r b e i t e r stieg. Im Jahre 1901 waren unter den Streikenden 84,4 Prozent Gelernte und 15,6 Prozent Ungelernte, hingegen waren im Jahre 1910 26,8 Prozent der Streikenden Ungelernte. Diese größere Teilnahme der ungelernten Arbeiter an den wirtschaftlichen Kämpfen bewies das Erwachen der Arbeiterschichten, die vorher den gewerkschaftlichen Bestrebungen fremd und teilnahmslos, ja vielfach feindlich gegenübergestanden waren.

Die folgenden Angaben über die B e t e i l i g u n g d e r G e -
w e r k s c h a f t e n an den Arbeitseinstellungen zeigen, daß die
Berufsorganisationen in wachsendem Maße den Arbeitern in ihren
wirtschaftlichen Kämpfen zur Seite standen.

Der offizielle Bericht des *arbeitsstatistischen Amts* erkannte richtig, daß die u n m i t t e l b a r e V e r a n l a s s u n g zu einem
Streik weder dessen einzige noch dessen hauptsächliche U r s a -
c h e sein muß. Die Publikation des *arbeitsstatistischen Amts* führte
aus: *Als Veranlassung eines Streiks hat jene Ursache zu gelten,
welche den Ausbruch des Streiks zur unmittelbaren Folge hatte;
sie braucht also weder die einzige noch die wichtigste Ursache
des Streiks zu sein.*

Eine sehr bedeutsame Beziehung bestand zwischen dem
S t r e i k e r g e b n i s und der S t r e i k d a u e r , wie folgende
Durchschnittswerte für die Zeit von 1901 bis 1910 zeigen:

Jahr	*Ausstände in Prozent*	
	m i t Intervention einer Gewerkschaft	*o h n e Intervention einer Gewerkschaft*
1901	*35,6*	*64,4*
1902	*39,4*	*60,6*
1903	*43,2*	*56,8*
1904	*57,5*	*42,5*
1905	*54,8*	*45,2*
1906	*56,0*	*44,0*
1907	*55,4*	*44,6*
1908	*57,6*	*42,4*
1909	*56,9*	*43,1*
1910	*58,8*	*41,2*

Je kürzer der Streik, desto wahrscheinlicher war die Erreichung
eines vollen Erfolgs. Dieses Ergebnis ist nicht so überraschend,
wie es auf den ersten Blick erscheint. Wenn ein Teil dem anderen
an Kraft wesentlich überlegen ist – mag dies nun die Partei der
Arbeiter oder die der Unternehmer sein –, so entscheidet sich der
Kampf rasch zugunsten des Stärkeren und bringt dem Sieger vollen Erfolg. Wenn dagegen die beiden Parteien einander an Kraft
nahekommen, dauert der Kampf länger und endet meist mit einem
Kompromiß.

Streikdauer in Tagen	Von 100 Streiks erzielten		
	einen vollen Erfolg	einen teilweisen Erfolg	keinen Erfolg
1 bis 5	22,7	40,1	37,2
6 bis 15	19,2	52,4	28,4
16 bis 30	14,4	56,4	29,2
31 bis 50	12,6	60,5	26,9
über 50	7,3	61,0	31,7

Die Entwicklung des Kollektivvertragswesens

Die Jahrhundertwende brachte einen entscheidenden Wandel in der Gewerkschaftspolitik: Der Abschluß von Kollektivverträgen gewann immer mehr an Bedeutung.

Das Verhältnis zwischen Arbeitnehmer und Arbeitgeber in bezug auf die Arbeitsbedingung regelte das 26. H a u p t s t ü c k des *Allgemeinen Bürgerlichen Gesetzbuchs* vom Jahre 1811, das *Von entgeltlichen Verträgen über Dienstleistung* betitelt war; es enthielt auch Bestimmungen über den Lohnvertrag. Im Laufe der Zeit wurden Sondergesetze für einzelne Gruppen von Dienstnehmern erlassen, aber für alle Arbeitnehmer, deren Arbeitsverhältnis nicht oder nur zum Teil durch besondere gesetzliche Bestimmungen geregelt wurde, war das 26. Hauptstück des ABGB weiterhin die Rechtsgrundlage. Es sah grundsätzlich nur den E i n z e l v e r t r a g vor, den der einzelne Dienstnehmer – unter Einhaltung der gesetzlichen Richtlinien – mit dem Arbeitgeber abzuschließen hatte.

Durch den Abschluß von V e r t r ä g e n f ü r G r u p p e n von Arbeitnehmern wollten die Gewerkschaften die sich aus dem Arbeitsverhältnis ergebenden Rechtsbestimmungen und Entlohnungsbedingungen einheitlich und dadurch für den Dienstnehmer vorteilhafter regeln. Nicht mehr der einzelne, wirtschaftlich schwache und vom Arbeitgeber abhängige Arbeiter vereinbarte die Arbeitsbedingungen, sondern die Gewerkschaft als Interessenvertretung einer Vielheit von Arbeitern.

In der Entwicklung des Kollektivvertragswesens spiegelt sich die Entwicklung der Gewerkschaftsbewegung wider. Die Gewerkschaften konnten die Einhaltung der mit ihnen getroffenen Vereinbarungen bereits in einer Zeit durchsetzen, in der der Kollektivvertrag noch keine gesetzlich verankerte Rechtseinrichtung war. Erst nach jahrzehntelanger Erprobung durch private Abmachung im

»gesetzesfreien Raum«, die nicht nur für den einzelnen Arbeitgeber und Arbeitnehmer als Vertragspartner Rechtsgültigkeit hatte, sondern auch für Dritte, das heißt für alle Mitglieder der den Vertrag abschließenden Organisationen, fand diese Rechtspraxis auch in der Rechtsordnung Eingang und wurde gesetzlich geregelt.[99])

Bahnbrechend für kollektive Vereinbarungen in Österreich waren 1896 die B u c h d r u c k e r, denen erst zu Beginn des 20. Jahrhunderts andere Berufsgruppen wie die Uhrmacher, die Herrenkleiderkonfektion und das Kürschnergewerbe folgten. Allerdings gab es zu Beginn wegen der fehlenden organisatorischen Rahmenbedingungen auf beiden Seiten manche Probleme. So erklärte der *Vierte Reichsgewerkschaftskongreß* im Jahre 1903 zwar, »Tarifgemeinschaften« seien zur Regelung von Lohn- und Arbeitsbedingungen geeignet, stellte aber gleichzeitig fest, daß ihr Funktionieren sowohl starke Gewerkschafts- als auch starke Unternehmerorganisationen voraussetze.

Im Jahre 1905 waren es 94 Kollektivverträge, die abgeschlossen werden konnten. In erster Linie zielten diese Verträge auf eine Regelung der Arbeitszeit und des Arbeitslohns hin. In 69 Fällen wurden Minimallöhne festgesetzt, in sechs Fällen bildeten Akkordlöhne den Inhalt des Vertrags, und in 16 Fällen erfolgte eine bloße Lohnerhöhung.

Für 1906 erhob die Gewerkschaftskommission bereits den Abschluß von 448 Kollektivverträgen, wovon 201 Orts- beziehungsweise Bezirks- und Landesverträge und 247 Werkstättenverträge waren. Der Wirkungsbereich der Verträge umfaßte 12.647 Betriebe mit 181.633 Arbeitern.

1907 gab es 727 Kollektivvertragsabschlüsse mit rund 183.000 beteiligten Arbeitern. In der Zeit von 1904 bis einschließlich 1907 wurden 1598 Tarifverträge mit rund 590.000 beteiligten Arbeitern abgeschlossen. 93 Prozent der Verträge enthielten Bestimmungen über die Lohnhöhe, 64 Prozent aller Verträge legten die Anerkennung der Organisation fest, 62 Prozent sicherten die Arbeitsruhe am 1. Mai.

Allerdings stellte auf dem *Fünften Reichsgewerkschaftskongreß* im Jahre 1907 der Sekretär der Gewerkschaftskommission, Anton Hueber, fest, daß sich bei den Gewerkschaftsmitgliedern ein *Kollektivkoller* entwickelt habe und daß aus lauter Begeisterung für die Kollektivverträge so manches *unsinnige Zeug* vereinbart werde, das für die Arbeiter eine große Gefahr bedeute.

Die Zahl der Arbeiter, für die eine kollektivvertragliche Regelung der Arbeitsbedingungen erreicht werden konnte, stieg weiter von Jahr zu Jahr langsam an. Im Jahre 1909 konnten Verträge für 127.000 Arbeiter und 1912 für 180.000 Arbeiter abgeschlossen werden. Wie das *arbeitsstatistische Amt* ermittelte, waren im Jahre 1912 bei 17 Prozent der Gesamtzahl der Beschäftigten die Arbeitsbedingungen kollektivvertraglich geregelt. An der Spitze standen die graphischen Gewerbe mit 78 Prozent, ihnen folgte in weitem Abstand das Baugewerbe mit 36 Prozent, an letzter Stelle standen die Textilindustrie mit 1 Prozent, das Gast- und Schankgewerbe mit 3 Prozent und die chemische Industrie mit 5 Prozent; alle anderen, nichtgenannten Berufsgruppen schwankten zwischen 11 und 34 Prozent.

Zu Beginn des Ersten Weltkriegs waren 500 Kollektivverträge für 10.896 Betriebe mit 142.682 Arbeitnehmern in Geltung, das waren nach Ermittlung des *arbeitsstatistischen Amts* 17 Prozent der außerhalb der Landwirtschaft beschäftigten Arbeitnehmer.

Die vereinbarte Gültigkeitsdauer der Verträge betrug zwischen einem Jahr und acht Jahren; die zweijährige Gültigkeitsdauer war die häufigste.

In erster Linie zielten die Verträge auf die Regelung der Arbeitszeit und des Arbeitslohns ab, doch wurden Schritt für Schritt Erweiterungen vorgenommen: Bestimmungen über Arbeitspausen, den Arbeitsschluß am Samstag und den Vortagen vor Feiertagen, Überstundenvergütung, Feiertagsarbeit, Entlohnung der Arbeiten außerhalb der Betriebsstätte und des Betriebsortes, die Anerkennung der Organisation und der Vertrauensmänner, die Freigabe des 1. Mai usw. fanden Aufnahme in die Verträge.

Die Arbeitszeitverkürzung, die auf parlamentarischem Weg nicht zu erreichen war, konnte in vielen Kollektivverträgen durchgesetzt werden. Allein von 1904 bis 1907 legten die Tarifverträge für rund eine Drittelmillion Arbeiter eine Arbeitszeitverkürzung von bis zu vier Stunden im Tag fest. Als erste und einzige Arbeitergruppe in der Monarchie (wenn man von den Erdölarbeitern Galiziens absieht) konnten die Lithographen und Juwelenarbeiter a u f d e m W e g d e s K o l l e k t i v v e r t r a g s knapp vor dem Krieg den A c h t s t u n d e n t a g erreichen. Insgesamt konnte die Arbeiterschaft durch den Abschluß von Kollektivverträgen bis zum Ersten Weltkrieg eine beträchtliche Verkürzung der damals in fabriksmäßig betriebenen Gewerbeunternehmungen geltenden gesetzlichen Maximalarbeitszeit von elf Stunden täglich durchsetzen.

Die Kollektivverträge wurden ohne gesetzliche Basis abgeschlossen, ihre Rechtswirkung war die gewöhnlicher Verträge. Die Arbeitnehmer konnten nicht unmittelbar aus dem Kollektivvertrag Rechte erwerben und diese gegebenenfalls gerichtlich geltend machen, die Kollektivverträge erzeugten nur zwischen den abschließenden Parteien Rechte und Pflichten und konnten nur über die Tarifparteien durchgesetzt werden. Aus dieser Konstruktion ergab sich eine Unmenge rechtlicher und praktischer Schwierigkeiten, sodaß mit zunehmender Bedeutung der Gewerkschaftsbewegung und der von ihr abgeschlossenen Kollektivverträge die gesetzliche Anerkennung und Regelung des Kollektivvertragswesens folgen mußte.[100])

Aber erst nach Errichtung der demokratischen Republik konnte im Jahre 1920 das Kollektivvertragswesen durch ein eigenes Gesetz geregelt und damit eine rasche Entfaltung der Kollektivvertragstätigkeit herbeigeführt werden.

Die Gewerkschaften während des Ersten Weltkriegs

Von der internationalen Solidarität zur nationalen Loyalität

Die Arbeiterschaft schöpfte aus den Beschlüssen der Gewerkschaftsinternationale und der *Zweiten Internationale* der sozialistischen Parteien die Hoffnung, daß es den Parteien und Gewerkschaften durch internationale Solidarität gelingen würde, den F r i e d e n in Europa zu e r h a l t e n . Einem Krieg sollte in allen Industrieländern hartnäckiger Widerstand entgegengesetzt werden, und im äußersten Fall würde die Arbeiterbewegung auch vor einem europaweiten Generalstreik nicht zurückschrecken.

Schon 1907 nahm der Stuttgarter Kongreß der *Zweiten Internationale* unter *stürmischem, lang anhaltendem und sich vielfach erneuerndem Beifall* einstimmig eine Resolution an, in der es hieß, daß bei drohendem Ausbruch eines Kriegs *die arbeitenden Klassen und deren parlamentarische Vertretungen verpflichtet sind, unterstützt durch die zusammenfassende Tätigkeit des Internationalen Büros, alles aufzubieten, um durch Anwendung der ihnen am wirksamsten erscheinenden Mittel den Ausbruch des Krieges zu verhindern.* Falls er dennoch ausbrechen sollte, sei es Pflicht, für seine rasche Beendigung einzutreten, das Volk aufzurütteln und *dadurch die Beseitigung der kapitalistischen Klassenherrschaft zu beschleunigen.* Beim folgenden Kongreß in Kopenhagen im Jahre 1910 wurde eine von K a r l R e n n e r als einem der Delegierten der SDAP entworfene Resolution einstimmig beschlossen, die aufs neue die sozialistischen Vertreter in den Parlamenten verpflichtete, die R ü s t u n g mit allen Kräften zu b e k ä m p f e n und die Mittel hierfür zu verweigern.[101]) Bezüglich der Ausrufung des Generalstreiks waren die Meinungen – wie auch hinsichtlich eines »innenpolitischen« Generalstreiks – geteilt. Deshalb wurde der dem Kopenhagener Kongreß vorgelegte Generalstreikantrag dem *Internationalen Sozialistischen Büro* zum Studium zugewiesen. Er lautete: *Unter allen Mitteln, welche angewendet werden sollen, um einem Krieg vorzubeugen und ihn zu verhindern, beschließt der Kongreß als besonders zweckmäßig den allgemeinen Streik der Arbeiter hauptsächlich in den Industrien, welche Kriegsmaterialien liefern, sowie eine aktive Agitation des Volkes, und zwar mit den äußersten Mitteln.*

Der Kopenhagener Kongreß war der letzte ordentliche Kongreß der *Zweiten Internationale.* Als 1912 die Balkanstaaten gegen die Türkei in den Krieg zogen und Österreich seine Balkanpolitik durch das siegreiche Serbien bedroht sah, schien der Weltkrieg bereits vor der Tür zu stehen. Der für 1913 nach Wien einberufene Kongreß wurde um ein Jahr verschoben. Statt dessen lud das Büro der Internationale entsprechend einer Weisung des Kopenhagener Kongresses zu einem außerordentlichen Treffen im November 1912 nach Basel ein. Der französische Sozialistenführer Jean Jaurès warnte dort: »Die Regierungen sollten daran denken, wenn sie die Kriegsgefahr heraufbeschwören, wie leicht die Völker die einfache Rechnung aufstellen können, daß ihre eigene Revolution sie weniger Opfer kosten würde als der Krieg der anderen.«[102])

Das B a s e l e r Treffen wurde noch einmal eine eindrucksvolle Kundgebung gegen den Krieg. Das von den 555 Delegierten einstimmig angenommene M a n i f e s t wiederholte nicht nur die Aussagen der früher beschlossenen Resolutionen, indem es den Krieg verdammte und die Arbeiterklasse aufrief, sich ihm zu widersetzen, es enthielt darüber hinaus ein konkretes Programm einer internationalen sozialistischen Außenpolitik zur Bannung der Kriegsgefahr.[103])

Die sozialdemokratischen Parteien Österreichs, Ungarns, Kroatiens und Slawoniens, Bosniens und der Herzegowina hätten die

Pflicht, ihre wirkungsvolle Aktion gegen einen Angriff der Donaumonarchie auf Serbien mit aller Kraft fortzusetzen, hieß es in diesem Aufruf. *Es ist ihre Aufgabe, sich wie bisher auch fürderhin dem Plane zu widersetzen, Serbien mit Waffengewalt der Ergebnisse des (Balkan-)Krieges zu berauben, es in eine Kolonie Österreichs zu verwandeln und um dynastischer Interessen willen die Völker Österreich-Ungarns selbst und mit ihnen alle Nationen Europas in größte Gefahr zu verstricken. Ebenso werden die sozialdemokratischen Parteien Österreich-Ungarns auch in Zukunft darum kämpfen, daß dem vom Hause Habsburg beherrschten Teile der südslawischen Völker i n n e r h a l b d e r G r e n z e n der österreichisch-ungarischen Monarchie selbst das Recht auf demokratische Selbstregierung errungen werde.* Dieser Passus ist bemerkenswert, denn er sah keine Abtrennung der südslawischen Gebiete vor, sondern eine Selbstregierung innerhalb der bestehenden Grenzen, wie sie damals auch noch von vielen südslawischen Politikern befürwortet wurde.

Das Manifest wies ferner auf den Gegensatz zwischen dem Deutschen Reich auf der einen Seite und Frankreich und England auf der anderen Seite hin. Die Überwindung des Gegensatzes würde – so betonte der Aufruf – die größte Gefahr für den Weltfrieden beseitigen, die Machtstellung des Zarismus, der diesen Gegensatz für seine Zwecke ausbeute, erschüttern, einen Überfall Österreich-Ungarns auf Serbien unmöglich machen und den Frieden sichern.

Aber die einstimmige Annahme des Manifests täuschte darüber hinweg, daß es gravierende Gegensätze zwischen den Parteien der sozialdemokratischen Arbeiterbewegung in den einzelnen Ländern gab. Der Beschluß war nicht diskussionslos zustande gekommen, weil es unterschiedliche Ansichten dazu gab, welche Bestimmungen die angestrebte Vereinbarung über eine einheitlich organisierte Aktion gegen den Krieg enthalten sollte. So hatten zum Beispiel einige Länderdelegationen weiterhin Bedenken gegen die Ausrufung eines Generalstreiks als geeignetes Mittel. Daher enthielt das Manifest weder einen solchen Aufruf noch irgendeinen anderen Vorschlag für eine konkrete Aktion im Falle eines Kriegsausbruchs. Die Wahl der geeigneten Antikriegsmaßnahmen blieb den der Internationale angeschlossenen Parteien überlassen.

Als der Erste Weltkrieg schließlich ausbrach, zeigte es sich, daß die Parteien der Internationale und die ihnen nahestehenden *Freien Gewerkschaften* ihre Kräfte weitaus überschätzt hatten und sich auch der Problematik der Internationalität gar nicht immer voll bewußt gewesen waren. Trotzdem wurde noch ein letzter Versuch unternommen, wenigstens die sozialdemokratische Arbeiterbewegung Europas nicht in den Kriegstaumel hineinschlittern zu lassen: Nach der Kriegserklärung Österreich-Ungarns an Serbien am 28. Juli 1914 trafen sich die Vertreter der wichtigsten Parteien im Büro der Internationale und beschlossen, den ursprünglich in Wien geplanten nächsten ordentlichen Kongreß für den 9. August nach Paris einzuberufen. Die tiefe Resignation, die Victor Adler bei dieser Sitzung zeigte, war aber mehr als berechtigt; der Führer der SDAP sah die Entwicklung voraus.[104] Der Kongreß in Paris sollte nicht mehr stattfinden, am 9. August hatten die deutschen Truppen bereits Lüttich erobert.

Von Friedensinitiativen war längst nicht mehr die Rede. Die deutschen wie die französischen Sozialisten stimmten am 4. August den Kriegskrediten zu, Jean Jaurès wurde als überzeugter Kriegsgegner, der nicht bereit war, seine Haltung zu ändern, von einem Fanatiker ermordet. Nahezu alle sozialistischen Parteien der kriegsführenden Staaten bekannten sich zur Verteidigung ihres eigenen Landes. Im »Burgfrieden« verbündeten sie sich mit ihren innenpolitischen Gegnern.[105] Man rechnete mit einer kurzen Kriegsdauer und mit einem baldigen Sieg (der jeweils eigenen Seite).

Auch Österreich wurde nach der Kriegserklärung an Serbien von einer W o g e d e s C h a u v i n i s m u s überrollt.

Am 5. August erschien im sozialdemokratischen Parteiorgan *Arbeiter-Zeitung* ein Leitartikel aus der Feder des Chefredakteurs Friedrich Austerlitz unter dem Titel *Der Tag der Deutschen Nation*. Er kennzeichnet treffend die Atmosphäre bei Kriegsbeginn und trug Austerlitz den Vorwurf des Verrats sozialistischer Prinzipien ein. Dieser hatte den Artikel unter dem Eindruck der amtlichen Meldung über die einstimmige Bewilligung der Kriegskredite durch die sozialdemokratische Fraktion im Deutschen Reichstag verfaßt. In ihm hieß es unter anderem: »Diesen Tag des vierten August werden wir nicht vergessen. Wie immer die eisernen Würfel fallen mögen – und mit der heißesten Inbrunst unseres Herzens hoffen wir, daß sie siegreich fallen werden für die heilige Sache des deutschen Volkes ... Ob die Diplomatie richtig gehandelt, ob es kommen mußte, wie es gekommen, das mögen spätere Zeiten entscheiden, jetzt steht das deutsche Leben auf dem Spiel und da gibt es kein Schwanken und Zagen! ... Aber da das deutsche Vaterland in Gefahr, da die nationale Unabhängigkeit des Volkes bedroht, tritt die Sozialdemokratie schützend vor die Heimat hin, und die ›vaterlandslosen Gesellen‹, die ›rote Rotte‹, wie sie der Kaiser einst schmähte, leiht dem Staate Gut und Blut der arbeitenden Massen.«[106])

Das waren für ein sozialdemokratisches Parteiorgan ganz ungewöhnliche nationale Töne, die von der Richtigkeit früherer Beschlüsse über Ablehnung von Rüstungsausgaben überzeugte Parteianhänger deprimierten und empörten. Es war nicht die einzige Äußerung des grundlegenden Gesinnungswandels. So erklärte zum Beispiel der Verfasser der Friedensresolution von 1910, Karl Renner, man müsse die M i l i t a r i s i e r u n g , d i e D u r c h s t a a t l i c h u n g d e r W i r t s c h a f t durch den Kriegsabsolutismus fördern, weil das der Anfang der *Sozialisierung der Wirtschaft* sein könne.[107])

Ein überzeugter »Internationalist« zog aus seiner Enttäuschung über den Kurswechsel sofort die Konsequenzen: Friedrich Adler, der Sohn des Parteivorsitzenden, verzichtete auf seine Funktion als Parteisekretär und begründete seine Haltung in einer Denkschrift. Ihm schloß sich eine kleine Gruppe Gleichgesinnter an, zu denen auch Robert Danneberg, der in der Ersten Republik einer der Nachfolger Friedrich Adlers als Parteisekretär und Klubobmann der sozialistischen Nationalratsfraktion wurde, und die Frauenfunktionärin Gabriele Proft, die aus der Gewerkschaftsbewegung kam und die Hausgehilfinnen organisiert hatte, zählten.[108]) Aber lange Zeit hörte niemand auf die Stimme der zahlenmäßig unbedeutend bleibenden »Antikriegsopposition«.

Während sich die politische Arbeiterbewegung wenigstens in den Monaten vor Kriegsausbruch intensiv mit dem Problem der Friedenserhaltung beschäftigte, befaßten sich die Gewerkschaften noch immer mit Nebensächlichkeiten, während sich das Ungewitter über ihren Häuptern zusammenzog, – dieses Eindrucks kann man sich zumindest nicht erwehren, wenn man die Protokolle der Gewerkschaftssitzungen des Jahres 1914 durchsieht. Sicher lag es nicht in der Macht der Gewerkschaftsbewegung, das Unheil abzuwenden, aber der Betrachter von heute erwartet doch eine aktivere Haltung, einen konsequenteren Widerstand. Damit wird aber auch schon der große Gegensatz zwischen der heutigen Gewerkschaftsbewegung und der von damals klar. Den Gewerkschaften kam damals nur bei der Regelung der Arbeitsbedingungen und Lohnverhältnisse Bedeutung zu – und da auch nur in gewissen Industrie- und Gewerbezweigen. Ihr Einfluß auf die Wirtschaftspolitik war gering, auf die Staatspolitik gleich Null. Und es wird offenbar, daß ein Vergleich mit der gegenwärtigen Gewerkschaftsbewegung, die sich eine Machtposition in Staat und Wirtschaft errungen hat, nicht möglich ist. Wir müssen also der damaligen Bewegung bei Beurteilung ihrer Stellungnahmen zur Kriegsgefahr eine gänzlich anders geartete Situation zubilligen.

Es ist daher verständlich, daß die *Freien Gewerkschaften* zu Kriegsbeginn gegen den Taumel der nationalen Begeisterung mindestens ebensowenig Widerstandskraft aufbrachten wie die Sozialdemokratische Partei; auch sie schlossen ihren »B u r g f r i e d e n« mit der Unternehmerschaft und dem seit dem Frühjahr 1914 autoritär regierten Staat. Sie akzeptierten den sofort verhängten Ausnahmezustand, obwohl dieser die gewerkschaftliche Tätigkeit sehr erschwerte.

Mit der kaiserlichen Verordnung vom 25. Juli 1914 wurde die Möglichkeit geschaffen, für die Versorgung des Heeres und der Bevölkerung wichtige Betriebe zu *staatlich geschützten Unternehmungen* zu erklären. In diesen Betrieben herrschte Streikverbot, »Pflichtverletzungen« und Störungen des Produktionsprozesses konnten mit Arreststrafen bis zu einem Jahr geahndet werden. Auch für Beamte, Eisenbahnbedienstete und Schiffahrtsangestellte galt eine extreme E i n s c h r ä n k u n g d e s K o a l i t i o n s r e c h t s. Allerdings blieb den Gewerkschaften ein kleiner Freiraum erhalten, denn die Verordnung betraf nur Streiks, bei denen die aus dem Arbeitsvertrag erwachsenden »Pflichten« der Dienstnehmer gegenüber dem Arbeitgeber verweigert wurden, sodaß die beteiligten Arbeiter wenig zu befürchten hatten, wenn sie die vorgeschriebene Kündigungsfrist einhielten.[109])

Darauf spielte die Reichsgewerkschaftskommission in ihrem Aufruf an die Gewerkschaftsvertrauensmänner unter anderem wohl an, wenn sie ausführte, daß der Ausnahmezustand lediglich als Folge des Kriegs zu betrachten sei und deshalb voraussichtlich nicht dazu verwendet werden würde, um die gesetzmäßige Tätigkeit der Gewerkschaftsorgane zu erschweren oder gar zu unterbinden. Trotzdem, so fuhr dieser Aufruf fort, sei es Pflicht der Vertrauensmänner, mit der gründlich geänderten Situation zu rechnen und ihre Tätigkeit danach einzurichten. Die genaueste Beachtung der gesetzlichen Bestimmungen und der behördlichen Verfügungen wurde dringendst empfohlen. *Eine beabsichtigte und aus der Verhängung des Ausnahmezustands abzuleitende Behinderung der organisatorischen Tätigkeit wird schon deshalb nicht angenommen, weil insbesondere die Gewerkschaften in derart ernsten Zeiten eine Reihe von Aufgaben zu erfüllen haben, die sie in nicht zu verachtendem Umfang der Staatsverwaltung abnehmen.* Weiters wurde den Vertrauensmännern mitgeteilt, daß bei Versammlungen – ohne Rücksicht darauf, ob diesen ein behördlicher Vertreter beiwohne oder nicht – streng darüber zu wachen sei, daß über nichts gesprochen werde, was außerhalb des Rahmens der gewerkschaftlichen Tätigkeit liege. Zwar könne eine gewerkschaftliche Organisation für irgendeine Rede eines Mitglieds nicht verantwortlich gemacht werden, immerhin sei aber auch auf diesem Gebiet größte Vorsicht am Platze. Als selbstverständlich betrachtete es der Aufruf, daß die gewerkschaftliche Tätigkeit in aller Ruhe fortgesetzt werde. Bloß bezüglich der Lohnbewegungen wurde die Ansicht ausgesprochen, *daß die gegenwärtige Zeit für solche am allerungünstigsten ist und deshalb die Einleitung und Durchführung von solchen möglichst unterlassen werden soll.* Zum Schluß folgte eine Feststellung, die eigentlich nur die Hilflosigkeit der neuen Situation gegenüber ausdrückte: *Seitdem es in den Industriestaaten eine Gewerkschaftsbewegung in der heutigen Art und in dem heutigen Umfang gibt, hat noch keiner von diesen einen Krieg solcher Art geführt, wie er gegenwärtig uns heimsucht. Wir haben demnach keine eigenen Erfahrungen, auch nicht solche ausländischer Bruderorganisationen, die uns etwa als Gradmesser dafür dienen könnten, was alles uns noch bevorsteht.* Um so mehr müsse alles darangesetzt werden, um die österreichische Gewerkschaftsbewegung ungeschwächt in eine bessere Zukunft zu retten.

Dem Aufruf folgend, wurden alle zu Beginn des Kriegs im Zuge befindlichen L o h n b e w e g u n g e n e i n g e s t e l l t . Die Einleitung neuer Lohnbewegungen lehnten die Gewerkschaften auch dann noch ab, als es nach dem Chaos der ersten Kriegsmonate in manchen Branchen durchaus eine Entwicklung gab, in der Lohnverhandlungen Erfolgschancen gehabt hätten. Die Gewerkschaftsführung – sowohl die Reichskommission als auch die Führung der einzelnen Verbände – stand eben in der Anfangsphase der Kriegsindustrie der Agitation oder einem Kampf gegen die arbeiterfeindlichen Verhältnisse ablehnend gegenüber. Sie stellte sich im wesentlichen auf den Standpunkt der Staats- und Kriegsverwaltung, daß Gruppeninteressen angesichts der Notwendigkeit, die Kriegsführung zu ermöglichen, zurücktreten müßten. So wurde nichts unternommen, was geeignet gewesen wäre, die gewünschte Ruhe auf sozialem Gebiet zu stören.

Diese Haltung zeigte sich auch bei den Anfang 1915 stattfindenden Versammlungen der lokalen Organisationen des Metallarbeiterverbands. In Steyr forderte bei einem solchen Anlaß der Verbandssekretär Franz Domes (in der Ersten Republik Vorsitzender

der Gewerkschaftskommission) die Mitglieder wohl auf, sich von den Unternehmern nicht alles gefallen zu lassen, meinte aber, daß »(die) Waffenfabriksarbeiter ... jetzt die Pflicht (haben), für unsere im Felde gegen übermächtige Feinde kämpfenden Kollegen die nötigen Waffen zu erzeugen und jede Unterbindung dieser Tätigkeit ... unsere Brüder am Schlachtfeld gefährdet ...«[110])

Die Wiener Polizeidirektion konnte in ihrem Jahresbericht Ende 1914 befriedigt konstatieren: *Die Haltung der Sozialdemokratischen Partei ist ... eine durchaus loyale geblieben ... in der Parteipresse wurde intensiv das Problem der Approvisionierung erörtert, und die Gewerkschaften betätigen sich eifrig an den Maßnahmen zur Bekämpfung der Arbeitslosigkeit.*

Zusammenbruch der Volkswirtschaft und Kriegsgewinn

Der Kriegsausbruch verursachte vorerst eine wesentliche Verschärfung der ohnehin schon seit 1912 dauernden Depression. Die W i r t s c h a f t antwortete auf die Bekanntgabe der Kriegserklärung zunächst mit einer S c h o c k r e a k t i o n : Es kam zur Kapitalflucht, Industriewerte wurden zunehmend in Bargeld oder Konsumartikel umgewandelt und Aufträge storniert. Eine große Zahl von Betrieben wurde stillgelegt, in anderen Betrieben die Produktion in umfangreichem Maße gedrosselt. Die hastige Einschränkung der Produktion wirkte naturgemäß gleich einer Lawine. Die Rückwirkungen auf andere Unternehmungen und auf Handel und Verkehr konnten nicht ausbleiben und die Zahl der von den überstürzten B e t r i e b s s t i l l e g u n g e n in Mitleidenschaft gezogenen Arbeiter und Angestellten wuchs immer mehr an. Dazu kam noch, daß die Banken die Gewährung von Krediten fast gänzlich einstellten, sodaß viele Betriebe wegen Kreditmangels schließen mußten. Eine Umfrage der *Reichsgewerkschaftskommission* bei den einzelnen Verbänden ergab überall das gleiche Bild: Kreditsperre, mangelnde Materialzufuhr, Behinderung des Abtransports erzeugter Waren, Unmöglichkeit des Import- und Exportverkehrs und fehlende Begeisterung der Unternehmer, sich auf die Bedingungen der Kriegswirtschaft einzulassen, während sie sich nach außen hin an patriotischer Begeisterung nicht genug tun konnten.

Besonders fühlbar waren die Folgen des Kriegsausbruchs in der Porzellan- und Glasindustrie: Mehr als drei Viertel aller Unternehmungen stellten den Betrieb ein und entließen die Arbeiter. In der Metallindustrie sperrten von 84 Gießereibetrieben in Niederösterreich, Böhmen und Mähren 38. In Wien war ein Fünftel der Metallarbeiter arbeitslos. In der Textilindustrie schloß eine große Zahl von Fabriken, in den anderen Betrieben wurde, außer in den Militärtuchfabriken, nur zwei bis vier Tage in der Woche gearbeitet. Im Baugewerbe wurden sofort nach Kriegsbeginn die meisten Arbeiter entlassen.

1914 stellten insgesamt 15.154 Betriebe ihre Produktion ein; dies und die Produktionseinschränkungen führten zur Entlassung von 211.677 Arbeitern und Angestellten.[111]) So sah sich die Regierung gezwungen, einzugreifen, – wenn auch die s t a a t l i c h e n E i n g r i f f e i n d i e W i r t s c h a f t im Gegensatz zum Zweiten Weltkrieg sehr unvollkommen blieben.

Auf eine Anregung der Wiener Handelskammer aus dem Jahr 1912 zurückgreifend, wurde noch vor dem Krieg die *Kommission für wirtschaftliche Mobilisierungsangelegenheiten* errichtet. Im Verlauf des Jahres 1914 entstanden – zumeist auf die bereits bestehenden Kartellorganisationen aufbauend – eine Reihe von »Zentralen« für einzelne Bedarfsgüter wie Metall, Wolle, Baumwolle und Lebensmittel, die allerdings nur mit Privatkapital arbeiteten und sich selbst verwalteten. Diese Maßnahmen und die großen Bestellungen der Armee schienen zunächst auszureichen, um die Krise der Wirtschaft zu überwinden. Das Jahr 1915 brachte durch die Belebung der Produktion sogar einen deutlichen Konjunkturanstieg[112]), 1916 war die Industrie voll ausgelastet und erzielte immer bessere Profite. Nun konnte von Arbeitslosigkeit keine Rede mehr sein. Im Gegenteil, infolge der Einberufungen hatten sämtliche Industriezweige bald unter einem Mangel an qualifizierten Fachkräften zu leiden.

Neben den Umstellungsschwierigkeiten stellte die Versorgung der Kriegsindustrie mit Rohstoffen ein weiteres Problem dar. In den ersten Kriegsjahren wurden manche Rohstoffe immer wieder knapp, weil die Truppenverschiebungen Stockungen des Güterverkehrs mit sich brachten. Außerdem bereitete die verhältnismäßige R o h s t o f f a r m u t der Donaumonarchie zunehmend Schwierigkeiten. Von 1914 bis 1916 bestand noch die Möglichkeit, die benötigten Güter auf Umwegen über neutrale Staaten zu importieren. Blockade und U-Boot-Krieg führten dann aber zu einer Isolierung der Mittelmächte. Die aufgespeicherten Vorräte schwanden dahin, und vielfach mußte die Erzeugung von Ersatzstoffen aufgenommen werden. Jetzt rächte es sich, daß es weder eine folgerichtige Lenkung der Ein- und Ausfuhren gab, noch ausreichend Daten über

167

die verfügbaren Mengen an Gütern und Bedarfsprognosen. Und auch die verschiedenen Handels- und Bewirtschaftszentralen erwiesen sich als wenig effizient. Selbst die Militärgewalt, unter deren Kommando die Rüstungsbetriebe standen, war – anders als im Zweiten Weltkrieg – nicht so allmächtig, um eine koordinierte Ausrichtung der Produktion auf die Kriegswirtschaft durchsetzen zu können. Die rapide Verschlechterung der Versorgungssituation bewog die Regierung endlich doch, die Organisation der Ausschöpfung der Rohstoffreserven und der Rohstoffbeschaffung zu zentralisieren. Als Koordinationsstelle errichtete sie im März 1917 das *Generalkommissariat für Kriegs- und Übergangswirtschaft.*

Die Versorgungsprobleme entstanden, weil der Aufbau einer besonderen Kriegsgüterindustrie und die dazu notwendige Umstrukturierung der Volkswirtschaft in Österreich-Ungarn nicht vorgesehen gewesen waren. Ebensowenig hatte man sich finanziell auf die Erfordernisse eines länger dauernden Kriegs vorbereitet. Die Österreichisch-Ungarische Bank verstärkte nicht – wie die Notenbanken der anderen europäischen Staaten – ihre Goldreserven, sodaß sich die N o t e n d e c k u n g v e r s c h l e c h t e r t e[113]); schon 1914 wurde die Bestimmung über die Zweifünfteldeckung der ausgegebenen Banknoten suspendiert. Die Monarchie war dadurch in ihrer Zahlungsfähigkeit gegenüber dem Ausland beschränkt, was wegen ihrer Importabhängigkeit bei Fortdauer des Kriegs eine entscheidende Rolle spielte.[114]) Die Kriegskosten sollten durch eine i n f l a t i o n ä r e W ä h r u n g s p o l i t i k und Kreditoperationen beschafft werden, die eine kaiserliche Verordnung im August 1914 anordnete. Insgesamt wurden in Österreich acht Kriegsanleihen mit einem Ergebnis von rund 33 Milliarden Kronen aufgelegt, in Ungarn 17 Anleihen, die rund 18 Milliarden Kronen brachten. Doch schon im April 1915 waren der Erlös der ersten Kriegsanleihe und ein Zwei-Milliarden-Darlehen erschöpft. Im Juli 1915 wurde zwischen den Finanzverwaltungen Österreichs und Ungarns und der Notenbank ein Übereinkommen über die Gewährung von Darlehen ohne zahlenmäßige Begrenzung getroffen. Die Finanzlage des Staats wurde immer verzweifelter, zumal die Devisenausfuhr nicht unter Kontrolle gehalten werden konnte. Erst gegen Kriegsende war die Kontrolle des Devisen- und des Außenhandels so weit fortgeschritten, daß sie halbwegs den Erfordernissen einer Kriegswirtschaft entsprach.

Noch vor dem Krieg hatte die *Kommission für wirtschaftliche Mobilisierungsangelegenheiten* die prekäre Versorgungslage

Wiens festgestellt. Vorkehrungen gegen die drohende N a h r u n g s m i t t e l k n a p p h e i t wurden jedoch vorerst nicht getroffen. Die Verantwortlichen hätten mit einer solchen Gefahr rechnen müssen, weil vorauszusehen war, daß die Landwirtschaft den durch den Krieg bedingten Ausfall an Nahrungsmitteln wegen ihrer mangelnden Mechanisierung nicht verkraften würde. Aber man begnügte sich zu Kriegsbeginn damit, die Getreidezölle aufzuheben, Höchstpreise für Getreide und Mehl festzusetzen und einige halbherzige Maßnahmen zur Steigerung der landwirtschaftlichen Produktion einzuleiten, die den Ausfall der vielen Arbeitskräfte keinesfalls wettmachen konnten. Erst als sich eine Hungerkatastrophe abzeichnete, weil keine Lebensmittel mehr importiert werden konnten und gleichzeitig die ärmeren Teile der Bevölkerung mit der rapide zunehmenden T e u e r u n g bei den Grundnahrungsmitteln zu kämpfen hatten, griff die Regierung konsequenter ein. Ende 1916 schuf sie auch für den Bereich der Lebensmittelversorgung eine zentrale Koordinierungsstelle, das *Amt für Volksernährung,* und entschloß sich zur Preisregelung. Im Herbst 1916 wurde mit der R a t i o n i e r u n g der Mehlprodukte in den Ballungsräumen begonnen, aber erst im Februar 1917 erfolgte in Wien die Rationierung von Brot. Alle diese Maßnahmen kamen zu spät; das Volk hungerte.

Als im April 1917 die USA auf der Seite Englands und Frankreichs in den Krieg eintraten, erhielten die Ententestaaten ein so gewaltiges wirtschaftliches Übergewicht, daß der Krieg praktisch entschieden war. Mit ihrer wesentlich geringeren wirtschaftlichen Leistungsfähigkeit und dem Schwinden der Rohstoffvorräte konnten die Donaumonarchie und Deutschland den Krieg nicht mehr lange durchhalten. Und in der hungernden Bevölkerung erwachte die Friedenssehnsucht.

Im Gegensatz zur Zerrüttung der Volkswirtschaft und der Not breiter Bevölkerungsschichten standen die s t e i g e n d e n G e w i n n e der Industrie und der großen Landwirtschaftsbetriebe. Während die österreichischen Aktiengesellschaften vor dem Krieg im Durchschnitt neun Prozent an Dividenden auswarfen, zahlten sie für das Geschäftsjahr 1917 15 bis 25 Prozent. Die *Dynamit-Nobel-AG* zahlte in jedem der Kriegsjahre 30 Prozent Dividende. Die Dividende der *Semperit, Österreichisch-Amerikanische Gummiwerke AG* stieg von 12,5 Prozent für das Jahr 1915 auf 20 Prozent für die Jahre 1916 und 1917, die des Warenhauses *Gerngross* von 12,5 auf 16,5 Prozent. Die zehn Wiener Großbanken wiesen bei aller Vorsicht der Bilanzierung im Jahre 1915 110 Millionen Kronen, 1916 132 Millionen Kronen und 1917 163 Millionen Kronen an Reingewinn aus.

Für die Großunternehmen war der Krieg also ein gewinnträchtiges Geschäft. Um so notwendiger erschien es den Unternehmern, die Vertretung ihrer Interessen besser zu koordinieren, als sich nach dem Sieg der Russischen Revolution 1917 und der großen Streikbewegung in Österreich im Jänner 1918 die Möglichkeit einer Änderung der Machtverhältnisse abzuzeichnen begann: Im Februar 1918 schlossen sich der *Industrielle Klub,* der *Bund der Industriellen* und der *Zentralverband der Industriellen Österreichs* zum *Reichsverband der österreichischen Industrie* zusammen.

Gewerkschaftsarbeit unter den Kriegsgesetzen

Die zahllosen Betriebsstillegungen brachten der Arbeiterschaft zu Kriegsbeginn Arbeitslosigkeit und Hunger. Eine Arbeitslosenfürsorge der öffentlichen Hand gab es nur in einigen Städten, und nur wenige Arbeitslose waren Mitglieder der Gewerkschaft und konnten von dieser Arbeitslosenunterstützung halbwegs leben.

So viele Mitglieder benötigten die A r b e i t s l o s e n b e i h i l f e , daß ihre Auszahlung die R e s e r v e n e r s c h ö p f t e ; den Gewerkschaften drohte ein finanzielles Debakel[115]) und sie sahen sich gezwungen, ihre L e i s t u n g e n e i n z u s c h r ä n k e n . Der *Verband der Metallarbeiter* beschloß zum Beispiel, die Reiseunterstützung während des Kriegs einzustellen und die Arbeitslosenunterstützung einzuschränken, und der *Verband der Buchdrucker* mußte den Beschluß fassen, die Auszahlung der Kranken- und Arbeitslosenunterstützung einzustellen. Desgleichen mußten der *Holzarbeiterverband* und eine Reihe anderer Organisationen Verschlechterungen der Unterstützungsregulative beschließen. Die *Reichsgewerkschaftskommission* und die Vertreter der Sozialdemokratischen Partei riefen zu Spenden für einen Notfonds auf, um die ärgste Not zu mildern. Die Forderung nach einer staatlichen Arbeitslosenunterstützung, die noch ein Jahr vorher angesichts einer so katastrophalen Arbeitslosigkeit selbstverständlich erhoben worden wäre, unterblieb in der Zeit des »Burgfriedens«. Statt dessen verlangten die *Freien Gewerkschaften* Maßnahmen gegen die »unnützen Betriebseinstellungen« und die Belebung der Wirtschaft – etwa durch Geldbeschaffung für die Industrie,[116]) und setzten sich für die »sachgemäße Unterbringung von Arbeitskräften, die in einzelnen Industriezweigen überzählig geworden waren, in solchen Industrien ein, die sich mit der Erzeugung von Kriegsbedarf beschäftigen«.[117])

Eine Auffangmöglichkeit für die Arbeitslosen war ihre Beschäftigung bei den umfassenden B e f e s t i g u n g s a r b e i t e n, die von der Militärverwaltung schon seit 1904 geplant waren und nun zu Kriegsbeginn durchgeführt wurden: Wien erhielt einen Gürtel von Feldbefestigungen, die sich in einem weiten Bogen über Niederösterreich bis zu den Karpaten fortsetzen sollten. Man benötigte eine große Zahl von Erdarbeitern und schaffte sie aus den von der Krise besonders betroffenen Industriegebieten herbei. Auf diese Weise hatten die militärischen Projekte gleichzeitig die Funktion von » N o t s t a n d s b a u t e n «.

Arbeitsvermittlungen und auch einzelne Gemeinden ließen Aufforderungen an die Arbeiter ergehen, sich freiwillig für Erdarbeiten zu melden. Zugesichert wurden freie Fahrt, Kost und Unterkunft und vier Kronen Taglohn; das waren in dieser Zeit verlockende Bedingungen. Daher meldeten sich auch tatsächlich Tausende Arbeiter aus dem Erz-, Riesen- und Isergebirge und den übrigen überwiegend deutschsprachigen Gebieten Böhmens, darunter viele hochqualifizierte Facharbeiter aus der Metallbranche, die arbeitslos geworden waren und deren »Know-how« die Kriegsindustrie in den folgenden Jahren dringend benötigt hätte.

Die Zahl der eingesetzten Arbeiter betrug in Wien und Niederösterreich 60.000. Da die Befestigungsbauten überstürzt in Angriff genommen wurden, waren praktisch über Nacht allein in Wien und seiner nächsten Umgebung 32.000 Menschen mit Kost und Quartier zu versorgen, ohne daß es eine f u n k t i o n i e r e n d e O r g a n i s a t i o n gab. Auch fehlten verständige Abteilungsleiter und erprobte Vorarbeiter.

Die Arbeiter, die sich freiwillig gemeldet hatten, erfuhren zu ihrer Überraschung, daß sie dem *Kriegsdienstleistungsgesetz* unterstellt waren, sodaß an die Stelle des freien Arbeitsvertrags militärische Unterordnung trat. Entsprechend wurden die Leute behandelt: Beschimpfungen waren an der Tagesordnung, wegen geringfügiger Verfehlungen wurde der Lohn gekürzt, Arbeiter, die bei Beschwerden den Dienstweg nicht einhielten, wurden mit zwei Stunden »Anbinden« bestraft. Die Unterkünfte ließen alle Voraussetzungen für die Gesundheit der Arbeiter unberücksichtigt. Die Arbeiter waren in leeren Fabriksräumen, in unbeheizbaren Scheunen und primitiven Holzbaracken untergebracht. In vielen Fällen mangelte es an Trink- und Nutzwasser. Die Verteilung der Verpflegung übernahmen anfangs Kantineure, die unglaubliche Preise verlangten. Die Arbeitszeit war ungeregelt. An manchen Baustellen gab es keinen freien Sonntag. Arbeitspausen wurden willkürlich festgelegt oder ganz entzogen.

Die gewerkschaftlich Organisierten unter den Befestigungsarbeitern wandten sich in ihrer Not an die Gewerkschaftsorganisationen, die Gewerkschaftskommission und die sozialdemokratischen Abgeordneten des vertagten Reichsrats. Die Gewerkschaftskommission und die SDAP leiteten unverzüglich Aktionen zur B e s e i t i g u n g d e r Ü b e l s t ä n d e ein. Bei den lokalen Verantwortlichen erreichten sie wenig, erst eine Intervention bei höheren Stellen beseitigte wenigstens die ärgsten Übelstände: Es wurden Befehle erlassen, die Unterkunft, Verpflegung und Arbeitseinteilung regelten, und die Familien der Schanzarbeiter erhielten ab nun Unterhaltsbeiträge.

Es zeigte sich also schon während der ersten Kriegsmonate, daß die Gewerkschaften – entgegen der deklarierten »Burgfriedenspolitik« – auf ihre traditionelle Aufgabe, für menschenwürdige Arbeits- und Lebensbedingungen der unselbständig Erwerbstätigen einzutreten, nicht ganz verzichten konnten und daß die Mitglieder von ihnen auch weiterhin die Erfüllung dieser Aufgabe erwarteten. Die schlechte Behandlung der Arbeiter unter den drakonischen Kriegsgesetzen, von denen viele nicht nur für die Kriegsproduktion im engeren Sinne galten, die Teuerung bei den Lebensmittelpreisen und auch die Erkenntnis, daß der Krieg viel länger dauern würde, als man zu seinem Beginn angenommen hatte, und demzufolge eine Änderung der Verhältnisse nicht so bald zu erwarten war, führten dann Mitte 1915 endgültig zu einem – vorerst nur zögernden – Kurswechsel der Gewerkschaftspolitik; die Aufgabe der I n t e r e s s e n v e r t r e t u n g begann w i e d e r s t ä r k e r in den Vordergrund zu treten. Allerdings mußten die Gewerkschaften dabei große Vorsicht üben, wollten sie unter den Bedingungen der Kriegsgesetzgebung nicht die Auflösung ihrer Organisation riskieren.

Besonders die Situation der Arbeiter, die dem *Kriegsdienstleistungsgesetz* unterstanden, machte die volle Tragweite der Kriegsgesetzgebung – der Aufhebung der Freizügigkeit und der meisten Rechte aus dem Koalitionsgesetz, der Unterstellung unter militärische Aufsicht und Disziplin – für die Arbeiterschaft und ihre Organisation bewußt.

Die Unterstellung aller kriegsbedarferzeugenden Betriebe unter das *Kriegsdienstleistungsgesetz* von 1912 war gleichzeitig mit der schon erwähnten Verordnung über *staatlich geschützte Unternehmungen* erfolgt. Es konnten zwar auch Einzelpersonen zur »Kriegsdienstleistung« einberufen werden, aber im Regelfall unterstellte man die Belegschaften der für die Kriegswirtschaft wichtigen Unternehmungen als Ganzes dem Gesetz; nur Arbeiter unter 17 und über 50 Jahre waren ausgenommen. Für »Kriegsdienstleistende« gab es keinen »freien Arbeitsvertrag« mehr und keine Kollektivverträge, an ihre Stelle trat die gesetzliche Regelung. Für diesen Personenkreis war die Arbeitszeitbegrenzung aufgehoben, Überstunden wurden nicht bezahlt, und das Arbeitsverhältnis konnte von seiten der Arbeitnehmer nicht gelöst werden; nur Entlassung durch den Betriebsleiter war möglich. Die Lohnhöhe für einberufene Einzelpersonen wurde per Verordnung festgesetzt. Sie erhielten einen täglichen Geldlohn und einen Ersatz für allfällige Reiseauslagen. Wurde Verpflegung gewährt, zog man einen Betrag in der Höhe der festgesetzten Verpflegungskosten vom Lohn ab. Bei Unterstellung eines ganzen Betriebs unter das Kriegsdienstleistungsgesetz blieb – nach einer aufgrund von Beschwerden der Arbeiter im Dezember 1914 erlassenen Verordnung – die Höhe des Lohns die gleiche wie früher, und Mehrleistungen waren zu vergüten. In der Praxis bedeutete das aber ein Einfrieren der Löhne auf dem Vorkriegsstand, was aufgrund der rasch wachsenden Inflation zu einem e x t r e m e n R e a l l o h n v e r l u s t führte.

Alle »Kriegsdienstleistenden«, ob Einzelpersonen oder Belegschaften, unterstanden m i l i t ä r i s c h e r D i s z i p l i n u n d S t r a f g e w a l t. Die von der Militärverwaltung eingesetzten Betriebsleiter ahndeten jeden Widerstand gegen die Aufhebung der Arbeiterschutzgesetze mit unverhältnismäßig schweren Strafen. Ein Mann, der sich gegen die Sonntagsarbeit gewehrt hatte, erhielt beispielsweise 20 Tage Einzelarrest, der durch sieben Fasttage verschärft wurde.[118])

Unter diesen Bedingungen war es für die Unternehmer nicht schwer, mit dem Hinweis auf die Kriegsnotwendigkeit der Produktion auch die Nominallöhne – entgegen den gesetzlichen Vorschriften – zu drücken und die Vergütung der Mehrleistungen einzustellen. Der M e t a l l a r b e i t e r v e r b a n d, dessen Mitglieder fast durchwegs in der Kriegsindustrie beschäftigt waren, sah sich deshalb im März 1915 zu einer Eingabe an das Kriegsministerium gezwungen. In dieser Eingabe hieß es unter anderem: *Es wer-*

173

den von den Arbeitern mit Hinweis auf den patriotischen Zweck ganz exorbitante Leistungen gefordert. Die Arbeiter entsprechen dieser Aufforderung, spannen ihre Kräfte zum Schaden ihrer Gesundheit maßlos ein, bringen Leistungen zustande, die man vor einem Jahr noch nicht für möglich gehalten hätte, und verdienen naturgemäß bedeutend mehr dadurch, als sie früher verdient haben, wobei noch zu bemerken ist, daß die wöchentliche Arbeitszeit von 53 auf 70 bis 80 Stunden verlängert wurde. Das hat zur Folge, daß viele Unternehmer den Arbeitern unter Hinweis darauf, daß sie wöchentlich sehr hohe Löhne beziehen, diese Löhne mit der Begründung herabsetzen, daß sie so hohe Löhne nicht bezahlen können und daß das Unternehmen nicht bestehen könnte, wenn es so enorme Akkordlöhne tragen müßte. Dieser Vorgang kann nicht geduldet werden. Es ist doch selbstverständlich, daß die Unternehmer, die jetzt außerordentliche Leistungen erzielen und enorme Verdienste davontragen, die Arbeiter für ihre unverhältnismäßig hohen Leistungen entlohnen müssen.

Die angesprochene Behörde reagierte mehr als ein Jahr lang überhaupt nicht. Erst nach neuerlicher Intervention des Metallarbeiterverbands bestätigte das Kriegsministerium im Juli 1916, daß die Unterstellung eines Betriebs und der in diesem beschäftigten Arbeiter unter das Kriegsdienstleistungsgesetz und die dadurch bewirkte Einschränkung des Koalitionsrechts und der sonstigen Rechte der Arbeiter zur Sicherung ihrer Arbeits- und Lohnverhältnisse für die Unternehmer keine Handhabe sein dürften, statt des üblichen Lohns einen geringeren oder gar nur die Soldatenlöhnung zu bezahlen.

Obwohl das Kriegsdienstleistungsgesetz die Mitgliedschaft in einer Gewerkschaft nicht verbot, waren die Gewerkschaften jeden Einflusses auf die Gestaltung der Arbeitsverhältnisse in den verpflichteten Betrieben beraubt. Eine aktive Interessenvertretung durch die Vertrauensmänner war angesichts der Aufhebung der meisten übrigen Rechte aus dem Koalitionsgesetz so gut wie unmöglich; die Macht lag allein bei den militärischen Leitern. Wenn überhaupt, konnten nur die Gewerkschaftsfunktionäre außerhalb der Betriebe etwas für ihre »kriegsdienstleistenden« Mitglieder tun.

Ein erster Erfolg war zu verzeichnen, als es der Gewerkschaftsführung gelang, die probeweise Errichtung einer *Beschwerdestelle* für sämtliche dem Kriegsdienstleistungsgesetz unterstehende Betriebe in Wien und Niederösterreich durchzusetzen, bei der die Betroffenen gegen ungerechte Behandlung durch die militärischen Leitungen Beschwerde einlegen konnten. Eine solche Instanz war dringend notwendig geworden, weil die Ausnahmegesetze seit dem Kriegseintritt Italiens auf der Seite der Entente immer rigoroser gehandhabt wurden.

Ab Anfang 1916 verschärfte sich die Situation auf dem Arbeitsmarkt. Die durch hohe Verluste in den Schlachten und dann auch schon durch die Desertation ganzer tschechischer und ruthenischer Einheiten geschwächten Truppenkörper mußten mit immer neuem »Menschenmaterial« aufgefüllt werden. Der E i n s a t z v o n F r a u e n u n d K r i e g s g e f a n g e n e n anstelle der an die Front geschickten Männer konnte das Problem des Facharbeitermangels nicht lösen. Deshalb griff man in der Kriegsindustrie auf das Potential der älteren Arbeiter zurück und erhöhte zunächst die Altersgrenze für die Unterstellung unter das Kriegsdienstleistungsgesetz auf 55 Jahre; 1917 wurde die Altersgrenze überhaupt aufgehoben. Im Mai 1916 verordnete das Kriegsministerium die »Einrückungmachung« als Strafe für »unbotmäßige Arbeiter«: Nach Abbüßung der nach wie vor zu verhängenden Disziplinarstrafe sollten die Delinquenten ab nun *behufs Einrückung an die Truppenkörper* übergeben werden. Eine massive Intervention der sozialdemokratischen Spitzenpolitiker führte zwar zur formalen Aufhebung des Erlasses, aber an der Praxis des Strafverfahrens in den Kriegsdienstleistungsbetrieben änderte sich dadurch nichts.

Da die provisorische *Beschwerdestelle* in dieser Situation ihre Schutzfunktion nicht erfüllen konnte und auch nur für Wien und Niederösterreich tätig war, forderte der von SDAP und *Freien Gewerkschaften* im November 1 9 1 6 in Wien einberufene » A r b e i t e r t a g « die Errichtung von Beschwerdekommissionen für das gesamte Gebiet »Cisleithaniens«. Als im Frühjahr 1917 die nicht mehr unterdrückbaren Lohnkämpfe der Arbeiter politischen Charakter anzunehmen begannen, weil das Verlangen nach Beendigung des Kriegs immer stärker in den Vordergrund trat, entschloß sich die Regierung, der Forderung nach den Beschwerdekommissionen zu entsprechen, gleichzeitig aber das Kriegsdienstleistungsgesetz zu verschärfen.

Die mit der kaiserlichen Verordnung vom 18. März 1917 *betreffend die Regelung von Lohn- und Arbeitsverhältnissen in den militärischen Zwecken dienenden Betrieben* errichteten B e s c h w e r d e k o m m i s s i o n e n unterschieden sich wesentlich von der provisorischen *Beschwerdestelle:* ihnen stand das Recht zu, für beide Teile – Unternehmer und Arbeiter – r e c h t s v e r -

b i n d l i c h e , unanfechtbare und im Wege der politischen Exekution vollstreckbare Entscheidungen zu fällen, während die *Beschwerdestelle* nur eine vermittelnde Tätigkeit entfalten konnte. Neben der Entscheidung über Begehren auf Auflösung des Arbeitsverhältnisses war die eigentliche Aufgabe der *Beschwerdekommissionen,* den in für militärische Zwecke tätigen Betrieben Beschäftigten einen ihrer beruflichen Ausbildung und ihren Leistungen angemessenen und durch die jeweiligen Lebens- und Arbeitsverhältnisse bedingten Lohn zu sichern. Eine der Bestimmungen der Verordnung hatte prinzipielle Bedeutung, nämlich jene, daß sich die Beschwerdeführer durch Berufsgenossen oder Berufsvereinigungen, Geschäftsführer oder Angestellte vertreten lassen konnten. Es war die e r s t e g e s e t z l i c h e A n e r k e n n u n g d e r G e w e r k s c h a f t e n a l s R e c h t s v e r t r e t e r ihrer Mitglieder. Der *Beschwerdekommission* selbst gehörten ebenfalls Arbeitnehmervertreter an: Die Gewerkschaftskommission hatte das Recht, ebenso viele Beisitzer zu nominieren wie die Unternehmerseite.

Durch die Tätigkeit dieser Gremien konnten zu Anfang tatsächlich einige Verbesserungen für die Arbeiter und Angestellten erzielt werden, aber insgesamt erfüllten sich die Hoffnungen, die die Gewerkschaften in sie gesetzt hatten, nur in geringem Ausmaß. Der Einfluß der Unternehmer – die sich immer auf »Kriegsnotwendigkeiten«, auf Gesetzgebung und Verwaltung berufen konnten – entwertete diese Institution zusehends.

Mit der Entscheidung über Begehren auf Auflösung des Arbeitsverhältnisses erfüllten die Beschwerdekommissionen zudem eine Funktion im Rahmen jener Maßnahmen, die die Kriegsdienstleistung weiter verschärften. Denn die Verordnung vom 18. März 1917 nahm den Unternehmensleitungen auch das bisher noch bestehende Entlassungsrecht; die Lösung des Arbeitsverhältnisses war nur mehr aus *zwingenden Gründen* und bei Zustimmung der zuständigen Beschwerdekommission gestattet. Bei Frauen galten als »wichtige Gründe« *vorgeschrittene Schwangerschaft, das Selbststillen sowie die Erfüllung von unabweislichen Familienpflichten.* Dies entsprach der Anfang 1917 verordneten Verlängerung des Arbeitsverbots für Wöchnerinnen von vier auf sechs Wochen und der Einführung von obligatorischen Stillprämien, Maßnahmen, die die hohe Sterblichkeitsrate von Babys arbeitender Frauen senken helfen sollten. Die Säuglingssterblichkeit ging allerdings kaum zurück, und die Abortushäufigkeit nahm bei den in der Kriegsproduktion bis knapp vor der Niederkunft Schwerstarbeit leistenden Frauen weiter zu. Denn die »Kriegsnotwendigkeiten« gingen vor, sodaß gleichzeitig nicht nur alle Altersbeschränkungen, sondern auch die letzten Beschränkungen der Frauenarbeit fielen, um Rüstungsproduktion und Verwaltung in der zusammenbrechenden Volkswirtschaft so lange wie möglich funktionsfähig zu erhalten.

Der bedrohliche Mangel an Arbeitskräften war auch die Ursache dafür, daß es im Frühjahr 1917 endlich gelang, Richtlinien für die Vermittlung von Kriegsinvaliden zu vereinbaren. Die Gewerkschaftskommission hatte auf das Problem der Wiedereingliederung der nicht mehr »fronttauglichen«, aber ganz oder teilweise arbeitsfähigen Soldaten in die Wirtschaft schon bald nach Kriegsbeginn hingewiesen. Trotzdem waren zur Krisensituation der letzten Kriegsjahre keine Vorkehrungen getroffen worden, weil die Unternehmer auf dem Standpunkt beharrt hatten, daß für sie keine Verpflichtung zur Beschäftigung von Kriegsinvaliden bestünde.

Neben dem Versuch, die Arbeiter in den *staatlich geschützten Betrieben* und die zur Kriegsdienstleistung Verpflichteten vor der ärgsten Ausbeutung zu schützen, lag das Hauptgewicht der gewerkschaftlichen Tätigkeit ab 1915 darauf, gegen die Folgen der ungeheuren Verteuerung alles Lebensnotwendigen anzukämpfen.

Lohnerhöhungen waren kaum durchzusetzen. Aber begünstigt durch den großen Arbeitermangel, der infolge der unausgesetzten Einziehungen zum Kriegsdienst in allen Industrien und Gewerben herrschte, gelang es in den meisten Erwerbszweigen, nicht unbeträchtliche T e u e r u n g s z u l a g e n zu erreichen, die allerdings, gemessen an dem Ausmaß und dem raschen Aufstieg der Teuerung, immer zu gering waren. Denn zur Geldentwertung gesellte sich der Preiswucher, als die Grundnahrungsmittel immer knapper wurden. Zwar forderten die Gewerkschaften die Behörden fortlaufend dazu auf, energische Maßnahmen zu ergreifen, aber Preisregelungen wurden zumeist erst dann vorgenommen, wenn sich die Situation bereits wieder verschlechtert hatte, sodaß die Teuerungszulagen ihren Zweck nie voll erreichen konnten.

Als die Mangellage immer katastrophaler wurde, trat die Aufgabe in den Vordergrund, den Arbeitern wenigstens bei der Beschaffung der notwendigen Lebensmittel behilflich zu sein. Alles andere hatte hinter der zwingenden Notwendigkeit der Sicherung des nackten Daseins zurückzutreten. Diesbezüglich waren auch die Behörden an einer Zusammenarbeit interessiert, weil der Hunger zu Protestaktionen und damit zu Produktionsbehinderungen führte.

Sie luden die Gewerkschaftskommission zur Mitarbeit ein, um wenigstens für den kriegswichtigen Bereich der M e t a l l i n d u s t r i e eine Lösung zu finden. Als Ergebnis der Beratungen wurden – im Einvernehmen mit der in erster Linie betroffenen Gewerkschaft, dem Metallarbeiterverband, und gemeinsam mit den zuständigen Unternehmerorganisationen, L e b e n s m i t t e l l a g e r geschaffen. Sie wurden von der zuständigen staatlichen Behörde mit den verfügbaren Lebensmitteln aufgefüllt, die in Betracht kommenden Arbeiter erhielten ihre Rationen nach einem genau ausgearbeiteten Versorgungsschlüssel. Gegen Kriegsende waren dann aber kaum mehr Lebensmittel »verfügbar«, um die Lager zu füllen, auch diese und ähnliche Aktionen konnten das Grundproblem der Versorgungsengpässe nicht lösen.

Es ist begreiflich, daß die Lebensmittelbeschaffung bei den wenigen Streiks, die während der Kriegsjahre geführt wurden, zu den häufigsten Forderungen gehörte. Die *Statistische Zentralkommission* ermittelte 39 Ausstände im Jahre 1915 und 41 im Jahre 1916 für den ganzen westlichen Teil der Monarchie. Wegen der Beschränkung der Bewegungsfreiheit durch die Kriegsgesetze, nicht nur in den Betrieben mit »Sonderstatus«, blieb neben der Zahl der Ausstände auch die Zahl der Erfolge gering. Die Zahl der erfolglosen Streiks, besonders in bezug auf die Forderung nach Lebensmittelbeschaffung, nahm während des Krieges zu. Erst als auch die härtesten Gesetze die durch Hunger und Kriegsmüdigkeit unruhig gewordene Arbeiterschaft nicht mehr niederzuhalten vermochten, führte die Kurve der Streikstatistik wieder nach oben: Allein im Gebiet der heutigen Republik Österreich gab es im Jahre 1917 41 Ausstände, im Jahre 1918 60. Die Gesamtzahl der Streikenden betrug 1917 88.000 und 1918 84.000, mit 253.000 beziehungsweise 437.000 versäumten Arbeitstagen. Der große Streik im Jänner 1918 ist dabei als politischer Streik in der Statistik gar nicht berücksichtigt.

Die Jahre 1917 und 1918 waren auch die einzigen Kriegsjahre, in denen es – wenn auch nur in vier Fällen – gelang, mit Hilfe von Streiks den Abschluß von Kollektivverträgen durchzusetzen. Im allgemeinen war die Zahl der abgeschlossenen T a r i f v e r t r ä g e im Krieg rapid z u r ü c k g e g a n g e n . Während 1913 noch 500 Vertragsabschlüsse für 10.986 Betriebe mit 142.682 Arbeitern amtlich erhoben worden waren, fiel die Zahl 1914 auf 303 Verträge für 8.998 Betriebe mit 77.907 Beschäftigten und sank 1915 auf 48 Vertragsabschlüsse für 1.415 Betriebe mit 20.484 Beschäftigten.

Die allgemeine Mobilmachung, ebenso aber eine schwere Erschütterung des Glaubens an die Bewegung und des Vertrauens zu ihr durch ihren Verzicht auf eine konsequente Interessenpolitik, brachten den *Freien Gewerkschaften* im Jahre 1914 den größten Mitgliederverlust, den sie seit ihren Anfängen zu verzeichnen hatten, und das, obwohl der Krieg erst zur Jahreshälfte begann. Schon das zweite Kriegsjahr ließ jedoch eine merkliche Beruhigung erkennen, die sich in einem Rückgang des Mitgliederverlusts bemerkbar machte, aber auch 1916 war noch keine Trendwende zu verzeichnen. Insgesamt verloren die *Freien Gewerkschaften* in der Zeit von Ende 1913 bis Ende 1916 rund 60 Prozent der Mitglieder (1914 gegenüber 1913: 42,03 Prozent; 1915 gegenüber 1914: 26,41 Prozent; 1916 gegenüber 1915: 5,74 Prozent).

Das Sinken der Zahl der Mitglieder auch noch im dritten Kriegsjahr wird begreiflich, wenn man bedenkt, daß Ende 1915 bereits 200.000 zum Kriegsdienst einberufen waren, 1916 sich die Verlängerung der Landsturmpflicht vom 42. bis zum 50. Lebensjahr auswirkte und schließlich laufend Musterungen der jüngeren Jahrgänge stattfanden. Daß der Verlust 1916 nur mehr etwas weniger als sechs Prozent betrug, war, neben einer wieder verstärkten gewerkschaftlichen Aktivität, auf die Z u n a h m e   d e r   w e i b l i c h e n   M i t g l i e d e r zurückzuführen.

Das war die Folge der zunehmenden Beschäftigung von Frauen, die die Arbeitskraft der aus der Wirtschaft an die Front abgezogenen Männer zu ersetzen hatten: Die Zahl der berufstätigen Frauen vermehrte sich bereits in den ersten beiden Kriegsjahren 1914 und 1915 um rund 26 Prozent und stieg ab 1916 noch rascher an. Die Zunahme der Frauenarbeit veranlaßte die Gewerkschaften, der Organisierung der weiblichen Arbeiter und Angestellten mehr Augenmerk zu schenken als in der Vorkriegszeit, als sich nur wenige Verbände intensiv darum gekümmert hatten. Auch das Problem der n i e d r i g e n   F r a u e n l ö h n e wurde nun aktueller denn je, weil der Einsatz von Frauen auch an bisher für die Männer »reservierten« Arbeitsplätzen automatisch zur Senkung des durchschnittlichen Lohnniveaus und damit zur Schwächung der Verhandlungsbasis der Arbeitervertreter führte. Aus diesem Grund verlangten die Wiener Metallarbeiter, als sie im Februar 1916 ihren aus der Vorkriegszeit stammenden Kollektivvertrag kündigten, für das nachfolgende Abkommen nicht nur eine angemessene Lohnerhöhung insgesamt, sondern die Angleichung der Frauenlöhne an die Männerlöhne.[119]) Die Gewerkschaftskommission unterstützte die Lohnbewegung in der Metallbranche nicht zuletzt mit der Absicht, einen

Präzedenzfall zu schaffen, um einer Verschärfung des Drucks der Frauenlöhne in der Zeit nach dem Krieg vorzubeugen, für die man keine wesentliche Veränderung der Beschäftigtenstruktur erwartete; auch ein besserer Schutz der arbeitenden Frauen durch die Sozialgesetzgebung wurde gefordert. Allerdings waren die Verhältnisse während des Kriegs nicht besonders geeignet, um unter den zum Teil indifferenten, durch Not oder Zwang in das Berufsleben gepreßten Frauen, sehr erfolgreich für die Gewerkschaftsmitgliedschaft zu werben. Aber immerhin stieg der F r a u e n a n t e i l bei den Organisierten von zehn auf 3 0 P r o z e n t . Die neuerliche Verdrängung vieler Frauen aus der Arbeitswelt ließ ihn dann nach dem Krieg auf etwa 20 Prozent einpendeln.

Die Wiener Metallarbeiter konnten ihren verbesserten Kollektivvertrag durchsetzen; es war eine der wenigen erfolgreichen Lohnbewegungen der Kriegsperiode. Aber eine spürbare Erleichterung brachte der neue Vertrag den Arbeitern nicht, denn als er 1917 in einer völlig veränderten innenpolitischen Situation in Kraft trat, waren die Lebenshaltungskosten so hinaufgeschnellt, daß die ausgehandelten Lohnerhöhungen den Bedarf ebensowenig decken konnten wie die alten Lohnsätze.[120]) Wichtiger für die Krisenjahre vor Kriegsende wurde ein anderer Erfolg an der Lohnfront: Die Gewerkschaftskommission konnte erreichen, daß die Entschädigungen für den Lohnausfall bei Stillegung von Betrieben in einer Höhe festgesetzt wurden, die einen halbwegs befriedigenden Ersatz für den ausfallenden Lohn bot.

Die Arbeiter erkannten richtig die Bedeutung der Gewerkschaften in dem immer härter werdenden Existenzkampf. Und seit sie ihre Aufgabe als Interessenvertretung wieder konsequenter wahrnahmen, stieg auch neuerlich das Vertrauen zu ihnen.

Als sich 1 9 1 7 mit der Einberufung des seit 1914 vertagten Reichsrats der autoritäre Druck im politischen Bereich etwas lockerte, fand eine Reihe von V e r b a n d s t a g e n d e r *Freien Gewerkschaften* statt, die Beschlüsse faßten, um die Leistungsfähigkeit der Organisationen zu erhöhen; bei vielen Verbänden wurde eine Erhöhung der Mitgliedsbeiträge beschlossen. Aber man scheute sich auch nicht mehr, weiterreichende F o r d e r u n g e n bezüglich des Ausbaus der S o z i a l g e s e t z g e b u n g zu erheben.

Dabei konnten sich die Gewerkschaften – wie schon bei der Errichtung der *Beschwerdekommissionen,* die entsprechende Einrichtungen in Deutschland und Ungarn zum Vorbild hatten – auf ein ausländisches Beispiel berufen, das Beispiel Großbritanniens.

Dort waren nämlich, im Unterschied zu Österreich und den meisten anderen kriegsführenden Staaten, die sozialen Rechte nicht eingeschränkt worden, und die Sozialpolitik machte während des Kriegs sogar Fortschritte. Alle Arbeiterschutzgesetze, insbesondere auch jene bezüglich der Kinderarbeit, blieben aufrecht. Das Recht der Männer auf Wiederbeschäftigung nach dem Krieg war gesetzlich gesichert. Die Frauenorganisationen setzten die Anerkennung des Grundsatzes *gleicher Lohn für gleiche Leistung* durch. Und dies alles führte keineswegs zu einem Produktionsrückgang, sondern im Gegenteil zu einer Produktionssteigerung.

Gemeinsam mit der *Reichskommission der Krankenkassen* arbeitete die *Reichsgewerkschaftskommission* eine *»Denkschrift« über den Ausbau der sozialpolitischen Gesetzgebung* aus, die 1917 vorgelegt wurde und als Programm für die Zeit unmittelbar nach dem Krieg gedacht war. Die *»Denkschrift«* forderte unter anderem rechtlichen Schutz für die Vertrauensmänner in den Betrieben, die Abschaffung des Arbeitsbuchs, Erholungsurlaub als gesetzliches Recht für alle Arbeitergruppen, die Schaffung der Invaliden-, Alters-, Witwen- und Waisenversicherung und den Ausbau der Institution der Gewerbegerichte. Bezüglich der Arbeitszeit wurde allerdings nur für die kontinuierlich produzierenden Betriebe an der Forderung nach dem Achtstundentag festgehalten, für die übrige Wirtschaft begnügte man sich mit der Forderung nach der 55-Stunden-Woche. Selbstverständlich verlangte die *»Denkschrift«* für die Zeit nach dem Krieg das neuerliche Inkrafttreten aller durch die Kriegsgesetzgebung aufgehobenen Arbeiterschutzvorschriften.

Auf die von der Gewerkschaftskommission erhobenen Forderungen antwortete die *Hauptstelle industrieller Arbeitgeberorganisationen* gleichfalls mit einer Denkschrift, in der sie die Erfüllung der Mindestforderung der Arbeiter als eine Revolution in der Sozialpolitik bezeichnete. Die Grundforderung müsse bleiben, daß der Arbeitgeber die Leitung und Führung der Arbeit behalte. Hier zeichnete sich schon der Konflikt ab, der sich um die weit über das Minimalprogramm der *»Denkschrift«* hinausreichende fortschrittliche Sozialgesetzgebung der Ersten Republik entwickeln sollte, bis hin zum Schlagwort vom *revolutionären Schutt*.

Signale der Friedenssehnsucht

Die Wiener Metallarbeiter hatten ihren alten Kollektivvertrag während der letzten »Atempause« des Kriegs gekündigt, denn in

Österreichs Gewerkschaftsbewegung
Stationen zwischen Krieg und Frieden

1902: Polizeiaktion gegen ein Wiener Arbeiterheim

Erster Weltkrieg im Jänner 1918: Die Arbeiter streiken, sie fordern Frieden und Brot.

Heimkehrende Kriegsgefangene nach dem Zweiten Weltkrieg

Friedensdemonstration in Wien 1922

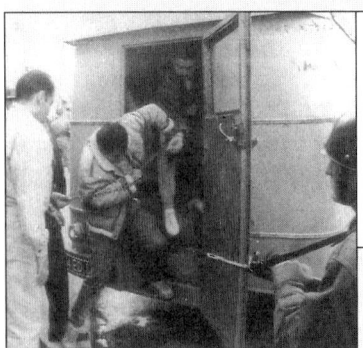

Türkei 1989: Transport politischer Gefangener. Auch am Ende des 2. Jahrtausends werden in vielen Staaten Gewerkschafter verfolgt.

Soziale Gerechtigkeit gibt dem Frieden eine Chance, nicht Waffenarsenale.

DER FRIEDE IST UNTEILBAR

den ersten Monaten des Jahres 1916 trafen die Mittelmächte ihre Vorbereitungen, um die militärische Entscheidung zu erzwingen; man glaubte, das Kriegsende sei nicht mehr fern.

Im Mai 1916 begann ein neuer verstärkter Angriff der österreichisch-ungarischen Armee gegen Italien. Doch er konnte nicht die erhoffte Entscheidung bringen, weil alle verfügbaren Kräfte zur Abwehr der Anfang Juni anrollenden russischen Großoffensive in Galizien eingesetzt werden mußten. Hier kam es zum ersten Abfall bedeutenderer tschechischer und ruthenischer Einheiten, die nicht länger für die Habsburgermonarchie kämpfen wollten.[121]) Auch die nationalslawische Arbeiterschaft begann verstärkt mit Sabotageaktionen, die den Produktionsablauf und die Lebensmittelversorgung behindern sollten.[122]) Je länger der Krieg dauerte, desto mehr nahm die Gefahr eines Auseinanderfallens Österreich-Ungarns in autonome Nationalstaaten zu.

Der russischen Offensive in Galizien folgte der Kriegseintritt Rumäniens auf Seiten der Entente. Die neuerlichen Kampfhandlungen am Balkan ließen das Kriegsende in immer weitere Ferne rükken, und damit auch die Ablöse der a u t o r i t ä r e n R e g i e r u n g , deren Symbolfigur und überzeugter Verfechter M i n i s t e r p r ä s i d e n t G r a f S t ü r g k h war. Stürgkh war keineswegs ein Diktator jener Sorte, wie sie das 20. Jahrhundert noch zahlreich hervorbringen sollte. Er war ein der Dynastie treu ergebener Bürokrat, ein Politiker der deutsch-zentralistischen Richtung, der es um die Erhaltung der Donaumonarchie unter Führung des Hauses Habsburg und der deutschen Aristokratie ging. Aber er lehnte den Konstitutionalismus ab, – also das in einer Verfassung verankerte Gesetzgebungs- und Kontrollrecht des Volks, ausgeübt durch von diesem frei gewählte Vertreter. Bestärkt wurde er in dieser Haltung durch die Erfahrungen mit der *lärmenden parlamentarischen Obstruktion,* die er, wie die meisten österreichischen Würdenträger, verachtete. Für ihn und seinesgleichen blieben die Staatsbürger immer Untertanen, für die die Herrschenden zwar anständig zu sorgen hatten, die aber selbst nie die Reife zur politischen Mitsprache haben würden. Deshalb sah er in der von verschiedener Seite geforderten Wiedereinberufung des von ihm 1914 vertagten Reichsrats eine Gefahr: Das Parlament würde den politischen und nationalen Gruppen nur eine Plattform bieten, um ihre seit Kriegsbeginn unterdrückten, aber nicht beseitigten Konflikte wieder öffentlich auszutragen, und damit die Monarchie gefährden. Er hielt unbeirrt am Absolutismus als der, zumindest in der Kriegssituation, einzig geeigneten Regierungsform fest.[123])

Am 21. Oktober 1916 erschoß der ehemalige Parteisekretär der Sozialdemokraten Friedrich Adler Ministerpräsident Stürgkh aus Protest gegen die autoritäre Regierung, die »eine Kriegserklärung gegen die Völker Österreichs erlassen« habe und darum nicht davor zurückschrecke, »die Verfassung einfach als einen Fetzen Papier zu betrachten«, das Parlament auszuschalten, die Geschworenengerichte abzuschaffen und die Pressefreiheit zu knebeln. Es war aber nicht nur ein Protest gegen die Kriegspolitik und ihre innenpolitischen Auswirkungen, sondern auch ein Protest gegen die Tendenz in der eigenen Sozialdemokratischen Partei, sich mit den verschiedensten Begründungen »den gegebenen Tatsachen anzupassen und am ›Burgfrieden‹ festzuhalten«.[124])

Die Verteidigungsrede, die Friedrich Adler ein halbes Jahr später vor dem Ausnahmegericht hielt, das über ihn zu urteilen hatte, ist bis heute eines der bedeutendsten Dokumente der Antikriegsliteratur geblieben.

Das Gericht verurteilte Adler in einem öffentlichen und korrekten Verfahren pflichtgemäß zum Tode. Nachdem die russische *Februarrevolution* im März 1917 den Zaren gestürzt und die Monarchie beseitigt hatte, wagte es die österreichische Regierung aber nicht, das Urteil zu vollstrecken, und der Kaiser begnadigte ihn zu 18 Jahren schweren Kerkers. Als sich im Verlauf eines weiteren Jahres der Zusammenbruch des Staatsgefüges und das Ende der Habsburgermonarchie immer deutlicher abzuzeichnen begannen, beschloß die Regierung, ein Zeichen des guten Willens zu setzen: Der seit seinem Prozeß bei der längst in breiter Front aufbegehrenden Arbeiterschaft ungeheuer populäre Friedrich Adler wurde amnestiert und am 2. November 1918 – zehn Tage vor der Ausrufung der Republik – freigelassen.[125]) In den Anfangsjahren der Ersten Republik zählte er zu den einflußreichsten sozialdemokratischen Politikern. Die Bolschewiki rechneten damit, daß er sich auf ihre Seite schlagen und die Führung der österreichischen KP übernehmen würde. Doch obwohl er überzeugter Internationalist und Marxist blieb, vertrat er die Auffassung, daß die bolschewistische Machtergreifung in Rußland »historisch ein Unglück gewesen ist«[126]) und so (benützte er) im Jahre 1919 ... die Popularität, zu der ihm seine revolutionäre Tat verholfen hatte, um die österreichischen Arbeiter gegen einen kommunistischen Putsch zu vereinen – eine merkwürdige Wendung der Geschichte.[127])

Doch zurück zu dem Attentat und seinen unmittelbaren Auswirkungen. Die Überzeugung, daß Friede und soziale Gerechtigkeit höher zu bewerten seien als das Behaupten nationaler Machtpositionen und Eroberung, wurde noch immer nur von einer kleinen Minderheit geteilt. Aber die Verzweiflungstat brachte einen Teil der Repräsentanten des herrschenden Systems doch zum Nachdenken. Selbst der alte Kaiser Franz Joseph »zeigte Interesse für die Motive des Mordes und schien seine Signalwirkung begriffen zu haben. Er wußte wohl, daß der Krieg immer unpopulärer geworden war, er sagte seinem Flügeladjutanten Albert von Margutti: ›Es steht schlecht um uns, viel schlechter als wir ahnen. Die hungernde Bevölkerung des Hinterlandes kann auch nicht mehr weiter. Wir werden sehen, ob wir noch den Winter überstehen können. Im nächsten Frühjahr mache ich unbedingt Schluß mit dem Krieg.‹«[128])

Kurz nachdem der ehemalige Ministerpräsident Koerber zum Nachfolger Stürgkhs berufen worden war und eine Politik im Sinne dieser Äußerungen eingeleitet werden konnte, starb am 21. November 1916 der über achtzigjährige Kaiser. Der unerfahrene neue Kaiser Karl stand vor Problemen, denen er nicht gewachsen war. Bereits seine erste politische Entscheidung, die Zustimmung zur Krönung zum Ungarischen König in Budapest, verhinderte die Berücksichtigung der Autonomieforderungen der teilweise unter minderheitenfeindlicher ungarischer Herrschaft stehenden Südslawen und versperrte damit einen vielleicht noch gangbaren Weg zur Rettung des Vielvölkerstaats. Koerber war unter diesen Voraussetzungen nicht bereit, die Regierungsverantwortung weiter zu tragen; er legte sein Amt noch im Dezember 1916 zurück. Auf Koerber folgte das Kabinett des tschechischen Konservativen Heinrich Clam-Martinic.[129])

Die Verzweiflungstat Friedrich Adlers, noch mehr aber der Sturz der russischen Monarchie in der *Februarrevolution* hatten deutlich gezeigt, welche Gefahr die Unterdrückung der politischen Meinungsäußerung und das Ignorieren der Bedürfnisse des Volks für die etablierten Systeme darstellten. Der neue Außenminister Czernin drängte nicht zuletzt deshalb auf die Wiedereinberufung des Reichsrats, die dann endlich für 30. Mai 1917 erfolgte.[130]) In dem Regierungsprogramm, das Kaiser Karl dem Reichsrat bei seiner Thronrede zur Eröffnung der Session vorlegte, zählte die »soziale Fürsorge« zu den wichtigsten Punkten. Die Sozialpolitik sollte als Teil einer »zielbewußten Bevölkerungspolitik« dazu beitragen, die durch den Krieg verursachten »schweren Einbußen der Volkskraft« auszugleichen.[131]) Als kompetente Koordinationsstelle für die sozialpolitischen Maßnahmen wurde das *Ministerium für soziale Fürsorge* errichtet. Überhaupt versuchte man in den letzten Kriegsjahren, die Verwaltung stärker zu koordinieren und zu zentralisieren und gleichzeitig ihre Einflußsphäre zu vergrößern.

Aber die Planungen der Wiener Regierung galten einem einheitlichen Staatsgebiet, das in der Realität keine Einheit mehr bildete. Die Verhandlungen des wieder einberufenen Reichsrats machten deutlich, wie unüberbrückbar die Gegensätze zwischen den Nationen der Monarchie bereits geworden waren. Das Kabinett Clam-Martinic stürzte über die Unversöhnbarkeit von slawischen und deutschen Interessen.[132]) Auch die nachfolgende Beamtenregierung unter Ernst von Seidler konnte die sich immer klarer abzeichnende Entwicklung nicht mehr aufhalten, zumal auch die Versorgung mit Lebensmitteln kaum mehr funktionierte und selbst die deutsche Arbeiterschaft gegen die unzumutbaren Verhältnisse in einem nicht erwarteten Ausmaß zu rebellieren begann.

Im Mai 1917 kam es zu Ausständen in der Wiener Metallindustrie. Da die ungestörte Fortsetzung der Arbeit in der Metallindustrie Voraussetzung für die Weiterführung des Kriegs und daher ein *unerläßliches Gebot des Staatsbedürfnisses* war, bemühten sich Behörden und Delegierte der Unternehmer um die gütliche Beilegung des Konflikts. So konnten die Metallarbeiter eine Verkürzung der Arbeitszeit und eine Einschränkung der Überstunden erreichen. Für sämtliche Arbeiterkategorien wurden zudem Mindestverdienste und Teuerungszulagen vereinbart. Es gab auch Zusagen bezüglich der Lebensmittelversorgung, doch nicht mehr. Denn angesichts der Beschaffungsschwierigkeiten war nicht vorauszusehen, ob ein konkretes Versprechen eingehalten werden konnte.

Dieser Streik war die erste größere Ausstandsbewegung seit Kriegsbeginn. Aber er war mehr als das: Zum erstenmal mischten sich in die Forderungen nach besseren Arbeitsbedingungen und der Sicherung des Lebensunterhalts zaghaft p o l i t i s c h e F o r d e r u n g e n . Die Gewerkschaftskommission beobachtete diese Entwicklung freilich noch mit Mißtrauen und wendete sich *gegen Strömungen, die versuchten, diesen Aktionen* (der Metallarbeiter) *eine radikale politische Note zu geben,* aber man konnte nicht mehr übersehen, daß die Ereignisse in Rußland auf die österreichische Arbeiterschaft einen großen Eindruck machten. Trotz aller Bedenken war es die Gewerkschaftspresse selbst, die ziemlich ausführlich über die *Revolution des russischen Proletariats* berichtete. Es mutet uns heute, nach dem, was wir in der faschistischen Ära erlebt haben oder von ihr wissen, geradezu unfaßbar an, daß damals sogar unter der Kriegszensur die Freiheit noch so weit ging, daß diese Meldungen gebracht werden konnten. Etwas verständlicher wird diese lockere Handhabung der Zensur vielleicht, wenn man weiß, daß die Militärs und Politiker Österreich-Ungarns glaubten, der Umsturz in Rußland würde ihre Chance erhöhen, den Krieg zu gewinnen; an die innenpolitischen Konsequenzen dachten sie nicht.

Auf jeden Fall erfuhren Österreichs Arbeiter über die Gewerkschaftspresse, welche Erfolge die Petersburger Arbeiter im März 1917 bereits erreicht hatten (im Februar 1917 nach altem russischen Kalender, daher die Bezeichnung *Februarrevolution* für dieses historische Ereignis): die Einführung des Achtstundentags, die Bildung von Arbeiterausschüssen in den Betrieben, die Einführung von Schlichtungskommissionen in jedem Betrieb und eines zentralen Einigungsamts für die ganze Stadt und die Einsetzung von Kommissionen zur Prüfung der Einführung des Achtstundentags und zur Ausarbeitung eines Gewerkschaftsgesetzes für das ganze russische Reich. Der Wunsch wurde stärker, auch solche grundlegenden Verbesserungen zu erkämpfen, und für immer mehr Arbeiter lieferte das russische Beispiel den Beweis, daß dies nur bei einem Sturz der »alten Herren« möglich sei.

So sehr der Sturz des Zarismus und die gewerkschaftlichen und sozialpolitischen Erfolge in Rußland die Arbeiterschaft in den anderen kriegführenden Staaten faszinierten, der Aufruf des *Petersburger Sowjets der Arbeiter- und Soldatendeputierten* vom 27. März 1917 »an die Völker der ganzen Welt«, dem Krieg ein Ende zu bereiten, fand bei ihr trotz zunehmender Kriegsmüdigkeit noch immer nicht allzuviel Widerhall, – wenn auch stärkeren als die Friedensappelle der sozialistischen Antikriegsopposition in den Jahren vorher.[133])

Die *Arbeiter- und Soldatenräte* bildeten sich während der *Februarrevolution* nach dem Vorbild der Revolution von 1905, die für Rußland eine Verfassung erkämpft hatte. Sie verstanden sich als Instrumente einer neuen Form von Demokratie, durch die Organisation sollte die »bürgerliche Demokratie« von der »proletarischen Demokratie« abgelöst werden. Der Petersburger Sowjet, in dem die Richtungen der *Menschewiki* und der *Sozialrevolutionäre* die entscheidenden politischen Kräfte waren, übte schon bald die tatsächliche Macht im Staat aus, die aus Sozialrevolutionären und liberalen Demokraten gebildete provisorische Regierung stand unter seinem Einfluß.[134]) Bedeutende Vertreter der Sozialrevolutionäre und der Menschewiki zählten zur organisierten Kriegsopposition. Die dritte Partei der russischen Arbeiterbewegung, die *Bolschewiki,* die in der Februarrevolution noch keine Rolle spielten, gehörte der *Zimmerwalder Bewegung* geschlossen an.

Diese *Zimmerwalder Bewegung* erhielt ihren Namen nach dem Schweizer Alpendorf Zimmerwald, wo vom 5. bis 8. September 1915 die erste Konferenz der Antikriegsopposition stattfand. Die Schweizer und italienischen Delegierten kamen als einzige als offizielle Vertreter ihrer Parteien. Die übrigen Delegierten waren Sprecher verschiedener Fraktionen der Arbeiterparteien Rußlands, Rumäniens, Bulgariens, Polens, Deutschlands, Frankreichs, Schwedens und Hollands. Das von der Konferenz beschlossene Manifest lehnte den »Burgfrieden« ab und forderte den Kampf gegen die eigenen Regierungen zur Erzwingung des Friedens.[135])

In Frankreich waren die ersten Stimmen, die sich kritisch zur Kriegspolitik ihrer Regierung äußerten, aus dem Gewerkschaftslager gekommen. Bereits am 1. Mai 1915 hatte der Vorstand der Metallarbeitergewerkschaft erklärt: »An diesem Tag drängt es uns, unseren Genossen in Deutschland und England, in Österreich und Belgien und allen Völkern, die in der Internationale vereinigt sind, zu erklären: Dieser Krieg ist nicht unser Krieg.« Vertreter der französischen Metallarbeiter nahmen an der Zimmerwalder Konferenz teil und verfaßten gemeinsam mit der deutschen Delegation eine Erklärung, in der die Verletzung der belgischen Neutralität durch Deutschland verurteilt wurde.[136])

Wladimir Iljitsch Lenin, der Führer der *Bolschewiki,* stimmte dem Manifest von Zimmerwald, dem 1916 ein zweites mit ähnlichem Inhalt folgte, nur widerwillig zu. Er und seine Gruppe waren zum Unterschied von der Mehrheit der Antikriegsopposition für das Ausscheiden aus der *Zweiten Internationale* und die Gründung einer neuen *Dritten Internationale.* Sie sollte »die Kräfte des Proletariats zum revolutionären Ansturm gegen die kapitalistischen Regierungen ... organisieren, zum Bürgerkrieg gegen die Bourgeoisie aller Länder um die politische Macht, um den Sieg des Sozialismus«.[137]) Den Zimmerwalder Forderungen *Selbstbestimmungsrecht der Völker* und *Für einen Frieden ohne Annexion und Kriegsentschädigungen* hielten sie die Parole *Burgkrieg, nicht Burgfriede* entgegen.

Weil er die Abspaltung der Revolutionäre und nicht die Zusammenarbeit aller Sozialisten wollte, boykottierte Lenin auch den Versuch, eine sozialistische Weltkonferenz nach Stockholm einzuberufen. Dieser Versuch war von den beiden anderen Parteien der russischen Sozialisten angeregt worden, die wußten, daß der Erfolg ihrer *Februarrevolution* vom baldigen Abschluß eines Friedens abhängig war. Bis auf die *Bolschewiki* und ihre wenigen Parteigänger in den anderen Ländern sprachen sich so gut wie alle wichtigen sozialistischen Parteien für die Abhaltung der S t o c k h o l m e r F r i e d e n s k o n f e r e n z aus, auch die *Sozialdemokratische Arbeiterpartei Österreichs.* Damit schien im Sommer 1917 noch einmal die Chance gegeben, daß sich die »*Zweite Internationale*« im Kampf für den Frieden zu einer geschlossenen Aktion finden könne. Die Hoffnungen der Parteimitglieder und Wähler sowie bislang fernstehender Bürger konzentrierten sich auf diese Konferenz. Eine Serie von Vorkonferenzen fand statt, auf denen sich aber bald herausstellte, daß das Finden einer für alle Sozialisten aus den kriegführenden Machtblöcken akzeptablen Lösung auf unüberwindbare Schwierigkeiten stieß. Der Versuch s c h e i t e r t e , die Hauptkonferenz fand gar nicht mehr statt. Nur das M a n i f e s t d e r V o r k o n f e r e n z d e r *Z i m m e r w a l d e r B e w e g u n g* sollte im letzten Kriegsjahr Einfluß auf die weitere Entwicklung und die Haltung der Arbeiterbewegung gewinnen; es forderte den Massenstreik zur Beendigung des Kriegs. Ein solcher Massenstreik hätte den Bürgerkrieg auslösen müssen, eine Konsequenz, vor der auch die Parteien, die das Manifest unterzeichnet hatten, zurückschreckten; keine von ihnen rief tatsächlich zum Streik auf.[138]) Aber als Hunger, Friedenssehnsucht und Gerechtigkeitsempfinden die österreichischen Arbeiter im Jänner 1918 zum Kampfmittel des Streiks greifen ließen, sahen sie in diesem Manifest eine große moralische Unterstützung.

Zwei Monate vorher, im November 1917, hatten sich in Rußland die *B o l s c h e w i k i* der Führung des Staats bemächtigt. Am 7 . N o v e m b e r 1 9 1 7 (nach russischem Kalender am 25. Oktober) hatte die *O k t o b e r r e v o l u t i o n* mit der Besetzung des Regierungssitzes durch revolutionäre Truppen und der Verhaftung der Minister begonnen. Am Abend desselben Tags war die Proklamation der Übernahme der Macht durch die *Arbeiter-, Soldaten- und Bauernräte* durch den *Allrussischen Sowjetkongreß* erfolgt.[139]) Lenin und seine kommunistischen Parteifunktionäre versprachen dem Volk Brot, Landreform und Frieden.

Aufgrund eines russischen Friedensangebots hatten sich

Deutschland, Österreich-Ungarn, Bulgarien und die Türkei zu Verhandlungen bereit erklärt. Die Mittelmächte sahen eine Chance, aus dem Zweifrontenkrieg herauszukommen und alle Kräfte gegen die seit dem Kriegseintritt der USA weiter gestärkten Westmächte richten zu können. Auf billige Gebietsgewinne wollte vor allem Deutschland trotzdem nicht verzichten. Seit dem 20. Dezember 1917 tagte in Brest-Litowsk die Friedenskonferenz, die sich wegen der deutschen Gebietsforderungen schon wochenlang hinzog. Der deutsche, aber auch der österreichisch-ungarische Generalstab sonnten sich im Siegesgefühl und wollten dem »revolutionären Pack« harte drückende Friedensbedingungen diktieren. Die Sowjets appellierten an die Arbeiterorganisationen der Welt, sie in ihren Friedensbemühungen zu unterstützen. Es bestand die Gefahr, daß die Friedensverhandlungen scheitern würden. Da erhob sich die österreichische Arbeiterschaft.

Die Erbitterung über die schlechte Ernährung, die Teuerung, die harten Kriegsgesetze und die lange Dauer des Kriegs hatte schon genug Zündstoff angesammelt. Der Wunsch, den ersten Staat der Welt, in dem (unter welchen problematischen Vorzeichen auch immer) die Arbeiterbewegung die Macht übernommen hatte, in seinen Bemühungen um einen gerechten Frieden zu unterstützen, kam hinzu. Das alles entfesselte den Ausstand von Hunderttausenden, die sich auch durch die Bedrohung mit Maschinengewehren und durch die Aussicht auf jahrelange Zuchthausstrafen nicht zurückhalten ließen. Außenminister Czernin hatte die russische Friedensdelegation in Verdacht, die Verhandlung absichtlich zu verschleppen, um im Hinterland der Verhandlungspartner revolutionäre Unruhe zu erzeugen, auch wenn das nicht den Tatsachen entsprach, wie wir heute wissen. Er sandte an die Ministerpräsidenten Österreichs und Ungarns folgende geheime Mitteilung: *Die Taktik der russischen Delegation wird immer klarer und geht dahin, die Verhandlungen zu verschleppen und dadurch in unserem Hinterland Unruhe zu erzeugen. Es ist für mich zweifellos, daß die Bolschewiken geheime Fäden zu unseren Sozialisten haben. Ich bitte Sie dringend, in der strengen Zensur der aufreizenden Zeitungsartikel fortzufahren, vor allem aber auf den Präsidenten des Abgeordnetenhauses einzuwirken, damit er bei der bevorstehenden Tagung des Abgeordnetenhauses ebenfalls eine strenge Zensur der Reden übt.*

Den Regierungsverantwortlichen der Donaumonarchie fiel also noch immer kein anderes Mittel gegen die aufbegehrende Arbeiterschaft ein, als die Zensur zu verschärfen. Aber in einem Punkt hatte der Graf Czernin teilweise Recht: Wenn auch keine dunklen Kanäle zwischen Brest-Litowsk und Wiener Neustadt existierten, so gab es mittlerweile in Österreich doch eine etwas größere Zahl von Anhängern der *Zimmerwalder Bewegung* und sogar Anhänger der *Bolschewiki.*

Das Manifest der *Zimmerwalder Bewegung* mit dem Aufruf zum Massenstreik war auch das »Grundsatzpapier« der K o n f e r e n z v o n S t . Ä g y d e n in Föhrenwald am Steinsee gewesen. Dort hatten sich im September 1917 35 Arbeitervertreter der großen Betriebe Wiener Neustadts und Neunkirchens zusammengefunden, um eine O r g a n i s a t i o n f ü r die Leitung eines eventuellen M a s s e n s t r e i k s aufzubauen. Vorsitzender der Konferenz war der Krankenkassenbeamte und Obmann des Metallarbeiterverbands von Wiener Neustadt, Eduard Schönfeld, gewesen.

Als, ausgelöst durch die Kürzung der Mehlquote, am 1 4 . J ä n n e r 1 9 1 8 i n W i e n e r N e u s t a d t der S t r e i k ausbrach, nahm dieses inoffizielle Organisationskomitee die Koordination in die Hand. Es wurden Kuriere ausgesendet, die die Wiener Betriebe, die Betriebe des Traisentals und die Betriebe des steirischen Industriegebiets zum Anschluß an den Streik aufforderten; Ternitz entsandte einen Kurier nach Berlin. Zwei Tage später griff der Streik nach Györ (Raab) in Ungarn über – die magyarischen Arbeiter waren von Wiener Neustadt tätigen ungarischen Arbeitern informiert worden. Der funktionierenden Organisation war es also zu verdanken, daß die Streikbewegung immer mehr an Umfang zunahm, obwohl die Zeitungen den Streik vier Tage lang totschweigen mußten.

Nachdem am Montag, dem 14. Jänner, die Arbeiter der Daimlerwerke und der meisten übrigen Betriebe in Wiener Neustadt die Arbeit eingestellt hatten, folgten die ebenfalls für die Rüstung wichtigen Industriebetriebe in Ternitz, Wimpassing und Neunkirchen. Am Mittwoch legten die Arbeiter der Fiat-Werke in Wien Floridsdorf und des Wiener Arsenals (eines Militärbetriebs zur Versorgung der Armee) die Arbeit nieder. Schließlich erfaßte die Streikbewegung die Steiermark, Oberösterreich, Böhmen und Ungarn. In vielen Städten, namentlich in Wien, kam es zu großen Straßenkundgebungen. Deputation um Deputation sprach in den Ministerien vor, um den Forderungen der Arbeiterschaft Nachdruck zu verleihen. Der Riesenkampf dauerte a c h t T a g e , und die Monarchie erzitterte in ihren Grundfesten – diesmal nicht als Folge des Nationalitätenkampfs.

Die folgende Auswahl behördlicher Meldungen an das Präsidium der Statthalterei in Wien zeichnet ein gutes Bild der dramatischen Ereignisse im Wiener Neustädter Industriegebiet, wie sie sich während der Jännertage ähnlich auch in den anderen großen Industriezentren abspielten:

Telefonat 14. Jänner 1918, 8 Uhr 25 Minuten, abends, über die gegenwärtige Situation in Wiener Neustadt an Statthalterei-Präsidium Wien: »... In den Daimlerwerken wurden Flugblätter verteilt, in denen zur Bildung von Arbeiter- und Soldatenräten nach russischem Muster aufgefordert wird. Die Arbeiterführer haben erklärt, die Arbeiter nicht mehr in der Hand zu haben ... Zur Verstärkung der Wiener Neustädter Garnison werden aus Wien 1.000 Mann berufen, welche morgen vormittags eintreffen werden; es werden sohin zirka 1.500 Mann Militär zur Aufrechterhaltung der Ordnung in Wiener Neustadt zur Verfügung stehen.«[140])

In einer Meldung vom 14. Jänner heißt es: »Gestern abends wurde der Lokomotivführer der Südbahn, Josef Pichler, vom Eisenbahnlinienkommando militärisch einberufen. Draufhin hat heute ½10 Uhr vormittags das Heizhaus den Betrieb eingestellt. Über Intervention des Stadtrates wurde die Einberufung vom Kriegsministerium vorläufig auf 48 Stunden verschoben. Nach Bekanntwerden dieser Beschlußfassung wurde der Betrieb um ½10 Uhr vormittags wieder aufgenommen. Dem Vernehmen nach steht auch die militärische Einberufung des Krankenkassenfunktionärs Eduard Schönfeld bevor. Die Gemeindeverwaltung Wiener Neustadt hält diese Maßnahme im gegenwärtigen Zeitpunkt für höchst gefährlich.«[141]) Die Annullierung der Enthebungen und Wiedereinberufung von Pichler und Schönfeld war aufgrund von Meldungen vom Statthalter in Wien angeregt worden.[142]) Man versuchte also gleich zu Beginn der Streikbewegung, die »Haupträdelsführer« auszuschalten, hatte aber Angst vor einer Verschärfung der Auseinandersetzungen. Nach Beendigung des Streiks, als die Gefahr von Protestaktionen nicht mehr gegeben war, schickte man Schönfeld an die Front.

15. Jänner 1918, 2 Uhr 50 Minuten nachmittags, Telefonat: »Die heute am Hauptplatz in Neunkirchen spontan aus Neunkirchen, Ternitz, Wimpassing und Putzmannsdorf zusammengekommenen Arbeiter in der Gesamtzahl von ungefähr 10.000 Köpfen wünschen, daß die Oberbehörde, insbesondere aber das k.u.k. Ministerium des Äußeren von dem dringenden Wunsche der Arbeiterschaft des Schwarzautales, daß sofort Friede geschlossen werde, umgehend verständigt werde.«[143])

Am 15. Jänner 1918, nachmittags, 4 Uhr 40 Minuten, Telefonat der Bezirkshauptmannschaft Wiener Neustadt an das Präsidium der Statthalterei nach Wien: »In Wiener Neustadt ruhen sämtliche Industriebetriebe bis auf einige kleine Werke. Einige Tausend Arbeiter der Munitionsfabrik Wöllersdorf sind nach Wiener Neustadt gegangen.«[144])

16. Jänner, 1 Uhr 10 Minuten nachmittags: »Um ½10 Uhr vormittags sind Reichsratsabgeordneter Renner und Oberst Wallenstorfer (Ernährungsamt) eingetroffen. Im Brauhaus findet eine Besprechung mit den Vertrauensmännern statt. Es herrscht geteilte Stimmung: ein Teil war für die gemäßigtere, der andere für die schärfere Richtung. Eine anschließende allgemeine Versammlung beschloß, durch a l l g e m e i n e   A r b e i t s n i e d e r l e g u n g   f ü r   d e n   F r i e d e n   z u   d e m o n s t r i e r e n .«[145])

16. Jänner um 3 Uhr nachmittags: »Um 11 Uhr vormittags wurde der Vorstand der Bezirkshauptmannschaft Baden zu Sr. Majestät befohlen. Er hat über die Situation berichtet. Se. Majestät freuten sich zu hören, daß keine Ruhestörungen vorgekommen sind. Über eine Anfrage Sr. Majestät hat der Vorstand der Bezirkshauptmannschaft Baden seiner Ansicht über die Bewegung dahin Ausdruck gegeben, daß es sich in erster Linie um die Frage des Friedens drehe und daß die Frage der Ernährung eine wenn auch wichtige, so doch sekundäre Rolle spiele; er hat ferner auf den Artikel in der heutigen Arbeiterzeitung hingewiesen. Se. Majestät ließen sich diesen Artikel vorlegen.«[146])

Es wurden also sofort nach Ausbruch der ersten Streiks *Arbeiterräte* n a c h   r u s s i s c h e m   M u s t e r gebildet. Das geschah nicht zum erstenmal in Österreich, denn schon im Dezember 1917 waren in Linz Arbeiterräte organisiert worden. Nach der Bildung der Wiener Neustädter Arbeiterräte am 15. Jänner schaltete sich in Wien der s o z i a l d e m o k r a t i s c h e Parteivorstand ein und stellte einen *Arbeiterrat für Wien* zusammen, bestehend aus den Ausschüssen der Bezirke, der Gewerkschaftskommission, dem Parteivorstand, dem Frauenreichskomitee und dem Wiener Ausschuß. »Die Arbeiterräte hatten vor allem die Aufgabe, eine innigere, unmittelbarere Fühlung zwischen den arbeitenden Massen in den Betrieben und der Partei, den Gewerkschaften und den parlamentarischen Vertretungen des Proletariats herzustellen«, so beschrieb Julius Braunthal in seinem grundlegenden Werk über die österreichischen *Arbeiterräte* die Rolle, die ihnen die Sozialdemokratische Partei zugedacht hatte.[147])

Die Führung der *Freien Gewerkschaften* unterstützte dieses Konzept mit wenig Begeisterung, denn sie hielt es für gefährlich und sinnlos, daß eine nicht in die Gewerkschaften eingebundene Institution als Vermittler zwischen den Menschen in den Betrieben und ihrer Gewerkschaft auftrat.

Die von l i n k s r a d i k a l e n Gruppen dominierten *Arbeiterräte* lehnten die gegen ihren Einfluß gerichtete Initiative der Sozialdemokratischen Partei völlig ab. Sie verstanden sich auch nicht bloß als »Vermittler«, sondern als Träger einer neuen Form der Demokratie, die die alte »bürgerliche Demokratie« ersetzen sollte. Dem entspricht die Forderung, die alte Verfassung durch eine *Räteverfassung* zu ersetzen. Auch die übrigen Forderungen dieser linksradikalen Arbeiterräte waren weitreichend und gingen weit über das bisher Übliche hinaus. Sie lauteten:

1. Die Friedensdelegation ist vom Volk zu wählen.
2. An allen Fronten ist sofort Waffenstillstand zu beschließen.
3. Das Kriegsdienstleistungsgesetz und die Militarisierung der Betriebe sind sofort aufzuheben. Alle Beschränkungen des Koalitionsrechtes und der politischen Freiheiten sind abzuschaffen.

Mit der Bildung des *Wiener Arbeiterrats* als Gegengewicht zu den radikalen Revolutionären und mit einem Manifest, das eine allen Streikenden gemeinsame Forderung aussprach, setzte sich die Sozialdemokratische Partei an die Spitze der Bewegung. Das M a n i f e s t verlangte den sofortigen Frieden ohne Annexion.[148]) Die *Freien Gewerkschaften* hielten sich zurück, weil sie es nicht als ihre Aufgabe ansahen, in die in erster Linie politische Bewegung direkt einzugreifen. Sie schalteten sich aber dort ein, wo es galt, die Bewegung in geregelte Bahnen zu lenken und zu v e r h i n d e r n , daß sie durch zunehmende R a d i k a l i s i e r u n g ergebnislos verlief.

Mit der Übergabe der Forderungen der Streikenden durch eine Deputation begannen offizielle Verhandlungen zwischen Regierung und Parteivorstand, denen Vertrauensmänner aus den Betrieben beigezogen wurden. An der Spitze des Forderungskatalogs standen die Einleitung von Friedensverhandlungen und der rasche Abschluß des Friedensvertrags mit der Sowjetunion ohne Gebietsverluste und drückende finanzielle Belastungen für das revolutionäre Rußland. An zweiter Stelle stand eine *gründliche Reorganisation des Verpflegungswesens,* an dritter Stelle die Demokratisierung des Gemeindewahlrechts und an vierter Stelle die Entmilitarisierung der Betriebe – eine Forderung, die wie die Friedensforderung »gemäßigte« und »radikale« Streikende gemeinsam vertraten.

Als Verhandlungsergebnis e r k l ä r t e sich die R e g i e r u n g zu folgenden Zugeständnissen bereit:

1. Ausdrückliche Bürgschaft des Ministers des Äußeren, daß der Friede an Absichten auf Eroberungen oder Entschädigungen nicht scheitern wird;
2. Größere Nahrungsmittelzuschübe aus Ungarn;
3. Reform des Gemeindewahlrechtes;
4. Aufhebung der Militarisierung der Betriebe.

Die Regierung scheute sich vor einer festen Zusage und beschränkte sich auf diese unverbindlichen Versprechungen.[149]) Trotzdem gewann der Parteivorstand während der Verhandlungen die Überzeugung, daß es sich um ernsthafte Zusagen handelte. Er berichtete dem *Wiener Arbeiterrat* in diesem Sinne, worauf in der Früh des 2 0 . J ä n n e r 1 9 1 8 der B e s c h l u ß gefaßt wurde, die Arbeiter zur W i e d e r a u f n a h m e d e r A r b e i t aufzufordern. Am 23. Jänner folgte ein Aufruf der Gewerkschaftskommission, der diejenigen, die trotz des Beschlusses des Wiener Arbeiterrats weiter streikten, in eindringlichen Worten ermahnte, den Ausstand abzubrechen, um die erzielten Erfolge nicht aufs Spiel zu setzen. Denn die Erregung unter der Arbeiterschaft war so groß, daß die Wiederaufnahme der Arbeit nur allmählich vor sich ging.

Die Gewerkschaftsführung stellte nach dieser Ausstandsbewegung fest, daß es nicht die *alterprobte, organisierte, in zahllosen gewerkschaftlichen und politischen Kämpfen bewährte Arbeiterschaft Wiens und Niederösterreichs* gewesen sei, die am Abschluß der Bewegung einige Zerfahrenheit verursacht habe; daran seien jene Elemente schuld gewesen, die teils während des Kriegs in die Fabriken gekommen waren und keine Erfahrung mit gewerkschaftlichen Aktionen hatten, teils aber jüngere Leute, die sich von einem gefährlichen Radikalismus mitreißen ließen. Die Gewerkschaften hielten es deshalb für nötig, *auch diesmal auf das dunkle Treiben von Elementen hinzuweisen, die bar jeden proletarischen Empfindens und in offener Gegnerschaft zu der altbewährten Methode des organisierten Klassenkampfes auch diese Bewegung wieder dazu benützen wollten, diese Methoden in Mißkredit zu bringen und an ihrer Stelle solche zu setzen, die von jeher nicht nur als fruchtlos, sondern auch als verderbenbringend erkannt wurden.*

Die Sorge der freigewerkschaftlichen Funktionäre war aus der aktuellen Situation heraus verständlich, doch heute wissen wir, daß die Gefahr einer revolutionären Entwicklung nach russischem Muster nicht existierte. In Österreich, wie »in allen Ländern, in denen bis dahin Arbeiter gegen ihre Regierungen protestiert hatten, ging es ausschließlich um die rasche Beendigung des Krieges, nicht um die Revolution. Die Anhänger Lenins bildeten überall, selbst in Italien mit seiner revolutionären Tradition, eine winzige Minderheit. Die Mehrheit der Arbeiterbewegung wollte einen raschen Verständigungsfrieden und baute auf die Macht des Stimmzettels, durch die soziale Reformen vorangetrieben werden sollten.«[150])

Auch der große J ä n n e r s t r e i k i n D e u t s c h l a n d, der dem Beispiel der österreichischen Arbeiterbewegung folgte, weitete sich, entgegen den Hoffnungen Lenins, nicht zur Revolution aus. Er begann, als am 28. Jänner 1918 in Berlin mehrere Hunderttausend in den Ausstand traten. Während der nächsten Tage schlossen sich weitere Zehntausend in den großen Industriestädten dem Massenstreik an. Er wurde am 3. Februar abgebrochen, die an seiner Organisierung Beteiligten hart bestraft.[151]) In Österreich-Ungarn war, wie schon berichtet wurde, die häufigste Strafe für »Unruhestifter« die Einberufung zum Militär.

Die schwärmerische Kriegsbegeisterung von 1914 war damals auch unter den S o l d a t e n kaum mehr anzutreffen. Viele von ihnen machten sich die Friedensforderung der Arbeiterschaft zu eigen und rebellierten. Die Entscheidung der Regierung, Truppen aus jungen eingeschüchterten Rekruten ohne deutsche Sprachkenntnisse in die Streikgebiete zu entsenden, brachte daher nicht den gewünschten Erfolg. Im Gegenteil – obwohl bewußt Soldaten aus den slawischen Nationen der Monarchie und aus Ungarn ausgewählt worden waren, um eine Verständigung mit der Arbeiterschaft zu verhindern, sprang der Funke über: In Judenburg m e u t e r t e n slowenische Truppenteile, in Fünfkirchen serbische und in Runeburg tschechische. In Budapest folgten magyarische Soldaten diesem Beispiel, und im Adriahafen C a t t a r o löste ein Streik der Arsenalarbeiter eine Meuterei bei der k.u.k. Kriegsmarine aus.[152]) Der A u f s t a n d d e r » M a t r o s e n v o n C a t t a r o« wurde mit Hilfe dem Kaiserhaus noch treu ergebener Einheiten unterdrückt, 800 von ihnen wurden verhaftet, zwei zum Tode verurteilt.[153])

Wenn die zur Strafe »einrückend gemachten« Arbeiter Glück hatten, kamen sie nicht an die Italienfront, wo mörderische Schlachten tobten, sondern zu jenen Armeeinheiten, die gemäß dem S o n d e r f r i e d e n v o n B r e s t - L i t o w s k am 28. Februar 1918 in die U k r a i n e einrückten. Denn die »Bürgschaft« Außenminister Czernins, so wie sie die Führer der sozialdemokratischen Arbeiterbewegung verstanden hatten, war ohne jeden praktischen Wert. Czernin hatte ja nicht einen Frieden o h n e *Absicht auf Eroberungen und Entschädigungen* zugesichert, sondern nur davon gesprochen, daß ein Friedensschluß an solchen Absichten nicht scheitern würde. Er war gewiß kein Kriegshetzer und bewertete zum Beispiel die Friedensbotschaft des amerikanischen Präsidenten Wilson, die »14 Punkte«, die auch das Selbstbestimmungsrecht der V ö l k e r e n t h i e l t e n , p o s i t i v e r a l s v i e l e a n d e r e Politiker der kriegführenden Mächte. Aber wie die militärische Leitung und die übrige k.u.k. Regierung hielt er es nicht für notwendig, den »Roten« in der jungen Sowjetunion in irgendeiner Weise entgegenzukommen und auf eigene Vorteile zu verzichten. Außerdem war es unmöglich, die deutschen Verbündeten von ihren Gebietsforderungen abzubringen.

Der Sonderfriede mit der Ukraine, die sich von der Sowjetunion getrennt hatte, und die Selbständigkeit anstrebte, brachte nicht nur dieses riesige Gebiet unter die Kontrolle der k.u.k. Armee, sondern auch die Chance auf eine Verbesserung der Lebensmittelversorgung: Die Ukraine mußte sich zur Lieferung von einer Million Tonnen Getreide an Österreich-Ungarn verpflichten.

Die S o w j e t s mußten sich einem deutschen Ultimatum beugen und unterzeichneten den F r i e d e n s v e r t r a g am 3. März 1918 nur unter Protest. Rußland verlor das Baltikum, Polen, Finnland und die Ukraine und Armenien. In einem Zusatzvertrag wurde auch noch eine hohe Kriegsentschädigung festgelegt. Die Annahme der Friedensbedingungen sprengte in Rußland die Koalition zwischen der KP und den linken *Sozialrevolutionären* und verschärfte den Bürgerkrieg. Deutschland hatte alle seine Kriegsziele im Osten erreicht und freie Hand für die Westoffensive.

Den harten Umgang mit den kapitulierenden Gegnern – auch Rumänien, das am 7. Mai 1918 einen Separatfrieden schloß, mußte Gebietsverluste hinnehmen – hielten die Sieger des Ersten Weltkriegs den geschlagenen Mittelmächten als Rechtfertigung entgegen, als sie nun ihrerseits harte Friedensbedingungen stellten.

Vom Ende der Monarchie zur Ausrufung der Republik

Die Regierung hatte unter dem Druck des Jännerstreiks auch das Versprechen gegeben, sich um eine Verbesserung der Lebensmittelversorgung zu bemühen. Doch angesichts des unaufhaltsamen Zusammenbruchs der Produktion und des Warenverteilungsnetzes waren alle punktuellen Maßnahmen nur Tropfen auf einen heißen Stein.

Infolge des Materialmangels und der Kohlennot mußten bereits so viele Betriebe die Produktion einstellen, daß plötzlich wieder viele Arbeiter ohne Lebensgrundlage dastanden. Deshalb sah sich die Regierung im Februar 1918 gezwungen, die Verordnung über die Entschädigung von Arbeitern bei Betriebsstillegungen, die die Gewerkschaftskommission ursprünglich nur für die unter dem Kriegsdienstleistungsgesetz stehenden Betriebe erkämpft hatte, auf alle Betriebe auszudehnen.

Doch bei den e x t r e m h o h e n L e b e n s m i t t e l p r e i s e n und der schlechten Versorgung spielte es schon fast keine Rolle mehr, ob jemand einen Lohn erhielt oder nicht. Von den *Freien Gewerkschaften* im Frühjahr 1918 durchgeführte Erhebungen belegten, daß die Löhne während des Kriegs im günstigsten Fall auf das Doppelte gestiegen waren, die amtlichen Höchstpreise für Fleisch, Fett, Milch und Eier hingegen um 300 bis 1000 Prozent. Ein Kilogramm Rindfleisch, das 1913 1,60 bis 2,20 Kronen kostete, hatte 1918 einen amtlichen Preis von 7,20 bis 18 Kronen. Schaffleisch stieg sogar von 1 Krone auf 19 Kronen. Schweinefilz von 1,20 auf 13,30 Kronen, der Preis eines Eies von 7 auf 51 Heller. Der Stundenlohn eines im Akkord arbeitenden Drehers, der 1913 80 Heller bis 1,52 Kronen betrug, erreichte im Frühjahr 1918 mit Einrechnung sämtlicher Zulagen 2,28 bis 2,96 Kronen. Noch ungünstiger war die Lohnentwicklung für jene Arbeiter, die nicht in der Kriegsindustrie beschäftigt waren: Ihr Lohn erhöhte sich zumeist nur um 60 bis 80 Prozent gegenüber 1914. Die Zuteilung an rationierten Lebensmitteln zum amtlichen Preis war gering, und auch im Arbeiterhaushalt war man gezwungen, ab und zu im Schleichhandel zu weit höheren Preisen einzukaufen, um überhaupt existieren zu können.

Der Arbeiter konnte sein Leben nur fristen, wenn er seinen kargen Lohn durch Leistung von Überstunden etwas aufbesserte. Das war auch einer der Gründe für die Geduld, mit der die Menschen, die unter dem Kriegsdienstleistungsgesetz standen und in *staatlich geschützten Betrieben* arbeiteten, die Aufhebung des Elfstundentags ohne Protest hinnahmen. Nach den sehr unvollständigen Erhebungen des *arbeitsstatistischen Amts* erhöhte sich die Zahl der Stunden, die als Überstunden nach der gesetzlichen elften Arbeitsstunde geleistet wurden, schon im zweiten Kriegsjahr auf 7.315.000 gegenüber 4.220.000 im ersten Kriegsjahr. Auf die metallverarbeitende Industrie entfielen 4.070.000 Stunden, dieser folgte die Textilindustrie mit 1.900.000 Stunden.

Im J u n i 1 9 1 8 kam es in Wien abermals zu einer S t r e i k b e w e g u n g , die als Lohnbewegung unter Führung der *Freien Gewerkschaften* begann und schließlich ohne ihr Zutun zum Ausstand führte. Die Gewerkschaften waren bestrebt, eine entscheidende Anpassung der Löhne an die stetig fortschreitende Lebensmittelverteuerung zu erreichen. Da verfügte die Regierung eine neuerliche Verkürzung der Brotquote, und über Nacht wurde aus der Lohnbewegung ein weite Arbeiterkreise umfassender Streik. Die Gewerkschaften übernahmen die Leitung, und in langwierigen und schwierigen Verhandlungen mit der Regierung und den zuständigen Unternehmerorganisationen wurde eine auf vier Wochen begrenzte provisorische Vereinbarung über Lohnerhöhungen getroffen. Innerhalb der vier Wochen sollte ein besonderer Arbeitsausschuß unter dem Vorsitz des Ministers für soziale Fürsorge über eine endgültige Gesamtregelung der Lohn- und Arbeitsverhältnisse verhandeln. In einem Erlaß wurde die Industrie zur Auszahlung der wöchentlichen Notstandshilfe verpflichtet. Der Staat ersetzte den Unternehmern die Kosten. Die Gewerkschaften ließen aber die Regierung und die Öffentlichkeit nicht im unklaren darüber, daß diese Vereinbarungen nur ein Flickwerk sein konnten, solange nichts gegen die Ausbeutung des Volks unternommen wurde: Es werde immer wieder trotz aller Lohnerhöhungen zu Massenausständen kommen, weil die Verzweiflung über die von Tag zu Tag steigenden Lebensmittelpreise die Arbeiter aus den Fabrikshallen auf die Straße treibe.

Ende Juli 1918 tagte eine erweiterte V o r s t ä n d e k o n f e r e n z d e r *Freien Gewerkschaften*, die in zwölfter Stunde eine W a r n u n g an alle Herrschenden richtete. Fast 200 Delegierte, Vertreter von 340.000 gewerkschaftlich organisierten Arbeitern aus allen Ländern der österreichischen Reichshälfte, nahmen an ihr teil. Nach einem Situationsbericht Anton Huebers entwickelte sich eine Debatte, die mit aller Deutlichkeit die furchtbare Notlage der österreichischen Bevölkerung aufzeigte.

Noch am Abend des ersten Konferenztags sprach eine aus 14 Teilnehmern der Konferenz bestehende Deputation unter Führung Karl Renners beim Ministerpräsidenten vor, und im Beisein des Ministers für Volksernährung, des Ministers für soziale Fürsorge und des Ministers des Inneren wurden alle von der Konferenz erhobenen Fragen gründlich erörtert. Der Bericht, den Hueber der Konferenz am nächsten Tag über das Ergebnis der Aussprache erstattete, war nicht geeignet, die Arbeitervertreter zu beruhigen. Die Minister hatten ohne Beschönigung die nackten Tatsachen aufgezeigt, teilte der Sekretär der Gewerkschaftskommission mit. Vor allem die Lebensmittelversorgung sehe trostlos aus. Es sei klargeworden, daß auch die Regierung keinen Rat mehr wüßte und daß die Arbeiter in Zukunft nur ihre eigenen Interessen im Auge haben könnten und auf ihre eigene Kraft gestellt seien. Das war die Absage der *Freien Gewerkschaften* an den innenpolitischen »Burgfrieden«.

Die Absage an den außenpolitischen »Burgfrieden« wird an dem Inhalt einer Resolution sichtbar, die die erweiterte Vorständekonferenz beschloß. Sie übermittelte den gewerkschaftlich organisierten Arbeitern aller Länder brüderliche Grüße und schlug die Abhaltung einer g e m e i n s a m e n T a g u n g d e r G e w e r k s c h a f t s v e r b ä n d e d e r g a n z e n W e l t vor, um den in allen Ländern vorhandenen Friedenswillen zu fördern. Die österreichische Arbeiterschaft ersehne die Schaffung eines allgemeinen Staatenbunds der Völkerfreiheit zur Sicherung des dauernden Weltfriedens.

Seit dem Jännerstreik war die Arbeiterbewegung trotz des Weiterbestehens der meisten Ausnahmegesetze wieder zu einem politischen Faktor geworden. Ihr steigender Einfluß und das erstarkende Selbstbewußtsein ihrer Anhänger dokumentierte sich, als der 1. Mai im Jahr 1918 zum erstenmal wieder wie vor dem Krieg durch Arbeitsruhe gefeiert wurde.

Als Ministerpräsident Seidler den Plan faßte, ein Konzentrationskabinett der »nationalen Versöhnung« zu bilden, war den Sozialdemokraten darin eine Schlüsselrolle zugedacht. Doch die S D A P lehnte eine Regierungsbeteiligung ab, weil sie sich nicht an ein der Auflösung nahes und von der Mehrheit der eigenen Parteimitglieder heftig bekämpftes System binden wollte.[154]) Auch die Tschechen konnten, trotz einer Amnestie für politische Häftlinge, nicht mehr zur Zusammenarbeit bewogen werden. Sie hatten sich ja bereits von der Monarchie gelöst, und die Tschechoslowakei war seit 9. August von England als selbständige »kriegführende Nation« anerkannt. Das Eingehen auf die Wünsche der Südslawen wurde durch die Haltung Ungarns unmöglich gemacht, das sich weigerte, auf die slawisch besiedelten Gebiete in seinem Herrschaftsbereich zu verzichten. Als sich die Lage im Reichsrat als aussichtslos herausstellte und noch dazu die Lebensmittelversorgung endgültig zusammenbrach, trat das Kabinett Seidler im August zurück.[155])

Auch die *Freien Gewerkschaften* blieben in der N a t i o n a l i t ä t e n f r a g e unnachgiebig. Auf dem Verbandstag der Metallarbeiterorganisation im März 1918 beschäftigte sich Sekretär Domes mit der Stellung zum tschechischen und ungarischen Metallarbeiterverband und sagte unter anderem: »... Mit dem tschechischen Metallarbeiterverband leben wir in grimmigster Feindschaft, in grimmigster Fehde. Ganz natürlich! Haben doch die Tschechen jene Ehrlichkeit, die wir unser ganzes Leben hindurch angestrebt haben, durch ihre separatistischen Bestrebungen zerrissen und durch diese Zerreißung die Kampfkraft ungemein stark erschüttert. ... Ich sagte, wir wollen unser geschlossenes Territorium haben, wir wollen dem tschechischen Arbeiter die Mittel zur Orientierung geben, es sollen ihm die Mittel gegeben werden, die Vorgänge in der anderen Organisation zu beurteilen. Wenn ich das alles machen will, so bin ich absolut nicht geneigt, die geringste Konzession zu machen, wenn die Tschechen von uns fordern: Der tschechische Arbeiter gehört in den tschechischen Verband, der deutsche in die Zentralorganisation. Das sind keine Grundsätze; so kann man keine Gewerkschaftsorganisation aufbauen, so erschlägt man die Kraft der Gewerkschaft, um die nationalen Interessen zu vertreten.«[156])

Die meisten führenden Gewerkschaftsfunktionäre, wie eben auch Domes, waren hervorragende Vertreter der Arbeiterinteressen. Aber ihr Verständnis von »Internationalismus« ließ sie Umfang und Intensität der nationalen Freiheitsbestrebungen verkennen und ebenso die Tatsache, daß infolge einer verfehlten Nationalitätenpolitik der Zerfall der Monarchie in autonome Nationalstaaten unausbleiblich war.

Nicht nur die Situation im Inneren der Monarchie, auch die militärische Lage wurde immer verzweifelter. Im Hinblick darauf richtete Österreich-Ungarn am 4. September 1918 an alle kriegführenden Nationen das Ansuchen, sofort mit Friedensverhandlungen zu beginnen. Dieser Vorschlag wurde ohne jede diplomatische Vorbereitung gemacht. Man hatte weder eine Fühlungnahme mit Politikern der Ententemächte versucht noch den Bündnispartner informiert. Doch in der Phase des Zusammenbruchs war das Ins-Kalkül-Ziehen etwaiger Folgen, die sich aus der Tatsache hätten ergeben können, daß die Vorgangsweise der k.u.k. Regierung »die Vereinbarung mit Deutschland in bezug auf gemeinsame Friedensverhandlungen verletzte, ... zu einer akademischen Frage geworden«.[157]) Die Ententemächte wiesen das Ansuchen ohnehin zurück, denn sie waren – ebenso wie die Mittelmächte, als diesen noch ein Sieg möglich schien – zu keinem »Verständigungsfrieden« bereit.

Als die Entente im Oktober 1918 zu einem mit überlegenen Kräften geführten Angriff ansetzte, war die militärische Niederlage der Mittelmächte besiegelt, und damit auch das Ende der Donaumonarchie. Trotzdem unternahm die Regierung Husarek noch einen letzten Versuch, den Vielvölkerstaat zu retten, einen chancenlosen Versuch, denn das Programm der »Gerechtigkeit gegen jeden Volksstamm« konnte den Ansprüchen der Nationalitäten nicht gerecht werden.[158]) Die Deutschnationalen, aber auch nach wie vor die Ungarn leisteten jedem Eingehen auf die Wünsche der slawischen Völker heftigen Widerstand. Diese selbst hatten längst mit der Monarchie gebrochen. Sie besaßen nach der Anerkennung der tschechischen Exilregierung durch die Entente und durch die Deklaration der Befreiung aller slawischen Völker als Kriegsziel der USA genügend Rückhalt, um auf unbefriedigende Kompromisse verzichten zu können. Das kaiserliche Manifest vom 16. Oktober, das die Umwandlung der Monarchie in einen Bundesstaat in Aussicht stellte, kam zu spät.[159])

Die von den »deutschen Parteien« (den Deutschnationalen und den Christlichsozialen) unterstützte R e s o l u t i o n   d e r   S o z i a l d e m o k r a t e n   z u r   N a t i o n a l i t ä t e n f r a g e vom 4. Oktober ging dagegen bereits von der neuen Realität aus: Sie unterstrich das Recht aller Nationen des Donaustaats auf Selbstbestimmung und akzeptierte damit die Aufgliederung der habsburgischen Ländermasse in Nationalstaaten, wenn sie auch noch eine lockere Föderation der sich konstituierenden »Nachfolgestaaten« für möglich hielt. Denn selbst die Sozialdemokratie rechnete auch jetzt noch nicht mit einem völligen Auseinanderfallen des großen Reichs. Sie war für eine national-föderative Lösung, die von der Auffassung ausging, daß die österreichische Völkergemeinschaft – entsprechende verfassungsmäßige, wirtschaftliche und soziale Reformen vorausgesetzt – lebensfähig sei.

Die Resolution vom 4. Oktober beanspruchte das Recht auf Selbstbestimmung auch für die deutschsprachigen Österreicher. Damit war der erste Schritt zur K o n s t i t u i e r u n g d e r *p r o v i s o r i s c h e n N a t i o n a l v e r s a m m l u n g* eines selbständigen deutsch-österreichischen Staats getan, die am 21. Oktober im niederösterreichischen Landhaus durch die deutschsprachigen Mitglieder des Abgeordnetenhauses des alten Reichsrats erfolgte.

In der provisorischen Nationalversammlung erklärte Victor Adler, daß Deutsch-Österreich sich *mit den Nachbarvölkern zu einem freien Völkerbund vereinen wolle, wenn auch die Völker dies wollen. Lehnen aber die anderen Völker eine solche Gemeinschaft ab oder wollen sie nur unter Bedingungen zustimmen, die den wirtschaftlichen und den nationalen Bedürfnissen des deutschen Volkes nicht entsprechen, dann wird der deutsch-österreichische Staat, der, auf sich selbst gestellt, kein wirtschaftlich entwicklungsfähiges Gebilde werden kann, gezwungen sein, sich als besonderer Bundesstaat dem Deutschen Reiche einzugliedern.*

Am 28. Oktober wurde in Prag die *Tschechoslowakische Republik* ausgerufen, und am 29. Oktober erklärte die kroatische Vertretung in Agram den Zusammenschluß der südslawischen Gebiete der Monarchie zu einem unabhängigen Staat mit Anschluß an Serbien. Die Gründung des *Königreichs der Serben, Kroaten und Slowenen* erfolgte dann am 1. Dezember.

Die provisorische Nationalversammlung »Deutschösterreichs« bereitete mittlerweile schon eine Verfassung vor, die »Restösterreich« zu einem Bestandteil der deutschen Republik erklären sollte. Der Traum von der Donauföderation war ausgeträumt.

Während sich bereits die »Nachfolgestaaten« der Habsburgermonarchie konstituierten, ging das sinnlose Sterben an den Fronten weiter. Die kaiserliche Regierung in Wien hoffte noch immer auf einen Sonderfrieden mit günstigen Bedingungen. Deshalb löste Kaiser Karl durch ein Telegramm an Kaiser Wilhelm II. am 26. Oktober das Bündnis mit Deutschland und ließ seine Regierung am 27. Oktober ein Sonderfriedensangebot an US-Präsident Wilson übermitteln, auf das dieser allerdings ebensowenig reagierte wie auf ähnliche Bemühungen in den vergangenen Monaten.

In der Nacht vom 2. auf den 3. November gab der Kaiser endlich den Befehl, die Waffenstillstandsbedingungen anzunehmen; der W a f f e n s t i l l s t a n d zwischen Österreich-Ungarn und der Entente wurde am 3. November in Padua unterzeichnet. Gleichzeitig erging der Befehl, die Kampfhandlungen sofort einzustellen; von der Bestimmung des Waffenstillstandsabkommens, die eine Frist von 24 Stunden für das Einstellen der Kampfhandlungen vorsah, erfuhr das Oberkommando des Heeres nichts. Da die alliierten Einheiten diese Frist voll ausnützten, kam es zum einseitigen Abbruch der Kampfhandlungen durch die österreichischen Truppen (die ungarischen Truppen waren schon am 29. Oktober abgezogen worden). An der italienischen Front brach Chaos aus, und Hunderttausende Soldaten gerieten in Gefangenschaft.[160])

Inzwischen hatte ein Parteitag der Sozialdemokraten in Wien am 1. November die republikanische Staatsform gefordert. Am Tag der Unterzeichnung des Waffenstillstands gründete die deutsch-österreichische provisorische Regierung die *Volkswehr* als *deutsch-österreichische bewaffnete Wehrmacht,* und am 8. November gab sie einen Demobilmachungsbefehl an die kaiserlichen Truppen heraus. Sie konnte dabei auf die Unterstützung der Arbeiterschaft zählen, deren Erbitterung über die militärischen Befehlshaber des Kaisers noch erhöht worden war, als Nachrichten über die Ereignisse während des Rückzugs an der Italienfront ins Hinterland drangen: Viele Offiziere verloren den Kopf, manche ließen ihre Mannschaften im Stich, und Zehntausende von Verwundeten mußten unter fürchterlichen Qualen ohne Hilfeleistung zugrunde gehen.

Der Kaiser residierte weiter in Schönbrunn, und seine Regierung mit Ministerpräsident Lammasch an der Spitze amtierte neben der provisorischen Staatsregierung. Erst als die Christlichsozialen, auf deren Unterstützung er gerechnet hatte, sich endgültig für die Republik entschieden, verzichtete Kaiser Karl am 11. November auf jeden Anteil an der Führung der Staatsgeschäfte, enthob die Regierung Lammasch ihres Amts und erklärte die Anerkennung jeder künftigen Staatsform Österreichs. Die Motivation der Christlichsozialen schilderte Ignaz Seipel, Minister im letzten kaiserlichen Kabinett und später Bundeskanzler der Republik, in einem Brief an einen deutschen Kollegen: »Bei uns bestand zwischen den Parteien die Abmachung, die Frage, ob Republik oder Monarchie, jetzt überhaupt nicht anzuschneiden, sondern der künftigen definitiven Nationalversammlung zu überlassen. Da kam der Umsturz bei Ihnen (in Deutschland), die Abdankung des (deutschen) Kaisers und vor allem die dumme Schießerei in Berlin. Die Gefahr, daß die bolschewistischen Wellen zu uns hereinschlagen, war groß. So blieb nichts übrig, als daß der Kaiser zwar nicht abdankte, aber sich doch von den Regierungsgeschäften zurückzog und die provisorische Republik proklamiert wurde. Die Parteikoalition blieb bis zur Stunde aufrecht, keinerlei nennenswerte Unruhe störte die bürgerliche Ordnung, aber wir leben in der stündigen Gefahr, daß die Berliner und Münchener Neuordnung auf uns übergreift.«[161])

Kaiser Karl vermied aber unter dem Einfluß seiner Frau Zita das Wort »Abdankung« und hielt damit den Anspruch des Hauses Habsburg auf den österreichischen Kaiserthron aufrecht. Als er dann vier Monate später auch die Anerkennung der Republik zurücknahm, sprach die Nationalversammlung die Landesverweisung und Enteignung des Hauses Habsburg-Lothringen aus; gleichzeitig wurde der Adel abgeschafft.[162]) Das sind die Ursachen für die innenpolitischen Spannungen, die bis in die Zweite Republik hinein im Zusammenhang mit der Familie Habsburg und ihren Forderungen aufgetreten sind.

Die offizielle A u s r u f u n g d e r R e p u b l i k erfolgte am 1 2 . N o v e m b e r 1 9 1 8 . Ihr erstes Staatsoberhaupt war Karl Renner als Staatskanzler der p r o v i s o r i s c h e n R e g i e r u n g , ihr erster Außenminister, der die Verhandlungen mit den Siegermächten zu führen hatte, Otto Bauer. Eigentlich war Victor Adler, der »große alte Mann« der sozialdemokratischen Arbeiterbewegung, für diese Aufgabe vorgesehen gewesen, doch er starb am 11. November.

Die Hauptaufgabe der ersten republikanischen Regierung bestand zunächst darin, das Chaos des Zusammenbruchs zu bewältigen. Für die Umstellung der Kriegsindustrie auf die Friedenswirtschaft wurde in ihrem Auftrag von einem aus je drei Arbeitervertretern und Unternehmervertretern zusammengesetzten Komitee ein Sofortprogramm ausgearbeitet. Es sah neben Vorkehrungen zur Weiterbeschäftigung der Arbeiter in den bisher mit Kriegsproduktion befaßten Betrieben die Gewährung staatlicher Unterstützung bei Arbeitslosigkeit vor, ebenso die Errichtung paritätischer Arbeitsnachweise und die Durchführung staatlicher Notstandsarbeiten.

Die G e w e r k s c h a f t e n erwiesen sich in den Wirren des Zusammenbruchs eines großen, jahrhundertealten Reichs und der Geburtsstunde der republikanischen Staatsform in Österreich nicht nur in diesem speziellen Fall als ein E l e m e n t d e r O r d n u n g . Sie vertraten mit Energie die Interessen der Arbeiter und

Angestellten, stellten sie aber nicht über das Interesse der Gesamtheit an einer geordneten Staatsgewalt und an einer funktionierenden Wirtschaft.

III. Sozialdemokratische Partei und Freie Gewerkschaften

»Siamesische Zwillinge« oder selbständige Teile der Arbeiterbewegung?

In der Gründungsphase

Die modernen Gewerkschaften sind überall in enger Verbindung mit einer politischen Arbeiter- oder Sozialreformbewegung entstanden. In manchen Fällen waren das zuerst christliche Bewegungen, in manchen Fällen radikaldemokratische, überwiegend aber sozialistische. Dies gilt besonders auch für Österreich, wo die christliche Arbeiterbewegung sich wesentlich später zu formieren begann als die sozialdemokratische.

So wurden schon die ersten Fachvereine in die Richtungskämpfe der Sozialisten um den politischen Weg und die ideologischen Grundsätze hineingezogen: »Gemäßigte« und »Radikale«, Linksliberale, Sozialdemokraten und Anarchisten versuchten, auf sie Einfluß zu gewinnen.

Karl Marx erkannte – im Gegensatz zu Ferdinand Lassalle, dessen Ideen die österreichische Arbeiterbewegung lange Zeit prägten – schon frühzeitig die Problematik einer solchen Entwicklung und verurteilte Versuche, die Gewerkschaften von einer Partei, auch von einer Partei mit sozialistischen Programmen, abhängig zu machen: »Alle politischen Parteien, mögen sie sein, welche sie wollen, ohne Ausnahme, begeistern die Massen der Arbeitnehmer nur eine Zeitlang vorübergehend, die Gewerkschaften hingegen fesseln die Massen auf die Dauer«, äußerte Marx in einem oft zitierten Gespräch mit Hamann, dem Hauptkassierer der *Allgemeinen Deutschen Metallarbeitergewerkschaft.*[1]) Allerdings war er, wie auch Friedrich Engels, zwar für die Unabhängigkeit, aber keineswegs für die Neutralität der Gewerkschaftsbewegung: »Von einer Neutralität der Gewerkschaften kann überhaupt keine Rede sein. Jedwede Propaganda der Neutralität ist entweder der heuchlerische Deckmantel für eine konterrevolutionäre Einstellung oder der Ausdruck eines völligen Fehlens von Klassenbewußtsein.«[2])

Doch in den Anfangsjahren war die Verflechtung viel zu groß, um eine klare Trennung herbeiführen zu können. Die Zahl der Anhänger war ja insgesamt noch sehr klein, und die gemeinsame Erfahrung von Verfolgung und Zensur verstärkte das Gefühl, gemeinsam für e i n e Sache zu kämpfen. Deshalb sahen es die schon politisch bewußten, sozialistisch orientierten Facharbeiter, die sich als erste in Gewerkschaftsvereinen zusammenschlossen, nicht nur als ihre Aufgabe an, die Masse der ungelernten oder angelernten industriellen Hilfsarbeiter für ihre Fachorganisationen zu gewinnen. Durch die Gewerkschaftsarbeit sollten die Arbeiter zum Klassenbewußtsein erzogen werden, die Gewerkschaften galten als *Rekrutenschule der Partei,* die die Mitglieder für den Klassenkampf reif machen sollte.

Selbst in den »Gründerjahren« vertraten aber nicht alle Gewerkschaftsfunktionäre diese Ansicht. Schon kurz nach der Gründung des *Wiener Arbeiterbildungsvereins* 1867 traten zum Beispiel einige hundert der rührigsten und gebildetsten Parteigänger wieder aus der Organisation aus, weil sie mit der zentralistischen politischen Führung nicht einverstanden waren. Die Ausgetretenen, »Sezessionisten« genannt, schlossen sich im Verein *Brüderlichkeit* zusammen und erlangten ziemlichen Einfluß in den Gewerkschaftsvereinen, sodaß sie eingeladen wurden, im Juni 1872 einen Delegierten zum deutschen Gewerkschaftskongreß in Erfurt zu entsenden.

Im Anschluß an den Gründungsparteitag der d e u t s c h e n Sozialdemokraten in Gotha im Jahre 1875 fand ebenfalls wieder eine G e w e r k s c h a f t s k o n f e r e n z statt, an der ungefähr 40 Delegierte teilnahmen. Die Konferenzteilnehmer stellten sich auf den Standpunkt, daß die P o l i t i k aus den Gewerkschaftsvereinen a u s g e s c h a l t e t werden sollte, während sie den von den Verfechtern eines »politischen« Kurses abgelehnten Ausbau der Unterstützungseinrichtungen für notwendig hielten, die den Mitgliedern materielle Vorteile bieten konnten. Auf diese Weise hoffte man, neue Mitglieder zu werben, und erreichte tatsächlich bis 1877 einen Stand von 49.055 Organisierten in 30 Gewerkschaften. Im Verhältnis zur Zahl der Arbeiter insgesamt war das freilich auch noch ein sehr geringer Anteil.

Einen dritten Standpunkt vertraten die e n g l i s c h e n G e w e r k s c h a f t e r : Sie waren nicht nur der Ansicht der Deutschen, daß die Gewerkschaften nicht der richtige Ort für politische Arbeit seien, sondern lehnten eine Bindung an die sozialistische Arbeiterbewegung überhaupt ab. Deshalb versuchten sie auch, die sich bildende Gewerkschaftsinternationale von der *Sozialistischen Internationale* zu trennen. Nachdem die *Internationale Sozialistenkonferenz* im Jahre 1891 beschlossen hatte, für 1892 einen Sozialistenkongreß nach Zürich einzuberufen, beschloß der englische Gewerkschaftskongreß, zum gleichen Zeitpunkt einen internationalen Gewerkschaftskongreß in Glasgow zu organisieren, um die Sozialisten von den »N u r - G e w e r k s c h a f t e r n« abzuspalten. Die österreichischen *Freien Gewerkschaften* lehnten damals eine solche organisatorische Trennung entschieden ab.

Auf dem *Ersten Reichskongreß der Gewerkschaften Österreichs* im Jahre 1893 sprach der Parteivorsitzende Victor Adler über das *Verhältnis der Sozialdemokratischen Partei zur Gewerkschaft.* Er unterstützte den Antrag, daß Parteimitglieder auch Gewerkschaftsmitglieder sein sollten. Irgendein Mißverständnis, irgendein Zwiespalt zwischen der gewerkschaftlichen und sozialdemokratischen Bewegung sei in Österreich nicht vorhanden. Die österreichische Gewerkschaftsbewegung sei mit sehr wenigen Ausnahmen auf dem Boden der Sozialdemokratie gewachsen, und sie werde nur auf sozialdemokratischem Boden zum Siege kommen.

Der Antrag: *Jeder Arbeiter, der sich als Genosse bekennt, muß auch Mitglied der Gewerkschaft seiner Branche sein. Dieser Antrag respektive Beschluß ist dem nächsten Parteitag zur Kenntnis zu bringen,* wurde angenommen.

In der Phase der Entwicklung zur Massenbewegung

Die Frage, wie eng die Verbindung zwischen Partei und Gewerkschaftsbewegung sein und wie sie sich in der Praxis auswirken sollte, blieb auch in der Zeit des Reifungsprozesses der Gewerkschaftsbewegung umstritten.

Auf der einen Seite sahen sozialistische Theoretiker und ebenso manche Parteiführer die Gewerkschaftsbewegung weiterhin als »Säulen der sozialistischen Klassenkampfbewegung« an, die als Ergänzung des politischen Kampfs den wirtschaftlichen und sozialen Tageskleinkampf zu führen hatte.[3]) So wurde um die Jahrhundertwende vielfach noch nicht erkannt, daß mit den Kollektivverträgen eine neue Ära im Arbeitsrecht begann. »Klassenkämpfer« sahen im Abschluß von Tarifverträgen die Preisgabe des Klassenkampfs und in den Hoffnungen, die an die Chance zur Ausweitung der Vertragsinhalte geknüpft wurden, eine verwerfliche Gefühlsduselei. Sie wollten nicht wahrhaben, daß sich die Praxis der Gewerkschaftspolitik in der Alltagsarbeit in den Betrieben von der Hervorkehrung der Klassenkampfidee fernhalten muß und sich nüchtern mit Löhnen und Arbeitsbedingungen zu beschäftigen hat, wenn sie nicht unnötigerweise Aggressionen der Arbeitgeber hervorrufen will.

Auf der anderen Seite gab es ebenso nach wie vor Gewerkschaftsorganisationen, die nicht nur die »Hervorkehrung der Klassenkampfidee« ablehnten, sondern die Beteiligung an allen politischen Aktionen, auch an solchen, die keineswegs auf einen revolutionären Umsturz abzielten.

Aus diesem Grund kam es beispielsweise in Deutschland im Jahre 1905 in der F r a g e d e s p o l i t i s c h e n S t r e i k s zu einem Konflikt zwischen Gewerkschaft und Partei.

Der deutsche Gewerkschaftskongreß verabschiedete 1905 in Köln eine Resolution, die alle Versuche, durch die Propagierung des politischen Massenstreiks eine bestimmte Taktik festlegen zu wollen, für *verwerflich* erklärte. Der organisierten Arbeiterschaft wurde empfohlen, *solchen Versuchen von Anarchisten und Leuten ohne jegliche Erfahrung auf dem Gebiet des wirtschaftlichen Kampfes energisch entgegenzutreten.*

Die Sozialdemokratische Partei, die ihren Parteitag später in Jena abhielt, nahm demgegenüber eine Resolution an, die einen Appell an die Gewerkschaften enthielt: »Demgemäß erklärte der Parteitag, daß es namentlich im Falle eines Anschlags auf das allgemeine, gleiche, direkte Wahlrecht die Pflicht der gesamten Arbeiterklasse ist, jedes geeignet erscheinende Mittel zur Abwehr nachdrücklich anzuwenden.« Als eines der wirksamsten Kampfmittel zur Abwehr eines »solchen politischen Verbrechens« betrachtete der Parteitag »die umfassende Anwendung der Massenarbeitseinstellung«.[4])

In Ö s t e r r e i c h ging es zu dieser Zeit noch nicht darum, das allgemeine, gleiche Wahlrecht zu erhalten, sondern darum, es überhaupt erst zu erkämpfen. Um der Forderung nach der W a h l r e c h t s r e f o r m mehr Nachdruck zu verleihen und den Reichsrat zu einem entsprechenden Gesetzesbeschluß zu veranlassen, waren hier die *Freien Gewerkschaften* dazu bereit, mit dem G e n e r a l s t r e i k zu d r o h e n . Allerdings war ihnen die Problematik dieser Entscheidung durchaus bewußt, denn es stellte sich die Frage, was geschehen würde, wenn die Drohung allein nicht mehr ausreichte.

Österreichs Gewerkschaftsbewegung
Stationen politischer Entscheidungen

1918: Entscheidung für die repräsentative Demokratie. 1919: der Gewerkschafter Ferdinand Hanusch in der ersten nach Wahlen bestellten Regierung der Republik

Entscheidung gegen den politischen Generalstreik als reguläres Kampfinstrument im Unterschied zu Deutschland. Im Kampf gegen das Zerschlagen der Demokratie am 12. Februar 1934 sollte er eingesetzt werden, er fand aber nicht mehr statt

Entscheidung gegen den »Anschluß« an Nazi-Deutschland. Konferenz der illegalen Freien Gewerkschaften im März 1938 unter Vorsitz von Karl Mantler (rechts oben). Der Gesprächspartner seitens der »Einheitsgewerkschaft des Ständestaates«: der christliche Gewerkschafter Johann Staud (rechts unten)

1945–1949 Entscheidung für Demokratie und westlichen Sozialstaat. Links: ÖGB-Delegation bei US-Außenminister Marshall (ganz links ÖGB-Präsident Johann Böhm). Rechts: das Logo des Internationalen Bundes Freier Gewerkschaften, dem der ÖGB 1949 nach Trennung vom kommunistisch dominierten Weltgewerkschaftsbund beitrat

Da war das Problem der Streikunterstützung: Für einen mehrtägigen Generalstreik reichten die Mittel der Gewerkschaftskassen bei weitem nicht aus, es wäre daher nur ein kurzer, höchstens zweitägiger Demonstrationsausstand in Frage gekommen. Auch durfte eine solche Demonstration nicht zu einer Revolte mit unübersehbaren Konsequenzen ausarten. Dazu war aber ohnehin der Großteil der Arbeiter nicht zu haben, da sie nicht das bisher Erreichte und unter Umständen den Bestand ihrer Organisation aufs Spiel setzen wollten. Die Arbeiter wollten, wie Victor Adler meinte, das »Gewonnene« genießen. Und schließlich war für den Erfolg eines politischen Generalstreiks eine disziplinierte Arbeiterschaft erforderlich, die es in der Monarchie aber nur in gut organisierten Industriegebieten, vorwiegend in den großen Städten, gab.

Die Meinungen darüber, wie diese Probleme zu bewältigen seien, falls es zum Generalstreik kommen sollte, waren geteilt. Aber die Fragen mußten nicht beantwortet werden, weil eine Serie von Arbeitsniederlegungen in ganz »Cisleithanien« und die große Wahlrechtsdemonstration im Herbst 1905 ausreichten, um den notwendigen Druck auf die Reichsratsabgeordneten zu erzeugen; 1907 wurde zum erstenmal nach dem allgemeinen, gleichen Wahlrecht gewählt.

Auf dem in diesem Jahr abgehaltenen *Fünften Reichsgewerkschaftskongreß* stellte Anton Hueber in seinem Bericht fest, daß der Wahlrechtskampf im Jahre 1906 die schwierigste Zeit für die Gewerkschaftskommission gewesen sei. Der Beschluß der Gewerkschaftskommission über einen dreitägigen Generalstreik im Falle der Ablehnung des Gesetzentwurfs durch das Parlament habe zweifellos zum Erfolg beigetragen.

Der ebenfalls im Jahre 1907 in Stuttgart tagende *Internationale Sozialistenkongreß* betonte zwar die Notwendigkeit einer engen Zusammenarbeit zwischen Partei und Gewerkschaft, lehnte aber die völlige Unterordnung der Gewerkschaftsarbeit unter die Partei ab. Ein Kongreßbeschluß stellte fest, daß jede der beiden Organisationen, Partei und Gewerkschaft, ein *durch ihre Natur bestimmtes eigentümliches Gebiet* habe, auf dem sie ihre Aktion s e l b ständig zu bestimmen habe. Daneben aber gebe es den stets wachsenden Aufgabenbereich des proletarischen Klassenkampfs, in dem nur bei einmütigem Zusammenwirken zwischen der Partei- und Gewerkschaftsorganisation Erfolge erzielt werden könnten. *Der Kampf des Proletariats wird sich daher um so erfolgreicher und günstiger gestalten, je inniger die Beziehungen zwischen Gewerkschaften und Parteiorganisationen sind, wobei die Einheitlichkeit der Gewerkschaftsorganisation im Auge zu behalten ist ...*

Trotz des Beschwörens der gemeinsamen Ziele kam es zwangsweise zwischen Partei- und Gewerkschaftsorganisationen immer wieder zu Differenzen über die einzuschlagende Taktik. Die Partei war bestrebt, sich des Rückhalts der Gewerkschaften zu versichern, wohingegen die Gewerkschaften die volle Unterstützung der Partei bei sozialpolitischen Forderungen verlangten. Die Intensität der Hilfe war aber abhängig von der jeweiligen politischen Situation.

In der Phase der Beteiligung an der politischen Macht

Die ganze Problematik des Verhältnisses zwischen Partei und Gewerkschaft und das Ausmaß der Belastbarkeit dieser komplizierten Beziehung zeigten sich erst nach 1918, als Partei und Gewerkschaft zu maßgeblichen Faktoren im öffentlichen Leben geworden waren. Ihrer größten Z e r r e i ß p r o b e war die Zusammenarbeit von SDAP und Freien Gewerkschaften gleich in den Anfangsjahren der Ersten Republik ausgesetzt, als es darum ging, welcher Stellenwert den überall entstehenden *A r b e i t e r r ä t e n* zugemessen werden sollte.

Die am 3. November 1918 gegründete *Kommunistische Partei Deutsch-Österreichs* versuchte, diese Institutionen für ihre Zwecke zu nützen und über sie eine revolutionäre Entwicklung voranzutreiben, die in der Abschaffung der »bürgerlichen« parlamentarischen Demokratie und der Machtübernahme durch die »Partei des Proletariats« münden sollte. Selbständige Gewerkschaften hatten in diesem politischen Konzept keinen Platz. Für die Kommunisten war der Standpunkt Lenins maßgebend, daß die Gewerkschaften im Sozialismus nur mehr aktive Mitwirkung und Festigung der sozialistischen Staatsmacht und der zentralen Planung und Leitung der Wirtschaft und der Gesellschaft zu vertreten hätten, um eine stabile und dauerhafte Befriedigung der Bedürfnisse der Werktätigen zu erreichen.[5]) Solange es keine »sozialistische Staatsmacht« gab, blieb die Gewerkschaftsarbeit zwar als »Schule des Klassenkampfs« von großer Bedeutung, aber als Form der Parteiarbeit, nicht als eigenständige Aufgabe.

Die Sozialdemokratische Partei trat anfangs für die Erweiterung der Basis der *Arbeiterräte* ein, um den zunächst noch wachsenden

Einfluß der Kommunisten unter Kontrolle zu bringen. Im Februar 1919 beauftragte eine in Linz tagende Konferenz der Arbeiterräte die *Sozialdemokratische Arbeiterpartei,* eine R e i c h s k o n f e r e n z s ä m t l i c h e r *A r b e i t e r r ä t e* D e u t s c h - Ö s t e r r e i c h s einzuberufen. Diese fand am 1. und 2. März 1919 statt und nannte als Aufgabe der *Arbeiter*räte, »den Willen des gesamten werktätigen Volkes aller Betriebe und Berufe sowohl in politischer als auch in wirtschaftlicher Hinsicht zum Ausdruck zu bringen und ihm so eine direkte Anteilnahme an der Politik zu ermöglichen, die vor allem das Ziel haben muß, die Erfolge der Revolution zu festigen und auszubauen«. Die Satzungen sahen von den Betrieben gewählte Vertreter in den zu bildenden *Ortsarbeiterräten* vor. Die Reichskonferenz beschloß zusätzlich, »in Anerkennung der Notwendigkeit eines einheitlichen proletarischen Forums die Wählbarkeit in den Arbeiterrat auf alle jene Arbeiter zu erweitern, die in der Erreichung der sozialistischen Gesellschaftsordnung das Ziel und im Klassenkampf das Mittel der Emanzipation des Proletariats erkennen«.[6])

An den noch im Frühjahr abgehaltenen Arbeiterratswahlen beteiligten sich allein in Wien etwa 500.000 Werktätige. Die KPÖ eroberte nur 5 Prozent der Mandate, später schwankte ihr Anteil zwischen 5 und 8 Prozent.[7])

Max Adler, einer der profiliertesten Theoretiker am linken Flügel des »Austromarxismus« und engagierter Verfechter des Rätesystems, klagte, daß der Gedanke des Arbeiterrats »die seltsamsten Blüten (treibe), wenn ganz reaktionäre oder durchaus noch vom ständischen Geiste erfüllte Körperschaften sich beeilen, ihre ›Arbeiterräte‹ zu entsenden«. Adler forderte 1919 für den *Zentralrat der Arbeiterräte* das Recht, in der Nationalversammlung Initiativanträge zu stellen, das Vetorecht gegen die Beschlüsse der Nationalversammlung und das Recht auf Regierungsbeteiligung.

Dazu kam es nicht, die Institution der Arbeiterräte blieb zwar vorläufig weiter bestehen, man wies ihr aber Aufgaben zu, »mit denen man gewöhnlich gehobene Vereinsmeierei abzuspeisen pflegt, wie etwa die Aushebung von Schleichhandelsnestern«.[8])

Die Forderung der Reichskonferenz der *Arbeiterräte,* die Institution der Räte als eine weitere Möglichkeit der demokratischen Mitbestimmung in der Verfassung zu verankern, hatte unter diesen Voraussetzungen keine Chance auf Verwirklichung.[9]) Dazu kam die ablehnende Haltung der *Freien Gewerkschaften.*

Die G e w e r k s c h a f t e n sahen seit dem Jänner 1918 in der Räteorganisation ein K o n k u r r e n z u n t e r n e h m e n , das ihre

Tätigkeit behinderte, die Vertrauensbasis in den Betrieben unterhöhlte und das Mißtrauen der Arbeitgeber hervorrief. Das Aufgabengebiet der Gewerkschaften und das Aufgabengebiet der Arbeiterräte, so wie es sich die Sozialdemokratische Partei dachte, ließen sich nicht genau abgrenzen; es kam zwangsläufig zu Rivalitäten zwischen den beiden Institutionen.

Die Gewerkschaften beklagten sich darüber, daß sich die *»Arbeiter-Zeitung«* ängstlich hüte, über die Gewerkschaftsbewegung Mitteilung zu machen, wohl aber die Aufrufe des *Kreisarbeiterrats* bringe.[10]) Der Parteileitung warf die Gewerkschaftskommission *fatalistisches Sich gehenlassen* vor und stellte fest, daß es nicht Sache der Gewerkschaften sei, *sich immer und immer wieder Sorgen wegen des anscheinend ständig zunehmenden Ruhebedürfnisses der Partei zu machen.* Es sei kein unabänderliches Naturgesetz, daß die Gewerkschaften den Prügelknaben für Sünden der Partei abgeben müßten, und wenn diese anscheinend nicht den Willen und die Fähigkeit besitze, selbst ihre Sache zu führen, dann müsse hiezu auch für die Gewerkschaften keine Ursache bestehen, und *diese täten am besten daran, ihre eigenen Wege zu gehen.*

Diese massive Kritik veröffentlichte das offizielle Organ der Gewerkschaftskommission in seiner Nummer vom 3. Februar 1920. Daran knüpfte die Schlußfolgerung an, daß – bedingt durch die wirtschaftspolitischen Verhältnisse – eine gewisse politische *Verselbständigung* der Gewerkschaften notwendig sei, die allerdings unter den Gewerkschaftsfunktionären nicht viel Widerhall fände. Die österreichischen Gewerkschaften seien jederzeit gute Parteigenossen gewesen, und sie übten nicht gerne Kritik *an der Tätigkeit oder – besser gesagt – Untätigkeit der Partei.*

Im November 1920 befaßte sich die *Vorständekonferenz* der Gewerkschaften mit den nächsten Arbeiterratswahlen und wiederholte diese Kritik in etwas diplomatischerer Form: Die Konferenz brachte klar zum Ausdruck, daß der *Arbeiterrat* nicht zum Tummelplatz der verschiedensten *»Sektierergruppen«* werden dürfe; insbesondere drohe Gefahr von den Kommunisten. Die Sozialdemokratische Partei sei in dieser Frage, die an sich eine politische sei, zu wenig energisch. Als Konsequenz kündigte die *Vorständekonferenz* an, daß die *Freien Gewerkschaften* den Wahlkampf eigenständig zu führen gedächten: Wegen der zu wenig *energischen* Haltung der Partei müsse die Durchführung dieser Wahlen zu einer Sache der Gewerkschaften gemacht werden.

Das war ein Warnschuß für den linken Flügel der SDAP, sich nicht allzusehr in Sachen Arbeiterräte zu engagieren. Aber auch an Politiker wie Karl Renner, die sich durchaus eine Kombination von parlamentarischer Demokratie und Rätebeteiligung vorstellen konnten.

1924 wurden die *Arbeiterräte* endgültig aufgelöst, deren Funktion als Ordnerorganisation ging an den 1923 errichteten *Republikanischen Schutzbund* über.[11]) Nur das *Betriebsrätegesetz* und die Bildung einer Freien Soldatengewerkschaft aus der Tradition der *Soldatenräte* blieben als Erbe der Rätebewegung in Österreich erhalten.

Daß selbst weitsichtige und keineswegs »radikale« P a r t e i f ü h r e r von der Idee der E i n h e i t von Partei und Gewerkschaft nicht loskamen, zeigt ein Brief Victor Adlers an Anton Hueber als Vorsitzender der Gewerkschaftskommission, den Adler als *testamentarisches Vermächtnis* verstanden wissen wollte und den Hueber erst nach Adlers Tod auf dem Gewerkschaftskongreß 1923 zur Kenntnis brachte:

Die Partei hat in Österreich für die Gewerkschaften so viel getan wie in keinem anderen Lande. Sie hat auch von den Gewerkschaften so viel empfangen wie in keinem anderen Lande. Partei und Gewerkschaft sind bei uns siamesische Zwillinge; das hat seine Unbequemlichkeiten, aber sie zu trennen, wäre eine lebensgefährliche Operation für beide ... In Vorahnung kommender Entwicklung schließt der Brief: *... Ich werde den ganzen Rest meiner Kraft aufbieten, um jedem Versuch, diese gefährliche Operation zu unternehmen, entgegenzutreten. Von Ihnen, lieber Freund, erwarte ich, daß Sie dabei an meiner Seite stehen werden, wenn es Ernst wird.*

Auch die *Christlichen Gewerkschaften* hatten Probleme bei der Zusammenarbeit mit der ihnen nahestehenden Parteiorganisation. Doch sie waren etwas anders gelagert als die Schwierigkeiten, die in den Beziehungen zwischen *Freien Gewerkschaften* und Sozialdemokratischer Partei auftraten, weil die Christlichsoziale Partei sich ja nicht als »politische Arbeiterbewegung« verstand, wie das die SDAP tat, sondern als »Volkspartei«, die verschiedene gesellschaftliche Interessen vertrat.

IV. Die Gewerkschaftsbewegung bis zum Ende der ersten demokratischen Republik

Um die Überlebenschance der jungen Republik

Die Revolution, die keine war

Die Entstehung der Ersten Republik ist schon längst »Geschichte« – für die nach dem Zweiten Weltkrieg geborene Generation ebenso weit von ihrer Lebenswirklichkeit entfernt wie etwa die Revolution von 1848. Sie ist trotzdem sehr lebendige Geschichte, wie alle Ereignisse der Vergangenheit, die auch noch für die Menschen späterer Epochen wichtig sind, um ihren Standort in der Gesellschaft zu bestimmen. Die Geschichtswissenschaft hat es in solchen Fällen schwer, denn ihre nüchternen Analysen zerstören manchmal liebgewonnene und allzu gerne geglaubte Legenden, die ein Ereignis verklären oder abwerten.

Auch die Rolle, die die Sozialdemokratie und die Gewerkschaftsbewegung bei der Umwandlung Österreichs in einen republikanisch-demokratischen Staat spielten, wird oft noch immer falsch gezeichnet: Man sieht in den maßgeblich von ihnen geprägten Novemberereignissen des Jahres 1918 eine Revolution, die für die einen die große historische Leistung der sozialdemokratischen Arbeiterbewegung ist, für andere die Schuld an den Problemen trägt, mit denen Österreich in der Zwischenkriegszeit zu kämpfen hatte. Der ehrliche historische Rückblick muß dagegen ernüchternd feststellen, daß die Monarchie nicht als Folge einer von den »Arbeitermassen« getragenen oder von der Sozialdemokratischen Partei angestrebten Revolution zusammenbrach, sondern unter der Wucht ihrer militärischen und politischen Niederlagen, die den endgültigen Ausbruch der sich unterdrückt fühlenden nichtdeutschen Nationen aus dem »Völkerkerker« beschleunigten. Die deutschsprachigen Kerngebiete des Habsburgerreichs blieben als Rumpfgebilde übrig. Erst aus diesem entstand der neue Staat »Deutsch-Österreich« als »Notlösung«. »Im Gegensatz zu den klassischen Beispielen der Revolution, besonders derjenigen in Frankreich und Rußland, könnte behauptet werden, daß die Ereignisse der letzten Monate des Jahres 1918, die zur Entstehung der Republik Österreich führten, nicht verdienen, als Revolution bezeichnet zu werden. Es gab keine Barrikaden, keine Bastille und eigentlich auch keine heftigen Wutausbrüche oder Racheakte. Das alte Regime blieb, von den nichtdeutschen Völkern des Kaiserreiches verlassen, zu Tode verwundet auf den Schlachtfeldern liegen.« So schätzte der Amerikaner Charles A. Gulick in seinem Standardwerk »*Österreich von Habsburg bis Hitler*« die Entwicklung am Ende des Ersten Weltkriegs ein.[1]) Gulick versteht hier unter »Revolution« einen gewaltsamen Umsturz zur Entmachtung der herrschenden Gesellschaftsschichten. Und in diesem Sinne waren der Sturz der Monarchie und die Republikgründung ganz gewiß keine Revolution, soweit es Österreich betrifft. Denn zum Unterschied von den nichtdeutschen Nachfolgestaaten, die ganz bewußt mit der Tradition der Monarchie brachen und tatsächlich als Folge einer nationalen Revolution entstanden, leiteten die Gründer des österreichischen Staats ihre Legitimation von den letzten Wahlen im Kaiserreich ab und übernahmen auch personell den bestehenden Verwaltungsapparat.

Allerdings kann dagegen eingewendet werden, daß auch »unblutige Verfassungsänderungen revolutionären Charakter haben können, wenn eine Staatsform oder ein Herrschaftssystem durch den Kampf einer aufsteigenden Klasse oder (in der Neuzeit) durch Massenbewegungen gestürzt wird«.[2]) Denn für die Wissenschaft ist – entgegen der allgemein verbreiteten Vorstellung – nicht Gewalt das entscheidende Merkmal einer Revolution, sondern der Umsturz und die Neubildung von politischen und sozialen Verhältnissen, wenn das Organisations- und Machtsystem in der Gesellschaft nicht mehr den gewandelten Anschauungen und Wertvorstellungen entspricht; die Revolution ist also die Beseitigung sinnentleerter und die Aufrichtung werterfüllter Gesellschaftssysteme.

Aber auch in diesem Sinne fand im Herbst 1918 in Österreich k e i n e wirkliche s o z i a l e Revolution statt. Es blieb bei den n a t i o n a l e n Revolutionen, die von nationalen Massenbewegungen in den sich bildenden »Nachfolgestaaten« des Habsburgerreichs getragen wurden.

Die Initiative der deutsch-österreichischen Sozialdemokratie ging in eine andere Richtung: N i c h t die A u f l ö s u n g des Donaustaats in Nationalstaaten war das Ziel, sondern bis zuletzt seine U m w a n d l u n g in einen Staatenbund. Bedeutende Arbeiterführer hatten schon vor dem Krieg immer wieder darauf verwiesen, daß eine Überbrückung der nationalen Gegensätze durch die volle Gleichberechtigung vor allem auch der slawischen Völker notwendig und möglich sei – eine Mahnung, die viel zu spät und dann auch nur halbherzig Beachtung fand. Dabei war für sie die Beseitigung der nationalen Diskriminierung, deren Bedeutung für die Menschen sie unterschätzten, nur ein Mittel zum Zweck. Es ging ihnen in erster Linie um den Abbau der sozialen Ungerechtigkeit, denn sie hatten schon frühzeitig erkannt, »daß n a t i o n a l e D i s k r i m i n i e r u n g a u c h eine s o z i a l e in sich schloß und daß ihr erstes und größtes Opfer die benachteiligte Klasse der industriellen und landwirtschaftlichen Arbeiter«[3]) sein werde. Aber wie sehr die Erfahrung der sozialen Ungerechtigkeit als nationale Diskriminierung erlebt wurde und wie stark deshalb auch die nationale Selbstbehauptung für die slawischen und italienischen Arbeiter im Vordergrund stand, wurde ihnen nicht bewußt. Sie hofften bis zum November 1918 vergebens darauf, daß das Zusammengehörigkeitsgefühl der Arbeiterklasse stärker sein würde als der Nationalismus.

Um die wirtschaftliche und politische Einheit des Donauraums zu erhalten, versuchten die Arbeiterführer auch, das an sich nicht geliebte monarchische System als Symbol dieser Einheit vor der Gefährdung durch eine sich abzeichnende spontane revolutionäre Bewegung zu bewahren. Ihrem Einfluß gelang es, immer wieder Ruhe herzustellen, wenn während der letzten beiden Kriegsjahre – unter dem Druck der furchtbaren Notlage und ermutigt durch die russische Revolution – die sich ausbreitende revolutionäre Stimmung in große revolutionäre Aktionen umzuschlagen drohte. Aber der Wunsch nach einer sozial gerechteren Gesellschaft verband die sozialdemokratischen Spitzenfunktionäre und die Menschen, die in Hungerrevolten gegen ihr Elend protestierten, die Rüstungsindustrie bestreikten oder sich als Matrosen der k. u. k. Kriegsmarine gegen sinnlos gewordene Einsatzbefehle wehrten. Ihre Aktionen, der Durchbruch der unter ihnen aufgestauten Unzufriedenheit und auch Empörung, trugen – wie rückblickend festgestellt werden kann – wesentlich zur Entscheidung der Sozialdemokraten und dann auch der Christlichsozialen für die republikanische Staatsform bei. Für eine R e p u b l i k , die nach dem Willen der SDAP nicht nur eine wirkliche Demokratie sein, sondern auch eine b e s s e r e s o z i a l e O r d n u n g garantieren sollte.

Obwohl die Sozialdemokratische Partei in der provisorischen Nationalversammlung deutlich in der Minderheit war, gelang es, ab November 1918 große sozialpolitische Erfolge zu erringen, die damals als revolutionär gelten konnten und die das reaktionäre Bürgertum später als *revolutionären Schutt* abwertete.

Zunächst hielten es die Vertreter von Industrie, Kleingewerbe und Landwirtschaft aber für geraten, dem sozialpolitischen Programm keinen Widerstand entgegenzusetzen, weil ihnen die Zusammenarbeit mit der SDAP die beste Garantie dafür schien, eine mögliche Revolution zu verhindern.[4]) Doch es war ein B ü n d - n i s a u f Z e i t, und den Sozialdemokraten war klar, daß die Arbeiterbewegung außerhalb der Industriezentren und Ballungsräume eine zu schwache Basis hatte, um es wagen zu können, die Grenze zu einer »unbesonnenen« Revolution zu überschreiten.

Die Führer der Sozialdemokratischen Partei sprachen zwar bis weit in den Sommer 1919 hinein davon, daß »die österreichische Arbeiterklasse seit dem November 1918 zu jeder Stunde die Macht habe, die Rätediktatur zu errichten«[5]), erläuterten aber zugleich die G e f a h r e n, die ein solcher Schritt nach sich gezogen haben würde: Eine R ä t e r e p u b l i k sei nur in den industrialisierten Gebieten Ostösterreichs möglich, die unter christlichsozialem Einfluß stehenden westlichen Bundesländer würden auf einen solchen Versuch mit einer Revolte antworten, Österreich stünde vor einer Zerreißprobe. Die Ententestaaten als Siegermächte würden entweder militärisch intervenieren oder eine Hungerblockade verhängen. Eine Räterepublik würde deshalb – ganz abgesehen von den Folgen schwerwiegender innerer Konflikte – in kürzester Zeit in die Knie gezwungen werden und die Arbeiterbewegung einen blutigen, lang anhaltenden Rückschlag erleiden.[6])

Man hatte dabei die leidvollen Erfahrungen vor Augen, die die Arbeiterbewegung in den Nachbarstaaten machen mußte.

In B a y e r n versuchte Kurt Eisner eine Kombination von Rätedemokratie und Parlamentarismus zu verwirklichen; er war gleichzeitig Vorsitzender des *Arbeiter-, Soldaten- und Bauernrats* und Ministerpräsident; das Experiment scheiterte. Kurz vor seinem geplanten Rücktritt wurde Eisner Anfang 1919 von einem rechtsradikalen Fanatiker erschossen. Seine Ermordung führte zur Ausrufung der bayrischen R ä t e r e p u b l i k, die noch im Mai des gleichen Jahres von militärischen Einheiten der deutschen Republik zerschlagen wurde. München wurde zum Zentrum der rechtsgerichteten Kräfte in Deutschland, die auch nach Österreich hinein wirkten. So rüstete die bayrische »Orgesch« (Organisation Escherich) ab Anfang der zwanziger Jahre die sich immer mehr zu einer rechten paramilitärischen Kampfgruppe entwickelnden Heimwehren auf.

Im März 1920 kam es in B e r l i n zum sogenannten K a p p - P u t s c h , einem gegen die demokratische Republik gerichteten Umsturzversuch von Truppenteilen unter der Führung rechtsradikaler Offiziere. Da auf die Reichswehr kein Verlaß war, mußte sich die Regierung zuerst nach Dresden und dann nach Stuttgart zurückziehen. Der *Deutsche Gewerkschaftsbund* griff, um die Bedrohung der Demokratie abzuwenden, zum nur für den äußersten Notfall vorgesehenen Kampfmittel: er proklamierte den G e n e r a l s t r e i k . Auch die Christlichen und die liberalen *Hirsch-Dunckerschen Gewerkschaften* schlossen sich an. Der Generalstreik dauerte acht Tage und wurde abgebrochen, nachdem die Regierung konterrevolutionäre Formationen aufgelöst und den Gewerkschaften Zugeständnisse zur Bekämpfung des Wuchers und des Schiebertums gemacht hatte.

In U n g a r n wurde nach dem Zusammenbruch der Donaumonarchie die »Volksrepublik« ausgerufen. Die aus Vertretern mehrerer Parteien gebildete Volksregierung versuchte eine radikale Bodenreform durchzuführen, scheiterte damit aber ebenso wie in der Außenpolitik; die Siegermächte bestanden auch gegenüber Ungarn auf ihren harten Friedensbedingungen, die die Abtrennung von zwei Drittel des ehemaligen Staatsgebiets vorsahen. Die Volksregierung mußte einer kommunistisch-sozialdemokratischen Koalitionsregierung weichen, die im April 1919 eine R ä t e v e r f a s s u n g erließ. Die Politiker der Räterepublik gingen daran, eine neue wirtschaftliche Ordnung aufzubauen, wobei ihnen allerdings durch überstürzte Maßnahmen gewaltige Fehler unterliefen, die sich sehr bald bitter rächen sollten. Aber auch die erfolgversprechenden Ansätze hatten als Folge einer Wirtschaftsblockade durch die Ententemächte keine Chance. Dazu kam, daß sich die lange angestaute Empörung der im alten Feudalsystem hart unterdrückten armen Bevölkerungsgruppen in unüberlegten Racheakten Luft machte, was dem von den Gegnern vorgebrachten Propagandaargument vom »roten Terror« erhöhte Glaubwürdigkeit verschaffte. Die innere Zerrüttung bot einen willkommenen Anlaß zum Eingreifen: mit Billigung der Siegermächte marschierten rumänische Truppen ein, schlugen die *Rote Armee* und besetzten Budapest. An die Stelle des Rätesystems trat eine von der Entente begünstigte gegenrevolutionäre »Ordnungsregierung«, bestehend aus Offizieren und Anhängern des alten Systems und gestützt auf die besitzenden Bauern und christlich-nationalen Kreise. Sie ließ es geschehen, daß die *Nationalarmee* Admiral Horthys, des eigentlichen starken Mannes Ungarns, das Land mit ihrem » w e i ß e n T e r r o r «

der Gegenrevolution überzog. Die einsetzenden Verfolgungen erstreckten sich nicht nur auf Kommunisten und Anhänger der Räteregierung, sondern auf alle Sozialdemokraten und Gewerkschafter. Bei den Verhaftungen ging man skrupellos vor, etwa 30.600 Personen wurden in Konzentrationslager gesperrt und viele furchtbar mißhandelt. Die *Freien Gewerkschaften* wurden von der Regierung beargwöhnt und erlebten durch die Verfolgung einen empfindlichen Rückschlag, obwohl sie mehrheitlich dem Rätesystem ablehnend gegenübergestanden hatten.

Angesichts des »weißen Terrors« kündigte der IGB, der *Internationale Gewerkschaftsbund,* einen Boykott Ungarns durch die organisierte Arbeiterschaft an, falls die Verfolgungen fortgesetzt werden sollten. Weil das Horthy-Regime (der Admiral war damals bereits als *Reichsverweser* der formal wiedererrichteten Monarchie praktisch Staatsoberhaupt) diese Drohung ignorierte und den Terror noch verschärfte, rief der IGB die internationale Arbeiterschaft auf, vom 20. Juni 1920 an Ungarn zu boykottieren und jeden Verkehr mit diesem Lande gänzlich einzustellen: Kein Zug sollte ab diesem Tag die ungarische Grenze passieren, kein Schiff in Ungarn einfahren, kein Brief, kein Telegramm sollten von und nach Ungarn weiterbefördert werden.

Der Boykott dauerte sieben Wochen. Die *Freien Gewerkschaften* Österreichs setzten ihren Ehrgeiz daran, ihn möglichst lückenlos durchzuführen, und es war in erster Linie ihr Verdienst, daß die IGB-Aktion kein totaler Mißerfolg wurde. Zwar taten auch die Arbeiter Jugoslawiens und Rumäniens alles, was sie – angesichts des autoritären politischen Kurses ihrer eigenen Länder und ihrer verhältnismäßig noch schwachen Kräfte – zu tun in der Lage waren, aber die Gewerkschaften der großen westlichen Staaten nahmen die Parole des IGB nur zögernd und ohne wirkliches Engagement auf. Es gelang nicht, die öffentliche Meinung in den Ententeländern so zu beeinflussen, daß die Regierungen gezwungen gewesen wären, in Ungarn zugunsten der Unterdrückten einzuschreiten. Die unterdrückte ungarische Arbeiterschaft selbst war dem Terror so hilflos ausgeliefert, daß sie die für sie kämpfenden Kollegen im Ausland nicht einmal durch öffentliche Erklärungen unterstützen konnte, die vielleicht eher vermocht hätten, die internationale Öffentlichkeit aufzurütteln. Deshalb trugen die *Freien Gewerkschaften* der Anrainerstaaten, vor allem Österreichs, fast allein die Last des Kampfs.

Aber auch ihnen gelang es nicht, die öffentliche Meinung und ihre Regierungen zugunsten der Opfer des Terrors in Ungarn zu beeinflussen. Besonders in Österreich rief die Aktion der Arbeiterschaft den Protest eines Teils der bürgerlichen Organisationen und ihrer Presse hervor. Der leitende Ausschuß des *Hauptverbands der Industrie* entrüstete sich, daß die Regierung gegen den *das Wirtschaftsleben schwer schädigenden* Verkehrsboykott nichts unternehme. Aber auch die christlichen und die nationalen Gewerkschaften nahmen gegen den Boykott Stellung. Um die Verbreitung von Hetzartikeln der bürgerlichen Presse zu verhindern, entschlossen sich schließlich die graphischen Arbeiter, den Satz und Druck von Artikeln, die die Gewerkschaftsbewegung verunglimpften, zu verweigern. Das war zwar eine Aufmerksamkeit erregende Protestaktion, konnte aber die grundsätzlich positive Einstellung der überwiegenden Mehrheit der »Meinungsmacher« gegenüber Horthy-Ungarn nicht ändern.

Die Kraft der internationalen Gewerkschaftsbewegung reichte nicht aus, um einen vollen Erfolg zu erreichen. Deshalb beschloß die Leitung des *Internationalen Gewerkschaftsbunds,* den Boykott am Sonntag, den 8. August abzubrechen. Auch die österreichischen Eisenbahner und Transportarbeiter gaben den Verkehr mit Ungarn wieder frei. Aber ganz vergeblich war die IGB-Aktion doch nicht gewesen. Immerhin hatte sie durch Wochen die internationale Öffentlichkeit beschäftigt und auf die Zustände in Ungarn aufmerksam gemacht. Und der neue ungarische Ministerpräsident, Graf Teleki, sah sich in der Nationalversammlung doch zu der Erklärung gezwungen, daß Recht und Gesetz geachtet werden würden und die Arbeiterorganisationen sich im (eng gezogenen) gesetzlichen Rahmen betätigen könnten.

Der *Erste Internationale Gewerkschaftskongreß* des IGB hatte im August 1919 nicht nur die W i r t s c h a f t s b l o c k a d e d e r W e s t m ä c h t e gegen Räte-Ungarn verurteilt, sondern auch die Blockade gegen das kommunistische Rußland. Und als die reaktionäre polnische Regierung mit Unterstützung der Entente einen Krieg gegen die junge S o w j e t u n i o n zu führen begann, rief der IGB zu einem B o y k o t t d e r w e s t l i c h e n W a f f e n l i e f e r u n g e n auf. Auch hier kamen die österreichischen Eisenbahner und Transportarbeiter – im Gegensatz zu den Gewerkschaftsbewegungen anderer Länder – den ihnen übertragenen Verpflichtungen voll und ganz nach. Die *Freien Gewerkschaften* unterstützten Räte-Ungarn und Sowjetrußland n i c h t , w e i l sie deren politische Konzepte oder die kommunistische Ideologie befürworteten, s o n d e r n   o b w o h l sie den Kommunismus für einen falschen und gefährlichen Weg hielten. Als demokratische Sozialisten sahen sie es als Verpflichtung an, gegen die Politik der Westmächte aufzutreten, die die revolutionären Staaten nicht wegen der Errichtung von Parteidiktaturen bekämpften, sondern weil sie eine Wirtschaftsordnung schaffen wollten, die gegen die Interessen des kapitalistischen Weltwirtschaftssystems gerichtet war.

Dieses Engagement des IGB ließ die seit dem Beginn der internationalen Gewerkschaftsorganisation Ende des 19. Jahrhunderts bestehenden Differenzen zwischen mit der politischen Arbeiterbewegung verbundenen Gewerkschaftern und »Nur-Gewerkschaftern« wieder aufleben, nur daß nun die Trennlinie nicht mehr zwischen dem Kontinent und Großbritannien, sondern zwischen Europa und den Vereinigten Staaten verlief. Die US-Gewerkschaftszentrale *American Federation of Labour (AFL),* die damals die Außenpolitik ihrer Regierung voll unterstützte, war mit den meisten Beschlüssen des IGB nicht einverstanden. Weil ihr die Ausrichtung der Gewerkschaftsinternationale »zu sozialistisch war, erschien sie (weder zum ersten), noch zu den folgenden internationalen Kongressen. Sie stellte auch im Sommer 1919 ihre Beitragszahlungen an die Zentrale in Amsterdam ein«.[7]) Neben der gesellschaftspolitischen Ausrichtung des IGB trug auch das Vorherrschen einer isolationistischen Stimmung in der amerikanischen Öffentlichkeit zur Entscheidung der AFL bei; man wollte mit den Problemen des wirtschaftlich ausgebluteten und politisch zerrissenen Europa nicht behelligt werden.

Nicht nur in den USA, auch in den europäischen E n t e n t e s t a a t e n brachte der Sieg über die Mittelmächte eine S t ä r k u n g   d e s   h e r r s c h e n d e n   S y s t e m s mit sich. »Wilsons Note vom 18. Oktober hatte die nationale Revolution in den nichtdeutschsprachigen Ländern der Monarchie entfesselt. Wilsons Note vom 24. November (1918) forderte den Abschluß der sozialen Revolution. Die Westmächte traten nun als Beschützer der bürgerlichen Ruhe und der bourgeoisen Ordnung der proletarischen Revolution (auch) in Deutsch-Österreich entgegen.«[8]) Otto Bauer spielte hier wohl einerseits auf das Anschlußverbot an, das nach Überzeugung der Sozialdemokraten mit dem Anschluß an den großen Wirtschaftsraum der deutschen Republik auch die Chance zur Herbeiführung grundlegender gesellschaftlicher Veränderungen verhinderte, andererseits auf das Eingreifen der *Interalliierten Waf-*

fenstillstandskommission in Wien zur Verhinderung des Sozialisierungsprogramms.

Im März 1919 beschloß die konstituierende Nationalversammlung das *Gesetz über die Vorbereitung der Sozialisierung*. Es bestimmte, daß *aus Gründen des öffentlichen Wohls hiezu geeignete Wirtschaftsbetriebe zugunsten des Staates, der Länder und der Gemeinden* enteignet werden konnten. Mit der Erarbeitung des S o z i a l i s i e r u n g s p r o g r a m m s wurde eine Staatskommission betraut, in die neben Wissenschaftern, Vertretern des Staats, der Länder und der Gemeinden auch Vertreter der Unternehmerorganisationen und der Gewerkschaften berufen wurden. Das fertige und von der Regierung bekanntgemachte Programm hatte folgenden Inhalt: Privatunternehmungen des Kohlenbergbaus und des Kohlengroßhandels, der Erzgewinnung und der Roheisenerzeugung, die verarbeitenden Betriebe der gleichen Branchen, die Elektrizitätswirtschaft und die großen Forste nebst der Holzindustrie und dem Holzgroßhandel sollten enteignet und in den Besitz und Betrieb gemeinwirtschaftlicher Anstalten übergeführt werden. Nach der Rechtsform sollte es *gemeinwirtschaftliche Anstalten, Gesellschaften gemeinwirtschaftlichen Charakters* und *gemeinwirtschaftliche Unternehmungen* geben. Die *Freien Gewerkschaften* wollten auch die Banken in das Programm einbeziehen, konnten sich mit dieser Forderung aber nicht durchsetzen.

Die großen H o f f n u n g e n , die die Arbeiterschaft in die Sozialisierungsmaßnahmen setzte, wurden bitter e n t t ä u s c h t . Es blieben schließlich nur wenige gemeinwirtschaftliche Unternehmungen bestehen: die *Gemeinnützigen Werke Arsenal,* die *Heilmittelstelle,* die *Vereinigten Leder- und Schuhfabriken,* die *Holzmarkt G. A.* (sie wurde später von der Gemeinde Wien übernommen), das *Wasserkraftwerk Blumau,* die *Gemeinwirtschaftliche Siedlungs- und Baustoffanstalt (Gesiba)* und die *Wiener Lederwerke.* Daneben gab es eine Reihe gemeinwirtschaftlicher Unternehmungen mit privater Beteiligung. Das Scheitern des Sozialisierungsprogramms schon in seinen Anfängen hatte mehrere Ursachen. Besonders schwerwiegend war aber, daß die Vertreter der Ententemächte die Sozialisierung des wichtigsten »Schlüsselunternehmens« der jungen Republik, der *Alpine Montan Gesellschaft,* verhinderten: Sie drohten offen mit militärischem Eingreifen und mit »Aushungern«, falls die Enteignung versucht werden sollte. Gleichzeitig sorgte man für den heimlichen Verkauf von Aktien an ausländische Kapitalkreise.

Unter diesen Umständen konnte es zu keiner sozialen Revolution kommen, zumal auch von der Arbeiterschaft der Siegerstaaten keine Unterstützung zu erwarten war; diese hatte in ihrer überwiegenden Mehrheit kein Interesse an einer großen sozialen Erhebung und verhielt sich ruhig. Ebensowenig Rückhalt war von den Gewerkschaften und Arbeiterparteien in den beiden »Nachfolgestaaten« Jugoslawien und Tschechoslowakei zu erwarten. Sie hatten – nicht zuletzt unter dem Einfluß der verbündeten Siegermächte – nach dem Erfolg der nationalen Revolution die soziale Revolution aufgegeben; für sie stand die Mitarbeit am Aufbau ihrer Nationalstaaten im Vordergrund.

Für alle politischen Kräfte, die die Entwicklung im Österreich der Zwischenkriegszeit bestimmen sollten, hatten der Zusammenbruch der Monarchie und die Jahre der Republikgründung mehr negative als positive Auswirkungen. Das konservative Lager fand sich nach dem Ende der habsburgischen Herrschaft »ohne eine Staatsidee und das verbindliche Symbol eines Herrschers, das deutschnationale Lager nach dem Anschlußverbot durch die Entente ohne eine überzeugende politische Linie und die Sozialdemokratie als industriell-städtische Minderheit ohne Chancen für die absehbare Zukunft, nachdem sich die großen mit dem Umsturz verbundenen Hoffnungen nicht erfüllt hatten«.[9] Trotzdem hatte die Sozialdemokratie viel erreicht: Das großartige Gebäude einer modernen Sozialgesetzgebung war geschaffen worden, und es war im Gegensatz zu anderen Ländern gelungen, die E i n h e i t d e r A r b e i t e r b e w e g u n g trotz interner Spannungen im wesentlichen zu b e w a h r e n ; die Kommunisten blieben bis zum Ende der zwanziger Jahre eine kleine Gruppe ohne nennenswerten Einfluß, eine Spaltung der Vorkriegsarbeiterbewegung in zwei fast gleich starke Blöcke, die sich erbittert und nicht selten blutig bekämpften, gab es in Österreich nicht. Dies und der Verzicht auf eine nach der Einschätzung der gegebenen Möglichkeiten zum Scheitern verurteilte soziale Revolution ersparten der österreichischen Bevölkerung vorerst die großen Blutopfer und die brutalen Verfolgungen, die die Menschen in den Nachbarländern schon in den ersten Nachkriegsjahren erdulden mußten.

Deshalb sah die Sozialdemokratie in der demokratischen Republik trotz aller nicht erfüllten Hoffnungen der Gründerjahre einen Staat, der ihrem Wirken bisher nie gekannte Chancen bot, während die meisten übrigen politischen Kräfte gerade die demokratisch-republikanische Staatsform als Hindernis für die Verwirklichung ihrer Ziele ansahen.

Der neue Staat und die Erbschaft der Kriegspolitik

Die jungen Nationalstaaten, die sich auf dem Gebiet des zerfallenen Habsburgerreichs bildeten, fühlten sich den Siegerstaaten zugehörig und wurden von diesen auch entsprechend freundlich behandelt. Im Gegensatz dazu wurden Österreich und Ungarn zu Rechtsnachfolgern der Donaumonarchie erklärt und hatten gemeinsam mit dem Deutschen Reich die Lasten der Kriegsfolgen und der Kriegskosten zu tragen.

Die österreichische Republik hatte (wie zunächst auch die ungarische) die Verfechter der Kriegspolitik – die Militärs, die auf einen »Präventivkrieg« hinarbeiteten, die Diplomaten, die, um den Balkan unter österreichisch-ungarische Kontrolle bringen zu können, den deutschen Expansionsgelüsten Vorschub leisteten, die Großgrundbesitzer, die an einem wirtschaftlich abhängigen Balkan interessiert waren – aus ihren politischen Machtpositionen entfernt. Sie brauchten dadurch aber auch nicht mehr für das geradezustehen, was sie angerichtet hatten. An ihrer Stelle mußte die junge Republik nach dem Willen der Entente für die Sünden büßen, die sie nicht begangen hatte.

Im Frühsommer 1919 erklärte Staatskanzler Renner als Leiter der österreichischen Verhandlungsdelegation in Saint-Germain bei der Überreichung der Friedensbedingungen durch die Ententevertreter, *daß alle Gebiete und alle Volksteile der alten Monarchie gleichermaßen für die Folgen des Krieges verantwortlich gemacht werden können, zu dem sie durch ihre früheren Machthaber, alle gemeinsam, gezwungen worden sind. Auf uns wie auf die anderen Staaten, die auf dem Boden der alten Monarchie entstanden sind, lastet ein entsprechender Teil des verhängnisvollen Reiches, die Erbschaft des Krieges, der Erschöpfung, der drückenden wirtschaftlichen Verpflichtungen.* Doch dieser Appell fand bei den Siegermächten keinen Widerhall.

Schon zur Zeit der Gründung des neuen Staatswesens wurde es klar, daß die Ententemächte nie und nimmer die Angliederung Deutsch-Böhmens und des Sudetenlands an die deutsch-österreichische Republik zulassen würden; diese Gebiete sollten Teile der tschechoslowakischen Republik werden. Die Autonomiebestrebungen des ostmährisch-schlesischen Industriegebiets hatten ebensowenig Chance. Hätte der Plan, für diese Region eine selbständige neutrale Republik zu errichten, verwirklicht werden können, wäre Europa sicherlich um einen wirtschaftlich besonders begünstigten Staat reicher gewesen, dessen Handelsbeziehungen sich vornehmlich auf die überwiegend agrarischen Länder des Ostens und Südostens des Kontinents konzentriert hätten.

Durch die Abtrennung Deutsch-Böhmens und des Sudetenlands gegen die Wünsche der Mehrheit ihrer Bewohner gingen Österreich rund drei Millionen Menschen und jene Teile der Industrie verloren, die für die Wirtschafts- und Handelspolitik ausschlaggebend hätten sein können. Böhmen und das Sudetenland waren der Hauptsitz der Textilindustrie, der Eisen- und Maschinenwerke, der Glas- und Porzellanindustrie und der chemischen Werke.

Ohne agrarisches und industrielles Hinterland stellte das neue Deutsch-Österreich, beschränkt auf die Länder Niederösterreich einschließlich Wien, Oberösterreich, Salzburg, Tirol, Vorarlberg, Steiermark und Kärnten, ein Rumpfgebilde dar; das Burgenland mußte Ungarn erst 1921 aufgrund des Friedensvertrags von Trianon an Österreich abtreten. So war es begreiflich, daß die Menschen, die in diesem »Rumpfgebilde« lebten, nach einer engeren Bindung mit dem »Brudervolk«, mit Deutschland verlangten, – schon allein aus Gründen der Existenzsicherung und Selbsterhaltung.

Vom 27. Februar bis zum 2. März 1919 fanden in Berlin Geheimverhandlungen zwischen Deutsch-Österreich und der deutschen Republik statt. Im Protokoll der Verhandlungsergebnisse hieß es im Punkt 1: *Die Deutsche Reichsregierung und die Deutsch-Österreichische Regierung sind überein gekommen, mit tunlichster Beschleunigung über den Zusammenschluß des Deutschen Reiches und Deutsch-Österreichs einen Staatsvertrag abzuschließen, der den beiderseitigen Parlamenten zur Genehmigung vorgelegt und sodann ratifiziert werden soll ...*

Trotz des im März proklamierten einstimmigen B e k e n n t n i s s e s z u m A n s c h l u ß fanden sich doch auch bald Stimmen unter den Wirtschaftstreibenden, die für die Preisgabe der Anschlußforderungen und des Sudetenlands eintraten, um die Zusammenarbeit mit der Tschechoslowakei zu erleichtern. Denn es zeigte sich, daß der wirtschaftliche Zusammenhang mit den ehemaligen Ländern der Monarchie nicht so leicht gelöst werden konnte; trotz aller Hemmnisse stand der Handelsverkehr mit der Tschechoslowakei noch immer an erster Stelle, an zweiter Stelle der mit Jugoslawien.

Führende österreichische Industrielle entwickelten einen weiteren Plan, nach dem Österreich politisch und staatsrechtlich mit dem

Deutschen Reich, wirtschaftlich aber mit den Nachfolgestaaten der Monarchie, außer Polen und Ostgalizien, hingegen sogar mit Bulgarien und Rumänien zusammenarbeiten sollte. »Das Projekt wurde von allen Seiten kritisiert und trug nicht gerade zum Ansehen der Arbeitgeberseite bei.«[10]) Der von den Sozialdemokraten zunächst bevorzugte, aber n i c h t r e a l i s i e r b a r e P l a n e i n e r D o n a u f ö d e r a t i o n als Alternative zum Anschluß war wesentlich ernster zu nehmen und sollte deshalb in den späteren Jahren nicht mehr aus der Diskussion verschwinden.

Innerhalb der Siegermächte gab es ebenfalls höchst unterschiedliche Vorstellungen darüber, was mit »Restösterreich« zu geschehen hatte. Nach einem französischen Projekt sollte Österreich mit dem Süden Deutschlands bis zur Mainlinie zu einem katholischen Süddeutschland vereint und verselbständigt werden. Nach einem anderen Vorschlag sollte eine wirtschaftliche Zusammenarbeit Österreichs mit den Nachfolgestaaten der Monarchie unter Verlegung des Schwergewichts von Wien nach Prag erfolgen.[11])

Am 15. Mai 1919, zu einem Zeitpunkt, da die österreichische Friedensdelegation bereits nach Saint-Germain abgereist war, veröffentlichte die *Reichspost,* das Zentralorgan der Christlichsozialen Partei, ein Schriftstück, in welchem ein Oberstleutnant Seiller die ihm zur Weitergabe anvertrauten Ratschläge des Chefs der englischen Militärmission aufgezeichnet hatte. Darin hieß es, daß »Oberst Cuningham am 16. April offiziell Mitteilungen gemacht habe, die nicht offiziellen Charakter tragen, sondern freundschaftliche Mitteilungen sein sollen. Die Bekanntgabe der Friedensbedingungen an Deutschland stehe unmittelbar bevor. Sie werden sehr streng sein. Die freundschaftliche Auffassung gegenüber Deutschösterreich, die England und die Vereinigten Staaten hegen, werde auch von Frankreich eingenommen. Deutschösterreich sollte Südtirol, Westungarn, erhebliche Teile von Böhmen und Mähren zugesprochen erhalten und auf wirtschaftliche Vorteile rechnen können. Dafür müsse es die Bedingungen annehmen, den Anschluß an Deutschland aufzugeben. Auf die Einwendung, daß bisher immer England und die Vereinigten Staaten hierin sich desinteressiert gezeigt hätten, erwiderte Oberst Cuningham, daß jetzt aber eine Wende der Anschauungen eingetreten sei. Auf die weitere Frage, ob die Entente eine Donaukonföderation anstrebe, wurde erklärt, daß dies nicht beabsichtigt sei, sondern daß Deutschösterreich neutral bleiben solle. In den Friedensbedingungen werde Deutschösterreich der Anschluß an Deutschland nicht erlaubt werden. Es wäre gut, wenn die Sozialdemokraten dem Rechnung trügen, denn Politik sei nicht Gefühlssache oder Parteipolitik.«[12])

Die Echtheit des Schriftstücks wurde von keiner Seite bestritten. Wenn es sich auch um Winke und Ratschläge handelte, von denen man keineswegs annehmen kann, daß sie sich bei einer Änderung der Haltung Österreichs zur Gänze in günstigere Friedensbedingungen umgesetzt hätten, so steht immerhin fest, daß es für Österreich kein Vorteil war, sich hinsichtlich seiner staatlichen Zukunft auf ein Entweder-Oder festzulegen. Denn Frankreich erhob gegen einen Anschluß an Deutschland entschieden Einspruch, weil es ein Ausgreifen Deutschlands auf den Donauraum und den damit verbundenen Machtzuwachs für das Reich auf keinen Fall zulassen wollte. England nahm diese Frage nicht wichtig genug, um sich im Interesse Österreichs auf einen Konflikt mit seinem Verbündeten einzulassen – worauf Oberst Cuningham seinen Gesprächspartner aufmerksam gemacht hatte. Und die amerikanische Öffentlichkeit hatte kein klares Bild von den europäischen Verhältnissen, sodaß sie in ihrer Haltung entscheidend von England und Frankreich beeinflußt wurde.

Am 2. Juni 1919 begannen in S a i n t - G e r m a i n bei Paris die Friedensverhandlungen zwischen der Entente und Österreich. Sie endeten am 9. September 1919 mit der Unterzeichnung des F r i e d e n s v e r t r a g s. Deutsch-Böhmen und das Sudetenland kamen endgültig zur Tschechoslowakei. Der Abtrennung Südtirols bis zum Brenner zugunsten Italiens hatte US-Präsident Wilson bereits im April 1919 zugestimmt. Zu den wichtigsten Bestimmungen gehörte, daß sowohl die B e z e i c h n u n g »D e u t s c h - Ö s t e r r e i c h« für den neuen Staat als auch der A n s c h l u ß a n d a s D e u t s c h e R e i c h v e r b o t e n wurden. Als Konsequenz aus der Ratifizierung des Friedensvertrags mußte die Nationalversammlung im November 1919 den bisherigen Staatsnamen »Deutsch-Österreich« in R e p u b l i k Ö s t e r r e i c h abändern; die Erklärung vom 12. März 1919 über den Anschluß an Deutschland wurde damit außer Kraft gesetzt.

Ein Staatswesen, dessen Bevölkerung – aus sehr unterschiedlichen Gründen – nicht an die Lebensfähigkeit des jungen Staatsgebildes glaubte, mußte den Weg in eine ungewisse Zukunft allein gehen.

Das sozialpolitische Werk der Ersten Republik

Nach dem Ende des Kriegs brach in vielen Staaten Europas eine Ära der Sozialpolitik an. Das Volk wollte für seine Leiden und die im Krieg gebrachten Opfer entschädigt werden. Staat und Unternehmer konnten sich nicht leicht ihren Verpflichtungen entziehen. Die fortschreitende Demokratisierung der europäischen Staaten ließ die Arbeiterschaft zu einem Machtfaktor werden und ermöglichte die Durchsetzung schon jahrzehntelang erhobener Forderungen. Die Angst vor einer sozialen Revolution nach dem Vorbild Rußlands, vor der »kommunistischen Gefahr aus dem Osten«, ließ die Unternehmer zwar politisch schärfere Kampfmethoden anwenden, aber doch vorerst Bereitschaft zu sozialen Reformen zeigen.

Für den neuen Kleinstaat Österreich, der sich außenpolitisch gegenüber den Siegermächten nicht durchsetzen konnte und mit kaum zu bewältigenden wirtschaftlichen Problemen rang, hatte der Ausbau der Sozialgesetzgebung einen besonderen Stellenwert. Die unterernährten, arbeitslosen Massen waren durch symbolische karitative Maßnahmen nicht zu »befrieden«, der Staat mußte sich zu der Verpflichtung bekennen, soziale Gerechtigkeit zu üben und zu fördern.

Für die Sozialdemokratie, die zum erstenmal als mitregierende und nicht mehr als oppositionelle Macht auf der politischen Bühne agierte, stand die Sozialpolitik – neben dem Sozialisierungsprogramm – im Zentrum ihrer politischen Aktivitäten. Als Trägerin des Wollens der Arbeiterklasse hatte sie nicht nur im allgemeinen gegenüber dem ganzen Volk die Befähigung zum Regieren zu beweisen, sondern im besonderen gegenüber der Arbeiterschaft die Fähigkeit zur Erreichung der gesteckten Ziele. Sie wollte und mußte beweisen, daß der Verzicht auf die soziale Revolution nicht den Verzicht auf den Kampf für soziale Gerechtigkeit bedeutete.

Mit der Bildung von Arbeiter- und besonders von Gewerkschaftsorganisationen und ihrem Erstarken hatten in der zweiten Hälfte des 19. Jahrhunderts der Aufbau einer modernen Sozialgesetzgebung und ihre langsame Verbesserung begonnen. Bei Ausbruch des Weltkriegs war zwar schon viel erreicht, aber von dem Ziel einer grundlegenden sozialen Besserstellung der Masse der unselbständig Erwerbstätigen war man noch meilenweit entfernt gewesen. Die Kriegspolitik hatte dann nicht nur eine Weiterentwicklung des Arbeits- und Sozialrechts verhindert, sondern mit der Suspension der meisten Arbeiterschutzgesetze zu einem empfindlichen Rückschlag in der Sozialpolitik geführt. Zwar hatte die Regierung in der zweiten Kriegshälfte die ärgsten Mißstände beseitigt, um die für die Kriegsproduktion unentbehrliche Arbeiterschaft zu besänftigen, und der wiedereinberufene Reichsrat hatte 1917 einige neue Gesetze verabschiedet, darunter das Nachtbackverbot, die Mieterschutzverordnung und im November 1917 eine Novelle zum Krankenversicherungsgesetz, die die Leistungen der Krankenkassen erweiterte. Aber insgesamt waren die sozialen Rechte der Arbeiter bis zum Herbst 1918 stark beschnitten geblieben. In der demokratischen Republik sollte nun alles anders und besser werden.

»Das alte Österreich mit seinen spärlichen sozialen Rechten ist verschwunden. Ein neues Staatswesen, gestützt auf den freien Willen des Volkes, hat sich aufgerichtet. Schwer lasten noch auf der ganzen Gemeinschaft die Sünden verblichener Regierungskunst, und es wird aller Kräfte bedürfen, den freien Volksstaat lebensfähig zu machen. Das große Werk kann aber nur dann glücken, wenn für alle schaffenden Bewohner des Staatswesens die Möglichkeit gegeben ist, ›auf freiem Grund mit freiem Volk zu stehen‹, aber nicht bloß als politisch Freie, sondern auch als wirtschaftlich Freie. Nur soziale Einsicht und soziale Gerechtigkeit können diesen Staat begründen und ihn zu einer Heimstätte glücklicher Menschen machen.«[13]) In diesen Zeilen faßte Ferdinand Hanusch, als Vorsitzender der Gewerkschaftskommission am 30. Oktober 1918 zum Leiter des *Staatsamts für soziale Fürsorge* bestellt, die sozialpolitischen Leitlinien der ersten Nachkriegsjahre zusammen.

Der Aufbau des international vorbildlichen österreichischen Sozialsystems war Ferdinand Hanuschs großes Lebenswerk. Der einstige Webergeselle kannte aus eigenem Erleben und als führender Gewerkschaftsfunktionär – er war seit 1900 Zentralsekretär der *Union der Textilarbeiter Österreichs* – die Leiden der Arbeiter, ihre Wünsche und ihre Forderungen. In ihm verband sich die politische Reife, die durch die wirtschaftlichen Verhältnisse gegebenen Beschränkungen der Lage zu sehen, mit dem Weitblick, die Möglichkeiten und die zeitliche Begrenzung der revolutionären Situation zu erkennen.

Binnen knapp zwei Jahren brachte nun die sozialpolitische Gesetzgebung der Arbeiterschaft vieles, was sie seit Jahrzehnten ersehnt hatte. Dabei erwies es sich als wertvoll, daß das *Staatsamt für soziale Fürsorge* den Beamtenstab und das Material des während des Kriegs errichteten k.k. Ministeriums übernehmen konnte und daß eine Reihe zum Teil noch aus der Vorkriegszeit stammender Gesetzentwürfe existierte, was eine rasche Durchführung der geplanten Maßnahmen erleichterte.

Zunächst ging es freilich in erster Linie darum, die akute N o t l a g e zu b e w ä l t i g e n . Den Arbeitern in den Betrieben zusammenbrechender Industrien sicherte Hanusch zunächst den Fortbezug des Lohns, indem er den Unternehmen bei den Banken den für die Lohnzahlungen notwendigen Kredit verschaffte. Dann mußten Vorkehrungen getroffen werden, um die heimgekehrten Soldaten und die vielen Arbeiter und Angestellten der Kriegsindustrie in ihr früheres oder in ein neues Arbeitsverhältnis zu bringen. Den Arbeitslosen mußten die unentbehrlichen Existenzmittel gesichert werden. Dazu war aber ein Organisationsapparat notwendig, den es erst zu errichten galt. Deshalb schuf der Staatsrat mit Vollzugsanweisung vom 4. November 1918 *I n d u s t r i e l l e B e z i r k s k o m m i s s i o n e n ,* paritätisch aus Arbeitgeber- und Arbeitnehmervertretern zusammengesetzte Gremien, denen alle Arbeitsvermittlungsanstalten eines Bezirks unterstanden und die außerdem für die Berufsberatung und die Arbeitslosenfürsorge zuständig waren. Ebenfalls noch vor Ausrufung der Republik war nämlich die Einführung einer provisorischen Arbeitslosenunterstützung beschlossen worden, die aus staatlichen Mitteln aufzubringen war.[14]) Durch eine Vollzugsanweisung des *Staatsamts für soziale Fürsorge* hatte jeder arbeitslose krankenversicherungspflichtige Arbeiter Anspruch auf Arbeitslosenunterstützung in der Höhe seines Krankengelds, und jeder Demobilisierte, der vor seiner Einrückung krankenversicherungspflichtig gewesen war, Anspruch auf Bezug eines Betrags in der durchschnittlichen Höhe des Lohns jenes Berufszweigs, dem er vor seiner Einrückung angehört hatte. Das waren die in der Not der Stunde wichtigsten Maßnahmen.

Um die Unterbringung der heimkehrenden Soldaten zu erleichtern, mußte erwogen werden, in welchen Bereichen die Möglichkeit bestand, die Frauenarbeit wieder d u r c h M ä n n e r a r b e i t zu e r s e t z e n . Dabei mußte aber mit Vorsicht vorgegangen werden, um nicht gegen die Interessen der Frauen zu verstoßen, die durch die geänderten materiellen Verhältnisse gezwungen waren, einen Beruf auszuüben. Dies traf vor allem auf die vielen Kriegerwitwen zu.

Das *A r b e i t s l o s e n v e r s i c h e r u n g s g e s e t z* vom 24. März 1920 führte anstelle einer »Unterstützung« die P f l i c h t -

v e r s i c h e r u n g für den Fall der Arbeitslosigkeit ein. Nicht mehr der Staat allein sollte die Kosten der Arbeitslosenunterstützung tragen, sondern Arbeitnehmer, Unternehmer und Staat beteiligten sich zu je einem Drittel daran. Was das Problem der arbeitslosen Frauen anging, wurde die Weisung aufrechterhalten, die Frauen in hauswirtschaftliche Tätigkeiten zurückzuschicken. In der Instruktion des Staatsamts für soziale Verwaltung an die »Industriellen Bezirkskommissionen« (die zu echten »Arbeitsämtern« umgewandelt worden waren) hieß es nämlich: »Weibliche Arbeitslose, die durch die Umgruppierung der Berufe vielfach ihrer bis dahin ausgeübten hauswirtschaftlichen Tätigkeit entfremdet wurden und als ungelernte Arbeitskräfte in den verschiedensten Industriezweigen lohnende Beschäftigung fanden, sind nach Möglichkeit wieder den hauswirtschaftlichen Berufen zuzuführen.«[15])

»Dem allgemein wachsenden Druck gegen die Frauenarbeit und den Appellen an die ›wahren‹ Aufgaben der Frau blieb der Erfolg letztendlich nicht versagt. ... Schlechte Ausbildungs- und Bildungsmöglichkeiten für Frauen, ihre Konzentration auf wenige Berufe und Wirtschaftszweige, ihre im Vergleich kürzere Berufszugehörigkeit sowie ihre meist geringere Qualifikation machten die Frauen sehr leicht ersetzbar und deshalb um so abhängiger von den kapitalistischen Marktmechanismen. Dies führte dazu, daß sich gerade in der ersten Nachkriegszeit der geschlechtsspezifische Arbeitsmarkt mit seinen diskriminierenden Mechanismen für nicht – beziehungsweise schlecht qualifizierte Frauen weiter etablieren konnte.«[16]) Andererseits muß daran erinnert werden, daß den Frauen gerade in dieser Zeit das ihnen bisher vorenthaltene aktive und passive W a h l r e c h t gesichert wurde.

Die ersten Maßnahmen und Reformen konnten aber die zunehmende Arbeitslosigkeit nur mildern, nicht beseitigen: Die Arbeitslosigkeit stieg rapid an, Anfang 1919 gab es allein in Wien 130.000 Arbeitslose. Um dieses Problems Herr zu werden, erließ das *Staatsamt für soziale Verwaltung* am 14. Mai 1919 eine Verordnung, die den E i n s t e l l u n g s z w a n g v o n A r b e i t s l o s e n in gewerblichen Betrieben aussprach und die Gewerbeunternehmer zugleich verpflichtete, ihren an einem bestimmten Stichtag erreichten Beschäftigtenstand zu halten. Diese Verordnung blieb auch unter den bürgerlichen Koalitionsregierungen bis 1928 in Kraft, da die negative Entwicklung auf dem Arbeitsmarkt diesen »drakonischen Eingriff in die geltende Rechtsordnung« notwendig machte.[17]) Das *I n v a l i d e n e n t s c h ä d i g u n g s g e s e t z* vom 25. April 1919 sollte die drückende Lage der Kriegsgeschädigten, der Soldatenwitwen und -waisen etwas bessern. Es stufte die Höhe des Rentenanspruchs der Invaliden und Hinterbliebenen nach dem Ausmaß der Arbeitsunfähigkeit ein, wobei auch das Vorhandensein anderer Einnahmequellen berücksichtigt wurde.[18]) So konnten die ohnehin geringen finanziellen Mittel des Staats eher zu denjenigen gelangen, die sie am dringendsten benötigten.

Die » g r o ß e   R e f o r m « der Sozialgesetzgebung begann im Dezember 1918 mit dem Wiederinkrafttreten der während des Kriegs suspendierten Arbeitsschutzgesetze. Von ihnen ausgehend, wurde der Aufbau des Sozialsystems in Angriff genommen.

Am 19. Dezember 1918 beschloß die Nationalversammlung zunächst das bereits vom Reichsrat verabschiedete *K i n d e r s c h u t z g e s e t z ,* das ein striktes Beschäftigungsverbot für Kinder unter 12 Jahren aussprach, dann den Ausbau der Gewerbeinspektion, das Gesetz zur Regelung der Arbeits- und Lohnverhältnisse in der Heimarbeit und schließlich das – provisorische – Gesetz über die Einführung der achtstündigen Arbeitszeit in fabrikmäßig betriebenen Gewerbeunternehmungen, das für Frauen und Jugendliche eine Verkürzung der Wochenarbeitszeit auf 44 Stunden brachte, doch nur für Hilfsarbeiter galt.[19]) Als nächstes folgte am 25. Jänner 1919 die A u f h e b u n g des alten Gesetzes, das die Arbeiter zur Führung v o n » A r b e i t s b ü c h e r n « zwang, die mit Eintragungen der früheren Dienstgeber versehen waren und bei jedem Arbeitswechsel vorgelegt werden mußten.

Im März 1919 wurde das *Staatsamt für soziale Fürsorge* mit dem Staatsamt für Volksgesundheit zum Staatsamt für soziale Verwaltung zusammengelegt. In enger Zusammenarbeit mit Ferdinand Hanusch bereitete Universitätsprofessor Julius Tandler, der Leiter des Volksgesundheitsamts, in den folgenden Monaten eine R e f o r m   d e r   s t a a t l i c h e n   S a n i t ä t s v e r w a l t u n g unter besonderer Berücksichtigung der Erfordernisse der sozialen Hygiene vor.

Bis zur Ratifizierung des Friedensvertrags im Oktober ließen Hanusch und seine Mitarbeiter weitere wichtige Gesetzentwürfe durch die Nationalversammlung behandeln. Zu diesem Gesetzespaket gehörten ein Gesetz zum S c h u t z   d e r   B ä c k e r e i a r b e i t e r , das V e r b o t   d e r   N a c h t a r b e i t   v o n   F r a u e n   u n d   J u g e n d l i c h e n unter 18 Jahren, das erste – provisorische – Angestelltenschutzgesetz der Republik und die R e v i s i o n   d e s   B e r g a r b e i t e r g e s e t z e s im Sinne der neuen sozialrechtlichen Bestimmungen für industrielle Hilfsarbeiter. Das

A r b e i t e r u r l a u b s g e s e t z sicherte den Arbeitern einen mit der Länge der Dienstzeit steigenden Anspruch auf bezahlten Urlaub und stellte sie damit den Angestellten gleich.

Schon am 15. Mai 1919 war das B e t r i e b s r ä t e g e s e t z in Kraft getreten – als einzige erfolgreiche und langfristig wirkungsvolle Maßnahme, die im Rahmen der Sozialisierungsaktion getroffen wurde. Ursprünglich war ein Passus vorgesehen gewesen, der alle wichtigen Entscheidungen der Unternehmer an die Zustimmung der Betriebsräte binden sollte. Doch der christlichsoziale Politiker Prälat Ignaz Seipel, der letzte Sozialminister der Monarchie, verhinderte als stellvertretender Vorsitzender der Sozialisierungskommission diese Fassung.[20]) Nach der Endfassung des Gesetzes hatten die Betriebsräte lediglich die Aufgabe, »den wirtschaftlichen, sozialen und kulturellen Interessen der Arbeiter im Betriebe zu dienen, nicht aber als Exponenten des gemeinwirtschaftlichen Gedankens zu fungieren«.[21]) Allerdings blieben in der Kompromißfassung die Bestimmungen aufrecht, die die B e t r i e b s r ä t e zur Z u s a m m e n a r b e i t m i t d e n G e w e r k s c h a f t e n   verpflichteten und ihnen das Recht auf die Einsicht in die Gebarung ihres Unternehmens zuerkannten.[22]) Damit war die absolutistische Alleinherrschaft der Unternehmer im Betrieb gebrochen.

Nach der Annahme des Friedensvertrags durch die Nationalversammlung trat die sozialdemokratisch-christlichsoziale Koalitionsregierung zurück. Trotz zunehmender Vorbehalte in beiden großen Parteien konnte das Koalitionsabkommen noch einmal erneuert werden; die zweite Regierung Renner – Fink trat ihr Amt am 17. Oktober 1919 an. Auf christlichsozialer Seite dominierten nun immer mehr die Vertreter des Bürgertums, der Einfluß der auf Kosten von Industrie und Gewerbe kompromißbereiten Bauernschaft ging zurück.[23]) Gleichzeitig wurde aber auch die Position der *Christlichen Gewerkschaften* innerhalb der Partei durch die Angst vor der »marxistischen« Arbeiterbewegung gestärkt, sodaß die Zustimmung der Christlichsozialen zu den bedeutendsten sozialpolitischen Gesetzen der Nachkriegszeit gesichert blieb.[24])

Zunächst wurde das provisorische Achtstundentagsgesetz mit Beschluß der Nationalversammlung vom 17. Dezember 1919 durch eine unbefristete Regelung ersetzt. Im Sinne eines kurz vorher in Washington abgeschlossenen internationalen Übereinkommens war nun für a l l e   Arbeiter und Angestellten in allen der Gewerbeordnung unterstehenden Betrieben sowie in Handelsbetrieben, staatlichen Unternehmungen, in Zeitungsverlagen, im Schaugewerbe und in Verkehrsunternehmungen der a c h t s t ü n d i g e M a x i m a l a r b e i t s t a g als Norm vorgeschrieben. Damit wurde der Sehnsuchtstraum von Generationen arbeitender Menschen erfüllt.

Nun gab es zwar für wesentliche Bereiche des Arbeitslebens gültige Gesetze – wenn auch die Gesamtregelung der Sozialversicherung, eine Verbesserung des Lehrlingsschutzes und eine verstärkte gesetzliche Absicherung der Gewerbeinspektoren noch ausständig waren. Aber das heißt noch lange nicht, daß diese Gesetze in der Praxis so ohne weiteres angewendet und befolgt wurden. Was sofort funktionierte, das war die Zusammenarbeit zwischen den von den Arbeitnehmern gewählten Betriebsräten und den Gewerbeinspektoren. Der Gewerbeinspektorenbericht für das Jahr 1920 stellte fest, es herrsche zwischen Betriebsräten und Gewerbeinspektoren im allgemeinen ein so gutes Einvernehmen, daß letzteren die Erfüllung ihrer Pflichten dadurch wesentlich erleichtert wurde.

Hingegen wies der gleiche Bericht auf eine zunehmende Verwahrlosung der Betriebsstätten hin und stellte fest, daß *auch der Durchführung der primitivsten Maßnahmen zum Schutz des Lebens und der Gesundheit der Arbeiter, welche mit verhältnismäßig geringfügigen Auslagen verbunden gewesen wären, von den Unternehmern ein prinzipieller Widerstand entgegengesetzt wurde*. Was den Achtstundentag betrifft, so wurde dieser in den Industrieorten allgemein reibungslos eingehalten, im Kleingewerbe, namentlich am flachen Lande, aber auch in den kleinen Provinzstädten, fand das Gesetz über den Achtstundentag im ersten Jahr seiner Gültigkeit aber *nur sehr geringe Beachtung*. Oftmals wurden Überstunden im Einverständnis mit den Betriebsräten geleistet, andererseits freiwillig in zwölfstündigen Schichten gearbeitet, ohne daß die behördliche Bewilligung dazu eingeholt worden wäre. Von seiten der Inspektoren mußte daher wegen Nichteinhaltung des Achtstundentags häufig eingeschritten werden. Noch schwieriger war es, die Einhaltung der vierundvierzigstündigen Arbeitswoche für Frauen durchzusetzen. Selbst in Unternehmen, in denen fast ausschließlich Frauen arbeiteten, machte sich der Widerstand der Unternehmer, aber auch der Beschäftigten geltend.

Die Republik beschritt nicht nur mit der gesetzlichen Verankerung der Betriebsräte und ihrer Rechte auf dem Gebiet der Arbeitsverfassung neue Wege. Die Ausnahmebestimmungen des alten Koalitionsgesetzes wurden fallengelassen. Am 18. Dezember 1919 folgte das Gesetz über die E i n f ü h r u n g v o n E i n i g u n g s ä m t e r n . D i e E i n i g u n g s ä m t e r erhielten drei Funktionen zugewiesen: Erstens sollten sie als Schlichtungsausschüsse bei Streitigkeiten aus dem Arbeitsverhältnis vermittelnd eingreifen, zweitens als rechtsprechende Organe Differenzen bereinigen, die sich aus der Tätigkeit der Betriebsräte ergeben konnten, und schließlich als »T a r i f ä m t e r« beim Abschluß von Kollektivverträgen mitwirken, diese registrieren und kundmachen.

Die wichtigste Bestimmung des *Einigungsamtsgesetzes* hing mit dem dritten Aufgabenkreis zusammen: Die Ämter waren bevollmächtigt, K o l l e k t i v v e r t r ä g e auf Antrag einer Behörde oder Berufsorganisation zur b i n d e n d e n N o r m für alle innerhalb eines bestimmten Geltungsbereichs abgeschlossenen Einzelverträge zu erklären. Dies bedeutete die rechtliche Anerkennung kollektiv abgeschlossener Arbeits- und Lohnverträge und damit eine entscheidende Stärkung der Position der Gewerkschaften.

Eine solch weitreichende Sozialreform machte auch die Schaffung von zentralen Organen nötig, die nicht nur, wie die Gewerkschaften, die Interessen der Arbeiter und Angestellten als Verein vertreten, sondern auch die zahlreichen sozialpolitischen Erhebungs- und Verwaltungsarbeiten durchführen konnten und als öffentlich-rechtliche Einrichtungen das g e s e t z l i c h g e s i c h e r t e M i t b e s t i m m u n g s r e c h t bei der Entscheidung über wirtschaftspolitische Fragen hatten. Mit dem *A r b e i t e r k a m m e r g e s e t z* vom 26. Februar 1920 erhielten die Arbeiter und Angestellten endlich ihre zum erstenmal 1848 geforderte ö f f e n t l i c h - r e c h t l i c h e I n t e r e s s e n v e r t r e t u n g. Für Wien und Niederösterreich wurde eine gemeinsame Kammer errichtet,[25]) jedes der anderen Bundesländer erhielt eine eigene Kammer. Ihre wichtigsten Aufgaben waren:

»a) an der Gesetzgebung und Wirtschaftsverwaltung sowie an den das Arbeitsverhältnis und die Hebung der wirtschaftlichen und sozialen Lage der Arbeiterschaft betreffenden Maßnahmen im Interesse der Arbeiterschaft mitzuarbeiten,

b) an der Arbeitsstatistik und an der Vornahme von Erhebungen über die wirtschaftliche und soziale Lage der Arbeiter und Angestellten mitzuwirken,

c) Einrichtungen zur Hebung der wirtschaftlichen und sozialen Lage der Arbeiter und Angestellten zu schaffen und zu verwalten.«[26])

Es dauerte allerdings noch über ein Jahr, bis den Arbeiterkammern auf allen Gebieten, die ihre Tätigkeit berührte, völlig gleiche Rechte wie den Handels- und Gewerbekammern zugesichert wurden.[27]) 1921 fanden dann auch die ersten Kammerwahlen statt, die einen eindeutigen Sieg der *Freien Gewerkschaften* brachten, deren Einflußsphäre sich durch die Kammervertretung bei öffentlichen Körperschaften beträchtlich erweiterte.[28])

Neben den »großen« Gesetzeswerken, die (fast) alle unselbständig Erwerbstätigen betrafen, wurden auch jetzt wieder mehrere Gesetze beschlossen, die nur einzelne Berufsgruppen betrafen. So im Februar 1920 das *Journalistengesetz* und das *Gesetz über den Dienstvertrag der Hausgehilfen*. Im Hausgehilfengesetz waren die Vertragsinhalte zum Teil bis in Einzelheiten hinein festgelegt, um die bei Hausangestellten – ob es sich um ein Dienstmädchen oder um einen Privatlehrer handelte – besonders große Abhängigkeit vom Dienstgeber zu verringern.

Eine Reihe wichtiger Gesetze waren noch im Vorbereitungsstadium, darunter ein verbessertes *G e w e r b e i n s p e k t o r e n g e s e t z* und ein modernes *Angestelltengesetz* als Ersatz für das alte *Handlungsgehilfengesetz*. Ferner nahm Ferdinand Hanusch die R e f o r m u n d d e n A u s b a u d e s S o z i a l v e r s i c h e r u n g s w e s e n s in Angriff. Aber neben dem schon erwähnten *Arbeitslosenversicherungsgesetz* wurden zunächst nur zwei Gesetze verabschiedet, die Fortschritte in Teilbereichen brachten: das *Gesetz »zur Verbesserung der K r a n k e n - u n d U n f a l l v e r s i c h e r u n g s l e i s t u n g e n «* und das *Gesetz »betreffend die K r a n k e n v e r s i c h e r u n g d e r S t a a t s b e d i e n s t e t e n «*. Für eine grundsätzliche Neuregelung der Arbeitnehmerversicherung war eine längere Vorbereitungszeit notwendig.

Es war Hanusch nicht mehr vergönnt, sein Werk als Ressortchef zu Ende zu führen, denn im Sommer 1920 brach die von starken Spannungen belastete »rot-schwarze« Koalition auseinander. Die Verabschiedung des neuen Verfassungsgesetzes (das in wenig abgeänderter Form auch von der Zweiten Republik übernommen wurde) sollte die letzte Kooperation der beiden großen Parteien vor einer langen Zeit erbitterter Gegnerschaft sein. Die Wahlen vom 1 7 . O k t o b e r 1 9 2 0 brachten im Parlament, das ab nun *Nationalrat* hieß, eine Verschiebung des Kräfteverhältnisses zugunsten der Christlichsozialen, die als mandatsstärkste Partei die Bildung der ersten b ü r g e r l i c h e n K o a l i t i o n s r e g i e r u n g übernahmen.

Die unmittelbaren Nachfolger Ferdinand Hanuschs im Sozialressort, das mit der Verfassungsänderung die Bezeichnung *Bundesministerium für soziale Verwaltung* erhielt, bemühten sich, die wichtigsten Vorhaben zu Ende zu führen, später gingen dann die sozialpolitischen Aktivitäten deutlich zurück. Mit der **Krankenversicherungsnovelle** vom 21. Oktober 1921, die die Versicherungspflicht auf die bisher ausgeschlossenen großen Gruppen der Land- und Forstarbeiter, Hausgehilfen und Heimarbeiter ausdehnte, begann der Versuch einer systematischen Koordination des Versicherungswesens. Das Sozialministerium legte dann Ende 1921 den **Entwurf eines** *allgemeinen Sozialversicherungsgesetzes* vor, der sich – wie dies schon in anderen Fällen möglich gewesen war – auf Entwürfe aus der Vorkriegszeit stützen konnte. Der Nationalrat lehnte eine eingehendere Beschäftigung mit der Vorlage allerdings ab, weil sie noch zahlreiche Mängel und Unklarheiten enthielt. Es sollte noch bis zur Mitte der zwanziger Jahre dauern, ehe es zur Verabschiedung einheitlicher Arbeiter- und Angestelltenversicherungsgesetze kam.

Aber die wirtschaftliche Notlage erlaubte es auch dann nicht, das gesetzlich vorgesehene Versicherungssystem zu verwirklichen und das sozialpolitische Werk durch die Einführung einer funktionierenden **Alters- und Invaliditätsversicherung der Arbeiter** zu krönen. Die Belebung der Wirtschaft war nach der Beseitigung des ärgsten Chaos der Nachkriegszeit nur von kurzer Dauer gewesen, die Republik hatte während ihres ganzen Bestandes mit einer hohen strukturellen Arbeitslosigkeit zu kämpfen und konnte das Versicherungssystem **nicht finanzieren**. Die Wirksamkeit des im April 1927 beschlossenen *Arbeiterversicherungsgesetzes* wurde deshalb – mit Ausnahme weniger, eine provisorische Altersversicherung betreffender Teile – auf unbestimmte Zeit hinausgeschoben. Das Gesetz trat bis zum Ende der Republik nie in Kraft.

Die Gewerkschaftsorganisation im Aufwind

Wenn auch der Arbeiterbewegung auf dem Gebiet der Sozialisierung kein dauernder Erfolg beschieden war, so konnten sich doch ihre Erfolge auf sozialpolitischem Gebiet sehen lassen. An ihrem Zustandekommen waren die *Freien Gewerkschaften* maßgeblich beteiligt, nicht nur in der Person Ferdinand Hanuschs. Alle sozialpolitischen Gesetze kamen unter der Mitarbeit der Gewerkschaften zustande, weil die unselbständig Erwerbstätigen nicht mehr wie ehedem das willenlose Objekt der Sozialgesetzgebung darstellten, sondern über ihre Interessenvertretung auf den Inhalt der Gesetze Einfluß nehmen konnten, die sie betrafen. Mit der Einbeziehung der Gewerkschaften bei der Schaffung des Sozialsystems anerkannte die Regierung nicht nur ihre Bedeutung, sondern nützte auch die reichhaltigen und umfangreichen Erfahrungen, die sie sich auf diesem Gebiet durch Jahrzehnte angeeignet hatten.

Schon während des letzten Kriegsjahres hatten immer mehr Arbeiter und Angestellte die Bedeutung gewerkschaftlicher Interessenvertretung erkannt. Die Zahl der Gewerkschaftsmitglieder stieg rasch an und nahm in der Zeit der Aufbruchsstimmung und der sozialpolitischen Erfolge nach der Republikgründung in noch größerem Umfang zu.

Ende 1918 betrug die Gesamtzahl der Mitglieder der *Freien Gewerkschaften* 412.910 gegenüber 311.068 Ende 1917. In dieser Mitgliederstatistik waren allerdings die neu entstandenen Nationalstaaten noch inbegriffen. Erst für 1919 gab es eine auf das Gebiet der Republik Österreich beschränkte Mitgliederstatistik. Sie wies für Ende des Jahres eine Gesamtmitgliederzahl von 772.146 Organisierten aus, was bei den männlichen Mitgliedern eine Zunahme von 88,5 Prozent, bei den weiblichen Mitgliedern eine Zunahme von 87,3 Prozent bedeutete – eine Zunahme, die um so bemerkenswerter erscheint, als ja die Vergleichszahlen für 1918 noch das gesamte Gebiet der westlichen Reichshälfte der alten Monarchie einbezogen hatten.

Die Umgestaltung der Gewerkschaften zu Industriegruppenorganisationen machte hingegen nach dem Ersten Weltkrieg nur unwesentliche Fortschritte, die Zahl der Verbände und Vereine erhöhte sich im kleinen Österreich sogar noch gegenüber der Zahl der im ehemaligen Großreich registrierten Organisationen. Ende 1918 gehörten der Gewerkschaftskommission 48 Zentralverbände und 15 Lokalvereine mit 2.541 Ortsgruppen an. Im Jahre 1919 vereinigte sich der *Verband der Brauereiarbeiter* mit dem *Verband der Lebens- und Genußmittelarbeiter*, und die Porzellanarbeiter schlossen sich den Tonarbeitern an. Durch Neuaufnahme des *Reichsvereins der Advokaturs- und Notariatsbeamten*, des *Reichsvereins der Bank- und Sparkassenangestellten*, des *Bunds der sozialistischen Staatsangestellten*, der *Gewerkschaft der Postangestellten*, des *Bunds der Industrieangestellten*, der *Technischen Union*, des *Verbands der Hausgehilfinnen*, des *Reichsvereins der geschulten Krankenpflegerinnen* und durch die Wiederaufnahme der Tätigkeit des *Verbands der Friseure* erhöhte sich die Zahl der Zentralverbände von 48 auf 55. Die Zahl der Lokalvereine stieg von 15 auf 17.

Trotz dieser in eine andere Richtung weisenden Entwicklung hielt die Gewerkschaftskommission weiter am Industriegruppenprinzip fest und betonte dies auch beim ersten Gewerkschaftskongreß der Republik.

Der *Erste deutsch-österreichische Gewerkschaftskongreß* trat am 30. November 1919 in Wien im Festsaal des Arbeiterheims Favoriten zusammen. Mehr als sechs Jahre waren seit dem siebenten und letzten Gewerkschaftskongreß in der Monarchie vergangen, sechs Jahre, in denen sich die Welt gewaltig verändert hatte. Die Tätigkeit der Gewerkschaftskommission beschränkte sich nun auf ein wesentlich kleineres Gebiet und mußte die gewerkschaftliche Organisationsstruktur diesen geänderten Bedingungen anpassen.

Die neuen Bestimmungen über die Gewerkschaftskommission sahen 14 Mitglieder mit sechs Ersatzmännern und vier Mitglieder der Kontrolle mit zwei Ersatzmännern vor. Die Gewerkschaftskommission sollte in ihren Arbeiten mittelbar durch die *Vorständekonferenz* unterstützt werden, welcher mindestens alle drei Monate die entsprechenden Vorlagen und Berichte zur Beratung und eventuellen Beschlußfassung vorzulegen waren. Die *Vorständekonferenz* wurde von jeder angeschlossenen Gewerkschaft durch zwei ordentliche Mitglieder und den Vertreter des Verbandsorgans beschickt.

Die Industriegruppenorganisation war als Grundprinzip zukünftiger Gewerkschaftsorganisation vorgesehen. Die Gewerkschaftskommission erhielt den Auftrag, für den systematischen Ausbau der gewerkschaftlichen Organisation aufgrund der folgenden Einteilung der Industriegruppen zu wirken:

I. Baugewerbe; II. Bekleidungsindustrie; III. Bergbau; IV. Papier- und chemische Industrie; V. Eisen- und Metallindustrie; VI. Glas-. Porzellan- und Tonwarenindustrie; VII. Graphische Gewerbe; VIII. Handelsgewerbe; IX. Holzindustrie; X. Galanteriegewerbe (Drechslergewerbe, Knopfindustrie usw.); XI. Land- und Forstwirtschaft; XII. Lebens- und Genußmittelindustrie; XIII. Hotel-, Gast- und Schankgewerbe; XIV. Lederindustrie; XV. Textilindustrie; XVI. Eisenbahn-, Verkehrs- und Transportwesen; XVII. Angestelltenorganisation.

Aufgrund dieser Einteilung hatte die Gewerkschaftskommission die notwendige Agitation sowie den Ausbau der bestehenden und die Gründung neuer Organisationen in jenen Industriegruppen, deren Angehörige nur zum Teil oder gar nicht organisiert waren, zu besorgen und dabei besonders die Provinz zu berücksichtigen.

Zur leichteren Durchführung der Organisationsarbeiten wurden in den Bundesländern L a n d e s g e w e r k s c h a f t s k o m m i s s i o n e n gegründet, die zwar selbständige Vereine waren, aber sich – unter Berücksichtigung der jeweiligen Landesverhältnisse – nach den Beschlüssen des Gewerkschaftskongresses und den seitens der Gewerkschaftskommission in Wien gegebenen Direktiven zu richten hatten.

Mit dem Stand vom 15. August 1920 waren nunmehr folgende Organisationen in der Gewerkschaftskommission zusammengeschlossen:

1. Z e n t r a l v e r e i n e :
Reichsverband österreichischer A d v o k a t u r s - u n d N o t a r i a t s a n g e s t e l l t e r ,
Reichsverein österreichischer B a n k - u n d S p a r k a s s e n b e a m t e r ,
Zentralverband österreichischer B a u a r b e i t e r ,
Union österreichischer B e r g a r b e i t e r ,
Zentralverein österreichischer B i l d h a u e r u n d G i e ß e r (S t u k k a t e u r e) ,
Verband österreichischer B l u m e n - u n d S c h m u c k f e d e r n a r b e i t e r i n n e n ,
Verein österreichischer B u c h b i n d e r etc.,
Verband österreichischer B u c h d r u c k e r , S c h r i f t g i e ß e r etc.,
Reichsverein österreichischer B u c h d r u c k e r e i h i l f s a r b e i t e r (Z e i t u n g s a r b e i t e r etc.).
Union des österreichischen B ü h n e n p e r s o n a l s ,
Verband der Arbeiterschaft der österreichischen C h e m i s c h e n I n d u s t r i e ,
Allgemeiner Rechtsschutz- und Gewerkschaftsverein der österreichischen E i s e n b a h n e r ,
Verband österreichischer F r i s e u r e ,
Verband österreichischer G l a s a r b e i t e r ,
Verband österreichischer H a n d e l s - , T r a n s p o r t - u n d V e r k e h r s a r b e i t e r ,
Verband der H a u s g e h i l f i n n e n (»Einigkeit«),
Gewerkschaft österreichischer H e i m a r b e i t e r i n n e n ,

Verband österreichischer H o l z a r b e i t e r,
*Verband österreichischer H o t e l - , G a s t - u n d K a f f e e -
h a u s a n g e s t e l l t e r,*
*Verband österreichischer H u t a r b e i t e r u n d - a r b e i t e r i n -
n e n (M o d i s t i n n e n),*
Bund österreichischer I n d u s t r i e a n g e s t e l l t e r,
*Verein österreichischer J u w e l i e r e , G o l d - u n d S i l b e r -
s c h m i e d e,*
*Zentralverein österreichischer k a u f m ä n n i s c h e r A n g e -
s t e l l t e r,*
Union aller K e r a m a r b e i t e r in Deutsch-Österreich,
*Fachorganisation österreichischer K r a n k e n p f l e g e r i n n e n
etc.,*
Reichsverein österreichischer K ü r s c h n e r,
*Verband österreichischer l a n d - u n d f o r s t w i r t s c h a f t -
l i c h e r A r b e i t e r,*
*Verband österreichischer L e b e n s - u n d G e n u ß m i t t e l -
a r b e i t e r,*
Gewerkschaft österreichischer L e d e r a r b e i t e r,
Verband österreichischer M a s c h i n i s t e n , H e i z e r etc.,
Verband österreichischer M e t a l l a r b e i t e r,
Bund der Ö f f e n t l i c h e n A n g e s t e l l t e n,
P o l i e r v e r b a n d Deutsch-Österreichs,
*Gewerkschaftsverband der P o s t a n g e s t e l l t e n Deutsch-
Österreichs,*
Verband österreichischer R a u c h f a n g k e h r e r g e h i l f e n,
*Fachverein österreichischer S a t t l e r , T a s c h n e r u n d R i e -
m e r,*
Verband österreichischer S c h n e i d e r,
Reichsverein österreichischer S c h u h m a c h e r,
Österreichischer Senefelder-Bund (L i t h o g r a p h e n),
*Verein der A n g e s t e l l t e n d e r ö s t e r r e i c h i s c h e n S o -
z i a l e n V e r s i c h e r u n g s i n s t i t u t e,*
*Gewerkschaft der Arbeiter und Angestellten der T a b a k r e -
g i e,*
*Technische Union, Verband der im s t a a t l i c h e n T e l e p h o n - ,
T e l e g r a p h e n - u n d R o h r p o s t d i e n s t e stehenden
Organe,*
Union österreichischer T e x t i l a r b e i t e r,
Verein österreichischer V e r s i c h e r u n g s a n g e s t e l l t e r,
Verband österreichischer Z a h n t e c h n i k e r g e h i l f e n,
Reichsverein österreichischer Z e i t u n g s b e a m t e r.

2. Lokalvereine:
Niederösterreichische Handelsagenten für Privatkundenbesuch,
Verein der in Gemeinde- und öffentlichen Betrieben stehenden Arbeiter und Angestellten,
Allgemeiner Hausbesorger- und Portierverein,
Verband der Kanalräumer,
Verein österreichischer Kartonagearbeiter etc.,
Verein der Ledergalanteriearbeiter,
Verband der in öffentlichen Diensten stehenden Angestellten in der Steiermark,
Verein der Polizeiangestellten für Steiermark,
Schirmbranche,
Verband der Schuldiener Deutsch-Steiermarks,
Vereinigung des Spitalspflegepersonals,
Stadtschutzwache (Wien),
Verband österreichischer Xylographen.

3. Ständige Delegation der gewerkschaftlichen Angestelltenorganisationen in der Gewerkschaftskommission.

Trotz der Ungunst der wirtschaftlichen Verhältnisse hielt der Mitgliederzuwachs der Gewerkschaften an. Mit 1.079.777 Mitgliedern erreichten die *Freien Gewerkschaften* Ende 1921 ihren Höchststand in der Ersten Republik.

Die Kommunisten bildeten in Österreich keine eigene Gewerkschaftsorganisation. Die Taktik der Kommunisten war es, keine eigenen Gewerkschaften zu gründen, sondern in den bestehenden freigewerkschaftlichen Organisationen zu verbleiben, »rote« Betriebszellen zu bilden und diese Zellen in der *roten Gewerkschaftsopposition* (RGO) zusammenzufassen. Die *»rote«* oder *revolutionäre Gewerkschaftsopposition,* wie sich die kommunistischen Oppositionsgruppen in den *Freien Gewerkschaften* nannten, erlangten nur in den ersten Jahren nach der Republikgründung einige Bedeutung.

Die Entwicklung der *Christlichen Gewerkschaften* ging in der Nachkriegszeit viel langsamer vor sich als die Entwicklung der *Freien Gewerkschaften.* Sie erreichten ihren Mitgliederhöchststand von 130.000 Organisierten erst zu Beginn der dreißiger Jahre.

Auch die (deutsch)nationalen Gewerkschaften hatten zu Beginn der dreißiger Jahre ihren größten Zulauf; sie erreichten 1931 einen Höchststand von rund 50.000 Mitgliedern. Die stärkste Gruppe war die *Verkehrsgewerkschaft* (Eisenbahner) mit 23.000 Mitgliedern, dann folgte der *Deutsche Handels- und Industrieangestelltenverband* (DHV) mit 7.800 Mitgliedern. Alles in allem erlangten die »nationalen« Gewerkschaften in Österreich nie eine besondere Bedeutung. Ihre Tradition ging auf deutschnational ausgerichtete Gewerkschaftsvereine zurück, die zu Beginn des zwanzigsten Jahrhunderts im Sudetengebiet entstanden waren. Im Februar 1918, also noch während des Weltkriegs, hatte ein Gewerkschaftstag in Wien Leitsätze für die »nationalen« Arbeitnehmer beschlossen, die schon von einer durchaus n a t i o n a l s o z i a l i s t i s c h e n A u f f a s s u n g über das Wirtschafts-, Staats- und Volksleben getragen waren.

In Deutschland begannen sich die Nationalsozialisten und ihre Sympathisanten zu Beginn der zwanziger Jahre zu formieren, in Österreich spielten sie vorerst noch keine Rolle im politischen Leben. Aber auch hier gewannen die Kräfte, die gegen die Arbeiterbewegung gerichtet waren, langsam wieder größeren Einfluß. Das Bürgertum gewann wieder festen Boden unter den Füßen. Das Unternehmertum nutzte die »Gunst der Stunde«, als es seine Machtstellung durch die kurze Hochkonjunktur des Jahres 1921 festigen konnte, um seinen politischen Einfluß zu stärken.[29]) Das erste Alarmsignal für die Arbeiterbewegung war die Wahlniederlage der Sozialdemokratischen Partei im Oktober 1920 durch einen Verlust von 200.000 Stimmen gegenüber den Wahlen von 1919.

Auch der Höhepunkt des Aufstiegs der *Freien Gewerkschaften* war bald überschritten. Ab 1922 führten die Wirtschaftskrisen, die nicht zu verringernde Arbeitslosigkeit und das Zurückdrängen des politischen Einflusses der Gewerkschaften durch die bürgerlichen Regierungen vorerst zu einem geringen, dann aber immer stärker zunehmenden Mitgliederrückgang. Nicht nur die Arbeitslosigkeit war am Mitgliederrückgang schuld, sondern auch die enttäuschten Hoffnungen. Denn in der Freiheit der demokratischen Republik waren viele Menschen zur Organisation gekommen, die noch keine Bindung an die Arbeiterbewegung hatten und sich Illusionen über die Möglichkeiten machten, die den Gewerkschaften zur Verfügung standen, um das Ziel einer sozial gerechteren Gesellschaft zu erreichen.

Im Kampf gegen die Not

Am Ende des Ersten Weltkriegs hatte die österreichisch-ungarische Monarchie einen inflationären Notenumlauf von 35 Milliarden Kronen, ein extrem defizitäres und planlos eingesetztes Staatsbudget, eine erschöpfte Wirtschaft und eine am Hungertuch nagende Arbeiterschaft. Ihre Länder hatten durch den Krieg 1.342.000 Menschen (Tote und Vermißte) verloren, die Zahl der Verwundeten betrug zwei Millionen. In einer Zeit, in der die Zusammenfassung aller wirtschaftlichen Kräfte notwendig gewesen wäre, waren der bürokratische Apparat, das ganze weitverzweigte Netz staatlicher und autonomer Verwaltung, dazu die manchmal jahrhundertealten wirtschaftlichen Verflechtungen, die gegenseitigen Abhängigkeiten und Ergänzungen kaufmännischer und industrieller Unternehmungen, in Auflösung begriffen. Durch die Z e r r e i ß u n g d e s g r o ß e n W i r t s c h a f t s r a u m s der österreichisch-ungarischen Monarchie erwiesen sich alle während des Kriegs aufgestellten Pläne zur Regelung des Übergangs von der Kriegs- zur Friedenswirtschaft als unzulänglich und überholt, die Wirtschaft Deutsch-Österreichs sah sich unvorbereitet vor eine völlig geänderte Situation gestellt, in der die Bewältigung der schon unter »normalen« Umständen schwierigen Umstellungsprobleme eine fast unlösbare Aufgabe bedeutete. Von einem Staats- und Wirtschaftsgebiet mit 53 Millionen Menschen, ausgerichtet auf das Zentrum Wien, war ein Kleinraum mit einer Bevölkerung von nur sechs Millionen Menschen übriggeblieben. Die österreichische Republik hatte ungefähr zwölf Prozent der Bevölkerung der Monarchie, 30 Prozent der Industriearbeiter und 20 Prozent ihrer Dampfkraftkapazität, aber bloß ein halbes Prozent ihrer Kohlenvorkommen übernommen.

Aber es herrschte nicht nur K o h l e n m a n g e l, ein Teil der Industrie v e r l o r auch die inländische R o h s t o f f b a s i s für die Produktion selbst. Die Eigenvorkommen an Rohstoffen beschränkten sich auf Eisenerz, Magnesit, Holz und geringe Mengen von Kohle und Blei, der industrielle Bedarf an Kupfer, Schrott, Stahl, Zink, Zinn, Nickel, Antimon, Erdöl, Rohgummi, Baumwolle und Schafwolle mußte durch Einfuhren gedeckt werden.

Die »Nachfolgestaaten«, aus denen früher die meisten Rohstoffe gekommen waren, förderten in stärkstem Ausmaß ihre eigene Industrialisierung, um selbst Halb- und Fertigprodukte exportieren zu können, und hatten absolut kein Interesse daran, der österreichischen Wirtschaft weiter als Rohstofflieferanten zu dienen.

Infolge der Armut Deutsch-Österreichs an Naturprodukten war es unabdingbar notwendig, die schon für die Ü b e r g a n g s w i r t s c h a f t des alten Großreichs geplante s t a a t l i c h e E i n f l u ß n a h m e auf Produktion, Handel und Verbrauch konsequent und in erweitertem Umfang durchzuführen. Auch die Einfuhr und die Ausfuhr mußten staatlich geregelt werden, da zunächst nur Kompensationsgeschäfte möglich waren und es keinen freien Warenverkehr gab.

Auch als der freie Warenverkehr wieder möglich war, richteten die hohen Schutzzölle, mit denen die »Nachfolgestaaten« den Aufbau ihrer Industrie absichern wollten, eine bisher unbekannte Barriere zwischen der österreichischen Industrie und ihren traditionellen Absatzmärkten auf: Gewohnt, in einem zollgeschützten Raum ihre Produkte sicher absetzen zu können, war sie nun der K o n k u r r e n z a u f d e n W e l t m ä r k t e n a u s g e s e t z t und mußte erst die Fähigkeit erringen, im internationalen Konkurrenzkampf zu bestehen – und dies in einer besonders ungünstigen Situation. Denn die krisenhaften Zustände waren nicht auf Österreich beschränkt. Auch die europäischen Siegermächte waren durch den Krieg wirtschaftlich ausgeblutet. Sie hatten sich zur Finanzierung des Kriegs gegenüber den USA verschuldet und waren nicht in der Lage und auch nicht willens, diese Schulden zurückzuzahlen, was zu einer Absatzkrise in Amerika und zu einem Sturz der Weltmarktpreise führte. Hierin lag auch eine der Ursachen für die harte Wirtschaftspolitik der Siegerstaaten gegenüber den »Rechtsnachfolgern« der unterlegenen Mittelmächte, die eine Konsolidierung der mitteleuropäischen Volkswirtschaften erschwerte und damit einen gefährlichen Kreislauf auslöste, der antidemokratischen und faschistischen Tendenzen Vorschub leistete.

Die w i r t s c h a f t l i c h e S i t u a t i o n Ö s t e r r e i c h s blieb während der ganzen Zwischenkriegsperiode h e i k e l , denn die Umorientierung nach dem westeuropäischen Ausland gelang nur unvollkommen und die nach wie vor dominierenden Beziehungen zu den traditionellen Partnern blieben aufgrund der politischen Entwicklungen schwierig. Dies gilt besonders für Ungarn, während der Handelsverkehr mit der ČSR und Jugoslawien zu Beginn des Jahres 1920 bereits wieder an führender Stelle stand. Im Handelsverkehr mit den Staaten, die schon immer außerhalb der Zollschranken der Monarchie gelegen hatten, waren nur zwei Länder von wirklicher Bedeutung: Auf den wichtigsten Handelspartner Deutschland folgte an zweiter Stelle Italien. Gegenüber Italien konnte Österreich zumindest der Gütermenge nach eine aktive Handelsbilanz ausweisen, da es als erster der Siegerstaaten – an festgefügte Traditionen anknüpfend – sofort wieder Handelsbeziehungen aufbaute und der Einfuhr österreichischer Waren kein Hindernis in den Weg legte.

Die wichtigsten Ausfuhrprodukte der Republik bildeten nach Kriegsende Papier, Leder und Lederwaren, Erzeugnisse der Metallindustrie, der metallverarbeitenden Industrie, hier insbesondere Maschinen, und der Elektroindustrie. Sie kamen aus den wenigen dem neuen Staat verbliebenen Unternehmen, von denen die *Alpine Montan Gesellschaft,* einst das bedeutendste Eisenwerk der Monarchie, das größte war. Zu den volkswirtschaftlichen »Schlüsselindustrien« zählten noch die Maschinen- und Motorenindustrie in Wien, Wiener Neustadt und Steyr, die Waggon- und Lokomotivindustrie in Wien, Wiener Neustadt und Linz und – in geringerem Ausmaß – die Textilindustrie im Wiener Neustädter Becken, im Salzkammergut und in Vorarlberg.

Daneben besaß Österreich aber noch bisher zum Teil ungenutzte wertvolle wirtschaftliche Aktivposten in seinen tüchtigen Facharbeitern, in seinem Holzreichtum und in seinen Wasserkräften. Der Ausbau der Wasserkräfte und die mit Hilfe dieser neuen billigen Energiequelle mögliche Industrialisierung der überwiegend agrarischen Alpenländer waren dem jungen Staatswesen als Aufgabe gestellt. Dazu b e d u r f t e es allerdings der f i n a n z i e l l e n H i l f e d e s A u s l a n d s , die vorerst ausblieb und später nur mit harten Auflagen gewährt wurde beziehungsweise – soweit es sich um private Investitionen handelte – mit für Österreich negativen antidemokratischen E i n f l u ß n a h m e n verbunden war.

In den unmittelbaren Nachkriegsjahren war an die Realisierung solcher Programme überhaupt nicht zu denken. Einer wirklichen Belebung der Wirtschaft stand die Kohlennot entgegen. Der Bedarf Deutsch-Österreichs betrug Anfang 1919 mehr als 100.000 Waggons im Monat, ungefähr je zur Hälfte Stein- und Braunkohle. Im Dezember 1918 konnten nur 16.000 Waggons eingeführt werden, im Inland wurden ungefähr 14.000 Waggons gefördert, sodaß nur etwa ein Viertel des Bedarfs zur Verfügung stand. Im Spätherbst 1919 d r o h t e der K o h l e m a n g e l nicht nur den auf Dampf und Elektrizität angewiesenen Verkehr, sondern fast die gesamte P r o d u k t i o n s t i l l z u l e g e n .

Die Not stieg ununterbrochen weiter an. Die Regierung berief Konferenzen ein, setzte eine *Preisabbaukommission,* eine *Wirt-*

schaftskommission und eine *Ersparungskommission* ein, aber das »Krisenmanagement« blieb erfolglos. Es wurden zwar Materialien zusammengetragen und Vorschläge erstattet, doch alle getroffenen Maßnahmen konnten nicht verhindern, daß die österreichische Wirtschaft auf der schiefen Ebene weiter abwärts glitt. 1920 betrug die Ausfuhr kaum ein Viertel der Einfuhr.

Unter diesen Bedingungen konnte der »Aktivposten«, den die Republik mit ihrer großen Zahl an gut ausgebildeten Arbeitskräften besaß, nicht genutzt werden. Ein Aufruf der Gewerkschaften an die Arbeiter, alle Kräfte für die Steigerung der Produktion einzusetzen, zeigte zwar den guten Willen zur Mitarbeit am Aufbau der Volkswirtschaft, mußte aber angesichts der Realität wirkungslos bleiben. Tausende ehemalige Frontsoldaten, aus den »Nachfolgestaaten« zurückkehrende Arbeitnehmer, aber auch Beamte des überdimensionierten Verwaltungsapparats der Monarchie konnten keine Beschäftigung finden. Die Zahl der A r b e i t s l o s e n stieg innerhalb der Grenzen Deutsch-Österreichs von 46.203 im Jänner 1918 auf 186.050 im Mai 1919.[30]) Ein Anfang 1919 eingeleitetes Investitionsprogramm der Regierung, das die Durchführung von öffentlichen Arbeiten größeren Umfangs vorsah, um die Arbeitslosigkeit zu mildern, konnte nicht wirklich greifen.

Durch Stillegungen und drastische Einschränkung der Produktion in vielen Branchen wurden aber auch jene, die noch Arbeit hatten, in ihrem L o h n e i n k o m m e n g e s c h ä d i g t . An der Beratung aller Maßnahmen, die zur Linderung der Not beitragen sollten, war die Gewerkschaftskommission hervorragend beteiligt. Vor allem die Erarbeitung der unterschiedlichen Vollzugsanweisungen der »Staatsämter« über die Unterstützung der von den Folgen der Kohlennot betroffenen Arbeiter machte ihre Mitwirkung notwendig.

Auch als die Wirtschaft langsam wieder zu arbeiten begann, führten die galoppierende I n f l a t i o n und die maßlose T e u e r u n g dazu, daß die Löhne und Gehälter weit hinter den Erhöhungen aller Lebensmittelpreise zurückblieben, sodaß die Lebenshaltung der Arbeiter und Angestellten – trotz einer ziemlich bedeutenden Anhebung des Lohnniveaus – eine weitere Verschlechterung erfuhr.

Im November 1919 gelang es den Gewerkschaften, die Zustimmung der Unternehmerorganisationen zur Einführung der » g l e i t e n d e n L o h n s k a l a « zu erreichen. Der bereits zwanzig Jahre alte Vorschlag, den Lohn in einen festen und in einen beweglichen

Österreichs Gewerkschaftsbewegung
Stationen des Kampfes

1889 Streik der Wiener Tramwaykutscher

1933 Eisenbahnerstreik

1949 Streik der Süßwarenarbeiter

1990 Streik bei Steyr-Daimler-Puch

›65 Warnstreik der Eisen-hner und Postbediensteten

1997 Kampagne der Gastgewerbebeschäftigten »Keine Lust auf Nulldiät«

Streik, das ureigenste und schärfste Kampfinstrument der Gewerkschaften, wird in Österreich nur selten eingesetzt. Neue Wege wie die Kampagne sind zudem in der veränderten Arbeitswelt oft wirkungsvoller

Teil zu gliedern, wurde nun realisiert, um die Lohnänderungen mehr der Gestaltung der Lebensmittelpreise anzupassen. Eine p a r i t ä t i s c h   z u s a m m e n g e s e t z t e   K o m m i s s i o n legte die I n d e x z i f f e r fest, die als Grundlage für die Höhe der Lohnabschlüsse dienen sollte. Doch infolge der anhaltenden wirtschaftlichen Schwierigkeiten und der Neuheit des Lohnsystems brachte die Einführung der »gleitenden Lohnskala« den Arbeitnehmern keine befriedigenden Resultate.

Je sprunghafter die Preise stiegen, desto mehr kam der Reallohn ins Hintertreffen. Trotzdem blieb den Arbeitern und Angestellten keine andere Möglichkeit zur Sicherung ihrer Existenz, als den Index zur Grundlage ihrer Forderungen zu nehmen. Die notwendige Angleichung der Löhne und Gehälter an den Lebenshaltungskostenindex führte zu l a u f e n d e n   L o h n k ä m p f e n   i n   f a s t   a l l e n   B e r u f s g r u p p e n . Die meisten Gewerkschaften richteten sich dabei nach den von der staatlichen paritätischen Lohnkommission errechneten Indexziffern, andere nach dem Index des Bundesamts für Statistik, wieder andere lehnten sich ohne Bindung aus freien Stücken an die amtlichen Zahlen an; der *Verband der Metallarbeiter Österreichs* und der *Bund der Industrieangestellten* stellten eigene Indexberechnungen an. Manche Gewerkschaften benützten den Index sogar zur Feststellung der jeweiligen Höhe der Mitgliedsbeiträge.

Streiks waren damals angesichts der großen Arbeitslosigkeit wenig aussichtsreich. Deshalb versuchten die Gewerkschaften im Wege des Übereinkommens, eine Angleichung der Löhne und Gehälter an die Lebenshaltungskosten zu erreichen, was ihnen in den meisten Fällen auch gelang. Nur wo es zu keiner Einigung kommen konnte, mußten sie zum schwersten Kampfmittel, zum Streik, greifen. Es waren dann meist die Gefahr einer Ausbreitung der Streikbewegung und die Sorge, daß unerwünschte politische Folgewirkungen eintreten könnten, die zu Interventionen und zum Einlenken der Unternehmerverbände führten. Insgesamt gab es demzufolge eine weit g e r i n g e r e   Z a h l   o r g a n i s i e r t e r   S t r e i k s als in den Friedensjahren vor 1914. Bei den Streiks in der ersten Nachkriegsperiode handelte es sich in der Mehrzahl um spontane Aktionen.

Das immer weitere Auseinanderklaffen von Löhnen und Preisen führte im Dezember 1920 zu einer weiteren breiten Lohnbewegung und zu Teuerungsdemonstrationen, und 1921 nahm die Zahl der Streikbewegungen deutlich zu. Es gab 391 aus wirtschaftlichen Gründen ausgebrochene Streiks mit rund 191.000 Streikenden; drei

Sympathiestreiks und drei Demonstrationsausstände sind in der Statistik nicht enthalten. Die Ursache für die Zunahme der Streiks war die Erbitterung der Lohn- und Gehaltsempfänger, denen die inflationäre Entwicklung die Möglichkeit verbaute, von dem kurzen wirtschaftlichen Aufschwung dieses Jahres zu profitieren. Die Arbeitnehmer hungerten weiter, während die Unternehmer wieder Profite machten.

Vielen Österreichern kam in dieser Notsituation die solidarische Hilfe der internationalen Gewerkschaftsbewegung zugute. Um den Hunger zu lindern, organisierte der *Internationale Gewerkschaftsbund* schon 1919 eine Hilfsaktion. Sein Aufruf fand sowohl bei der Arbeiterschaft der früheren »Feind«staaten als auch bei den Gewerkschaftern der neutralen Länder ein lebhaftes Echo. Die holländischen Arbeiter aller Parteirichtungen beschlossen, entgegen dem landesüblichen Brauch, am zweiten Weihnachtsfeiertag zu arbeiten und den Ertrag dieser Arbeit den Kolleginnen und Kollegen in Wien zu widmen. Die skandinavischen Arbeiter beschlossen, eine Zeitlang täglich Überstunden zu machen und den Ertrag den österreichischen Arbeitern zu spenden. Desgleichen leiteten die englischen Gewerkschaften eine Hilfsaktion ein. Die österreichische Gewerkschaftskommission teilte die Spenden als Zubuße zu den rationierten Lebensmitteln gleichmäßig auf alle Gewerkschaftsmitglieder auf und ließ sie durch die Konsumvereine ausfolgen.

Internationale Solidarität ist keine Einbahnstraße, der Zusammenhalt zeigte sich darin, daß diejenigen, denen geholfen wurde, anderen halfen, die Unterstützung noch dringender brauchten. So schloß sich die Gewerkschaftskommission selbstverständlich einer Aktion des IGB zur Hilfeleistung für die Menschen in den russischen Hungergebieten an. Im Südosten Rußlands hatte eine furchtbare Dürre die Saaten vernichtet und, verbunden mit einer radikalen Zwangskollektivierung, zu einem Chaos geführt. Millionen Menschen waren vom Hungertod bedroht, Tausende hatte die Cholera dahingerafft, und die Wirtschaftsblockade durch die Entente machte es der Sowjetunion unmöglich, sich auf dem internationalen Markt Lebensmittel und Medikamente zu besorgen. Trotz der Notlage, in der sich die österreichische Arbeiterschaft selbst befand, riefen die Gewerkschaftskommission und der Vorstand der Sozialdemokratischen Partei zur Einrichtung eines »russischen Hilfsfonds« auf: Obwohl die österreichische Arbeiterschaft gegen den Bolschewismus sei, wäre es Pflicht proletarischer Solidarität, dem russischen Proletariat zu helfen.

Österreich könne zwar keine Lebensmittel an Rußland schicken, aber mit dem gesammelten Geld könnten Heilmittel gekauft und in die russischen Hunger- und Seuchengebiete gesendet werden.

Der IGB brachte im Rahmen seiner Aktion große Mengen an Lebensmitteln, Kleidungsstücken und Medikamenten in die gefährdeten Gebiete. Durch Monate betreute er 42.000 Kinder in der Hungerzone, später wurde auch die Versorgung von 50.000 Erwachsenen des Tschuwaschgebiets übernommen. Die österreichischen Arbeiter sammelten für die Rußlandhilfe allein einen Betrag von rund 20 Millionen Kronen.

Der *Internationale Gewerkschaftsbund* war in der Nachkriegszeit die einzige Organisation, die mit Zustimmung von Vertretern aus Ententestaaten in der österreichischen Frage eine Position vertrat, die deutlich von der harten Linie des Friedensvertrags von Saint-Germain abwich, wenn sie auch nicht so weit ging, den Wunsch der sozialdemokratischen Arbeiterbewegung nach einem Anschluß an das Deutsche Reich zu befürworten. Die Stellungnahme des IGB war eine Antwort auf eine D e n k s c h r i f t , die ihr die ö s t e r r e i c h i s c h e G e w e r k s c h a f t s k o m m i s s i o n im Jahre 1920 übermittelte.

Die »Denkschrift« betonte, daß die überaus harten Friedensbedingungen und die willkürliche Zerreißung des alten Vielvölkerstaats die nun schon lange herrschende Not verschuldet hätten. Deutsch-Österreich sei ohne fremde Hilfe nicht lebensfähig. Anfangs hätte man der Meinung sein können, setzte sie in ihrer Schilderung fort, daß die Schwierigkeiten nur ein Übergangsstadium seien. *Jedoch der Zustand verschlimmerte sich und wurde schließlich hoffnungslos. Er hat die traurigsten Erscheinungen im Wirtschaftsleben zur Folge und zeitigt für die arbeitende Bevölkerung körperliche, sittliche und geistige Schäden. Die gewerkschaftlich organisierten Arbeiter und Angestellten in Deutsch-Österreich erhofften unmittelbar nach dem Zusammenbruch der Monarchie die politische und soziale Revolution. Sie erwarteten, den Sozialismus im Weg der Demokratie siegreich durchführen zu können. Durch die politische Revolution wurde die Unterdrückung auf dem Gebiet der Politik beinahe restlos beseitigt. Dagegen konnte die soziale Neugestaltung der Wirtschaft nicht erreicht werden. Die Zertrümmerung der alten wirtschaftlichen Zusammenhänge hatte zur Folge, daß Deutschösterreich in eine Wirtschaftskatastrophe geriet, welche jede ernstlich durchführbare Sozialisierung verhinderte.*

Die Denkschrift führte weiter aus, daß zwischen den Löhnen und Gehältern und den Preisen der Lebensmittel und sonstiger Bedarfsartikel eine ungeheure Spanne bestehe. Es gelinge weder, eine Senkung der Preise herbeizuführen, noch eine entsprechende Erhöhung der Löhne zu erwirken. Die Löhne stiegen durchschnittlich auf das Zwanzig- bis Fünfundzwanzigfache, die Preise der rationierten Lebensmittel seien jedoch gegenüber dem Jahre 1913 vierundvierzigmal so hoch, jene der anderen Bedarfsartikel noch weit höher; von einzelnen Artikeln wie Genußmittel oder von den Schleichhandelspreisen gar nicht zu reden. Unter solchen Umständen erscheine es begreiflich, *wenn in der Arbeiterschaft der Ruf nach gewaltsamer Niederringung des Kapitalismus, nach besseren wirtschaftlichen Methoden immer lauter wird. Trotzdem ist die gewerkschaftlich organisierte Arbeiterschaft in Ö s t e r r e i c h der Verlockung, romantische Revolutionspolitik zu betreiben, nicht gefolgt,* sondern hat sich immer nur davon leiten lassen, demokratische Formen einzuhalten, in den Betrieben durch Betriebsräte Einfluß zu erhalten und auf dem Wege der Lohnverhandlungen vorwärtszukommen. Wenn sie nebenbei auf sozialpolitischem Gebiete manchen Fortschritt erzielen konnte, so ist dies der gegenwärtigen politischen Machtstellung des Proletariates in diesem Staate zu danken, aber noch kein Beweis dafür, daß man auf diesem Wege allein in der Lage ist, einen wirtschaftlichen Neuaufbau herbeizuführen. Die Denkschrift befaßte sich dann weiter ausführlich mit der Versorgungslage: *Alle wichtigen Nahrungsmittel müssen zu einem großen Teile aus dem Ausland eingeführt werden. Bei den bestehenden Währungsverhältnissen ist es der Bevölkerung von sechs Millionen unmöglich, die Kosten des Bedarfes durch eigenen Fleiß aufzubringen.* Die Entwertung der Krone habe zu einer unerträglichen Teuerung der gesamten Lebenshaltung geführt. Die außerordentlich geschwächte Kaufkraft der Bevölkerung gestatte es nicht, die Preise für die rationierten Lebensmittel zu erhöhen. Nur reiche Leute seien in der Lage, ihren Lebensmittelbedarf im Schleichhandel zu decken. Die Regierung leiste zum Einkauf der Lebensmittel einen n a m h a f t e n Z u s c h u ß , was aber zur Folge habe, daß der U m l a u f a n P a p i e r g e l d s t ä n d i g g r ö ß e r w e r d e . Abhilfe sei nur durch folgende Maßnahmen zu schaffen:

»Abänderung des Friedensvertrages von Saint-Germain. Zuweisung entsprechender Kohlenmengen, um die Industrie in Gang zu bringen, und Beistellung der erforderlichen Rohstoffe für die Warenerzeugung.

Erleichterungen im Verkehr mit dem Ausland und beim Austausch der Waren.
Sicherstellung der Ernährung.
Regelung der Währungsverhältnisse, Stabilisierung der Valuta.
Hilfe beim Ausnützen der Wasserkräfte und beim Bau elektrischer Anlagen.

Die Denkschrift schloß mit dem R u f n a c h d e m A n s c h l u ß a n D e u t s c h l a n d .

Die Leitung des *I n t e r n a t i o n a l e n G e w e r k s c h a f t s b u n d s* entsandte als Reaktion auf den Hilferuf der Gewerkschaftskommission eine E r h e b u n g s k o m m i s s i o n zur Feststellung der wirtschaftlichen Verhältnisse nach Österreich. Die Kommission verschaffte sich einen gründlichen Einblick und legte dem IGB einen ausführlichen Bericht vor.

In bezug auf die Ernährung wurde festgestellt, daß Österreich sich infolge des Verlusts der Überschußgebiete nicht selbst ernähren könne. Die Lebensmittelversorgung sei unzulänglich. Der Gesundheitszustand vor allem der Kinder und der alten Leute und der Stand der Erkrankungen gebe zu schlimmsten Befürchtungen Anlaß. Auch der Zustand der Bekleidung der Bevölkerung sei desolat, der Wohnungsmangel erschreckend groß. Der niedrige Kurs der österreichischen Krone komme fast den Wirkungen einer Blockade gleich. Der Abgang müsse durch die Notenpresse gedeckt werden, was zu einer laufenden weiteren Verschlechterung der Valuta und daher zu einem katastrophalen Anschwellen des Staatsdefizits führe.

Die Kommission kam zu der Schlußfolgerung, daß auch bei nüchternster Beurteilung festgestellt werden müsse, daß der Zustand des Staats und seiner Bevölkerung ein geradezu verzweifelter zu nennen sei, daß eine Katastrophe unabwendbar erscheine, wenn nicht binnen kürzester Zeit Hilfe mit allen Mitteln herbeigeschafft werde. Der Staat Deutsch-Österreich könne auf die Dauer nicht von der Mildtätigkeit Europas leben. Denn es werde nicht nur die Opferwilligkeit weiter Kreise Europas nachlassen, es werde auch die Gefahr der Demoralisierung der Bevölkerung Deutsch-Österreichs heraufbeschworen, die das Vertrauen zur eigenen Kraft, zur eigenen Arbeit verlieren und sich dann auf die Subventionen anderer Völker verlassen werde.

Aufgrund dieser Bestandsaufnahme schlug der Kommissionsbericht vor, daß Österreich einen l a n g f r i s t i g e n G e l d k r e d i t m i t n i e d r i g e r V e r z i n s u n g erhalten müsse, daß weitgreifende Maßnahmen zur Befestigung der Valuta ergriffen, die Zufuhr von Rohstoffen, Lebensmitteln und vor allem von Kohle erleichtert und schließlich die Produktivität der Landwirtschaft durch reichliche Zufuhr von Düngemitteln gehoben werden sollten. Allerdings könnten auch diese Mittel das Übel, an dem dieses Land leide, nicht völlig beseitigen. Der eigentliche Grund der Gefährdung der staatlichen Existenz seien die Friedensverträge, da sie Deutsch-Österreich all der Erzeugungsquellen beraubt hätten, die es zu seinem Bestand notwendig brauche. Die Kommission lehne es entschieden ab, irgendwelchen chauvinistischen Tendenzen Vorschub zu leisten, aber sie sei der Überzeugung, daß die F r i e d e n s v e r t r ä g e insofern eine Ä n d e r u n g erfahren müßten, als sie dem verstümmelten Staat Deutsch-Österreich die Gewähr für seine und seiner Bewohner Existenz böten.

Im November 1921 erreichte der Abgang im Staatshaushalt einen Betrag von mehr als 200 Milliarden Kronen, und der A b b a u d e r L e b e n s m i t t e l z u s c h ü s s e , auf deren i n f l a t i o n ä r e W i r k u n g schon die »Denkschrift« der Gewerkschaftskommission hingewiesen hatte, wurde unabwendbar. Die Sozialdemokratische Partei hatte kurz vorher einen Finanzplan vorgelegt, der den Abbau der Zuschüsse im Verein mit einer Reihe von flankierenden Maßnahmen vorsah, um die Belastung für die Arbeiterschaft in erträglichen Grenzen zu halten. Doch im Oktober waren die gesprächsbereiten Leiter des Finanz- und Handelsressorts in der Regierung Schober (der Wiener Polizeipräsident führte die zweite bürgerliche Koalitionsregierung der Republik) durch Vertreter eines harten Kurses abgelöst worden; vom gesamten »Maßnahmenpaket« sollte nur mehr der Abbau der Subventionen verwirklicht werden. Begreiflicherweise wendeten sich die Gewerkschaften gegen diesen Plan, da die Verwirklichung der anderen Programmpunkte erst die Voraussetzungen dafür geschaffen hätte, einen allmählichen Abbau ohne unzumutbare Härten für die unselbständig Erwerbstätigen durchzuführen.

Die Ankündigung des Abbaus der Zuschüsse führte sofort zu einem Steigen der Preise. Die Gewerkschaften verhandelten mit den Unternehmerorganisationen über Lohnzuschläge. Diese waren zwar dazu bereit, die Verteuerung der rationierten Lebensmittel auszugleichen, lehnten aber einen nach den staatlichen Indexlisten berechneten Ausgleichszuschlag für alle sonstigen Artikel ab.

Schließlich ließ sich die Erregung der Arbeiter über die täglichen Preissteigerungen nicht mehr bändigen. Am 1. Dezember 1921 verließ die Floridsdorfer Arbeiterschaft die Betriebe und zog auf die Ringstraße; Betriebe anderer Bezirke schlossen sich an. Die Demonstration verlief durchaus würdig und eindrucksvoll, aber im Anschluß an die unvorbereitete Kundgebung ereigneten sich Ausschreitungen verantwortungsloser Elemente. Eine Abordnung der Demonstranten sprach bei der Regierung vor und verlangte Sofortmaßnahmen gegen die Teuerung. Die Regierung versprach unter dem Eindruck der Demonstration aber mehr, als sie halten konnte.

In Verhandlungen der Gewerkschaftskommission mit den Unternehmerorganisationen wurden endlich doch Leitsätze vereinbart, nach denen der s t u f e n w e i s e A b b a u der Lebensmittelsubventionen und die E n t s c h ä d i g u n g d e s M e h r a u f w a n d s durchgeführt werden sollten. Ende Dezember 1921 beschloß dann der Nationalrat ein Gesetz über den Abbau der staatlichen Lebensmittelzuschüsse, dem dieses Verhandlungsergebnis zugrunde lag. Das Gesetz sah p a r i t ä t i s c h z u s a m m e n g e s e t z t e K o m m i s s i o n e n zur Durchführung der Bestimmungen und zur Klärung allfälliger Streitfragen vor. Die Arbeitgeber wurden verpflichtet, anstelle des Staats die Zuschüsse zu Brotmehl, Verschleißmehl und Fett für den Arbeitnehmer und seine Frau zu übernehmen. Diese Zuschüsse wurden ein Bestandteil des Lohns und gingen später allmählich in diesem auf. Für Kinder wurden gleichfalls entsprechende Zuschüsse festgelegt, sie behielten jedoch den Charakter von Sonderzuschüssen.

Nach dem Zweiten Weltkrieg wurden durch die Preis- und Lohnabkommen ähnliche Abmachungen getroffen. In der Zweiten Republik wurden die Kinderbeihilfen später durch Gesetz zu einer Dauereinrichtung. Die Arbeitgeber haben für jeden Beschäftigten sechs Prozent seiner Lohnsumme über das Steueramt an einen Ausgleichsfonds abzuführen. Im Ausgleichsweg mit der Steuerverrechnung zahlt der Arbeitgeber die Kinderbeihilfe aus, die Kinderanzahl der bei ihm Beschäftigten belastet ihn daher nicht.

Obwohl die Gewerkschaften also begannen, den wirtschaftlichen Zusammenhängen mehr Aufmerksamkeit als früher zu widmen, und obwohl sie immer wieder verlangten, daß dem *wucherischen Treiben* vieler Händler Einhalt geboten und ein wirksamer Preisabbau in die Wege geleitet werde, waren sie nicht imstande, wirklich erfolgreiche Maßnahmen durchzusetzen. Die Preise stiegen Tag für Tag, Lohnbewegung um Lohnbewegung folgte, die Banknotenpresse lief auf Hochtouren, und die Verschuldung des Staats wuchs lawinenartig an.

Von der »Genfer Sanierung« zum Justizpalastbrand

Die »Sanierungspolitik« und ihre Folgen

Auch während des Jahres 1922 gelang es nicht, der Inflation Einhalt zu gebieten – im Gegenteil, der Notenumlauf stieg bis September auf 2,3 Milliarden Kronen. Die unhaltbare Wirtschaftslage führte dazu, daß die Regierung Seipel, die das Kabinett Schober im Mai 1922 abgelöst hatte, Hilfe im Ausland suchte. In schwierigen Verhandlungen mit dem Völkerbund erreichte Österreich schließlich, daß im Oktober 1922 eine Anleihe gewährt wurde. Doch die Bedingungen der »Völkerbundanleihe« waren hart: Das Anschlußverbot des Friedensvertrags von Saint-Germain wurde – wie nicht anders zu erwarten – neuerlich bekräftigt. Viel gravierender wirkten die Bestimmungen des von England, Frankreich, Italien und der Tschechoslowakei mit der Republik abgeschlossenen *Staatsvertrags über die wirtschaftliche und finanzielle Wiederaufrichtung Österreichs*, die die Finanzen des Staats unter ausländische Kontrolle stellten und wesentlich zum Abbau des gerade erst im Entstehen begriffenen sozialen Netzes beitrugen.

Die Kosten der Sanierungspolitik belasteten das arbeitende Volk in unverhältnismäßig hohem Ausmaß. Dies wird an der Umschichtung der Steuereinnahmen im Zuge der Sanierungsmaßnahmen deutlich: Während im Jänner 1922 noch 21,4 Prozent der gesamten Staatsausgaben durch direkte Steuern und nur 42,5 Prozent durch Verbrauchersteuern und Zölle aufgebracht worden waren, ging der Anteil an direkten Steuern im Jänner 1923 auf 19,3 Prozent zurück, der Anteil an Verbrauchersteuern und Zöllen stieg hingegen auf 54,7 Prozent. Durch die Zunahme der indirekten Steuern stiegen die ohnehin extrem hohen Lebenshaltungskosten weiter an.

Arbeiterkammern und Gewerkschaften nahmen gegen dieses Sanierungsprogramm auf Kosten der arbeitenden Menschen von Anfang an Stellung. Auf dem *Zweiten deutsch-österreichischen Gewerkschaftskongreß* im Juni 1923 zeigte der als Referent über die wirtschaftliche Situation eingeladene ehemalige Staatskanzler Renner die Konsequenzen der Sanierungsaktion mit folgenden Worten auf: *Um das Gleichgewicht im Staatshaushalt herzustellen, erhöht man die Steuern rasch und ohne Rücksicht auf die Volkswirtschaft, man überbürdet die Volkswirtschaft, und die Folge ist, daß sich der Staat seine eigenen Existenzmittel verteuert, daß er die Lebenshaltung seiner Beamten verteuert und daß er bei seinen Monopolartikeln durch die Verteuerung einen Rückgang seines Absatzes herbeiführt. Auf der anderen Seite schränkt man die Ausgaben gewaltsam ein. Man wirft Tausende aufs Pflaster. Der Staat wird auf Kosten der Volkswirtschaft entlastet, und die Frage wird nicht aufgeworfen: Wie soll die Volkswirtschaft das aushalten, und wie soll sie in Gang gehalten werden? Das Zirkulationsmittel wird auf Kosten der Produktion und des Konsums stabil erhalten. Wenn wir uns aber nicht nationalökonomische Begriffe, sondern die lebenden Menschen vor Augen halten, so heißt es: Die Währung und die Staatswirtschaft sollen auf Kosten der Massen des arbeitenden Volkes, der geistigen und manuellen Arbeiter, saniert werden. Das ist das Geheimnis der Sanierung.*

Die Volkswirtschaft verkraftete die Sanierungsmaßnahmen nur schlecht, und die Folgen davon hatten wiederum die auf Lohn und Gehalt angewiesenen unselbständig Erwerbstätigen zu tragen. Nach einer vorübergehend günstigeren Beschäftigung folgte eine I n d u s t r i e k r i s e , die die A r b e i t s l o s i g k e i t weiter verschärfte. Viele Unternehmer versuchten, der Krise mit einer Verkürzung der Arbeitszeit zu begegnen, um sich den Stand an bewährten Facharbeitern zu erhalten und gleichzeitig Lohnkosten sparen zu können. In der Metallindustrie arbeiteten 109.000 Arbeiter, über die Hälfte der in dieser Branche Beschäftigten, nur mehr zwischen 24 und 45 Stunden in der Woche; der K u r z a r b e i t war bereits ein L o h n a b b a u von 12,5 Prozent vorangegangen, dem weitere Forderungen nach Lohnreduzierung folgten. Auch in den anderen Industrien stellten die Unternehmer die Forderung nach Lohnabbau.

Im Jänner 1923 fanden Massenkundgebungen der Gewerkschaften statt, um die Anschläge auf die Löhne abzuwehren, was aber nur teilweise gelang. Lohnabbau, Kurzarbeit und Arbeitslosigkeit führten neben der Steuerpolitik dazu, daß der Lebenshaltungskostenindex, der – wenn auch immer auf einem sehr hohen Niveau stehend – einige Zeit leicht im Sinken begriffen war, wieder zu steigen begann.

Die ohnehin mehr als labile Volkswirtschaft Österreichs erhielt einen weiteren Schlag, als verantwortungslose Spekulationen Anfang 1924 zu einem B ö r s e n k r a c h führten. Um einen totalen

Zusammenbruch des Kapitalmarkts durch die Erschütterung des Kreditwesens zu verhindern, mußten die Großbanken eine Stützungsaktion durchführen. Aber die übermäßige Ausdehnung des Bankgeschäfts zog dann auch noch eine B a n k e n k r i s e nach sich.

Die Regierung mußte bald erkennen, daß eine Budgetsanierung ohne den Rückhalt einer funktionierenden Volkswirtschaft problematisch blieb. Der Bundeshaushalt für 1924 schloß mit einem Defizit von 824,5 Milliarden Kronen bei einer Gesamteinnahme von 8.719 Milliarden Kronen. Das Außenhandelspassivum stieg von 813 Milliarden Goldkronen im Jahre 1923 auf 1.014 Milliarden Goldkronen im Jahre 1924. Trotz eines »Beamtenabbaus« und anderer Sanierungsmaßnahmen war die Regierung im Dezember 1924 nicht einmal mehr imstande, die gesamten Angestelltengehälter auszuzahlen, und mußte infolgedessen eine größere Summe aus den Beständen der »Völkerbundanleihe« zur Verfügung gestellt erhalten.

Wegen Differenzen mit den Bundesländern, die sich gegen die radikalen Sparmaßnahmen wehrten, war Bundeskanzler Seipel im November zurückgetreten. Die neue Regierung, die der Salzburger Rechtsanwalt Ramek als Bundeskanzler bildete, sah keinen anderen Ausweg aus der Finanzkrise des Staats, als eine S t a b i l i s i e r u n g der Währung ohne Rücksicht auf Verluste. Im Dezember 1924 wurde deshalb die Kronenwährung durch die S c h i l l i n g w ä h r u n g ersetzt, wobei der Wert eines Schillings dem Wert von 10.000 Kronen Papiergeld entsprach.

Österreich hatte nun zwar eine stabile Währung, aber deswegen noch lange keine stabile Wirtschaft. Zunächst verlor die Wirtschaft sogar durch die jähe Stabilisierung des Geldwerts, die die Produktionskosten erhöhte und die Waren verteuerte, Absatzmärkte im In- und Ausland; Industrie und Handel kämpften verzweifelt um ihre Existenz. Anfang 1926 wurden die Schwierigkeiten durch eine w e i t e r e B a n k e n k r i s e, den Zusammenbruch der *Zentralbank der Deutschen Sparkassen* und durch den schlechten Geschäftsgang bei der *Alpine Montan Gesellschaft,* der zu Betriebseinschränkungen führte, weiter vermehrt. Die Landwirtschaft war – obwohl man sich um ihre Intensivierung bemühte – nicht in der Lage, ihre Leistungsfähigkeit zu heben und den Inlandsbedarf zu decken. Die Folgen waren zunehmende Kurzarbeit, ein wachsendes Heer von Arbeitslosen und niedrige Reallöhne.

Der Stand der Arbeitslosigkeit spiegelt die wirtschaftliche Entwicklung nach der Stabilisierung der Währung deutlich wider: Für das Jahr 1923 wurde eine durchschnittliche Arbeitslosenzahl von 111.000 registriert, dann sank sie auf 90.000 und stieg 1925 auf 145.000; im Jahr 1926 erreichte sie 193.000, wobei aber rund 30.000 Nichtunterstützte nicht eingerechnet sind. Es waren daher 1926 durchschnittlich 222.000 Arbeiter und Angestellte oder 18 Prozent aller unselbständig Erwerbstätigen arbeitslos.

Obwohl also genügend billige Arbeitskräfte zur Verfügung standen, begannen die Unternehmer während der Inflationsperiode mit Rationalisierungsmaßnahmen. Sie hofften, durch den Einsatz arbeitssparender Maschinen ihre Waren zu verbilligen und ihre Konkurrenzfähigkeit zu verbessern, ein Ziel, das wegen der planlosen und überstürzten Anwendung der damals »neuen Technologien« nicht erreicht werden konnte. Die Unternehmen investierten ausschließlich, um ihre Produktivität zu steigern, die Löhne wurden auf niedrigem Niveau gehalten. Für die Arbeitnehmer brachte die Rationalisierungswelle deshalb nur eine weitere Zunahme der »Sockelarbeitslosigkeit«. Während der ganzen zweiten Hälfte der zwanziger Jahre hatten die Gewerkschaften mit diesem Problem zu kämpfen.

Unkoordinierte gewerkschaftliche Lohnpolitik gegen geeinte Unternehmermacht

Die wirtschaftliche Lage Österreichs spiegelte sich auch in der Tätigkeit der Gewerkschaften wider. Diese waren vor allem bestrebt, weitere Senkungen des Reallohns zu verhindern und Maßnahmen zur Bekämpfung der Arbeitslosigkeit zu erreichen.

Die Gewerkschaften versuchten verzweifelt, das Sinken der Reallöhne zu verhindern. Sie scheiterten insgesamt – trotz einzelner Erfolge – nicht nur an der Politik der bürgerlichen Regierungen und der fehlenden Kompromißbereitschaft der Unternehmer, sondern auch an der eigenen Unfähigkeit zu koordiniertem, einheitlichem Vorgehen. Während die Unternehmer 1923 in einem Rundschreiben bekanntgaben, daß der *Hauptverband der Arbeitgeber* ab sofort bei allen mehrere ineinandergreifende Berufsgruppen betreffenden Lohnverhandlungen die Leitung übernehme, waren die Gewerkschaften noch nicht soweit. Zwar erkannten viele Gewerkschafter das Problem und kritisierten immer häufiger die unkoordinierte Lohnpolitik und -taktik der zahlreichen Organisationen, aber die Meinung der Kritiker konnte sich nicht durchsetzen. Nur wenige Gewerkschaften schlossen Kartellverträge, die ein einheitliches Vorgehen bei Kollektivvertragsverhandlungen festlegten, und selbst diese Absprachen wurden oft nicht eingehalten. Es fehlte an gegenseitiger Fühlungnahme, und so traten die 57 *Freien Gewerkschaften* und die daneben bestehenden anderen Gewerkschaften ihren Verhandlungspartnern in den meisten Fällen einzeln gegenüber.

Die Lohnbewegungen wurden, ohne sich um die Auswirkungen auf die Wirtschaft und auf die Durchsetzungskraft der Gewerkschaftsbewegung zu kümmern, nebeneinander und hintereinander geführt. Das hatte einerseits zur Folge, daß erfolgreiche Lohnbewegungen in einem Berufszweig oft Signalwirkung hatten und Lohnbewegungen in vielen anderen Berufszweigen nach sich zogen, was die Wirtschaft überhaupt nicht zur Ruhe kommen ließ. Auf der anderen Seite konnten die Unternehmer leicht eine Gruppe gegen die andere ausspielen, weil jede Gewerkschaft bei Lohnverhandlungen andere Forderungen stellte.

Die Zusammensetzung der Löhne war total unübersichtlich geworden, denn es gab die verschiedenartigsten Lohnsysteme nebeneinander: einfache Teuerungszuschläge, Familien- oder Kinderzulagen, gleitende Zulagen nach dem Gesamteinkommen und starre Zulagen. Einige Zentralverbände richteten sich nach dem Lebenshaltungskostenindex, andere lehnten diese Vorgangsweise ab. Bei den Angestelltengewerkschaften trat die eine für gesetzlich festgelegte Mindestgehälter, die andere wieder für stark differenzierte Gehaltsabstufungen ein. Die eine Gruppe von Gewerkschaften war für das Alimentations-, die andere für das Leistungsprinzip.

Die Differenz zwischen Löhnen und Preisen vergrößerte sich weiter und damit auch die Unzufriedenheit der Menschen, von denen viele nicht mehr wußten, wie sie ihren Lebensunterhalt bestreiten sollten. Es kam zu L o h n b e w e g u n g e n a m l a u f e n d e n B a n d und immer häufiger auch zu Streiks, nicht nur in fast allen Branchen der Privatwirtschaft, sondern auch im öffentlichen Dienst.

Im Juni 1922 lösten Besoldungsfragen einen 48stündigen S t r e i k d e r V e r k e h r s b e d i e n s t e t e n in ganz Österreich aus; der Streik der Wiener Straßenbahner dauerte sechs Tage. Im September streikten mehr als 20.000 Arbeiter der graphischen Betriebe 14 Tage lang.

In der ersten Maihälfte des Jahres 1923 führte das Ansteigen des Lebenshaltungskostenindex zu einer großen Zahl von Lohnbewegungen; es kam auch zu einigen Streiks.

Im Jahre 1924 begannen die Banken mit einem rücksichtslosen Abbau der sozialen Errungenschaften und eines Teils der Angestellten selbst. Denn der Bankapparat war noch auf das große Gebiet der Monarchie zugeschnitten und die allmähliche Neugestaltung der Kapitalverflechtungen in den jungen Nationalstaaten führte nunmehr zu einem massiven Abbau des überhöhten Beschäftigtenstands in den österreichischen Banken. Die Antwort der Angestellten war ein S t r e i k i n d e n v i e r g r ö ß t e n B a n k i n s t i t u t e n , auf den die Unternehmer mit der Aussperrung in ganz Österreich reagierten. Rund 24.000 Bankangestellte standen im Ausstand. Nach dreiwöchigem Kampf kam es über Vermittlung des Bundeskanzlers zu einer Einigung. Es konnte nicht nur die Verschlechterung der Dienstpragmatik abgewehrt, sondern auch eine Gehaltserhöhung erreicht werden.

Dieser großen Streikbewegung der Bankangestellten folgte im September 1924 ein A u s s t a n d v o n r u n d 110.000 M e t a l l a r b e i t e r n in ganz Österreich. Das Lohnniveau der Metallarbeiter, die früher die bestbezahlten Arbeiter gewesen waren, hatte sich infolge der Teuerung bedenklich gesenkt. Seit September 1923 gab es in der Wiener Metallindustrie keine generelle Lohnregelung, weil die Unternehmer auf dem Standpunkt beharrten, Lohnerhöhungen könnten nur bei einer generellen Verlängerung der täglichen Arbeitszeit gewährt werden. Der Streik führte schließlich zu einem Einlenken der Unternehmerseite, nachdem in Wien in der Inneren Stadt die elektrische Beleuchtung abgeschaltet worden war. Die Mindestlöhne wurden um 20 Prozent, die übrigen Löhne um 10 Prozent und die sonstigen Zulagen durchschnittlich um 14 Prozent erhöht. Der achtstündige Arbeitstag blieb unangetastet. Dieser Kampf gab aber bereits Zeugnis von der g r o ß e n E r b i t t e r u n g u n t e r d e r A r b e i t e r s c h a f t über die herausfordernde Haltung vieler Unternehmer. Es war für die Gewerkschaftsleitung nicht leicht, eine Annahme des Vertragsabschlusses zu erreichen, da viele Vertrauensmänner in ihrer Empörung die Fortführung des Kampfs bis zur restlosen Gewährung der geforderten 15 Prozent verlangten und die Ausrufung eines Generalstreiks propagierten. Zeugnis von dem Idealismus der Metallarbeiter gibt die Tatsache, daß sie den elf Tage und vielfach noch länger währenden Streik o h n e S t r e i k u n t e r s t ü t z u n g d u r c h h i e l t e n . Die Auszahlung einer Streikunterstützung war wegen der Entwertung des Streikfonds durch die Inflation und des großen Umfangs des Streiks nicht möglich.

Im November 1924 kam es zu einem fünftägigen Streik der Eisenbahner, die durch die zunehmende Teuerung gezwungen waren, Lohnforderungen zu stellen.

Auch im Jahre 1925 folgte eine Lohnbewegung auf die andere. Die Lohnbewegung der Bundesangestellten führte im September zu einem dreistündigen Demonstrationsstreik in Wien und in den Landeshauptstädten, der mit einem machtvollen Demonstrationszug in Wien seinen Höhepunkt erreichte.

Die Zunahme der Streiks signalisierte, daß die Gesprächsbasis zwischen den »Tarifpartnern« immer schlechter wurde. Die Verschärfung der Gegensätze zwischen Unternehmern und Gewerkschaften verbaute jede Möglichkeit einer Zusammenarbeit bei der Lösung der großen wirtschaftlichen und sozialen Probleme Österreichs. Im April 1925 hatte die Gewerkschaftskommission ihre Vertreter aus der paritätischen Indexkommission zurückgezogen. Sie hielt die Arbeit dieser Institution für sinnlos, solange man die aus der Inflationszeit stammenden Berechnungsgrundlagen für den Index trotz der Stabilisierung der Währung beibehielt; unter diesen Voraussetzungen könne der Index nur mehr die Richtung der Preisbewegung angeben, sei aber ungeeignet, um ihr Ausmaß verläßlich und erschöpfend zu erfassen.

In der Arbeitslosenfrage standen die sozialdemokratischen *Freien Gewerkschaften* – im Gegensatz zu dem von der kommunistischen Gewerkschaftsopposition aufgezogenen A*rbeitslosenzentralkomitee* – auf dem Standpunkt, zweckmäßiger als nutzlose Demonstrationen durchzuführen sei es, den Arbeitslosen Erwerb, mehr Schutz und erhöhte Unterstützungssätze zu verschaffen. Deshalb bemühten sich die Gewerkschaften, die produktive Arbeitslosenfürsorge zu verbessern, und kämpften für eine Verbesserung der Unterstützungsleistungen. Und es gelang der sozialdemokratischen Nationalratsfraktion auch immer wieder, gegen heftigsten Widerstand aus dem Lager der bürgerlichen Parteien die Zustimmung des Parlaments zur Erhöhung der (im Verhältnis zu den Lebenshaltungskosten trotzdem immer äußerst niedrigen) Arbeitslosenunterstützung zu erreichen.

Im Jänner 1926 legten die Gewerkschaftskommission, der Vorstand der *Sozialdemokratischen Arbeiterpartei*, die freigewerkschaftliche Fraktion des Arbeiterkammertags und die Genossenschaften eine gemeinsame »D e n k s c h r i f t« z u r B e k ä m p f u n g d e r W i r t s c h a f t s d e p r e s s i o n u n d d e r A r b e i t s l o s i g k e i t vor. Als Sofortmaßnahmen forderte die »Denkschrift« die Herabsetzung des Zinsfußes, die rascheste Ausschreibung *öffentlicher Lieferungen und Arbeiten,* also Aufträge der öffentlichen Hand an Privatunternehmen, und den Abschluß eines Handelsvertrags mit der Sowjetunion.

Die Handelskammern und die Unternehmerorganisationen beeilten sich, ihre Gegenvorschläge zu erstatten, und diese fanden bei der bürgerlichen Regierungskoalition wesentlich mehr Anklang. Die Regierung erhöhte die Zölle auf wichtige Importartikel und beseitigte die Warenumsatzsteuerbelastung für die Ausfuhr; die Industrie erhielt auf Kosten der breiten Massen Schutz und Förderung. Auch die Agrarier meldeten ihre Wünsche an und konnten schließlich eine weitere E r h ö h u n g d e r L e b e n s m i t t e l z ö l l e durchsetzen, was in einem Land, das auf den Import von Lebensmitteln angewiesen war, die Teuerung noch mehr anheizte.

Die Katastrophe des 15. Juli 1927: Anfang vom Ende der Demokratie

Die wirtschaftliche Notlage und die einseitige Regierungspolitik verstärkten in der Arbeiterschaft das Gefühl, daß es an der Zeit sei, sich zu wehren und die Kraft der Bewegung zu demonstrieren; der aufgestaute Groll suchte ein Ventil. Das auslösende Moment, das schließlich zur Eskalation führte, war aber nicht der Lohnabbau und auch nicht die Arbeitslosigkeit, sondern ein gegen die sozialdemokratische Arbeiterbewegung gerichtetes K l a s s e n u r t e i l .

Ende Jänner 1927 waren während eines Aufmarschs des *Republikanischen Schutzbunds,* der Ordnertruppe der Sozialdemokratischen Partei, in Schattendorf im Burgenland Arbeiter von Angehörigen der *Frontkämpfervereinigung,* einer monarchistischen militanten Organisation, überfallen und dabei ein Arbeiter und ein Kind durch Pistolenschüsse tödlich getroffen worden. Am folgenden Tag kam es in Wien auf der Ringstraße und in den niederösterreichischen Industriebetrieben zu zum Teil erregten, aber friedlichen Demonstrationen. Am 2. Februar, dem Tag des Begräbnisses der Opfer, ruhte zum Zeichen der Trauer und des Protests in den Betrieben für eine Viertelstunde die Arbeit.

Am 14. Juli 1927 sprach ein Geschworenengericht unerwarteterweise die wegen Mordes angeklagten Schattendorfer Frontkämp-

Österreichs Gewerkschaftsbewegung
Stationen bei Siegen und Niederlagen der Demokratie

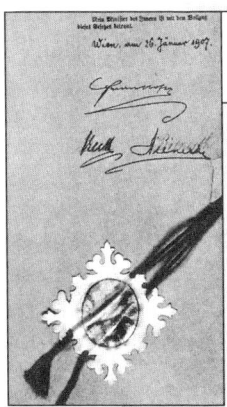

1907 Mit der Unterschrift des Kaisers wird das demokratische Wahlrecht für Männer gültig

1918/20 Österreich wird demokratische Republik

1938 Die Nazi-Herrschaft beginnt (oben)
1944/45 Zeichen der Widerstandsgruppe 05 am Stephansdom (links unten). Dabei ist der spätere Leitende Sekretär des ÖGB, Alfred Ströer

1927 Ein Toter der Demonstration, die zum Justizpalastbrand führt (links)
1933 Ausschaltung des Parlamentes –
1934 Untergang der Demokratie

1955 Die immerwährende Neutralität wird Teil der Verfassung – der ÖGB bekennt sich auch 1999 noch uneingeschränkt zu ihr (unten)

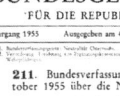

1945 Wieder Demokratie. Karl Renner ist Bundespräsident

fer frei. Dieser Freispruch löste unter der Arbeiterschaft ungeheure Erbitterung aus. Am nächsten Morgen, dem 15. Juli, fanden in den meisten Betrieben Wiens Versammlungen statt. Die Belegschaften vieler Betriebe beschlossen, die Arbeit einzustellen und auf die Ringstraße zu ziehen.

Ein entscheidendes Versäumnis der sozialdemokratischen Parteileitung, aber auch der Gewerkschaftsführung war, daß sie k e i n e z e n t r a l e n W e i s u n g e n gaben, sondern die Initiative den Betrieben überließen. Eine diszipliniert geführte Massenbewegung darf nicht plötzlich die Kontrolle aus der Hand geben. Durch eine geordnete Demonstration hätte die Katastrophe verhindert werden können – das war die Kritik vieler Funktionäre an der Parteileitung. Das Taktieren mit der »S p o n t a n i t ä t« erwies sich als verhängnisvoll.

Die überwiegende Mehrheit der Demonstranten verhielt sich, wie immer bei ähnlichen Anlässen, äußerst diszipliniert. Wenn sich auch einzelne »schon beim Anmarsch mit Steinen und Eisenstücken ausrüsteten und sehr erregt gebärdeten, die i n t a k t e u n d s e l b s t ä n d i g a r b e i t e n d e s o z i a l d e m o k r a t i s c h e P a r t e i - u n d G e w e r k s c h a f t s o r g a n i s a t i o n a u f B e t r i e b s b a s i s hielt mit ihren Ordnern einzelne ›Hitzköpfe‹ im Zaum. ... Die Eskalationsphase begann jedoch schon um etwa 9.30 Uhr mit dem E i n s a t z v o n b e r i t t e n e r P o l i z e i . Einerseits zerschlug die etwa 200 Mann starke berittene Sicherheitswache die bisher noch funktionierenden Mechanismen der Selbstkontrolle in den geschlossenen Demonstrationszügen, ein empfindlicher Nachteil, der von dem Augenblickserfolg, daß die Demonstranten zersprengt wurden und in die Parkanlagen des Parlamentsviertels flüchteten, nicht wirklich aufgewogen wurde. Anderseits erhielt nun die von Anfang an schon hohe politische Erregung der Demonstranten ein konkretes Ziel, gegen das sich ihre Aggressivität entlud«. Auch so manche bisher unbewaffneten Demonstranten griffen nun mit ihren Holzlatten, Eisenstäben und Steinen Wachleute an, die bedrängten Polizisten wehrten sich immer häufiger mit ihren Schußwaffen und versuchten die Ausschreitungen durch Verhaftungen einzudämmen. Das »verschob einen Teil des Angriffsziels auf das Wachzimmer Lichtenfelsgasse (wohin die Arretierten gebracht worden waren), das belagert, erstürmt und in Brand gesteckt wurde«. Dabei starb der erste Demonstrant, und viele Polizisten erlitten Verletzungen. Zu Mittag drangen einige Demonstranten in den Justizpalast ein, der sich »als Symbol der ›Klassenjustiz‹« als Zielscheibe des Protests anbot.[31]) Es kam zur

Brandlegung, eine Stunde später stand das Gebäude schon voll in Flammen. Schutzbündler versuchten vergeblich, die Ordnung wiederherzustellen, aber es gelang ihnen doch, einige bedrängte Wachebeamte in Sicherheit zu bringen.

Inzwischen waren Polizeiabteilungen mit Gewehren ausgestattet worden. Zu einem Zeitpunkt, als die ärgsten Ausschreitungen schon vorbei waren und die Ereignisse auf dem Ring und der Großbrand des Justizpalasts viele Neugierige angelockt hatte, machten die Polizisten – befehlsgemäß – brutal v o n d e r S c h u ß w a f f e G e b r a u c h , Polizisten, die noch kurze Zeit vor dem 15. Juli bei der Wahl ihrer Interessenvertretung in überwältigender Mehrheit für die *Freien Gewerkschaften* gestimmt hatten. Das Ergebnis der teils gezielt auf die Menge abgefeuerten Salven war ein B l u t b a d , wie es die Geschichte der Straßendemonstrationen in Wien bisher noch nie zu verzeichnen gehabt hatte: 90 Tote und 1.100 Verletzte waren die Opfer des Schreckenstags.

Entsetzen und Empörung erfaßten die österreichische Arbeiterbewegung. Die Gewerkschaftskommission und die Sozialdemokratische Partei proklamierten für den 16. Juli den G e n e r a l s t r e i k . Der Streik in den Verkehrsbetrieben wurde erst am 18. Juli abgebrochen, als die Ruhe wieder zurückgekehrt war und eine rasch gebildete Gemeindewache in Wien die Sorge für die Sicherheit der Einrichtungen der unter sozialdemokratischer Führung stehenden Gemeinde, der Sozialdemokratischen Partei und der *Freien Gewerkschaften* übernommen hatte.

Die Gewerkschaftskommission stellte in ihrem Tätigkeitsbericht für das Jahr 1927 fest, daß nur dank der großartigen Selbstbeherrschung der Arbeiterschaft und dem hohen Maß an Einsicht in die Gefährlichkeit der Sachlage ein weiteres Unglück verhütet und ein allgemeiner Bürgerkrieg verhindert werden konnte. Aber die Schatten der Toten der Julitage 1927 lagen von nun an über der politischen Entwicklung der Ersten Republik.

Dieser 15. Juli war für Österreich ein verhängnisvoller Tag; er zerstörte Illusionen und leitete eine politische Wende ein. Ein neutraler Beobachter, Robert A. Kann, schrieb über die Folgen dieses Tags:»Es kann wohl kaum ein Zweifel bestehen, daß das Abbröckeln der Demokratie in Österreich, das bald mit beschleunigter Geschwindigkeit zu ihrer völligen Zerstörung führte, mit den Ereignissen des 15. Juli 1927 begann. Es ist hier nicht der Ort, darüber zu sprechen, inwieweit unleugbar vorhandener guter Wille auf seiten der Arbeiterschaft bei geschickterer Führung den furchtbaren Zusammenstoß mit der Exekutive hätte verhindern können. Wohl aber kann man sagen, daß es ungeachtet des Fehlurteils der Geschworenen im Schattendorfer Prozeß und der berechtigten Entrüstung der Arbeiterschaft darüber wahrscheinlich gar nicht zur Ausgangssituation des Konfliktes gekommen wäre, wenn die Führung dieser Arbeiterschaft, wiederum durchaus gutgläubig, nicht die Illusion der Massen genährt hätte, daß sie eine Macht und einen Einfluß auf die Exekutive besaßen, der in der rauhen Wirklichkeit einfach nicht oder jedenfalls nicht mehr bestand.«[32])

Der Weg in den »Ständestaat«

Die Gegner der Demokratie im Vormarsch

Die Arbeiter hatten in der ersten Nachkriegsperiode ihre politische Stärke gezeigt. Dann war aber eine Periode der S t a b i l i s i e r u n g d e r w i r t s c h a f t l i c h e n M a c h t des Kapitalismus gefolgt, der auch die immer wiederkehrenden Krisen gut zu nutzen verstand. Über Österreich ging, wie über ganz Europa, eine Rationalisierungswelle hinweg, die viele Arbeitskräfte überflüssig machte. Hatte hier schon die Stabilisierung der wirtschaftlichen Nachkriegsverhältnisse eine große strukturelle Arbeitslosigkeit mit sich gebracht, so wurde diese durch die Rationalisierung noch vermehrt. Trotz der Bemühungen der Gewerkschaften, Arbeitslose umzuschulen und neue Arbeitsmöglichkeiten zu erschließen, gelang es nicht, eine Berufsumschichtung zu erreichen. Den Unternehmern war eine »industrielle Reservearmee« erwünscht, um die Arbeiter wirtschaftlich abhängig zu erhalten.

Die Wirtschaftskrise des Jahres 1929, in die eine kurzsichtige, volkswirtschaftliche Zusammenhänge außer acht lassende Wirtschaftspolitik geführt hatte, vervielfachte zwar die Not der Menschen, brachte aber das österreichische Großkapital seinem Ziel wieder einen Schritt näher, die 1918 verlorene Alleinherrschaft in den Betrieben und in der Gesamtwirtschaft zurückzuerobern. In der konsequenten, sich aller Machtmittel und Schachzüge bedienenden P o l i t i k d e s G r o ß k a p i t a l s liegen die W u r z e l n d e r K a t a s t r o p h e d e s J a h r e s 1 9 3 4, die zur Beseitigung der Demokratie in Österreich führte. Die Bauernparteien hätten diese tragische Entwicklung verhindern können. Aber das gemeinsame Interesse an der Durchsetzung von Schutzzöllen hatte ein enges Bündnis zwischen Industrie und Großagrariern zustande gebracht, das schließlich auch politisch fest hielt; die Bauerparteien gaben ihre ursprüngliche Linie, als Elemente der Demokratie zu wirken, preis.

Die österreichischen Industriellen, Banker und Großagrarier besaßen in jenen ausländischen Kapitalkreisen mächtige Verbündete, die sich durch den (zum Teil illegalen) Erwerb wichtiger Aktienpakete einen großen Einfluß auf das Wirtschaftsgeschehen in der kleinen Republik gesichert hatten; es handelte sich dabei in erster Linie um deutsche und italienische Großkapitalisten, aber auch ungarische Bankiers mischten mit.

Deutschland war Ende der zwanziger Jahre zwar noch eine Demokratie, aber Hitler griff bereits nach der Macht und wurde dabei von Kreisen der Wirtschaft unterstützt, die die Funktionäre der *Nationalsozialistischen Deutschen Arbeiterpartei (NSDAP)* als »nützliche Idioten« ansahen, die man gut gebrauchen konnte, um die »rote« Arbeiterbewegung zu zerschlagen. In I t a l i e n war der F a s c h i s m u s   bereits 1922 zur Herrschaft gelangt. Der Faschisten-»Duce« Mussolini übte ab 1925 eine kaum verschleierte Diktatur aus. In U n g a r n   herrschte schon ebensolang die R e a k t i o n   unter der Schirmherrschaft des *Reichsverwesers* Horthy. Die beiden faschistisch regierten Nachbarstaaten wünschten sich Österreich als sichere Brücke, die das Aufrechterhalten einer ständigen Verbindung zwischen ihnen garantieren sollte. Dieses Ziel konnte aber nur erreicht werden, wenn es gelang, die p a r l a m e n t a r i s c h e D e m o k r a t i e z u b e s e i t i g e n und durch ein autoritäres Regime zu ersetzen.

Als Bündnispartner boten sich die H e i m w e h r e n   an, die einen eigenständigen, aber auf jeden Fall antidemokratischen und immer stärker auch faschistischen Kurs steuerten. *Heimwehren,* das war ein Sammelbegriff für verschiedene, meist länderweise organisierte bewaffnete Vereinigungen des österreichischen Bauern- und Bürgertums, die sich schon in der Anfangszeit der Republik gebildet hatten. Sie waren bei Kriegsende als private, aber behördlich unterstützte Schutztruppen entstanden, um einerseits die Bedrohungen an der Grenze abzuwehren (das Königreich Jugoslawien und Italien hatten damals ihren Gebietsforderungen in der Steiermark, in Kärnten und Tirol – nur zum Teil erfolgreich – Nachdruck verliehen), andererseits die kommunistische Rätebewegung zu bekämpfen; sie standen zumeist unter der Führung ehemaliger adeliger Berufsoffiziere und bürgerlicher Reserveoffiziere. 1920 hatte die Entwicklung der *Heimwehren* zu einer politischen Bewegung begonnen. Beeinflußt von den bayrischen rechtsextremen Organisationen *Kanzler* und *Escherich* und gefördert von Teilen der Christlichsozialen und der Großdeutschen Partei, zielte die Stoßrichtung dieser Bewegung ausschließlich g e g e n d i e S o z i a l d e m o k r a t i e , ihren *Republikanischen Schutzbund* und die *Freien Gewerkschaften*. 1927 wurde trotz persönlicher und ideologischer Rivalitäten zwischen den einzelnen Gruppen eine gemeinsame Bundesführung geschaffen. Die zahlenmäßig gewachsenen *Heimwehren* brachten mit ihren Aufmärschen und Drohungen ständig Unruhe in die Innenpolitik, gewerkschaftlich organisierte *Heimwehrgruppen* wurden von Industriellen unterstützt und g e g e n F r e i e u n d c h r i s t l i c h e G e w e r k s c h a f t e n eingesetzt. Die Juliereignisse des Jahres 1927 verschärften die Gegensätze, und es gab laufend Zusammenstöße, die oftmals Todesopfer forderten – vor allem auf seiten der Arbeiterschaft. Ab 1928 erhielt die Heimwehrbewegung massive politische und m a t e r i e l l e H i l f e d u r c h d i e R e g i e r u n g e n I t a l i e n s u n d U n g a r n s ; unter diesem Einfluß legten sie sich endgültig auf ein faschistisches Programm fest.[33]) Es wurde im *Korneuburger Eid* zusammengefaßt, auf den sich die Heimwehrführer am 18. Mai 1930 verpflichteten. Der » a u s t r o f a s c h i s t i s c h e › K o r n e u b u r g e r E i d ‹ proklamierte den Willen zur Machtergreifung, die Verwerfung des demokratischen Parlamentarismus und des Parteienstaates, die Forderung nach Selbstverwaltung der S t ä n d e , die Überwindung des Klassenkampfes und der liberal-kapitalistischen Wirtschaftsordnung; die neue ›Dreigewaltenlehre‹ bekannte sich zu Gott, dem eigenen harten Wollen und dem Wort des Führers«.[34])

Programmpunkte wie *die Überwindung der liberal-kapitalistischen Wirtschaftsordnung* oder die *Verwerfung des Parlamentarismus* übten auf die Masse der Kleingewerbetreibenden und Kleinbauern eine nicht geringe Anziehungskraft aus. Sie waren es ja, die – neben den Lohn- und Gehaltsempfängern – die Folgen der extremen Schutzzollpolitik und der volkswirtschaftlichen Fehlentwicklung zu tragen hatten, die die Zeche mit der Bedrohung ihrer Existenz zu bezahlen hatten. Wie die sozialdemokratische Arbeiterbewegung wiesen sie – mit Recht – dem Einfluß des Großkapitals die Schuld an ihrer Notlage zu, anders als diese sahen sie im Parlamentarismus aber nicht die Chance, durch Mehrheitsinteressen zum Durchbruch verhelfende Wahlentscheidungen diesen Einfluß zurückzudrängen. Sie sahen im Gegenteil in der parlamentarischen Demokratie die Ursache für die Machtstellung des ihre konservative Welt bedrohenden »Liberalismus« und für die Stärke der Arbeiterbewegung, von deren gesellschaftspolitischen Zielen und konkreten Forderungen nach erschwinglichen Lebenshaltungskosten sie sich – in Verkennung der tatsächlichen Zusammenhänge – in noch größerem Ausmaß bedroht fühlten. Wenn im *Korneuburger Eid* gesagt wurde, *wir kämpfen gegen die Zersetzung unseres Volkes durch den marxistischen Klassenkampf,* entsprach das genau dieser Stimmung.

Auch eine Reihe von christlichsozialen Nationalrats- und Landtagsabgeordneten schworen den *Korneuburger Eid,* nicht weil sie plötzlich Faschisten geworden waren, sondern um die gefährliche Konkurrenz der in die traditionellen christlichsozialen Wählerschichten eingedrungenen Heimwehrbewegung bei den kommenden Nationalratswahlen zu verhindern.[35])

Die Weltwirtschaftskrise verschärfte die politische Zerklüftung, wie anderseits wieder die unüberwindlichen politischen Gegensätze keine einverständliche Lösung wirtschaftlicher Probleme finden ließen. Industrie und Handel lagen danieder. Der Stand an Beschäftigungslosen schwoll ständig an. Das Defizit im Staatshaushalt stieg. Gegen eine Krisenbekämpfung mit weitgehender Einschränkung der Lebenshaltung und unter Verschlechterung sozialer Errungenschaften wehrten sich Arbeiter und Angestellte mit aller Kraft. Für entsprechende Planungsmaßnahmen und Reformen waren die Unternehmer nicht zu haben. Die immer mehr um sich greifende Arbeitslosigkeit schwächte die Kampfkraft der Gewerkschaften in den Betrieben und ermöglichte es den radikalen reaktionären Bewegungen, mit demagogischen Schlagworten Anhänger unter den durch ihre Notlage zermürbten Menschen zu finden.

Doch das demokratische System bewies eine ihm längst abgesprochene Stärke, die antidemokratischen Kräfte konnten sich bei den l e t z t e n f r e i e n N a t i o n a l r a t s w a h l e n d e r E r s t e n R e p u b l i k am 9. November 1930 nicht im erwarteten Ausmaß durchsetzen. Zwar errang der *Heimatblock* (das war der Parteiname der kandidierenden Heimwehrbewegung) acht Mandate, davon sieben auf Kosten der Christlichsozialen, aber die erstmals kandidierende NSDAP erhielt ebenso wie die Kommunisten kein Mandat, und die *Sozialdemokratische Arbeiterpartei* konnte gegenüber 1927 ein Mandat dazugewinnen und wurde mit insgesamt 72 Abgeordneten die stärkste Einzelfraktion im Nationalrat.

Es war also nicht das demokratische System, das versagte und sich selbst zerstörte, wie immer wieder behauptet wurde und wird.

Es fehlte vielmehr den bürgerlichen Parteien der Wille und die Kraft, sich dem Einfluß der antidemokratischen Mächte zu entziehen und die Lösung der wirtschaftlichen Probleme mit demokratischen Mitteln zu wagen. So bekamen die Gegner der Demokratie, die die demokratische Verfassung als das entscheidende Hindernis für die Bewältigung der drängenden Probleme bekämpften, schließlich doch die Oberhand. Warnende Stimmen aus allen Lagern verhallten ungehört.

Die österreichische Demokratie rang um ihre Behauptung. Und mit ihr rang die sozialdemokratische Arbeiterbewegung, rangen die *Freien Gewerkschaften,* die nur auf dem Boden der Demokratie gedeihen konnten, um ihre Selbstbehauptung.

Die große Krise und der Abbau der sozialen Errungenschaften

Im Sommer 1927 war eine Besserung der wirtschaftlichen Lage eingetreten, die bis 1928 anhielt. Vor allem stieg die Beschäftigung in der Schwerindustrie: Während im August 1926 nur 43,66 Prozent der Kapazität der Eisenerzförderung hatten genutzt werden können, stieg die Auslastung bis zum gleichen Monat des Jahres 1927 auf 79 Prozent.

Die Agrarier nützten die Besserung der Wirtschaftslage sofort zu einem Vorstoß aus, und im Herbst 1927 wurden die seit 1924 ständig steigenden Zollsätze für Lebensmittel wieder erhöht. Weil die Landwirtschaft immer höhere Schutzzölle durchsetzte, verlangte nun auch die Industrie wegen erhöhter Erzeugungskosten Zollschutz. Industrie und Agrarier machten einander die Mauer bei der Errichtung der Z o l l s c h r a n k e n . Der Wirtschaft brachte das zwar Vorteile, aber der Masse der Kleinverdiener n e u e B e l a s t u n g e n .

In den ersten Nachkriegsjahren waren die Preise der Industrieartikel im Vergleich zur Vorkriegszeit viel stärker gestiegen als die der Agrarprodukte; die Agrarpreise waren weit unter jenen der Industrieprodukte gelegen. Untergrub damals die Inflation eine Besserung der Lebenshaltung der Arbeiterschaft, so kletterten ab 1924 die Lebenshaltungskosten infolge der geänderten Agrarpolitik empor; die Arbeiter und Angestellten versuchten mit Lohnbewegungen vergeblich Schritt zu halten. Die hohe Rationalisierungsarbeitslosigkeit drückte zudem auf das ohnehin niedrige Lohnniveau. Als sich dann als Folge einer neuerlichen Verschlechterung der Wirtschaftslage die Arbeitslosigkeit immer rascher auszubreiten begann, bereitete das den Gewerkschaften schwere Sorgen.

Der neuerliche Konjunktureinbruch nach dem kurzen Aufschwung war die Konsequenz aus einer kurzsichtigen, nur auf die Profitsteigerung einzelner Unternehmen ausgerichteten Wirtschaftspolitik. Das Beiseiteschieben volkswirtschaftlicher Überlegungen, die Weigerung, angemessene Löhne und Gehälter zu zahlen und damit die Kaufkraft im Inland zu stärken, führte in Kombination mit den hohen Zöllen zu einer Stagnation der Wirtschaft, die für ihre in den rationalisierten Betrieben erzeugten Produkte keinen ausreichenden Absatzmarkt fand. Alle Staaten Europas und auch die USA hatten Ende der zwanziger Jahre ähnliche Probleme, die schließlich die große Krise auslösten, aber für die österreichische Republik mit ihrer ungefestigten Wirtschaft wirkten sich die wirtschaftspolitischen Fehler besonders negativ aus.

Einer der Hauptfehler war, daß die Wiener Großbanken trotz eines chronischen Mangels an Eigenkapital versuchten, ihr großes, in der Monarchie aufgebautes Finanz- und Industrieimperium zu erhalten. Die im westlichen Ausland aufgenommenen Gelder flossen in den Aufbau der Industrien der Nachfolgestaaten, während in Österreich selbst eine restriktive Kreditpolitik betrieben wurde, die das Aufkommen der heimischen Industrie erschwerte; da die Banken an den meisten Großbetrieben zumindest beteiligt waren, mußten sie deshalb zur immer wieder notwendigen Sanierung der Unternehmen ihr ohnehin spärliches Eigenkapital aufwenden. Unter diesen Bedingungen konnte eine Vertrauenskrise im Publikum nur zu einer nationalen Katastrophe führen.

Die Vertrauenskrise wurde durch die Aktivitäten der Heimwehren ausgelöst; man hatte im Ausland den Eindruck, daß in Österreich ein Bürgerkrieg vor der Tür stehe. »Daß das ausländische Kapital unter solchen Umständen um die Sicherheit seiner Gelder besorgt war, ist begreiflich. Kredite wurden gekündigt, ausländische Gelder, vor allem amerikanische, abgezogen. Noch stärker war die Panik im Lande selbst. Die erschreckten und besorgten Sparer stürmten die Kassen der Banken und Sparkassen. Sie versuchten, ihr Geld ins Ausland zu bringen oder ihre Schillinge in ausländische Valuten umzutauschen ... Am stärksten von allen Kreditinstituten wurde von dieser Vertrauenskrise die ›Bodencreditanstalt‹ betroffen«,[36]) eine der bedeutendsten Wiener Großbanken, weil ihre Leitung sich an vorderster Front für die Heimwehrbewegung engagierte. Sie war dem Run nicht gewachsen und brach im September 1929 zusammen. Um eine Kettenreaktion zu verhindern, wurde die bankrotte *Bodencreditanstalt* mit Österreichs größter Privatbank, der *Creditanstalt*, fusioniert, ein für die ganze Welt folgenschwerer Schritt, wie sich kurze Zeit später herausstellen sollte.

Österreich war also bereits in eine nationale Wirtschaftskatastrophe geschlittert, als der New Yorker Börsenkrach Ende Oktober 1929 die große Weltwirtschaftskrise auslöste, deren Intensität und Dauer auf viele Ursachen zurückgeführt werden mußte. Eine der entscheidenden war sicher, daß das kapitalistische Wirtschaftssystem der Zwischenkriegszeit aus schon geschilderten Gründen einen großen Teil der gewaltig vermehrten Produktivkräfte der Wirtschaft hatte brachliegen lassen, während andererseits Millionen Menschen hungerten und froren, zum Müßiggang und zu einer Armutsexistenz verurteilt wurden.

Die schlimmsten Begleiterscheinung der Weltwirtschaftskrise war die internationale Kreditkrise, die gemeinsam mit der Absatzkrise im Produktionsbereich zum Zusammenbruch des gesamten Weltwirtschaftssystems führte. Wegen der engen Verflechtung der europäischen Kreditinstitute war es nach dem Ausbruch der Weltwirtschaftskrise nur mehr eine Frage der Zeit, bis eine Bank ihre langfristig an Industrieunternehmen gegebenen Kredite in einem Ausmaß verlieren würde, daß sie eigene Bankschulden im Ausland nicht mehr zurückzahlen konnte. Das mußte zu einer Kettenreaktion führen, in der die eine Bank die andere mitriß. Es geschah im Jahre 1931, »und die Kette riß an ihrem schwächsten Glied, nämlich in Österreich«.[37]) Der Zusammenbruch der CA, die wegen ihrer ohnehin problematischen Lage die Übernahme der *Bodencreditanstalt* nicht verkraftet hatte, löste die Kredit- und Währungskrise aus, die im Frühjahr 1931 über Europa hereinbrach und die später auch auf die Vereinigten Staaten übergriff.

»So entstand die Weltwirtschaftskrise, die unsägliches Leid, bittere Not, schwerste physische Entbehrungen und tiefsten seelischen Kummer über die Menschheit brachte und politische Umwälzungen hervorrief – oder zumindest begünstigte –, die ein paar Jahre später den Zweiten Weltkrieg auslösten.«[38])

Die Auswirkungen der Krise, die 1932 ihren Höhepunkt erreichte, auf Österreichs Wirtschaft illustrieren deutlich die folgenden Zahlen:

Von 1928 bis 1932 fiel die Jahresförderung von Roherzen im Eisen- und Manganerzbau von 19.281.822 Zentnern mit einem Wert von 15.465.209 Schilling auf 3.067.992 Zentner im Wert von 2.871.141 Schilling. Die Erzeugung von Gießereiroheisen sank von 20.934 Tonnen auf 300 Tonnen im Jahre 1931 und stieg 1932 allerdings wieder auf 7.663 Tonnen. Bei der Erzeugung von Stahlroheisen trat ein Rückgang von 437.517 Tonnen (1928) auf 86.803 Tonnen (1932) ein. Die Anzahl der Betriebe der Eisen- und Metallindustrie, der Nahrungs- und Genußmittelindustrie, der Textil- und Bekleidungsindustrie und der Papier- und papierverarbeitenden Industrie zusammengenommen sank von 572 (1929) auf 477 (1932), die Anzahl der in diesen Industrien beschäftigten Arbeiter von insgesamt 158.054 im Jahre 1929 auf 88.083 im Jahre 1932.

Ebenso wie die industrielle Produktion ging der Außenhandel immer mehr zurück. Die Einfuhr fiel von 2.269 (1929) auf 1.149 Millionen (1933) Schilling, die Ausfuhr im gleichen Zeitraum von 2.189 auf 773 Millionen Schilling; die Einfuhr verringerte sich demnach um 35 Prozent des Werts von 1929, die Ausfuhr erreichte ihren Tiefstand bereits 1932 mit 764 Millionen Schilling.

Während aber nach 1930 auf dem Weltmarkt die Preise doch stark zu sinken begannen, blieben sie in Österreich ziemlich stabil. Die Lebenshaltungskosten sanken von einem Monatsdurchschnitt von 128 (1914 = 100) im Jahre 1929 nur auf 107 im Dezember 1932.

Die Gesamtzahl der Arbeitslosen stieg im Jahresdurchschnitt 1930 gegenüber dem Vorjahr um 58.973, im Jahre 1931 um 70.108. Im Jahre 1931 wurden 362.629 Arbeitslose im Gesamtdurchschnitt gezählt. Die Zahl der unterstützten Arbeitslosen stieg im Jahresdurchschnitt von 164.011 (1929) auf 303.803 (1932), davon allein in Wien von 68.238 auf 115.568.

Die wirtschaftlichen Krisenerscheinungen waren in der österreichischen Schwerindustrie besonders fühlbar. Im Wiener Neustädter Gebiet, einem der Zentren der österreichischen Metallindustrie, wurden viele Betriebe stillgelegt, im obersteirischen Industriegebiet, dem Zentrum der österreichischen Hüttenindustrie, wurde die Produktion stark eingeschränkt. Die österreichische Automobilindustrie litt unter der geringen Aufnahmefähigkeit des österreichischen und unter der Absperrung der ausländischen Märkte. Auch in der Textilindustrie und in der chemischen Industrie verschlechterte sich die Situation weiter.

In den Industriegebieten wurden ganze Gemeinden zu Stätten des Arbeitslosenelends. Die Gemeindeverwaltungen und die Arbeitslosen selbst machten alle Anstrengungen, um Arbeit zu beschaffen – bis sie schließlich resignierten. Die A r b e i t s l o s i g k e i t wurde nicht nur zu einem materiellen, sondern a u c h zu einem p s y c h o l o g i s c h e n P r o b l e m .

Die triste Wirtschaftslage blieb nicht ohne Rückwirkung auf die österreichische Sozialpolitik. So konnte die Alters- und Invaliditätsversicherung jetzt noch weniger in Wirksamkeit gesetzt werden als früher. Ab Juli 1927 erhielt lediglich ein Teil der mehr als 60 Jahre alten Arbeiter die um ein Drittel gekürzte Arbeitslosenunterstützung als Altersfürsorgerente. Um die Beschäftigung von Ausländern einzuschränken, wurde ein *I n l a n d s a r b e i t e r s c h u t z g e s e t z beschlossen.*

Gegen das Achtstundentaggesetz richteten sich besonders heftige Angriffe der Unternehmer, doch konnten die Gewerkschaften – außer einigen Ausnahmeverordnungen für bestimmte Wirtschaftszweige – eine allgemeine Verschlechterung verhindern. Auch in anderen Fällen waren die *Freien Gewerkschaften* mit Unterstützung der Sozialdemokratischen Partei trotz Krise und Arbeitslosigkeit bis zu ihrer Auflösung im Jahre 1934 imstande, entscheidende E i n b r ü c h e i n d i e s o z i a l p o l i t i s c h e G e s e t z g e b u n g z u v e r e i t e l n .

Die Gewerkschaften in der Verteidigung

Seit dem Erstarken der antidemokratischen Kräfte und der Gegner der Arbeiterbewegung hatten die später noch durch Wirtschaftskrise und Arbeitslosigkeit geschwächten Gewerkschaften einen schweren Kampf um ihren Bestand zu führen.

Schon in der zweiten Hälfte der zwanziger Jahre bekamen die *Freien Gewerkschaften* durch einen langsamen, jedoch anhaltenden M i t g l i e d e r r ü c k g a n g Krise und Arbeitslosigkeit zu spüren, aber sie konnten trotz aller Angriffe der Unternehmer und der gegnerischen Parteien und Organisationen ihre Stärke und ihren Einfluß zunächst noch in beachtlichem Ausmaß erhalten.

Die Unternehmer, vor allem die Großindustriellen, unternahmen wieder verstärkt den Versuch, die freie Gewerkschaftsbewegung durch die Tätigkeit bezahlter Spitzel unter ihre Kontrolle zu bringen, vor allem aber, sie durch die Bildung »gelber« Gewerkschaften zu spalten. Die gefährlichste, weil finanziell und politisch am stärksten unterstützte Organisation dieser Art war die unter der Führung der Heimwehren stehende *U n a b h ä n g i g e G e w e r k s c h a f t .* Sie wurde im Mai 1928 in Leoben, dem Zentrum der steirischen Eisenindustrie, gegründet und vor allem von der Alpine Montan Gesellschaft gefördert. Sie begann ihre Tätigkeit mit einer brutalen Kampfansage an die *Freien,* aber auch an die *Christlichen Gewerkschaften.*

Ende Mai kam es daraufhin in der Obersteiermark und in Kärnten zu Proteststreiks der Arbeiter gegen das Spitzelunwesen und den Heimwehrterror, den die Unternehmer als Teile einer gelenkten politischen Aktion hinzustellen versuchten. Der *Verband der Metallarbeiter* und die *Österreichische Bergarbeiter-Union* erzielten aber immerhin vorerst die Vereinbarung, daß – entgegen den ursprünglichen Plänen der Unternehmensleitung – die *Freien Gewerkschaften* in den »Alpine«-Betrieben ebenso wie die *Unabhängige Gewerkschaft* Freiheit der Organisation haben sollten. Eingehalten wurde diese Vereinbarung allerdings nicht, und die Schwerindustrie setzte ihre Versuche, die *Freien* und *Christlichen Gewerkschaften* zu entmachten, fort. Das Industriegebiet in der Obersteiermark blieb daher ein Unruheherd, wo die in den folgenden Jahren eskalierenden Auseinandersetzungen mit den Heimwehren besonders heftig geführt wurden.

Angesichts des Heimwehrterrors und der zunehmenden Versuche, die in den Gründungsjahren der Republik errungenen sozialen Rechte der Arbeiter und Angestellten zu beschneiden, war es notwendig, die Schlagkraft der *Freien Gewerkschaften* zu steigern, um für die kommenden Kämpfe gerüstet zu sein. Einige Verbände nahmen zu diesem Zweck eine Erhöhung der Mitgliedsbeiträge vor. Im Unterschied zu »guten Zeiten« brachten die Mitglieder diesen Beitragserhöhungen volles Verständnis entgegen, weil sie ja selber an der Steigerung der Kampfkraft ihrer Organisationen interessiert waren.

Um auch organisatorisch besser gewappnet zu sein, beschloß der *Dritte deutsch-österreichische Gewerkschaftskongreß* im Juni 1928 eine Reorganisation der Gewerkschaftskommission.

Die im Jahre 1893 auf dem ersten Gewerkschaftskongreß geschaffene Gewerkschaftskommission war eine freie Vereinigung der österreichischen Gewerkschaften, die ihren Aufgabenkreis und ihre Tätigkeit auf die Beschlüsse der Gewerkschaftskongresse aufbaute. Diese Kommission wurde nun auf Beschluß des Gewerkschaftskongresses in eine gewerkschaftliche Spitzenorganisation mit dem Namen *Bund der Freien Gewerkschaften Österreichs* umgewandelt. Damit war nach fünfunddreißigjährigem Bestand die Tätigkeit der *Gewerkschaftskommission Österreichs* abgeschlossen. Während dieser Zeit hatte sich das Bild Österreichs und der Welt gänzlich geändert. In diesen dreieinhalb Jahrzehnten waren aus schwachen Arbeitervereinen mächtige Organisationen geworden, die in Staat und Wirtschaft mitbestimmend in die Geschehnisse eingriffen. In all diesen Jahren rangen die Männer und Frauen, die in dieser Kommission ihre Berufsangehörigen vertraten oder die Geschäfte zu führen hatten, um die günstigste Form und den am besten zum Ziel führenden Weg im Dienste der Interessen der Arbeiter und Angestellten, ohne jedoch eine straffere Führungsform durchsetzen zu können. Erst jetzt, im Verteidigungskampf gegen die Feinde der Demokratie, gelang es, einen ersten entscheidenden Schritt zu tun.

Der neue *Bund der Freien Gewerkschaften* war ein Verein mit eigenem Statut. Die bisher als Vereine selbständigen Landesgewerkschaftskommissionen, die unabhängig voneinander Beitragsleistungen festsetzen konnten, wurden in L a n d e s e x e k u t i v e n umgebaut, die in engster Verbindung mit der Zentrale standen. Zu den bestehenden S e k t i o n e n der bisherigen Gewerkschaftskommission – P r i v a t a n g e s t e l l t e , ö f f e n t l i c h e A n g e s t e l l t e und L e h r l i n g e – kam als weitere eine solche für Frauen. Im Zusammenhang mit der Bildung des *Bundes der Freien Gewerkschaften* wurden umfassende Richtlinien über den Aufbau der Gesamtorganisation nach dem I n d u s t r i e g r u p p e n p r i n z i p vorgelegt: Für jede der 16 Industriegruppen gab es eine detaillierte Aufstellung aller Branchen, die sie vertreten sollten. Der Kongreß befürwortete zwar prinzipiell eine organisatorische Konzentration, der Detailvorschlag löste aber nur eine lange Diskussion aus, in der 33 Redner sprachen; zu e i n e r E i n i g u n g über die Abgrenzung der Industriegruppen kam es nicht. Schließlich wurde der Beschluß gefaßt: *Der Kongreß erkennt, daß gegenwärtig für eine durch die Entwicklung der Gewerkschaften bestimmte Spanne Zeit in den meisten Gruppen die besondere Erfassung der Angestellten in eigenen Organisationen erforderlich ist, hält aber die Verwirklichung g e m e i n s a m e r I n d u s t r i e g r u p p e n o r g a n i s a t i o n e n v o n A r b e i t e r n u n d A n g e s t e l l t e n f ü r e i n e r s t r e b e n s w e r t e s Z i e l.* Heute, 60 Jahre nach dem Gewerkschaftskongreß von 1928, ist im Rahmen des ÖGB zwar die Zusammenfassung in branchenübergreifende Organisationen verwirklicht, aber der Realisierung dieses Ziels ist man noch immer keinen Schritt nähergekommen.

Die Reorganisation bedeutete keinen Wendepunkt in der Gewerkschaftspolitik, sondern brachte nur eine zweckmäßigere Organisationsform; Aufgabenkreis und Gliederung der Spitzenorganisation der österreichischen *Freien Gewerkschaften* änderten sich nicht wesentlich.

Immer wieder nahmen die *Freien Gewerkschaften* gegen den Machtzuwachs der *Heimwehren* und ihren faschistischen Kurs und gegen die *Unabhängigen Gewerkschaften* Stellung und forderten eine innere Abrüstung, während die Austrofaschisten von ihren Verbündeten in Italien unbehindert Millionenbeträge erhielten. Auch der christlichsoziale Arbeiterführer Leopold Kunschak stellte fest: *Die Heimwehrbewegung nimmt eine Entwicklung. die sie als Gefahr für das parlamentarische System erscheinen läßt.* Doch der Einfluß der Heimwehrbewegung war bereits so groß, daß auch die Anhänger der Demokratie in den bürgerlichen Parteien aus Furcht vor einem angedrohten Gewaltstreich bereit waren, V e r f a s s u n g s ä n d e r u n g e n zuzustimmen, die an die demokratischen Grundrechte gerührt hätten. Doch noch erwiesen sich die Sozialdemokratische Partei und die *Freien Gewerkschaften* als stark genug, um diesen Anschlag auf die demokratische Verfassung zu vereiteln. Der Kompromiß, dem die große Oppositionspartei schließlich zustimmte, enthielt nur mehr die S t ä r k u n g d e r P o s i t i o n d e s B u n d e s p r ä s i d e n t e n . Er sollte nun vom Volk direkt gewählt werden und das Recht erhalten, die Regierung zu ernennen und zu entheben, die bisher vom Nationalrat mit Stimmenmehrheit gewählt worden war. Diese Novellierung der Bundesverfassung, die auch in der Zweiten Republik gültig blieb, wurde am 7. Dezember 1929 vom Parlament beschlossen.

Die Heimwehrdrohung hatte zwar die Demokratie noch nicht zerstören können, aber die nationale Wirtschaftskatastrophe eingeleitet. Die große Arbeitslosigkeit und die Angst vor dem Heimwehrterror, der viele Arbeiter in den Großbetrieben gegen ihren Willen in die *Unabhängige Gewerkschaft* zwang, führten nun zu einem schon deutlich spürbaren R ü c k g a n g d e r M i t g l i e d e r z a h l e n d e r *F r e i e n G e w e r k s c h a f t e n :* Der Mitgliederstand sank von 766.168 Organisierten am Ende des Jahres 1928 auf 655.204 Organisierte Ende 1930.

Mit dem in diesem Jahr beschlossenen sogenannten *Antiterrorgesetz* hofften die Unternehmer nun, einen schweren Schlag gegen die geschwächten *Freien Gewerkschaften* führen zu können; sie hofften allerdings vergeblich. Denn jetzt zeigte sich die Nützlichkeit der Organisationsreform: Das vom Gesetz unter anderem ausgesprochene Verbot des Abzugs der Gewerkschaftsbeiträge durch die Unternehmer brachte nicht die erwünschte Wirkung. Erstens war es ohnedies nur für die Großbetriebe von Bedeutung, und zweitens konnten sich die Gewerkschaften auch dort rasch auf das Inkasso der Mitgliedsbeiträge durch die Vertrauensmänner umstellen.

Alle noch möglichen Erfolge der Arbeiterbewegung änderten jedoch nichts daran, daß die durch die Wirtschaftskrise verschärfte latente Bürgerkriegsstimmung in Österreich bestehen blieb, und diese Unsicherheit führte umgekehrt wieder zu einer weiteren Verschärfung der Wirtschaftskrise. Karl Renner betonte in seinem Referat vor dem letzten in der Legalität zusammengetretenen Gewerkschaftskongreß, daß die Heimwehrbewegung in dieser Zeit, da der Staat *Frieden und soziale Ruhe in den Werkstätten* brauche, für die österreichische Volkswirtschaft tödlich sei. Nicht zufällig falle jede Heimwehrbewegung zeitlich mit einer neuen Krisenphase, mit neuen Bankenzusammenbrüchen, mit einer neuen Welle der Kapitalflucht und von Rückziehung des Auslandskapitals zusammen.

Der *Vierte deutsch-österreichische Gewerkschaftskongreß* tagte mitten in dieser Zeit der wirtschaftlichen Depression und der politischen Hochspannung; er fand vom 21. bis zum 23. September 1931 statt. Viele ernste Sorgen überschatteten die Abschiedsfeier für Anton Hueber, der nun als Siebzigjähriger in den Ruhestand trat. Der Mann, der die Geschicke der Gewerkschaftsbewegung seit 1894 geleitet hatte und seit 1928 auch Vorsitzender des *Bunds der Freien Gewerkschaften* gewesen war, wurde als Ausdruck des Danks zum Ehrenvorsitzenden der *Freien Gewerkschaften* gewählt.

Der von Hueber schon immer gewünschte und beim Gewerkschaftskongreß 1928 neuerlich geforderte Konzentrationsprozeß hatte kaum Fortschritte gemacht. Johann Schorsch, der Sekretär des *Bunds der Freien Gewerkschaften,* bedauerte als Berichterstatter des Bundesvorstands, daß es nicht gelungen sei, eine weitere Verschmelzung der noch bestehenden 38 Zentralverbände und sieben Lokalverbände durchzuführen. Nur in drei Fällen sei dies gelungen: Der Verband der Lederarbeiter habe sich mit dem Verband der Taschner und Riemer vereinigt, der Metallarbeiterverband mit den Bergarbeitern, und die Glasarbeiter hätten sich dem Verband der chemischen Industrie angeschlossen. Im übrigen ging der Berichterstatter nicht näher auf das Thema ein.

Österreichs Gewerkschaftsbewegung
Stationen mit der Jugend

1919 Die Lehrlinge fordern den Berufsschulunterricht als Teil der Ausbildungszeit

1946 Jugenddelegation bei ÖGB-Präsident Johann Böhm

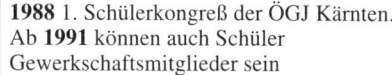

1972 ÖGJ-Kampagne für das Jugendvertrauensrätegesetz, **1973** wird es beschlossen

1999 Die Gewerkschaftsjugend fordert ein haltbares Finanzierungsmodell für die Lehrausbildung

1992 Die Lehrlingsfreifahrt ist erreicht

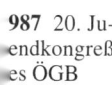

1987 20. Jugendkongreß des ÖGB

1988 1. Schülerkongreß der ÖGJ Kärnten. Ab **1991** können auch Schüler Gewerkschaftsmitglieder sein

Dies rief besonders die Kritik von Johann Böhm hervor, der als Obmann der Bauarbeitergewerkschaft einer der energischsten Befürworter des Industriegruppenprinzips war. Aus dem Schweigen des Referenten sei der Schluß zu ziehen, so meinte er, daß der Bundesvorstand entweder nicht die Kraft oder nicht den Willen habe, für die Durchsetzung der Konzentrationsbeschlüsse des letzten Bundeskongresses zu sorgen. Böhm trat dafür ein, der ziemlich zum Stillstand gekommenen Konzentrationsbewegung der österreichischen Gewerkschaften neue Impulse zu geben, um zu einer Einheitsorganisation zu gelangen. Er unterstrich seine Argumentation, indem er das Beispiel von Baustellen anführte, wo durch die Beschäftigung von Angehörigen einer ganzen Reihe von Organisationen eine völlige Desorganisation in der Gewerkschaftsarbeit eingetreten sei; der Abschluß von Kollektivverträgen sei deshalb erschwert, ja in vielen Fällen überhaupt nicht möglich. Man solle sich wieder an die Beschlüsse früherer Kongresse erinnern, die festgelegt hatten, daß ein Mitglied, das seinen Beruf wechselt, dazu verpflichtet wäre, gleichzeitig auch zu der Gewerkschaft überzutreten, die den neuen Beruf organisierte. Die Mitglieder seien über diese Beschlüsse nicht informiert und würden auch von bisher für sie zuständigen Organisationen nicht darauf hingewiesen, daß jetzt eine andere Organisation für sie zuständig sei, weshalb sich viele Kollegen weigerten, den Übertritt zu vollziehen. J o h a n n B ö h m blieb immer ein V e r f e c h t e r d e s P r i n z i p s d e r E i n h e i t l i c h k e i t d e r O r g a n i s a t i o n , und 14 leidvolle Jahre später sollte er es sein, der als Motor für die Gründung des ÖGB die Konzentration der Gewerkschaften in die Wege leitete.

Das Hauptthema des Kongresses war aber, angesichts der gigantisch hohen Arbeitslosenrate, die B e k ä m p f u n g d e r A r b e i t s l o s i g k e i t . Als Maßnahmen forderten die Freien Gewerkschaften:

1. Herabsetzung der gesetzlichen Arbeitszeit auf vierzig Stunden wöchentlich;

2. gesetzlich obligatorische Arbeitsvermittlungen, die paritätisch geleitet werden;

3. Heranziehung von Mitteln der Gesamtheit zur unveränderten Aufrechterhaltung der Arbeitslosenunterstützung und der Notstandsaushilfen;

4. wirksame Gesetzgebung zur Verhinderung von Doppelverdiensten von Personen, die anderwärtig ein entsprechendes Einkommen beziehen.

Die Situation der Arbeitslosigkeit und des politischen Terrors spiegelte sich in dem nun d r a s t i s c h e n M i t g l i e d e r r ü c k - g a n g der *Freien Gewerkschaften* wider: Von den 655.204 Organisierten Ende 1930 waren Ende 1932 nur mehr 520.162 übriggeblieben; von Ende 1927 bis Ende 1932 ging die Zahl der Mitglieder insgesamt um 252.600 zurück.

Es war kein Wunder, daß in dieser Zeit nur w e n i g e L o h n - v e r h a n d l u n g e n durchgeführt wurden und daß es sich dabei zum größten Teil um Abwehrkämpfe handelte. Im Jahre 1930 gab es 85 Arbeitskonflikte, davon 80 Streiks und fünf Aussperrungen. Gegenüber dem Jahre 1929, in dem es zu 201 Streiks und 24 Aussperrungen gekommen war, betrug die Abnahme bei den Streiks mehr als 60 Prozent und bei den Aussperrungen 79 Prozent. Die Anzahl der Streiks und Arbeitskonflikte sank weiter und erreichte 1932 die Zahl von 33 mit nur 5.429 Streikenden. Im Jahre 1933 erließ die Regierung dann bereits ohne Zustimmung des Parlaments ein Streikverbot.

Immerhin gelang es aber den Gewerkschaften bis 1933, die kollektiven Arbeitsverträge in größerem Umfang aufrechtzuerhalten. Ende 1930 bestanden 2.259 Kollektivverträge, die die Arbeitsbedingungen für 219.246 Betriebe mit 824.568 Beschäftigten regelten. Im Jahre 1931 wurden weitere Verträge für 20.229 Betriebe mit 186.602 Arbeitern neu abgeschlossen oder verlängert.

Die S c h w ä c h u n g d e r G e w e r k s c h a f t s b e w e g u n g zeigte sich auch an der S c h w ä c h u n g d e r P o s i t i o n d e r B e t r i e b s r ä t e. Die Unternehmer wendeten gegen die Betriebsräte vielfach Terrormittel an. Es gab sogar größere Industriebetriebe, in denen sich die Direktoren – entgegen den gesetzlichen Bestimmungen – in die Betriebsratswahlen einmengten, um die Bestellung ihnen genehmer Funktionäre zu erreichen. Der Gewerbeinspektorenbericht für das Jahr 1931 stellte fest, daß die zunehmende Interesselosigkeit der Arbeiterschaft für die Einrichtung der Betriebsräte in den kleineren Betrieben so weit führte, daß in einer Reihe derartiger Erzeugungsstätten die Betriebsräte nach Ablauf ihrer Funktionsperiode nicht mehr neu gewählt wurden. Auch in den größeren Betrieben konnten sich die Betriebsräte nicht wie in früheren Jahren durchsetzen.

Die »autoritäre Lösung« siegt

Im Frühsommer 1931 stürzte die Regierung Ender, als die staatliche Generalhaftung für die Auslandsschulden der zusammengekrachten CA bekannt wurde. In dieser Phase schien die Demokratie aus drei Gründen noch einmal eine Chance zu bekommen. Erstens rückte die Mehrheit der Christlichsozialen nach der Wahlniederlage im November 1930 etwas von der Heimwehrbewegung ab; selbst Anhänger einer autoritären »Ständeverfassung« erklärten, an ihre Durchsetzung sei zur Zeit nicht zu denken. Zweitens hatten die Auseinandersetzungen zwischen dem mit den Nationalsozialisten sympathisierenden Flügel der »Putschisten« und dem monarchistischen Flügel der für die Ausnützung der parlamentarischen Institutionen eintretenden »Legalisten« zum Zerfall der geschlossenen Organisationen der *Heimwehren* geführt. Und drittens hatte die bisherige Politik der bürgerlichen Parteien versagt, als es darum ging, mit der Bedrohung durch die Wirtschaftskrise fertig zu werden.

So war die Lage, als sich Ignaz Seipel, noch immer der »starke Mann« im Hintergrund der Christlichsozialen Partei, überraschend mit der Regierungsbildung beauftragen ließ und die S o z i a l d e m o k r a t e n aufforderte, mit ihm als Bundeskanzler und Otto Bauer, dem stellvertretenden Vorsitzenden der SDAP, als Vizekanzler eine Konzentrationsregierung aller demokratischen Parteien zu bilden. Die sozialdemokratischen Nationalratsabgeordneten, auch Karl Renner, der immer als Befürworter einer R e g i e r u n g s b e t e i l i g u n g aufgetreten war, lehnten dieses Angebot aber einmütig ab. Laut Protokoll des Parteitags 1931 gab Otto Bauer als Begründung für die A b l e h n u n g an, daß der *Eintritt in die Regierung uns in die große Gefahr bringen würde, daß wir in dieser Regierung nur die Geschäfte des zusammenbrechenden Kapitalismus mit administrieren sollten und nicht in der Lage wären, wirklich den Interessen der Arbeiterklasse und den Idealen des Sozialismus in ihr zu dienen.*

Rückblickend erscheint diese Entscheidung kurzsichtig und bedauerlich, wenn man davon ausgeht, daß eine Regierungsbeteiligung der Sozialdemokraten vielleicht dazu beigetragen hätte, die angespannte politische Situation zu entschärfen und den demokratischen Kräften Auftrieb zu geben. Aber bestand diese Chance wirklich? Seipels Angebot war ein Alleingang, es war keineswegs klar, ob die Christlichsoziale Partei dahinterstand. Die Konzentrationsregierung sollte nur so lange im Amt bleiben, bis sie die unpopulären und gefährlichen Maßnahmen durchgeführt hatte, die das staatliche Defizit und die noch immer unvorhersehbar schwere Krise der CA erforderten. Belastet mit der Beteiligung an diesen Maßnahmen, die den Arbeitnehmern weitere schwere Lasten aufbürden mußten, würde die Sozialdemokratische Partei, so fürchteten ihre verantwortlichen Funktionäre, dann wieder aus der Regierung ausgeschaltet werden. Sie hätte dann nichts erreicht, als das Vertrauen ihrer Wähler und viele von ihnen an die Kommunisten und die rechtsextremen Bewegungen zu verlieren, was die Bürgerkriegssituation nicht entschärft, sondern weiterhin angeheizt hätte.

Daß die Sozialdemokraten durchaus daran interessiert waren, das politische Klima zu entschärfen, zeigt der Beschluß ihrer Nationalratsfraktion, die nach großen Schwierigkeiten schließlich vom bisherigen niederösterreichischen Landeshauptmann Karl Buresch gebildete bürgerliche Regierung aus Christlichsozialen, Großdeutschen und Landbündlern zu unterstützen. Es ging darum, die Gefahr von rechts abzuwehren, denn auch eine zerstrittene Heimwehrbewegung stellte noch eine Gefahr dar, und die Nationalsozialisten begannen nun in der österreichischen Innenpolitik eine immer größere Rolle zu spielen.

Bald nach der Regierungsbildung, in der Nacht vom 12. auf den 13. September 1931, p u t s c h t e n d i e s t e i r i s c h e n *H e i m w e h r e n*. Ihr Landeskommandant Dr. Walter Pfrimer, gleichzeitig Bundesführer der *Heimwehr,* rief sich selbst zum »Staatsführer« aus. Bezirkshauptmannschaften und die wichtigsten Straßenübergänge und Eisenbahnknotenpunkte wurden besetzt und sozialdemokratische Bürgermeister und Vertrauensmänner verhaftet. Der Putsch fand weder von der Bevölkerung noch bei den Heimwehrorganisationen in den anderen Bundesländern Unterstützung. Julius Raab, Bundeskanzler der Zweiten Republik und damals Führer der niederösterreichischen *Heimwehren,* erklärte sogar, er sei mit den Niederösterreichern bereit, dem Putsch aktiv entgegenzutreten.

Der Bundesvorstand der *Freien Gewerkschaften* und der Vorstand der Sozialdemokratischen Partei tagten am 13. September in Permanenz. Eine Deputation der beiden Körperschaften begab sich zur Bundesregierung, um ihr die Forderung nach sofortiger Niederwerfung des Putschversuchs zu übermitteln. Bundeskanzler und Innenminister versprachen, daß alles aufgeboten werde, um den Putsch binnen weniger Stunden zu beenden. Als die Putschisten erkannten, daß sie auf ernsten Widerstand stießen, gaben sie auf. Pfrimer flüchtete in den Nachmittagsstunden nach Jugoslawien, die im Lande verbliebenen Beteiligten konnten mit einer milden Behandlung rechnen. Diesmal war der Putsch noch mißlungen.

Dafür bewiesen die N a t i o n a l s o z i a l i s t e n , daß man in Zukunft mit ihnen zu rechnen hatte. Sie waren die eigentlichen Sieger der T e i l w a h l e n vom A p r i l 1 9 3 2 , bei denen mehr als drei Viertel der österreichischen Wähler die Zusammensetzung ihrer Landtage oder Gemeinderäte bestimmten. Ihren größten Erfolg erzielten sie in Wien, wo sie ab nun mit 15 Sitzen im Gemeinderat vertreten waren. Die größten Verluste hatten die Christlichsozialen zu erleiden. Von den »alten« Parteien konnten sich nur die Sozialdemokraten annähernd halten. »Eine sachliche, unbefangene Prüfung der Wahlergebnisse zeigt allerdings, daß der nationalsozialistische ›Erdrutsch‹ zunächst vor allem in der Eroberung des ›nationalen Lagers‹ bestand, also auf Kosten der Großdeutschen, des Landbundes und der ›nationalen‹ Richtung in der Heimwehr ging und daß die tatsächlich erfolgten Einbrüche in den Bestand der beiden anderen Lager nur deren Randschichten ... erfaßten ..., daß aber die eigentlichen Kerngruppen beider Lager, die christlichsoziale Bauernschaft einerseits, die sozialdemokratische Industriearbeiterschaft anderseits, von der nationalistischen Propaganda nicht erfaßt worden waren und auch in der Folgezeit bei freiem Wahlwettbewerb von ihr wohl nie erfaßt worden wären.«[39])

Das Vordringen der Hitlerpartei in Deutschland seit dem großen Wahlerfolg der NSDAP von 1930 gab den österreichischen Nationalsozialisten weiteren Auftrieb. Sie ließen bereits Ende 1932 jede Tarnung fallen und bekannten sich offen zu einem einigen Reich. So schrieb die *Deutschösterreichische Tageszeitung* (Dötz) in ihrer Ausgabe vom 16. November dieses Jahres: *Wir Nationalsozialisten verwerfen den Begriff einer österreichischen Idee, einer österreichischen Mission. Wir Nationalsozialisten verwerfen auch den Begriff des österreichischen Menschen. Für uns ist der selbständige Staat, der sich befehlsgemäß Österreich nennt, eine Z w a n g s j a c k e , die wir – je eher, desto lieber – abstreifen wollen und werden.*

Der Staat, der sich befehlsgemäß Österreich nennt, das war eine mehr als deutliche Anspielung auf das Anschlußverbot im Friedensvertrag von Saint-Germain. Die Forderung nach der »Revision« der Friedensverträge mit der Entente gehörte zu den wichtigsten Bestandteilen der NS-Ideologie und -Propaganda. Als

Adolf H i t l e r am 3 0 . J ä n n e r 1 9 3 3 i n D e u t s c h l a n d a n d i e M a c h t kam, wurde dies zur Leitlinie seines außenpolitischen Programms, das sich die Schaffung eines »Großdeutschen Reichs« unter Einbeziehung Österreichs, des Sudetengebiets und Deutsch-Böhmens zum Ziel setzte.

Österreich war nun von faschistischen Mächten eingekreist: Im Norden saß Hitler, im Süden Mussolini, im Osten Horthy. So unterschiedliche Pläne sie sonst mit dem kleinen Staat verfolgten, in einem waren sich alle drei einig: Die Demokratie hatte zu verschwinden. Mussolini sctztc weiter auf die Heimwehrbewegung, Hitler stärkte den österreichischen Hakenkreuzlern den Rücken, deren Propaganda immer heftigere Formen annahm.

Die S o z i a l d e m o k r a t e n antworteten auf die faschistische Offensive, indem sie die Z i e l s e t z u n g e i n e s A n s c h l u s s e s an Deutschland aus ihrem P a r t e i p r o g r a m m entfernten. Im Bestehen auf der Anschlußforderung war zum Beispiel auch der Grund dafür gelegen, daß die Kongresse der *Freien Gewerkschaften* bis 1931 als *deutsch-österreichische* bezeichnet worden waren. Mit dem faschistischen Deutschland aber wollte man sich nicht vereinigen, die Verteidigung der Demokratie hatte Vorrang.

Auf der anderen Seite sahen auch demokratische Kreise des Bürgertums in der außenpolitischen Anlehnung an das faschistische Italien, in der Förderung der Heimwehrbewegung und in der Anwendung autoritärer Mittel die einzige Chance zur Aufrechterhaltung der österreichischen Unabhängigkeit: Diese Linie vertrat auch B u n d e s k a n z l e r E n g e l b e r t D o l l f u ß , der am 2 0 . M a i 1 9 3 2 die Leitung der Regierungsgeschäfte übernommen und sich – in Ermangelung von starken Koalitionspartnern aus dem demokratischen bürgerlichen Lager – mit den *Heimwehren* verbündet hatte.

Anfang M ä r z 1 9 3 3 wurde das P a r l a m e n t a u s g e s c h a l t e t . Anlaß bot eine von den Sozialdemokraten und Großdeutschen eingebrachte dringende Interpellation wegen Strafsanktionen gegen Eisenbahner, die an einem im Februar 1933 geführten Streik teilgenommen hatten. Bei der Abstimmung über diesen Antrag kam es zu Unstimmigkeiten und die Gültigkeit des Abstimmungsergebnisses wurde wegen einer Panne bei der Abgabe der Stimmzettel angezweifelt; bei der nur hauchdünnen Mehrheit der Regierungsparteien kam es auf jede Stimme an. Als Karl Renner, der als Erster Nationalratspräsident den Vorsitz führte, die Annahme des Antrags bestätigte, brach ein Tumult aus. Daraufhin legten er und dann auch die anderen beiden Präsidenten den Vorsitz zurück; das Nationalratsplenum war damit handlungsunfähig.

Es hätte verfassungsmäßige Möglichkeiten gegeben, die Geschäftsordnungskrise zu überwinden, aber sie wurden nicht genutzt. Die Regierung bezeichnete die Krise als einen Zustand, der *in der Verfassung nicht vorgesehen* ist. Dollfuß sprach nun offen von der *Absage an den Parlamentarismus* und begann unter Berufung auf das schon fast vergessene *Kriegswirtschaftliche Ermächtigungsgesetz* aus dem Jahre 1917, das »N o t v e r o r d n u n g e n« in bestimmten Ausnahmesituationen Gesetzeskraft verlieh, a u t o r i t ä r zu regieren. Die ersten Notverordnungen brachten eine Einschränkung der Pressefreiheit und ein Demonstrationsverbot.

Am 11. März 1933 befaßte sich eine *Vorständekonferenz* der *Freien Gewerkschaften* mit der verschärften politischen Lage und der Einschränkung der staatsbürgerlichen Freiheiten. Die *Freien Gewerkschaften* erklärten ihre Kampfentschlossenheit in der Abwehr des Angriffs auf die demokratischen Rechte. Als die Oppositionsparteien wenige Tage später den Versuch unternahmen, die Arbeit des Parlaments wiederaufzunehmen, ließ Dollfuß den Sitzungssaal von 200 Kriminalbeamten räumen. Noch im März folgte das Verbot des *Republikanischen Schutzbunds.*

Der A u f h e b u n g d e r F r e i h e i t s r e c h t e folgte die V e r s c h l e c h t e r u n g d e r L ö h n e u n d A r b e i t s b e d i n g u n g e n. Die gewerkschaftliche Kampfkraft wurde durch die Beschränkung der Bewegungsfreiheit und die Notverordnungen geschwächt, von denen viele gegen die gewerkschaftliche Tätigkeit gerichtet waren.

Das Mitbestimmungsrecht bei der Festsetzung von Lohn- und Arbeitsbedingungen wurde geschmälert. So wurde vom Notverordnungsrecht bei den Bankangestellten, den Angestellten der Arbeiterkammern, den Angestellten bei den Körperschaften öffentlich-rechtlichen Charakters und auch bei den Eisenbahnern Gebrauch gemacht. In der Folge wurde auch die Arbeitslosenversicherung empfindlich verschlechtert. Die Bestimmungen über den freiwilligen Arbeitsdienst wurden geändert und die Selbstverwaltung der Sozialversicherung eingeschränkt.

Die Notverordnung über das Streikverbot s c h r ä n k t e die seit dem Jahre 1870 bestehende K o a l i t i o n s f r e i h e i t wesentlich ein. Diese *Verordnung zum Schutze der Wirtschaft gegen Arbeitseinstellungen* verbot Streiks und passive Resistenz in allen

Fällen, wo es sich nicht einzig und allein um die Verbesserung der Arbeitsbedingungen handelte. In staatlichen und lebenswichtigen Betrieben wurde jede Art von Streik untersagt, für Übertretungen wurden Strafen festgesetzt und die Haftung für Schäden eingeführt. Wo der Lohndruck, der Abbau oder der Terror zu stark waren, kam es aber trotz der Notverordnungen auch jetzt noch zu Streikbewegungen, vor allem in den Bergbaubetrieben.

Eine Notverordnung setzte den gesetzlichen Überstundenzuschlag von 50 auf 25 Prozent herab und nahm leitende Angestellte von den Vorschriften über die Höchstdauer der Arbeitszeit überhaupt aus. Durch Notverordnung wurde ferner das Bäckereiarbeiterschutzgesetz verschlechtert. Eine weitere Notverordnung hob die Vierundvierzigstundenwoche und den Arbeitsschluß am Samstag um zwölf Uhr mittag für weibliche Angestellte und für Jugendliche bis zum vollendeten achtzehnten Lebensjahr praktisch auf.

Auch die Bezüge der Eisenbahner, der Angestellten der Wirtschaftskammern und der Sozialversicherungsinstitute wurden per Notverordnung herabgesetzt. Aufgrund einer anderen Notverordnung konnten aktive Staatsbeamte, wenn wichtige Dienstrücksichten es verlangten, ohne Möglichkeit einer Berufung in den Ruhestand versetzt werden.

Im Jänner 1934 gab die Regierung eine Notverordnung heraus, die dem Bundesminister für soziale Verwaltung das Recht einräumte, den Unternehmern bei der Vergabe von Aufträgen durch die öffentliche Hand vorzuschreiben, von welchem *Arbeitsnachweis*, also von welcher Arbeitsvermittlungsstelle, sie die Arbeitskräfte anzufordern hatten. Der Sozialminister machte von der Ermächtigung unverzüglich Gebrauch und verfügte zum Beispiel, daß die Vermittlung der zum Bau der neuen Reichsbrücke in Wien einzustellenden Arbeiter ausschließlich dem *Arbeitsnachweis* der *Christlichen Gewerkschaften* zuzustehen habe.

Die Regierung erklärte trotz des offensichtlichen Sozialabbaus immer wieder feierlich, daß die Lebens- und Arbeitsverhältnisse der arbeitenden Menschen nicht verschlechtert werden sollten. Die Gewerkschaften wiesen immer wieder darauf hin, daß diese Erklärungen den Tatsachen widersprachen; die Regierung bediente sich immer wieder der Notverordnungen, um die sozialen Rechte der Arbeiter und Angestellten zu schmälern.

Die demokratische Opposition hatte sich zunächst noch unter Hinweis auf den Verfassungsbruch durch die Regierung durch die Einschaltung des Verfassungsgerichtshofs zu wehren versucht: Die

Wiener Landesregierung hatte die Klage gegen alle aufgrund des *Kriegswirtschaftlichen Ermächtigungsgesetzes* von der Regierung erlassenen Notverordnungen eingebracht. Daraufhin waren die der Christlichsozialen Partei angehörenden Mitglieder des Gerichtshofs von der Regierung veranlaßt worden, ihr Mandat zurückzulegen. Mit Hilfe einer Verordnung, die bestimmte, daß die übrigen über Parteivorschlag ernannten Mitglieder bis zur Wiederbesetzung der Stellen der Zurückgetretenen nicht zu Verhandlungen herangezogen werden durften, und weil dann auch Fachjuristen zurückgetreten waren, war es Dollfuß aber gelungen, das V e r f a s s u n g s g e r i c h t beschlußunfähig zu machen und praktisch a u s z u s c h a l t e n . Damit war der Zweck erreicht: Die Rechtsgültigkeit der Notverordnungen konnte nicht mehr überprüft werden.

Die Sozialdemokratische Partei hatte überlegt, unter welchen Umständen es notwendig sein würde, die Waffe des Generalstreiks einzusetzen. Im H e r b s t 1 9 3 3 war von einem außerordentlichen Parteitag der Sozialdemokratischen Partei beschlossen worden, daß in folgenden vier Fällen das Zeichen z u m G e n e r a l s t r e i k zu geben sei:

1. Wenn die Regierung rechts- und verfassungswidrig eine faschistische V e r f a s s u n g o k t r o y i e r e ;

2. wenn die Regierung die verfassungsmäßige Gemeinde- und Landesverwaltung des »R o t e n W i e n « rechts- und verfassungswidrig absetze und die Verwaltung Wiens einem R e g i e r u n g s k o m m i s s ä r übertrage;

3. wenn die Regierung die P a r t e i a u f l ö s e ;

4. wenn die G e w e r k s c h a f t e n a u f g e l ö s t oder »g l e i c h g e s c h a l t e t « würden.

In jedem dieser vier Fälle sollte die Arbeiterschaft mit der Ausrufung des Generalstreiks antworten.

Doch Dollfuß und die Heimwehrführer in seiner Regierung schalteten die sozialdemokratische Arbeiterbewegung aus, ehe sie das in dem Parteitagsbeschluß skizzierte Programm der Zerschlagung der Demokratie verwirklichten.

Durch Notverordnung und Polizeischikanen wurde die politische Bewegungsfreiheit der Arbeiterschaft immer mehr eingeengt. Die ständigen und gezielten Schikanen durch die autoritäre Regierung und die militanten Heimwehrformationen provozierten schließlich am 1 2 . F e b r u a r 1 9 3 4 eine E r h e b u n g d e r

A r b e i t e r , an der sich vor allem Mitglieder des verbotenen *Republikanischen Schutzbunds* beteiligten.

Eine besonders »beliebte« Provokationsmethode war die Suche nach Schutzbundwaffen, die – falls man welche fand – in den Besitz der *Heimwehren* übergingen. Am 12. Februar, kurz nach sechs Uhr morgens, wollte die Bundespolizei in Linz in das *Hotel Schiff,* den Sitz der Linzer Arbeiterorganisation, eindringen, um dort eine Waffensuche vorzunehmen. Die im Hause in Bereitschaft stehenden Schutzbündler setzten sich zur Wehr. Militär wurde herbeigerufen, und es kam zum Straßenkampf. Die Nachricht von dem Zusammenstoß verbreitete sich mit Windeseile in der ganzen Stadt, und es kam auch in anderen Vierteln zum Kampf. Bereits zu Mittag kapitulierten die Verteidiger des *Hotels Schiff.* Sie fühlten sich entmutigt, weil das Zeichen zum Generalstreik nicht gegeben worden war; die Gas- und Elektrizitätswerke arbeiteten weiter.

Am Vormittag kam die Nachricht von den Linzer Zusammenstößen nach Wien. Die Entscheidung über die Ausrufung des Generalstreiks fiel kurz vor zehn Uhr in einem kleinen Exekutivkomitee des sozialdemokratischen Parteivorstands.

Um die Mittagsstunde legten die Arbeiter der Wiener Gas- und Elektrizitätswerke die Arbeit nieder. Der Straßenbahnverkehr kam dadurch zum Stillstand. Die Schutzbündler sammelten sich in ihren Bereitschaftslokalen. Ein Teil der Wiener Bevölkerung glaubte, daß es sich um vorübergehende Stromstörungen handelte, andere vermuteten aber richtig, daß nun das Signal zum Generalstreik gegeben wurde.

In einigen großen Betrieben war die Arbeit schon vor der Ausrufung des Streiks eingestellt worden, andere beteiligten sich überhaupt nicht, denn die Weitergabe der Weisungen durch die Gewerkschaften und die Sekretariate der Partei war unvollständig: Gewerkschaftssekretariate und Gewerkschaftsfunktionäre gaben den anfragenden Betriebsräten die Auskunft, daß sie keine Weisung hätten und vorerst abgewartet werden solle. Da also in vielen Fällen die übergeordneten Funktionäre keine Order gaben, obwohl sie noch ihre Funktion innehatten, entfalteten die an Disziplin gewöhnten Vertrauensmänner in den Betrieben keine Eigeninitiative, sondern warteten auf Weisung; es gab keine verläßliche Parole, nach der man sich hätte richten können. Selbst in den großen Betrieben Wiens herrschte Verwirrung, niemand wußte genau, was geschehen war und was unternommen werden sollte. Auch lähmte nach den vielen vorhergegangenen Niederlagen und Rückzügen die Furcht davor, bei Fehlschlagen der Aktion den Arbeitsplatz zu verlieren oder gar inhaftiert zu werden, die Initiative. Man wollte zuwarten, bis sich die Situation klärte.

Gerade die ersten Stunden waren aber entscheidend.

Die Regierung verhängte das S t a n d r e c h t und ordnete zuerst die Besetzung wichtiger Gebäude und Plätze der Inneren Stadt durch Militär und Mitglieder des *Schutzkorps* an. Um diesen Stadtteil wurde ein Stacheldrahtkordon gezogen; am Nachmittag waren dann die wichtigsten Punkte gesichert.

Die Erregung unter der Wiener Arbeiterschaft steigerte sich, als die Polizei in zwei Wiener Arbeiterbezirken neuerlich nach Waffen suchte. Am Nachmittag waren in den Wiener Gemeindebezirken 10, 11, 16 und 21 Straßenkämpfe im Gange. Im 11. und 21. Bezirk besetzten Schutzbündler vorübergehend ein paar Polizeiwachzimmer.

Auch in den Industriebezirken der Steiermark und Oberösterreichs griffen die Arbeiter zur Notwehr.

Mit modernen Kriegsgeräten (Panzerwagen, Kanonen, Haubitzen, Minenwerfer) ausgerüstetes Militär griff in die Kämpfe ein. In Linz, Steyr, Kapfenberg, Eggenburg, Judenburg, Graz, Neunkirchen, im Traisental, in Wörgl und Häring und in vielen kleineren Orten wurden im Laufe des 13. Februar die Arbeiter von der Übermacht der Polizei und des Militärs überwältigt. Aber in Wien und in Bruck an der Mur gingen die Kämpfe mit unverminderter Heftigkeit weiter, der Widerstand erlahmte hier erst am nächsten Tag.

Am späten Abend des 14. Februar richtete Bundeskanzler Dollfuß über den Rundfunk einen Appell an die noch Kämpfenden. Er sicherte allen Begnadigung zu, die sich bis zur Mittagszeit des kommenden Tags den Behörden stellen und ihre Waffen abliefern würden.

Am 15. Februar war der Kampf zu Ende.

Über die A n z a h l d e r an den Februarkämpfen B e t e i l i g t e n sowie über die Z a h l d e r O p f e r gehen die Angaben weit auseinander. Der *Republikanische Schutzbund* zählte zu seiner besten Zeit 80.000 Mann, aber am bewaffneten Widerstand sollen sich nach Ansicht Josef Buttingers, der nach dem Februar 1934 einer der Führer der illegalen *Revolutionären Sozialisten* wurde, nicht mehr als 10.000 Schutzbündler beteiligt haben. Die Zeitschrift der Polizei *Öffentliche Sicherheit* behauptete damals hingegen, allein im Ottakringer Arbeiterheim hätten sich 2.500 Schutzbündler befunden; in Wirklichkeit waren es etwa zwei Dutzend. Der Historiker Karl R. Stadler kommt in seiner Geschichte der Schutzbund-Emigration zu dem Schluß, daß man auf die Zahl von 10.000 nur dann kommt, wenn man alle jene einbezieht, die zwar zur Stelle waren, »dann aber aus Mangel an Waffen oder infolge des Fehlens einer Führung oder wegen der Isolierung von anderen Kampffronten nie im Einsatz waren«.[40]) Über die Zahl der Mitkämpfer aus anderen Organisationen der sozialdemokratischen Arbeiterbewegung, etwa aus den Reihen der Jugend- und Sportorganisationen, gibt es noch weniger verläßliche Angaben. Die Sicherheitsbehörden gaben die Zahl der Toten der Exekutive mit 115 und der Verwundeten mit 486 sicherlich richtig an. Die Zahl der Opfer unter der Zivilbevölkerung betrug nach damaligen Angaben der Regierungspresse 196 Tote und 319 Verwundete, nach Schätzung von Ernst K. Herlitzka, eines Mitarbeiters des Vereins für Geschichte der Arbeiterbewegung, 250 bis 270 Tote. Insgesamt 1.200 an den Kämpfen Beteiligte wurden eingekerkert, 21 von ihnen von Standgerichten zum Tode verurteilt; 12 der Verurteilten wurden begnadigt, neun mußten sterben.[41])

Eine der wichtigsten U r s a c h e n d e r N i e d e r l a g e der Sozialdemokratischen Partei war das M i ß l i n g e n d e s G e n e r a l s t r e i k s , an dem eine Reihe von Begleitumständen die Schuld trugen. Erstens hatte die Regierung noch keine der Maßnahmen gesetzt, die nach dem Beschluß des SDAP-Parteitags allein mit einem Generalstreik zu bekämpfen gewesen wären. Dann war das Losschlagen von Schutzbundgruppen zu einem Zeitpunkt provoziert worden, zu dem man in Partei und Gewerkschaften nicht mit dem Ausbrechen der Kämpfe rechnete und daher nicht ausreichend vorbereitet war; die Entwicklung wuchs der Parteiführung einfach über den Kopf. Die durch die Notverordnungen bereits angeschlagene Organisation versagte: Viele entlegene Gebiete erfuhren erst spät vom Ausbruch des Streiks, über seine Gründe und seinen Anlaß erhielten sie überhaupt keine Informationen. Und schließlich darf nicht vergessen werden, daß die Massen der Arbeiter und Angestellten durch die vielen vorangegangenen Provokationen und Niederlagen zermürbt waren.

Bei allen früheren großen Kämpfen der österreichischen Arbeiter war die Stillegung der Eisenbahnen – neben der Stillegung von Straßenbahnen und der Energieversorgung – für die übrige Arbeiterschaft das Zeichen zum Kampf gewesen. Aber jetzt versagte die überwiegende Mehrheit der Eisenbahner, obwohl sie bisher als verläßliche Elitetruppe der österreichischen Arbeiterbewegung gegolten hatten: Zwei Fünftel der Eisenbahner waren in den letzten

Jahren abgebaut worden, die übrigen zitterten um ihre Arbeitsstelle. In den meisten lebenswichtigen Betrieben der Bundesländer wurde ebenfalls normal weitergearbeitet, und auch die bürgerlichen Zeitungen konnten ungehindert erscheinen. So mußten die Schutzbündler und jene, die mit ihnen die Waffen in die Hand genommen hatten, den Kampf ohne den wirksamen Rückhalt eines Generalstreiks führen.

Aber auch beim Schutzbund selbst gab es – nicht zuletzt wegen der ungewohnten Erfahrung der Illegalität – viele Lücken. Manche Wiener Bezirksorganisationen griffen überhaupt nicht zu den Waffen, in vielen Fällen deshalb, weil zahlreiche geheime Waffenlager des Schutzbunds im Zuge der von Polizei und Heimwehren durchgeführten Suchaktionen der vorangegangenen Tage ausgeräumt worden waren. Und auch, weil die lokalen Schutzbundführer – soweit sie nicht schon verhaftet worden waren – es an Mut und Offensivkraft fehlen ließen.[42])

Trotz all dieser Mängel und Fehler sollte nicht vergessen werden, daß die österreichische Arbeiterbewegung neben der spanischen die einzige Arbeiterbewegung Europas war, die sich gegen die Vernichtung der Demokratie und den aufkommenden Faschismus aktiv zur Wehr setzte, indem ein Teil jener, die ihr angehörten, im Februar 1934 zu den Waffen griff. Ein Mann aus dem Lager der Gegner, Guido Zernatto, im »Ständestaat« Generalsekretär der *Vaterländischen Front* und Minister in den verhängnisvollen Märztagen 1938, beurteilte die Februarkämpfe und die Konsequenzen, die sich aus der Niederwerfung der sozialdemokratischen Arbeiterbewegung ergaben, in seinem Buch »*Die Wahrheit über Österreich*« mit folgenden Worten: »Vielleicht hat es Mittel gegeben, durch die man das furchtbare Ereignis hätte verhindern können. Vielleicht ... Unvergessen bleibt der Idealismus und der Heldenmut, mit dem die Arbeiter auf die Barrikaden stiegen. Die Differenzen, die zwischen den beiden Kampfparteien des Februar lagen, waren aber kleiner als die Gegensätze, die beide von jenen trennten, die unter dem Zeichen des Hakenkreuzes mit Befriedigung zusahen, wie sich ihre Gegner zerfleischten.«[43])

Noch am 12. Februar wurde die *Sozialdemokratische Arbeiterpartei Österreichs* aufgelöst, am 13. Februar folgten die A u f l ö s u n g und das V e r b o t des *Bundes der Freien Gewerkschaften* und a l l e r ihm angeschlossenen V e r b ä n d e . Der Bannstrahl des autoritären Regimes traf aber ebenso die Sport- und Kulturvereine der Arbeiterbewegung, so den *ASKÖ,* den *Touristenver-*

ein »*Die Naturfreunde*« oder den *Arbeiterabstinentenbund*. Die Konsumvereine wurden gleichgeschaltet.

Mit der A u s s c h a l t u n g d e r A r b e i t e r b e w e g u n g aus dem öffentlichen Leben und der Zerschlagung ihrer Organisationen war die demokratische Republik ihrer verläßlichsten Stütze beraubt. Dollfuß und die hinter ihm stehenden Kreise konnten darangehen, den von ihnen angestrebten autoritären »Ständestaat« zu errichten. Am 1. Mai 1934 trat die »Ständeverfassung« in Kraft, und damit hörte die demokratische Republik auch formal zu bestehen auf.

»Bundeskanzler Dr. Engelbert Dollfuß regierte vom 20. Mai 1932 bis zum 25. Juli 1934, dem Tag seiner Ermordung. Er war der S a c h v e r w a l t e r d e s v o r l e t z t e n A k t e s d e r ö s t e r - r e i c h i s c h e n T r a g ö d i e , die unter dem Namen ›Erste Republik‹ in die Geschichte eingegangen ist. Dollfuß ist somit eine historische Figur und wie alle historischen Figuren den Scheinwerfern der Kritik ausgesetzt, und entsprechend der Richtung, aus der diese Scheinwerfer kommen, ist auch die Kritik, in deren Kreuzfeuer Dollfuß steht, abgestuft.«[44]) Stephan Vajda gab in seinem Geschichtswerk »*Felix Austria*« folgendes Urteil über den Schöpfer des »Ständestaats« ab: »Er war zweifellos eine tragische Figur der jüngeren österreichischen Geschichte, er balancierte aber auch oft am Rande der Komik ... Für seinen Ständestaat, der sich in Richtung einer gemilderten nationalistischen Diktatur österreichischer Prägung bewegte und daher später das Etikett ›austrofaschistisch‹ erhielt, suchte und fand (er) die außenpolitische Rückendeckung bei seinem großen Vorbild, dem italienischen Diktator Benito Mussolini.«[45])

Für Dollfuß war der »Ständestaat« mehr als eine Notlösung. Um ihn zu etablieren, hatte er einen *harten und aussichtslosen Z w e i f r o n t e n k a m p f* gegen Sozialdemokraten und Nationalsozialisten begonnen. Die sozialdemokratische Arbeiterbewegung wurde zwar in die Illegalität gedrängt, aber die N a t i o n a l - s o z i a l i s t e n blieben, Hitler-Deutschland im Rücken, auch als sie später verboten wurden, ein entscheidender Faktor der österreichischen Innenpolitik. Es steht außer Zweifel, daß sich Dollfuß der vom deutschen Faschismus ausgehenden B e d r o h u n g d e r U n a b h ä n g i g k e i t Österreichs so energisch wie möglich e n t - g e g e n z u s t e l l e n   versuchte. Und das kostete ihn schließlich das Leben, machte ihn aber auch erst zu einem wirklichen »Führer« seines von Kurt Schuschnigg als Bundeskanzler weitergeleiteten »Ständestaats«. Erst mit seiner E r m o r d u n g durch nationalsozialistische Putschisten am 2 5 . J u l i 1 9 3 4 , seinem Tod, der ihn zum Märtyrer machte, hatte der Ständestaat » e i n e n endgültigen, sichtbaren Gegner, der die eigene Ordnung bedrohte ... So wurde der tote Dollfuß zur Quelle einer neuen Illusion, einer Illusion, die durch die Realität bald zerstört werden sollte.«[46])

Es war die Illusion, daß der Kampf gegen den Nationalsozialismus das autoritäre Regime festigen und die Mehrheit der Bevölkerung auf seine Seite ziehen würde. Denn der tragische Irrtum Dollfuß', seiner Gesinnungsfreunde und seines Nachfolgers bestand darin, daß sie »die Unmöglichkeit, den Kampf gegen den Hitlerschen Imperialismus ohne die Unterstützung der österreichischen Arbeiterschaft und ihrer politischen Organisationen wirksam führen zu können, außer acht ließ(en) und daß, historisch gesehen, der Kampf für ein unabhängiges Österreich nur dann einen Sinn hatte, wenn er auf demokratischem Boden, in einem demokratischen Staat ausgefochten wurde. Gegenüber dem faschistischen Deutschland hatte ein faschistisches Österreich keine Existenzberechtigung, hingegen hatte ein demokratisches Österreich nicht nur das Recht für sich, sondern auch den tieferen Sinn der historischen Entwicklung.«[47])

V. Die christlichen Gewerkschaften von ihren Anfängen bis 1934

Die christliche Arbeiterbewegung in der österreichisch-ungarischen Monarchie

Tradition der Toleranz: die katholischen Gesellenvereine

Wie für die sozialdemokratische war auch für die christliche Arbeiterbewegung Österreichs die Entwicklung in Deutschland Anstoß und Vorbild.

Im Jahre 1849 gründete Kaplan Kolping in Elberfeld den ersten G e s e l l e n v e r e i n . Diese Gesellenvereine nahmen einen raschen Aufschwung, hatten aber anfangs wenig mit der Gewerkschaft zu tun. Sie waren mehr auf Geselligkeit ausgerichtet. In den Gesellenvereinen herrschte auch gegen Andersgläubige Toleranz, viele Protestanten zählten zu ihren Mitgliedern. Selbst August Bebel, der Führer der deutschen Sozialdemokraten, schrieb in seinen Lebenserinnerungen: »Ich habe nachmals, solange ich in Süddeutschland und in Österreich zubrachte, in Freiburg und Salzburg dem katholischen Gesellenverein als Mitglied angehört, und ich habe es nicht bereut. Der Kulturkampf bestand zum Glück zu jener Zeit noch nicht. In diesen Vereinen herrschte daher auch damals gegen Andersgläubige volle Toleranz.«[1])

Auch in Österreich bestanden in Wien und in anderen Orten solche Gesellenvereine, die aber ebenso fernab von den politischen und sozialen Kämpfen standen und sich hauptsächlich der Pflege des religiösen und geselligen Lebens ihrer Mitglieder widmeten.

Der Kampf gegen den Liberalismus und die katholische Sozialreformbewegung

Um das siebente Jahrzehnt des vorigen Jahrhunderts regte sich im ganzen k a t h o l i s c h e n Europa die O p p o s i t i o n gegen die Vorherrschaft des L i b e r a l i s m u s . An der Spitze der Bewegung standen fortschrittliche Adelige und Gelehrte. In Österreich unterstützten der Börsenkrach des Jahres 1873 und die nachfolgende Wirtschaftskrise die Bestrebungen, die politische Kraft des Libe-

299

ralismus zu brechen. Der Feudaladel, der seine Stellung durch das Großbürgertum gefährdet sah, verbündete sich mit dem Kleinbürgertum. Diese katholische konservative Bewegung versuchte nun auch, unter der Arbeiterschaft Anhänger zu finden.

»Im Oktober 1875 trat Karl Freiherr von V o g e l s a n g in die Redaktion des konservativen Wiener ›Vaterlands‹ – damals die führende katholische Tageszeitung der Monarchie – als Mitarbeiter ein. Vogelsang war norddeutscher Abkunft, Sproß eines alteingesessenen mecklenburgischen Rittergeschlechts ... Als (er) in Wien ankam, brachte er zwar kein Übermaß an journalistischen Erfahrungen mit, doch befand sich unter seinem geistigen Gepäck bereits das fertige Konzept einer groß angelegten k o n s e r v a t i v e n G e s e l l s c h a f t s r e f o r m . ... Nach und nach gelang es ihm, in einer Reihe sozial aufgeschlossener Kreise und Zirkel im damaligen Wien Fuß zu fassen.« Der Kern von Vogelsangs sozialer Lehre war ganz auf die Erhaltung des Mittelstands zugeschnitten, aber er nahm sich auch der »Arbeiterfrage« an. Im Gegensatz zu Marx trat er für die gesellschaftliche Aussöhnung der Klassen ein. »Durch die ›Wiederbelehnung‹ des Arbeiters mit Produktiveigentum – und zwar auf genossenschaftlicher Basis – wollte er der Gesellschaft das an staats- und gesellschaftserhaltender Substanz zurückgeben, was sie infolge der Schrumpfung des Mittelstandes eingebüßt hatte«;[2]) das sollte im Rahmen eines Gesellschaftsvertrags geschehen. Der Arbeiter solle nicht nur *nackte Arbeitskraft* sein, wozu ihn der Liberalismus gezwungen hatte. Die katholische Religion bedeutete für ihn nicht nur einen besseren Weg zum jenseitigen Heil, in ihr sah er auch einen gesellschaftspolitischen Auftrag: »Nicht nur für die einzelnen ist Christus gestorben, daß sie den Himmel gewinnen, er ist auch für die Staaten, die gesellschaftlichen Gebilde der Welt gekommen, und erfordert von uns, daß auch diese im Sinne des Christentums gestaltet seien, daß sie von christlichen Ideen durchdrungen, mit christlicher Schönheit und Würde geschmückt seien.«[3])

Die große Bedeutung Vogelsangs lag darin, daß er den S t a a t s i n t e r v e n t i o n i s m u s (auch auf sozialem Gebiet) f ö r d e r t e und mit der Verbreitung seiner Ideen ein gesellschaftliches Klima schuf, in dem die Bekämpfung der Wirtschaftsansichten des Liberalismus, die ja auf die Nichteinmischung des Staats ausgerichtet waren, erfolgreich sein konnte. Andererseits enthielten die Ideen Vogelsangs nichts, »was ein Gebot der Stunde war: der Aufbau einer schlagkräftigen Organisation katholischer Arbeitervereine, um den Einfluß der Gewerkschaften und der Sozialdemokratie zurückzudrängen«.[4]) Aber sein Eintreten für die Schwachen in der Gesellschaft beschleunigte den Prozeß der Bewußtseinsbildung in katholischen Kreisen im Sinne der Notwendigkeit sozialer Reformen. Ab dem Jahre 1879 brachte er in seiner *Monatsschrift für christliche Sozialreform* ständig Artikelserien über das Elend der Arbeiterschaft, die viel dazu beitrugen, das soziale Gewissen wachzurütteln. Vogelsangs Engagement war vorurteilsfrei. Als die konservative Regierung, deren Programm in vieler Hinsicht seinen Vorstellungen entsprach, in den achtziger Jahren den Ausnahmezustand verhängte, um die junge sozialdemokratische Arbeiterbewegung unter dem Deckmantel der Anarchistenbekämpfung zu treffen, warnte er vor diesem Schritt und trat für die verfolgte Arbeiterschaft ein: »Es ist wahr, daß die Polizeiorgane oft sekkant und provokant gegen die Arbeiter vorgehen und daß ohne solche Taktlosigkeiten die meisten Reibungen gar nicht vorkommen würden.« Diese Worte hätten fast zu seinem Ausschluß aus der Redaktion des *Vaterlands* geführt.[5])

Die katholische Sozialreformbewegung führte schließlich zu einem bedeutenden W a n d e l   d e r   K i r c h e n p o l i t i k ; sie schlug den Weg zum Volk ein. Der eigentliche Anstoß zu einer katholischen Arbeiterbewegung kam im Jahre 1891 von einem Rundschreiben des Papsts Leo XIII., der zur Arbeiterfrage grundsätzlich Stellung nahm.

In der am 15. Mai 1891 erlassenen E n z y k l i k a » R e r u m   N o v a r u m « stellte der Papst fest, daß sich die Staatswesen immer mehr der christlichen Sitte und Anschauung entkleiden würden. Das Handwerk und die Arbeit würden allmählich der Herzlosigkeit reicher Besitzer und deren ungezügelter Habgier schutzlos überantwortet. Erzeugung und Handel seien beinahe zum Monopol von wenigen geworden. Die Enzyklika führte aus, ein Grundfehler der Behandlung der sozialen Fragen liege darin, daß man das gegenseitige Verhältnis zwischen der besitzenden und der unvermögenden arbeitenden Klasse so darstelle, als ob zwischen ihnen von Natur aus ein unversöhnlicher Gegensatz bestünde; die Natur habe aber alles zu gegenseitiger Harmonie hingeordnet. Auch das Kapital sei auf die Arbeit angewiesen und die Arbeit auf das Kapital. Eintracht sei die unerläßliche Vorbedingung von Schönheit und Ordnung. Pflicht der Arbeitsherren sei vor allem, den Grundsatz »Jedem das Seine« stets vor Augen zu haben. Im allgemeinen sei in bezug auf den Lohn zu beachten, daß es wider gött-

Österreichs Gewerkschaftsbewegung
Zusammenschluß – Station 4

1906 Gründung der Reichskommission der christlichen Gewerkschaften Österreichs

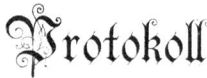

Protokoll

über die

Verhandlungen des 1. Kongresses der christlichen Gewerkschaften Oesterreichs

Wien, 31. Jänner – 2. Februar 1909

Traditionsfahne der christlichen Eisenbahner mit dem Bildnis des Wiener Bürgermeisters Karl Lueger

Leopold Kunschak, Pionier der christlichen Gewerkschaftsbewegung (vorne links), hinter ihm Lois Weinberger, Mitbegründer des ÖGB mit Kardinal Innitzer

Erwin Altenburger, Gründer der Fraktion Christlicher Gewerkschafter (rechts vorne) 1963 mit ÖGB-Präsident Anton Benya

Grete Rehor, aus der christlichen Arbeiterjugend kommend, Sozialministerin 1966–1970.
Johann Staud, Vorsitzender des Gewerkschaftsbundes des »Ständestaates 1934– 1938«, in einem KZ der Nazis umgekommen

Fritz Neugebauer FCG-Vorsitzender und Vorsitzender der Gewerkschaft Öffentlicher Dienst 1999 bei Kollektivvertragsverhandlungen

liches und menschliches Gesetz verstoße, Notleidende zu drücken und auszubeuten, nur um des eigenen Vorteils willen.

Die christliche Arbeiterbewegung beginnt sich zu organisieren

Vor dem Erscheinen der Enzyklika »Rerum Novarum« gab es in Österreich nur zwei katholische Arbeitervereine. Der von Kaplan Wöhr 1869 für die ärarischen Holz- und Salinenarbeiter in Aussee ins Leben gerufene Bildungs- und Konsumverein war nach hoffnungsvollem Beginn längst stillschweigend eingegangen. »Der 1871 gegründete ›Katholische Arbeiterverein für Niederösterreich‹ fristete ein unbemerktes und sehr beschauliches Dasein ... Einer der ersten Orte, in denen der durch ›Rerum Novarum‹ ausgestreute Samen aufging, war Hallein. Hier wurde bereits 1891 – hauptsächlich für die in der Saline beschäftigten Knappen – ein ›Katholischer Arbeiterverein‹ aus der Taufe gehoben.«[6])

In Wien versuchte der Jesuitenpater Heinrich Abel im Verein mit Baron Dallberg und Baron Vittinghof-Schell – ebenso veranlaßt durch die Enzyklika – sowohl Arbeiter als auch Kleingewerbetreibende in der gleichen Organisation zu vereinigen. Der *Verein der berufsgenossenschaftlichen Handwerker und Arbeiter* in Wien hatte aber keinen langen Bestand. Nach kurzer Zeit zeigte sich schon, daß dieser Versuch an den Interessengegensätzen der beiden Gruppen scheitern mußte. Es kam zu Konflikten innerhalb des Vereins und schließlich, am 21. September 1892, zum Beschluß der Gründung eines *Christlichsozialen Arbeitervereines für Niederösterreich* als selbständige Arbeiterorganisation. An der Gründung war der erst zwanzigjährige Sattlergehilfe Leopold Kunschak maßgeblich beteiligt. Der Versuch der Bildung einer gemeinsamen Organisation der Meister und Arbeiter war von ihm und Franz Hemala, von Anfang an sein enger Mitarbeiter, schon vorher heftig kritisiert worden.

Damals war die Mitgliedschaft bei einem »politischen Verein« – und als solcher galt auch der in die christlichsoziale Bewegung eingebundene Arbeiterverein – erst ab 24 Jahren erlaubt. Deshalb wurde für die noch nicht vierundzwanzigjährigen Arbeiter und Arbeiterinnen im November 1893 der »nichtpolitische Verein« *Austria* gegründet. Schon der Name sollte den Gegensatz zum Internationalismus der Sozialdemokraten auf der einen und dem

Deutschnationalismus auf der anderen Seite betonen. Andere christliche Wiener Arbeitervereine hießen *Einigkeit, Heimat* und *Weiße Nelke*.

Eine bedeutende Welle von Vereinsgründungen löste der im August abgehaltene sogenannte *Erste soziale Kurs* aus. Die Kursteilnehmer wurden mit den Erfolgen der Organisation der Arbeiter in Wien bekannt gemacht. Es folgten zahlreiche Versammlungen in den Kronländern, deren Ergebnis des öfteren die Gründung von Arbeitervereinen war.

Die Ausbreitung der christlichen Arbeiterbewegung erforderte ihre Zusammenfassung unter einer einheitlichen Führung und die Schaffung eines Programms; 1894 wurde ein Aktionskomitee mit dieser Aufgabe betraut. Nach vielen Hindernissen konnte schließlich am 5. Jänner 1896 der *Erste christlichsoziale Arbeiterparteitag* in Wien zusammentreten. Der Metallarbeiter Adolf Wedral referierte über den Entwurf des Parteiprogramms, das dann vom Parteitag beschlossen wurde.

Die Anfänge der christlichen Gewerkschaftsbewegung

Der *Zweite christlichsoziale Arbeiterparteitag* im Jänner 1897 beschäftigte sich erstmals eingehend mit Fragen der Gewerkschaftsarbeit. Es wurde beschlossen, daß die Parteivertretung der christlichsozialen Arbeiterschaft die Bildung von *gewerkschaftlichen* Fachvereinen mit allen Kräften veranlassen und fördern sollte.

Die Fachvereine wurden mit den christlichsozialen Arbeiterbildungsvereinen und Arbeitervereinen in Landesverbänden zusammengefaßt. Solche Landesverbände entstanden 1895 für die Steiermark, 1896 für Salzburg, 1897 für Oberösterreich, 1898 für Niederösterreich, Schlesien und Mähren und 1899 für Kärnten und Tirol. Am 7. September 1902 faßte ein konstituierender Reichsverbandstag in Wien die Verbände zu einer das ganze Reich umfassenden Organisation, dem *Reichsverband der nichtpolitischen Vereinigungen christlicher Arbeiter Österreichs* zusammen.

Wie die gesamte Arbeiterbewegung in Österreich, erhielt auch die christliche Gewerkschaftsbewegung, die sich während des letzten Jahrzehnts des 19. Jahrhunderts entwickelte, die ersten Anstöße aus Deutschland, wo die modernen Massenbewegungen aufgrund der weiter fortgeschrittenen Wirtschaftsentwicklung früher begannen als in der wirtschaftlich nachhinkenden Habsburgermonarchie. Im Deutschen Reich hatten sich schon um 1879 die ersten *Christlichen Gewerkschaften* gebildet, die ihre Tätigkeit allerdings bald wieder einstellen mußten. Aber ab 1889 gab es im Nachbarland eine konstante Aufwärtsentwicklung der christlichen Gewerkschaftsbewegung.

Innerhalb Österreichs befruchtete auch das Wachsen der sozialdemokratischen Arbeiterbewegung die Entwicklung der christlichen. Aber während die *Freien Gewerkschaften* in den neunziger Jahren schon schlagkräftige zentrale Organisationen aufgebaut hatten, schlug man bei der Organisation der christlichen Gewerkschaftsbewegung jetzt erst den – nicht mehr zeitgemäßen – Weg ein, den die sozialdemokratischen Vorläufer in den siebziger Jahren genommen hatten, nämlich die Errichtung lokaler Fach-, Bildungs- und Unterstützungsvereine. »Gewerkschaftlich und organisatorisch unerfahren – es gab nur sehr wenige christliche Arbeiter, die durch die Freien Gewerkschaften gegangen waren –, meinten die christlichen Gewerkschaftspioniere offensichtlich, diese überschaubaren kleinen Gemeinschaften genügten als Heimstätte, und erst die gesamtösterreichische Kontaktmöglichkeit im Reichsverband der nichtpolitischen Vereinigungen christlicher Arbeiter Österreichs ließ diese Notlösungsmentalität zurücktreten und das Wissen entstehen, daß zur Erreichung der Gewerkschaftseinheit Stärke notwendig sei.« »Was von der Idee her« (»nichtpolitische« einheitliche gewerkschaftliche Interessenvertretungen zu schaffen, in denen die christlichen Vereine eben nicht mehr als »Heimstätten« für die christlichen Arbeiter innerhalb der Gesamtbewegung sein sollten) »gegenüber den Sozialdemokraten« (denen »unpolitische« Organisationen immer als verdächtig erschienen waren) »ein Vorteil war, erwies sich in der Praxis des entscheidenden ersten Jahrzehnts ihres Aufbaues somit als Nachteil«.[7])

Die Schaffung der zentralen Organisation

Schließlich versuchten die *Christlichen Gewerkschaften* doch nach und nach, ihre Fachvereine, die bis dahin meist Lokalvereine waren, gleich *den Freien Gewerkschaften* zu Reichsvereinen auszubauen. Für verschiedene Berufsgruppen, die noch keine Fachverbände hatten, wurden solche Fachverbände ins Leben gerufen. In Innsbruck und Graz wurden gewerkschaftliche Ortskartelle errichtet, und im *Christlichen Verein jugendlicher Arbeiter* entstand eine Metallarbeitersektion.

Im Februar 1903 beschloß der Ausschuß des *Reichsverbands der nichtpolitischen Vereinigungen christlicher Arbeiter Österreichs,* eine eigene Gewerkschaftskommission mit dem Ausbau der planmäßigen Gewerkschaftsorganisation zu beauftragen. Anfang 1906 wurde dann zunächst eine Gewerkschaftskommission für Niederösterreich und am 27. Juli 1906 die dem *Reichsverband angeschlossene Reichsgewerkschaftskommission* geschaffen. Die »Reichsgewerkschaftskommission« bestand aus dem engeren Ausschuß des *Reichsverbands* und je einem Vertreter der gewerkschaftlichen Zentralverbände.

Im Jahre 1908 beteiligten sich die *Christlichen Gewerkschaften* Österreichs an den Bestrebungen zur Schaffung einer *Christlichen Gewerkschaftsinternationale*. Im August dieses Jahres tagte in Zürich eine *Internationale Konferenz* der *Christlichen Gewerkschaften,* auf der auch Österreich vertreten war.

Das Anwachsen der Bewegung machte die Herausgabe eines eigenen Gewerkschaftsblatts erforderlich. Die Pressekommission der christlichen Arbeiterschaft gab daher ab 1. April 1904 ein gewerkschaftliches Zentralorgan *Der Christliche Gewerkschafter* heraus. Bis dahin hatte die *Christlichsoziale Arbeiterzeitung* in einer *Gewerkschaftszeitung* betitelten Rubrik die Berichte der Christlichen Gewerkschaften veröffentlicht.

Da es den *Christlichen Gewerkschaften* an einer ausreichenden Zahl geschulter Kräfte fehlte, die die mit der Ausweitung der Organisation notwendig gewordenen Aufgaben übernehmen konnten, wurde 1906 eine soziale Arbeiterschule ins Leben gerufen, die einmonatige Kurse abhielt.

Der *Erste Kongreß der Christlichen Gewerkschaften Österreichs* tagte vom 31. Jänner bis 2. Februar 1909 in Wien. Er war von achtzig Delegierten beschickt. Der Kongreß beschloß die Schaffung einer eigenen *Zentralkommission der Christlichen Gewerkschaften Österreichs*.

Bis dahin hatte, wie schon geschildert, die *Reichsgewerkschaftskommission* beim *Reichsverband* eine Zusammenfassung der *Christlichen Gewerkschaften* ermöglicht, doch genügte diese lose Organisationsform der anwachsenden christlichen Gewerkschaftsbewegung nicht mehr. Die Gewerkschaften hatten an Mitgliederzahlen und innerer Kraft die christlichen Arbeitervereine schon längst überflügelt. Ein halbes Jahr vorher hatte der *Vierte Reichsverbandstag der nichtpolitischen christlichen Arbeitervereinigungen* zur Entwicklung der Bewegung Stellung genommen und sich für eine Trennung der Leitung der gewerkschaftlichen Organisation von der Leitung der Arbeitervereine ausgesprochen.

Die *Zentralkommission der Christlichen Gewerkschaften* bestand aus einer sechsgliedrigen, vom Kongreß gewählten Exekutive und je einem Vertreter der angeschlossenen Zentralverbände.

Die dem Kongreß vorliegende Statistik wies für das Jahr 1908 16 Zentralverbände, 23 Lokalorganisationen und 801 Organisationsgruppen mit einem Mitgliederstand von 45.377 Mitgliedern aus. Die 16 Zentralverbände zählten 35.610 Mitglieder, 30 deutsche Fachvereine wiesen 15.054 Mitglieder, 12 slowenische Fachvereine 2.846 Mitglieder, der tschechische Gewerkschaftsverein 22.000 und der polnische Gewerkschaftsverein 6.210 Mitglieder aus, die aber nur teilweise der Zentralstelle angeschlossen waren.

Die größten Organisationen waren die der Textilarbeiter mit 11.147, der Eisenbahner mit 7.000, der Hausbesorger mit 6.232 und der Tabakarbeiter mit 4.675 Mitgliedern.

Im Zeichen von Nationalitätenkonflikt und Krieg

Der Gewerkschaftskongreß von 1909 sprach sich für die Zentralisierung der gewerkschaftlichen Organisationen aus. Er nahm g e g e n die Zersplitterung Stellung, namentlich die n a t i o n a l e Z e r s p l i t t e r u n g, die in der christlichen Gewerkschaftsbewegung vorherrschte, und erklärte, daß die christliche Gewerkschaftsbewegung die Arbeiter aller Nationen umfassen solle. Allerdings blieb der Beschluß des Kongresses ein frommer Wunsch.

So wie bei den *Freien Gewerkschaften,* behaupteten die tschechischen Gewerkschaftsvereine nach wie vor ihre Selbständigkeit. Schließlich war eine Zusammenarbeit der tschechischen christlichen Gewerkschaftsbewegung mit den Zentralverbänden nicht mehr möglich. Der polnische *Allgemeine Gewerkschaftsverein* schloß sich im Jahre 1910 der Zentralkommission an, schied aber vor Beginn des Weltkriegs aus. Nur die polnischen Tabakarbeiter blieben dem christlichen Verband der Tabakarbeiter treu. Die zwölf slowenischen Fachvereine blieben der Gesamtbewegung fern und waren zum Anschluß an die Zentralverbände nicht zu bewegen.

Der *Z w e i t e   K o n g r e ß   d e r   C h r i s t l i c h e n   G e w e r k s c h a f t e n   Ö s t e r r e i c h s* tagte vom 29. Juni bis 1. Juli 1911 in Wien. Er beschäftigte sich mit der Frage der Taktik bei Lohnbewegungen und behandelte die sozialpolitischen Forderungen der Arbeiterschaft. Auf dem Kongreß wurde auch noch die Einführung eines Agitationsfonds beschlossen.

Der *Dritte Kongreß der Christlichen Gewerkschaften* war für September 1914 ausgeschrieben, konnte jedoch wegen des Ausbruchs des Ersten Weltkriegs nicht mehr abgehalten werden.

Schon während der letzten Friedensjahre verloren die *Christlichen Gewerkschaften* als Folge der Wirtschaftskrise mehr als 4.000 Mitglieder. Während des Kriegs gingen die Mitgliederzahlen weiter zurück, so daß der Stand an Mitgliedern Ende 1916 nur rund 13.000 betrug.

Der »Burgfriede«, der in den ersten Jahren des Kriegs in Österreich herrschte, erstreckte sich im allgemeinen auch auf das Verhältnis der *Freien* zu den *Christlichen Gewerkschaften*. Die heftigen Auseinandersetzungen, die das Klima zwischen den beiden Richtungsgewerkschaften zunehmend vergiftet hatten, hörten auf. Als es im Jahre 1917 in der Waffenfabrik Steyr zu einem Streik kam, verhandelten die Vertrauensmänner der freigewerkschaftlichen und der christlich organisierten Metallarbeiter gemeinsam im Wiener Metallarbeiterverbandsheim. Und das Schicksal, nach bewährter Methode als »Streikhetzer und Aufwiegler« nach Beendigung des Ausstands an die Front geschickt zu werden, traf die Vertrauensmänner beider Richtungen dann ebenfalls gemeinsam.

Als der Wunsch nach Frieden immer stärker wurde, stellten sich auch die *Christlichen Gewerkschaften* in den Dienst der Friedensagitation.

Die Christlichen Gewerkschaften in der Ersten Republik

In der jungen Republik bemühten sich die *Freien Gewerkschaften,* eine möglichst geschlossene und starke Gewerkschaftsorganisation zu schaffen. Bei den *Christlichen Gewerkschaften* wurde damals der Gedanke einer einheitlichen Organisation ohne weltanschauliche Ausrichtung wieder intensiver erörtert. So schrieb der christliche Gewerkschaftsführer Franz Hemala in einer Broschüre im Jahre 1921: »In den verschiedenen Staaten gibt es mit wenigen Ausnahmen keine einheitliche Gewerkschaftsbewegung, obwohl der Gewerkschaftsgedanke als solcher ein einheitliches Arbeiten in einer einheitlichen Organisation als wünschenswert erscheinen läßt. Dieses einheitliche Arbeiten und diese einheitliche Organisation wäre auch im Interesse der Arbeiterschaft gelegen, weil eine Zersplitterung der Gewerkschaften eine Schwächung der Arbeiterschaft bedeutet.«[8])

Daß die Zusammenarbeit nicht zustande kam, begründet Hemala damit, daß von sozialdemokratischer Seite parteipolitische und Weltanschauungsfragen in die Gewerkschaften hineingetragen würden. Derselbe Vorwurf wurde von den *F r e i e n Gewerkschaften* den *C h r i s t l i c h e n* dort gemacht, wo diese in kleinen Betrieben Einfluß hatten. Tatsächlich kam es in den Betrieben zu K o n f l i k t e n , die meist zugunsten der weit stärkeren *Freien Gewerkschaften* entschieden wurden. In der Zeit nach der Republikgründung beklagten sich deshalb die *Christlichen Gewerkschaften* über den *Terror der sozialdemokratischen Gewerkschaftsorganisation.*

Mit Ende 1920 wiesen die *Christlichen Gewerkschaften* einen Mitgliederstand von 64.478 aus, er stieg bis Ende 1924 auf 80.128, mit Ende 1929 auf 107.657 und erreichte mit 130.000 Ende 1932 den Höchststand.

Allerdings machten die Heimwehrgewerkschaften bald nach ihrer Gründung im Jahre 1928 den *Christlichen Gewerkschaften* fühlbare Konkurrenz. Die *Christlichen Gewerkschaften* wandten sich entschieden gegen diese gelben Organisationen.

Nach dem Februar 1934 lösten sich die *Christlichen Gewerkschaften* selbst auf, und ihre Mitglieder gingen in die *Einheitsgewerkschaft* über.

Den C h r i s t l i c h e n G e w e r k s c h a f t e n wurde manchmal vorgeworfen, daß sie »gelbe« Organisationen seien. Wohl wurden christliche Organisationen ab und zu von Unternehmern gefördert, aber sie waren doch von den Arbeitgebern völlig u n a b h ä n g i g und in ihren Beschlüssen selbständig. Als »gelb« kann man nur solche Organisationen bezeichnen, die von den Unternehmern ins Leben gerufen oder zumindest von ihnen finanziell unterstützt und beeinflußt werden. Das Merkmal einer g e l b e n O r g a n i s a t i o n ist die Abhängigkeit von den Unternehmern. Die *Christlichen Gewerkschaften* waren konfessionell gebunden, das bestimmte ihr ideologisches Ziel, engte aber ihre gewerkschaftliche Bewegungsfreiheit nur insofern ein, als sie – im Gegensatz zu den *Freien Gewerkschaften* – den Klassenkampf ablehnten und den Streik nicht als legitimes, wenn auch überlegt einzusetzendes Kampfmittel, sondern nur als Ultima ratio der Gewerkschaftspolitik anerkannten.

Im Spannungsfeld zwischen gewerkschaftlicher und politischer Bewegung

Die Probleme, die die *Christlichen Gewerkschaften* mit der ihnen nahestehenden politischen Bewegung, der Christlichsozialen Partei, hatten, waren anderer Art als jene, die immer wieder zu Spannungen zwischen den *Freien Gewerkschaften* und der Sozialdemokratischen Partei führten. Die Probleme entstanden vor allem dadurch, daß die C h r i s t l i c h s o z i a l e   P a r t e i ein S a m m e l b e c k e n war, in dem sich zwar auch bewußt katholische Arbeiter, aber in weit größerem Ausmaß Kleinbürger und Agrarier zusammenfanden.

So gab es in der politischen Bewegung v i e l e I n t e r e s s e n g r u p p e n , die sich darum sorgten, daß die gewerkschaftliche Bewegung in kein »radikales« Fahrwasser geriet. Man kontrollierte die Vereine, um eingreifen und beschwichtigen zu können, »wenn es innerhalb der jungen christlichen Arbeiterbewegung infolge des Klassenegoismus des Kleinbürgertums, der die Treue der Arbeitervereine zur katholischen Volksbewegung oft auf eine harte Probe stellte, rebellisch knisterte ... In den Kampf um die Wahrung ihrer Klasseninteressen einzutreten, gestand man den christlichen Arbeitern nur zögernd zu. Erst die organisatorischen Erfolge der sozialdemokratischen Gewerkschaften ebneten den christlichen Gewerkschaften im eigenen Lager den Weg.«[9])

Als die christliche Gewerkschaftsbewegung bereits gefestigt war, blieben innere Konflikte ebensowenig aus – trotz oder gerade wegen der engen Bindung zwischen politischer und gewerkschaftlicher Bewegung. Von einem Teil des Klerus und der »katholischen Partei« wurde den christlichsozialen Arbeitervereinen der Vorzug gegeben und den *Christlichen Gewerkschaften* der Vorwurf einer *klassenkämpferischen Einstellung* gemacht.

Auch unter den demokratischen Rahmenbedingungen der Ersten Republik blieben die Probleme, die es zwischen den *Christlichen Gewerkschaften* und der Christlichsozialen Partei gab, bestehen. Das zeigt der Inhalt eines Referats zum Thema *Partei und*

Gewerkschaft, das Franz Hemala auf dem christlichsozialen Parteitag im Jahre 1928 hielt. Hemala wies darauf hin, daß das Wachstum der *Christlichen Gewerkschaften* in beschleunigterem Tempo erfolgen würde, wenn die Christlichsoziale Partei eine Politik betriebe, die *volles Verständnis für den schwer ringenden, wirtschaftlich schwachen Arbeiterstand* zeigen würde. Eine vom Parteitag angenommene Resolution empfahl zwar den *dem Arbeiterstand angehörenden Parteigenossen* den Beitritt zu den *Christlichen Gewerkschaften,* aber die Politik, die die Kritik Hemalas hervorgerufen hatte, wurde nicht geändert.

Nach dem Ende der Demokratie errichtete dann der »Ständestaat« die von den *Christlichen Gewerkschaften* immer angestrebte *Einheitsgewerkschaft,* aber in einer Form, die mit den ursprünglichen Vorstellungen einer freien überparteilichen Vereinigung nichts mehr zu tun hatte. Der entscheidende Schritt zur Lösung der mit der geschichtlichen Entwicklung problematisch gewordenen engen Bindung der Gewerkschaften an Parteien und gleichzeitig zur wirklich überparteilichen einheitlichen und freien gewerkschaftlichen Organisation erfolgte erst mit dem Neubeginn der legalen Gewerkschaftsbewegung im Jahre 1945.

VI. Die illegale Gewerkschaftstätigkeit und die Zeit der Unterdrückung

Im autoritären System des »Ständestaats«

Ende der Demokratie – Ende sozialer Rechte

Die am 1. Mai 1934 verkündete »S t ä n d e v e r f a s s u n g« übertrug dem Bundeskanzler die »Führung« der Regierung. Der Bundespräsident sollte nicht mehr vom Volk, sondern von den Bürgermeistern gewählt werden, an die Stelle des demokratischen Parlaments trat der »Bundesrat«, der ausschließlich über Gesetzesvorlagen der Regierung abstimmen durfte. Der *Bundesrat* setzte sich aus vier Organen zusammen: dem *Staatsrat,* dem *Bundeswirtschaftsrat,* dem *Bundeskulturrat* und dem *Länderrat;* sie hatten die Vorlagen der Regierung zunächst getrennt zu beraten, bevor sie zur gemeinsamen Beschlußfassung zusammentraten. Die Gestaltung des öffentlichen Lebens im »Ständestaat« sollte durch folgende Dreigliederung erreicht werden: Die Staatspolitik sollte ausschließlich Angelegenheit der *Vaterländischen Front (VF)* sein, der einzigen behördlich zugelassenen politischen Bewegung, die Wirtschaftspolitik Sache der *Berufsstände,* in denen man die zwangsweise errichteten Arbeitgeber- und Arbeitnehmerorganisationen einheitlich zusammenfassen wollte, die Kulturpolitik durch die *kulturellen Gemeinschaften.* Allerdings war das eine Konstruktion, die in der Praxis auf großen Widerstand stoßen mußte und daher nur schwer realisierbar war. Das nach der Ermordung von Bundeskanzler Dollfuß während des »Juli-Putschs« der Nationalsozialisten von Kurt Schuschnigg »geführte« Österreich blieb daher ein »Ständestaat« unter Anführungszeichen. Eigentlich gelang es nur in einem Bereich, das Ständekonzept zu verwirklichen: Ab 1936 gab es den *Berufsstand Land- und Forstwirtschaft,* dessen Standesvertretungen die von Orts- bis Landesebene organisierten *Bauernräte* waren. Die unselbständig Erwerbstätigen hielten allerdings herzlich wenig von ihrer »Standesvertretung«, in der sie so gut wie überhaupt k e i n M i t s p r a c h e r e c h t hatten: Von den 24.600 Gutsarbeitern in Niederösterreich konnten beispielsweise nur 3.800 von der berufsständischen Organisation erfaßt werden. Die in die Illegalität gedrängten *Freien Gewerkschaften* wiesen immer wieder darauf hin, »daß das, was in Österreich mit dem

›Berufsstand Land- und Forstwirtschaft‹ gemacht wurde, gleichbedeutend war mit der Herabdrückung der Land- und Forstarbeiter auf die Ebene völliger Rechtlosigkeit, wie sie einst die Epoche des Feudalismus und der durch diesen bedingten Leibeigenschaft gekennzeichnet hatte«.[1])

Aber auch jene Arbeiter- und Angestelltengruppen, die in der staatlich kontrollierten *Einheitsgewerkschaft* immerhin noch eine von den Unternehmern getrennte eigene Vertretung besaßen, verloren viele soziale Rechte.

Schon am 23. Februar 1934 waren allen freigewerkschaftlich oder sozialdemokratisch orientierten B e t r i e b s r a t s m i t g l i e d e r n die M a n d a t e entzogen worden. In den häufigen Fällen, in denen dies zur Beschlußunfähigkeit der Betriebsräte führte, hatten die von staatlichen Verwaltungskommissionen gelenkten Arbeiterkammern neue Betriebsratsmitglieder zu ernennen. Auch bei den Einrichtungen der sozialen Verwaltung stellte sich die Situation ähnlich dar: Die meisten Arbeitervertreter in den paritätisch zusammengesetzten *Verwaltungsausschüssen* der Sozialversicherungsinstitute und der *Industriellen Bezirkskommissionen* (also der Exekutivorgane der Arbeitslosenversicherung, die als Arbeitsämter fungierten) wurden als freie Gewerkschafter aus ihrer Funktion entfernt. Weil dadurch eine für die Institute und die Versicherten nicht ungefährliche Stockung der Tätigkeit drohte, setzte die Regierung auch hier – wie schon früher bei den Arbeiterkammern – Kommissäre ein.

Viele G e s e t z e , d i e d e m s o z i a l e n S c h u t z d i e n t e n , wurden d u r c h l ö c h e r t , um die Staatsbürger im Falle »regierungsfeindlicher Handlungen« in ihrer Existenz zu gefährden. So erhielten die Hausherren durch eine Änderung des Mieterschutzgesetzes das Recht, Mieter, die wegen bestimmter politischer Vergehen verurteilt worden waren, delogieren zu lassen. Und die Unternehmer konnten nach einer Änderung der arbeitsrechtlichen Bestimmungen aus den gleichen Gründen Entlassungen aussprechen. Die Unternehmer hatten von einem anhängigen Strafverfahren sofort benachrichtigt zu werden und mußten den Erhalt einer solchen Benachrichtigung bestätigen. Die Bestimmungen der Arbeits- und Kollektivverträge, wonach Entlassungen nur nach vorangegangener Disziplinaruntersuchung ausgesprochen werden konnten, wurden aufgehoben.

Viele Unternehmer kündigten gleich nach dem Februar 1934 die bestehenden K o l l e k t i v v e r t r ä g e und versuchten – zumeist mit Erfolg – bei den neuen Verhandlungen, für sie günstigere, für die Arbeiter und Angestellten aber wesentlich s c h l e c h t e r e Arbeits- und Lohnbedingungen durchzusetzen, und von den (noch) nicht gekündigten Verträgen wurde eine große Zahl einfach nicht mehr gehalten. Der Gewerbeinspektorenbericht für 1934 enthielt die Feststellung, daß *viele Unternehmer von dem Glauben befallen waren, daß durch den ständischen Neuaufbau eine gewisse Lockerung der sozialpolitischen Gesetze Platz gegriffen hat. Diese Irrmeinung trat auch öfters in einem deutlich merkbaren Widerstand der Unternehmer gegen die arbeitsschutztechnischen Vorschreibungen der Gewerbeaufsichtsbeamten zutage.*

Die Unternehmer sahen jetzt auch eine günstige Gelegenheit gekommen, das Kontrollsystem der Schwarzen Listen wieder einzuführen; die auf diesen Listen als »aufrührerische Elemente« aufscheinenden Personen, häufig überzeugte Anhänger oder ehemalige Funktionäre der verbotenen *Freien Gewerkschaften,* hatten – wie zu Kaisers Zeiten – keine Chance, einen Arbeitsplatz zu finden. Aber auch viele Arbeiter und Angestellte, gegen die die Unternehmer keine politischen Bedenken hatten, fanden in ihrer Branche keine Beschäftigung mehr, weil es Absprachen zwischen den Betriebsinhabern und Managern gab, sich gegenseitig nicht zu konkurrenzieren. Unter diesen Bedingungen sahen sich selbst die unternehmerfreundlichen Behörden gezwungen, der Mißachtung der noch bestehenden sozialen Schutzgesetze entgegenzutreten.

Die »Einheitsgewerkschaft« des »Ständestaats«

Durch die Auflösung der *Freien Gewerkschaften* war die große Masse der Arbeiter und Angestellten eines gewerkschaftlichen Rückhalts beraubt, denn die nach dem Februar 1934 noch existierenden Organisationen repräsentierten nur eine Minderheit: Die *Christlichen Gewerkschaften* hatten Ende 1933 rund 130.000 Mitglieder gezählt, die deutschnationalen und die gelben *»Unabhängigen«* (Heimwehr-)*Gewerkschaften* zusammen nicht mehr als 70.000 Mitglieder. Wie es weitergehen sollte, war noch nicht entschieden, denn vorerst entwickelte sich ein Kampf zwischen den *Christlichen Gewerkschaften* und den mit ihnen rivalisierenden Heimwehrgewerkschaften.

Die H e i m w e h r g e w e r k s c h a f t e n traten für die Errichtung einer (unter ihrer Kontrolle stehenden) einheitlichen Gewerkschaftsorganisation ein, die *Christlichen Gewerkschaften* waren trotz prinzipieller Befürwortung unpolitischer einheitlicher

Interessenvertretungen angesichts der aktuellen politischen Situation ursprünglich gegen eine solche Gründung. Anfang März 1934 fiel die Entscheidung zugunsten des Konzepts der Heimwehrgewerkschaften: Auf dem Wege einer Notverordnung kam es zur Errichtung einer *Einheitsgewerkschaft* (EG), des *Gewerkschaftsbunds der österreichischen Arbeiter und Angestellten*. Der Gewerkschaftsbund sollte seine Tätigkeit eigentlich erst am 1. Juni 1934 aufnehmen, aber am 27. April verlegte eine weitere Verordnung den Termin auf den 1. Mai vor, also auf den Tag, an dem die »Ständeverfassung« in Kraft trat. Mit diesem Datum hörten auch alle nach dem Februar 1934 nicht verbotenen Gewerkschaftsorganisationen zu bestehen auf, ihre Vermögen erhielt, wie selbstverständlich auch das Vermögen der *Freien Gewerkschaften,* die neue *Einheitsgewerkschaft.*

Die Christlichen Gewerkschaften entgingen zwar der formellen Auflösung durch die Umwandlung ihrer Organisationen in kulturelle Vereinigungen, aber »durch die Monopolstellung der Einheitsgewerkschaft war ihnen das gewohnte Tätigkeitsfeld entzogen, sie mußten auf gewerkschaftliche, also wirtschafts- und sozialpolitische Aufgaben verzichten. Gleichzeitig waren die christlichen Gewerkschafter bemüht, möglichst viele aus den eigenen Reihen an leitende Positionen im Gewerkschaftsbund zu bringen, da es darum ging, den Einflußbereich der Heimwehrgewerkschaften ... zu schmälern.« Nach ihrer Überzeugung konnte auf diese Weise »aus dem für faschistische Staaten typischen Vorgehen – Zerschlagung der Richtungsgewerkschaften und staatlich-autoritäre Gründung einer Einheitsgewerkschaft – wieder eine echte gewerkschaftliche Interessenvertretung der Arbeitnehmer entstehen«.[2]) Die Wirklichkeit in dem von antidemokratischen Kräften beherrschten Österreich sah anders aus: J o h a n n   S t a u d , der frühere Generalsekretär der *Christlichen Gewerkschaften* Österreichs, konnte als P r ä s i d e n t   d e r   E i n h e i t s g e w e r k s c h a f t den fortschreitenden Sozialabbau und die Beschneidung der Rechte der Arbeiter und Angestellten nicht verhindern.

Dem *Gewerkschaftsbund der österreichischen Arbeiter und Angestellten* oblag die *Vertretung der arbeitsrechtlichen, wirtschaftlichen und sozialen Interessen der Arbeiter und Angestellten.* Er hatte seine Aufgaben *in christlichem, vaterländischem und sozialem Geiste mit Ausschluß jeder parteipolitischen Tätigkeit* zu erfüllen. Er war eine E i n r i c h t u n g   ö f f e n t l i c h e n   R e c h t s und unterstand der Aufsicht des Bundesministers für soziale Verwaltung; als seine Geschäftsstellen wurden die Kammern für Arbeiter und Angestellte bestimmt. Aber zum Unterschied von *in einem für faschistische Staaten typischen Vorgehen* in anderen Ländern eingerichteten Institutionen war die EG k e i n e Z w a n g s k o r p o r a t i o n : Die Mitgliedschaft wurde durch freiwilligen Beitritt erworben.

Der G e w e r k s c h a f t s b u n d gliederte sich in *Berufsverbände* für fünf Berufsgruppen:
1. Industrie und Bergbau,
2. Gewerbe,
3. Handel und Verkehr,
4. Geld- und Kreditwesen,
5. Freie Berufe.

Die öffentlich Bediensteten und die Land- und Forstarbeiter konnten der EG nicht angehören. Die Land- und Forstarbeiter behielten (als einzige Arbeitnehmergruppe) vorerst formal eine *Christliche Gewerkschaft*, bis sie 1936 in die *Bauernräte* eingegliedert wurden. Die öffentlich Bediensteten hatten den *Kameradschaften des öffentlichen Diensts* anzugehören, die der *Bundesbeamtenkammer* unterstanden.

Jeder Berufsverband des Gewerkschaftsbunds konnte wieder in Fachverbände gegliedert werden. Die Fachverbände wurden als »Gewerkschaften« bezeichnet. Die Berufsverbände und die Gewerkschaften konnten je eine Sektion der Arbeiter und eine Sektion der Angestellten schaffen. Territorial konnte eine Gliederung nach Bezirken oder Orten vorgenommen werden. Sämtliche Berufsverbände eines Landes bildeten ein Landeskartell.

Der Gewerkschaftsbund trat in alle Kollektivverträge, die seinen Wirkungskreis betrafen, mit 1. Mai 1934 ein, also auch in die Kollektivverträge der nicht aufgelösten Berufsvereinigungen der Arbeitnehmer; die noch bestehenden Berufsvereinigungen wurden all ihrer Rechte und Pflichten entkleidet. Innerhalb des Bereichs der ihm zugewiesenen Berufsgruppen hatte der Gewerkschaftsbund durch seine Unterorganisationen die a u s s c h l i e ß l i c h e K o l l e k t i v v e r t r a g s f ä h i g k e i t u n d K o l l e k t i v v e r t r a g s b e r e c h t i g u n g . Es gab in diesem Geltungsbereich weder ein Einspruchsrecht des Betriebsrats noch der Belegschaft noch eine Einschränkung der Betriebswirkung durch einen von einer anderen Organisation abgeschlossenen Kollektivvertrag.

Die Freien Gewerkschaften im Untergrund: Form und Inhalt der illegalen Arbeit

Nachdem die *Freien Gewerkschaften* zerschlagen und aufgelöst worden waren, herrschte unter den Mitgliedern und Funktionären noch wenig Klarheit darüber, ob und wie die freie Gewerkschaftsbewegung in der Illegalität weitergeführt werden sollte. Vielfach war in der Arbeiterschaft die Meinung verbreitet, daß die gewaltsame Unterdrückung nur durch eine gewaltsame Erhebung beendet werden könne: Dem »schwarzen Februar« sollte ein »roter Oktober« folgen. Doch die Zeiten hatten sich seit der russischen Revolution grundlegend geändert, die »große Revolution der unterdrückten Arbeitermassen« mußte ein unerfüllbarer Wunschtraum, mußte eine Illusion bleiben.

Der illegale Kampf der Arbeiterbewegung nach 1934 fand unter völlig anderen Bedingungen statt als die Kämpfe illegaler Bewegungen in früheren Zeiten. In der zweiten Hälfte des 19. Jahrhunderts, zur Zeit des *Sozialistengesetzes* in Deutschland und des *Anarchistengesetzes* im habsburgischen Österreich, mögen harte Gesetze und Verordnungen bestanden haben, es mag, wie im zaristischen Rußland des Ersten Weltkriegs, die Arbeiterbewegung brutal unterdrückt worden sein – die Mittel, die der Staatsgewalt zur Verfügung standen, waren doch ungleich beschränkter gewesen als die Mittel, die sie im beginnenden Zeitalter moderner Kriegstechnologien und Massenmedien einsetzen konnte. Im m o d e r n e n   S t a a t gibt es einen perfekt durchorganisierten und jederzeit im ganzen Land einsetzbaren Polizeiapparat, und der Exekutive stehen nicht nur Gewehre, sondern Maschinengewehre, Kanonen, Tanks, ja selbst Flugzeuge zur Verfügung; Telefon und Radio ermöglichen eine im Vergleich zu früheren Zeiten ungeheuer rasche Verständigung. Wer den Rundfunk (und etwa seit dem zweiten Jahrzehnt nach dem Ende des Zweiten Weltkriegs auch das Fernsehen) in der Hand hat, verfügt zudem über Propagandamittel, die in jedem Kampf die Stimmung der Bevölkerung entscheidend beeinflussen. Gegen die audiovisuellen Medien und die in Massenauflage verbreiteten Tageszeitungen können illegale Flugblätter im Wettstreit um die Meinung der Menschen nicht konkurrieren. Gewehre für eine revolutionäre Erhebung konnten früher versteckt werden, aber ein illegales Lager von Tanks und Flugzeugen kann man nicht anlegen. Nicht die Zahl der Köpfe, sondern die Q u a l i t ä t   d e r   m i l i t ä r i s c h e n   u n d   p r o p a g a n d i s t i s c h e n   W a f f e n gibt den Ausschlag.

Trotz aller Unsicherheiten bildeten sich in den meisten Betrieben nach der Niederlage im Februar 1934 nicht nur Organisationszellen der verbotenen politischen Parteien der Arbeiterbewegung – der der alten sozialdemokratischen Parteiführung kritisch gegenüberstehenden, aber trotzdem weiter mit ihr verbundenen *Revolutionären Sozialisten* und der Kommunisten –, sondern auch G e w e r k s c h a f t s z e l l e n . Sie waren allerdings auf sich selbst gestellt und von der nicht so schnell überwindbaren Vertrauenskrise gegenüber der früheren legalen Gewerkschaftsführung geprägt.

Nicht nur was die gesellschaftspolitische Zielsetzung für die Zeit nach dem Ende der Unterdrückung betraf, auch in organisatorischer und taktischer Hinsicht gab es zwischen und in diesen Gruppen grundlegende Meinungsverschiedenheiten.

Die Frage der F o r m der illegalen Organisation führte zu lebhaften Diskussionen, weil ja die Nützlichkeit einer Organisationsform vorerst nur theoretisch beurteilt werden konnte. Ein Teil der Funktionäre vertrat den Standpunkt, daß man in der Illegalität an die Organisierung einer Massenbewegung nicht herangehen könne, sondern sich auf die Bildung eines Kaders, auf die Erfassung des aktivsten, am stärksten von revolutionärem Bewußtsein erfüllten Teils der Arbeiterschaft beschränken müsse. Andere erklärten, daß *nicht Kader o d e r Massenorganisation, sondern Kader u n d Massenorganisation die Aufgabe sei.*

Hinsichtlich der T a k t i k wurden drei verschiedene Ansichten propagiert. Ein Teil verlangte revolutionären Kampf, in der Hoffnung, gerade in dieser ersten Zeit nach der Niederlage die im Februar fehlende Massenunterstützung für die Beseitigung des noch nicht sehr fest etablierten autoritären Regimes zu erhalten.

Andere hielten auch jetzt noch das Verhandeln für den sinnvollsten Weg. Anfang März fand in der Wiener Arbeiterkammer eine Beratung ehemaliger Vertrauensmänner statt, die mehrheitlich beschlossen, bei Dollfuß vorzusprechen, um doch eine Fortsetzung der Tätigkeit der *Freien Gewerkschaften* zu erwirken. Die Vorsprache blieb ohne jeden Erfolg. Das negative Ergebnis gab jenen recht, die gegen Entsendung einer Deputation gewesen waren und dies – wie Manfred Ackermann, der Vertreter der kaufmännischen Angestellten, und Anton Vitzhum, der Vertreter der Bauarbeiter – damit begründet hatten, daß eine solche zwecklose Vorsprache lediglich den Kommunisten billiges Agitationsmaterial liefere.[3])

Nicht nur die Kommunisten, aber vor allem sie, propagierten die Taktik des »Trojanischen Pferds«. Sie hielten zwar das Ver-

Österreichs Gewerkschaftsbewegung
Stationen der Unterdrückung

1934–1938 Das Republikdenkmal ist verhüllt. Der »Ständestaat« erlaubt nur seinen eigenen Gewerkschaftsbund der nach »Berufsverbänden« organisiert ist.

1938–1945 Unter der Herrschaft des braunen Faschismus gehören der Deutsche Arbeitsfront auch die Unternehmer als »Betriebsführer« an.

Republikfeier und Gedenkfeier der Österreichischen Gewerkschaftsjugend im ehemaligen Konzentrationslager Mauthausen 1966

Statuten des Österreichischen Gewerkschaftsbundes

§ 3 (1) Der Gewerkschaftsbund ist in Verfolgung seines Zwecks zu einem kraftvollen Mitwirken an der steten sozialen, wirtschaftlichen und kulturellen Weiterentwicklung Österreichs, zur Wahrung der Unabhängigkeit und Neutralität unseres Landes, zur Bekämpfung des Faschismus, jeder Reaktion und aller totalitärer Bestrebungen, zur Mitarbeit an der Sicherung des Weltfriedens sowie zum unentwegten Kampf zur Hebung des Lebensstandards der Arbeitnehmer Österreichs und zum Einsatz für Chancengleichheit zwischen Frauen und Männern berufen und verpflichtet.

handeln mit den Vertretern des Regimes für sinnlos, befürworteten aber die Ausnützung der legalen Möglichkeiten, die die *Einheitsgewerkschaft* bot. Diese Parole gab auch die *Wiederaufbaukommission (WAK)* aus, die illegale Gewerkschaftsorganisation, in der sie den bestimmenden Einfluß ausübten. Der *Wiederaufbaukommission,* deren Gründung auf Initiativen der Arbeiter in den Metallbetrieben Wien-Floridsdorfs zurückzuführen war, schloß sich hauptsächlich jener Teil der Arbeiterschaft an, der die Enttäuschung über die abwartende Haltung der alten Gewerkschaftsführung vor und während der Februartage nicht so schnell überwinden konnte.

Ein anderer Teil fühlte sich dem von Sozialisten geführten *Zentralkomitee* oder *Siebenerkomitee* verbunden, das schon seit dem 18. Februar bestand; damals hatten sich nicht verhaftete führende Funktionäre der *Freien Gewerkschaften* in einem Gasthaus getroffen, um über die Möglichkeiten einer Weiterführung der Gewerkschaftsarbeit unter den Bedingungen der Illegalität zu beraten und als ersten Schritt dieses Komitee gebildet. Die sozialistischen Gewerkschafter hielten von der Taktik des »Trojanischen Pferds« nichts. Ihre Parole lautete demgegenüber: *Nicht einen Mann und nicht einen Groschen für das System!*

Die unterschiedlichen taktischen Ansätze führten zu langen Auseinandersetzungen. Ein Teil der sozialistischen Funktionäre gab gegenüber den Kommunisten zu bedenken, daß – sollte der Versuch der Eroberung legaler Machtpositionen im legalen Gewerkschaftsbund nicht von vornherein als Manöver entlarvt werden – die positive Mitarbeit der mit dieser heiklen Aufgabe betrauten Funktionäre unerläßlich sei. Ein solches Vorgehen könnte aber von den Arbeitern und Angestellten mißverstanden werden; »Machtpositionen« in der *Einheitsgewerkschaft* wären daher nur »Ohnmachtspositionen«. Die illegale Organisation habe über ihre Zellen Zersetzungsarbeit zu leisten. Das Gegenargument war wieder die Frage, ob die in die *Einheitsgewerkschaft* gepreßten Arbeiter führerlos und unbeeinflußt bleiben sollten.

Trotz der Gegensätze und Widersprüche konnten sowohl die gewerkschaftliche als auch die politische Arbeiterbewegung innerhalb kurzer Zeit einen f u n k t i o n i e r e n d e n i l l e g a l e n A p p a r a t aufrichten. Schon im September 1934 faßte eine in der Sicherheit der demokratischen Tschechoslowakei in Bratislawa tagende Gewerkschaftskonferenz den Beschluß, innerhalb der gesamten illegalen Gewerkschaftsorganisation Mitgliedsbeträge einzuheben und hiefür Beitragsmarken auszugeben. Die Durchführung des Beschlusses stieß zwar in der Praxis – wie nicht anders zu erwarten – auf große Schwierigkeiten, wurde aber doch ernsthaft versucht und trug zur Festigung der illegalen Bewegung nicht unwesentlich bei.

Durch ihre Tätigkeit gelang es den *Freien Gewerkschaften,* der in der Arbeiterschaft vorhandenen Unzufriedenheit Richtung und Ziel zu geben.

Die wirtschaftliche Lage war nämlich nicht dazu angetan, die Arbeiter und Angestellten zufriedenzustellen. Wohl brachte die R ü s t u n g s k o n j u n k t u r in Europa – in den Jahren 1934 bis 1937 erhöhten sich die Ausgaben der europäischen Staaten für Rüstungszwecke im Durchschnitt um das Dreifache – auch für Österreich eine Belebung der Wirtschaft, einen wirklichen Wandel zum Besseren führte aber auch sie nicht herbei. Zudem war die Rüstungskonjunktur von einem ständigen Steigen der Lebenshaltungskosten begleitet.

Auch vermochte das autoritäre Regime nicht wirklich Fuß zu fassen, das Mißtrauen gegenüber der unter Rechtsbruch und Gewalt zur Herrschaft gelangten Regierung, die Unzufriedenheit mit der g e d r ü c k t e n L e b e n s h a l t u n g und die Verbundenheit mit den *Freien Gewerkschaften* und mit der Arbeiterbewegung überhaupt waren zu groß. Die Vertreter des »vaterländischen« Kurses konnten außerdem keine Leistungen auf wirtschaftlichem und sozialem Gebiet vorweisen, die die Arbeiter von ihren Fähigkeiten und von der Ehrlichkeit ihrer immer wieder betonten sozialen Einstellung überzeugt hätten. Sie verfügte innerhalb der Betriebe über keinen und außerhalb der Betriebe über keinen nennenswerten Rückhalt – zum Unterschied von den (noch illegalen) N a t i o n a l s o z i a l i s t e n, die deutlich an Stärke und Einfluß gewannen.

Die im Laufe der Entwicklung immer offenkundiger gewordene Schwäche des Systems schloß energische Aktionen gegen die illegalen Bewegungen der verschiedenen Richtungen aus, und auch die angeordneten Maßnahmen wurden von der Exekutive oft nur lax und widerwillig ausgeführt. Die Wankelmütigkeit in den Plänen und Weisungen sowie die Gegensätze im Regierungslager zwischen früheren Christlichsozialen und den Heimwehrlern verhinderten überdies, daß auch ursprünglich mit dem Kurs Sympathisierende zu ihm Vertrauen fassen konnten. Trotzdem gelang es der *Einheitsgewerkschaft,* eine doch beträchtliche Anzahl von Arbeitern und Angestellten, darunter auch viele ehemalige Mitglieder der *Freien Gewerkschaften,* zu gewinnen, die ihr nicht nur wegen der damit verbundenen Vorteile beitraten, sondern auch wegen des ausgeübten Drucks.

Unter dem Eindruck der doch nicht so geringen Anziehungskraft der EG und der Erfolge der Kommunisten mit der Taktik des »Trojanischen Pferds« ging das *Siebenerkomitee* im Sommer 1935 schließlich auch vom Verfechten des Boykotts als ausschließliches Kampfmittel ab und gab sich neue Richtlinien.

Zur gleichen Zeit gelang es dann auch, eine Einigung zwischen den beiden leitenden Instanzen der illegalen Bewegung herbeizuführen und eine p r o v i s o r i s c h e B u n d e s l e i t u n g d e r *F r e i e n G e w e r k s c h a f t e n* unter Vorsitz von K a r l M a n t l e r zu bilden.

Ein Jahr später fand im Haus der tschechischen Gewerkschaftszentrale in Prag die erste große Konferenz der illegalen Vertrauensmänner aller Gewerkschaftsverbände statt. Aus Tarnungsgründen wurde diese Zusammenkunft als *Salzburger Konferenz* bezeichnet.

Für die nun g e e i n t e i l l e g a l e G e w e r k s c h a f t s b e w e g u n g wurde folgendes Organisationsschema festgelegt, das einen großen Schritt in Richtung Industriegruppenorganisation darstellte:

1. Eisenbahn, Verkehr und Transport,
2. Lebensmittelindustrie,
3. Metallindustrie und Bergbau,
4. Chemische Papier-, Gummi-, Glasindustrie, Graphiker,
5. Bau- und Holzindustrie,
6. Bekleidungs- und Textilindustrie,
7. Hotel-, Gast- und Kaffeehausgewerbe und Vergnügungsindustrie,
8. Landwirtschaft,
9. Angestellte aller Kategorien.

Was während der Zeit der relativ ungestörten gewerkschaftlichen Entwicklung unmöglich erschienen war, das geschah nun unter dem Druck der Illegalität. Nur die Angestellten, die eine von den Arbeitergewerkschaften getrennte eigene Organisation behielten, durchbrachen die Industriegruppenstruktur. Aber es gelang wenigstens, das Wiederaufleben des »Verbändehaufens« aus mehreren Angestelltenorganisationen zu verhindern. Unter der Führung Friedrich Hillegeists konnten die anfänglichen Schwierigkeiten bei der Zusammenfassung sämtlicher Angestellten-Berufsgruppen bald beseitigt werden.

Besonders wichtig für die Arbeit der illegalen Gewerkschaften war, daß es gelang, viele ihrer früheren F a c h b l ä t t e r und ein Z e n t r a l b l a t t – natürlich auch illegal – weiter herauszugeben und zu verbreiten. Dieses Material wurde zum Teil in der Tschechoslowakei gedruckt und den österreichischen Arbeitern zugeschmuggelt.

Denn in der tschechoslowakischen Republik, neben der Schweiz der einzige demokratische Staat an Österreichs Grenzen, befand sich eine V e r b i n d u n g s s t e l l e , die im Auftrag der Wiener Leitung der illegalen *Freien Gewerkschaften* und mit Hilfe des *Internationalen Gewerkschaftsbunds* errichtet worden war. Über sie liefen die Kontakte zu den österreichischen Gewerkschaftern, die sich nach dem Februar 1934 im Auftrag der in Österreich verbliebenen Kollegen ins Ausland begeben hatten, wo sie mit Unterstützung der freien Bruderorganisationen für die Widerstandsbewegung in der Heimat tätig waren. Die Leitung lag aber bis 1938 immer in den Händen der illegalen Organisationsführung in Wien, die ja keine Alibifunktion hatte, sondern tatsächlich eine große Zahl von Mitgliedern repräsentierte.

In diesem Bewußtsein richtete die illegale *Bundesleitung der Freien Gewerkschaften* 1936 ein Schreiben an den Vorstand des IGB, um die Anerkennung der illegalen Organisation und ihre A u f n a h m e in den *Internationalen Gewerkschaftsbund* zu erreichen. Dieses Schreiben, das zu den bedeutendsten Dokumenten der österreichischen Gewerkschaftsgeschichte zählt, sei hier in vollem Wortlaut wiedergegeben:

An den Vorstand des

Internationalen Gewerkschaftsbundes

in Paris VII e.
9. Avenue D'Orsay 9

Nach dem gesetzwidrigen Verbot der Freien Gewerkschaften in Österreich hat eine Anzahl Genossen den Kampf um die Wiederherstellung der den Arbeitern und Angestellten geraubten Freiheitsrechte unverzüglich aufgenommen. Unter größten Widrigkeiten seitens des herrschenden Regimes ist es gelungen, in der Arbeiterschaft nicht nur die freigewerkschaftliche Idee wachzuhalten, sondern – unter tatkräftiger Hilfe des I.G.B. und der I.B.S. – auch eine neue Freie Gewerkschaftsbewegung allerdings noch auf illegaler Grundlage aufzubauen.

Diese Freie Gewerkschaftsbewegung erstreckt sich auf alle Berufszweige. Sie ist durch ihre Tätigkeit ein beachtenswerter Faktor in Österreich geworden, der insbesonders auf die Gestaltung der wirtschaftlichen und sozialen Verhältnisse der Arbeiterschaft bestimmenden Einfluß zu nehmen sucht. Die bis vor kurzem lose Zusammenarbeit der einzelnen Freien Gewerkschaftsgruppen ist nunmehr zu einer straffen zentralisierten Organisation ausgebaut worden. Gleichzeitig finden in den einzelnen Industriegruppen, in denen noch zwei Gewerkschaftsrichtungen unter einheitlicher Bundesleitung bestehen, Verhandlungen zur Wiederherstellung der Gewerkschaftseinheit statt. All dies wird die Wirkungsmöglichkeit der freien Gewerkschaften in Österreich wesentlich fördern.

Über Antrag der Freien Gewerkschaftsverbände hat die provisorisch eingerichtete Bundesleitung den einstimmigen Beschluß gefaßt, den Anschluß der österreichischen Organisation an den I.G.B. zu vollziehen und dessen Beschlüsse für sie als bindend anzuerkennen. In Ausführung dieses Beschlusses stellen wir an den Vorstand des Internationalen Gewerkschaftsbundes das Ansuchen um Aufnahme und erklären, alle organisatorischen und finanziellen Verpflichtungen strikte einzuhalten.

Zur Erfüllung unserer Beitragsleistung an den I.G.B. erbitten wir uns die Bekanntgabe der Höhe dieses Beitrages. Zur Orientierung teilen wir mit, daß im abgelaufenen Jahr zirka 200.000 Gewerkschaftsbeiträge in Österreich kassiert wurden.

Gleichzeitig mit diesem Ansuchen um Aufnahme ersuchen wir um die Zustimmung des Vorstandes des I.G.B., zu dem demnächst stattfindenden Internationalen Gewerkschaftskongreß Vertreter der Freien Gewerkschaften Österreichs entsenden zu dürfen.

Mit Freigewerkschaftlichem Gruß
für die Bundesleitung
der Freien Gewerkschaften Österreichs
Julius[4]) Vorsitzender.

Im Frühjahr 1937 entschied der IGB das Ansuchen aus Österreich positiv: Der *wiedererrichtete Bund der Freien Gewerkschaften Österreichs* wurde als ordentliches Mitglied mit allen den Mitgliedern zustehenden Rechten und Pflichten anerkannt, mit dem Hinweis, daß hier wegen der besonderen Situation in Österreich eine Ausnahme gemacht wurde und daß dieser Beschluß kein Präjudiz für die illegalen Gewerkschaftsorganisationen anderer Länder darstelle.

Der *Internationale Gewerkschaftsbund* stand nämlich in allen anderen Fällen auf dem Standpunkt, daß er nicht legale Gewerkschaftsorganisationen nicht als o r d e n t l i c h e Mitglieder anerkennen könne. Im Falle Österreichs wurde eine Ausnahme gemacht, die die österreichischen *Freien Gewerkschaften* zugleich ehrte und verpflichtete: Die österreichischen Arbeiter und Angestellten sind sich immer ihrer Verpflichtung gegenüber der internationalen Arbeiterbewegung bewußt gewesen. Auch während der Unterdrückung blieben sie in großer Zahl den illegalen Gewerkschaften treu.

In einem Ende 1936 von der *Bundesleitung der Freien Gewerkschaften* herausgegebenen Bericht wurden die Aktionen der illegalen Bewegung dargestellt und ausgeführt, daß der Widerstand gegen das Regime des »Ständestaats« immer mehr zunahm. Vor allem die Metallarbeiter führten 1936 eine Reihe von Streikaktionen durch. Bei den Versicherungsangestellten kam es wegen der Verschlechterung ihrer Bezüge und Arbeitsbedingungen zu einer großen Straßendemonstration vor dem Gebäude des Unternehmerverbands. Die illegale Bundesleitung warf der *Einheitsgewerkschaft* vor, daß sie diese Bewegungen verraten und damit zur Erfolglosigkeit verurteilt habe.

Auch die anderen Bestrebungen der EG hatten, wie der Bericht feststellte, nicht zum beabsichtigten Erfolg geführt. So hätten die Unternehmer beispielsweise die durch den Gewerkschaftsbund erfolgte Kündigung des Feiertagsabkommens nicht einmal zur Kenntnis genommen, sondern die ganze Frage der Bezahlung der gesetzlichen Feiertage auf ein juristisches Nebengeleise geschoben. Viele von der *Einheitsgewerkschaft* abgeschlossene K o l l e k t i v v e r t r ä g e hätten V e r s c h l e c h t e r u n g e n gebracht. Neben ihrer mangelnden Durchsetzungskraft kritisierte der Bericht der illegalen Gewerkschaftszentrale an der *Einheitsgewerkschaft* vor allem die undemokratische Bestellung der Funktionäre: Durch die »Ernennungspyramide« sichere sich die Regierung von vornherein den weitestgehenden Einfluß auf den Gewerkschaftsbund. So durfte die EG zwar Vorschläge für die Bestellung von Funktionären der Sozialversicherungseinrichtungen machen, aber da die Leitung des Gewerkschaftsbunds ja auch ihrerseits von der Regierung ernannt sei, bedeute das nur einen Umweg, der die tatsächlichen Entscheidungsstrukturen verschleiern würde.

Ein weiterer Kritikpunkt war die schrankenlose Herrschaft der Gewerkschaftsleitungen und die innerhalb des Apparats verbreitete Korruption sowie der Terror, der verschiedentlich gegenüber andersgesinnten Arbeitern und Angestellten in den Betrieben geübt wurde. Eine Reihe von Beispielen belegten diese Behauptungen.

Bezüglich des Mitgliederstands der EG führte der Bericht schließlich aus, daß unter den 353.595 Mitgliedern, die die Einheitsgewerkschaft am 30. Juni 1936 auswies, 101.402 Arbeitslose waren. 28,7 Prozent der Mitglieder der EG seien also Arbeitslose, die sich erhofften, durch ihren Beitritt eher eine Beschäftigung zugewiesen zu bekommen.

Da der Gewerkschaftsbund, so wie er war, von der Masse der Arbeiter und Angestellten keinesfalls als durchsetzungskräftige und Vertrauen erweckende Interessenvertretung gewertet wurde, aber doch auf absehbare Zeit die einzige legale Interessenvertretung bleiben würde, gehörte die freie Wahl von Vertrauensmännern für diesen Organisationsbereich und in den Betrieben zu den wesentlichen Forderungen der illegalen Gewerkschaften. In Anbetracht seines schwindenden außen- und innenpolitischen Rückhalts sah sich das Regime schließlich gezwungen, dieser Forderung der Mehrheit der Arbeiterschaft teilweise Rechnung zu tragen: Am 1. September 1936 wurde die Wahlordnung für die W a h l e n d e r V e r t r a u e n s m ä n n e r i n d i e *Werkgemeinschaften* bekanntgegeben.

Die Wahlordnung hatte allerdings ihre Tücken, denn es war versucht worden, die Bestimmungen so abzufassen, daß der Wahlverlauf ein dem Regime genehmes Wahlergebnis sichern konnte. So erhielten zum Beispiel wegen politischer Delikte Vorbestrafte weder das aktive noch das passive Wahlrecht, selbst wenn sie nur eine Verwaltungsstrafe von der Polizei erhalten hatten. Auch konnte die Kandidatenliste nur im Einvernehmen mit der *Einheitsgewerkschaft* und der *Vaterländischen Front* aufgestellt werden; diese beiden Körperschaften hatten das Recht, nicht genehme Kandidaten abzulehnen. Ferner mußten alle Kandidaten Mitglieder des Gewerkschaftsbunds sein. Mit Hilfe dieser und ähnlicher Vorschriften wollte man das Ergebnis so verfälschen, daß der – allgemein bekannte – wahre Wille der Belegschaft nicht zum Ausdruck kam. Die *Freien Gewerkschaften* beschlossen dennoch, von einem Boykott abzusehen und den Wahlkampf – aus der Illegalität heraus – aufzunehmen. Ihre Parole hieß, nur Männer und Frauen als Kandidaten aufzustellen und zu wählen, von denen man wußte, daß sie bereit sein würden, für die wirtschaftlichen und sozialen Rechte und für die Freiheitsforderungen der österreichischen Arbeiterschaft einzutreten, und daß sie ihrer freigewerkschaftlichen Gesinnung treu geblieben waren.

Der Wahlkampf erwies sich als so schwierig wie erwartet, weil die autoritäre Staatsgewalt die Arbeiter und Angestellten einzuschüchtern versuchte: Im Laufe des Monats September nahm die Polizei in einer großen Anzahl von W i e n e r B e t r i e b e n Durchsuchungen und M a s s e n v e r h a f t u n g e n vor. Als Vorwand für diese Polizeiaktionen diente zumeist die – verbotene – Sammeltätigkeit der Wiener Arbeiterschaft für die spanischen Antifaschisten, die – unterstützt von Internationalen Brigaden zusammengefaßten Freiwilligen aus aller Welt, von den USA bis zur UdSSR, aber auch aus Österreich und Deutschland – im blutigen Abwehrkampf standen, um die demokratische Republik gegen die Rebellion der Offiziere und Rechtsparteien unter General Franco zu verteidigen. Doch auch bei den Einschüchterungsaktionen im Zusammenhang mit der Vertrauensmännerwahl offenbarte sich die Schwäche des Regimes. Die in den betroffenen Betrieben Beschäftigten antworteten auf die Polizeiüberfälle mit A r b e i t s n i e d e r l e g u n g e n und nahmen die Arbeit erst nach Abzug der Polizei wieder auf. Auch die Verhafteten mußten unter dem Druck der Belegschaften wieder freigelassen werden.

Trotz aller Schikanen wurden in vielen Betrieben jene e h e m a l i g e n   F u n k t i o n ä r e   d e r *Freien Gewerkschaften* zu Vertrauensmännern gewählt, die schon vor 1934 das Vertrauen der Belegschaft genossen hatten: Etwa die Hälfte der bei den *Werksgemeinschaftswahlen* 1936 gewählten Vertrauensmänner stand mit den illegalen Gewerkschaften in mehr oder weniger engem Kontakt.[5])

Im Bereich der Angestellten gab es unter den gewählten Vertrauensmännern allerdings auch eine große Zahl verkappter Nationalsozialisten; sie erreichten – insbesondere bei den Bankangestellten – führende Positionen in den Betrieben und im Gewerkschaftsbund. Diese Funktionäre gehörten der illegalen *Nationalsozialistischen Betriebszellenorganisation* (NSBO) an. Sie bildeten 1938 den Organisationskern der *Deutschen Arbeitsfront* (DAF); ihnen bereitete ja das »Umschalten« auf die Vorgaben der NS-Herrschaft keinerlei Problem.

Zwischen Mussolini und Hitler

So sehr die nationalsozialistische Herrschaft in Deutschland den österreichischen Nationalsozialisten moralisch den Rücken stärkte, so wenig konnten sie in den ersten Jahren nach ihrem gescheiterten Putsch im Juli 1934 mit einer direkten Unterstützung aus dem »Reich« rechnen. Im Mai 1935 erklärte Hitler etwa im Deutschen Reichstag, er habe *weder die Absicht noch den Willen, sich in innerösterreichische Angelegenheiten einzumischen.* Hier spielte sicher auch das entschiedene Auftreten des **faschistischen Italien** als **Schutzmacht des »Ständestaats«** eine Rolle. Im August 1935 ließ Mussolini in Südtirol umfangreiche Manöver der italienischen Wehrmacht durchführen, um so seine Bereitschaft zur »Wacht am Brenner« zu demonstrieren, und unterstrich diese Demonstration, indem er höchstpersönlich die österreichische Zollwache am Brenner besuchte.

Hitler-Deutschland versuchte mittlerweile auf diplomatischem Weg, den »Ständestaat« enger an das »Reich« zu binden, um damit einen problemlosen »**Anschluß**« Österreichs **vorzubereiten**. Der Mann, den Hitler im August 1934 mit dieser Aufgabe betraute, war Franz von Papen, der zunächst als Gesandter und dann als Botschafter nach Wien kam. Papen hatte ursprünglich der katholischen Zentrumspartei angehört, war aber dann aus ihr ausgetreten und hatte Sympathien für die Nationalsozialisten entwickelt. Als deutscher Kanzler vom Mai bis November 1932 hatte er das Parlament aufgelöst und das Verbot der SA aufgehoben. In Wien sollte er nicht nur den »Anschluß« im Rahmen der »großen Politik« vorbereiten, sondern auch für die verstärkte **Infiltration österreichischer Organisationen sorgen**.

Welche verschlungenen Wege diese Infiltration ging und wie weit sie in das ehemalige christlichsoziale Lager hineinreichte, belegt ein Schreiben Papens an Hitler aus dem Jahr 1936, in dem es um die Unterstützung des *Freiheitsbunds* ging, einer paramilitärischen Organisation der christlichen Arbeiterbewegung, die auf der Seite Schuschniggs und im Gegensatz zum »austrofaschistischen« Heimwehrflügel stand: *Daraus ergibt sich für uns ferner die Notwendigkeit,* kommentierte Papen, *diese Bewegung* (den Freiheitsbund) *wie bisher finanziell zu unterstützen, und zwar im wesentlichen mit Bezug auf die Weiterführung ihres* **Kampfes gegen das Judentum**. *Ich halte für erforderlich, einen Betrag von RM 100.000, der fallweise in Schillingen zur Verfü-*

gung zu stellen wäre, und bitte um eine dahin gehende Bewilligung. Unser Verhältnis zum Freiheitsbund, insbesondere zu seinem Führer Staud, ist bereits so intim, daß ich gefragt worden bin, welche Persönlichkeiten beim Empfang von Ministern aus der nationalen Opposition in das Kabinett seitens der deutschen Regierung gewünscht würden.

Noch im gleichen Jahr mußte Schuschnigg diese *Minister aus der nationalen Opposition* in sein Kabinett aufnehmen. Das war die Folge des von Papen erreichten »J u l i a b k o m m e n s«, eines sogenannten »Verständigungsabkommens« zwischen Österreich und dem Deutschen Reich, das am 11. Juli 1936 unterzeichnet wurde. Von da an wurde der Einfluß der Heimwehren immer mehr beschnitten. Am 9. Oktober 1936 löste der Bundeskanzler alle Wehrverbände auf; die *Frontmilizen* sollten die Tradition der freiwilligen Wehrverbände innerhalb der *Vaterländischen Front* fortführen. Kurz darauf erklärte der Kanzler bei einem Bundesappell der *Vaterländischen Front,* es dürfe kein schwarzes und kein grünes, kein blaues und schon gar kein rotes und kein braunes, sondern nur ein rot-weiß-rotes Österreich geben. Die Kennfarbe der Heimwehrbewegung war grün; indem Schuschnigg in seiner Rede auch ein »grünes« Österreich ablehnte, machte er deutlich, daß er die Vormachtstellung des Heimwehrflügels zu beschneiden gedachte.

Mit der Kabinettsumbildung vom 3. November erfolgte die endgültige A u s s c h a l t u n g d e r H e i m w e h r e n aus den Zentren der politischen Macht. Die Stelle der Heimwehrminister nahmen nun Minister ein, die den »deutschen Kurs« unterstützten, wie der Nationalsozialist Edmund Glaise-Horstenau, der das Innenressort übernahm, und Guido Schmidt, der Initiator des Juliabkommens auf österreichischer Seite, der als Staatssekretär das dem Bundeskanzler vorbehaltene Außenministerium leitete.

Der mit dem »Juliabkommen« eingeschlagene » d e u t s c h e W e g « Österreichs kann also »mit Recht als der Anfang vom Ende gelten. Er öffnete seine Innenpolitik und Wirtschaft noch mehr als bisher den deutschen Einflüssen und band seine Außenpolitik faktisch an den übermächtigen Nachbarn.«[6])

Mitentscheidend für diese Entwicklung war sicher auch, daß sich der »Ständestaat« nicht länger auf die Rückendeckung durch Italien verlassen konnte. Am 25. Oktober 1936 begründete ein Abkommen zwischen dem Deutschen Reich und Italien die » A c h s e « B e r l i n – R o m. Die Annäherung Mussolinis an

Hitler wurde immer stärker, er fiel damit als der bisher stärkste Garant für die Unabhängigkeit Österreichs aus. Die neuerliche Zusage Italiens, es werde Österreich bei der Aufrechterhaltung seiner Unabhängigkeit unterstützen, die im Rahmen der letzten Sitzung der Signatarstaaten der im März 1934 unterzeichneten *Römischen Protokolle* – Italiens, Ungarns und Österreichs – in Budapest gegeben wurde, hatte damals im Jänner 1938 längst keinen praktischen Wert mehr.

»Denn als sich im Herbst 1937 die Anzeichen mehrten, daß die Westmächte, vor allem England, Österreich schon abgeschrieben hatten, der halbfaschistische ›autoritäre Ständestaat‹ in zunehmende außenpolitische Isolierung geriet und sich die ›Achse Berlin – Rom‹ festigte, erhielt Hitler allmählich freiere Hand in Österreich.«[7])

Damals besaßen die Nationalsozialisten in der Wiener Regierung bereits ein bedeutendes Mitspracherecht. Das am 17. Juni 1937 im Rahmen der *Vaterländischen Front* errichtete *Volkspolitische Referat* mit den ab Mitte Oktober tätigen *Volkspolitischen Referenten* in den Bundesländern ermöglichte die Mitarbeit der »Nationalen« in Staat und Staatspartei, der Nationalsozialist Arthur Seyss-Inquart war als Staatsrat mit der *Angelegenheit der Befriedung der nationalen Kreise* betraut, er stellte die Verbindung zwischen Regierung und »nationaler Opposition« her. Schuschnigg hatte seinem politischen Totengräber die Schaufel selbst in die Hand gedrückt.

Am 12. Februar 1938, gerade vier Jahre nach dem verhängnisvollen Februar 1934, fand dann in Berchtesgaden die schicksalsschwere Zusammenkunft zwischen Hitler und Schuschnigg statt. In einer eidesstattlichen Erklärung vor dem *Internationalen Militärtribunal* der vier gegen Hitler alliierten Mächte in Nürnberg gab Schuschnigg 1946 folgende kurze Zusammenfassung des Inhalts seines ersten Gesprächs mit dem »Führer« des nationalsozialistischen Deutschland:

»Hitler griff mit heftigen Worten die vergangene und gegenwärtige Politik Österreichs an. Weiters teilte er mir mit, daß er, Hitler, entschlossen sei, ›die österreichische Frage so oder so zu lösen, selbst wenn er unverzüglich militärische Gewalt anwenden müßte‹. Nicht ein einziges Mal während der ersten beiden Stunden unserer Unterredung stellte Hitler irgendwelche präzise Forderungen oder Bedingungen, sondern fuhr während dieser ganzen Zeit fort, mich mit drohenden Worten als Verräter der österreichischen

Politik hinzustellen. Mit besonderem Nachdruck teilte er mir mit, daß – seinem Wissen nach – Österreich nicht mehr länger mit der Unterstützung anderer europäischer Mächte rechnen könne und daß Österreich nun allein auf der ganzen Welt und auf sich selbst angewiesen sei.«[8])

Nach der Darstellung Schuschniggs stellte Hitler im wesentlichen folgende Bedingungen:

1. Die österreichische Bundesregierung verpflichtet sich, Dr. Seyss-Inquart sofort zum Sicherheitsminister mit voller und unbeschränkter Polizeikompetenz zu ernennen.

2. Zur Bereinigung des österreichisch-deutschen Wirtschaftsverkehrs und aller daraus resultierenden Zuständigkeiten wird Dr. Fischböck zum Regierungsmitglied ernannt.

3. Sämtliche Nationalsozialisten, die sich in Österreich wegen ihrer Tätigkeit in gerichtlicher oder sicherheitsbehördlicher Haft befinden – einschließlich der Teilnehmer am Juliaufstand und der Blutverbrecher –, werden binnen längstens drei Tagen amnestiert.

4. Alle disziplinierten nationalsozialistischen Beamten und Offiziere werden im Wege der Verwaltungsamnestie in den Genuß ihrer früheren Rechte eingesetzt.

5. Hundert Offiziere der deutschen Wehrmacht werden mit sofortiger Wirkung dem österreichischen Bundesheer zugeteilt und umgekehrt.

6. Das freie Bekenntnis zur nationalsozialistischen Weltanschauung wird erlaubt. Die österreichischen Nationalsozialisten sind gleichberechtigt mit den übrigen Gruppen der Vaterländischen Front. Es wird ihnen die legale Betätigungsmöglichkeit auf dem Boden der Vaterländischen Front eröffnet, bei Anerkennung der österreichischen Gesetze und der Verfassung vom 1. Mai 1934, deren berufsständische Ordnung die Bildung politischer Parteien ausschließt. Die Nationalsozialistische Partei und ihre Gliederungen bleiben daher in Österreich verboten.

7. Die Deutsche Reichsregierung bestätigt hingegen den Weiterbestand der Abmachungen vom 11. Juli 1936 und erneuert dadurch ausdrücklich die volle Anerkennung der österreichischen Souveränität und Unabhängigkeit, bei Verzicht auf jede innenpolitische Einmischung.

Schuschnigg unterschrieb schließlich diese Bedingungen, die nur einige geringfügige Abänderungen erfuhren, nachdem Hitler erklärt hatte, daß das Dokument unterschrieben werden müsse, sonst werde er »im Laufe der Nacht seine Entschlüsse fassen«.[9])

Aufgrund des Übereinkommens erhielt Hitlers Mann Seyss-Inquart das Ministerium für Inneres und Sicherheit, der bisherige Staatssekretär Guido Schmidt wurde zum Außenminister ernannt, der bisherige Innenminister Glaise-Horstenau blieb als Minister ohne Portefeuille im Kabinett. Julius Raab, der Präsident des Gewerbebunds, wurde bei der Kabinettsumbildung Handelsminister. Das *Staatssekretariat für Arbeiter- und Angestelltenschutz* übernahm Adolf Watzek, ein ehemaliger Funktionär der *Freien Gewerkschaften,* der ab 1923 Leiter des Arbeitsamts der metallverarbeitenden Industrie gewesen war. Watzek erklärte, daß er seine Ernennung in erster Linie als Staatsbeamter betrachte, praktische Bedeutung für die Gestaltung des Verhältnisses zwischen dem Regime und der illegalen Arbeiterbewegung hatte seine Tätigkeit allerdings keine mehr.

»Das ›Berchtesgadener Abkommen‹ ... machte Österreich aufgrund seiner außenpolitischen, militärischen und wirtschaftlichen Bestimmungen vollends zu einem deutschen Satelliten. Im Inneren paralysierten ... Arthur Seyss-Inquart und der Einbau weiterer Nationalsozialisten in den Staatsapparat und in wirtschaftliche und kulturelle Organisationen die österreichische Widerstandskraft, die schon durch die seit zwei Jahren betriebene Befriedung der ›nationalen Opposition‹ geschwächt war. ... Hitler war der entscheidende Durchbruch gelungen.«[10]) Das war auch dem italienischen Außenminister klar, als er am 13. Februar 1938 in sein Tagebuch schrieb: »Die ersten Nachrichten über die Unterredung Hitler–Schuschnigg lassen an eine stillschweigende Nazifizierung Österreichs glauben. Der Anschluß ist unvermeidlich. Es gilt, ihn nur solange als möglich hinauszuschieben.«[11]) Das »Hinausschieben« sollte nur mehr einen Monat lang möglich sein.

Während dieser vier kritischen Wochen bestand in Österreich »eine Art Doppelherrschaft. Die Nationalsozialisten begannen überall, sich zu rühren und immer offener aufzutreten, während der jahrelang nicht ernsthaft versuchte Ausgleich des ›autoritären Regimes‹ mit der politisch entrechteten sozialdemokratischen Arbeiterschaft auch jetzt noch nicht zustande kam«.[12])

»Wir lassen uns nicht an Hitler verkaufen!« – Die illegale Arbeiterbewegung gegen den »Anschluß« an das nationalsozialistische Deutschland

Während die Nationalsozialisten immer mehr aus der Illegalität heraustreten konnten und schließlich sogar an der politischen Macht beteiligt wurden, ließ das Regime immer wieder Funktionäre der illegalen Arbeiterbewegung verhaften und machte ihnen wegen Betätigung für die *Revolutionären Sozialisten,* die Kommunisten oder die *Freien Gewerkschaften* den Prozeß. Trotz dieser Erfahrung von Unterdrückung und Verfolgung griff die freie Gewerkschaftsbewegung besonders aktiv in den Kampf um die Unabhängigkeit ein, denn »es bestand völlige Klarheit darüber, daß Hitler der Hauptfeind war und es vor allem darauf ankam, seine Herrschaft über Österreich zu verhindern«.[13])

Am 7. Mai 1936, also noch vor dem verhängnisvollen ersten Hitler-Schuschnigg-Abkommen im Juli des gleichen Jahres, überreichte eine Arbeiterdelegation Bundeskanzler Schuschnigg ein Memorandum, das unter dem Titel *»Denkschrift«* historische Bedeutung erlangen sollte. Die Delegation, die Schuschnigg die *»Denkschrift«* überreichte, war von einer in der Wiener Arbeiterkammer tagenden Konferenz entsendet, an der die Vertreter von mehr als hundert Wiener Groß- und Mittelbetrieben teilnahmen. Sie hatten das Abhalten der Konferenz und die Anwesenheit des EG-Präsidenten Johann Staud erzwungen, nachdem es am 30. April zu einer Reihe spontaner Streiks und Protestkundgebungen gekommen war. Das Bekanntwerden einer Vereinbarung zwischen der *Einheitsgewerkschaft* und den Industriellen, wonach der 1. Mai ohne Überstundenbezahlung »eingearbeitet« werden sollte, hatte die Protestwelle ausgelöst.

Die dem Bundeskanzler überreichte *»Denkschrift«* wurde von der Regierung des »Ständestaats« nie veröffentlicht, aber in der führenden Presse des Auslands erschien ihr Text in großer Aufmachung und erregte größtes Ansehen. Denn die Vertreter der Arbeiterschaft stellten freimütig die wirkliche Lage dar und verlangten die Wiederherstellung des Selbstbestimmungs- und Selbstverwaltungsrechts in freien und unabhängigen Organisationen. Gleichzeitig legten sie ein Bekenntnis zur Verteidigung der Unabhängigkeit des Landes ab, wobei jedoch ausdrücklich festgestellt wurde, daß dieser Verteidigungswille von den der Arbeiterschaft zugebilligten Freiheitsrechten abhängig sei. Durch die ausländische Presse wurde die *»Denkschrift«* im Inland bekannt und konnte von der Bundesleitung der illegalen *Freien Gewerkschaften* durch die illegale Presse und durch Flugschriften eine weitestgehende Verbreitung finden. Die *»Denkschrift«* wurde zu einer programmatischen Grundlage für die österreichische Arbeiterbewegung in der Zeit der Illegalität.

Angesichts der kritischen außenpolitischen Situation und der Zunahme der nazistischen Gefahr unternahmen die Betriebsvertrauensmänner im F r ü h j a h r 1 9 3 7 eine zweite Aktion. Sie faßten ihre Auffassungen über die entscheidenden Fragen des Landes w i e d e r in einer *» D e n k s c h r i f t «* zusammen, die von den Vertrauensmännern der meisten großen Betriebe aller Branchen in Wien und in den Bundesländern unterschrieben und dem Bundeskanzler übermittelt wurde. In diesem Memorandum wurde festgestellt, daß die Gefahren, die Österreich bedrohen, beängstigend angewachsen seien. Die Unabhängigkeit Österreichs könne aber auf die Dauer nicht durch außenpolitische Garantien geschützt werden, am allerwenigsten durch eine außenpolitische Orientierung, die Österreich letzten Endes den Machtinteressen der faschistischen Großmächte überantworte. Deutlicher denn je zeige sich die Notwendigkeit, im Lande selbst die Voraussetzungen dafür zu schaffen, daß sich das österreichische Volk in seiner Mehrheit in dem einheitlichen Willen zusammenschließe, die Unabhängigkeit und Freiheit seines Vaterlands gegen jedermann und mit allen Mitteln zu verteidigen. Nur Organisationen, in denen die Arbeiter wirklich frei und unabhängig seien, könnten aber eine wirksame, aktive Abwehr gegen den Nationalsozialismus führen. Die Arbeiter und Angestellten würden mit um so größerer Entschlossenheit bereit sein, Österreichs Freiheit zu verteidigen, wenn sie damit auch ihre persönliche Freiheit und Menschenwürde, ihr soziales und politisches Mitbestimmungsrecht und ihre sozialen Errungenschaften zu verteidigen hätten.

Auch die *»Denkschrift«* 1937 wurde von der legalen österreichischen Presse totgeschwiegen, während sie in den ausländischen Zeitungen dafür um so stärker Widerhall fand und auf diesem Umweg auch die österreichische Öffentlichkeit erreichte. Die *Einheitsgewerkschaft* drohte denjenigen, die sie unterschrieben hatten, den Ausschluß an, obwohl es sich um eine Aktion ihrer eigenen Vertrauensmänner handelte.

Auf das *B e r c h t e s g a d e n e r A b k o m m e n* vom 12. Februar 1938 reagierte die österreichische Arbeiterschaft unmittelbar und heftig. Schon am Montag, dem 14. Februar, kam es in einer Anzahl von Wiener Fabriken unter der Parole »Wir lassen uns nicht an Hitler verkaufen!« zu P r o t e s t s t r e i k s .[14])

Am 17. Februar versammelten sich die Obmänner sämtlicher Gewerkschaften und die Hauptvertrauensmänner der Wiener Großbetriebe, um zu der ernsten Lage Stellung zu nehmen. Die Konferenzbeschlüsse wurden in den Betrieben zur Einsichtnahme und Unterzeichnung aufgelegt.

Am 20. Februar hielt Hitler vor dem Deutschen Reichstag eine Rede, in der er deutlich zu verstehen gab, daß das *Berchtesgadener Abkommen* für ihn nichts anderes bedeute als einen e r s t e n S c h r i t t z u r E i n g l i e d e r u n g Ö s t e r r e i c h s ins Deutsche Reich: *... zwei der an unserer Grenze liegenden Staaten* (gemeint waren Österreich und die Tschechoslowakei) *umschließen eine Masse von 10 Millionen Deutschen. Sie sind gegen ihren eigenen Willen durch die Friedensverträge an einer Vereinigung mit dem Deutschen Reiche behindert worden ... Es ist für eine Weltmacht unerträglich, an ihrer Seite Volksgenossen zu wissen, denen aus ihrer Sympathie oder aus ihrer Verbundenheit mit dem Gesamtvolk ... fortgesetzt schwerstes Leid zugeführt wird.* Zu den Interessen des Deutschen Reichs gehöre auch der Schutz jener deutschen Volksgenossen, *die aus eigenem nicht in der Lage sind, sich an unseren Grenzen das Recht einer allgemeinen menschlichen, politischen und weltanschaulichen Freiheit zu sichern.*

Kurt Schuschnigg formulierte am 24. Februar vor dem versammelten Bundesrat die Antwort auf Hitlers Reichstagsrede: Österreich sei gewillt, den Frieden unter allen Umständen zu halten. Die Grenzen der Möglichkeiten seien in den beiden Abkommen vom Juli 1936 und vom Februar 1938 festgelegt. Es gebe nur ein *Bis hierher und nicht weiter!* Österreich sei lebensfähig und zum Leben gewillt. Die Parole bleibe: *Rot-weiß-rot bis in den Tod!* Der Bundeskanzler dankte auch den Arbeitern und Bauern dafür, daß sie in eindrucksvoller Weise ihren Willen zur Freiheit des Landes bekundet hätten. Und er kündigte an, daß die möglichen und notwendigen Plattformen für die friedliche Auseinandersetzung und Austragung der Meinungsverschiedenheiten im Rahmen der *Vaterländischen Front* geschaffen werden würden. *Vor allem muß uns allen daran liegen, im Interesse des Vaterlandes den sozialen Frieden, den Arbeitsfrieden zu erhalten. Wenn allerdings auch dieser Appell nichts helfen und wenn sich irgendwo eine Front bilden sollte: hie Arbeiter, hie Intelligenzler, dann werden Sie mich bei den Arbeitern finden.* Andererseits wollte Schuschnigg Hitler nicht provozieren und erklärte daher, daß *mit Forderungen, Resolutionen, Unterschriftensammlungen und Gruppendemonstrationen aller Art, im Interesse der Ruhe und der Beruhigung nunmehr Schluß gemacht werden solle.*

Am nächsten Tag brachte die *Einheitsgewerkschaft* die Meldung, daß die Unterschriftensammlung abgeschlossen sei. Während der Aktion sollen etwa eine Million Arbeiter und Angestellte ihre Unterschrift geleistet und sich damit klar zur Selbständigkeit Österreichs bekannt haben.

Schon einen Tag nach Hitlers Rede hatten die illegalen Arbeiterorganisationen ein Komitee gebildet, das den Auftrag erhielt, den Entwurf für ein an die Führung des »Ständestaats« gerichtetes F o r d e r u n g s p r o g r a m m auszuarbeiten, das die B e d i n g u n g e n enthalten sollte, unter denen die A r b e i t e r s c h a f t bereit sein würde, ihre Unterstützung im Kampf für die Unabhängigkeit Österreichs anzubieten. Der erste Entwurf enthielt folgende Punkte:

1. Das Recht, sich zu den Anschauungen des Sozialismus und einer freien Gewerkschaftsbewegung bekennen zu dürfen. (In diesem Punkt verlangten die Arbeitervertreter die gleiche politische Freiheit, die Schuschnigg bereits den Nazis für die Propagierung der Unterwerfung Österreichs unter die Führung und Diktatur Adolf Hitlers zugestanden hatte.)

2. Das Recht, Vertreter aus den Reihen der *Freien Gewerkschaften* für Funktionen in der staatlichen *Einheitsgewerkschaft* zu wählen; das Recht der Arbeiter, wieder ihre eigenen Sport- und Kulturorganisationen zu leiten; die Übergabe von Posten im Gewerkschaftsbund an Männer, die das wirkliche Vertrauen der Arbeiter besaßen, und die Beseitigung aller jener *Renegaten,* die die Sache der Arbeiter verlassen und dafür auf Kosten der Arbeiterschaft fette Posten erhalten hatten.

3. Freie politische Diskussion für die Arbeiter, die Zulassung eines freien Gewerkschaftsblatts, das das Recht erhalten sollte, ohne Einschränkung für die wirtschaftlichen Forderungen der Arbeiter einzutreten; Redefreiheit für die Gewerkschaftsführer in Arbeiterversammlungen ohne Polizeispitzel.

4. Aufhebung aller Notverordnungen des *klerikalfaschistischen Systems,* durch die die wirtschaftliche Stellung der Arbeiter geschwächt worden war.

Dieser Forderungskatalog sollte dem Bundeskanzler persönlich vorgelegt werden, doch der Versuch der Vertreter der illegalen Arbeiterorganisationen, mit ihm ins Gespräch zu kommen, blieb zunächst erfolglos. Am 4. März[15]) empfing Schuschnigg dann doch ein Komitee von Betriebsräten von 14 der größten Wiener Unternehmungen. Der Führer der Delegation erklärte, daß sie Vertreter der großen Masse der Arbeiterschaft seien, die sich in verschiedenen illegalen Organisationen zusammengeschlossen habe; die *Einheitsgewerkschaft* sei dagegen nur ein künstliches Gebilde. Die Arbeiterschaft sei bereit, mit ihm, Schuschnigg, den Kampf gegen die entsetzliche Gefahr zu führen, die das Land bedrohe, aber die Unterdrückung müßte beendet werden, damit der Kampf wirkungsvoll geführt werden könne. Die Bedingungen, die die illegale Arbeiterbewegung stellte, wurden Schuschnigg in Form des Entwurfs für das Forderungsprogramm überreicht, in dem das Recht verlangt wurde, sich zum Sozialismus und zur freien Gewerkschaftsbewegung bekennen zu dürfen.

Der Bundeskanzler beauftragte Arbeitsminister Rott, Staatssekretär Watzek und Johann Staud als Präsidenten des Gewerkschaftsbunds, die Verhandlungen mit den Arbeitervertretern weiterzuführen.[16]) Doch die Verhandlungen zogen sich in die Länge, obwohl der Druck, den die Nationalsozialisten ausübten, immer bedrohlicher wurde. Das Regime hatte auch jetzt noch Bedenken, die Forderung der illegalen Arbeiterorganisationen nach der Möglichkeit freier politischer und kultureller Betätigung, wirklich freien Wahlen im Gewerkschaftsbund, dem Recht auf Herausgabe einer legalen freigewerkschaftlichen Zeitung und nach der Wiederherstellung der seit 1934 verschlechterten Sozialgesetze zu akzeptieren.

Angesichts dieser Situation berief die Führung der illegalen *Freien Gewerkschaften* am 7. M ä r z 1938 eine V e r t r a u e n s l e u t e k o n f e r e n z ein, um ihre Position bei den Verhandlungen mit der Regierung abzusichern. Sie fand – angesichts der politischen Lage von der Polizei toleriert – im Saal des Arbeiterheims des Wiener Arbeiterbezirks Floridsdorf statt.

An der *F l o r i d s d o r f e r K o n f e r e n z* nahmen etwa 350 Vertrauensleute teil, die von den verschiedenen Richtungen, die es innerhalb der illegalen Gewerkschaftsbewegung gab, nominiert worden waren. In der mehr als vier Stunden dauernden Konferenz kam es zu einer lebhaften Diskussion zwischen den *Revolutionären Sozialisten,* die weitgehende Forderungen nach Demokratisierung stellten, und den kompromißbereiteren Kommunisten. Felix Slavik, der spätere Wiener Bürgermeister, berichtete darüber: »Die Meinungen waren geteilt. Die Kommunisten waren für ein bedingungsloses Zusammengehen mit Schuschnigg gegen die Nazi. Wir konnten uns diesem Standpunkt nicht anschließen ... (und) waren ... nicht bereit, Schuschnigg einen Blankoscheck auszustellen. ... Am Ende beschlossen wir mit großer Mehrheit: Wir sind bereit, uns für die Verteidigung der österreichischen Selbständigkeit einzusetzen, aber diese Bereitschaft ist nicht bedingungslos, sie ist an die Legalisierung der Freien Gewerkschaften und an die Erlassung einer Amnestie geknüpft.«[17])

Die Vertrauensleute erklärten sich also in ihrer Mehrheit mit der bisherigen Haltung der Verhandlungsdelegation einverstanden und wählten ein neues, aus gewerkschaftlichen und politischen Vertrauensmännern zusammengesetztes Verhandlungskomitee. Seine Sprecher waren Friedrich Hillegeist, in der Zweiten Republik Vorsitzender der Privatangestelltengewerkschaft, und Karl Hans Sailer, in der Zweiten Republik führender Journalist der *Arbeiter-Zeitung* für das Zentralkomitee der *Revolutionären Sozialisten*. Sailer zählte – wie der spätere SPÖ-Vorsitzende und Bundeskanzler Bruno Kreisky – zu jenen Funktionären, die im großen Hochverratsprozeß des Jahres 1936 wegen ihrer Tätigkeit für die illegale Arbeiterbewegung angeklagt und verurteilt worden waren.

Das Komitee nahm die Verhandlungen mit den Vertretern des Regimes wieder auf, wobei es folgendes, von der *Bundesleitung der Freien Gewerkschaften* aufgrund der Beschlüsse der Floridsdorfer Konferenz zusammengestelltes F o r d e r u n g s p r o g r a m m   vertrat:

1. Anerkennung der Existenz der *freigewerkschaftlichen Kreise.*

2. Die Freigewerkschafter, die bis 1934 organisiert waren, sollen auch ohne bisherige Zugehörigkeit zur Einheitsgewerkschaft in ihr aktives und passives Wahlrecht haben.

3. Ein Eintritt von Freigewerkschaftern in Funktionen oder Stellungen kommt vor Wahlen nicht in Frage. Dagegen ist man bereit, in einem zentralen Wahlkomitee der Gewerkschaften an der Vorbereitung und Durchführung der Wahlen mitzuwirken; auch Mitbestimmung bei der Festsetzung der Wahlordnung wird gefordert.

4. Eine neue, unabhängige Wochenzeitung für die freigewerkschaftlichen Kreise.

5. Rede- und Versammlungsfreiheit für die Wahlen.

6. Eigene Listen, vor allem auch die Möglichkeit mehrerer Listen – keine Einheitsliste.

7. Keine Bestätigung der Gewählten durch die Einheitsgewerkschaft, keine Abberufung von Gewählten durch die Organisationsleitung.

8. Kein politischer Einfluß der *Vaterländischen Front* auf die Wahlen und die Neuorganisation des Gewerkschaftsbunds.

9. Ausschaltung der Polizei aus allen Gewerkschafts- und Lohnangelegenheiten.

Obwohl EG-Präsident Johann Staud nunmehr erklärte, daß *es recht und billig sei, wenn der Arbeiterschaft erweitertes Mitbestimmungsrecht in allen Angelegenheiten der Gemeinschaft und des Staates gegeben werde,* zogen sich gerade die Verhandlungen über die Wiederherstellung der Selbstverwaltung und die Durchführung freier Wahlen im Gewerkschaftsbund in die Länge.

Am Vormittag des 11. März kam es wenigstens zu einer vorläufigen Einigung des bei der *Floridsdorfer Konferenz* gewählten *Achterkomitees* mit Minister Rott über die Rolle der *Sozialen Arbeitsgemeinschaft* (SAG) der *Vaterländischen Front.* Sieben sozialdemokratische beziehungsweise kommunistische Arbeitervertreter und fünf christlichsoziale Delegierte sollten die »Reichsleitung« der SAG bilden. Die Herausgabe einer sozialistischen Tageszeitung unter Patronanz der SAG und die Reaktivierung ehemaliger Arbeiter-, Kultur- und Sportvereine wurde zugestanden, jedoch noch immer nicht die Legalisierung der illegalen *Freien Gewerkschaften.*[18])

Die Vertreter der illegalen Arbeiterbewegung stimmten dem Kompromiß zu, weil sich die Lage dramatisch zugespitzt hatte. Zwei Tage zuvor hatte Bundeskanzler Schuschnigg eine V o l k s - a b s t i m m u n g über die Aufrechterhaltung der Unabhängigkeit Österreichs a n g e k ü n d i g t , es war zu gemeinsamen Demonstrationen der Anhänger des »Ständestaats« und der illegalen Arbeiterbewegung für die Selbständigkeit des Landes gekommen und zu Gegendemonstrationen der Nationalsozialisten.

Am 10. März hatte Hitler – noch ohne öffentliche Bekanntmachung – seinem Generalstabschef Ludwig Beck (der Hitlers Annexionspläne persönlich ablehnte und deshalb auch noch 1938 von seinem Posten zurücktrat und sich der militärischen Widerstandsbewegung anschloß) den Auftrag gegeben, den Einmarsch nach Österreich vorzubereiten. Als die Regierungs- und Arbeitervertreter am 11. März zusammenkamen, wußte man bereits von Truppenkonzentrationen an der deutsch-österreichischen Grenze. Die Arbeiter warteten in den Großbetrieben auf einen offiziellen Aufruf zum Widerstand.[19])

März 1938: Österreich hört auf zu existieren

»Ja« für Österreich

Die angekündigte Volksabstimmung sollte am Sonntag, dem 13. März stattfinden. Die Frage auf den Stimmzetteln sollte lauten: *Sind Sie für ein freies und deutsches, unabhängiges und soziales, für ein christliches und einiges Österreich?*
Noch in der Nacht vom 9. zum 10. März wurden von der Führung der *Vaterländischen Front* die Modalitäten der Abstimmung besprochen und folgende Entschlüsse gefaßt: *Die offiziellen Stimmzettel haben vorne und rückwärts rot-weiß-rote Streifen, daß man sofort feststellen kann, ob ja oder nein. Es gibt keine gedruckten Nein-Zettel. Die öffentlich Angestellten und Gemeindebeamten wählen in ihren Betrieben. Die Urnen bestehen aus einem offenen Koffer. Die Stimmzettel werden zu je 50 paketiert und sofort in die Bezirks- und Wahlkommissionen gebracht. Die Bezirkswahlzählkommission besteht aus dem Bezirkshauptmann, dem Bezirksvorsteher und dem Bezirksführer der VF ... Die gegnerische Propaganda ist sofort zu unterdrücken und die Mannschaft mit Stöcken und Gummiknüppeln auszurüsten ...* Das Wahlalter wurde mit 24 Jahren festgelegt, weil man befürchtete, daß die für die nationalsozialistische Propaganda besonders anfällige Jugend (mit selbstgeschriebenen oder von den Nazi-Organisationen ausgegebenen Stimmzetteln) überwiegend mit »Nein« stimmen würden.[20])

Die *Vaterländische Front* begann nun überall mit Vorbereitungen für die Abstimmung. In verschiedenen örtlichen Körperschaften arbeiteten die Funktionäre der VF dabei mit Angehörigen der Linksopposition zusammen, jedoch nicht überall. Denn ein Zusammengehen stieß wegen der Formulierung der Abstimmungsfrage manchmal auch auf Ablehnung.

In Wien tagten die Komitees der illegalen *Freien Gewerkschaften* und der *Revolutionären Sozialisten* in Permanenz. Trotz der von mancher Seite geäußerten Bedenken gaben sowohl die Kommunisten wie das Zentralkomitee der *Revolutionären Sozialisten* die Parole aus, mit »Ja« zu stimmen. Es wurden Flugblätter gedruckt, die dann jedoch nicht mehr zur Verteilung gelangen konnten.

In den beiden Tagen nach dem 9. März zogen – wie bereits erwähnt – sowohl die Anhänger der Regierung und der illegalen Arbeiterorganisationen als auch die Nationalsozialisten auf die

Straße. Ab dem Abend des 10. März durften dabei die Anhänger der illegalen Arbeiterbewegung ihre Gesinnung auch wieder durch das – bisher verbotene – Tragen von roten Nelken öffentlich dokumentieren. Obwohl es nirgends zu ernsten Zusammenstößen kam, wuchs die Erregung.

Die Ankündigung der Volksabstimmung war ein letzter Verzweiflungsakt Schuschniggs gewesen, der wußte, daß das *Berchtesgadener Abkommen* Hitler genügend Druckmittel in die Hand gab, um die wirtschaftliche und politische Gleichschaltung Österreichs mit dem Deutschen Reich innerhalb weniger Monate auch ohne das Mittel militärischer Intervention zu erreichen. Sein ehemaliger Protektor Mussolini hatte ihn gewarnt und gemeint: »Diese Bombe wird Euch in den Händen zerplatzen.«[21]) Und die Voraussage des »Duce« sollte nur allzubald eintreffen, denn die NS-Führung dachte nicht daran, sich diese Kampfansage gefallen zu lassen.

Der Versuch, durch strenge Geheimhaltung einen kleinen Vorsprung zu gewinnen, war längst eine sinnlose Maßnahme, denn die Naziagenten saßen in den Büros bis zu den Spitzen der Regierung hinauf, so daß Berlin über alle Beschlüsse oft sogar schneller Kenntnis erhielt als die Führung der österreichischen Nationalsozialisten. Berlin kannte daher auch die Vorkehrungen, die für die Volksabstimmung geplant waren und – tatsächlich zum Teil unter Anwendung problematischer Methoden – die Ausschaltung der »nationalen Opposition« bewirken sollten. Dies bot die Handhabe zum Einschreiten.

Auf Weisung aus dem »Reich« gaben die österreichischen N a t i o n a l s o z i a l i s t e n zunächst die P a r o l e d e r S t i m m e n t h a l t u n g aus. Dann verlangte Hitlers Mann in der Regierung, Innenminister Seyss-Inquart, die Verschiebung des Wahltermins, damit neue Durchführungsbestimmungen für einen ordnungsgemäßen Wahlvorgang ausgearbeitet werden könnten. Schließlich forderte Hitler selbst die Verschiebung der Abstimmung, da er – sich auf die Bestimmungen des *Berchtesgadener Abkommens* berufend – eine Gegenabstimmung erwog.[22])

Die dramatischen Ereignisse des 11. März brachten die Entscheidung.

Vom »Anschluß« zur Annexion durch Hitlerdeutschland

Als sich Bundeskanzler Schuschnigg in der Früh des 11. März 1938 in das Bundeskanzleramt begab, war sein Innenminister Seyss-Inquart gerade auf dem Weg zum Flughafen, um dort seinen nationalsozialistischen Ministerkollegen Glaise-Horstenau abzuholen und gleichzeitig ein mit Sonderkurier übermitteltes Schreiben aus Berlin zu übernehmen. Es handelte sich um einen Brief H i t l e r s , in dem dieser die V e r s c h i e b u n g   d e r   V o l k s a b s t i m m u n g forderte. Die Entscheidung müsse bis Mittag fallen, sollte Schuschnigg nicht nachgeben, so sei das mit der Aufkündigung des *Berchtesgadener Abkommens* durch Österreich gleichzusetzen, das er dann auch seinerseits als gegenstandslos betrachten würde, erläuterte der »Führer« und teilte mit, daß er sich bezüglich aller weiterer Maßnahmen freie Hand vorbehalte. Das war die deutliche Drohung mit der militärischen Intervention.

Schon in den ersten Stunden dieses 11. März hatte Hitler die *Weisung Nr. 1 Betr. Unternehmen Otto* gegeben: *Ich beabsichtige, wenn andere Mittel nicht zum Ziele führen, mit bewaffneten Kräften in Österreich einzurücken, um dort verfassungsmäßige Zustände herzustellen und weitere Gewalttaten gegen die deutschgesinnte Bevölkerung zu unterbinden.* Seine Unterschrift hielt er allerdings vorerst noch zurück, aber die d e u t s c h e   M i l i t ä r m a s c h i n e r i e hatte begonnen, sich in B e w e g u n g   z u   s e t z e n .

Um 5 Uhr hatte das Kommando der Salzburger Brigade nach Wien gemeldet, daß die Grenzgarnison auf der bayrischen Seite alarmiert worden war. Auch war bekanntgeworden, daß ab 6 Uhr das »Verladen der ersten beschleunigt ausrückfähigen Welle der 8. Armee« bereits begonnen hatte.[23]) Um 5 Uhr 30 hatte der Polizeipräsident Schuschnigg über die Sperre der Salzburger Grenze und die Einstellung des Zugverkehrs nach Österreich informiert.

Wenig später hatte die Deutschlandabteilung des Außenministeriums aus München die Bestätigung über die Einmarschbereitschaft der Deutschen Wehrmacht erhalten. Daraufhin war der Mobilisierungsbefehl »D« an das Bundesheer ausgegeben worden. Die Bevölkerung erfuhr von der Mobilmachung allerdings erst am späten Vormittag, als die Reservisten des Jahrgangs 1915 über den Rundfunk aufgerufen wurden, sich unverzüglich für eine zehnmonatige Dienstzeit zu stellen. Auch die Exekutive war in Alarmbereitschaft versetzt worden und die Formationen der Frontmilizen hatten sich in ihre Kasernen zu begeben.

Gleichzeitig mit der Konzentration von Wehrmachtseinheiten an der deutsch-österreichischen Grenze hatte das NS-Regime auch seine Sturmtrupps in Österreich mobilisiert: Im Bundeskanzleramt langten ab 9 Uhr laufend Meldungen über Demonstrationen ein und über offene Gewalt- und Terrorakte. In manchen Orten übernahmen bereits am Vormittag S A - u n d S S - E i n h e i t e n den » O r d n e r d i e n s t « . Besonders in der Steiermark entfalteten die Nationalsozialisten eine fieberhafte Tätigkeit. In Graz verkündeten bereits als in Wien noch verhandelt wurde, Lautsprecher die Absage der Volksabstimmung und den Rücktritt des Bundeskanzlers. Trotz des Einsatzes von Militär war hier die Lage den Sicherheitskräften weitgehend außer Kontrolle geraten.

Das diplomatische Tauziehen in Wien begann um 9 Uhr 30, als Seyss-Inquart und Glaise-Horstenau das Arbeitszimmer des Bundeskanzlers betraten und unter Berufung auf den Befehl aus Berlin u l t i m a t i v e i n e V e r s c h i e b u n g d e r V o l k s a b s t i m m u n g f o r d e r t e n . »Ich habe insbesondere darauf verwiesen, daß Adolf Hitler für den Fall der Ablehnung mit Unruhen unter den österreichischen Nationalsozialisten rechne und daß er bereit sei, wenn es zu Unruhen komme einzumarschieren«,[24]) so schilderte Seyss-Inquart die Art und Weise, in der er Schuschnigg unter Druck setzte. Um 10 Uhr sprach dann der deutsche Botschafter Stein im Außenamt vor, um die Absetzung der Volksabstimmung im Namen der deutschen Regierung offiziell zu fordern. Für die Entscheidung setzte Berlin eine Frist bis 12 Uhr mittags.

Schuschnigg und die Führungsspitze der *Vaterländischen Front* sahen noch immer eine kleine Chance, mit den Nationalsozialisten zu einem Übereinkommen zu gelangen, und entschieden sich deshalb dafür, V e r h a n d l u n g e n aufzunehmen. Gleichzeitig trafen sich die österreichischen NSDAP-Führer zu Besprechungen, um – in ständigem telefonischem Kontakt mit Berlin – die weitere Vorgangsweise festzulegen.

Der Mann, der alle Fäden in der Hand hielt, war Hitlers Stellvertreter Hermann Göring. Er hatte von Anfang an für einen möglichst frühen »Anschluß«, nötigenfalls durch militärische Intervention, plädiert, weil er als Chef des deutschen »Vierjahresplans« die österreichischen Rohstoff- und Kapitalreserven für die deutsche Wirtschaft sichern wollte.[25]) Nach dem Bekanntwerden von Schuschniggs Volksabstimmungsplänen hatte ihm Hitler freie

Hand gegeben. Aber auch Göring versuchte zunächst noch, den A n s c h e i n d e r L e g a l i t ä t zu wahren, und ließ deshalb Schuschnigg unter Druck setzen, um dessen »freiwilliges« Eingehen auf die deutschen Forderungen zu erreichen.

Im Sinne Görings veranlaßte die illegale Landesleitung der österreichischen NSDAP Seyss-Inquart (der gegenüber Görings Vorgangsweise skeptisch war) zu einem verschärften schriftlichen Ultimatum, das nun den Bundeskanzler vor die Alternative stellte, entweder die Verschiebung der Volksabstimmung bis 14 Uhr bekanntzugeben oder durch die Demissionierung der beiden nationalsozialistischen Minister selbst zum Rücktritt gezwungen zu werden. Das neue Ultimatum wurde Schuschnigg um 13 Uhr übergeben, einen kurz darauf vorgelegten Kompromißvorschlag der *Vaterländischen Front* lehnten die nationalsozialistischen Minister ab. Zu diesem Zeitpunkt – etwa um 14 Uhr – unterschrieb Hitler seine *Weisung Nr. 1* und gab damit den offiziellen Befehl für die Vorbereitung des am 12. März geplanten Einmarschs der Deutschen Wehrmacht in Österreich. Um 14 Uhr erklärte der Bundeskanzler nach einer Aussprache mit Bundespräsident Miklas die von Berlin verlangte Absage der Volksabstimmung. Aber gleich darauf teilte Göring Seyss-Inquart mit, daß dies nicht mehr genüge. Ein neues, wieder mehrere Male verlängertes U l t i m a t u m v e r l a n g t e bereits den R ü c k t r i t t S c h u s c h n i g g s und die Beauftragung Seyss-Inquarts mit dem Posten des Kanzlers.

Mitglieder des *Christlichen Freiheitsbunds* konnten die Telefongespräche Görings mit Seyss-Inquart über die *Postschutzwehr* abhören. Die Staatsführung war also über den Verlauf der Entwicklung informiert.[26]) »Jedenfalls war man sich um 15 Uhr in Wien bereits im klaren, daß das Berchtesgadener Abkommen erledigt und der bisher gegen Deutschland verwendbare Schild zerbrochen war. Man war jetzt dem deutschen Druck unmittelbar preisgegeben.«[27]) Nach Beratungen mit Bundespräsident Miklas und Mitgliedern der Ständestaatführung trat Kurt Schuschnigg um 16 Uhr zurück und schlug Seyss-Inquart zum neuen Bundeskanzler vor.

Denn man konnte sich damals bereits ausrechnen, daß sich auch die Hoffnungen, die man in die H i l f e d e s A u s l a n d s gesetzt hatte, n i c h t e r f ü l l e n würden: Weder der »Duce« noch der italienische Außenminister Ciano waren für das österreichische Außenamt erreichbar, das mit seiner eigenen Regierungskrise beschäftigte Frankreich gab nach ersten Fühlungnahmen eine hinhaltende Antwort und England, wo gerade der deutsche Außenminister Ribbentrop verhandelte, antwortete auf Schuschniggs Bitte um Rat: »Die Regierung seiner Majestät kann die Verantwortung nicht übernehmen, dem Kanzler zu raten, einen Kurs einzuschlagen, der sein Land Gefahren aussetzen könnte, für die die Regierung seiner Majestät nicht in der Lage ist, Schutz garantieren zu können.«[28])

Jetzt rächten sich die zwei gravierendsten Fehlentscheidungen, die die Führung des »Ständestaats« getroffen hatten: Die eine Fehlentscheidung bestand darin, daß man noch immer mit dem wohlwollenden Eingreifen des früheren »Schutzherrn« Mussolini rechnete, dem aber inzwischen die Tolerierung seiner faschistischen Südtirolpolitik durch den Achsenpartner Hitler viel wichtiger geworden war als das Verhindern des Vorrückens der Deutschen Wehrmacht an die Brennergrenze. Die Rechnung des »Duce« sollte dann auch aufgehen. Hitler erklärte, daß er ihm seine Haltung in der Österreichfrage nie vergessen werde, *was immer geschehen mag;* mit dem deutsch-italienischen Südtirolabkommen vom Oktober 1939 sollte die Einlösung dieses Versprechens erfolgen – zum wirtschaftlichen Vorteil beider Partner und auf Kosten der Südtiroler.[29])

Allerdings unterschätzten die von Schuschnigg um Hilfe gebetenen Westmächte ebenso wie dieser die Festigkeit der Achse Rom-Berlin. Nach allem, was wir aus Dokumenten wissen, »schien die italienische Zustimmung zur Beseitigung der noch formal bestehenden Unabhängigkeit (Österreichs) für England und Frankreich überraschend gekommen zu sein«.[30]) Als sie am Nachmittag des 11. März Schuschnigg die Zusage gaben, zugunsten Österreichs wenigstens energischen diplomatischen Protest in Berlin einzulegen, falls Italien mitmache, rechneten sie noch fest mit einer positiven Reaktion aus Rom. Als diese ausblieb, begnügten sie sich mit Protestnoten, die zwar scharf klangen, aber der NS-Führung signalisierten, daß sie von seiten der Westmächte keine ernsthaften Schwierigkeiten zu erwarten habe, solange sie den »Anschluß« nicht formal durch Gewaltanwendung gegen den unabhängigen Staat Österreich herbeiführte. Guido Zernatto, als Repräsentant der *Vaterländischen Front* Minister in der letzten Regierung des »Ständestaats«, meinte in diesem Zusammenhang: »London und Paris erkannten nicht die Gefährlichkeit der Situation. Die Haltung Hitlers ist verständlich, er nutzte seine Chance aus, weil niemand da war, der ihn daran hindern konnte.«[31])

Aber die Handlungsweise Englands und Frankreichs muß auch noch aus einem anderen Blickwinkel beurteilt werden: Die militärisch schlecht gerüsteten demokratischen Mächte, die damals noch glaubten, Hitlerdeutschland befrieden und so einen Krieg verhindern zu können, dachten nicht daran, ihre »Appeasement«-Bemühungen zu gefährden, schon gar nicht durch die Unterstützung eines undemokratischen Landes, dessen Selbstverteidigungswille zudem fraglich schien. Und eine Politik gemacht zu haben, die diesen Eindruck erwecken konnte, war der zweite nun nicht mehr korrigierbare Fehler der Schuschnigg-Regierung. Eine Staatsführung, die ein *Berchtesgadener Abkommen* abgeschlossen hatte, eine Staatsführung, die in der Zusammenarbeit mit »evolutionären« Nationalsozialisten wie Seyss-Inquart, die einen »Anschluß« ohne militärische Intervention und unter Beibehaltung einer gewissen österreichischen Autonomie befürworteten, ein geeigneteres Verteidigungsmittel sah als in einem Bündnis mit der zur Gegenwehr bereiten Arbeiterbewegung, war für Paris und London in ihren Bemühungen um die Erhaltung der Unabhängigkeit nicht besonders glaubwürdig. Man hatte bis zuletzt v e r a b s ä u m t , eine starke und e i n h e i t l i c h e A b w e h r f r o n t a u f z u b a u e n .

Am frühen Nachmittag des 11. März waren die ersten Gerüchte über die Absage der Volksabstimmung aufgetaucht. Das führte zu Massenansammlungen auf den Straßen und Plätzen und zu heftigen Diskussionen. Als dann am Abend die offizielle Meldung über den Rundfunk kam, verbreitete sich unter den Vertrauensmännern der Arbeiterschaft tiefe Niedergeschlagenheit. Es war nun auch klar, daß die für 19 Uhr geplante Rundfunkrede, in der Karl-Hans Sailer im Namen des Zentralkomitees der *Revolutionären Sozialisten* die Arbeiterschaft auffordern wollte, mit »Ja« für die Selbständigkeit Österreichs zu stimmen, keinen Sinn mehr hatte. Denn die Führung des »Ständestaats« war angesichts des inneren und äußeren Drucks durch die Nationalsozialisten – in der Absicht jedes Blutvergießen zu vermeiden – n i c h t zum K ä m p f e n bereit. Der Vorschlag des (von der Regierung eingesetzten) Wiener Bürgermeisters Schmitz, die Arbeiter der Bundeshauptstadt zu bewaffnen, wurde von Schuschnigg abgelehnt. Auch EG-Präsident Johann Staud teilte in diesem Punkt Schuschniggs Ansicht und verhinderte deshalb bewaffnete Widerstandsaktionen, wie der christliche Angestelltengewerkschafter und spätere AK-Vizepräsident Erich Kabesch aus eigenem Erleben schilderte: »Ich war bei dem Telefongespräch im März 1938 dabei, als Johann Staud, der Präsident des damaligen Gewerkschaftsbunds, ein Blutbad verhindert hat: 10.000 Favoritner Arbeiter standen bereit, um in die Stadt zu marschieren und gegen die Nazis loszugehen. Er erreichte, daß die Aktion abgesagt wurde, weil er ihnen klarmachte, was daraus entstehen würde, wenn die Arbeiter mit Prügeln und Hämmern gegen die Waffengewalt der anderen vorgehen; das hätte nur sinnlose Opfer gekostet.«[32]) Das war zwar eine ehrenwerte Argumentation und Handlungsweise, aber sie erwies sich als eine h i s t o r i s c h   f a l s c h e   E n t s c h e i d u n g und hat Österreich schwer geschadet. Da man schließlich auch auf militärischen Widerstand, und sei es nur einen symbolischen, verzichtete – der Mobilisierungsbefehl wurde widerrufen, der Rückzug des Bundesheers bei deutschem Einmarsch angeordnet –, gelang es dem NS-Regime, die militärische Besetzung Österreichs und die Auslöschung seiner staatlichen Existenz vor der Weltöffentlichkeit als dem Willen der Mehrheit der Österreicher entsprechend hinzustellen.

Am hartnäckigsten weigerte sich Bundespräsident Miklas, den Befehlen aus Berlin Gehorsam zu leisten. Er wehrte sich zunächst – trotz immer massiverer Drohungen Görings – standhaft dagegen, Seyss-Inquart mit den Regierungsgeschäften zu betrauen und damit der Machtübernahme durch die Nationalsozialisten ein legales Mäntelchen umzuhängen, auch noch, nachdem S c h u s c h n i g g knapp vor 20 Uhr in seiner A b s c h i e d s r e d e im Rundfunk den Verzicht auf Widerstand erklärt und offiziell seinen R ü c k t r i t t   bekannt gegeben hatte. *Ich stelle fest vor der Welt,* hatte der entmachtete Bundeskanzler gesagt, *daß die Nachrichten, die in Österreich verbreitet wurden, daß Arbeiterunruhen gewesen seien, daß Ströme von Blut geflossen seien, daß die Regierung nicht Herrin der Lage wäre und aus eigenem nicht hätte Ordnung machen können, von A bis Z erfunden sind. Der Herr Bundespräsident beauftragt mich, dem österreichischen Volk mitzuteilen, daß wir der Gewalt weichen. Wir haben, weil wir um keinen Preis, auch in dieser ernsten Stunde nicht, deutsches Blut zu vergießen gesonnen sind, unserer Wehrmacht den Auftrag gegeben, für den Fall, daß der Einmarsch durchgeführt wird, ohne wesentlichen Widerstand, ohne Widerstand, sich zurückzuziehen ...* Und er hatte mit den Worten geschlossen: *Gott schütze Österreich!* Dann war zum letztenmal für sieben Jahre im Radio eine österreichische Staatshymne erklungen. Trotz dieses musikalischen Finales ging der »Ständestaat« nun sang- und klanglos unter.

Erst nachdem Mussolini sein Einverständnis zum »Anschluß« gegeben hatte, in Berlin der Text eines Telegramms veröffentlicht worden war, in dem die »provisorische österreichische Regierung« vorgeblich um die Unterstützung durch deutsche Truppen ersuchte und die Nationalsozialisten den Wiener Bürgermeister Schmitz verhaftet hatten, genehmigte der Bundespräsident nach Intervention Schuschniggs die von Seyss-Inquart gebildete Regierung. So wurde die letzte Regierung Österreichs vor dem Ende seiner Eigenstaatlichkeit eine nationalsozialistische.

Die Veröffentlichung des Telegramms aus Wien war das Ergebnis eines geschickten Schachzugs Görings, um die Rechtmäßigkeit des nun endgültig für 12. März befohlenen Einmarschs der Deutschen Wehrmacht zu belegen. Es handelte sich um eine glatte Fälschung, denn ein solches Telegramm war nie abgeschickt worden, ganz abgesehen davon, daß es zum Zeitpunkt der angeblichen Übermittlung noch keine »provisorische österreichische Regierung« der Nationalsozialisten gegeben hatte. Seyss-Inquart, der nach wie vor auf einer »legalen« Machtübernahme bestand, war nicht dazu zu bewegen gewesen, sich an Görings Spiel zu beteiligen. Das Dokument wurde erst nachträglich vom Reichspostminister für die Akten angefertigt. So gelang Görings »großer Bluff«.

Im Morgengrauen des 12. März – nach anderen Darstellungen bereits am späten Abend des 11. März, etwa zur Zeit, als das »Telegramm« angeblich abgeschickt worden war – überschritten die deutschen Truppen die österreichische Grenze – ohne daß ein einziger Schuß fiel. Insgesamt marschierten 105.000 Mann in Österreich ein, gefolgt von starken Polizeikräften, SS-Einheiten und Gestapo. Als Vorhut des Terrorapparats erschienen bereits am frühen Morgen des 12. März Gestapo-Chef Heinrich Himmler und Reinhard Heydrich, der Leiter des Sicherheitsdienstes, in Wien, während Hitler selbst erst am Abend bis Linz folgte.

Noch in der Nacht vom 11. auf den 12. März begann der T e r r o r g e g e n J u d e n und die V e r f o l g u n g d e r G e g n e r des braunen Faschismus. Die Verfolger wußten genau Bescheid; Listen mit den Namen zahlloser politischer Gegner befanden sich längst in ihren Händen. In den Märztagen 1938 wurden rund 76.000 Österreicher verhaftet, am 1. April ging der erste Transport österreichischer politischer Gefangener in das Konzentrationslager Dachau ab; ehemalige Christlichsoziale, Anhänger und Funktionäre des »Ständestaats«, ehemalige Funktionäre der Sozialdemokratischen Partei, R e v o l u t i o n ä r e S o z i a l i s t e n und Kommunisten teilten das gleiche Schicksal.[33]) Zahlreiche G e w e r k s c h a f t e r, die nach 1934 noch im Land geblieben waren und in der Illegalität gearbeitet hatten, mußten emigrieren, um ihr Leben zu retten.

Die Tatsache, daß bereits in den ersten Tagen nach der Okkupation der Macht durch die Nationalsozialisten mehr als 70.000 Menschen von der Gestapo verhaftet worden waren und viele andere ins Ausland flohen, war eine der Ursachen dafür, daß die mit großem Propagandaaufwand vorbereitete »Volksabstimmung« über die »Wiedervereinigung« Österreichs mit Deutschland das angestrebte Ergebnis von fast 100 Prozent Ja-Stimmen brachte. Dazu wurde zahlreichen Österreichern das »Abstimmungsrecht« urkundlich verweigert, und der »ganz normale« Gesinnungsterror des NS-Regimes tat ein übriges: Die Lehrer wurden zum Beispiel von den Kreisleitern verpflichtet, »in dem Sinne zu sprechen, daß derjenige, der seine Stimme nicht für das Großdeutschland oder eine Wahlenthaltung vornimmt, als Volksverräter gebrandmarkt wird.«[34]) »Wer vor der Wahlkommission – die aus lauter Nationalsozialisten bestand – erschien, wurde von dem Vorsitzenden höflich darauf aufmerksam gemacht, daß er ja ›ein Deutscher sei‹ und gar nicht erst die Wahlzelle zu benützen brauche. So wurde der Wähler gezwungen, vor den Augen der Wahlkommission sein ›Ja‹ im Stimmzettel anzukreuzen. Wer dieser Aufforderung nicht nachkam, mußte damit rechnen, daß noch am gleichen Abend die SA bei ihm erschien.«[35])

Massenverhaftungen waren – neben Massenentlassungen und Abschiebungen ins »Altreich« – auch die Methode, um den österreichischen Staats- und Verwaltungsapparat seines österreichischen Charakters zu entkleiden und so eine reibungslose »Gleichschaltung« zu gewährleisten.

Ebenfalls schon in den ersten Tagen der NS-Herrschaft ging man daran, den während der Ära des »Ständestaats« längst eingeleiteten »Wirtschaftsanschluß« zu vollziehen. Denn eines der Hauptmotive für die ursprünglich erst zu einem späteren Zeitpunkt geplante Eingliederung Österreichs schon im Frühjahr 1938 war das Interesse der deutschen Privatwirtschaft und des staatlichen Konzerns *Reichswerke Hermann Göring* an der ungehemmten Ausbeutung der österreichischen Rohstoff- und Finanzreserven. Davon versprach man sich eine Erhöhung der Wirtschaftskapazität des »Reichs«, die ein rascheres Vorantreiben der militärischen Aufrüstung ermöglichen würde. In einem am 15. März 1938 verfaßten Bericht über die wehrwirtschaftliche Lage hieß es: »Zusammengefaßt ergibt sich: Eine Entlastung der deutschen Wehrwirtschaft tritt ein durch die aus Österreich mögliche vermehrte Eisenerz-, Magnesit- und Holzversorgung. Ferner durch Ausnützung der leistungsfähigen Betriebe der Eisen- und Stahl-, Maschinen- und Textilindustrie. Entwicklungsfähig sind ferner in erheblichem Maße die österreichischen Wasserkräfte.«[36])

Das okkupierte Land sollte nach den Plänen der NS-Führung seine Eigenständigkeit völlig verlieren. Deshalb folgte der Okkupation die A n n e x i o n , die Österreich als eigenen Staat für alle Zeiten auslöschen sollte. Die Eingliederung in Hitler-Deutschland erfolgte e t a p p e n w e i s e . Zunächst wurde die Bundesregierung in eine Landesregierung mit Seyss-Inquart als »Reichsstatthalter« umgewandelt. Mit dem *Ostmarkgesetz* vom 1. Mai 1939 erhielt das *Land Österreich* dann die Bezeichnung *Ostmark*. Mit 15. März 1940 hörte auch die *Ostmark* zu existieren auf. Ihr Gebiet wurde in *Reichsgaue* zerteilt, denen jeweils ein eigener *Reichsstatthalter* vorstand. »Durch die Liquidation der meisten Zentralbehörden des österreichischen Gebiets wurden die Bezeichnungen ›Österreich‹ und ›Ostmark‹ eliminiert, da sie der deutschen Staatsführung zu sehr mit historischen Reminiszenzen verknüpft waren. Aber auch die Sammelbezeichnung ›Reichsgaue der Ostmark‹ schien Anfang 1942 so gefährlich zu sein, daß auch ihre Verwendung untersagt wurde und, nur wenn eine zusammenfassende Bezeichnung unvermeidlich war, durch die Neuprägung › A l p e n - u n d D o n a u r e i c h s g a u e ‹ ersetzt werden durfte.«[37])

Damals dauerte der vom deutschen Faschismus vom Zaun gebrochene Zweite Weltkrieg bereits mehr als zwei Jahre, und überall, wo der Nationalsozialismus seine Herrschaft aufrichtete, begannen totale »Gleichschaltung«, Gesinnungsterror und die Vernichtung jüdischer und anderer als »rassisch minderwertig« eingestufter Menschen. Diejenigen, die die Stärke aufbrachten, dem Einfluß der perfekten Propagandamaschinerie des NS-Staats zu widerstehen und im vollen Bewußtsein der Gefahr den Kampf gegen das faschistische System zu führen, sind die wahren Helden jener Zeit.

Gegenwehr sinnlos?

Von Zeitgeschichtlern, aber auch von Menschen, die Okkupation und Annexion Österreichs durch Hitlerdeutschland miterlebten und miterlitten, wurde und wird die Frage gestellt, ob ein

Widerstand möglich und sinnvoll gewesen wäre, und inwieweit Hitler nur einen großen Bluff vorexerzierte – besonders, da er in einer Rede am 22. August 1939 selbst feststellte: »Die Gründung Großdeutschlands war politisch eine große Leistung, militärisch war sie bedenklich, da sie erreicht wurde durch einen großen Bluff der politischen Leitung. Es ist notwendig, das Militär zu erproben. Wenn irgend möglich, nicht in einer Generalabrechnung, sondern bei der Lösung einzelner Aufgaben.« Göring verband mit dem Einmarsch andere Absichten: »Die Italiener äugten noch immer etwas nach Ost-Tirol ... Die Ungarn sprachen mir zuviel vom Burgenland. Die Jugoslawen haben einmal etwas von Kärnten erwähnt ... Also um all diesen Hoffnungen ein für allemal vorzubeugen ..., wünschte ich ganz klar den Einmarsch der deutschen Truppen unter der Parole: Der Anschluß ist vollzogen, Österreich ein Teil Deutschlands und damit in seinem ganzen Umfang automatisch und vollkommen unter den Schutz des Deutschen Reiches und seiner Wehrmacht gestellt.«[38])

Aber welche Methoden die NS-Führung auch immer bevorzugen mochte, fest steht, daß es ihr fester Wille war, Österreich dem Deutschen Reich einzuverleiben.

Heute wissen wir, daß ein aktiver Widerstand zwar die Okkupation – die völkerrechtswidrige Besetzung fremden Gebiets – und die nachfolgende Annexion – die Eingliederung Österreichs in das deutsche Reichsgebiet – nicht hätte verhindern können, aber daß trotzdem jede a k t i v e   G e g e n w e h r , wenn sie auch nur symbolhaften Charakter getragen hätte, n i c h t   s i n n l o s gewesen wäre. Denn, verbunden mit einer klaren Distanzierung von Hitlers »Anschluß« durch die Emigration zumindest eines Teils der Regierung und des Staatsoberhaupts und die Bildung einer Exilregierung, hätte sie die Position Österreichs am Ende des Zweiten Weltkriegs wesentlich verbessert und ein von den gegen Hitler alliierten Mächten ernst zu nehmendes Gegengewicht zu der Mitschuld am Krieg des deutschen Faschismus und seinen Verbrechen dargestellt. Die Voraussetzung für einen solchen Widerstand wäre aber eine nicht erst in letzter Sekunde eingeleitete und auch dann nur zögernde Zusammenarbeit der Führung des »Ständestaats« mit allen Gegnern des »Anschlusses« an Hitlerdeutschland gewesen, insbesondere mit den illegalen *Freien Gewerkschaften* und den illegalen Sozialisten. Und es hätte des Muts bedurft, die Kampfbereitschaft des österreichischen Bundesheers trotz der Drohgebärden aus Berlin zu stärken.

»Es ist nie zu spät für eine sinnvolle Aktion«, schrieb auch Bruno Kreisky in seinen Erinnerungen, »das ist mein politisches Credo gewesen. Selbst wenn alles vergeblich war, ist sie doch verzeichnet auf irgendeinem Blatt der Geschichte und hat Konsequenzen, die man nicht abschätzen kann. So war der 12. Februar 1934 für uns zwar eine vernichtende Niederlage und ist in der Geschichte doch ein stolzes Blatt. Und so hätte man auch vier Jahre später, beim Einmarsch Hitlers, bei sofortigem Widerstand wahrscheinlich ein Volksaufgebot zustande gebracht, und der Widerstand wäre wahrscheinlich zu einem Ruhmesblatt für Österreich geworden.«[39])

Um aber Licht und Schatten gerecht zu verteilen, sind dem Verhalten der Regierung Schuschnigg die Opfer entgegenzustellen, die dann Österreicher aus den verschiedenen politischen Lagern – Anhänger des »Ständestaats« und Christlichsoziale ebenso wie Sozialisten und Kommunisten – im W i d e r s t a n d gegen das Hitlerregime erbracht haben. Es gab unter ihnen nicht wenige Gewerkschafter und die B e d e u t u n g ihres Kampfs und ihres Leidens f ü r d a s S e l b s t v e r s t ä n d n i s d e r G e w e r k s c h a f t s b e w e g u n g d e r Z w e i t e n R e p u b l i k beschrieb Josef Hindels in seinem Buch »*Österreichs Gewerkschaften im Widerstand*« mit folgenden Worten: »Es gibt kein glaubwürdiges Ja zum Österreichischen Gewerkschaftsbund, zur großen Idee der gewerkschaftlichen Solidarität, ohne ein Bekenntnis zu jenen Menschen, die in der Zeit, in der Österreich von der Landkarte gelöscht war, für eine freie Gewerkschaftsbewegung in einem freien Österreich gekämpft haben. Sie schrieben mit ihrem Blut ein Kapitel österreichischer Gewerkschaftsgeschichte, das nicht weniger ruhmreich ist als jenes der Pionierzeit.«[40])

Leider trug auch das Verhalten der ausländischen Mächte, auf deren Intervention österreichische Patrioten und Antifaschisten hofften, nicht zur Ermutigung eines Widerstands bei. Die Völkerbundmächte traten der Aufhebung des politischen und militärischen Gleichgewichts und der Verletzung des nach dem Ersten Weltkrieg mühsam genug geschaffenen internationalen Rechtssystems durch Hitlerdeutschland vor und nach 1938 nicht energisch genug entgegen. »Der erste und entscheidende Schritt auf dem Wege zum zweiten deutschen Hegemonalkrieg und zu den deutschen Eroberungen in Europa war die völkerrechtswidrige Besetzung und Annexion Österreichs.«[41])

Eine wesentliche Ursache für die »elastische« Haltung Englands und Frankreichs gegenüber dem »Dritten Reich« lag darin begründet, daß in den beiden alten Demokratien zu jener Zeit fortschrittliche Regierungen – zum Teil unter Mitwirkung von Sozialisten – an der Macht waren, die den Schaden wiedergutmachen wollten, den die Siegermächte des Ersten Weltkriegs mit ihrer harten Politik gegenüber den unterlegenen Mittelmächten angerichtet hatten. Es sah für sie so aus, daß sich Hitler nur jene Gebiete zurückholen würde, die England und Frankreich dem Deutschen Reich widerrechtlich abgenommen oder gegen den Willen der Bevölkerung vorenthalten hatten. Dazu kam, daß die Erfahrung ihrer eigenen Anfälligkeit für chauvinistische Kriegsbegeisterung, die sie zu Beginn des Ersten Weltkriegs hatte machen müssen, in der europäischen sozialdemokratischen Arbeiterbewegung wie ein Schock nachwirkte. Ernst Papanek, österreichischer Pädagoge und Sozialist, schilderte diese pazifistische Grundstimmung und ihre Konsequenzen aus eigenem Erleben: »... (ich) muß sagen, daß der doktrinäre Pazifismus der europäischen Sozialisten – Frieden um jeden Preis – sie unfähig gemacht hatte, zu erkennen, daß es sich hier nicht einfach um einen gewöhnlichen Konflikt zwischen einzelnen Nationen handelte, sondern um einen Zusammenstoß zweier Weltanschauungen, für den es keine Lösung gab. Die Geschichte der sozialistischen Bewegung in Österreich hatte uns gezwungen, um unser Überleben zu kämpfen, auch wenn wir an unserem pazifistischen Ideal festhielten ... 1935, bei Hitlers erstem Gebietsanspruch auf das Rheinland, sprach ich auf der Konferenz der sozialdemokratischen Jugend in Kopenhagen über die Kriegsgefahr. Unter den Zuhörern herrschte eine kalte, mißbilligende Stille. Am folgenden Nachmittag war ich bei einem Lunch anwesend, den die französische Handelsministerin für einige von uns gab, als das Radio meldete, daß Hitler eben im Rheinland einmarschiert sei. ›Das bedeutet Krieg‹, sagte ich. Sie widersprach sofort. ›Warum soll das Krieg bedeuten? Das Rheinland ist deutsch. Wir hätten es längst zurückgeben sollen.‹ Darüber war ich mit ihr einer Meinung. Das Rheinland gehörte zu Deutschland und hätte zurückgegeben werden sollen, solange in Deutschland Demokratie herrschte. Hitler zu erlauben, jetzt einzumarschieren, würde alles diskreditieren, was es noch an Demokratie in Deutschland gab. Hitlers Herrschaft würde unbestritten und ein noch größerer Krieg unvermeidlich sein. ›Das wird weder einen kleinen noch einen großen Krieg bedeuten‹, gab sie zurück. ›Weil wir nicht mehr Krieg führen werden.‹ Mit unmißverständlicher Leidenschaft und Aufrichtigkeit sagte sie: ›Mein Mann ist im Weltkrieg gestorben. Mein Sohn ist jetzt achtzehn, und er darf nicht in einem neuen Weltkrieg sterben. Es kann keinen Krieg geben. wenn wir uns weigern, zu kämpfen. Auch wenn die Nazis Frankreich besetzen, werden wir nicht Widerstand leisten.‹ ›Aber Sie erteilen ihnen doch die Erlaubnis, so fortzufahren‹, protestierte ich. ›Sie laden zu ebendem ein, was Sie am meisten hassen.‹ Nicht nur sie konnte nicht verstehen, was ich sagte, auch alle anderen Tischgäste wurden böse auf mich. Sie wollten nicht einmal die Möglichkeit in Betracht ziehen, daß es eine Wahl zwischen nationalem Widerstand und nationaler Unterwerfung geben könne.

Besonders tragisch war der Ausgang für die Dame. Trotz allem, was sie ihrem Sohn gesagt oder er ihr versprochen hatte, war er es, der vor dieser schrecklichen Wahl stehen sollte. Er starb im Zweiten Weltkrieg.«[42])

Unter der Herrschaft des braunen Faschismus

Die arbeitenden Menschen im nationalsozialistischen Wirtschaftssystem

In völliger Verkennung der Tatsachen erwartete ein Teil der österreichischen Bevölkerung, darunter eine beträchtliche Anzahl von Wirtschaftstreibenden, von der Machtübernahme der nationalsozialistischen Zwangsherren, daß die Fehler des Jahres 1918 korrigiert würden. Mitteleuropa und der Balkan würden, so hofften sie, nun endlich zu einem einheitlichen Wirtschaftsgebilde zusammengeschmolzen und damit für Österreichs Industrie und Handel die Tore zu einer großen Entwicklung aufgestoßen werden.

Was aber kam, war eine A u s v e r k a u f s - , R ü s t u n g s - u n d   K r i e g s k o n j u n k t u r , die Schritt um Schritt in das Chaos der Zerstörung und Vernichtung führte. Nicht wirtschaftliche Momente standen im Vordergrund der nationalsozialistischen Politik – obwohl sie den großen Industriekonzernen zu exorbitanten Gewinnen verhalf –, sondern die Ausweitung des Machtbereichs des Deutschen Reichs, die Vorherrschaft der germanisch-deutschen »Rasse«, die Unterjochung anderer Völker. Diese Ziele ließen sich nur durch Gewalt und Schrecken erreichen. Das System aus Gewalt und Schrecken aber mußte, die Gegenwehr der unterjochten und die Abwehr der bedrohten Völker herausfordernd, im Untergang und in der Zerstörung der Volkswirtschaft enden.

Die wirtschaftliche Ausplünderung Österreichs war von einer politischen Versklavung begleitet. Nach dem Einmarsch der deutschen Truppen wurde die *Einheitsgewerkschaft* aufgelöst, und viele ihrer Funktionäre wurden verhaftet. Die Arbeiter und Angestellten wurden der *Deutschen Arbeitsfront* (DAF) eingegliedert, einer von *Reichsorganisationsleiter* Robert Ley gelenkten und der NSDAP angeschlossenen Einheitsorganisation von Arbeitgebern und Arbeitnehmern. Wie wenig die Interessen der Arbeitnehmer in ihr galten, wird allein durch die Tatsache belegt, daß Ley den deutschen *Verband der Arbeitgeberverbände* für ein Verschmelzen mit der DAF mit der Zusage gewonnen hatte, in sozial- und tarifpolitischen Fragen *neutral* zu bleiben. Die Mitgliedschaft war zwar formal freiwillig, aber die arbeitende Bevölkerung stand unter starkem sozialem Druck, so daß es nur wenige wagten, einen Beitritt abzulehnen.

An die Stelle der *Werksgemeinschaften* des »Ständestaats« traten aufgrund des Gesetzes *zur Ordnung der nationalen Arbeit* die sogenannten *Betriebsgemeinschaften*. Als Zelle der *Volksgemeinschaft* hatte der Betrieb wie die ganze *Volksgemeinschaft* nach dem Führer-Gefolgschaftsprinzip organisiert zu sein: »Führer« der »Betriebsgemeinschaft« war der Unternehmer, die Arbeiter und Angestellten bildeten die »Gefolgschaft«. Zur Vertretung der »Gefolgschaft« wurde ein »mit vorbildlichen menschlichen Eigenschaften« ausgestatteter *Vertrauensrat* ernannt, der selbstverständlich nur beratende Funktion besaß und sich der Leitung durch den Betriebsführer unterzuordnen hatte. Dieser bestimmte nach den Anordnungen des vom Reichswirtschaftsminister ohne Mitwirkung der DAF eingesetzten *Reichstreuhänders der Arbeit* Löhne und Betriebsordnung.

Während des Kriegs wurde die Kompetenz für die Regelung der Arbeitsbedingungen dem *Generalbevollmächtigten für den Arbeitseinsatz* übertragen, für dessen Entscheidungen ausschließlich die Erfordernisse der Kriegswirtschaft maßgeblich waren. Die Lohnpolitik war durch Lohnstopp und *eisernes Sparen* gekennzeichnet. Die Stillegung oder Zusammenlegung von Betrieben fiel im *Benehmen mit dem Generalbevollmächtigten* in die Kompetenz des Reichswirtschaftsministers.

Die nationalsozialistische Wehrwirtschaft brachte wohl Vollbeschäftigung, aber gleichzeitig der Arbeiterschaft völlige Rechtlosigkeit, die sich mit dem Fortschreiten des Kriegs bis zu einem System der Zwangsarbeit steigerte, Zwangsbewirtschaftung des Arbeitsmarkts umschrieben.

Im Kampf für Unabhängigkeit und Demokratie

Mit dem Beginn der Herrschaft Hitlers änderte sich die Situation der illegalen Arbeiterbewegung mit einem Schlag. Bis 1938 waren die illegalen Sozialisten und Kommunisten einem Polizeiapparat gegenübergestanden, in dem noch etliche demokratisch gesinnte Beamte tätig gewesen waren, die oft humaner gehandelt hatten als es ihnen befohlen worden war. Die Polizei hatte jedoch Informationen über illegale Zirkel und Personen gesammelt, die den in die Exekutive eingeschleusten Gestapo-Leuten schon längst vor dem März 1938 in die Hände gefallen waren.[43]) Auch wußten die österreichischen Nationalsozialisten aus der Zeit der eigenen Illegalität so manches über ihre »roten« Konkurrenzorganisationen in den Betrieben. So vorbereitet, griff die Gestapo brutal und rücksichtslos zu: Immer mehr V e r t r a u e n s l e u t e der Arbeiterbewegung wanderten i n d i e G e f ä n g n i s s e u n d K o n z e n t r a t i o n s l a g e r. Die große illegale Organisation der *Freien Gewerkschaften* wurde zerschlagen, was aber unter jenen lebendig blieb und weiter wuchs, die der ersten Verfolgungswelle der Gestapo entgingen, waren Haß und Widerstandswille gegen den braunen Faschismus, ein ungleich stärkerer Haß als man ihn dem Heimwehrfaschismus und dem System Dollfuß-Schuschnigg entgegengebracht hatte; für diese Menschen war es eine Selbstverständlichkeit, den illegalen Kampf fortzuführen. Sie standen nun mit ehemaligen Funktionären des »Ständestaats«, die sich dem Gesinnungsterror in Hitlers »Reich« nicht beugen wollten, in einer Front des Widerstands.

Im Mai 1938 erfolgte, durch die wesentlich erschwerten Bedingungen der illegalen Arbeit erzwungen, die ein Nebeneinanderlaufen mehrerer illegaler Bruderorganisationen nicht mehr zuließ, der Z u s a m m e n s c h l u ß d e r *R e v o l u t i o n ä r e n S o z i a l i s t e n* mit den illegalen *F r e i e n G e w e r k s c h a f t e n* in Wien und in anderen Orten Österreichs. Alfred Migsch, der dieser Gruppe angehörte, gelang es, V e r b i n d u n g z u k a t h o l i s c h e n W i d e r s t a n d s k r e i s e n herzustellen, unter anderem zu Felix Hurdes, einem der führenden jüngeren Köpfe der aus den Reihen der ehemaligen *Vaterländischen Front* kommenden Opposition. Die Mitglieder der zerschlagenen Gewerkschaftsorganisation versuchten ihre abgerissenen Beziehungen wiederherzustellen. Der ehemalige Textilarbeiterfunktionär Ludwig Kostroun nahm Kontakt zu Karl Maisel und Karl Mantler auf, die »als die kommenden führenden Funktionäre einer neu zu errichtenden Gewerkschaftsbewegung in einem befreiten Österreich galten«.[44])

Wegen des netzartigen Spitzelsystems, dessen sich das Hitlerregime bediente, konnte sich der gewerkschaftliche Widerstand – wie der Widerstand überhaupt – nur mehr in Kleingruppen organisieren, die ausschließlich auf persönlichen Verbindungen aufgebaut wurden. Soweit dies möglich war, behielt man aber das Vertrauensmännersystem – als letzten Rest des großen Organisationsapparats der Vergangenheit – bei, um über die Vertrauensmänner den Widerstand in den Betrieben besser organisieren und den Gewerkschaftsgedanken unter der Arbeiterschaft lebendig erhalten zu können. Wenn auch durch die Notwendigkeit der absoluten Geheimhaltung behindert, setzten die Widerstandsgruppen sogar die Unterstützungsaktion für die Opfer des illegalen Kampfs und deren Angehörige fort, die in der Zeit des Austrofaschismus zu den wichtigsten Aktivitäten der illegalen Arbeiterbewegung gezählt hatte. Bei Herstellung des Kontakts von Gruppe zu Gruppe war äußerste Vorsicht geboten, denn auf illegale Betätigung stand entweder lange Haft in Konzentrationslagern oder die Todesstrafe.

Allerdings waren es nicht nur aus diesem Grund anfangs verhältnismäßig wenige, die sich aktiv gegen den NS-Staat stellten. Auch die Tatsache, daß Zehntausende Arbeitslose durch das Ankurbeln der Rüstungsproduktion plötzlich wieder Arbeitsplätze erhielten, spielte eine Rolle, denn »unter den Arbeitslosen, die nach Jahren zermürbender Untätigkeit Arbeit bekommen hatten, war der Prozentsatz jener, die bereit waren, die Naziphrasen zu glauben, relativ groß«. Das galt auch für ehemalige Schutzbündler und Freigewerkschafter, also »Rote«, die im Februar 1934 aus politischen Gründen arbeitslos geworden waren,[45]) obwohl der Anteil jener, die Sympathien für den Nationalsozialismus zeigten, unter den Anhängern der »roten« Arbeiterbewegung selbst unter diesen Voraussetzungen wesentlich geringer blieb als in anderen Bevölkerungsgruppen. Zur Beseitigung der Arbeitslosigkeit kam ein weiteres Moment hinzu: die Tatsache, daß eine positive Einstellung zum »Anschluß« an Deutschland, trotz der Absage an ein Zusammengehen mit Hitlers Staat im Parteiprogramm von 1933, in der Sozialdemokratie nach wie vor tief verwurzelt war.

Mit ihrem »Herrenmenschen«-Verhalten verspielten die neuen Machthaber aber schon bald den Kredit, den sie anfangs bei einem

Teil der Arbeiterschaft besaßen. Besonders die Manager aus dem »Altreich«, die die Österreicher, auch altgediente österreichische Nationalsozialisten, aus den Unternehmensleitungen verdrängten, trugen zu diesem G e s i n n u n g s w a n d e l bei, indem sie die A u s b e u t u n g d e r A r b e i t s k r a f t mit brutalen Methoden verschärften. Die meisten von ihnen verachteten die *schlappen Österreicher* und ließen ihre Arbeiter und Angestellten diese Verachtung deutlich spüren. »Wenn ich vom deutschen Direktor angebrüllt wurde«, erinnert sich ein alter Werkmeister, »mußte ich immer an ein Buch über die Kolonialherren in fernen Ländern denken. Jetzt war unser Österreich zur Kolonie geworden. Und die n e u e n K o l o n i a l h e r r e n verkehrten mit uns wie mit Sklaven.«[46]) Auch außerhalb der Betriebe benahmen sich die Verwaltungs- und Parteileute aus dem »Altreich« nicht viel anders, so daß selbst viele ehemals »großdeutsch« Gesinnte den Abzug der »Kolonialherren« herbeisehnten. Der spätere österreichische Bundespräsident Adolf Schärf, selbst einer jener sozialdemokratischen Intellektuellen, die davon »geträumt« hatten, ihre *geistige Heimat wäre nicht Österreich, sondern* (die demokratische deutsche Republik) *Weimar,* machte das einem Vertreter der deutschen Widerstandsbewegung, die für ein Verbleiben Österreichs bei Deutschland nach dem Sturz Hitlers eintrat, mit folgenden Worten deutlich: »Der Anschluß ist tot. Die Liebe zum Deutschen Reich ist den Österreichern ausgetrieben worden.«[47])

Nachdem Hitler, zu dessen Reich mittlerweile auch schon die Tschechoslowakei gehörte, mit dem Ü b e r f a l l a u f P o l e n am 1. S e p t e m b e r 1 9 3 9 den Z w e i t e n W e l t k r i e g vom Zaun gebrochen hatte, bewirkten Zwangsarbeitsvermittlung und Verschickung an Arbeitsplätze ins »Altreich« ein übriges, um die Ablehnung des NS-Regimes in der Arbeiterschaft zu verstärken.

Trotzdem schrumpfte die Zahl der illegalen Kämpfer in den ersten Kriegsjahren zusammen, weil der W i d e r s t a n d gegen das Regime wegen der Verschärfung des Terrors nun ungleich schwieriger und g e f ä h r l i c h e r wurde als er bisher schon gewesen war; die Vorsicht gebot eine Beschränkung der Mitglieder der illegalen Organisationen, und manchen fehlte wohl nicht die Überzeugung, aber der Mut, sich ihr angesichts der damit verbundenen Gefahren anzuschließen. Die Bewunderung für die ersten Erfolge der Deutschen Wehrmacht hielt sich hingegen unter der österreichischen Arbeiterschaft in Grenzen; eine große Zahl glaubte auch jetzt weder an den »Endsieg« des »Dritten Reichs« noch an ein dauerndes Bestehen des nationalsozialistischen Systems.

Um die Jahreswende 1942/43 faßten viele, die jahrelang in dumpfer Bedrückung verharrt hatten, neuen Mut, denn die deutsche Siegesserie war zu Ende: Im November 1942 waren amerikanische Truppen in Nordafrika gelandet, und im Kessel von Stalingrad war die 6. Deutsche Armee hoffnungslos eingeschlossen. Jetzt erhielten die gewerkschaftlichen und sozialistischen Widerstandsorganisationen Zuzug.

Die *Auslandsvertretung der österreichischen Gewerkschaften* konnte die Untergrundbewegung in der Heimat nur wenig unterstützen, da es ungemein schwer war, vom »Feindgebiet« aus Verbindungen herzustellen und aufrechtzuerhalten. Diese *Auslandsvertretung* war im August 1939, also noch vor Kriegsausbruch, gebildet worden, und zwar auf ausdrücklichen Wunsch der in Österreich verbliebenen Gewerkschaftsfunktionäre und des *Internationalen Gewerkschaftsbunds.* Ihr gehörten anfangs acht ehemalige Funktionäre der *Freien Gewerkschaften* Österreichs an, von denen sich zwei in Norwegen, zwei in Schweden, zwei in Frankreich, einer in der Schweiz und einer in England aufhielten. Die Koordinationsstelle befand sich zunächst in Paris, als die Deutsche Wehrmacht auch in Frankreich einmarschierte, übersiedelte sie mit der IGB-Zentrale nach London. Die Mitglieder der *Auslandsvertretung* wurden von den IGB-Stellen und von den gewerkschaftlichen Zentralen ihrer Exilländer in jeder Beziehung unterstützt. Aber sie mußten sich auch immer wieder dem Vorwurf stellen, daß Österreicher als Soldaten der Deutschen Wehrmacht an den Eroberungskriegen Hitlers teilnahmen und den Befehlen des »Führers« gehorchten. Ihre Position wäre wohl noch schwieriger gewesen, wenn den Alliierten damals bekannt gewesen wäre, wie viele Österreicher für die »Endlösung der Judenfrage« und die Vernichtungsmaschinerie der Konzentrationslager mitverantwortlich waren. Auf jeden Fall zählte es – nicht nur in der aktuellen Situation, sondern auch für die Beurteilung Österreichs nach der Befreiung vom Faschismus – zu den wichtigsten Aufgaben der gewerkschaftlichen *Auslandsvertretung,* die oppositionelle Stellung der österreichischen Arbeiter zum Nazikrieg aufzuzeigen.

Nach dem Einmarsch der deutschen Truppen in Österreich im März 1938 war der Schwerpunkt der gewerkschaftlichen Widerstandstätigkeit darauf gelegt, »der Bevölkerung in illegalen Flugblättern und persönlichen Gesprächen ... zu sagen: Hitler bringt den Krieg, den er verlieren wird. Die Liquidierung der Arbeitslosigkeit dient lediglich der Rüstung, der Vorbereitung dieses Krieges. Nach dem Ausbruch des Krieges war es die Funktion der österreichischen Widerstandskämpfer, alles zu tun, um Deutschland zu schwächen, seine Wirtschaft zu schädigen, die R ü s t u n g s a n s t r e n g u n g e n, insbesondere die Versorgung der Front, zu t o r p e d i e r e n, den Glauben an die Möglichkeit eines deutschen Sieges zu erschüttern. ... Wer die Freiheit Österreichs wollte, mußte Deutschlands Niederlage bewußt fördern.«[48])

I n v i e l e n größeren und kleineren Betrieben bildeten sich ab 1943 W i d e r s t a n d s z e l l e n, die in der Hauptsache parteipolitisch orientiert waren. In anderen Betrieben gab es einzelne Vertrauensmänner, die – gemäß den erhaltenen Weisungen – den Versuch unternahmen, die auf Beschleunigung kriegswichtiger Arbeiten gerichteten Bemühungen der nationalsozialistischen Funktionäre zu sabotieren. Es war wichtig, daß diese Vertrauensmänner stets rechtzeitig von den Plänen der Nationalsozialisten Kenntnis erhielten, um sie in die Lage zu versetzen, rechtzeitig Gegenmaßnahmen zu treffen. Es gelang auf diese Weise, die Erledigung so manchen dringlichen Auftrags der Wehrmacht mehr oder weniger lang zu verzögern. Arbeiter, Werkmeister und Angestellte, die Widerstandszellen angehörten, sorgten für die Herabsetzung der Arbeitsleistung. Maschinen wurden von besonderen »Krankheiten« befallen, wobei die Beteiligten die vorgeblich aufgetretenen Defekte ihrer Überalterung zuschrieben; Transporte wurden fehlgeleitet. In der letzten Kriegsphase gelang es sogar vereinzelt, alliierten Stellen Produktionspläne zuzuspielen, deren Ausführung die Heeresleitung Unternehmen im ehemaligen Österreich übertragen hatte. Diese Verschleppungstaktik hemmte die Kriegsproduktion beträchtlich, war aber für die Widerstandskämpfer nur unter Lebensgefahr möglich; wer denunziert wurde, mußte mit Hinrichtung rechnen. Um jeden Verrat auszuschalten, wurden zwar oft selbst zur Mitwirkung an S a b o t a g e a k t i o n e n herangezogene Kollegen über den eigentlichen Zweck des Tuns der Vertrauensmänner der Widerstandsorganisationen im unklaren gelassen, aber das Überwachungssystem des NS-Staats war zu perfekt; immer wieder flogen ganze Widerstandszellen und einzelne Vertrauensmänner auf und mußten ihren Kampf gegen den braunen Faschismus mit dem Leben bezahlen.

Die Beamten hatten zum Unterschied von den Arbeitern und Angestellten in den Betrieben keine Möglichkeit, die Kriegsproduktion zu sabotieren. Aber auch unter ihnen gab es zahlreiche Gegner des braunen Faschismus. Nach 1945 wurde – aufgrund von nicht einmal vollständigem Aktenmaterial – festgestellt, daß während der Nazizeit im öffentlichen Dienst 16.000 Beamtenentlassungen und -maßregelungen vorgenommen worden waren; unter den Betroffenen hatten sich rund 6.000 Beamte in leitender Stellung befunden. Die meisten dieser Beamten waren Opfer der großen Säuberungsaktion gleich nach der Machtübernahme durch die Nationalsozialisten im März 1938, und allein das beweist, daß es – trotz des jubelnden Empfangs für Adolf Hitler am Wiener Heldenplatz – von Anfang an auch das »andere Österreich« der Gegner des »Anschlusses« an das »Tausendjährige Reich« der Nationalsozialisten gegeben hat.

Während die gewerkschaftlichen, sozialistischen und kommunistischen W i d e r s t a n d s g r u p p e n immerhin ihre Erfahrungen aus der illegalen Tätigkeit in der Zeit des Austrofaschismus mitbrachten, waren die Gegner des Nationalsozialismus a u s d e n R e i h e n d e s B a u e r n t u m s und des konservativen, vorwiegend katholisch orientierten B ü r g e r t u m s in der illegalen Arbeit völlig unerfahren und gingen deshalb noch viel leichter in die Fallen der Gestapo, bis sie es lernten, sich besser zu organisieren. Aber trotz noch so großer Vorsicht saß der Polizeiapparat der Machthaber am längeren Hebel: Immer wieder rissen Verhaftungen Löcher in das dünne Netz des Widerstands, das über Österreich gespannt war. Besonders wild reagierte das Regime, nachdem das von einer militärisch-zivilen Widerstandsgruppe geplante A t t e n t a t a u f H i t l e r a m 2 0 . J u l i 1 9 4 4 fehlgeschlagen war. Damals wurden auch Felix Hurdes, Alfred Migsch und Karl Mantler ins Konzentrationslager gebracht; Karl Mantler mußte das Grauen von Buchenwald schon zum zweitenmal erfahren. Karl Maisel, der ebenfalls schon 1939 nach Buchenwald gekommen war, entging diesmal dem Transport ins Konzentrationslager; man ließ ihn nach vierzehntägiger Haft wieder frei.

Der ö s t e r r e i c h i s c h e W i d e r s t a n d hatte keine Leit- und Koordinationsstelle, er lebte vorwiegend von der e m o t i o n e l l e n G e g n e r s c h a f t gegen das nationalsozialistische Regime. Karl Stadler gab aufgrund des Studiums von NS-Akten eine treffende Schilderung der »Innenansicht« dieses Widerstands: »Innerhalb der Lager verflossen im Widerstand die Grenzen zwischen Monarchisten und Republikanern, Heimwehrleuten und Demokraten, zwischen Sozialdemokraten, Freigewerkschaftern, Revolutionären Sozialisten und Kommunisten. Zwischen den Lagern gab es Kontakte und oft gegenseitigen Respekt, aber nach außen hin war es doch in der Regel kein ›gemeinsamer‹ Widerstand, sondern ein ›rechter‹ oder ›linker‹. Dies war allein schon in den Erfordernissen der Konspiration begründet, wonach Widerstandsgruppen klein und möglichst homogen zu sein hatten, also etwa Betriebs- oder Soldatenzellen, Nachbarschafts- und Kirchengruppen, Freundeskreis und dergleichen.«[49])

Die österreichische Widerstandsbewegung unterschied sich, was ihre Perspektive anbelangt, wesentlich vom Widerstand der deutschen Antifaschisten gegen Hitler. Das Z i e l der Repräsentanten des »anderen Deutschland« war, *das deutsche Volk von Hitler zu befreien, ein demokratisches Deutschland in den Grenzen vor der Hitlerschen Aggression wiederherzustellen.* Der Kampf des österreichischen Widerstands richtete sich hingegen, je länger der Krieg dauerte, desto mehr,[50]) »nicht nur gegen die Tyrannei des Nazifaschismus, sondern er hatte darüber hinaus eine nationale (nicht nationalistische) Perspektive: die W i e d e r h e r s t e l l u n g d e r E i g e n s t a a t l i c h k e i t Ö s t e r r e i c h s , die Annullierung der Annexion von 1938«.[51])

Dies dokumentiert sich zum Beispiel darin, daß der Plan der Widerstandskämpfer des 20. Juli 1944 zum Sturz der nationalsozialistischen Herrschaft in Wien nicht unter dem in Berlin ausgegebenen Decknamen *»Walküre«* lief, sondern unter dem Kennwort *»Radetzky«.* Der Kontaktmann des m i l i t ä r i s c h e n W i d e r s t a n d s in Wien, Hauptmann Szokoll, entging nach dem Scheitern des Attentats auf Hitler durch einen glücklichen Zufall der Rache des Regimes und nahm im November 1944 Verbindung zu zivilen Widerstandsgruppen auf, vor allem zu der G r u p p e 0 5 . Diesen Code, der für »Österreich« stand (die 0 bedeutet den Buchstaben O, die Ziffer 5 den fünften Buchstaben des Alphabets, also E, OE ist die alte Schreibweise für Ö), verwendete dann auch das *Provisorische Österreichische Nationalkomitee,* das im Dezember 1944 gegründet wurde und sich die Koordination des zivilen und militärischen Widerstands in ganz Österreich zum Ziel setzte. »Es bestand zunächst aus Katholisch-konservativen, hatte aber von Anfang an auch Kontakte zu Sozialisten, in erster Linie zu Adolf Schärf und zu dem Kommunisten Viktor Matejka. ... – Die in der Schweiz gedruckte illegale ›Arbeiter-Zeitung‹ rief dann auch zur Unterstützung der 05 als überparteilicher österreichischer Widerstandsbewegung auf. In ihrem Rahmen hatte sich schon im November 1944 der sogenannte ›S i e b e n e r a u s s c h u ß ‹ gebildet, ... der dann während des Kampfes um Wien im April 1945 die politische Führung des Widerstands übernehmen sollte.«[52])

Als die a l l i i e r t e n A r m e e n sich den alten Grenzen Österreichs näherten, wurde das österreichische Volk mittels Radio aus den alliierten Hauptstädten aufgefordert, sich zur Abschüttelung des Hitlerjochs bereitzuhalten. So hieß es zum Beispiel in einem Aufruf des Moskauer Senders vom 16. Februar 1945, sich ein Beispiel an Andreas Hofer zu nehmen und sich gegen die »deutschpreußischen Fremdlinge« zu erheben.[53]) Es war klar, daß die österreichische Bevölkerung zu einem Zeitpunkt, an dem die Alliierten zwar rasch heranrückten, aber noch nicht direkt an den Grenzen standen, die österreichische Bevölkerung nicht in der Lage (und in ihrer Mehrheit auch nicht willens) war, den deutschen Armeen mit der Waffe in der Hand entgegenzutreten. Was die W i d e r s t a n d s g r u p p e n tun konnten, war, die S a b o t a g e a k t i o n e n zu v e r s t ä r k e n ; und das geschah auch. Einen nicht zu unterschätzenden Beitrag zur E r l e i c h t e r u n g d e s a l l i i e r t e n Vo r m a r s c h s , vor allem aber für die Zukunft der österreichischen Republik, die nun bald wieder erstehen sollte, leistete die Arbeiterschaft, indem sie die Zerstörung vieler wichtiger Betriebsanlagen verhütete. Denn die Kommandeure der abziehenden Kampftruppen des NS-Staats waren darauf bedacht, bei ihrem Rückzug in Österreich die Industriebetriebe und Verkehrsanlagen weitgehend zu vernichten, teils um den Vormarsch der alliierten Armeen zu hemmen, teils um an den österreichischen »Schlappschwänzen« Rache zu nehmen, die sich in ihrer Mehrheit im Einsatz für das Hitlerregime so wenig bewährt hatten. Daß die Bahnanlagen und Eisenbahnbrücken an vielen Orten trotzdem erhalten blieben, war den Widerstandsgruppen der Eisenbahner zu danken.

In Wien scheiterte der von einem Ausschuß der 05 und Offizieren des Wehrkreiskommandos XVII, Hauptmann Huth und Oberleutnant Raschke, ... für den 6. April g e p l a n t e M i l i t ä r a u f s t a n d am Verrat des nationalsozialistischen Führungsoffiziers Hanslik. Der ebenfalls beteiligte Major Biedermann, Huth und Raschke wurden verhaftet »und nach am 8. April, fünf Tage vor der gänzlichen Eroberung der Stadt durch die Russen, am Floridsdorfer Spitz nach grausamsten Mißhandlungen an Straßenbahnmasten gehängt ... An eine Realisierung der geplanten Besetzung Wiens durch die Widerstandsbewegung und die vereinbarte k a m p f l o s e Ü b e r g a b e der Stadt an die Russen war nun nicht mehr zu denken«.[54]) Die Verhandlungen im Hauptquartier des russischen Marschalls Tolbuchin bei Wiener Neustadt hatte Oberfeldwebel Käs im Auftrag des militärischen Widerstands geführt; es war ihm gelungen, sich durch die Frontlinie durchzuschlagen, das Abkommen mit den Russen zu schließen und wieder nach Wien zurückzugelangen.

Die Situation in Wien in den ersten Apriltagen 1945 schildert ein Brief der Kreisleitung 1 des Gaus Wien an die Parteikanzlei in München vom 2. April drastisch. Es heißt da unter anderem: »Die Entwicklung hier schlägt Purzelbäume; was gegenwärtig noch zu gelten scheint, ist in kurzer Zeit überholt. Leider spürt man nirgends eine lenkende Hand. Wenn da nicht in ganz kurzer Zeit Wandel geschaffen wird, ist Wien von den Bolschewisten genommen. Ich muß dabei unbedingt darauf hinweisen, daß mit Wien der ganze Südostraum und mit größter Wahrscheinlichkeit auch das Protektorat (Böhmen und Mähren) fällt ... Es müssen die Sonderkommandos des Reichsführers-SS, wie sie an der anderen Ostfront eingesetzt wurden, hier sofort als Auffangkommandos eingesetzt werden. (Gegenwärtig türmen bereits die Wehrmachtsdienststellen aus Wien.)«[55])

Jetzt, als die alliierten Truppen im Land standen, setzte in Ostösterreich die allgemeine Auflehnung der Bevölkerung gegen das Hitlerregime ein. Am 7. April, dem Tag, an dem die *Rote Armee* den Wiener Arbeiterbezirk Favoriten besetzte, meldete der »Festungskommandant« der zum »Verteidigungsbereich« erklärten Stadt in das Führerhauptquartier: »Die Zivilbevölkerung richtet unter Hissung rot-weiß-roter Fahnen ein stärkeres Feuer auf die deutschen Truppen als der Feind.«[56])

Die Auflehnung wäre nach den Erfahrungen der Kriegsjahre, die auch viele Mitläufer der Nationalsozialisten ernüchtert hatten, zweifellos viel früher gekommen, wenn die Alliierten der Unterstützung der österreichischen Widerstandsbewegung mehr Augenmerk zugewendet und die Schaffung von Befehlszentralen in neutralen Staaten mehr begünstigt hätten. Sie bemühten sich kaum, in Zusammenarbeit mit den Exilgruppen Informationen über die Widerstandsaktionen in Österreich zu erhalten, die ja während des Kriegs aus begreiflichen Gründen nicht einem größeren Kreis bekanntgemacht und dokumentiert werden konnten. Das hing damit zusammen, daß sie gegenüber den österreichischen Exilgruppen mißtrauisch waren und sich weigerten, eine von ihnen als »rechtmäßige« Vertretung Österreichs anzuerkennen, *bis das österreichische Volk selbst in der Lage ist, in demokratischen Prozessen seine eigenen Vertreter oder seine eigene Regierung zu wählen,* wie es in einem US-Memorandum vom 16. März 1945 hieß.

Amerikaner, Engländer und Russen anerkannten Ö s t e r r e i c h zwar ausdrücklich als erstes Opfer Hitlers und setzten sich die Wiederherstellung seiner Eigenstaatlichkeit zum Ziel, wie sie in ihrer *Moskauer Deklaration* vom 1. November 1943 erklärten, aber gleichzeitig betonten sie, daß es für die T e i l n a h m e a m   K r i e g an der Seite Hitlerdeutschlands eine V e r a n t w o r t u n g trage, der es nicht entrinnen könne; sein eigener Beitrag zur Befreiung werde daher bei der endgültigen Abrechnung unvermeidlich in Rechnung gestellt werden.

Jene, die sich nicht vom Terror des NS-Regimes einschüchtern ließen, sondern unter Einsatz ihres Lebens in den Betrieben, in den Verwaltungsstellen, an den Universitäten, als Angehörige der Deutschen Wehrmacht oder als Partisanen aktiv am Widerstand teilnahmen, haben diesen Beitrag stellvertretend geleistet.

Die Opfer

Die Widerstandsbewegung hatte einen hohen Blutzoll zu entrichten.

Beim Oberlandesgericht Wien bestand ein besonderer S e n a t d e s   B e r l i n e r   V o l k s g e r i c h t s h o f s , zuständig für die Liquidierung politischer Gegner. Seine Akten wurden größtenteils vernichtet, aber allein die Überprüfung der 1.406 erhalten gebliebenen U r t e i l s a b f e r t i g u n g e n aus den Jahren 1939 bis 1944 erbrachte folgendes Ergebnis:

Zahl der angeklagten Österreicher:	3.053
Verurteilungen wegen Hochverrats	
oder wegen Vorbereitung zum Hochverrat:	2.283
Verurteilungen wegen Landesverrats:	18
Verurteilungen wegen Zersetzung der deutschen Wehrkraft:	419
Verurteilungen wegen sonstiger Vergehen gegen das Regime:	102
Freisprüche:	224
Abgaben an Heil- und Pflegeanstalten:	7

Insgesamt wurden vom Wiener Volksgerichtshof rund 6.000 Todesurteile ausgesprochen; die Urteilsvollstreckung erfolgte serienmäßig.

Allein im W i e n e r   L a n d e s g e r i c h t wurden zwischen 1938 und 1945 1.200 T o d e s u r t e i l e vollstreckt. Für einen Teil von ihnen ist die Urteilsbegründung bekannt:

Vorbereitung zum Hochverrat:	452
Zersetzung der Wehrkraft:	30
Fahnenflucht:	99

Landesverrat, Feindbegünstigung: 61
Heimtücke, Sabotage und ähnliche Delikte: 43

In Graz, der Landeshauptstadt der Steiermark, wurden von August 1943 bis März 1945 155 Österreicher wegen politischer Delikte hingerichtet. Im Polizeigefangenenhaus Graz waren, wie aus den in der Polizeidirektion Graz aufbewahrten Unterlagen ersichtlich ist, in der Zeit von 1938 bis 1945 rund 36.000 politische Gefangene inhaftiert.

Es ist nicht möglich, eine genaue Aufstellung aller Opfer des Hitlerregimes zu geben; die Zahlen sind unvollständig und zum Teil nur schwer überprüfbar. Doch trotz dieser Unvollständigkeit und Ungenauigkeit ergibt die Statistik der Todesopfer aus sieben Jahren nationalsozialistischer Herrschaft in Österreich eine Schreckensbilanz:

In Gerichtsverfahren wegen ihrer Tätigkeit
im Widerstand zum Tode verurteilt und
justifiziert wurden

        2.700 österreichische Widerstandskämpfer.

In Konzentrationslagern ermordet wurden

        16.493 österreichische Widerstandskämpfer.

In Gestapo-Gefängnissen ermordet wurden

        9.687 Österreicher.

In den Zuchthäusern und Gefängnissen
der von der Deutschen Wehrmacht
besetzten Länder starben

        6.420 Österreicher.

Deportiert und anschließend in
Gaskammern oder auf andere Weise
ermordet wurden

        51.500 österreichische Juden.[57])

In dieser Todesstatistik sind jene österreichischen Angehörigen der Wehrmacht noch nicht enthalten, die wegen »Wehrkraftzersetzung« oder Desertation von Feldgerichten verurteilt und erschossen oder gehenkt wurden. Nach den Aufzeichnungen aus Geheimakten des Oberkommandos der Wehrmacht wurden von August 1939 bis Ende Jänner 1945 insgesamt 24.559 Wehrmachtsangehörige zum Tode verurteilt. Es ist schwierig festzustellen, wie viele davon Österreicher waren, da die Soldaten und Offiziere österreichischer Herkunft ja infolge der Annexion als »Reichsdeutsche« geführt wurden und nähere Angaben über Wohn- oder Geburtsort nicht immer vorhanden sind. Nach Durchsicht der im *Zentral-Staatsarchiv* in Potsdam (DDR) aufbewahrten Akten des *Reichskriegsgerichtsarchivs* durch Mitarbeiter des *Dokumentationsarchivs des österreichischen Widerstands* konnten nur 1.750 straffällige Österreicher ausfindig gemacht werden. Dies sagt allerdings, in Anbetracht des geschilderten Problems der Herkunftsbestimmung und der Tatsache, daß fast 50 Prozent des Aktenbestands verlorengegangen sind, nicht viel über die wirkliche Zahl der Opfer aus,[58]) die sicher wesentlich höher lag. Denn allein in den im österreichischen Kriegsarchiv befindlichen Strafakten zweier Divisionen der Wehrmacht scheinen 523 Todesurteile gegen Österreicher auf.[59])

Dazu kommen die O p f e r   d e s   K r i e g s :
247.000 zum Wehrdienst eingezogene Österreicher kehrten nicht zurück, 24.300 Zivilisten kamen bei Luftangriffen oder infolge anderer Kriegshandlungen ums Leben. Insgesamt kamen nach einer Berechnung des *Militärwissenschaftlichen Instituts* 5,58 Prozent der österreichischen Bevölkerung um.

Tausende Österreicher überlebten die Schrecken der Kerker und Konzentrationslager in Hitlers »Reich«; manche kamen nach drei Monaten wieder frei, manche mußten die Qual sieben Jahre lang erdulden. Auch viele leitende Funktionäre der österreichischen Gewerkschaftsbewegung der Zweiten Republik waren während der Naziherrschaft in Haft, einige unter ihnen hatten Lager und Kerkermauern schon vorher, während der Zeit des Dollfuß-Schuschnigg-Regimes, kennengelernt. Und manche von ihnen verbrachten die Jahre der Annexion vom ersten bis zum letzten Tag im Konzentrationslager.

Die meisten von ihnen kamen in ein Konzentrationslager im »Altreich« oder in den vom NS-Staat okkupierten Gebieten wie Dachau, Buchenwald oder Auschwitz. Im K o n z e n t r a t i o n s l a g e r   M a u t h a u s e n , dem auf österreichischem G e b i e t 48 »Nebenlager« angeschlossen waren, wurden noch am 28. April 1945 auf Befehl des Gauleiters von *Oberdonau* 33 Angehörige einer Widerstandsgruppe vergast. Die Begründung des Befehls lautete: *Damit die vordringende alliierte Armee keine aufbauwilligen Kräfte in Österreich vorfindet.* Am nächsten Tag montierte man die technischen Einrichtungen der Gaskammer ab. Das geschah 13 Tage nach der Gründung des neuen überparteilichen Gewerkschaftsbunds der Zweiten Republik und einen Tag, nachdem in Wien die Provisorische Staatsregierung des wiedererstandenen Österreich ihr Amt angetreten hatte.

VII. Wiedergeburt und Wiederaufbau

Anders als nach 1918

Im Chaos des Zusammenbruchs der NS-Herrschaft

Im April 1945 standen in allen Gebieten Deutschlands, im Westen, Osten, Süden und Norden, alliierte Truppen, und der Luftraum war mangels einer ausreichenden Abwehr schutzlos den alliierten Fliegerangriffen ausgeliefert; die ersten Wehrmachtseinheiten hatten bereits kapituliert. Nach dem Selbstmord Hitlers am 30. April kapitulierte dann zwischen dem 2. und dem 5. Mai der überwiegende Teil der deutschen Truppenverbände; an fast allen Fronten wurden bedingungslos die Waffen gestreckt. Am 7. Mai unterzeichnete die Wehrmachtsführung in Reims die deutsche Gesamtkapitulation gegenüber den Westmächten; sie trat am 9. Mai um 00.01 Uhr in Kraft. Um 00.16 wurde die Kapitulationsurkunde – unter Einbeziehung der Sowjetunion – in Berlin-Karlshorst ein zweites Mal unterzeichnet. Offiziell ging der K r i e g in Europa am 9 . M a i z u E n d e und während der folgenden Wochen kapitulierten auch die letzten noch kämpfenden Wehrmachtsteile. Die Niederlage der Deutschen Wehrmacht und des braunen Faschismus war total.

Nach dem Ende des Zweiten Weltkriegs, der auf drei Kontinenten geführt wurde und in den 68 Länder verwickelt waren, während nur 14 Länder neutral blieben, waren weite Teile Europas ein Trümmerfeld, Städte waren zerstört, Dörfer dem Erdboden gleichgemacht, Produktionsstätten und Verkehrsmittel vernichtet, fruchtbarer Ackerboden war ausgelaugt und zerstampft, der Viehbestand dezimiert. Durch Flucht und Vertreibung waren zwanzig Millionen Menschen ohne Obdach und Versorgung. Das finanzielle Gleichgewicht der Staaten war zerstört, die internationalen Handelsbeziehungen waren vielfach unterbrochen. Neben dem Mangel an Nahrungsmitteln erschwerte vor allem der Niedergang der Kohle- und Stahlerzeugung den Wiederaufbau. Auch fehlte es allerorten an verfügbaren geeigneten Arbeitskräften. Europa war zu Tode erschöpft.

Im Herzen dieses ausgebluteten Kontinents lag das Gebiet, das bis 1938 der selbständige Staat Österreich gewesen war und dem der »Anschluß« an das Deutsche Reich nicht nur die Mitschuld an Hitlers Krieg und seiner »Endlösung der Judenfrage« beschert hatte, sondern auch den Rückfall in den wirtschaftlichen Status einer Kolonie. Während des Kriegs wurde ein rücksichtsloser R a u b - b a u a n Ö s t e r r e i c h s N a t u r s c h ä t z e n betrieben, schließlich wurden wertvolle Maschinen und Industriegüter verschleppt, so daß die *Alpen- und Donaugaue* des »tausendjährigen Reichs« der Nazis am Ende des Zweiten Weltkriegs wirtschaftlich ausgeblutet waren. Dazu waren, wie überall in Europa, viele Produktions- und Wohnstätten zerstört, und rund eine Million Flüchtlinge suchten hier Zuflucht oder warteten auf die Chance, weiterwandern zu können.

Soldaten der verschiedenen Heeresgruppen, aus ihrer Heimat vertriebene Flüchtlinge und aus ihrem Vaterland verschleppte Fremdarbeiter, die heim wollten, durchzogen das Land. Insgesamt nahmen im Zeitraum von 1945 bis zum Anfang der fünfziger Jahre allein rund 924.000 deutschsprachige F l ü c h t l i n g e ihren Weg über österreichisches Gebiet. Im Lande verblieben 237.937 Volksdeutsche, die eingebürgert wurden.

Die Notwendigkeit der Versorgung der vielen hunderttausend Flüchtlinge aus dem Osten Europas und der Tschechoslowakei belastete auch die E r n ä h r u n g s b i l a n z der westlichen Bundesländer, deren Ernährungsverhältnisse im übrigen durch dünnere Besiedlung, noch funktionierende Agrarwirtschaft und das Vorhandensein von Lebensmittelvorräten wesentlich günstiger waren als die Verhältnisse in den dichtbesiedelten Gebieten des Nordostens und Ostens. In Wien betrug im Mai 1945 der Tagesdurchschnitt der ausgegebenen Rationen rund 350 Kalorien und lag somit weit unter dem physiologischen Existenzminimum. In vielen Industriebezirken Niederösterreichs herrschte furchtbare Not, und es häuften sich die T o d e s f ä l l e , die auf Hungerödeme zurückzuführen waren; im Burgenland sah die Lage nicht viel besser aus.

Das Chaos, in dem sich Versorgung und Wirtschaft befanden, war noch weit schlimmer als nach dem Ersten Weltkrieg. Es gab keine staatliche Verwaltung, das Verkehrswesen war desorganisiert, die Wirtschaft total zerrüttet. 62 Prozent der während des Kriegs neu errichteten – für den Stromexport nach Deutschland bestimmt gewesenen – Wasserkraftwerke befanden sich zwar in Tirol und Vorarlberg, die von den unmittelbaren Kampfhandlungen und von den zerstörenden Nachkriegseinwirkungen zum Teil verschont geblieben waren, aber sie waren vom Osten abgeschnitten und konnten die dort dringend benötigte Energie nicht liefern. Strom, Gas und Wasser setzten aus, man kehrte zur Petroleumlampe zurück und fror in kalten Räumen. Die Bevölkerung in den Städten fristete in den ersten Nachkriegsmonaten ein kümmerliches Dasein. Es fehlte nicht nur an lebenswichtigen Nahrungsmitteln, an Kohle und Strom, sondern auch an Bekleidung und Schuhen und an anderen unentbehrlichen Dingen des täglichen Bedarfs.

Im Westen war die Industrie im großen und ganzen intakt geblieben, in den industriellen Konzentrationsgebieten des Ostens war die Zerstörung hingegen fast vollständig, die Rohstoffreserven waren zum Großteil vernichtet, die Industriebetriebe durch Bomben zerstört und beschädigt, der Maschinenpark war zum Teil verlagert oder demontiert. Der Wirtschaftsraum war nicht nur bezüglich der Energieversorgung zerstückelt. Die Befreier von der NS-Herrschaft riegelten die von ihnen besetzten Gebiete zunächst hermetisch voneinander ab. Es waren zwar die alliierten Truppen, die als erste ordnend in das Chaos eingriffen und vielfach auch halfen, aber andererseits durch die Beschlagnahme noch vorhandener Rohstofflager und die Demontierung von Industrieanlagen dieses Chaos noch vermehrten. Allein die Betriebe der Elektro-, Fahrzeug-, Maschinen-, Eisen- und Metallwarenindustrie sowie der Stahl- und Eisenproduktion verloren durch D e m o n t a g e bis 1946 gegenüber dem Stand von 1945 rund 45.000 Werkzeugmaschinen, aber auch gegenüber dem viel niedrigeren Stand von 1937 noch immer rund 11.000 Werkzeugmaschinen:

Bestand an Werkzeugmaschinen
vor und nach dem Zweiten Weltkrieg (in Stück):

Industrie	Dezember 1937	April 1945	Jänner 1946
Elektroindustrie	*12.038*	*19.327*	*7.896*
Fahrzeugindustrie	*13.S08*	*21.043*	*8.777*
Maschinenbau	*8.868*	*18.096*	*7.276*
Eisen- und Metallwarenindustrie	*23.693*	*29.471*	*23.681*
Eisen- und Stahlbau	*2.624*	*4.296*	*1.981*

Quelle: WIFO-Monatsberichte 1–3/1947, S. 29

Ein weiteres Problem, das langfristige Folgen haben sollte, war die geänderte Wirtschaftsstruktur, die das »Dritte Reich« hinterlassen hatte. Es hatte während des Kriegs eine bedeutende industrielle Expansion gegeben: In Linz waren die »Hermann-Göring-

Werke« entstanden, die wir als *Vereinigte Österreichische Eisen- und Stahlwerke (VÖEST)* kennen, und die *Stickstoffwerke* (dann *Chemie Linz AG*), dazu in Ranshofen ein Aluminiumwerk, in Lenzing die Zellwollanlage und in Moosbierbaum eine chemische Fabrik. Aber diese Expansion betraf in erster Linie die Grundstoff- und Investitionsgüterindustrie; die Ausweitung der w e i t e r v e r - a r b e i t e n d e n I n d u s t r i e hatte man bewußt v e r n a c h l ä s - s i g t . So besaß Österreich 1945 eine wohl zum Teil zerstörte, aber doch beschränkt einsatzfähige Basis an Grundstoffindustrie, die darauf aufbauende Finalindustrie war jedoch nur in einem geringen Umfang vorhanden, der in einem deutlichen Mißverhältnis zum breiten Unterbau stand. »Aus diesem Mißverhältnis ergaben sich strukturelle Schwächen, die bis heute zu den Problemen der Österreichischen Industrie zählen.«[1]) Das Problem der v e r s t a a t - l i c h t e n Grundstoffindustrie (das Problem betraf und betrifft besonders die Verstaatlichte Industrie, die das Erbe der deutschen Industriepolitik in Österreich antreten mußte) sah Wirtschaftsexperte Hans Seidel in folgendem Licht: »Angesichts des hohen Bedarfes an Basisprodukten in der Wiederaufbauperiode und den hohen Renditen, die Grundstoffproduzenten erzielen konnten, hätte es einer sehr weiten Perspektive und eines sehr langen Atems bedurft, um eine anderes Strukturkonzeption – etwa eine Industriestruktur nach Schweizer Muster – zu realisieren.«[2]) Für einen »langen Atem« reichten aber weder die finanziellen Ressourcen aus noch waren die politischen Verhältnisse ihm förderlich.

Wie es u n m i t t e l b a r n a c h d e m E i n m a r s c h d e r *R o t e n A r m e e* in Ostösterreich aussah und wie schwierig der Neubeginn von Staat und Wirtschaft war, das vermittelt ein Abschnitt aus den Lebenserinnerungen Oskar Helmers, der ein halbes Jahr nach den geschilderten Ereignissen Innenminister der wiedererstandenen demokratischen Republik wurde:

»Um unsere Arbeit im Lande vorzubereiten, mußten wir mit den Bürgermeistern in Verbindung treten. Wir suchten wieder die (russische) Zentralkommandatur auf und erbaten Fahrzeuge. Darauf sagte man uns, daß wir die dem Bauernbund und der NEWAG – die beauftragt war, die Elektrizitätswirtschaft in Ordnung zu bringen – zur Verfügung gestellten Militärfahrzeuge benützen können. Tatsächlich wurde uns das ermöglicht.

Ich entschied mich, in das Gebiet der Südbahnstrecke zu fahren, und wollte in erster Linie Wiener Neustadt aufsuchen. Doch kam ich aber nur bis Ebenfurt, wo eine Militärkommandantur für das ganze Wiener-Neustädter Gebiet bestand, die die Bürgermeister und Gemeindeverwalter einsetzte. Immerhin konnte ich mit diesen eine erste Verbindung herstellen. Die Mitteilung über die Bemühungen, die Partei wiederaufzurichten, wurde überall mit großer Freude aufgenommen.

Die Fahrten mit dem Russenauto waren im übrigen alles eher als ein Vergnügen. Die Fahrt am 23. April wird mir unvergeßlich bleiben. Schon frühmorgens ging es los. Im Wagen befanden sich Ingenieure und Arbeiter der NEWAG, die während der Fahrt ortsweise abgesetzt wurden. Bei der Rückfahrt waren die beiden Soldaten bockig, sie erklärten plötzlich, daß sie die Fahrt zu unterbrechen wünschten, legten sich bei Oyenhausen ins Gras, verzehrten ihre mitgebrachten Eßwaren und tranken aus dem Benzinkanister von ihrem requirierten Wein. Nach einer Stunde Zuwartens war mir klar, daß an eine Rückfahrt mit diesem Fahrzeug nicht mehr zu denken war. Die Soldaten waren total betrunken. In dieser Lage – es war bereits sieben Uhr geworden – entschloß ich mich, meine Verwandten in Oberwaltersdorf aufzusuchen ...

Knapp vor der ›Sperrstunde‹ – acht Uhr abends[3]) – kam ich dort an. Der Ort schien wie ausgestorben. Die Haustore waren versperrt; außer betrunkenen Soldaten traf ich keine Menschenseele auf der Straße an. Mit einigen Schwierigkeiten konnte ich bis zum Haus meines Bruders vordringen. Auch dieses war von den Russen besetzt, der mit Geschützen angefüllte Garten zerstört. Ich irrte in der Nachbarschaft umher, um etwas über das Schicksal meines Bruders und seiner Familie zu erfahren.

Es war traurig, was ich zu hören bekam. Durch fast drei Wochen war das Haus besetzt, mein Bruder und die Frauen wurden von den Besatzungssoldaten in ihre Dienste genommen. Ganz besonders die Frauen mußten Tag und Nacht zur Verfügung stehen. Als es in einer Nacht besonders arg zugegangen war, da gingen meinem Bruder die Nerven durch. Er nahm die Frauen in Schutz. Daraufhin machten die offenbar betrunkenen Soldaten kurzen Prozeß. Sie machten von der locker sitzenden Schußwaffe Gebrauch und töteten meinen Bruder. Hernach nahmen die Frauen Gift und starben unter furchtbaren Leiden – das Giftquantum scheint zuwenig gewesen zu sein – eines qualvollen Todes. Nachdem das Furchtbare geschehen war, mußten die Nachbarn vor dem Haus ein Grab für die Toten schaufeln, in das mein Bruder und seine Familie verscharrt wurden. Gern hätte ich auf die Grabhügel einige Blumen gelegt, aber der Zutritt zum Hause war mir nicht möglich, die Russen sperrten das Tor für jeden Besuch ab.

Mit wehem Herzen entschloß ich mich, die Nacht durchzuwandern, um in der Früh in Wien zu sein. Das war wegen der ununterbrochenen Truppenbewegungen keine ungefährliche Sache. Zermürbt und zerschlagen kam ich aber schließlich in Wien an. Ich suchte zunächst meine Freunde in der Ebendorferstraße auf, denen ich ausführlich berichtete.

Dieser tragische Vorfall – der ja keine Einzelerscheinung war – kam auch dem russischen Militärkommando in Wien zur Kenntnis. Eines Tages kam ein russischer Major zu mir ins Innenministerium – ich wurde inzwischen Mitglied der provisorischen Regierung – und sprach mir im Namen des Marschall Tolbuchin das Beileid und das Bedauern aus. Es wurde eine Untersuchung geführt und die Übeltäter sollen strenge bestraft worden sein; die Toten konnten damit nicht gesühnt werden.

Erst nach Wochen war es möglich, die Toten würdig zu bestatten.«[4])

Ein Staat, den alle wollten

Als die *Rote Armee* die Grenze zwischen Ungarn und dem Burgenland überschritt und damit das Ende der NS-Herrschaft im Ostteil des Landes besiegelte, gab es Österreich als staatliches und wirtschaftliches Gebilde nicht.

Grundlage für die Wiedergeburt Österreichs war die bereits erwähnte *Moskauer Deklaration* der Alliierten von Oktober 1943, die vollständig lautete:

Die Regierungen Großbritanniens, der Sowjetunion und der Vereinigten Staaten kamen darin überein, daß Österreich, das erste freie Land, das der Hitlerschen Aggression zum Opfer gefallen ist, von der deutschen Herrschaft befreit werden muß.

Sie betrachten den Anschluß, der Österreich am 15. März 1938 von Deutschland aufgezwungen worden ist, als null und nichtig. Sie betrachten sich in keiner Weise gebunden durch irgendwelche Veränderungen, die nach diesem Zeitpunkt in Österreich vorgenommen wurden. Sie geben ihrem Wunsch Ausdruck, ein freies und unabhängiges Österreich wiederhergestellt zu sehen und dadurch dem österreichischen Volk selbst, ebenso wie anderen benachbarten Staaten, vor denen ähnliche Probleme stehen werden, die Möglichkeit zu geben, diejenige politische und wirtschaftliche Sicherheit zu finden, die die einzige Grundlage eines dauerhaften Friedens ist. Österreich wird jedoch darauf aufmerksam gemacht, daß es für die Beteiligung am Kriege auf seiten Hitlerdeutschlands die Verantwortung trägt, der es nicht entgehen kann, und daß bei der endgültigen Regelung unvermeidlich sein eigener Beitrag zu seiner Befreiung berücksichtigt werden wird.

Trotz dieser Willenserklärung waren sich die Alliierten keineswegs darüber einig, ob Österreich genügend Lebenskraft zur Selbständigkeit aufbringen werde. Allan Dulles, der Leiter des US-Nachrichtendienstes während des Zweiten Weltkriegs, erklärte im Februar 1943 in Geheimverhandlungen mit Vertretern Hitlers in der Schweiz kategorisch, von einer Abtrennung Österreichs von Deutschland könne keine Rede sein. Im Sommer desselben Jahres brachte die englische Regierung ein Projekt zur Lösung der österreichischen Frage vor, das einige Varianten enthielt, darunter den Zusammenschluß Österreichs mit Deutschland, den Einschluß Österreichs in einen süddeutschen Staatenbund oder in einen osteuropäischen Staatenbund – alles, nur nicht die Wiedererrichtung eines selbständigen Staats.[5]) Und noch bei Abschluß des Staatsvertrags sagte ein hoher englischer Diplomat zum damaligen Staatssekretär Bruno Kreisky: »So, jetzt haben wir den Staatsvertrag unterschrieben. Aber für wie lange?«[6]) Die Alliierten des Zweiten Weltkriegs hielten also nicht allzuviel von der Überlebenskraft des Kleinstaats an der Grenze zwischen Ost und West. Der Abschluß des Staatsvertrags im Jahre 1955 war vielmehr das einmalige Produkt der ersten Entspannungsphase nach dem Ausbruch des »Kalten Kriegs« zwischen den ehemaligen Verbündeten USA und UdSSR.

Es ist umstritten, ob die Sowjetunion mit ihrem Verhalten gegenüber Österreich der in das westliche Bündnissystem strebenden Bundesrepublik Deutschland signalisieren wollte, daß bei einem Verzicht auf das Bündnis die Möglichkeit einer Wiedervereinigung Deutschlands durch einen Friedensvertrag bestehe oder ob sie nur ein allgemeines Entspannungssignal setzen wollte, das sie wenig kostete. Jedenfalls verstanden die österreichischen Staatsmänner die Gunst des Augenblicks zu nutzen und handelten. Denn s i e glaubten an die Lebensfähigkeit der damals bereits zehn Jahre alten Zweiten Republik.

Darin besteht der große Unterschied zwischen der ersten und der zweiten demokratischen Republik: Im Gegensatz zu 1918 schlug die aus dem Erlebnis des Zusammenbruchs resultierende Lethargie der Menschen überraschend schnell in einen o p t i m i s t i - s c h e n   A u f b a u w i l l e n um. Es scheint fast an ein Wunder zu grenzen, wenn man rückblickend betrachtet, was alles in der ersten Zeit nach Kriegsende vollbracht wurde. In der Erinnerung ist es selbst für einen Zeitzeugen schwer faßbar, wie damals in Österreich zwischen den Ruinen der Städte und unter primitivsten Existenzbedingungen das Leben gemeistert wurde.

Die Vorstellung, nur durch die Zugehörigkeit zum großen Deutschen Reich lebensfähig zu sein, war ein tragischer, durch die Verhältnisse der Zwischenkriegszeit bedingter Fehlschluß gewesen. Die Österreicher fanden nun aufgrund trauriger Erfahrungen den Mut zum »Kleinsein« und die Zuversicht der Lebensfähigkeit eines selbständigen Österreich. Entscheidend für den Selbstbehauptungswillen des österreichischen Volks waren die sieben Jahre nazistischer Unterdrückung und die in den Kerkern und Konzentrationslagern gereifte Erkenntnis der Notwendigkeit einer Zusammenarbeit aller staatstragenden politischen Kräfte.

Österreich hatte zu seiner e i g e n e n d e m o k r a t i s c h e n I d e n t i t ä t gefunden.

In den Apriltagen begannen sich in Wien die Anhänger der früheren demokratischen Parteien zu formieren.

Die Kontakte der alten Sozialdemokratie waren nie ganz abgerissen, sondern auf vielerlei Wegen fortgesetzt worden. Karl Renner hatte sich ins Privatleben zurückgezogen und war in seinem niederösterreichischen Wohnort bei einer Intervention zugunsten der Bewohner von der sowjetischen Besatzungsmacht als früherer sozialdemokratischer Parteiführer »entdeckt« und sofort als Integrationsfigur einer neuen Regierung eingesetzt worden. Zu den ehemaligen führenden Funktionären der alten *Sozialdemokratischen Arbeiterpartei* stießen die jungen illegalen *Revolutionären Sozialisten.* Durch die Vereinigung beider Flügel entstand die *S o z i a l i s t i s c h e P a r t e i Ö s t e r r e i c h s* (SPÖ).

Ebenso sammelten sich die Anhänger der früheren *Christlichsozialen Partei,* gründeten aber aufgrund der moralischen Belastung dieses Parteinamens nunmehr die *Ö s t e r r e i c h i s c h e V o l k s p a r t e i* (ÖVP), auch als Sammelpartei über die frühere religiöse Bindung hinaus.

Die Anerkennung früherer Funktionäre der *Vaterländischen Front* als nunmehrige Mandatare der ÖVP war dabei nicht so selbstverständlich, denn »im ursprünglichen Entnazifizierungsprogramm der amerikanischen Besatzer war auch die Registrierung von Funktionären des Dollfuß- und Schuschnigg-Regimes vorgesehen«.[7])

Die K o m m u n i s t e n , die ihren illegalen Apparat vor der totalen Zerschlagung durch die Nazis hatten bewahren können, waren damit als erste auch für die Legalität gerüstet.

Am 23. April 1945 einigten sich die drei Parteien darauf, eine p r o v i s o r i s c h e   ö s t e r r e i c h i s c h e   S t a a t s r e g i e r u n g unter dem Vorsitz von K a r l   R e n n e r zu bilden. Die sowjetische Militärkommandantur genehmigte am 27. April die Einsetzung dieser Konzentrationsregierung. Bis sie auch das Vertrauen der Westalliierten erringen konnte, sollten noch einige Monate vergehen.

Am 2 5 .   N o v e m b e r   1 9 4 5 fanden die ersten Nationalrats-, Landtags- und Gemeinderatswahlen in der Zweiten Republik statt; es waren die e r s t e n   f r e i e n   P a r l a m e n t s w a h l e n s e i t   1 9 3 0 . Die ÖVP erhielt die absolute Mehrheit, die SPÖ wurde zweitstärkste Partei. Am 20. Dezember wählte die Bundesversammlung (Nationalrat und Bundesrat gemeinsam) Karl Renner zum Bundespräsidenten; erst Renners Nachfolger Theodor Körner konnte, wie es die Verfassung vorsieht, 1951 direkt vom Volk gewählt werden. Nach seiner Angelobung durch den Nationalratspräsidenten nahm der Bundespräsident die Angelobung der neuen Regierung vor, der aufgrund des Wahlergebnisses der ÖVP-Politiker L e o p o l d   F i g l als B u n d e s k a n z l e r vorstand.

Obwohl wie nach 1918 Hunger und Not vorherrschten, unterschied sich die Lage nach 1945 von Anfang an doch wesentlich von jener am Ende des Ersten Weltkriegs: Es gab keine radikalen Strömungen, die die Gesellschaft revolutionär verändern wollten. Nach 1918 hatte es die *Arbeiter- und Soldatenräte* mit revolutionärer Tradition gegeben, die erst von der Sozialdemokratie halbherzig toleriert, von den Gewerkschaften sabotiert, langsam an Bedeutung verloren hatten. Es gab nach 1945 nicht so wie nach 1918 geheime Waffenlager der Parteien, die aus Beständen der geschlagenen Armee stammten und vor den Repräsentanten der Sieger verborgen gehalten wurden. Diese Waffendepots waren ein Druckmittel in den politischen Auseinandersetzungen gewesen, und sowohl ihr Besitz als später die Beschlagnahme der Waffen des *Republikanischen Schutzbunds* durch die staatliche Exekutive hatten die politische Atmosphäre vergiftet.

Der Wiederaufbau einer demokratischen Republik war 1945 unangefochten.

Das war keineswegs auf die Anwesenheit der Besatzungsmächte zurückzuführen – im Gegenteil, im Osten Österreichs hätte eine moderne »Rätebewegung« vermutlich die Förderung der *Roten Armee* gefunden –, sondern tief im Bewußtsein der Bevölkerung verankert. Nach den innerpolitischen Wirren der Zwischenkriegszeit und der nationalsozialistischen Gewaltherrschaft, die jeden viel drückender traf als es das harte Kriegsrecht in der Monarchie zwischen 1914 und 1918 je vermocht hatte, sehnten sich die Menschen nach Ruhe. Sie hegten keine großen Hoffnungen für die Zukunft, sondern hatten nur den Wunsch, ein – wenn auch dürftiges – Leben in Frieden führen zu können.

Es kam dazu, daß die Erwartungen, die ein Teil der Österreicher in den Vormarsch der *Roten Armee* gesetzt hatte, durch die Schrecken, die den Vormarsch begleiteten, zunichte gemacht wurden; Soldaten können keine Bannerträger von Idealen sein. Die Ausbeutung der ohnehin schwachen österreichischen Wirtschaftskraft – unter Berufung auf die Wiedergutmachungspflicht für die Beteiligung am Hitler-Krieg – tat ein übriges. Die *Kommunistische Partei* kam daher bei den Nationalratswahlen im November 1945 nur auf vier Mandate, und als sie im Juni 1947 den Versuch unternahm, die Umbildung der Regierung nach ihren Wünschen zu erreichen, um damit eine Politik der Verständigung mit der Sowjetunion zur Erlangung des Staatsvertrags und die enge wirtschaftliche Zusammenarbeit mit den unter kommunistischem Einfluß stehenden Nachbarstaaten zu gewährleisten, scheiterte sie. Am 20. November 1947 trat das einzige kommunistische Regierungsmitglied, Karl Altmann, zurück, da die KPÖ das Währungsschutzgesetz ablehnte. Bis 1966 waren alle Regierungen der Zweiten Republik K o a l i t i o n s r e g i e r u n g e n   d e r   b e i d e n   G r o ß p a r t e i e n   ÖVP und SPÖ. Der noch vor der Zweiten Republik gegründete neue Gewerkschaftsbund sah es als seine Verpflichtung an, die Politik der Koalitionsregierungen, die auf Abzug der Besatzungsmächte und die Herstellung der vollen Unabhängigkeit Österreichs hinauslief, mit allen Kräften zu unterstützen.

Nach den ersten Nationalratswahlen im November 1945 hatte das *Alliierte Exekutivkomitee* betont, daß die vier Mächte auch weiterhin die oberste Gewalt in Österreich ungeschmälert ausüben würden. Eine gewisse Erleichterung, nicht nur in politischer, sondern auch in wirtschaftlicher Beziehung, brachte ein vom *Alliierten Rat* im Juni 1946 beschlossenes etwas milderes K o n t r o l l a b k o m m e n . Es kam zu einer neuen Regelung der Funktion der *Alliierten Kommission* in Österreich und der Besatzungsstreitkräfte sowie der Beziehungen zwischen der *Alliierten Kommission* und den Besatzungsstreitkräften einerseits und der österreichischen Regierung andererseits.

Das Kontrollabkommen erweiterte die Funktionen der österreichischen Regierung. Mit Ausnahme einiger spezifischer Fragen, die sich unmittelbar auf die Besatzungsmächte bezogen, überließ das neue Abkommen die legislative und exekutive Macht der österreichischen Regierung, mit der Einschränkung, daß die Regierung Direktiven ausführen mußte, die sie von der *Alliierten Kommission* bekam. Die österreichische Regierung durfte internationale Vereinbarungen abschließen und das Parlament Gesetze beschließen. G e s e t z e u n d A b k o m m e n waren dem *A l l i i e r - t e n R a t* zur Genehmigung v o r z u l e g e n . Diese Genehmigung war aber ausdrücklich nur für Verfassungsgesetze erforderlich. In allen anderen Fällen galt sie als erteilt, wenn innerhalb von 31 Tagen kein Einwand aufgrund eines einstimmigen Beschlusses erfolgte.

Die Kontrollen an den Zonengrenzen, die die Zuständigkeitsbereiche der vier Besatzungsmächte bezeichneten, wurden aufgehoben, soweit sie den Handelsverkehr betrafen. Auch alle Reisebeschränkungen innerhalb Österreichs wurden beseitigt.

Die österreichische Regierung wurde ermächtigt, ihre eigene Zoll- und Grenzverwaltung ins Leben zu rufen. Die *Alliierte Kommission* übertrug ihr die Überwachungstätigkeit im Zoll- und Verkehrswesen, sofern dadurch die militärischen Bedürfnisse der Besatzungsstreitkräfte nicht beeinträchtigt wurden.

Die zweiten Nationalratswahlen fanden im Oktober 1949 statt; der Wahlkampf war besonders hart gewesen. Innenminister Helmer hatte durch die von ihm patronisierte Gründung einer vierten Partei das bürgerliche Lager spalten und so die Vorherrschaft der ÖVP brechen wollen. Doch die Strategie ging nicht auf. Beide Koalitionsparteien verloren gleichmäßig je sechs Prozent an den *V e r - b a n d d e r U n a b h ä n g i g e n* (VdU), aus dem (und einigen anderen nationalen Organisationen) 1956 die *F r e i h e i t l i c h e P a r t e i Ö s t e r r e i c h s* (FPÖ) hervorging. Die SPÖ rutschte auf 39 Prozent, obwohl sie 188.000 Stimmen gewann. Doch nicht nur die Unzufriedenen von rechts hatten einen unerwarteten Wahlerfolg buchen können, auch die als *Linksopposition* kandidierende KPÖ legte 40.000 Stimmen und ein Prozent zu. Durch die Favorisierung des VdU wäre ein Bürgerblock, eine Regierung ohne SPÖ, möglich gewesen, doch die Große Koalition ÖVP-SPÖ hielt.

Der Österreichische Gewerkschaftsbund tritt auf den Plan

Während in Wien noch die Kanonen donnerten, fanden sich die durch die Illegalität verbundenen Vertrauensmänner, die der Verschickung in die Konzentrationslager entgangen waren, zusammen, um an den Wiederaufbau der österreichischen Gewerkschaftsbewegung zu schreiten.

Am 13. April 1945 kamen in der Wohnung des späteren Vorsitzendenstellvertreters der *Gewerkschaft der Bau- und Holzarbeiter,* Battisti, in der Wimbergergasse einige Vertrauensmänner der ehemaligen *Freien Gewerkschaften* zusammen, um über die Gründung einer neuen Gewerkschaftsbewegung zu beraten. Es waren dies die Kollegen Böhm, Battisti, Gottlieb, Pfeffer und Vitzthum. Diese Kollegen waren sich darüber einig, daß die neue gewerkschaftliche Organisation sofort in Angriff genommen und ein möglichst großer Kreis ehemaliger Gewerkschafter dafür gewonnen werden müsse. Sowohl von seiten der Kommunistischen wie der ehemaligen Christlichsozialen Partei wurde der Wunsch ausgesprochen, an den Besprechungen teilzunehmen. Diesem Wunsch wurde entsprochen, und Gewerkschafter der beiden politischen Richtungen wurden schon zu dieser Sitzung zugezogen.

Die gemeinsame Besprechung wurde von J o h a n n   B ö h m eröffnet. Nach einer wechselvollen Debatte wurde der einstimmige Beschluß gefaßt, eine Gewerkschaftsorganisation zu schaffen, die die Gewerkschaften sozialistischer, kommunistischer und ehemals christlichsozialer Parteirichtung umfassen sollte. Auf Vorschlag von Böhm wurde ein Ausschuß eingesetzt, der sofort mit den vorbereitenden Arbeiten begann. Der Ausschuß setzte sich aus folgenden Kollegen zusammen:

Johann Böhm, Bauarbeiter
Johann Smeykal, Eisenbahner
Andreas Götel, Bauarbeiter
Gottlieb Fiala, Lederarbeiter
Wilhelm Janisch, Eisenbahner
Adolf Weigelt, Buchdrucker
Robert Pipelka, Chemiearbeiter
Julius Uhlirs, Land- und Forstarbeiter
Anton Gottlieb, Kaufmännischer Angestellter
Robert Hunna, Eisenbahner, für die Kommunistische Partei Österreichs

Franz Haider, Eisenbahner, für die (ehemalige) *Christlichsoziale Partei*

Gleichzeitig mit den Beratungen über die Errichtung einer zentralen Organisation setzten die Bemühungen zur Errichtung gewerkschaftlicher Fachgruppen ein. Rasch nacheinander folgten Sitzungen und Konferenzen. Schon am 15. April 1945 fand im Wiener Direktionsgebäude der Westbahn eine Konferenz statt, in der offiziell die Gründung des *Österreichischen Gewerkschaftsbunds (ÖGB)* beschlossen wurde. Mitglieder des Gewerkschaftsbunds konnten alle Berufstätigen sein, soweit sie unselbständig waren, ohne Unterschied der Parteirichtung, ausgenommen ehemalige nationalsozialistische Funktionäre.

Die provisorische Leitung setzte sich aus je einem Vertreter der Industriegruppen zusammen. Zum Vorsitzenden wurde einstimmig Johann Böhm gewählt. Die laufenden Geschäfte sollte einstweilen ein Aktionsausschuß besorgen.

In einer Sitzung des ÖGB am 27. April 1945 berichtete Böhm, daß die Delegation, die unter Führung von Gottlieb Fiala beim russischen Stadtkommandanten wegen Anerkennung des Gewerkschaftsbunds vorsprechen wollte, noch nicht empfangen worden war. Ferner berichtete er, daß weder die Verhandlungen über die Wünsche der christlichsozialen noch jene über die der kommunistischen Gewerkschaftsvertreter zu einer Einigung geführt hatten.

Der Aufbau des neuen Gewerkschaftsbunds ging also keineswegs reibungslos vor sich, die neue Gewerkschaftsstruktur war anfangs keineswegs unbestritten.

Ein Teil der Funktionäre war zu sehr der Vergangenheit mit Richtungsgewerkschaften und selbständigen Fachverbänden verhaftet und gegenüber der Überparteilichkeit und Einheitlichkeit des neuen Gewerkschaftsbunds skeptisch. Sie nahmen an, daß diese Organisationsform nur unter dem Druck der tristen Wirtschaftsverhältnisse und auch der Anwesenheit der Besatzungsmächte zustande kam und gaben ihr keine lange Lebensdauer; die politischen Gegensätze und das Streben nach Selbständigkeit der einzelnen Fachgewerkschaften würden über kurz oder lang wieder zu früheren Organisationsformen zurückführen.

Über die anfangs umstrittene und für alle politischen Richtungen erst zu Beginn der fünfziger Jahre endgültig gelöste Frage der Bildung von Fraktionen schreibt Anton Proksch, bis 1956 Generalsekretär des ÖGB, in seinen Erinnerungen: »Ich vertrat aber trotzdem mit aller Kraft die Idee der Bildung einer sozialistischen Fraktion im ÖGB, und es kam auch dazu, obwohl manche der Meinung waren, man brauche eine solche Einrichtung nicht. Es kam nämlich bald zutage, daß die kommunistischen Gewerkschafter noch in der Illegalität eine Fraktion vorbereitet hatten, und auch die christlichen Gewerkschafter hatten entsprechend vorgesorgt.«[8])

Johann Böhm, der erste Präsident des Gewerkschaftsbunds, war ein überzeugter Verfechter der Geschlossenheit der Gewerkschaftsbewegung. Seine verbindliche und geschickte Führung, die den angeschlossenen Gewerkschaften von Beginn an Bewegungsfreiheit und das Gefühl drückender Abhängigkeit von der Zentrale nicht aufkommen ließ, überwand schließlich die ursprünglichen Bedenken und gegensätzlichen Auffassungen.

Am 30. April 1945 sprach eine aus Böhm, Fiala, Weinberger (als Vertreter der christlichen Gewerkschafter) und dem damaligen Vorsitzender der Gewerkschaft der Eisenbahner, Smeykal, bestehende Deputation bei der sowjetischen Militärkommandantur in Wien vor, um die Genehmigung zur Gründung des *Österreichischen Gewerkschaftsbunds* einzuholen. Sie wurde noch am selben Tag erteilt.

Gleichfalls an diesem Tag fand eine Sitzung der provisorischen Leitung statt, in der Böhm über die Genehmigung berichtete und mitteilte, daß die Verhandlungen mit den Vertretern der *Österreichischen Volkspartei* und der *Kommunistischen Partei* zu einer Einigung geführt hatten. Böhm schlug vor, daß sich das Präsidium aus drei Vorsitzenden zusammensetzen solle: erster Böhm, zweiter Fiala, dritter Weinberger. Der provisorische Bundesvorstand wurde aus dem Präsidium, zumindest einem Vertreter der Industriegruppen und je zwei Vertretern der *Kommunistischen Partei* und der *Österreichischen Volkspartei* gebildet.

Analog der Zusammensetzung im Vorstand sollten auch die im ÖGB vereinigten Gewerkschaften Vertreter der politischen Richtungen in die Vorstände aufnehmen.

Der erste provisorische Bundesvorstand bestand aus 27 Mitgliedern, und zwar 15 ehemaligen Freigewerkschaftern und je sechs Kollegen der kommunistischen Richtung und der ehemaligen christlichsozialen Richtung.

Mit der Genehmigung der Gründung durch die sowjetische Militärkommandantur waren die vom Besatzungsstatut vorgeschriebenen Voraussetzungen geschaffen, um in Wien, in Niederösterreich, im Burgenland und im nördlichen Teil Oberösterreichs mit der Tätigkeit beginnen zu können. Während des Monats Mai konnte dann auch in der britischen Zone (Steiermark, Kärnten) und Ende Mai in der amerikanischen Zone (Oberösterreich südlich der Donau und Salzburg) offiziell mit der gewerkschaftlichen Tätigkeit begonnen werden. Die französische Besatzungsbehörde ließ erst am 17. September in ihrer Zone (Tirol, Vorarlberg) die Gewerkschaften zu.

Post- und Bahnverkehr funktionierten nicht mehr und mußten erst mühsam wieder aufgebaut werden. In vielen Orten der vier Besatzungszonen begann daher die Errichtung der Gewerkschaften vorerst ohne Kontakt mit zentralen Stellen, manchmal ohne Unterteilung in Industriegruppen. Aber noch bevor der offizielle Zusammenschluß möglich war, wurde die Verbindung mit den Gewerkschaftsorganisationen in den Bundesländern aufgenommen. In Salzburg wurde eine Verbindungsstelle eingerichtet, die von Franz Rauscher betreut wurde.

Die Aufgabe des ÖGB-Präsidenten war die zentrale Gewerkschaftspolitik und die Herstellung und Aufrechterhaltung eines guten Einvernehmens zu den angeschlossenen Fachgewerkschaften. Dem Ausbau des öffentlichen und wirtschaftlichen Einflusses des ÖGB galt Johann Böhms besonderes Interesse. Der Auf- und Ausbau des Organisationsapparats unterstand in erster Linie Generalsekretär Anton Proksch. Er verstand es, ihm bekannte und für ihr Aufgabengebiet geeignete Funktionäre der Zwischenkriegszeit für zentrale Positionen zu gewinnen. Die Verbindung zu den Gewerkschaften und zu den Vertrauensmännern in den Bundesländern wurde intensiviert, das Beitrags- und Finanzwesen auf eine gesunde Basis gestellt, eine umfassende Bildungs- und Schulungsarbeit begonnen und ein vorbildliches Pressewesen errichtet. Prokschs besonderes Anliegen galt der Erfassung der jugendlichen Arbeitnehmer und insbesondere der Fürsorge für jenen Teil, der durch die Kriegszeit gesundheitlich gefährdet war. Proksch ließ den Referatsleitern weitgehende Bewegungsfreiheit – zum Vorteil der Organisation, die in allen Bereichen rasch wuchs und sich durch ihre Aktivitäten allgemeine Anerkennung erwarb. Besonders eindrucksvoll trat der Gewerkschaftsbund in der Besatzungszeit im Jahre 1953 mit einem großen Gewerkschaftstreffen in Wien anläßlich des sechzigjährigen Bestands der österreichischen Gewerkschaftsbewegung in Erscheinung. An den vielen Veranstaltungen

Österreichs Gewerkschaftsbewegung
Zusammenschluß – Station 5

1945 Der Österreichische Gewerkschaftsbund wird gegründet

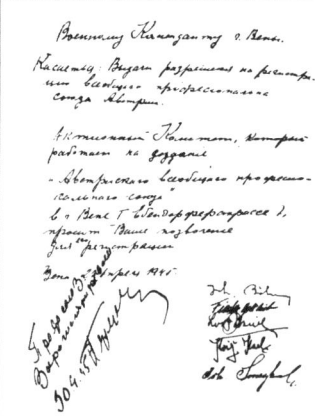

Genehmigung der Gründung des ÖGB durch die russische Besatzungsmacht

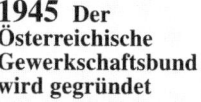

18. bis 23. Mai 1948 Erster ÖGB-Bundeskongreß. Das Wiener Rathaus wird festlich beleuchtet

Das Gründungspräsidium: Lois Weinberger für die ehemals christlichsoziale Richtung, Johann Böhm für die Sozialisten und Gottlieb Fiala für die Kommunisten (von links nach rechts)

15. April 1945 Eine Vertrauensleutekonferenz beschließt die Gründung des einheitlichen, überparteilichen ÖGB

nahmen fast zweihunderttausend Menschen, die Regierung und die alliierten Hochkommissare teil. Es war die hohe Zeit der Gewerkschaftsbewegung. Aus der Jugendorganisation rekrutierte sich der Nachwuchs der folgenden Funktionäregeneration.

E n d e 1 9 4 5 war eine solche Veranstaltung noch ein unerfüllbarer Wunschtraum. Aber trotz aller Schwierigkeiten hatte der ÖGB damals bereits einen Stand von 298.000 Mitgliedern erreicht.

Er konnte jetzt auch schon im g a n z e n B u n d e s g e b i e t arbeiten. Rechtliche Grundlage dafür war ein Beschluß des *Alliierten Rats* vom 8. Oktober 1945, die grundlegende Politik in allen Arbeitsfragen einheitlich für ganz Österreich zu handhaben. Den Arbeitern und Angestellten war nunmehr offiziell für das ganze Bundesgebiet erlaubt, Gewerkschaften zur Bildung kollektiver Vereinbarungen mit den Arbeitgebern und zur Förderung ihrer beruflichen, wirtschaftlichen und kulturellen Interessen zu organisieren. Kollektive Übereinkommen, betreffend Löhne und Arbeitsbedingungen, wurden gestattet, wenn ihre Auswirkungen nicht im Gegensatz zur Wirtschaftspolitik der alliierten Behörden standen. Die österreichischen Arbeitsämter wurden anerkannt.

Am Beginn des Wiedererstehens der Gewerkschaften stand die Improvisation. Es mußte ganz von vorne begonnen werden. Es gab keine Büroräume, kein Büromaterial und kein Geld – nur die Einsatzbereitschaft der Menschen. Ihre Treue zur Bewegung, die das Terrorregime überstanden hatte.

In den Apriltagen des Jahres 1945 waren die Gegner des Hitlerregimes, die Patrioten und die illegalen *Freien Gewerkschafter,* die *Revolutionären Sozialisten* und die Kommunisten sofort zur Stelle. Ohne sie wäre die Zerstörung der Sachwerte durch die abziehende deutsche Armee und durch Demontagen der einrückenden Besatzungsmächte viel größer gewesen. Insbesondere das Auftreten früherer Betriebsvertrauenspersonen und Gewerkschaftsfunktionäre gab dem Instinkt der Arbeiterschaft Plan und Ziel. Die Arbeiter verhinderten in vielen Fällen die Zerstörung der Produktionsstätten und retteten große Werte vor der Vernichtung. Ihr Verhalten bewies den fliehenden Nazis, daß ihr Spiel endgültig zu Ende war, und den einmarschierenden Siegern, daß das arbeitende Volk die Befreiung begrüßte, aber auch seine Existenzgrundlagen erhalten wollte. Nicht die geflohenen »Betriebsführer«, die ihr Unternehmen im Stich ließen, nicht die höheren Beamten, die ihre Schreibtische verließen, um sich in Sicherheit zu bringen, waren in den Apriltagen die R e p r ä s e n t a n t e n Ö s t e r r e i c h s , sondern die Arbeiter und Angestellten, die vor den Fabriken standen, um sie zu schützen, und die sofort die Verbindung mit den einmarschierenden alliierten Truppen aufnahmen. Die Arbeiter und Angestellten begannen, wenn irgend möglich, mit der Arbeit, und unter unendlichen Schwierigkeiten brachten sie langsam die Verwaltung, den Verkehr, die Produktion und Versorgung, kurz die Wirtschaft und das öffentliche Leben, wieder – wenn auch holpernd – in Gang.

Je mehr Zeit seit den Tagen der Befreiung verstreicht, desto mehr gerät in Vergessenheit, welch großen Anteil die Arbeiter und Angestellten und ihre gewerkschaftliche Organisation an der friedlichen Überleitung des nationalsozialistischen in ein demokratisches Staatswesen hatten und welche Anerkennung ihnen auch die Besatzungsmächte zollten. Als einer der Beweise dafür diene das folgende Dokument, dessen Inhalt über vierzig Jahre nach seiner Anfertigung besondere Beachtung verdient. Das »britische Element« der *Alliierten Kommission für Österreich* stellte in einem an die britischen Zentralstellen im Oktober 1946 erstatteten Bericht unter anderem fest:

... Von 1934 bis 1945 haben in Österreich keine Gewerkschaften bestanden. Und nun, in nicht viel mehr als einem Jahr, sind sie eine der Hauptkräfte im Leben Österreichs geworden. Kein wichtiges Gesetz hat ohne ihre Mitarbeit Einlaß in das Gesetzbuch gefunden, und bei einigen ganz besonders wichtigen Maßnahmen ist ihre Stimme sogar entscheidend gewesen. Sie haben ihre Spitäler, Schulen, ihre Wohlfahrts- und Sportorganisationen wiederhergestellt, und auf allen Gebieten hat sich ihr Einfluß geltend gemacht.

Dieser Einfluß erstreckte sich nicht nur auf die Einigkeit, sondern auf Geduld, Mäßigung, doch gleichzeitig auch auf Taten, Unabhängigkeit und Standhaftigkeit. Es haben sich nicht die Ausschreitungen ereignet, die als Folge von Sieg und Befreiung nach so langen Jahren der Unterdrückung eigentlich zu erwarten gewesen wären. Sogar bei der Denazifizierung, bei der eine gewisse Bitterkeit verständlich gewesen wäre, haben sich die Gewerkschaften mehr für eine unnachsichtliche Ausmerzung der Österreich gefährdenden und schädigenden Einflüsse als für Strafmaßnahmen eingesetzt. Trotz der steigenden Lebenshaltungskosten war für lange Zeit nur ein geringer Druck hinsichtlich Lohnerhöhungen ausgeübt worden, und obgleich die Frage der Löhne nunmehr schon frei behandelt wird, wird doch noch immer von seiten der Gewerkschaft Mäßigung geübt. Der Wunsch, eine Gehalts- und Preisschraube zu vermeiden, ist stärker als das Verlangen, die Gehälter auf das Niveau ihrer früheren Kaufkraft hinaufzutreiben ...

Sie haben in loyalster Weise mit den Militärregierungen zusammengearbeitet und geholfen, die unvermeidlichen Schwierigkeiten, die sich zwischen freien und unabhängigen Institutionen und Besatzungsstreitkräften ergeben, auszugleichen.

Und doch ist die Gewerkschaft weit davon entfernt, untertänig oder allzu fügsam zu sein. Bei der Verteidigung und bei der Forderung ihrer Mindestrechte hat sie allen fünf Behörden Österreichs gegenüber (den vier Besatzungsmächten und ihrer eigenen Regierung) ihre Auffassung fest vertreten. Bei der so überaus wichtigen Frage der Lohnkontrolle hat sie ihren Standpunkt gegen den Widerstand von allen fünf Behörden aufrechterhalten. Dies wurde jedoch mit solcher Ruhe und Umsicht getan und der errungene Sieg mit solcher Bescheidenheit verwendet, daß sie sich dadurch die Bewunderung aller errungen hat.

Die österreichische Gewerkschaftsbewegung hat in den Augen so mancher viele Fehler. Vielleicht sagt sie aber dasselbe auch von sich selbst. Die Amerikaner kritisieren sie von ihrem Gesichtspunkt, die Russen von einem anderen. Die Franzosen hingegen und wir selbst möchten wünschen, daß sie sich etwas mehr nach dem Vorbild unserer Gewerkschaftseinrichtungen halten möge; geachtet jedoch wird sie von allen. Hier ist etwas Großes, Mächtiges, Fähiges, Freies und Unabhängiges in Österreich, das weder wienerisch noch kärntnerisch noch tirolerisch, sondern einzig und allein österreichisch und international ist. Es ist eine feste Grundlage, auf der Österreich bauen kann, und sie mag sich selbst vielleicht als eine der besten Grundlagen erweisen, auf die die Engländer, Amerikaner, Russen und Franzosen sich zu einer allgemeinen Einigung über die strittigsten und bedeutendsten Probleme von Österreich zusammenfinden könnten.

Der Situationsbericht aus dem Jahre 1946 wurde so ausführlich gebracht, weil es sich um ein Urteil durchaus kritisch eingestellter Außenstehender über die österreichische Gewerkschaftsbewegung handelt. Der Bericht ist geradezu prophetisch, wenn er von der Einigung über strittige Probleme spricht. Tatsächlich war es auch der soziale Friede in Österreich, der entscheidend zum Staatsvertrag beitrug, da kein plausibler innerösterreichischer Grund für den Weiterverbleib der Besatzungsmächte gegeben war.

Wenn in dem Bericht die Gewerkschaften in England und Frankreich als V o r b i l d genannt werden, so läßt sich wohl mit Berechtigung feststellen, daß heute beiden, ja fast allen Industriestaaten angesichts der sozialen Lage in diesen Ländern die ö s t e r r e i c h i s c h e Gewerkschaftsbewegung als Vorbild dienen könnte.

Den Engländern war damals unsere Gewerkschaftsstruktur viel zu zentralistisch und sie befürchteten, daß die Kommunisten diese einheitliche Organisation als Plattform für ihre Absichten nützen könnten. Im Funktionäreorgan des ÖGB *Gewerkschaftliche Rundschau* stellte 1961 der Stellvertretende Sekretär des Britischen Gewerkschaftskongresses, Victor Feathers, das britische Modell vor: *Jede Gewerkschaft, ob sie nun hundert Mitglieder zählt oder eine Million, trifft im eigenen Bereich ihre eigenen Entscheidungen. Dem Gewerkschaftskongreß steht keine oberste Autorität über irgendeine der Gewerkschaften zu. Er verfügt auch nicht über Machtbefugnisse im üblichen Sinn des Wortes. Andererseits ersetzt er das, was ihm an offizieller Autorität fehlt (und es besteht von keiner Seite her das Bestreben, ihm eine solche zu verschaffen), durch großes Prestige und starken Einfluß. Der Gewerkschaftskongreß hat das Recht – und übt es auch aus –, den ihm angeschlossenen Gewerkschaften ein bestimmtes Vorgehen zu empfehlen. Er kann und will aber keinesfalls instruieren.*

Es ist heute eine selbstverständliche Feststellung, daß angesichts der großen Probleme, vor die Österreich sich in seiner Wiederaufbauperiode gestellt sah, der englische Weg nicht gangbar gewesen wäre. Im übrigen hat sich auch für England inzwischen herausgestellt, daß die weitgehende Bewegungsfreiheit der englischen Gewerkschaften dem Gesamtinteresse der englischen Arbeiterschaft keineswegs dienlich war und mit dazu beigetragen hat, die Wirtschaftsmisere zu steigern.

Zum Unterschied von den englischen Gewerkschaften, die nach 1945 versuchten, ihr dezentralisiertes Gewerkschaftssystem den österreichischen Gewerkschaften als demokratisches Muster hinzustellen, nahmen die Amerikaner daran keinen Anstoß. Für sie war nicht die Organisationsform, sondern der ideelle Gehalt maßgebend.

Es ist verständlich, daß alle vier Besatzungsmächte Interesse für die rasch wachsende österreichische Gewerkschaftsbewegung zeigten. Jede B e s a t z u n g s » b e h ö r d e « hatte einen *S o - z i a l a t t a c h é,* der ständige Fühlung hielt. Es muß anerkannt werden, daß wohl manchmal gut gemeinte Ratschläge gegeben wurden, aber nie, außer von untergeordneten Dienststellen, d i - r e k t e r E i n f l u ß genommen wurde. So führten die Sowjets über ihre Botschaft viele Gespräche, um Österreich von der Teilnahme am Marshall-Plan abzuhalten, aber sie verliefen in durchaus verbindlicher Form. Auf den damaligen russischen Botschafter Lapin, vorher selbst Gewerkschaftsfunktionär, machten unsere Argumente wie auch auf andere Diplomaten Eindruck. Es war vor allem die Persönlichkeit Johann Böhms, dessen bescheidenes, aber doch zielbewußtes Auftreten nicht ohne Wirkung blieb.

Versorgungsprobleme

Der Wiederingangsetzung der Produktion standen erhebliche Schwierigkeiten gegenüber. Ein beträchtlicher Teil der männlichen Bevölkerung Österreichs war kriegsgefangen. Empfindlicher Mangel an voll einsatzfähigen männlichen Arbeitskräften war fast auf allen Gebieten fühlbar. In vielen Betrieben fehlten für die Wiederaufnahme der Produktion die erforderlichen Rohstoffe, Hilfsmittel und Brennmaterialien. In vielen Unternehmungen waren die Direktoren und leitenden Ingenieure geflüchtet. Trotzdem gelang es in den meisten Fällen, dieser Schwierigkeiten in verhältnismäßig kurzer Zeit Herr zu werden. Dort, wo es notwendig war, ergriff die A r b e i t e r s c h a f t selbst die I n i t i a t i v e.

Eine der ersten Maßnahmen der gewerkschaftlichen Vertrauensmänner war die R e i n i g u n g der Betriebe v o n n a t i o n a l s o z i a l i s t i s c h e n E l e m e n t e n. Besonders die österreichische Großindustrie war fast vollständig der Leitung reichsdeutscher Direktoren und Ingenieure unterstellt gewesen, und die Rüstungsindustrie war überdies unter militärischer Aufsicht gestanden. Nationalsozialistische »Betriebsführer« wurden entfernt und in Zusammenarbeit mit den Betriebsleitungen verläßliche Demokraten als *öffentliche Verwalter* eingesetzt. Allerdings wurde manchmal auch in der Nazifrage im ersten Überschwang der Gefühle übers Ziel geschossen. Um die Entwicklung in geordnete Bahnen zu lenken und den verwaisten Betrieben eine gesetzlich fundierte und verantwortliche Leitung zu geben, beschloß die *Provisorische Staatsregierung* am 10. Mai 1945 das G e s e t z ü b e r d i e B e s t e l l u n g v o n *öffentlichen Verwaltern*. Dieses Gesetz bildete die Grundlage zur Bestellung von fast 6.000 *öffentlichen Verwaltern* und öffentlichen Aufsichtspersonen für herrenlose oder im Besitz von Nationalsozialisten gewesene Betriebe und Unternehmungen. Die Z u s a m m e n a r b e i t d e r *öffentlichen Verwalter* mit den B e t r i e b s r ä t e n und den Vertrauensmännern, die sich die Arbeiter und Angestellten spontan nach der Befreiung wieder wählten, war vielfach vorbildlich und hat für den Wiederaufbau wertvolle Ergebnisse gezeitigt. Aufgrund des *Nationalsozialistengesetzes* vom Februar 1947 wurde mehr als die Hälfte der öffentlichen Verwalter wieder abberufen und die Betriebe wegen Minderbelastung der Betriebsinhaber oder deren Rückkehr wieder zurückgegeben.

Als Grundlage für die Tätigkeit der Betriebsvertretungen diente das *Betriebsrätegesetz* der Ersten Republik bis zur Beschlußfassung eines neuen Gesetzes im März 1947. Obwohl also keine gesetzliche Grundlage bestand, konnten die Betriebsräte und Gewerkschaften die fast restlose Anerkennung dieser Einrichtung erreichen. Die wenigen Ausnahmefälle, in denen sich Unternehmer über die Bestimmungen hinwegsetzen wollten, konnten zugunsten der Arbeiterschaft entschieden werden. In einigen Bundesländern konnte sich die Arbeiterschaft aufgrund ihrer Leistungen einen Einfluß in den Betrieben sichern, der über die Bestimmungen des alten Betriebsrätegesetzes hinausging.

Dagegen ließen sich Hemmnisse außerbetrieblicher Art, wie der Mangel an Rohstoffen und Hilfsmitteln, die fehlende Stromversorgung sowie die unzureichende Ernährung der Arbeiter nicht durch eigene Bemühungen beseitigen. Besonders in Wien, Niederösterreich und einem Teil der Steiermark war die maschinelle Einrichtung vieler Betriebe verlagert oder demontiert worden. Es ist dabei zu berücksichtigen, daß bis zu diesem Zeitpunkt rund sechzig Prozent aller Betriebe und industriell Beschäftigten auf den östlichen Teil Österreichs entfielen. Von den Deutschen neu errichtete oder in deutschen Besitz übergegangene Unternehmungen – das war fast die gesamte Großindustrie – wurden von den Alliierten beschlagnahmt.

Aufgrund der Potsdamer Beschlüsse verfiel gemäß dem Kriegsrecht der deutsche Auslandsbesitz den alliierten Mächten. Nach dem Buchstaben dieser Beschlüsse wäre fast die gesamte österreichische Industrie als Kriegsbeute in alliierten Händen geblieben, denn die österreichische Wirtschaft war nach dem März 1938 nicht nur arisiert, sondern auch germanisiert worden.

Die amerikanische, die englische und die französische Besatzungsmacht lockerten bald die Bestimmungen und gaben schließlich dem österreichischen Staat die Verfügungsgewalt über die beschlagnahmten Betriebe. Anders handelte die russische Besatzungsmacht.

Im Juli 1946 beschloß der österreichische Nationalrat einstimmig ein Gesetz über die Verstaatlichung von Unternehmungen. In der Liste waren alle großen, früher in deutschem Besitz befindlichen Betriebe enthalten. Die russische Besatzungsmacht protestierte gegen diesen Beschluß und erklärte in einem Befehl den Übergang deutscher Vermögenswerte im östlichen Österreich in das Eigentum der Sowjetunion.

Die Stellung Österreichs zur Frage des Deutschen Eigentums war die, daß die Potsdamer Beschlüsse keinesfalls klar diesen Begriff umrissen. Es war für Österreich lebenswichtig, daß der Begriff *Deutsches Eigentum* nicht jene Vermögenschaften umfaßte, die vor der Besetzung durch die Nationalsozialisten im Jahre 1938 österreichisch gewesen und gewaltsam zum deutschen Besitz gemacht worden waren. Nicht weniger wichtig war, daß bei der Auslegung des Begriffs *Deutsches Eigentum* auf die Bedürfnisse der österreichischen Friedenswirtschaft Rücksicht genommen wurde. Denn die Mittel für den Aufbau neuer Betriebe während des Kriegs waren vor allem der österreichischen Wirtschaft entnommen worden, während zugleich große Vermögenswerte nach Deutschland abgewandert waren.

Ein Jahrzehnt nach Kriegsende unterstanden in Österreich noch immer 291 Unternehmungen mit rund 52.000 Beschäftigten der *Verwaltung des sowjetischen Eigentums in Österreich,* russisch *Uprawleniye sowjetskych imuschtschestw w Awstriye* (USIA). Am empfindlichsten traf Österreich die Ausbeutung des Erdgas- und Erdölvorkommens durch die Sowjetunion. Das von der USIA geförderte Erdöl ging gratis an die Ostblockstaaten. Allein von 1945 bis 1952 wurden rund 11 Millionen Tonnen Erdöl im Werte von 7,8 Milliarden Schilling gefördert.

General W. Mark Clark, ehemals oberster Repräsentant der amerikanischen Besatzungsmacht, schrieb 1981 in einem Beitrag, der Erinnerungen an Karl Renner zum Inhalt hatte, über diese Zeit unter anderem folgendes: »... Es wurde schnell offenkundig, daß die Sowjets dem Kriegsziel, Österreich – das erste Land, das Opfer der Naziaggression wurde – zu befreien, nur ›Lippenservice‹ zollte. Die Russen beuteten das Land unbarmherzig aus, indem sie den illegitimen Anspruch förderten, daß jede Industrie, die nach dem Anschluß entwickelt oder erweitert wurde, klar das Werk der Deutschen und daher der Einbeziehung als Teil der deutschen Wiedergutmachung unterworfen war. Obwohl seine Regierung relativ machtlos war, diesen Plünderungen Einhalt zu gebieten, versäumte es Dr. Renner nie, die russische Straßenräuberei anzuprangern.«⁹)

Trotz der großen Schwierigkeiten erhöhte sich die Beschäftigung in der Industrie von August 1945 bis Juni 1946 um rund 33 Prozent, wobei noch hinzukommt, daß sich das Produktionsvolumen stark vergrößerte. Dies erklärt sich daraus, daß sich das Schwergewicht des Arbeitseinsatzes mehr und mehr von den Aufräumungs- und Wiederaufbauverrichtungen zur unmittelbaren Produktion verlagerte. Hand in Hand mit dem allgemeinen Produktionsaufschwung ging der Aufbau des Verkehrswesens.

Weniger erfreulich war die Erscheinung des starken Vermögensverzehrs, der die fortschreitende Verarmung der breiten Massen im Gefolge hatte. Dabei äußerte sich die Auswirkung gar nicht in einer Verringerung der Zahlungsmittelzirkulation, die mit 4,8 Milliarden Mark anzunehmen war, sondern lediglich in einer Konzentration des Kapitals in den Händen einer relativ kleinen Schicht von Nachkriegsgewinnlern.

Während die Bevölkerung im Osten Österreichs hungerte und dazu, vor allem in den ersten Monaten der Besatzung, unter Vergewaltigung und Totschlag zu leiden hatte, war in ganz Österreich bis in die fünfziger Jahre hinein der Schleichhandel gang und gäbe. In der amerikanischen Zone drehte er sich vor allem um Zigaretten und Lebensmittel, in der russischen Zone kamen noch Uhren, Fotoapparate und selbst Kleidungsstücke hinzu, für die sich die russischen Soldaten interessierten. Die folgende Schilderung ist einem Geschichtswerk Hellmut Andics' entnommen:

»Die Alliierten, die sich die Kontrolle und die Jurisdiktion über die Flüchtlingslager vorbehielten, waren zugleich die Helfershelfer der Gesetzlosigkeit. In diesen ersten Jahren der drückendsten Not, in der die Konsumindustrie nur langsam anlief, die Exporte ausblieben, die Lebensmittelproduktion nicht einmal den armseligen Kaloriensatz der zugeteilten Wochenration decken konnte, in diesen Jahren war jede Ware weit über ihren wahren Wert hinaus kostbar. Zigaretten, Sardinen, Nylonstrümpfe – das waren die Standardwaren der späteren vierziger Jahre. Wer sie ins Land bringen konnte, hatte keine Absatzsorgen. In alliierter Uniform konnte man es. Alliierte Transporte rollten pausenlos über österreichisches Gebiet von Italien nach Deutschland und wieder zurück; unkontrolliert von österreichischen Zollbeamten und österreichischen Gendarmen. Wenn ganze Lastwagenladungen von Zigaretten mitrollten, fiel es kaum jemanden auf. Wenn ganze Kartons von Nylons aus den PX-Läden der amerikanischen Besatzung nicht für die Beine weiblicher Besatzungsangehöriger bestimmt waren, sondern für den Weiterverkauf im Schleichhandel – wer sollte daran Anstoß nehmen?«[10])

Die Kapitalkonzentration in wenigen Händen war zwar ein ungesunder Zustand, aber später bot sich dann die Möglichkeit, die unberechtigten Riesengewinne durch die Währungsreform Ende 1947 weg zu steuern.

Zur Vermeidung einer Inflation wurde über Auftrag der *Alliierten Kommission* eine Z e n t r a l l o h n k o m m i s s i o n zur Überprüfung der Lohnabkommen geschaffen. Die abgeschlossenen Lohnabkommen mußten einer a l l i i e r t e n L o h n k o m m i s s i o n vorgelegt werden, die die prozentuelle Erhöhung auf die noch in Geltung stehende Tarifordnung hin untersuchte.

Österreich hatte im Wirtschaftsjahr 1946/47 eine Bevölkerung von rund sieben Millionen Menschen zu ernähren, wovon rund zwei Millionen oder 28 Prozent Selbstversorger und fünf Millionen oder 72 Prozent Nichtselbstversorger waren. Der Gesamtbedarf der österreichischen Bevölkerung, Selbstversorger und Nichtselbstversorger, an rationierten Lebensmitteln betrug 1946/47 rund 4.800 Milliarden Kalorien, wovon rund zwei Drittel auf den Bedarf der Nichtselbstversorger entfielen. Die Rationen der Nichtselbstversorger konnten in diesem Zeitabschnitt nur zu rund 40 Prozent aus eigenen Quellen gedeckt werden. Einschließlich der Selbstversorger konnte Österreich im zweiten Nachkriegsjahr 60 Prozent seiner Bevölkerung aus eigener Kraft ernähren, davon allerdings mehr als 70 Prozent mit R a t i o n e n , die w e i t u n t e r d e m p h y s i o l o g i s c h e n E x i s t e n z m i n i m u m lagen. 52 Prozent des Bedarfs der Nichtselbstversorger beziehungsweise 35 Prozent des rationierten Gesamtbedarfs wurden durch ausländische Hilfslieferungen gedeckt. Der Rest der Bedarfsdeckung wurde aus kommerziellen Einfuhren und aus Vorräten bestritten oder blieb unerfüllt.

Vor dem Krieg war der Verbrauch der gesamten Bevölkerung zu etwa 73 Prozent aus der eigenen Produktion, vielfach mit besonders hochwertigen Lebensmitteln, gedeckt worden, in den ersten Nachkriegsjahren machte der Beitrag der österreichischen Landwirtschaft zur Ernährung nur etwas die Hälfte der Vorkriegszeit aus.

Einen breiten Raum in der wirtschaftspolitischen Diskussion nahm infolge der Mangellage die Frage der B e w i r t s c h a f t u n g ein. Der Gewerkschaftsbund brachte in zahlreichen Kundgebungen und Resolutionen der Regierung und sonstigen öffentlichen Stellen zur Kenntnis, daß er mit Rücksicht auf die mangelnden industriellen Waren die Aufrechterhaltung der Bewirtschaftung als eine unbedingte Notwendigkeit ansah.

Im Herbst 1946 sah sich der *Österreichische Gewerkschaftsbund* wegen immer geringerer Lebensmittelrationen und zunehmendem Bekleidungsmangel zu Aktionen gezwungen. Der Vorstand des Gewerkschaftsbunds appellierte an die Arbeiterschaft, Disziplin zu halten und wilde Streikaktionen zu unterlassen. Am 17. Oktober trat eine *Vorständekonferenz* zusammen, in der eine Reorganisation der wirtschaftlichen Zentralverwaltung gefordert wurde, um eine rasche und einheitliche Produktion und Versorgung der Bevölkerung sicherzustellen. Der Regierung wurde eine Entschließung vorgelegt, in der die Errichtung von Bewirtschaftungsstellen für wichtige Bedarfsartikel und die Schaffung eines *Lebensmittelaufbringungsgesetzes,* das die Erfassung und Ablieferung der heimischen Agrarprodukte sichern sollte, so, wie eine wirksame Überwachung der Preise und Schaffung von Schnellgerichten zur Aburteilung von Saboteuren der Wirtschaft verlangt wurden. In nachfolgenden Verhandlungen mit der Regierung konnten entsprechende Bewirtschaftungsmaßnahmen unter Mitwirkung von Vertretern der Arbeiterkammern, ein Bedarfsdeckungsstrafgesetz und eine Erhöhung der Lebensmittelrationen auf 1.550 Kalorien erreicht werden.

Im Mai 1947 überreichte das Präsidium des ÖGB dem *Alliierten Rat* ein Acht-Punkte-Memorandum, in dem die Bereitstellung einer genügenden Lebensmittelmenge zur Verbesserung der Verpflegungssätze, Maßnahmen zur Hebung der österreichischen Produktion und Besserung der Verkehrsverhältnisse, bereits die Abschaffung aller Zonengrenzen sowie der Militärregierung und der Militärgerichtsbarkeit verlangt wurden. Ferner wurden die weitere Herabsetzung der Besatzungskosten und die Freigabe nicht unbedingt erforderlicher Wohnräume angeregt.

Am 21. Oktober langte unter Bezugnahme auf eine Nachricht der sowjetischen TASS-Agentur ein Schreiben der amerikanischen Besatzungsmacht beim Gewerkschaftsbund ein, in dem Generalleutnant Keyes zum Memorandum Stellung nahm, die Punkte darlegte, die mit Maßnahmen der amerikanischen Besatzungsmacht übereinstimmten, und die Aufrichtigkeit der Gewerkschaftsmitglieder im gemeinsamen Kampf gegen den Nationalsozialismus und andere totalitäre Ideologien unterstrich. Abschließend stellte Keyes fest: *Das amerikanische Element anerkennt, daß die Gewerkschaften einen sehr großen und wichtigen Teil des österreichischen Volkes repräsentieren. Wir wissen, daß die Gewerkschaften auf den Grundsätzen der Demokratie aufgebaut sind und eine Garantie für die Sicherung und Entwicklung dieser Grundsätze in Österreich darstellen. Die österreichischen Gewerkschaftsführer und -mitglieder haben während der gegenwärtigen Notlage Österreichs große Voraussicht und Zurückhaltung gezeigt und haben, indem sie ihre Wünsche dem Alliierten Rat vorlegten, ihr Verantwortungsbewußtsein ganz Österreich gegenüber bewiesen.*

In einer Erwiderung erklärte die TASS, daß im Schreiben Generalleutnant Keyes nicht bestritten wird, daß sich das »amerikanische Element« verschiedenen, im Memorandum verlangten Erleichterungen widersetzte. Das »Sowjetelement« könne seinerseits Kompromißlösungen nicht zustimmen. Die Sowjetvertreter hätten Kompromisse, die der österreichischen Demokratie und Unabhängigkeit nur zum Schaden gereichen würden, abgelehnt.

Am 21. Juni 1947 zahlte die amerikanische Besatzungsmacht Österreich einen Betrag von 320 Millionen Schilling an Besatzungskosten zurück.

Im Juni 1948 mußte der Ministerrat die Einführung einer besonderen B e s a t z u n g s k o s t e n s t e u e r zur Deckung der Besatzungskosten beschließen, da die Deckung aus normalen Budgetmitteln nicht mehr möglich war. Ein Appell an den *Alliierten Rat,* die Zahlungsverpflichtungen zu ermäßigen und hinauszuschieben, war fehlgeschlagen.

Die amerikanische Besatzungsmacht verzichtete schließlich gänzlich auf die Besatzungskosten, die anderen Besatzungsmächte, mit Ausnahme der sowjetischen, setzten im Laufe der folgenden Jahre bis 1953 die Besatzungskosten ständig herab und gaben viele beschlagnahmte Objekte frei.

Mit 700 Kalorien für Normalverbraucher lebte man im Jahre 1945 und 1946 am Rande des Existenzminimums. Arbeiter brachen an ihren Betriebsstätten zusammen. Die größte Sorge des Gewerkschaftsbunds war damals die Verbesserung der L e b e n s m i t t e l v e r s o r g u n g . Es kam aber noch schlimmer. Die Not wuchs während des strengen Wintern 1946/47. Es gab keine Kohle und kein Öl. Betriebe und Schulen schalteten »Kälteferien« ein, der Zug- und Straßenbahnverkehr kam vorübergehend zum Still-

395

stand, in den Städten kam es zu H u n g e r d e m o n s t r a t i o n e n. Die Zahl der A r b e i t s l o s e n stieg rasch an. Der Gewerkschaftsbund appellierte an den *Alliierten Rat* und machte die ausländischen Bruderorganisationen auf die triste Lage aufmerksam. Regierung und Volksvertretung wendeten sich an die Welt um Hilfe. Sie kam langsam.

Vom Weltgewerkschaftsbund zum Internationalen Bund Freier Gewerkschaften: der Verlust einer Illusion

Am Anfang stand die Illusion. Im Februar 1945, als auf dem Kontinent noch der Krieg tobte, aber der Widerstand der Armeen des Dritten Reichs zu erlahmen begann, trat in London auf Einladung des Britischen Gewerkschaftsbunds eine internationale Gewerkschaftskonferenz zusammen; 135 Delegierte, die 40 Gewerkschaftsverbände kriegführender und neutraler Staaten vertraten, nahmen an ihr teil. Die Konferenz wählte einen Geschäftsausschuß und beschloß, im September 1945 in Paris eine Weltgewerkschaftskonferenz abzuhalten, um einen a l l u m f a s s e n d e n *W e l t g e w e r k s c h a f t s b u n d* zu gründen. Der neue Gewerkschaftsbund sollte ferner eine Vertretung der gewerkschaftlich organisierten Arbeitnehmer auf der kommenden Friedenskonferenz sowie allen vorbereitenden Konferenzen ermöglichen. Es wurde ein Geschäftsausschuß eingesetzt, der alle notwendigen Schritte bei den Regierungen sowie den internationalen Organisationen und Institutionen unternehmen sollte. Der Ausschuß bestand aus Vertretern der Gewerkschaftsverbände der Vereinigten Staaten, Englands, Frankreichs, der Sowjetunion, Lateinamerikas und Chinas sowie je einem Vertreter des damals noch bestehenden *Internationalen Gewerkschaftsbunds* und der *Internationalen Berufssekretariate.*

Im April 1945 trat dieser Ausschuß in Washington und dann in San Francisco zusammen, wo der G r ü n d u n g s k o n g r e ß d e r *V e r e i n t e n N a t i o n e n* tagte, die den früheren Völkerbund ersetzten, dessen Tätigkeit der Zweite Weltkrieg beendet hatte. Der Ausschuß überreichte dieser »Weltfriedenskonferenz« eine Resolution, in der es unter anderem hieß: *Die Gewerkschaften in den vom Feind überrannten und besetzten Ländern waren die Hauptorganisatoren des illegalen Widerstandes und unterstützten durch ihren illegalen bewaffneten Kampf in unschätzbarer Weise die höchst schwierigen Operationen der Alliierten. Sie können die*

Verantwortung, den Frieden herzustellen und zu sichern, nicht ausschließlich anderen überlassen. Die organisierte Arbeiterschaft mit ihrem tiefen Verantwortungsgefühl ist von der Überzeugung erfüllt, daß sie an der Organisierung und Sicherung des Friedens teilnehmen soll.*

Österreich wurde damals selbstverständlich zu den *vom Feind überrannten und besetzten Ländern* gezählt und seine illegalen Gewerkschaften als Widerstandsbewegungen eingestuft (welcher Wandel in der Weltmeinung hat sich inzwischen durch eine kurzsichtige Politik mancher österreichischer Institutionen und Politiker vollzogen!).

Fünf Vertreter des *Österreichischen Gewerkschaftsbunds* gehörten daher zu den Teilnehmern des aus 56 Ländern und fünf Erdteilen beschickten G r ü n d u n g s k o n g r e s s e s d e s *W e l t g e w e r k s c h a f t s b u n d s* (WGB) im September 1945 in Paris. Der Kongreß beschloß die Errichtung einer die ganze Welt ohne Rücksicht auf Rasse, Nationalität, Religion oder politische Meinung umfassenden Gewerkschaftsorganisation. Zum erstenmal in der Geschichte der Arbeiterbewegung sollte eine wirklich allumfassende, internationale Organisation entstehen!

A b e r e s b l i e b n u r e i n T r a u m .

Die *American Federation of Labour* (AFL) und einige christlich orientierte Verbände hielten sich gleich anfangs von dieser Internationale fern. Sobald der *Weltgewerkschaftsbund* begann, konkrete Lösungen in entscheidenden gewerkschaftlichen Fragen zu suchen, zeigten sich die G e g e n s ä t z e . Der Anlaß zur formellen Liquidierung war schließlich die S t e l l u n g n a h m e der kommunistisch orientierten Verbände z u m *E u r o p ä i s c h e n W i e d e r a u f b a u p r o g r a m m* (ERP). Polen und die Tschechoslowakei wollten sich am *Marshall-Plan* beteiligen, Moskau verbot es aber.

Der Ende 1949 in Mailand abgehaltene Zweite Kongreß des *Weltgewerkschaftsbunds* war nur mehr eine Rumpftagung; einige Tage vorher, am 25. Juni, waren in Genf die aus dem WGB ausgetretenen gewerkschaftlichen Landeszentralen Englands, Australiens, Neuseelands, der Vereinigten Staaten, Kanadas, der Schweiz, Belgiens, Schwedens, Norwegens, Dänemarks, Hollands, Islands, Luxemburgs, Maltas und der spanischen Exilgewerkschaft zusammengetreten. Österreich hatte, damals noch vierfach besetzt, Beobachter entsendet.

Aufgrund der Stellungnahme der Genfer Konferenz wurde vom 28. November bis 9. Dezember 1949 in London der G r ü n d u n g s -

kongreß des *Internationalen Bundes Freier Gewerkschaften* (IBFG) abgehalten. Der *Österreichische Gewerkschaftsbund* war bereits am 27. Oktober 1949 aus dem *Weltgewerkschaftsbund* ausgetreten und war auf dem Gründungskongreß durch drei Delegierte vertreten. Insgesamt waren 53 Länder anwesend.

Der IBFG stellte es sich zur Aufgabe, die wirtschaftlichen, sozialen und kulturellen Interessen der Bevölkerung jener L ä n d e r besonders zu f ö r d e r n , d i e u n t e r Ve r w ü s t u n g e n u n d N a c h w i r k u n g e n d e s K r i e g s z u l e i d e n h a t t e n , und zwar durch die Unterstützung ihres wirtschaftlichen Wiederaufbaus und durch gegenseitige wirtschaftliche Hilfsmaßnahmen. Die Internationale habe auch für die Verwirklichung eines Weltsystems der kollektiven Sicherheit einzutreten, solange aber dieses System noch nicht verwirklicht sei, innerhalb der Charta der Vereinten Nationen alle Maßnahmen zu fördern, die für die Verteidigung der Weltdemokratie und der Freiheit der Völker gegen jede totalitäre Aggression notwendig seien.

Der *Deutsche Gewerkschaftsbund* (DGB), der in den W G B n i c h t aufgenommen worden war, beteiligte sich an den Vorarbeiten für den IBFG-Gründungskongreß und zählte zu den ersten Mitgliedern.

Der ÖGB traf damals die Regelung, daß er als G e s a m t o r g a n i s a t i o n dem IBFG angehöre, die Fraktionen aber ihrer internationalen Organisation in Fraktionsstärke angehören können, die christliche Fraktion also dem damaligen *Internationalen Bund Christlicher Gewerkschaften* mit Sitz in Utrecht und die Kommunistische Fraktion dem *Weltgewerkschaftsbund.*

Vom Weltgewerkschaftsbund im Stich gelassen

Die österreichischen Arbeiter und Angestellten hatten seit jeher ihre internationale Einstellung bewiesen und bei Hilfsaktionen zugunsten ausländischer Arbeitnehmer ihre Solidarität bekundet: sei es nach 1918 bei der Hungersnot im ukrainischen Teil der Sowjetunion, sei es bei Maßnahmen gegen den Terror der Weißgardisten in Ungarn oder dem der Faschisten in Italien, sei es im vergeblichen Widerstand der illegalen Gewerkschaften gegen den Hitlerfaschismus. Die österreichischen Gewerkschaften empfanden es daher aus internationaler Verbundenheit als tief bedauerlich, daß mit dem Ende eines einheitlichen Weltgewerkschaftsbunds eine große, die Arbeiter der ganzen Welt begeisternde Idee zu Grabe getragen wurde. Sie wurden um eine Illusion ärmer und um die Erkenntnis reicher, daß die kommunistischen Gewerkschaften als Instrumente der sowjetischen Staatspolitik dienten, nützlicherweise wurde dazu auch der *Weltgewerkschaftsbund* einbezogen. (Von staatspolitischen Einflüssen blieben auch andere nationale Verbände nicht frei, aber sie ordneten sich demokratisch den internationalen gewerkschaftlichen Prinzipien unter oder sie blieben – wie die amerikanischen Gewerkschaften nach dem Ersten Weltkrieg oder die AFL vorübergehend nach dem Zweiten – der Internationale fern.)

Obwohl Österreich von Anbeginn Mitglied des *Weltgewerkschaftsbunds* war, sollte es sich nach dem Willen der WGB-Führung mit einer Aschenbrödelrolle bescheiden.

Lassen wir die Tatsachen sprechen:
Im Frühjahr 1946 stöhnte Österreich unter der Zonenabsperrung. Nahrungsmittel konnten nicht in Hungergebiete, verlagerte Maschinen nicht in ihre Produktionsstätten gelangen, sie verrosteten. Der *Österreichische Gewerkschaftsbund* wendete sich an die Welt um Hilfe und erwartete im besonderen vom WGB tatkräftige Unterstützung. In den Statuten waren ja ausdrücklich *die beständige Fühlung mit den angeschlossenen Gewerkschaftsorganisationen sowie brüderliche Unterstützung und Hilfe für diese in ihrer Wirksamkeit* vorgesehen.

Im November 1946 kam der Generalsekretär des *Weltgewerkschaftsbunds,* Saillant, nach Österreich, um Vorbereitungen für eine K o m m i s s i o n d e s W G B zutreffen, die sich ein Bild von der Lage im Land machen und Vorschläge für Hilfsmaßnahmen erarbeiten sollte. Saillant sagte in einer Botschaft, der *Weltgewerkschaftsbund* wäre bereit, seinen Einfluß zur Behebung der Schwierigkeiten, unter denen das Land litt, geltend zu machen. Er sei glücklich, den Kontakt mit der österreichischen Gewerkschaftsbewegung herzustellen, die 1934 zerschlagen worden war.

Die Kommission kam nicht nach Österreich. Österreich wurde eingeladen, eine Delegation zur Tagung des Exekutivkomitees im Jänner 1947 nach Paris zu schicken. Bei der Tagung wurde eine Resolution über die *Wirtschafts- und Ernährungslage in Österreich* und die *Unterstützung bei der Umerziehung der österreichischen Arbeiter* beschlossen. Der ÖGB sollte eine Erklärung *bezüglich der Entnazifizierung in Österreich* herausgeben.

Die in engen Grenzen gehaltene Resolution über die Wirtschafts- und Ernährungslage führte zu k e i n e m E r f o l g . Die Hilfe, durch die schließlich eine Erhöhung der Rationssätze der Nahrungsmittel erreicht wurde, kam von anderer Seite. Der »Umerziehung« und guter Ratschläge in der Nazifrage bedurfte die österreichische Arbeiterschaft nicht. Die Stellungnahme des ÖGB zu dieser Frage lautete: *Das Problem der Entnazifizierung, dem von der Arbeiterschaft größte Aufmerksamkeit gewidmet wird, nimmt über Gebühr die Aufmerksamkeit der Welt in Anspruch, denn die österreichische Arbeiterschaft wird damit alleine fertig. Diese rund 10 Prozent Nationalsozialisten in Österreich, also eine lächerliche Minderheit, konnte die österreichische Bevölkerung nur deshalb terrorisieren, weil Deutschland mit seinem nationalen Imperialismus hinter ihnen stand, während Österreich nirgends in der Welt Hilfe gefunden hat. Es wäre nur recht und billig, wenn jetzt die Welt zum Ausgleich neben der Niederhaltung des deutschen Faschismus sich auch durch Hilfen an Österreich in den aufgezeigten Punkten bemühen würde gutzumachen, was sie seinerzeit versäumt hat.*

Eine »Empfehlung« an die alliierten Regierungen in der Frage des *Deutschen Eigentums* erfolgte in dem mit dem ÖGB abgesprochenen Sinne nicht. Das Ergebnis der Pariser Tagung war für Österreich gleich Null.

Im Juni 1947 trat in Prag der Generalrat des W e l t g e w e r k s c h a f t s b u n d s zusammen. Der ÖGB nahm an der Tagung wohl teil, war aber nicht stimmberechtigt, weil er infolge der Devisenbeschränkungen die verlangte Einzahlung der Mitgliedsbeiträge in englischen Pfund nicht leisten konnte. ÖGB-Präsident Böhm kritisierte in der Diskussion, daß Ö s t e r r e i c h im Sekretariatsbericht als b e s i e g t e r S t a a t bezeichnet wurde, obwohl die alliierten Regierungen klar und eindeutig festgestellt hätten, daß Österreich nicht als kriegführender Staat, sondern als vergewaltigtes Land zu bezeichnen sei. Böhm kam dann auf die Frage des *Deutschen Eigentums* zu sprechen und stellte fest, *wenn diese Betriebe als Reparationsgut verwendet werden, so wäre Österreich völlig verarmt und müßte als Bettlernation bezeichnet werden.* Abschließend betonte er, daß dies für Österreich eine f u r c h t b a r e E n t t ä u s c h u n g wäre, wenn der *Weltgewerkschaftsbund* zur Lebensfrage der österreichischen Arbeiter und Angestellten nicht Stellung nehmen sollte. Doch der Appell verhallte wirkungslos.

Später, im Juni 1949, erklärte Johann Böhm in der Debatte um die Beschickung des *Zweiten Weltgewerkschaftskongresses* im Bundesvorstand, daß *wir vom Weltgewerkschaftsbund nur Miß-*

achtung und Hinweggleiten über die Bedürfnisse unseres Landes erfahren haben. Der ÖGB nahm am Kongreß nicht teil und trat im Herbst aus dem Gewerkschaftsbund aus.

Während des Jahres 1948 waren die Gegensätze in der Frage der Teilnahme am *Marshall-Plan* immer größer geworden. Im Gegensatz zur abweisenden Haltung des *Weltgewerkschaftsbunds* stand die positive des *Internationalen Bunds Freier Gewerkschaften*. Schon in der auf dem Gründungskongreß des IBFG beschlossenen Erklärung über wirtschaftliche und soziale Forderungen wurde in Punkt 7 zum Ausdruck gebracht, daß Österreich, Deutschland und Japan durch den Abschluß von Staats- und Friedensverträgen so bald wie möglich in die Gemeinschaft der freien Nationen aufgenommen werden sollten. Auf Ersuchen des ÖGB kam im September 1950 eine Kommission des IBFG nach Österreich, die aufgrund ihrer Untersuchung den beschleunigten Abschluß des österreichischen Staatsvertrags empfahl und die Notwendigkeit einer finanziellen Hilfe für Österreich über das Jahr 1952 hinaus betonte.

Der amerikanische und der englische Außenminister teilten dem IBFG umgehend mit, welche Hilfen die Vereinigten Staaten Österreich direkt und indirekt geben würden. Aber das war eine zusätzliche Hilfe, denn der *Marshall-Plan* war bereits angelaufen. Bis 1948 gab es das UNRRA[11])-Hilfsprogramm der UNO, anschließend kam es zu einem Interimsabkommen über Hilfeleistung zwischen den Vereinigten Staaten und Österreich.

Die Gewerkschaftsbewegung und das Zustandekommen des Marshall-Plans

Entscheidend trug zu der günstigen Entwicklung, die Österreich – ganz zum Unterschied von der Ersten Republik – nahm die *Marshall-Plan-Hilfe* bei. Als Ende 1947 die UNRRA-Hilfe zu Ende ging, war Österreich noch nicht imstande, sich selbst zu erhalten. Die Vereinigten Staaten sprangen mit einer Interimshilfe ein, bis im Frühjahr 1948 die Marshall-Plan-Hilfe anlaufen konnte. Dem *Marshall-Plan* waren für Österreich zwei Aufgaben gestellt: Das Defizit der Zahlungsbilanz mußte gedeckt und die Investitionstätigkeit finanziert werden.

Die mit den von der *Marshall-Plan-Hilfe* zur Verfügung gestellten Dollars getätigten Importe mußten selbstverständlich von den österreichischen Käufern bezahlt werden. Diese Gelder flossen dem österreichischen Staat zu und wurden über das ERP[12])-Büro als Investitionskredite, aber auch als Investitionssubventionen an die österreichische Wirtschaft vergeben.

Mit den E R P - M i t t e l n konnte Österreich rund zwanzig Prozent seiner Investitionstätigkeit finanzieren. Insgesamt 5,6 Milliarden Schilling flossen aus den bis Ende 1952 gewährten Aufbaukrediten in den folgenden Jahren wieder zurück und konnten wieder verwendet werden.

Den a u s l ä n d i s c h e n H i l f e l e i s t u n g e n steht aber die Tatsache g e g e n ü b e r, daß Österreich durch die lang andauernde Besetzung sowie die Entnahme österreichischer Bodenschätze und Produktionsgüter durch die russische Besatzungsmacht schweren S c h a d e n erlitten hatte. In einem Informationsmemorandum bezifferte die österreichische Regierung im Juli 1952 die Besatzungskosten vom Frühjahr 1945 bis Ende 1951 mit 6,4 Milliarden Schilling; die durch unmittelbar nach Kriegsende erfolgten Beschlagnahmen, Demontagen und Abtransporte von Maschinen, Halbfabrikaten, Rohstoffen und Ausrüstung mit 500 Millionen Dollar (Wert 1952: 13 Milliarden Schilling) und die Verluste der Republik durch entgangene Steuern und Abgaben mit fast 3,5 Milliarden Schilling.

Der schätzungsweise Umrechnungswert aller Österreich zugeflossenen Hilfeleistungen (Alliiertenhilfe, UNRRA-Hilfe, Interimshilfe, ERP-Hilfe) betrug rund 23 Milliarden Schilling. *(Siehe Tabelle auf Seite 403.)*

Bei einem Vergleich der beiden Summen muß berücksichtigt werden, daß in der Schadenssumme jene Beträge nicht enthalten sind, die die Gesamtwirtschaft durch die indirekten Auswirkungen der Besetzung, zum Beispiel Erschwernisse der Handelsbeziehungen und Beschlagnahme von fast 300 Betrieben in der Ostzone, verloren hat. Auf der anderen Seite wieder sind jene Vorteile nicht zahlenmäßig ausgedrückt, die die Hebung des Produktionsvolumens ökonomisch mit sich brachte. Der Vergleich soll nur zeigen, daß sich die Hilfslieferungen und die Schädigungen der Wirtschaft Österreichs durch die Besetzung a n n ä h e r n d d i e W a a g e h a l t e n . Diese Feststellung spricht nicht gegen die ausländische Hilfeleistung, sondern sie stellt erst recht in den Vordergrund, daß es Österreich ohne diese Hilfe nicht möglich gewesen wäre, die gewaltigen Schwierigkeiten – in die es durch die weltpolitische Nachkriegssituation geraten war – ohne Preisgabe seiner Unabhängigkeit zu meistern.

Auslandshilfe an Österreich 1945–1955
(ohne kommerzielle Kredite; in Mio. Dollar)

	Summe 1945–1955	davon 1945–1946	1947	1948	1949	1950	1951	1952	1953	1954	1955[4]
ERP – direkte Hilfe	686,8	–	–	94,3	194,2	119,5	127,6	91,4	38,5	19,8	1,5
ERP – indirekte Hilfe	269,6	–	–	3,3	95,6	83,1	76,0	11,6	–	–	–
UNRRA	133,6	91,6	44,0	–	–	–	–	–	–	–	–
USA War-Department	38,1[1]	–	38,0	–	–	–	–	–	–	–	–
Kongreß- u. Interimshilfe	156,1[1]	–	54,6	101,5	–	–	–	–	–	–	–
Kanadahilfe	3,4	–	–	3,4	–	–	–	–	–	–	–
Beute- und Überschußgüter	86,9[1]	–	30,7	56,2	–	–	–	–	–	–	–
Liebesgaben	69,5[1]	–	29,9	19,6	9,3	4,1	2,4	2,4	1,8	–	–
Sonstige Hilfslieferungen	35,6	24,8[2]	28,2	1,5	1,0	0,1	–	–	–	–	–
Insgesamt	1.585,1	200,0[3]	225,4	279,8	300,1	206,8	206,0	105,4	40,3	19,8	1,5

[1] = ohne ev. Lieferungen 1945 und 1946
[2] = Alliiertenhilfe
[3] = Schätzung
[4] = Jänner bis April

Quelle: F. Nemschak, Zehn Jahre Österreichische Wirtschaft 1945–1955, S. 23

Allerdings ist in dieser Gegenüberstellung der fortwirkende wirtschaftliche Effekt der *Marshall-Plan-Hilfe* nicht berücksichtigt. Am Höhepunkt der *Marshall-Plan-Hilfe* waren fast ein Drittel der österreichischen Einfuhren Geschenke im Rahmen des *Marshall-Plans,* 1950 und 1951 noch immer etwas mehr als ein Fünftel. Mit der *Marshall-Plan-Hilfe* gelang es, den Hunger zu überwinden. Von 1948 bis 1952 betrug der Anteil von N a h r u n g s m i t t e l n an den gesamten ERP-Einfuhren zwischen 62 und 54 Prozent. Erst später traten dann neben den Rohstoffen und Erdölerzeugnissen M a s c h i n e n und Verkehrsmittel in den Vordergrund. Vor allem in den Jahren 1952, 1953 und 1954 verlagerte sich das Schwergewicht etwas in die Richtung Halbfabrikate und Maschinen.

»Welche Bedeutung die ERP-Kredite relativ hatten, kann man daraus ersehen, daß von 1950 bis 1955 etwas mehr als 50 Prozent der gesamten aushaftenden Kredite an die Industrie ERP-Kredite waren. Ende der fünfziger Jahre waren es noch immer 40 Prozent. Diese Kredite wurden natürlich getilgt, verzinst und damit der ERP-Fonds bis spät in die sechziger Jahre zu einem wichtigen w i r t s c h a f t s p o l i t i s c h e n I n s t r u m e n t der planvollen Entwicklung der Wirtschaft gemacht. Erst in den siebziger Jahren war er nur mehr von marginaler Bedeutung, aber da lebten wir schon in anderen Sphären als Ende der vierziger Jahre.«[13])

Das *ERP-Fonds-Gesetz* vom 13. Juni 1962 stellt dem ERP-Fonds in § 1 die wirtschaftspolitische Aufgabe, *den Ausbau, die Rationalisierung und die Produktivität der österreichischen Wirtschaft insbesondere durch Unterstützung und Anregung der produktiven Tätigkeit und des Warenaustausches zu fördern und dadurch auch zur Erhaltung der Vollbeschäftigung und zur Erhöhung des Sozialproduktes unter Bedachtnahme auf die Stabilität des Geldwertes beizutragen.* Da die erfolgreiche Bewältigung der österreichischen Strukturprobleme entscheidend von der raschen und umfassenden Anwendung neuer Technologien abhängt, wurden in den Jahresprogrammen auch Mittel zur Technologieförderung vorgesehen. Für das Wirtschaftsjahr 1987/88, das ist die Zeit vom 1. Juli 1987 bis 30. Juni 1988, ist ein Programm in der Gesamthöhe von 3,03 Milliarden Schilling in Aussicht genommen. So sind für bereits laufende Programme *Mikroelektronik und Informationsverarbeitung* sowie *Biotechnologie und Gentechnik* vorgesehen und sollen durch Programme über *Neue Werkstoffe* und *Umwelttechnik* ergänzt werden.

Im M ä r z 1 9 4 8 trat in London eine internationale K o n f e - r e n z d e r *M a r s h a l l - P l a n - L ä n d e r* zusammen, an der

Johann Böhm für den ÖGB teilnahm. Sie faßte den Beschluß, einen beratenden Gewerkschaftsausschuß für den europäischen Wiederaufbau einzusetzen. In einer Resolution wurde zum Ausdruck gebracht, daß der *Marshall-Plan* keine unannehmbaren Bedingungen enthalte, insbesondere keine Eingriffe in die inneren Angelegenheiten eines teilnehmenden Landes. Die Gewerkschaften wurden aufgefordert, bei der Durchführung ihres nationalen Produktionsprogramms mit ihren Regierungen engsten Kontakt zu halten.

Für die europäische Gewerkschaftsbewegung war entscheidend, daß sie sowohl in den Prozeß des Zustandekommens wie in die Zusammenarbeit mit den nationalen Verwaltungen des *Marshall-Plans* einbezogen wurde. Das war keine Selbstverständlichkeit und stieß anfangs auf den Widerstand der Regierungen.

Am 1. Juli 1948 wurde das Abkommen über die *Marshall-Plan-Hilfe* unterzeichnet, und Ende Juli fand eine weitere Gewerkschaftskonferenz der *Marshall-Plan-Länder* in London statt. Aufgabe der Konferenz war es, eine enge Zusammenarbeit zwischen der Verwaltung des Hilfsplans und den Gewerkschaften zustande zu bringen. Die amerikanische Delegation, die aus Vertretern der beiden (später zum gemeinsamen Dachverband AFL-CIO vereinigten) großen Gewerkschaftsverbände AFL und *Congress of Industrial Organizations* (CIO) bestand, forderte, daß die Gewerkschaften der einzelnen Länder in die Ausarbeitung der Pläne des Europäischen Wiederaufbauprogramms eingeschaltet werden sollten. Der außerordentliche Gesandte der Vereinigten Staaten, Averell Harriman, der als Sonderbeauftragter der Konferenz beiwohnte, unterstützte die Forderung und erklärte, daß der Erfolg des Plans zum größten Teil von der Haltung der Gewerkschaften abhinge.

Aber die österreichische Regierung war nicht in ihrer Gänze dieser Auffassung, jedenfalls wurde dem Gewerkschaftsbund längere Zeit hindurch bei der Ausarbeitung der Pläne zum Hilfsabkommen nicht genügend Einfluß gewährt. Daß es jedoch der amerikanischen Regierung und wohl auch weiten Kreisen der amerikanischen Bevölkerung um einen möglichst großen Einfluß der Gewerkschaften zu tun war, geht nicht nur aus der erwähnten Äußerung des Gesandten Harriman hervor, sondern insbesondere aus der Tatsache, daß Außenminister Marshall die Gewerkschaftsvertreter am 8. Oktober 1948 nach Paris einlud.

Österreich war durch Präsident Johann Böhm, Generalsekretär Anton Proksch und den Sekretär der Arbeiterkammer, Stephan

Wirlandner, vertreten. Im Mittelpunkt der Beratungen stand das Problem der Erhöhung der Produktivität der europäischen Wirtschaft. Johann Böhm betonte in seiner Rede auf der Konferenz, daß es dem *Österreichischen Gewerkschaftsbund* dank seiner Einheitlichkeit und Geschlossenheit und der verantwortungsvollen Politik, die er verfolge, gelungen sei, die Lohn- und Preispolitik ohne größere Streiks im Interesse der Arbeitnehmer zu beeinflussen. Damit wurde ein wesentlicher Beitrag zur Steigerung der Produktion geleistet. Das Interesse der Arbeiter und Angestellten an einer P r o d u k t i v i t ä t s s t e i g e r u n g sei mit einer V e r b e s s e r u n g d e r A r b e i t s b e d i n g u n g e n verknüpft.

Nach ihrer Rückkehr aus Paris machten die Vertreter des Gewerkschaftsbunds die österreichische Regierung erneut darauf aufmerksam, daß die Regierung der USA ihren Willen bekundet habe, daß der gewerkschaftlich organisierten Arbeiter- und Angestelltenschaft eine entsprechende Möglichkeit der Mitwirkung an der Durchführung des Europa-Hilfsplans eingeräumt werde. Der ÖGB bestellte einen Vertrauensmann, der die Verbindung mit der Bundesregierung aufzunehmen und vor allem den Standpunkt der Gewerkschaften im Ministerium für Wirtschaftsplanung zu vertreten hatte.

Mit der gleichfalls vom Gewerkschaftsbund verlangten W ä h r u n g s r e f o r m v o m D e z e m b e r 1 9 4 7 , d e n P r e i s - u n d L o h n a b k o m m e n – das erste wurde im August 1947 abgeschlossen – und dem *Marshall-Plan-Abkommen* vom Juli 1948 wurde gemeinsam mit den durch die Anstrengungen der Arbeiter und Angestellten erzielten Produktionssteigerungen der w i r t s c h a f t l i c h e A u f s t i e g Österreichs eingeleitet und der Übergang von der Nachkriegs- zur Friedenswirtschaft geschaffen.

Die Preis- und Lohnabkommen – ein zielführender Weg

So wie nach dem Ersten Weltkrieg hungerte das Volk nach Ende des Zweiten Weltkriegs, und die Hauptsorge galt der Ernährung. Hilfsaktionen retteten viele vor dem Hungertod, bis Österreich imstande war, notdürftig die Versorgung selbst zu organisieren. Lebensmittel wurden aus dem Ausland eingeführt, und die Differenz zwischen den teuren Importen und den niedrigen Inlandspreisen mußte der Staat decken. Die Wirtschaft lag darnieder. Gleichfalls aus dem mageren Staatsbudget mußten die inländischen Agrarpreise subventioniert werden, um die Landwirte zu verstärkter Eigenaufbringung zu veranlassen. Der Schwarzhandel grassierte.

Die L e b e n s m i t t e l u n t e r s t ü t z u n g e n konnte der Staat a u f D a u e r n i c h t tragen, die Steuereinnahmen blieben lange gering, da die Wirtschaft erst wiederaufgebaut werden mußte. Nach 1918 hatten die Stützungen zu einer enormen Staatsverschuldung geführt, Sanierungsmaßnahmen des Auslands hatten Eingriffe in die staatliche Steuerhoheit gebracht, drastische Steuereinsparungen sowie eine einschneidende Verschlechterung der wirtschaftlichen und sozialen Verhältnisse verordnet.

Der Mangel nicht nur an Nahrungsmitteln, sondern auch an wichtigen Bedarfsartikeln führte zu einem ständigen Preisanstieg. Im Juli 1947 trat durch die Erhöhung der Preise für tierische Produkte sowie durch andere Preiserhöhungen wichtiger Nahrungsmittel ein sprunghaftes A n s t e i g e n d e r L e b e n s h a l t u n g s k o s t e n u m 3 3 P r o z e n t ein. Es war begreiflich, daß diese starke Steigerung der Lebenshaltungskosten von den Arbeitern und Angestellten nicht getragen werden konnte. Eine neuerliche Welle von Preis- und Lohnerhöhungen hätte aber die Gefahr einer I n f l a t i o n heraufbeschworen.

Die Aufrechterhaltung des inneren Friedens und damit die Sicherung der staatlichen Souveränität – soweit sie in den ersten Nachkriegsjahren gegeben war – mußte zwangsläufig um so schwieriger werden, je mehr sich die sozialen Gegensätze verschärften. Bis 1947 waren diese Gegensätze weniger in Erscheinung getreten, weil man sich gemeinsam gegen die drückende Not zur Zusammenarbeit bereit fand. Die inflationistische Tendenz der Währung lieferte außerdem das Trugbild einer gerechten Entlohnung, wenngleich auch der schwarze Markt mit um so größerer Eindringlichkeit das Ausmaß der eigenen Armut vor Augen führte.

Der allgemeine Warenmangel und die unverhältnismäßig hohe Geldfülle boten aber keine Gewähr für eine Stabilisierung der Preise und Löhne. Durch die Erfahrung der Zwischenkriegszeit klüger geworden, sollten nach 1945 ausländische Eingriffe und eine jahrelange inflationäre Entwicklung, verbunden mit zahllosen Lohnbewegungen, die aber keinen Reallohnzuwachs brachten, v e r m i e d e n werden. Die Regierung, die Vertreter der Wirtschaft und der Arbeitnehmer kamen daher überein, eine zweifellos kühne Operation vorzunehmen: Die Bundeswirtschaftskammer, die Landwirtschaftskammer und die Arbeiterkammern sowie die Industriellenvereinigung und der Gewerkschaftsbund einigten sich auf die zentrale Lenkung der Preise und Löhne. Als Institution, in deren Rahmen die Regelungen vorbereitet und die notwendigen Abkommen geschlossen werden sollten, wurde die *Wirtschaftskommission* errichtet, der Vertreter der drei Kammern und des ÖGB angehörten. Ihre Tätigkeit leitete die Wirtschaftspartnerschaft ein, was 1957 schließlich zur Gründung der *Paritätischen Kommission* führte.

Am 24. Juli 1947 genehmigte der Vorstand des Gewerkschaftsbunds das erste, in Form eines Kollektivvertrags zwischen Bundeswirtschaftskammer und Gewerkschaftsbund abgeschlossene Preis- und Lohnabkommen. Es regelte die Handelsspannen und Lebensmitteldetailpreise und die Tarife öffentlicher Verkehrsmittel sowie die Gas- und Strompreise und paßte die Löhne und Gehälter den Erhöhungen an.

Um eine Stockung des Produktionsprozesses zu vermeiden, wurde den gewerblichen Unternehmungen gestattet, die neu eingetretenen Lohn- und Gehaltserhöhungen sowie die Kostenverteuerungen durch die Erhöhung der Tarife und die neu festgesetzten Kohlenpreise sofort, ohne besondere Genehmigung, im Anhangverfahren in die Preise einzuberechnen. Nach Befriedigung dieser Preis- und Lohnerhöhungen trat ein zunächst mit drei Monaten befristetes Stillhalteabkommen für sämtliche Löhne und Gehälter sowie für die die Lebenshaltungskosten maßgebend bestimmenden Preise in Kraft. Für den Fall, daß die Lebenshaltungskosten während der drei Monate des Stillhalteabkommens um mehr als zehn Prozent steigen sollten, wurde eine neuerliche Berechnung der Löhne vereinbart.

Die vorgesehene Grenze der Steigerung der Lebenshaltungskosten um zehn Prozent, innerhalb der sich die Gewerkschaften an den Lohnstopp gebunden erachteten, war schon nach zwei Monaten überschritten. Der Gewerkschaftsbund hielt deshalb Anfang Oktober eine Vorstandssitzung ab, die grundlegende Maßnahmen zur Stabilisierung der Wirtschaft forderte. Die vordringlichste Maßnahme war die Währungsreform, die dann am 19. November 1947 vom Nationalrat beschlossen wurde. Der Nennwert aller österreichischen Banknoten, der von den Alliierten ausgegebenen Noten und Münzen wurde auf ein Drittel herabgesetzt. Die geltenden Banknoten und Münzen wurden bis zu einem Betrag von 150 Schilling im Verhältnis 1:1, der Betrag, der 150 Schilling pro Person überstieg, wurde im Verhältnis 3:1 umgetauscht. Mit Ablauf der Umtauschfrist verloren die alten Geldmittel ihre Gültigkeit. Für Guthaben auf Sparbüchern und Konten galten konforme Regelungen. Vor dem 5. Juli 1945 eingelegte Gelder, sogenannte Sperrkonten, verfielen zur Gänze, das bedeutete, daß Markguthaben aus dieser Zeit wertlos wurden.

Die Währungsreform, die am 10. Dezember 1947 in Kraft trat, war damals zwar eine unpopuläre Maßnahme, leitete aber die Stabilisierung der Wirtschaft ein.

Im September 1948 wurde ein z w e i t e s P r e i s - u n d L o h n a b k o m m e n abgeschlossen. Die Landwirte hatten eine Erhöhung der Preise für Agrarprodukte verlangt, da die vorgeschriebenen Preise zu niedrig waren, um Saatgut und Kunstdünger in ausreichender Menge einkaufen zu können. Als Folge der Währungsreform hatte sich der Geldumlauf um mehr als 45 Prozent verringert und der schwarze Markt und dessen Lieferanten eine schwere Einbuße erfahren. Durch das zweite Abkommen wurde die bewilligte Erhöhung der Agrarpreise durch entsprechende Zulagen und Beihilfen an die Lohn- und Gehaltsempfänger ausgeglichen.

Ursache des d r i t t e n A b k o m m e n s im Mai 1949 war die prekäre Lage des Staatshaushalts. Die öffentlichen Einnahmen und Ausgaben entwickelten sich nicht im vorgesehenen Ausmaß. Zur Deckung der Besatzungskosten wurde eine eigene Steuer eingeführt, die mit einem Fünftel der Lohn- beziehungsweise Einkommensteuer bemessen war, weiters wurden einige Steuern auf den Verbrauch von Genußmitteln, die Stempelgebühren, die Tarife öffentlicher Verkehrsmittel, die Post- und Telefongebühren sowie die Gas- und Strompreise erhöht. Die Verteuerung der Lebenshaltungskosten wurde wieder mit einer allgemeinen Erhöhung der Löhne und Gehälter abgegolten.

Nur etwa ein Jahr später, im Juni 1950, brach der K o r e a - K r i e g aus. Die Supermächte klammerten sich erst recht an die bisher gehaltenen Positionen und verstärkten ihre Rüstungsanstrengungen. Die Welt zitterte vor einem neuen globalen Krieg. Die Folge war, daß die Menschen begannen, wieder L e b e n s m i t t e l z u h o r t e n .

In den ersten Monaten des Jahres 1950 waren die Kleinhandelspreise in Österreich gesunken, jetzt stiegen sie wieder schnell an. In Anbetracht dieser Situation blieb nichts anderes übrig, als über ein v i e r t e s P r e i s - u n d L o h n a b k o m m e n zu verhandeln, obwohl Präsident Böhm erklärte, der ÖGB überlege, ob man noch einmal eine zentrale Lohnregelung anstreben solle, und

Wirtschaftskammerpräsident Raab ankündigte, zentrale Verhandlungen kämen nicht mehr in Betracht, die Löhne einzelner Schichten müßten zurückbleiben. Die Tatsache, daß die Verwendung von ERP-Mitteln zur Preisstützung vertragsmäßig bis 1952 enden mußte und sich daher jährlich verringerte, ließ keine andere Wahl. Das vierte Preis- und Lohnabkommen sah die A u f h e b u n g d e r S u b v e n t i o n i e r u n g d e r K o h l e - u n d K o k s p r e i s e vor. Die Agrarier forderten eine Erhöhung der Preise für Brotgetreide, die auch nicht in eine Stützung einbezogen werden konnte. Das vierte Preis- und Lohnabkommen führte in der Zeit vom 26. September bis 6. Oktober 1950 zu Unruhen und einen von den K o m m u n i s t e n angezettelten G e n e r a l s t r e i k v e r s u c h , der im nächsten Kapitel behandelt wird.

In Westeuropa wurde durch verschiedene Ursachen eine Preis-Lohn-Dynamik von großer Stärke ausgelöst, die vielleicht am besten durch folgende Zahlen, die die OEEC *(Organization of European Economic Cooperation)* veröffentlichte, gekennzeichnet wird. Vom zweiten Vierteljahr 1950 bis zum zweiten Vierteljahr 1951 stiegen die Stundenlöhne oder die Stundenverdienste sowie die Lebenshaltungskosten beziehungsweise die Kleinhandelspreise wie folgt:

	Stundenverdienste in Prozent	*Lebenshaltungskosten in Prozent*
Österreich	32	37
Belgien	12	13
Frankreich	21	21
Deutschland	20	9
Island	29	35
Irland	11	8
Italien	8	13
Niederlande	10	13
Norwegen	15	20
Schweden	20	19
Schweiz	1	6
Großbritannien	7	10
USA	10	10

Obwohl alle Länder Westeuropas, vielleicht mit Ausnahme der Schweiz, einer schwächeren oder stärkeren inflationistischen Entwicklung unterlagen, waren die Ursachen – zumindest was die inneren Ursachen der Inflation anbelangt – sehr verschieden. Zweifellos war die Weltmarktpreissteigerung der entscheidende Anstoß für den Preisauftrieb in den westeuropäischen Ländern, und der Preisauftrieb führte zu einer Kostensteigerung sowohl bei industriellen Rohstoffen als auch bei Nahrungsmitteln.

Das **fünfte Preis- und Lohnabkommen** war nur mehr eine Verlegenheitslösung. Die österreichische Regierung steuerte einen Stabilitätskurs an, um dem inflationären Druck zu entgehen. Ende 1951 gelang es, den inflationistischen Prozeß zu stoppen, indem die Kredite eingeschränkt, die Bankrate erhöht und eine restriktive Budgetpolitik betrieben wurden. Jetzt konnten auch die Lohnbewegungen flexibler gestaltet werden, um der durch die Abkommen eingetretenen Nivellierung der Löhne und Bezüge zu beggnen. Die Abkommen hatten ja unweigerlich Härten mit sich gebracht, da es vor allem darum gegangen war, ein Minimum an Einkommen sicherzustellen.

Andere von Nachkriegsschwierigkeiten gleichfalls betroffene Länder haben einen anderen Weg als den der Preis- und Lohnabkommen zur Stabilisierung eingeschlagen – aber keiner war, wie die Erhaltung des sozialen Friedens zeigt, zielführender als der österreichische. Er war nur durch die – trotz der Ereignisse von 1950 – in keinem anderen demokratischen Land gegebene **gewerkschaftliche Geschlossenheit** gangbar, die eine von der Erkenntnis getragene Politik ermöglichte, daß die Gewerkschaften nicht nur Einfluß auf die Löhne, sondern auch auf die Preisgestaltung nehmen und sich gesamtwirtschaftliche Mitbestimmung sichern müssen.

Die Zweckmäßigkeit der Preis- und Lohnabkommen wurde bis Anfang der fünfziger Jahre heftig diskutiert, und Johann Böhm stand im Mittelpunkt rechter und linker Kritik. Lassen wir ihn selbst sagen, was er darauf beim zweiten Bundeskongreß des ÖGB im Oktober 1951 antwortete: *Wenn gesagt wird, daß es den österreichischen Arbeitern und Angestellten von einem Preis-Lohn-Übereinkommen zum anderen immer schlechter und schlechter geht, so muß ich darauf antworten: Meine sehr verehrten Freunde, das ist eine arge Übertreibung! Ich will, um es gleich vorweg zu sagen, nicht behaupten, daß es den österreichischen Arbeitern und Angestellten gut geht. Ich bin mir der Tatsache, daß unsere Lebenshaltung hier in Österreich wesentlich schlechter ist als in den meisten anderen Ländern Westeuropas, von Amerika gar nicht zu reden, voll bewußt. Aber jene, die da behaupten, daß jedes Preis-Lohn-Übereinkommen eine Verschlechterung unserer Lebenshaltung gebracht hätte, unterliegen entweder einer Einbildung, einer*

Suggestion, oder sie behaupten, wie dies bei der kommunistischen Fraktion der Fall ist, bewußt die Unwahrheit. Ich will, liebe Freunde, nicht von den Jahren 1945 und 1946 sprechen, in denen in diesem Lande nicht wenige Menschen Hungers gestorben sind. Ich will von der Zeit des ersten Lohn- und Preisübereinkommens bis zur heutigen Zeit sprechen, und da bitte ich Sie nun einmal: denken Sie zurück an das Frühjahr und den Sommer 1947, als das erste Lohn- und Preisübereinkommen abgeschlossen worden ist, und vergleichen Sie unsere damalige Lebenshaltung mit der heutigen. Es wird niemand, der unvoreingenommen urteilt, behaupten können, daß wir heute schlechter leben. Im Gegenteil, es ist, wenn auch nicht viel, so doch ein wenig besser geworden.

Nach einem statistischen Überblick über das Nationaleinkommen und dessen Aufgliederung auf die Bevölkerungsgruppen erklärte der ÖGB-Präsident schließlich unter stürmischem Beifall der Delegierten: *Wir haben nicht zu dem Zwecke, um den Unternehmern oder den Landwirten zu dienen, an den Preisübereinkommen teilgenommen, sondern nur in der ausgesprochenen Absicht, die Preise auf ein möglichst niedriges Ausmaß herunterzudrücken. Ich darf in diesem Zusammenhang sagen: Der Erfolg, den wir auf diesem Gebiet erzielt haben, war gar nicht gering.*

Das erste Abkommen war bei einem Indexstand von 180 der Nettolöhne und einem solchen von 185 der Lebenshaltungskosten abgeschlossen worden, beim zweiten war der Indexwert bereits auf 308 beziehungsweise 357 gelegen, beim dritten auf 377 beziehungsweise 427, beim vierten auf 436 beziehungsweise 526 und beim fünften auf 728 beziehungsweise 716. Rein statistisch gelang es zwar, Nettolöhne und Lebenshaltungskosten in ziemliche Übereinstimmung zu bringen. In eine bedrängte Lage kamen aber jene Erwerbsgruppen, deren Nominaleinkommenerhöhung mit den steigenden Lebenserhaltungskosten nicht Schritt hielt.

Man kann bezweifeln, ob der Weg der Preis- und Lohnabkommen für Österreich der wirtschaftlich beste war. Aber sicher war er aufgrund der sozialen Struktur und der politischen Bedingtheiten der Nachkriegszeit der günstigste, der beschritten werden konnte. Durch die Preis- und Lohnabkommen und die Auslandshilfen gelang es schließlich, das Gleichgewicht der österreichischen Volkswirtschaft annähernd herzustellen. Dies dauerte zwar lange, denn die Kaufkraft des Schillings im Inland war Ende 1952 um etwa die Hälfte geringer als zu Beginn des Jahres 1948. Gemessen an den eingeführten Waren und Dienstleistungen betrug das Defizit der laufenden Zahlungsbilanz in den Jahren 1950 bis 1952 rund 25 Prozent. Erst das Jahr 1953 brachte eine Hebung der Kaufkraft des Schillings.

Lohn- und Preisentwicklung in Österreich 1947–1951
(Index: April 1945 = 100)

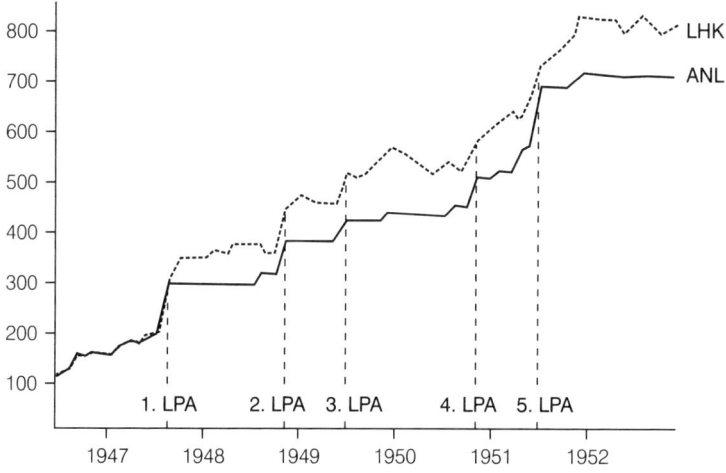

LHK = Lebenshaltungskostenindex nach dem Normalverbraucherschema für eine vierköpfige Arbeiterfamilie in Wien

ANL = Arbeiter-Nettolöhne in Wien nach Abzug der Steuern, Sozialversicherungsbeiträge und des Gewerkschaftsbeitrages

LPA = Lohn-Preis-Abkommen

Quelle: Karl Bachinger und Herbert Matis, Der österreichische Schilling. Graz/ Wien/Köln 1974, S. 219

Die Bewährungsprobe:
der kommunistische Generalstreikversuch
1950

Der Konflikt beginnt

Die Arbeiter und Angestellten waren mit den generellen Regelungen der Löhne und Gehälter nicht zufrieden, weil sie mit Steigerungen der Preise von Bedarfsartikeln verbunden waren, die über das Ausmaß der amtlich geregelten Preise der wichtigsten Nahrungsmittel oft weit hinausgingen. Die Wirtschaftstreibenden hielten sich n i c h t an die vereinbarte P r e i s d i s z i p l i n. Insbesondere das vierte Preis- und Lohnabkommen wurde heftiger Kritik unterzogen. Der Gewerkschaftsbund hatte vorher erklärt, daß die Preiserhöhungen auf *Heller und Pfennig* abgegolten werden müßten, es wurde aber mißverstanden, daß diese Abgeltung sich nur auf die Erhöhungen der Preise preisgebundener Waren und auf Tariferhöhungen öffentlicher Verkehrsmittel bezog.

Am 26. September 1950 beschloß der Ministerrat folgende Erklärung: *Es ist der Wille der Bundesregierung, daß die Löhne, Gehälter, Verdienste und Versorgungsbezüge aller privaten und öffentlichen Dienstnehmer, Ruhegenußbezieher und der Sozialrentner ohne Rücksicht darauf, in welchen Kollektivvertrags- oder Dienstrechtsbereich die betreffenden Personen fallen, so erhöht werden, wie es bei den Verhandlungen zwischen der Regierung, den Kammern und dem Gewerkschaftsbund vereinbart wurde, wenn ihnen die Erhöhung des Mehraufwandes aus dieser Regelung nicht anderweitig vergütet wird.*

Die mißverstandene Parole *auf Heller und Pfennig* lieferte der kommunistischen Agitation geeignete Argumente zu einer G e n e r a l s t r e i k p a r o l e.

Die kommunistische Parteileitung hatte die Streikbewegung schon von langer Hand vorbereitet. Schon im August 1950 hatte das Zentralkomitee der Kommunistischen Partei an alle Sektionen ein Rundschreiben gesendet, in welchem unter anderem folgende Aufträge an die Funktionäre erteilt wurden: *Es müssen infolge der Gärung und Unzufriedenheit unter der Arbeiter- und Angestelltenschaft wegen der niedrigen Löhne und hohen Preise und der ständigen Verteuerung der Lebenshaltungskosten Teilstreiks in den Betrieben mit der Forderung geführt werden, die Löhne zu erhöhen. Diese Teilstreiks sollen dazu führen, später mit dem Generalstreik einzusetzen.*

Das Konzept sah inhaltlich folgendermaßen aus:
Das Hauptziel aller kommunistischen Vertrauensmänner muß der Generalstreik sein. Da in den Privatbetrieben die Organisierung der Streiks nicht so leicht zu erreichen sein wird, soll die Streikbewegung von den USIA-Betrieben ausgelöst werden.

Die kommunistischen Funktionäre haben in den Betrieben und Gewerkschaften die vorbereitenden Maßnahmen zu treffen. Die KP darf vorläufig bei den Streiks nicht aufscheinen. Diese Streiks sollen die Funktionäre der SPÖ verpflichten und täuschen. Die Agitation soll durch kommunistische Funktionäre von den Gewerkschaften aus erfolgen.

Um entsprechend gründliche Aufklärungsarbeit leisten zu können, soll diese nicht nur in Versammlungen, sondern auch durch Trupps von mehreren Mitgliedern in den Privatwohnungen durchgeführt werden.

Für Dienstag, den 26. September 1950, hatte die Kommunistische Partei einen Marsch in die Wiener Innenstadt mit anschließender Kundgebung auf dem Ballhausplatz einberufen. Zwei Demonstrationszüge mit anfänglich ungefähr 15.000 Teilnehmern bewegten sich aus Richtung Favoriten und Leopoldstadt dem ersten Bezirk zu. Um zirka 11 Uhr gelang es den Demonstranten, die sich inzwischen auf ungefähr 6.000 verringert hatten, zum Ballhausplatz vorzudringen und dort eine Versammlung abzuhalten. Die Tore des Bundeskanzleramts waren geschlossen, und ein Polizeikordon versuchte, das Eindringen einer Abordnung in das Gebäude zu verhindern. Einige Demonstranten kletterten auf das vor dem Bundeskanzleramt aufgestellte Baugerüst und versuchten, so durch die Fenster in das Innere des Gebäudes einzudringen. Bundeskanzler Figl und auch Außenminister Gruber befanden sich in ihren Büros.

Die Amerikaner wurden durch Minister Gruber von der bedrohlichen Situation in Kenntnis gesetzt, da sie in diesem Monat den Vorsitz im *Alliierten Rat* führten. Kurz nach dem Anruf Grubers wurde Innenminister Helmer von den Amerikanern in Kenntnis gesetzt, daß sie bereit seien, gegen die Demonstranten zu intervenieren. In einem Erinnerungsvermerk des Innenministers über die Vorfälle am 26. September heißt es: »... das veranlaßte mich zu einer energischen Abmahnung ... die Amerikaner zu einem Einschreiten zu veranlassen. Das gleiche tat ich auch, als mich der

Polizeipräsident von einer möglichen Intervention der Amerikaner verständigte ... Das Gespräch mit dem Polizeipräsidenten wurde meines Erinnerns in Anwesenheit des Vizekanzlers Schärf geführt, der sich damals im Polizeipräsidium aufhielt ... Kurze Zeit darauf bekam ich neuerlich einen Anruf Figls, bei dem er mich fragte, warum ich nicht zulasse, daß die Amerikaner einschreiten und Ordnung machen. Trotz der Aufregung machte ich den Bundeskanzler auf die Unmöglichkeit dieses Verlangens aufmerksam und verwies vor allem auf die Gefahren, die ein einseitiges Einschreiten auf der russischen Seite auslösen könnte. Nachdrücklichst erklärte ich auch dem Bundeskanzler, daß eine amerikanische Intervention im gegenwärtigen Zeitpunkt, wo sich die Demonstration bereits aufzulösen beginne, nicht erwünscht sei ...«[14])

Auch aus Aufzeichnungen des Wiener Polizeipräsidenten Josef Holaubek geht hervor, wie es gelang, das Eingreifen der Amerikaner zu verhindern: »... Dieser teilte dem Polizeipräsidenten im Laufe eines Telefonats u. a. mit, daß das a m e r i k a n i s c h e M i l i t ä r in Wien sich bewaffnet in Marsch setze und auch S c h u ß b e f e h l habe. Der Bundesminister für Inneres wurde vom Polizeipräsidenten eindringlichst auf die Gefahren einer militärischen Intervention aufmerksam gemacht ... Sofort nach Beendigung dieses Gesprächs setzte sich der Polizeipräsident mit dem Dolmetscher des amerikanischen Stadtkommandanten Brigadegeneral Swift in Verbindung, den er mit dieser Auffassung vertraut machte und darauf hinwies, daß er jede militärische Intervention ablehnen müsse. In einem weiteren Telefonat machte Bundesminister Helmer den Polizeipräsidenten aufmerksam, daß er sich seiner Meinung zugewendet habe, die Amerikaner wären in diesem Sinne zu verständigen ...«[15])

Es gelang dem kommunistischen Abgeordneten Ernst Fischer in einer rhetorisch scharfen, jedoch inhaltlich diplomatischen Rede, die D e m o n s t r a n t e n gegen 12 Uhr mittags zum A b z u g zu bewegen. Wäre amerikanisches Militär eingeschritten, so hätte nicht nur die weitere Entwicklung der Streikbewegung einen anderen Verlauf nehmen, sondern auch eine unangenehme Verhärtung der Beziehungen zwischen den Besatzungsmächten eintreten können. Mitte Oktober 1950 hielt sich der Unterstaatssekretär im britischen Außenamt Lord Henderson in Wien auf. Er brachte zum Ausdruck, daß die englische Regierung es außerordentlich begrüßt habe, daß eine militärische Intervention von den österreichischen Stellen unterbunden worden war.[16])

Nach dem Kontrollabkommen war die österreichische Bundesregierung dem *Hohen Alliierten Rat* gegenüber für die Aufrechterhaltung von Recht und Ordnung verantwortlich. Ein Einschreiten einer alliierten Behörde wäre möglich gewesen, wenn die österreichische Regierung erklärt hätte, die Ordnung mit eigenen Kräften nicht aufrechterhalten zu können.

Die Streikaktion läuft an

Während sich in W i e n die Streikbewegung auf die vorwiegend in Floridsdorf und Stadlau befindlichen der sowjetischen Militärverwaltung unterstellten Unternehmungen, also die USIA-Betriebe, beschränkte, nahm sie in N i e d e r ö s t e r r e i c h ernsteren Charakter an. Alle Betriebe im Erdölgebiet und sämtliche USIA-Betriebe in Gänserndorf, Korneuburg und Stockerau, die *Voith-Werke* und *Glanzstoffwerke* in St. Pölten sowie die *Rax-Werke* und die Radiatorenfabrik in Wiener Neustadt wurden vom Ausstand erfaßt.

In einigen Orten drangen kommunistische Störtrupps in Betriebe ein, um die Belegschaften zum Anschluß an die Streikbewegung zu zwingen; diese Versuche hatten dort Erfolg, wo vorwiegend Frauen arbeiteten. Besonders bedenklich war, daß es den Kommunisten gelang, verschiedentlich vorübergehend den Straßenverkehr und kurzfristig sogar den Bahnverkehr auf der Südbahnstrecke zu blockieren. Weil Polizei oder Gendarmerie wegen der Haltung der russischen Besatzungsmacht nicht einschreiten konnten, mußte die Abwehrbewegung ausschließlich von den die kommunistischen Aktionen ablehnenden Arbeitnehmern getragen werden.

Noch am gleichen Tag griff der Streik auf L i n z und S t e y r und am nächsten Tag, dem 27. September, auf Betriebe in der S t e i e r m a r k über.

Besonders in L i n z war die Lage kritisch. Die Straßenbahn stand still. Streikende Arbeiter der *VÖEST,* der *Stickstoffwerke* und anderer Linzer Betriebe zogen vor das Arbeiterkammergebäude, in dem die Landesexekutive des ÖGB tagte. Die Demonstranten stürmten das Kammergebäude, es kam zu wüsten Szenen, und einige besonnene Arbeiter konnten nur mit Mühe verhindern, daß Heinrich Kandl, der sechsundsiebzigjährige Vorsitzende der Landesexekutive vom Balkon des Gebäudes gestürzt wurde.

Hinsichtlich der Linzer Ereignisse ist zu berücksichtigen, daß es 1950 in beiden verstaatlichten Betrieben, in der *VÖEST* und in

Österreichs Gewerkschaftsbewegung
Stationen zur Wirtschaftssteuerung

1920 Teuerungsdemonstration der Wiener Gemeindebediensteten. Die Inflation und eine arbeitnehmerfeindliche Linie der Siegermächte des 1. Weltkrieges verhindern die Stabilisierung der Wirtschaft

1947 bis 1951 Fünf Abkommen zur Steuerung der Preis- und Lohnentwicklung leiten nach einer Preisexplosion, mit der die Löhne nie Schritt halten könnten, die Erholung der Wirtschaft ein. Die Instrumente sind: Bremsen für die Preise und für alle gleiche Lohnerhöhungen. Facharbeiter in den Großbetrieben mit besseren Löhnen müssen auf mögliche Erhöhungen verzichten, und die Unternehmer halten sich immer weniger an die Abkommen. Das löst Proteste aus.

1950 Der kommunistische Generalstreikversuch ausgelöst durch die Widerstände gegen das 4. Preis- und Lohnabkommen, wird abgewehrt

1957 Gründung der Paritätischen Kommission. Die Sozialpartnerschaft begann 1947 mit der Tätigkeit des Wirtschaftsdirektoriums, wo ÖGB, AK, Wirtschaftskammer, Landwirtschaftskammer und Industriellenvereinigung die Preis- und Lohnabkommen abschlossen und überwachten

1992 Die Präsidenten der Wirtschafts- und Sozialpartner unterzeichnen ein neues Abkommen, das erstmals auch Bildung als Aufgabengebiet einbezieht

den *Stickstoffwerken,* zum Unterschied von späteren Jahren keine festgefügte sozialistische Mehrheit in der Belegschaft gab. Der *Verband der Unabhängigen,* dem viele frühere Nationalsozialisten angehörten, war hingegen ziemlich stark; seine Anhänger machten mit den Kommunisten gemeinsame Sache.

Der ÖGB wendete sich über Rundfunk und Presse an die Arbeiterschaft und wies darauf hin, daß hinter der Streikbewegung die Kommunisten als Rädelsführer standen und diese mit allen Mitteln versuchten, die Ausstände in verschiedenen Betrieben zum Generalstreik auszuweiten. Von großem Vorteil für die ständige Information der Bevölkerung über den Hörfunk war, daß der Sender *Rot-Weiß-Rot* unter amerikanischer Kontrolle im 7. Wiener Gemeindebezirk lag, während sich die Zentrale der RAVAG im 4. Bezirk in der russischen Zone befand.

Die Gegenaktion des ÖGB hatte Erfolg. Bereits am 28. September kehrte wieder Ruhe ein, nur in Oberösterreich und in der Steiermark gab es noch Unruheherde. In Linz war zwar der Versuch, eine »provisorische Landesexekutive« zu bilden (Oberösterreich hätte ein Modellfall für die Gewerkschaftszentrale in Wien sein können) mißlungen, aber noch am 28. September streikten die *VÖEST,* die *EBG,* die *Solo-Zündwarenfabrik* und die *Kleinmünchner Spinnerei* weiter, Straßenbahn und Busse verkehrten nicht, die *Stickstoffwerke* nahmen erst zu Mittag die Arbeit wieder auf. Eine beabsichtigte Demonstration der streikenden Arbeiter unterblieb jedoch. Auch in Steyr wurde weitergestreikt.

In der russischen Zone hatte sich die Arbeiterschaft, sieht man von den USIA-Betrieben ab, von vornherein von der Streikbewegung distanziert, weil sie erkannte, wer als Drahtzieher dahinterstand und den Umfang der Gefahr für den Bestand des demokratischen Österreich begriff.

Am Nachmittag des 27. September und am 28. September war trotz der Ereignisse in Linz und Steyr das Scheitern der Generalstreikparole bereits klar. Am 27. September um 19 Uhr gab die *Russische Stunde* der RAVAG die Weisung der kommunistischen Streikleitung durch, am nächsten Tag die Arbeit wieder aufzunehmen und die Beschlüsse einer für Samstag, den 30. September nachmittags einberufenen sogenannten *gesamtösterreichischen Betriebsrätekonferenz* abzuwarten; die Organisatoren dieser Konferenz waren kommunistische und parteilose Betriebsräte aus Wien-Liesing/Atzgersdorf.

Immerhin waren in der Zeit zwischen 26. und 30. September rund 120.000 Arbeiter und Angestellte, einschließlich der rund 40.000 Beschäftigten der USIA-Betriebe, vorübergehend in den Ausstand getreten. Das Ausmaß der Streikbewegung zeigte, daß sie gründlich vorbereitet worden war. Dort, wo die Kommunisten Einfluß hatten, hatten sich oft mit Unterstützung der VdU-Leute Streikkomitees gebildet. Dort, wo die Kommunisten oder der VdU keinen Einfluß hatten, war es meist ruhig geblieben. Die Art der Durchführung der Aktion zeigte bald auch den Mitläufern die wahren Absichten des Streiks, und die Vernunft obsiegte.

Ein zweiter Versuch

An der *gesamtösterreichischen Betriebsrätekonferenz* nahmen etwa drei Prozent der insgesamt 35.000 gewählten österreichischen Betriebsräte teil. Die Konferenz forderte die Regierung auf, das Preis- und Lohnabkommen bis 3. Oktober zurückzuziehen; falls dies nicht geschehen sollte, werde ohne weitere Aufforderung in ganz Österreich neuerlich ein Streik beginnen. Eine Kampfleitung wurde konstituiert.

Doch die Regierung ließ sich nicht unter Druck setzen; der Ministerrat beschloß, daß ein Eingehen auf die kommunistischen Forderungen nicht in Frage komme. Der ÖGB stellte fest, daß die übergroße Mehrheit der österreichischen Arbeiter und Angestellten der kommunistischen Streikparole nicht Folge leisten werde und die Betriebe vor Störungen durch betriebsfremde Elemente schützen würde.

Gewerkschaften, demokratische Parteien und Regierung holten aufgrund der kommunistischen Kampfansage nach, was vorher eigentlich versäumt worden war, nämlich die B e v ö l k e r u n g umfassend ü b e r die Gründe und die einzelnen Punkte des P r e i s - u n d L o h n a b k o m m e n s a u f z u k l ä r e n . Beim *Alliierten Rat* protestierte die Regierung gegen die Hilfe, die verschiedentlich sowjetische Ortskommandanturen den kommunistischen Störtrupps zuteil werden ließen.

Am 3. Oktober vormittags fand eine Besprechung in der Zentralkommandantur der Sowjetzone der Stadt Wien statt, an der sowjetische Offiziere und der Wiener Polizeipräsident Holaubek und ein Vertreter des Wiener Bürgermeisters teilnahmen.

Der Polizeipräsident teilte mit, daß aufgrund einer ausdrücklichen Weisung der Bundesregierung ab 13 Uhr für die gesamte

P o l i z e i   u n d   G e n d a r m e r i e im ganzen Bundesgebiet B e -
r e i t s c h a f t s - G r o ß a l a r m angeordnet wurde. Er fragte an,
ob die Weisungen der Sowjetkommandantur hinsichtlich der Verwendung von Polizeiorganen weiter aufrecht blieben, denn die verschiedenen Polizeileiter der Sowjetzone begründeten ihre Weigerung, die Weisungen der österreichischen Stellen sofort zu befolgen, mit dem Argument, daß hiezu die ausdrückliche Genehmigung des jeweiligen Bezirkskommandanten der sowjetischen Besatzungsmacht eingeholt werden müsse.

Der Polizeipräsident beharrte auf einer klaren Beantwortung seiner Frage durch die Sowjetvertreter. Nach einigem Hin und Her ordnete Oberst Pankratow an, daß alle Polizeibeamten, die normalerweise ihren Dienst in der Sowjetzone versahen, aber von der Direktion in andere Zonen beordert worden waren, sofort den Rückkehrbefehl zu erhalten hätten. Entlassungen oder Versetzungen von Polizeibeamten, insbesondere von leitenden Beamten, durften ohne Zustimmung des »sowjetischen Elements« in der Sowjetzone nicht durchgeführt werden. Es durften auch nicht Polizeiorgane aus der Sowjetzone in einer anderen Zone eingesetzt werden.

Abschließend verlangte Pankratow noch, daß der Bezirkspolizeileiter des 22. Wiener Gemeindebezirks (Stadlau) von seinem Posten entfernt werde, je schneller das durchgeführt werde, *desto besser sei es sowohl für die Polizeidirektion wie auch für den Mann selbst.*

Am 4. Oktober war bereits zur Zeit des Arbeitsbeginns, also zwischen 7 und 8 Uhr früh, entschieden, daß auch der zweite Generalstreikversuch mißlungen war. In ganz Österreich, mit Ausnahme weniger Gebiete, in denen sich USIA-Betriebe befanden, und einiger Betriebe in Oberösterreich, wie zum Beispiel der *Steyr-Werke,* gingen die Arbeiter und Angestellten ruhig ihrer Arbeit nach.

Um die österreichische Bevölkerung zu informieren, gab der Gewerkschaftsbund über das Radio laufend Situationsberichte. Nun griffen die Kommunisten zum Terror. In der Nacht vom 4. auf den 5. Oktober wurde in Donawitz der Versuch unternommen, die beiden Hochöfen abzuschalten. In Wien und Niederösterreich kam es zu Sabotageakten an den Eisenbahn- und Straßenbahnlinien, auf den Haupteinfahrtsstraßen nach Wien wurden Straßensperren errichtet, die »Reichsstraße« nach dem Süden war an mehreren Stellen blockiert. In Wiener Neustadt und St. Pölten besetzten die

Kommunisten die Telefonämter, die eingreifende Polizei mußte auf Weisung der russischen Kommandantur wieder zurückgezogen werden. Bei den verstaatlichten Stahlwerken in Ternitz fuhren Störtrupps mit Lastautos vor und besetzten das Werksgelände; beim Versuch der Belegschaft, das Werk von den eingedrungenen Kommunisten zu säubern, wurden 17 Arbeiter verletzt. In Wien erhielten elf Straßenbahner Verletzungen zugefügt, die im sowjetischen Sektor Wiens Straßensperren entfernen wollten. In ganz Niederösterreich zogen kommunistische Störtrupps von Betrieb zu Betrieb, um die Produktion stillzulegen.

An diesem 5. Oktober fand eine außerordentliche Ministerratssitzung statt. Die Regierung beschloß eine Protestnote an den *Alliierten Rat* gegen die Behinderung der österreichischen Behörden bei dem Versuch, in der sowjetischen Zone mit eigenen Kräften Ruhe und Ordnung herzustellen. Den Regierungen der vier Großmächte wurde der Protest mit Telegrammen gleichen Inhalts übermittelt. Die Öffentlichkeit wurde durch Presse und Rundfunk über diese Maßnahmen informiert. In den Tagen vom 3. bis 6. Oktober war ein Sonderdienst beim Sender *Rot-Weiß-Rot* eingerichtet: Ein dafür eigens abgestellter Beamter des Bundespressedienstes sorgte – unter Beiziehung je eines Vertreters der ÖVP und der SPÖ für die regelmäßige Gegeninformation zu den Meldungen der in der russischen Zone befindlichen RAVAG.

Das Pressereferat des Gewerkschaftsbunds hielt eine eigene Kontaktstelle aufrecht. So teilte der ÖGB am 5. Oktober über den Sender *Rot-Weiß-Rot* mit: *Wie die Gewerkschaft der Metall- und Bergarbeiter bekanntgibt, hat sie aus den Steyr-Werken direkt die Mitteilung erhalten, daß heute früh der Betrieb im vollen Umfang aufgenommen wurde ... In Donawitz wurde heute nacht der Versuch unternommen, die Hochöfen auszublasen. Die Störtrupps wurden von der Belegschaft verjagt. Das gesamte Werk ist voll in Betrieb ... In Fohnsdorf hat gestern mittags die Arbeiterschaft des einen streikenden Schachts die Arbeit wiederaufgenommen. Somit befindet sich in der gesamten Steiermark kein einziger Betrieb in Streik ... Der Betriebsrat der DDSG legt Wert auf die Feststellung, daß nur die unter sowjetischer Verwaltung stehende DDSG streikt ... Die Arbeiterschaft der Bezirke Neunkirchen und Wr. Neustadt, die dem Terror besonders ausgesetzt ist, wird aufgerufen, den Mut nicht sinken zu lassen. Der Generalstreikversuch ist gänzlich zusammengebrochen. Es ist nur eine Frage der Zeit, wann die Kommunisten in diesen Bezirken zum Rückzug blasen.*

In der *Russischen Stunde* der RAVAG wurde dagegen zum Beispiel gemeldet: Der *Österreichische Gewerkschaftsbund greift in seiner ohnmächtigen Wut über die Ausbreitung des Streiks zu brutaler Gewalt. Die Wiener Straßenbahnen wollen die Durchfahrt durch Straßensperren erzwingen; durch diese Zusammenstöße zwischen Streikenden und Streikbrechern wurden drei Personen schwer und vier leicht verletzt.*

Die Empörung der Bevölkerung über das Vorgehen der kommunistischen Störtrupps veranlaßte den Gewerkschaftsbund, die Arbeiter und Angestellten aufzufordern, zur S e l b s t h i l f e zu schreiten.

Nun trat ein U m s c h w u n g ein. Der sowjetische Hochkommissar, Generalleutnant N. P. Swiridow; erklärte, daß sich die Sowjets strikt an das Viermächteabkommen vom Jahre 1946 halten würden. Der Gewerkschaftsbund und auch die SPÖ und die ÖVP organisierten Räumtrupps, die die Straßensperren und andere Hindernisse beseitigten. Die von den Kommunisten eingesetzten Streikleitungen beschlossen nun, den Streik aufzugeben, und forderten die noch streikenden Arbeiter auf, am 6. Oktober früh die Arbeit wiederaufzunehmen; praktisch war das nur mehr ein Auftrag an die USIA-Arbeiter.

Die Reaktionen

Am 11. Oktober beschäftigte sich die Bundesregierung mit ihr zugegangenen Berichten, nach welchen im Gefolge der Streikunruhen örtliche sowjetische Dienststellen in die internen Personalfragen österreichischer Betriebe eingegriffen und verlangt hatten, daß die von einzelnen Unternehmungen ausgesprochenen Entlassungen von Betriebsangehörigen wieder zurückgenommen werden.

So lag zum Beispiel ein Bericht des *Schoeller-Bleckmann Stahlwerks* in Ternitz vor, daß fast alle Belegschaftsmitglieder am 4. Oktober beim Schichtwechsel um 6 Uhr früh die Arbeit aufgenommen hatten, obwohl ihnen von der Betriebsleitung freigestellt worden war, der Streikparole des Floridsdorfer Komitees Folge zu leisten. Vormittags waren von den Wiener Neustädter *Rax-Werken* und aus Grünbach vollbesetzte Lastautos angefahren gekommen, deren Insassen versucht hatten, in das Werk einzudringen. Die Lastwagen waren mit r u s s i s c h e n K e n n z e i c h e n versehen gewesen, so daß der Bezirkshauptmann keine Möglichkeit gehabt hatte, sie während der Fahrt nach Ternitz stoppen zu lassen. Die Lastwagenkolonne hatte sich vor dem Bürolokal der KPÖ gesammelt. Im Protokoll der Werksleitung hieß es weiter: ... *Vier Lastwagen fuhren zu dem an der Südseite des Werksgeländes gelegenen Tor III, einer zu dem ostseitig gelegenen Werkstor II. Beim Werkstor III drang die Besetzung der Lastwagen, die mit faustgroßen Steinen, Stahlruten und Eisenstangen bewaffnet war, unter der Führung des Betriebsrats Ferdinand Zeilinger unseres Werkes, zum Teil durch eine Zaunlücke, zum Teil über den Zaun in das Werksgelände, verprügelten die dort zur Wache stehenden Arbeiter und drangen durch das Werksgelände ... bis zum Direktionsgebäude vor. Zur gleichen Zeit war das Tor II durch die Besetzung des Grünbacher Autos gewaltsam geöffnet worden. Die Werksfremden drangen in das dort gelegene Walzwerk ein, erzwangen die Stillegung der Arbeit und marschierten mit einem Teil der Belegschaft des Walzwerkes ebenfalls gegen das Direktionsgebäude. Das Werkstor I wurde, nachdem von innen durch Gewalt einige Latten der provisorischen Einzäunung zerbrochen worden waren, von außen her eingedrückt, worauf ein Lautsprecherwagen der Kommunistischen Partei in das Werksgelände einfuhr, dieses langsam durchfuhr und zur Arbeitsniederlegung aufforderte. Einzelne Trupps der Werksfremden drangen in die verschiedenen Betriebe und Büros und zwangen die dort Beschäftigten zur Arbeitsniederlegung. Unter Gewaltanwendung wurde die Inbetriebsetzung der Werkssirene erpreßt und dann von den Eindringlingen vor dem Laboratoriumsgebäude eine Versammlung veranstaltet, bei der unter Druck eine Abstimmung über die Streikaufnahme erpreßt wurde. Obwohl nur eine Minderheit der dort Versammelten durch Handerheben für den Streik stimmte, wurde dessen Aufnahme ausgesprochen und die gesamte Belegschaft aus dem Werk gedrängt. Die Arbeit konnte erst am 6.10. um 6 Uhr morgens wieder aufgenommen werden ... Nach genauer Untersuchung der Vorfälle sprach die Werksleitung am 7.10. gegen 5 Belegschaftsmitglieder die sofortige Entlassung aus ...* Der verantwortliche Leiter der *Schoeller-Bleckmann Stahlwerke* war daraufhin am 8. Oktober zum sowjetischen Bezirkshauptmann vorgeladen worden, der die Zurücknahme der ausgesprochenen Entlassungen verlangte; bei einer Weigerung sehe man sich veranlaßt, das Werk unter direkte sowjetische Kontrolle zu stellen. Nur unter dem Druck dieser Drohung, so wurde in dem Bericht aus Ternitz betont, habe sich der verantwortliche Vertreter des Unternehmens zur vorläufigen Sistierung der Entlassungen entschlossen, bis die zuständigen übergeordneten österreichischen und sowjetischen Dienststellen eine endgültige Entscheidung in dieser Sache getroffen haben würden.

Noch krasser waren – wie aus dem Bericht des Innenministeriums hervorgeht – die Ereignisse, die sich am 4. Oktober in Wiener Neustadt zutrugen: *Rund 400 Streikende der Rax-Werke, einem USIA-Betrieb in Wiener Neustadt, verwehrten in den Morgenstunden des 4. Oktober der hauptsächlich aus Frauen bestehenden 1.300-köpfigen Belegschaft der Spinnerei Walek, die sich zur Arbeit in das Fabriksgebäude begeben wollten, unter wüsten Beschimpfungen und unter Gewaltandrohung den Eintritt in das Gelände dieser Fabrik. Nach vergeblichen Versuchen, dasselbe Manöver bei anderen Betrieben zu wiederholen, behinderten die Demonstranten den Verkehr auf der Hauptstraße nach Wien. Erst auf Anordnung von Polizeigewalt gab die Streikleitung der Rax-Werke den Verkehr wieder frei ... In Wiener Neustadt besetzten sie sodann das Hauptpostamt, hieben auf die Polizeibeamten, die zum Schutze der automatischen Fernsprechanlagen herbeigeeilt waren, unter unflätigsten Beschimpfungen mit Holzprügeln und Stahlruten ein und drohten den Beamten, sie würden noch am Galgen baumeln. Vier Beamte erlitten Verletzungen, anderen wurden die Uniformen zerrissen. Dem leitenden Beamten und einem Teil der Mannschaft gelang es trotzdem, bis zur Fernsprechanlage vorzudringen. Angesichts der nach den Drohungen der Streikleitung gefährdeten wertvollen automatischen Fernsprechanlagen mußte sich die zahlenmäßig unterlegene Polizeimannschaft auf den Schutz der technischen Einrichtungen und der Postkasse beschränken und darauf verzichten, die Gewalttäter aus dem Gebäude zu entfernen, die in der Folge nur Gespräche der sowjetischen Kommandantur, der Feuerwehr und des Krankendienstes zuließen. Diesem Treiben Einhalt zu gebieten ..., reichten die zahlenmäßig geringen Kräfte der Sicherheitsexekutive in Wiener Neustadt nicht aus. Das Bundesministerium für Inneres mußte daher zur Hilfeleistung für die bedrängten Wachebeamten auswärtige Exekutivkräfte nach Wiener Neustadt abkommandieren, die ohne Widerstand das Postgebäude zernierten und besetzten.*

Eine Streikpatrouille hatte diesen Vorgang offenbar der Streikleitung gemeldet, weil kurze Zeit später fünf Lkws mit Streikenden der Reihe nach vor dem zernierten Gebäude eingetroffen war. Die mit Knüppeln, Ochsenziemern und dergleichen bewaffneten Demonstranten waren sofort tätlich gegen die Gendarmerieabsperrung vorgegangen. Bei der Abwehr des Angriffs der Streiken-

den hatte es auf beiden Seiten Verletzte gegeben, auf seiten der Exekutive mindestens vier Schwerverletzte.

In rascher Folge waren nun der Leiter des Bundespolizeikommissariats Wiener Neustadt, der Kommandant der Gendarmerieabteilung und anstelle des schwerverletzten Kommandanten der Sicherheitswache dessen Stellvertreter zum sowjetischen Bezirkskommandanten berufen worden, wo sich auch der sowjetische Landeskommandant für Niederösterreich, Brestow, eingefunden hatte. Die sowjetischen Offiziere hatten den österreichischen Beamten nach deren übereinstimmenden Aussagen den strikten Befehl gegeben, *innerhalb von zehn Minuten den status quo herzustellen,* also den Demonstranten das Postamt wieder zu überlassen und alle nicht dem Stand der Wache in Wiener Neustadt angehörigen Exekutivorgane aus dem Stadtbereich zu verweisen; widrigenfalls müßte die Besatzungsmacht einschreiten, um das Stadtgebiet und insbesondere das Postamt von auswärtigen Exekutivorganen zu räumen. Den Kommandanten der auswärtigen Abteilungen war befohlen worden, *unverzüglich in ihre Standorte zurückzukehren.*

Diese wenigen Auszüge aus einer Fülle von Protokollen und Schriftstücken sind nur einzelne typische Beispiele für die Behinderungen der österreichischen Behörden, der Exekutive, der Dienststellen und Unternehmensleitungen vor allem durch die sowjetische Besatzungsmacht.

Wegen dieser Eingriffe richtete die Bundesregierung am 12. Oktober P r o t e s t n o t e n an den s o w j e t i s c h e n H o c h k o m m i s s a r . Der Erfolg des Protests war eine Aussprache von Bundeskanzler Figl mit Generalleutnant Swiridow, an der auch Innenminister Helmer teilnahm. Bundeskanzler Figl berichtete in der Ministerratssitzung vom 31. Oktober 1950, daß aufgrund der Aussprache kein Anlaß zu einer Abänderung der von der Regierung gefaßten Beschlüsse vorliege, das heißt, daß die Sowjets bezüglich der Personalentscheidungen nachgegeben hatten. Allerdings verbot die Besatzungsbehörde der Staatsanwaltschaft die Verfolgung von Demonstranten im Zusammenhang mit den Streikunruhen in der Sowjetzone.

Der sowjetische Hochkommissar hielt sich also an das Kontrollabkommen. Der Generalstreikversuch war gescheitert, die Besatzungsmacht sah es nicht als opportun an, den Anschein einer allzu offenen Unterstützung des Generalstreikversuchs und der Einmischung in innerösterreichische Angelegenheiten zu erwecken.

Eine Zusammenstellung der ÖGB-Landesexekutive Niederösterreich über die Arbeitsniederlegungen während der Oktobertage in den niederösterreichischen Industriegebieten mit ihren insgesamt rund 211.800 Beschäftigten zeigt folgende Tatsachen: Ein Streikbeschluß wurde in 86 Betrieben, davon in 69 USIA-Betrieben mit 21.224 Beschäftigten, gefaßt, also von zehn Prozent aller Arbeitnehmer dieser Gebiete. In 14 Betrieben mit 8.414 Beschäftigten (3,9 Prozent) wurde die Arbeitsniederlegung durch Einschüchterung erzwungen. In 49 Betrieben mit 12.306 Beschäftigten (5,5 Prozent), davon in 9 USIA-Betrieben, erfolgte die Arbeitseinstellung durch direkten Zwang. In vier Betrieben mit 235 Beschäftigten wurden die Arbeiter ausgesperrt. Die angewendeten Druckmittel waren zumdist der Einsatz von Rollkommandos größerer USIA-Betriebe oder Stromabschaltungen. *Bei den Terrorakten, die während des Generalstreikversuchs vorkamen, handelte es sich keinesfalls nur um der augenblicklichen Erregung entspringende Gewalttätigkeiten, wie sie bei großen Auseinandersetzungen häufig auftreten, sondern um wohlvorbereitete o r g a n i s i e r t e   G e w a l t a k t e . Weder Sabotage noch Zerstörung, noch brutale Gewaltanwendung einer arbeitsunwilligen kleinen Minderheit gegen die arbeitswillige große Mehrheit der Arbeiterschaft gehören zu einer geordneten Streikführung.*

Während des kürzlichen Versuches der österreichischen Kommunisten, einen Generalstreik anzuzetteln, nahmen die Demonstrationen einen so eindeutig politischen Charakter an, daß die westlichen Besatzungsmächte die Russen unverhüllt der Intervention beschuldigten und keinen Zweifel über ihre Entschlossenheit ließen, sich jeder Bedrohung der österreichischen Regierung zu widersetzen. Der Einsatz westlicher Truppen erwies sich als unnötig, da die österreichische Polizei und auch die Arbeiter den Störversuchen gewachsen waren und diese in sich selbst zusammenbrachen, schrieb die *New York Herald Tribune* am 19. Oktober 1950.

Die österreichische Regierung hat in dem Konflikt eine feste Haltung gezeigt, und das österreichische Volk vor allem hat ein erstaunliches Maß von Widerstandskraft gegenüber den Kommunisten bewiesen, kommentierte die *Neue Zürcher Zeitung. Der von den sowjetischen Besatzungsorganen mit dem Aufgebot ihrer Machtmittel begünstigte Generalstreik hat mit einer eklatanten Niederlage geendet. Dennoch bleibt die beunruhigende Tatsache bestehen, daß die Russen in ihrer Einflußzone in Österreich ein neues Beispiel der Unterstützung der direkten Aktion der fünften*

Kolonne aufgestellt haben und daß fortan mit der Möglichkeit zu rechnen ist, daß sie dieses Verfahren bei einer neuen Gelegenheit wiederholen und daß Österreich damit zu einem Schauplatz für die Erprobung und Anwendung neuer Methoden der indirekten Aggression werden kann.

Glücklicherweise kam es nicht so. Warum, das mag *The New Leader* in seinem Bericht vom 21. Oktober 1950 richtig erkannt haben: *Aber weder die Regierung noch die Polizei noch die Alliierten retteten Österreich. Der Dank dafür gebührt den Fabriksarbeitern, den Grubenarbeitern, den Straßenbahnern und den Eisenbahnern. Es bleibt nun den Bauern, der Mittelklasse und den Reichen über, sich dessen zu erinnern und ihre Schuld zu bezahlen.*

Die *Prawda* sah allerdings die Dinge anders. So schrieb sie am 8. Oktober 1950: *Die Regierung und das Präsidium der Vereinigung der österreichischen Gewerkschaften ignorierten die Bewegung der Arbeiter und des ganzen Volkes, heißt es in einer Resolution der gesamtösterreichischen Konferenz der Betriebsräte. Spezielle Terrortruppen nach dem Muster der Heimwehr (militaristische faschistische Gruppe) wurden organisiert, um den Streik der Arbeiter zu brechen. In Donawitz, Steyr, Wiener Neustadt und vielen anderen Plätzen bemühten sie die Gendarmerie und Polizei dazu, um mit allen Kräften die Arbeiter zur Wiederaufnahme der Arbeit zu zwingen. Das Präsidium der österreichischen Gewerkschaften und die Leitung der Sozialistischen Partei Österreichs versetzte den Arbeitern einen Schlag in den Rücken und bildete eine einheitliche Front mit alten und neuen Anhängern des Faschismus.*

Die Erinnerung verblaßt

Die Herbsttage 1950 hatten für die Zukunft Österreichs schicksalhafte Bedeutung. Wäre Österreich während der zehnjährigen Besetzung nicht ein Hort innerer Stabilität geblieben, wäre es zumindest fraglich gewesen, ob die Alliierten 1955 dem Abschluß eines Staatsvertrags zugestimmt hätten.

Die Motive für den Generalstreikversuch waren klar: Die Kommunisten wollten die Unzufriedenheit nützen, um mehr Einfluß auf die Gewerkschaften zu erlangen, um dann – als Schlüssel auch zur politischen Macht – Schritt für Schritt deren Führung in die Hand zu bekommen. Es handelte sich sicherlich nicht um einen politischen Putschversuch, aber ein Erfolg der Kommunisten hätte zu ihrem wachsenden Einfluß im Gewerkschaftsbund geführt. Die Radikalisierung hätte zur Zunahme von Arbeitskonflikten geführt, das wiederum hätte die Erreichung kommunistischer Mehrheiten bei Betriebsratswahlen begünstigt und schließlich mit Wahrscheinlichkeit die kommunistische Fraktion in den Gewerkschaftsvorständen und im Bundesvorstand so entscheidend gestärkt, daß es zu einer Änderung der politischen Linie des ÖGB gekommen wäre. Die zu befürchtende Folge: eine radikale Gewerkschaftspolitik mit all den wirtschaftlichen und politischen Rückwirkungen, die unweigerlich eingetreten wären – Beispiele im Ausland hat es ja genug gegeben.

Es hatte zu Beginn der Streikbewegung sicherlich eine Rolle gespielt, daß sich in den Großbetrieben die besser qualifizierten Facharbeiter, die »Arbeiteraristokratie«, durch die generellen Lohnerhöhungen benachteiligt fühlten. Der Solidaritätsakt genereller Abkommen sollte wirtschaftlich Kosten sparen, hatte aber für die Lohnempfänger nivellierende Tendenz. Die 1952 einsetzende »E n t n i v e l l i e r u n g« führte dann allerdings zu genau entgegengesetzten Problemen: Frauen und gewerkschaftlich schwache Berufsgruppen blieben Stiefkinder des später einsetzenden »Wirtschaftswunders«.

Eine 1951 vom Zentralorgan des Gewerkschaftsbunds durchgeführte Leserumfrage bezüglich der Preis- und Lohnabkommen brachte rund 50.000 Antworten, die sich ü b e r w i e g e n d f ü r den A b s c h l u ß e i n e s n e u e n A b k o m m e n s aussprachen. Aufgrund der Unruhe auf dem Preissektor, die von der Agrarwirtschaft ihren Ausgang nahm, kam es im Juli 1951 dann zum f ü n f t e n u n d l e t z t e n P r e i s - u n d L o h n a b k o m m e n. Es wurde von der Wirtschaft mit Mißbehagen aufgenommen, die sich über *fast untragbare* Lasten beklagte. Die Arbeitnehmer dagegen beanstandeten eine zu niedrige Abgeltung.

Aber in den Jahrzehnten seither ist die Erinnerung verblaßt. Eine 1979 durchgeführte Meinungsumfrage des *Instituts für Empirische Sozialforschung* (IFES) über die Ereignisse des Oktobers 1950 ergab, daß die Erinnerung im öffentlichen Bewußtsein nur noch bei einer Minderheit lebendig ist. Überraschend darauf angesprochen, entsannen sich nur 10 Prozent der erwachsenen Österreicher, daß es zu diesem Zeitpunkt Unruhen gegeben hatte. In der spontanen Erinnerung wurden die Ereignisse des Oktobers 1950 vorwiegend als Putschversuch der Kommunisten gesehen (7 Prozent), nur eine Minderheit dachte zuerst an eine Aktion der Gewerkschaft (2 Prozent). In Wien und bei den älteren Jahrgängen, insbesondere bei den Pensionisten, verschob sich allerdings diese Relation etwas – da war die Streikbewegung noch eher in der Erinnerung lebendig.

Je nach Lebensalter ergaben sich bei der Umfrage wesentliche Unterschiede in der Kenntnis der damaligen Ereignisse. Von den Österreichern zwischen 50 und 60 Jahren, die damals schon junge Erwachsene waren, verbanden noch 18 Prozent klare Vorstellungen mit dem Oktober 1950. Unter den Vierzig- bis Fünfzigjährigen, die 1950 Kinder und Jugendliche waren, machte der Anteil an Informierten immerhin noch 14 Prozent aus. Von den Jüngeren hatten nur noch sechs Prozent eine Ahnung von den damaligen Ereignissen. Das zeigt, wie sehr dieses historische Geschehen nur noch aus der Erinnerung lebt und offenbar vorwiegend aus der direkten Berührtheit heraus noch im Bewußtsein nachwirkt.

Lehren und Konsequenzen

Die Gewerkschaftsbewegung mußte sich nach dem Generalstreikversuch allerdings auch eingestehen, daß die erste Überrumpelung nur gelingen konnte, weil schwere Unterlassungssünden begangen worden waren. Die Demokratie darf sich nicht aufs Faulbett legen. Während die Kommunisten aktiv waren und wußten, was sie wollten, waren anfangs viele verantwortliche Stellen und Funktionäre untätig, mit sich selbst über die Notwendigkeit oder Verwerflichkeit des Preis- und Lohnabkommens uneinig und in den Bundesländern dazu vielfach über die Wiener Zentralstellen ungehalten. Die Gewerkschaften hatten in einigen einflußreichen Positionen Kommunisten sitzen, die ihre Stellung rücksichtslos ausnützten. Dort, wo der gewerkschaftliche Apparat funktionierte, wie bei den Bau- und Holzarbeitern, von deren Gewerkschaftsleitung sich Franz Olah und Karl Flöttl besonders gegen die Streikaktionen einsetzten, und dort, wo die Vertrauensmänner auf ihrem Platz waren, mißlang den Kommunisten ihre Überrumpelung.

Der Gewerkschaftsbund mußte aber auch die Konsequenzen aus dem Verhalten der Kommunisten ziehen. Man kann nicht Funktionär oder Mitglied einer Gemeinschaft sein und das genaue Gegenteil dessen tun, was sie beschlossen hat. Die Rechte und Pflichten der Mitglieder sind in den Statuten des Gewerkschaftsbunds verankert, wer sich dagegen vergeht, hat das Recht verwirkt, Mitglied der Organisation zu sein. Im Gewerkschaftsbund ist Platz für jeden Arbeiter und Angestellten, auch kein Kommunist wurde und wird wegen seiner Gesinnung ausgeschlossen. Aber es kann in den Reihen des ÖGB keinen Platz für Schädlinge der Gewerkschaftsbewegung geben.

Am 19. Oktober beschäftigte sich deshalb der Vorstand des *Österreichischen Gewerkschaftsbunds* mit dem Verhalten verschiedener kommunistischer Funktionäre und Angestellter. Es wurde erklärt, daß gegen jene Gewerkschaftsmitglieder, die gegen die Beschlüsse des Gewerkschaftsbunds – vielfach mit Gewalt oder der Aufforderung zur Gewalt – Stellung genommen hatten, zwangsläufig mit dem Ausschluß vorgegangen werden müßte. Der Vorstand nahm mit allen Stimmen, außer den zwei Stimmen der Kommunisten, folgenden Antrag an:

Der Bundesvorstand verurteilt auf das schärfste die landesverräterischen und gewerkschaftsschädlichen Ereignisse, die sich während des kommunistischen Putsches abspielten. Er wird Vorkehrungen treffen, die solche Vorfälle in Zukunft unmöglich machen. Der Vorstand billigt die bereits zur Aufrechterhaltung der gewerkschaftlichen Disziplin getroffenen Maßnahmen und stimmt der Entlassung und dem Ausschluß jener Funktionäre und Mitglieder zu, die diese Disziplin und die Statuten des ÖGB verletzten. Der Bundesvorstand richtet an alle Arbeiter und Angestellten den dringenden Appell, treu zu ihrer Gewerkschaft zu stehen und eine Schädigung der notwendigen Gewerkschaftseinheit unter keinen Umständen zu dulden.

Einem Antrag, die Kündigung des Bundesrats Fiala, des zweiten Vorsitzenden-Stellvertreters des Gewerkschaftsbunds, als Angestellten des ÖGB zu billigen, wurde gleichfalls zugestimmt.

Wegen der Verletzung der Statuten des Österreichischen Gewerkschaftsbunds im Zusammenhang mit den Ereignissen Ende September und Anfang Oktober 1950 wurden aus dem Gewerkschaftsbund ausgeschlossen: Gewerkschaft der Angestellten in der Privatwirtschaft 10, Gewerkschaft der öffentlich Bediensteten 7, Gewerkschaft der Bau- und Holzarbeiter 11, Gewerkschaft der Angestellten der freien Berufe 10, Gewerkschaft der Arbeiter in der chemischen Industrie 1, Gewerkschaft der graphischen und papierverarbeitenden Gewerbe 6, Gewerkschaft der Bediensteten im Handel, Transport und Verkehr 4, Gewerkschaft der Lebens- und Genußmittelarbeiter 5, Gewerkschaft der Metall- und Bergarbeiter 23, Gewerkschaft der Textil-, Bekleidungs- und Lederarbeiter 4, das sind insgesamt 81 Gewerkschaftsmitglieder.

Ein Teil der Ausgeschlossenen wurde nach einigen Jahren aufgrund eigener Anträge wieder aufgenommen.

Die letzten Jahre unter fremder Kontrolle

Das Wirtschaftsdirektorium scheitert

Was immer man gegen die Preis- und Lohnabkommen ins Treffen führen mag, fest steht, daß sie Österreich viele große Lohnkämpfe mit allen ihren wirtschaftlichen Nachteilen erspart haben und entscheidend dazu beitrugen, in kritischer Zeit Österreich den sozialen Frieden zu erhalten. Allerdings gab es kein klares Konzept zur Herstellung des Gleichgewichts im Staatshaushalt und in der Gesamtwirtschaft. Es wurde zuerst der gänzliche Abbau staatlicher Stützungen durch diese Abkommen angestrebt und dann in der Agrarwirtschaft doch wieder auf sie zurückgegriffen. Es wurde viel improvisiert. Der Weg der vollen Aufrechterhaltung der Stützung lebenswichtiger Nahrungsmittel wäre wohl gangbar gewesen, hätte aber ein noch viel stärkeres Anziehen der Steuerschraube bedingt. Der andere Weg einer rücksichtslosen Wirtschaftspolitik, ohne Bedachtnahme auf die Interessen der Arbeitnehmer, hätte wahrscheinlich zu sozialen Erschütterungen geführt.

In knapp einem Jahrzehnt wurde nach einer furchtbaren Zerstörung Österreichs industrielle Produktion wiederaufgebaut, die Kriegsschäden wurden im wesentlichen überwunden und der Bevölkerung ein halbwegs erträglicher Lebensstandard gesichert. Eine drohende Inflation konnte vermieden und der deflationistische Druck mit der Gefahr großer Arbeitslosigkeit abgestoppt werden.

Die erste Wiederaufbauperiode hatte extrem hohe Zuwachsraten des Bruttonationalprodukts gebracht. Es stieg im Zeitraum zwischen 1946 und 1950 real um 88 Prozent oder 17 Prozent jährlich. 1949 überschritt es das Niveau von 1937, und 1950 erreichte es bereits 110 Prozent der Produktion von 1913. Zum Unterschied gegenüber der Zeit nach dem Ersten Weltkrieg, trugen vor allem die Industrie und das Baugewerbe die Expansion; sie wuchsen in dieser Epoche um 184 Prozent beziehungsweise um 176 Prozent. Die Leistungen der übrigen Wirtschaftszweige (Verkehr, Energiewirtschaft, Gewerbe, Land- und Forstwirtschaft) stiegen um die Hälfte bis zu zwei Drittel.[17])

Der Gewerkschaftsbund hat jahrelang einen Kampf geführt, um die Versorgung der arbeitenden Bevölkerung mit den notwendigen Bedarfsartikeln zu erträglichen Preisen sicherzustellen. Solange Mangellage herrschte, nahm dieser Kampf einen beträchtlichen Teil der Tätigkeit des Gewerkschaftsbunds in Anspruch. 1952 war der Markt bereits wieder genügend mit Konsumartikeln versorgt. Es trat eine gegenteilige Entwicklung ein: Das Angebot wurde größer als die Nachfrage. Der G e w e r k s c h a f t s b u n d mußte seine Kräfte nun vor allem auf die E r r e i c h u n g d e r V o l l b e s c h ä f t i g u n g konzentrieren.

Bereits frühzeitig erkannte der ÖGB die Notwendigkeit einer unabhängigen K o n s u m e n t e n b e r a t u n g s o r g a n i s a t i o n . 1954 wurde der *Verein für Einkaufsberatung* gegründet, der eine kostenlose Konsumentenberatung vorerst für elektrische Haushaltsgeräte, Öfen, Brennmaterial und Textilien durchführte und großes Interesse in der Öffentlichkeit fand.

Es war durch die Preis- und Lohnabkommen gelungen, Nettolöhne und Lebenshaltungskosten in ziemliche Übereinstimmung zu bringen. In bedrängte Lage kamen allerdings – wie erwähnt – jene (besser verdienenden) Erwerbsgruppen, deren Nominaleinkommenserhöhung mit den steigenden Lebenshaltungskosten nicht Schritt hielt. Die Lohnpolitik des Gewerkschaftsbunds war daher in den ersten Jahren nach dem letzten Übereinkommen im Jahr 1951 auf E n t n i v e l l i e r u n g ausgerichtet. Die Probleme, die sich daraus ergaben, daß der Entnivellierungstrend sich verselbständigte und zur Benachteiligung der schlechter Verdienenden beitrug, wurden bereits angedeutet.

Da sich die Zusammenarbeit der Interessenorganisationen trotz mancher Schwierigkeiten bewährte, wurde im Jahre 1951 durch ein eigenes Gesetz ein W i r t s c h a f t s d i r e k t o r i u m eingerichtet, um diese Zusammenarbeit zu institutionalisieren. Dem *Wirtschaftsdirektorium* gehörten, unter Vorsitz des Bundeskanzlers, an: Mitglieder der Bundesregierung, Vertreter der Oesterreichischen Nationalbank und die Vertreter der Bundeskammer der gewerblichen Wirtschaft, der Präsidentenkonferenz der Landwirtschaftskammern, des Österreichischen Arbeiterkammertags und des Österreichischen Gewerkschaftsbunds. Dieses Gremium sollte die Aufgabe haben, in bestimmten Bereichen für die Wirtschaftspolitik notwendige Entscheidungen als Vollziehungsorgan zu treffen. Das Gesetz wurde auf Einspruch der Vorarlberger Landesregierung vom Verfassungsgerichtshof aufgehoben, da es Befugnisse auf das Direktorium übertrug, die verfassungsrechtlich der Bundesregierung beziehungsweise den entsprechenden Bundesministern vorbehalten waren.

Verfassungsrechtlich erschien das Wirtschaftsdirektorium deshalb nicht unbedenklich, weil die österreichische Rechtsordnung den gesetzlichen Interessenvertretungen und in neueren Gesetzen auch dem *Österreichischen Gewerkschaftsbund* nur einzeln das Recht einräumt, einschlägige Gesetzentwürfe zu begutachten; für die Beratung der Regierung durch ein ständiges Kollegialorgan, dem Vertreter der Kammern und des Gewerkschaftsbunds angehören oder das nur aus Vertretern dieser Organisationen zusammengesetzt ist, fehlt die gesetzliche, d. h. in diesem Falle die notwendige verfassungsrechtliche Grundlage.

Die Landesregierung des Bundeslands Vorarlberg beantragte nun beim Verfassungsgerichtshof die Aufhebung des ersten Absatzes des Paragraphen 3 des *Außenhandelsverkehrsgesetzes 1951* wegen Verfassungswidrigkeit infolge Verstoßes gegen Art. 69 Abs. 1 des Bundes-Verfassungsgesetzes. Diese Verfassungsbestimmung lautet: *Mit den obersten Verwaltungsgeschäften des Bundes sind der Bundeskanzler, der Vizekanzler und die übrigen Bundesminister betraut. Sie bilden in ihrer Gesamtheit die Bundesregierung unter dem Vorsitz des Bundeskanzlers.* Das Außenhandelsverkehrsgesetz beschnitt aber die Ministerkompetenz, weil es bestimmte, daß das Bundesministerium für Handel und Wiederaufbau Ein- und Ausfuhrgenehmigungen *im Einklang mit den Beschlüssen des Wirtschaftsdirektoriums der Bundesregierung* erteilt werden sollte. Der Verfassungsgerichtshof gab deshalb mit Erkenntnis vom 17. Juni 1952, G 7/52 (Slg. 2323), dem Antrag statt.

Es mußte nunmehr ein anderer Weg zur Bildung einer gemeinsamen Instanz der Wirtschaftspartner mit der Bundesregierung gefunden werden.

In den Jahren 1952 bis 1955 blieb der Geldwert im großen und ganzen stabil. 1955 entstand jedoch für die Gewerkschaften eine kritische Situation. Preise und Löhne konnten mangels eines geeigneten Instruments nur schwer unter Kontrolle gehalten werden, die Preise liefen den Löhnen davon. Trotz vieler Lohn- und Gehaltsbewegungen stieg der Reallohn nicht mehr an, ja es bestand die Gefahr des Sinkens. Der ÖGB befürchtete, daß sich nun der

Kampf um Löhne und Preise härter gestalten werde, weil es vor allem um die Hebung der effektiven Kaufkraft des Lohns ging. Aus dieser Erwägung heraus trat der Gewerkschaftsbund nicht für rein numerische Lohnerhöhungen ein, sondern versuchte, die Steigerung des Reallohns auch mittels einer Senkung der Preise zu erreichen.

Die Grundlage der Gewerkschaftspolitik umriß Böhm auf dem 3. ÖGB-Bundeskongreß im Oktober 1955 folgendermaßen: *Der Österreichische Gewerkschaftsbund wird seine Lohnpolitik in der gewohnten vorsichtigen Weise fortsetzen. Er wird immer darauf Bedacht nehmen, daß uns nicht mit Recht der Vorwurf gemacht werden kann, daß wir die Wirtschaft schädigen. Er wird aber mit dem gleichen Nachdruck die Erträgnisse der Produktivitätssteigerung, die dem Arbeiter und Angestellten gebühren, für sie beanspruchen. Er wird mit derselben Energie darauf drängen, daß in unsere Preise Ordnung kommt. Er wird sich nach wie vor schützend hinter diesen Staat stellen, den wir uns mit vielen Opfern gezimmert haben. Aber was der Gewerkschaftsbund für sich als seine Pflicht anerkennt, das erwartet er auch in gleichem Maße von den Kreisen der Wirtschaft und der übrigen Bevölkerung.*

Dem Staatsvertrag entgegen

Die Bestrebungen, die Unabhängigkeit zu erlangen, standen während Österreichs Besetzung durch die Alliierten von 1945 bis 1955 im Vordergrund der österreichischen Politik, aber auch der Bemühungen des *Österreichischen Gewerkschaftsbunds.* Gegenüber dem Alliierten Rat wie auch auf Ebene des Internationalen Bunds freier Gewerkschaften (IBFG), ebenso aber in Kontakten mit den Gewerkschaften der Sowjetunion trat der ÖGB immer wieder für den Abzug der Besatzungstruppen und die Anerkennung Österreichs als einen freien und unabhängigen Staat ein.

Hier sei nur ein Beispiel genannt: Im Frühsommer 1954 trat der ÖGB an den *Internationalen Bund freier Gewerkschaften* heran und ersuchte den Exekutivausschuß des IBFG, eine Studienkommission nach Österreich zu entsenden, die die sozialen und politischen Probleme, die sich aus der Fortdauer der Besetzung Österreichs ergaben und vor allem darin bestanden, daß die Notstandsgebiete in der russisch besetzten Zone nicht saniert werden konnten, zu studieren. Eine Delegation des IBFG, bestehend aus Professor Max Weber, Schweiz, Irving Brown, USA, und dem gebürtigen Österreicher Alfred Braunthal vom Sekretariat des IBFG besuchte Österreich und richtete als Ergebnis ihrer Untersuchungen eine *Denkschrift* an den Exekutivausschuß des IBFG. In ihr wurde empfohlen, an die Regierungen der USA, der Sowjetunion und Österreichs mit bestimmten Forderungen und Empfehlungen heranzutreten. Der österreichischen Bundesregierung wurde empfohlen, sich zur Beschaffung langfristiger Investitionskredite an die *Bank für internationale Zahlungen* zu wenden und außerdem zu versuchen, am amerikanischen Überschußgüterprogramm teilzunehmen. Der Regierung der USA wurde empfohlen, ein Ansuchen Österreichs um Teilnahme am Agrarüberschußprogramm wohlwollend zu behandeln und an der Bereitstellung von ERP-Krediten für die Neuschaffung von Arbeitsplätzen in Notstandsgebieten mitzuhelfen. Schließlich wurde empfohlen, an die Sowjetregierung heranzutreten und von ihr eine geänderte Politik gegenüber Österreich, vor allem in der F r a g e d e s S t a a t s v e r t r a g s , zu verlangen.

Die Ergebnisse der Arbeit der IBFG-Delegation brachten die Diskussion über die Sanierung der Notstandsgebiete erneut in Schwung. Die Vereinigten Staaten schickten 1955 sogar selbst eine Studienkommission nach Österreich, die bei uns Erfahrungen zur Sanierung der eigenen amerikanischen Notstandsgebiete sammeln sollte.

Zum Unterschied vom IBFG und sämtlichen ihm angeschlossenen Gewerkschaftsverbänden hielt der ÖGB nach dem Ausscheiden der *Freien Gewerkschaften* aus dem kommunistisch orientierten *Weltgewerkschaftsbund* im Jahr 1949 B e z i e h u n g e n z u d e n G e w e r k s c h a f t e n d e s O s t b l o c k s weiter aufrecht und begründete dies mit der besonderen Situation Österreichs infolge der Anwesenheit der russischen Besatzungsmacht im Ostteil des Landes. Es zeigte sich, daß diese Kontakte, die vom Gewerkschaftsbund zentral gesteuert wurden, um einer uferlosen Ausweitung von Einladungen an Betriebs- und Gewerkschaftsfunktionäre zu Propagandazwecken entgegenzuwirken, dazu beitrugen, ein günstiges Klima für die österreichischen Bestrebungen nach Unabhängigkeit zu schaffen. Vertreter der Gewerkschaften des Ostblocks nahmen an österreichischen Gewerkschaftskongressen und österreichische Gewerkschaftsfunktionäre an solchen der kommunistischen Gewerkschaften teil. Dadurch lernten kommunistische

Funktionäre die Lage im Westen kennen, und das half dem gegenseitigen Verständnis.

Ende 1949 scheiterten neuerlich Staatsvertragsverhandlungen. 1949 lag der Hauptgrund nicht an Österreich und auch nicht an den gespannten Ost-West-Beziehungen, sondern im von Moskau dissidenten Jugoslawien: Wäre die *Rote Armee* aus Österreich abgezogen, hätte sie damals keine weitere rechtliche Grundlage für ihre Anwesenheit in Ungarn und Rumänien gehabt. Die sowjetischen Truppen standen dort, weil ihnen die mit diesen Ländern abgeschlossenen Friedensverträge die Sicherung der Verbindungslinien nach Österreich gestatteten.

Am 20. Dezember 1952 nahm die U N - V o l l v e r s a m m l u n g mit 48 Stimmen ohne Gegenstimmen bei Stimmenthaltung von Afghanistan und Pakistan eine Resolution an, in der festgestellt wurde, daß die vier Mächte durch die Moskauer Deklaration vom 1. November 1943 die V e r a n t w o r t u n g f ü r d i e W i e d e r e r r i c h t u n g e i n e s f r e i e n u n d u n a b h ä n g i g e n Ö s t e r r e i c h s ü b e r n o m m e n h ä t t e n und daß die nunmehr sieben Jahre währenden Verhandlungen ergebnislos geblieben seien, so daß Österreich noch immer nicht in der Lage sei, an den normalen und friedlichen Beziehungen der Völkerfamilie voll teilzunehmen und die in seiner Souveränität begründeten Hoheitsrechte voll auszuüben.

Die damals dem Sowjetblock angehörenden fünf Staaten nahmen an der Abstimmung über die Resolution nicht teil, weil sie die Kompetenz der Vereinten Nationen zur Behandlung der Österreichfrage bestritten. Sie stützten sich dabei auf Artikel 107 der UN-Satzung, der vorsieht, daß Maßnahmen gegen einen ehemaligen »Feindstaat«, die als Ergebnis des Zweiten Weltkriegs von hierfür verantwortlichen Regierungen getroffen wurden, durch die UN nicht behandelt werden sollen.

Die drei Westmächte übermittelten der Sowjetregierung am 12. Jänner 1953 gleichlautende Noten, in denen sie auf die Resolution der Vollversammlung hinwiesen und eine neue Zusammenkunft der Außenminister-Stellvertreter vorschlugen. Die Sowjetregierung erklärte darauf, die Resolution der UN-Vollversammlung sei illegal, sprach jedoch ihre Bereitschaft aus, in neue Gespräche einzutreten, falls die Westmächte ihre Kurzfassung des Staatsvertrags vom 12. März 1952 fallenließen.

Den nächsten Zug machte Österreich mit einem M e m o r a n d u m a n d i e S o w j e t u n i o n , in dem die österreichische Regierung betonte, daß sie an guten Beziehungen zur Sowjetunion

437

Österreichs Gewerkschaftsbewegung
Stationen zu Unabhängigkeit und Neutralität

1947 Delegation des ÖGB beim alliierten Rat. Die Alliierten gegen Hitler sind gleichzeitig Befreier vom Faschismus und Besatzungsmächte

Das ÖGB-Plakat für den Staatsvertrag

1953 Fünf Minuten Arbeitspause während der Rundfunkansprache des ÖGB-Präsidenten, der den Staatsvertrag fordert.

1955 Staatsvertrag. Die alliierten Soldaten ziehen nach dem Neutralitätsbeschluß aus Österreich ab. Die Mitgliedschaft bei der UNO ist jetzt möglich.

1991 Österreichs aktive Neutralitätspolitik war international anerkannt. Nach dem Ende der kommunistischen Systeme wird sie von ihren Gegnern als überholt in Frage gestellt. Der ÖGB befürwortet sie wie bisher.

auf das ernsteste interessiert sei und alles in ihrer Macht Stehende tun werde, um eine solide Basis für vertrauensvolle und fruchtbare Beziehungen zur Sowjetunion zu schaffen, und daß die Verzögerungen der Verhandlungen über den österreichischen Staatsvertrag seit dem Frühjahr 1952 nur darauf zurückzuführen seien, daß die drei Westmächte von sich aus im März 1952 die sogenannte Kurzfassung des Staatsvertrags, an deren Abfassung die Sowjetunion nicht beteiligt gewesen sei, vorgelegt hätten. Im August 1953 zogen die Westmächte die Kurzfassung des Staatsvertragsentwurfs zurück und machten so den Weg für weitere Verhandlungen frei.

Hier muß nochmals kurz auf die weltpolitische Situation im Zusammenhang mit dem K o r e a - K r i e g hingewiesen werden. Im Juni 1950 hatten nordkoreanische Truppen die am 38. Breitengrad verlaufende Demarkationslinie zu Südkorea überschritten. Die USA unterstützten durch Boden-, See- und Luftstreitkräfte die südkoreanische Armee.

Der Korea-Krieg verstärkte in den USA und in Westeuropa den Antikommunismus. Die Rüstungsindustrie hatte Hochkonjunktur. Das führte zur Wiederbewaffnung der Bundesrepublik Deutschland. Die Wiederaufrüstung brachte den westlichen Industrieländern einen K o n j u n k t u r b o o m , der mit den Korea-Abkommen im Jahr 1953 schlagartig nachließ.

Die Auflockerung der Beziehungen zwischen der Sowjetunion und den Westmächten ermöglichte gegen Ende Jänner 1954 die Abhaltung einer K o n f e r e n z d e r v i e r A u ß e n m i n i s t e r – erstmals seit Juni 1949, da zwischendurch nur die Stellvertreter zusammengekommen waren – in Berlin. Obgleich die deutsche Frage im Vordergrund stand, wurde der ö s t e r r e i c h i s c h e S t a a t s v e r t r a g i n d i e T a g e s o r d n u n g aufgenommen. Österreich hatte den Wunsch angemeldet, nicht – wie bei früheren Staatsvertragsverhandlungen – bloß zu Hearings, sondern als gleichberechtigter Verhandlungspartner eingeladen zu werden. Die Alliierten entsprachen diesem Wunsch. Der sowjetische Außenminister Molotow kam mit zwei neuen V o r s c h l ä g e n zu den Verhandlungen. Der erste betraf Bündnisverzicht und Stützpunktverbot, der zweite Vorschlag beinhaltete, daß die Räumung Österreichs nicht, wie im Staatsvertragsentwurf vorgesehen, binnen 90 Tagen nach Inkrafttreten, sondern erst bei Abschluß eines Friedensvertrags mit Deutschland erfolgen sollte. Die in Österreich verbleibenden Truppen sollten keinerlei Besatzungsfunktion mehr ausüben, da das Besatzungsregime für Österreich mit dem Inkrafttreten des Staatsvertrags beendet sein würde. Das war für Österreich unannehmbar.

Die Westmächte lehnten eine vertraglich auferlegte Neutralisierung Österreichs ab. Der amerikanische Außenminister John Foster Dulles wendete sich mit dem Argument dagegen, eine Neutralität sei achtbar, wenn sie freiwillig gewählt sei, so wie die Neutralität der Schweiz. Österreich müßte sich **für die Rolle eines neutralen Staats selbst entscheiden**. Im Namen der österreichischen Delegation gab Außenminister Figl die Erklärung ab, daß Österreich keinen Militärbündnissen beitreten und auch fremden Mächten keine Militärbasen zugestehen werde.

Anfang Februar 1955 wurde der Nachfolger Stalins, Malenkow, von Nikita Chruschtschow als Erster Sekretär der Kommunistischen Partei der Sowjetunion abgelöst. Die Politik der Verhinderung der Eingliederung Westdeutschlands in die *Europäische Verteidigungsgemeinschaft* wurde nun intensiviert. Das Projekt der Eingliederung war im August 1954 von der französischen Nationalversammlung abgelehnt worden, und die Sowjetunion wollte die Chance nützen, bevor die Staaten der *Montan-Union* zu einer neuen Initiative ansetzten.

Das brachte auch einen Umschwung in der Haltung der Sowjetunion gegenüber Österreich. Im März 1955 übermittelte Molotow dem österreichischen Botschafter in der Sowjetunion eine Einladung an Bundeskanzler Raab, mit anderen Vertretern Österreichs nach Moskau zu kommen, wobei sich Molotow auf die der Sowjetregierung bekannte Haltung Raabs zu der Möglichkeit einer Reise nach Moskau bezog. Der österreichische Ministerrat nahm die Einladung an und beschloß, neben dem Bundeskanzler Vizekanzler Dr. Adolf Schärf, Außenminister Ing. Leopold Figl und Staatssekretär Dr. Bruno Kreisky nach Moskau zu entsenden. Die Regierungen der drei Westmächte übermittelten der österreichischen Regierung eine Erklärung, in der sie auf ihre bisherige Bemühungen zum Zustandekommen des Staatsvertrags verwiesen und ihr volles Vertrauen in den Beschluß der österreichischen Regierung aussprachen, die **Einladung nach Moskau** zwecks Klarstellung der Verhandlungssituation anzunehmen.

Die österreichische Delegation verhandelte vom 12. bis 15. April 1955 in Moskau. Das positive Ergebnis wurde in einem Kommuniqué bekanntgegeben. Die Botschafter der vier Mächte hielten vom 2. bis 12. Mai in Wien eine Konferenz ab, in der volle Übereinstimmung über alle Artikel des Staatsvertrags erzielt wurde.

Am 15. Mai 1955 fand im Marmorsaal des Schlosses Belvedere die Unterzeichnung des Staatsvertrags statt. Am 25. Oktober des gleichen Jahres verließen die letzten Besatzungstruppen Österreich. Einen Tag später, am 26. Oktober, verabschiedete der österreichische Nationalrat mit den Stimmen der ÖVP, der SPÖ und der *Volksopposition* (Kommunisten) und gegen die Stimmen der *Wahlpartei der Unabhängigen* (WdU) ein Bundesverfassungsgesetz über die Neutralität Österreichs.

Die Proklamierung der dauernden Neutralität Österreichs war bereits 1947 erwogen worden, und sie erfolgte völlig freiwillig. Der Abschluß des Staatsvertrags konnte nur unter der Bedingung erreicht werden, daß keiner der beiden Blöcke daraus einen militärischen Vorteil zog. Wenn auch militärstrategische und mit der weltpolitischen Situation zusammenhänge Motive für die Zustimmung der alliierten Mächte zum Staatsvertrag eine entscheidende Rolle spielten, so trug doch auch dazu bei, daß eine ruhige soziale Entwicklung und ein gefestigtes demokratisches Staatsgefüge den Alliierten keinen Vorwand mehr boten, die Besetzung Österreichs fortzusetzen.

Zu dieser Entwicklung hatte die verantwortungsbewußte Gewerkschaftspolitik entscheidend beigetragen.

VIII. Gewerkschaftsarbeit und Wirtschaftsprobleme in einem freien Land

Ende der Ära der »Wiederaufbaukoalition«

Die Paritätische Kommission

Nach dem Scheitern des Wirtschaftsdirektoriums mußte angesichts der Inflationsgefahr ein anderer Weg zur Bildung einer gemeinsamen Instanz der Wirtschaftspartner gefunden werden. Schließlich kam es zu einer Vereinbarung zwischen Bundeskanzler Raab und ÖGB-Präsident Böhm, die dazu führte, daß am 16. Oktober 1956 die *Wirtschaftskommission,* die seinerzeit die Preis- und Lohnabkommen abgeschlossen hatte, wieder zusammentrat. Das war die Vorstufe zur Bildung der *»Paritätischen Kommission«* fünf Monate später.

Bereits am 17. März 1956 hatte Johann Böhm an den Präsidenten der *Bundeskammer der gewerblichen Wirtschaft* und an den Vorsitzenden der *Präsidentenkonferenz der österreichischen Landwirtschaftskammern* einen Brief gerichtet, in dem er die Frage der Mitbestimmung der Arbeiter und Angestellten auf gesamtwirtschaftlicher Ebene zur Sprache brachte. Er verwies auf die im gewerkschaftlichen Aktionsprogramm aufgestellte F o r d e r u n g n a c h S c h a f f u n g e i n e r g e m e i n s a m e n I n s t i t u t i o n d e r K a m m e r n u n d d e s Ö s t e r r e i c h i s c h e n G e w e r k s c h a f t s b u n d s auf Landes- und Bundesebene zur Ausarbeitung von Vorschlägen und Beratung der öffentlichen Körperschaften in Wirtschaftsfragen und schlug vor, eine gemeinsame Kommission der Kammern und des ÖGB zur Prüfung der Möglichkeiten der Errichtung einer solchen Institution und gegebenenfalls zur Ausarbeitung von Richtlinien einzusetzen. Diese Kommission hätte dann den in Frage kommenden Körperschaften Bericht zu erstatten. Böhm erklärte in seinem Schreiben, er sei überzeugt, daß eine solche Institution manche Mißstände beseitigen könne, nutzbringende Arbeit zum allgemeinen Wohl und einen wertvollen Beitrag der Erziehung zum gesamtwirtschaftlichen Denken werde leisten können.

Sowohl der Präsident der B u n d e s w i r t s c h a f t s k a m m e r als auch der Präsident der L a n d e s w i r t s c h a f t s k a m m e r l e h n t e n v o r e r s t e i n e s t ä n d i g e E i n r i c h t u n g a b .

Am 19. Mai 1956 richtete ÖGB-Präsident Böhm neuerlich an die Präsidenten der drei Kammern Schreiben, denen ein detaillierter Entwurf für den Aufbau und die Arbeitsgebiete der zu schaffenden »Kommission für Wirtschafts- und Sozialfragen« beigefügt war. Der ÖGB-Präsident wies darauf hin, daß der Gewerkschaftsbund keineswegs eigensüchtige Motive verfolge und selbstverständlich bereit sei, auch über Fragen zu beraten, die von der Gegenseite aufgeworfen würden. Die Landwirtschaftskammer bekundete nunmehr Interesse, die Bundeswirtschaftskammer lehnte neuerlich ab. In einer kurz darauf folgenden Rundfunkrede begrüßte jedoch Bundeskanzler Raab den Vorschlag Präsident Böhms.

Die Bemühungen um die Schaffung einer gemeinsamen Wirtschaftsinstitution blieben allerdings infolge der ablehnenden Haltung der Bundeswirtschaftskammer im Jahre 1956 trotzdem erfolglos. Zu Beginn des Jahres 1957 trat der Gewerkschaftsbund neuerlich mit einem Exposé an die Bundesregierung und die beiden Wirtschaftskammern heran und erreichte, daß im März 1957 ein Ministerrat die Grundgedanken aufgriff und das dringende Ersuchen an die Kammern richtete, in ihrem Bereich alle Vorkehrungen zur Aufrechterhaltung eines stabilen Preisgefüges zu treffen. Nun begannen neuerlich Verhandlungen zwischen den Interessenvertretungen. Am 23. März 1957 wurde schließlich die Öffentlichkeit unterrichtet, daß sich die *Paritätische Kommission für Preis- und Lohnfragen* konstituiert habe.

Der Gewerkschaftsbund war mit dem Erreichten an sich nicht zufrieden; sein Ziel war die Errichtung einer »Obersten Wirtschaftskommission« mit weitreichenden Aufgaben gewesen, ein Ziel, das auch in den folgenden Jahren noch öfters zur Diskussion stand.

Während zu Beginn der Tätigkeit des Preisunterausschusses der Paritätischen Kommission unter dem Eindruck der kräftigen Aktionen der Regierung und der Bundeskammer der gewerblichen Wirtschaft und vor allem unter dem Druck des Gewerkschaftsbunds eine überraschende Disziplin der Produzenten und Händler festgestellt werden konnte, erwies es sich, daß im Lauf der Zeit die freiwillige Disziplin der Unternehmerschaft allmählich erlahmte. Der ÖGB zog damals aus diesen und anderen Erfahrungen den Schluß, daß die Arbeit der Paritätischen Kommission und vor allem die des Unterausschusses auf die Dauer nicht auf die Selbstdisziplin der Unternehmer gegründet werden könne, sondern daß es notwendig sei, eine

Strukturbild der Paritätischen Kommission

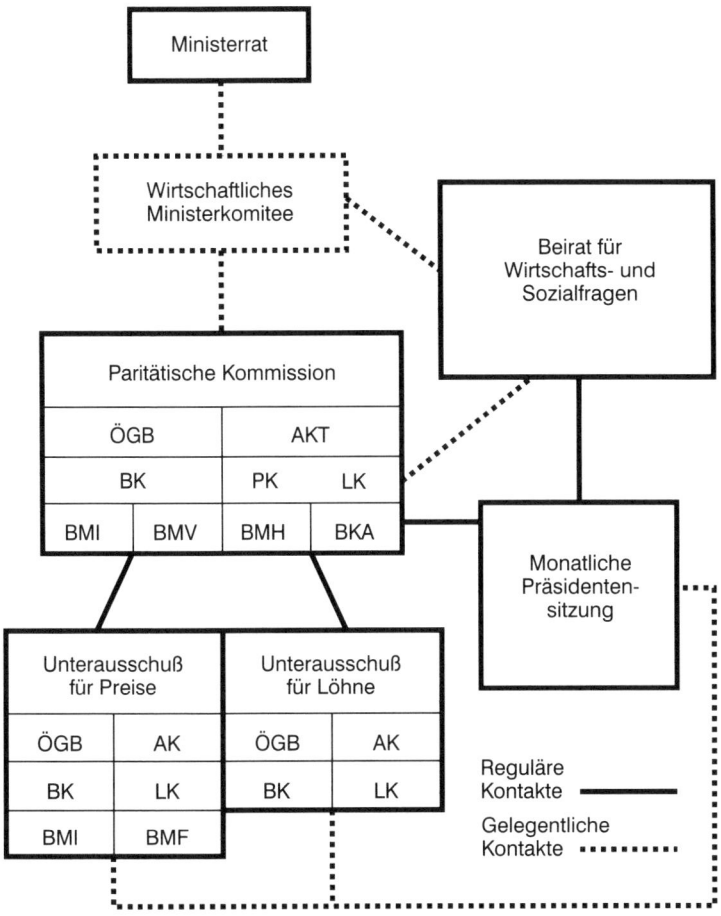

ÖGB = *Österreichischer Gewerkschaftsbund*
AKT = *Arbeitkammertag*
BK = *Bundeskammer der gewerblichen Wirtschaft*
PK LK = *Präsidentenkonferenz der österreichischen Landwirtschaftskammern*
BMI = *Bundesministerium für Inneres*
BMV = *Bundesministerium für Verkehr*
BMH = *Bundesministerium für Handel*
BKA = *Bundeskanzleramt*
AK = *Arbeiterkammer*
LK = *Landwirtschaftskammer*
BMF = *Bundesministerium für Finanzen*

gesetzliche Fundierung für die weitere Tätigkeit der *Paritätischen Kommission* zu schaffen. Als daher im Herbst die Frage des Weiterbestands der Kommission zur Diskussion gestellt wurde, erklärte der Österreichische Gewerkschaftsbund, einem Weiterbestand nur unter gewissen Bedingungen zustimmen zu können. In erster Linie ging es darum, die E i n h a l t u n g d e r P r e i s d i s z i p l i n auch mit gesetzlichen Mitteln erzwingen zu können. Am 27. November 1957 erhob der Bundesvorstand des ÖGB Forderungen zur Verbesserung der Tätigkeit der *Paritätischen Kommission.*

Die Erfahrungen bei den Verhandlungen über den Generalkollektivvertrag zur Einführung der 45-Stunden-Woche brachten dann neuerlich die Auffassung stärker zur Geltung, daß sich das Instrument der *Paritätischen Kommission* im Verlauf der vergangenen Jahre abgenützt habe und erstens einer Autoritätsauffrischung bedürfe, zweitens aber auch in der bisherigen Art und Weise kaum erfolgreich weiterarbeiten könne. Der Gewerkschaftsbund griff jetzt auf den bereits aus dem Jahre 1955 stammenden V o r s c h l a g zur Bildung einer *W i r t s c h a f t s k o m m i s s i o n* zurück. Um diesen Gedankengang zu studieren und weiterzuentwickeln, veranstaltete das wirtschaftspolitische Referat des ÖGB eine Studienreise in die Niederlande, wo die wirtschaftspolitische Zusammenarbeit der Interessenverbände besonders hoch entwickelt war; außerdem wurden im Rahmen des wirtschaftspolitischen Seminars an der Universität Wien Diskussionen über die Möglichkeit der Bildung einer solchen Kommission in Österreich durchgeführt.

Im Verlaufe dieser Diskussionen wurde das Projekt der *Wirtschaftskommission* weiterentwickelt und manche der Gedankengänge daraus im Konzept des ÖGB zur Wirtschafts-, Sozial- und Kulturpolitik, das auf dem Bundeskongreß 1959 beschlossen wurde, verankert. Eine weitere Konkretisierung erfolgte im Frühjahr 1960 auf Expertenebene. Verhandlungen mit der Unternehmerseite wurden aber erst anschließend gepflogen. In dem Konzept wurde festgestellt, daß man die Vollbeschäftigung und die damit verbundene Gefahr einer Kosteninflation mit den Mitteln der Budgetpolitik und der Geld- und Kreditpolitik allein nicht unterbinden könne. Die Währungsbehörden seien nicht in der Lage, mit Einsatz ihrer Mittel ohne Aufgabe der Vollbeschäftigungspolitik ein stabiles Preisniveau zu sichern, falls nicht die Kosteninflation von anderen Institutionen schon bei ihrer Entstehung abgefangen werde.

Auch auf der Unternehmerseite sah man – aus ganz anderen Gründen – die *Paritätische Kommission* zunächst nicht als Dauereinrichtung an. Ursprünglich gaben die Vertreter der Wirtschaft ihre Zustimmung zur Zusammenarbeit im Rahmen der Kommission nur für ein Jahr. Ihre eher skeptische Einstellung geht aus dem Jahresbericht der *Bundeskammer der gewerblichen Wirtschaft* für 1957 deutlich hervor. Dort heißt es: *Sie* (die *Paritätische Kommission*) *würde das Funktionieren des Marktes und die Dispositionsfreiheit sowohl der Arbeitgeber wie der Arbeitnehmer in zunehmendem Maße einschränken.*

Nach fallweisen Verlängerungen aufgrund ihrer Bewährung wurde die »Paritätische« schließlich eine Dauereinrichtung – jedoch weiterhin mit andauernd provisorischem Charakter.

Versuche der Regierung, dem ab 1960 anhaltenden Preisauftrieb mit budget- und zollpolitischen Mitteln entgegenzuwirken, hatten keinen entsprechenden Erfolg. Ende Dezember 1961 wurde zwischen dem früheren Bundeskanzler und damaligen Präsidenten der *Bundeskammer der gewerblichen Wirtschaft,* Julius Raab, und dem ÖGB-Präsidenten Olah in aller Stille das sogenannte *R a a b - O l a h - A b k o m m e n* vereinbart. Darin kamen die Präsidenten der beiden großen Interessenvertretungen überein, die Organisation und die Arbeitsweise der *Paritätischen Kommission* zu verbessern. Die Kommission konnte in Hinkunft der Regierung Vorschläge unterbreiten, wie *durch den koordinierten Einsatz der Budget-, Investitions-, Kredit-, Handels-, Arbeitsmarkt-, Zoll- und Wettbewerbspolitik* die Stabilität des Geldwerts *wirksam gesichert und eine gleichmäßige Entwicklung der österreichischen Wirtschaft gewährleistet werden* könnte. Das Abkommen überraschte sowohl die Öffentlichkeit als auch beide Regierungsparteien, es war geheim vorbereitet worden, weder Raab noch Olah hatten, trotz ihrer Parteimandate, vorher jemanden von ihrem Vorhaben unterrichtet.[1])

Das Zustandekommen des Abkommens schilderte Franz Olah später folgendermaßen: »Der Raab war auch boshaft genug, und so haben wir es denen gezeigt, wie man so was in ein paar Wochen macht. Ich sollte ja auf Einladung Kennedys nach Amerika fliegen, und so haben wir zwei über die Weihnachtsfeiertage alles fertig verhandelt. Die sind dann alle vom Sessel gefallen, weil wir sie dazu nicht gebraucht haben. Alle haben uns innig gedankt, in Wirklichkeit sind sie vor Wut zersprungen. Natürlich hatten Raab und ich die nötige Autorität in den Körperschaften, damit das Abkommen auch von den Gremien beschlossen werden konnte.«[2])

Gegen Ende 1958 hatte der ÖGB Gespräche mit der Industriellenvereinigung über die sich aus der Bildung der *Europäischen*

Wirtschaftsgemeinschaft ergebenden Probleme aufgenommen. Der des öfteren vom ÖGB vorgebrachte Vorschlag, bei der *Oesterreichischen Nationalbank* eine wirtschaftspolitische Koordinationsstelle zu errichten, wurde vom Finanzminister Kamitz mit dem Hinweis abgelehnt, daß laut Nationalbankstatut das umgekehrte Verfahren für die Fassung wirtschaftspolitischer Beschlüsse vorgesehen sei: Nicht eine Koordinationsstelle bei der Nationalbank könne darüber urteilen, welche wirtschaftspolitischen Maßnahmen durchzuführen seien, sondern die Regierung habe die Politik anzugeben, und die Nationalbank habe sie zu unterstützen. Die Frage der besseren Koordinierung, Versachlichung und wissenschaftlichen Untermauerung der österreichischen Wirtschaftspolitik blieb somit vorerst unerledigt, ohne aber vom Gewerkschaftsbund endgültig von der Tagesordnung abgesetzt zu werden. Der Erfolg zeigte sich schließlich 1963 in der Errichtung des *Beirats für Wirtschafts- und Sozialfragen bei der Paritätischen Kommission* und 1967 in der Bildung des *Verbändekomitees,* in dem die Regierung, die Wirtschaftspartner, das *Österreichische Wirtschaftsforschungsinstitut* und auch die *Oesterreichische Nationalbank* vertreten sind.

Wirtschaftlicher Aufstieg und politische Erstarrung

Die *Paritätische Kommission für Preis- und Lohnfragen* begann ihre Tätigkeit mit der Besprechung der bereits vor längerer Zeit erhobenen Lohnforderungen und beschloß, diese Forderungen für Verhandlungen freizugeben. Nach längeren Verhandlungen konnte der ÖGB die Forderung nach einem Urlaubszuschuß für jene Gewerkschaften durchsetzen, die noch keinen Urlaubszuschuß erreicht hatten, wodurch die schwächeren Gewerkschaften eine gewisse moralische Unterstützung erhielten.

Insgesamt wurden im Jahre 1957 von der *Paritätischen Kommission* 154 Lohnbewegungen freigegeben und teils im Jahre 1957, teils im Jahre 1958 zum Abschluß gebracht. Grundsätzlich stellten sich die Vertreter der Bundeskammer gegen die Forderung nach einer Arbeitszeitverkürzung; diese konnte erst 1959 durchgesetzt werden.

Eine Beurteilung der Nützlichkeit der *Paritätischen Kommission* auf dem Lohnsektor war natürlich nach ihrer ersten Tätigkeitsperiode nicht möglich. Immerhin zeigten aber die Lohn- und Gehaltsstatistiken für 1957, daß die Arbeit der *Paritätischen Kom-*

mission keineswegs zu einem Lohnstopp führte. Die Lohn- und Gehaltssumme erhöhte sich insgesamt von 140,6 Prozent im Jänner 1957 auf 158,2 Prozent im Jänner 1958. Da im Jahre 1957 auch Urlaubszuschüsse und sonstige Zulagen durchgesetzt wurden, geben diese Zahlen kein völlig klares Bild; es wird deutlicher, wenn man die Masseneinkommen des ersten Quartals 1957 mit denen des ersten Quartals 1958 vergleicht, wobei sich eine Steigerung von 8,5 Prozent ergibt. Entscheidend war überdies, daß die Preisbewegung auf einem niedrigeren Niveau als in den vergangenen Jahren gehalten werden konnte.

Die wirtschaftspolitischen Erwartungen, die der *Österreichische Gewerkschaftsbund* in sein Grundkonzept setzte, wurden durch die Ereignisse des Jahres 1958 im großen und ganzen bestätigt. Es gelang, im Rahmen einer Bekämpfung der Kosteninflation mit antizyklischen Maßnahmen auf der Budgetseite, vor allem durch die S c h a f f u n g v e r m e h r t e r K a u f k r a f t mit Hilfe eines Budgetdefizits von fünf Milliarden Schilling, die Vollbeschäftigung im wesentlichen aufrechtzuerhalten und ein nur für kurze Zeit unterbrochenes wirtschaftliches Wachstum sicherzustellen. Während Anfang 1958 die Befürchtung bestand, daß die Krisenbekämpfungsmaßnahmen angesichts einer weltweiten Wirtschaftsschwäche zu einem ins Gewicht fallenden Verlust von Devisenreserven führen würden, stellte sich im Verlauf des Jahres heraus, daß vor allem die Aufrechterhaltung der Massenkaufkraft in den wichtigsten westeuropäischen Ländern zu einem weiteren A n s t e i g e n d e s ö s t e r r e i c h i s c h e n F r e m d e n v e r k e h r s führte, was den notwendigen Zufluß von ausländischen Zahlungsmitteln bewirkte. Dadurch wurde es möglich, die österreichische Zahlungsbilanz auch im Zeitpunkt einer antizyklischen Konjunkturpolitik aktiv zu halten und das Jahr 1958 sogar mit größeren Währungsreserven abzuschließen, als man es begonnen hatte.

Die gute Gesamtentwicklung der Wirtschaft bot auch die Chance, grundlegende sozialpolitische Fortschritte zu erzielen. Am 1. Februar 1 9 5 9 trat der G e n e r a l k o l l e k t i v v e r t r a g zwischen der Bundeswirtschaftskammer und dem ÖGB über die E i n f ü h r u n g d e r 4 5 - S t u n d e n - W o c h e in Kraft. Damit wurde für die überwiegende Mehrheit der österreichischen Arbeiter und Angestellten eine Verkürzung der Arbeitszeit von 48 auf 45 Wochenstunden erreicht. Die *Paritätische Kommission* empfahl der Wirtschaft, die Arbeitszeitverkürzung nicht auf die Preise wirken zu lassen, sondern Kompensation durch entsprechende Produktivitätssteigerungen, betriebliche Rationalisierungen und Umstellungsmaßnahmen zu erreichen. Es wurden auch nur von verhältnismäßig wenigen Wirtschaftszweigen an die *Paritätische Kommission* Anträge auf Preiserhöhungen mit der Begründung der Arbeitszeitverkürzung gestellt; solche Anträge kamen vor allem aus Dienstleistungsgewerben, also aus jenen Wirtschaftszweigen, in denen die Rationalisierungsmöglichkeiten vor dem Zeitalter der Mikroelektronik sehr gering waren.

Bei den Verhandlungen über den Generalkollektivvertrag über die 45-Stunden-Woche hatten die Vertreter der *Bundeskammer der gewerblichen Wirtschaft* gegenüber ihren Mitgliedern keineswegs einen leichten Stand, denn sie mußten sich gegen den Egoismus und die Engstirnigkeit einiger Unternehmergruppen durchsetzen, die sie zu vertreten hatten. So drohten zum Beispiel einige Gruppen damit, ihrem Verhandlungskomitee die Vollmachten zu entziehen, wenn es in der Frage der Ausnahmegenehmigungen nachgebe. Es herrschte auf Unternehmerseite die Neigung vor, große und umfassende industrielle und gewerbliche Gruppen von der Arbeitszeitverkürzung überhaupt auszunehmen, wodurch für einen beträchtlichen Teil der Arbeitnehmer die Arbeitszeitverkürzung unter den Tisch gefallen wäre.

Im Jahre 1959 mußten sich die Sozialpartner mit einem Vorschlag des Bundeskanzlers beschäftigen, der einen Lohn- und Preisstop nahelegte. Zur Beratung dieses Vorschlags war von der *Paritätischen Kommission* ein Sonderausschuß eingesetzt worden, der der Bundesregierung und den vier Wirtschaftsverbänden ein K a u f k r a f t s t a b i l i s i e r u n g s - A b k o m m e n empfahl. Der Gewerkschaftsbund vertrat die Ansicht, daß sich die Interessenvertretungen in Zukunft nicht nur auf die unmittelbare Einflußnahme auf die Preis- und Lohnbildung beschränken, sondern in Zusammenarbeit mit der Bundesregierung jeweils zoll-, handels- und wirtschaftspolitische Maßnahmen treffen sollten, die eine Auflockerung des heimischen Markts und auf längere Sicht eine Senkung der Vertriebskosten herbeiführen könnten. Weiters sollten mittels des *Preistreibereigesetzes* sogenannte »übliche Preise« festgelegt und damit den Gerichten Handhaben gegeben werden, gegen undiszipliniertes Verhalten vorzugehen.

Die Bundeswirtschaftskammer verhielt sich in den Verhandlungen zum Vorschlag des Bundeskanzlers sehr distanziert und schlug ein sehr dürftig gehaltenes Programm für eine Kaufkraftstabilisierung vor.

Im Zuge der Verhandlungen konnte schließlich ein Abkommen erreicht werden, das auf die österreichische Wirtschaft einige Zeit hindurch beruhigend wirkte und vor allem die Stellung der Unterhändler des Gewerkschaftsbunds im Unterausschuß der *Paritätischen Kommission* stärkte.

Die Frage der B e s c h ä f t i g u n g a u s l ä n d i s c h e r A r b e i t s k r ä f t e, besonders in der Bauindustrie, wurde damals immer aktueller, weil es keine gesetzliche Regelung gab. Die *Paritätische Kommission* beschloß daher, das Bundesministerium für soziale Verwaltung um die Ausarbeitung eines Gesetzentwurfs über die Verwendung ausländischer Arbeitskräfte zu ersuchen. Der Inhalt eines diesbezüglichen Gesetzes sollte sich an die Bestimmungen halten, die in der Schweiz in Geltung waren. Es wurde vereinbart, daß bis zur Beschlußfassung eines solchen Gesetzes das Sozialministerium die Beschäftigung ausländischer Arbeitskräfte nur dann zulassen solle, wenn die *Bundeskammer der gewerblichen Wirtschaft* und der *Österreichische Gewerkschaftsbund* einen g e m e i n s a m e n A n t r a g stellten oder wenn der ÖGB beziehungsweise eine der 16 Gewerkschaften einem diesbezüglichen Antrag zustimmte. Bis zu einer gesetzlichen Regelung erklärte der ÖGB seine Bereitschaft, dafür zu sorgen, daß insbesondere im Baugewerbe keine Ausländer beschäftigt würden, solange Österreicher arbeitslos seien.

Ein weiterer neuer Gedanke war der einer a k t i v e n A r b e i t s m a r k t p o l i t i k, der vom Gewerkschaftsbund vertreten wurde. In verschiedenen Ländern, in denen die Ausschöpfung des Arbeitskräftepotentials schon weiter fortgeschritten war als in Österreich, hatte man erkannt, daß die für eine dynamische Wirtschaft notwendige Mobilität der Arbeitskräfte durch Lohnanreize, Arbeitslosigkeit und Preissteigerungen teurer erkauft wird als es auf anderen Wegen, nämlich durch eine aktive Arbeitsmarktpolitik, möglich ist. Unter »aktiver Arbeitsmarktpolitik« wurde das Eingreifen der Arbeitsmarktbehörden in das freie Spiel von Nachfrage und Angebot an Arbeitskräften durch Förderungsmaßnahmen verstanden, die die Gründung von Industriebetrieben in jenen Landesteilen erleichtern sollten, in denen es überschüssige Arbeitskräfte gab – ein Gedanke, der vom Gewerkschaftsbund bereits Anfang der fünfziger Jahre im Zusammenhang mit der Planung für die Sanierung der Notstandsgebiete vertreten worden war. Darüber hinaus sollte die aktive Arbeitsmarktpolitik durch verstärkte Umschulung, durch Nachschulungsmöglichkeiten, durch eine Unterstützung bei

Übersiedlungen von Arbeitskräften aus Gebieten mit geringerer Nachfrage nach Arbeitskräften und schließlich durch die Überwindung saisonaler Arbeitslosigkeit die Reibungswiderstände bei der Umstellung der Wirtschaft reduzieren; sie sollte damit gesamtwirtschaftlich kostensparend, produktivitätssteigernd und antiinflationistisch wirken. Im Sinne dieser Politik förderte der Gewerkschaftsbund alle Aktionen, die zur Verbesserung der wirtschaftlichen Lage in den Entwicklungsgebieten führten, und wirkte, um dieses Ziel zu erreichen, besonders eng mit dem Bundesministerium für soziale Verwaltung und mit den in den Bundesländern errichteten *Vereinen für Wirtschaftsförderung* zusammen.

Der Zeitraum nach Abschluß des Staatsvertrags bis 1966 brachte nicht zuletzt dank der Wirtschaftspartnerschaft die Konsolidierung der österreichischen Wirtschaft und damit die Voraussetzung für die einsetzende Aufholphase sozialpolitischer Errungenschaften.

Das schon erwähnt expansive Wachstum ab Mitte der fünfziger Jahre wurde vorwiegend von der Inlandswirtschaft getragen. Die Investitionsquote, welche bereits 1950 jene des Jahres 1913 überstiegen hatte, erreichte 1960 den Wert von 22 Prozent des verfügbaren Güter- und Leistungsvolumens, und die Exporte hatten zum selben Zeitpunkt bereits ein Viertel dieses Volumens erreicht. Überdies war es gelungen, die Leistungsbilanz ins Gleichgewicht zu bringen und damit die Basis für weitere Expansion sicherzustellen.[3]) Während in den fünfziger Jahren noch vielfach für eine Nachkriegswirtschaft typische Materialknappheit zu spüren gewesen war, vollzog sich zu Ende des Jahrzehnts ein grundlegender Wandel, der von der Grundstoffindustrie hin zum Ausbau der Finalgüterproduktion in einem Teil der Industrie führte.

Die erste Aufschwungphase der österreichischen Wirtschaft war allerdings 1960 vorbei, und das Wirtschaftswachstum sank von 6,4 Prozent im Zeitraum 1953 bis 1960 auf 4,3 Prozent im Zeitraum 1962 bis 1967. Es zeigten sich die Fehler der Strukturpolitik. Mit verstärkter Nachfrage nach Konsumgütern stieg ihr Import, und das Handelsbilanzdefizit wuchs. Der Staatshaushalt mußte zunehmend zur Deckung des Abgangs Auslandskredite aufnehmen. Die Staatsschuld stieg, aber sie blieb in einem erträglichen Rahmen.

Schon um die Wende der sechziger Jahre stand das Thema der Staatsverschuldung zur Debatte, wenn das Problem auch längst nicht so akut war wie in der zweiten Hälfte der achtziger Jahre. Die Finanzschulden Österreichs erreichten Ende des Jahres 1960 22,5 Milliarden Schilling, rund ein Zehntel davon betrug die Verschuldung der Republik gegenüber dem Ausland. Vergleicht man die Staatsschuld mit dem Bruttonationalprodukt des vorhergehenden Jahres, so betrug sie etwa 16 Prozent. Auch damals erreichte die Staatsschuld keineswegs eine bedrohliche Höhe, und viele andere Staaten waren beträchtlich höher verschuldet. Was damals bedenklich schien, war das rasche Ansteigen der Verschuldung durch die Kapitalrückzahlungen und den Zinsendienst, und weiter, daß kurzfristige Verbindlichkeiten des Staats für das Finanzministerium und die inländischen Banken zu manchen Terminen unangenehme Situationen hervorriefen. Damals stand man vor der Tatsache eines immer stärker fühlbaren Konkurrenzdrucks aus dem Ausland und des Abbaus der Zollschranken innerhalb der EFTA und der EWG sowie den daraus zu ziehenden Folgerungen, daß Rücklagen für Investitionszwecke von Vorteil wären.

Im Jahre 1959 wurde der Nationalrat neu gewählt. Die Wahlen vom 10. Mai hatten folgendes Ergebnis: ÖVP 44,19 Prozent (1956: 45,96 Prozent) und 79 Mandate (1956: 82 Mandate), SPÖ 44,79 Prozent (1956: 43,03 Prozent) und 78 Mandate (1956: 74 Mandate), FPÖ 7,70 Prozent (1956: 6,52 Prozent) und 8 Mandate (1956: 6 Mandate), KPÖ 3,27 Prozent (1956: 4,42 Prozent) und kein Mandat (1956: 3 Mandate). Aufgrund dieses Wahlergebnisses wurde die Große Koalition fortgesetzt. Zweiter Präsident des Nationalrats wurde an Stelle des verstorbenen Johann Böhm der neue ÖGB-Präsident Franz Olah. Und auch 1962 gab es noch einmal eine Koalition zwischen ÖVP und SPÖ.

Aber die gemeinsame Regierungsfähigkeit der beiden Großparteien geriet nun immer mehr in das Schußfeld der öffentlichen Kritik, weil die im Koalitionspakt vereinbarte Einstimmigkeit im Koalitionsausschuß vor dem Einbringen von Regierungsanträgen deren Zustandekommen des öfteren verzögerte, und bei gegensätzlichen Standpunkten in wichtigen Fragen gar verhinderte. Die Wirtschaftspartnerschaft als Klammer der Zusammenarbeit von Unternehmer-Arbeitnehmervertretern erlangte in dieser Situation immer mehr Bedeutung, weil sie die in ihren Interessenbereich fallenden Fragen (zum Beispiel die Generalkollektivverträge über Arbeitszeit und Mindesturlaub) selbst löste. Versuche, den starren Koalitionspakt aufzulockern, scheiterten.

Immer mehr wurde die Wirtschaftspolitik von der »Nebenregierung« der Sozialpartner entschieden. Der ÖGB machte sich für den

Bericht des *Beirats für Wirtschafts- und Sozialfragen* stark, der an die Regierung appellierte, die Vorschläge der *Paritätischen Kommission* und des Beirats zu unterstützen und die empfohlenen Maßnahmen zu fördern. Die vom Beirat erstatteten Gutachten waren pragmatisch, seine Zusammensetzung ließ ideologische Zielsetzungen nicht zu. Die Wirtschaftspartner traten für Wirtschaftswachstum als Voraussetzung für steigende Realgewinne und Reallöhne ein, die Zufriedenheit mit dem Sozialpartnerkurs garantierten.

Die Große Koalition scheiterte schließlich an der zunehmenden Unzufriedenheit der Öffentlichkeit über den lähmenden Koalitionspakt, der Initiativen einer Seite schon aus Mißtrauen der anderen ausschloß. Auch der Gewerkschaftsbund setzte sich nicht für ihr Weiterbestehen ein. Mit dem Ende der Großen Koalition im Jahre 1966 bewies die Sozialpartnerschaft ihre Autonomie, sie wurde nicht in den Sog der parlamentarischen Konfrontation zwischen den beiden großen Lagern hineingezogen.

Der Gewerkschaftsbund und die Alleinregierungen

Habsburg, Reprivatisierung, 40-Stunden-Woche

Da die schwierigen Koalitionsverhandlungen nach den Märzwahlen 1966 scheiterten, bildete die ÖVP mit einem Mandatsstand von 85 Abgeordneten gegenüber 80 der Opposition (74 SPÖ, 6 FPÖ) eine A l l e i n r e g i e r u n g unter Bundeskanzler Josef K l a u s. Die Vertreter der sozialistischen Gewerkschaftsfraktion waren – weil ihnen die bei den Koalitionsverhandlungen gemachten Zugeständnisse der ÖVP unzureichend erschienen – in den Parteigremien schließlich für die Beendigung der Koalition eingetreten.

In der Sitzung des ÖGB-Bundesvorstands vom 17. März 1966 erklärte Präsident Benya, es sei im großen und ganzen gelungen, den ÖGB aus dem Wahlkampf heraus zu halten. Einstimmig wurde in der Sitzung ein Memorandum angenommen, in dem gemeinsam mit dem Vorstand des *Österreichischen Arbeiterkammertags* ein kurz- und mittelfristiges Programm mit konkreten Wachstumszielen zur Überwindung der Abschwächung des Wirtschaftswachstums gefordert wurde. Die gesetzgebenden Körperschaften und die österreichische Bundesregierung müßten die Aufrechterhaltung der Vollbeschäftigung durch engste Koordinierung der

Wirtschaftspolitik sichern. Der *Beirat für Wirtschafts- und Sozialfragen* sollte, um diese Aufgaben erfüllen zu können, ausgebaut werden.

Aus anderen als wirtschaftlichen und sozialen Gründen entstand im Herbst 1966 eine kritische Situation, die zu Unruhen mit Protestaktionen in den Betrieben führte. Ursache war eine mehrmalige Einreise von Otto Habsburg-Lothringen, dem Sohn des letzten Habsburger-Kaisers. Der » F a l l H a b s b u r g « beschäftigte schon seit 1961 die österreichische Öffentlichkeit. Da die Entscheidungen des Verfassungsgerichtshofs vom 16. Dezember 1961 und des Verwaltungsgerichtshofs vom 31. Mai 1963 widersprüchlich waren, befaßte sich 1963 das Parlament ausführlich mit der »Habsburgfrage«.

Der Bundesvorstand beauftragte damals das Präsidium des ÖGB, von der Bundesregierung raschest eine verbindliche Erklärung zu verlangen, in der festgestellt werden sollte, daß k e i n V e r m ö g e n d e r R e p u b l i k Ö s t e r r e i c h a n d i e F a m i l i e H a b s b u r g abgegeben werden dürfe. Vorerst antwortete nur der Klub der sozialistischen Abgeordneten und Bundesräte. Erst im Juni 1966 erklärte Finanzminister Schmitz im Parlament, daß keinerlei rechtliche Ansprüche Dr. Otto Habsburgs beziehungsweise des Familienversorgungsfonds des Hauses Habsburg-Lothringen auf irgendwelche Vermögenswerte bestünden.

Wegen der durch die Einreisen Otto Habsburgs in den Großbetrieben aufkommenden Unruhe befaßte sich das Parlament nochmals mit der Angelegenheit. Bundeskanzler Klaus erklärte in der Sitzung des Finanz- und Budgetausschusses vom 3. November 1966, daß die Bundesregierung keine wie immer geartete Initiative ergreifen werde, um eine Vermögensrückgabe an Otto Habsburg-Lothringen oder seine Familie in die Wege zu leiten. Nach der Rechtslage bestünden keinerlei Ansprüche Dr. Habsburgs auf Rückstellung irgendwelcher Vermögenschaften.

In einer Resolution des Bundesvorstands des ÖGB von November 1966 wurde auf die bereits 1963 von allen Fraktionen gefaßten Beschlüsse verwiesen, die vor einer innenpolitischen Krise warnten. Nach der Entscheidung im Parlament sei die Frage Habsburg in den Hintergrund getreten. Der Verwaltungsgerichtshof habe erklärt, daß die abgegebene Loyalitätserklärung Otto Habsburgs den gesetzlichen Erfordernissen entspreche. (Damit hatte dieser die Möglichkeit, einen gültigen österreichischen Reisepaß zu erhalten.)

Der ÖGB mahnte in Anbetracht der gegebenen Rechtslage zur Ruhe und Besonnenheit – was schließlich auch eintrat. Die Habsburgerfrage belastete die Innenpolitik nicht weiter.

Zu gegensätzlichen Standpunkten zwischen ÖVP-Regierung und ÖGB mit der Gefahr einer Eskalation bis zum Streik führten die Probleme, die sich mit der Organisation der Verstaatlichten Industrie befaßten. Schließlich kam es zu einer einvernehmlichen Regelung, die nach Meinung des ÖGB die Gefahr einer teilweisen Reprivatisierung verstaatlichter Unternehmungen verhinderte. Das neue ÖIG-Gesetz sah – entgegen den ursprünglichen Plänen – vor, daß der Hauptausschuß des Nationalrats im Falle einer Veräußerung oder Anteilsübertragung verstaatlichter Betriebe einzuschalten und weiters daß für Beschlüsse im Aufsichtsrat der ÖIG bei Veräußerung oder Verpfändung von Anteilsrechten von Unternehmen, die dem ÖIG-Gesetz unterlagen, eine Zweidrittelmehrheit erforderlich war.

Zusammenfassend kann festgestellt werden, daß es trotz begreiflicherweise divergierender Auffassung zu keinen wirklich schwerwiegenden Auseinandersetzungen zwischen dem ÖGB und der ÖVP-Regierung kam und daß beide Seiten sich einer loyalen Verhaltensweise befleißigten.

Etwas anderes ist, daß es zur Zeit des gegen Franz Olah von Juli 1968 bis Jänner 1969 laufenden Gerichtsverfahrens in einem Teil der Presse zu Angriffen gegen den Gewerkschaftsbund kam und auch die Frage der »Verrechtlichung« der freien Interessenvertretungen aufgerollt wurde. Man sprach den Verdacht aus, daß die Kampagne gegen Olah nur politische Hintergründe habe. Als »Exponent einer gemäßigten Linie« sei er in Gegensatz zu linken Kräften in der Partei gekommen, und schließlich habe es auch Gegnerschaft erweckt, daß er »die Versöhnung zwischen Kirche und Staat herbeigeführt« und »Einheitsangebote der Kommunisten immer abgelehnt« habe.[4]) Nun, zu wähnen, Olah wäre ein Opfer von Parteiintrigen geworden, hieße an den Tatsachen vorbeigehen. Es gab ganz im Gegenteil starke Kräfte in der *Sozialistischen Partei,* besonders in Niederösterreich, die ihn auf alle Fälle halten wollten. Entscheidend waren die Vorgänge im Gewerkschaftsbund und Olahs statutenwidrige Handlungsweise, wobei sicherlich Ehrgeiz ein wichtiges Motiv war, da Kämpfe um Machtpositionen im Organisationsleben nicht auszuschließen sind.

Mit den Fragen der Arbeitszeitverkürzung befaßte sich die erste Sitzung des großen Verhandlungskomitees von Arbeitnehmern und Arbeitgebern am 6. März 1969. Dem Komitee gehörten Präsident Anton Benya vom ÖGB, Isidor Grießner für die Landwirtschaftskammern, Wilhelm Hrdlitschka für die Arbeiterkammern und Rudolf Sallinger von der Bundeswirtschaftskammer an.

Die Forderung des Gewerkschaftsbunds nach der 40-Stunden-Woche wurde durch eine Untersuchung der *Arbeitsgemeinschaft für Sozialforschung* unterstützt, bei der sich eine Mehrheit von 74 Prozent für die Einführung aussprach. Die Industrie meldete Bedenken gegen die Forderung an, der *Beirat für Wirtschafts- und Sozialfragen* beschloß deshalb Ende Oktober 1968 eine Untersuchung über die voraussichtlichen Auswirkungen einer Herabsetzung der Arbeitszeit auf vierzig Stunden.

Im Mai 1969 führte die SPÖ ein V o l k s b e g e h r e n z u r E i n f ü h r u n g d e r v i e r z i g s t ü n d i g e n A r b e i t s w o c h e durch, das 890.037 Unterschriften ergab. Bereits am 24. September einigte sich ein Verhandlungskomitee der Sozialpartner auf die e t a p p e n w e i s e E i n f ü h r u n g .

Knapp vorher, am 13. September, war Rudolf Sallinger abermals zum Präsidenten des *Österreichischen Wirtschaftsbunds* gewählt worden. (Er hatte dieses Mandat noch in der zweiten Hälfte der achtziger Jahre inne.)

Bei den am 21. und 23. September 1969 durchgeführten A r b e i t e r k a m m e r w a h l e n in ganz Österreich erreichten die sozialistischen Gewerkschafter 560 Mandate (+5), der ÖAAB 196 (+16), die FPÖ 39 (+12), die Kommunisten (GE) 11 (–26) und die Parteifreien 4 (–7).

Sachliche Politik gegenüber den Alleinregierungen

Der *Ö s t e r r e i c h i s c h e G e w e r k s c h a f t s b u n d* erklärte nach der Bildung der ÖVP-Alleinregierung, daß er grundsätzlich weiterhin eine s a c h l i c h e P o l i t i k betreiben werde, die es den Kollegen der christlichen Fraktion ermögliche, mitzutun. Die sozialistische Fraktion werde keineswegs aus parteipolitischen Gründen eine gegensätzliche Haltung zur ÖVP-Regierung beziehen. Schließlich hätten alle Arbeitnehmer, abgesehen von ihrer politischen Einstellung, gleichlaufende wirtschaftliche und soziale Ziele. Es sei stets die Politik des ÖGB gewesen, die I n t e r e s s e n d e r A r b e i t n e h m e r s c h a f t g e g e n ü b e r d e r R e g i e r u n g – u n a b h ä n g i g v o n i h r e r Z u s a m m e n s e t z u n g – z u v e r t r e t e n und die Tätigkeit jeder Regierung danach zu beurteilen, in welchem Maße sie die berechtigten Wünsche und Bedürfnisse der Arbeiter, Angestellten und Beamten berücksichtige.

Die Entwicklung seit 1966 zeigt, daß der ÖGB sich an den Grundsatz einer sachlichen Politik gehalten hat. Gegenüber jeder Regierung vertrat er konsequent seine Forderungen nach Sicherung der Vollbeschäftigung und Bekämpfung inflationären Preisauftriebs. Seine wirtschaftlichen Forderungen waren jeweils von konkreten, der gegebenen Situation angepaßten Vorschlägen begleitet.

Die am 1. März 1970 durchgeführten österreichischen Parlamentswahlen brachten eine Änderung des politischen Bilds in Österreich. Hatte nach den Parlamentswahlen des Jahres 1966 die *Österreichische Volkspartei* (85 Sitze gegen 74 der *Sozialistischen Partei* und 6 der *Freiheitlichen Partei*) eine ÖVP-Alleinregierung gebildet, so wurde bei den Wahlen am 1. März 1970 die *Sozialistische Partei Österreichs* mit 81 Parlamentssitzen zur stärksten Partei, die *Österreichische Volkspartei* erhielt 78 Sitze und die *Freiheitliche Partei Österreichs* 6 Sitze (mit Berücksichtigung der Wiederholungswahl in drei Wiener Wahlkreisen am 4. Oktober 1970). Die anschließenden Verhandlungen zwischen den beiden großen Parteien, SPÖ und ÖVP, über die Bildung einer Koalitionsregierung zogen sich wochenlang ergebnislos hin.

Am 15. April 1970 tagte der Bundesvorstand des ÖGB und verabschiedete einstimmig eine Resolution, in der der Erwartung Ausdruck gegeben wurde, daß die Regierungsbildung aufgrund der Nationalratswahlen nicht länger aus parteitaktischen Gründen verzögert werde, damit Parlament und Regierung im Interesse der österreichischen Bevölkerung ehestens ihre Arbeit aufnehmen konnten. Die Hauptprobleme, die von der neuen Bundesregierung bewältigt werden müßten, seien nach Meinung des ÖGB die Sicherung der Vollbeschäftigung, die Bekämpfung des Preisanstiegs, eine gerechte Verteilung der Steuerlasten und der Ausbau des Systems der sozialen Sicherheit.

Die Verhandlungen über die Bildung einer Koalitionsregierung scheiterten schließlich am 20. April 1 9 7 0 . In der Folge wurde von der SPÖ eine M i n d e r h e i t s r e g i e r u n g gebildet. Neben Bundeskanzler Dr. Bruno K r e i s k y gehörten dieser auch einige namhafte Gewerkschafter an, und zwar der ÖGB-Vizepräsident und Vorsitzende der Gewerkschaft der Privatangestellten, Rudolf Häuser (als Vizekanzler und Bundesminister für soziale Verwaltung), der Vorsitzende der Gewerkschaft der Lebens- und Genußmittelarbeiter, Josef Staribacher (als Bundesminister für Handel, Gewerbe und Industrie), der Vorsitzende-Stellvertreter der Gewerkschaft der Eisenbahner, Erwin Frühbauer (als Bundesminister für Verkehr) und die frühere Sekretärin der Gewerkschaft der Textil-, Bekleidungs- und Lederarbeiter, Gertrude Wondrack (als Staatssekretärin im Bundesministerium für soziale Verwaltung). Insgesamt waren von den 165 neugewählten Parlamentsabgeordneten 46 Gewerkschafter (33 auf der Liste der SPÖ und 13 auf der Liste der ÖVP).

Die Wahlen am 10. Oktober 1971 brachten der S P Ö d i e a b s o l u t e M e h r h e i t . Sie erhielt 50,04 Prozent der Stimmen und 93 Mandate, die ÖVP erhielt 43,11 Prozent und 80 Mandate, die FPÖ 5,45 Prozent und zehn Mandate, die KPÖ 1,36 Prozent und kein Mandat.

Gleich nach den Märzwahlen 1970 waren die Wünsche der österreichischen Gewerkschaften an die neue Bundesregierung bekanntgegeben worden, und zwar als die Zusammensetzung der neuen Regierung noch gar nicht sicher war. Dabei wurde neuerlich betont, es sei stets die Politik des *Österreichischen Gewerkschaftsbunds* gewesen, die Interessen der Arbeitnehmer gegenüber der Regierung – unabhängig von ihrer Zusammensetzung – zu vertreten und die Tätigkeit jeder Regierung danach zu beurteilen, in welchem Maße sie die berechtigten Wünsche und Bedürfnisse der Arbeiter, Angestellten und Beamten berücksichtige.

Auch nach dem SPÖ-Wahlsieg 1971 hielt der ÖGB an dieser Linie fest und betonte seine Unabhängigkeit und Überparteilichkeit. *Die Entscheidung hat klare Fronten geschaffen. Die SPÖ kann nun unabhängig von den Bedingungen eines ständigen oder wechselnden Partners allein beweisen, was sie zu leisten imstande ist. Ihre Regierungsarbeit aber wird im Parlament unter der scharfen Kontrolle einer großen und einer kleinen Oppositionspartei stehen ...,* schrieb *Arbeit & Wirtschaft* nach den Nationalratswahlen in einem Leitartikel.

Konsumgesellschaft, Gastarbeiter

Die gute Konjunkturlage und die weitgehende Ausschöpfung der vorhandenen inländischen Arbeitskräftereserven veranlaßten die Unternehmungen auch 1971, die Zahl der a u s l ä n d i s c h e n A r b e i t s k r ä f t e weiter zu steigern. Im November erreichte die Zahl der ausländischen Arbeitnehmer mit 172.205 einen neuen

Höchststand, 125.000 kamen aus Jugoslawien und 25.000 aus der Türkei. Der größte Anteil an ausländischen Arbeitskräften im Vergleich zum Gesamtbeschäftigtenstand war in Vorarlberg zu verzeichnen, die größte absolute Zahl in Wien. Der Gewerkschaftsbund stellte fest, daß die Zahl der Ausländer in den Wirtschaftszweigen mit niedrigem Lohnniveau und in gefährlichen, schmutzigen und daher mit niedrigem Sozialprestige ausgestatteten Berufen besonders groß war.

Um die sich aus den entstehenden Schwierigkeiten und Spannungen ergebenden Probleme zu untersuchen, wurde vom ÖGB mit dem *Arbeiterkammertag,* der *Bundeskammer der gewerblichen Wirtschaft* und der *Vereinigung österreichischer Industrieller* der *Verein für soziologische und ökonomische Studien* ins Leben gerufen. Bereits 1971 wurde eine größere Zahl von Forschungsaufträgen vergeben, mit dem Ziel, ein Programm zur besseren Eingliederung der ausländischen Arbeitskräfte zu erstellen.

Als die gute Beschäftigungslage und die günstige Ertragslage der Unternehmen die Löhne und Gehälter in den ersten Jahren nach 1970 vielfach über kollektivvertragliche Abschlüsse hinaus ansteigen ließen, hatte der K o n s u m z u w a c h s seine hohe Zeit. Damit setzte wieder ein Preisauftrieb ein, der noch durch die bevorstehende Umstellung auf die Mehrwertsteuer beschleunigt wurde. Der ÖGB sah sich zur Ausarbeitung eines S t a b i l i s i e r u n g s - p r o g r a m m s veranlaßt. Die Wirtschaftspartner trafen eine als *S a l l i n g e r - B e n y a - A b k o m m e n* bezeichnete Vereinbarung, die als Grundlage für einen von der Regierung ausgearbeiteten Maßnahmenkatalog diente. Der erwartete kräftige Preisstoß zu Jahresbeginn 1973 fiel dann weit geringer aus, als ursprünglich befürchtet worden war.

Eingliederung in den europäischen Wirtschaftsraum

Die Umstellung der Umsatzsteuer auf die Mehrwertsteuer war die Folge des Abkommens mit der EG.

In Europa hatten sich im Zuge enger werdender ökonomischer Verflechtungen große Wirtschaftsblöcke gebildet und Österreich mußte trachten, sich einzugliedern, um nicht im Abseits zu landen. Schon bald nach Unterzeichnung der Verträge von Rom über die Gründung der *E u r o p ä i s c h e n   W i r t s c h a f t s g e m e i n - s c h a f t* (EWG) im Jänner 1957 hatte die österreichische Regierung Kontakt aufgenommen, um die Möglichkeit der Assoziierung zu prüfen. Der vierte ÖGB-Bundeskongreß im September 1959 hatte die E i n g l i e d e r u n g der österreichischen Wirtschaft in den großen europäischen Markt als eine S c h l ü s s e l f r a g e der österreichischen Wirtschaftspolitik bezeichnet.

Im November 1959 war in Stockholm die *Europäische Freihandelszone* (EFTA) als Gegengewicht zur EWG gegründet worden, der als Mitglieder damals Großbritannien, Dänemark, Norwegen, Schweden, Portugal, die Schweiz und Österreich angehörten. Österreich vertrat den Standpunkt, daß die EFTA nur die Brücke zu einer umfassenden wirtschaftlichen Zusammenarbeit Europas sein könne. Im Konsultativkomitee der EFTA war der ÖGB vertreten.

Im Dezember 1960 war von 20 Staaten, darunter auch von Österreich, das Abkommen über die Bildung der *Organisation für wirtschaftliche Zusammenarbeit und Entwicklung* (OECD) unterzeichnet worden. Ziele der neuen Organisation waren die Ausweitung des Welthandels und die Koordinierung der Entwicklungshilfe, da ja die Aufgabe des wirtschaftlichen Wiederaufbaus erfüllt war.

Am 19. Oktober 1961 hatte eine Ministerkonferenz der neutralen EFTA-Staaten Österreich, Schweden, Schweiz stattgefunden, in der vereinbart worden war, daß die drei Staaten noch vor Jahresende Ansuchen um eine Assoziierung an die EWG stellen sollten.

Im Gegensatz zu der Lage, in der sich die anderen neutralen Staaten befanden, waren die Bemühungen um eine Anbindung an die EWG für Österreich mit einer außenpolitisch heiklen Problematik verbunden: Die Staatsvertragssignatarmacht Sowjetunion sah in der *Europäischen Wirtschaftsgemeinschaft* in erster Linie einen politischen Zusammenschluß im Rahmen des feindlichen westlichen Bündnissystems und stand daher einer allzu engen Bindung Österreichs an die Gemeinschaft skeptisch gegenüber. So hatte auch die Moskauer *Prawda* die Beschlüsse der EFTA-Ministerkonferenz sofort kritisiert: *Die öffentliche Meinung Österreichs sei beunruhigt, da die EWG nicht so sehr eine wirtschaftliche wie eine politische Organisation sei, deren Gründer und Leiter immer wieder erklärt hätte, daß sie die wirtschaftliche Basis der Atlantischen Allianz darstelle, die dazu bestimmt sei, die NATO zu konsolidieren.*

Die Industrialisierung im EWG-Rahmen hatte die EFTA immer mehr in ihren Sog gezogen, doch für Österreich hatte die EFTA-Mitgliedschaft vorerst den Vorteil gebracht, daß es sich auf einen großen Konsumgütermarkt einstellen und Rationalisierungsmaßnahmen durchführen mußte.

Die europäischen Gewerkschaften bemühten sich um eine Zusammenarbeit beider Wirtschaftsblöcke, doch erst im Juli 1 9 7 2 konnte ein F r e i h a n d e l s a b k o m m e n zwischen der durch Organisationseinheit mit der *Montan-Union* und der EURATOM zur *E u r o p ä i s c h e n   G e m e i n s c h a f t* (EG) gewandelten EWG und der EFTA unterzeichnet werden. Österreich schloß ergänzend ein Interimsabkommen ab, das zusätzliche Begünstigungen vorsah.

Nach anfänglichen Anpassungsschwierigkeiten zeigten sich die Früchte der Eingliederung in den europäischen Großraum insbesondere für die österreichische Investitionsgüterindustrie, nachdem Ende der sechziger Jahre die einsetzende internationale Hochkonjunktur auf Österreich übergegriffen hatte. Österreich, in der Zwischenkriegszeit vorwiegend von der Agrarwirtschaft dominiert, gelangte mit hoher wirtschaftlicher Prosperität und geringen Arbeitslosen- und Inflationsraten ins Spitzenfeld der westlichen Industrieländer. Die K o l l e k t i v v e r t r a g s a b s c h l ü s s e brachten durchwegs eine S t e i g e r u n g   d e r   M a s s e n e i n k o m m e n , zurück blieben noch die Konsumausgaben, denn die Österreicher zeigten sich sparfreudig.

Der Ö G B   f o r d e r t e , daß die nun eintretenden Zollsenkungen in vollem Umfang an die Verbraucher weitergegeben würden. Der Bundesvorstand stellte fest, daß die zwischen Österreich und der *Europäischen Gemeinschaft* abgeschlossenen Verträge eine echte Chance für die österreichische Wirtschaft darstellten. Durch die Teilnahme an der europäischen Integration würden sich aber auch die Konzentrationstendenzen in der österreichischen Wirtschaft und die wirtschaftliche Bedeutung der großen Unternehmungen verstärken. Dem Zuwachs an wirtschaftlicher Macht müsse eine Verstärkung des Einflusses der Arbeitnehmer durch eine E r w e i t e r u n g   d e r   betrieblichen und überbetrieblichen M i t b e s t i m m u n g   gegenüberstehen.

Im Mai 1977 legten die Regierungschefs der EFTA-Staaten auf einer Gipfelkonferenz in Wien ein Bekenntnis zum Freihandel in der Welt und zur Verringerung von Arbeitslosigkeit und Inflation ab. Über die wirtschaftlichen Prioritäten gab es jedoch keine einhellige Auffassung. Während Schweden und Norwegen den Kampf gegen die Arbeitslosigkeit als dringlichste Aufgabe bezeichneten, setzte die Schweiz den Akzent auf eine stärkere Inflationsbekämpfung.

Am 1. Juli 1977 fielen die letzten Zollschranken für die meisten Industrieerzeugnisse zwischen Österreich und den übrigen EFTA-Staaten auf der einen und Mitgliedsstaaten der EG auf der anderen Seite. Inzwischen hatte man einige Erfahrungen gesammelt, denn das 1972 getroffene Abkommen war sicherlich eine Herausforderung für die österreichischen Wirtschafttreibenden und zwang sie zu einer Bewährungsprobe. Es war von Anfang an klar, daß der durch die Freihandelsverträge in Gang gesetzte Integrationsprozeß nicht ohne fühlbare Auswirkungen ablaufen würde. Der Zollabbau brachte eine verstärkte Konkurrenz auf dem österreichischen Inlandsmarkt, zugleich aber erschwerte er Lieferungen in die EG. Angesichts der österreichischen Außenhandelsverflechtung – mehr als 70 Prozent der Importe und mehr als 60 Prozent der Exporte wurden mit den EG- und EFTA-Staaten getätigt – gab es aber für die österreichische Wirtschaft keine Alternative zur Integrierung in den europäischen Markt.

Gewerkschaftspolitik in einer sich wandelnden Gesellschaft

Eine völlige Neuorientierung brachte die S t e u e r r e f o r m in der B e h a n d l u n g d e r F a m i l i e . Unter Berücksichtigung der G l e i c h b e r e c h t i g u n g von Mann und Frau gibt es keine gemeinsame Besteuerung der Einkommen von Ehegatten mehr. Grundsätzlich gilt also die Individualbesteuerung. Es soll aber nicht übersehen werden, daß die Unternehmer damit die Chance erhielten, sich durch geschickte Verteilung des Einkommens zwischen dem Mann und der Frau (die vielleicht gar nicht arbeiten geht) viel Steuern zu ersparen.

Mitte Mai 1973 stellte der Bundesvorstand fest, daß der inländische Preisauftrieb bei fortdauerndem A n s t e i g e n d e r I n f l a t i o n in den meisten Ländern der Welt nur dann erfolgreich bekämpft werden könne, wenn die zuständigen Stellen weitere Maßnahmen zur Dämpfung des Preisauftriebs träfen. Die Bemühungen des Gewerkschaftsbunds liefen darauf hinaus, den Preisindex nicht über die psychologisch gefährliche 10-Prozent-Marke steigen zu lassen, was auch schließlich gelang. In der Lohn- und Gehaltspolitik orientierten sich die Gewerkschaften an den Preissteigerungen und den in den verschiedenen Wirtschaftszweigen eingetretenen Produktivitätszunahmen, wobei allerdings verschiedentlich die gute Konjunktur dazu verleitete, die Grenzen nicht exakt abzustecken. Die Lohn- und Gehaltssumme wuchs insgesamt um 16,5 Prozent und pro Kopf um 12,5 Prozent.

Die hohen Streikzahlen im Jahre 1973 könnten zur Annahme verleiten, daß sich die Situation an der Lohnfront verschärft hatte. Es streikten 78.251 Arbeiter, Angestellte und Beamte, dabei gingen 794.119 Arbeitsstunden verloren. Aber in diesen Zahlen ist ein zweitägiger Streik fast aller Lehrer Österreichs enthalten, an dem sich 63.747 Lehrer beteiligten; diesem Streik ging ein Warnstreik der Lehrer an den Allgemeinbildenden Höheren Schulen voran. Auf die beiden Streiks entfielen 86,5 Prozent aller Streikstunden, die Anzahl von 107.055 anderen Streikstunden entsprach etwa der Anzahl des Vorjahrs.

Gegen Ende 1973 konnte nach langen Verhandlungen ein von den Interessenorganisationen eingesetztes Expertenkomitee zu einer einheitlichen Auffassung über bis zuletzt strittige Punkte der Gesetzesvorlage zu einem *Arbeitsverfassungsgesetz* gelangen. Der Bundesvorstand des ÖGB stimmte den getroffenen Vereinbarungen zu. Mit dem Gesetz wurde nach Ansicht des ÖGB ein wichtiger weiterer Schritt zur Mitbestimmung der Arbeitnehmer im Betrieb und damit zur weiteren Demokratisierung der Gesellschaft getan. Der ÖGB hob besonders hervor, daß sich beide Wirtschaftspartner zum Geist dieses Gesetzes bekannten.

Im Zusammenhang mit der Gewerkschaftspolitik, die selbstverständlich bemüht war, ihren Einfluß auch auf der Regierungsebene und im Parlament geltend zu machen, geriet die Sozialpartnerschaft immer wieder ins Schußfeld der Kritik. In einer Bundesvorstandssitzung im März 1974 erklärte deshalb Präsident Benya, daß sich seiner Meinung nach die Zusammenarbeit der Wirtschaftspartner in den vergangenen Jahren bewährt und Österreich sowie seiner Bevölkerung viele Vorteile gebracht habe. Wenn man die Zusammenarbeit nicht fortsetzen wolle, so möge man das klar sagen. Der ÖGB, aber sicherlich auch die anderen Interessenvertretungen könnten auch ohne die Sozialpartnerschaft arbeiten. Ob damit die Lösung schwieriger Probleme einfacher werde, sei allerdings sehr zu bezweifeln.

Über die Politik des ÖGB schrieb Präsident Benya im Dezember 1974 in *Arbeit und Wirtschaft,* daß man sich in letzter Zeit sehr stark in der Öffentlichkeit mit dem ÖGB beschäftige: *Die einen meinen, der ÖGB sei zu mächtig, andere sagen, der ÖGB schlafe und sei ein Koloß auf tönernen Füßen. Die einen sagen, wir neh-*

men zuviel Einfluß auf das Wirtschaftsgeschehen, andere wieder erklären, wir sollten uns nicht um die Wirtschaft kümmern und nur dafür sorgen, daß die Löhne steigen.* Der ÖGB-Präsident betonte, daß mit der Wirtschaft Politik gemacht werden könne. Die Älteren hätten erlebt, wohin es führe, wenn eine schlechte Wirtschaftspolitik ein Heer von Arbeitslosen zur Folge habe. Ein Hauptanliegen der Gewerkschaft sei daher eine gute Wirtschaftspolitik: *Für uns stehen dabei die Erhaltung der Vollbeschäftigung und steigender Wohlstand – sowohl für den einzelnen als auch bei den öffentlichen Leistungen – im Vordergrund. Die wirtschaftliche Entwicklung der letzten Jahre läßt sich nur an Hand von Zahlen zweifelsfrei darlegen.* Weiter stellte Benya in seinem Grundsatzartikel fest, damit sei wohl auch bewiesen, daß die Politik des ÖGB in den vergangenen vier Jahren – also auch während der SPÖ-Alleinregierung – erfolgreich gewesen sei. Das wüßten auch jene, die aus parteitaktischen Gründen das Gegenteil behaupteten.

Die kritischere Haltung unter der Arbeitnehmerschaft gegenüber dem ÖGB und seiner Mehrheitsfraktion spiegelte auch das Ergebnis der A r b e i t e r k a m m e r w a h l e n vom 30. September 1974 wider. Die Wahlen brachten bei 64,4 Prozent Wahlbeteiligung der Fraktion sozialistischer Gewerkschafter 63,4 Prozent der Stimmen (1969 68 Prozent) und 531 Mandate (1969 560 Mandate), dem ÖAAB 29,1 Prozent (1969 23,5 Prozent) und 239 Mandate (1969 195 Mandate), der FPÖ 4,6 Prozent (1969 5 Prozent) und 29 Mandate (1969 40 Mandate), der Gewerkschaftlichen Einheit 0,3 Prozent (1969 2,6 Prozent) und 1 Mandat (1969 11 Mandate), dem Linksblock 2,4 Prozent und 10 Mandate (1969 nicht kandidiert).

Der in der SPÖ sicherlich schon durch die maßgebliche Zahl von Gewerkschaftsfunktionären in der Parlamentsfraktion und durch die Vertretung der sozialistischen Fraktion in Parteivorstand und Regierung gegebene gewerkschaftliche Einfluß bot Anlaß zum Vorwurf einseitiger Begünstigung der Interessenvertretung der Arbeitnehmer durch die Parlamentsmehrheit. Umgekehrt wurde auch gegen die Gewerkschaftsführung immer wieder der Vorwurf parteilichen Verhaltens zugunsten der SPÖ-Regierung erhoben. Dadurch fiel ein Schatten auf die Zusammenarbeit der Wirtschaftspartner, der noch durch das Verhalten der *Bundeskammer der gewerblichen Wirtschaft* und ihrer Mandatare in der ÖVP in der Frage der Inbetriebnahme des Kernkraftwerks Z w e n t e n d o r f verstärkt wurde. Während der ÖGB sich schon bei der Volksabstimmung im Herbst 1978 und auch beim Volksbegehren zur Aufhebung des Atomsperrgesetzes im November 1980 aus wirtschaftlichen Gründen massiv für die Inbetriebnahme Zwentendorfs einsetzte, war das Verhalten der Gegenseite trotz ihrer Verantwortung für die Wirtschaft aus Rücksicht auf ÖVP-Parteiinteressen lau. Diese Haltung der Funktionäre der Bundeskammer belastete die Sozialpartnerschaft längere Zeit. Im Falle friedlicher Nutzung der Kernenergie sollte sozusagen der *Österreichische Gewerkschaftsbund* für die Wirtschaft die Kastanien aus dem Feuer holen. Hätte die Wirtschaft bei der Volksabstimmung im Herbst 1978 mit dem Gewerkschaftsbund gleichgezogen, wäre Zwentendorf in Betrieb gegangen und unserer Volkswirtschaft ein Verlust von etwa zehn Milliarden Schilling erspart geblieben.

Gegen Winterende 1977 stand die S o z i a l p a r t n e r s c h a f t vor einer besonders schweren B e l a s t u n g . Nach fast vierwöchigen ergebnislosen Kollektivvertragsverhandlungen beschloß der Zentralvorstand der *Gewerkschaft Metall-Bergbau-Energie* für 14. März 6 Uhr früh den Streik von rund 220.000 Arbeitern. Die Verhandlungen nach dem Streikbeschluß endeten wieder ergebnislos. Am Sonntag, dem 13. März, vermittelte Bundeskanzler Kreisky, und am Nachmittag des gleichen Tags gab es noch eine Verhandlungsrunde, in der es schließlich zur Einigung kam: Die Ist-Löhne wurden um 7,5 Prozent und die Kollektivvertragslöhne um 9,28 Prozent erhöht, die Abfertigungen sollten von nun ab nicht auf der Basis der Wochen-, sondern der Monatslöhne berechnet werden.

Der Streik wurde abgeblasen, und diesem günstigen Abschluß kam für andere Wirtschaftszweige Vorreiterrolle zu.

Nach einer Stagnationsphase des *Beirats für Wirtschafts- und Sozialfragen* konnte 1976 eine wichtige Studie über *Wohlfahrtsindikatoren* abgeschlossen werden. Diese Studie bot sowohl der *Paritätischen Kommission* als auch der Bundesregierung und anderen Stellen Entscheidungshilfen. Obwohl die Arbeit schwierig war, weil es sowohl über die einzelnen Indikatoren wie auch über ihre Anwendung in einem Gesamtsystem große Meinungsverschiedenheiten gab und weil auch international darüber keine einheitliche Auffassung bestand, konnte schließlich doch ein einvernehmlicher abschließender Bericht erstellt werden.

Ferner wurde der Beirat beauftragt, seine Industriepolitik-Studie zu erneuern; er sollte V o r s c h l ä g e zu einer umfassenden und zu erweiternden Industriepolitik sowohl hinsichtlich der

S t r u k t u r p o l i t i k als auch n e u e r T e c h n o l o g i e n zu entwickeln.

Die Notwendigkeit der Umstrukturierung wurde und wird wohl jeweils rechtzeitig erkannt, es fehlt aber an der Konsequenz, die Erkenntnisse auch in reale Maßnahmen umzusetzen.

Die Regierungen nahmen den Beirat immer dann in Anspruch, wenn die Lage kritisch war und sie des Rats bedurften. Wirtschaftswissenschaft war an sich, wenn sie nicht direkt von Regierungsmitgliedern selbst eingebracht wurde, wenig gefragt. »Der Beirat hat eine Brücke geschlagen zwischen der Politik und der Wissenschaft, die bisher von den wirtschaftspolitischen Instanzen nicht konsultiert worden ist ... Unter den gegebenen österreichischen Verhältnissen dringt der Beirat als eine Institution der großen Interessenvertretungen in Öffentlichkeit und Politik viel besser durch als die Wissenschaft, von der sich der Beirat letzten Endes alles holen muß, was er braucht, um seine Beratungsaufgaben erfüllen zu können.«[5])

Erfreulich entwickelte sich – ganz im Gegensatz zur Ersten Republik – das Verhältnis zwischen Gewerkschaftsbewegung und katholischer Kirche. In einem Vortrag vor dem Bundesvorstand des *Österreichischen Gewerkschaftsbunds,* dem Vorstand der Wiener Arbeiterkammer und den Wiener Arbeiterkammerräten erklärte K a r d i n a l F r a n z K ö n i g im Juni 1981, daß die k a t h o l i s c h e S o z i a l l e h r e, die den Menschen in den Mittelpunkt stellt, der V o l l b e s c h ä f t i g u n g und der Sicherung des Arbeitsplatzes einen außerordentlich hohen Wert einräume. Die Vollbeschäftigungspolitik müsse auch dann noch an die vorderste Stelle gesetzt werden, wenn sie auf Kosten der Geldwerterhaltung gehe, wobei allerdings die Vor- und Nachteile im Interesse des einzelnen und des Gemeinwohls genauer abzuwägen seien.

Der Kardinal betonte, daß sich die katholische Soziallehre vom Naturrecht und von der Offenbarung ableitet. Die Anwendung dieser Grundsätze auf die konkreten wirtschaftlichen und sozialen Verhältnisse sei jedoch eine ständig neu zu stellende Aufgabe, die auch mit den vier päpstlichen Sozialenzykliken unternommen worden sei. Kardinal König stellte in diesem Zusammenhang unter anderem fest, daß neben der Vollbeschäftigungspolitik als wichtigstem Element kirchlicher Wirtschaftsethik der mit der Lohngerechtigkeit eng verbundene Grundsatz der Mitbestimmung stehe. Von wesentlicher Bedeutung sei dabei die betriebliche Mitbestimmung des Arbeitnehmers bei der Gestaltung des Arbeitsverhältnisses und der gerechten Verteilung des Arbeitsertrags. Zur Vertretung ihrer Ansprüche hätten die Arbeitnehmer das Recht auf Organisierung in Gewerkschaften, und diese wiederum hätten das grundsätzliche Recht, an der gerechten Gestaltung des Wirtschaftslebens mitzuarbeiten.

Auf gefährdeter Überholspur

Die Aufholperiode

Die vorangegangene Investitionspolitik und die Sozialpartnerschaft, die den sozialen Frieden und dadurch pünktliche Erfüllung vereinbarter Liefertermine sicherten, hatten dazu beigetragen, Ö s t e r r e i c h auf die Überholspur zu bringen und eine bestmögliche Nutzung der Ende der sechziger Jahre beginnenden internationalen Hochkonjunktur ermöglicht. Unser Land lag mit hoher wirtschaftlicher Prosperität und geringen Arbeitslosen- und Inflationsraten im S p i t z e n f e l d d e r I n d u s t r i e n a t i o n e n. Eine Zwischenrezession in den Industrieländern 1970/71, die im OECD-Raum das Wachstum der Industrieproduktion auf ein Prozent sinken ließ, wirkte sich auf Österreich, das sechs Prozent Steigerung aufwies, nicht aus.

Die Konjunkturbelebung im Jahre 1969 war eindeutig auf eine starke Zunahme der Exporte und auf die allmähliche Steigerung der Investitionstätigkeit der heimischen Wirtschaft zurückzuführen. Der private Konsum hingegen nahm nur mäßig zu. Die von mehreren Gewerkschaften durchgesetzten kollektivvertraglichen realen Lohnerhöhungen führten zwar zu einer S t e i g e r u n g d e r M a s s e n e i n k o m m e n, doch nahm gleichzeitig die Sparneigung zu, so daß die Konsumausgaben wesentlich schwächer wuchsen als die Einkommen selbst. Bereits 1970 erreichte die österreichische Wirtschaft einen Höhepunkt in der Aufschwungperiode seit 1945. Die r e a l e Z u w a c h s r a t e d e s B r u t t o n a t i o n a l p r o d u k t s, der Summe der Wertschöpfungen aller Wirtschaftsbereiche einschließlich staatlicher und anderer Dienstleistungen, war mit s i e b e n P r o z e n t höher als jene der vorhergegangenen Jahre. Österreich lag auch damit im Spitzenfeld der westlichen Industrieländer. Viele von diesen hatten bereits eine Verringerung der wirtschaftlichen Expansion zu verzeichnen.

Im Gegensatz zu früheren Konjunkturphasen kam es zu keiner Währungsunruhe, und die internationale Währungslage war entspannt. Das durchschnittliche Wachstum des realen Bruttonationalprodukts ging aber im Bereich der OECD-Länder von fünf Prozent im Jahre 1969 auf rund drei Prozent im Jahre 1970 zurück. Ursache der Verringerung war vor allem die Entwicklung in den Vereinigten Staaten und in Großbritannien.

1971 hatte die österreichische Wirtschaft einen kräftigen Preisauftrieb zu verzeichnen, der nicht nur wie 1970 außenwirtschaftliche, sondern auch binnenwirtschaftliche Ursachen hatte. Die weitgehende Ausschöpfung der personellen und materiellen Ressourcen, die beschleunigte Zunahme der Stückkosten und die starke Preissteigerung bei importierten Investitionsgütern ließen den Preisindex auf den internationalen Durchschnitt steigen. Der Verbraucherpreisindex erhöhte sich im Jahresdurchschnitt um 4,7 Prozent. Die kollektivvertraglichen Lohnerhöhungen lagen über jenen des Jahres 1969, und die Effektivlöhne gingen oft noch darüber hinaus; der angespannte Arbeitsmarkt und die günstige Ertragslage der Unternehmungen hatten eine anhaltend hohe Lohndrift zur Folge, die sich vor allem durch die Ausweitung von Sonderzahlungen äußerte. Die Löhne und Gehälter machten einen beachtlichen Sprung vorwärts, und das R e a l l o h n n i v e a u rückte beachtlich an das der w e s t l i c h e n e u r o p ä i s c h e n L ä n d e r h e r a n. Das Tariflohnniveau stieg im Jahresdurchschnitt um rund 10 Prozent, in der Industrie um 11,5 Prozent und in Gewerbe und Handel um 9 Prozent. Die Effektivverdienste erhöhten sich in der Gesamtwirtschaft um 12 Prozent, ohne Öffentlichen Dienst um 13,5 Prozent.

Die Notwendigkeit einer Integration in die westeuropäische Wirtschaft und auch die angespannte Budgetsituation erforderten eine Umstrukturierung des österreichischen Steuersystems: An die Stelle der Umsatzsteuer trat, wie schon erwähnt, das M e h r w e r t s t e u e r s y s t e m.

In seinem Gutachten zu diesem Gesetzentwurf zeigte sich der ÖGB vorerst außerordentlich zurückhaltend. Von Gewerkschaftsseite wurde zwar anerkannt, daß diese Umstellung eine Vorbedingung für das angestrebte Arrangement mit der EWG darstellte; man müsse sich aber dessen bewußt sein, daß die Einführung der Mehrwertsteuer in allen Ländern, wo sie bisher erfolgt war, in der Übergangsphase zu erheblichen Preisauftriebstendenzen geführt hatte. Demgemäß betonte der ÖGB in seinem Gutachten die Notwendigkeit preisdämpfender Maßnahmen zum Zeitpunkt der Einführung der Mehrwertsteuer, die mit 1. Jänner 1973 vorgesehen war.

Auch im Jahre 1972 hielt das Wirtschaftswachstum an. Das Bruttonationalprodukt war real um 6,4 Prozent höher als im Vorjahr. Im internationalen Vergleich schnitt Österreich ausgezeichnet ab, es erzielte – mit Ausnahme von Japan – wie im Vorjahr die höchste Wachstumsrate unter allen entwickelten Industrieländern der Welt.

Die Verteilung des Volkseinkommens verschob sich zugunsten der Gewinnquote. Die Lohnquote sank von 66,2 Prozent auf 65,8 Prozent. Das inflationistische Preisklima begünstigte die Gewinnbildung.

Die lang anhaltende Anspannung des Arbeitsmarkts und die günstige Ertragslage der Unternehmungen ließen den L o h n a u f t r i e b   n o c h m a l s   z u n e h m e n . Entsprechend der Inflationsrate brachte die Lohnrunde merklich höhere Tarifabschlüsse als Anfang 1971; die Lohnbewegung verminderte etwas die Lohndrift. Der private Konsum erzielte den höchsten Zuwachs seit 1956. Der außergewöhnlich hohe Konsumzuwachs war allerdings hauptsächlich auf den Nachfrageboom im vierten Quartal des Jahres 1972 zurückzuführen – wegen der erwarteten Verteuerung durch die Mehrwertsteuer ab Jänner des kommenden Jahres waren besonders dauerhafte Konsumgüter in großer Menge gekauft worden.

Die bevorstehende Einführung der Mehrwertsteuer mit Jänner 1973 löste umfangreiche wirtschaftspolitische Aktivitäten aus, in die auch der ÖGB einbezogen war. In den Auseinandersetzungen um dieses Gesetz ging es neben dem Steuersatz insbesondere um die Ausnahmebestimmungen. Bezüglich der Ermäßigungen und Befreiungen war der ÖGB mit seinen Wünschen außerordentlich zurückhaltend, weil zahlreiche Wirtschaftsgruppen sich um einen ermäßigten Steuersatz oder gar um die völlige Befreiung von der Mehrwertsteuer bemühten. Wäre diesen Wünschen in größerem Umfang Rechnung getragen worden, hätte die Einführung der Mehrwertsteuer ihren Zweck verfehlt, und es wären Verluste an Steuereinnahmen eingetreten.

Angesichts der Beschleunigung des Preisauftriebs ergriff der ÖGB im November 1972 die Initiative zur Ausarbeitung eines umfassenden S t a b i l i s i e r u n g s p r o g r a m m s , das in einer wirtschaftspolitischen Aussprache der *Paritätischen Kommission* eingehend beraten wurde. Das Ergebnis war ein mit der Regierung ausgearbeiteter M a ß n a h m e n k a t a l o g .

Am internationalen Wirtschaftshimmel zogen aber bereits dunkle Gewitterwolken auf, und in Österreich nahm der Preisauftrieb wie in den übrigen westlichen Industriestaaten weiter zu. Allerdings war im Jahre 1974 die Inflationsrate, gemessen am Verbraucherpreisindex der meisten europäischen Länder und am Durchschnitt der OECD-Länder, gering. Während die Preissteigerungsrate im Ausland bis Jahresende auf 15 Prozent kletterte und im Jahresdurchschnitt 13 Prozent erreichte, konnte sie in Österreich mit 9,5 Prozent unter der 10-Prozent-Marke stabilisiert werden. Immerhin war dies aber die stärkste Preissteigerungsrate seit den fünfziger Jahren.

Der kräftige Preisauftrieb und die anhaltende Wirtschaftsexpansion ließen die Löhne 1974 weiter steigen. Das Tariflohnniveau erhöhte sich in der Gesamtwirtschaft um 13 Prozent, die Effektivverdienste erreichten 14 Prozent. Im Jahresverlauf nahmen jedoch die Zuwachsraten der Effektivverdienste im Vergleich zum Vorjahr durchwegs ab; teils mit zunehmender Entfernung von der Lohnrunde, teils weil die Lohndrift bereits etwas gedrückt war.

Mit zunehmender Sorge wurde im ÖGB die Tatsache betrachtet, daß die Einnahmen aus den Gewinnsteuern in den Jahren 1973 und 1974 trotz der günstigen Konjunktur- und Gewinnlage der Unternehmungen weiterhin nur sehr langsam zunahmen. Dadurch kam es zu einer weiteren Verschiebung innerhalb der direkten Steuern zu Lasten der Arbeitnehmer.

Der durch exorbitante Steigerungen der Erdölpreise mit begleitender Währungsunsicherheit verursachte weltweite Konjunktureinbruch führte schließlich Mitte der siebziger Jahre auch in Österreich zu einem W i r t s c h a f t s r ü c k s c h l a g und zum Schrumpfen der Wachstumsraten. Die Notwendigkeit von Strukturbereinigungen in vielen Wirtschaftsbereichen wurde fühlbar. Zwar waren vorher in Teilbereichen der Wirtschaft Strukturschwierigkeiten überwunden worden, was wesentlich zur Festigung des Wirtschaftsgefüges und zur Verringerung der Abhängigkeit Österreichs von ausländischen Konjunkturschwankungen beitrug, doch b e h i n d e r t e d i e A u s l a s t u n g d e r W i r t s c h a f t s k a p a z i t ä t durch die Anfang der siebziger Jahre einsetzende Hochkonjunktur eine F o r t s e t z u n g d e r S t r u k t u r r e f o r m . Der Übergang zu einer Periode verstärkten Wachstums war mit einem ziemlich ausgeglichenen, länger anhaltenden

Konjunkturablauf verbunden. In der Spätphase der österreichischen Hochkonjunktur waren trotz weitestgehender Ausschöpfung der Produktionsmittel und des durch ausländische Arbeitskräfte verstärkten Arbeitsmarkts die Anspannungen geringer als in den meisten anderen Ländern der westlichen Welt. Die hohen Wachstumsraten zu Beginn der siebziger Jahre konnten allerdings nach der schweren Krise Mitte des Jahrzehnts nirgends mehr erreicht werden, auch nicht in Österreich. Bis zur Mitte der siebziger Jahre sonnte sich jedoch Österreich im Glanze wirtschaftlicher Erfolgsziffern, bis dann ein jähes Erwachen folgte.

Der rückläufige Trend der Wachstumsraten erfaßte auch die Mitgliedstaaten des osteuropäischen Wirtschaftsbündnisses RGW (Rat für gegenseitige Wirtschaftshilfe). Mit knapp zwei Prozent Zuwachs des Nationaleinkommens dieser Gemeinschaft erreichte die Zuwachsrate einen Tiefstand.

Der Rückschlag

Der weltweite Konjunkturaufschwung Anfang der siebziger Jahre war von einem a n h a l t e n d e n I n f l a t i o n s a u f t r i e b begleitet gewesen. Es war vorweg vorauszusehen, daß ein Rückschlag schwere Folgen für die Weltwirtschaft haben würde. Der ÖGB stand von Anfang an auf dem Standpunkt, daß die Inflation nur dann erfolgreich bekämpft werden könne, wenn Maßnahmen zur Dämpfung des Preisauftriebs getroffen würden. Die Bemühungen des Gewerkschaftsbunds liefen darauf hinaus, den Preisindex nicht über die p s y c h o l o g i s c h g e f ä h r l i c h e 1 0 - P r o z e n t - M a r k e steigen zu lassen, was schließlich auch gelang. In der Lohn- und Gehaltspolitik orientierten sich die Gewerkschaften an den Preissteigerungen und den in den verschiedenen Wirtschaftszweigen eingetretenen Produktivitätszunahmen, wobei die gute Konkunktur allerdings – wie schon betont – verschiedentlich dazu verleitete, die Grenzen nicht exakt abzustecken, was, wie sich zeigen sollte, nicht ohne wirtschaftliche Folgen blieb.

1974 konnte bereits international von einer tiefgreifenden Rezessionsphase gesprochen werden, während in Österreich noch eine K o n j u n k t u r e n t s p a n n u n g eintrat. Mit einem realen Wirtschaftswachstum von 4,4 Prozent lag Österreich in diesem Jahr im Spitzenfeld der Industriestaaten.

Das Jahr 1975 brachte in den meisten Industrieländern die t i e f s t e R e z e s s i o n s e i t d e m Z w e i t e n W e l t k r i e g , desgleichen auch in Österreich. Das reale Bruttonationalprodukt schrumpfte im Durchschnitt der europäischen OECD-Länder um rund zwei Prozent. Die Inflation schwächte sich allerdings infolge der Krise weltweit ab. Auch in Österreich schrumpfte das reale Bruttonationalprodukt um zwei Prozent, nach einem Wachstum vom 4,1 Prozent im Jahr 1974. Die gesamtwirtschaftlichen Wachstumsverluste waren sowohl auf die flaue Inlandsnachfrage als auch auf die anhaltende ausländische Nachfrageschwäche zurückzuführen. Von der Rezession wurde vor allem der Sekundärsektor, besonders die Industrie, betroffen, während der Dienstleistungssektor weiterhin ein reales Wachstum erzielen konnte.

Die Teuerungsrate in Österreich blieb mit einer durchschnittlichen Steigerung der Verbraucherpreise von 8,4 Prozent im Jahre 1975 unter dem westeuropäischen Durchschnitt. Die Löhne zogen wieder an. Die gesetzliche Arbeitszeit wurde um zwei Stunden verkürzt. Das Tariflohnniveau der Gesamtwirtschaft stieg im Jahresdurchschnitt 1975 um 12,9 Prozent, einschließlich der Arbeitszeitverkürzung um 18,6 Prozent. Die Steigerung der Effektivverdienste ließ ein wenig nach, sie erhöhten sich in der Gesamtwirtschaft um 13 Prozent nach 14 Prozent im Vorjahr.

Die schwere Wirtschaftskrise in den Industrieländern brachte einen beträchtlichen Rückgang der Produktion und einen s t a r k e n A n s t i e g d e r A r b e i t s l o s i g k e i t . Die Erhöhung der Erdölpreise wirkte sich in einer e n o r m e n V e r t e u e r u n g d e r E n e r g i e k o s t e n , einer Kaufkraftverschiebung zu den ölexportierenden Ländern und in einer Abwertung des Dollars und anderer Währungen aus. Manche Staaten versuchten diese Schwierigkeiten durch verstärkten Protektionismus zu lösen und verschärften dadurch die Situation. Das gesamtwirtschaftliche Wachstum verlangsamte sich weltweit.

Der größte Rückschlag der Weltwirtschaft seit 1945 warf selbstverständlich seine Schatten auch auf Österreich. Durch die Verschlechterung der wirtschaftlichen Situation gerieten auch drei der größten Textilunternehmen Österreichs, die *Vöslauer Kammgarnspinnerei,* die *Piering AG* und die *Micheldorfer Kammgarnspinnerei,* in eine prekäre Situation und waren von der Schließung bedroht. Trotz der Sanierungsmaßnahmen, die mehr als 800 Millionen Schilling verschlangen, mußte die *Vöslauer Kammgarn AG* wegen zu großer Überschuldung im Dezember 1978 den Konkurs anmelden. Für die anderen Betriebe wurde eine Auffanggesellschaft gebildet.

Immerhin konnte dank der Zusammenarbeit der Regierung mit den Wirtschaftspartnern ein f ü h l b a r e r K o n j u n k t u r e i n b r u c h v e r h i n d e r t werden, ja trotz der wirtschaftlichen Schwierigkeiten wurden sogar weitere Reformen im sozialpolitischen Bereich durchgeführt. Die österreichischen Gewerkschaften wurden sich verstärkt ihrer Verantwortung in der Lohnpolitik bewußt. Die Lohnerhöhungen wurden nicht zu hoch angesetzt, damit die internationale Konkurrenz die österreichische Wirtschaft nicht gefährde. Umgekehrt wurde aber auch vermieden, durch zu niedrige Ansätze in den Lohnbewegungen die Massenkaufkraft und damit die Konsumgüternachfrage zu schwächen. Der ÖGB betonte, daß in dieser Situation die s o l i d a r i s c h e L o h n p o l i t i k erhöhte Bedeutung erlange.

Bereits im Jahre 1976 konnte die österreichische Wirtschaft den schweren wirtschaftlichen R ü c k s c h l a g des Vorjahrs ü b e r w i n d e n . Das Bruttonationalprodukt wuchs real um 5,2 Prozent und war somit höher als vor dem Rückschlag. Mit dieser Wachstumsrate übertraf Österreich den Durchschnitt der OECD-Staaten von 5 Prozent und noch deutlicher den der europäischen OECD-Länder von 3,5 Prozent.

Zu dieser positiven Entwicklung trug auch ein K o n j u n k t u r b e l e b u n g s p r o g r a m m der Bundesregierung im Umfang von elf Milliarden Schilling bei. Das Programm sah eine Industriekommission vor, der die Großbanken, die Bundeswirtschaftskammer, die Industriellenvereinigung, die Arbeiterkammer und der ÖGB sowie Vertreter des Bundeskanzleramts und der Ministerien und schließlich zwei Delegierte der Wissenschaft angehörten. Die Kommission hatte die Aufgabe, Gutachten über die Zusammenarbeit von Wirtschaftsbetrieben zu erstellen und Maßnahmen für eine allgemeine Wirtschaftsbelebung vorzuschlagen. Die Notwendigkeit einer s t r u k t u r e l l e n R e o r g a n i s a t i o n der österreichischen Industrie zeigte sich allgemein und insbesondere im Bereich der Industriebeteiligungen der verstaatlichten Banken, aber die Reformen blieben im Ansatz stecken, was sich ein Jahrzehnt später rächte. Der ÖGB betonte schon damals, daß die Ergebnisse der Tätigkeit der Industriekommission hinter seinen Vorstellungen zurückblieben.

Trotz der weiterhin schwierigen internationalen Wirtschaftslage konnte die österreichische Volkswirtschaft auch im Jahre 1977 zum Teil bessere gesamtwirtschaftliche Ergebnisse erzielen als andere Länder. Das österreichische Bruttonationalprodukt war nominell um 8,5 Prozent und real um 3,5 Prozent höher als 1976. Die Beschäftigtenzahl stieg, und die Industrieproduktion übertraf 1977 das vor der Rezession erreichte Niveau um 3,5 Prozent. Aber die Entwicklung der einzelnen Branchen war sehr unterschiedlich, in vielen Industriezweigen kam es sogar zu deutlichen Produktionsrückgängen. So war zum Beispiel die Erzeugung der Eisenhütten um 5 Prozent geringer als 1976, die Bergwerke und die Magnesitindustrie mußten sogar Produktionsrückgänge von 7 beziehungsweise 11 Prozent hinnehmen.

Der Verbraucherpreisindex ging auf 5,5 Prozent zurück. Dieser Rückgang war eine Folge des nur mäßigen Ansteigens der Importpreise dank der H a r t w ä h r u n g s p o l i t i k .

Die eigentliche und unmittelbare Gefahr für die österreichische Wirtschaft war die unterschiedliche Entwicklung von Einfuhr und Ausfuhr. Das H a n d e l s b i l a n z p a s s i v u m wuchs um 18,2 Milliarden Schilling auf 71,4 Milliarden Schilling an. Am Jahresultimo 1977 betrugen die Währungsreserven der Notenbank etwas unter 60 Milliarden Schilling. Regierung und Nationalbank trafen Maßnahmen zur Eindämmung des Zahlungsbilanzpassivums. Zugleich richtete sich das Augenmerk der Regierung auf den Abbau des Budgetdefizits. Dies insbesondere auch deshalb, um in Zukunft bei einer monatlichen Abschwächung der internationalen Konjunktur Mittel des Bundeshaushalts zur Konjunkturbelebung und damit zur Aufrechterhaltung der Vollbeschäftigung einsetzen zu können.

Um eine Verbesserung der österreichischen Handelsbilanz und der Einnahmensituation des Bundes zu erreichen, wurde weiters ein d r i t t e r M e h r w e r t s t e u e r s a t z für bestimmte Güter des gehobenen Bedarfs unter größtmöglicher Bedachtnahme auf die inländische Produktion mit Wirksamkeit vom 1. Jänner 1978 eingeführt. Die davon betroffenen Güter, insbesondere solche des Imports, wurden mit einem Mehrwertsteuersatz von 30 Prozent belastet, was eine Preiserhöhung dieser Produkte um rund 10 Prozent bedeutete. Die Erträgnisse dieser Steuer blieben aber weit hinter den Erwartungen zurück.

Einer Forderung des ÖGB entsprechend wurden die Verhandlungen über eine S t e u e r r e f o r m im Oktober 1978 abgeschlossen, und anschließend wurde die getroffene Steueranpassung mit Geltungstermin 1. Jänner 1979 vom Parlament einstimmig beschlossen. Dem Staat e n t g i n g e n durch diese Steuerermäßigung im Jahr rund 4,8 Milliarden Schilling.

Diese Steueranpassung nahm Rücksicht auf die Lage des Staatshaushalts und die Notwendigkeit der Sicherung der Vollbeschäftigung, rief aber einerseits K r i t i k wegen des geringen Ausmaßes hervor, während andererseits darauf hingewiesen wurde, daß eben wegen dieses geringen Ergebnisses ein Aufschub der Reform bis zu einem wirtschaftlich günstigeren Zeitpunkt besser gewesen wäre.

Eine angesichts des steigenden Budgetdefizits noch kritischere Situation ergab sich bei der nächsten Lohnsteuerkorrektur Anfang 1982.

Die siebziger Jahre relativ gut überstanden

Auf das Jahrzehnt von 1970 bis 1980 rückblickend, läßt sich feststellen, daß Österreich es trotz der Turbulenz der internationalen Entwicklung und im Inland angestauter Probleme gut überstanden hat. Das Dezennium begann mit einem wirtschaftlichen Höhenflug, dem ein jäher Absturz folgte. Österreichs W i r t s c h a f t   w u c h s   j e d o c h   r a s c h e r als die jedes anderen europäischen Industriestaats. Das Bruttoinlandsprodukt stieg von 1970 bis 1979 real um 52 Prozent; diese Steigerungsrate wurde nur noch von Japan mit 80 Prozent übertroffen. Während Österreichs Handelspartner im Durchschnitt der Jahre 1970 bis 1979 reale Wachstumsraten von rund drei Prozent erreichten, wuchs Österreichs Wirtschaft um durchschnittlich 4,3 Prozent pro Jahr. Mit einem Anteil von 1,7 Promille der Weltbevölkerung erreichte Österreich einen Anteil von 7,5 Promille vom Welteinkommen.

Im Zeitraum von 1970 bis 1979 gehörte Österreich mit einer durchschnittlichen Preissteigerungsrate von 6,1 Prozent pro Jahr zu den Ländern mit der g r ö ß t e n   P r e i s s t a b i l i t ä t . Nur die Schweiz und die Bundesrepublik Deutschland verzeichneten geringere Inflationsraten.

Noch eindrucksvoller waren die E r f o l g e   d e r   V o l l b e s c h ä f t i g u n g s p o l i t i k . Im Durchschnitt der Jahre 1970 bis 1979 war die Arbeitslosenrate mit 1,9 Prozent nur halb so hoch wie in den europäischen OECD-Staaten, die 3,8 Prozent auswiesen. In diesem Zeitraum von rund zehn Jahren wurden mehr als 400.000 neue Arbeitsplätze geschaffen, wodurch es möglich war, die geburtenstarken Jahrgänge in den Arbeitsmarkt einzugliedern. Dem gegenüber wurde zu wenig in zukunftsträchtige Wirtschaftszweige investiert, was sich später rächte.

Der Erfolg der österreichischen Wirtschaftspolitik kam auch der L e b e n s h a l t u n g der österreichischen Staatsbürger zugute.

Während das durchschnittliche Einkommen eines unselbständig Beschäftigten 1970 5.283 Schilling betrug, erreichte es 1979 rund 12.600 Schilling, Industriearbeiter verdienten 1970 durchschnittlich 5.357 Schilling, 1979 über 13.600 Schilling; in diesen Zahlen schlägt sich allerdings die inflationäre Entwicklung nieder. Entscheidender als die Verdoppelung der nominellen Verdienste war jedoch die S t e i g e r u n g d e r R e a l e i n k o m m e n u m 6 6 P r o z e n t . Das bedeutet, daß 1979 ein Arbeitnehmer sich um diesen Prozentsatz mehr Güter und Leistungen kaufen konnte als 1970. Noch stärker als die Einkommen der unselbständig Erwerbstätigen wuchsen freilich die Besitzeinkommen.

Auch der Arbeitsmarkt zeigte im Jahre 1980 noch eine günstige Entwicklung. Am Stichtag 31. Dezember 1980 betrug die Zahl der bei den österreichischen Sozialversicherungsträgern und Krankenfürsorgeanstalten gemeldeten und ihnen gleichgestellten Personen 2.786.311, und zwar 1.687.688 Männer und 1.118.623 Frauen. Im Frühjahr 1981 stieg die Beschäftigungsrate sogar weiter an. Eine Sonderauswertung der Beschäftigtenstatistik für das Jahr 1979 ergab eine Zahl von 213.000 Teilzeitbeschäftigte mit einer wöchentlichen Arbeitszeit zwischen 14 und 35 Stunden gibt, davon 185.000 Frauen. 104.000 (davon 92.000 Frauen) dieser 213.000 Teilzeitbeschäftigten arbeiteten 14 bis 24 Stunden (meist Halbtagsarbeit). Nach großen Dienstnehmergruppen unterteilt, hatten die Angestellten 1980 einen Zugang von 23.033 zu verzeichnen, während bei den Arbeitern ein Rückgang der Beschäftigtenzahl um 11.324 vorlag.

Doch diese Erfolgsbilanz wies auf der P a s s i v s e i t e Posten auf, die sie in den achtziger Jahren belasteten. Unsere Wirtschaft ist durch S t r u k t u r s c h w ä c h e n der Gefahr ausgesetzt, Marktanteilsverluste auf dem Weltmarkt zu erleiden und demgegenüber technologisch hochwertige Investitionsgüter zum Ausbau unserer Industrie importieren zu müssen. Die Infrastruktur ist schwerlastig im Grundstoff- und Konsumgüterbereich, die beide weltweite Überkapazität aufweisen und der Konkurrenz der Niedriglohnländer ausgesetzt sind. Auch konnte bisher der Inlandsmarkt den Bedürfnissen der Konsumenten nach Qualitätsware nicht ausreichend gerecht werden.

Die Beseitigung der Strukturprobleme in Industrie und Gewerbe ist ein langfristiges Vorhaben, zumal öffentliche Förderung großen Stils durch die S t a a t s v e r s c h u l d u n g behindert wird. Viele technologische Neuerungen, die unsere Exportchancen heben könnten, müssen scheitern, weil für solche Projekte keine Finanzierungsmöglichkeiten bestehen. Das Dilemma war und ist, daß Österreich mehr Technologie aus dem Ausland bezieht, als es dorthin verkauft. Wir werden daher auf Mittel und Wege sinnen müssen, die unternehmerische Initiative und Mobilität zu heben und die fachliche Ausbildung unserer Arbeitskräfte noch mehr zu verbessern.

Die Hilfe des Staats mußte sich in Grenzen halten: Während in der Ära der Großen Koalition der Schuldenstand der Republik Österreich, gemessen am Sozialprodukt, 10,91 Prozent betrug, erreichte er 1979 25,89 Prozent. Die steigende Belastung durch Amortisation und Zinsendienst zwingt zum Abbau der Staatsschuld, obwohl Österreich auf internationaler Ebene hohe Kreditwürdigkeit genießt.

Verglichen mit der Zeit vor dem Ersten Weltkrieg hatte die Wirtschaft einen gewaltigen Aufstieg genommen. Wenn man das österreichische Sozialprodukt 1970 mit 100 ansetzt, so betrug es 1913 35 Prozent, 1938 32 Prozent, 1950 37 Prozent und 1960 66 Prozent. Entscheidende Bedeutung für die rasche Entwicklung nach dem Zweiten Weltkrieg hatte die Investitionsrate: 1933 betrug sie 8 Prozent, 1963 bereits 25,7 Prozent, 1968 27,2 Prozent, 1970 27,4 Prozent, 1971 29,2 Prozent und 1972 30,5 Prozent. Laut volkswirtschaftlicher Gesamtrechnung des *Statistischen Zentralamts* betrug das durchschnittliche Wirtschaftswachstum von 1970 bis 1980 3,7 Prozent jährlich.

Die kritischen achtziger Jahre

Das Aus für die Alleinregierung

Wenn man auf die Jahrzehnte nach dem Zweiten Weltkrieg zurückblickt, so bestätigt sich die vorherrschende Meinung, daß Österreich den Wiederaufbau, die Forcierung der Industrialisierung, den Erdölschock mit den anschließenden wirtschaftlichen Erschütterungen besser bewältigt hat als viele andere Industriestaaten.

Die Dynamik der österreichischen Wirtschaft während der letzten 30 Jahre wurde durch eine wachstumsorientierte Wirtschaftspolitik gefördert, wobei ein besonderes Augenmerk auf die Sicherung der Vollbeschäftigung gerichtet war. Der Erfolg der österreichischen Wirtschaft geht weitgehend auf die durch die Sozialpartnerschaft abgestützte innenpolitische Stabilität zurück, wobei auch die über lange Zeit niedrige Arbeitslosenrate ein entscheidender Faktor war.

Beginnend mit dem Jahre 1960 holte die österreichische Wirtschaft in einem langsamen, aber stetigen Entwicklungsprozeß den Vorsprung der reicheren Industrieländer Westeuropas auf: 1960 lag das österreichische Bruttosozialprodukt pro Kopf der Bevölkerung noch zehn Prozent unter dem Durchschnitt der OECD-Länder, im ersten Halbjahr 1970 erreichte es europäisches Niveau, 1983 lag es bereits 20 Prozent über dem Durchschnitt.[6]) Während in anderen Staaten die Menschen echte Kaufkraftverluste hinnehmen mußten, war das verfügbare Einkommen der österreichischen Haushalte real um rund 37 Prozent höher als zu Beginn der siebziger Jahre. Das ist ein großer Fortschritt, aber im Lebensstandard sind uns selbstverständlich jene Länder weiter voraus, die vom Krieg weniger schwer getroffen wurden oder verschont blieben.

Schon anfangs der achtziger Jahre schlug allerdings als psychologischer und sozialer Faktor durch: die Zivilisationsmüdigkeit und Zivilisationsverdrossenheit, die Schichten des Mittelstands und insbesondere dessen Jugend erfaßt hatte. Da ihre wichtigsten Lebensbedürfnisse gesichert sind, haben sie an einer weiteren Verbesserung ihrer materiellen Lebenshaltung weniger Interesse als der Arbeiterstand. Die geänderte Einstellung eines Teils der Mittelschichten führte »zu einer Verschiebung der Bedürfnisskala der Bevölkerung oder zumindest von Schichten der Bevölkerung (Besserverdiener, Jugend, Intellektuelle) zugunsten von immateriellen Werten und zu einer A b k e h r v o m t e c h n o k r a t i s c h e n W a c h s t u m s g l a u b e n «.[7])

Diese Faktoren fallen wirtschaftlich ins Gewicht, weil sie politische Entscheidungen negativ beeinflußten und die Investitionen behinderten, wenn auch der freiwillige Konsumverzicht nicht nennenswert zur Wachstumsverlangsamung beigetragen haben mag.

Eine katastrophale Veränderung der wirtschaftlichen Lage und damit auch der innenpolitischen Situation bewirkten die durch die S t a h l k r i s e zunehmenden Schwierigkeiten und die durch Spekulationen herbeigeführte Verlustexplosion der *Verstaatlichten Industrie* mit der Notwendigkeit der Abhilfe über das Budget.

Folgeerscheinungen des schwindenden Vertrauens waren schon vorher der Verlust der absoluten Mehrheit der SPÖ bei den Nationalratswahlen 1983 und als Konsequenz der Rücktritt Bruno Kreiskys als Parteivorsitzender. Fred Sinowatz schloß als sein Nachfolger – sowohl im Parteivorsitz als auch als Kanzler – mit der FPÖ eine K l e i n e K o a l i t i o n mit Norbert Steger als Vizekanzler. Am Parteitag der FPÖ im Jahre 1986 wurde Jörg Haider zum Parteivorsitzenden gewählt. Inzwischen hatte in der SPÖ der bisherige Finanzminister F r a n z V r a n i t z k y Sinowatz als B u n d e s k a n z l e r abgelöst, und Vranitzky schloß eine Koalition mit Haider aus. Bei der Nationalratswahl am 5. November 1986 erhielten die SPÖ 43,3 Prozent, die ÖVP 41,3 Prozent, die FPÖ 9,7 Prozent und die Grünen, die zum erstenmal ins Parlament einzogen, 4,6 Prozent der Stimmen. Vranitzky bildete eine G r o ß e K o a l i t i o n mit der ÖVP und Alois Mock als Vizekanzler, die sich die Konsolidierung des Staatshaushalts zur Aufgabe stellte.

Der Wunsch nach einer Großen Koalition war bereits nach dem Rücktritt Kreiskys im Mai 1983 wieder wach geworden, und die Behinderungen und Verzögerungen, denen die Politik der Kleinen Koalition nachher unterworfen war (es sei hier nur an das Problem des Kraftwerksbaus in H a i n b u r g erinnert), führten schließlich zu dem Abstimmungsergebnis des Jahres 1986, das die Große Koalition nach sich zog.

Nachhaltig schlug auch der gegen die SPÖ laufende Trend bei den Arbeiterkammerwahlen im April 1984 durch und brachte dem *Österreichischen Arbeiter- und Angestelltenbund* (ÖAAB) einen beträchtlichen Stimmenzuwachs. Im Wahlkörper Arbeiter erhielt die *Fraktion Sozialistischer Gewerkschafter* (FSG) 335 Mandate (1979: 306), der ÖAAB 135 (114), die Freiheitlichen Arbeitnehmer 7 (8), der Linksblock 4 (3). Im Wahlkörper Angestellte: FSG 147 (145), ÖAAB 169 (127), Freiheitliche Arbeitnehmer 6 (12), *Linksblock* 1 (1), *Gewerkschaftliche Einheit* 3 (0). Wahlkörper Verkehrsbedienstete: FSG 49 (54), ÖAAB 13 (11).

Budgetdefizit und Budgetkonsolidierung

Die Konsolidierung des Staatshaushalts, die sich die Koalitionsregierung zum Ziel gesetzt hatte, erforderte ein einschneidendes Sparprogramm, das in einem A r b e i t s ü b e r e i n k o m m e n zwischen der S P Ö und der Ö V P Anfang 1987 vereinbart wurde. Rund 70 Seiten dieses 110 Seiten umfassenden Übereinkommens waren wirtschaftspolitischen Maßnahmen gewidmet. Der Sanierungsaspekt war allerdings nur zwischen den Zeilen angesprochen, bezüglich der *Verstaatlichten Industrie* in der Form, daß eine *gewisse Atempause* für die strukturelle Anpassung geschaffen werden müsse und es darum gehe, ihre Wettbewerbsfähigkeit wiederherzustellen. Für die Gesamtwirtschaft wurde die Notwendigkeit einer *neuerlichen Modernisierung* betont. In dem Arbeitsübereinkommen standen prinzipiell marktwirtschaftliche Ordnungsvorstellungen im Vordergrund, und in vielen Details dominierten betriebswirtschaftliche Überlegungen.

Ein schwieriges Problem in diesem Übereinkommen stellt die P e n s i o n s v e r s i c h e r u n g dar, deren hoher jährlicher Bundesbeitrag zur Deckung der Ausgaben stabilisiert werden muß, was in Zukunft Probleme für die L e i s t u n g s a u f b r i n g u n g ergibt. Die Agrarwirtschaft muß eine grundlegende Reform ihrer Marktordnung durchführen, um das überbordende Agrarbudget des Bunds in Ordnung zu bringen. Die Bundesbahnen, die in einem Vergleich zwischen den europäischen Bahnen bezüglich ihrer wirtschaftlichen Leistungsfähigkeit im unteren Drittel anzusiedeln sind, werden im kaufmännischen Bereich den Marktanteil steigern und im gemeinwirtschaftlichen Bereich das Kosten-Nutzen-Verhältnis verbessern müssen, um die Bundeszuschüsse entscheidend zu senken.

Durch eine Steuerreform sollen in einer ersten Etappe Anfang 1989 die gegenwärtig elf Tarifstufen auf fünf reduziert werden. In einer weiteren Etappe zu Beginn der neunziger Jahre soll die Einzel-Gesamtveranlagung jedes Steuerpflichtigen beim Finanzamt eingeführt werden, die gegenwärtig nur für selbständig Erwerbstätige gilt.

Im Ländervergleich der Verschuldung des Zentralstaats liegt Österreich trotz aller Probleme nicht so schlecht. Der A n t e i l d e r V e r s c h u l d u n g n u r d e s B u n d s am Brutto-Inlandsprodukt (BIP) belief sich in den Jahren 1985 auf 38,5 Prozent und 1986 auf 42,8 Prozent. Wie in allen vorangegangenen Jahren wiesen nur die Schweiz, Frankreich und die Bundesrepublik Deutschland eine niedrigere Relation auf. In Großbritannien, in Japan, in den Niederlanden und in den USA machte die Verschuldung des Zentralstaats etwa die Hälfte des BIP aus, den mit Abstand höchsten Anteil verzeichnete Schweden (1986: 67,4 Prozent). Den stärksten Anstieg seit 1981 wiesen die Niederlande und die USA gefolgt von Österreich auf.[8])

Entscheidend ist jedoch einerseits das Ausmaß der Zunahme der Verschuldung und andererseits das nominelle Wirtschaftswachstum. Zwischen 1980 und 1984 stieg der Anteil der Verschuldung des Zentralstaats am BIP in Österreich ebenso wie in den USA um rund zehn Prozentpunkte. Den durchschnittlich höchsten Anteil der Neuverschuldung am BIP verzeichnete bis 1985 Schweden, 1986 wies Österreich nach den USA mit 6,3 Prozent den höchsten Wert auf, 1985 lagen vor Österreich noch Schweden, die USA und die Niederlande.[9])

Die **jährliche Wachstumsrate der Verschuldung** betrug in Österreich im Zeitraum 1980 bis 1985 15,1 Prozent. Die Verschuldung des Zentralstaats pro Kopf der Bevölkerung erhöhte sich von 34.600 Schilling im Jahre 1980 auf 69.500 Schilling im Jahre 1985, verdoppelte sich also und stieg 1986 weiter auf 81.500 Schilling. An **Zinsen** für die Staatsschuld mußten im Jahre 1986 52,2 Milliarden Schilling aufgewendet werden (plus 9,1 Prozent), das sind 3,6 Prozent vom BIP oder 6.900 Schilling pro Einwohner (1985: 6.330 Schilling). Das höchste Niveau dieser Kennzahl verzeichnete Schweden und – trotz 21prozentiger Dollarabwertung im Jahresendstandsvergleich – die USA. Die höchste Pro-Kopf-Verschuldung des Gesamtstaats wiesen Schweden, die USA, Japan und die Niederlande auf, die auch die höchsten absoluten Zuwächse verzeichneten.[10])

Auch im Jahre 1987 fällt Österreich mit einem **Budgetdefizit** von 5,1 Prozent des BIP nicht aus dem Rahmen der westlichen Industriestaaten. Entscheidend für die weitere Entwicklung ist jedoch die **steigende Tendenz des Defizits gegenüber sinkenden Wachstumsraten**. Die Folge ist, daß der Staat durch die ständig steigende Belastung mit der Schuldentilgung immer weniger Mittel für seine eigentlichen Aufgaben aufbringen kann. Die Budgetkonsolidierung soll es längerfristig ermöglichen, den Handlungsspielraum in der Fiskalpolitik wiederzugewinnen. Die Überholspur in Europa haben wir ohnehin verlassen.

Die Durchführung des Sparprogramms im limitierten Zeitraum führt zu einem Nachfrageentzug von acht bis neun Milliarden Schilling im Jahr, was nach Schätzung einer IHS-Studie zu einem Beschäftigungsrückgang von etwa 35.000 Personen im Jahre 1992 im Vergleich zu einer Beschäftigungsentwicklung ohne Budgetkonsolidierung führen könnte, da eine restriktive Budgetpolitik sinkende Wachstumsraten und eine steigende Arbeitslosenrate zur Folge hat.

Die Maßnahmen zur Budgetkonsolidierung müssen sicherlich tiefgreifend sein, wenn das Ziel erreicht werden soll, anfangs der neunziger Jahre das Defizit des Staatshaushalts von 5,1 Prozent im Jahre 1987 auf etwa 2,5 bis 3 Prozent des Brutto-Inlandsprodukts

Entwicklung der Ausgaben und Einnahmen des Bundes:

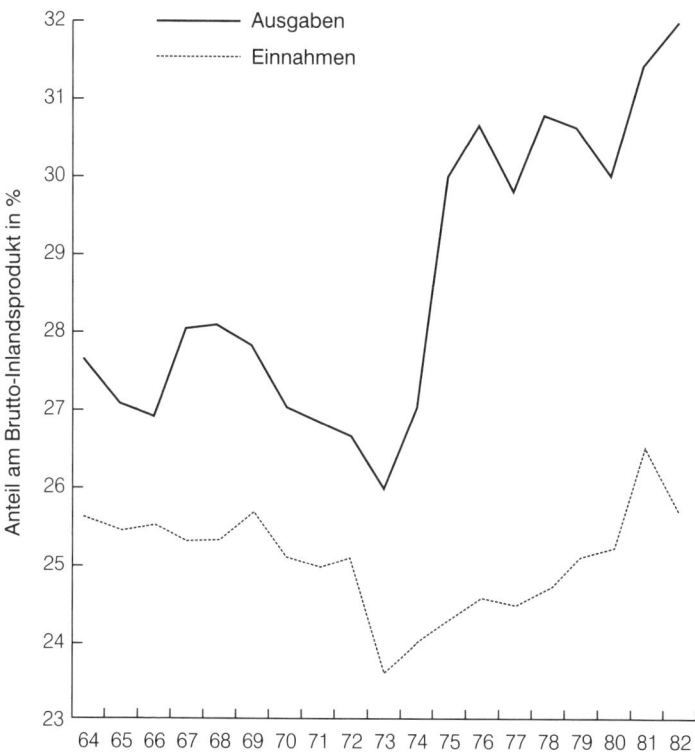

zurückzuführen. Der Gewerkschaftsbund warnte allerdings davor, die Sparmaßnahmen zu überziehen. Der Ländervergleich zeigt, daß die Situation nicht zu bedrohlich ist und es auf ein oder zwei Jahre ab oder auf zur Erreichung des Ziels nicht ankommt. Beim Ablauf des Sparprogramms wird der Gewerkschaftsbund auch darauf sehen, daß die Maßnahmen nicht zu sehr zu Lasten der Arbeitnehmer gehen.

Bisher haben sich die E i n k o m m e n d e r U n s e l b s t ä n d i g e n etwa im Gleichschritt mit dem gesamten Volkseinkommen entwickelt. Während das nominelle Brutto-Inlandsprodukt sowie das nominelle Volkseinkommen in der Periode 1954 bis 1984 mit einem jährlichen Durchschnitt von 9,1 Prozent beziehungsweise 9 Prozent anstieg, betrug die durchschnittliche Wachstumsrate der n o m i n e l l e n Lohn- und Gehaltssumme in diesem Zeitraum 9,4 Prozent pro Jahr.[11]) Durch die gewerkschaftliche Lohnpolitik konnten die Arbeitnehmer am gesamtwirtschaftlichen Produktivitätsfortschritt in entsprechendem Ausmaß beteiligt werden. Das monatliche Pro-Kopf-Einkommen der Arbeitnehmer betrug 1986 netto 13.710 Schilling (plus 5,1 Prozent), aufgrund der niedrigen Inflationsrate bedeutet dies real (plus 3,1 Prozent) den stärksten Kaufkraftzuwachs seit 1975.

Die Lohnpolitik bewegt sich »produktivitätsorientiert«, die bereinigte Lohnquote war 1986 ungefähr auf demselben Niveau wie vor etwa 25 Jahren.[12]) Die Gewerkschaften haben die Lohnpolitik keineswegs überzogen, deshalb ist eine » N u l l - L o h n r u n d e « ein u n m ö g l i c h e s Ansinnen. Selbst wenn die Inflation gänzlich zum Stillstand kommt, muß der P r o d u k t i v i t ä t s f o r t s c h r i t t a b g e g o l t e n werden.

Der Gewerkschaftsbund hat bisher bei Lohnabschlüssen sowohl die Produktivitätssteigerung als auch die Wachstumsnotwendigkeiten der einzelnen Wirtschaftsbranchen und Berufe berücksichtigt. Das bedingte ein durch die *Paritätische Kommission* erreichtes Maß an Koordinierung, mit der Folge einer vertretbaren Unterordnung sektoraler Interessen unter das Allgemeinwohl. Das gleiche »Bauernopfer« muß in den kritischen Jahren der Konsolidierung des Staatshaushalts die agrarische und gewerbliche Wirtschaft erbringen.

Nach einer Studie des Finanzministeriums stieg das gesamte Steueraufkommen in der Zeit von 1970 bis 1984 von 36 Prozent auf 42 Prozent des BIP. Die Lohnsteuer lag 1970 noch bei 13,7 Milliarden, 1984 bereits bei 84 Milliarden; ihr Anteil an der Einkommensteuer insgesamt stieg von 42 Prozent auf 64 Prozent. Die Steuern der Körperschaften, also der Unternehmen, sanken im gleichen Zeitraum von 17,4 Prozent auf 11,3 Prozent.

Die » L o h n q u o t e «, das ist jener Teil des Volkseinkommens, der auf die Arbeitnehmer entfällt, betrug 1970, am Beginn der Ära Kreisky, 55,9 Prozent. 1981 erreichte sie mit 60,5 Prozent ihren Höchstwert, bis 1985 sank sie auf 56,4 Prozent ab – d e r z w e i t t i e f s t e W e r t s e i t 1 9 5 5.

Mit dem Ansteigen der Arbeitslosigkeit und geringem Lohn- und Gehaltszuwachs ist automatisch ein weiteres Absinken verbunden.

Die Situation auf dem Arbeitsmarkt zwingt auch zur E r h ö h u n g des Beitrags zur A r b e i t s l o s e n v e r s i c h e r u n g. Die Arbeitslosenversicherung *wirkte aufgrund der relativ stärkeren Betroffenheit von Arbeitslosigkeit zugunsten einkommensschwä-*

cheren Schichten. So zahlte 1983 das untere Drittel der Arbeitnehmerhaushalte rund 30 Prozent der Beiträge zur Arbeitslosenversicherung, bezog aber 60 Prozent der Leistungen. Hingegen zahlte das obere Drittel 40 Prozent der Beiträge und bezog nur 15 Prozent der Beiträge, stellt die Studie des Finanzministeriums fest.

Dieser Vergleich hat seine Richtigkeit, wenn man bei der Arbeitslosenversicherung vom Versicherungsprinzip ausgeht, das durch die Notwendigkeit der Staatszuschüsse längst nicht mehr zutreffend ist. Die einkommensstärkeren Schichten sind durch die Bemessungsgrundlage insofern ohnehin begünstigt, als sie ihren Beitrag nicht vom tatsächlichen Bruttoeinkommen entrichten. Die voraussichtliche Entwicklung auf dem Arbeitsmarkt und die Zunahme der Arbeitslosigkeit – zumindest während der Periode der Umstrukturierung – zwingen zu einer Reform der Arbeitslosenversicherung.

Auch beim P e n s i o n s v e r s i c h e r u n g s s y s t e m ist die Annahme irreführend, die darstellt, daß nur 37 Prozent der Ausgaben den wohlhabenden Schichten zugute kommen, während 63 Prozent den einkommensschwächeren Bevölkerungsteilen zufließen. Für die Versicherungen der Landwirte und der Selbständigen muß der Staat infolge des späten Einsatzes der Versicherung weit mehr zuschießen als für die Arbeitnehmer. 1957 wurde mit der Sozialversicherung für selbständig Erwerbstätige begonnen, 1965 folgte die Einführung der Krankenversicherung für Bauern und 1969 die Neuregelung ihrer Pensionsversicherung. Nach einigen legistischen Zwischenstufen (*Gewerbliches Selbständiges Krankenversicherungsgesetz* von 1966 und 1971) kam es erst 1976 zur Ausweitung der Pflichtversicherung in der Krankenversicherung auf den gesamten Bereich der Kammern der gewerblichen Wirtschaft und damit zur Einbeziehung bisher nicht erfaßter Mitglieder der Kammern (die Sektion Industrie, Geld-, Kredit- und Versicherungswesen).

Die Deckung der Pension durch die eingezahlten Beträge beträgt nach dem Stand 1987 bei einem ledigen Arbeiter 143 Prozent, bei einem verheirateten Arbeiter 65 Prozent (Gattin nicht berufstätig), bei einem verheirateten Akademiker 39 Prozent, einem Gewerbetreibenden 37 Prozent und einem Bauern 33 Prozent.

Die Besitzeinkommen steigen rasch an. Die B e n a c h t e i l i g u n g d e r s o z i a l S c h w a c h e n zeigt sich auf allen Ebenen.

Die Entwicklung der Einkommens- und Vermögensverhältnisse ist somit gewerkschaftlich gesehen keineswegs befriedigend, denn

Jahr	Beschäftigtenstruktur Österreichs					Lohnquote	
	Zahl der Erwerbstätigen	davon		Anteil in Prozent		nominell	bereinigt (Basis 1976)
		selbständig	unselbständig	Selbständige	Unselbständige		
1954	3055	1040	2015	34,0	66,0	60,1	75,8
1955	3126	1018	2108	32,6	67,4	59,7	73,6
1956	3158	999	2159	31,6	68,4	60,5	73,6
1957	3189	981	2208	30,8	69,2	60,5	72,7
1958	3194	947	2220	30,5	69,5	60,7	72,6
1959	3203	955	2248	29,8	70,2	61,1	72,5
1960	3223	936	2287	29,0	71,0	59,9	70,2
1961	3241	922	2319	28,4	71,6	60,4	70,2
1962	3225	892	2333	27,7	72,3	62,1	71,5
1963	3203	872	2331	27,2	72,8	62,3	71,2
1964	3198	847	2351	26,5	73,5	62,9	71,2
1965	3176	809	2367	25,5	74,5	64,0	71,4
1966	3150	773	2377	24,5	75,5	65,0	71,7
1967	3099	746	2353	24,1	75,9	66,3	72,6
1968	3058	727	2331	23,8	76,2	66,0	72,1
1969	3052	706	2346	23,1	76,9	65,5	70,9
1970	3059	686	2373	22,4	77,6	64,0	68,6
1971	3092	656	2436	21,2	78,8	66,5	70,2
1972	3115	621	2494	19,9	80,1	66,7	69,3
1973	3159	579	2580	18,3	81,7	69,4	70,7
1974	3200	560	2640	17,5	82,5	70,0	70,6
1975	3176	546	2630	17,2	82,8	73,3	73,6
1976	3187	535	2652	16,8	83,2	72,3	72,3
1977	3219	513	2706	15,9	84,1	73,6	72,9
1978	3230	501	2729	15,5	84,5	75,8	74,6
1979	3244	491	2753	15,1	84,9	74,0	72,5
1980	3277	484	2793	14,8	85,2	74,0	72,2
1981	3268	477	2791	14,6	85,4	75,9	73,9
1982	3221	470	2751	14,6	85,4	73,7	71,8
1983	3191	464	2727	14,5	85,5	72,3	70,4
1984	3190	457	2733	14,3	85,7	71,4	69,4
1985	3196	447	2749	14,0	86,0	71,0	68,7

Quelle: Arbeit & Wirtschaft, Nr. 9/86, S. 38

sie bedeutet, daß die Arbeiter, Angestellten und Beamten mit dem Anstieg der Einkommen zwar mitgezogen, aber n i c h t s a n U m v e r t e i l u n g erreicht haben. Seit 1970 ist noch dazu die Relation ungünstiger geworden, da die durchschnittliche Wachstumsrate der Besitzeinkommen etwa doppelt so hoch war wie die des Volkseinkommens oder der Lohn- und Gehaltssumme. Umverteilt wurde teilweise auf dem Weg der Transformation in sozialpolitische Verbesserungen wie Arbeitszeitverkürzung, Urlaubszuwachs oder Arbeiterabfertigung, aber die Arbeitnehmer erhielten nicht den Anteil am Wertzuwachs der Wirtschaft, der dem Volumen dieses Wertzuwachses entsprechen würde.

Bereits auf dem Bundeskongreß im Jahre 1971 hatte der Gewerkschaftsbund in seiner Resolution zur Wirtschaftspolitik darauf hingewiesen, daß er die bestehende Einkommens- und Vermögensverteilung als sozial nicht gerechtfertigt empfindet und er sich weiterhin um Umverteilung bemühen wird. Die Entwicklung seither zeigt, daß die Bemühungen keinen Erfolg hatten. Auch die nächste Zukunft bietet angesichts der wirtschaftspolitischen Situation keine Chance, mehr soziale Gerechtigkeit zu erreichen.

Die Budgetkonsolidierung kann nicht Selbstzweck sein und dem deklarierten Ziel unserer Wirtschaftspolitik, die Arbeitslosigkeit nicht gefährlich ansteigen zu lassen, entgegenwirken. Es müßten daher k o m p e n s a t o r i s c h e   b e s c h ä f t i g u n g s p o l i t i s c h e   M a ß n a h m e n unter weitestgehender Schonung des Budgets getroffen werden. Hier bieten sich insbesondere Investitionsprojekte auf dem Gebiet des U m w e l t s c h u t z e s und der U m w e l t v e r b e s s e r u n g an. Die Finanzierung könnte nach dem Verursacherprinzip unter Zuhilfenahme begünstigter Darlehen und unter Einbindung der Haushalte erfolgen.

Um eine Verschlechterung der Leistungsbilanz durch die Verlagerung der Beschäftigungspolitik auf die Umweltverbesserung zu vermeiden, müßte die Exportwirtschaft gefördert und eine das Neutralitätsstatut nicht verletzende Integration in die EG vorangetrieben werden.

Steigende Arbeitslosigkeit und ihre Folgen

Da die Wirtschaftsleistung Österreichs gegen Ende 1986 hinter den Erwartungen zurückblieb, mußten die Wirtschaftsprognosen für 1987 auf ein Prozent zurückgenommen werden. Nach den Berechnungen des *Österreichischen Statistischen Zentralamts* erreichte das Brutto-Inlandsprodukt (BIP) 1986 ein Niveau von 1.433 Milliarden Schilling (plus 5,8 Prozent), das reale Wachstum betrug 1,7 Prozent, die Produktivität nahm lediglich um 1,3 Prozent (1985: plus 2,6 Prozent) zu. Diese Verflachung ist in erster Linie die Folge einer rückläufigen Auslandsnachfrage. Auch für die nächste Zukunft ergab sich Mitte 1987 keine Besserung. Was das Bild insgesamt so ungünstig erscheinen läßt, ist nicht sosehr der Stillstand der Konjunktur in den westlichen Industriestaaten, sondern die Tatsache, daß die Exporte Österreichs in die Oststaaten und in die Dritte Welt (inklusive OPEC-Länder) empfindliche Einbußen hinnehmen mußten. Aber auch in den westlichen Industrieländern verhindern konservative Wirtschaftspolitik und die Unfähigkeit beziehungsweise der Unwille, gemeinsame und international koordinierte Maßnahmen zur Wirtschaftsbelebung zu setzen, eine Besserung der Lage.

Das führt in Österreich zu steigender Arbeitslosigkeit, die im Jahresdurchschnitt 1987 die Sechs-Prozent-Marke erreichen wird. Für die kommenden fünf Jahre erwartet das *Österreichische Institut für Wirtschaftsforschung* (WIFO) ein durchschnittliches Wachstum des österreichischen Brutto-Inlandsprodukts (BIP) von 1,2 Prozent. Damit würde Österreichs Wachstum um etwa einen halben Prozentpunkt hinter dem der BRD und Westeuropas zurückbleiben. Die Zahl der Arbeitslosen wird weiter deutlich steigen, womit 1991 die Arbeitslosenrate 7,3 Prozent betragen dürfte. Eine der Ursachen für den Anstieg ist auch der starke Zustrom von neuen oder b i s h e r   u n b e s c h ä f t i g t e n   A r b e i t s k r ä f t e n auf den Arbeitsmarkt, während die Anzahl der Beschäftigten im Jahre 1987 gehalten werden wird.

Bei der Verteilung der unselbständig Beschäftigten auf die einzelnen Wirtschaftsbereiche fällt besonders der starke Rückgang des Beschäftigtenanteils im Bereich »Sachgüterproduktion, Energie« ins Auge:

	1964	*1970*	*1979*	*1984*	*1990*
Land- und Forstwirtschaft	*3,9*	*2,3*	*1,4*	*1,2*	*1,1*
Bergbau	*1,3*	*0,9*	*0,8*	*0,8*	*0,4*
Sachgüterproduktion, Energie	*40,0*	*39,2*	*34,3*	*30,6*	*29,3*
Bauwesen	*10,4*	*10,1*	*9,3*	*8,1*	*7,0*
Handel (ohne Beherbergungs- und Gaststättenwesen)	*10,9*	*11,3*	*13,7*	*13,6*	*13,6*
Beherbergungs- und Gaststättenwesen	*3,2*	*3,5*	*4,4*	*4,9*	*5,1*
Verkehr und Nachrichtenübermittlung	*7,6*	*7,5*	*6,8*	*7,1*	*7,5*
Vermögensverwaltung	*4,6*	*5,3*	*6,3*	*7,2*	*8,1*
Sonstige Dienste	*3,4*	*3,0*	*2,7*	*2,9*	*3,3*
Öffentlicher Dienst	*14,7*	*16,9*	*20,9*	*23,6*	*24,6*
Insgesamt	*100,0*	*100,0*	*100,0*	*100,0*	*100,0*

Quelle: Arbeit und Wirtschaft Nr. 9/1986

Die Wirtschaftskrise in den ohnehin wirtschaftlich (und zum Teil auch politisch) instabilen Heimatländern der Gastarbeiter ließ zudem auch die Zahl der ausländischen Arbeitskräfte nach längerer Zeit wieder leicht ansteigen: Im April 1987 wurden 145.650 ausländische Arbeitskräfte in Österreich verzeichnet, das sind um 1.418 mehr als im April 1986. Das ist keine österreichische Spezialität, sondern eine Entwicklung, die in allen Industrienationen zu bemerken ist. Die – verhältnismäßig noch immer – reichen Länder bekommen mit den » W i r t s c h a f t s f l ü c h t l i n g e n « , wie auch durch die negativen Außenhandelsbilanzen, die Quittung für ihre Wirtschaftspolitik gegenüber den extrem verschuldeten, volkswirtschaftlich »armen« Staaten, die dort die soziale Kluft zwischen Arm und Reich vergrößert hat. Von allen Arbeitskräften in Österreich waren im April 1987 5,3 Prozent Gastarbeiter. Die meisten Gastarbeiter gab es in Wien (68.300), gefolgt von Niederösterreich (15.877) und Vorarlberg (15.194). Die höchste Gastarbeiterquote wies Vorarlberg mit 13 Prozent auf, die niedrigste das Burgenland mit 1,1 Prozent. Laut Mitteilung des *Hauptverbands der österreichischen Sozialversicherungsträger* betrug die Zahl der unselbständig Beschäftigten am 31. Mai 1987 2,779.055, und zwar 1,135.398 Frauen und 1,643.657 Männer. Die Zahl der Arbeitslosen betrug zu diesem Zeitpunkt 140.713.

Die Krise der »Verstaatlichten«

Die Mitte der achtziger Jahre erstellten mittelfristigen Wirtschaftsperspektiven, die ursprünglich günstiger waren als zu Beginn der achtziger Jahre, mußten eine Revision erfahren. Die Verschuldung des Staatshaushalts und die Krise der verstaatlichten Unternehmungen erschüttern die Zuversicht in die kommende Entwicklung. Noch bis 1986 schien die Wirtschaft, gemessen an den Eckdaten der volkswirtschaftlichen Gesamtrechnung, auf den »Wachstumspfad« zurückgefunden zu haben. Der Aufschwung war mit realen Wachstumsraten von jeweils zwei Prozent für die Jahre 1982 bis 1986 zwar mäßig, aber doch stetig. Mit Beginn des Jahres 1987 stellte sich heraus, daß sich die von der *Verstaatlichten Industrie* ausgehenden Krisensymptome doch nachhaltiger auf die Gesamtwirtschaft auswirkten als vorher angenommen. *Mit Illusionen, Fehlkonstruktionen und politischen Vorgaben habe man sehr viel Zeit und Kapital verloren,* stellte der Leiter des Instituts für Wirtschaftsforschung, Helmut Kramer, fest. Geblieben ist einiges an Know-how und eine qualifizierte Mitarbeiterschaft; beides sollte nun unter anderen Vorzeichen genutzt werden.

Da bleibt für dauernd unrentabel gewordene Grundstoffindustrien trotz der damit verbundenen Belastung des Arbeitsmarkts kein Spielraum mehr. Tod und Wiedergeburt von Industrien waren seit Beginn des vorigen Jahrhunderts ein schmerzlicher Prozeß, der in einer humaner gewordenen Gesellschaft der Hilfestellung des Staats bedarf. Die Erneuerung der Basisindustrie wird auf Sicht trotz voreiliger Ankündigungen weiterer Kapitalzuführungen bedürfen und darf nicht *an der mobilisierten Kleinmütigkeit der öffentlichen Meinung* scheitern. Die Versäumnisse der Vergangenheit sind zu groß, um innerhalb weniger Jahre überbrückt werden zu können.

Die internationale Wirtschaftsflaute wird nicht so bald einer Konjunktur weichen, und die österreichische Wirtschaftspolitik ist vor die schwere Aufgabe gestellt, möglichst ein höheres Wirtschaftswachstum zu erzielen als der Durchschnitt der europäischen OECD-Länder, um die bestehenden Probleme lösen zu können.

Das Dilemma der österreichischen Wirtschaft ist dabei, daß rund 34 Prozent der lebenswichtigen Industrieexporte auf die Grundstoffindustrie entfallen, die einerseits einem raschen technologischen Wandel unterworfen ist und andererseits der starken Konkurrenz ausländischer Lieferanten gegenübersteht. Industrie und Gewerbe müssen neue, sogenannte intelligente Produkte und der Handel muß neue Märkte aufspüren, um den Export zu beleben.

Versäumnisse und Chancen

Die Konsolidierung des Staatshaushalts, die Umstrukturierung der Wirtschaft aufgrund des technischen Wandels und die weitere Anpassung an den europäischen Markt stellen die österreichische Wirtschaft vor schwere Aufgaben, die nur bei weitgehendem politischem Konsens, zumindest der beiden Großparteien, gelöst werden können. Inwieweit die Wirtschafts(Sozial)partnerschaft unterstützend und beratend eingesetzt werden wird, ist noch eine offene Frage. Festgeschrieben muß jedoch werden, daß die K o n s o l i d i e r u n g u n d U m s t r u k t u r i e r u n g n i c h t a u f d e m R ü c k e n d e r A r b e i t n e h m e r erfolgen darf, sonst wäre der soziale Friede, der mit zu Österreichs Aufstieg in die Reihe der fortschrittlichen Industriestaaten beitrug, zu Ende.

Der Handlungsspielraum der Wirtschaftspolitik bleibt dabei aus budgetären Gründen eng. Zentrales Anliegen der Gewerkschaftspolitik muß nach wie vor die Arbeitsmarktpolitik bleiben: Obwohl die Beschäftigung zunimmt, erhöhte sich infolge des Zustroms auf den Arbeitsmarkt gleichzeitig die Arbeitslosenrate, sie liegt allerdings noch immer nur halb so hoch wie im Durchschnitt aller OECD-Länder. Das von den Gewerkschaften erstrebte Ziel eines möglichst hohen Beschäftigtenstands wird nur erreicht werden können, wenn neben der Erhaltung der gesamtwirtschaftlichen Stabilität die weitere Anpassung der Wirtschaftsstruktur an die technologischen und marktmäßigen Veränderungen zielbewußt vorangetrieben wird. Unter den Gegebenheiten der achtziger Jahre hat allerdings die Wirtschaftspolitik q u a l i t a t i v e n A s p e k t e n V o r r a n g einzuräumen. Die Ökonomie wird sich daher im angemessenen Rahmen der Ökologie bedienen müssen, um zukünftigen Generationen die Lebensbasis zu sichern.

Zur Intensivierung der Forschung und Entwicklung wird unzweifelhaft eine neue Unternehmensstrategie mit absolutem Vorrang für Leistung gehören müssen, die in manchen Wirtschaftssektoren den Übergang zu kleineren und effizienter organisierten Fertigungsbetrieben notwendig machen wird, die im weltweiten Wettbewerb bestehen können. Unser hochqualifiziertes Ingenieurpotential müßte stärker in die Bereiche der Hochtechnologie vorstoßen. Internationale Kooperationsabkommen sind wichtige Schritte in diese Richtung.

Im Verhältnis zum Bruttosozialprodukt gibt Österreich aber im Vergleich zu anderen europäischen Ländern immer noch zuwenig für Forschung und Entwicklung aus. Österreich wendete 1987 für Forschung und Entwicklung rund 18,7 Milliarden Schilling auf, das sind 1,29 Prozent des BIP. Etwa je die Hälfte der Forschungstätigkeit wird von der Öffentlichen Hand (48,9 Prozent) und der Wirtschaft (48,5 Prozent) getragen, wobei sich in den vergangenen fünf Jahren eine leichte Verschiebung zugunsten des öffentlichen Sektors abzeichnet. International gesehen liegt Österreich auf einem Platz mit Dänemark (1,14 Prozent Anteil am BIP) und Finnland (1,32 Prozent). Aber schon vergleichbare Staaten wie die Schweiz (2,28 Prozent) und Schweden (2,46 Prozent) geben doppelt so viel aus; noch mehr die BRD (2,54 Prozent), Japan (2,56 Prozent) und die USA (2,72 Prozent).

Durch die Sparmaßnahmen zur Einschränkung des Budgetdefizits wird in Zukunft die Problematik noch spürbarer werden, um so wichtiger ist der Dialog zwischen Universität und Wirtschaft, den der Gewerkschaftsbund auch auf Sicht ausgedehnt sehen will.

Die Funktion des Staats in Wirtschaft und Gesellschaft hat sich seit 1945 wesentlich gewandelt. Der Staat hat Aufgaben übernommen, die ihm früher nicht zukamen und die nun auf dem Prüfstand stehen. Die Spannung zwischen Ökologie und Ökonomie hat unsere kleine Volkswirtschaft mit größerer Wucht erfaßt – und ihr größere Wunden geschlagen als es in anderen Ländern der Fall war. Und schließlich besteht – auf längere Sicht – beängstigende Unsicherheit über die soziale Weiterexistenz der Staatsbürger im gefährdeten Gefüge des Wohlfahrtsstaats.

Bleiben die Wachstumsraten gegenüber dem Westen längere Zeit regelmäßig zurück, was niedrigere Realeinkommenszuwächse nach sich zieht, wird sich der Abstand zur westlichen Lebenshaltung vergrößern – sosehr wir bisher bestrebt waren, gleichzuziehen. Es ist daher zentrales Anliegen, dieser Gefahr zu begegnen.

IX. Die großen Themen der Zweiten Republik

Die Sozialpolitik seit 1945

Der Aufbau des »sozialen Netzes«

Sofort nach dem Sturz der nationalsozialistischen Herrschaft wurde mit der Wiederherstellung des früheren österreichischen Sozialrechts begonnen. Was spätestens die große Wirtschaftskrise im Jahr 1930 eingeleitet hatte – die Schmälerung der sozialen Errungenschaften –, war vom autoritären Regime fortgesetzt worden; die nazistische Ära hatte dann die letzten Breschen geschlagen. Ganz abgesehen davon waren durch die im Österreich der Zwischenkriegszeit herrschende Wirtschaftsstagnation die Segnungen einer fortschrittlichen Sozialgesetzgebung an zehntausenden und später hunderttausenden Arbeitslosen und Ausgesteuerten spurlos vorübergegangen.

Grundsätzlich war zwar während der autoritären Systeme der Beschäftigtenschutz bestehengeblieben, doch war er durch viele Ausnahmebestimmungen durchlöchert worden. Gänzlich beseitigt hatte man 1938 den demokratischen Inhalt der Arbeitsverfassung: das Betriebsrätegesetz und das Arbeiterkammergesetz sowie das Koalitionsrecht. Durch das *Gesetz zur Ordnung der nationalen Arbeit* war im Arbeitsvertragsrecht an Stelle des Kollektivvertragswesens ein autoritäres System eingeführt worden. Die Sozialversicherung hatte man ihres sozialen Charakters entkleidet und zu einem Instrument der Arbeitsmarktpolitik und der Finanzhilfe für die Aufrüstung degradiert. Soweit das österreichische Sozialrecht nicht beseitigt worden war, pfropfte man reichsdeutsche Bestimmungen auf österreichisches Recht auf. Einen einzigen Fortschritt hatte es allerdings gegeben: Durch das Inkrafttreten der deutschen Gesetze war in den österreichischen Ländern die im Deutschen Reich schon seit der Monarchie bestehende Altersversicherung für Arbeiter eingeführt worden.

Aufgabe der österreichischen Gewerkschaftsbewegung war es, die Sozialpolitik wieder demokratisch und österreichisch zu machen. In der provisorischen Regierung übernahm der Vorsitzende des Gewerkschaftsbunds, Johann Böhm, das Staatssekretariat für soziale Verwaltung. Die drückendsten Verordnungen aus der nationalsozialistischen Ära wurden aufgehoben. Es war aber nicht möglich, den früheren Rechtszustand in seiner Gesamtheit sofort wiederherzustellen; besonders die Sozialversicherung war total ruiniert. Die Krankenkassen, die Unfallversicherung, die Alters- und Pensionsversicherung waren ihrer Mittel beraubt, die Fonds waren ins »Reich« verschleppt worden, und die Institute waren völlig leistungsunfähig geworden.

Auf maßgebenden Gebieten des Sozialrechts wurde aber doch in kurzer Frist das autoritäre deutsche Recht durch ein demokratisches, auf den großen Traditionen der österreichischen Sozialgesetzgebung beruhendes Sozialrecht abgelöst. Hinsichtlich des Landarbeiterrechts, der Regelung der Heimarbeit, der Kinderbeihilfen und der Altersversorgung konnten darüber hinaus wesentliche Fortschritte erzielt werden.

Erst die Zweite Republik brachte mit einer umfassenden Sozialgesetzgebung dank des wirtschaftlichen Aufstiegs auch die Gewährleistung ihrer Erfüllung. S o z i a l e S i c h e r h e i t blieb aber nicht auf die Arbeitnehmer beschränkt, sie wurde praktisch auf a l l e S t a a t s b ü r g e r ausgedehnt. Die Reichweite sozialpolitischer Maßnahmen wurde weit über den ursprünglichen Bereich des Arbeitnehmerschutzes und der Regelung der Arbeitsbedingungen wirtschaftlich schwacher Bevölkerungsgruppen hinaus erstreckt und umfaßt heute fast die ganze Bevölkerung. Der moderne Sozialstaat hat nicht nur für geordnete Arbeitsbedingungen und eine funktionierende Sozialversicherung zu sorgen, sondern für die öffentliche Wohlfahrt insgesamt.

Zwischen der Sozialpolitik und der Wirtschaftsentwicklung bestehen enge wechselseitige Beziehungen. Einerseits trägt die Wirtschaftspolitik zur Verwirklichung sozialpolitischer Ziele bei, andererseits stützt und fördert die Sozialpolitik in vielfältiger Weise die wirtschaftliche Entwicklung.

Die Entwicklung der Sozialausgaben ist eng mit dem Wirtschaftsprozeß verbunden. Umgekehrt geht von den Sozialausgaben auch ein Einfluß auf die Wirtschaftsentwicklung aus. Sozialpolitik bedingt eine stetige Hebung des materiellen und kulturellen Lebensniveaus und eine stetige Vervollkommnung der sozialen Sicherheit und der sozialen Einrichtungen. Die Realisierung einer solchen Sozialpolitik erfordert unbedingt Übereinstimmung mit der ökonomischen Entwicklung.

In das Jahr 1954 fiel die seit langem von der Gewerkschaftsbewegung geforderte und nur durch die Anwesenheit der Besatzungsmächte verzögerte Novellierung des aus dem Jahre 1930 stammenden und 1945 automatisch wieder in Kraft getretenen *Antiterrorgesetzes*. Diese Novellierung machte endgültig Schluß mit einer längst untragbar gewordenen gesetzlichen Schikane gegen die Gewerkschaften, die noch aus der Ära des Machtkampfs der Heimwehren stammte; die Einhebung von Gewerkschaftsbeiträgen durch die Lohnbüros der Betriebe war nun wieder gestattet. Die Frage der Novellierung wurde von den Gewerkschaften als ein Prüfstein der demokratischen Einstellung des Gesetzgebers und als eine Anerkennung der Verdienste der Arbeitnehmer um den Wiederaufbau aufgefaßt. Der Gewerkschaftsbund ließ keine Unklarheit darüber aufkommen, daß er zur Beseitigung der diffamierenden Bestimmungen auch einen Streik führen würde.

Die Novellierung stellte es den Gewerkschaftsmitgliedern frei, sich zu entscheiden, ob sie aufgrund einer schriftlichen Erklärung den Gewerkschaftsbeitrag direkt vom Lohnbüro abgezogen haben wollten.

1953/54 fanden wieder Betriebsrats- und Arbeiterkammerwahlen statt. Die Wahl der gesetzlichen Interessenvertreter im Betrieb und in der großen Organisation der Kammern gehört zu den demokratischen Grundrechten der Arbeitnehmer, die die Zweite Republik wieder eingeführt und erweitert hat. Hier sei das Ergebnis der Betriebsratswahlen 1953/54 als ein Beispiel wiedergegeben. Da die Durchführung von Betriebsratswahlen je nach Betrieb unterschiedlich terminisiert ist und die Ergebnisse eines Jahres daher kein geschlossenes Bild vermitteln, wird im übrigen in der vorliegenden Arbeit auf ihre Darstellung verzichtet. Ein weit klareres Bild über die Stärke der einzelnen Fraktionen innerhalb der Interessenvertretung geben die einheitlich in ganz Österreich abgehaltenen Arbeiterkammerwahlen. Deshalb wird auf ihre Ergebnisse zurückgegriffen, wenn die Zusammenhänge zwischen der Entwicklung der Interessenvertretung und gesellschaftlichen Trends aufgezeigt werden sollen. In der Folge ist das Ergebnis der AK-Wahlen 1954 dem Betriebsratswahlergebnis knapp vorher gegenübergestellt:

Vom 1. September 1953 bis 31. März 1954 wurden Betriebsratswahlen in 8.335 Betrieben mit insgesamt 539.427 Beschäftigten durchgeführt. Von den 24.439 gewählten Betriebsräten entfielen 62,5 Prozent auf die Sozialisten (1952: 59,4 Prozent), 5,5 Prozent auf die ÖVP beziehungsweise die christlichen Gewerkschafter (1952: 3,8 Prozent), 5,2 Prozent auf die Kommunisten

(1952: 6,4 Prozent) und 0,5 Prozent auf den *Verband der Unabhängigen* (VdU) (1952: 0,7 Prozent). Die übrigen gewählten Betriebsräte unterließen eine Angabe der Parteizugehörigkeit, zumeist aus persönlichen Gründen, obwohl auch bei ihnen zum Großteil eine politische Einstellung vorhanden war.

Die A r b e i t e r k a m m e r w a h l e n fanden am 24. und 25. Oktober 1954 statt. Von den abgegebenen 972.826 Stimmen entfielen 68,63 Prozent auf die *Fraktion der sozialistischen Gewerkschafter im ÖGB* (1949: 64,42 Prozent), 15,99 Prozent auf den *Österreichischen Arbeiter- und Angestelltenbund* (1949: 14,23 Prozent), 9,90 Prozent auf die *Liste der gewerkschaftlichen Einheit* (KPÖ) (1949: 9,69 Prozent), 2,50 Prozent auf den VdU (1949: 11,66 Prozent) und 2,98 Prozent auf sonstige Listen.

Zu den bedeutendsten Erfolgen der gewerkschaftlichen Initiative gehörte das am 6. September 1955 vom Nationalrat beschlossene *A l l g e m e i n e S o z i a l v e r s i c h e r u n g s g e s e t z* (ASVG); sein Zustandekommen war ganz wesentlich auch das Verdienst von Sozialminister Karl Maisel. Zum erstenmal in der Geschichte Österreichs gibt es damit für alle wichtigen Gruppen von unselbständig Erwerbstätigen ein einheitliches Sozialversicherungsgesetz. Es gilt für fast alle Zweige der Sozialversicherung und trat an die Stelle des Gestrüpps von fünfeinhalbtausend Paragraphen sozialrechtlicher Bestimmungen aus fünf verschiedenen politischen Epochen unseres Landes.

Das sozialpolitisch bedeutsamste Ereignis des Jahrs 1959 war der Abschluß eines K o l l e k t i v v e r t r a g s b e t r e f f e n d d i e E i n f ü h r u n g d e r 4 5 - S t u n d e n - W o c h e . Der Kollektivvertrag wurde zwischen der *Bundeskammer der gewerblichen Wirtschaft* und dem *Österreichischen Gewerkschaftsbund* abgeschlossen und bezog sich auf jene Betriebe, die der *Bundeskammer der gewerblichen Wirtschaft* als Mitglieder angehören.

Sozialpolitische Verbesserungen der Arbeitsbedingungen, wie Verkürzung der Arbeitszeit und Verlängerung des Urlaubs, wurden in der Vergangenheit einige Male zuerst statt durch das Gesetz als Generalkollektivvertrag zwischen den Interessenvertretungen der der Arbeitgeber und der Arbeitnehmer festgelegt und erst später in Gesetzesform gegossen. Diesen Weg ermöglichte das durch die Sozialpartnerschaft entstandene gute Einvernehmen zwischen den beiden Interessengruppen. Für die Gewerkschaft bestand ein besonderer Vorteil darin, daß sie und nicht der Gesetzgeber unmittelbar in Erscheinung trat und den Erfolg brachte.

Auf gesetzlicher Ebene brachten die Jahre zwischen 1966 und 1970 wenig sozialpolitische Erfolge. Das Ende der Großen Koalition und die begreiflichen Orientierungsschwierigkeiten der Alleinregierung der ÖVP verlagerten das Schwergewicht sozialer Reformmöglichkeiten zu den Wirtschaftspartnern.

Der zwischen dem ÖGB und der Bundeskammer der gewerblichen Wirtschaft 1969 abgeschlossene Generalkollektivvertrag betreffend die etappenweise Einführung der 40-Stunden-Woche sowie das im Juni 1969 durchgeführte Volksbegehren führten im Dezember 1969 zur Verabschiedung eines neuen Arbeitszeitgesetzes. Das Gesetz sah analog dem Generalkollektivvertrag eine schrittweise Verkürzung der Arbeitszeit bei vollem Lohnausgleich ab 1. Jänner 1970 auf 43 Stunden, ab 1. Jänner 1972 auf 42 Stunden und ab 1. Jänner 1975 auf 40 Stunden vor.

Im Jahre 1973 war die Parlamentstätigkeit auf sozialpolitischem Gebiet rege. Es wurden einige vom ÖGB auf seinen Kongressen schon lange gestellte Forderungen erfüllt und notwendige Novellierungen beschlossen. Das bedeutendste Ereignis auf arbeitsrechtlichem Gebiet war die Beschlußfassung über das *Arbeitsverfassungsgesetz,* mit dem das erste Teilstück der Kodifizierung des Arbeitsrechts verwirklicht wurde. Nach mehr als halbjährigen intensiven Verhandlungen zwischen den Interessenvertretungen der Arbeitnehmer und der Arbeitgeber wurde es am 14. Dezember 1973 einstimmig beschlossen.

Auf allen drei Gebieten der Mitbestimmung, der personellen, der sozialen und der wirtschaftlichen, konnten durch das *Arbeitsverfassungsgesetz* die Befugnisse der Betriebsräte beträchtlich ausgeweitet und teilweise neue Rechte geschaffen werden.

Das Mitbestimmungskonzept der österreichischen Gewerkschaften war immer auf die Einbindung der Betriebsräte in die Gewerkschaften und auf eine starke Loyalitätsbindung zur gewerkschaftlichen Organisation aufgebaut. Die Zusammenarbeit der Betriebsräte mit ihrer Gewerkschaft, in der sie auch als Mitglieder und Funktionäre wirken, sowie die Loyalität zur Gewerkschaftsorganisation sind entscheidende Vorbedingungen zur Erhaltung und zum Ausbau der gewerkschaftlichen Organisation sowie zur Erhöhung ihrer Durchschlagskraft und zur Weiterentwicklung und Ausweitung der Mitbestimmung. Die Durchsetzung einer erweiterten Mitbestimmung kann nur durch

Solidarität und Gemeinsamkeit erreicht werden, wobei Betriebsräte und Arbeitnehmer aus eigener Erfahrung wissen, daß ohne die Rückendeckung starker Gewerkschaften die Position der Betriebsräte im Unternehmen schwach und wenig durchschlagskräftig ist.

Am 23. Februar 1979 wurde vom Nationalrat ein *Gesetz über den Abfertigungsanspruch für Arbeiter* beschlossen. Mit diesem Gesetz, das auch einen Anspruch auf Abfertigung bei Selbstkündigung des Arbeitnehmers wegen Frühpension vorsieht, wurde eine langjährige gewerkschaftliche Forderung erfüllt und ein weiterer Schritt zur Anpassung der Arbeiterrechte an die der Angestellten getan. Das Jahr 1979 brachte auch noch die gesetzliche Verankerung der Gleichstellung der Geschlechter im Arbeitsleben durch das *Gleichbehandlungsgesetz;* das ist ein Anfang zur Beseitigung der Diskriminierung der Frau im Berufsleben.

Im Jahre 1981 erlangten durch das *Nachtschicht-Schwerarbeitsgesetz* Arbeiter, die unter erschwerten Bedingungen arbeiten, zusätzliche Arbeitspausen, Zusatzurlaub und ein Sonderruhegeld. Das Jahr 1983 brachte die *etappenweise Verlängerung des Mindesturlaubs* von 4 auf 5 Wochen und schuf neue Grundlagen für den betriebsärztlichen Dienst. Das *Arbeitsruhegesetz* 1983 hat die Regelung bestimmter Ruhetage zum Schwerpunkt.

Die *40. Novelle zum Allgemeinen Sozialversicherungsgesetz* setzte 1985 einen ersten Schritt zur Reform des gesetzlichen Pensionsversicherungssystems der Arbeiter und Angestellten, um es ohne Sozialabbau auch in wirtschaftlich schwierigen Zeiten sicherzustellen, und schließlich wurden durch das *Arbeits- und Sozialgerichtsgesetz* jahrzehntealte Forderungen der Gewerkschaften erfüllt. Das Ziel der Reform war die Beseitigung der Kompetenzzersplitterungen durch die Einbindung der Arbeitsgerichte, der Einigungsämter und der Schiedsgerichte der Sozialversicherung in die ordentliche Gerichtsbarkeit sowie die Regelung der Zuständigkeit bisher den Behörden zufallender Angelegenheiten durch die Arbeits- und Sozialgerichtsbarkeit. Wegen der tiefgreifenden Änderungen und umfassenden Neuerungen brachte die Vollziehung dieses Gesetzes in der Praxis anfangs manche Probleme mit sich.

Das ist nur ein kurzer Überblick über die wichtigsten sozialpolitischen Erfolge.

Die Interessenvertretungen der Arbeitnehmer standen und stehen dem – seit der Zunahme der Wirtschaftsprobleme von manchen Gruppen immer direkter bekämpften – Erhalt und Ausbau des sozialen Wohlfahrtsstaats selbstverständlich positiv gegenüber. Auch gegen seine Ausweitung auf alle Bevölkerungsgruppen haben sie keine grundsätzlichen Einwände. Sie verlangten allerdings auch, daß alle Bevölkerungsgruppen zur Finanzierung der Sozialleistungen einen gerechten, ihrer wirtschaftlichen Leistungsfähigkeit entsprechenden Beitrag leisten.

Das geht auch aus den Diskussionspapieren hervor, die dem 9. Bundeskongreß 1979 und ergänzt dem 10. Bundeskongreß des ÖGB 1983 als Grundlage für den weiteren Ausbau der Sozialpolitik vorlagen. Die Gewerkschaftsbewegung vertrat stets die Auffassung, daß es in der Sozialpolitik keinen Stillstand geben darf. Sie nahm aber andererseits bei der Durchsetzung ihrer sozialpolitischen Forderungen auch immer auf die wirtschaftlichen Gegebenheiten und Möglichkeiten Bedacht. Die Richtigkeit dieser Haltung wurde durch die Erfolge der Sozialpolitik seit dem wirtschaftlichen Aufstieg in der Zweiten Republik eindrucksvoll bestätigt; auch die große Wirtschaftsrezession Mitte der siebziger Jahre hat den Ergebnissen der gewerkschaftlichen Sozialpolitik keinen Abbruch getan. Wesentliche Forderungen der Interessenvertretungen der Arbeitnehmer konnten selbst in dieser Zeit verwirklicht werden, und selbst in den schwierigen achtziger Jahren waren noch sozialpolitische Erfolge zu erzielen.

Für die Gewerkschaftspolitik ist Mitbestimmung ein gesellschaftspolitisches Anliegen, das nicht allein durch Rechtsnormen verwirklicht werden kann. Die Mitbestimmung kann nur das Ergebnis eines umfassenden gesellschaftlichen Entwicklungsprozesses sein, der vor allem von der Bildung, der Ausbildung und dem Bewußtsein der Beteiligten entscheidend beeinflußt wird. Neben dem Ringen um eine weitere Verbesserung der Rechtsgrundlagen der Mitbestimmung werden die Arbeitnehmer und ihre Vertreter durch ein verstärktes Engagement diese Mitbestimmung auf allen Ebenen selbst zu verwirklichen haben. Deshalb wird auch der ÖGB seine Aktivitäten zur Schulung und Bildung der Arbeitnehmer und ihrer Funktionäre noch weiter verstärken.

Die Politik zur Schaffung vermehrter betrieblicher Mitbestimmung und menschengerechter Arbeitsbedingungen muß beim Betrieb als einer zentralen Antriebskraft gesellschaftlicher Bewegungen ansetzen. Die Arbeits- und Lebensbedingungen der abhängig Beschäftigten werden wesentlich durch das Betriebsgeschehen und von der Dynamik betrieblicher Rationalisierungsprozesse bestimmt. Die Humanisierung der Arbeitswelt kann daher nur den Interessen und Bedürfnissen der Arbeitenden entsprechend gelöst werden, wenn eine Humanisierungspolitik sich zur sozialen Gestaltung und Kontrolle der Technologieentwicklung ausweitet. Deshalb hat der *Österreichische Gewerkschaftsbund* den Fragen der menschengerechten Arbeitsgestaltung, seit die neuen Technologien die Arbeitssituation zu bestimmen begannen, ein noch größeres Augenmerk gewidmet als vorher.

In Verbindung mit verstärkter nervlicher Beanspruchung durch moderne Technologien steht auch die Arbeitszeit, denn ihr Ausmaß ist ein zentraler Punkt der Arbeits- und Lebensbedingungen jedes Menschen. Die weitere Verkürzung der Arbeitszeit ist daher auch ein Beitrag zur Humanisierung der Arbeitswelt. Zeitpunkt, Ausmaß und Form weiterer Arbeitszeitverkürzungen müssen aber sorgfältig überlegt werden. Grundsatz wird weiterhin bleiben müssen, daß generelle Arbeitszeitverkürzungen im allgemeinen nur bei vollem Lohnausgleich denkbar sind.

Eine Verkürzung der Arbeitszeit zum Zwecke der Verknappung des Arbeitskräfteangebots ist von der Situation in den einzelnen Wirtschaftszweigen abhängig. Gesamtwirtschaftlich ist sie nur von Vorteil, wenn sie eben nicht mit einer Verminderung des Reallohns und einer Einbuße an Investitionsmitteln verbunden ist. Bei der Arbeitszeitverkürzung muß zwischen einer Pauschalherabsetzung der Arbeitszeit und einer elastischen Veränderung des Arbeitskräfteangebots aufgrund variierender Situationen in den einzelnen Branchen unterschieden werden. Das bedeutet, daß vorerst neue Arbeitszeitverkürzungen auch eine kollektivvertragliche Angelegenheit sein können, wobei in den Kollektivverträgen auch individueller Spielraum für flexible Arbeitszeitfestsetzung gelassen werden soll.

Die Arbeitszeit muß im Zusammenhang mit der Lebensarbeitszeit gesehen werden, und da stehen die Fragen der Verlängerung der Schulpflicht um ein Jahr (die das österreichische Parlament ohnehin 1962 beschlossen, aber auf unbestimmte Zeit ausgesetzt hat) und die Regelung des Pensionsalters ebenso zur Diskussion wie Überlegungen, ob auf Wunsch eine Unterbrechung der Berufsarbeit etwa in der Lebensmitte zum Zwecke der Weiterbildung oder auch der Regeneration ermöglicht werden soll.

Des weiteren hat die Sozialpolitik zu berücksichtigen, daß S c h i c h t a r b e i t und N a c h t a r b e i t Arbeitsformen sind, die für die Betroffenen gesundheitlich und sozial besonders belastend sind. Diese Arbeitsformen sollen deshalb soweit wie möglich eingeschränkt werden. Da eine generelle Abschaffung von Schichtarbeit und Nachtarbeit noch auf lange Zeit hin weder technologisch noch wirtschaftlich vertretbar ist, werden die Gewerkschaften noch weitere Maßnahmen und Regelungen anstreben müssen, die die Nachteile dieser Arbeitsformen wesentlich verringern.

Neue Aufgaben für den Sozialstaat

In den achtziger Jahren geriet der sozialpolitische Fortschritt durch die internationale Depression, die mißliche budgetäre Lage Österreichs und die zunehmende Arbeitslosigkeit ins Stocken. Die Zweite Republik brachte immerhin mit einer umfassenden Sozialgesetzgebung nicht nur für Arbeitnehmer, sondern de facto fast für alle Staatsbürger soziale Sicherheit. Die Reichweite sozialpolitischer Maßnahmen wurde weit über den ursprünglichen Bereich des Arbeitnehmerschutzes und der Regelung der Arbeitsbedingungen hinaus erstreckt. Da dieser Sozialstaat nicht nur für geordnete Arbeitsbedingungen und eine funktionierende Sozialversicherung zu sorgen hat, sondern für die öffentliche Wohlfahrt insgesamt, stößt der Umfang dieser Verpflichtungen in Zeiten wirtschaftlicher Depression an die Grenzen finanzieller Erfüllbarkeit.

Die weltweite Problematik einer vom Aufkommen neuer Technologien geprägten Zukunftsentwicklung und ihre Folgen für den Beschäftigungssektor sowie der Bewußtseinswandel in Umweltfragen haben die Rahmenbedingungen der Sozialpolitik entscheidend verändert. Der Kampf der Arbeiterschaft für soziale Sicherheit hat in seiner Konsequenz zum Wohlfahrtsstaat für alle Bürger geführt. Nunmehr geht es darum, den Einstieg in das neue Zeitalter so abzusichern, daß der Weg n i c h t zu einer Z w e i d r i t t e l g e s e l l s c h a f t mit Dauerrentenempfängern führt und so z u L a s t e n d e r S c h w a c h e n geht.

Der Gewerkschaftsbund betont allerdings, daß auch in wirtschaftlich schwierigen Zeiten in der Sozialpolitik kein langer Stillstand eintreten darf. Besonders in einer Zeit strukturellen Wandels und verstärkter Nutzung der Technologien rücken neue sozialpolitische Schwerpunkte in den Vordergrund:

1. Die Entwicklung und der Einsatz neuer Technologien müssen unter sozialer Kontrolle und Mitbestimmung der Arbeitnehmer und ihrer Interessenvertretungen erfolgen. Die Mitbestimmung der Arbeitnehmer wird daher über die mit der Novelle zum Arbeitsverfassungsgesetz erreichten Verbesserungen hinaus weiter auszubauen sein.

2. Das System der sozialen Sicherheit muß in geeigneter Form erhalten und den neuen Bedürfnissen angepaßt werden. Da die staatliche Verantwortung für die Sozialpolitik unverzichtbar ist, muß in der Budgetpolitik auch in den kommenden Jahren ausreichende Vorsorge für die Finanzierung der Sozialleistungen getroffen werden. Bei der Aufbringung der erforderlichen finanziellen Mittel wird in stärkerem Maße auf die wirtschaftliche Leistungsfähigkeit und Verteilungsgerechtigkeit Bedacht genommen werden müssen.

3. Die Bemühungen um eine vorbeugende Arbeitsschutz- und Gesundheitspolitik müssen verstärkt werden, um gesundheitlichen Schädigungen rechtzeitig vorzubeugen. Alle Möglichkeiten, die Arbeit menschengerecht zu gestalten, sind auszuschöpfen. Dabei sind besonders belastete Arbeitnehmergruppen noch stärker zu berücksichtigen als bisher.

4. Versuchen der Aufweichung kollektiver Schutznormen oder der Umgehung des Arbeitsrechts durch neue Arbeitsformen ist entschieden entgegenzutreten.

5. Trotz der Bemühungen um Chancengleichheit zählen die Frauen nach wie vor zu den benachteiligten Gruppen in der Gesellschaft. Die bessere Schulbildung erhöht die Zahl der Erwerbstätigen; bei Männern ist dieser Prozeß abgeschlossen. Bei Frauen geht er weiter und führt sowohl zu höheren Beschäftigungsraten als auch zu höheren Arbeitslosenraten. Im internationalen Vergleich liegt die Frauenerwerbsquote Österreichs immer noch viel niedriger als in vergleichbaren Ländern: Schweden 80,6 Prozent, Norwegen 68,2 Prozent, USA 62,6 Prozent, Kanada 60,9 Prozent, Japan 58,6 Prozent, Frankreich 58,4 Prozent, Bundesrepublik Deutschland 52,5 Prozent, Österreich 43 Prozent.[1])

Der Grundsatz der Gleichbehandlung von Männern und Frauen im Arbeitsleben muß daher in die Wirklichkeit umgesetzt werden. Dazu ist es erforderlich, daß Wirtschafts- und Sozialpolitik auf das Ziel ausgerichtet wird, Männern und Frauen in gleicher Weise Beschäftigungs-, Verdienst- und Aufstiegsmöglichkeiten zu bieten.

Die Verankerung der Ehe und Familie in der Verfassung darf zu keiner Diskriminierung unehelicher Kinder, alleinerziehender Elternteile und nichtehelicher Lebensgemeinschaften führen.

6. Der Gewerkschaftsbund erwartet auch, daß notwendige gesetzliche R e g e l u n g e n d e r L e i h a r b e i t und der Arbeitsplatzsicherung für Präsenz- und Zivildiener in absehbarer Zeit erfolgen.

In diesem Zusammenhang muß auch die Forderung nach der 3 5 - S t u n d e n - W o c h e gesehen werden. Die Einführung neuer Technologien und Formen der Betriebsorganisation hat nicht nur zu vermehrter nervlicher Beanspruchung geführt, sondern auch zu steigender Arbeitslosigkeit. Ohne weitere Verkürzung der derzeitigen Arbeitszeit würde sich bei einem Wachstumsanstieg, wie ihn das *Wirtschaftsforschungsinstitut* schätzungsweise annimmt, die Arbeitslosigkeit bis etwa Mitte der neunziger Jahre auf zehn Prozent erhöhen.

Bis Anfang 1987 haben etwa rund 5 5 0 . 0 0 0 A r b e i t n e h m e r e i n e u n t e r 4 0 S t u n d e n l i e g e n d e A r b e i t s z e i t , zumeist die 38- oder 38,5-Stunden-Woche erreicht. Damit ist nach Ansicht des Gewerkschaftsbunds der Boden für eine allgemeine Regelung durch einen Generalkollektivvertrag bereitet, der später – wie 1959 bei der 45-Stunden-Woche oder 1970 bei der 40-Stunden-Woche – in Gesetzesform gegossen werden kann. Ein G e n e r a l k o l l e k t i v v e r t r a g heißt nun nicht, daß alles über einen Kamm geschoren wird, sondern er bietet die Möglichkeit, flexibel vorzugehen und sich branchenweise den wirtschaftlichen Möglichkeiten anzupassen.

So wurde, um ein Beispiel für eine flexible Regelung zu nennen, am 1. April 1987 mit einer Laufzeit bis 30. April 1989 ein Kollektivvertrag für die Arbeiter der Baustoffindustrie abgeschlossen, der neben einer etappenweisen Lohnerhöhung die Verkürzung der Arbeitszeit ab 1. November 1988 auf 38,5 Wochenstunden vorsieht. Die Arbeitszeit kann in einer Bandbreite von 37 bis 42 Stunden im Durchschnitt von 13 Wochen verteilt werden.

Um das S o z i a l v e r s i c h e r u n g s w e s e n der Zweiten Republik zu charakterisieren, muß hervorgehoben werden, daß das Sozialversicherungsrecht schon bald nach der Verabschiedung des *Allgemeinen Sozialversicherungsgesetzes* mit dem Gesetz *über die Pensionsversicherung für in der gewerblichen Wirtschaft selbständig Erwerbstätige* und der *landwirtschaftlichen Zuschußrentenversicherung* eine bedeutende Erweiterung erfuhr. 1957 waren die keineswegs immer vom einheitlichen Willen getragenen Bemühungen um die Einführung einer Sozialversicherung für selbständig Erwerbstätige zu einem ersten Abschluß gebracht worden. Zuerst hatte man soziale Probleme der Altersversicherung geregelt und in der Folgezeit schrittweise ausgeweitet. Bis 1976 waren mit der fünften Novelle zum *gewerblich-selbständigen Krankenversicherungsgesetz* die selbständig Erwerbstätigen in alle Zweige des Sozialversicherungssystems (Kranken-, Unfall- und Pensionsversicherung) einbezogen, und zwar nicht nur Bauern und in der gewerblichen Wirtschaft selbständig Erwerbstätige, sondern auch freiberuflich-selbständig Erwerbstätige.

Sozialpolitik war nie ein kurzfristiges Unterfangen. Nur auf der Basis einer s o z i a l g e r e c h t f e r t i g t e n O r d n u n g, die auch einer materiellen Basis bedarf, kann der Sozialstaat neuen Inhalt erlangen.

Betriebsnahe Kollektivvertragspolitik

Nach 1945 standen dem Verlangen des ÖGB nach Anerkennung seiner Kollektivvertragsfähigkeit neben jener der Arbeiterkammern Bestrebungen auf seiten der Unternehmer gegenüber, die darauf abzielten, den gesetzlichen Interessenvertretungen der Unternehmer, also der Bundeswirtschaftskammer und ihren Gliederungen, das ausschließliche Monopol auf Abschluß von Kollektivverträgen zu sichern. Abgesehen davon, daß die *Kammern der gewerblichen Wirtschaft* keineswegs alle Unternehmungen umfassen, war dem Gewerkschaftsbund ein solcher Preis für die gesetzliche Forderung seiner Monopolstellung hinsichtlich des Abschlusses von Kollektivverträgen doch zu hoch, und die Gewerkschaften begnügten sich mit der gesetzlichen Verankerung bestimmter Erfordernisse für einen rechtswirksamen Abschluß. Der Gewerkschaftsbund l e h n t e auch jeden Versuch, nach dem Muster einiger anderer Staaten ein Z w a n g s s c h l i c h t u n g s v e r f a h r e n einzuführen, g r u n d s ä t z l i c h a b. Er ist aber bereit, ein Schlichtungsverfahren dann anzuerkennen, wenn es von beiden Streitgegnern gewünscht und anerkannt wird.

Mit verhältnismäßig kurzfristig wiederkehrenden Kollektivvertragsverhandlungen und -abschlüssen treten die Gewerkschaften immer wieder sichtbar ins Blickfeld der Arbeiter und Angestellten. Heute mildert allerdings das Klima der Wirtschafts- und Sozialpartnerschaft die Schärfe des Interessenkampfes und läßt dadurch die Erfahrung der Zweckmäßigkeit des Zusammenschlusses in Gewerkschaften und die Bedeutung der gewerkschaftlichen Schlagkraft in den Hintergrund treten.

Das bringt sicherlich organisatorische Nachteile mit sich, doch war es gerade der durch die Sozialpartnerschaft erreichte soziale Friede, der Österreichs Wirtschaft zum Aufstieg verhalf und unser Land sowohl hinsichtlich seiner Wirtschaftsstabilität als auch des erreichten Lebensniveaus eines Großteils der Bevölkerung ins Spitzenfeld der europäischen Industrienationen gerückt hat. Das gute soziale Klima förderte auch die sozialpolitische Gesetzgebung und half kollektivvertragliche Fortschritte später in Gesetzesform zu gießen und ihnen Allgemeingültigkeit zu verleihen.

Das *Arbeitsverfassungsgesetz* des Jahrs 1973 brachte in der personellen, sozialen und wirtschaftlichen Mitbestimmung den Betriebsräten zusätzliche Befugnisse, die zum Teil schon vorher in Kollektivverträgen verankert waren. Schließlich wurde 1979 mit dem *Gesetz über den Abfertigungsanspruch der Arbeiter* eine langjährige, in Kollektivverträgen nur unzulänglich geregelte gewerkschaftliche Forderung erfüllt. Zwar wurde durch das *Arbeitsverfassungsgesetz* der Raum für betriebliche Vereinbarungen mit kollektivvertragsähnlichen Wirkungen gegenüber der vorherigen Rechtslage bedeutend erweitert, doch bleibt der *Vorrang des Kollektivvertrags* bei Regelung der Arbeitsbedingungen, insbesondere der Lohnbedingungen, weiterhin erhalten. Obwohl Rahmen und Grenzen der Tages- und Wochenarbeitszeit sowie das Mindestausmaß der Ruhepausen und Ruhezeiten gesetzlich festgelegt sind, gewährleisten Ermächtigungen zu abweichenden Regelungen durch die Kollektivvertragsparteien in zahlreichen Punkten, so auch in der Arbeitszeitverteilung, die notwendige Flexibilität. Die Regelung der Arbeitszeiteinteilung und -verteilung im Betrieb ist nach dem *Arbeitsverfassungsgesetz* Gegenstand einer (erzwingbaren) Betriebsvereinbarung. Individuelle Vereinbarungen sind jedoch nur innerhalb des durch Gesetz, Kollektivvertrag und Betriebsvereinbarungen festgelegten Rahmens möglich.

Schon bald nach 1945 sah – entgegen der gesetzlichen 48-Stunden-Woche – eine Reihe von Kollektivverträgen eine Normalarbeitswoche von 44 Stunden oder die Fünftagewoche vor. Verschiedene Verträge enthielten Vereinbarungen über einen freien Arbeitstag im Monat, den sogenannten Wirtschaftstag, für jene unselbständig erwerbstätigen Frauen, die einen eigenen Haushalt zu führen hatten. Viele Kollektivverträge regelten für die Arbeiter die Weihnachtsremunerationen und die Urlaubssonderzahlungen sowie Abfindungen im Falle der Kündigung. Manche Kollektivverträge enthielten Sonderbestimmungen über ein vermehrtes Mitspracherecht der Betriebsräte bei Aufnahmen und Kündigungen sowie über die Arbeitsvermittlung.

Die gesetzlichen Verkürzungen der Arbeitszeit in der Zweiten Republik wurden 1959 und 1969 durch Generalkollektivvertrag zwischen der *Bundeskammer der gewerblichen Wirtschaft* und dem *Österreichischen Gewerkschaftsbund* eingeleitet. Die so festgesetzte 45-Stunden-Woche und die schrittweise Verkürzung der Wochenarbeitszeit auf 40 Stunden bei vollem Lohnausgleich ab Januar 1970 erfolgten z u e r s t d u r c h K o l l e k t i v v e r t r a g und fanden dann erst ihren Niederschlag im Gesetz, ebenso wie die Erweiterung des Urlaubsausmaßes.

G e g e n eine massive Ausweitung b e t r i e b l i c h e r L o h n a b s c h l ü s s e , also von Firmentarifverträgen, spricht, daß unternehmensegoistische Lösungen, an denen Arbeitgeber und Arbeitnehmer gleich interessiert sein können, das solidarische Verhalten gefährden und außerdem gesamtwirtschaftliche Rückwirkungen haben könnten – zum Beispiel in der Preisgestaltung monopolartiger Unternehmungen. Dem Zwiespalt, über den Tellerrand vordergründiger Betriebsinteressen hinaus die allgemeinen zu berücksichtigen, sollen die Betriebsfunktionäre nicht ständig ausgesetzt werden. Betriebliche Erweiterungen im Arbeitszeit- und Urlaubsrecht sowie im Kündigungsschutz können dagegen die Plattform für kollektivvertragliche Errungenschaften sein. Es ist die Aufgabe kluger Gewerkschaftspolitik, darauf zu sehen, daß die wirtschaftliche Stabilität als unerläßlicher Rahmen für erfolgreiche Verbesserungen der Arbeitsbedingungen erhalten bleibt. Nur so können soziale Fortschritte so fest verankert werden, daß ihre gesetzliche Verankerung nicht nur »Papierform« bleibt. Der vom Staat freigelassene Raum für die sinnvolle Gestaltung des Arbeitslebens soll im Arbeitnehmerinteresse verantwortungsbewußt genützt werden.

Kollektivvertragspolitik wird allerdings immer in den Bereich der einzelnen Gewerkschaften und ihrer Sektionen und Fachgruppen und nicht des Gewerkschaftsbunds fallen – die Orientierung in der Lohnpolitik sowie in zentralen Fragen und den Abschluß von Generalkollektivverträgen ausgenommen. Nur so kann die Vielfalt differenzierter, mit den Branchenverhältnissen und dem Betriebsgeschehen zusammenhängender Fragen geregelt werden – wie zum Beispiel Akkordbestimmungen und -entlohnung, Montagebestimmungen und -zuschläge, Jubiläumsgelder und anderweitige Prämien, Verwendungs- und Überstundenzuschläge, automatische Gehaltsvorrückungen oder Probleme der Schicht- und Schwerarbeit. Kollektivvertragspolitik muß b e t r i e b s n a h e sein, damit befriedigende Lösungen gefunden werden können. Ein möglichst enger Kontakt mit den Betroffenen beziehungsweise ihren Vertretern muß gegeben sein.

In einer Entscheidung des deutschen Bundesverfassungsgerichts heißt es: »Dieses Zurücktreten des Staates zugunsten der Tarifparteien gewinnt seinen Sinn ebenso sehr aus dem Gesichtspunkt, daß die unmittelbar Betroffenen besser wissen und besser aushandeln können, was ihren beiderseitigen Interessen und dem gemeinsamen Interesse entspricht, als der demokratische Gesetzgeber, wie aus dem Zusammenhang mit dem für die Gestaltung nichtöffentlich-rechtlicher Beziehungen charakteristischen Prinzip der Privatautonomie.«[2])

Die österreichische Kollektivvertragsautonomie hat international Anerkennung gefunden. Im Jahr 1977 wurde auf Einladung des Sozialministeriums in Wien ein Symposium der *Internationalen Arbeitsorganisation* (IAO oder ILO) abgehalten, an dem Delegierte aus 23 Industrieländern teilnahmen. Im Vordergrund stand ein Erfahrungs- und Meinungsaustausch über wichtige Probleme und Tendenzen im Zusammenhang mit Kollektivvertragsverhandlungen. Die österreichischen Arbeitnehmervertreter konnten feststellen, daß die von ihnen vertretene und in Österreich herrschende volle Kollektivvertragsautonomie, einschließlich der Möglichkeit des Streiks und der Ablehnung eines vorangegangenen Verfahrens staatlicher Zwangsschlichtung, von der überwiegenden Mehrheit der Arbeitnehmervertreter auf diesem Symposium anerkannt und positiv bewertet wurde.

Die Sozialpartnerschaft, ein Austriacum

Antithese zum Klassenkampf »von oben« und »von unten«

Wenn man die »Klassenlage« in der Zweiten Republik betrachtet, kommt man allgemein zu dem Schluß, daß eine »Patt-Stellung« gegeben ist, denn einschneidende, geschweige denn r e v o l u t i o n ä r e   g e s e l l s c h a f t l i c h e   V e r ä n d e r u n g e n haben seit 1945 nicht stattgefunden. Ohne auf die linksradikale Argumentation des Abwürgens des Klassenkampfs durch die Wirtschafts- und Sozialpartnerschaft zu verfallen, muß sie objektiverweise als eine der Konsequenzen angesehen werden, mit der Zusatzbemerkung, daß sich die Patt-Stellung ohne ihr Bestehen vielleicht zuungunsten der Arbeitnehmer verschoben hätte. Ein solches »Patt«-Urteil ist aufgrund der Zweckbestimmung der Wirtschafts- und Sozialpartnerschaft keineswegs abwertend und ein derartiger Entwicklungstrend keinesfalls auf Österreich beschränkt. Er ist in den anderen europäischen Industriestaaten ebenfalls vorhanden, mit dem Unterschied, daß sich die Entwicklung in Österreich im Gegensatz zu manchen anderen Ländern mit kooperativen Versuchen ohne große soziale Auseinandersetzungen und politische Erschütterungen in friedlicher Atmosphäre vollzog. Wenn man den Blick über die Grenzen hinweg ins Ausland richtet, zeigt sich außer Schweden kein Land Europas, in dem das Verhältnis zwischen organisierter Arbeiterbewegung, Regierung und Unternehmerschaft günstiger gestaltet ist und die Lebensbedingungen der Arbeitnehmer bisher ungefährdeter erhalten blieben als in Österreich. Ein solcher Ländervergleich zeigt auch, daß der Einfluß der Gewerkschaften dort am größten ist, wo sie eine vernünftige, zum Konsens bereite Politik betreiben.

Das in Österreich praktizierte System der Sozialpartnerschaft ist allerdings spezifisch auf österreichische Verhältnisse und die Verhaltensweise der Arbeitsmarkt-Kontrahenten zugeschnitten und daher kein Exportartikel. Österreich besitzt im Vergleich zu anderen Staaten in seinem Kammersystem und seinem einheitlichen und zentral gesteuerten Gewerkschaftsbund ein einzigartiges Instrument der Beziehungen zwischen den Interessenorganisationen. Mit dem Mittelpunkt der *Paritätischen Kommission* wurden diese Beziehungen institutionell auf die staatliche Ebene erweitert. Diesem Beziehungsgeflecht wurde von ausländischen Wissenschaftern und

Institutionen schon seit Mitte der sechziger Jahre großes Interesse entgegengebracht; man diskutiert es als »Modell Österreich«.[3])

Seit diesem Zeitpunkt konzentrierte sich das Interesse in Österreich nebenbei – auch da vor allem von seiten der Juristen – auch auf die Frage der Verfassungskonformität der *Paritätischen Kommission.* Die Öffentlichkeit zog die Legitimität der *Paritätischen Kommission,* getragen von den mächtigen Interessenverbänden, kaum in Zweifel, ohne sich allerdings mit dem Wesensunterschied zwischen einer autonomen Sozialpartnerschaft der Zusammenarbeit der Verbände in Eigenverantwortung und der nichtautonomen Sozialpartnerschaft als der Verflechtung der Verbände mit staatlichen Organen, insbesondere mit Organen der Regierung, näher zu befassen. Die Aufgabe der autonomen Sozialpartnerschaft erstreckt sich in erster Linie auf ihre ursprüngliche Funktion als Tarifparteien, also auf die Regelung der Arbeits- und Lohnbedingungen. Der Vorwurf gegenüber der nichtautonomen Sozialpartnerschaft, sie spiele die Rolle eines autoritären *quasi-institutionellen Verbundes von Staat und einigen wirtschaftlichen Großverbänden* trifft nur sehr bedingt zu, denn es liegt in dem Ermessen der Regierung und des Parlaments, auf den »Verbund« einzugehen. Das wird aber nur geschehen, wenn das Gesamtinteresse des Staats dies legitimiert. Der Einfluß *hochorganisierter Korporative* erfolgt unter demokratischen Prämissen. Die Wirtschafts- und Sozialpartnerschaft ist insgesamt ein Instrument der »Konsensfindung« zwischen gegensätzlichen Interessenvertretungen bei vorwiegend entgegengesetzter Interessenlage. Sofern es überlagernde allgemeine Interessen betrifft, kann eine Kompromißlösung zwischen dem Verbändekartell und den staatlichen Organen zustande kommen.

Die Sozialpartner haben in den vergangenen Jahrzehnten ihrer Zusammenarbeit nicht immer nach einem vorher konzipierten Programm gehandelt, sondern waren auch der Bewußtseinslage ihrer Mitglieder, dem Funktionieren der Kooperation auf Betriebsebene und dem Wirkungsgrad parteipolitischer Einflüsse unterworfen. Danach und nach der Regierungskonstellation richteten sich auch Möglichkeit und Umfang der Einflußnahme auf die Regierung. Obwohl sich keine Regierung in offenen Gegensatz zur Wirtschafts- und Sozialpartnerschaft stellte, gab es doch eine mehr oder weniger schwankende Intensität des Kontakts – bis hin zum Status einer »geheimen Nebenregierung«.

Interessenpolitisch gesehen »ist Sozialpartnerschaft auch Behinderung einer einschneidenden Umverteilungspolitik – gleichgültig, in welche Richtung eine solche Politik zielt ... staatliche Umverteilung ist tendenziell, sozialpartnerschaftliche Umverteilung ist prinzipiell in enge Grenzen gesperrt. Ursache dafür sind die Konfliktkosten, die eine solche Umverteilungspolitik mit sich bringen würde. Beide Sozialpartner besitzen ausreichende Druckmittel, um der jeweils anderen Seite ebenso wie den staatlichen Einrichtungen deutlich zu machen, daß eine Umverteilung mit hohen sozialen und ökonomischen Kosten verbunden ist. Streik auf der einen, Investitionsstopp auf der anderen Seite beschreiben großflächig, welche Möglichkeiten der Druckausübung bestehen.«[4])

So der Politologe Anton Pelinka, und er kommt zu dem Schluß, daß die Sozialpartnerschaft ein Instrument zur Herstellung des »sozialen Friedens« und die Antithese zum Klassenkampf sei: »Sie ist Antithese zum Klassenkampf ›von oben‹, der mit der Ausrichtung an einem klassisch-kapitalistischen Zielsystem betrieben werden kann, dessen konkreter wirtschaftspolitischer Ausdruck der Versuch einer weitgehenden Umverteilung zugunsten des Produktionsfaktors Kapital, zugunsten der Gewinnquote wäre. Die Sozialpartnerschaft ist auch Antithese zu einem Klassenkampf ›von unten‹, der an einer sozialistischen Gesellschaftsordnung ausgerichtet wäre, dessen konkreter wirtschaftspolitischer Ausdruck der Versuch einer einschneidenden Umverteilung zugunsten des Produktionsfaktors Arbeit, zugunsten der Lohnquote sein könnte.«[5]) Die »Patt-Stellung« hat ihre These gefunden.

Pelinka zieht dann folgenden Schluß: »Die Sozialpartnerschaft als korporatives Krisenmanagement, als soziale Friedensinstitution hat funktioniert und funktioniert unter der Voraussetzung maximaler interner Autorität, hoher Zentralisation, weitgehender Intimität; und diese Voraussetzungen sind an die Bereitschaft der Betroffenen gebunden, das System kooperativer Elitenkonkordanz als im eigenen Interesse liegend hinzunehmen. Der Beweis ist gelungen, daß dies in Zeiten gesellschaftlicher Schönwetterlage gelingt; der Beweis ist noch ausständig, daß dies auch in Zeiten gesellschaftlicher Schlechtwetterlage der Fall ist.«[6])

Die Sozialpartnerschaft hat viele Auswüchse des kapitalistischen Systems eingeebnet, aber am System selbst nichts geändert. Es wäre auch ein Trugschluß anzunehmen, daß sie es könnte, denn die Wirtschaftspartnerschaft beruht auf der Gleichgewichtung wirtschaftlicher und gesellschaftlicher Positionen und ist daher s y s t e m i m m a n e n t .

Österreich hat sich aber nicht zuletzt dank des Gewerkschaftsbunds, der von ihm mitgetragenen Wirtschaftspartnerschaft und der von ihm initiierten *Paritätischen Kommission* zu einer stabilen wirtschaftlichen und sozialen Nation entwickelt. Aus dem kurzfristigen Provisorium, als das sie sich die Unternehmerseite zunächst dachte, wurde eine *Realverfassung, die ebenso verteidigt werden muß wie die geschriebene Verfassung* stellte Heinz Kienzl, ehemals Leiter des volkswirtschaftlichen Referats des ÖGB und dann Generaldirektor der Nationalbank, einmal fest. Nunmehr verläuft die Politik unter veränderten wirtschaftlichen Vorzeichen und damit auch unter anderen Prämissen. Die Wirtschaftspartner werden unweigerlich eine Entscheidung zu treffen haben. Die Frist zur Entscheidung über eine aktive Anpassung oder inaktive Isolierung ist für die Wirtschafts- und Sozialpartnerschaft kurz bemessen. Mit letzterer ist die Gefahr der Abkoppelung Österreichs vom Fortschrittstrend verbunden.

Das Bild der Sozialpartnerschaft in der Öffentlichkeit

Überraschenderweise kann mehr als die Hälfte der Österreicher mit dem Begriff »Wirtschafts- und Sozialpartnerschaft« nichts Rechtes beginnen. Dies brachte eine im Frühjahr 1987 vom *Institut für empirische Sozialforschung* (IFES) durchgeführte repräsentative Untersuchung zutage.

Auf die Frage *Wenn Sie von der Wirtschafts- und Sozialpartnerschaft hören, welche Vorstellungen kommen Ihnen da in den Sinn?* antworteten 45 Prozent der Befragten: *Darunter kann ich mir nichts vorstellen.* 45 Prozent machten Angaben, die sich auf ihre Tätigkeit bezogen. Als schlecht informiert erwiesen sich die Altersgruppen 18 bis 29 Jahre, von denen 58 Prozent mit dem Begriff nichts anfangen konnten, und die über Sechzigjährigen, die zu 59 Prozent keine Vorstellung hatten, – im Gegensatz zu den Vierzig- bis Neunundvierzigjährigen, von denen 53 Prozent konkrete Angaben machen konnten.

Am ungünstigsten lagen die Frauen, nur 34 Prozent konnten Angaben machen. Nach der beruflichen Gliederung hatten die Hilfsarbeiter mit 33 Prozent an konkreten Antworten am wenigsten Information. Die Landwirte mit 46 Prozent erwiesen sich demgegenüber als verhältnismäßig gut informiert, sie zogen mit den Facharbeitern mit ebenfalls 46 Prozent gleich.

Gänzlich anders liegen die Resultate bei den gehobenen Bevölkerungsschichten, was selbstverständlich auch mit der Gewandtheit der Ausdrucksweise zusammenhängt. 25 Prozent der Freischaffenden und Selbständigen und nur 12 Prozent der Leitenden An-

511

gestellten und Beamten wußten nicht Bescheid. 75 Prozent beziehungsweise 88 Prozent machten Angaben.

Nach Ländern gegliedert, schnitt Wien mit 60 Prozent Informierten am besten ab. Es folgten das Burgenland, Niederösterreich, Salzburg, Tirol und Vorarlberg mit 44 Prozent, die Steiermark und Kärnten mit 42 Prozent; Oberösterreich fiel mit 33 Prozent beträchtlich ab.

Nach Parteipräferenz hatten 57 Prozent der SPÖ, 54 Prozent der ÖVP, ebenfalls 54 Prozent der FPÖ und 51 Prozent der Grünen k e i n e V o r s t e l l u n g von der Sozialpartnerschaft. Doch zeigten sich immerhin 49 Prozent der Grünen, wenn auch nicht unbedingt im positiven Sinn, von der Tätigkeit der Wirtschaftspartner informiert.

Das Urteil über die Tätigkeit war allgemein gesehen günstig. 57 Prozent waren der Meinung, daß die Zusammenarbeit zwischen Regierung, Unternehmer- und Arbeitnehmerverbänden für Österreich im großen und ganzen *v o r t e i l h a f t* ist. 9 Prozent bewerteten sie als *eher nachteilig,* 16 Prozent konnten sich für keine der beiden Einstufungen entscheiden, und 18 Prozent antworteten mit *weiß nicht.*

In der Altersgruppierung gab es folgende Gliederung für die Einstufung: *vorteilhaft:* 18–29 Jahre 51%, 30–39 Jahre 53%, 40–49 Jahre 60%, 50–59 Jahre 64%, ab 60 Jahren 59%. Die Hälfte der Frauen gegenüber 66 Prozent der Männer bezeichneten die Tätigkeit der Sozialpartnerschaft als vorteilhaft, an erster Stelle rangierten die leitenden Angestellten und leitenden Beamten, die mit 81 Prozent gegenüber 62 Prozent der Freischaffenden und Selbständigen sowie 61 Prozent der Angestellten und Beamten die Zusammenarbeit in der Wirtschaftspartnerschaft als vorteilhaft bezeichneten. Auch überwogen die Landwirte mit 57 Prozent der Zustimmenden, während es bei den Hilfsarbeitern 52 und bei den Facharbeitern 51 Prozent waren.

Der Zustimmungsgrad bei der Arbeiterschaft zur Wirkungsweise der Sozialpartnerschaft ist gegenüber anderen Bevölkerungsgruppen etwas zurückhaltender.

Nach Bundesländern gegliedert schneidet wieder Oberösterreich am ungünstigsten ab; nur die Hälfte befanden, die partnerschaftliche Zusammenarbeit sei vorteilhaft, gegenüber 62 Prozent in Wien, 60 Prozent in Niederösterreich und im Burgenland, 53 Prozent in der Steiermark und in Kärnten und wieder 60 Prozent in Salzburg, Tirol und Vorarlberg.

Nach Parteipräferenz fanden 62 Prozent der SPÖ-, 59 Prozent der ÖVP- und 42 Prozent der FPÖ – Mitglieder sowie 42 Prozent der Grünen die Sozialpartnerschaft vorteilhaft.

In der Meinung, wem die Sozialpartnerschaft am meisten n ü t z l i c h sei, überwog mit 56 Prozent die Ansicht *allen gleich.* Während 20 Prozent der Facharbeiter der Auffassung waren, daß sie vorwiegend den Unternehmern nütze, waren 42 Prozent der Freischaffenden und Selbständigen und 18 Prozent der leitenden Angestellten und Beamten der Meinung, daß sie für die Arbeitnehmer vorteilhaft sei.

Nach Bundesländern aufgeschlüsselt waren in Wien 17 Prozent der Meinung, daß sie den Arbeitnehmern und 12 Prozent, daß sie den Unternehmern nütze, im Burgenland war das Verhältnis 12 zu 9 Prozent, in den übrigen Bundesländern betrug die Meinungsdifferenz meist 1 Prozent.

Wie sieht es im Meinungsbild der Österreicher mit der Z u k u n f t der Sozialpartnerschaft aus? 49 Prozent – 55 Prozent der Männer und 44 Prozent der Frauen – glauben, daß die Zusammenarbeit zwischen den Wirtschaftspartnern schwieriger werden wird. 67 Prozent der Freischaffenden und Selbständigen, 63 Prozent der leitenden Angestellten und Beamten, 56 Prozent der Landwirte und 55 Prozent der Facharbeiter, jedoch nur 46 Prozent der Hilfsarbeiter sind dieser Auffassung. In den einzelnen Bundesländern vertreten zwischen 47 und 52 Prozent die Ansicht, die Situation werde schwieriger werden.

Daß über die Arbeits- und Wirkungsweise der Sozialpartnerschaft in der Öffentlichkeit ein f a l s c h e s B i l d besteht, das gefühlsmäßig bedingt erscheint, zeigt das nachfolgende Frage- und Antwortspiel. Frage: *Wer hat Ihrer Meinung nach in der Sozialpartnerschaft am meisten zu sagen?* Antworten: 41 Prozent d i e R e g i e r u n g (37 Prozent der Männer und 44 Prozent der Frauen), gefolgt von 37 Prozent (43 Prozent der Männer, 32 Prozent der Frauen) mit der Antwort: der *Ö s t e r r e i c h i s c h e G e w e r k s c h a f t s b u n d .* 53 Prozent der Freischaffenden und Selbständigen und 45 Prozent der Landwirte waren der gleichen Meinung, 21 Prozent der Freischaffenden und Selbständigen und 40 Prozent der Landwirte meinten wieder, die Regierung hätte das entscheidende Wort. 47 Prozent der Facharbeiter und 52 Prozent der Hilfsarbeiter teilten diese Einschätzung, während 33 Prozent der Facharbeiter und 29 Prozent der Hilfsarbeiter dem *Gewerkschaftsbund* den Vorrang gaben. Die *Kammer der gewerblichen Wirtschaft* und die *Landwirtschaftskammer* erreichten bei den Selbständigen nur 11 Prozent, gefolgt von 10 Prozent der Facharbeiter. Am wenigsten haben nach der Meinung der Befragten die *Landwirtschaftskammer* (48 Prozent) und die *Kammer für Arbeiter und Angestellte* (18 Prozent) zu sagen. Dieser Ansicht sind selbst 71 Prozent der Landwirte.

Immerhin waren 49 Prozent – 56 Prozent der Männer und 44 Prozent der Frauen – der Meinung, daß die Sozialpartnerschaft nur das ausführen könne, was in den einzelnen Verbänden beschlossen wird. Eine abweichende Ansicht, nämlich, daß die Sozialpartner eigenständig entscheiden können, vertraten 30 Prozent der leitenden Angestellten und Beamten und 22 Prozent der Freischaffenden und Selbständigen, aber nur 11 Prozent der Hilfsarbeiter und 15 Prozent der Facharbeiter.

Der Meinung, daß die Sozialpartnerschaft nur das auszuführen hat, was die Bundesregierung verlangt, waren im Durchschnitt nur 9 Prozent, immerhin aber 11 Prozent der Fach- und Hilfsarbeiter und 10 Prozent der Landwirte. Der Auffassung, daß die Sozialpartnerschaft die G a r a n t i e   f ü r   e i n e   f r i e d l i c h e   w i r t s c h a f t l i c h e   E n t w i c k l u n g in Österreich sei, wurde voll bis teilweise zugestimmt und fand nur durch 3 Prozent eine Ablehnung. Der Meinung, daß die wirklichen Entscheidungen, die unser Land betreffen, in der Sozialpartnerschaft fallen, waren nur 16 Prozent, es überwog die Auffassung, daß dies teilweise der Fall ist. 36 Prozent glaubten, daß mit dem Abgang von Präsident Benya vom Gewerkschaftsbund und Präsident Sallinger von der Bundeswirtschaftskammer die Zusammenarbeit schwieriger werden wird, ein Ende der Zusammenarbeit zwischen Arbeitnehmer- und Arbeitgeberverbänden nahm aber nur 1 Prozent an, wobei sich die Meinung zwischen Männern und Frauen, Selbständigen und Unselbständigen, den Altersgruppen und in den Bundesländern nur geringfügig unterschied.

Daß sich die österreichischen Arbeitnehmer über die Zukunftsperspektiven keine Illusion machen, zeigt die Antwort auf die Frage *Für wie sicher halten Sie die Arbeitsplätze in Österreich ganz allgemein?* Nur 2 Prozent hielten die Arbeitsplätze für *sehr sicher*, 35 Prozent für *eher sicher*, 54 Prozent für *nicht ganz sicher* und 9 Prozent für *unsicher*. In Oberösterreich war mit 15 Prozent die Meinung *unsicher* am größten wie auch in der Gruppe der Hilfsarbeiter mit 12 Prozent. Den e i g e n e n   A r b e i t s p l a t z hielten 49 Prozent der Befragten für *s i c h e r* und 36 Prozent für *e h e r   s i c h e r*.

67 Prozent meinten von ihrer derzeitigen Einkommenslage, *man kann davon leben* und machten zu 49 Prozent für ihre Einkommenslage und die Sicherheit ihres Arbeitsplatzes *die weltwirtschaftliche Lage* verantwortlich. 21 Prozent sagten *in meinem Beruf geht es fast allen schlecht,* 18 Prozent gaben der Bundesregierung und 11 Prozent persönlichen und gesundheitlichen Gründen die Schuld, 4 Prozent gaben sie dem Gewerkschaftsbund und der Arbeiterkammer. Der Prozentsatz der Antwortzuteilung auf die gestellten Fragen stellt dem wirtschaftlichen Reifegrad der österreichischen Arbeitnehmer ein gutes Zeugnis aus.

Zur Ermittlung des Z u f r i e d e n h e i t s g r a d s d e r M i t g l i e d e r mit ihren Institutionen und der Tätigkeit der Institutionen überhaupt, konnten die Befragten eine Note zwischen 1 (s e h r z u f r i e d e n) und 5 (t o t a l u n z u f r i e d e n) geben. Der Mittelwert ergab bei den einzelnen Institutionen: Landwirtschaftskammer 2,57, Kammer der gewerblichen Wirtschaft 2,63, Kammer für Arbeiter und Angestellte 2,37, Österreichischer Gewerkschaftsbund 2,33, Industriellenvereinigung 2,53, Ärztekammer 2,28, war also allgemein und insbesondere für die Arbeitnehmerinstitution befriedigend.

Insoweit es die Sozialpartnerschaft betrifft, überwog allerdings bei den Mitgliedern der Selbständigenverbände die Meinung, daß die Arbeitnehmer die eigentlichen Nutznießer des sozialpartnerschaftlichen Systems sind, während die Österreicher insgesamt mehrheitlich (zu 56 Prozent) die N ü t z l i c h k e i t f ü r a l l e gegeben sahen.

Allgemein wurde das Fehlen einer offenen I n f o r m a t i o n s p o l i t i k beklagt. Warum dieser Anschein besteht, kann zum Teil damit begründet werden, daß die Sozialpartnerschaft an sich keine Institution ist; zuständig für Information sind die Interessenverbände, die für die Weitergabe von Information (natürlich jeweils von ihrer Warte aus) durch ihre Mitgliederzeitungen sorgen. Sie können allerdings mit der Aktualität und der Verbreitung von Tageszeitungen nicht Schritt halten.

Eine Analyse

Eine umfassende Studie über die Wirtschafts(Sozial)partnerschaft in Österreich kam zu dem Ergebnis, daß Österreich im Vergleich mit 17 demokratischen Industriestaaten, einschließlich den USA und Japan, dank der Sozialpartnerschaft tatsächlich bis Anfang der achtziger Jahre eine »Insel der Seeligen« war.[7]) Der Wiederaufbau konnte innerhalb verhältnismäßig kurzer Zeit bewältigt, der Übergang vom Agrar- zum Industriestaat (zu dem allerdings im Zweiten Weltkrieg durch die Errichtung von Großbetrieben der Stahl- und chemischen Industrie die Weichen gestellt wurden) innerhalb verhältnismäßig kurzer Zeit bewerkstelligt und den seit Mitte der siebziger Jahre auftretenden Krisensymptomen konnte anfänglich besser als anderswo begegnet werden.

Historiker sehen die partnerschaftliche Verhaltensweise der Österreicher in geschichtlichen Dimensionen. Die Sozialstruktur Österreichs wurde durch den erst spät einsetzenden Industrialisierungsprozeß in dem überwiegend agrarisch und handwerklich bestimmten Wirtschaftsraum der Monarchie beeinflußt. Risikovermeidung, das Aushandeln kalkulierbarer Kompromisse und die Bereitschaft zum Konsens kennzeichnen die österreichische Mentalität. Die Wurzeln der besonderen Art der Ausprägung der Sozialpartnerschaft liegen weit in der Vergangenheit. Sie ist ein Integrationsfaktor ersten Ranges geworden, weil sie die Risiken des Interessensausgleichs im Bereich der Arbeitsbeziehungen und der Verteilungspolitik überschau- und kalkulierbar macht.

Das System, das wir heute Sozial- oder Wirtschaftspartnerschaft nennen, bereitete sich in Österreich ... bereits zu einer Zeit vor, in der die moderne Demokratie gerade ihre ersten Gehversuche machte. Ohne das aktive Mitwirken der zentralen Bürokratie hätte dieses System sich nie zu einem funktionierenden politischen Instrument entwickeln können. Und diese Rolle konnte die Bürokratie nur spielen, weil sie – trotz aller entgegengesetzten Bemühungen während des 19. Jahrhunderts – ihre entscheidende Prägung durch die Reformen des aufgeklärten Absolutismus nicht verloren hatte.[8])

In der Sicht der Wissenschafter ist die Sozialpartnerschaft ein Instrument zum gesellschaftlichen Konsens, fußend auf ideologischen Wurzeln, reichend bis in die Monarchie am Ausgang des 19. Jahrhunderts, wobei auch Anklänge an die berufsständischen Vorstellungen der christlichen Arbeiterbewegung und an die Idee des Ständestaats gesehen werden.

Letztlich ist aber die Sozialpartnerschaft in ihrer heutigen Form auf die besondere Situation Österreichs am Ende des Zweiten Weltkriegs und die Erfahrungen aus der Zwischenkriegszeit zurückzuführen. Im Urteil ausländischer Studienbeiträge ist die Zusammenarbeit der Interessenvertretungen der Arbeitgeber und

Arbeitnehmer in Österreich im Vergleich zu anderen Staaten b i s -
h e r am effizientesten verlaufen. Die Annahme liegt daher nahe,
daß die österreichische Sozialpartnerschaft sich weiterhin durch
besonders hohe Stabilität auch unter turbulenten Umweltbedingungen auszeichnen wird.[9])

Als entscheidende – nur für Österreich gültige – Merkmale werden in den Studien der öffentlich-rechtliche Status der Kammerorganisationen mit gesetzlicher Zwangsmitgliedschaft und der Monopolcharakter und hohe Organisationsgrad des *Österreichischen Gewerkschaftsbunds* hervorgehoben. Die Bildung politischer Fraktionen im ÖGB hat zum Unterschied von der Situation im *Deutschen Gewerkschaftsbund,* der keinen vorbereitenden Meinungsbildungsprozeß innerhalb politischer Gruppierungen kennt, zu meist einheitlichen gewerkschaftlichen Stellungnahmen geführt.

Die enge Verflechtung der zwei führenden Gewerkschaftsfraktionen mit den beiden politischen Großparteien sowie auch die Einbeziehung von Gewerkschaftsfunktionären in die Regierung wird als für die Sozialpartnerschaft vorteilhaft qualifiziert. (Was eigentlich Angriffe auf die Ämterkumulierung entkräftet!) Die Möglichkeit allseitigen Agierens der Sozialpartnerschaft auf breiter und auch politischer Ebene ermöglicht es ihr, nicht nur »Schönwetterfunktion« zu haben oder »Krisenfeuerwehr« spielen zu müssen, sondern als G e s t a l t u n g s f a k t o r in den Bereichen der Wirtschafts- und Sozialpolitik zu einer aus internationaler Sicht bemerkenswerten Stabilität zu gelangen.[10])

Allerdings war diese Stabilität von schwankender Beschaffenheit und ist es eigentlich noch. Der Einfluß des von Finanzminister Koren initiierten Verbändekomitees auf die Politik des Staats war bemerkenswerterweise während der ÖVP-Alleinregierung 1966 bis 1970 am größten. Mit dem V e r b ä n d e k o m i t e e und mit den vom Beirat für *Wirtschafts- und Sozialfragen* und vom *Wirtschaftsforschungsinstitut* erstatteten Wirtschaftsprognosen erhielt die Sozialpartnerschaft einen neuen politischen Stellenwert, ein Phänomen, das auf die Formel gebracht wurde, daß »die Sozialpartnerschaft als ›Bereichskoalition‹ fungiere«.[11])

In der nachfolgenden Periode der Regierung Kreisky wurde vorerst die Sozialpartnerschaft auf ihren Kernbereich, die Kollektivvertrags- und Preispolitik, zurückgedrängt. Auf sozialpolitischem Gebiet ergab sich die groteske Situation, daß die Abgeordneten des *Österreichischen Arbeiter- und Angestelltenbunds (ÖAAB)*

517

in der ÖVP im Parlament mit *sozialpolitischem Lizitieren* begannen, worauf die SPÖ-Regierung – manchmal aus budgetären Gründen wider Willen – zu Initiativen gezwungen war, was Rudolf Sallinger, den Präsidenten der Bundeswirtschaftskammer, zu der Äußerung veranlaßte, »daß Vorwahlzeiten immer teure Zeiten für die Wirtschaft sind«.[12])

Die Mitte der siebziger Jahre einsetzende internationale Wirtschaftsflaute, Budgetprobleme und das Aufkommen alternativer Bewegungen führten wieder zu mehr Kontakt mit den Sozialpartnern und zur Heranziehung des *Beirats für Wirtschafts- und Sozialfragen* zur Erstattung von Gutachten. In der Zeit der Kleinen Koalition ab 1983 erwies sich die FPÖ als ein Störfaktor für die Sozialpartnerschaft, da ihr die Bindungen zu deren Institutionen fehlen. Demgegenüber waren wieder Experten der Arbeiterkammer und des *Österreichischen Gewerkschaftsbunds,* Experten mit früherer Verankerung im Beirat, in die Regierung integriert, doch konnten sie nicht als Vollzugsorgane des ÖGB angesehen werden.

Unzweifelhaft haben die wirtschaftlichen Krisenerscheinungen in den achtziger Jahren den Bewegungsspielraum der Sozialpartnerschaft eingeengt. Der ÖGB vollzog eine Revision seiner Lohnpolitik zugunsten *wachstumspolitisch erforderlicher Gewinne.* Er erwartete sich durch kurzfristigen Verzicht auf mögliche Nominallohnsteigerungen einen höheren Beschäftigungsgrad. »Diese Praxis illustriert den konzeptionellen Wandel vom ›Verteilungssozialismus‹ früherer Zeiten zum modernen ›Wachstumssozialismus‹, allerdings abseits ideologischer Überlegungen.«[13])

Die von Österreich zum Unterschied von anderen Industriestaaten noch in der zweiten Hälfte der siebziger Jahre gesteuerte Wirtschaftspolitik, als Austrokeynesianismus interpretiert, führte auch in dieser Periode noch zu respektablem Wirtschaftswachstum, niedrigen Inflationsraten, wenig Streiks und geringer Arbeitslosigkeit, demgegenüber verzögerten sich aber notwendige Strukturreformen. Die »beschäftigungspolitische Instrumentalisierung der verstaatlichten Industrie spielte dabei eine wesentliche Rolle«,[14]) zeigt allerdings heute als Folge das Desaster der *Verstaatlichten Industrie.*

Über die Rolle, die der Austrokeynesianismus im letzten Jahrzehnt spielte, sind sich die Autoren nicht einig. Manche nehmen an, daß es zu einem abrupten Stop dieses Kurses schon am Ende der siebziger Jahre kam, während andere wieder den Termin auf Mitte der achtziger Jahre verlegen. Günther Chaloupek, AK-Sekretär und Geschäftsführer des Beirats *der Paritätischen Kommission*, vertritt sogar in seinem Beitrag die Auffassung, daß es sich nunmehr um eine »Modifikation des Austrokeynesianismus«, nicht jedoch um dessen Ende handelt.[15])

Jedenfalls haben die Mitte der siebziger Jahre einsetzenden internationalen Trends geringen Wirtschaftswachstums und das Ende der Wohlstandssteigerung in Österreich unweigerlich zu einer Schwächung der Position der Sozialpartnerschaft geführt. Ewald Nowotny, Ordinarius für Volkswirtschaftslehre an der Wiener Wirtschaftsuniversität und Abgeordneter zum Nationalrat, konstatiert eine tendenzielle Verlagerung vom »machtstabilen ›geschlossenen‹ Bereich der Sozialpartnerschaft zum labileren, exponierten Bereich der Parteipolitik.«[16])

Das langsame Schwinden der Vertrauensbasis und die Tendenz zur Zuspitzung der Gegensätze könnten nach Meinung einiger Autoren zur Aushöhlung der Sozialpartnerschaft führen, doch sind die meisten der Ansicht, daß die Bereitschaft zur Vermeidung von Konflikten allseits groß genug ist, um den Weiterbestand der Sozialpartnerschaft zu sichern. Angesichts neuer Strömungen müssen aber beide Partner zu einer Verständigung über ein qualitativ orientiertes Wachstum gelangen, die Arbeitgeberseite auch auf betrieblicher Ebene zu einem besseren Klima im Verhältnis zu den Arbeitnehmern, um derart eine z u r ü c k h a l t e n d e L o h n p o l i t i k z u k o m p e n s i e r e n . Johann Farnleitner, Leiter der Wirtschaftspolitischen Abteilung der Bundeswirtschaftskammer, attestiert den Sozialpartnern sogar, daß sie, überzeugt von der Notwendigkeit einer konsequenten Wachstumspolitik, »in einer Art Abwehrreaktion gegen neue ›grüne‹ Gruppierungen innerhalb und außerhalb der Parteienlandschaft enger zusammenrücken«. Die Sozialpartnerschaft ist seiner Ansicht nach »in der ökonomischen Krise keinesfalls in eine Krise geraten, sondern vor neue Aufgaben gestellt« worden.[17])

Die Sozialpartnerschaft hat in Österreich bereits Tradition und ein Traditionsbruch ist unwahrscheinlich. *Freilich ist ein Tatsachen-Fetischismus ein sehr geeignetes Mittel, notwendige Veränderungen zu blockieren,* gibt Arnold Künzli zu bedenken.

Wenn man an die Zukunft denkt, so wird der Weg der Sozialpartnerschaft durch den Einstieg in eine ö k o l o g i s c h a u s g e r i c h t e t e W i r t s c h a f t s p o l i t i k bestimmt sein, die überdies zumindest einige Zeit hindurch materielle Beschränkungen durch geringere Wachstumsraten zur Folge haben wird. In dieser Entwicklungsphase wird es vom Fingerspitzengefühl der Interessenvertreter abhängen, ob sie f ü r a n s t e h e n d e F r a g e n wie Arbeitszeitverkürzung, betriebliche Mitbestimmung und Reform der Sozialversicherung einen Kompromiß finden, der zu einer g r u n d s ä t z l i c h e n K l ä r u n g führt, die Realisierung aber an ökonomische und anderweitige sachliche Voraussetzungen knüpft und die Termine darauf abstimmt. Eine Orientierung in der Arbeitszeitfrage nach differenzierten Branchenverhältnissen und der Intensität der Arbeitsbelastung durch den technischen Fortschritt ist v o r e r s t wirtschaftlich vertretbarer und zielführender als eine generelle Regelung, die unter Konkurrenzdruck stehende oder um ihre Existenz ringende Betriebe der Exportwirtschaft einbezieht und den öffentlichen Sektor mit steigenden Personalkosten budgetär belastet.

Durch die strukturellen Veränderungen in der westlichen Industriegesellschaft geht ein Wertwandel vor sich, der zu einer Neuorientierung der Denk- und Verhaltensweise insbesondere der jungen Generation führt. In der Gesellschaft ist ein tiefgreifender Wandel von materiellen zu postmateriellen Orientierungen im Gange, die an Stelle des Erwerbsmotivs Werte wie Mitbestimmung im Arbeitsleben und in der Politik, Überwindung unpersönlicher Gesellschaftsstrukturen sowie den Vorrang der Ökologie vor der Ökonomie setzen. Die Interessenvertretungen müssen sich in der Partnerschaftspolitik nach diesem Wertewandel orientieren, um den Kontakt zur Realität nicht zu verlieren. Die Zukunftschancen der Sozialpartnerschaft hängen davon ab, ob sie n e u e n I n h a l t erhalten kann. Eine permanente pragmatische Politik o h n e Z u k u n f t s p r ä f e r e n z e n führt zur V e r s t e i n e r u n g ; bietet sie zu tiefgreifenden gesellschaftlichen Krisenerscheinungen keine konkreten Alternativen und Zukunftsaspekte, könnten ihre Tage gezählt sein.[18])

Die jüngere Generation könnte angesichts geänderter gesellschaftlicher Verhältnisse und leid des mühsamen Umgangs mit dem Instrumentarium der Sozialpartnerschaft[19]) und der Publizitätsferne seiner Wirkungsweise versucht sein, einen anderen Kurs zu steuern, schon um vor der Öffentlichkeit die Kompetenz der Großen Koalition zu dokumentieren.

Das ist immerhin eine Hypothese, da viel in Bewegung geraten ist. Da aber in Österreich Provisorien – wie es die Sozialpartnerschaft seit Anbeginn eines ist – langen Bestand haben, ihr auch historische Verdienste um den wirtschaftlichen Aufstieg und den sozialen Frieden zukommen, kann man über die weitere Entwicklung der Sozialpartnerschaft optimistisch sein. Man kann annehmen, daß sie sich vermutlich als flexibel genug erweisen wird »sklerotische« Strukturen abzubauen und den notwendigen wirtschaftlichen, technischen und auch gesellschaftlichen Wandel zu vollziehen, um die dank der Sozialpartnerschaft erreichte, aber bereits gefährdete Position unter den fortschrittlichen Industriestaaten zu sichern.

Die Ausschüsse der Paritätischen Kommission

Neben der *Paritätischen Kommission* gibt es noch eine große Zahl von Gremien, in denen die Wirtschaftspartner vertreten sind. In Gesetzen und Verordnungen ist die Mitwirkung der Wirtschaftspartner sowohl bei der Ausarbeitung als auch der Vollziehung der Gesetze vorgesehen. Teils haben sie dominierenden Einfluß, wie bei den Sozialversicherungsträgern oder den Agrarfonds, teils kommt ihnen eine beratende Funktion zu.

Die österreichische Bundesregierung und die einzelnen Bundesminister sind durch Gesetz verpflichtet, vor Einbringung einer Regierungsvorlage im Parlament diese Vorlage den maßgeblichen gesetzlichen Interessenvertretungen (Kammern) zur Begutachtung zuzusenden. In der Regel wird auch der ÖGB zu einem Gutachten eingeladen.

Das Zusammenrücken der Interessenvertretungen der Arbeitgeber und der Arbeitnehmer bei der Lösung wirtschaftlicher und sozialer Probleme hat ihnen die etwas abwertende Qualifikation einer »Verbandswirtschaft« eingetragen und zur Forderung nach ihrer Institutionalisierung geführt: *Ihr Handeln entspringt nicht aktiver Legitimation, sondern vielmehr einer Legitimation durch Duldung.*

Demgegenüber ist der Standpunkt des ÖGB durch die Stellungnahme von Präsident Benya gekennzeichnet: »Daß der Gewerkschaftsbund an der Gestaltung des politischen Lebens einen so starken Anteil hat, heißt noch lange nicht, ihn zu institutionalisieren ... In der österreichischen Gesellschaftsordnung, in der verschiedene Mächtegruppierungen, wie die Gewerkschaften, Unternehmerorganisationen und andere Interessenvertretungen, nebeneinander existieren, ist die Regierung keineswegs dazu berufen, alles allein nach ihrem Ermessen zu gestalten. Auf die gewerkschaftliche Praxis angewendet, bedeutet das, daß über wirtschaftliche

Probleme mit dem Wirtschaftspartner verhandelt wird, wenn man diese Probleme einer Lösung zuführen will, nicht ohne dabei indirekt auf die Regierungspolitik einen möglichst großen Einfluß auszuüben.« Und weiter betonte Benya, daß der Gedanke einer »Verrechtlichung« von keiner Interessenorganisation befürwortet wird. »Der Gewerkschaftsbund steht weiterhin auf dem Standpunkt, daß die Zusammenarbeit auf freiwilliger Basis zu erfolgen habe, daß nicht alles in Gesetzen seinen Niederschlag finden müsse.«[20])

Die *Paritätische Kommission* hat zwei Aufgaben zu erfüllen: einerseits ist sie zweite Instanz für ihre eigenen U n t e r a u s s c h ü s s e in Lohn- und Preisfragen und andererseits ein Diskussionsforum, in dem die Spitzenvertreter der Regierung und der Sozialpartner alle wirtschaftspolitisch wichtigen Fragen besprechen. Die *Paritätische Kommission* soll in der Regel einmal im Monat zusammentreten, und die Tagesordnung umfaßt neben einem allgemeinen Bericht über die Wirtschaftslage jene Angelegenheiten, über die in den Unterausschüssen keine Einstimmigkeit erzielt werden konnte.

Die L o h n u n t e r k o m m i s s i o n besteht ausschließlich aus Vertretern der Arbeitgeber und der Arbeitnehmer; sie ist dafür zuständig, Lohnverhandlungen freizugeben. Dies deshalb, weil die Gewerkschaften die Verpflichtung eingegangen sind, keine Kollektivvertragsforderungen an die Unternehmerseite zu stellen, ohne vorher eine Zustimmung für Verhandlungen bei der Lohnunterkommission eingeholt zu haben. Die Kommission heißt mit der Verhandlungsfreigabe nicht die Forderung gut, sondern gibt lediglich die Möglichkeit, über diese Forderung Verhandlungen zu führen. Die eigentlichen Verhandlungen sind dann von der zuständigen Gewerkschaft und den entsprechenden Unternehmerorganisationen aufzunehmen und abzuschließen. Das bedeutet, daß die *Lohnunterkommission* nur einen beschränkten Einfluß auf das Ausmaß von Lohnforderungen und Abschlüssen hat, jedoch die Zeiträume zwischen Lohnverhandlungen beeinflussen kann. Falls die Laufzeit eines Kollektivvertrags den Vereinbarungen entspricht, erfolgt in der Regel die Freigabe für Verhandlungen. Lediglich bei ganz großen Arbeitnehmergruppen wird wegen der volkswirtschaftlichen Bedeutung die endgültige Entscheidung über die Verhandlungsfreigabe der *Paritätischen Kommission* als zweiter Instanz überlassen.

Dem *P r e i s u n t e r a u s s c h u ß* gehören neben Vertretern der Wirtschaftspartner auch Ministerialvertreter an. Aufgrund der

Vereinbarungen über die *Paritätische Kommission* ist er grundsätzlich für sämtliche Preiserhöhungswünsche aller österreichischer Unternehmungen zuständig, soweit diese Preise nicht von einer Gebietskörperschaft genehmigt werden oder der amtlichen Preisregelung unterliegen. In der Praxis erstreckt sich die Wirksamkeit des Ausschusses vor allem auf inländische Industrieprodukte, wobei Artikel, die raschen modischen oder technischen Veränderungen unterworfen sind, wegen der Schwierigkeit des Preisvergleichs nur sehr mangelhaft erfaßt werden.

Will ein Unternehmen oder eine Branche eine Preiserhöhung durchführen, so wird ein entsprechender Antrag an den *Preisunterausschuß* gestellt. Dieser Antrag ist ziffernmäßig zu begründen, wobei als Begründungen lediglich Kostensteigerungen angeführt werden können, auf die das Unternehmen keinen Einfluß hat; dazu zählen insbesondere genehmigte Preiserhöhungen von Vorlieferanten und kollektivvertragliche Lohnerhöhungen. Der Preisantrag wird vom *Preisunterausschuß* überprüft, wobei vor allem die Arbeitnehmerorganisationen um eine Milderung oder Verschiebung der Preissteigerung bemüht sind.

Im Laufe der Jahre hat einerseits die Erfahrung der Arbeitnehmervertreter immer mehr zugenommen, anderseits ist es auch gelungen, eine immer präzisere Untergliederung der Unterlagen zu erreichen, so daß die Arbeitnehmervertreter heute schon einen sehr guten Überblick über die tatsächliche Kostensituation im Zusammenhang mit den im *Preisunterausschuß* behandelten Anträgen der Branchen und Unternehmungen haben. Dadurch ist es vielfach möglich, Preiserhöhungen auf das unbedingt notwendige Ausmaß zu beschränken.

Der dritte Unterausschuß der *Paritätischen Kommission* ist der im Jahre 1963 gebildete B e i r a t   f ü r   W i r t s c h a f t s -   u n d   S o z i a l f r a g e n . Ihm gehören volkswirtschaftliche Experten der vier Interessenorganisationen an, wobei zur Beratung konkreter Projekte auch Fachleute aus der öffentlichen Verwaltung, aus der Wirtschaft und von den Hochschulen herangezogen werden.

Aufgabe des Beirats ist die Erstellung von S t u d i e n   ü b e r   w i r t s c h a f t s p o l i t i s c h e   F r a g e n . An diese Studien schließen sich in der Regel auch mehr oder weniger konkrete Empfehlungen an. Die besondere Bedeutung des Beirats liegt darin, daß er, vor allem in seiner Anfangsphase, zu einer Versachlichung der wirtschaftspolitischen Auseinandersetzungen geführt hat. Viele seiner Studien sind zur Grundlage für konkrete wirtschaftspolitische Maßnahmen geworden: zum Beispiel eine Studie über die Einführung der Vierzigstundenwoche oder eine Studie über die Industriepolitik, die zur öffentlichen Subventionierung expandierender Industriezweige geführt hat.

Im Gegensatz zu wirtschaftspolitischen Beratungsgremien in anderen Ländern ist der Beirat nur bedingt unabhängig, weil die in ihm vertretenen Experten schließlich auf die Position der sie entsendenden Interessenvertretungen Rücksicht nehmen müssen. Dem steht aber gegenüber, daß die dann einstimmig zustande gekommenen Empfehlungen ein um so größeres Gewicht haben, weil eben die Organisationen der Sozialpartner dahinterstehen. Man kann daher sagen, daß der Beirat zwar keinen sehr großen Spielraum für seine Empfehlungen hat, daß diese aber größere Durchschlagskraft haben als Empfehlungen vergleichbarer Institutionen in anderen Ländern.

Der *Beirat für Wirtschafts- und Sozialfragen bei der Paritätischen Kommission* hat als Organ der vier großen Spitzenverbände zur wirtschaftspolitischen Beratung der Regierung vor allem die Aufgabe, die auseinander strebenden Interessen der auf die Wirtschaftspolitik Einfluß nehmenden Interessengruppen soweit wie möglich auszugleichen und damit die entscheidende Voraussetzung zum Interessenausgleich zu schaffen.

In den ersten Jahren nach seiner Gründung konnte der Beirat besonders fruchtbringende Arbeit leisten. Nach 1966 sank durch die Alleinregierung erst der ÖVP und dann der SPÖ seine Bedeutung ab. Die nunmehr seit 1975 infolge der internationalen Wirtschaftskrise eingetretene Problematik der Zukunftsentwicklung hat es mit sich gebracht, daß er fallweise wieder verstärkt zur Mitarbeit herangezogen wird.

Der Beirat ist aber nicht nur *der äußerste Vorposten der geistigen Etappe,* er gilt als *das gemeinsame Großhirn der Interessenvertretungen.* Als Großhirn kommt ihm erstens und vor allem die *Autorität einer gesamtwirtschaftlichen Steuerungszentrale* zu. *Die Suche nach einer sachlichen Gesamtlösung ... an ... Stelle der Junktimspraxis der Koalition, die Orientierung am gesamtwirtschaftlichen Interesse,* diese Maximen gehören zu den Eckpfeilern der »Beiratsphilosophie«. Der Beirat verkörpert seinem Anspruch nach »reine Sachlichkeit, gesamtgesellschaftliche Realität und wirtschaftspolitische Vernunft«.[21])

Die *Paritätische Kommission* steht so sehr im Mittelpunkt des öffentlichen Interesses, daß große Bereiche, in denen gleichfalls in verschiedenen Gremien die Sozialpartner vertreten sind, vergleichsweise etwas in den Hintergrund treten. Dabei muß festgehalten werden, daß die Beteiligung der Sozialpartner an diesen Gremien auf sehr unterschiedlichen Rechtsgrundlagen beruht. Es gibt in Österreich viele Gesetze und Verordnungen, durch die Institutionen geschaffen wurden, in deren Rahmen die Wirtschaftspartner an der Gesetzesvollziehung beteiligt sind. Teils haben sie einen dominierenden Einfluß, wie die Sozialversicherungsträger oder die Agrarfonds, teils kommt ihnen lediglich beratende Funktion zu. In anderen Bereichen haben die zuständigen Ressortminister, ohne dazu gesetzlich verpflichtet zu sein, Beratungsgremien geschaffen, die Vertreter der Wirtschaftspartner bei der Ausführung von Gesetzen hinzuziehen.

Es würde den Rahmen dieser Geschichtsbetrachtung sprengen, auf die Tätigkeit der Vertreter der Sozialpartner in den vielen Ausschüssen und auf die Möglichkeiten der Mitwirkung in der öffentlichen Verwaltung ausführlich einzugehen. Es sei daher nur darauf hingewiesen, daß die sozialpartnerschaftliche Mitwirkung sich nicht auf den Bereich des Bundes beschränkt, sondern – dem föderalistischen Aufbau unseres Staats entsprechend – in ähnlicher Intensität auch in den Bundesländern zu finden ist. Die Sozialpartnerschaft gewinnt ihre Bedeutung in Österreich auch daraus, daß eine verhältnismäßig kleine Anzahl von Personen in einer Vielzahl von mit unterschiedlichsten Fragen befaßten Gremien tätig ist.

Schließlich ist noch zur Erarbeitung einer gemeinsamen Linie in der Wirtschafts- und Sozialpolitik das neben der *Paritätischen Kommission* seit 1967 bestehende *Verbändekomitee* von Bedeutung, das unter dem Vorsitz des Bundeskanzlers mindestens vierteljährlich zusammentritt. Zu den Sitzungen werden außer den Ressortministern die Vertreter der Kammern, des Gewerkschaftsbunds, der Nationalbank und der Wirtschaftsforschungsinstitute zugezogen.

Österreichs Gemeinwirtschaft und die verstaatlichten Unternehmungen im Wandel der Zeit

Nur bedingt Gemeinwirtschaft

Im Rahmen des Wiederaufbaus nach den massiven Zerstörungen im Zweiten Weltkrieg wuchs der gemeinwirtschaftliche Sektor in einigen Ländern beträchtlich. In Österreich bewilligte der Nationalrat im Juli 1946 einstimmig die teilweise Verstaatlichung des Bankwesens und die Verstaatlichung der bedeutendsten Unternehmungen des Kohle- und Erzbergbaus, der Eisen- und Metallindustrie, der Erdölgewinnung und -verarbeitung sowie einiger wichtiger Unternehmungen des Verkehrs, der chemischen Industrie und des Maschinen- und Fahrzeugbaus. Ein Jahr später erfolgte die Verstaatlichung der Elektrizitätswirtschaft. Alle diese Unternehmungen werden als Bestandteil der österreichischen Gemeinwirtschaft betrachtet. Weiters gehören zur Gemeinwirtschaft die Versorgungs-Unternehmungen der Bundesländer und der Gemeinden sowie Konsum- und Wohnbaugenossenschaften und die Agrargenossenschaften.

Gemeinwirtschaft als Urform wirtschaftlicher Tätigkeit gab es in allen Epochen der Geschichte. Sie hat verschiedene Wandlungen erfahren und Interpretationen gefunden, aber gemeinsame Bedarfsdeckung und Gemeinsinn standen immer im Vordergrund ihrer Zweckbestimmung.

Die Begriffsbestimmung »Gemeinwirtschaft« ist nicht eindeutig und die Theorie deshalb umstritten. Es läßt sich auf jeden Fall nur ein Teil der Unternehmungen, die bei uns unter dem Titel Gemeinwirtschaft laufen, und da insbesondere die *Verstaatlichte Industrie,* unter den Begriff »Gemeinwirtschaft« im Sinne von g e - m e i n n ü t z i g e   W i r t s c h a f t   einordnen. Vom Ursprung her ist mit Gemeinwirtschaft eine vorausschauende Bedarfsdeckung und Planung untrennbar verbunden, Rentabilität und Gewinn treten hinter die Gemeinnützigkeit zurück. Heute kann allerdings wegen der Fehlschläge, die die Planwirtschaft erlitten hat, diese nicht mehr als zielführende Form der Bedarfsdeckung angesehen werden. Auch hat im Interesse der Wirtschaftlichkeit das »Gewinnstreben« einen größeren Stellenwert erhalten.

In der zweiten Hälfte des vorigen Jahrhunderts begriff der Nationalökonom Albert Schäffle Gemeinwirtschaft als ein System, das die Privatwirtschaft *da ergänzt, wo sie ihre Funktionen nicht erfüllt.*

Die Arbeiterbewegung begann mit der Errichtung von G e n o s s e n s c h a f t e n als Selbsthilfeeinrichtungen.

Die ersten Bahnverbindungen in Österreich wurden wohl von privaten Gesellschaften unter Führung des Bankhauses Rothschild begonnen, mußten sich aber bald um Hilfe an den Staat wenden, der schließlich das E i s e n b a h n w e s e n in seine Obhut nahm.

Der christlichsoziale Bürgermeister L u e g e r baute um die Jahrhundertwende die kommunalen Versorgungseinrichtungen für die Wiener Bevölkerung im gemeinwirtschaftlichen Sinne auf.

Im Ersten Weltkrieg mit seinen Versorgungsengpässen waren gemeinwirtschaftliche Einrichtungen die zweckmäßige Organisationsform zur Bedarfsdeckung, und sie galten kurzfristig als ein M u s t e r f ü r eine zukünftige F r i e d e n s w i r t s c h a f t.

Die vom Parlament der E r s t e n R e p u b l i k eingesetzte Kommission, die S o z i a l i s i e r u n g s m a ß n a h m e n vorschlagen sollte, scheiterte bald am Widerstand der Privatwirtschaft, und es blieben nur frühere Einrichtungen des Heeres, wie die gemeinwirtschaftlichen *Werke Arsenal* und alte oder neu erstandene Genossenschaften, übrig.

Im Zweiten Weltkrieg waren die *Reichswerke Hermann Göring* (zu denen auch die spätere VOEST gehörte) keine privatwirtschaftlichen Unternehmungen, sondern der damals weltgrößte Konzern, der in Konkurrenz zu den privaten Konzernen der Schwerindustrie stand und von Beginn seines Entstehens an im Eigentum des nationalsozialistischen Reichs war.

Nach dem Zusammenbruch des »Dritten Reichs« fielen diese Vermögenswerte unter den Begriff des *Deutschen Eigentums,* über das die Alliierten verfügen konnten. Die Großindustrie mußte für Österreich gerettet werden, um seine Existenz sicherzustellen. Der Staat mußte eingreifen, da – abgesehen von anderen Gründen – kein privates Kapital in ausreichendem Maß zur Verfügung stand, um die Betriebe wieder aufbauen und führen zu können.

Durch die B u n d e s g e s e t z e v o m J u l i 1 9 4 6 und M ä r z 1 9 4 7 wurden 87 Unternehmungen beziehungsweise Betriebe verstaatlicht. Sie nicht in Staatseigentum zu überführen, hätte bedeutet, sie weiterhin der Geschäftsführung der alliierten Besatzungsbehörden und damit einem ungewissen Schicksal zu überlassen – wie das Beispiel der in der russischen Zone durch die Sowjets bis 1955 verwalteten USIA-Betriebe demonstrierte. Die Verstaatlichung des Magnesitbergbaus, der amerikanische und französische Eigentümer hatte, scheiterte am Einspruch der beiden betroffenen Alliierten USA und Frankreich.

Die ÖVP verband ihre Zustimmung zum ersten *Verstaatlichtengesetz mit der gleichzeitigen Beschlußfassung des Werksgenossenschaftsgesetzes.* Dieses Gesetz sah das, allerdings bis heute nicht verwirklichte, Miteigentum der Belegschaften vor. Es steht jetzt bei den Privatisierungsmaßnahmen wieder zur Diskussion.

Die vom Staat zur Verfügung gestellten, freilich zu knappen Investitionsmittel gestatteten – ergänzt durch ERP-Kredite – einen raschen Wiederaufbau der verstaatlichten Betriebe. Von Anfang an waren die Unternehmungen unterkapitalisiert, und die Zinsenbelastung für Kredite war ein Dauerübel. Der Vorteil für die Privatwirtschaft bestand darin, daß der verstaatlichte Grundstoffsektor die nachgeordnete Verarbeitungs- und Finalindustrie mit billigem Vormaterial und Halbzeug versorgte. Was heute bereits vergessen ist! Als Nachteil sollte sich später herausstellen, daß die Investitionen in die Grundstoffindustrie, bezogen auf den Kleinstaat Österreich, zu groß waren. Die Vergabe der Counterpart-Mittel hätte zur Verbesserung der Finalproduktion und der Infrastruktur mehr gestreut sein müssen.

Nach der Erhebung des Statistischen Zentralamts über die Gemeinwirtschaft in Österreich im Jahre 1983 stellte sie in diesem Jahr mit einem Nettoproduktionswert von 243 Milliarden Schilling 32,5 Prozent, also fast ein Drittel des gesamten Nettoproduktionswerts der österreichischen Wirtschaft. 21,5 Prozent aller unselbständig Erwerbstätigen arbeiten in Betrieben, die mehrheitlich oder ganz dem Staat oder einer öffentlichen Körperschaft gehören und dem gemeinwirtschaftlichen Sektor zuzurechnen sind; insgesamt 491.000 Menschen (von 1,9 Millionen Unselbständigen) waren hier tätig. Besonders hoch waren die Investitionen der Gemeinwirtschaft mit fast 47 Prozent an den österreichischen Gesamtinvestitionen. Von 186.000 Betrieben in Österreich waren nur 4.530 dem gemeinwirtschaftlichen Sektor zuzurechnen, woraus die großbetriebliche Struktur dieses Bereichs hervorgeht.

Wechselnde Organisationsformen

Die *Verstaatlichte Industrie* hatte besondere Bedeutung für Österreichs Wiederaufbau. Die Betriebe wurden zunächst verwaltungsmäßig dem Bundesministerium für Vermögenssicherung und Wirtschaftsplanung und nach Auflösung dieses Ministeriums aufgrund des Kompetenzgesetzes vom 16. September 1949 dem neu gebildeten Bundesministerium für Verkehr und verstaatlichte Betriebe unter Minister Karl W a l d b r u n n e r unterstellt. Eine Ausnahme bildeten die verstaatlichten Banken, die unter die Kompetenz des Bundesministeriums für Finanzen fielen.

Die Funktion des Bundesministeriums für Verkehr und verstaatlichte Betriebe gegenüber den ihm unterstellten einzelnen Betrieben und Wirtschaftszweigen war nicht einheitlich. Man unterschied drei Gruppen:

1. Öffentlich verwaltete Unternehmungen und Betriebe.

2. Unternehmungen mit ordentlichen Organen (Aufsichtsräte und Vorstände), deren Aktien- oder Gesellschaftskapital ganz oder teilweise im Eigentum der Republik war.

3. Holdinggesellschaften, die von der Republik zur treuhänderischen Ausübung ihrer Anteilsrechte in einzelnen Wirtschaftszweigen gegründet wurden.

Die politische Einflußnahme beider Regierungsparteien wurde so sichergestellt, daß dem sozialistischen Ressortminister gemäß den Koalitionsvereinbarungen eine Kommission beigegeben wurde, die sich aus je drei Vertretern der Regierungsparteien zusammensetzte und das Vorschlagsrecht für die Besetzung leitender Positionen (Vorstände, Aufsichtsräte) und für die Organisation der verstaatlichten Betriebe besaß. Der Minister war an ihre Beschlüsse gebunden.

Im Juli 1956 wurde vom Nationalrat das Kompetenzgesetz beschlossen, durch das die V e r w a l t u n g der verstaatlichten Betriebe auf die B u n d e s r e g i e r u n g überging. Die Elektrizitätswirtschaft verblieb weiterhin dem umbenannten Bundesministerium für Verkehr und Elektrizitätswirtschaft. Die Bundesregierung besorgte die Verwaltung der verstaatlichten Betriebe durch ein sechsgliedriges Ministerkomitee. Dieses Komitee war identisch mit dem Aufsichtsrat der von der Regierung gegründeten *Ö s t e r reichischen Industrie- und Bergbauverwaltungs-Ges.m.b.H.* (IBV), die als »Super-Holding« für alle verstaatlichten Betriebe zuständig war.

Im Jahr 1959 wurde die IBV wieder aufgelöst und die verstaatlichten Unternehmungen der Sektion IV des Bundeskanzleramts unter Vizekanzler Bruno Pittermann unterstellt.

Zu einem Hindernis für die Entwicklung der *Verstaatlichten Industrie* wurde während der Großen Koalition der Koalitionspakt vom 16. Juli 1959, dessen einer Passus lautete: *Die Parteien verpflichten sich, daß es bei Abstimmungen in den Aufsichtsräten nur zur Bildung von solchen Abstimmungsmehrheiten kommen kann, die auch ohne Berücksichtigung der Stimmabgabe (Stimmenthaltung) der vom Betriebsrat entsendeten Mitglieder des Aufsichtsrates zustande kommen würden. In Gesellschaften, in denen der Vorsitzende des Aufsichtsrates der SPÖ angehört, wird ein Vorsitzender des Vorstandes bestellt, der der ÖVP angehört oder umgekehrt.*

Im Herbst 1962 stand eine dritte Neuordnung der Verstaatlichten Industrie zur Diskussion. Die Teilnehmer einer Konferenz, zu der sich ein kleiner Kreis von Managern der Verstaatlichten Industrie, Wirtschaftsfachleuten und Gewerkschaftsfunktionären zusammengefunden hatte, waren der Meinung, daß eine Konstruktion erreicht werden müsse, *die von den kurzfristigen politischen Schwankungen unberührt bleibt, somit der Spitze eine gewisse Stabilität sichert und dabei der Arbeiterbewegung möglichst viel Einfluß einräumt. Aus diesem Grund soll der »Board« eine politischfachliche Körperschaft sein, dessen Mitglieder für eine längere ›Amtsdauer‹ berufen werden. Minister werden ausgeschlossen, weil sie a) mit anderen Problemen überladen sind und b) zu sehr jedem politischen Wind ausgesetzt sind.* Weitreichende Beschlüsse sollten der Genehmigung des Ministerrats unterliegen. Der vom Board bestellte V o r s t a n d sollte eine f a c h l i c h e K ö r p e r s c h a f t sein; das Schwergewicht soll auf der Q u a l i f i k a t i o n und nicht auf der Parteizugehörigkeit liegen. Ein wichtiger Paragraph sollte die obligatorische Vertretung verschiedener Interessengruppen festlegen. Damit, so hoffte man, könnten die Aufsichtsräte eine hohe, von kleinen politischen Verschiebungen unabhängige Stabilität gewinnen.

In der Diskussion wurde angeregt, den Vorschlag auf die verstaatlichten Banken auszudehnen, und betont, daß eine weitgehende Unabhängigkeit von der Bürokratie erreicht werden müsse. Entscheidend sei die Verhinderung der Privatisierungsbestrebungen der ÖVP. Eine verfassungsmäßige Verankerung wäre zwar eine moralische Hilfe, wenn die SPÖ nicht mehr in der Koalition wäre, aber doch nur ein formaler Schutz, da man die Privatisierung auch dadurch betreiben könne, daß man nicht investiert: Die Konferenzteilnehmer beschlossen, dem Parteivorstand ein Konzept vorzulegen, das die Neuorganisation der Spitze in Form einer öffentlich-rechtlichen Körperschaft, die verfassungsmäßige Verankerung, die Möglichkeit der Anpassung der Produktionsprogramme an die Marktverhältnisse sowie die Ablehnung der Ausgabe von Volksaktien vorsah.

Es blieb jedoch vorläufig bei der Unterstellung der verstaatlichten Unternehmungen unter die Sektion IV des Bundeskanzleramts. Ende März 1963 wurde die Bewegungsfreiheit der verantwortlichen Führung durch Vizekanzler Pittermann, weiter durch die Einsetzung eines von ÖVP und SPÖ paritätisch beschickten Viererausschusses eingeengt, der nur einstimmige Beschlüsse fassen konnte.

In der ersten Hälfte der sechziger Jahre wurden die Handelsbeziehungen zu O s t e u r o p a intensiviert, und der Anteil der Staatsbetriebe an den A u s f u h r e n in diese Region machte vorübergehend fast 50 Prozent aus – gegenüber einem Anteil an den Gesamtexporten von nur 18 Prozent.

Im Jänner 1964 wurde die Bildung von Arbeitskreisen branchengleicher Unternehmungen beschlossen, um die Zusammenarbeit zu erleichtern. Bereits ein Jahr zuvor hatte der Vizekanzler Vorschläge für die künftige Organisation der *Verstaatlichten Industrie* ausarbeiten lassen, die die Gründung einer »Ö s t e r r e i c h i s c h e n I n d u s t r i e f i n a n z i e r u n g s - A G« und die Zusammenführung branchengleicher Betriebe in Produktionsgemeinschaften, gemeinsame Ein- und Verkaufsorganisationen und die Abstimmung der Planungen, Investitionen und Produktionen vorsahen. Die ÖVP legte ihrerseits einen Vorschlag vor, wonach »die Republik Österreich die Verwaltung der Arbeitsrechte in den verstaatlichten Unternehmungen auf eine Verwaltungsstelle (Treuhänder) überträgt. Die Verwaltung der Anteilsrechte hat sich allein auf die Rechte der Hauptversammlung nach dem Aktiengesetz zu beschränken.« Darüber hinaus sah dieser Vorschlag bereits damals den Verkauf einer Anzahl verstaatlichter Betriebe vor.[22])

Da keine Einigung über die beiderseitigen Vorschläge erzielt werden konnte, wurde am 30. Juni 1964 ein n e u e s K o a l i t i o n s a b k o m m e n geschlossen, *wonach ein ständiger, aus 14 Vertretern der Regierungsparteien und dem Vizekanzler als Vorsitzenden zusammengesetzter Ausschuß gebildet wird, welchem auch die Agenden des 4er Beirates und Schiedsgerichtsfunktionen in Koordinierungsangelegenheiten der verstaatlichten Unternehmungen übertragen werden.* Obwohl Pittermann verfassungsmäßig nach außen die alleinige Verantwortung für die Führung der

531

Angelegenheiten der *Verstaatlichten Industrie* trug, konnte er praktisch ohne Zustimmung der Ausschußmitglieder keine Entscheidungen treffen, wodurch sich zeitraubende Verhandlungen oft nicht umgehen ließen. Über die Arbeitsweise des »Fünfzehnerausschusses« äußerte sich der ehemalige IBV-Chef Hans Igler, der selbst Ausschußmitglied gewesen war, nachträglich folgendermaßen: »In diesem Ausschuß herrschte wirklich das absolute Veto. Jeder einzelne konnte nein sagen, worauf seine Fraktion mit ihm nein sagte, worauf der ganze Laden gestanden ist, weil es in der Koalition kein Übereinstimmen gab. Ganze Themenkreise wurden mangels Einigung unerledigt weggeschoben. Damals wurde eine wirtschaftlich noch günstige Phase für die Umstrukturierung der Grundstoffindustrie verschlafen.«[23])

Wie anders damals noch die Lage der *Verstaatlichten Industrie* außerhalb Österreichs beurteilt wurde, zeigt die Erklärung des britischen Außenministers Michael Stewart anläßlich der Feier »10 Jahre Staatsvertrag« am 15. Mai 1965 im Wiener Belvedere: »Wir bewundern die Entwicklung der blühenden Industrie in Österreich und die Vitalität der modernen österreichischen Unternehmungen, wie sie zum Beispiel in dem revolutionierenden Stahlerneuerungsprozeß zum Ausdruck kommt.«

1965 standen noch in den acht großen Werken der *Verstaatlichten Industrie* 9 Milliarden Schilling Fremdkapital 12 Milliarden Schilling Eigenkapital gegenüber.[24])

Dunkle Wolken zogen aber bereits Mitte der sechziger Jahre über der VOEST auf, trotz des – allerdings durch einen Auslieferervertrag mit einer Schweizer Firma etwas geschmälerten – finanziellen Erfolgs. Es zeichneten sich schon damals durch »Preislabilität« im internationalen Stahlmarkt das Absinken des Stahlbedarfs und damit die Notwendigkeit der Reduzierung bisheriger Produktionskapazitäten und des Umsteigens auf die Finalindustrie sowie auch der Verlagerung nicht günstig gelegener Standorte ab.

1967 wurde auf Beschluß des Nationalrats schließlich die *Österreichische Industrieverwaltungsgesellschaft* (ÖIG) gebildet. Der ÖIG wurde die Erfüllung ihrer Aufgaben im Gegensatz zur seinerzeitigen IBV erleichtert, da sie in die Führung der einzelnen Betriebe stärker eingreifen konnte. Ein im Jahr 1969 von der ÖVP-Alleinregierung erstellter Gesetzesentwurf entzog dem Parlament die Verfügung über die verstaatlichten Unternehmungen und überantwortete sie der ÖIG beziehungsweise deren Aufsichtsrat. Über Einspruch des ÖGB kam ein Kompromiß zustande, wonach **Entstaatlichungsmaßnahmen** nur mit Zustimmung von zwei Drittel der Mitglieder des Aufsichtsrats und der Mehrheit des Hauptausschusses des Nationalrats erfolgen konnten.

Eine stete wirtschaftspolitische und vom *Österreichischen Gewerkschaftsbund* unterstützte **Forderung** war eine grundlegende **Reorganisation** der *Verstaatlichten Industrie*, um ihr ein geordnetes und den geschäftlichen Prinzipien angepaßtes Organisationsgefüge unter Einschluß der Mitbestimmung der Arbeitnehmer zu geben. Das Jahr 1970 brachte dann die Umwandlung der ÖIG in die *Österreichische Industrieverwaltungs AG* (ÖIAG). Dem Gesetzesbeschluß waren schwierige Verhandlungen vorangegangen.

Die Bildung dieser Aktiengesellschaft **verstärkte** den **Einfluß der Betriebsräte** wesentlich. Aber erst durch die Zusammenfassung der verstaatlichten Eisen- und Stahlindustrie im Jahre 1973 und der Edelstahlindustrie im Juli 1975 durch Bundesgesetze wurden die Voraussetzungen für eine – allerdings nicht befriedigende – Reorganisation der *Verstaatlichten Industrie* geschaffen. Neben dem in der ÖIG-Gesetzesnovelle 1969 definierten und mit vier Jahren begrenzten Auftrag zur branchenweisen Zusammenführung der Gesellschaften hatte nunmehr die ÖIAG auch allgemeine Koordinierungsaufgaben wahrzunehmen.

Die Verstaatlichung war längere Zeit außer Streit gestellt, die Verluste haben nunmehr dazu geführt, daß das Ausmaß einer Entstaatlichung zum Streitpunkt wurde. Entstaatlichungsmaßnahmen konnten bis 1985 durch die 1969 getroffene gesetzliche Regelung mit einer Zweidrittelmehrheit des Aufsichtsrats der ÖIAG und der Mehrheit des Hauptausschusses beschlossen werden. Die nunmehrige Regelung bürdet die Verantwortung den Organen der *Verstaatlichten Industrie* auf.

Ein neuer Beginn

Die weltwirtschaftlichen Krisenerscheinungen brachten in den achtziger Jahren den verstaatlichten Unternehmungen beträchtliche Verluste. Für die Edelstahlindustrie wurde ein mit Personalreduzierungen verbundenes Sanierungskonzept entwickelt. Fehlplanungen und Spekulationsgeschäfte ihrer Handelsfirma ließen 1985 die Verluste bei der VOEST auf 11,7 Milliarden Schilling emporschnellen und veranlaßten die Regierung zu einschneidenden Maßnahmen. Durch Bundesgesetz wurde Mitte Februar 1986 die ÖIAG in die *Österreichische Industrie-Holding AG* umgewandelt, in einen Konzern nach § 15 des Aktiengesetzes. Damit wird der ÖIAG die Erlassung von Konzernrichtlinien ermöglicht.

Der E i n f l u ß d e r P a r t e i e n auf Aufsichtsräte und Vorstände soll durch folgende Bestimmungen b e s e i t i g t werden: Vor der Bestellung und Abberufung von Aufsichtsratsmitgliedern hat der zuständige Minister seine Vorschläge der Bundesregierung zur Kenntnis zu bringen und in der Folge dem Hauptausschuß des Nationalrats zu berichten. Da sich die hohe Zahl der Aufsichtsratsmitglieder im verstaatlichten Bereich auf die Entscheidungsfindung und -bildung negativ ausgewirkt hat, soll diese Zahl durch eine von der Hauptversammlung der ÖIAG zu beschließende Satzungsänderung verringert werden. Zwei Arbeitnehmervertreter sollen jedoch dem ÖIAG-Aufsichtsrat auf jeden Fall angehören. Die bisherige Bestimmung des ÖIAG-Gesetzes, daß die Bestellung der Aufsichtsräte von Tochterunternehmen an die Zustimmung einer Zweidrittelmehrheit des ÖIAG-Aufsichtsrats gebunden ist, wird es nicht mehr geben, da die Einflußnahme der Parteien auf die Tochterunternehmen beseitigt werden soll. Schließlich wurde im Herbst 1987 die Umstrukturierung in ü b e r s c h a u b a r e B r a n c h e n h o l d i n g s in Angriff genommen.

Die getroffenen Maßnahmen sollen es ermöglichen, die verstaatlichten Unternehmungen nach betriebswirtschaftlichen Grundsätzen frei von politischer Einflußnahme, aber unter Bedachtnahme auf die gesamtwirtschaftliche Verantwortung zu führen. Der Erfolg wird entscheidend von der Qulifikation der bestellten Vorstände abhängen.

Ob es jedoch die letzte zu treffende gesetzliche Maßnahme sein wird, kann erst die zukünftige Entwicklung zeigen. Die Privatisierungsdiskussion wird durch den neuen Gesetzesbeschluß nicht beendet sein, weitere Budgetzuschüsse für die verstaatlichten Unternehmungen – zumindest zur Kapitalaufstockung – und im Zusammenhang damit der Umfang geforderter Entstaatlichung werden auch in Zukunft für Konfliktstoff sorgen. Ebenso ist klar, daß man die Produktion der *Verstaatlichten Industrie* nicht auf bestimmte Bereiche beschränken darf; es steht bereits außer Zweifel, daß sie im Finalbereich tätig sein muß.

Eine umfassende oder gar g ä n z l i c h e E n t s t a a t l i c h u n g darf aber gar nicht zur Diskussion stehen, da es bedenklich wäre, den großen Wirtschaftsbereich der *Verstaatlichten Indu-*

s t r i e ausländischem Kapitaleinfluß zu überantworten – was bei einer Auslieferung der Mehrheit des Aktienpakets an die Börse kaum aufzuhalten wäre. Einen Familienschatz darf man nicht zur Gänze versilbern. Mit einem Überhandnehmen ausländischer Konzerne würde Österreich zu einer Kolonie werden. Gleichgültig, ob man nun die *Verstaatlichte Industrie* dem Begriff »Gemeinwirtschaft« zuordnet oder nicht, der tragende Einfluß des Staats muß aus wirtschaftlichen und gesellschaftlichen Gründen in geeigneter Form gewahrt bleiben – historische Erfahrungen legitimieren dies:

Als nach dem Ende der Koalition zwischen der *Christlichsozialen Partei* und der *Sozialdemokratischen Partei* im Jahre 1922 eine Koalition zwischen den *Großdeutschen* und der *Christlichsozialen Partei* gebildet worden war, schlossen beide Parteien ein Koalitionsabkommen mit einer »nationalen Absichtserklärung« ab, das folgenden Passus enthielt: »Festhalten an der Anschlußpolitik unter inniger Fühlungnahme mit der deutschen Reichsregierung, Heranziehung deutschen Kapitals, Schutz deutscher Minderheiten in den Nachbarstaaten.«[25]) Zwar gab es im christlichsozialen Lager deklarierte Anschlußgegner, aber die *Großdeutschen* betrieben konsequent die Unterwanderung der österreichischen Wirtschaft durch deutsches Kapital.

Im Herbst 1926 kam es zum Abschluß eines Rohstahlkartells zwischen Deutschland, Frankreich, Belgien, Luxemburg und dem Saargebiet. Da in Österreich die *A l p i n e   M o n t a n   G e s e l l s c h a f t* schon lange eng mit den *V e r e i n i g t e n   S t a h l w e r k e n* in Deutschland verflochten war, blieb die Kartellbildung nicht ohne Rückwirkung auf Österreich. Von der *Alpine Montan Gesellschaft* nahm gegen Ende der zwanziger Jahre die Bildung einer Heimwehrgewerkschaft ihren Ausgang, die immer mehr zu den Nazis tendierte. Auch beim Lohndruck sowie beim Abbau sozialer Errungenschaften war die »Alpine« führend.

Schon im Jahre 1927 hatten die *Vereinigten Stahlwerke* für das deutsche Reichswehrministerium ein Gutachten über die Versorgung mit ausreichender Stahlerzeugung für den Kriegsfall[26]) erstellt.

Am 15. März 1938 gab Paul Pleiger, der Chef der *Reichswerke Hermann Göring,* den Auftrag, Aktien der *Alpine Montan AG* zu erwerben. Am 18. März 1938 teilte Hermann Göring auf Vorschlag Pleigers den *Vereinigten Stahlwerken* mit, daß die Reichswerke die *Alpine Montan AG* vollständig mit ihrer gesamten Erzbasis für die Reichswerke übernehmen würden.

Die Reichswerke wurden nun in Österreich Schrittmacher für die Kapitalverflechtung mit der deutschen Wirtschaft.[27])

Auf den dem 11. Bundeskongreß des ÖGB vorangegangenen Gewerkschaftstagen wurde betont, daß in Österreich weiterhin eine Grundstoffindustrie und Massenproduktionen aufrechterhalten werden müßten und deshalb die Verstaatlichte Industrie in ihren Kernbereichen erhalten bleiben müsse. Zudem bietet die Überantwortung an die Privatwirtschaft keine Gewähr für eine dauernde volkswirtschaftlich effiziente Führung. In den kommenden Jahren wird es für die Sicherung der Beschäftigung und des allgemeinen Lebensstandards entscheidend sein, die Leistungsfähigkeit des industriell-gewerblichen Sektors unserer Volkswirtschaft zu erhalten und zu stärken. Der ÖGB hält auch weiterhin aktives staatliches Handeln zur Bekämpfung der Arbeitslosigkeit für notwendig und kann keine Bundesregierung, wie immer ihre politische Zusammensetzung ist, aus ihrer beschäftigungspolitischen Verantwortung entlassen.

Mitte 1987 umfaßte die Verstaatlichte Industrie Österreichs noch immer rund 200 Unternehmen mit 93.000 Beschäftigten und einem Jahresumsatz von fast 160 Milliarden Schilling.

*Anteil der Verstaatlichten Industrie
an der österreichischen Gesamtindustrie in Prozent*

Jahr	Beschäftigte	Wertschöpfung	Exporte	Investitionen	Forschungs- und Entwicklungsaufwand[2]
1950	17,7	22 (1951)	23,0		
1955	22,1	–	22,4	19,4 (1957)	
1960	21,7	23 (1961)	28,2	14,2	
1965	20,5 (1964)	–	25,7 (1964)	–	27,3 (1967)
1970	16,6	26,5[1]	19,6	39,2 (1973)	22,0
1975	18,4	–	–	32,1	40,3
1980	18,8	22,5	20,5	27,9	30,0
1985	18,1	–	20	17,5	36,7

[1] 1966 bis 1970.
[2] Anteil an den Forschungs- und Entwicklungsaufwendungen der Wirtschaft (Industrie und Gewerbe).

Quelle: Arbeit und Wirtschaft Nr. 11/86, S. 15

Gewerkschaft und Gemeinwirtschaft – die Wirtschaftsgesinnung ist entscheidend

Die durch die Desaster der Bau- und Wohnungsgenossenschaft *Neue Heimat,* die Eigentum des *Deutschen Gewerkschaftsbunds* war, ausgelöste Kritik an der Gemeinwirtschaft führte zu Überlegungen über ihre zukünftige Entwicklung. Das gemeinwirtschaftliche Prinzip solle, im Gegensatz zum erwerbswirtschaftlichen Grundsatz der Gewinnerzielung, der volkswirtschaftlichen Bedarfsdeckung ohne individuellen Eigennutz als treibendes Wirtschaftsmotiv dienen. Nun ist in der Gemeinwirtschaft das Gewinnstreben einzelner Personen zwar ausgeschaltet, auf Gewinn können aber im Rahmen der Gemeinwirtschaft wirkende Unternehmen, die nicht als Staats- oder Kommunalbetriebe der öffentlichen Versorgung dienen oder im öffentlichen Interesse liegen, keineswegs verzichten, denn sie müssen ihr Weiterbestehen durch Investitionen sichern. Heute hat sich sogar weitgehend die Auffassung durchgesetzt, daß auch im öffentlichen Interesse liegende oder der Versorgung dienende Betriebe möglichst notwendige Investitionen selbst erwirtschaften und nicht durch Steuermittel decken sollen. G e w i n n s t r e b e n soll jedoch durch gemeinwirtschaftliches Verantwortungsbewußtsein den g e s a m t w i r t s c h a f t l i c h e n Z i e l e n e i n g e o r d n e t werden.

Wenn nun aus den Vorfällen in der Bundesrepublik und der Krise der *Verstaatlichten Industrie* in Österreich eine Lehre für die Gemeinwirtschaft gezogen werden soll, so ergibt sich zwangsläufig, daß die Idee, die Gemeinwirtschaft könnte g e n e r e l l ein » M a r k t r e g u l a t o r « im Wettbewerb der Marktwirtschaft sein, wie sie in Deutschland bestand, auf einen H o l z w e g geführt hat. Die Schlüsse, die daraus zu ziehen sind:

1. In Österreich subsumiert die » G e m e i n w i r t s c h a f t « ein Drittel der Wirtschaft, sie soll, soweit sie nicht gemeinnützige Aufgaben hat, n i c h t G e g e n m a c h t zur Privatwirtschaft sein, sondern unter gleichen erwerbswirtschaftlichen Normen in Wettbewerb um eine effiziente, dem Gesamtwohl dienende Geschäftspolitik mit ihr treten.

2. Gemeinwirtschaft unter dem Postulat » G e m e i n n ü t z i g k e i t « darf nur jene Unternehmen umfassen, die Versorgungs- und spezifische Bedarfsdeckungsaufgaben haben und Gewinnerzielung nur beschränkt oder gar nicht zulassen. Wahrscheinlich wird man »Gemeinnützigkeit« n e u d e f i n i e r e n müssen, um wirtschaftlich gerechtfertigtes Handeln nicht auszuschließen.

3. Die G e w e r k s c h a f t e n und überhaupt die Arbeiterbewegung sollen sich auf die Führung von Unternehmungen beschränken, die mit der Erfüllung ihrer Aufgaben im Einklang stehen und ihnen dienlich sein können – ein solcher Bogen läßt sich im Hinblick auf den Umfang der Bewegung ohnehin weit spannen. Im gegebenen Rahmen müssen sich diese Unternehmungen ohnehin auf dem Markt betätigen, nur eine Expansion in risikoreiche Gefilde der Marktwirtschaft kann – wie die *Neue Heimat* zeigt – teuer zu stehen kommen.

4. Auch die *Verstaatlichte Industrie* wird in Österreich dem Begriff Gemeinwirtschaft eingeordnet. Trotz Teilprivatisierung wird die » g e m i s c h t e   W i r t s c h a f t «   w e i t e r h i n Bestand haben. Abgesehen davon, daß langfristige und großen Kapitalaufwand erforderliche, im allgemeinen Interesse liegende Vorhaben auch bei Einbeziehung anderer Finanzierungsquellen letztlich weiterhin vom Staat getragen werden müssen, ist die Verstaatlichte Industrie durch den Einsatz der Belegschaften und öffentlicher Mittel in der Zeit des Wiederaufbaus sowie aufgrund von Ressentiments aus der Zwischenkriegszeit ein g e s e l l s c h a f t s p o l i t i s c h e r   F a k t o r geworden. Trotz Prestigeverlust und derzeit ungünstiger Geschäftslage darf die Verstaatlichte Industrie in ihren Kernbereichen nicht preisgegeben werden.

Im Gegensatz zur Entwicklung der Gewerkschaftsunternehmungen in der Bundesrepublik Deutschland hat der ÖGB eine expansive Unternehmenspolitik wie beim Wohnbaukonzern *Neue Heimat* vermieden.

1947 wurde der » V e r l a g   d e s   Ö s t e r r e i c h i s c h e n   G e w e r k s c h a f t s b u n d s « gegründet, der sich auf Gewerkschaftspublikationen und die Verwaltung der Gewerkschaftspresse beschränkte und sich 1953 zur Herausgabe gesellschafts- und wirtschaftspolitischer Werke den österreichischen Zweig des 1934 in der Schweiz gegründeten »Europaverlags« angliederte. Die »Büchergilde Gutenberg« war eine Gründung der graphischen Arbeiter aus dem Jahre 1924; sie nahm unter der Verwaltung des Gewerkschaftsverlags nach dem Krieg einen steilen Anstieg, erreichte in den fünfziger Jahren einen Stand von 60.000 Mitgliedern, konnte jedoch später der Konkurrenz der großen deutschen Buchvertriebsgesellschaften nicht standhalten und zählt heute gegen zehntausend Mitglieder. Ende der fünfziger Jahre gründete der Verlag das »Institut für Empirische Sozialforschung« (IFES), das zu einem führenden Meinungs- und Marktforschungsinstitut Österreichs wurde. Ein eigenes elektronisches Datenverarbeitungszentrum, die »EDV Ges.m.b.H.,« wurde für eine moderne Verrechnung der Gewerkschaftsbeiträge, für die Speicherung der Mitgliederkataster und die Unterlagen zum Versand der Gewerkschaftspresse eingerichtet. Dieser Betrieb mit einer auf den modernsten Stand gebrachten Computeranlage dient auch öffentlichen und privaten Aufgaben. Schließlich ist noch seit 1971 die Druckerei Elbemühl als modernes Druckunternehmen, das vorwiegend die Gewerkschaftspresse herstellt, im Verlagseigentum.

Wenn 1970/71 die Diskussion in der Öffentlichkeit um ein »Presse-Imperium« ging, das aufgebaut werden sollte, so handelte es sich um eine völlige Verkennung der Tatsachen. Die Druckereien Vorwärts, Elbemühl und das Pressehaus standen in den roten Zahlen. Um die Abgänge bei seinem Verlag zu decken, mußte Fritz Molden das Pressehaus verkaufen, Fürst Lichtenstein als Eigentümer der Elbemühl wollte seine defizitäre Druckerei loswerden, die SPÖ die Deckung der Abgänge der Arbeiter-Zeitung. Der Verkauf des Pressehauses gab den Anstoß, zu erwägen, den Rotationsdruck für Tageszeitungen einschließlich der Arbeiter-Zeitung beim Pressehaus und den Tiefdruck bei der Elbemühl zu konzentrieren und mit einer Modernisierung der Anlagen bessere Voraussetzungen für die Entwicklung des Pressewesens zu schaffen. Dieser Plan wurde von der BAWAG im Verein mit einigen Kreditinstituten erörtert, um das Dilemma rückständiger und ständig defizitärer Druckunternehmen zu beenden. Da die Realisierung scheiterte, insbesondere auch deshalb, weil die SPÖ-Führung damals der Mut verließ, den Vorwärts-Verlag zu veräußern, wurde die notwendige Modernisierung des Druckerei- und Pressewesens um mehr als ein Jahrzehnt verzögert.

Besonders kennzeichnend für die besonnene Unternehmenspolitik des ÖGB ist aber die Entwicklung des g e w e r k s c h a f t l i c h e n   G e l d i n s t i t u t s . Im Frühjahr 1963 wurde die ursprünglich je zur Hälfte im Eigentum des Gewerkschaftsbunds und der »Großeinkaufsgesellschaft Österreichischer Consumvereine« (GÖC) befindliche »Arbeiterbank« in die »Bank für Arbeit und Wirtschaft« AG (BAWAG) umgewandelt. Mit dem Wegfall der einengenden Firmierung konnte der Geschäftsbereich der Bank Schritt für Schritt ausgeweitet und das Institut zu einer führenden Universalbank ausgebaut werden, die mit vorbildlichen Serviceeinrichtungen – wie zum Beispiel dem BZK-Kredit – den Arbeitern und Angestellten dient. Man hat dieser formlos über

539

den Betriebsrat abzuwickelnden Kreditform ein finanzielles Desaster prophezeit, sie wurde jedoch infolge hoher Zahlungsmoral der Kreditnehmer zu einer vorbildlichen Einrichtung. 1987 beschloß der Aufsichtsrat der BAWAG auch, die Mitarbeiter an der Bank zu beteiligen.

Der Österreichische Gewerkschaftsbund hat damit bewiesen, daß die Arbeiterbewegung wohl imstande ist, kommerzielle Unternehmungen im R a h m e n a b g e s t e c k t e r Z i e l e mit Sorgfalt und Gewissenhaftigkeit zum Nutzen der Bewegung zu führen. Ein Mehr ist nicht vonnöten.[28])

»Ein besonderes Problem (in bezug auf den Umgang mit den (Arbeitnehmern) bilden jene Arbeiter und Angestellten, die als › M a n a g e r ‹ oder Techniker zu besonderen Posten in der Wirtschaft emporgestiegen sind. In der verstaatlichten Industrie ist ihre Zahl nicht klein. Aber auch die Sozialversicherung ist ein Mammutgebilde geworden, sie beschäftigt viele aus dem Arbeiterstand kommende leitende Angestellte, die zu dieser Gruppe gezählt werden können. Und schließlich darf man die vielen Akademiker nicht vergessen, deren Wiege in einem Arbeiterheim stand.«[19]), schrieb ich bereits 1956.

In den Unternehmungen ist eben durch die akademische Laufbahn und erworbene Erfahrungen ein neuer Managertyp groß geworden, der nur mehr wenig oder keinen Kontakt zur Arbeiterbewegung hat und dem eine Harun ar-Raschid-Rolle guttun würde, um der Volksstimmung ohne Zwischenträger auf die Spur zu kommen. Das wird an den Ent- und Beschlüssen wenig ändern, kann aber das Vokabular der Begründung milder fassen lassen.

Es spricht nicht für die Entwicklung eines guten Klimas in den in gewerkschaftlichem Eigentum befindlichen oder überhaupt ihrem Einfluß unterworfenen Institutionen und Unternehmungen, daß nach den mehr als dreißig Jahren, die seit dieser Kritik vergangen sind, der Sachverhalt fehlender »Tuchfühlung« und eines oft krassen Gegensatzes zwischen »oben« und »unten« noch immer besteht, ja, das Unbehagen sich in manchen Fällen vergrößerte. Mit Mânes Sperber könnte man sagen: *Die Ignoranz wird mit jeder Generation neu geboren!*

Was nützen mit Ideologie gespickte Programme und Konzepte, wenn es nicht gelingt, sie in die Praxis umzusetzen, also an Hand von B e i s p i e l e n zu zeigen, daß programmierte Ideen in die T a t umzusetzen sind?

Es wäre für den gemeinwirtschaftlichen Gedanken und für Österreichs Wirtschaft von Nutzen gewesen, wenn im Bereich der

Verstaatlichten Industrie tüchtige Manager, eine funktionierende betriebliche Mitbestimmung und ein gutes Kontrollsystem zu einer anderen Entwicklung geführt hätten.

Betriebsrat ist nicht gleich Betriebsrat, zu dieser Feststellung kommt Hermann Kotthof in einer empirischen Untersuchung in der Bundesrepublik, wobei er die Art und Weise ihrer Tätigkeit vom *ignorierten Betriebsrat* über den *isolierten Betriebsrat,* den *Betriebsrat als Organ der Gewerkschaftsleitung,* den *respektierten, zwiespältigen Betriebsrat als Ordnungsfaktor* beziehungsweise den *respektierten, standfesten Betriebsrat* bis zum seltenen *Betriebsrat als kooperative Gegenmacht* einstuft. Obwohl die Verhältnisse in Österreich günstiger sind, treffen differenziert die Verhaltensmuster auch für uns zu. Das Dilemma der Betriebsräte besteht darin, daß sie heute in der Krisensituation ein an der »Spannungsreduktion orientiertes Verantwortungsbewußtsein haben und damit ihre eigene Vertretungsautonomie verlieren. Ihre Konfliktängstlichkeit wird stets manifestiert, wenn von der ›Erhaltung der Arbeitsplätze‹ die Rede ist. Für sie ist konfliktorisches Verhalten identisch mit der Gefährdung der Arbeitsplätze«.[30]) Begreiflich, denn eine im Frühjahr 1987 angestellte Untersuchung des IFES ergab, daß rund 20 Prozent der Arbeitnehmer von dem Gewerkschaftsbund und somit auch von den Betriebsräten die Sicherung der Arbeitsplätze verlangen.

In einzelnen Bereichen der Verstaatlichten Industrie herrschte angesichts der notwendigen Reformen kein gutes Klima zwischen Managern und Betriebsrat. Immer wieder erforderliche Korrekturen beschlossener Sanierungskonzepte, verbunden mit einer weiteren Reduzierung des Beschäftigtenstands, ließen keine Vertrauensbasis aufkommen. Es fehlte oft an der M i t a r b e i t der Betriebsräte i n d e r E r s t e l l u n g s p h a s e der Konzepte, und es mangelte an ausreichendem Informationsfluß. Man verkannte zu oft, welche vertrauensbildende Rolle ein guter Kontakt zwischen dem Management und dem Betriebsrat spielt. Schließlich sollen Betriebsräte und Gewerkschaft das Sprachrohr zwischen Unternehmensführung und Belegschaft sein. Der Vorteil kommt dann den Unternehmen auch in der Form zugute, daß die Kritik des einzelnen an der Arbeitsorganisation und am Arbeitsablauf, die oft wegen des persönlichen Risikos nicht vorgebracht wird, durch k o l l e k t i v e Organisation der Belegschaftskritik über den Betriebsrat dem Management vermittelt wird. Gerade der Verstaatlichten Industrie wäre eine Vorreiterrolle und eine Beispielsfunktion zugekommen.

Zur Besinnung darauf, daß Eigeninitiative, Sachkenntnis und Konsequenz des Handelns für eine gute Unternehmensführung entscheidend sind, muß die Erkenntnis der Notwendigkeit einer Wirtschaftsgesinnung kommen, die trotz Berücksichtigung der Betriebsinteressen W i r t s c h a f t e n als D i e n s t a n d e r G e m e i n s c h a f t unter Einschluß der Mitbestimmung der Mitarbeiter auffaßt. Ist diese Gesinnung vorhanden, sind die Unterschiede zwischen Privat- und Gemeinwirtschaft auf den Eigentumsträger beschränkt. Von solcher Warte gesehen ist heute nicht die Frage, w e r ein Unternehmen führt, sondern w i e es geführt wird. Ein Pluralismus der Eigentumsstrukturen fördert die Dynamik der Wirtschaft.

In diesem Zusammenhang wird das M a n a g e r p r o b l e m zu einseitig nach der fachlichen Ausbildung und der wirtschaftlichen Allround-Begabung und kaum nach dem gesamten Charakterbild, der Eignung zur Pflege menschlicher Beziehungen im Betrieb und der Beziehungen zur Umwelt gesehen. Jedenfalls standen die Bemühungen, für die verstaatlichten Unternehmungen ein gutes Management zu finden, bisher unter keinem guten Stern. Es ist auch fraglich, ob es zielführend war, auf Gutachten von Beraterfirmen und im Ausland klingende Namen zu bauen, und ob es manchmal nicht erfolgversprechender gewesen wäre, mehr im eigenen Bereich tätige Mitarbeiter heranzuziehen, die entsprechendes Insiderwissen mitgebracht und nicht erst mühsam erwerben hätten müssen. Der Mitarbeit der Belegschaft, also der Mitarbeiter, um deren Existenz es geht, insbesondere die der Betriebsräte, hätte eine Schlüsselrolle zukommen müssen. Wie nunmehr die Erfahrungen zeigen, gibt es keine Manager, die Wunder wirken können, und das in sie gesetzte Vertrauen wurde oft enttäuscht.

Ein guter Manager ist nur der, dem man auch Fehler abnimmt, weil er es verstanden hat, sich eine Vertrauensbasis aufzubauen. Ein Topmanager muß der Repräsentant eines Unternehmens nach innen und weit nach außen und keine umstrittene Persönlichkeit sein. Gesellschaftlich richtig wirtschaften »heißt heute nicht nur die Werte der Freiheit, der Selbstverantwortung und des staatlichen Gemeinwohls zu berücksichtigen. Die gesellschaftliche Dimension reicht heute weit über den materiellen Rahmen hinaus und wird zur Verantwortung für das ganze, weltweite Gemeinwohl.«[31])

X. Der Österreichische Gewerkschaftsbund Die Organisation und ihre Entscheidungsstrukturen

Der Aufbau der Organisation

Die Gliederung des ÖGB

Wie ist nun die Konstruktion des *Österreichischen Gewerkschaftsbunds*, der sich in der Zweiten Republik zu einer staatstragenden Organisation entwickelt hat, die entscheidenden Einfluß auf die Entwicklung des Staates nimmt und aus ihm nicht mehr wegzudenken ist?

Der *Österreichische Gewerkschaftsbund* hat seinen Sitz in Wien, sein räumlicher Geltungsbereich erstreckt sich aber auf das ganze Gebiet der Republik Österreich. Er ist ein V e r e i n im Sinne des Vereinsgesetzes und unterliegt als solcher dem privaten Recht; wie alle Vereine ist er mit dem Recht zu autonomer Selbstverwaltung ausgestattet.

Die Behörde ist nicht berechtigt, sich mit internen Angelegenheiten des Vereins Gewerkschaftsbund zu befassen. Die Behörde hat nur die Aufgabe, erstens die Bildung von Vereinen, die den Anforderungen des Vereinsgesetzes entsprechen, zuzulassen und zweitens gegen Vereine vorzugehen, die gegen die Bestimmungen des Vereinsgesetzes verstoßen.

Der Gewerkschaftsbund ist als Verein eine juristische Person, ein Rechtssubjekt, das mit Rechts- und Handlungsfähigkeit ausgestattet ist. Ihm kommt daher auch die V e r m ö g e n s f ä h i g k e i t zu. Rechte haben und Verbindlichkeiten eingehen können nur die in den Statuten vorgesehenen Organe. Für die entstandenen finanziellen Verpflichtungen haftet das Vermögen des Vereins; eine persönliche Haftung der einzelnen Funktionäre beziehungsweise Mitglieder gibt es nicht.

Gemäß seinen Statuten hat der Gewerkschaftsbund die A u f g a b e , am Aufbau Österreichs, an der Wahrung der Unabhängigkeit und Neutralität des Landes, bei der Bekämpfung des Faschismus, jeder Reaktion und aller totalitären Bestrebungen mitzuwirken. Er ist ferner nach seinem Statut zur Mitarbeit an der Sicherung des Weltfriedens sowie zum unentwegten Kampf für die Hebung des Lebensstandards der Arbeiter und Angestellten Österreichs berufen.

O b e r s t e s   O r g a n des Gewerkschaftsbunds ist der alle vier Jahre einzuberufende B u n d e s k o n g r e ß . Er wählt das Präsidium, die Leitenden Sekretäre und die Kontrollkommission, jedoch nicht den Bundesvorstand. In ihn entsenden die angeschlossenen Gewerkschaften nach einem festgelegten Schlüssel entsprechend dem Mitgliederstand ihre jeweils von den Gewerkschaftstagen gewählten, also in Funktion befindlichen Delegierten.

Statutenändernde Beschlüsse bedürfen einer Zweidrittelmehrheit. Präsidium, Leitende Sekretäre und die Kontrollkommission werden vom Bundeskongreß mit einfacher Stimmenmehrheit gewählt. Auf Antrag von zumindest einem Drittel der ordentlichen Delegierten haben diese Wahlen geheim zu erfolgen. Die W a h l o r d n u n g e n der Gewerkschaften sehen zum Teil andere Bestimmungen vor. So sieht zum Beispiel die Wahlordnung des Gewerkschaftstags der Privatangestellten vor, daß die Wahlen in der Regel mit Stimmzettel durchzuführen sind. Mit Zweidrittelmehrheit kann beschlossen werden, daß die Wahl per Akklamation durchgeführt wird.

Der 9. Bundeskongreß im Herbst 1979 beschloß einstimmig die Vermehrung der Zahl der Vizepräsidenten des ÖGB von drei auf sechs, wobei ein Sitz den Frauen reserviert ist. Desgleichen gehören die beiden Leitenden Sekretäre seit dem 8. Bundeskongreß 1975 dem Präsidium an, während der Obmann und der Obmannstellvertreter der Kontrollkommission sowie neun Sekretäre und drei Redakteure des ÖGB mit beratender Stimme an den Sitzungen teilnehmen.

Das P r ä s i d i u m setzt sich seit Herbst 1979 damit aus dem Präsidenten sowie einem Vertreter der Privatangestellten, einem Vertreter der Gruppe der öffentlich Bediensteten einschließlich der Eisenbahn- und Postbediensteten, zwei Vertretern der Arbeitergewerkschaften, einer Vertreterin der Frauenabteilung und dem Vorsitzenden der Fraktion der christlichen Gewerkschaften als Vizepräsidenten und den beiden Leitenden Sekretären als ordentliche Mitglieder zusammen.

Dem Ö G B - B u n d e s v o r s t a n d gehören seit Herbst 1983 insgesamt 60 stimmberechtigte Mitglieder an: neun Mitglieder stellt das ÖGB-Präsidium, 39 Mitglieder sind Vertreter der fünfzehn Gewerkschaften, und acht Mitglieder sind kooptierte Vertreter von

Minderheitsgruppen, dazu kommen drei Delegierte der Frauenabteilung und ein Delegierter der Jugendabteilung.

Der ÖBG besteht seit 1978 aus f ü n f z e h n G e w e r k s c h a f t e n . Bis dahin waren es sechzehn, doch im Herbst 1978 schlossen sich die *Gewerkschaft der gastgewerblichen Arbeitnehmer* mit der *Gewerkschaft Persönlicher Dienst* zur *Gewerkschaft Hotel, Gastgewerbe, Persönlicher Dienst* (HGPD) zusammen, so daß sich der ÖGB nun in folgende Gewerkschaften gliedert:
1. Gewerkschaft der *Privatangestellten* (GPA);
2. Gewerkschaft *Öffentlicher Dienst;*
3. Gewerkschaft der *Gemeindebediensteten* (GdG);
4. Gewerkschaft *Kunst, Medien, freie Berufe* (KMfB);
5. Gewerkschaft der *Bau- und Holzarbeiter;*
6. Gewerkschaft der *Chemiearbeiter;*
7. *Gewerkschaft der Eisenbahner;*
8. *Gewerkschaft Druck und Papier;*
9. Gewerkschaft *Handel, Transport, Verkehr* (HTV);
10. Gewerkschaft *Hotel-, Gastgewerbe, Persönlicher Dienst* (HGPD);
11. Gewerkschaft *Land – Forst – Garten* (glfg);
12. Gewerkschaft der *Lebens- und Genußmittelarbeiter;*
13. Gewerkschaft *Metall – Bergbau – Energie* (MBE);
14. Gewerkschaft *Textil, Bekleidung, Leder* (TBL);
15. Gewerkschaft der *Post- und Fernmeldebediensteten.*

Bei der Gründung des Gewerkschaftsbunds waren 14 Gewerkschaften geplant; durch die Schaffung von zwei Gewerkschaften statt einer für die Hoheitsverwaltung (öffentlich Bedienstete und Gemeindebedienstete) und einer Gewerkschaft für die Angestellten in den freien Berufen wurden es ursprünglich 16. Wie man sieht, entspricht das Organisationsschema nicht vollständig dem Industriegruppenprinzip: In der Privatwirtschaft sind Arbeiter und Angestellte in getrennten Gewerkschaften organisiert. Bei den in einem öffentlichen Dienstverhältnis stehenden Dienstnehmern sind Arbeiter und Angestellte in einer Organisation (öffentlich Bedienstete, Gemeindebedienstete, Eisenbahner, Post- und Telegraphenbedienstete). In der Gruppe Handel, Transport und Verkehr gibt es drei Gewerkschaften (Eisenbahner, Post- und Telegraphenbedienstete, Handel, Transport, Verkehr). Die Straßenbahner sind in Wien und einigen anderen Städten bei der Gewerkschaft der *Gemeindebediensteten*, in Graz und Linz in der *Gewerkschaft Handel, Transport, Verkehr* organisiert.

Österreichs Gewerkschaftsbewegung
Stationen bei Gemeinschaft und Kommunikation

1956 ÖGB-Plakat

Pfingsten 1956, **Salzkammergut**
4. Gesamtösterreichisches Gewerkschaftstreffen

9. bis 19. Juni 1963
Erstes Weltjugendtreffen des Internationalen Bundes Freier Gewerkschaften in Wien

1985 ÖGB-Mitgliederbefragung »Forderungen an die Zukunft«

1996 Kommunikation über Internet

Die gesonderte Organisation der Privatangestellten widerspricht dem Industriegruppenprinzip, wenn ihr taktischer Vorteil auch anerkannt werden muß. Dadurch, daß sämtliche Angestellte, die der Privatwirtschaft angehören, in einer großen Gewerkschaft vereint sind, unterscheidet sich die österreichische Gewerkschaftsorganisation von der westdeutschen, die jeweils Arbeiter und Angestellte einer Industriegruppe vereinigt. Allerdings kam es in der Bundesrepublik zu Konflikten und zur Errichtung einer eigenen Angestelltengewerkschaft außerhalb des DGB. Der zwischen den großen Gewerkschaftsorganisationen seither geführte Konkurrenzkampf hat beiden nur geschadet; nicht zuletzt darauf ist der geringe Organisationsgrad von etwa 30 Prozent der Angestellten zurückzuführen. Im Jahre 1974 wurden Verhandlungen zwischen beiden Organisationen aufgenommen, die über eine Zusammenarbeit zum Zusammenschluß führen sollten, jedoch zu keinem Ergebnis führten.

Man kann die österreichischen Gewerkschaften in vier verschieden große Gruppen einteilen: die Arbeitergewerkschaften, die Gewerkschaft der Privatangestellten, die Gewerkschaften der öffentlich Bediensteten und – als kleine Gruppe – die Gewerkschaft Medien, Kunst und freie Berufe. Wegen der Durchlöcherung des Industriegruppenprinzips kam es nach 1945 im ÖGB immer wieder zu Grenzstreitigkeiten, und um der Schwierigkeiten Herr zu werden, setzte der Bundesvorstand eine Kommission ein. Es stellte sich bald heraus, daß sie ohne prinzipielle Grundlage nicht weiter konnte. Nach langen Beratungen beschloß der Bundesvorstand im Februar 1951 folgende Richtlinien für die O r g a n i s a t i o n s - a b g r e n z u n g :

1. Für den Ausbau der Gewerkschaften gilt als oberstes Prinzip die e i n h e i t l i c h e   I n d u s t r i e o r g a n i s a t i o n .

2. Innerhalb der einzelnen Industriegruppen gilt unbedingt das Prinzip der e i n h e i t l i c h e n   B e t r i e b s o r g a n i s a t i o n ; bis zur Erreichung dieses Ziels ist im einzelnen Betrieb höchstens eine Gewerkschaft der Arbeiter und eine Gewerkschaft der Angestellten zulässig. Zuständig ist jene Industriegruppenorganisation, der die Mehrheit der Beschäftigten angehört.

3. Die Durchführung dieser Prinzipien ist s c h r i t t w e i s e und im Einvernehmen mit den beteiligten Gewerkschaften anzustreben. Ist ein Einvernehmen nicht herzustellen, entscheidet der Bundesvorstand.

Die christliche Fraktion stimmte gegen die Richtlinien, weil sie eine getrennte Organisation der Angestellten für vorteilhafter hält und daher aufrechterhalten will. In der im Bundesvorstand durchgeführten Debatte wurde betont, daß es sich bei den Richtlinien um kein Diktat, sondern um Grundsätze handle, deren Verwirklichung angestrebt werden solle.

Die Gewerkschaften haben weder eigene Rechtspersönlichkeit noch eigene Parteifähigkeit. Der Bundesvorstand kann zwar laut § 3 Absatz 3 der Statuten den Gewerkschaften einzelne oder mehrere der dem Gewerkschaftsbund selbst zustehenden Aufgaben zur direkten Durchführung übertragen, aber in dieser Tätigkeit sind die Gewerkschaften nur Organe des Gewerkschaftsbunds.

Aufgrund des Kollektivvertraggesetzes wurde dem ÖGB mit allen Gewerkschaften, ausgenommen eine einzige, die K o l l e k t i v v e r t r a g s f ä h i g k e i t zuerkannt. Bei dieser einen Ausnahme handelte es sich um die damalige Gewerkschaft der Arbeiter in der Land- und Forstwirtschaft, weil für sie andere Rechtsverhältnisse bestehen: Nur die Grundsatzgesetzgebung für das Landarbeitsrecht fällt in die Kompetenz des Bundes, während für die Durchführung und die ausführende Gesetzgebung die Länder zuständig sind; daher hat auch das Kollektivvertragsgesetz für die Landarbeiter keine Geltung, die Anerkennung der Kollektivvertragsfähigkeit des ÖGB für die Land- und Forstarbeiter mußte erst Bundesland für Bundesland erkämpft werden. Mitte der achtziger Jahre konnte die Gewerkschaft Land – Forst – Garten aber schon überall Landeskollektivverträge abschließen –, nur für die bäuerlichen Dienstnehmer Niederösterreichs und einige wenige Berufsgruppen in den westlichen Bundesländern behielten die Landarbeiterkammern weiter die Kollektivvertragsfähigkeit.

In der österreichischen Gewerkschaftsorganisation ist die Verwaltung im allgemeinen und die Finanzgebarung im besonderen beim *Österreichischen Gewerkschaftsbund* zentralisiert. Diese Zentralisierung unterscheidet sich nicht nur wesentlich von der Beitragsverwaltung der früheren Gewerkschaften Österreichs, sondern auch von jener in anderen Ländern. Kein anderer demokratischer Gewerkschaftsbund hat eine derart straffe Zentralisation. Der Gewerkschaftsbund übt als Dachorganisation der 15 Gewerkschaften die F i n a n z h o h e i t aus.

Diese Zentralisation hat Vorteile in organisatorischer und finanzieller Hinsicht. Durch die Zentralisation ist die Gewähr gegeben, daß finanziell schwachen Gewerkschaften geholfen werden kann.

Das Finanzwesen

Am ersten Sitz des Gewerkschaftsbundes in der Ebendorfer Straße in der Wiener Innenstadt wurde 1945 eine Liquidationsstelle des ehemaligen DAF-Eigentums eingerichtet, mit deren Verwaltung der ÖGB-Finanzreferent Josef Zak betraut wurde. Aufgrund von Vereinbarungen mit der Bundesregierung wurde später das DAF-Vermögen veräußert und nach einem vereinbarten Prozentverhältnis auf den ÖGB, die Bundeswirtschaftskammer (weil in der DAF auch die Arbeitgeber organisiert waren) und die gesetzlich bestehenden Restitutionsfonds der Freien und Christlichen Gewerkschaften aufgeteilt. Ein Teil des Vermögens der Gewerkschaftsbewegung vor 1934 konnte gerettet werden.

Zum Unterschied von der Ersten Republik werden die Mitgliedsbeiträge der Gewerkschaftsbewegung in der Zweiten Republik zentral verwaltet. Manchmal wird die Befürchtung geäußert, daß durch das Aufhören der Selbstverwaltung der Mitgliedsbeiträge durch die einzelnen Gewerkschaften Nachteile entstehen könnten. Die bisherige Entwicklung hat jedoch diese Befürchtungen nicht bestätigt; die zentralisierte Finanzpolitik hat sich als Vorteil erwiesen. Alle Gewerkschaften können sich bei Lohnkonflikten auf die Gesamtorganisation stützen.

Allerdings darf nicht verkannt werden, daß der Übergang der Geldverwaltung von der Fachgewerkschaft auf die Zentralorganisation auch Gefahren mit sich bringt. Die einzelnen Gewerkschaften können dazu verleitet werden, weniger sorgsam mit den Ausgaben umzugehen. Das Interesse an der Beitragsaufbringung kann zurückgehen, da die Gewerkschaft über die aufgebrachten Mittel nicht voll verfügen kann. Der Gewerkschaftsbund überläßt daher den Gewerkschaften zwischen 5 und 21 Prozent des Beitragsaufkommens für gewerkschaftseigene, außerhalb der statutarisch festgelegten Aufgaben fallende Zwecke, wie Errichtung von Urlaubsheimen, spezielle Bildungsarbeit, Fürsorgeeinrichtungen und zusätzliche Unterstützungen. Er begünstigt jene Gewerkschaften, die ein hohes Beitragsaufkommen und geringe Ausgaben haben, durch eine Staffelung des Beitragsanteils. Gewerkschaften, die nach Abzug ihrer Ausgaben weniger als 45 Prozent an die gemeinsame Kasse abliefern, erhalten nicht den höchsten Beitragsanteil von 21 Prozent, sondern einen geringeren Prozentsatz; sie bekommen aber auf keinen Fall, selbst bei einer Defizitgebarung, weniger als 5 Prozent.

Aufgrund eines Beschlusses des 7. Bundeskongresses trat am
1. Jänner 1972 die Solidaritätsversicherung in Kraft.
Die Unterstützungsordnung des ÖGB wurde abgeändert. Sie sieht
nunmehr vor, daß Gewerkschaftsmitglieder unter bestimmten Voraussetzungen Streikunterstützung, Gemaßregeltenunterstützung,
Arbeitslosenunterstützung, Sterbefallunterstützung und Rechtsschutzunterstützung erhalten. Die Sterbefallunterstützung ist dann
vorgesehen, wenn aus der Solidaritätsversicherung kein Anspruch
besteht.
Der Versicherungsschutz aus der Solidaritätsversicherung erstreckt sich nach dreijähriger – für jugendliche Arbeitnehmer geringerer – Mitgliedschaft und regelmäßiger Beitragszahlung auf
den Todesfall, auf einen in der Freizeit erlittenen Unfalltod und auf
eine durch einen Freizeitunfall erlittene Vollinvalidität. Außerdem
wird ein Spitalsgeld nach einem durch irgendeinen Unfall verursachten Spitalsaufenthalt gewährt. Präsenzdiener, Arbeitslose und
Frauen im Karenzurlaub genießen den gleichen Versicherungsschutz, die Versicherungsprämie wird vom Mitgliedsbeitrag bestritten, so daß dem Gewerkschaftsmitglied keine zusätzlichen Ausgaben erwachsen.
Vom Anbeginn an hat der Gewerkschaftsbund offen Bilanz
über die Verwendung der Gewerkschaftsgelder gelegt.
Zuerst flossen größere Beträge in den Aufbau der Organisation,
der Schaffung und Unterbringung des Apparats. Aber dann konnten entsprechende Rücklagen für den Streikfonds, den sogenannten Solidaritätsfonds, getätigt werden. Allein 17 Prozent
der Beitragseinnahmen verbleiben bei den Gewerkschaften für
eigene Zwecke.
Durchschnittlich 30 Prozent betragen die Personalkosten und
Spesen für die Betreuung der Mitglieder. Der ÖGB hat
rund 1.700 Angestellte und beschäftigt neben ehrenamtlichen Mitarbeitern als Experten Fachleute für Rechtsschutz, Sozialpolitik,
Bildung, Volkswirtschaft und Betriebswirtschaft.
Rund 16 Prozent werden für die Öffentlichkeitsarbeit,
darunter die 33 Publikationen der Gewerkschaftspresse, sowie für
Tagungen und Konferenzen ausgegeben. 20 Prozent erfordern Verwaltung und Instandsetzung einschließlich Mieten, Post- und Telefonspesen. Für Jugendklubs, Sport, Berufswettbewerbe und Jugenderholungsheime werden rund vier Prozent ausgegeben und durchschnittlich fünf Prozent für Bildung und kulturelle Betreuung.
Schließlich fließen sechs bis sieben Prozent wieder in Form von
Unterstützungen, Streikgeldern und über die Solidaritätsversiche-

rung an die Mitglieder zurück. Das sind nur die größeren Posten der Ausgaben, die durch Beiträge an Vereine, die Gewerkschaftsinternationale, Spenden sowie Steuern und Abgaben ergänzt werden.

Je mehr erübrigt werden kann, desto höher kann der Solidaritätsfonds dotiert werden. Natürlich liegt es im Interesse der Kampfkraft der Gewerkschaft, daß zur Finanzierung von Streiks zur Verfügung stehende Mittel nicht öffentlich kundgemacht werden. Die Transparenz der Verwendung der Mitgliedsbeiträge soll den Mitgliedern die Gewähr geben, daß ihr Geld ordentlich verwaltet wird, die Geheimhaltung der Höhe des Streikfonds stärkt die Kampfkraft.

Der M i t g l i e d s b e i t r a g beträgt grundsätzlich ein Prozent des monatlichen Bruttolohns oder -gehalts unter Festlegung einer Höchstbeitragsgrenze. Im Sinne einer gerechteren Gestaltung des Mitgliedsbeitrags beschloß die *Gewerkschaft der Privatangestellten,* die monatliche Höchstbeitragsgrenze für 1987 und 1988 um je 10 Schilling und für 1989 und 1990 um je 15 Schilling anzuheben. Einige andere Gewerkschaften hatten bereits früher Maßnahmen in diese Richtung getroffen. Vier Gewerkschaften (Gemeindebedienstete, Chemiearbeiter, Post- und Fernmeldewesen sowie Lebens- und Genußmittelarbeiter) haben überhaupt keine Höchstbeitragsgrenze.

Österreichs Gewerkschaften haben viele Aufgaben übernommen, die über ihr eigentliches Aufgabengebiet hinausgehen und aus der Überlegung resultieren, daß eine moderne Gewerkschaft auch Serviceeinrichtungen zu bieten hat, um präsent zu sein. Das führt zu geringerer Dotation des Streikfonds, ist aber angesichts der niedrigen Streikrate in Österreich ohne weiteres vertretbar.

Jedenfalls ist es um die Finanzwirtschaft der österreichischen Gewerkschaften weit besser beschaffen als um die bundesdeutschen. Deren Schwächen skizziert Kurt Hirche, früher Leiter der Hauptabteilung Wirtschaftspolitik des DGB: »Die Schwächen der heutigen gewerkschaftlichen Finanzwirtschaft bestehen im wesentlichen in folgendem: 1. Es gibt keine einheitliche Gliederung der Ausgaben. 2. Es gibt kein einheitliches Buchungssystem und keine einheitlichen Kostenpläne. 3. Es gibt keine einheitlichen Grundsätze für die Vermögensverwaltung. 4. Es gibt keine einheitlichen Grundsätze für Revision und Kontrolle.«[1])

Das oft kritisierte zentralistische Finanzsystem des *Österreichischen Gewerkschaftsbunds* hat solche Schwächen vermieden und überdies die zentrale Kontrolle systematisch ausgebaut.

Die Kompetenzverteilung

Für die Verteilung der Kompetenzen auf Gewerkschaftsbund und Gewerkschaften gilt ganz allgemein, daß versucht wird, im Gewerkschaftsbund nur jene Agenden zusammenzufassen, deren zentrale Durchführung sich als zweckmäßiger, billiger und erfolgreicher erweist. Durch zentrale Referate für Sozialpolitik, Wirtschaftspolitik, Bildungsarbeit, Arbeitswissenschaft, Frauenarbeit, Jugendarbeit sowie Werbung und Pressewesen erhalten die Gewerkschaftsfunktionäre die notwendigen Unterlagen für ihre praktische Arbeit.

Die Gewerkschaften üben ihre Tätigkeit nach den allgemeinen Grundsätzen und Richtlinien des Gewerkschaftsbunds aus. Sie haben die Verpflichtung, den vom *Österreichischen Gewerkschaftsbund* angestrebten Zweck und die ihm zukommenden Aufgaben im Rahmen ihres sachlichen Wirkenskreises zu erfüllen und die hiefür notwendigen Einrichtungen zu schaffen. Dabei haben die Gewerkschaften auf die allgemeinen gewerkschaftlichen Interessen Rücksicht zu nehmen und Angelegenheiten, die über den Rahmen ihres eigenen Wirkungsbereiches hinausgehen, im Einvernehmen mit dem *Österreichischen Gewerkschaftsbund* und seinen Einrichtungen durchzuführen beziehungsweise an ihn abzutreten.

Im allgemeinen haben die Gewerkschaften innerhalb ihres Wirkungsbereichs ähnliche Aufgaben wie der Gewerkschaftsbund. In den administrativen Wirkungsbereich der einzelnen Gewerkschaften fallen die praktischen organisatorischen Arbeiten, zum Beispiel die Mitgliederwerbung, die Aufnahme neuer Mitglieder, die Führung der Mitgliederverzeichnisse und die Einhebung der Mitgliedsbeiträge.

Über die Zuständigkeiten bei Kollektivvertragsverhandlungen und -abschlüssen ist schon gesprochen worden. Wichtig ist schließlich noch, daß Streiks nur über Beschluß der Vorstände der zuständigen Fachgewerkschaft ausgerufen werden können. Alle Streiks und Aussperrungen müssen aber spätestens zum Zeitpunkt ihres Beginns dem Bundesvorstand des ÖGB zur Kenntnis gebracht werden.

In einer demokratischen Organisation, wie sie der Gewerkschaftsbund darstellt, wurde die beschriebene Form der Finanzgebarung und die dargestellte Verteilung der Kompetenzen auf Gewerkschaftsbund und Fachgewerkschaften nicht einfach verordnet; es haben vielmehr die Vertreter der Gewerkschaften in den

Organen des ÖGB dementsprechende Beschlüsse gefaßt, im Bewußtsein der Zweckmäßigkeit und Nützlichkeit für die jeweils eigene Gewerkschaft.

Die parteipolitische Gliederung des ÖGB

Der *Österreichische Gewerkschaftsbund* ist überparteilich; er gliedert sich allerdings in p a r t e i p o l i t i s c h e F r a k t i o n e n . Es besteht eine sozialistische Fraktion, eine Fraktion der christlichen Gewerkschafter und eine kommunistische Fraktion, die sich nach den Ereignissen in der Tschechoslowakei im Jahre 1968 gespalten hat.

Im Jahre 1945 waren jene drei politischen Richtungen, die die Genehmigung zur Bildung von Parteien durch die vier Besatzungsmächte erhalten hatten, an der Errichtung des Gewerkschaftsbunds beteiligt. Mit einer fraktionellen Aufspaltung begannen zuerst die Kommunisten, die ihre Parteiorganisation nicht nur auf Haussprengel, sondern auch auf Betriebszellen aufbauten. Die Mitglieder der ÖVP und der SPÖ in den leitenden Instanzen des ÖGB und der angeschlossenen Gewerkschaften führten wohl gleichfalls ständig fraktionelle Beratungen durch, jedoch begannen sie mit der Organisation von Fraktionen in den Betrieben wesentlich später.

Die k o m m u n i s t i s c h e Fraktion suchte sich allerdings nach 1952 unter der Bezeichnung *Fraktion der gewerkschaftlichen Einheit* zu tarnen, eine Bezeichnung, die der ÖGB lange offiziell nicht anerkannte. Ein Teil der christlichen Arbeiter und Angestellten sammelte sich auf politischer Ebene im *Österreichischen Arbeiter- und Angestelltenbund* (ÖAAB), der zusammen mit dem *Bauernbund,* der politischen Organisation der Landwirte, und dem *Wirtschaftsbund,* der politischen Organisation der Selbständigen, die *Österreichische Volkspartei* bildet. Der ÖAAB gliederte seine Organisation gleich den Gewerkschaften. Bis 1951 war die Fraktion der *Österreichischen Volkspartei* im ÖGB ein Teil des ÖAAB, nachher konstituierte sich mit Unterstützung der katholischen Arbeiterverbände eine eigene *F r a k t i o n c h r i s t l i c h e r G e w e r k - s c h a f t e r* (FCG).

Als letzte, und eigentlich als Folge der Fraktionsbildung der anderen Parteien, bauten die Sozialisten ab 1952 die *F r a k t i o n s o z i a l i s t i s c h e r G e w e r k s c h a f t e r* (FSG) im *Österreichischen Gewerkschaftsbund* auf. Vorher wurde die Parteiarbeit in den Betrieben vom *Betriebsreferat der SPÖ,* also von einer Parteiinstanz durchgeführt.

Bemerkenswert ist, daß die Fraktionen zwar de facto mit eigenen Arbeitsrichtlinien und eigenen Geschäftsordnungen bestehen, in den S t a t u t e n des ÖGB aber nicht verankert sind. Im Gegensatz dazu werden sie in einer Reihe von Geschäftsordnungen der Gewerkschaften berücksichtigt. Auch die Geschäftsordnungen der ÖGB-Landesexekutiven enthalten die Bestimmung, daß in diesen Gremien alle Fraktionen vertreten sein sollen.

Obwohl also die Vertretung der politischen Richtungen in den Statuten nicht vorgesehen ist, berücksichtigt der ÖGB im Interesse der Überparteilichkeit das Vorhandensein politisch verschieden ausgerichteter Gruppen innerhalb seines Organisationsbereichs. In der Praxis ist es so, daß vor Tagungen der Gewerkschaftsinstanzen, auf denen Wahlen vorgenommen werden, eine F ü h l u n g n a h m e z w i s c h e n d e n F r a k t i o n e n wegen Erstellung der Wahlvorschlagsliste stattfindet. Desgleichen wird vor wichtigen Beschlüssen versucht, zumindest eine Übereinstimmung zwischen der FSG und der *Fraktion christlicher Gewerkschafter* zu erzielen.

Die Spitzenpositionen im ÖGB und in den Gewerkschaften werden personell unter der Berücksichtigung der politischen Einstellung der Gewerkschaftsmitglieder besetzt. Ein Bild von der politischen Einstellung geben die Betriebsratswahlen und – für die vier Gewerkschaften des Öffentlichen Diensts – die Personalvertretungswahlen. Sie zeigen, wie viele Anhänger eine Fraktion oder wahlwerbende Gruppe nicht nur unter den Mitgliedern, sondern unter den unselbständig Erwerbstätigen insgesamt hat, weil an ihnen ja a l l e Arbeiter, Angestellten, Bundes-, Landes- und Gemeindebediensteten, Eisenbahner und Dienstnehmer des staatlichen Post- und Fernmeldewesens teilnehmen können. Bisher haben diese Wahlen – von wenigen Ausnahmen abgesehen – keine ins Gewicht fallenden Verschiebungen der politischen Einstellung der Gewerkschaftsmitglieder gezeigt.

Aufgrund der Wahlergebnisse in den Betrieben und Dienststellen haben die Sozialisten die führende Position im ÖGB und in vierzehn der fünfzehn Gewerkschaften inne. Besonders stark sind sie bei der Gewerkschaft der Eisenbahner, wo sie im Laufe der Jahre ihre Position ständig verbessern konnten.

Die Erfolge der *Fraktion christlicher Gewerkschafter* bei den Personalvertretungswahlen seit 1967 führten dazu, daß die *Gewerkschaft Öffentlicher Dienst* als einzige Gewerkschaftsorganisation mehrheitlich von der christlichen Fraktion geführt wird und diese den Gewerkschaftsvorsitzenden stellt.

Die kommunistische Fraktion (von der sich nach dem Einmarsch der Warschauer-Pakt-Truppen in die CSSR 1968 eine Oppositionsgruppe abspaltete), nennt sich *Gewerkschaftlicher Linksblock* (GLB). Sie propagierte die Bildung von *Aktionskomitees* und *Aktionsausschüssen;* sie wollten damit die Arbeiter und Angestellten in den Betrieben zu gemeinsamen Aktionen der kommunistischen und der sozialistischen Parteimitglieder und deren Symphatisanten veranlassen. Der Bundesvorstand entschied aber, daß die Bildung solcher *Aktionskomitees* und *Aktionsausschüsse* innerhalb des ÖGB als Verstoß gegen die in den Statuten angeführten Pflichten der Mitglieder angesehen werden müsse und begründete diese Stellungnahme folgendermaßen: Derartige Einrichtungen seien in den Statuten oder in der Geschäftsordnung des ÖGB nicht vorgesehen und könnten daher weder als Organe noch als Untergliederung des Gewerkschaftsbundes anerkannt werden. Den Gewerkschaftsmitgliedern stünden zur demokratischen Willensbildung und Meinungsäußerung die statutenmäßig vorgesehenen Einrichtungen zur Verfügung, und jedes Mitglied sei nach Maßgabe der geltenden Bestimmungen berechtigt, diese in Anspruch zu nehmen, aber auch verpflichtet, sich dabei an die Bestimmungen der Statuten zu halten.

Die M i n d e r h e i t s f r a k t i o n e n u n d - g r u p p e n hätten aufgrund der Wahlergebnisse nur wenig Mitbestimmungsmöglichkeiten. Die in Paragraph 1 lit. 2 des ÖGB-Statuts enthaltene Bestimmung, daß der Bundesvorstand *weitere, höchstens acht* Mitglieder kooptieren kann, wird deshalb genutzt, um auch den Minderheitsgruppen eine entsprechende Mitbestimmung zu sichern.

Unter Einbeziehung der K o o p t i e r u n g e n sind im Bundesvorstand die Fraktionen und Minderheitsgruppen in folgender Stärke vertreten: Die FSG stellt 56 stimmberechtigte Mitglieder, die FCG acht, die kommunistische Fraktion (KP/GLB) zwei, und je einen Vertreter delegieren die *Arbeitsgemeinschaft für gewerkschaftliche Einheit* (GE, 1968 unter Beibehaltung der alten Fraktionsbezeichnung der Kommunisten von der KP-Fraktion abgespalten), die *Katholische Arbeiterbewegung,* die *Arbeitsgemeinschaft parteifreier Betriebsräte und Arbeitnehmer* und die *Arbeitsgemeinschaft freiheitlicher Arbeitnehmer.* Der dem Präsidium zugeteilte Sekretär der *Fraktion christlicher Gewerkschafter* gehört dem Bundesvorstand mit beratender Stimme an.

Die Berücksichtigung der kleineren Fraktionen und der Minderheitsgruppen hat sich in kritischen Situationen bewährt.

Die Praxis hat gezeigt, daß die Bildung von Fraktionen zur Klärung der Meinungen in den eigenen Lagern nur dienlich ist. In vielen entscheidenden Fragen konnte ein für jede im ÖGB vertretene politische Richtung gangbarer Weg gefunden werden, wobei die Wahrung der Interessen der Arbeitnehmer immer Vorrang vor parteipolitischen Rücksichtnahmen hatte und für die Politik gegenüber j e d e r Partei maßgebend war. Das dokumentierte sich zum Beispiel augenfällig, als 1987 das Sparprogramm der Großen Koalition in einigen Punkten im Widerspruch zu den Arbeitnehmerinteressen stand. Aber besonders für die christlichen Gewerkschafter war die Situation trotzdem manchmal nicht leicht, wenn die sozialistische Mehrheit im Gewerkschaftsbund sich hin und wieder gezwungen sah, im Interesse der Arbeitnehmer Beschlüsse zu fassen und Forderungen zu erheben, die im Gegensatz zur Politik der ÖVP standen.

In der ersten Zeit nach der Gründung des Gewerkschaftsbunds war die Befürchtung berechtigt, daß solche P r o b l e m e die gerade gewonnene Einigkeit wieder gefährden könnten. Es bestand durchaus die Gefahr, daß nach der Überwindung der Not der ersten Nachkriegsjahre bei der Rückkehr normaler Verhältnisse die weltanschaulichen Gegensätze wieder stärker werden könnten als die alle Arbeitnehmer verbindende Interessengemeinschaft. In den vergangenen Jahrzehnten kam es auch tatsächlich manchmal vor, daß die eine oder andere politische Richtung sich mit dem vom ÖGB eingeschlagenen Kurs und den vom Bundesvorstand gefaßten Beschlüssen nicht einverstanden erklärte und mit Konsequenzen drohte.

Besonders im Kreis der *Österreichischen Volkspartei* wurden einige Male Stimmen laut, die sich auf den *Arbeiter- und Angestelltenbund* dieser Partei beriefen und den Austritt aus dem Gewerkschaftsbund verlangten. Verschiedene Kreise der christlichen Fraktion versuchten früher auch eine stärkere Anlehnung an die Minderheitsgruppen, ohne aber entsprechenden Widerhall zu finden. Die organisatorische Schwäche dieser Gruppen liegt darin, daß sie im ÖGB über keine feste Organisation verfügen, sondern nur über lose Gruppen und Grüppchen.
Alois Weinberger, in der Gründungsphase für den ÖAAB Präsidiumsmitglied des ÖGB, schrieb im Mai 1948 in den *Österreichischen Monatsheften* einen Artikel, in dem das Gefühl vieler christlicher Gewerkschafter, bei den personellen Entscheidungen benachteiligt zu werden, deutlich anklang: *Wir waren uns längst*

darüber klar, daß die neue und vollkommen freie Gewerkschaftsorganisation möglichst allgemein und ehrlich überparteilich sein müsse. Wir haben also in den April- und Maitagen 1945 nur vereinbart und mitbeschlossen, was wir schon vorher, schon lange vorher eingesehen und vorbeschlossen hatten ... Wir haben vereinbart, daß nicht nur an der Spitze, sondern auch in allen einzelnen Gewerkschaften, Sektionen und Fachgruppen Vertreter aller drei Parteien vorhanden sein und zusammenarbeiten sollen. Wir haben das gleiche bezüglich der Sekretäre und Angestellten abgesprochen und tatsächlich vereinbart, wenn auch leider nicht immer schriftlich. Wir vertrauten darauf, daß sich alles gut einspielen und in der Praxis bewähren werde.

Doch die Bereitschaft zur Einigkeit half auch diese Schwierigkeiten zu überwinden, wie Ludwig Reichhold in seiner *Geschichte der christlichen Gewerkschaften Österreichs* schilderte. Reichhold führte an, daß es in den ersten Jahren nach 1945 immer wieder Beschwerden über ungenügende Vertretung der christlichen Seite in den einzelnen Gremien, über eine einseitige parteipolitische Geschäftsführung und Verwaltung in den Gewerkschaften und eine Verpolitisierung der Betriebsräte gegeben habe. Diesen Übergriffen konnte Schritt um Schritt durch nach den Grundsätzen der Objektivität erstellte Geschäfts- und Wahlordnungen begegnet werden; »... auf der Basis des Willens zu einem geistigen Konsens, in den ... die kommunistische Fraktion von vornherein nicht einbezogen werden konnte ..., (sind) die christliche und sozialistische Fraktion (einander in der) Entschlossenheit (verbunden), für die einzelnen gewerkschaftlichen Aufgaben jeweils eine Lösung zu finden, die beide vertreten können. Die eigentliche Grundlage des ÖGB ist daher der Kompromiß.«[2])

Daß die im Interesse der Einheit des ÖGB gelegene Zusammenarbeit zwischen den sozialistischen und den christlichen Gewerkschaftern gefestigt wurde, ist insbesondere dem von Anbeginn am Aufbau und Aufstieg des ÖGB beteiligten früheren Vorsitzenden der FCG Erwin Altenburger zu danken, der trotz Prinzipienhärte immer eine verständnisvolle und loyale Haltung bewies.

Auch unter den Sozialisten gab es anfangs Anhänger der Richtungsgewerkschaft, doch waren sie Realisten genug, um die Vorteile der Überparteilichkeit anzuerkennen. Eine Aufspaltung der Gewerkschaftsbewegung in Richtungsgewerkschaften, die einander zwangsläufig hätten konkurrenzieren müssen, hätte das soziale Klima beeinträchtigt. Eine verantwortungsbewußte Rücksichtnahme auf die Gesamtinteressen des österreichischen Staats und der Wirtschaft wäre unter anderen Voraussetzungen nur schwer möglich gewesen. Wie immer aber eine Aufspaltung auch ausgesehen hätte, die *Freien Gewerkschaften* wären selbstverständlich die weitaus stärksten Organisationen gewesen. Je kleiner die anderen Gewerkschaftsgebilde aber gewesen wären, einen desto schärferen Ton hätten sie angeschlagen. Schon der Selbsterhaltungstrieb hätte eine konsequente Politik der wirtschaftlichen Gesundung unter Hintansetzung von Sonderinteressen nicht ermöglicht, wenn die leitenden Gewerkschaftsfunktionäre auch noch so sehr von ihrer Zweckmäßigkeit überzeugt gewesen wären.

Doch auch abgesehen von Überlegungen aktueller Zweckmäßigkeit. Vom politischen Blickfeld aus kann das Ansehen und das Gewicht einer Gewerkschaftsbewegung durch ihre Überparteilichkeit und Einheitlichkeit nur gehoben werden, denn die schließt eine aus politischen Gründen unsachliche Gegnerschaft aus. Sie schließt auch die Gefahr einer einseitigen Bevorzugung einer Gewerkschaftsrichtung durch die Unternehmer aus. Der einheitlichen Unternehmerorganisation steht die einheitliche Organisation der Arbeitnehmer gegenüber.

Der große Vorteil der einheitlichen und überparteilichen Organisation liegt ferner darin, daß die Stellung zwischen den Parteien eine allseitige Bewegungsfreiheit gewährleistet. Sie gibt den Anhängern verschiedener politischer Richtungen die Möglichkeit einer gemeinsamen Stellungnahme in wirtschaftlichen und sozialen Fragen. Dadurch wird wieder indirekt ein E i n f l u ß a u f d i e P a r t e i e n selbst ausgeübt. Zwangsläufig werden die Gewerkschafter, die Funktionen in politischen Parteien ausüben, eine gegenüber den Gewerkschaftsfragen freundliche Haltung in ihren Parteien einnehmen und auch durchzusetzen versuchen. Es besteht ja weiter eine e n g e B i n d u n g zwischen den Fraktionen und den entsprechenden P a r t e i e n . Die fraktionellen Bindungen haben ihre Vorteile, weil sie die Politik der Parteien beeinflussen können, auch wären Gewerkschaften ohne jede ideologische Bindung nicht wünschenswert; ab 1986 sind 33 der 183 Nationalratsabgeordneten aktive Gewerkschaftsfunktionäre, und zwar 25 SPÖ-Abgeordnete und acht ÖVP-Abgeordnete, von den 63 Mitgliedern des Bundesrats sind 17 Gewerkschaftsfunktionäre (zehn SPÖ, sieben ÖVP). Die parteipolitischen Bindungen haben aber auch Nachteile, weil manchmal der Parteienstandpunkt zu sehr in den Vordergrund treten kann. Aus diesen Bindungen könnten allerdings Krisen kom-

men, bei denen der offiziell überparteiliche Gewerkschaftsbund
seine Widerstandskraft auch gegenüber inneren Konflikten weiterhin wird beweisen müssen.

Mehr als vier Jahrzehnte besteht der Gewerkschaftsbund, und
es kann festgestellt werden, daß sich die Überparteilichkeit bewährt
hat und daß ihre Vorteile für die Arbeiter und Angestellten unbestritten sind. Der überparteiliche Gewerkschaftsbund hat manche
schwere Belastungsprobe überstanden. Je länger eine Organisation
besteht, desto festere Wurzeln faßt sie in ihrem Tätigkeitsbereich,
aber auch im allgemeinen sozialen und politischen Leben.

Voraussetzung für die Erhaltung der Überparteilichkeit des ÖGB
ist T o l e r a n z gegenüber den verschiedenen politischen Richtungen. Der Einheits- und Monopolcharakter der modernen Gewerkschaftsbewegung verpflichtet zu einer solchen Haltung, weil
sonst ein Teil der Arbeitnehmer sich von einer kollektiven Vertretung ausgeschlossen sehen würde. Der ÖGB ist in dieser Hinsicht
weiter fortgeschritten als andere große nationale Gewerkschaftsbünde: »Die fraktionelle Gliederung der österreichischen Gewerkschaftsbewegung impliziert eine Übernahme des Konkurrenzmusters aus dem Parteiensystem in die Gewerkschaften. Dadurch
spiegelt sich die Bandbreite des politischen Spektrums von relativ
weit rechts bis sehr weit links auch im ÖGB. Im Deutschen Gewerkschaftsbund (DGB) ist durch die nur verschämte, indirekte
Organisation von Quasi-Fraktionen ein ähnlicher Pluralismus
nicht erreicht.«[3]

Landesexekutiven und Bezirksausschüsse

Die Landesexekutiven des Gewerkschaftsbunds haben den
Zweck, die gewerkschaftliche Tätigkeit im Bundesland zu koordinieren und für die gegenseitige Unterstützung bei der Durchführung der Beschlüsse der Gewerkschaftskongresse oder des Bundesvorstands sowie bei gemeinsamen Aufgaben der dem ÖGB angehörenden Gewerkschaften zu sorgen. In jedem Bundesland besteht
(außer Wien) ein Landessekretariat unter der Leitung eines hauptberuflichen Landessekretärs. Jedes vierte Jahr wird eine ordentliche L a n d e s k o n f e r e n z abgehalten; sie setzt sich aus den
Delegierten der Gewerkschaften des Bundeslands zusammen. Die
Länderkonferenz wählt die aus höchstens 25 Mitgliedern bestehende L a n d e s e x e k u t i v e . Wie schon erwähnt, soll die Exekutive alle im ÖGB anerkannten Fraktionen umfassen. Von Frak-

tionen, die durch Wahl keinen Angehörigen in der Landesexekutive haben, wird ein Vertreter, der gewerkschaftlicher Funktionär sein muß, kooptiert. Eine Vertretung der Frauen und Jugendlichen hat gleichfalls der Exekutive anzugehören. Die Mittel für die laufende Geschäftsführung werden vom Gewerkschaftsbund getragen.

Die Landesexekutiven schlagen dem Bundesvorstand auch die Errichtung von B e z i r k s s e k r e t a r i a t e n vor, die, auf den Bezirksbereich beschränkt, die gleichen Aufgaben wie die Landesexekutiven haben. Der Bezirkssekretär führt die Geschäfte hauptberuflich im Einvernehmen mit der zuständigen Landesexekutive. Eine ordentliche B e z i r k s k o n f e r e n z w ä h l t jedes vierte Jahr einen aus höchstens 25 Mitgliedern bestehenden B e z i r k s a u s s c h u ß . In ihm soll nach Möglichkeit jede Gewerkschaft einen Vertreter haben, ebenso ist eine Vertretung der Frauen und Jugendlichen zu berücksichtigen. Die Kooptierung von Fraktionsvertretern, die nicht in den Bezirksausschuß gewählt wurden, ist gleichfalls vorgesehen.

Der Gewerkschaftsbund ist somit bestrebt, auch in den Organen der »unteren Ebenen« das Mitspracherecht der im ÖGB vertretenen fraktionellen Richtungen zu gewährleisten, um eine möglichst einheitliche Meinungsbildung zu erreichen.

Die Frauenabteilung

In Paragraph 5 der ÖGB-Statuten ist vorgesehen, daß zur *Besorgung gemeinsamer Angelegenheiten und Aufgaben für Gruppen von Mitgliedern, die sich auf mehrere Gewerkschaften verteilen,* Abteilungen errichtet werden können. Es heißt weiter: *Solche Abteilungen sind insbesondere für die Frauen und für die Lehrlinge und Jugendlichen zu bilden.* Schon im Jahre 1945 hat der ÖGB eine Frauenabteilung und eine Jugendabteilung errichtet.

Es entstand zuerst eine zentrale Frauenabteilung, und nach und nach bildeten sich dann Frauengruppen in den einzelnen Gewerkschaften und Bundesländern. Das zentrale »Parlament« der weiblichen Gewerkschaftsmitglieder ist der Frauenkongreß, im kleineren regionalen Rahmen gibt es Landes-Frauenkonferenzen und Bezirks-Frauenkonferenzen, die wieder Frauenausschüsse wählen. Frauenausschüsse des ÖGB, der Länder und der Gewerkschaften hielten regelmäßig Sitzungen und Konferenzen ab, führten Schulungen durch und schalteten sich in die gewerkschaftliche Werbetätigkeit ein.

Der 2. Frauenkongreß des ÖGB im Jahre 1955 beschloß Arbeitsrichtlinien für die Frauenarbeit, um der bisher geleisteten Arbeit eine statuarische Grundlage zu geben und den Ausbau der Frauenarbeit zu fördern. Der 9. Frauenkongreß beschloß überarbeitete Richtlinien.

Die Richtlinien sehen vor, daß die Frauenabteilung berufen ist, in Zusammenarbeit mit den Gewerkschaften die erwerbstätigen Frauen in wirtschaftlicher, sozialer und kultureller Hinsicht zu vertreten. Aufgabe der Frauenabteilung ist es, sich für die weitere Ausgestaltung der Rechte und der Verbesserung der Lebensbedingungen der erwerbstätigen Frauen einzusetzen. Die Frauenabteilung hat Vorsorge für eine entsprechende Vertretung der Frauen in allen Organen der Gewerkschaftsbewegung und der Kammern für Arbeiter und Angestellte sowie in anderen Vertretungen der Arbeitnehmer zu treffen.

Ende 1986 waren 30,8 Prozent der Gewerkschaftsmitglieder Frauen. Im Jahresdurchschnitt waren 1.139.707 Frauen in Österreich unselbständig erwerbstätig, das waren 41 Prozent des Gesamtbeschäftigtenstandes, 1977 waren es 39,4 Prozent. Da die Zahl der berufstätigen Frauen steigt, kommt der Tätigkeit der Frauenabteilung und ihren Forderungen zur Aktivierung der gewerkschaftlichen Frauenarbeit besondere Bedeutung zu. Damit verbunden ist ihr berechtigtes Anliegen um stärkere Vertretung in allen Organen: Gleichberechtigung heißt auch, möglichst gleicher Vertretungsanteil innerhalb der Organisation entsprechend der Mitgliederstärke.

Die Jugendabteilung

Die Jugendabteilung ist, als Organisation von jungen Menschen ein Übergangsstadium zum Erwachsensein, eine Durchgangsorganisation. Ihre Bedeutung liegt nicht nur in der Vertretung der Rechte und Forderungen der arbeitenden Jugend, sondern auch in der Schulung und der Organisationstätigkeit ihrer Funktionäre.

Aus den Reihen der Jugendfunktionäre gingen viele in der Gewerkschaftsbewegung später führende Männer und Frauen hervor. Vor allem für die betriebliche Tätigkeit als Vertrauensmann wird der Grundstock in der Jugendabteilung gelegt. Das 1972 geschaffene J u g e n d v e r t r a u e n s r ä t e - G e s e t z – seit 1973 ein Teil des Arbeitsverfassungsgesetzes – gibt die Möglichkeit der betrieblichen Interessenvertretung, die allerdings erst verstärkt im

Bewußtsein der Funktionäre und Gewerkschaftsmitglieder verankert werden muß.

Die Jugendabteilung des ÖGB ist sehr aktiv und versteht es, ihre Tätigkeit und Aktionen immer wieder ins Blickfeld der Öffentlichkeit zu rücken. Die Spannbreite der gewerkschaftlichen Jugendarbeit reicht vom Mitgliederservice bis zur politischen Aktion. Besondere Aufmerksamkeit wird der Qualität der Berufsausbildung zugewendet, die für die Zukunft der Beschäftigungsmöglichkeit des einzelnen jugendlichen Arbeitnehmers entscheidend ist. Da der Schwerpunkt der Jugendarbeit schon aus Gründen der Erfassung der Jugendlichen im Bereich der Freizeit liegt, ist ihr Arbeitsfeld besonders weitreichend und umfaßt neben Schulungs- und Bildungsveranstaltungen auch Freizeitprogramme für Unterhaltung, Sport und Urlaubslager.

Mitte 1987 ergriff die Österreichische Gewerkschaftsjugend (ÖGJ) die Inititative für eine bessere Berufsausbildung. Als eine der Ursachen der hohen Jugendarbeitslosigkeit, von der in erster Linie die 19- bis 25jährigen, und da zu 50 Prozent ehemalige Lehrlinge betroffen sind, ortete die Gewerkschaftsjugend falsche Lehrberufe und ungenügende Berufsausbildung. Wie Fritz Verzetnitsch, der aus der Gewerkschaftsjugend kommende Leitende Sekretär und designierte Präsident des ÖGB[4]), auf einer Pressekonferenz ausführte, sind derzeit rund 40 Prozent der Berufstätigen in »schrumpfenden Berufen« tätig. In diesen Berufen werden aber 60 Prozent aller Lehrlinge ausgebildet.

Die ÖGJ schlägt eine Strukturänderung der Lehrlingsausbildung vor: Es sollen *Flächen- oder Grundberufe* geschaffen werden. Ein »Grundjahr« in der Berufsschule solle für alle gleich sein, erst im zweiten Lehrjahr solle eine gewisse Spezialisierung erfolgen. Alle Lehrlinge sollen mehr Allgemeinbildung, mehr Fremdsprachen und mehr Informatik vermittelt bekommen. Um das zu ermöglichen, strebt die Gewerkschaftsjugend einen zweiten Berufsschultag an. Ein Berufsausbildungsfonds sollte einen Lastenausgleich zwischen ausbildenden Betrieben und solchen herstellen, die keine Lehrlinge heranbilden, aber sehr wohl qualifizierte Fachkräfte brauchen.

Die Zahl der jugendlichen ÖGB-Mitglieder schwankt etwas von Jahr zu Jahr und bewegt sich zwischen 92.000 und 95.000. Die mitgliederstärksten Jugendabteilungen sind die der Gewerkschaft Metall – Bergbau – Energie und der Privatangestellten. Die Anzahl der Lehrlinge schwankte bisher in den achtziger Jahren zwischen 197.000 und 171.000.

Die Kammern für Arbeiter und Angestellte

In allen Teilen der Welt gibt es bereits Gewerkschaften, doch findet man Arbeiterkammern auf einer vergleichbaren gesetzlichen Grundlage wie in Österreich sonst nirgends, und ähnliche Einrichtungen gibt es nur noch im Saarland, in Bremen und in Luxemburg.

Die Arbeiterkammern sind ein Gegenstück zu den Wirtschaftskammern der Unternehmerschaft, die in Österreich schon Mitte des 19. Jahrhunderts entstanden sind. Als die Gewerkschaften erstarkten, erhoben sie die Forderung nach einer gleichwertigen gesetzlichen Vertretung. Diese Forderung konnte erst im Februar 1920 unter Sozialminister Ferdinand Hanusch verwirklicht werden. Die Grundlage für die Tätigkeit der Kammern für Arbeiter und Angestellte in der Zweiten Republik bildet das Arbeiterkammergesetz vom 19. Mai 1954.

Die Gewerkschaften sind auf freiwilliger Mitgliedschaft beruhende Organisationen, die Arbeiterkammern hingegen gesetzlich verankerte Interessenvertretungen mit Zwangscharakter. Als öffentlich-rechtliche Körperschaften haben die Arbeiterkammern das Recht, Vorschläge und Gutachten für die Erstellung von Gesetzen zu erstatten, und zwar unabhängig von der jeweiligen Zusammensetzung der zuständigen gesetzgebenden Körperschaften. Die Arbeiterkammern verwalten sich selbst durch ihre im Gesetz festgelegten Organe. Sie haben direkte Verbindungen mit den Ämtern und Behörden und können daher auf Gesetzgebung und Verwaltung Einfluß nehmen.

In jedem der neun Bundesländer besteht eine Arbeiterkammer. Die Kammerräte werden auf fünf Jahre gewählt, und zwar in drei sogenannte Wahlkörper, nämlich einen der Arbeiter, einen der Angestellten und einen der Verkehrsbediensteten. Die Wiener Arbeiterkammer ist mit jenen Aufgaben betraut, die für das gesamte Bundesgebiet von Interesse sind. Die Beratung und Durchführung der gemeinsamen Angelegenheiten obliegt dem *Österreichischen Arbeiterkammertag,* der sich aus Vertretern aller Kammern zusammensetzt.

Die Arbeiterkammern verfügen über einen Stab hochqualifizierter Experten. Gewählte Kammerräte und Kammerbeamte wirken in einer großen Anzahl von Ausschüssen zusammen.

Von großer Bedeutung ist die Mitwirkung der Arbeiterkammern bei der vollziehenden Tätigkeit der Behörden, Ämter und Gerichte. Die Arbeiterkammern entsenden im E i n v e r n e h m e n m i t d e n G e w e r k s c h a f t e n Vertreter in zahlreiche Kommissionen, Verwaltungsausschüsse und Spruchinstanzen.

Die Mitglieder des ÖGB

Die Bedingungen für die Mitgliedschaft

Im *Österreichischen Gewerkschaftsbund* sind heute rund 60 Prozent aller Arbeiter und Angestellten, einschließlich der öffentlich Bediensteten, organisiert, wobei die Organisationsdichte je nach Berufsgruppe und Betriebsgröße sehr verschieden ist. Von den restlichen 40 Prozent sind jene Arbeitnehmer gewerkschaftlich schwer erfaßbar, die, wie die Landarbeiter und die in Kleinbetrieben Beschäftigten, zu sehr vom Arbeitgeber abhängig sind oder auch mit ihm in zu engem Kontakt, wenn nicht gar im Verwandtschaftsverhältnis stehen, sowie die vielfach nur vorübergehend in Österreich und dann oft in Kleinbetrieben tätigen Gastarbeiter.

Der B e i t r i t t zum *Österreichischen Gewerkschaftsbund* ist f r e i w i l l i g . Eine Zwangsmitgliedschaft würde sowohl dem Vereinsgesetz als auch den Prinzipien des Gewerkschaftsbunds als demokratischer Organisation widersprechen.
Voraussetzung für die Mitgliedschaft im Gewerkschaftsbund ist, daß eine dauernde Tätigkeit als unselbständig Erwerbstätiger gegen Lohn und Gehalt ausgeübt wird oder ausgeübt wurde; der Beitritt muß aber immer während der aktiven Dienstzeit erfolgen. Pensionisten und Rentenbezieher können nicht mehr beitreten, wohl aber die vor dem Eintritt in den Pensionisten beziehungsweise Rentnerstand innegehabte Mitgliedschaft beibehalten. Arbeitslose Arbeitnehmer werden auch nicht in den Gewerkschaftsbund aufgenommen, – diese durch die Zunahme der Arbeitslosigkeit äußerst aktuelle Problematik steht am 11. Bundeskongreß im Herbst 1987 zur Diskussion. Durch vereinzelte Dienstleistungen, gelegentliche Aushilfsarbeiten und Kinderarbeit, gleichgültig, ob sie gesetzlich zulässig ist oder nicht, kann kein Anrecht auf Mitgliedschaft beim Gewerkschaftsbund erworben werden. Obwohl die Statuten keine Altersgrenze festlegen, wird – wie bei jedem Verein – für die Mitgliedschaft im ÖGB die Mündigkeit, also die Voll-

endung des 14. Lebensjahrs, vorausgesetzt. Sowohl Männer als auch Frauen können Mitglieder des Gewerkschaftsbunds werden.

Die Mitgliedschaft ist nicht an die österreichische Staatsbürgerschaft gebunden. Mitglied kann jeder Arbeitnehmer werden, der sich in Österreich in einer unselbständigen Stellung befindet. Nach dem Vereinsgesetz können Ausländer unter den gesetzlichen Voraussetzungen Vereinsmitglieder sein, aber sie haben darauf keinen gesetzlichen Anspruch.

Die Mitgliedschaft des Gewerkschaftsbunds wird durch Aufnahme in diejenige G e w e r k s c h a f t erworben, d i e nach den Beschlüssen des Gewerkschaftskongresses beziehungsweise des Bundesvorstands z u s t ä n d i g ist. Somit erfolgt der Beitritt zum *ÖGB* bei jener Gewerkschaft, der der Arbeiter, Angestellte, Bedienstete oder Lehrling berufsmäßig zugehört. Da jede Gewerkschaft ein Organ des *Österreichischen Gewerkschaftsbunds* ist, ist jedes Gewerkschaftsmitglied Mitglied des ÖGB.

Die Organisationsdichte

Zwar weist der ÖGB im Durchschnitt einen konstanten gewerkschaftlichen Organisationsgrad von annähernd 6 0 P r o z e n t aus, wie ihn nur wenige westliche Länder aufweisen können, angesichts der erreichten Position des Gewerkschaftsbunds in Österreich ist er jedoch unbefriedigend.

Die Problematik der Kluft zwischen dem insbesondere den gewerkschaftlichen Bemühungen zuzuschreibenden hohen Beschäftigtenstand und dem Organisationsgrad liegt in der Tatsache, daß der Beschäftigtenstand in den Großbetrieben – außer in Dienstleistungszweigen wie Kreditinstituten, Versicherungen und Handelsunternehmungen – abnimmt. Auf der anderen Seite waren Anfang der achtziger Jahre rund 54 Prozent der Arbeitnehmer in Industrie und Gewerbe in Klein- und Kleinstbetrieben beschäftigt, und diese Beschäftigten sind insbesondere im Dienstleistungssektor weitgehend vom Betriebsinhaber abhängig, daher schwerer gewerkschaftlich zu erfassen und zu behalten. So hatte zum Beispiel im Jahre 1979 der Gewerkschaftsbund einen realen Zuwachs von 12.600 Mitgliedern; tatsächlich wurden rund 50.000 durch Werbung gewonnen, gingen aber zum Großteil infolge mangelnden Kontaktes wieder verloren. Die Betreuung der Beschäftigten in den kleinen Betrieben wird daher intensiviert werden müssen, um der Fluktuation entgegenzuwirken. Auch sind in den Beschäftigtenzahlen mehr als 140.000 Gastarbeiter enthalten, die zum Teil einer gewerkschaftlichen Erfassung interesselos gegenüberstehen, denen aber die Gewerkschaften dennoch ihre Aufmerksamkeit zuwenden müssen.

Ein Drittel aller derzeitigen Nichtmitglieder war schon einmal bei der Gewerkschaft und ist wieder verlorengegangen, bei den Arbeitern sind es sogar 40 Prozent.

Die Zahl der Nichtorganisierten liegt insgesamt etwas über einer Million, das heißt, es gibt noch ein g r o ß e s R e s e r v o i r für die Werbung. Erhebungen ergaben auch, daß 50 Prozent der Austritte eine Folge der mangelnden Betreuung nach Betriebswechsel oder nach zeitweiliger Arbeitslosigkeit waren. Dieses Ergebnis muß zu der Erkenntnis führen, daß es möglich ist, einen Teil der ehemaligen Mitglieder durch entsprechenden Einsatz wieder zurückzugewinnen.

Mitgliederbewegung seit 1945

Datum	Männer	in %	Frauen	in %	insgesamt
31. 08. 1945	–	–	–	–	128.770
31. 12. 1945	–	–	–	–	298.417
31. 12. 1946	696.277	75,3	227.997	24,7	924.274
31. 12. 1950	955.965	74,1	334.616	25,9	1,290.581
31. 12. 1955	1,027.352	73,5	371.094	26,5	1,398.446
31. 12. 1960	1,079.718	71,9	421.329	28,1	1,501.047
31. 12. 1965	1,108.714	71,9	434.099	28,1	1,542.813
31. 12. 1970	1,101.597	72,5	418.662	27,5	1,520.259
31. 12. 1975	1,136.630	71,6	450.870	28,4	1,587.500
31. 12. 1976	1,139.797	71,0	464.871	29,0	1,604.668
31. 12. 1977	1,145.076	70,7	474.027	29,3	1,619.103
31. 12. 1978	1,148.309	70,5	480.494	29,5	1,628.803
31. 12. 1979	1,151.574	70,2	489.901	29,8	1,641.475
31. 12. 1980	1,162.213	70,0	498.901	30,0	1,660.985
31. 12. 1981	1,171.172	69,8	506.093	30,2	1,667.265
31. 12. 1982	1,164.941	69,7	507.568	30,3	1,672.509
31. 12. 1983	1,153.221	69,5	507.232	30,5	1,660.453
31. 12. 1984	1,157.726	69,2	515.094	30,8	1,672.820
31. 12. 1985	1,156.433	69,2	514.948	30,8	1,671.381
31. 12. 1986	1,155.748	69,2	515.469	30,8	1,671.217

Rundungen: Die Prozentwerte wurden auf eine Kommastelle gerundet. Daher können bei einigen Prozentsummen leichte Abweichungen entstehen.

Verteilung der Mitglieder auf die drei Arbeitnehmergruppen

Gliederung	Männer	%	Frauen	%	insgesamt	%
Arbeiter	543.886	47,1	172.195	33,4	716.081	42,8
Angestellte	210.079	18,2	155.799	30,2	365.878	21,9
öffentl. Bedienstete	401.783	34,8	187.475	36,4	589.258	35,3
Insgesamt	1,155.748	100,0	515.469	100,0	1,671.217	100,0

Leicht sinkende Mitgliederzahlen, wie sie 1986 und des öfteren vorher gegeben waren, können vielerlei Ursachen haben, müssen aber doch als Warnsignal angesehen werden und zu Gegenmaßnahmen führen. Allerdings muß man in der Zukunft das Augenmerk auf die Gesamtmitgliederzahl richten, denn einzelne Gewerkschaften sind durch die Umstrukturierung automatisch einem Mitgliederabgang unterworfen.

Gezielt geführten Werbeaktionen in zukunftsträchtigen Wirtschaftsbereichen wird in Zukunft besondere Bedeutung zukommen, insgesamt werden die Strukturveränderungen in der Wirtschaft bei Werbung und Betreuung entsprechend Berücksichtigung finden müssen.

Waren anfangs der siebziger Jahre noch mehr als 50 Prozent der Gewerkschaftsmitglieder Arbeiter, so waren es 1980 nur noch 46 Prozent, und dieser Stand sinkt weiter ab. Die Privatangestellten wurden zur mitgliederstärksten Gewerkschaft und überholten die Gewerkschaft Metall–Bergbau–Energie. Ebenso steigt der Anteil der Frauen. Während 1946 24,7 Prozent der Gewerkschaftsmitglieder Frauen waren, beträgt ihr Anteil seit 1980 30 Prozent. Auf dem Weg zur Dienstleistungsgesellschaft, den Österreich bereits eingeschlagen hat, wird der Trend des Steigens des Beschäftigtenstands im Dienstleistungssektor und in den Angestelltenberufen anhalten.

Die Zunahme der Arbeitslosigkeit stellt nicht nur für die Betroffenen ein großes persönliches Problem dar, sie birgt auch die Gefahr einer Schwächung der Gewerkschaftskraft in sich.

Aus der Tabelle ist das Volumen der Arbeitskräfte im gesamten Bundesgebiet zu entnehmen. Insgesamt stieg sowohl die Zahl der arbeitsuchenden Männer als auch die Zahl der arbeitsuchenden Frauen. Die Zahl der arbeitsuchenden Frauen ist allerdings stärker gestiegen als die der Männer. Trotzdem liegt der Prozentsatz der

Mitgliederstand nach Gewerkschaften

Gewerkschaft (der)	Mitgliederstand am 31. 12. 1986 – insgesamt						Mitglieder Vorjahr	Veränderung	
	Männer	%	Frauen	%	Zusammen	Anteil insg. in %		Absolut	%
1 Privatangestellten	198.008	56,9	150.109	43,1	348.117	20,8	347.215	902	0,3
2 Öffentlicher Dienst	134.699	59,5	91.629	40,5	226.328	13,5	224.888	1.440	0,6
3 Gemeindebediensteten	97.003	54,7	72.125	42,6	169.128	10,1	268.747	381	0,2
4 Kunst, Medien, freie Berufe	12.071	68,0	5.690	32,0	17.761	1,1	17.684	77	0,4
5 Bau- und Holzarbeiter	177.068	96,0	7.293	4,0	184.361	11,0	184.797	-436	-0,2
6 Chemiearbeiter	46.299	79,5	11.973	20,5	38.272	3,5	39.591	-1.319	-2,2
7 Eisenbahner	110.301	94,3	6.720	3,7	117.021	7,0	117.360	-339	-0,3
8 Druck und Papier	17.672	75,3	5.804	24,7	23.476	1,4	23.662	-186	-0,8
9 Handel – Transport – Verkehr	24.706	64,7	13.454	35,3	38.160	2,3	38.120	40	0,1
10 Hotel-, Gastgewerbe, Persönlicher Dienst	13.424	23,9	38.369	74,1	31.793	3,1	52.372	-379	-1,1
11 Land – Forst – Garten	16.523	86,3	2.623	13,7	19.148	1,1	19.730	-582	-2,9
12 Lebens- und Genußmittelarbeiter	30.172	70,3	12.727	29,7	42.899	2,6	42.881	18	0,0
13 Metall – Bergbau – Energie	203.238	81,7	43.874	18,3	251.112	13,0	251.521	-409	-0,2
14 Textil, Bekleidung, Leder	12.784	27,3	34.076	72,7	46.860	2,8	47.510	-650	-1,4
15 Post- und Fernmeldebediensteten	59.780	77,9	17.001	22,1	76.781	4,6	75.303	1.478	2,0
Insgesamt	1.155.748	69,2	515.469	30,8	1.671.217	100,0	1.671.381	-164	0,0

Mitgliederstand nach Bundesländern

Gewerkschaft (der)	Mitgliederstand am 31. 12. 1986 – insgesamt					Anteil insg. in %	Mit-glieder Vorjahr	Veränderung	
	Männer	%	Frauen	%	Zusammen			Absolut	%
Wien	330.351	62,1	201.753	37,9	532.104	31,8	534.171	−2.067	−0,4
Niederösterreich	191.607	70,2	81.281	29,8	272.888	16,3	271.764	1.124	0,4
Burgenland	35.191	73,0	12.989	27,0	48.180	2,9	49.782	−1.602	−3,2
Oberösterreich	213.134	72,9	79.032	27,1	292.166	17,5	291.006	1.160	0,4
Salzburg	53.914	72,6	21.063	27,4	76.979	4,6	75.870	1.109	1,5
Steiermark	173.172	73,5	62.333	26,5	235.505	14,1	235.631	−126	−0,1
Kärnten	71.040	71,6	28.131	28,4	99.171	5,9	98.773	398	0,4
Tirol	60.220	74,9	20.192	25,1	80.412	4,8	81.121	−709	−0,9
Vorarlberg	25.119	74,3	8.693	25,7	33.812	2,0	33.263	549	1,7
Insgesamt	1,155.748	69,2	515.469	30,8	1,671.217	100,0	1,671.381	−164	0,0

vorgemerkten arbeitsuchenden Frauen bei 41,5 Prozent und liegt erstmals über dem Anteil der weiblichen Beschäftigten an der Gesamtbeschäftigtenzahl. Der Anteil der Arbeitslosen ist aber gegenüber 1986 bei den weiblichen Arbeitsuchenden stärker und rascher gestiegen als im Vorjahr. Auch bei den jugendlichen Arbeitnehmerinnen hält der Trend zur stärkeren Arbeitslosigkeit der Mädchen weiterhin an.

Geradezu als Hindernis der gewerkschaftlichen Erfassung erweist sich des öfteren die Sozialpartnerschaft und die kollektivvertragliche Verankerung gewerkschaftlicher Erfolge. Die Errungenschaften fallen den Arbeitnehmern meist mühelos in den Schoß, sie werden am grünen Tisch ausgehandelt, und dort, wo es keine aktiven Vertrauenspersonen gibt, wird es den Beschäftigten oft gar nicht bewußt, wer ihnen diese Errungenschaften bringt. Es wäre allerdings verfehlt, daraus zu folgern, daß durch eine härtere Gangart oder gar durch eine Preisgabe der Sozialpartnerschaft das Image der Gewerkschaften gehoben werden könnte. In keinem Land, in dem die Gewerkschaften einen radikalen Kurs verfolgen, haben sie eine ähnliche Erfolgsbilanz und auch einen nur annähernd so hohen Mitgliederstand wie der ÖGB aufzuweisen.

In der gewerkschaftlichen Tätigkeit k o m m t es immer a u f d a s E r g e b n i s a n : Wenn ein Einsatz nicht im Einklang zum Erfolg steht, das heißt, wenn durch Kampf mit unvermeidlichen wirtschaftlichen Einbußen auch nicht mehr erreicht werden kann als durch vernünftiges Fordern und konsequentes Verhandeln, dann ergibt sich unweigerlich die Frage nach dem Sinn eines scharfen Kurses in der Gewerkschaftspolitik. Der Gewerkschaftsbund wird daher weiterhin durch seine Bildungstätigkeit das Bewußtsein verbreiten helfen, daß richtiges gewerkschaftliches Handeln an V e r - a n t w o r t u n g gebunden ist.

Allerdings fehlt auf der Arbeitgeberseite noch die umfassende Einsicht in den beider- und allseitigen Vorteil einer guten sozialen Atmosphäre, obwohl alle Nutznießer der praktizierten Wirtschaftspartnerschaft sind. Es fehlt noch die allseitige Erkenntnis, daß nur starke Gewerkschaften die Garantie einer im allgemeinen Interesse gelegenen Gewerkschaftspolitik bieten können. Man kann von den Gewerkschaften nicht die Selbstlosigkeit erwarten, sinkende Organisationsdichte, die zur Schwächung ihrer Schlagkraft führt, einfach ohne Reaktion hinzunehmen. G e w e r k s c h a f t l i c h e S t ä r k e ist immer gleich M i t g l i e d e r s t ä r k e .

Volumen der Arbeitskräfte im Bundesgebiet 1975–1986

Jahr	Beschäftigte			Vorgemerkte Arbeitsuchende			Volumen	
				Männer				
1975	1.624.589	61,2%	+ 5.248	25.433	45,9%	+ 14.955	1.630.022	60,8%	+ 20.203
1977	1.658.258	60,6%	+ 33.669	23.511	46,0%	– 1.922	1.681.769	60,3%	+ 31.747
1978	1.663.851	60,3%	+ 3.593	28.846	49,3%	+ 3.333	1.692.697	60,1%	+ 10.928
1979	1.670.219	60,2%	+ 6.368	28.524	50,2%	– 332	1.698.743	60,0%	+ 6.046
1980	1.672.153	60,0%	+ 1.934	26.544	49,9%	– 1.980	1.698.697	39,8%	– 46
1981	1.673.180	59,8%	+ 1.027	38.009	54,9%	+ 11.465	1.711.189	59,7%	+ 12.492
1982	1.648.732	39,6%	– 24.448	63.126	61,8%	+ 27.117	1.713.838	59,7%	+ 2.669
1983	1.625.445	39,4%	– 23.287	79.819	62,7%	+ 14.693	1.703.264	59,6%	– 8.504
1984	1.628.792	59,3%	+ 3.347	80.599	61,8%	+ 780	1.709.391	39,5%	+ 4.127
1985	1.631.814	59,1%	+ 3.022	84.153	60,3%	+ 3.556	1.715.969	39,2%	+ 6.578
1986	1.640.497	59,0%	+ 8.683	88.856	58,3%	+ 4.701	1.729.836	59,0%	+ 13.887
				Frauen				
1973	1.031.851	38,8%	+ 42.886	30.031	34,1%	– 818	1.061.882	39,2%	+ 42.068
1977	1.078.890	39,4%	+ 47.093	27.654	54,0%	– 2.377	1.106.544	39,7%	+ 44.662
1978	1.093.855	39,7%	+ 14.965	29.724	50,7%	+ 2.070	1.123.579	39,9%	+ 17.035
1979	1.103.500	39,8%	+ 9.645	28.195	49,8%	– 1.529	1.131.695	40,0%	+ 8.116
1980	1.116.584	40,0%	+ 13.064	26.617	50,1%	– 1.378	1.143.201	40,2%	+ 11.506
1981	1.125.377	40,2%	+ 8.793	31.286	45,1%	+ 4.669	1.136.663	40,3%	+ 13.462
1982	1.117.618	40,4%	– 7.739	40.220	38,2%	+ 8.934	1.157.838	40,3%	+ 1.173
1983	1.109.285	40,6%	– 8.333	47.556	37,3%	– 7.336	1.156.841	40,4%	– 997
1984	1.115.714	40,7%	+ 6.429	49.870	38,2%	+ 2.314	1.165.584	40,5%	+ 8.743
1985	1.127.844	40,9%	+ 12.130	35.292	39,7%	+ 5.422	1.183.136	40,8%	+ 17.552
1986	1.139.707	41,0%	+ 11.865	63.115	41,5%	+ 7.823	1.202.822	41,0%	+ 19.686

Auf lange Sicht gibt es unter Berücksichtigung der Entwicklungstendenzen aus gewerkschaftlichem Selbsterhaltungstrieb nur zwei Möglichkeiten:
- Entweder trägt innerhalb der Wirtschaftspartnerschaft die Arbeitgeberseite in ihrer Verhaltensweise der Notwendigkeit der gewerkschaftlichen Erfassung der Arbeitnehmer und der umfassenden Einhaltung der Sozialgesetze und kollektivvertraglichen Bestimmungen im gesamten Wirtschaftsbereich bis hinunter zu Klein- und Kleinstbetrieben in angemessener Form Rechnung und läßt sich bei Aufrechterhaltung der Freiwilligkeit der Gewerkschaftsmitgliedschaft ein Modus vivendi erstellen, der nicht nur die Tore in den Großbetrieben weiterhin offenhält, sondern auch die Türen in Klein- und Kleinstbetrieben öffnet –
- oder der Gewerkschaftskurs wird eines Tages zur Erhaltung der gewerkschaftlichen Schlagkraft revidiert werden müssen, um für die Arbeitnehmer wirkungsvoller in Erscheinung treten zu können, was aber dem sozialen wie dem wirtschaftlichen Klima sicherlich abträglich wäre.

Die Sozialpartnerschaft darf nicht zur Sackgasse für die organisatorische Entwicklung der Gewerkschaften werden. Das *stets wache Interesse der Arbeiter, organisiert zu sein und zu bleiben* (Goetz Briefs), tritt in den Hintergrund, wenn sie den Nutzen nicht erkennen können und er ihnen auch nicht sichtbar gemacht werden kann.

Das Verhältnis zwischen Gewerkschaftsführung und Gewerkschaftsmitgliedern

Solange die Interessenvertretungen noch kleine Vereine waren, konnte es ein starkes organisatorisches Eigenleben geben, wobei die Mitglieder im allgemeinen ihren Willen unmittelbar durchsetzen konnten. Mit der Entwicklung zur Massenorganisation ging die Willensbildung mehr und mehr auf den A p p a r a t über. Die Massenorganisation erschwert direkte Beziehungen zwischen den leitenden Funktionären und der Masse der Mitglieder. Dadurch wird das Vertrauen zur Führung gelockert. Durch Konferenzen und Versammlungen wird immer nur ein Bruchteil der Mitglieder erfaßt, und auch der Kreis der Erfaßten ist nicht immer gewillt oder imstande, Gehörtes richtig zu verstehen und weiterzugeben. Es ist also heute nur ein Bruchteil der Mitglieder von M a s s e n o r g a n i s a t i o n e n mit deren Tätigkeit und Zielen vertraut.

Eine kleine Organisation kann leicht Kontakt mit ihren Mitgliedern halten. Eine große Organisation bedarf eines Apparats. Er tritt an die Seite der g e w ä h l t e n , vom Vertrauen getragenen L e i t u n g .

Der Apparat der großen Kollektive muß von M a n a g e r n gehandhabt werden, wenn die Interessen wirkungsvoll gewahrt werden sollen. So willkommen dem Menschen von heute die Geborgenheit in diesen Kollektiven ist, so sehr sträubt er sich gegen die Bevormundung, die sie ausüben. Seine Abwehr gegen das Diktat der Massenorganisationen ist die Interesselosigkeit, die Organisationsmüdigkeit.

Natürlich erlangte der ÖGB-Apparat, also die hauptberuflichen Funktionäre und Angestellten, wachsenden Einfluß auch im öffentlichen Leben, doch war das vorerst keineswegs mit einer materiell privilegierten Position verbunden. Ganz im Gegenteil, viele » A p p a r a t a n g e h ö r i g e « waren ausgesprochen unterbezahlt. Es galt die Regel, daß die Angestellten der Gewerkschaft nicht mehr verdienen sollten als der Durchschnitt der Mitglieder, wobei die höchsten Gehälter nicht mehr als das Dreifache der niedrigsten betragen sollten. Diese Unterbezahlung verleitete allerdings zur Ämterkumulierung.

Zwischen den leitenden Funktionären, die den Blick auf das Ganze richten, und den Mitgliedern, die nur ihr enges Interessengebiet überblicken, kann eine Kluft entstehen. Der Apparat kann aus Enttäuschung über die Interesselosigkeit der Masse der Mitglieder ohne Rücksicht auf diese die als richtig erkannte Politik fortsetzen und, um keine Schwierigkeiten zu haben, lieber autoritär herrschen als demokratisch verwalten. Jedem Apparat wohnt das Bestreben inne, selbständig und unabhängig vorzugehen, ebenso wie umgekehrt die Masse der Mitglieder leicht der Gleichgültigkeit anheimfällt.

Es kann nicht geleugnet werden, daß es heute in den großen Gewerkschaften eine gewisse O r g a n i s a t i o n s m ü d i g k e i t und eine Kluft zwischen der oberen Funktionäreschicht und der Masse der Mitglieder gibt. Die obere Funktionäreschicht ist vielfach mit der Leitung des Angestelltenapparats identisch. Die mittlere Schicht der Funktionäre und Angestellten, die Obmänner von Sektionen, Fachgruppen und Gebietsbereichen, die Betriebsräte, die Sekretäre und Referenten sind die Menschen, die ständig in Kontakt mit der Masse stehen, das sind die eigentlichen Mittler zwischen Apparat und Mitgliedern. Von ihrer Bewährung hängen in erster Linie Einfluß der Organisation und Stimmung der Mitglieder ab.

Die heutige Tätigkeit der Gewerkschaften bringt es mit sich, daß viele Entscheidungen in zentralen Körperschaften fallen. Das verpflichtet um so mehr, die Notwendigkeit solcher Entscheidungen publizistisch an die Mitglieder heranzubringen. Dem g e w e r k s c h a f t l i c h e n P r e s s e w e s e n kommt daher auch hinsichtlich des Kontakts mit den Mitgliedern eine entscheidende Rolle zu, und der Gewerkschaftsbund hat es daher entsprechend ausgebaut.

Die Verschiedenartigkeit der Mitgliederschaft – vom Hilfsarbeiter bis zum Sektionschef oder Cheftechniker eines Großbetriebes – erzeugt eine Ungleichartigkeit auch der Funktionäreschicht. Da die Funktionäre auch als Sprecher der Stimmung der jeweils vertretenen Mitglieder auftreten, ist es möglich, daß in einem Gremium auf diese s o z i a l e D i f f e r e n z i e r u n g zurückzuführende Meinungsunterschiede und Interessengegensätze auftreten, die auch quer durch die politischen Fraktionen gehen können. Wird in einem solchen Fall keine einigende Formel gefunden, muß sich die Minderheit zwangsläufig fügen.

Gegensätze zwischen der Führungsschicht und den Mitgliedern sind heute unvermeidbar, sie entspringen dem vergrößerten Aufgabenbereich der Gewerkschaftsbewegung und der geänderten Einstellung des Menschen zur Umwelt.

Aber anzunehmen, daß durch U r w a h l e n d e r S p i t z e des Gewerkschaftsbunds, wie es verschiedentlich von schwachen Minderheiten wie den Kommunisten und Parteilosen verlangt wird, ein besseres Vertrauensverhältnis zwischen Mitgliedern und Spitzenfunktionären hergestellt werden könnte, geht a n d e r R e a l i t ä t v o r b e i. Der ÖGB ist zwar zentralistisch aufgebaut, doch in der Praxis förderalistisch, wobei sicherlich innerhalb des großen Gefüges des Gewerkschaftsbunds da und dort Demokratisierungsmaßnahmen mehr Mitgliedernähe bringen könnten. Es wird allerdings oft Kritik in Unkenntnis der schon bestehenden demokratischen Struktur des ÖGB geübt.

Die dem ÖGB angehörenden Gewerkschaften haben weitgehende Autonomie, denn nur so können sie ihren Mitgliedern nahekommen. Jede Gewerkschaft bestimmt, den Wünschen ihrer Mitglieder und Funktionäre entsprechend, durch ihre Geschäftsordnung, wie ihre leitenden Funktionäre gewählt werden; das können Urwahlen oder geheime beziehungsweise offene Abstimmungen auf Konferenzen durch Delegierte sein. Die Spitze des ÖGB kann aber nur vom Bundeskongreß gewählt werden, der sich aus den Vertretern der 15 Gewerkschaften zusammensetzt. Diese Delegierten sind am ehesten in der Lage, zu beurteilen, wer am wirksamsten die Gesamtorganisation führen kann. Einen Wahlkampf zur Besetzung des ÖGB-Präsidiums zu führen, hieße eine so diffizile Entscheidung 1,6 Millionen Gewerkschaftsmitgliedern, zusammengesetzt aus den verschiedensten Berufsgruppen, zu überantworten. Auch bei bestem Bekanntheitsgrad der Kandidaten fehlte hier die Sachnähe zur Beurteilung der dem Präsidium gestellten Aufgaben. Unweigerlich würden Gegensätze hochgespielt und das Wahlergebnis eindeutig von den stärksten Gewerkschaften bestimmt werden. Urwahlen der leitenden ÖGB-Organe stehen im Gegensatz zur bewährten Konstruktion des Gewerkschaftsbunds. Ein solches Wahlsystem diente nur eigensüchtigen Interessen kleiner Gruppen, aber nie den gemeinsamen Interessen aller Arbeitnehmer.

Eine gewisse »Kopflastigkeit« des ÖGB, sein Kompetenzüberhang gegenüber den Einzelgewerkschaften, vergrößert sicherlich die institutionelle Distanz zwischen der Ebene der tatsächlichen Entscheidungen und der Ebene des einzelnen Mitglieds.[5]) Demgegenüber erschwert die weit stärkere Position der Einzelgewerkschaften in der Form nach dem Vereinsgesetz selbständiger Organisationen im *Deutschen Gewerkschaftsbund* eine einheitliche Politik des DGB und ein gemeinsames Vorgehen in wirtschaftlichen und politischen Fragen.

Die Tatsache, daß der *Österreichische Gewerkschaftsbund* seit seiner Gründung im Jahre 1945 seinen Mitgliederstand nicht nur behaupten, sondern dem steigenden Beschäftigtenstand – wenn auch leider nicht im entsprechenden Ausmaß – anpassen konnte (im Gegensatz zu den Gewerkschaftsbewegungen anderer Industriestaaten der freien Welt, die große Schwankungen in Kauf nehmen mußten), zeigt, daß es ihm gelungen ist, eine tragfähige Vertrauensbasis herzustellen und zu erhalten.

Abschließend sei noch auf die Bedeutung der von den Gewerkschaften abgehaltenen G e w e r k s c h a f t s t a g e für die Willensbildung des *Österreichischen Gewerkschaftsbunds* hingewiesen: Jede Gewerkschaft hat innerhalb eines Zeitraums von vier Jahren ihren ordentlichen Gewerkschaftstag abzuhalten; die Delegierten zum Gewerkschaftstag werden direkt oder indirekt von den Mitgliedern gewählt. Die Gewerkschaftstage spielen in dreifacher Hinsicht eine Rolle für die Willensbildung: Erstens geben die

Diskussionen über die den Gewerkschaftstagen vorliegenden Berichte Aufschluß darüber, inwieweit die Delegierten aus den Betrieben mit der Gewerkschaftspolitik zufrieden waren; zweitens werden Anträge und Resolutionen angenommen, die, einesteils vom Vorstand, andernteils von Untergliederungen der Gewerkschaft stammend, die Politik der Gewerkschaft für die nächste Funktionsperiode bestimmen und dem Bundesvorstand Aufschluß über die Stellung einzelner Gewerkschaften zu allgemeinen Problemen geben; drittens wird auf dem Gewerkschaftstag der Gewerkschaftsvorstand für die nächste Funktionsperiode gewählt.

Die innere Demokratie

Die Sozialpartnerschaft findet keineswegs die uneingeschränkte Zustimmung aller Gewerkschaftsmitglieder. Die Kritik läuft darauf hinaus, daß die Mitbestimmung eingeschränkt und Gewerkschaftspolitik am »grünen Tisch« betrieben werde. Sicherlich haben einzelne Gewerkschaftsmitglieder und untere Funktionäre der Fachgewerkschaften immer nur über das nächsthöhere Forum Einfluß auf die Willensbildung des Gesamtverbands, aber dies ist ein dem demokratischen System konformer Vorgang. Eine homogene Schicht mit Meinungsübereinstimmung stellt nur der sehr kleine führende Funktionärs- und Angestelltenapparat der Zentrale dar. Funktionäre und Angestellte der Fachgewerkschaften müssen vor allem die jeweiligen Interessen ihrer Mitglieder vertreten. Sie sind in erster Linie ihren Organen verantwortlich und könnten sich auf Dauer nicht halten, wenn sie sich in Opposition zum Willen der Gewerkschaftsmitglieder, aber auch der Nichtmitglieder befänden.

Die Gewerkschaften können, wenn sie funktionsfähig bleiben und situationsentsprechend handeln wollen, n i c h t a l l e B e s c h l ü s s e dem Verdikt a l l e r M i t g l i e d e r unterwerfen. Sie brauchen allerdings die Demokratie innerhalb der Organisation, denn nur sie gewährleistet eine vom Vertrauen getragene Organisationsbasis, ohne die es keinen Rückhalt in der Masse der Arbeitnehmer gäbe. Die Demokratisierung muß ein zweckmäßiges, auch von den Mitgliedern gebilligtes Ausmaß haben, wenn sie nicht Nachteile für die Bewältigung der gewerkschaftlichen Aufgaben mit sich bringen soll.

Die sich verstärkenden Bestrebungen nach einer Demokratisierung der Gesellschaft werden sicherlich auch im gewerkschaftlichen Bereich Auswirkungen haben. Die Mitbestimmung in der Wirtschaft führt mit der Notwendigkeit einer Zusammenarbeit der Betriebsfunktionäre mit der Gewerkschaft, um sich Rat und Unterstützung zu holen, ohnehin zu einem engeren Kontakt mit dem Gewerkschaftsapparat und damit zu einem steigenden Einfluß auf ihn. Eine zu starke Verlagerung von Entscheidungen auf die untere Ebene würde aber nicht nur die Organisationsarbeit komplizieren, sondern manchmal auch das Zustandekommen von Entscheidungen erschweren. Zu weitgehende D e z e n t r a l i s i e r u n g beeinträchtigt die Stabilität und führt zu Funktionsschwächen; andererseits führt eine zu starke Z e n t r a l i s i e r u n g mit unvermeidlicher Bürokratisierung zu Desinteresse der Mitglieder. Es muß daher ein M i t t e l w e g zwischen beiden Extremen gewählt werden.

Im Zusammenhang mit der weiteren Entwicklung des Organisationsapparats muß auch die Frage der Realisierung des I n d u s t r i e g r u p p e n p r i n z i p s gesehen werden, die angesichts der Entwicklung zur Dienstleistungsgesellschaft mit der Folge zunehmender Angestellten- und sinkender Arbeiterbeschäftigung für die Arbeitergewerkschaften i m m e r a k t u e l l e r wird. Nur ein behutsames Vorgehen mit Maßnahmen, die letztlich die Billigung der Mitglieder haben müssen, ist gesamtgewerkschaftlich von Vorteil. Hier hilft nur Verständnis auf beiden Seiten, bei den Funktionären der Privatangestellten und bei denen der Arbeiter, sowie K o o p e r a t i o n s b e r e i t s c h a f t, wenn Konflikte vermieden werden sollen.

Trotz der im internationalen Vergleich geradezu »extremen Zentralisierung« des ÖGB bleibt den Berufsgruppen – wie die trotz Grundsatzbeschluß keineswegs konsequent durchgeführte Regelung des Industriegruppenprinzips zeigt – genug Bewegungsfreiheit. Der ÖGB stellt ein gestuftes Modell i n d i r e k t e r D e m o k r a t i e dar. Die Gewerkschaftsspitze wird nicht direkt, sondern immer nur gestuft und indirekt legitimiert. »Die Zentralisierung des DGB und die noch größere Zentralisierung des ÖGB zerstören keineswegs die innergewerkschaftliche Demokratie, sie verstärken jedoch den bereits vorhandenen Trend zu einer extrem indirekten Demokratie.«[6])

Ein geringerer Zentralisierungsgrad hätte aber sicherlich einen höheren Grad an Konfrontation und Konflikten zur Folge, was keineswegs gleichbedeutend mit mehr Erfolg sein muß, wie die Entwicklung in Ländern mit dezentraler Gewerkschaftsstruktur zeigt.

Das Problem des »geschlossenen Betriebs«

Die gewerkschaftliche Tätigkeit kommt heute in größtem Ausmaße auch dem Unorganisierten zugute. Die Gewerkschaften betrachten es heute als ihre Aufgabe, für die unselbständig Erwerbstätigen gesicherte Beschäftigung, im Zuge der Technisierung sich immer günstiger gestaltende Arbeitsbedingungen und einen ständig wachsenden Anteil am Sozialprodukt zu erringen und eine möglichst umfassende Sozialversicherung zu gewährleisten.

Das C l o s e d - s h o p - Problem, die Frage also, ob es zielführend ist, den Betrieb (= shop) vor Nichtmitgliedern zu verschließen (= closed), das heißt, nur gewerkschaftlich Organisierten eine Arbeitsmöglichkeit zu geben, ist für die österreichischen Gewerkschaften weniger aktuell als für jene anderer Industriestaaten.

Wenn auch heute in Österreich in vielen Großbetrieben der »geschlossene Betrieb« praktisch insofern erreicht erscheint, als die Belegschaft tatsächlich h u n d e r t p r o z e n t i g o r g a n i s i e r t ist, so gibt es doch keine vereinbarungsmäßige Verankerung des Prinzips des »geschlossenen Betriebs«. Der Gewerkschaftsbund hat in seinen Statuten die Freiwilligkeit der Mitgliedschaft festgelegt, und es liegen vorläufig weder konkrete Vorschläge noch Absichten vor, von dieser Regel abzugehen.

In den größeren Betrieben wird allerdings von den organisierten Arbeitskollegen ein Druck zum Gewerkschaftsbeitritt ausgeübt. Die Organisierten sehen es als parasitär und daher als unmoralisch an, wenn ein Arbeitnehmer die Vorteile des Kollektivvertrags, der Sozialgesetze und der vom Betriebsrat mit Hilfe der Gewerkschaft erreichten betrieblichen Sonderregelungen in Anspruch nimmt, ohne selbst etwas dazu beizutragen.

In Österreich ist es allerdings so, daß auch der gewerkschaftlich Unorganisierte die Betriebsratsumlage zahlen und einen Beitrag an die gesetzliche Interessenvertretung, das ist die zuständige Arbeiterkammer, leisten muß. Die Arbeiterkammern haben jedoch als öffentlich-rechtliche Körperschaften nur eine gesetzlich vorgeschriebene beschränkte Bewegungsfreiheit und können daher nach gewerkschaftlicher Überzeugung nicht als Gewerkschaftsersatz betrachtet werden.

Zudem schließt die Überparteilichkeit des ÖGB auch ein politisches Motiv aus, sich der solidarischen Verpflichtung zu entziehen.

Die Gewerkschaften haben ihrer Auffassung nach zur richtigen Erfüllung ihrer Aufgaben von Staat und Unternehmern vollkommen unabhängig zu sein. Die Gewerkschaften wollen auf freiwilliger und nicht auf gesetzlicher Basis beruhende Organisationen sein und wollen dem Staat keinen Einfluß auf ihre Organisation und Tätigkeit zugestehen. Es widerspricht aber nach gewerkschaftlicher Meinung nicht dem Prinzip der freiwilligen Mitgliedschaft, auf das sie Wert legen, wenn Organisierte es als unmoralisch und unsolidarisch empfinden, daß Vorteile und Rechte in Anspruch genommen werden, ohne daß in entsprechende Verpflichtungen eingegangen wird.

Alle Erörterungen über die Frage des »geschlossenen Betriebs« haben auch nach deklarierter Ansicht der österreichischen Gewerkschaften selbstverständlich zur Voraussetzung, daß es sich bei der in Frage stehenden gewerkschaftlichen Organisation um eine wirklich überparteiliche Interessenvertretung der Arbeitnehmer handelt und daß diese Organisation auf demokratischen Grundsätzen fußt. Die Gewerkschaften sind sich bewußt, daß sie in einem demokratischen Staatswesen unter der Kontrolle des Staats und der Öffentlichkeit stehen und daher nicht über die Grenzen ihres Machtbereichs hinausgreifen können, ohne schwere Konflikte heraufzubeschwören. Aber sie meinen, daß sie, die sich als einen Bestandteil und einen Garanten der Demokratie betrachten, die Freiheit beanspruchen können, innerhalb ihres Tätigkeitsbereichs die moralischen Grundsätze gemäß dem Solidaritätsgefühl der Arbeiter und Angestellten selber zu statuieren; zwischen Vereinigungsfreiheit und Vereinigungszwang gebe es, so wird vom *Österreichischen Gewerkschaftsbund* hervorgehoben, den Mittelweg einer allseits anerkannten moralischen Verpflichtung.

In der österreichischen Wirtschaft wird es auch in Zukunft eine Vielzahl von Kleinbetrieben geben, die gewerkschaftlich nur schwer erfaßbar sind. Die Gewerkschaften werden daher sowohl in der Werbung als auch in der Betreuung gewonnener Mitglieder neue Wege gehen müssen. Der Großbetrieb zwingt automatisch in die Gewerkschaft, wer außerhalb steht, ist ein Außenseiter. Im Kleinbetrieb gibt der Unternehmer den Ton an, und der ist oft nicht gewerkschaftsfreundlich. Solche Betriebsinhaber empfinden es zwar als selbstverständlich, dem Kammerverband oder der Innung anzugehören, doch haben sie noch nicht erfaßt, daß die Gewerkschaften in der Verbändedemokratie der Gegenwart und der Zukunft eine entscheidende ordnungspolitische Funktion innehaben.

Gewerkschaftsarbeit konkret

Die Bildungsarbeit

Elf Jahre lang mußten die arbeitenden Menschen in den Zwängen zweier Diktaturen leben. Das – trotz aller wirtschaftlichen und politischen Probleme vielfältige und wegweisende – humanitäre Geistesleben in der Ersten Republik war erloschen oder mußte sich in die Winkel persönlicher Bereiche verkriechen. Auch war die Kontinuität der Gewerkschaftsbewegung unterbrochen, besonders unter dem nationalsozialistischen Regime. Daher waren nach der Wiedererrichtung des freien, demokratischen Österreich und der freien Gewerkschaftsbewegung zwar Reste einstiger Funktionäreapparate, doch die Zahl der »alten« Funktionäre war viel zu klein, um alle neu entstandenen Funktionen auszufüllen. Man benötigte dringend weitere Gewerkschaftsaktivisten, von denen viele noch wenig oder keine Erfahrung hatten; sie umfassend zu schulen, gehörte zu den vordringlichen Aufgaben.

Eine zweite, ebenso wichtige Aufgabe im Bereich der Bildungsarbeit wurde im neu erstandenen überparteilichen Gewerkschaftsbund richtig und konsequent erkannt: Nach einem durch und durch kulturwidrigen Gewaltsystem galt es, sich besonders intensiv dem Wiederaufbau eines umfassenden Kulturlebens und der Pflege möglichst vieler geistiger Bereiche zu widmen.

Zur Bewältigung dieser beiden Hauptaufgaben errichtete der ÖGB ein Bildungsreferat, dessen Leitung dem ehemaligen Mitarbeiter in der Bildungsarbeit des *Bunds der Freien Gewerkschaften* und der *Arbeiterbildungszentrale*, Franz Senghofer, übertragen wurde. 1971 folgte ihm Josef Eksl in dieser Funktion, dann übernahm sie Kurt Prokop.

Unverzüglich wurde das Schulungswesen der Funktionäre und Betriebsräte in der Form von Internats- und Wochenendkursen aufgenommen.

Am Beginn dieser umfassenden gewerkschaftlichen Bildungsarbeit stand die Frage ihrer Grundsatzorientierung in Übereinstimmung mit der Überparteilichkeit des Gewerkschaftsbunds. Es gelang eine zufriedenstellende Lösung aufgrund des Prinzips der positiven Neutralität.

Aufbaukurse, die über eine bloße Einführung hinausgingen, galten der Ausbildung in Arbeitsrecht, Wirtschaftskunde, Sozialgesetzgebung und gesellschaftspolitischen Problemen. Spezialkurse wurden für Bildungsfunktionäre, die Träger des gewerkschaftlichen Bildungswesens, eingerichtet.

Bald entstanden aber auch Schulungen auf einer dritten, höheren Stufe, in der Form d r e i j ä h r i g e r   A b e n d g e w e r k s c h a f t s s c h u l e n . In diesen Lehrgängen wurden gründliche Kenntnisse in Gewerkschaftskunde, Arbeitsrecht, Volkswirtschaft, Staatskunde und Organisationspraxis vermittelt. Die erste Schule dieser Art wurde 1947 in Wien eröffnet. Obwohl bereits mehr als zwei Jahre seit Kriegsende vergangen waren, zwang die damals noch immer herrschende empfindliche Lebensmittelknappheit das Bildungsreferat des ÖGB, den Teilnehmern am ersten Lehrgang an jedem Abend eine kleine Mahlzeit zum Anerkennungspreis von 50 Groschen zu verabreichen, weil der Hunger und die Unterernährung die Konzentration für diese Abendschulen unmöglich gemacht hätte. Daß diese Hilfe überhaupt gegeben werden konnte, war der internationalen gewerkschaftlichen Solidarität zu verdanken. Lebensmittelhilfen trafen von den Gewerkschaftsverbänden der USA, Norwegens und der Schweiz ein, wobei sich überdies die Vereinigung der Quäker hervortat. Diese Zuwendungen waren auch entscheidend dafür, daß der Bildungsbetrieb in den gewerkschaftlichen Internatsheimen aufgenommen werden konnte.

Im Jahre 1986 gab es im ganzen Bundesgebiet 68 Gewerkschaftsschulen.

Zur höchsten Stufe der gewerkschaftlichen und gesellschaftspolitischen Ausbildung wurde die 1950 von der Wiener Arbeiterkammer ins Leben gerufene und getragene S o z i a l a k a d e m i e mit zehnmonatigen Internatslehrgängen. Die Abendgewerkschaftsschulen bildeten eine wertvolle Vorstufe für die Schulung in der Sozialakademie.

Eine wichtige Ergänzung fand das Schulungswesen schließlich mit der Herausgabe einer Briefschule, die Mitte der achtziger Jahre folgende Unterrichtsserien umfaßte: Gewerkschaftskunde – Internationale Gewerkschaftsbewegung – Arbeitsrecht – Sozialrecht – Volkswirtschaft – Betriebswirtschaft – Arbeitstechnik und Lohn – Konsumentenschutz – Staat und Verfassung – Menschengerechte Arbeitsgestaltung – Gesellschafts- und Wirtschaftspolitik – Wirtschafts- und Gesellschaftsrecht – Praktische Gewerkschaftsarbeit.

Große Aufmerksamkeit wendete die österreichische Gewerkschaftsbewegung in steigendem Maße der B e r u f s w e i t e r b i l d u n g zu. In ihrer ersten Phase erfüllte sie die Funktion der Nach-

Österreichs Gewerkschaftsbewegung
Stationen zur Kompetenz

1. Republik Lesestube für Arbeitslose in Wien-Alsergrund

1926 Erste Klasse der Arbeiterhochschule (5. Hörer von linkks: Der spätere Bundespräsident Franz Jonas). Die Sozialakademie der AK knüpfte an diese Tradition an

1953 Betriebsbibliothek der Simmering-Graz-Pauker-Werke in Wien

1950 ÖGB-Bildungsreferent Franz Senghofer beim Kongreß der Internationalen Vereinigung der Arbeiterbildungsorganisationen in Paris

1980 ÖGJ-Demonstration für das Einhalten des Berufsausbildungs- und Jugendschutzgesetzes

1999 Bildungsforum der AK-Steiermark. Das gemeinsame ÖGB/AK-Bildungsprogramm ist seit 1996 auch die Grundlage für die Koordination der gewerkschaftlichen Bildungsarbeit in den Bundesländern

schulung für Kriegsheimkehrer, dann wurde sie ganz allgemein auf die verschiedensten Berufszweige ausgedehnt und spezialisiert.

Seit 1959 wird der Hauptteil der Arbeit in der allgemeinen Erwachsenenbildung – die Schulung der Vertrauensmänner ist selbstverständlich die eigentliche Aufgabe des ÖGB-Bildungsreferates – in erster Linie vom Berufsförderungsinstitut (BFI) geleistet, das sich insbesondere auf Um- und Weiterschulung von Arbeitnehmern konzentriert.

Auch das Freizeitangebot des ÖGB hat für den Bereich der Bildungsarbeit Bedeutung. Der ÖGB baute seine Freizeiteinrichtungen nicht nur nach und nach aus, sondern modernisierte sie gleichzeitig. Er bietet für sinnvolle Freizeitgestaltung Seminare für künstlerisch interessierte Mitglieder sowie Animations-, Bildungs- und Kulturprogramme für Urlauber an.

Ein Rückblick auf bald ein halbes Jahrhundert gewerkschaftlicher Bildungsarbeit zeigt, daß die Aktivitäten und Initiativen von schriftlichen Informationen über das Büchereiwesen, von Kursen und Seminaren bis zum Fernunterricht und passiver wie aktiver Teilnahme am Kulturleben reichen. Die bedeutende Rolle, die die Massenmedien, insbesondere das Fernsehen, bei der Förderung der Bildungs- und Kulturarbeit, aber auch der politischen und gesellschaftlichen Schulung spielen könnten, wurden bisher erst am Rande wahrgenommen.

Zur Frage der Streiks

Im Gegensatz zur Ersten Republik gab es in der Zweiten Republik weder in der Notzeit des Wiederaufbaus – wenn man von dem von den Kommunisten inszenierten Generalstreikversuch im Jahre 1950 absieht – noch in der Zeit der Stabilisierung große Streikbewegungen. Die Tabelle (auf *Seite 584*) gibt einen Überblick über die Streiks in der Zweiten Republik.

Das größte Streikausmaß ist im Jahre 1962 festzustellen, hervorgerufen durch einen Streik von rund 200.000 B e s c h ä f t i g t e n in der gesamten M e t a l l i n d u s t r i e , das heißt im gesamten Organisationsbereich der *Gewerkschaft der Metall- und Bergarbeiter* mit Ausnahme der Hüttenindustrie, des Bergbaus, der Kraftwerke und der erdölfördernden Betriebe: Der Streik wurde auch auf das Metallgewerbe ausgedehnt. Er führte zur Reform der Tätigkeit der Paritätischen Kommission. Nicht nur dieser, alle Streiks, die im Einvernehmen mit den Gewerkschaften geführt wurden, endeten zumindest mit einem Teilerfolg.

Österreichische Streikstatistik 1945 bis 1986

Jahr	Beteiligte	Stunden	Jahr	Beteiligte	Stunden	Jahr	Beteiligte	Stunden
(1932	5.429	74.942)	1959	47.007	404.290	1974	7.295	57.948
1945	300	7.600	1960	30.645	550.582	1975	3.783	44.098
1946	4.360	54.880	1961	38.338	911.025	1976	2.352	4.711
1947	9.175	294.200	1962	207.459	5,181.762 (b)	1977	43	86
1948	5.120	2,440.320	1963	16.501	272.134	1978	699	81.778
1949	25.157	691.064	1964	49.843	283.588	1979	786	6.111
1950	28.093	4,042.368	1965	146.009	3,387.787 (c)	1980	24.181	135.684
1951	31.555	677.461	1966	120.922	570.846	1981	17.115	32.188
1952	116.991	1,283.150	1967	7.496	131.285	1982	91	2.755
1953	12.695	304.817	1968	3.129	53.365	1983	208	4.155
1954	21.140	410.508	1969	17.449	140.139	1984	268	4.349
1955	26.011	464.167	1970	7.547	212.928	1985	35.531	182.019
1956	43.249	1,227.292	1971	2.431	29.614	1986	3.222	26.023
1957	19.555	364.841	1972	7.096	120.832			
1958 (a)	28.745	349.811	1973	78.251	794.119			

(a) Einschließlich Aussperrung.
(b) Davon 195.890 Beteiligte und 4.993.737 Stunden Metallarbeiterstreik vom 9. bis 13. Mai. Es wurde eine Erhöhung der Kollektivvertragslöhne um 9 bis 12 Prozent erreicht.
(c) Davon 131.284 Beteiligte und 3.106.048 Stunden 24stündiger Warnstreik bei Bahn und Post am 23. März.

Quelle: Wirtschafts- und sozialstatistisches Handbuch bzw. Taschenbuch

Die verhältnismäßig w e n i g e n S t r e i k s während der vergangenen Jahrzehnte sind k e i n Z e i c h e n d e r S c h w ä c h e, sondern der S t ä r k e der Gewerkschaftsbewegung, denn in diesem Zeitraum begann eine Wohlstandsperiode, und das Sozialrecht und die soziale Sicherheit wurden entscheidend verbessert. Nunmehr vollzieht sich weltweit ein Strukturwandel der Wirtschaft, der zum Ansteigen der Arbeitslosigkeit und zur Gefährdung sozialer Errungenschaften führt. Dem gilt es, durch eine konstruktive Gewerkschaftspolitik entgegenzuwirken.

Wenn es auch von vielen Arbeitern und Angestellten nicht immer gleich verstanden wird, so betrachten die Gewerkschaften es doch als ihre Verpflichtung, das Verantwortungsbewußtsein gegenüber Einrichtungen und Unternehmungen des Staats und der Gemeinschaft zu heben und unter den Arbeitnehmern die Erkenntnis zu verbreiten, daß Einzel- und Sonderinteressen vor dem Allgemeinwohl zurückzutreten haben; ebenso hat ihrer erklärten Meinung nach die sachliche und verantwortungsbewußte Handlungsweise eines Privatunternehmers Anspruch auf Anerkennung und Billigung von gewerkschaftlicher Seite.

Gerade weil aber die österreichischen Gewerkschaften sich als verantwortungsbewußt erklären, betrachten sie nach wie vor den Streik als ihre stärkste und wichtigste Waffe im Interessenkampf und fordern: Das Streikrecht darf nicht angetastet werden; die Arbeiter und Angestellten müssen nicht nur gegenüber privaten, sondern auch gegenüber öffentlichen und gemeinwirtschaftlichen Arbeitgebern vom Recht der gemeinsamen Arbeitsverweigerung Gebrauch machen können. In allen Fällen ist eine gütliche Schlichtung zu versuchen und die Berechtigung des Streiks als einer letzten und schärfsten Kampfmaßnahme jedesmal gewissenhaft zu überprüfen; jedoch müsse als letzte Konsequenz die Möglichkeit der Arbeitsniederlegung gegeben sein.

Während also früher der Streik als die einzig wirksame Waffe galt, wird er heute als die l e t z t e und keineswegs immer zweckmäßigste und populärste M a ß n a h m e angesehen, die nur angewendet werden soll, wenn alle anderen Möglichkeiten des Verhandelns, Intervenierens und Vermittelns ausgeschöpft sind.

Streik war in der Vergangenheit die Verweigerung des vereinbarten Einsatzes »verkaufter Arbeitskraft«, um einen »höheren Preis« oder andere bessere Arbeitsbedingungen zu erzielen. Der durch den Produktions- oder Leistungsausfall entstandene Verlust sollte den Arbeitgeber zur Erfüllung erhobener Forderungen veranlassen.

Heute richten sich oft Streiks in ihrer Wirkung gegen Personen oder Personengruppen, zu denen die Streikenden in gar keinem Arbeits- oder Vertragsverhältnis stehen. Streiks sind eine allgemeine, von vielen Bevölkerungsgruppen geübte Kampfmaßnahme geworden. In Industrieländern mit starkem Gewerkschaftseinfluß wird das Kampfmittel heute öfter von anderen Bevölkerungsgruppen eingesetzt als von den Arbeitnehmern selbst. Dabei wird oftmals verkannt, daß der Streik das letzte Druckmittel ist, wenn alle vorhergehenden Verhandlungen und Kampfmaßnahmen scheiterten, ebenso wird vielfach übersehen, daß die Anwendung, wenn sie von allgemeiner Wirkung sein soll, der B i l l i g u n g oder zumindest nicht der Ablehnung d e r Ö f f e n t l i c h k e i t bedarf. Im übrigen werden heute oft Boykottmaßnahmen anderer Bevölkerungsschichten als der Arbeitnehmer fälschlich für »Streiks« ausgegeben.

Da heute Streikmaßnahmen die Produktionskraft eines ganzen Landes lähmen können und persönliche Erschwernisse für Hunderttausende Menschen mit sich bringen, muß bei solchen Maßnahmen B e s o n n e n h e i t u n d V e r a n t w o r t u n g s b e w u ß t s e i n den Vorrang haben. Da sie in letzter Konsequenz sich gegen die Interessen der Arbeiterschaft selbst richten können, kann ein großer Streik nur die Ultima ratio sein, wenn alle anderen Möglichkeiten erschöpft sind.

Die Öffentlichkeitsarbeit

Der Gewerkschaftsbund hat seit Beginn seiner Tätigkeit im Jahre 1945 der Öffentlichkeitsarbeit entsprechende Bedeutung zuerkannt. Schon im Juni 1945 erschien das erste Gewerkschaftsorgan, *Der österreichische Arbeiter und Angestellte,* als Zentralorgan des *Österreichischen Gewerkschaftsbunds* und Mitteilungsblatt der Sozialversicherungsinstitute vierzehntägig. Aus Papiermangel hatte das Blatt vorerst nur einen Umfang von vier Seiten. Da der Gewerkschaftsbund über kein Startkapital verfügte, mußte die Zeitung bezahlt werden. Das Interesse war groß, die Menschen hatten jahrelang nur faschistisch ausgerichtete Zeitungslektüre erhalten. Die Auflagen von 50.000 bis 60.000 Exemplaren waren immer bald vergriffen.

Doch ein Zentralorgan im Umfang von vier Seiten konnte den Bedürfnissen der 16 Gewerkschaften nicht Rechnung tragen. Noch im Jahre 1945 erschienen einige Fachblätter – als erstes bereits am 1. August 1945 das Fachblatt der graphischen und papierverarbeitenden Betriebe mit dem traditionsreichen Namen *Vorwärts* –, und bis zu Anfang des Jahres 1948 hatte jede Gewerkschaft ihr Fachblatt.

Als kurzfristiges Informationsorgan für die Funktionäre erschien ab 15. November 1945 der *Gewerkschaftliche Nachrichtendienst* zumindest einmal wöchentlich. Der ÖGB-Pressedienst versorgte die Tageszeitungen, die APA *(Austria Presse Agentur)* sowie die RAVAG und die Wiener Studios der Sender der alliierten Besatzung mit gewerkschaftlichen Nachrichten.

An zentralen Organen erschienen weiter *Der jugendliche Arbeiter* ab März 1946 mit einer Auflage von 34.000 Exemplaren (die Jugendabteilung hatte 1948 bereits 68.000 Mitglieder) und der *ÖGB-Bildungsfunktionär,* ab Oktober 1947 vom Bildungsreferat des ÖGB zur Schulung und Information der Bildungsfunktionäre herausgegeben; die Auflage betrug 6.000 Exemplare.

Um den Kontakt mit den Vertrauensmännern zu verbessern und sie über Vorgänge auf gewerkschaftlichem und sozialpolitischem Gebiet zu unterrichten und ihnen auch Material für die praktische Arbeit zur Verfügung zu stellen, wurde ab 1946 die *Gewerkschaftliche Rundschau* mit einer Auflage von 26.000 Exemplaren herausgegeben. Sie wurde zuerst über die Gewerkschaften an die Vertrauensmänner verteilt und dann, um Zeitverlust zu vermeiden, direkt an alle Betriebe oder die Wohnadresse verschickt.

Arbeit und Wirtschaft erschien damals noch als Organ nur des Arbeiterkammertags mit einer Auflage von 5.000 Exemplaren und wurde erst 1962 mit der *Gewerkschaftlichen Rundschau* zusammengelegt; das Blatt erreichte eine Auflage von 35.000 Exemplaren. Die Zeitschriften *Frauenarbeit – Frauenrecht* und der *Jugendfunktionär* wurden aufgelassen und erschienen als Rubriken in *Arbeit und Wirtschaft,* der *ÖGB-Bildungsfunktionär* blieb als Beilage erhalten.

Die Papierknappheit führte dazu, daß im Herbst 1946 ein Großteil der Gewerkschaftszeitungen nicht erscheinen konnte. Das Pressereferat des ÖGB übernahm die Beschaffung und Zuteilung des Papiers für sämtliche Gewerkschaftszeitungen. Trotz großer Schwierigkeiten und mancher Verzögerungen in der Erscheinungsfolge gelang es doch, die Auflagenzahlen dauernd zu steigern.

Ab 1. Jänner 1947 erschien an Stelle des *Österreichischen Arbeiters und Angestellten* das Zentralorgan des ÖGB unter dem Titel *Solidarität* mit vierzehntägiger Erscheinungsfolge.

Da die Fachblätter einmal monatlich, die *Solidarität* aber vierzehntägig erschien, wurde für jene Gewerkschaften, die ihr Fachblatt mit dem Zentralorgan zusammengelegt hatten, ein Sonderabonnement eingeführt, so daß eine Nummer der *Solidarität* mit dem Fachblatt kostenlos ausgegeben wurde und die zweite Nummer zu bezahlen war.

Der Vertrieb der *Solidarität* wurde auf direkten Betriebsversand umgestellt, so daß das Zentralorgan und die mit ihm zusammengeschlossenen Fachblätter sofort nach Fertigstellung per Post oder Bahnexpreß an die Betriebsräte gesendet werden konnten. Der zeitraubende Umweg, den eine Auslieferung über die Gewerkschaften und Zahlstellen bedeutete, wurde dadurch vermieden. Verzögerungen beim Bahn- und Postversand führten zwar immer wieder zu einigen Beschwerden, der Vorteil der raschen Belieferung blieb jedoch für die übergroße Zahl der Bezieher bestehen. Die Verrechnung der Abonnentengebühr erfolgte gleichfalls mit den Betrieben. Im Jahr 1947 wurden insgesamt 192.000 Schilling (Wert 1947) an Abonnementgebühren eingenommen; nur 3,2 Prozent der Bezieher blieben mit ihrem Abonnementbeitrag im Rückstand.

Die Tatsache, daß damals das Zentralorgan des Gewerkschaftsbunds nicht so wie heute gratis abgegeben, sondern bezahlt werden mußte und die Vertrauensmänner die Mühe des Verkaufs und der Verrechnung auf sich nahmen, dieser Idealismus muß rückblickend mit Anerkennung und Dank vermerkt werden.

Sobald sich in den fünfziger Jahren die Papiererzeugung verbesserte, wurde die Auflage der *Solidarität* gesteigert, und schließlich konnte das zentrale Gewerkschaftsblatt jedem Mitglied zusätzlich zum Fachblatt g r a t i s zur Verfügung gestellt werden.

Der ÖGB ist die einzige Gewerkschaftsorganisation der freien Welt, die ihre Mitglieder in solch umfassender Form auf dem Pressesektor betreut.

Auf dem 10. Bundeskongreß im Herbst 1983 berichtete Chefredakteur Hans Fellinger, daß die Ausgaben des ÖGB für die Gewerkschaftspresse in den vergangenen vier Jahren 9,7 Prozent der gesamten ÖGB-Ausgaben ausgemacht hatten; die Hilfestellung durch das eigene Verlagsunternehmen ermöglicht eine kostensenkende Verwaltung der Gewerkschaftspresse.

Fellinger betonte, daß die Gewerkschaftspresse k e i n e G e g e n m a c h t zur Massenpresse sein kann. Allein ein Vergleich der

Jahresauflagen, die 34 Millionen der ÖGB-Presse gegenüber den fast 800 Millionen allein der Tagespresse – Wochen- und Monatszeitungen nicht mitgerechnet – widerspiegelt das tatsächliche Kräfteverhältnis, wozu noch der gewaltige Vorsprung täglicher Aktualität gegenüber der fast ausschließlich monatlich erscheinenden ÖGB-Presse kommt. Lebenswichtig ist daher, daß der ÖGB gute Verbindungen zu den Massenmedien unterhält, wie kritisch sie auch gegen ihn sein mögen. Es sei hervorzuheben, daß im Bereich des ORF in den letzten Jahren zunehmend Sendungen Fragen der Arbeitswelt behandelten. Die Öffentlichkeitsarbeit der Gewerkschaften, meinte der Chefredakteur der *Solidarität* weiter, *kann sich nicht darauf beschränken, die Mitglieder anzusprechen, wir müssen uns auch darum kümmern, daß der Nachwuchs für die gewerkschaftliche Organisation nicht versiegt. Wir arbeiten eng mit den Bildungsreferat zusammen und bemühen uns um eine Ausbildung der Ausbildner, der Lehrer an den Schulen, um dem Thema Arbeitswelt auch in diesem Bereich mehr Beachtung zu verschaffen. Ein gutes Beispiel ist die gute Zusammenarbeit mit dem Bundesheer.*

Kurt Prokop, der Leiter des Referats für Bildung und Arbeitswissenschaft, unterstrich in seinem Referat am Bundeskongreß 1983, daß der ÖGB in den letzten Jahren größeres Augenmerk auf die Entwicklung elektronischer Medien gerichtet hatte; im Zusammenwirken mit dem *Kammern für Arbeiter und Angestellte* wurden im Medienzentrum die modernsten Einrichtungen geschaffen. Er nannte im Zusammenhang mit dem Bildungs- und Informationsangebot aber auch ein Problem: *Allerdings wäre es zweckmäßig, wenn die Betriebsräte und Jugendvertrauensmänner als Mittler zwischen Organisation und Mitgliedern und überhaupt Arbeitnehmern und wichtigen Trägern des Meinungsbildungsprozesses mehr von der Möglichkeit der Bildungsfreistellung nach dem Arbeitsverfassungsgesetz Gebrauch machen.*

Unter dem Motto *Forderungen an die Zukunft* führte der ÖGB im Jahre 1985 in ganz Österreich eine Mitgliederbefragung durch. Jedes Gewerkschaftsmitglied hatte Gelegenheit, auf einem Fragebogen die seiner Meinung nach wichtigsten politischen Ziele und Aktivitäten des Gewerkschaftsbunds zu bezeichnen. Damit sollten wichtige Entscheidungshilfen für den 11. ÖGB-Bundeskongreß im Jahre 1987 gegeben werden.

Ausgewertet wurden rund 32.000 Fragebögen. Als wichtigste

Probleme, mit denen sich der ÖGB in Zukunft verstärkt auseinandersetzen sollte, wurden Arbeit, Gesundheit, Einkommen, soziale Sicherheit und Umweltschutz genannt. Relativ weit zurück in der Dringlichkeit lagen Bereiche wie neue Technologien und internationale Fragen.

Da der arbeitende Mensch einen großen Teil seiner Zeit am Arbeitsplatz verbringt, kommt der M e i n u n g s b i l d u n g am Ort besondere Bedeutung zu. Das wirksamste aller Mittel zur Meinungsbildung ist das p e r s ö n l i c h e G e s p r ä c h. Ein Viertel der Nichtmitglieder sagte bei einer Meinungsbefragung im Jahre 1987 aus, daß sie noch nie jemand wegen der Mitgliedschaft angesprochen habe; bei den 18- bis 29jährigen waren es 40 Prozent, bei den 30- bis 39jährigen dagegen 17 Prozent. Es liegt also für die Werbetätigkeit noch ein weites Feld brach, wie auch die Beantwortung der Fragen Schwachstellen gewerkschaftlicher Öffentlichkeitsarbeit zeigt. Die B e r ü c k s i c h t i g u n g d e r ö f f e n t l i c h e n M e i n u n g und das E i n g e h e n a u f bestehende V o r u r t e i l e wie auch die B e r e i t s c h a f t, F o l g e r u n g e n a u s b e r e c h t i g t e r K r i t i k zu ziehen, sind Voraussetzungen für den Erfolg der Öffentlichkeitsarbeit – der sich allerdings nicht von heute auf morgen einstellen wird.

Internationale Aktivitäten

Im Mai 1955 war Wien Schauplatz einer bedeutsamen internationalen Gewerkschaftsveranstaltung. Im Wiener Konzerthaus tagte vom 20. bis 28. Mai der *4. Weltkongreß des Internationalen Bunds freier Gewerkschaften* (IBFG), dem Österreich seit der Gründung im Jahre 1949 angehörte. Die Wahl Wiens zum Tagungsort des Weltkongresses bedeutete damals eine besondere Anerkennung des *Österreichischen Gewerkschaftsbunds,* zumal der Beschluß, die Tagung in Wien abzuhalten, zu einem Zeitpunkt erfolgte, wo der Abschluß des Staatsvertrags keineswegs feststand. Der Beschluß sollte die B e s t r e b u n g e n Ö s t e r r e i c h s z u r E r l a n g u n g s e i n e r U n a b h ä n g i g k e i t u n t e r s t ü t z e n.

Vor Beginn des IBFG-Kongresses 1955 beschloß der Vorstand eine Resolution, in der das österreichische Volk zur Wiedererringung seiner Freiheit und Souveränität beglückwünscht wurde, und dann hieß es weiter: *Unsere Genugtuung ist um so größer, als die österreichische Arbeiterschaft, die mit dem IBFG auf das engste verbunden ist, in der vordersten Reihe im Kampfe für die Wiedervereinigung der Freiheit stand und darin vom IBFG auf das energischeste und wirkungsvollste unterstützt wurde.*

Der IBFG zählte zur Zeit des Kongresses 54,525.288 Mitglieder. Er verurteilte vor allem den Versuch des kommunistischen Weltgewerkschaftsbunds, eine freie Gewerkschaftsbewegung in Asien zu unterhöhlen.

Vorher hatte der IBFG bereits zweimal eine Kommission zum Studium der Schäden entsandt, die durch die andauernde Besetzung für Österreich entstanden, die erste im Dezember 1950 und die zweite im September 1954. Die Ergebnisse dieser Untersuchungen wurden, verbunden mit Vorschlägen zur Reduktion der Besatzungslasten, jeweils dem *Allierten Rat* zur Kenntnis gebracht.

Der ÖGB war aber auch in den Jahren vor dem Staatsvertrag kein Bittsteller, sondern aktives Mitglied der freien internationalen Gewerkschaftsbewegung.

Von internationaler Bedeutung – weil die Hilfe aus einem noch besetzten Land kam – war im Jahre 1953 die H o l l a n d - H i l f s a k t i o n des ÖGB. In den ersten Februartagen dieses Jahres wurde Holland von einer gewaltigen Überschwemmungskatastrophe heimgesucht. Am 4. Februar rief der ÖGB die Arbeitnehmer Österreichs auf, mit Geldspenden zur Linderung der Not beizutragen, und stellte sich selbst mit einer halben Million Schilling an die Spitze der Sammlung, die schließlich vier Millionen Schilling (Wert 1953) erbrachte. Auf Wunsch der niederländischen Gewerkschaften wurden um diesen Betrag 99 in Österreich vorfabrizierte Holzhäuser mit Flachdach und 114 Werkzeugschuppen nach Holland gebracht.

Die Behinderung durch die alliierte Besetzung verzögerte in den ersten Jahren nach 1945 die internationalen Kontakte. Als Demonstration der Stärke und Geschlossenheit und auch um die internationalen Verbindungen wieder in größerem Ausmaß aufleben zu lassen, veranstaltete der ÖGB 1953 das 3. gesamtösterreichische Gewerkschaftstreffen in Wien als 6 0 - J a h r - F e i e r des ersten Zusammenschlusses der österreichischen Gewerkschaften im Jahre 1893. Das auf sieben Tage erstreckte Programm enthielt auch Diskussionsnachmittage in- und ausländischer namhafter Referenten über *Der freie Arbeiter in der freien Welt.*

Daß die österreichische Gewerkschaftsbewegung ihrer großen Tradition internationaler solidarischer Hilfe treu geblieben war, konnte sie ganz besonders 1956 unter Beweis stellen.

In der zweiten Hälfte des Monats Oktober 1956 erhob sich das ungarische Volk zu einer verzweifelten Aufstandsbewegung. Nach anfänglichen Erfolgen kam es zu einer umfassenden sowjetischen Militäraktion, die die Hoffnungen der ungarischen Freiheitskämpfer zunichte machte. Die Kämpfe dauerten teilweise fast bis Jahresende an. Bis Ende Dezember kamen 155.000 Flüchtlinge nach Österreich, um hier Schutz zu suchen.

Eine Welle der Empörung gegen die Unterdrücker und der Anteilnahme für das schwergeprüfte ungarische Volk erfaßte die Menschen in den freien Ländern der Welt. Vor allem war es notwendig, wirksame Hilfsaktionen in die Wege zu leiten. Hier ging der ÖGB beispielgebend voran.

Am 27. Oktober erließ der ÖGB folgenden Aufruf zur Einleitung einer großzügigen Spendenaktion: *Der erbitterte Freiheitskampf in Ungarn fordert seit Tagen schwerste Opfer, bringt Not und Schrecken über ein Volk, mit dem uns immer starke Bande der Freundschaft verknüpfen. Das österreichische Volk weiß aus leidvoller Vergangenheit, wie notwendig rasche Hilfe ist, wenn Mangel an Medikamenten, an ärztlicher Versorgung und an Lebensmitteln herrscht. Der Österreichische Gewerkschaftsbund ruft daher alle Arbeiter und Angestellten Österreichs zu einer Solidaritätsaktion auf. Der Erlös soll in erster Linie zum Ankauf von Lebensmitteln und Medikamenten dienen. Der ÖGB selbst stellt sich mit 250.000 Schilling an die Spitze der Aktion. Auch der Österreichische Arbeiterkammertag stellt 250.000 Schilling zur Verfügung.*

Auf diesen Aufruf hin langten bis 31. Dezember 1956 9,75 Millionen Schilling an Spenden für die Ungarnhilfe ein, davon rund zwei Millionen von ausländischen Brudergewerkschaften. In den ersten Monaten des Jahres 1957 erhöhte sich der Spendeneingang auf 16,3 Millionen Schilling (Wert 1957). Der *Internationale Bund Freier Gewerkschaften* und die dem IBFG angeschlossenen Gewerkschaftsverbände riefen ebenfalls zu Hilfsaktionen auf.

Am 29. Oktober 1956 richtete der *Österreichische Gewerkschaftsbund* ein von seinem Präsidenten Johann Böhm und seinem Stellvertretenden Generalsekretär Fritz Klenner unterzeichnetes Telegramm an den Zentralrat der sowjetischen Gewerkschaften, in dem im Namen der österreichischen Arbeiter und Angestellten appelliert wurde, sich möglichst unverzüglich und mit größtem Nachdruck dafür einzusetzen, daß sich die Truppen der UdSSR von Auseinandersetzungen in Ungarn fernhielten und daß dem Blutvergießen im Innern Ungarns ein Ende bereitet werde. Die Antwort auf dieses Telegramm war völlig unbefriedigend, ebenso ein weiteres Schreiben in dieser Angelegenheit.

An den ungarischen Gesandten in Wien wurde am 29. Oktober ein Hilfsangebot gerichtet. Am 31. Oktober und am 1. November 1956 hielten sich vier Gewerkschaftsfunktionäre aus der BRD und Österreich in Budapest auf, um mit den sich damals bildenden Freien Gewerkschaften Verbindung aufzunehmen.

Am 2. November wurde in allen österreichischen Betrieben eine Gedenkminute für die Opfer des ungarischen Freiheitskampfs und der anglo-französischen Militäraktion in Ägypten abgehalten. Auf einen Aufruf des *Internationalen Bunds Freier Gewerkschaften* hin ruhte aus den gleichen Anlässen am 8. November für fünf Minuten die Arbeit.

Am 5. November wandte sich der *Österreichische Gewerkschaftsbund* an die Weltöffentlichkeit und an den Zentralrat der sowjetischen Gewerkschaften mit einem Appell um Hilfe für Ungarn, in dem es unter anderem hieß, daß die Vergewaltigung der Menschenrechte nicht widerspruchslos hingenommen werde könne.

Der Exekutivausschuß des *Internationalen Bunds Freier Gewerkschaften* hielt Mitte November 1956 in Hamburg eine außerordentliche Sitzung ab, um die Stellungnahme der nichtkommunistischen internationalen Gewerkschaftsorganisationen zu den Ereignissen in Ungarn festzulegen. Es wurde die Möglichkeit des Boykotts des Warenverkehrs mit der Sowjetunion erörtert, der für die Durchführung des sowjetischen Fünfjahrplans unangenehme wirtschaftliche Auswirkungen hätte haben können.

Die österreichischen Vertreter im Exekutivkomitee wiesen bei den Beratungen auf die besondere Lage Österreichs hin: Österreich sei laut Staatsvertrag verpflichtet, jährlich Reparationen im Werte von 25 Millionen Dollar sowie eine Million Tonnen Rohöl an die Sowjetunion zu liefern. Darüber hinaus seien noch österreichische Verpflichtungen im Rahmen eines Handelsvertrags vorhanden, die im laufenden Jahr Warenlieferungen von 25 Millionen Dollar vorsähen; für das Jahr 1957 war nach in Moskau abgeschlossenen Verhandlungen das Kontingent auf Warenlieferungen in beiderseitiger Richtung auf 50 Millionen Dollar jährlich erhöht worden. Der ÖGB erklärte zu den Boykottmaßnahmen des IBFG, daß die Lieferungen aufgrund des Staatsvertrags von vornherein aus allen Boykottbeschlüssen ausgeklammert werden müßten. An-

Österreichs Gewerkschaftsbewegung
Stationen international

1955 Vierter Weltkongreß des Internationalen Bundes Freier Gewerkschaften in Wien. Empfang bei Bundespräsident Theodor Körner

1961 Kongreß des Internationalen Bundes der christlichen Fabrik- und Transportarbeiterverbände in Wien

1960 Gemeinsamer Frauenausschuß IBFG – internationale Berufssekretariate. Wilhelmine Moik vom ÖGB ist Vorsitzende

1962 Ausbildung von jungen Afrikanern im Rahmen eines Programmes der Gewerkschaftsjugend

1973 Empfang bei Bundeskanzler Bruno Kreisky anläßlich der Vorstandstagung des IBFG in Wien

1998 Kinder demonstrieren vor dem Parlament gegen Landminen. Der ÖGB unterstützt die Kampagne für Landminenverbot

ders sei die Situation bei Warenlieferungen im Rahmen des Handelsvertrags.

Hinsichtlich der Durchführung der Boykottmaßnahmen auf internationaler Ebene gab es beträchtliche Meinungsverschiedenheiten; wie immer, wenn es sich um internationale Boykottmaßnahmen handelt, konnte kein durchschlagender Erfolg erzielt werden.

Im ÖGB selbst verlangten die sozialistische und die christliche Fraktion von der kommunistischen Fraktion eine Erklärung hinsichtlich einer Verurteilung des sowjetischen Eingreifens in Ungarn.

Im Laufe der Monate Dezember 1956 bis Mai 1957 erfolgten neun Transporte von Hilfssendungen. Es wurden nach Ungarn insgesamt folgende Hilfssendungen gebracht: 530.000 kg Lebensmittel, Kinderkleider für rund 650.000 Schilling (zum damaligen Wert), gebrauchte Kleider für Erwachsene im Gewicht von 2.000 kg, 1.000 Paar Kinderschuhe, 30.000 Quadratmeter Fensterglas, um das die Ungarn besonders gebeten hatten, Medikamente für mehr als 10 Millionen Schilling und 3.000 kg Waschmittel. Die Mittel hierfür stammten aus Spenden, die in Österreich und in anderen freien Ländern von Arbeitnehmern für die ungarischen Werktätigen aufgebracht worden waren.

Nur langsam konsolidierte sich die Lage in Ungarn. Die politischen Beziehungen Österreichs zu Ungarn waren nach 1956 einige Zeit hindurch durch die Haltung Österreichs und seine Hilfe für die Flüchtlinge belastet. Trotz der eindeutigen Stellungnahme des Gewerkschaftsbunds richtete jedoch der Zentralrat der sowjetischen Gewerkschaften eine Einladung an den ÖGB zur Entsendung einer Delegation des Bundesvorstands in die Sowjetunion, der er im April 1957 nachkam.

Anläßlich des Staatsbesuchs des Vorsitzenden des Ministerrats der UdSSR, Chruschtschow, im Juli 1960, erfolgte in Begleitung von Frau Chruschtschow und Außenminister Gromyko auch ein B e s u c h i m H a u s e d e s Ö G B. Präsident Olah stellte dem Gast die Mitglieder des Bundesvorstands des ÖGB vor. In seiner Begrüßung wies Präsident Olah auf die stolze Tradition der österreichischen Gewerkschaftsbewegung und auf das Selbstbewußtsein hin, das die österreichische Arbeiterschaft stets ausgezeichnet habe. Olah dankte Chruschtschow für dessen Anteil am Zustandekommen des österreichischen Staatsvertrags.

In einer Ansprache hielt Ministerpräsident Chruschtschow eine historische Rückschau auf die Entwicklung der Beziehungen zwischen der russischen und der österreichischen Arbeiterschaft. Er wies auch darauf hin, daß die Sowjetunion 1938 die einzige Großmacht war, die den Anschluß Österreichs an Deutschland nicht anerkannte, und daß die Sowjetunion im Kampf um die Befreiung Österreichs von der Naziherrschaft große Opfer gebracht habe. Die sowjetischen Gewerkschafter würden weitere Kontakte mit den österreichischen Gewerkschaftern sehr begrüßen. *Dabei erklären wir offen und aufrichtig,* sagte Chruschtschow, *wir haben durchaus keine Absicht, Ihnen die kommunistische Ideologie aufzuzwingen.*

Abschließend erklärte Chruschtschow, die Sowjetunion werde weiterhin unermüdlich eine Politik des Friedens und der Freundschaft zwischen den Völkern betreiben.

Acht Jahre später erfolgte der Einmarsch der Warschauer-Pakt-Truppen in die ČSSR.

Das Jahr 1968 stand im Zeichen der als » P r a g e r   F r ü h l i n g « in die Geschichte eingegangenen Ereignisse in der Tschechoslowakei, die Österreichs Bürger zutiefst bewegten.

Auf der Sitzung des Zentralkomitees der Kommunistischen Partei unseres Nachbarstaats am 5. Jänner 1968 gewannen die Reformer unter Führung von Alexander Dubcek nach langen vorhergehenden ideologischen Auseinandersetzungen die Mehrheit. Im April wurde eine Regierung gebildet, die ein Programm eines *Sozialismus mit menschlichem Antlitz* verwirklichen sollte. Unter Aufrechterhaltung der Alleinherrschaft der Kommunistischen Partei wollten die Reformer das politische und kulturelle Leben liberalisieren, die Wirtschaft entbürokratisieren und sie nach einem von Ota Šik entworfenen neuen ökonomischen Modell gestalten. Dem Abbau der Spannungen zwischen Tschechen und Slowaken sollte die Föderalisierung des Staats dienen.

Das Programm der Reformer stieß auf das Mißtrauen der Sowjetunion. Tschechoslowakisch-sowjetische Konferenzen Ende Juli und Anfang August brachten scheinbar ein Übereinkommen über das Ausmaß der Reformen, doch am 21. August marschierten Truppen der Sowjetunion, Polens, der Deutschen Demokratischen Republik, Ungarns und Bulgariens in Stärke von mehr als 500.000 Mann in der Tschechoslowakei ein. Die Tschechen antworteten mit einem Generalstreik, unter militärischem Druck zerbrach aber schließlich der Widerstand. Die Reformer mußten ihre Liberalisierungspolitik zurücknehmen und der Stationierung sowjetischer Truppen zustimmen. KPdSU-Chef Breschnew begründete die Intervention als *Akt internationaler Solidarität zum Schutze der gemeinsamen sozialistischen Staatssysteme* mit der Doktrin von der *beschränkten Souveränität* der Staaten des sozialistischen Lagers (»Breschnew-Doktrin«). Der »Prager Frühling« war zu Ende.

In der Folge wurden in der Tschechoslowakei alle Reformpolitiker entmachtet und alle Reformpläne bis auf die Föderalisierung aufgehoben. Ein neuer Freundschafts- und Beistandsvertrag band die Tschechoslowakei politisch und wirtschaftlich eng an die Sowjetunion, so daß die Abhängigkeit größer und der totalitäre Kurs vorübergehend schärfer wurde als in den anderen mit der Sowjetunion verbundenen Staaten Europas.

Während der russischen Intervention brachten der österreichische Hörfunk und das Fernsehen über die Vorgänge im Nachbarstaat laufend Informationen, die von zahlreichen Rundfunkanstalten der westlichen Welt übernommen wurden. Mehr als 2.300 Tschechen flüchteten nach Österreich. Die österreichischen Gewerkschaften beteiligten sich an den Hilfsmaßnahmen für die Flüchtlinge. Einem vielfachen Verlangen aus den österreichischen Betrieben folgend, rief der ÖGB am 27. August zu einer f ü n f m i n ü t i g e n A r b e i t s r u h e a l s S y m p a t h i e k u n d g e b u n g für die Bestrebungen des tschechoslowakischen Volks nach Freiheit und Souveränität auf.

Etwa Anfang der sechziger Jahre begann sich Europa langsam der Probleme jener Länder bewußt zu werden, die man später » D r i t t e W e l t « nannte und die in Afrika und Asien damals gerade ihre Unabhängigkeit von den Kolonialmächten erlangten.

Im Februar 1960 beschloß das Präsidium des ÖGB, auch einen H i l f s f o n d s d e s Ö G B f ü r E n t w i c k l u n g s g e b i e t e zu errichten und die österreichischen Arbeitnehmer zu Spenden für diesen Fonds aufzurufen. Zunächst wurde dem Fonds ein Betrag von 500.000 Schilling aus ÖGB-Mitteln überwiesen, und die Gewerkschaften erklärten sich bereit, aus Eigenmitteln dem Fonds weitere Beträge zur Verfügung zu stellen. Der Hilfsfonds sollte vor allem der Unterstützung freier Gewerkschaftsorganisationen in den jungen selbständigen Staaten in Afrika und Asien dienen.

Österreichs Außenpolitik bewegte damals allerdings in erster Linie das » S ü d t i r o l p r o b l e m « .

Der Gewerkschaftsbund sah sich im Jahre 1958 auch gezwungen, zu den Ereignissen in Südtirol Stellung zu nehmen. Nach chauvinistischen Terrorurteilen gegen sieben Südtiroler Bauernburschen in Trient richtete der ÖGB an den IBFG im April ein Telegramm, in dem unter anderem folgendes mitgeteilt wurde: *Die österreichische Bevölkerung und darüber hinaus alle rechtlich denkenden Menschen können sich des Eindrucks nicht erwehren, daß es sich bei dem Urteil von Trient um einen nationalistischen Racheakt handelt, der das Verhältnis zwischen dem österreichischen und dem italienischen Volk empfindlich stören könnte. Das unmenschliche Urteil hat in Österreich größte Empörung ausgelöst, insbesondere auch in den Reihen der Arbeiter und Angestellten. Auf Initiative der Landesexekutive Tirol des Österreichischen Gewerkschaftsbunds wurde in den Vormittagsstunden des 1. April ein fünf Minuten dauernder Proteststreik in ganz Tirol lückenlos durchgeführt ... Der Österreichische Gewerkschaftsbund ersucht daher den Internationalen Bund Freier Gewerkschaften, er möge die Bestrebungen des ÖGB nach einer Revision des Urteils unterstützen und auf diese Weise, so wie schon bisher in zahlreichen weltweiten Aktionen, der Verständigung und Freundschaft zwischen den Völkern dienen.*

Die italienischen Gewerkschaftsverbände CISL und UIL erklärten sich daraufhin bereit, bei Ablehnung eines inzwischen beantragten Revisionsverfahrens ein Gnadengesuch zu unterstützen. Bei einer Vorstandssitzung des IBFG im März 1961 in Brüssel kam es zwischen den italienischen und den österreichischen Vertretern zu einer offenen Aussprache. Sie stellten fest, daß die arbeitende Bevölkerung Italiens und Österreichs, und insbesondere Südtirols im Interesse gutnachbarlicher Beziehungen zwischen den beiden Völkern eine baldige gerechte Lösung der Südtirolfrage erwarte. Die Lösung solle auf dem Südtirolabkommen von 1946 beruhen, aber eine für alle Teile befriedigende Interpretation dieses unklar formulierten Vertrags vorsehen.

Der ÖGB baute seine internationalen Kontakte in den folgenden Jahrzehnten systematisch aus:

Funktionären der ehemaligen christlichen Gewerkschaften Österreichs wurde die Möglichkeit geboten, ihre durch den Nationalsozialismus unterbrochenen jahrzehntelangen internationalen Verbindungen wiederherzustellen. Der Vizepräsident des ÖGB, Erwin Altenburger, wurde zum Vorstandsmitglied des *Internationalen Bunds christlicher Gewerkschaften* gewählt, der sich später »Weltverband der Arbeitnehmer« nannte. In den christlichen Fachinternationalen waren Vertreter der österreichischen Fachgewerkschaften als Funktionäre tätig.

Den vom ÖGB unterstützten Bemühungen, die Arbeit der Sekretariate der *Europäischen Regionalorganisation* (ERO) und der EWG-Gewerkschaftsverbände zu koordinieren, war erst 1973 Erfolg beschieden. In diesem Jahr gründeten 17 europäische Mitgliedsorganisationen des IBFG – darunter auch der ÖGB – den *Europäischen Gewerkschaftsbund* (EGB), der sich als autonome Regionalorganisation des IBFG versteht. Im Laufe der Zeit nahm er eine Reihe christlicher Gewerkschaftsverbände auf, und seit 1974 gehört ihm auch der aus einer kommunistisch orientierten Richtungsgewerkschaft hervorgegangene italienische Gewerkschaftsbund CGIL an; die Aufnahme erfolgte mit Zustimmung des IBFG. Vertreter des ÖGB im EGB waren von dessen Gründung an Alfred Ströer, seit 1976 Vizepräsident des EGB, und Hans Klingler für die *Fraktion christlicher Gewerkschafter,* der die Funktion eines stellvertretenden Mitglieds des Exekutivausschusses inne hat.

Der ÖGB im Meinungsbild der Öffentlichkeit

In einer am *Institut für empirische Sozialforschung* (IFES) im Frühjahr 1987 bei einem repräsentativen Querschnitt unselbständig Erwerbstätiger durchgeführten Untersuchung über die Einstellung zur Gewerkschaft war die Hälfte der Befragten (57 Prozent der Männer und 39 Prozent der Frauen) gewerkschaftlich organisiert, 37 Prozent waren nie Mitglieder, und 14 Prozent waren einmal Mitglieder gewesen. Die Zahl der Gewerkschaftsmitglieder war in der Altersgruppe ab sechzig Jahren am höchsten (67 Prozent), allerdings betrug aufgrund der Alterssymmetrie die Anzahl der Befragten zwölf zu 458 der Achtzehn- bis Zwanzigjährigen, von denen 41 Prozent gewerkschaftlich organisiert waren. Von den Vierzig- bis Neunundvierzigjährigen waren 49 Prozent Gewerkschaftsmitglieder. Beruflich gegliedert, waren 49 Prozent der leitenden Angestellten und Beamten, ebenso 49 Prozent der Facharbeiter und 55 Prozent der Hilfsarbeiter bei der Gewerkschaft. In Wien lag der Organisationsgrad bei der Befragung bei 54 Prozent, in Niederösterreich und im Burgenland bei 52 Prozent, in der Steiermark und in Kärnten bei 47, in Oberösterreich bei 64 Prozent, in Salzburg, Tirol und Vorarlberg bei 33 Prozent. Das Ost-West-Gefälle ist also beträchtlich.

Als Grund des Beitritts zur Gewerkschaft gaben 5 9   P r o z e n t (58 Prozent der Männer und 63 Prozent der Frauen) an, daß der

Beitritt in ihrem Betrieb üblich sei, 29 Prozent meinten, damit *sie Hilfe in persönlichen Dingen erhalten,* und 38 Prozent, damit dadurch die Interessen der Arbeitnehmer gestärkt werden. 5 Prozent sagten, *weil es von den Vorgesetzten gerne gesehen wird,* und 6 Prozent, *weil man sonst im Betrieb nicht arbeiten kann.* Zu berücksichtigen ist, daß es bei der Beantwortung Mehrfachnennungen gab.

Auf die Frage an Nichtorganisierte, warum sie nicht oder nicht mehr bei der Gewerkschaft seien, antworteten 27 Prozent, *mich hat noch nie jemand darauf angesprochen,* woraus folgert, daß bei mehr als einem Viertel der Berufstätigen die gewerkschaftliche Erfassung intensiviert werden müßte. 48 Prozent gaben an, daß sie in ihrem Beruf keinen Vertreter brauchen und sich die Sachen selbst mit dem Unternehmer ausmachen. Immerhin 14 Prozent meinten, die Gewerkschaft sei bereits mächtig genug, und sie hätten daher nicht die Absicht, sie auch noch zu stärken. 8 Prozent sagten, in ihrem Betrieb seien die meisten Kollegen und Vorgesetzten gegen eine Gewerkschaftsmitgliedschaft, und 10 Prozent, daß sie nach einem Berufs- beziehungsweise Firmenwechsel nicht mehr Gewerkschaftsmitglieder seien. Bei den leitenden Angestellten und Beamten waren es 57 Prozent der Nichtorganisierten, die angaben, keine Gewerkschaft zu brauchen, bei den Facharbeitern 51 und bei den Hilfsarbeitern 45 Prozent.

Von den Aufgabengebieten der Gewerkschaft hielten 55 Prozent die Beratung in Rechtsfragen für persönlich sehr wichtig, 37 Prozent die Verhinderung von Nachteilen für Arbeitnehmer nach dem Einsatz neuer Technologien und immerhin 38 Prozent die Mitarbeit in der Sozialpartnerschaft. 62 Prozent der leitenden Angestellten und Beamten, 38 Prozent der Angestellten und Beamten sowie 37 Prozent der Facharbeiter entschieden sich für diese Aussage, in der Steiermark und in Kärnten waren es jedoch nur 31 Prozent und in Oberösterreich 32 Prozent. Hingegen hielten 77 Prozent der Befragten in Oberösterreich sowie 73 Prozent in der Steiermark und in Kärnten die Sicherung der Arbeitsplätze für persönlich sehr wichtig.

Daß nur 14 Prozent der Befragten (trotz Möglichkeit der Mehrfachnennung) die Verkürzung der Wochenarbeitszeit (35-Stunden-Woche) für persönlich sehr wichtig hielten, sollte in der gewerkschaftlichen Taktik und Propaganda berücksichtigt werden. Daß die Verkürzung der Arbeitszeit auch eine

Solidaritätsmaßnahme ist, um für Arbeitslose Beschäftigung zu schaffen, findet wenig Beachtung. Demgegenüber bezeichneten 51 Prozent den R e c h t s b e i s t a n d b e i K o n f l i k t e n mit dem Arbeitgeber als sehr wichtig. 28 Prozent waren im Gesamtdurchschnitt für den Ausbau der M i t b e s t i m m u n g i n d e n B e t r i e b e n , und zwar 38 Prozent der leitenden Angestellten und Beamten, 29 Prozent der Angestellten und Beamten und 31 Prozent der Facharbeiter, doch nur 21 Prozent der Hilfsarbeiter.

Beachtliche 3 2 P r o z e n t (36 Prozent der Männer und 26 Prozent der Frauen) fanden, daß die Gewerkschaft bei der M i t a r b e i t i n d e r S o z i a l p a r t n e r s c h a f t s e h r e r f o l g r e i c h sei. Hier überwogen wieder die leitenden Angestellten und Beamten mit 67 Prozent, gegenüber 33 Prozent der Angestellten und Beamten und 28 Prozent der Facharbeiter.

Der Auffassung, *Die Arbeitnehmer sollten sich stärker gegen die Unternehmer zusammenschließen,* stimmten nur 17 Prozent vorbehaltlos zu, überraschende 18 Prozent stimmten gar nicht zu, die Mehrheit stimmte teilweise zu. Von den leitenden Angestellten und Beamten stimmten nur 7 Prozent, von den Facharbeitern 20 und den Hilfsarbeitern 23 Prozent vorbehaltlos zu. Allerdings antworteten auf die Fragestellung *In Betriebsangelegenheiten sollte sich die Gewerkschaft nicht einmischen, das können sich die Arbeitnehmer doch selbst alles mit dem Chef regeln* nur 12 Prozent zustimmend, 4 Prozent der Leitenden Angestellten und Beamten, jedoch 15 Prozent der Facharbeiter und Hilfsarbeiter.

Der Meinung, daß die G e w e r k s c h a f t z u v i e l M a c h t in Österreich habe, stimmten 18 Prozent (20 Prozent der Männer 15 Prozent der Frauen) völlig zu, 15 Prozent gar nicht, die teilweise Zustimmung überwog. Eigentlich wenig Befragte, 30 Prozent der leitenden Angestellten und Beamten, 35 Prozent der Facharbeiter und 30 Prozent der Hilfsarbeiter waren der Meinung, *daß nur eine starke Gewerkschaft die Arbeitnehmer vor Übergriffen der Unternehmer schützen könne.* Nach Bundesländern überwog die Meinung mit 39 Prozent in Wien; in Salzburg, Tirol und Vorarlberg stimmten nur 19 Prozent zu.

19 Prozent der Befragten (16 Prozent der Männer und 24 Prozent der Frauen) i n t e r e s s i e r t e die G e w e r k s c h a f t nicht, denn sie bringe ihnen keine Vorteile. Dieser Meinung waren nur 11 Prozent der leitenden Angestellten und Beamten, aber je 20 Prozent Facharbeiter und Hilfsarbeiter. In der Steiermark, in Kärnten und in Salzburg, Tirol, Vorarlberg waren es je 25 Prozent.

Daß die Gewerkschaft gegenüber den Unternehmern viel zu nachgiebig sei, fanden nur 7 Prozent, am meisten noch die Oberösterreicher mit 10 und die Hilfsarbeiter mit 11 Prozent.

Persönlich sahen 57 Prozent die Notwendigkeit der Gewerkschaft in dem Einsatz für die Interessen der Arbeitnehmer, 25 Prozent in einem guten Service (Beratung, Information, Schulungen), 33 Prozent hielten sie grundsätzlich für notwendig, und 17 Prozent fanden sie nicht notwendig.

31 Prozent waren mit der Gewerkschaft im großen und ganzen zufrieden, aber 39 Prozent kritisierten, es gebe zuviel Bürokratie und einen zu großen Apparat, 17 Prozent waren die Beiträge zu hoch (24 Prozent der Facharbeiter). 26 Prozent meinten, die Gewerkschaftsfunktionäre und Mitarbeiter hätten oft keine Ahnung von den wirklichen Problemen (33 Prozent der leitenden Angestellten und Beamten, 29 Prozent der Angestellten und Beamten, 23 Prozent der Facharbeiter, 21 Prozent der Hilfsarbeiter). 17 Prozent waren der Meinung, es gebe zu viele radikale Ansichten wie zum Beispiel die 35-Stunden-Woche, Maschinensteuer, Streikdrohungen usw. (25 Prozent der leitenden Angestellten und Beamten, 17 Prozent Angestellte und Beamte, 14 Prozent Facharbeiter, 16 Prozent Hilfsarbeiter).

Schon diese auszugsweise Aufschlüsselung der Erhebungen ergibt ein verwirrendes Meinungsbild und steht zum Teil im Widerspruch zu vorgefaßten Meinungen in den Gewerkschaften selbst. Daß im Bekanntheitsgrad die Arbeiterkammer und ihre Tätigkeit bei der Befragung abfielen, ist aufgrund des Vorrangs der Gewerkschaften in der Interessenvertretung verständlich. Zusammenfassend gesehen ist die Meinung über die Notwendigkeit der Gewerkschaften und über ihre Tätigkeit durchaus positiv, doch zeigt die Befragung beträchtliche Meinungsunterschiede über die eigentlichen gewerkschaftlichen Aufgaben und die Art und Weise ihrer Bewältigung. Es ist begreiflich, daß persönliche Belange gegenüber den gemeinsamen auch bei der Fragebeantwortung eine Rolle spielten. Überraschend immerhin die Wertung, die die Sozialpartnerschaft und die Mitarbeit des ÖGB findet.

Selbstverständlich kamen bei der Befragung – hier wird ja nur ein kurzer Auszug geboten – auch Vorurteile und Mißdeutungen gewerkschaftlicher Tätigkeit ans Licht, die jedoch mit höherem

Bildungsgrad abnahmen, wie überhaupt der ÖGB in den gehobenen Berufsschichten gut liegt. Unausweichlich findet aber die regionale Situation – bereits eingetretene oder noch drohende A r b e i t s l o s i g k e i t – bei der Befragung ihren Niederschlag in den Anliegen an die Gewerkschaft und im Grad der Zufriedenheit mit ihr. Die Befragung Arbeitsloser ergab aber keineswegs Ressentiments gegenüber den Gewerkschaften, sondern mit 53 Prozent die Feststellung, daß sie Rechtsberatung bieten, und mit 31 Prozent, daß sie sich für Arbeitslose einsetzen. 55 Prozent mißfiel, daß es zu viele Funktionäre in den Gewerkschaften gibt, aber nur 17 Prozent fanden, daß *sich die Gewerkschaft nicht um die Arbeitslosen kümmert.*

Zusammenfassend muß festgehalten werden, daß 44 Prozent aller Gewerkschaftsmitglieder keinerlei Kritik an ihrer Gewerkschaft übten, jedoch trübt sich das Bild, wenn man nach Arbeitern und Angestellten unterteilt: 55 Prozent kritiklose Mitglieder der Arbeitergewerkschaften und nur 31 Prozent der Gewerkschaft der Privatangestellten. Allerdings muß eine kritische Einstellung nicht unbedingt Gewerkschaftsfeindlichkeit bedeuten, sie kann auch darauf beruhen, daß man der Gewerkschaftsarbeit besonders aufgeschlossen gegenübersteht und sich mit ihren Problemen auseinandersetzt.

Das Forum der ÖGB-Bundeskongresse

Grundsätzliche Weichenstellungen

Unter der Bezeichnung » P a r l a m e n t   d e r   A r b e i t « sind die ÖGB-Bundeskongresse in die Publizistik eingegangen. Die Kongresse lenken die Aufmerksamkeit der Öffentlichkeit auf sich. Dementsprechend sind auch, beginnend mit dem Bundespräsidenten, Regierung, Behördenvertreter und alle maßgeblichen Institutionen als Gäste immer vertreten.

Auf dem ersten Kongreß im Mai 1948 standen die organisatorischen Grundlagen des Gewerkschaftsbunds zum erstenmal vor dem Forum eines Bundeskongresses zur Diskussion. Es kamen sowohl Meinungen zu Wort, die eine Lockerung der Zentralisation für zweckmäßig hielten, wie andere, die eine konsequentere Durchführung des Prinzips eines auf Industriegruppenverbänden aufgebauten Gewerkschaftsbunds verlangten. Der Kongreß faßte hier keinen überstürzten Beschluß, sondern bekannte sich zu der Ansicht, daß der Aufbau des Gewerkschaftsbunds noch in der Entwicklung begriffen sei, und übertrug dem neuen Bundesvorstand Vollmachten, die ansonsten dem Bundeskongreß zugekommen wären.

Der Verlauf des Kongresses bewies, daß die Einheitlichkeit und Überparteilichkeit des ÖGB außer Diskussion stand. Die Mehrheit im Gewerkschaftsbund war sich im Bewußtsein ihrer Stärke auch der Verpflichtung gegenüber den Minderheiten bewußt und räumte ihnen Rechte ein, die über die tatsächliche Stärke hinausgingen.

Die Strategie der Kommunisten lief damals darauf hinaus, die Unzufriedenheit der arbeitenden Menschen gegen die Führung des ÖGB auszuspielen. Der immer noch »provisorische« und daher zweifelhaft demokratische Zustand des Gewerkschaftsbunds begünstigte diese Absichten und prägte die Entwicklung bis zum Kongreß.

Am 2. Februar 1948 war die Funktionsperiode der »provisorischen« Betriebsräte abgelaufen. Nachdem sich am 1. März 1948 eine Konferenz der Gewerkschaftsobmänner mit der wirtschaftlichen Situation befaßt und eine Delegation zu Bundeskanzler Figl geschickt hatte, war es am Tag darauf in vielen Betrieben zu kurzen Arbeitsniederlegungen und zur Wahl von Deputationen gekommen. Am 3. März hatten Präsident Böhm und Sekretär Proksch beim stellvertretenden US-Hochkommissar General Palmer vorgesprochen, um über die Lebensmittelversorgung der Bevölkerung zu reden. Die Mitglieder der meisten Gewerkschaften hatten sich durch diese Aktionen der Gewerkschaftsführung wieder beruhigen lassen. Nicht so die vom kommunistischen ÖGB-Vizepräsidenten Gottlieb Fiala geführten Schuharbeiter, die am 3. März 1948 in einen erbittert geführten Streik getreten waren, der erst nach zwei Monaten ohne rechten Erfolg beendet werden konnte. Der von Kommunisten und Trotzkisten geführte Schuharbeiterstreik war der letzte große Arbeitskampf der österreichischen Nachkriegsgeschichte, und er kostete die Gewerkschaften nicht weniger als 3 Millionen Schilling, was damals eine bemerkenswert hohe Summe war.

Eine kämpferische Gewerkschaftspolitik, wie die Kommunisten sie propagierten, hätte die Gewerkschaften binnen kurzem finanziell ruiniert und die Macht des Apparats, der ja über die angesparten Beiträge der Mitglieder verfügte, schnell gebrochen. Schwer kontrollierbare Massenbewegungen hätten zudem – wie in Italien und Frankreich – ein Klima der sozialen Unruhe geschaffen und den schnellen wirtschaftlichen Wiederaufbau des Landes durch den Marshall-Plan wesentlich erschwert. Für die Mehrheitsfraktion in der ÖGB-Führung stand fest, daß diese Taktik der KP zur Destabilisierung des demokratischen Systems in Österreich nicht gelingen dürfe.

In den letzten Monaten vor dem bereits im Dezember 1947 geplanten 1. ÖGB-Bundeskongreß wurden die noch ausständigen Gewerkschaftstage der Einzelgewerkschaften abgewickelt, und am 18. Juni 1948 begann dann der Kongreß im Wiener Konzerthaus.

Die Debatten des Kongresses, der *den Schlußstein des demokratischen Aufbaues des Gewerkschaftsbundes* bilden sollte, bestanden vor allem aus heftigen Kontroversen zwischen den KP-Delegierten und der SP-Mehrheit, und das zentrale Thema dieser Kontroversen war natürlich der Marshall-Plan. Zeitweise kam es zu wüsten Schimpforgien. Als Franz Olah zur Solidarität mit den in USIA-Betrieben gemaßregelten Vertrauensleuten aufrief, nannte ihn der Kommunist Honner einen *Provokateur* und wurde von Olah wieder als *Söldling* und *ausländischer Agent* beschimpft. Als die KP-Vertreter die *Geldanhäufung* des ÖGB kritisierten – von 96,7 Millionen Schilling Einnahmen seit 1945 waren 40 Millionen gespart worden –, wurde ständig auf möglicherweise bevorstehende große Streiks oder gar Aussperrungen hingewiesen. Gleichzeitig erklärte die Mehrheit aber, so etwas wie der Schuharbeiterstreik werde nicht noch einmal vorkommen.

Der »Kalte Krieg« zwischen den Fraktionen verhinderte, daß wichtige Fragen, wie zum Beispiel die Gleichberechtigung der Frauen am Arbeitsplatz, ausdiskutiert wurden, und verhinderte auch, daß die Frage der Gewerkschaftsdemokratie von anderen als fraktionellen Gesichtspunkten her betrachtet wurde.

Der Kongreß war sich durchaus darüber im klaren, daß die österreichische Arbeiter- und Angestelltenschaft den damals noch sehr niedrigen Lebensstandard auf die Dauer nicht ertragen konnte, aber im Bewußtsein ihrer Verantwortung lehnte die Mehrheit der Delegierten gefährliche Experimente, wie die Forderung nach einer allgemeinen fünfundzwanzigprozentigen Lohnerhöhung, ab; eine Hebung des Lebensstandards könne nur mit der Besserung der Wirtschaftslage Hand in Hand gehen. Allerdings ließ der Kongreß die Öffentlichkeit nicht darüber im unklaren, daß die Arbeiter und Angestellten ihre Ansprüche an eine vor allem durch ihren Ver-

Österreichs Gewerkschaftsbewegung
Stationen in der Organisation

Nachkriegszeit
Das Präsidium des ÖGB beim Alliierten Rat

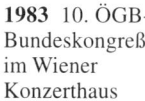

1983 10. ÖGB-Bundeskongreß im Wiener Konzerthaus

Fritz Verzetnitsch wird Nachfolger von Erich Hofstetter als Leitender Sekretär des ÖGB (in der Mitte Alfred Ströer)

1991 Sie sorgen für einen reibungslosen Ablauf: Die Mitarbeiterinnen und Mitarbeiter des 12. ÖGB-Bundeskongresses

dienst sich konsolidierende Wirtschaft anmelden würden und daß sie nicht gewillt waren, zuzusehen, wie andere die Früchte ihrer Mühe und Opfer einheimsten.

An sich hatte der im Oktober 1951 tagende 2. B u n d e s k o n g r e ß keine anderen Probleme zu behandeln, als sie Tag für Tag der Führung des Gewerkschaftsbunds und den einzelnen Gewerkschaften oblagen. Aber vor dem Forum des Kongresses standen diese Probleme im Brennpunkt der Diskussion und fanden das Interesse einer breiten Öffentlichkeit.

Der Kongreß blieb angesichts der internationalen Lage und der Ungewißheit über die Dauer der Besetzung durch die Alliierten auf dem Boden der Tatsachen. Er entwarf weder in wirtschaftspolitischer noch in sozialpolitischer Hinsicht ein Zukunftprogramm, sondern befaßte sich durchaus mit aktuellen Forderungen und wies auf notwendige organisatorische Maßnahmen zum weiteren Ausbau des Gewerkschaftsbunds hin.

Mit Nachdruck erhob der Kongreß die Forderung nach *vermehrter wirtschaftlicher Mitbestimmung* der Arbeiter und Angestellten. Es habe sich gezeigt, daß das bisherige Recht der Mitsprache nicht ausreicht, wirksamen Einfluß auf die wirtschaftliche Führung der Betriebe nehmen zu können. Selbstverständlich sei aber vermehrte Mitbestimmung mit erhöhter Verantwortung verbunden.

Die kommunistische Taktik, demokratische Einrichtungen zu mißbrauchen, führte zu einer Revision der Statuten. Was vorher unklar war, nämlich die Form der Anträge an den Bundeskongreß, wurde nunmehr klargestellt: Anträge an den Bundeskongreß können nur von den Gewerkschaftsvorständen oder vom Bundesvorstand eingebracht werden, der Kongreß wollte aus der Erfahrung der mit den Oktoberereignissen 1950 verbundenen Resolutionswelle einer nicht zu bewältigenden Flut von Anträgen begegnen. Außerdem war die Rücknahme der Ausschlüsse aufgrund des Generalstreikversuchs über die Schiedsgerichte der Gewerkschaften versucht worden, deshalb sollten nun der Bundesvorstand oder der Bundeskongreß als oberstes Organ über die Wiederaufnahme Ausgeschlossener entscheiden.

In seinem Referat über *Die zukünftige Tätigkeit* behandelte Johann Böhm auch das Prinzip der Industriegruppenorganisation, gegen deren Durchführung manche Gewerkschaften Bedenken hatten. Er vertrat die Ansicht, daß die Realisierung *mit mehr Energie* angestrebt werden müsse.

Mitbestimmung und Arbeitszeitverkürzung im Vordergrund

Auf dem 3. Bundeskongreß im Jahre 1955 erklärte ÖGB-Präsident Böhm, daß er eine E r w e i t e r u n g d e s M i t b e s t i m m u n g s r e c h t s d e r B e t r i e b s r ä t e für unbedingt notwendig erachte. Vor allem solle der Betriebsrat wirklich Einsicht in die Bücher und Kalkulationen der Betriebe erhalten. Darüber hinaus müßte es aber ein Mitbestimmungsrecht auch auf der Ebene der Industrie- und Gewerbegruppen und auf Bundesebene geben. Die Wirtschaftskommission sei ein Ad-hoc-Gebilde gewesen und habe nützliche Arbeit geleistet. Alles, was bisher in verschiedenen Ländern Europas an Mitbestimmung vorhanden sei, stecke noch in den Kinderschuhen und sei noch nicht richtig ausprobiert. *Wir sind auf uns selbst angewiesen und müssen uns mit der Frage intensiver beschäftigen.* Johann Böhm betonte, daß er die Bildung einer Kommission anregen werde, welche einen Programmentwurf für die Erweiterung der Mitbestimmungsrechte ausarbeiten solle.

Böhm kam dann noch auf die Gründung eines sogenannten *Freien Gewerkschaftsverbands* zu sprechen. *Abgesehen von dem Umstand, daß der Titel »Freier Gewerkschaftsverband« aus der Vergangenheit der Österreichischen Gewerkschaftsbewegung entlehnt ist, ließ uns die Sache deshalb ein wenig aufschauen, weil wir Berichte erhielten, daß die Proponenten oder Gründer dieses Gewerkschaftsverbands über ganz nennenswerte finanzielle Mittel verfügen. Wir haben uns gefragt: Woher diese Mittel? Die Frage war naheliegend. Die Menschen, die sich der Öffentlichkeit als Gründer vorgestellt haben, sind ganz arme Teufel. Wir haben uns dann bemüht, einige Informationen über das Woher und Wohin dieser Herren zu erhalten, und haben erfahren, daß die Gründer mit dem VdU in recht inniger Verbindung stehen. Aber das Geld, das sie haben, kann ihnen doch nicht vom VdU gegeben worden sein. Der hat ja selber nichts.*

Der ÖBG-Präsident meinte dann, daß es sich allem Anschein nach um eine gelbe, von Unternehmern unterstützte Organisation handle, und kam dann auf den Wiener Betrieb *Gräf & Stift* zu sprechen, in dem in Flugschriften zum Beitritt zu dieser Organisation aufgefordert wurde: Die Belegschaft verlange die Kündigung der Propagandisten. Ein Teil der Tageszeitungen nenne dies *Terror und Erpressung.* Böhm erklärte, er wolle demgegenüber klarstellen: *Der Österreichische Gewerkschaftsbund ist nicht durch*

Terror groß geworden, er hat die Millionenmasse seiner Mitglieder mit der Kraft der Überzeugung gewonnen ... Wir halten nichts von erzwungener Mitgliedschaft, uns sind Menschen, die Kraft ihrer Überzeugung zu uns kommen, viel lieber als solche, die gezwungen werden. Aber man soll doch nicht aus einer Mücke einen Elefanten machen. Die begreifliche Erregung der Arbeiter und Angestellten bei Graf & Stift müßte wohl auch unsere bürgerliche Presse verstehen. Sie müßte vor allem die Sorge um die gemeinsame Organisation verstehen. Er warnte schließlich unter einhelliger Zustimmung des Kongresses den Industriellenbund, die Bundeswirtschaftskammer und alle die Kräfte, die hinter der Gründung einer gelben Gewerkschaft standen: Es wäre verhängnisvoll für die gesamte österreichische Bevölkerung und für den ganzen österreichischen Staat, würde man mutwillig den Gewerkschaftsbund zum Kampf um sein ureigenstes Recht herausfordern.

Die Vorkommnisse bei Gräf & Stift hatte Bundeskanzler Ing. Julius Raab zum Anlaß genommen, um der Eröffnung des Bundeskongresses fernzubleiben. Präsident Böhm gab unter Zustimmung des Kongresses der Meinung Ausdruck, daß die Herren, die ihm dazu geraten hatten, ihm einen schlechten Dienst erwiesen hatten; es könnten bei Millionen Staatsbürgern Zweifel an der Objektivität des Chefs der Bundesregierung entstehen.

Der Kongreß beschloß einstimmig ein A k t i o n s p r o ‑ g r a m m , das nach einer allgemeinen Einleitung die grundsätzliche Haltung des Gewerkschaftsbunds zu Wirtschaftspolitik, Sozialpolitik, Wohnungspolitik, Familienpolitik, Arbeitszeitverkürzung und Kulturpolitik charakterisierte.

Als Ziel der Wirtschaftspolitik nannte das Aktionsprogramm, *die Vollbeschäftigung auf das ganze Jahr und auf alle Landesteile auszudehnen und dauernd zu sichern.* In diesem Zusammenhang wurden vor allem Maßnahmen auf dem Gebiet der Preispolitik verlangt. Hinsichtlich der Wirtschaftsplanung wurde die Schaffung einer gemeinsamen Institution der Kammern und des Gewerkschaftsbunds auf Landes- und Bundesebene zur Ausarbeitung von Vorschlägen und zur Beratung der öffentlichen Körperschaften in Wirtschaftsfragen gefordert. Es wurde betont, daß der ÖGB und die angeschlossenen Gewerkschaften für eine verantwortungsbewußte und aktive Lohn- und Gehaltspolitik zur Hebung des Lebensstandards eintreten würden.

Das Aktionsprogramm forderte auch eine schrittweise V e r ‑ k ü r z u n g d e r A r b e i t s z e i t v o n d a m a l s 4 8 a u f 4 0

W o c h e n s t u n d e n bei vollem Lohnausgleich, betonte jedoch ausdrücklich, daß dieses Ziel nur im Rahmen der wirtschaftlichen Möglichkeiten angestrebt werden solle; dabei sei auch auf die Abhängigkeit Österreichs vom Ausland Rücksicht zu nehmen.

Ferner wurde betont, daß eine fortschrittliche Sozialpolitik nur auf der Basis einer leistungsfähigen Wirtschaft aufgebaut und dauernd gesichert werden könne und daß die Vermehrung des Sozialprodukts den Arbeitern und Angestellten nicht nur in Form eines höheren Reallohns, sondern auch in Form vermehrten sozialen Schutzes und größerer sozialer Sicherheit zugute kommen müsse.

Der 4 . B u n d e s k o n g r e ß des ÖGB tagte vom 21. bis zum 25. September 1959 in Wien. Im Mittelpunkt der Beratungen stand diesmal ein umfassendes Konzept zur Gewerkschaftspolitik. An dem Kongreß nahmen 288 ordentliche Delegierte und 110 Delegierte mit beratender Stimme sowie rund 350 von den Gewerkschaften nominierte Funktionäre und Betriebsräte als Gäste teil. Dem Kongreß lagen 87 Anträge vor. Eine vorbereitende Antragsprüfungskommission des Bundesvorstands hatte sich mit den Anträgen und mit dem Konzept zur Gewerkschaftspolitik beschäftigt, so daß es durch die gründliche Vorbereitung auf dem Kongreß keine großen Differenzen mehr gab.

In seiner Begrüßungsansprache als – wie er betonte – *Chef der Regierung und Obmann der Österreichischen Volkspartei* würdigte Bundeskanzler Raab die positive Rolle des Gewerkschaftsbunds, *die er seit seiner Gründung als organische Zusammenfassung der Kräfte der österreichischen Arbeitnehmerschaft in der Wirtschaft und in der Wirtschaftspolitik gespielt hat und weiter spielen wird. Dies ist mir Anlaß,* führte der Bundeskanzler weiter aus, *vor allem Ihres früheren Vorsitzenden, des Nationalratspräsidenten Johann Böhm, zu gedenken, mit dem mich – trotz unserer gegensätzlichen Parteieinstellung – eine jahrzehntelange herzliche Freundschaft verbunden hat, die nicht wenig dazu beigetragen hat, unsere Auseinandersetzungen in eine fruchtbare Zusammenarbeit umzusetzen. Ich hoffe sehr, daß diese gute Zusammenarbeit auch mit Ihrem neuen Präsidenten stattfinden wird.* Er anerkenne, daß die *Paritätische Kommission,* die sich als wirksames Instrument der Zusammenarbeit erwiesen habe, auf eine A n r e g u n g d e s Ö G B zurückgehe. Als Obmann der *Österreichischen Volkspartei* wies Raab weiters darauf hin, daß er über die Mitarbeit der starken Fraktion der christlichen Gewerkschafter im Gewerkschaftsbund und den gebührenden Platz, den sie in ihm einnehme, erfreut sei.

Die dem 4. Bundeskongreß vom ÖGB-Bundesvorstand vorgelegte Stellungnahme zur Wirtschaftspolitik, Sozialpolitik und Kulturpolitik wurde im sozialpolitischen und kulturpolitischen Teil einstimmig, in den Abschnitten über Aufgaben und Ziele sowie Wirtschaftspolitik des ÖGB gegen acht Stimmen der kommunistischen Fraktion (ein Teil der kommunistischen Delegierten muß sich der Stimme enthalten oder dafür gestimmt haben) gebilligt.

Es war kein verbindliches Programm, sondern eine Richtschnur für die Handlungsweise in der Zukunft. Vizepräsident Altenburger erklärte schon bei der Vorberatung im Bundesvorstand, daß dieses Konzept eine weitgehende und umfassende Stellungnahme sei und daß sich bei der Realisierung noch viel verändern werde, aber immerhin sei ein Rahmen gegeben. In Übereinstimmung mit den Fraktionen wurde daher der Entwurf dem Kongreß als Konzept, aber nicht als Programm des ÖGB vorgeschlagen. Gegen eine Sanktionierung als Programm gab es insbesondere seitens der christlichen Fraktion in einigen Passagen grundsätzliche Einwände. Die kommunistische Fraktion akzeptierte nur die Abschnitte über Sozialpolitik und Kulturpolitik.

Das mit einigen Vorbehalten als Richtschnur des Handels dienende Konzept enthielt unter anderem folgende Aussagen:

Die Gewerkschaften könnten ihre Aufgabe als wirksame Instrumente in den Händen der Arbeiter und Angestellten zur Verbesserung ihrer sozialen Lage nur in einem demokratischen Staatswesen erfüllen, denn nur in ihm könnten sie sich frei entfalten und wirken. Sie stellten solchermaßen in der Demokratie eine Macht im Staate dar, würden aber allerdings gegen ihren Zweck verstoßen und die Demokratie gefährden, wenn sie über ihren Aufgabenbereich hinausreichende Herrschaftsansprüche stellten.

Der ÖGB habe sich aufgrund der Erfahrung der Zwischenkriegsjahre nach seiner Gründung nachdrücklich für die Verstaatlichung der Grund- und Schlüsselindustrie sowie der Banken eingesetzt und damit eine wesentliche Erweiterung des gemeinwirtschaftlichen Sektors erwirkt. Wenn sich die österreichische Wirtschaft im Rahmen des fortschreitenden wirtschaftlichen Zusammenschlusses Europas behaupten solle, würden auch im Bereich der *Verstaatlichten Industrie* tiefgreifende strukturelle Veränderungen notwendig sein. Diese könnten nur dann geordnet und mit einem Minimum unvermeidbarer Anpassungshärten erfolgen, wenn die derzeitige hemmende Organisationsform geändert würde.

Der letzte Absatz zeigt deutlich, daß der ÖGB schon sehr frühzeitig die Notwendigkeit einer Reform der Verstaatlichten Industrie unter Einschluß der Zusammenführung gleichgearteter Produktionsunternehmen erkannte.

Nach dem Bundeskongreß schrieb das offizielle Organ der Vereinigung österreichischer Industrieller, *Die Industrie,* daß die österreichischen Gewerkschaften sichtlich selbstbewußt geworden seien und diese Entwicklung auch von der Unternehmerseite nur begrüßt werden könne. Es sei für unsere Wirtschafts- und Gesellschaftsordnung wichtig, wenn die Mentalität des klassenkämpferischen Proletariats von einst der einer Mitverantwortung des Mitarbeiters in einer modernen Verbraucherwirtschaft vor dem Hintergrund der zweiten industriellen Revolution, die auch eine solche sozialer Art sei, weiche.

Selbstbewußte, starke Gewerkschaften sind auch für Arbeitgeber bessere Sozialpartner als schwache, in sich zerrissene Arbeitnehmerorganisationen.

Der 4. Bundeskongreß wählte F r a n z   O l a h zum P r ä s i d e n t e n und Anton Benya, Friedrich Hillegeist und Erwin Altenburger zu Vizepräsidenten. Zum Obmann der Kontrollkommission wurde anstelle von Karl Dietrich Fritz Klenner gewählt. Alle Funktionäre wurden einstimmig gewählt. Auch die kommunistische Fraktion schloß sich nicht aus, Otto Horn gab jedoch in ihrem Namen die Erklärung ab, daß sie die dauernde Verweigerung des Anspruchs auf einen Vizepräsidenten nicht nur als eine Diskriminierung, sondern auch als eine Mißachtung der gewerkschaftlichen Tätigkeit vieler Hunderter Betriebsräte und Gewerkschaftsfunktionäre betrachte, die den Gewerkschaftsbund mitbegründet und sich überall und jederzeit für die Erhaltung und Stärkung des ÖGB eingesetzt hätten.

Der Bundeskongreß setzte statutarisch fest, daß, falls die F u n k t i o n   d e s   G e n e r a l s e k r e t ä r s   n i c h t   b e s e t z t werde oder dieser verhindert sei, das Präsidium zu bestimmen habe, welche L e i t e n d e n   S e k r e t ä r e bestellt und den Sitzungen des ÖGB-Präsidiums mit beratender Stimme beizuziehen seien.

Da von den bisherigen beiden Stellvertretenden Generalsekretären Anton Benya zum Vizepräsidenten des ÖGB und Fritz Klenner zum Obmann der Zentralen Kontrollkommission gewählt wurden, bestellte das Präsidium Erich Hofstetter, Franz Senghofer, Alfred Ströer und Josef Zak zu Leitenden Sekretären; Franz Senghofer und Josef Zak schieden im Jahre 1971 aus Altersgründen aus.

Das Präsidium des ÖGB setzte sich von 1959 bis 1963 aus Franz Olah als Präsidenten und Anton Benya, Friedrich Hillegeist und Erwin Altenburger als Vizepräsidenten unter Beiziehung der Leitenden Sekretäre und des Kontrollobmannes zusammen.

Die Führung der sozialistischen Fraktion, die vorher Karl Maisel innehatte, übernahm Anton Benya. Seit 1945 war die Richtschnur der Handlungsweise der Fraktion, daß die Präsidentenschaft im ÖGB und der Vorsitz in der sozialistischen Fraktion nicht in einer Hand liegen dürfen, um die Überparteilichkeit des ÖGB sicherzustellen und sie auch nach außen zu dokumentieren. Diesem von Johann Böhm aufgestellten Grundsatz wollte sich Franz Olah nicht unterwerfen, und er verlangte die Vereinigung beider Positionen in seiner Person. Die sozialistische Fraktion lehnte dies entschieden ab, was für die weitere Entwicklung im ÖGB nicht ohne Bedeutung war.

Der 5. Bundeskongreß tagte vom 23. bis zum 28. September 1963. Neben der personellen Veränderung an der Spitze des Gewerkschaftsbunds stand die Sicherung der *Paritätischen Kommission* im Vordergrund des Interesses. Mit Genugtuung konnte darauf hingewiesen werden, daß ein wesentlicher Teil des beim 3. Bundeskongreß im Jahr 1955 beschlossenen Aktionsprogramms in wirtschaftlicher und wirtschaftspolitischer Hinsicht erfüllt worden war. Es habe allerdings Jahre gedauert, bis zumindest der aufgeschlossene Teil der österreichischen Unternehmer anerkannt hätte, daß ungeachtet der politischen Einstellung ein starkes Wirtschaftswachstum nur durch eine vorausschauende Wirtschaftspolitik erreicht werden könne und daß Planung als Orientierungsrahmen »salonfähig« sei.

Zum Thema *Die künftigen Aufgaben des ÖGB* sprach Präsident Anton Benya. Er hob hervor, daß Anträge und Diskussion auf dem Kongreß eindeutig manifestiert hätten, daß es auf arbeitsrechtlichem Gebiet zu Fortschritten kommen müsse. Der Fortschritt auf anderen Gebieten wäre vergeblich, wenn es nicht gelänge, einen dreiwöchigen Mindesturlaub durchzusetzen. Eine weitere vom Kongreß beschlossene Forderung war die nach Wertsicherung der Pensionen: *Erst mit der Errichtung der Pensionsdynamik oder Pensionsautomatik können wir von einer abgeschlossenen Rentenreform sprechen. Ebenso wird die Frage des Ausbaues des Mitspracherechts nicht von der Tagesordnung verschwinden, gleichfalls nicht die der Schaffung eines modernen Personalvertretungsgesetzes* ... *Im Vordergrund der Bemühungen des ÖGB stehen konstruktive Maßnahmen der Wirtschaft zur Sicherung der Konjunktur und unserer Exportfähigkeit. Wir haben immer wieder festgestellt, daß die* V o l l b e s c h ä f t i g u n g *eine der Voraussetzungen für das Wirtschaftswachstum ist und daß damit die Stabilität, die soziale Sicherheit und die Steigerung des Wohlstands der Gemeinschaft verbunden sind. Zum Unterschied von der Zusammenarbeit mit den Wirtschaftspartnern, für die es im Ausland kaum ein Beispiel gibt, gibt es Wirtschaftsplanung und ähnliche Einrichtungen sowohl in Frankreich, in den Niederlanden und in den skandinavischen Ländern als auch in den USA.*

Benya wies dann darauf hin, daß zwei große Probleme der Lösung harrten: die e u r o p ä i s c h e I n t e g r a t i o n und die S i c h e r u n g e i n e s a u s r e i c h e n d e n W i r t s c h a f t s w a c h s t u m s . *Dabei sei festgestellt,* betonte der ÖGB-Präsident, *daß für uns Gewerkschafter Europa nicht das Europa der sechs EWG-Staaten und nicht das der EFTA mit ihren sieben Mitgliedstaaten ist, wovon einer wir sind; wir Gewerkschafter denken vielmehr an einen europäischen Großraum und darüber hinaus an die Entwicklung zu einer weltweiten Integration.*

Bei zentralen Tagungen, auch vor dem 6. Bundeskongreß im Jahre 1967, beschäftigte die Frage einer z w e c k m ä ß i g e n K o n z e n t r a t i o n der Gewerkschaftsbewegung nach wie vor die Funktionäre. Die Diskussion darüber ging zwar nicht in die Tiefe, Tatsachen waren aber jedenfalls die Unzufriedenheit unter etlichen Gruppen von Gewerkschaftsmitgliedern über Grenzstreitigkeiten hinsichtlich der Gewerkschaftszugehörigkeit sowie Erschwernisse bei der Werbung und Vertretung durch getrennte Gewerkschaftszuständigkeit. In der Diskussion wurden die Hindernisse, die der Realisierung des Industriegruppenprinzips entgegenstehen, klar erkannt, doch wurde betont, daß Zusammenschlüsse kleinerer Gewerkschaften zu einer größeren Organisation oder Anschluß einer kleinen an eine größere Organisation noch keine Verwirklichung des Industriegruppenprinzips darstellten, allerdings ein Schritt dorthin wären. Die *Gewerkschaft der Arbeiter im Hotel- und Gastgewerbe* hatte bereits auf dem 4. Bundeskongreß 1959 einen Antrag zur Realisierung des Industriegruppenprinzips eingebracht, in dem betont worden war, daß die Tätigkeit in den Kurorten und Fremdenverkehrszentren durch die Zersplitterung der Vertretungszuständigkeit leide und daß dadurch die Werbung behindert werde.

Der 6. Bundeskongreß tagte vom 24. bis 29. September 1967. Er wurde mit einer Großveranstaltung in der Wiener Stadthalle unter dem Motto *1867–1967. 100 Jahre Staatsgrundgesetz, 100 Jahre Vereins- und Versammlungsgesetz* feierlich eröffnet. An der Veranstaltung nahmen 8.000 geladene Gäste teil. Es wurde ein Festspiel in fünf Bildern, ... *noch ist Zeit* von Viktor Th. Slama, nach einer Idee von Fritz Klenner, aufgeführt. Das Festspiel erinnerte an die Staatsgrundgesetze und an das Vereins- und Versammlungsgesetz, die hundert Jahre zuvor erlassen worden waren und den Grundstein für die Entwicklung der Gewerkschaftsbewegung gelegt hatten. Während der hundert Jahre stieg der Arbeiter vom rechtlosen Sklaven zum gleichberechtigten Staatsbürger auf. Nunmehr bedrohten atomare Kriegsgefahr und ichbezogenes Konsumdenken die Menschen. Noch sei es Zeit, zu anderen Bewußtseins- und Gesellschaftsformen vorzustoßen.

Bundeskanzler Klaus anerkannte in seiner Begrüßungsansprache die beachtliche Zurückhaltung in den Lohnforderungen. Gerade diese von wirtschaftlicher Einsicht und großem Verantwortungsgefühl getragene Haltung der Gewerkschaften habe nicht unmaßgeblich dazu beigetragen, notwendige Voraussetzungen für eine wirksame Belebung der österreichischen Wirtschaft zu schaffen. Es gehöre heute zu den politischen Binsenwahrheiten, daß der *Österreichische Gewerkschaftsbund eine der Grundeinrichtungen unseres demokratischen Gemeinwesens* sei.

In seinem Schlußreferat *Der Weg des ÖGB unter den geänderten Verhältnissen* sprach Präsident Benya über die Forderungen der Gewerkschafter, wobei er die Erhaltung der Vollbeschäftigung, den Ausbau der Mitbestimmung, die Verkürzung der Arbeitszeit und ein Gesamtkonzept hervorhob, zu dem alle für das Wirtschaftsgeschehen Verantwortlichen ihren Beitrag leisten müßten.

Außerdem gab der ÖGB-Präsident in seinem Referat – das die Delegierten mit großem Beifall aufnahmen – einige grundsätzliche Erklärungen ab. Er sagte: *Der Österreichische Gewerkschaftsbund ist eine durchaus eigenständige Kraft in unserem Lande. Als freie Gewerkschaften sind wir unabhängig von Staat, Unternehmern und politischen Parteien – und eine unserer in den Statuten verankerten Hauptaufgaben ist es, unsere ganze Kraft einzusetzen, um den Lebensstandard der Arbeitnehmer unseres Landes zu verbessern. Der ÖGB ist weder eine Oppositionspartei noch ein Teil des Staats- und Verwaltungsapparates. Unsere Auf-*

gabe ist es, weder aus grundsätzlichen Erwägungen der Regierung Schwierigkeiten zu machen, noch ihr regieren zu helfen. Wenn es auch in der derzeitigen Regierung keine Koalition mehr gibt, die Zusammenarbeit aller Arbeitnehmer, ganz gleich, welcher politischen Richtung sie angehören, ist im ÖGB erhalten geblieben. Diese gemeinsame Kraft werden wir überall zur Geltung bringen, wo unser Recht oder die soziale Sicherheit gefährdet werden sollten. Wir müssen als fortschrittliche Koalition der Arbeitnehmer alle Kraft einsetzen, um die Regierung auf eine Bahn zu drängen, die zum Aufstieg unseres Landes und seiner Wirtschaft führt.

Die Humanisierung der Arbeitswelt

Der 6. Bundeskongreß fand in der Öffentlichkeit die größte Beachtung, was vor allem darauf zurückzuführen war, daß es sich um den ersten Bundeskongreß nach dem Ende der Großen Koalition handelte: In dieser Situation war die Einstellung der delegierten Vertrauenspersonen der Arbeitnehmer zur Alleinregierung und zu den anfallenden Problemen von besonderer Bedeutung. Es wurde befürchtet, daß nun einer radikalen Gewerkschaftspolitik Tür und Tor geöffnet seien, und der ruhige Kongreßverlauf überraschte vielfach. Eine Zeitungsmeldung sprach gar davon, daß die Angehörigen der kommunistischen Fraktion *eine Schau abziehen* würden, um zu zeigen, daß der Einfluß der Kommunisten in der Arbeiterschaft weit größer sei, als dies bei Wahlen zum Ausdruck komme. Als außergewöhnliches Ereignis wurde auch empfunden, daß der Erzbischof von Wien, Kardinal Dr. Franz K ö n i g , die Mitglieder des ÖGB-Bundesvorstands zu einem E m p f a n g i n s E r z b i s c h ö f l i c h e P a l a i s lud. Bei dieser Gelegenheit erklärte der Kardinal, wie sehr er die Arbeit der Gewerkschafter für die Besserstellung der arbeitenden Menschen schätze. Die Gewerkschaftsbewegung sei heute ein Machtfaktor, trage an der Verantwortung im ganzen Lande mit und nehme diese Verantwortung auch ernst.

Zur Vorbereitung des 7 . B u n d e s k o n g r e s s e s im Herbst 1971 setzte der Bundesvorstand Arbeitskreise ein. Diese Arbeitskreise hatten sich mit der Humanisierung der Arbeit, mit überbetrieblicher und betrieblicher Mitbestimmung, mit der Vermögensbildung in Arbeitnehmerhand, mit Fragen der Bildung und Freizeit, mit dem Konsumentenschutz und schließlich mit Fragen der gewerkschaftlichen Organisationsarbeit zu beschäftigen.

Der Kongreß sollte kurz vor den Nationalratswahlen am 10. Oktober stattfinden, und es wurden Vermutungen laut, daß er bis nach den Wahlen verschoben werde. In einem Schreiben an Präsident Benya sprach auch Alfred Gasperschitz, der Vorsitzende der *Gewerkschaft der öffentlich Bediensteten,* die Befürchtung aus, daß die *zeitliche Nähe zur Nationalratswahl politisch einseitige Emotionen* fördern könnte. Es blieb aber beim ursprünglichen Termin 20. bis 24. September.

Noch vor Kongreßbeginn, am 8. September, betonte der ÖGB seine Überparteilichkeit. Er verwies darauf, daß verschiedentlich versucht wurde, den ÖGB in den Wahlkampf hineinzuziehen. Der ÖGB-Bundesvorstand ersuche daher alle seine Mitarbeiter, sich in ihrer gewerkschaftlichen Tätigkeit nicht durch wahltaktische Überlegungen beirren zu lassen. Außer auf der gewerkschaftlichen Ebene hätten die Arbeitnehmer auch auf dem Boden des Parlaments die Möglichkeit, die Zukunft mitzubestimmen. Daher ersuche der ÖGB alle Arbeitnehmer, am 10. Oktober von ihrem Wahlrecht Gebrauch zu machen.

Wie der Verlauf des Kongresses schließlich zeigte, erwiesen sich die angestellten Befürchtungen als überflüssig. Die Diskussion, an der sich rund neunzig Redner beteiligten, verlief in geordneten Bahnen, offen und freimütig. Dementsprechend war auch der Widerhall in der Öffentlichkeit.

ÖGB-Präsident Anton Benya führte in seinem Referat aus, in der Berichtsperiode seien Verbesserungen der Realeinkommen und ein Fortschritt in sozialpolitischer Hinsicht erreicht worden. Es müsse alles darangesetzt werden, auch in der Zukunft die Vollbeschäftigung als Voraussetzung für Verbesserungen zu erhalten. Darum verlange der ÖGB weiterhin eine aktive Wirtschaftspolitik. Eine kräftige Leistungssteigerung der österreichischen Wirtschaft sei kein unrealistisches Ziel: *Ein Vergleich der sogenannten sozialen Indikatoren zeigt, daß wir in unserer Praxis schon manches vorweggenommen haben, was in anderen Ländern erst jetzt als Notwendigkeit erkannt wird,* führte Benya weiter aus. *Die österreichische Bevölkerung ist unter Einschluß der Familienangehörigen zu 97 Prozent durch die Krankenversicherung geschützt. Bezüglich der ärztlichen Versorgung steht Österreich unter 25 europäischen Ländern an vierter Stelle, bezüglich der Spitalsbetten an neunter Stelle.*

Zur angestrebten Humanisierung der industriellen Arbeitswelt und ihrer Anpassung an den arbeitenden Menschen gehöre die Überwindung der Teilung der Gesellschaft in Eigentümer von Produktionsmitteln und Lohnabhängige. Vielleicht sei die Vermögensbildung in Arbeitnehmerhand ein kleiner Schritt auf diesem Wege, vielleicht müsse man auch andere Methoden finden. Hinsichtlich der Mitbestimmungsforderung betonte Benya, daß *Mitbestimmen auch Mitverantworten* bedeute.

Dieser Kongreß, betonte Benya, finde in einer politisch spannungsgeladenen Zeit statt, und deswegen habe es Befürchtungen gegeben. Vielleicht habe man sich gerade deshalb harte Auseinandersetzungen politischer Natur erwartet. *Man versucht ja dort unsere Forderungen, die sich nicht nach der jeweiligen politischen Situation richten, in das politische Klima der Vorwahlzeit einzubauen. Aber alle jene, die meinten, daß die Delegierten des Kongresses diesen in die politische Richtung gehenden Weg beschreiten würden, wurden enttäuscht,* stellte Benya anerkennend fest.

In einer mit acht Gegenstimmen angenommenen Resolution zur Wirtschaftspolitik wurde zur *Europäischen Wirtschaftsgemeinschaft* Stellung genommen und festgestellt, daß das voraussichtliche Arrangement für einzelne Branchen erhebliche Umstellungsprobleme bringen werde. Einer zielbewußten Strukturpolitik werde in Zukunft größte Aufmerksamkeit zu widmen sein. Vollbeschäftigung und Wirtschaftswachstum könnten vor allem im Rahmen einer stetig steigenden Nachfrage verwirklicht werden, weshalb der Kaufkraftsteigerung der Arbeiter und Angestellten besondere Bedeutung zukomme.

Der Bundeskongreß wies darauf hin, daß er die bestehende *Einkommens- und Vermögensverteilung* als sozial nicht gerechtfertigt empfinde und daß sich der ÖGB weiterhin um Umverteilung bemühen werde. Die Resolution forderte auch einen Ausbau der verstaatlichten Unternehmungen und betonte, daß eine allzu große Berücksichtigung regionaler Sonderwünsche diese Betriebe eher gefährden als ihnen nützen könnte.

Der Antrag des Bundesvorstands, für alle ÖGB-Mitglieder eine Freizeit-Unfallversicherung einzuführen, wurde einstimmig angenommen.

Aufgrund einer vom Kongreß beschlossenen Statutenänderung wurden erstmals die Leitenden Sekretäre, und zwar Erich Hofstetter und Alfred Ströer, vom Kongreß gewählt.

In seinem Kontrollbericht kam der Obmann der Zentralen Kontrollkommission Fritz Klenner nochmals auf den Fall Olah zu sprechen. Es wäre keineswegs angebracht, führte er aus, die *Olah-*

A n g e l e g e n h e i t wieder zur Gänze aufzurollen. Es sei darüber auf dem letzten Kongreß ausführlich gesprochen worden. Aber die Feststellung sei doch am Platz, daß das Verfahren und schließlich der Ausgang des Prozesses bestätigt hätten, was die Gewerkschaftskontrolle ans Tageslicht gebracht habe, wenn auch die entscheidenden Fakten der Erhebungen der Kontrolle nicht zur Grundlage des Urteils genommen worden waren. Auch der Zivilgerichtsprozeß sei z u g u n s t e n des ÖGB entschieden worden.

Man hat seinerzeit der Gewerkschaftskontrolle – führte Klenner aus – *»in verschiedenen Presseorganen vorgeworfen, Handlanger einer Treibjagd aus politischen Motiven zu sein. Der Prozeßverlauf und überhaupt die ganze Entwicklung seither haben gezeigt, daß diese Behauptung aus der Luft gegriffen war. Das persönliche Schicksal Olahs ist tragisch genug und menschlich bedauerlich. Wir haben hier nicht nochmals zu richten, wir haben recht behalten, und das genügt. Die Gewerkschaftsbewegung selbst hat eine kritische Periode ohne Schaden überstanden. Ein trauriges Kapitel der Gewerkschafts-, aber auch der Parteigeschichte kann damit endgültig abgeschlossen werden.*

Klenner kam dann noch im Auftrag der Zentralen Kontrollkommission auf das heikle Thema einer zweckmäßigen Z u s a m m e n l e g u n g m i t g l i e d e r s c h w a c h e r G e w e r k s c h a f t e n zu sprechen. Die wirtschaftliche Entwicklung führe immer mehr zu einem weiteren Anwachsen der Beschäftigtenzahlen im tertiären Sektor, ohne daß die zuständigen Gewerkschaften eine adäquate Mitgliederzunahme erreichen könnten. Die Kontrollkommission sei sich selbstverständlich der Schwierigkeiten solcher Zusammenführungen bewußt, rege aber an, die Bemühungen doch konstant fortzusetzen, um zumindest psychologisch eine Zusammenlegung zu einem späteren geeigneten Zeitpunkt vorzubereiten.

Im November 1978 sollte es dann schließlich zum Zusammenschluß der *Gewerkschaft gastgewerblicher Arbeitnehmer* und der *Gewerkschaft Persönlicher Dienst* zur neuen *Gewerkschaft Hotel, Gastgewerbe, Persönlicher Dienst* (HGPD) kommen.

Der 8 . B u n d e s k o n g r e ß des ÖGB tagte vom 15. bis zum 19. September 1975, also bereits in der Zeit der SPÖ-Alleinregierung; so wie alle anderen Bundeskongresse fand er im Wiener Konzerthaus statt. Er stand unter dem Motto *30 Jahre ÖGB: Erfolge durch gemeinsame Arbeit – einig in eine gesicherte Zukunft.*

Bundeskanzler Kreisky betonte in seiner Begrüßungsansprache, es müsse der Eindruck vermieden werden, daß der Staat oder die Regierung auf die Gestaltung der Löhne Einfluß zu nehmen wünschten. Sicherlich werde es nützlich sein, die Sozialpartner auf besondere wirtschaftliche Situationen aufmerksam zu machen, aber in der Regel wüßten diese darüber selbst am besten Bescheid. In der Demokratie hätten die Parteien ihre Ebene, die Sozialpartner hätten eine andere und die Regierung wieder eine dritte. *Nichts ist dagegen einzuwenden, daß es zwischen diesen Ebenen immer wieder zu Annäherungen kommt; es muß dies schon aufgrund personeller Umstände geben. Aber der S t a a t s o l l k e i n e R i c h t l i n i e n für die allgemeine Lohnpolitik aufstellen, will er nicht riskieren, in Konfliktsituationen zu kommen, zu denen er in der Demokratie nicht legitimiert ist. So wollen wir vor allem alles tun, um zu vermeiden, daß die Auseinandersetzungen der Parteien in irgendeiner Weise mit den Auseinandersetzungen der Sozialpartner kumuliert werden.* Die Sozialpartnerschaft als solche sei bereits ein p e r m a n e n t e r S o z i a l p a k t, stellte der Bundeskanzler fest. Wenn es hier spezieller Vereinbarungen über besondere Fragen bedürfe, so habe man in der Vergangenheit immer Wege gefunden, sie auch abzuschließen. Es sollten hier keine neuen Bezugssysteme erfunden werden, denn so könnte es in unserer Demokratie sehr leicht zu einer k o r p o r a t i v e n D e f o r m a t i o n kommen. Abschließend betonte Kreisky, daß der ÖGB die Lage immer sehr realistisch beurteilt habe; er sei überzeugt, der ÖGB werde auch in Zukunft die Grenzen des Möglichen erkennen.

Der Bundeskongreß beschloß mit einer Gegenstimme eine Ä n d e r u n g d e r Ö G B - S t a t u t e n, die erst beim nächsten Bundeskongreß in Kraft treten sollte. Diese Statutenänderung besagte, daß für die Funktion eines Präsidenten oder Vizepräsidenten des ÖGB nur ein genau umrissener Personenkreis in Frage kommt.

Ursache dieser Statutenänderung waren D i f f e r e n z e n i n n e r h a l b d e r *Fraktion christlicher Gewerkschafter* im Zusammenhang mit dem Übertritt des bisherigen ÖGB-Vizepräsidenten Altenburger in den Ruhestand. Ein Teil der Mitglieder dieser Fraktion wollte zum Nachfolger den Sekretär der Gewerkschaft der Privatangestellten, Hans K l i n g l e r, ein anderer Johann G a s s n e r vorschlagen. Der Fraktionssekretär, Nationalrat Karl W e d e n i g, der ursprünglich für die Nachfolge Altenburgers vorgesehen gewesen war, schied aus gesundheitlichen Gründen aus. Der Einwand der Anhänger Klinglers ging dahin, daß Gassner als

Funktionär des ÖAAB bisher zu wenig gewerkschaftlichen Kontakt gehabt habe, was aber Voraussetzung für eine gewerkschaftliche Spitzenposition sei. Die Statutenänderung lief darauf hinaus, für die Wahl in das Präsidium entsprechende Voraussetzungen zu schaffen: Von nun an sollten die Mitglieder des ÖGB-Präsidiums und der Kontrollkommission getrennt und geheim gewählt werden.

Die Wahlkommission schlug Anton Benya einstimmig zur Wiederwahl als Präsidenten vor. Mit Mehrheit wurden von der Wahlkommission Hans Böck und Alfred Dallinger (als Nachfolger des ausscheidenden Vizepräsidenten Rudolf Häuser) als Vizepräsidenten vorgeschlagen und gewählt. Für den Kandidaten der *Fraktion christlicher Gewerkschafter,* Johann Gassner (als vorgesehener Nachfolger des ausscheidenden Vizepräsidenten Erwin Altenburger), gab es in der Wahlkommission keine Mehrheit. Einhellig wurden die Leitenden Sekretäre Erich Hofstetter und Alfred Ströer wiedergewählt.

Als Vorsitzender des Kongresses teilte Rudolf Häuser die bedauerliche Tatsache mit, daß sich die christliche Fraktion auf keinen neuen Wahlvorschlag einigen konnte. Im geheimen Wahlvorgang habe ein Kollege der christlichen Fraktion, der auf dem Wahlvorschlag nicht aufschien, 100 Stimmen erhalten.

In seinem Referat über *Die zukünftigen Aufgaben des Gewerkschaftsbundes* kam Präsident Benya einleitend nochmals auf die Abstimmung über das Präsidium zurück. Nach einem Gespräch mit Kollegen Gassner habe die Mehrheitsfraktion zugestimmt, die Statutenänderung erst mit dem nächsten Kongreß in Kraft treten zu lassen. Es wäre für die 74 Delegierten der christlichen Fraktion auf diesem Kongreß möglich gewesen, Verhandlungen zu führen. Man könne aber nicht von der Mehrheitsfraktion Toleranz verlangen und selbst als Minderheitsfraktion voll und ganz auf dem eigenen Standpunkt verharren.

Benya wies dann darauf hin, daß auch im Zusammenhang mit den Oktoberereignissen im Jahre 1950 ein Vizepräsident der kommunistischen Fraktion seine Funktion verloren habe, aber bei aller Härte der Auseinandersetzungen seien die Kollegen dieser Fraktion uneingeschränkt zum Gewerkschaftsbund gestanden. Auch mit der *christlichen Fraktion wird sich wieder eine gemeinsame Linie finden lassen.*

Auf dem 9. B u n d e s k o n g r e ß im September 1979 hatte das Thema Vollbeschäftigung Vorrang.

Schon einleitend betonte Präsident Benya, daß der Gewerkschaftsbund stolz darauf sei – zum Unterschied von vielen anderen Ländern –, die Vollbeschäftigung aufrechterhalten und Jugendarbeitslosigkeit vermieden zu haben.

Nobelpreisträger Jan Tinbergen hob in seinem Referat hervor, daß die Tätigkeit der Gewerkschaftsverbände in den entwickelten Ländern vor allem auf die weltweite Bekämpfung der Armut und der Arbeitslosigkeit gerichtet sein müsse. Durch die zunehmende Verknüpfung aller Volkswirtschaften seien die Interessen der Industrieländer mit denen der Entwicklungsländer immer stärker verbunden. Die Armut der Dritten Welt sei erschreckend, könne aber nur zum Teil durch eine geeignete Bevölkerungspolitik verringert werden. Die Industrieländer müßten zur Schaffung von Arbeitsplätzen in den Entwicklungsländern beitragen. Arbeitsintensive Produktionen sollten besser in den Entwicklungsländern stattfinden, vorausgesetzt, daß diese Produktionen international vermarktet werden könnten. Die Industrieländer sollten sich auf kenntnisintensive und kapitalintensive Produktionen beschränken. Der technische Fortschritt habe in der Vergangenheit zu höheren Einkommen und kürzerer Arbeitszeit geführt, es habe jedoch Übergangsschwierigkeiten gegeben, weil Umschulungsmaßnahmen nicht Schritt gehalten hätten und Arbeitszeiteinschränkungen ohne notwendige Voruntersuchung vorgenommen worden seien. Die multinationalen Konzerne hätten sich den Erfordernissen weit besser angepaßt und die Zusammenarbeit auch besser gestaltet als Regierungen und Gewerkschaften, ja sie hätten deren Schwächen ausgenützt. Die technische Entwicklung sei nicht etwas Vorgegebenes, die Gewerkschaften müßten sie, wie auch die Organisation der internationalen Arbeitsteilung, zielbewußt beeinflussen.

Das zweite Hauptreferat hielt der damalige Finanzminister, Vizekanzler Hannes A n d r o s c h , unter dem Titel *Wirtschaftspolitik für die achtziger Jahre – Blickrichtung 2000.* Er wies darauf hin, daß es in der Geschichte Österreichs kaum eine Epoche vergleichbarer Dramatik und voll ähnlicher dynamischer Veränderungen gegeben habe, wie es die erste Hälfte unseres Jahrhunderts gewesen sei. Vor dem Hintergrund der wirtschaftlichen Entwicklung der Ersten Republik werde der Wert und der Vorteil der Zusammenarbeit der Wirtschaftspartner besonders deutlich. Wirtschaftlicher Aufstieg, politische Stabilität, sozialer Frieden und wachsender Wohlstand hätten dazu geführt, daß aus dem Staat, den keiner wollte, ein gutes Vaterland für alle Österreicher in der Zweiten Republik entstanden sei. So wie das Pendel in den Nachkriegsjahren für einen ungehemmten Fortschritt ausgeschlagen habe, so drohe es nun in die andere Richtung mit »Nullwachstum« und sozialromantischen Lösungen auszuschlagen. Im Unterschied zur Ersten Republik hätten wir inzwischen das nötige Selbstbewußtsein zur Lösung von Problemen gewonnen. Der Gewerkschaftsbewegung werde dabei eine wichtige Rolle der Mitgestaltung und der Mitverantwortung zukommen. Was wir vor allem brauchten, sei Phantasie, um uns neue Methoden vorstellen zu können, Verstand, um sie aufzubereiten, und Mut, sie zu erproben.

Der 10. Bundeskongreß im Oktober 1983 lief bereits unter dem Motto *Arbeit für alle. Schwierige Zeiten gemeinsam meistern.* Fast alle Minister der Kleinen Koalition unter Führung von Bundeskanzler Fred Sinowatz nahmen an der Eröffnung teil. In seinem Tätigkeitsbericht über *Organisation, Wirtschaft und Sozialpolitik* wies der Leitende Sekretär Erich Hofstetter darauf hin, daß Österreich trotz der internationalen Krisenerscheinungen zu den preisstabilsten Ländern zähle, die Leistungsbilanz laufend verbessert werde und die Wirtschaft stärker gewachsen sei als in den meisten westlichen Industrieländern. Der ÖGB nütze pragmatisch die Möglichkeit der Wirtschaftspartnerschaft, setze sich für eine aktive Rolle des Staats ein und habe sich für die Überprüfung bestehender und den Einsatz neuer wirtschaftspolitischer Instrumente ausgesprochen. Hofstetter unterstrich die Notwendigkeit der Umstrukturierung der *Verstaatlichten Industrie,* wendete sich aber entschieden gegen die Vorschläge zur E n t i n d u s t r i a l i s i e r u n g   g a n z e r   R e g i o n e n .

Der Leitende Sekretär Alfred Ströer betonte in seinem Finanzbericht, daß der ÖGB zwar über ein beachtliches Anlagevermögen verfüge, aber keineswegs »reich« sei, wie in einem Teil der Öffentlichkeit der Anschein erweckt werde. Die Erfüllung seiner Verpflichtungen gegenüber den Mitgliedern zwinge zur Sparsamkeit, und er müsse Wünsche und Forderungen daher oft ablehnen, die von allen möglichen Stellen und Organisationen an ihn herangetragen würden.

Für den Kongreß hatten Arbeitskreise Unterlagen zu den Bereichen Wirtschaftspolitik, Sozialpolitik, Kultur, Lebensqualität, Umwelt und internationales Gewerkschaftswesen ausgearbeitet, die eine wertvolle Hilfe für Anträge und Resolutionen waren. Hervorzuheben ist, daß im mehrheitlich angenommenen Antrag des Bundesvorstands zur Wirtschaftspolitik die Beschleunigung des Umstrukturierungsprozesses der Industrie in Richtung technisch anspruchsvoller und/oder arbeitsintensiver Güter mit hohem Qualitätsstand gefordert wurde; der Resolution war ein Vorschlagskatalog mit einer Reihe von Detailmaßnahmen beigegeben.

Der Antrag betonte, daß sich die Verstaatlichte Industrie grundsätzlich an betriebswirtschaftlichen Zielen zu orientieren habe, aber doch stärker als andere Unternehmungen und Konzerne auf regionale und Arbeitsmarktprobleme Rücksicht zu nehmen habe. Solchen Rücksichten seien aber finanzielle Grenzen gesetzt, und sie dürften nicht zur Versteinerung von Strukturen führen.

Bezüglich der Arbeitsmarktpolitik verlangte der Antrag, daß weitere finanzielle Mittel für die in den Beschäftigungsprogrammen vorgesehenen Infrastrukturinvestitionen aufgebracht werden sollten. Als sein Hauptanliegen bezeichnete der ÖGB die Bekämpfung beziehungsweise V e r h i n d e r u n g d e r A r b e i t s l o s i g k e i t . Nach der derzeitigen Einschätzung der Arbeitszeitentwicklung in den Industriestaaten werde eine generelle Verkürzung auf 35 Wochenstunden mit Lohnausgleich im Laufe der achtziger Jahre zu erwarten sein, jedoch könnten Verkürzungen der wöchentlichen Arbeitszeit in einzelnen Bereichen auf Kollektivvertragsebene der generellen Kürzung vorgezogen werden.

Der Kongreß beschloß eine Statutenänderung, wonach die bereits seit dem 7. Bundeskongreß gewählten Leitenden Sekretäre mit Stimmrecht im Präsidium nunmehr auch im Bundesvorstand das Stimmrecht erhielten. Ebenso wurde für die drei Delegierten der Frauenabteilung und den einen Delegierten der Jugendabteilung das beratende auf ein volles Stimmrecht erweitert, mit der Begründung, daß diese Bundesvorstandsmitglieder vom Frauen- beziehungsweise Jugendkongreß gewählt würden.

XI. Die Präsidenten des ÖGB

Nicht um Personenkult zu betreiben, sollten die drei Präsidenten, die nach 1945 an der Spitze des Gewerkschaftsbundes standen, in diese Gewerkschaftsgeschichte Aufnahme finden, sondern einfach, weil ihr Wirken weitgehend die Entwicklung der gemeinsamen Organisation bestimmte und sie auch als erste Vertrauensmänner der Arbeitnehmer den Gewerkschaftsbund nach außen hin repräsentierten. Dem Leser wird sich augenfällig zeigen, wie sehr vom Beginn an die Persönlichkeit Johann Böhms den Gewerkschaftsbund geprägt hat, wie auch Franz Olah, wenngleich in eigenwilliger Weise, den einmal eingeschlagenen Kurs ursprünglich fortsetzte und schließlich Anton Benya wieder voll und ganz in die Fußstapfen Johann Böhms trat, den er als seinen großen Lehrmeister betrachtete und dessen Vermächtnis er 1987 an eine andere Generation weitergibt.

Es ist eine kontinuierliche Entwicklung, die der ÖGB seit 1945 genommen und die in den Erfolgen ihren Niederschlag gefunden hat.

Die jeweiligen Präsidenten des ÖGB haben im öffentlichen Leben nicht unmittelbare, ihnen institutionell übertragene Macht, aber sie haben als Repräsentanten der Gewerkschaften und Vertreter der von ÖGB-Gremien gefaßten Beschlüsse eine Fülle von Wirkungsmöglichkeiten mit entsprechendem Einfluß auf das wirtschaftliche und politische Geschehen, der ihnen vorweg breiteste Beachtung sichert. Zu dieser Beachtung kommt Ansehen in dem Umfang, in dem sie ihre Position zu erfüllen vermögen. Ausschlaggebend ist dabei, ob die Arbeitnehmer, deren Interessen der Gewerkschaftspräsident in erster Linie zu vertreten hat, in ihm einen konsequenten Anwalt zur Verteidigung ihrer Errungenschaften und Verfechter ihrer Forderungen sehen, dem sie ihr Vertrauen geben können; des weiteren, ob die Öffentlichkeit ihn als integre, auch das allgemeine Wohl berücksichtigende Persönlichkeit anerkennt.

Johann Böhm setzte als erster Präsident einen Maßstab für seine Nachfolger.

Der Gründungspräsident

Johann Böhm

1928, am Dritten deutsch-österreichischen Gewerkschaftskongreß in der Ersten Republik, wurde die lose Zusammenfassung der Freien Gewerkschaften in den *Bund der Freien Gewerkschaften Österreichs* umgewandelt und Anton Hueber, der seit 1894 die Gewerkschaftskommission leitete, zum Vorsitzenden gewählt. Am Schluß des Kongresses ergriff Johann Böhm, der Vorsitzende der Bauarbeitergewerkschaft, das Wort und betonte, daß eine n e u e E p o c h e der österreichischen Gewerkschaftsbewegung angebrochen sei. Aus diesem Anlaß sei es notwendig, der großen Verdienste des Nestors der Bewegung, des Kollegen Anton Hueber, zu gedenken. Hueber stehe seit 34 Jahren an der Spitze, und trotz seiner 67 Jahre lenke er noch immer mit der gleichen Tatkraft die Geschicke der österreichischen Gewerkschaften wie zu Beginn der Bewegung. Aus den armseligen kleinen Ansätzen, die Hueber erst zur Handlungsfähigkeit zusammenfaßte, hätten sich die Gewerkschaften zu einer achtunggebietenden Macht im Wirtschaftskampf entwickelt. Böhm schloß, von stürmischem Beifall und Hochrufen auf Hueber begleitet, der Kongreß habe die Verpflichtung, dem Nestor dafür zu danken, daß er so viele Jahre hindurch die Gewerkschaftskommission geleitet habe.

17 Jahre später sollte Johann Böhm selbst an der Spitze der Bewegung stehen, um die 11 Jahre lang verbotenen Gewerkschaften in einem nach einem furchtbaren Krieg zerstörten Land wiederzuerrichten. Er trat an die Aufgabe mit den Vorstellungen heran, die er schon vor dem Krieg entwickelt hatte: Auf dem letzten Kongreß der Freien Gewerkschaften in der Ersten Republik im Jahre 1931 hatte er davon gesprochen, daß es angesichts von 42 Verbänden, die neben anders gerichteten Gewerkschaftsorganisationen im Bund der Freien Gewerkschaften vereinigt waren, das Ziel sein müsse, zu einer einheitlichen und schlagkräftigen Organisationsform zu gelangen. Das Verbot der Freien Gewerkschaften und der Sozialdemokratischen Partei durch das Dollfuß-Regime im Februar 1934 hatte auch Böhms legale gewerkschaftliche und politische Tätigkeit jäh unterbrochen. Er war im Februar 1934 verhaftet worden und hatte mehrere Monate im Wiener Landesgericht und im Anhaltelager Wöllersdorf verbracht. Im Polizeigefängnis auf der Elisabethpromenade war er bei seiner Verhaftung Karl Maisel

begegnet, dem späteren Vorsitzenden der *Gewerkschaft der Metall- und Bergarbeiter* und Sozialminister der Zweiten Republik bis 1956; sie sahen einander erst nach zehn Jahren zufällig wieder. Karl Maisel war 1938 in das Konzentrationslager Buchenwald gekommen, später aufgrund der Intervention seines Betriebs, der Firma *Siemens & Halske,* zwar freigelassen, aber nach dem Anschlag auf Hitler im Juli 1944 wieder von der Gestapo verhaftet worden. Er war jedoch nach zwei Wochen wieder freigekommen und hatte auf dem Heimweg Johann Böhm getroffen und mit ihm ein längeres Gespräch geführt.[1])

Es war offenkundig, daß es mit dem Naziregime zu Ende ging. Weder das autoritäre Regime bis 1938 noch der Nationalsozialismus hatten die Gesinnungs- und Charakterstärke Johann Böhms brechen können. Mit dem nahenden Zusammenbruch des Dritten Reichs traten nun Überlegungen über die Gestaltung der Zukunft in den Vordergrund.

Nach Niederwerfung des Faschismus im Jahre 1945 gelang es, dieses Ziel zu verwirklichen. Der *Österreichische Gewerkschaftsbund* mit 16 Gewerkschaftsverbänden als Untergliederungen wurde errichtet, wuchs und wurde zu einem tragenden Pfeiler der Zweiten Republik.

Wenn Österreich nach 1945 einen raschen wirtschaftlichen Aufstieg nahm und vor großen sozialen Erschütterungen bewahrt blieb, so war es mit ein Verdienst Böhms.

Der spätere ÖGB-Präsident wurde am 26. Jänner 1886 in Stögersbach als Sohn eines Maurers geboren. Seine Mutter war landwirtschaftliche Hilfsarbeiterin. Stögersbach ist ein abgelegener kleiner Ort im niederösterreichischen Waldviertel. Wie sein Vater wurde auch Böhm Maurer. Frühzeitig trat er der Gewerkschaft bei und übernahm bald Funktionärsaufgaben. In der Ersten Republik war er Leiter der Wiener Ortsgruppe der Baugewerkschaft und ab 1929 Obmann der *Österreichischen Baugewerkschaft.*

Die große Zeit Johann Böhms begann nach Beendigung des Zweiten Weltkriegs. Jetzt konnte er sich bewähren.

Noch während in Wien gekämpft wurde, legte der ehemalige Bauarbeiter-Obmann den Grundstein zum Bau eines überparteilichen, einheitlichen Gewerkschaftsbunds. Aber Böhm legte nicht nur den Grundstein zum Gewerkschaftsbund, er war auch von Mai bis November 1945 Staatssekretär für soziale Verwaltung und schuf die Grundlagen der Sozialpolitik der Zweiten Republik. Nach der Wahl des österreichischen Nationalrats wurde er dessen Zweiter

Präsident, und er stand weiters mit großer Sachkenntnis dem Hauptverband der österreichischen Sozialversicherungsträger als Präsident vor.

Im Laufe der Entwicklung seit 1945 drohte öfters die Gefahr einer Senkung des Reallohns. Die Erfahrungen in der Zwischenkriegsperiode hatten Johann Böhm gelehrt, wie wichtig neben der Sozialgesetzgebung der wirtschaftliche Einfluß der Gewerkschaften ist. Der gewerkschaftliche Kampf muß nicht nur um höhere Löhne, er muß auch um möglichst stabile Preise geführt werden. Es gibt keine Lohnpolitik im luftleeren Raum, das hämmerte Böhm den Gewerkschaftsfunktionären ein. Die Gewerkschafter sind existentiell am Wachstum der Wirtschaft interessiert.

Eine solche Lohnpolitik konnte aber nur koordiniert geführt werden, ansonsten bestand die Gefahr, daß ein Vorprellen wirtschaftlich oder gewerkschaftlich starker Berufsgruppen die Preise in die Höhe treiben würde und wirtschaftlich schwache Berufsgruppen, ja die ganze Bevölkerung die Zeche dafür zu bezahlen hätten. Böhm setzte die Grundsätze einer solidarischen Lohnpolitik trotz manchmal massiven Widerstands durch, und der Bundeskongreß des ÖGB hat sie im Jahre 1959 programmatisch verankert.

Von links und rechts wurde die Politik des Präsidenten Böhm heftig angegriffen. Aber er trat für das als richtig Erkannte mutig und kompromißlos ein, gleichgültig, ob es populär war oder nicht. Hingegen ging er immer dort, wo es zweckmäßig und vertretbar war, den Weg der Verständigung und der Zusammenarbeit. Demokratie war ihm kein Lippenbekenntnis – Winkelzüge waren ihm fremd.

Johann Böhm kannte weder falsches Pathos noch persönlichen Ehrgeiz – und war gerade deshalb eine unbestrittene Führerpersönlichkeit. Niemand konnte sich dem Eindruck seiner geradlinigen, klaren inneren Haltung entziehen, dabei war er nicht ohne Ironie, die aber niemals verletzte. Er strahlte Lauterkeit und Herzlichkeit aus, er war aber auch um eine treffende Antwort, einen gezielten Seitenhieb nie verlegen. Tat er so, so glomm in seinen Augen der Schalk, und in seinen Worten schwang Humor. Wehe aber, wenn er ungerecht herausgefordert wurde oder es um schwerwiegende Entscheidungen ging. So liebenswert und umgänglich er ansonsten war, in solchen Situationen wurde er hart, und seine Worte fielen schneidend scharf. Im Tosen des Widerspruchs in übervollen Versammlungssälen hielt er stand – und setzte sich schließlich durch.

An seinem Mut und seiner Charakterstärke prallten alle Angriffe ab. Das bewies sich vor allem in den Oktobertagen 1950, als die Kommunisten den Generalstreik durchsetzen und die Führung im Gewerkschaftsbund erobern wollten. In den kritischsten Stunden blieb Böhm mit nur wenigen seiner engsten Mitarbeiter in der bedrohten Gewerkschaftszentrale.

Man hat Böhm des öfteren »A s t g e m e i n s c h a f t« mit den Unternehmern vorgeworfen. Das Wortbild, daß Arbeitnehmer und Unternehmer auf einem Ast sitzen und beide betroffen sind, wenn er bricht, hatte Böhm bei einem Vortrag in der *Vereinigung österreichischer Industrieller* verwendet; auch hinsichtlich der Prosperität der Wirtschaft als Voraussetzung der Hebung der Lebenshaltung säßen Arbeitnehmer und Arbeitgeber auf dem gleichen Ast.

Vielleicht kann diese »Astgemeinschaft«, die zur Sozialpartnerschaft – oder Wirtschaftspartnerschaft, wie der *Österreichische Gewerkschaftsbund* sie offiziell nennt – führte, am besten eine Begebenheit illustrieren, die sich zwischen dem seinerzeitigen Bundeskanzler Julius Raab und dem damaligen Präsidenten des ÖGB, Johann Böhm, in den fünfziger Jahren abspielte. Beide Männer standen einander in achtungsvoller Freundschaft gegenüber. Raab meinte einmal zu Böhm, als dieser im Namen des Gewerkschaftsbunds weitgehende Forderungen stellte, es wäre am besten, der ÖGB möge selbst die Regierung übernehmen. Böhm replizierte darauf, es wäre zwar für die ÖVP bequem, dem ÖGB die Regierungssorgen zu überlassen, aber die Politik, die der ÖGB betreiben würde, wäre ihm, Raab, sicherlich nicht recht.

Womit das Klima für einen Kompromiß hergestellt war. »Raabs gutes Verhältnis zum damaligen Präsidenten des Österreichischen Gewerkschaftsbundes, Johann Böhm, mit dem er – ein seltenes Phänomen bei sozialen Auseinandersetzungen – auf dem Du-Fuß stand, hat manche Brücke gebaut, die der Erhaltung des sozialen Friedens zugute kam.«[2]) Die Politik der Sozialpartnerschaft war für Raab und Böhm die Alternative zur Klassenkampfpolitik der Ersten Republik.

Johann Böhm ist in seiner Jugend mit Elan für die Interessen seiner Kollegen eingetreten, ja, er stellt selbst in seinen Lebenserinnerungen fest, *einer der Radikalsten* gewesen zu sein. Er wollte immer aufs Ganze gehen und keine Kompromisse gelten lassen.

Österreichs Gewerkschaftsbewegung
Stationen mit Johann Böhm,
Präsident des ÖGB 1945–1959

Am **15. April 1945** bei der Gründungskonferenz des ÖGB (rechts neben ihm Gottlieb Fiala, Vertreter der Kommunisten im Gründerteam)

1954 in der Akademie der Wissenschaften mit Vizekanzler Adolf Schärf bei der ersten Preisverleihung der Theodor-Körner-Stiftung zur Förderung von wissenschaftlichen und künstlerischen Projekten

Mit Karl Mantler, Obmann der Gewerkschaft der Lebens- und Genußmittelarbeiter und Präsident der Arbeiterkammer

Aber die Erfahrungen lehrten ihn, aus Verantwortungsgefühl kompromißbereit zu sein, ohne das Ziel aus dem Auge zu verlieren. Er reifte durch Fehlschläge und gewann an Einsicht. Deshalb war es ihm auch möglich, als gereifter Mann die Jugend zu verstehen und die Gesprächsbasis mit ihr zu finden. In der Zusammenarbeit mit ihr kehrte er nie den Vorgesetzten heraus, sondern war ein väterlicher Freund.

Auch für Friedrich Hillegeist, den Vorsitzenden der Gewerkschaft der Privatangestellten bis 1962, war Johann Böhm das große Vorbild: »Ich habe Johann Böhm geliebt, geschätzt und verehrt wie keinen anderen der mir bekannten Gewerkschafts- und Parteifunktionäre. Er war mir Lehrer und Vorbild. Noch heute, wenn ich von ihm rede, zittert mir die Stimme. Ich hatte bei ihm stets das Gefühl, daß alles, was er tat, der Sache willen und nur der Sache willen geschah.«[3])

Aber sosehr Böhm an Besonnenheit gewann, in seinen Funktionen nach vorne rückte und zu einer Persönlichkeit von schlichter Größe reifte, blieb er in seiner Einfachheit ein Sohn des Volkes. Nichts kennzeichnet die Schlichtheit seiner Persönlichkeit besser als die Worte, die er 1951 anläßlich der Feier seines 65. Geburtstags an die Gewerkschaftsfunktionäre richtete: ... *Ich möchte in Ihrer Mitte der bescheidene Diener des großen Gewerkschaftsbundes bleiben, wohl wissend, daß jedes Menschen Kraft unzulänglich ist. Den Österreichischen Gewerkschaftsbund hat kein einzelner gemacht. Wenn er das geworden ist, was er heute darstellt, so ist er es geworden aus der Zusammenarbeit der vielen Tausenden von Vertrauensmännern, die unablässig werben für ihn und an seinem Aufbau arbeiten ...*

An seinem 70. Geburtstag bezeichnete er die Schaffung des Johann-Böhm-Fonds zur Förderung des Studiums begabter Söhne und Töchter von Arbeitern und Angestellten als das schönste Geschenk, das man ihm bereiten konnte.

Die Ehrlichkeit, mit der Böhm zu seiner Überzeugung stand, seine Sachlichkeit und sein Verantwortungsbewußtsein beeindruckten auch den politischen Gegner. Diese Achtung und Wertschätzung kam besonders in der Trauerrede zum Ausdruck, die der damalige Bundeskanzler Julius Raab anläßlich des Staatsbegräbnisses für Johann Böhm am 13. Mai 1959 hielt:

Mit Johann Böhm hat Österreich eine der markantesten Persönlichkeiten verloren, einen Politiker von hohem Format, einen Mann, der zu den höchsten Funktionären des Staates gehörte, dessen Wirken uns unvergessen bleiben wird. Wir, die ihn persönlich kannten, die wir mit ihm arbeiteten, wir trauern um den Menschen Böhm, dessen liebenswerte Persönlichkeit wir alle schätzten und achteten.

Johann Böhm hatte politische Gegner, aber keine persönlichen Feinde. Er vertrat seine Anschauungen mit Festigkeit und Intelligenz, aber ohne persönlichen Stachel. Er schüttelte auch nach harten sachlichen Auseinandersetzungen dem Gegner die Hand und fand zu allen das menschlich Verbindende, das Einigende, in dem Bewußtsein, daß jeder in den Reihen, wo er steht, das Beste für seine Heimat will. Johann Böhm war ein großer Österreicher, und diese Eigenschaft muß man, will man sein Wesen verstehen, zuerst hervorheben. Sofort danach muß man sein Wirken für die Arbeiterschaft betonen, aus deren Reihen er selbst stammte.

Was sterblich an Johann Böhm war, wurde in einem Ehrengrab auf dem Wiener Zentralfriedhof beigesetzt, doch der *Österreichische Gewerkschaftsbund*, dessen Baumeister er war, steht festgefügt, und das Bild einer Persönlichkeit von Lauterkeit, Besonnenheit und Weitsicht, die in vorderster Reihe mithalf, das Fundament der Zweiten Republik zu schaffen, wird in steter Erinnerung bleiben. Die Sozialpartnerschaft, die er maßgeblich mitgestalten half, ist – wie immer sie sich in Zukunft entwickeln wird – weit über die Grenzen Österreichs hinaus zum Begriff einer ohne prinzipielle Preisgabe eigener Interessen das Gesamtwohl berücksichtigenden Zusammenarbeit der Wirtschaftspartner geworden.

Das Interregnum

Franz Olah

Die Affäre Olah hat nicht nur in den sechziger Jahren die Öffentlichkeit beschäftigt, auch heute wird mit dem »Fall Olah« die Version verbunden, er sei gestürzt worden, weil er der politischen Führungsspitze nicht genehm war. Diese Auffassung widerspricht den Tatsachen. Ohne seine später durch Gerichtsurteil bestätigten Verfehlungen, wäre sein Sturz aufgrund politischer Differenzen und nicht genehmer Verhaltensweisen bei der Popularität, die er in einem Teil der Arbeiterschaft besaß, kaum möglich gewesen.

Eine Kurzgeschichte der Gewerkschaftsbewegung kann sich nicht mit einer gründlichen Darstellung befassen, sondern nur die entscheidenden Fakten herausgreifen und daher auch den »Fall Olah« nicht in aller Breite behandeln. Abgesehen davon sollen die gewerkschaftlichen und politischen Verdienste, die der Person Olah zukommen, und sein als tragisch zu bezeichnender Entwicklungsgang durch die Betonung allein des »Falls« nicht abgewertet werden. Es sollen daher Aufstieg und Sturz Olahs nur insofern behandelt werden, als sie im Zusammenhang mit der Entwicklung des Gewerkschaftsbunds stehen, und insbesondere, um in der Öffentlichkeit verbreiteten falschen Darstellungen des Sachverhalts entgegenzuwirken.

Franz Olah, 1910 in Wien geboren, trat schon mit 14 Jahren als Klaviermacherlehrling der Gewerkschaft bei und wurde Mitglied der SAJ, der *Sozialistischen Arbeiterjugend.* Er leistete aktiven Widerstand gegen Faschismus und Diktatur und war zwischen 1934 und 1938 mehr als eineinhalb Jahre in Haft; am 19. März 1938 wurde er neuerlich verhaftet und verbrachte mehr als sieben Jahre im Konzentrationslager. Nach seiner Heimkehr im Jahre 1945 wurde er einer der Zentralsekretäre der *Gewerkschaft der Bau- und Holzarbeiter,* später Obmann dieser Gewerkschaft, Obmann der SPÖ Hernals, Wiener Landtagsabgeordneter und 1948 Abgeordneter zum Nationalrat. 1955 wurde er ÖGB-Vizepräsident, 1959 Präsident des ÖGB und Zweiter Präsident des Nationalrats sowie geschäftsführender Obmann des Klubs sozialistischer Abgeordneter und Bundesräte und Mitglied des Koalitionsausschusses.

In den vorhergehenden Kapiteln wurde die Tätigkeit Franz Olahs während seiner Präsidentschaft schon behandelt. Im Zusammenhang mit seinem Werdegang sei nochmals darauf hingewiesen, daß er im Herbst 1961 aus Protest gegen einen Kompromiß über die Lohnsteuerreform bei den Budgetverhandlungen aus dem Parlament ausschied, aber 1962 wieder auf der Liste der SPÖ kandidierte, erneut Abgeordneter und schließlich bei der Regierungsbildung im Frühjahr 1963 Innenminister wurde. Als ÖGB-Präsident trat er zum gleichen Zeitpunkt zurück.

In der BAWAG liefen bereits seit J ä n n e r 1 9 6 3 E r h e b u n g e n über Transaktionen im Zusammenhang mit Zinsbonifikationen an den ÖGB. Ein Teil der Bonifikationen wurde im Auftrag Olahs von der früheren Geschäftsführung der *Arbeiterbank* auf Konten eines kleinen Kreditinstituts überwiesen, an dem sie beteiligt war. Da der neue, ab 1. Jänner 1963 im Amt befindliche Generaldirektor Fritz Klenner als Kontrollobmann des ÖGB wußte, daß der ÖGB bereits einige Zeit hindurch nicht das frühere Ausmaß an Zinsenbonifikationen erhalten hatte, ersuchten Finanzreferent Josef Zak und er Präsident Olah um Aufklärung, nachdem dieser Sachverhalt festgestellt worden war. Da die von Olah nunmehr zugesagte Refundierung der Beträge nicht erfolgte, begann die K o n t r o l l k o m m i s s i o n d e s Ö G B zu einem Zeitpunkt mit ihren Untersuchungen, als Olah noch ÖGB-Präsident war. Die Bonifikationsbeträge waren nur die Spitze eines Eisbergs.

Im Juni 1964 ersuchte die *Bank of Detroit* den ÖGB um Auskunft über die Bonität der *Gewerkschaft der Bau- und Holzarbeiter*. Daraufhin begann auch dort eine Untersuchung, bei der sich herausstellte, daß Franz Olah ein Sparbuch dieser Gewerkschaft über zehn Millionen Schilling bei der Zentralsparkasse der Gemeinde Wien ohne Wissen des Gewerkschaftsvorstands verpfändet hatte.

Am 17. September 1964 veranlaßte die SPÖ aufgrund einer Verwarnung Franz Olahs durch ein Partei-Schiedsgericht wegen Mitarbeit an nichtsozialistischen Presseerzeugnissen ohne Einvernehmen mit dem Parteivorstand den Rücktritt Olahs als Innenminister und nominierte am nächsten Tag Hans Czettel als Nachfolger. Der Ausschuß der niederösterreichischen SPÖ nahm zwar den Beschluß des Parteivorstands zur Kenntnis, beschloß aber am 18. September, Olah dennoch im Wahlkampf für die niederösterreichische Landtagswahl am 25. Oktober einzusetzen.

Am 27. Oktober 1964 erstattete schließlich die Zentrale Kontrollkommission dem ÖGB-Bundesvorstand Bericht über Franz Olahs f i n a n z i e l l e T r a n s a k t i o n e n , nachdem im September bereits das Präsidium informiert worden war und die Kontrolle beauftragt hatte, dem Bundesvorstand einen schriftlichen Bericht vorzulegen. Die in dem umfangreichen Bericht überprüften Vorkommnisse reichten bis zu den Jahren 1959 und 1960 zurück, doch war man auf sie erst im Jänner 1963 aufmerksam geworden.

Nach der Berichterstattung stellte Präsident Benya fest, daß vor Beginn der Bundesvorstandssitzung einige Kollegen der sozialistischen Fraktion aufgrund des Ergebnisses der Kontrolle mit Kollegen Olah gesprochen hatten und dieser zugegeben habe, daß die im Bericht angeführten Fakten den Tatsachen entsprächen. Er lege daher seine Funktionen in der Gewerkschaft der Bau- und Holzarbeiter und im Bundesvorstand des ÖGB zurück und verpflichte sich gleichzeitig, Funktionen in Organen des Gewerkschaftsbunds, falls ihm solche künftighin angeboten würden, nicht anzunehmen. Da Kollege Olah selbst die Konsequenzen aus seinen Handlungen zog, beantragte Präsident Benya aufgrund der Erklärung Olahs, den Kontrollbericht zur Kenntnis zu nehmen. Anschließend gab Olah die Erklärung ab, daß die Mitteilung von Präsident Benya zutreffe, allerdings habe er nicht in gewerkschaftsschädigender Absicht handeln wollen, ziehe jedoch als Verantwortlicher die Konsequenzen.

In der anschließenden Diskussion im Bundesvorstand ergänzte Klenner als Obmann der Kontrollkommission, daß während der Untersuchungen auch andere Fakten aufgetaucht seien, diese aber vorwiegend den Bereich der sozialistischen Fraktion beträfen und daher in den Bericht nicht aufgenommen worden seien.

Am 10. Juli 1969 wurde das Gerichtsverfahren gegen Franz Olah eröffnet, und am 30. Jänner 1969 begann der Prozeß gegen ihn und drei Mitangeklagte, Josef Las, Heinrich Daurer und Walter Jeschko.

In seinem Plädoyer stellte der Staatsanwalt abschließend fest, daß, obwohl viele Nebenumstände darauf hinwiesen, es sich um k e i n   p o l i t i s c h e s   V e r f a h r e n gehandelt habe. Die Geschworenen mögen über die Angeklagten nach ihrer eigenen ehrlichen Überzeugung urteilen und sie unter Umständen von einigen Punkten der Anklage freisprechen, wenn sie zu dieser Überzeugung gelangen sollten: *Denn wir wollen hier kein politisches Schlachtopfer für irgendeine Interessengruppe oder Partei feiern.*

Das Urteil erfolgte am 28. März 1969 und lautete auf ein Jahr schweren Kerkers für Franz Olah und vier Monate schweren Kerkers für Josef Las. Die beiden anderen Angeklagten wurden freigesprochen. Das Urteil wurde vom Obersten Gerichtshof bestätigt.

In einer persönlichen Verteidigungsschrift erklärte Franz Olah, daß ihm niemand eigennützige Motive unterstellen könne. Er habe sein Leben seit frühester Jugend der Politik gewidmet, ohne daraus irgendwelche Vorteile zu ziehen. Sicherlich habe er im Laufe dieser vielen Jahre politische Fehler gemacht, aber sich niemals kriminelle Verfehlungen zuschulden kommen lassen.

Das sind die Fakten. Das Vorgehen gegen Franz Olah wurde in der Presse verschiedentlich als *»langsame Hinrichtung«* qualifiziert. Das Gegenteil ist richtig, denn das anfangs zögernde Vorgehen trotz sich häufenden Belastungsmaterials und Olahs organisationsschädigenden Verhaltens – insbesondere in Äußerungen gegenüber der gegnerischen Presse – sollten ihm immerhin die

Österreichs Gewerkschaftsbewegung
Stationen mit Franz Olah,
Präsident des ÖGB 1959–1963

1959 Wahl zum zweiten Nationalratspräsidenten. Neben Franz Olah (links) Nationalratspräsident Leopold Figl und der dritte Präsident Alfons Gorbach

1960 mit einem Gewerkschafter aus Kenya. Links Franz Senghofer, damals Leitender Sekretär, und Kurt Prokop vom ÖGB-Bildungsreferat

1962 mit Karl Weigl, dem langjährigen Vorsitzenden der Gewerkschaft der Bediensteten in Handel, Transport und Verkehr und Sekretär des Arbeiterkammertages

Möglichkeit zum Einlenken und zum Verbleib und weiterer Mitarbeit nach Gutmachung von Verfehlungen und Bereinigung der Unstimmigkeiten geben. Natürlich wären Spitzenpositionen vorerst nicht wieder in Frage gekommen.

Vor, während und nach dem Strafprozeß lief eine Reihe von Zivilgerichtsprozessen und auch ein Strafgerichtsprozeß, die vorwiegend die Eigentumsrechte an der *Kronen-Zeitung* betrafen. Erst am 2. Jänner 1973 war die Serie der Prozesse endgültig beendet, Eigentümer der Tageszeitung blieb der Zeitungsverlag Dichand und Falk Ges.m.b.H. & Co. Das durch Olah belastete Verhältnis des ÖGB zur *Kronen-Zeitung* hatte sich bereits einige Jahre vorher grundlegend geändert.

In der Presse wurde immer wieder betont, daß die Kampagne gegen Olah nur politische Hintergründe habe, daß er als »Exponent einer gemäßigten Linie klassifiziert« und in Gegensatz zu linken Kräften in der Partei gekommen sei.

In der *Neuen Zürcher Zeitung* vom 18. September 1964 hieß es in der Charakterisierung der Person Olahs unter anderem: *Der pragmatische Innenminister Olah steht den bürgerlichen Koalitionspartnern näher als seinen Gegnern, die sich großenteils am linken Flügel der Partei befinden. Entscheidend sind aber doch andere Faktoren: erstens aufeinanderstoßende Machtansprüche, zweitens die eigenwilligen Methoden, mit denen Olah seine parteiinternen Ziele verfolgt, und drittens ganz allgemein die stark profilierte und etwas kantige Persönlichkeit des Innenministers, der geradezu darauf auszugehen scheint, Freund und Feind zu brüskieren.*

Nun zu wähnen, Olah wäre ein Opfer von Parteiintrigen geworden, ginge an den Tatsachen vorbei. Es gab ganz im Gegenteil starke Kräfte in der Partei, besonders in Niederösterreich, die ihn auf alle Fälle halten wollten. Entscheidend waren die Vorgänge im Gewerkschaftsbund und Olahs statutenwidrige Handlungsweise, bedingt sicherlich durch e h r g e i z i g e M o t i v e , da Kämpfe um Machtpositionen im Organisationsleben nicht auszuschließen sind. Olahs »Sendungsbewußtsein« spielte da eine verhängnisvolle Rolle.

Inzwischen hat sich längst gezeigt, wie besonnen der Gewerkschaftsbund gehandelt hat und auch wie behutsam er vorgegangen ist. Den vom ÖGB gegen Olah getroffenen Maßnahmen lagen keine machtpolitischen Auseinandersetzungen, sondern sachliche Gegensätze zugrunde. Es ist nämlich i r r i g anzunehmen, daß im Interesse einer Bewegung j e d e s M i t t e l r e c h t sei, wenn es Vorteil bringt. Diese These galt nie für die österreichische Arbeiterbewegung, und sie ist heute in einem demokratischen Rechtsstaat mit unabhängigen Kontrollinstanzen und der durch die Massenmedien gegebenen Transparenz für jede große Organisation oder Institution gefährlich und im Hinblick auf die Reaktionen der Bürger schädigend.

Es ist nicht die der Geschichte der österreichischen Gewerkschaften gestellte Aufgabe, den eigentlichen Motiven, die Franz Olah zu seiner Handlungsweise veranlaßten, nachzuforschen. Unzweifelhaft hat er sich Verdienste erworben, insbesondere während des kommunistischen Generalstreikversuchs im Herbst 1950. Sein Einsatz und der seiner Bauarbeitertrupps haben geholfen, die von kommunistischen Störtrupps errichteten Straßensperren rascher zu beseitigen und ihren Terroraktionen entgegenzuwirken. Aber der Generalstreikversuch brach nicht durch diese durchaus anerkennenswerten Aktivitäten, sondern durch die vom ÖGB gesteuerte Aufklärungskampagne in Presse und Rundfunk zusammen. Durch sie wurde der Abwehrwille der Arbeiter und Angestellten in allen Bundesländern geweckt, und dieser, zusammen mit der besonnenen Vorgangsweise von Polizei und Gendarmerie sowie auch der Haltung der Alliierten, haben den Ablauf der Ereignisse bestimmt.

Das Eigenartige an Olahs Persönlichkeit war doch dieser scharfe Kontrast zwischen Licht- und Schattenseiten. Die Lichtseiten hat es eben auch gegeben, denn sonst wäre ja die Faszination, die er auf die Arbeiter, aber auch auf andere Menschen, insbesondere auch auf den Parteinachwuchs, ausübte, nicht zu erklären. »Olahs Gesinnung erschien mir damals (während seiner Präsident- und Vizepräsidentschaft) schon fragwürdig. Aber zweifellos war er populär, weil er entscheidungsfreudig war, weil er initiativ war wie wenige sonst«, sagte Friedrich Hillegeist in einem der *Kleinen Zeitung* am 16. März 1969 gegebenen Interview.[4])

Die Beweggründe seines Handelns mögen Olahs Ansicht nach im Interesse der Bewegung gelegen sein – allerdings auch nur bis zu dem Zeitpunkt, an dem er eine eigene Partei gründete –, aber so wie er es sah und wie er vorging, entsprach seine Handlungsweise keineswegs den Usancen, wie Organisationsstatuten und demokratische Spielregeln sie erfordern und moralische Prinzipien der Arbeiterbewegung, sowie die Rechtslage in einem Rechtsstaat sie bedingen.

Von seiner Begabung und der Wirkung seiner Persönlichkeit auf die Arbeitnehmer her hätte Franz Olah dem von Johann Böhm gesetzten Maßstab entsprechen können. Sein ungezügelter Ehrgeiz, der ihn zur Außerachtlassung statutarischer Verpflichtungen und demokratischer Spielregeln veranlaßte, verhinderte dies.

Der Langzeitpräsident

Anton Benya

Anton Benya ist 1987 mit der Erreichung seines 75. Lebensjahrs aus seinen Funktionen als »erster Vertrauensmann« der österreichischen Arbeitnehmer geschieden, als der er sich immer gefühlt hat. Rund ein Vierteljahrhundert war er der Präsident des *Österreichischen Gewerkschaftbunds*. Länger als er stand nur Anton Hueber, der Nestor der österreichischen Gewerkschaftsbewegung, an ihrer Spitze. Weder in Österreich noch in einem anderen Land der freien Welt hat ein Gewerkschaftsverband eine so lange Periode wie jene der Präsidentschaft Benya ohne zumindest vorübergehende Mitgliederverluste und Vertrauenseinbuße überstanden.

Aber Anton Benya war nicht nur ÖGB-Präsident, sondern fünfzehn Jahre auch der Präsident des Nationalrats. Er symbolisierte nicht nur für die Gewerkschaftsmitglieder, sondern für alle Arbeitnehmer die Möglichkeit des Aufstiegs vom gelernten Facharbeiter bis in die höchsten Ämter der Zweiten Republik. Benya, das ist eine glückliche, nur aus der österreichischen Wesensart verständliche Mischung zwischen einem Gewerkschaftsfunktionär alter Prägung, der mit Härte die Arbeiterinteressen vertritt, und einem den wirtschaftlichen Erfordernissen und gesellschaftlichen Gegebenheiten der Gegenwart aufgeschlossenen Organisator und Politiker mit Realitätssinn.

Anton Benya wurde am 8. Oktober 1912 als Sohn eines Bäckers geboren und begann 1927 eine Lehre in einem Starkstrombetrieb. Damals, in der Zeit großer Arbeitslosigkeit, war es nicht leicht, eine Lehrstelle zur Ausbildung zum Facharbeiter zu finden, aber er hatte es sich – wie er sich erinnert – in den Kopf gesetzt, Mechaniker zu werden, obwohl er mit fünfzehn Jahren noch eine so kleine Statur hatte, daß ihm anfangs der Schraubstock zu hoch war.

Im Betrieb waren Betriebsräte, die sich der Lehrlinge annahmen, und durch den Lehrlingsvertrauensmann kam er zur Lehrlingssektion des »Metallverarbeiterverbandes«, dessen Funktionär er bald wurde. Bald nach dem Ende seiner Ausbildung als Elektromechaniker wurde Benya »abgebaut« und war einige Zeit arbeitslos. Er fand schließlich einen Arbeitsplatz bei der Wiener Radiofirma *Ingelen,* war aber vom Auf und Ab saisonbedingter Arbeitslosigkeit betroffen, bis er zum Facharbeiterstand des Betriebes zählte, wo er Ende 1933, obwohl erst 21jährig, zum Betriebsrat gewählt wurde. Das war damals nur unter bestimmten Voraussetzungen möglich, da das passive Wahlrecht für Betriebsräte 24 Jahre betrug. Ab 1930 mußten die Gewerkschaftsbeiträge, als Folge des sogenannten *Antiterrorgesetzes,* direkt kassiert werden, das hatte den Vorteil der Aufrechterhaltung eines regelmäßigen persönlichen Kontakts zwischen Mitgliedern und Vertrauensmännern. Benyas Kontaktfreudigkeit, die ihm diese Aufgabe erleichterte, zeigte sich so schon in der Jugend.

Nach den Februarunruhen des Jahres 1934 wurde der junge Betriebsrat als Angehöriger des *Republikanischen Schutzbunds* verhaftet. Nach seiner Freilassung arbeitete er wieder bei der Firma *Ingelen.* 1936 wurde er bei den Werksgemeinschaftswahlen als Vertrauensmann gewählt, aber bald darauf wegen Betätigung für die illegale *Freie Gewerkschaft* verhaftet und erst im Herbst 1937 freigelassen. Im April 1938 wieder bei *Ingelen* aufgenommen, wurde er für die kriegswirtschaftliche Produktion UK (unabkömmlich) gestellt.

1945 vollzog sich Anton Benyas rascher Aufstieg. Die Kollegen der Firma *Ingelen* wählten ihn zum Betriebsratsobmann, und in der Ortsgruppe Ottakring und Hernals der *Gewerkschaft der Metall- und Bergarbeiter* wurde er Schriftführer und Obmannstellvertreter, später jüngstes Mitglied des Zentralvorstands der *Gewerkschaft der Metall- und Bergarbeiter.* Bereits 1948 wurde er Organisationssekretär in der Zentrale des Gewerkschaftsbunds. In dieser Funktion zählte es zu seinen wichtigsten Aufgaben, Verbindungen mit den Funktionären der Bundesländer zu halten. In dieser Funktion und in seiner anschließenden als Stellvertreter Generalsekretär konnte er seine Kontaktfreudigkeit und sein Einfühlungsvermögen einsetzen, um dem Vorurteil gegen den Wiener »Zentralismus« durch Information und stete Gesprächsbereitschaft entgegenzuwirken, und er konnte viele Freundschaften knüpfen. Zum Stellvertretenden Generalsekretär war er 1956 gemeinsam mit Fritz Klenner bestellt worden, als Anton Proksch, der das Amt des Sozialministers übernahm, von der Funktion des ÖGB-Generalsekretärs beurlaubt wurde.

1959 zum Vorsitzendenstellvertreter der *Gewerkschaft der Metall- und Bergarbeiter* gewählt, löste Benya 1962 Karl Maisel nach dessen Rücktritt im Vorsitz ab, den er bis zum Mai 1977 innehatte; er wurde dann Ehrenvorsitzender dieser Gewerkschaft. 1959 wurde er vom 4. ÖGB-Bundeskongreß zum Vizepräsidenten und 1963, nach dem Ausscheiden Franz Olahs, zum Präsidenten des Gewerkschaftsbunds gewählt. Aber er war nicht nur Präsident des Gewerkschaftsbunds, als Präsident des Aufsichtsrats des *Konsum Österreich* nahm er sich auch der Interessen der Konsumenten an. Von 1954 bis November 1986 war Benya Abgeordneter des Nationalrats und ab November 1971 dessen Präsident, also der »zweite Mann im Staate«.

Das ist die Schilderung der Karriere eines Funktionärs, aber sie sagt nichts über seine Persönlichkeit aus. Auch dann nicht, wenn man ergänzt, daß Anton Benya 1966 Ehrenbürger der Wiener Universität, 1977 Ehrenbürger der Stadt Wien und 1980 Ehrensenator der Wirtschaftsuniversität Wien wurde.

Die hohen und verantwortungsvollen Positionen, die Anton Benya im Laufe seiner Tätigkeit erreichte, legten keine Distanz zwischen seine Person und die Menschen in den Werkstätten und Büros. Er hat kein gestörtes Verhältnis zur Macht, denn für ihn ist es nicht »Macht«, die er ausübt, sondern ein Vollziehen von Beschlüssen und Entschlüssen der Gremien, die ihn in seine Positionen entsendet haben. Er ist ein Pragmatiker und daher auch für jene »Machertyp«, der Leistungen vollbringt; *Seifenblasen machen kann ein jeder* ist ein Benya-Zitat. Sein Verhältnis zur Macht ist unkompliziert, und Personenkult ist ihm zuwider. Als er 1971 zum Präsidenten des Nationalrats gewählt wurde, erklärte er: *Ich möchte meine Wahl zum Ersten Präsidenten nicht nur als eine Anerkennung der Leistungen gewertet sehen, die ich als Parlamentarier erbracht habe, sondern ich möchte sie vor allem als eine Anerkennung der Leistungen der österreichischen Gewerkschaftsbewegung werten, die sehr viel zum Aufstieg dieser Republik beigetragen hat.*

Benya hat sich nie dem Arbeiterstand entfremdet, aus dem er stammte. Dadurch bildete sich keine Kluft zwischen ihm und jenen, die er zu vertreten hatte. Und das war das Unterpfand des Vertrauens, das er unbestritten genoß.

Es wäre demagogisch, zu sagen, es hätte nie Gegensätze mit Funktionären der Gewerkschaften, taktische und organisatorische Streitfragen oder Auseinandersetzungen mit den Betriebsräten ge-

Österreichs Gewerkschaftsbewegung
Stationen mit Anton Benya,
Präsident des ÖGB 1963–1987

1959 als Obmann der Gewerkschaft der Metall- und Bergarbeiter und ÖGB-Vizepräsident (links neben ihm Präsident Franz Olah, dann Friedrich Hillegeist, der Obmann der Privatangestellten, und der christliche Gewerkschafter Erwin Altenburger)

1967 Ehrung des Schispringers Reinhold Bachler, Gewerkschaftsmitglied und Fahrer am steirischen Erzberg (rechts Karl Sekanina von der Metallarbeitergewerkschaft)

1997 mit ÖGB-Präsident Fritz Verzetnitsch und AK-Präsident Herbert Tumpel bei der Feier zu seinem 85. Geburtstag, gleichzeitig Verleihung des nach ihm benannten Preises zur Förderung der Facharbeit

geben. Natürlich gab es sie, wie auch das Aufeinanderprallen von Meinungen in Betriebsversammlungen, das gehört zu einer lebendigen Bewegung. Aber Benya fand bei aller Hartnäckigkeit der Verteidigung seines Standpunkts immer den richtigen Ton, und er ging verständnisvoll auf Gegenargumente ein. Seine Sprache ist klar und nicht gewunden, für die Frau und den Mann aus dem Volk verständlich. Wenn sein Temperament ihn fortreißt, kann er wortgewaltig werden. Konzepte sind nicht seine Stärke, er schweift oft ab und spricht lieber frei.

Seine klare Persönlichkeit verführte ihn nicht zum Spekulieren; Nüchternheit und Konsequenz in der Erreichung real gesteckter Ziele, aber auch Kompromißbereitschaft, wenn Schwierigkeiten unüberwindbar sind oder voller Einsatz sich nicht lohnt, zeichnen ihn aus. Seine rasche Auffassungsgabe läßt ihn schnell zu einem klaren Urteil kommen. Er ist einer der seltener werdenden Führungspersönlichkeiten, die immer das richtige Gespür für die Stimmung der Masse haben. Allerdings war er immer ein Mann der Kontinuität, und unausgegorene neue Stimmungen sind ihm suspekt.

Es ist noch ein Vorzug, der Benya auszeichnet: sein unermüdlicher Arbeitseinsatz. Sein Arbeitstag begann früh um sieben und endete ...? Es gab kaum einen freien Abend und – außer im Urlaub – fast nie ein freies Wochenende. Der Tag rollte nach einem vollbesetzten Terminplan ab. Trotzdem zeigt er nie Ermüdungserscheinungen. Ein Vorbild für seine Mitarbeiter, auch in der Art, wie er im Teamwork mit ihnen die anfallende Arbeit erledigte.

Anton Benya galt immer als »der starke Mann im Hintergrund«, in politisch schwieriger Zeit als »der heimliche Kanzler«, der mit der Hausmacht des Gewerkschaftsbunds Regierungen stützen, aber auch gefährden konnte. Die Wirtschafts-(Sozial-)Partnerschaft war das gemeinsame Instrument, mit dem er mit politischem Instinkt Auswege aus Krisen suchte und fand. Sein Verantwortungsbewußtsein verbürgte Loyalität. Seine Treue zur sozialistischen Bewegung gewährleistete die Kontinuität der Beziehungen zwischen Partei und sozialistischem Gewerkschaftsflügel. Seine Toleranz akzeptierte eine ähnliche Handlungsweise des Partners, der *Fraktion christlicher Gewerkschafter*. Sein Spürsinn vermied sich anbahnende Konflikte oder ließ ihn einen Ausweg finden.

So sehr Anton Benya eine Sache mit Härte und Zähigkeit vertreten kann, so einfühlsam ist er, was den Menschen betrifft. Für ihn steht der Mensch wirklich im Mittelpunkt. Bei den politischen Gegnern genießt er Ansehen und ist kaum umstritten. Sein Charisma ist seine Integrität und seine Verbundenheit mit den arbeitenden Menschen.

Benya war ein »Langzeitpräsident«, nicht weil er an seiner Position »klebte«, sondern weil die Mitarbeiter ihn nicht gehen ließen, in der Erkenntnis, daß er nicht leicht zu ersetzen sei ... Als er 1983 zurücktreten wollte, wurde er gehindert. Selbst seine Frau konnte nicht verhindern, daß er aus Verantwortungsbewußtsein weitermachte.

Es entspricht dem Wesen Benyas, daß er für eine geordnete Hofübergabe sorgte. Der Generationssprung wird keine Lücke hinterlassen, denn sein Nachfolger ist einerseits durch seine Schule gegangen und wird weiterhin mit seinem Rat und seiner Unterstützung rechnen können. Auch für Anton Benya gilt, wie für sein Vorbild Johann Böhm: Er gehört zu den großen, die Zweite Republik prägenden Männern.

Die einzelnen und die Bewegung

Einige Persönlichkeiten herauszugreifen und mit ihnen die Entwicklung einer Organisation zu dokumentieren, widerspricht eigentlich den Grundsätzen einer demokratischen Bewegung. Sie entsteht und lebt nur durch den Einsatz einer Vielzahl von Menschen. Ihre Erfolge beruhen auf den von Idealismus und nicht nur Sacherwägungen getragenen Arbeitsaufwand und Arbeitseifer der Funktionäre und des Apparats. Ist es Geringschätzung ihrer Tätigkeit, sie nicht in einem geschichtlichen Rückblick zu würdigen?

Nein, keineswegs. Aber es ist nicht zu bewältigen, die in einem längeren Zeitabschnitt erbrachten Leistungen auch nur der maßgeblichsten Persönlichkeiten aufzunehmen, wenn sie nicht mit einem besonderen historischen Ereignis verbunden sind oder eine entscheidende Phase der dargestellten Gewerkschaftsentwicklung markieren. Die Gewerkschaftsbewegung besteht ja nicht nur aus der früher in der Gewerkschaftskommission und dann im Gewerkschaftsbund der Ersten und Zweiten Republik koordinierten Entwicklung, wie sie vorwiegend in dieser Geschichte zusammengefaßt ist, sondern auch aus – und das vorwiegend – den früher Dutzenden und heute 15 angeschlossenen Gewerkschaften mit ihren Sektionen und Fachgruppen sowie den vielen Institutionen, die direkt und indirekt mit der Bewegung in Verbindung stehen. Überall waren und sind Frauen und Männer im Dienste der Arbeitnehmer tätig. Es ist nun erfreulich, daß die Gewerkschaften selbst mit der Aufarbeitung ihrer Geschichte begonnen haben.

Es wäre ein unmögliches Unterfangen, zu werten, wessen Verdienste groß genug sind, um nur der Würdigung halber in einer kurzgefaßten historischen Betrachtung aufgenommen zu werden. Wozu noch kommt, daß jede Wertung schon deshalb ungerecht ist, weil es nicht allein von der Einsatzfreude und den Tätigkeiten abhängt, ob und welche Leistungen jemand vollbringt, sondern von den Umständen, ob beruflich und organisatorisch Entfaltungs- und Aufstiegsmöglichkeiten gegeben oder ob sie verstellt oder behindert sind.

Einzelne Menschen können – im guten wie im bösen – eine Zeitperiode personifizieren, zum Symbol einer Geschichtsepoche werden. Sie zu glorifizieren, nur um ihres Rangs willen, dient der Systemerhaltung, derer eine demokratische Organisation nicht bedarf. In dieser Geschichte sind die Präsidenten herausgegriffen, weil sie in ihrer Person die Gesamtbewegung symbolisieren. Johann Böhm, der konsequent der Zersplitterung der Gewerkschaftsbewegung entgegenwirkte und als Gründerpräsident das Fundament des Gewerkschaftsbunds legte, und Anton Benya, unter dessen langer Präsidentschaft der ÖGB ein stabilisierender Faktor in Österreichs Wirtschaft und Politik war und sich der Übergang zum Wohlfahrtsstaat vollzog. An die Bewältigung nunmehr anstehender Probleme geht eine festgefügte Organisation.

Schließlich darf ein geschichtlicher Rückblick nicht an dem Fall Olah vorbeigehen, der in der ersten Hälfte der sechziger Jahre den Gewerkschaftsbund vorübergehend in eine krisenhafte Situation brachte, die zu Aktionen gegen die Beschlüsse des Bundesvorstands führte. Die Bewältigung des »Falls Olah« zeigt – ebenso wie 1985 der Fall des früheren Vorsitzenden der Gewerkschaft Metall – Bergbau – Energie und Bautenministers Karl Sekanina, gegen den das gerichtliche Vorverfahren wegen »tätiger Reue« eingestellt wurde –, daß im Gewerkschaftsbund Statuten und Prinzipien für alle gelten und daß er imstande ist, einen Reinigungsprozeß durchzuführen, selbst wenn es die Spitze betrifft.

Rückblickend wäre nur noch eine Persönlichkeit herauszugreifen, die an der Wiege der österreichischen Gewerkschaftsbewegung stand und ihre Entwicklung entscheidend beeinflußte: Anton

Hueber. Er starb am 9. Juli 1935. Selbst die Einheitsgewerkschaft würdigte ihn damals als einen Pionier, der die Gewerkschaftsbewegung zu Macht und Einfluß geführt hatte. Daß er Gewerkschaftsbewegung und sozialistische Arbeiterbewegung als eine »Einheit« betrachtete, könne »sein tapferes Eintreten für die Arbeiterschaft und sein lauteres Wollen nicht verkleinern«, schrieb das Organ der Einheitsgewerkschaft nach seinem Ableben.

Eine Bewegung kann lange Zeitläufe mit ihren Rückschlägen und Erschütterungen nur überdauern, wenn sie vom Vertrauen ihrer Anhänger, das sich auf die Integrität der Führungspersönlichkeiten stützen muß, und der Zuversicht in die Realisierbarkeit der Zielsetzungen getragen wird.

Der Generationensprung

Die Weichen für die Zukunft wurden bereits einige Zeit vor dem für den Oktober 1987 einberufenen 11. B u n d e s k o n g r e ß gestellt. Schon Monate vor dem Kongreß entschied sich die *Fraktion Sozialistischer Gewerkschafter* für die N o m i n i e r u n g des 1983 zum Leitenden Sekretär gewählten F r i t z V e r z e t n i t s c h (42) zum neuen Ö G B - P r ä s i d e n t e n und des bisherigen Leiters des Volkswirtschaftlichen Referats Herbert Tumpel (39) und des niederösterreichischen Landessekretärs Karl Drochter (46) zu Leitenden Sekretären. Damit hat sich an der Spitze des Gewerkschaftsbunds ein Generationssprung vollzogen, der junge Kräfte ans Ruder brachte und in der Öffentlichkeit als mutiger Schritt gewürdigt wurde.

Fritz Verzetnitsch, gelernter Installateur, hat eine Bilderbuchkarriere hinter sich. Von 1973 bis 1981 war er Sekretär der Jugendabteilung des ÖGB, dann zwei Jahre im Organisationsreferat tätig. 1983 beim ÖGB-Kongreß rückte er an die Stelle des in den Ruhestand getretenen Leitenden Sekretärs Erich Hofstetter.

Verzetnitsch hat bisher durch sein besonnenes und auch zurückhaltendes Auftreten diplomatisches Geschick bewiesen. Er wird es auch brauchen, denn er verfügt zum Unterschied von seinen Vorgängern über keine »Hausmacht«, nämlich eine Verankerung im Vorstand einer Fachgewerkschaft. Er wird aber sicherlich die Unterstützung des Vorsitzendenstellvertreters der Gewerkschaft M-B-E und Arbeiterkammerpräsidenten Adolf Czettel finden, der ihn den sozialistischen Gewerkschaftsvorsitzenden vorgeschlagen hat, und auch mit der Hilfe des Ehrenpräsidenten Anton Benya rechnen können.

Herbert Tumpel hat sich als bisheriger Leiter des Volkswirtschaftlichen Referats bereits auf Sozialpartnerebene Anerkennung erworben. Karl Drochter ist als bisheriger niederösterreichischer Landessekretär, was seine Eignung für Spitzenfunktionen betrifft, – ein unbeschriebenes Blatt. Aber als Absolvent der Sozialakademie hat er beste Chancen, denn schon einige Absolventen der Akademie sind zu führenden Positionen aufgestiegen.

Immerhin ist es fraglich, ob der ÖGB in den für ihn unzweifelhaft zu erwartenden kritischen Zeiten ohne Generalsekretär von der Durchschlagskraft eines Anton Proksch auskommen wird; die Bestellung Leitender Sekretäre war ja 1959 als Provisorium gedacht. Jedenfalls werden vorerst die zentrifugalen Kräfte zunehmen, und das wird zu eigenständigerem Auftreten der Einzelgewerkschaften führen.

Überlegungen zum Ausklang

XII. An der Schwelle eines neuen Zeitalters

Geschichte ist nach vorne offen. Wenn wir den Rückblick auf die Entwicklung der österreichischen Gewerkschaftsbewegung mit einem Ausblick auf die Zukunft verbinden, so haben wir schon dadurch, daß wir die Abfolge der Ereignisse bis an die Gegenwart heran führten, den Boden der Sachlichkeit verlassen – und wir überschreiten ihn bei weitem, wenn wir uns in einer historischen Abhandlung mit Zukunftsperspektiven befassen. Geschichte erfordert des objektiven Urteils wegen zeitlichen Abstand.

Warum sich dieses Buch nicht daran hält und überdies die Zukunftsbetrachtung einbezieht, hat seine guten Gründe: Geschichte nur um der Geschichte willen zu behandeln, ist Aufgabe der Geschichtsforscher. Dieses Buch aber wurde in erster Linie für Gewerkschaftsfunktionäre und für an der Bewegung Interessierte geschrieben. Aus der Vergangenheit bis zur unmittelbaren Gegenwart sollen Schlüsse für die Zukunft gezogen werden: So wie zum Beispiel der Fehlschlag der Gewerkschaftspolitik nach 1918 zur koordinierten Lohnpolitik nach 1945 führte, können immer wieder Lehren aus der Vergangenheit gewonnen werden. Auch einen Blick in die Zukunft auszuklammern, hätte keinen Sinn, denn eine strategisch konzipierte Politik bedarf der Vorausschau. In die Zukunft gerichtete Forderungen bedürfen konkreter Grundlagen. Je realitätsbezogener Zukunftsperspektiven sind, desto größer ist auch die Wahrscheinlichkeit der Realisierung.

Die Gewerkschaftsbewegung bedarf einer Geschichte zum Gebrauch.

Die mehr als vier Jahrzehnte des Bestands des Österreichischen Gewerkschaftsbunds seit 1945 sind die längste unangefochtene und auch erfolgreichste Periode der österreichischen Gewerkschaftsbewegung. Als diese vor mehr als hundert Jahren antrat, waren die noch kleinen Gewerkschaftsvereine ständig durch Schikanen der Behörden und von der Auflösung bedroht. Als sich die *Freien Gewerkschaften* Ende 1893 zu einer Dachorganisation zusammenschlossen und auch die *Christlichen Gewerkschafter* sich in Vereinen zusammenfanden, lagen noch 20 Jahre vor ihnen, die in zähem Ringen einen langsamen Aufstieg ermöglichten; dann machte der Erste Weltkrieg ein Ende.

1918 mußten die Gewerkschaften des kleinen deutsch-österreichischen Teils der Monarchie neu beginnen. Die *Freien Gewerkschaften* erreichten in einem ersten Höhenflug 1921 einen Mitgliederstand von 1.080.000 und sanken – um die Lebensrechte der Arbeiter und Angestellten ringend – in einem durch politische Wirren erschütterten und wirtschaftlich schwachen Staatswesen bis zu ihrer gewaltsamen Auflösung im Jahre 1934 auf einen Stand von 520.000 ab.

Nach sechzehn Jahren des Bestands einer freien Gewerkschaftsbewegung kam 1934 ein autoritäres System, dem vier Jahre später das nationalsozialistische Terrorregime folgte.

Im April 1945 e n t s t a n d der Gewerkschaftsbund v o n o b e n h e r, gegründet von führenden Gewerkschaftsfunktionären, die die Zeit des Faschismus überstanden hatten. Aber groß wurde er in diesen 40 Jahren durch die Arbeit der Vertrauensmänner in den Betrieben und das Vertrauen der organisierten Arbeiter und Angestellten. Er w u c h s v o n u n t e n h e r.

In dieser längsten nunmehr ununterbrochenen Periode gewerkschaftlichen Wirkens, nunmehr eines einheitlichen und überparteilichen Gewerkschaftsbunds, konnten vorerst fast alle Ziele verwirklicht werden, unter denen die Gewerkschaftsbewegung vor hundert Jahren angetreten ist: Arbeit und Brot standen gerüstet, für das Alter wurde vorgesorgt, und der Jugend war der Weg zur geistigen und fachlichen Ausbildung offen.

Diese Ziele sind nun gefährdet. Es sind Schatten aufgezogen. Die durch den technischen Wandel erforderliche Umstrukturierung wird von wirtschaftlichen Konjunkturschwankungen begleitet, die Vollbeschäftigung und die materielle Basis sozialer Errungenschaften in Frage stellen.

Wir befinden uns in einem neuen Zeitabschnitt. Das Maschinenzeitalter geht zu Ende und das der Mikroelektronik, Computer und Informatik zieht herauf. Durch den rasanten Fortschritt der Technik droht die Gefahr, daß Arbeitslosigkeit zu einem Dauerzustand in den Industriestaaten wird. In dem verflossenen Jahrhundert der Industrialisierung gab es Vollbeschäftigung immer nur in Hochkonjunkturen und unter dem Druck der Gewerkschaften, die Schritt für Schritt durch gewerkschaftlichen Kampf Arbeitszeitverkürzungen erreichten und damit das Angebot an Arbeitskraft verringerten.

Alle arbeitsrechtlichen und sozialpolitischen Errungenschaften, die das Industriezeitalter brachte, sind vorrangig Früchte des gewerkschaftlichen Einsatzes, begünstigt durch den wirtschaftlichen Fortschritt und gereift auf dem Boden der Demokratie.

Die Gewerkschaften sahen bis in die jüngste Gegenwart die Wahrung der Interessen der Arbeitnehmer kollektiv, denn es ging um den gemeinsamen Aufstieg. Die Arbeitnehmer sind nun zu gleichberechtigten – wenn auch keineswegs gleichgewerteten – Bürgern und damit vielfach zu Individualisten geworden, die auch in der gewerkschaftlichen Praxis als Einzelpersönlichkeit anerkannt werden wollen. Dem wird mit flexiblerer Arbeitsgestaltung Rechnung getragen werden müssen. Wir müssen aber dabei trachten, daß darob die Solidarität nicht aus dem Arbeitsleben schwindet.

Die mit dem Strukturwandel verbundene rasche Entwicklung zur Dienstleistungsgesellschaft wird die Gewerkschaften auch in ihrer inneren Struktur treffen. Die Schranken zwischen Angestellten- und Arbeiterberufen werden sich immer mehr verschieben und schließlich für qualifizierte Arbeiten gänzlich schwinden. Immer mehr Männerberufe werden von Frauen ergriffen. Die Differenzierung zwischen Männer- und Frauenarbeit wird weitgehend fallen und damit die Ungleichheit in der Entlohnung zwischen den Geschlechtern schließlich schwinden müssen.

Drohende Kluft zwischen Arbeitnehmern

Der technische Strukturwandel wird die industrielle Arbeitsgesellschaft gänzlich verändern. Die technische Revolution geht mit der Gefahr einher, eine Kluft zwischen den Arbeitnehmern aufzureißen. Der Unterschied zwischen Facharbeitern und Angestellten wird sich überholen, was auch unweigerlich zu einer Organisationsreform im ÖGB führen muß. Noch in dem zu Ende gehenden Jahrhundert wird eine Entscheidung über die R e a l i s i e r u n g d e s   I n d u s t r i e g r u p p e n p r i n z i p s im *Österreichischen Gewerkschaftsbund* fallen müssen – je früher eine Vorentscheidung durch Einsetzung einer Kommission fällt, desto besser. Nur mit einer Zuführung der Angestellten in die zuständige Fachgewerkschaft in einer nicht allzu fernen Zukunft kann die Auszehrung einiger Fachgewerkschaften der »Schornsteinindustrie« verhindert werden. Ansonsten würden die beiden mächtigen Blöcke der Angestellten in der Privatwirtschaft und der Öffentlich-, Gemeinde- und Verkehrsbediensteten sowie der Bediensteten der Post und des Fernmeldewesens schrumpfenden Arbeitergewerkschaften gegenüberstehen.

Traditionelle Beschäftigungshierarchien sind in Auflösung begriffen, auf Dauer läßt sich in vielen Beschäftigungsgruppen die Trennung in Arbeiter und Angestellte nicht mehr rechtfertigen; sie ist heute in bezug auf qualitative Arbeitsverrichtungen schon widersinnig.

Die Produktion intelligenter Produkte sowie die Errichtung und Steuerung großindustrieller Anlagen erfordern hochqualifizierte Kräfte. Ihre Arbeit muß gut bezahlt werden, und sie werden zum Stammpersonal zählen.

Demgegenüber wird ein Heer von minderqualifizierten, auswechselbaren Hilfskräften stehen. Massenproduktion und Wartungsarbeiten, zum Teil von Robotern verrichtet, werden diesen Hilfsarbeitern mit entsprechendem Lohnabstand und unsicherem Arbeitsplatz obliegen. Entlohnung und Beschäftigung werden sich nämlich im Gegensatz zum Stammpersonal nach der Konjunkturlage richten.

Die Anzahl der im Dienstleistungs- und Informationsbereich Tätigen wird bei weitem die der in Produktionsbereichen Beschäftigten überschreiten, was das Bild der bisherigen Arbeitsgesellschaft total verändern wird. »Arbeitnehmerschaft« wird kein homogener Begriff mehr sein. Die Zahl kleiner und mittlerer Betriebe, vielfach Zulieferer zu Großunternehmen, wird zunehmen, ebenso die der Kleinstbetriebe, in denen mit automatischen Produktionseinrichtungen und wenigen Menschen »praktisch im Anbau ans Wohnhaus« produziert werden wird. Die Unterscheidung zwischen »betrieblicher Arbeit« und »Freizeit« wird dort gering sein.

Die *Segmentierung der Gesellschaft in Kern- und Randbelegschaften oder eine Zweidrittelgesellschaft* (Peter Glotz) droht.

Gleichzeitig werden steigende öffentliche Aufgaben die Anzahl der öffentlich Angestellten trotz Verwaltungsreformen weiter emporklettern lassen. Die Dienstpragmatik öffentlich Angestellter ist bei uns, und mehr oder weniger auch in anderen europäischen Staaten, tabu. Bleibt aber für ein großes Heer öffentlich Bediensteter die sichere Lebensstellung und ein vielfach mit 80 Prozent des Aktivbezugs gesicherter Lebensabend, dann droht, daß sich die Gesellschaft in drei Klassen spaltet. Im Gegensatz zur fixen Anstellung und zum gesicherten Lebensabend öffentlich Bediensteter werden – außer beim privilegierten Stammpersonal großer Unternehmungen – häufigerer Arbeitsplatzwechsel und kurze oder längere Perioden der Arbeitslosigkeit, wenn nicht gar Beschäftigungslosigkeit, sowie lebenslanges Lernen oder Umlernen den Lebenslauf eines großen Teils der arbeitenden Menschen begleiten. Diese Widersprüche werden gesellschaftspolitisch immer mehr hervortreten. Und das Gleichheitsgebot rückt verfassungsrechtlich immer mehr in den Vordergrund.

In welchem Ausmaß »Job-Killer« Arbeitsplätze vernichten werden und menschliche Arbeitskraft »freisetzen« beziehungsweise in welchem Umfang es gelingen kann, durch Arbeitszeitverkürzungen und humane Gestaltung der Arbeitswelt gegenzusteuern, das sind Fragen, auf die wir noch zu wenig Antworten wissen.

Die Bewältigung der Probleme der technischen Umstrukturierung ist für die Demokratie eine Frage des Überlebens, denn den Druck gegensätzlich gelagerter existentieller Interessen im Bereich der Arbeitnehmer selbst kann auf Dauer kein demokratisches Staatswesen überstehen.

Den Freien Gewerkschaften in den westlichen Industriestaaten garantiert nur die Demokratie den Lebensraum für ihr Wirken. Sie haben daher ihrerseits Konsequenzen aus dem Strukturwandel zu ziehen, der den Vorrang des Menschen vor der Maschine gefährdet.

Die internationale Lage

Die Gewerkschaften sind weltweit schwer unter Druck geraten. Noch immer steigende Arbeitslosenzahlen, Kürzungen der Sozialleistungen aufgrund zunehmender Abgänge in den Staatshaushalten, Realeinkommensverluste in verschiedenen Wirtschaftszweigen schaffen kein Klima für das Wachsen gewerkschaftlichen Einflusses und für eine Zunahme der Mitgliederzahlen. Konservative Kräfte gewinnen an Boden. Die Gewerkschaften verlieren, global gesehen, an Terrain und müssen sich der Schmälerung der erworbenen Rechte erwehren. Weder die Gewerkschaftsbünde der führenden westlichen Industriestaaten noch der *Internationale Bund Freier Gewerkschaften* und auch nicht der *Weltgewerkschaftsbund* können ein repräsentatives Konzept einer wirksamen Abwehrstrategie anbieten, noch ist derzeit die Gewerkschaftsbewegung, international gesehen, dazu imstande, offensiv aufzutreten.

Nun wäre diese Diagnose zwar nicht erfreulich, aber nicht weiter bedenklich, wenn es sich um v o r ü b e r g e h e n d e Krisenerscheinungen handelte. Aber die technische Entwicklung führt zu wirtschaftlichen und gesellschaftlichen Umwälzungen durch die rasche Abfolge der Veränderungen, umstürzender als der Industrialisierungsprozeß im vorigen Jahrhundert. »Mikroprozessor und Mikrocomputer sind eine J a h r h u n d e r t i n n o v a t i o n , die den schnellsten wirtschaftlichen und sozialen Beschleunigungseffekt in der gesamten Industriegeschichte ausgelöst haben.«[1])

Rückblickend auf die dreißiger Jahre der Zwischenkriegszeit, als Weltwirtschaftskrise und das Fehlschlagen ihrer Bekämpfung sowie eine zum Teil inkonsequente, zum Teil aggressive Diplomatie zum Zweiten Weltkrieg führten, ist allerdings die Feststellung angebracht, daß sowohl die Voraussetzungen zur Bewältigung anstehender Probleme als auch die Position der internationalen Gewerkschaftsbewegung – trotz ihrer derzeitigen Schwächen – doch gänzlich anders sind als damals.

Eine so lange Periode friedlicher Entwicklung wie nach 1945 hat es in Europa noch nicht gegeben. Trotz diametraler ideologischer Gegensätze finden die Weltmächte immer wieder eindämmende Formeln, bevor aktuelle Differenzen zu unbewältigbaren Krisen anwachsen, werden auch dramatische Situationen gemeistert und scheint sogar eine Annäherung zwischen Ost und West – unter dem »Sachzwang« des technischen Wandels – nur eine Frage der Zeit zu sein. Eine die Weltwirtschaft belebende Konjunktur bliebe dann nicht aus.

Die Weichen in das Elektronikzeitalter, das einen neuen Gesellschaftstypus bringen wird, werden bereits heute gestellt. Die Gewerkschaftsbewegung bedarf daher einer offensiven Positionsbestimmung ihrer Technologiepolitik, die aufgrund »ihrer stringenten gesamtökonomischen Konzeption auch für die Arbeitgeber verhandlungsfähig«[2]) ist. »Die Notwendigkeit von Umstellungen bietet der Arbeiterklasse die Gelegenheit, sich aktiv in den Umwandlungsprozeß einzuschalten.«[3])

Gerade die derzeitige Schwächung der internationalen Gewerkschaftsbewegung wäre ein Grund, mit einem konstruktiven autoritativen Beitrag zur Zukunftsentwicklung als Orientierungsbehelf im Meinungswettbewerb wirksam auf den Plan zu treten, und auch, um auf Gewerkschaftsebene vorhandener Lethargie und aufkommendem Pessimismus, insbesondere in der jungen Generation, zu begegnen. Trotz zunehmender technischer und wirtschaftlicher

Zwänge wird weiterhin der Mensch den Lauf der Dinge zu bestimmen haben. Eben deshalb ist es erforderlich, daß die Menschen nicht mutlos in die Zukunft blicken, sondern die Chancen der technischen Entwicklung sehen, den Lebensstandard weiter zu heben und mehr Selbstverwirklichung in ihrer beruflichen Tätigkeit oder als Ausgleich entsprechend mehr Freizeit zu erreichen. Voraussetzung ist die Erkenntnis über die Aufgabenstellung der Gewerkschaftsbewegung, ein Auseinanderfallen der Gesellschaft in privilegierte Vollbeschäftigte und benachteiligte Teil- oder Nichtbeschäftigte zu verhindern und für die Motivierung der Basis in den Betrieben zur Mitwirkung an der Entwicklung zukunftsorientierter Produktions- und Verwaltungsverfahren Sorge tragen zu müssen.

Die Lage in Österreich

Ist nun die Gewerkschaftsbewegung die Verliererin in der Epoche umwälzender technologischer Neuerungen? Daß in Österreich trotz mancher politischer und wirtschaftlicher Desaster die Uhren für die Gewerkschaftsbewegung noch anders gehen und sie bisher keine spürbare Einbuße an Einfluß und Vertrauen erfahren hat, ist noch kein Beweis, daß sie gegen Rückschläge gefeit ist. Bisher hat sich die Kontinuität einer verantwortungsbewußten Gewerkschaftspolitik bewährt.

Aber was bringt die Zukunft? Als ein wirtschaftlich vom Ausland abhängiges Land hat Österreich die Entwicklung im internationalen Maßstab zu betrachten. Und auch die Österreichischen Gewerkschaften müssen sich fragen, ob die internationale Gewerkschaftsbewegung nicht allzusehr auf der Stelle tritt, statt eine Strategie für den Einstieg in das Informatikzeitalter zu entwickeln und sie im internationalen Rahmen zu propagieren. Man kann sich des Eindrucks nicht verschließen, daß der IBFG – bei aller Anerkennung der Notwendigkeit – zu sehr auf die Unterstützung der Interessen der Dritten Welt fixiert ist. Der Anstoß für den weltweiten Umbruch kommt aber von den Industriestaaten, und dort fallen die Würfel für die Gestaltung der Zukunft.

Es ist selbstverständlich, daß die nationalen Realitäten in den Industrieländern unterschiedlich sind und daher die Erstellung eines gemeinsamen Konzepts eine Illusion wäre. Eine Konzeption zum Beispiel des *Europäischen Gewerkschaftsbunds* könnte daher nur eine Z i e l o r i e n t i e r u n g sein, die praktische Politik müssen die Gewerkschaften, insbesondere auf kollektivvertraglichem Gebiet, selbst durchführen. Es ist zwar nicht so, daß die gewerkschaftliche Entwicklung in den Industrieländern ins Stocken geraten ist. Es geschieht, was jeweils durchsetzbar ist, aber es fehlt der die Wirkung verstärkende i n t e r n a t i o n a l e   G l e i c h k l a n g.

Im Verlauf der achtziger Jahre zeigten sich in Österreich und anderen westlichen Industrieländern bei den Großparteien »deutlich strukturelle Ermattungserscheinungen«.[4]) Die Erosion der Lagerstrukturen schreitet ebenso fort, wie ihre »wahlpolitische Verwundbarkeit« ansteigt.[5]) Daß diese Entwicklung die Arbeiterparteien nicht verschont, wird auch Konsequenzen für die Gewerkschaften haben und sie zur Revision ihrer Politik zwingen. Der Zugang zur parlamentarischen Ebene wird verschiedentlich anders gefunden werden müssen, oder es werden andere Wege zu gehen sein.

Eine unter demokratischen Bedingungen funktionierende Gewerkschaft hat in jedem Fall politisches Gewicht. Da es Ziel der Gewerkschaften ist, die Gesamtlage der arbeitenden Menschen zu heben, sind rein gewerkschaftliche Mittel aber nicht immer ausreichend, politische Mittel müssen ergänzend hinzutreten. Die nunmehrige Gestaltung der Parteienlandschaft, der Zwang zur Budgetkonsolidierung und insbesondere die Situation für eine mit der Regierungsverantwortung belastete Sozialistische Partei erschweren das Eintreten für gewerkschaftliche Forderungen und machen es unter Umständen unmöglich. Das gilt auch für den Koalitionspartner hinsichtlich der vom ÖAAB herangetragenen Wünsche. Die Problematik zeigte sich 1987 bereits bei den Sanierungsmaßnahmen der Verstaatlichten Industrie.

Im Prozeß des Aufbruchs versteinerter Strukturen und des Umbruchs des Parteiensystems k ö n n t e   die   G e w e r k s c h a f t s b e w e g u n g   bei einer die neuen Strömungen einkalkulierenden Politik ein   s t a b i l i s i e r e n d e r   F a k t o r   sein. Indem sie in Österreich an der Führungsspitze den Generationssprung bereits vollzieht, ist die Voraussetzung einer Sensibilität für den Bewußtseinswandel gegeben. Die Empfänglichkeit für die Meinung der Basis ist um so größer, je mehr Kontaktfähigkeit und -bereitschaft besteht.

Die bereits in der Bundesrepublik eingetretene Entwicklung und auch der Vorrang der Budgetsanierung in Österreich veranlaßten Überlegungen, inwieweit die parlamentarische Tribüne zur Vertretung sozialpolitischer Verbesserungen weiter geeignet ist und ob nicht dem Aushandeln im Rahmen der Wirtschaftspartner der

Vorzug gegeben werden soll. Die letzten Arbeitskämpfe in der Bundesrepublik und der Weg über Generalkollektivverträge in Österreich sind deutliche Hinweise der Möglichkeit sachlicher Interessenaustragung.

Die Tradition und die Bedeutung der verstaatlichten Unternehmungen in Österreich bringen es mit sich, daß die Verteidigung des staatlichen Einflusses auf die Kernbereiche eine eminent gewerkschaftliche Aufgabe ist, da eine Überhandnahme privaten und dann auch wahrscheinlich ausländischen Einflusses die Interessen der Arbeitnehmer entscheidend berührt. Der Griff deutschen Kapitals nach der Alpine-Montangesellschaft in der Ersten Republik und ihre Entwicklung zu einer Hochburg des Faschismus sind für die österreichische Arbeiterschaft ein warnendes Beispiel. Die Gewerkschaftsbewegung ist reif geworden, so wie die katholische Kirche in langen Zeiträumen zu denken.

Schließlich darf bei der gewerkschaftlichen Aufgabenstellung nicht außer acht gelassen werden, daß in Österreich die Auseinandersetzungen um den Umweltschutz mit besonderer Intensität und oft unter Außerachtlassung der Rückwirkungen auf Wirtschaft und Beschäftigungslage geführt werden. Eine Gegenmacht zu den von Emotionen getragenen und mit besonderer Lautstärke vorgebrachten naturschützlerischen Überforderung der Wirtschaft zu sein, kommt den Gewerkschaften schon zur Sicherung von Arbeitsplätzen, geschweige denn im Interesse wirtschaftlichen Fortschritts zu. Die politischen Parteien haben in der Klärungsphase des Begriffs Umweltschutz Rücksicht auf die Stimmzettel zu nehmen und müssen daher vorsichtiger vorgehen. Warnend seine Stimme zu erheben, kommt dem Gewerkschaftsbund zu. Österreich muß der Gefahr entgehen, in eine ökologische Sackgasse zu geraten. Die Beschränkung der technischen Entwicklung und des Ausbaus der Energiewirtschaft im Alleingang würde uns langsam, aber sicher auf das Niveau der Schwellenländer absinken lassen. Naturparks in Ehren, aber sie können keinen Vorrang vor existentiellen Lebensinteressen haben.

Die Gewerkschaften sind keineswegs Befürworter eines ungezielten Wachstums, sondern für eine Steuerung des Umstrukturierungsprozesses unter Einbeziehung effizienter Nutzung der Ressourcen. Bei der als Quelle für dieses Buch verwendeten, vom »IFES« durchgeführten Umfrage aus dem Jahre 1987 meinten immerhin 30 Prozent der Befragten, daß die Gewerkschaften beim Umweltschutz versagt haben. In bezug auf wirksamen und wirtschaftlich vertretbaren Umweltschutz kann der Gewerkschaftsbund aber nur mahnen und fordern, doch kein durchführendes Organ sein.

Die Meinungen zu der von den Meinungsforschern gestellten Frage, ob nur starke Gewerkschaften verhindern können, daß durch Verwendung von neuen Technologien Arbeitsplätze verlorengehen können, waren geteilt, es überwog die Auffassung, daß es teilweise geschehen könne. Der Meinung, daß die Arbeitsplätze in Österreich *sehr sicher* seien, waren nur zwei Prozent. In der Urteilsfähigkeit über die Ursachen der Gefährdung der Arbeitsplätze und zu niedriger Einkommen kann den Österreichern das beste Zeugnis ausgestellt werden: 49 Prozent der Betroffenen meinten, die weltwirtschaftliche Lage wäre schuld.

Eine Feststellung, die die Notwendigkeit sachbezogener gewerkschaftlicher Tätigkeit untermauert. Die Entwicklung der Beschäftigungslage wird die Gewerkschaften voraussichtlich zusätzlich zur Arbeitszeitverkürzung zur Forderung weiterer Maßnahmen zwingen. Österreich gerät in ein Wellental, dessen Tiefe noch nicht geschätzt werden kann.

Vorrangiges Ziel der Arbeitszeitverkürzung sei es nach wie vor, einen Beitrag zur aktiven Beschäftigungspolitik zu liefern, betonte ein Memorandum des *Österreichischen Arbeiterkammertags* Mitte 1987. Dieser Beitrag ist um so höher, je rascher die einzelnen Verkürzungsschritte bis zur Erreichung der 35-Stunden-Woche gesetzt werden können und je weniger der Arbeitgeber bei einer Arbeitszeitverkürzung durch einseitige Flexibilisierungsmöglichkeiten das tatsächliche Arbeitszeitausmaß ohne Kostenrisiko variieren kann. Beschäftigungspolitisches Ziel der Arbeitszeitverkürzung ist es, nach der Übergangsphase der einzelnen Verkürzungsschritte durch eine Reduktion des Arbeitszeitvolumens für den einzelnen Arbeitnehmer die gegen Entgelt angebotene Arbeit auf mehr Beschäftigte zu verteilen.

Die Frage des Lohnausgleichs ist bei jeder Arbeitszeitverkürzung für die Situation des einzelnen Arbeitnehmers besonders wichtig. Arbeitszeitverkürzungen ohne Lohneinbußen bleiben daher ein bedeutsames Ziel der Arbeitnehmervertretungen für die nächsten Jahre.

Die gewerkschaftliche Tätigkeit wird erschwert, da Österreich ein Land von Mittel- und Kleinbetrieben ist und nunmehr die technische Entwicklung zu einem Rückgang der bestehenden Großbetriebe führt. Der gewerkschaftliche Zugang zu kleineren Betrieben ist oft behindert und die Betreuung erfaßter Mitglieder schwierig.

Aber das darf nicht davon abhalten, den Trend zu kleinen Betriebsformen zu erkennen und aus wirtschaftlichen Gründen zu fördern.

In Österreich ist über die Hälfte der Erwerbstätigen bereits im Dienstleistungsbereich tätig, und der Trend ist weiter steigend. Bei einzelnen Dienstleistungen ist eine Verschärfung der internationalen Konkurrenz zu erwarten. Es wird daher notwendig sein, sowohl die Konkurrenzfähigkeit zu verbessern als auch verstärkt auf internationalen Märkten als Anbieter solcher Dienstleistungen anzutreten.

Da Klein- und Mittelbetriebe besondere wirtschaftliche Bedeutung haben, ist ihre Leistungsfähigkeit zu fördern und eine zwischenbetriebliche Kooperation zu forcieren.

Der durch den technischen Wandel bedingte steigende Vorteil der Klein- und Mittelbetriebe zeigt sich bereits in fortgeschrittenen Industriestaaten. Kleinere Unternehmungen sind flexibler und können sich leichter individuellen Bedürfnissen anpassen als Großbetriebe: Sie dienen auch als Zulieferbetriebe für letztere. Ein Beispiel für »flexible Spezialisierung« bieten bereits italienische Klein- und Mittelbetriebe, »in denen der Produktionsprozeß nicht nach den Vorgaben immer weitergehender Arbeitsteilung und Massenproduktionsmethoden organisiert wird, sondern einerseits durch relativ vielseitig verwendbare Maschinen und anderseits durch qualifizierte Arbeitskräfte gekennzeichnet ist, die selbst Reparaturen, Adaptionen und Weiterentwicklungen an den Maschinen vornehmen können. Kleine, relativ überschaubare Betriebseinheiten, die miteinander durch formelle und informelle Netzwerke verbunden sind, haben den Vorteil, in Marktnischen eindringen zu können und Spezifikationswünsche von Kunden zu erfüllen.«[6])

Auf dem 10. Bundeskongreß im Jahre 1983 hielt Prof. Charles Sabel bereits ein Referat über *Kontrollierte Flexibilität – eine neue Aufgabe für die Gewerkschaftsbewegung in den 80er Jahren* und betonte, daß die Förderung des flexiblen Einsatzes von Arbeitskräften, ohne gleichzeitig die Mitbestimmungsrechte zu erweitern, die Tür zur A u s h ö h l u n g der bestehenden Rechte und der Strategie der flexiblen Spezialisierung selbst öffne. Wer alles von jedem im Namen der Flexibilität und der Produktivität verlangen darf, kommt sehr schnell auf die Idee, ein Lippenbekenntnis zur Strategie der Flexibilität und der intelligenten Produkte beziehungsweise der intelligenten Arbeiter abzulegen, um dann nur, wie gehabt, über die Preise zu konkurrieren. *Wer Rechte verlangt, ohne die Strukturanpassungsprobleme mitzubedenken, läuft in Gefahr, Verantwortung für einen Scheiterhaufen zu übernehmen.*

Die kleineren und flexibleren Wachstumsindustrien der nächsten Jahre und Jahrzehnte werden wesentlich vom m e n s c h l i c h e n Einsatz und dessen wertvollstem Ergebnis, der Innovation, abhängig sein.

Wie der *Österreichische Arbeiterkammertag* in einem Memorandum ausführte, darf die Flexibilisierung nicht in die Richtung gehen, daß der Arbeitgeber in einem »individualisierten« Arbeitszeitrecht seine Weisungsbefugnisse und seine Interessen noch stärker zum Durchbruch bringt als bisher. Die erweiterten Möglichkeiten einer kollektivrechtlichen Regelung flexibler Arbeitszeitgestaltung im Zuge von Arbeitszeitverkürzungen sollten hingegen auch zu einem erweiterten Spielraum für den einzelnen Arbeitnehmer führen, was die Einteilung der Arbeitszeit und die Abstimmung mit privaten Interessen betrifft.

Stärke, Einfluß und Erfolgsausmaß der Österreichischen Gewerkschaftsbewegung haben auch angesichts der geopolitischen und ideologischen Grenzlage Österreichs ihre Bedeutung. Der *Österreichische Gewerkschaftsbund* hat, ohne seine Zugehörigkeit zur freiheitlichen westlichen Ideologie zu verleugnen, immer gute Beziehungen zu den Gewerkschaften des Ostblocks aufrechterhalten. Im Zuge der in Gang befindlichen Entspannung und bei Anhalten des Kurses Gorbatschows werden die wirtschaftlichen Beziehungen zur Sowjetunion, wie überhaupt zu den kommunistischen Staaten, intensiviert werden. Die totgeglaubte Konvergenztheorie einer schrittweisen Annäherung der Systeme des Westens und Ostens – der auf Koordination beruhenden Marktwirtschaft und der auf Subordination fußenden Zentralverwaltungswirtschaft – könnte auf Sicht Realität werden.

Eine solche Entwicklung würde zwangsläufig zu einer Kursänderung der kommunistischen Gewerkschaften und zu einer Annäherung sowohl der Gewerkschaften des Ostens und Westens als auch der beiden Internationalen führen, wobei der ÖGB dank seiner Kontakte gute Vermittlerdienste leisten könnte. Gemeinsame Aktionen der beiden Internationalen in der Dritten Welt und zur Unterstützung eines positiven sozialen Wandels in diesen Ländern könnten Zukunftschancen haben.

Das Stigma des Dinosauriers verlieren

»Da stehen die Gewerkschaften wie Dinosaurier in dieser Gesellschaft des Wandels herum und lehnen alles ab«, erklärte der CDU-Generalsekretär Heiner Geißler in einem Interview.[7]) Hand aufs Herz, kann in der Öffentlichkeit nicht manchmal der Eindruck entstehen, daß die Gewerkschaften zu unbeweglich sind, um die Notwendigkeit von Veränderungen anzuerkennen und Neuerungen zu akzeptieren?

In dem herrschenden System ist die Arbeitskraft eine Ware, die nach dem Gesetz von Angebot und Nachfrage gehandhabt wird. Zwangsweise »verdinglicht« dieses System die zwischenmenschlichen Beziehungen und entfremdet den Menschen von seinem Arbeitsprodukt. Der Mensch ist den gestellten Bedingungen unterworfen und bedarf eines Schutzes. Schon die Tatsache des Vorhandenseins einer Schutzmacht hilft ihm, auch wenn er es selbst oft nicht erkennt oder nicht anerkennen will.

Neue Arbeitsmethoden, neue Technologien »sozial abzufedern« ist nicht nur eine gewerkschaftliche Aufgabe, es ist darüber hinaus eine humane Maßnahme im Dienste der Gesellschaft.

Es wäre widernatürlich, wenn der Arbeitnehmer vorneweg vom technischen Fortschritt begeistert wäre, wo er doch erworbene Qualifikationen und gewohnten Arbeitsrhythmus entwertet. Neue Technologien wecken bei vielen Beschäftigten Unbehagen und erzeugen Angst. Die betriebliche Einführung neuer Technologien muß daher sorgfältig vorbereitet und gesteuert werden, und sie muß sicht- und spürbar mit der Verbesserung der Arbeitsbedingungen verbunden sein.

Daß die neuen Technologien a u t o m a t i s c h – ohne begleitende Maßnahmen – zu einer Z u n a h m e   d e r   B e s c h ä f t i g u n g führen werden, ist eine I l l u s i o n , denn zu groß ist der Arbeitskräfte »freisetzende« Effekt neuer technischer Einrichtungen und zu teuer ihre Anschaffung, um sie nicht voll zu nutzen.

Die Gewerkschaften müssen sich daher neben den betrieblichen Gestaltungsprozessen auch in den gesellschafts- und wirtschaftspolitischen Entscheidungsprozeß einschalten, wenn sie die Interessen der Arbeitnehmer wirksam vertreten wollen. Verzögerungen im Entscheidungsprozeß können andere Beurteilungsfaktoren ins Spiel bringen und von Vorteil sein. Die gewerkschaftliche Einflußnahme muß darauf abzielen, neben der vorherrschenden betrieblichen, staatlichen und universitären Technologieforschung und Technologieentwicklung auch die sozialen und ökologischen Aspekte zum Tragen zu bringen.

Das Verhalten der Gewerkschaften beruht auf ihrer Verpflichtung, sich Änderungen entgegenstellen zu müssen, die die Lebensinteressen der von diesen betroffenen Arbeitnehmer entscheidend gefährden könnten. Hinter Neuerungen und auch Veränderungen stehen Interessen. Welche allgemeingültige Vorteile Änderungen bringen, muß sich erst herauskristallisieren. Ebenso müssen die Folgen für Betroffene geprüft werden. Das mag einige Zeit dauern und zu Verzögerungen und Mißverständnissen, aber auch zu falschen Schlüssen führen, deren Folgen dann den Gewerkschaften angelastet werden.

Das mag zum Vergleich mit den Dinosauriern veranlassen, aber er hinkt, wenn man die geschichtliche Entwicklung betrachtet.

Dann wird man zur Feststellung gelangen, daß die Gewerkschaften keineswegs den Fortschritt behindern, ja, daß ihre Tätigkeit ihn im Gegenteil vielfach gefördert hat. Die Gewerkschaftsbewegung brachte allerdings, mit wechselndem Erfolg, jeweils die Belange der Arbeitnehmer ins Spiel. Der »Fortschritt« hat nämlich ein Janusgesicht, und es ist offen, in welche Richtung er geht. Die Tätigkeit der Gewerkschaften soll ihm seine soziale und humane Balance in bezug auf die Arbeitswelt geben – darum ging es in der Vergangenheit, und so sollte es für die Zukunft bleiben.

An der Wegkreuzung

Die Gewerkschaften haben die Aufgabe, sowohl den Interessen einer immer größer werdenden Zahl qualifiziert geistig und manuell Arbeitender gerecht zu werden, die aufgrund ihres Wissens und Könnens ein immer höheres Einkommen und steigenden Wohlstand verlangen werden, als auch jene Massen unqualifizierter Arbeitskräfte zu berücksichtigen, die für Arbeiten und Hilfsverrichtungen dort eingesetzt werden, wo eine Maschine, ein Apparat oder Gerät zu kostenaufwendig wäre. Ihr Einkommen wird beträchtlich unter dem der saturierten Schichten liegen. Vorrangige Aufgabe für die positive Gestaltung einer zukünftigen Welt ist es, das Auftun einer unüberbrückbaren Kluft zwischen den arbeitenden Menschen zu verhindern.

Die Technik wird bisherige traditionelle Berufe ins Abseits stellen, so wie es vor hundert Jahren mit Gewerbeberufen geschehen ist, die längst nicht mehr existieren. Diese Umstrukturierung ist ein Prozeß von unabänderlicher Härte für die Betroffenen, den die Gewerkschaften wohl mildern, aber nicht verhindern können. Die Zahl der in der Industrie Beschäftigten wird weiter sinken, aber neue Berufe werden entstehen. Dieser Prozeß bedingt Mobilität, Umschulung und ständige Lernbereitschaft. Hier haben die Gewerkschaften Hilfestellung zu leisten. Der Grad der Mitbestimmung im Wirtschaftsleben wird darüber entscheiden, ob diese Umstrukturierung sich human vollziehen und ob in ihr das Schicksal und die Würde des Menschen gewahrt wird.

Die beginnende elektronische Revolution schafft durch die Möglichkeit enormer Steigerung der Güterproduktion die Voraussetzung für die Hebung des allgemeinen Lebensstandards. Es ist die Aufgabe der Gewerkschaften, für eine g e r e c h t e V e r t e i l u n g zu sorgen. Wohlstand wäre mit krasser Ungleichheit einer an die Peripherie gedrängten Minderheit zu teuer erkauft.

In etwas mehr als einem Jahrzehnt wird das zweite Jahrtausend neuer Zeitrechnung zu Ende sein, und die bis dahin noch verbleibenden wenigen Jahre leiten in ein neues technisches Zeitalter über, das die – durch die Industrialisierung eingeleitete – Zurückdrängung menschlicher Arbeitskraft extrem steigern wird. Die Automation brachte bereits hohe Rationalisierungseffekte, die Mikroelektronik wird in Fabrikshallen und Büros noch mehr menschliche Tätigkeit überflüssig machen, aber auch neue Beschäftigungsmöglichkeiten eröffnen.

Die Gewerkschaften stehen vor einer Wegkreuzung, die über ihre Zukunft entscheidet. So wie die Industrialisierung und die nachfolgende Automation Berufe überflüssig machte und Arbeitskräfte wegrationalisierte, werden neue Techniken Arbeitsplätze wegfegen und Kernschichten der Gewerkschaften in die Zange nehmen. Das industrielle Zeitalter mit seinen Großbetrieben begünstigte die Gewerkschaften in der Mitgliedererfassung und -betreuung. Die Gewerkschaften haben nun die Entscheidung zu treffen, entweder erkämpfte Errungenschaften vehement zu verteidigen und sich damit der Entwicklung entgegenzustemmen oder mit ihr zu gehen und als mitbestimmungsfähiger Faktor Einfluß auf ihre Richtung zu nehmen.

Mikroelektronik, Biotechnik und Informatik sowie durch neue wissenschaftliche Forschungsergebnisse hinzukommende Techniken werden das Antlitz der Welt innerhalb weniger Jahrzehnte weiter verändern. Was sich früher in Jahrhunderten entwickelte und reifte, vollzieht sich nunmehr in Jahrzehnten. In der Gesellschaft der Zukunft wird umfassend I n f o r m a t i o n erzeugt, verteilt und verarbeitet werden. Die wirtschaftliche Dynamik wird dadurch viel rascher vorwärtsgetrieben werden, als es in der Industrialisierungsperiode geschah. Kein Wunder also, daß Angst aufkommt, Depressionen angesichts der Anpassungsschwierigkeiten bei radikalen technischen Veränderungen und der Überforderung durch ein technisch bedingtes Leistungsniveau. Angst auch davor, daß die maßlose konventionelle und nukleare Aufrüstung zu einer Kurzschlußhandlung und in die Katastrophe führt. Die Technik aber ist an sich weder gut noch böse, es ist der Mensch, der mit ihrer Anwendung über ihren moralischen Wert entscheidet. Damit diese Entwicklung nicht zu Lasten der vom Ertrag ihrer Arbeitskraft Abhängigen geht, benötigen sie einen Anwalt: die Gewerkschaften.

Zum erstenmal in der Geschichte der Menschheit bietet die technische Entwicklung die Chance, der »Verdinglichung« des Menschen, seiner ökonomischen Wertung als »Arbeitskraft«, ein Ende zu bereiten. Das ist vorläufig eine Chance, ob sie realisiert werden kann, hängt davon ab, welchen Anklang soziale Zielsetzungen finden, ob sie Visionen und die Bereitschaft des Einsatzes wecken können.

Das neue Zeitalter bietet aber auch die Chance, mit genug Freizeit, die kulturell und sportlich genützt wird, eine K u l t u r g e - s e l l s c h a f t zu entwickeln. Dafür zu sorgen, daß die zunehmend längere freie Zeit schöpferisch gestaltet und nicht »totgeschlagen« wird, ist mit eine der großen Aufgaben der Gewerkschaft. Die Befreiung der Arbeiterschaft aus materieller Not ist nur die Vorstufe zum kulturellen Aufstieg und zum wirklichen Menschsein.

In der Vergangenheit hat die Gewerkschaftsbewegung gestaltend auf die Zukunft eingewirkt. Die Zukunft ist auch weiterhin keine sich automatisch verlängernde Gegenwart – sie wird das sein, was wir aus ihr zu machen vermögen.

Ich sage Frau Dr. Brigitte Pellar für ihre Mitarbeit vielen Dank. Sie hat über die Korrekturarbeit hinaus Ergänzungen durchgeführt und Gestaltungsvorschläge gemacht und damit einen wertvollen Beitrag zum Gelingen dieses Werks geleistet.

Fritz Klenner

XIII. Die österreichische Gewerkschaftsbewegung zwischen dem 11. und dem 14. ÖBG-Bundeskongreß

Die Herausforderung an die Gewerkschaftsbewegung am Ende des 20. Jahrhunderts

Standortbestimmung in einer neuen Phase der Marktwirtschaft

»Es geht in dem nach wie vor aktuellen Kampf zwischen Arbeit und Kapital um menschenwürdige Arbeits- und Lebensbedingungen, um wirtschaftliche und soziale Existenzmöglichkeiten aller Teile unserer Gesellschaft.« So beschrieb ÖGB-Präsident Fritz Verzetnitsch die – trotz aller Veränderung unveränderten – Rahmenbedingungen, als sich die österreichische Gewerkschaftsbewegung Ende 1993 intensiv mit ihrer hundertjährigen Geschichte auseinandersetzte.[1]) In dem Jahrzehnt nach dem 11. ÖGB-Bundeskongreß im Herbst 1987 erinnerten sich die meisten der Gewerkschaften, die heute im ÖGB vereinigt sind, an die ersten Zusammenschlüsse der Lokal- und Fachvereine ihrer Berufsgruppen am Ende des vorigen Jahrhunderts. Das war die Voraussetzung für die Gründung einer ersten überregionalen und branchenübergreifenden Organisation, wie sie 1893 mit der »Reichsgewerkschaftskommission« entstand. Auch der Österreichische Gewerkschaftsbund als überparteiliche gemeinsame Organisation konnte, zusammen mit jenen Gewerkschaften des öffentlichen Dienstes, die erst 1945 entstanden waren, nach einem Weg von 50 Jahren Bilanz ziehen.

Es ist alles in allem eine Bilanz, die sich sehen lassen kann – trotz mancher Fehleinschätzungen und Probleme, die auch in der Gewerkschaftsbewegung vorkamen und vorkommen, wie in jeder Organisation, in jedem Betrieb und in jeder Einrichtung, in der Menschen zusammenarbeiten. Die Gewerkschaftsbewegung erkämpfte mit dem Koalitionsgesetz die rechtliche Grundlage für die gewerkschaftliche Arbeitnehmerinteressenvertretung und die Entkriminalisierung von Arbeitskämpfen, sie setzte in Österreich noch zu »Kaisers Zeiten« ein demokratisches Wahlrecht zunächst wenigstens für Männer durch, sie entwickelte das Instrument des

Kollektivvertrages und erreichte seine Anerkennung, sie machte Betriebsräte und Personalvertretungen möglich und stand hinter der Errichtung der Arbeiterkammern als gesetzliche Arbeitnehmerinteressenvertretung mit demokratischer Selbstverwaltung. Die Gewerkschaftsbewegung war die entscheidende Kraft bei der Ausformung des Konfliktregelungsmodells der Wirtschafts- und Sozialpartnerschaft, und sie prägte den modernen Sozialstaat entscheidend mit. Der demokratische Sozialstaat, der sich in Europas Industrienationen während der letzten fünfzig Jahre herausbildete, brachte einer so großen Zahl von Menschen wie noch nie einen guten Lebensstandard, soziale Sicherheit und Bildung und ließ nicht nur Unternehmen, sondern auch die Volkswirtschaften reicher werden. Ermöglicht wurde das nur, indem gewerkschaftliche Interessenpolitik und staatliche Maßnahmen einen Teil des erwirtschafteten Reichtums umverteilten. Dieses Konzept und mit ihm die Gewerkschaftsbewegung als seine konsequenteste Verfechterin, werden inzwischen wieder massiv in Frage gestellt.

Wirtschaft und Gesellschaft der Industriestaaten befinden sich in den letzten Jahrzehnten des 20. Jahrhunderts in der rasantesten Umwälzung, die die Welt bisher erlebt hat. Wie durch die große industrielle Revolution des vorigen Jahrhunderts – nur eben in einem ungleich kürzeren Zeitraum – verändern sich Produktionstechnik, Arbeitsorganisation, Berufe und Berufsbilder, und mit all dem das Lebensgefühl der Menschen. Schlagworte wie »Wertewandel«, »Individualisierung«, »Entsolidarisierung«, »Dezentralisierung« oder »Deregulierung« versuchen diese Entwicklung zu beschreiben. Mit den Möglichkeiten, die die neuen Technologien bieten, den Umbrüchen auf dem Arbeitsmarkt und dem Wegfallen der ideologischen Konkurrenz durch den kommunistischen Machtblock sehen die Nutznießer eines ungebremsten Kapitalismus mit »freier Marktwirtschaft« die Chance, die Regeln wieder abzuschütteln, die ihr durch die Gewerkschaftsbewegung und ihre politischen Verbündeten im Interesse der Menschen während der letzten hundert Jahre und besonders nach dem Zweiten Weltkrieg aufgezwungen werden konnten.

In der Auseinandersetzung mit dem kommunistischen Machtblock, dessen ideologisches Angriffsziel der »westliche Kapitalismus« war, verschwand diese Bezeichnung für die Wirtschafts- und Gesellschaftsordnung, zu der sich die westlichen Demokratien bekannten, lange Zeit auch aus dem Sprachgebrauch der Gewerkschaften. Sie wurde durch den Begriff »Marktwirtschaft« ersetzt, der eigentlich nur ein, wenn auch ein zentrales Merkmal des Kapitalismus umschreibt, nämlich die Produktion für einen unbekannten Abnehmerkreis, der, mit Kaufkraft ausgestattet, auf dem Markt auftritt, und die Steuerung des Bedarfes an Arbeitskräften über den Markt. Die Verteilung von Einkommen und Vermögen richtet sich nach den Marktergebnissen. Für den Kapitalismus ebenso kennzeichnend sind aber das Privateigentum an Produktionsmitteln und die Maximierung des Gewinnes, das heißt die Ausrichtung aller wirtschaftlichen Vorgänge, die durch Anwendung und Verwertung von Kapital in privater Hand bestimmt werden, zum Zweck möglichst hoher Gewinnerzielung. Die Aufgabe des Staates besteht ausschließlich darin, für die ordnungspolitischen Rahmenbedingungen zu sorgen, damit der Gewinnmaximierung und den »Selbstregulierungskräfte des freien Marktes« keine »Zwänge« auferlegt werden. Solange nur der Profit stimmt, wird die Spaltung der Gesellschaft in »Gewinner« und »Verlierer« als »normale« Situation hingestellt. Anliegen des demokratischen europäischen Sozialstaates ist es demgegenüber, durch verbindliche soziale Regeln, die auch für die »Marktwirtschaft« gelten, genau diese Spaltung der Gesellschaft zu verringern. Dafür verwendet man gerne den irreführenden Ausdruck »soziale Marktwirtschaft«, irreführend deshalb, weil die »Marktwirtschaft« von ihrem kapitalistischen Ansatz her gar nicht »sozial« sein kann. Die andere Bezeichnung, die der »Große Brockhaus« nennt, nämlich »sozial gebändigter Kapitalismus«[2], kommt der Sache schon etwas näher, allerdings nur dann, wenn man vom Bild des Raubtierdompteures ausgeht, der nie weiß, ob seine Tiger sich auch noch bei der nächsten Vorstellung an die eintrainierten Spielregeln halten werden.

Die Gesellschafts- und Wirtschaftstheorie des »Neoliberalismus«, manchmal auch beschönigend als »Neokonservativismus« umschrieben, ist, um im Bild zu bleiben, mit den Krallen des Tigers zu vergleichen, der seinen Dompteur anfällt. Sie wurde in den letzten Jahrzehnten des 20. Jahrhunderts in den meisten westlichen Industriestaaten zu einer Leitlinie der Politikgestaltung, am konsequentesten in Großbritannien und den USA. Die Gewerkschaftsbewegung ist dabei eines der Hauptangriffsziele. Sie passe nicht mehr in die moderne Zeit, heißt es, sie gefährde Arbeitsplätze und Wirtschaftsstandort durch ihre »überzogene« Lohnpolitik und die Verteidigung des Sozialstaates. Gleichzeitig heißt es aber auch von anderer Seite, die Gewerkschaftsbewegung würde in Wirklichkeit ohnehin nur die Interessen eines Teils der »Arbeitsplatzbesitzer« vertreten und selbst für diese zu wenig an Lohn und Verbesserung der Arbeitsbedingungen herausholen.

All die Behauptungen und Angriffe bestätigen eine Tatsache: Die Gewerkschaftsbewegung, auch die österreichische, die noch immer deutlich stärker und einflußreicher ist als die Gewerkschaftsorganisationen vieler anderer westlicher Industriestaaten, sieht sich Herausforderungen gegenüber, die in mancher Hinsicht mit jenen vergleichbar sind, die sich in ihrer Pionier- und Aufbauphase vor hundert Jahren stellten. »Wie vor hundert Jahren«, sagte Fritz Klenner, der wie kaum ein anderer mit der Entwicklung der österreichischen Gewerkschaftsbewegung vertraut war, schon 1986, »stehen die Gewerkschaften vor der schwierigen Aufgabe, sowohl weiterhin den Arbeitnehmern in absteigenden oder gar zum baldigen Untergang verurteilten Branchen ihren Schutz angedeihen zu lassen als sich auch der Regelung oft sich erst formender Arbeitsbedingungen in aufsteigenden Industrie- und Wirtschaftsbereichen anzunehmen.«[3]) Und wie vor hundert Jahren sind die gemeinsamen Interessen der unselbständig Erwerbstätigen durch wieder sehr unterschiedlich gewordene Arbeits- und Lebenserfahrungen verdeckt. »Wir sind am Ende der einfachen Entscheidungen«, stellte Fritz Verzetnitsch nüchtern fest, »selten lassen sich heute gewerkschaftliche Ziele für alle Arbeitnehmer gleich formulieren«. Aber er fügte hinzu: »Eigenverantwortlichkeit, Individualisierung, Deregulierung, Flexibilisierung dürfen nicht dazu verleiten, einer Dreiteilung unserer Arbeitswelt zuzusehen: in eine hochprivilegierte Spitze, einen gesicherten Kern und einen schwer benachteiligten Rand. ... Wir sind eine Gewerkschaftsbewegung der Arbeitsplatzbesitzenden und der Arbeitsplatzsuchenden. ... Wir sind eine Organisation von Menschen, die mit ihren Händen oder ihrem Hirn arbeiten und ihre Arbeitskraft verkaufen, um davon leben zu können. Da gibt es keine Trennlinien.«[4])

Die dreifache Anforderung: helfen, sichern und erweitern, verändern

Der große Unterschied zur Pionierzeit der Gewerkschaftsbewegung: Damals vor hundert Jahren konnte der allergrößte Teil der Menschen von dem Mindesteinkommen nur träumen, mit dem man erst das Wahlrecht erhielt. Die (bestenfalls) achtklassige Volksschule hieß Volksschule, weil die von ihr vermittelte Bildung als ausreichend für das »gemeine Volk« angesehen wurde, und eine Lehrausbildung für ihre Kinder konnten sich nur wenige Arbeiter- und Angestelltenfamilien leisten, weil man im wahrsten Sinn des Wortes »Lehrgeld bezahlen« mußte –, das Schulgeld für die »Fortbildungsschule«, wie die Berufsschule damals hieß, noch gar nicht eingerechnet.[5]) Wenn die Gewerkschaft einen Kollektivvertrag durchsetzte, den wenigstens einige lokale Unternehmen oder Unternehmen einer Branche akzeptierten, und wenn dieser Kollektivvertrag auch nur eine kleine Lohnerhöhung brachte, bedeutete das für viele Arbeiterfamilien oft schlicht und einfach weniger Hunger und die Möglichkeit, den Kindern für den Winter Schuhe zu kaufen. Die gewerkschaftlichen Bildungsvereine boten die Chance, wenigstens einen Teil jenes Wissens zu erwerben, das offiziell den »besseren Kreisen« vorbehalten war. Der Erfolg konnte sehr direkt erfahren und erkannt werden.

Heute sind unmittelbar erlebbare und erkennbare Erfolge nur in Ländern möglich, die lange Zeit von der westeuropäischen Entwicklung abgekoppelt waren –, wie zum Beispiel in Zypern. Dort erreichte die Gewerkschaft 1995, daß die europäischen und internationalen Normen für die Arbeitnehmerinnen und Arbeitnehmer der Tourismusbranche anerkannt wurden. Daraufhin traten 80 Prozent der in diesem Bereich Beschäftigten der Gewerkschaft bei.[6])

In Österreich ist das wie in den meisten westeuropäischen Industrieländern anders. Hier konnte die Gewerkschaftsbewegung Arbeitsbedingungen und soziale Netze erreichen, die vielfach besser sind als die Mindeststandards, die durch die »europäischen und internationalen Normen« vorgegeben werden, wenn auch zum Beispiel in Österreich im angesprochenen Tourismusbereich die Sozial- und Einkommensbedingungen von jenen der traditionellen Industrie weit entfernt sind.[7]) In Österreich galt der ÖGB jahrzehntelang als »politische Macht«, gegen deren Willen nichts durchsetzbar schien. Die Selbstdarstellung des ÖGB – aus einem berechtigten Selbstbewußtsein heraus und auch angesichts der Notwendigkeit, Verhandlungspositionen abzusichern – verstärkte dieses Image. Die gar nicht so seltenen Betriebsversammlungen und anderen Protestaktionen im Vorfeld von Kollektivvertragsabschlüssen wurden in der Öffentlichkeit (wenn auch nicht von den Betroffenen) einfach als übliches Instrument der Verhandlungstaktik wahrgenommen. Das alles überdeckte die Realität, die der ÖGB-Präsident mit der Aussage beschrieb, daß »Gewerkschaften niemals Schönwetterverbände gewesen« sind.[8])

Wenn es auf einmal nicht mehr nur in Ausnahmefällen vorkommt, daß Tausende ihren Arbeitsplatz verlieren, weil früher beschäftigungsintensive Branchen und gefragte Berufe am Verschwinden sind, Fusionen und Auslagerungen völlig neue Betriebsstrukturen schaffen oder die Hauptaktionäre vom Konzernmanagement eine noch höhere Gewinnausschüttung verlangen, und die Gewerkschaft trotzdem Sozialpläne, Arbeitsstiftungen und Umschulungsprojekte durchsetzt, wird das von manchen, die selbst nicht betroffen sind, keineswegs als Erfolg gewertet, sondern als Zeichen der Schwäche. Ähnlich ist es, wenn zum Beispiel eine Erhöhung der im Kollektivvertrag vereinbarten Grundlöhne durchgesetzt wird, obwohl die Arbeitgeberseite eine »Null-Lohn-Runde« ausgerufen hat. Erreicht der ÖGB, unterstützt von den Experten und Verhandlern der Arbeiterkammer, daß »Budgetsparparkte« nicht auch jene treffen, die ohnehin jeden Schilling umdrehen müssen, wird das in der »veröffentlichten Meinung« nicht einmal registriert. Sehr wohl registriert man aber, daß der ÖGB nicht alle seine Vorstellungen durchbringen konnte. Verteidigungserfolge sind eben viel schwerer als Erfolge erkennbar zu machen als das Durchsetzen von Maßnahmen, die schlechte Arbeits- und Lebensbedingungen grundlegend verbessern. Der Rückgang der Mitgliederzahlen der Gewerkschaften in den meisten westlichen Staaten zwischen 1985 und 1995, von dem nur Kanada und die skandinavischen Länder ausgenommen sind,[9]) signalisiert das Ausmaß des Umbruches.

»Ist nun die Gewerkschaftsbewegung die Verliererin in der Epoche umwälzender technologischer Neuerungen?«, fragte Fritz Klenner Mitte der achtziger Jahre, als die Tatsache offensichtlich zu werden begann, daß die neue industrielle Revolution längst begonnen hatte. Und die Antwort lautete zusammengefaßt, dies sei keineswegs eine automatische Entwicklung, der nicht entgegengesteuert werden könne, denn die Demokratie benötige die Gewerkschaften angesichts der neuen Herausforderungen dringender denn je: »Den Druck gegensätzlich gelagerter existentieller Interessen im Bereich der Arbeitnehmer selbst kann auf Dauer kein demokratisches Staatswesen überstehen.«[10]) Mehr als zehn Jahre später kam der »Weltarbeitsbericht« der ILO, der Internationalen Arbeitsorganisation, 1997/98 trotz der inzwischen zu verzeichnenden Mitgliederrückgänge zu dem selben Schluß, wenn er feststellte: »Die Gewerkschaften bleiben unersetzbar in den Arbeitsbeziehungen, und keine neue Institution scheint in der Lage zu sein, ihren Platz einzunehmen«.[11])

Diese Einschätzung kann keineswegs als unzeitgemäßes Wunschdenken von Gewerkschaftern oder ILO-Experten abgetan werden, denn die überwiegende Mehrheit der Arbeitnehmerinnen und Arbeitnehmer weiß ganz genau, daß sie als Einzelkämpfer auf verlorenem Posten stehen. Das belegt eine 1995 in Österreich durchgeführte Umfrage eindrücklich. Vier Fünftel aller Befragten hielten große Organisationen für erforderlich, weil sich in Österreich nicht jeder, der ein Anliegen hat, selber helfen kann. Und im Gegensatz dazu blieb die Überzeugung, man könne persönlich auf ÖGB und Arbeiterkammer verzichten, auf ein Fünftel beschränkt, während deutlich über zwei Drittel die Institutionen der Gewerkschaftsbewegung mit der Aufgabe identifizierten, sich für jene Menschen einzusetzen, die ihre Anliegen nicht selbst vertreten können.[12])

Damit die Gewerkschaftsbewegung der Erwartung und dem Vertrauen der Menschen auch in Zukunft gerecht werden kann, forderte Fritz Klenner von den europäischen und internationalen Gewerkschaftsorganisationen ebenso wie von »seinem« ÖGB die Bereitschaft zur Veränderung ein – nicht was die Grundsätze und Ziele betrifft, wohl aber hinsichtlich der Notwendigkeit, diese Ziele wieder neu und in Form eines »langfristigen Konzepts« zu formulieren, und hinsichtlich des Überdenkens der Organisationsarbeit: »Da nach einem chinesischen Sprichwort ›Großes auf Taubenfüßen kommt‹, also leise und auch des öfteren unbemerkt, sollten sich die Gewerkschaften rechtzeitig darauf einstellen, damit die ›Machtverschiebung‹ nicht zu ihren Ungunsten ausfällt« – dann sei der Umbruch nicht nur Gefährdung, sondern biete auch eine Chance.[13]) Nicht alle waren allerdings so weitsichtig wie Fritz Klenner, den Stellenwert der Veränderung, die »auf Taubenfüßen gekommen« war, zu erkennen. Selbstkritisch stellte John Vanderveken, der damalige Generalsekretär des Internationalen Bundes Freier Gewerkschaften 1990 fest: »Die Strukturveränderungen und die Wirtschaftsprobleme der achtziger Jahre haben der Gewerkschaftsbewegung Schwierigkeiten bereitet, auf die sie nicht vorbereitet war. Wir dachten – wie die meisten – daß wir uns einer klassischen Wirtschaftsrezession gegenübersahen. Aber die wachsende Internationalisierung und das Tempo des Wandels haben die Probleme verschärft«.[14])

Nur sieben Jahre nach dem selbstkritischen Interview des IBFG-Generalsekretärs stellte der erwähnte ILO-Bericht der Gewerkschaftsbewegung das Zeugnis aus, sie sei auf dem besten Weg, die Bewährungsprobe zu bestehen. Es gebe Anzeichen dafür, daß sich die Gewerkschaften »der Realität anzupassen wissen«. Bedingt durch die raschen Veränderungen hätten die meisten von ihnen gelernt, »über den Tellerrand ihrer erwerbstätigen Klientel hinauszusehen« und sich auch für Arbeitslose und Menschen in unsicheren Beschäftigungsverhältnissen zu öffnen: »An ihren Worten und Taten gemessen gleichen sie immer mehr einer sozialen Bewegung.« Aber, so meinten die Experten aus Genf, die Neuorientierung müsse auch eine »strategische Allianz« mit Umwelt-, Menschenrechts- und Frauengruppen, mit Kirchen und sozial engagierten Bewegungen einschließen; das würde das Durchsetzen gemeinsamer Ziele erleichtern. [15])

Neue Allianzen – alte Probleme

Auf die Öffnung gegenüber neuen Bündnis- und Ansprechpartnern zielten auch die Beschlüsse, die der 13. ÖGB-Bundeskongreß 1995 faßte. »Im Zuge der Tendenz zur sogenannten ›Zweidrittelgesellschaft‹ zeichnet sich eine ›neue Armut‹ – auch eine ›Armut in Arbeit‹ – ab, die von vielen Arbeitnehmern allzu schnell als normal hingenommen wird«, hieß es im Leitantrag Demokratie. Und weiter: »Dem entgegenzusteuern ist für Gewerkschafter nicht nur ein beschäftigungspolitisches Anliegen ersten Ranges. ... Arbeitnehmer mit einer relativ hohen Arbeitsplatzsicherheit und -zufriedenheit haben andere Anforderungen und Wünsche an die gewerkschaftliche Politik und auch Kultur als etwa Arbeitnehmer, die direkt von Arbeitslosigkeit bedroht oder schon betroffen sind. Die Einbeziehung von Arbeitslosen in den Aktionsradius der Gewerkschaften stellt ein demokratiepolitisches Erfordernis dar, das neue Formen von Lösungsstrategien und Problembewältigungen anbietet. ... Die Gewerkschaften können für den Fortschritt einer qualitativen Politik bei den eigenen Mitgliedern werben, gesamtgesellschaftlich können sie ihn jedoch nicht alleine realisieren. Sie brauchen Bündnisse mit jenen Initiativen und Kräften, die an einer sozial- und umweltverträglichen Fortentwicklung der Gesellschaft interessiert sind. ... Viele Menschen sind heute für politisches Engagement in Bereichen zu gewinnen, die nicht mehr nur direkt betriebsbezogen sind. ... Viele Arbeitnehmer fühlen sich in dieser – ihrer Lebenswelt nahen – Betroffenheit durch die traditionellen Großorganisationen und damit auch die Gewerkschaftsorganisationen nicht ausreichend vertreten. In Initiativgruppen und Bürgerinitiativen entwickeln sie soziales Engagement, das den Ideen und den Zielen der Gewerkschaftsorganisation ›geistig‹ jedoch nahesteht. Für den ÖGB bedeutet das: Die Gewerkschaften sind aufgerufen, sich einem Kontakt mit diesen Personen und Gruppen nicht zu verschließen. In manchen Bereichen muß hier umgedacht werden. In der Vergangenheit wurden hier Fehleinschätzungen vorgenommen, und es ist nicht immer sensibel reagiert worden.« [16])

Ein solcher Beschluß kann natürlich nicht von heute auf morgen bestimmend für eine Organisationskultur werden. Und das ist auch gut so. Denn für viele Gewerkschaftsmitglieder sind die »neuen sozialen Bewegungen« eine Welt, die ihnen so fremd ist wie der Marsmond. Und auf der Seite der sozial engagierten Bewegungen sitzt das Mißtrauen tief. Hier ist eine behutsame, von gegenseitigem Respekt getragene Annäherung notwendig. Trotzdem: der Schulterschluß ist unverzichtbar, und er würde den Erwartungen der Menschen in Österreich entsprechen. Außer vom ÖGB und der Arbeiterkammer erwarten mehr als zwei Drittel der Österreicherinnen und Österreicher nur noch von den »sozialen Bewegungen« und »hauptamtlich« im Sozialbereich Tätigen, daß sie sich »für jene Menschen einsetzen, die ihre Anliegen nicht selbst vertreten können« –, von »Sozialarbeitern« und »Bürgerinitiativen« dabei an erster Stelle.[17]) Diese Einschätzung kann wohl am ehesten dadurch erklärt werden, daß gefährdete Jugendliche, an oder unter der Armutsgrenze Lebende, ältere Menschen, Flüchtlinge oder politische Gefangene, um die sich »neue soziale Bewegungen« und professionelle Sozialarbeiter hauptsächlich kümmern, eher zu »jenen, die sich nicht selbst helfen können«, gerechnet werden als Arbeitnehmerinnen und Arbeitnehmer, für die Gewerkschaften eine Lohnerhöhung durchsetzen, die sie im »Einzelkampf« nie erreicht hätten.

Eine der zentralen Gemeinsamkeiten von Gewerkschaftsbewegung und »sozialen Bewegungen« ist die Ablehnung »fremdenfeindlicher Hetze« und das Engagement für »solidarisches Handeln gerade auch im Bereich der Integration ausländischer Mitbürger«, wie es die vom 13. ÖGB-Bundeskongreß beschlossenen Leitlinien sehr deutlich formulieren. Eindrücklich wurde dies am 21. Jänner 1993 bewiesen, als der ÖGB und seine Gewerkschaften engagiert daran mitwirkten, daß in Wien über 200.000 Menschen mit einem »Lichtermeer« gegen das von der Freiheitlichen Partei eingeleitete Anti-Ausländer-Volksbegehren »Österreich zuerst« demonstrierten. Organisiert wurde die Kundgebung von der Plattform gegen Fremdenfeindlichkeit »SOS Mitmensch – Anständigkeit zuerst«, die aus einer Initiative mit deutlich kritischer Distanz zu den Großorganisationen hervorgegangen war. Als Verbündete im Kampf um die Anerkennung der Menschenrechte, auch der Gewerkschaftsrechte, erhielt die Gefangenenhilfsorganisation »amnesty international« 1998 den »Luitpold-Stern-Preis«, den Volks-, Arbeiter- und Erwachsenenbildungspreis des ÖGB, zuerkannt.[18])

Ein anderes gemeinsames Anliegen, allerdings mit zum Teil unterschiedlichen Lösungsvorstellungen, ist der Kampf gegen die

Armut, denn auch in den westeuropäischen Industriestaaten hat sich in den letzten beiden Jahrzehnten »zum ersten Mal seit einem halben Jahrhundert der Graben zwischen Arm und Reich ausgeweitet«.[19]) Der ÖGB war die einzige politische Großorganisation, die sich, trotz eines nicht immer einfachen Gesprächsklimas, an den in der zweiten Hälfte der neunziger Jahre entstandenen »Armutskonferenzen« aktiv beteiligte. Irmgard Schmidleithner, von 1991 bis 1999 Frauenvorsitzende und Vizepräsidentin des ÖGB, vertrat die Gewerkschaftsposition von Beginn an mit hohem persönlichen Einsatz in dieser Plattform aus kirchlichen Sozialeinrichtungen, unabhängigen Frauen- und Sozialinitiativen und beruflich im Bereich der Sozialarbeit Tätigen. Und Richard Leutner, seit 1997 im ÖGB mit dem Aufgabenbereich eines Leitenden Sekretärs für Grundsatzfragen betraut, erklärte gegenüber den Teilnehmern und Teilnehmerinnen der Armutskonferenz 1998 die Bereitschaft zu einer intensiven weiteren Diskussion über kontroversielle Themen wie die Forderung nach einem »Grundeinkommen ohne Arbeit«.[20])

Die Unterstützung des Frauenvolksbegehrens von 1997 durch die Gewerkschafterinnen setzte ein weiteres Signal. Ein stärkeres Engagement im Interesse der Frauen gehörte ebenfalls zu den Leitlinien, die der 13. Bundeskongreß verabschiedete. Karl Drochter, der für den Organisationsbereich zuständige Leitende Sekretär des ÖGB, sprach vor den Kongreß-Delegierten sehr deutlich aus, daß »bei der Chancengleichheit noch ein hartes Stück Arbeit zu leisten sei« – in der Arbeitswelt und in der eigenen Organisation.[21]) Der Internationale Bund Freier Gewerkschaften leitete bei der 6. gewerkschaftlichen Weltfrauenkonferenz 1994 eine internationale Kampagne für Frauenrechte ein. Er wies der »Anwerbung von Arbeitnehmerinnen und Gleichstellungsfragen weltweite Priorität« zu und dokumentierte die Ernsthaftigkeit dieses Zieles auch dadurch, daß die Gleichbehandlungsabteilung als eines von wenigen IBFG-Referaten personell aufgestockt wurde.[22])

Die öffentlich deklarierte Solidarität mit den Arbeitslosen über den Kampf um eine sozial verantwortliche Beschäftigungspolitik hinaus war als drittes Signal zu erkennen. Ein Beispiel dafür sind die Aussagen bei der vom Interregionalen Gewerkschaftsrat Bayern – Westösterreich – Norditalien organisierten Demonstration für Beschäftigung vor Beginn des Sozial- und Gleichbehandlungsministerrates der Europäischen Union in Innsbruck im Juli 1997. ÖGB-Präsident Verzetnitsch, seit 1993 auch Präsident des Europäischen Gewerkschaftsbundes, beschränkte sich nicht darauf, die beschäftigungspolitischen Forderungen des EGB zu präsentieren. Er wendet sich vielmehr vehement gegen das immer wieder aufkommende Vorurteil, Arbeitslose seien »Sozialschmarotzer«, und richtete eine Solidaritätsadresse an die Betroffenen: »Die 18 Millionen Arbeitslosen in der EU liegen nicht in der sozialen Hängematte. Jeder von ihnen will eine Arbeit mit ausreichendem Einkommen ... Wir sind heute hier, um den Millionen Kolleginnen und Kollegen, die derzeit in dieser Region und in der EU keinen Job haben, zu zeigen, daß wir Gewerkschaften nicht auf sie vergessen haben.«[23]) Und die Bewertung der Massenproteste von Arbeitslosen in Frankreich und in Deutschland seitens der Gewerkschaften als »wichtiges Signal und als Warnzeichen«[24]) für die Notwendigkeit einer verantwortungsbewußten Beschäftigungspolitik in Europa trug sicher etliches dazu bei, daß diese Proteste nicht als »Krawalle« abgestempelt wurden.

Anton Benya, der »große alte Mann« der österreichischen Gewerkschaftsbewegung, forderte immer wieder »den Mut zur Wahrheit« ein und warnte davor, »den Menschen mehr zu versprechen, als wir dann halten können«.[25]) Ganz in diesem Sinn machte sein Nachfolger Fritz Verzetnitsch darauf aufmerksam, daß die Öffnung gegenüber neuen Mitgliedergruppen und gegenüber neuen Verbündeten und die Einflußnahme auf die politische Willensbildung nur erfolgreich sein könnten, wenn die einzelnen Gewerkschaftsmitglieder bereit und in der Lage sind, Verantwortung zu übernehmen und das alles mitzutragen –, über den eigenen Betrieb, die eigene Branche, das eigene Land hinaus : »Das erfordert auch das Engagement von jedem einzelnen: Stellvertretermentalität hat keine Zukunft. Viele werden vor dem großen Gedanken, nun plötzlich mitverantwortlich zu sein, weltweit, grenzenlos, also auch für jene, die weit weg hungern und sterben, zurückschrecken, Angst haben. Ist diese Verantwortung nicht zu groß? Aber fragen wir anders: Bleibt uns die Verantwortung erspart? Ist diese Verantwortung nicht eine Chance, so groß, wie sie keine Generation vor uns gehabt hat?«[26])

Analysen, Kritik und Ratschläge zur »Anpassung an die Moderne«

Die Erforschung der »Arbeitsbeziehungen« und damit auch der Rolle der Gewerkschaften wurde mittlerweile zu einem eigenen – interdisziplinären – wissenschaftlichen Thema, das von den Sozial- und Wirtschaftswissenschaften über die Politischen Wissenschaften bis zur Psychologie Interesse weckt. Die Frage, ob die Gewerkschaftsbewegung unter den Bedingungen der neuen industriellen Revolution überhaupt eine Chance und eine Funktion habe, wird dabei immer wieder gestellt. Die Antwort fällt unterschiedlich aus –, je nach dem gesellschaftlichen Umfeld, den persönlichen Erfahrungen und der politischen Überzeugung der Expertinnen und Experten; auch das ehrlichste Bemühen um Objektivität stößt hier an seine Grenzen. Alles in allem sind viele der Analysen ein wertvoller Beitrag zur Standortbestimmung und zur Vorbereitung der Zukunftsentscheidungen für die Gewerkschaftsbewegung, wenn auch die Schlußfolgerungen und die daraus entwickelten Ratschläge nicht selten widersprüchlich erscheinen und den Gewerkschaftsanliegen manchesmal wenig Verständnis entgegenbringen.

Der Politikwissenschafter Emmerich Tálos sieht zum Beispiel den »Reformbedarf der Sozialpartnerverbände« in Österreich, und damit auch von ÖGB und Arbeiterkammer, »in Richtung Angebotsorientierung, organisierte Dezentralisierung und Konzentration auf die Kernaufgaben«; dies seien die notwendigen Konsequenzen, um das »Legitimationsproblem« zu lösen und dem »Bedeutungsverlust der Sozialpartnerschaft auf der Makroebene«, also durch die »verminderte Mitgestaltung von Politikinhalten« Rechnung zu tragen.[27]) Der »Weltarbeitsbericht« der ILO von 1997/98 kam zum genau gegenteiligen Schluß: Die »Repräsentanz in Parlamenten« sei ein mindestens genauso wichtiger »Faktor der Gewerkschaftsmacht« wie die Mitgliederzahl [28]) –, angesichts der österreichischen Diskussion um die Berechtigung der Kandidatur von Gewerkschafts- und Arbeiterkammervertretern bei Nationalrats- und Landtagswahlen eine bemerkenswerte Aussage. Auch der kalifornische Unternehmensberater William Bridges schätzt, daß die Gewerkschaften »bestimmt stärker als Lobbyisten auftreten werden«. Er hält die von Emmerich Tálos empfohlene »Konzentration auf die Kernaufgaben« für nicht gangbar und meint, die Gewerkschaften werden »wahrscheinlich ihren Mitgliedern mehr direkte Sozialleistungen bieten und weniger den klassischen Kampf um die Arbeitsplätze führen«.[29])

Hinsichtlich der Bedeutung von Mitgliederzahl und Organisationsdichte teilt Ferdinand Karlhofer, Politologe aus Innsbruck, keineswegs die Auffassung der ILO-Experten, dies seien nur zwei Faktoren von mehreren ebenso wichtigen. Er ortet auch in der aktuellen Situation, »eine möglichst große Zahl von Arbeitnehmern zu organisieren« als »zentrales Interesse von Gewerkschaften«:

»Von den Beiträgen zahlender Mitglieder hängt die Finanzkraft einer Organisation ab, und durch die finanzielle Stärke wieder wird bestimmt, wie dicht das Netz für die Betreuung der Mitglieder geknüpft werden kann. Und schließlich auch ist quantitative Repräsentativität in hohem Maße ausschlaggebend dafür, ob eine Gewerkschaft von Arbeitgebern als relevanter Verhandlungspartner betrachtet wird.« Er gelangt zu der pessimistischen Überzeugung, daß, wie immer das Gewerkschaftskonzept der Zukunft aussehen mag, es »auf jeden Fall zugleich ein Abschied von der ›großen Zahl‹ als zentrales Definitionskriterium gewerkschaftlichen Einflusses« sein werde. Denn »verschärfter Wettbewerb und Standortkonkurrenz entziehen einer flächendeckenden Interessenvertretung die Grundlagen«. Außerdem werde das Festhalten an den zentralen gewerkschaftspolitischen Zielen Vollbeschäftigung und Wohlfahrtsstaat »zur Falle, weil damit weder die Ausdifferenzierung des Arbeitsmarktes noch die Abkoppelung einer immer größeren Zahl der Menschen vom Erwerbsleben in die gewerkschaftliche Agenda integrierbar sind«; erstere sei »kein Thema mehr« und letzterer werde »allerorten rückgebaut«.[30])

Der lange Jahre auch in der Politikberatung tätige österreichisch-amerikanische Wissenschafter Frederick Mayer hielt dagegen die Funktionsweise des ÖGB auch in der aktuellen Situation, und das nicht nur in Österreich, für brauchbar. Er war sich »sicher«, daß »eine kreative Gewerkschaft wie der ÖGB auch viel zur Entwicklung Osteuropas beitragen« könne. Die Erfahrung aus den USA machte ihn zu einem Gegner von Dezentralisierungsmodellen: »Der ÖGB hat eine Organisationsform, die eine ausgewogene Mischung von Konzentration und Dezentralisation darstellt. Er gestattet eine Vielzahl politischer Ausdrucksmöglichkeiten, ist aber zugleich eine einzige starke Organisation. ... Damit unterscheidet sich der ÖGB von vielen Gewerkschaften anderer Länder, zum Beispiel von den amerikanischen. Allein in New York bewerben sich 89 Gewerkschaften um die Vertretung der Arbeitnehmer. Daraus resultiert nicht nur ein Chaos, sondern gleichzeitig ein Verlust politischer und sozialer Effizienz.[31])

Andere Wissenschafter sehen ebenfalls selbst unter den neuen Wettbewerbsbedingungen und Wettbewerbsstrategien nicht nur die Möglichkeit, sondern auch eine Funktion kollektiver gewerkschaftlicher Interessenvertretung. Die mikroökonomische, also betriebliche Wettbewerbsstrategie des »Up-grading«, so die Wirtschaftssoziologen Stephan Lengauer und Ernst Zeiner, biete dafür durchaus Ansatzpunkte. Voraussetzung für den Erfolg sei dabei »eine starke

Arbeitnehmerinteressenvertretung« mit »zentral organisierter Dezentralisierung hinsichtlich der Verhandlungsarrangements«.[32]) In den Arbeitsunterlagen zum 13. ÖGB-Bundeskongreß wird das als ein Konzept beschrieben, das »die Stärke der Großorganisation optimal mit einer feingliedrigen Struktur basisbezogener Aktivitäten zu verbinden vermag«.[33]) Bei der Wettbewerbsstrategie des »Up-grading« »geht es darum, alle Fähigkeiten, Qualifikationen und das Erfahrungswissen der Arbeitnehmer voll zu nutzen. Statt Spezialisierung auf wenige Tätigkeiten wird eine Generalisierung der Qualifikation der Arbeitnehmer angestrebt. Der Arbeitnehmer soll durch entsprechende Motivation und Leistungsanreize selbst zum ›aktiven Rationalisierer‹ werden«.[34]) Eine entsprechende grundsätzliche Änderung der Produktionsorganisation scheitert allerdings häufig an mit den Erfordernissen des »Up-grading« nicht zu vereinbarenden »anderen Erwartungen der Akteure«. Die Einbindung der Gewerkschaften sei daher, meinen Lengauer und Zeiner, auch aus Sicht der betrieblichen Produktivitätssteigerung sinnvoll. Denn »auf der Ebene von intra-organisatorischen Maßnahmen sind Formen von interner Flexibilität ..., wie sie zum Erfolg notwendig scheinen, über Beteiligung von kollektiven Organen der ArbeitnehmerInnen vermutlich leichter herstellbar als bei Zerschlagung von kollektiver ArbeitnehmerInnenvertretung und dem Abbau von formal geregelten oder zumindest lange geübten Koordinationsinstitutionen. Zur Lösung von Teilproblemen, die sich bei der Verfolgung von ›Up-grading-Strategien‹ ergeben, wird die Partizipation der Gewerkschaften weiterhin erforderlich oder zumindest funktional sein, auch wenn andere Formen der Interessenvertretung/Organisierung zunehmend an Bedeutung gewinnen. Somit ist für die neuen Aufgaben zur Sicherung der Wettbewerbsfähigkeit ein Institutionen-Mix auf seiten der kollektiven ArbeitnehmerInnenvertretung erforderlich.«[35])

Noch viel deutlicher widerspricht der Franzose Pierre Bourdieu, Soziologe am Pariser Collège de France, jenen Wissenschaftern, die behaupten, die Gewerkschaftsbewegung könne der neoliberalen Propaganda nichts entgegensetzen. Ihre Chance bestehe in ihrem »Internationalismus«, der sich dem Neoliberalismus entgegenstemmen müsse (und könne). Es sei deshalb unabdingbar, »daß die europäischen Gewerkschaften gemeinsam auf internationaler Ebene handeln«. Nur dadurch sei der staatliche Handlungsspielraum abzusichern, denn »die Autonomie das Staates ist umso größer, je mehr er über soziale Errungenschaften verfügt.[36]) Die ILO-Experten, die die Entwicklung der Gewerkschaftsbewegung analysierten, empfehlen den Gewerkschaften zwar ebenfalls, ihre internationale Zusammenarbeit zu forcieren, vertreten aber hinsichtlich der Rolle des Staates eine gegenteilige Meinung. Als einen der Hauptgründe für den Rückgang der Mitgliederzahlen nennen sie »die Tatsache, daß die Gewerkschaften und ihre politischen Verbündeten noch kein tragfähiges Wirtschaftsprogramm jenseits des staatsinterventionistischen Keynesianismus vertreten«.[37]) Die europäische Gewerkschaftsbewegung selbst ist sich durchaus bewußt, daß Wirtschaftsmodelle, die den notwendigen Spielraum des Staates in der Vergangenheit herstellten, unter den geänderten Rahmenbedingungen nicht mehr ausreichen. Emilio Gabaglio, der Generalsekretär des Europäischen Gewerkschaftsbundes, sprach dies in seinem Grundsatzbeitrag zum geplanten »europäischen Beschäftigungspakt« im Mai 1999 sehr klar aus: »Wir brauchen ... einen Weg zwischen neoliberalen, marktfundamentalistischen Ansätzen, die dem Markt mehr Klugheit zusprechen als den Regierungen, und traditionellen sozialdemokratischen Ansätzen, die sich mit keynesianischer Nachfragestimulierung, Erhalt des welfare state und staatlichem Interventionismus begnügen. Es ist der einzige sinnvolle Weg, der das europäische Gesellschaftsmodell sowohl absichert als auch modernisiert.« In einem Punkt muß Emilio Gabaglios Analyse allerdings hinterfragt werden: Wenn er meint, die Bezeichnung des neuen beschäftigungspolitischen Anlaufes in Richtung einer Koordinierung der Steuerpolitik und einer neuen Form staatlicher Investitionspolitik als »Dritter Weg« sei unproblematisch, übersieht er die Möglichkeit, daß damit das Mißverständnis entstehen könnte, der neue Ansatz bedeute ein Nachgeben gegenüber dem neoliberalen Zeitgeist. Die Interpretation als Weg zur Weiterentwicklung des europäischen Modells staatlichen Handelns wäre auf jeden Fall eindeutiger.[38])

Warum die Gewerkschaftsbewegung keine Anpassungsstrategie verfolgen kann und will

Die Ratschläge, Vorwürfe und Angriffe, mit denen die Gewerkschaftsbewegung während der letzten zehn Jahre verstärkt konfrontiert war, laufen, wie man sieht, vielfach auch bei wohlwollenden und um Objektivität bemühten Kritikern darauf hinaus, sie würde die »Zeichen der Zeit« nicht erkennen, würde sich den veränderten Gegebenheiten nicht »flexibel« genug anpassen und laufe daher in Gefahr zum »Dinosaurier des Industriezeitalters« zu verkommen. Fritz Klenner zitierte im Hinblick auf diese Kritiker den damaligen Generalsekretär der deutschen Christdemokraten, Heiner Geißler, der dieses oft wiederholte Schlagwort 1985 in einem Interview als erster formulierte. »Da stehen die Gewerkschaften«, sagte er, »wie Dinosaurier in dieser Gesellschaft des Wandels herum und lehnen alles ab«.[39]) Geißlers Kritik war allerdings sicher nicht »wohlwollend« gemeint. Denn die CDU-FDP-Regierung fühlte sich bei der Umsetzung ihres Konzeptes, die »soziale Marktwirtschaft« etwas weniger »sozial« und dafür »freier« zu machen, durch den Deutschen Gewerkschaftsbund erheblich gestört. Es war das klare Bekenntnis der Gewerkschaftsbewegung zum Sozialstaat, das den Unmut auslöste. Der damalige Sozialreferent der Industriellenvereinigung, Günter Stummvoll, sprach es schon 1983 ungeschminkt aus: »Der Umverteilungssozialismus, der jeden Menschen von Geburt an als Sozialfall betrachtet, hat in eine Sackgasse geführt.«[40])

Jene, die den Sozialstaat zwar befürworten, ihn aber letztlich für unfähig halten, die »freie Marktwirtschaft« zu zähmen, sahen sich in ihrer Überzeugung durch die Entwicklung seit Mitte der achtziger Jahre bestätigt und kamen – als sicher unfreiwillige Verbündete – zu der selben Schlußfolgerung wie die Verfechter der »freien Marktwirtschaft«. »Die traditionelle sozialdemokratische Hoffnung, die mit dem Ausbau staatlicher Sicherung verbunden war (›Bändigung des Kapitalismus trotz privater Disposition über Investitionen‹)« wurde taxfrei als »gescheitert« erklärt, weil auch sozialdemokratisch geführte Regierungen einen »Budgetkonsolidierungskurs nach dem neokonservativen Muster anderer kapitalistischer Staaten« eingeschlagen hätten. Und die Gewerkschaftsbewegung wird zwar nicht als »Dinosaurier« bezeichnet, wohl aber als Auslaufmodell gesehen, solange sie den Sozialstaat verteidigt, denn sie sei dadurch gezwungen, auch seinen Niedergang im »Modernisierungsprozeß«, also den Sozialabbau mitzutragen, um wenigstens »den verbleibenden Rest an Einflußmöglichkeit« durch politische Präsenz zu sichern.[41])

Weil die Gewerkschaftsbewegung keine wirtschaftliche Macht habe, sei sie in Wirklichkeit gar nicht dazu in der Lage, auf die politischen und wirtschaftlichen Weichenstellungen entscheidend Einfluß zu nehmen, sie habe sich da nur in der Aufbau- und Konsolidierungsphase nach dem Zweiten Weltkrieg etwas vorgemacht. So lautet eine weitere Behauptung, die – gewollt oder ungewollt – den Verfechtern der »freien Marktwirtschaft« entgegenkommt. Der rauhe Wind der neuen industriellen Revolution rufe den Gewerkschaften jetzt wieder in Erinnerung, heißt es, »daß sie, als Akteure im Wirtschaftssystem, von den Vorgaben durch den ökonomischen Wandel abhängig sind, ihre Rolle also im wesentlichen eine reaktive ist«.[42]) Hätte die Gründungsgeneration der Gewerkschaftsbewegung vor hundert Jahren diesen Standpunkt geteilt und vor einer schicksalhaften Automatik des Wandels resigniert, es gäbe heute weder den ÖGB noch existierten die Arbeiterkammern, wir hätten keine Kollektivverträge und kein Sozialversicherungssystem.

Ein eindrückliches Beispiel, das die Behauptungen widerlegt, die Gewerkschaftsbewegung könne dem »Deregulierungstrend« nichts entgegensetzen, nannte Herbert Tumpel, bis 1997 Leitender Sekretär des ÖGB, kurz nach seiner Wahl zum Präsidenten der Wiener Arbeiterkammer und der Bundeskammer für Arbeiter und Angestellte: »Der Versuch, bei der Arbeitszeitflexibilisierung die Kollektivverträge auszuschalten, wäre der neoliberale Weg gewesen –, ein sehr allgemeines Arbeitszeitgesetz, das mehr oder weniger alles zugelassen hätte. Das Ergebnis wäre für die Arbeitnehmer sicher wesentlich schlechter ausgefallen als mit der durchgesetzten Regelung, durch die nunmehr die Notwendigkeit gegeben ist, sich auf Kollektivvertragsebene vernünftig zu einigen und Vorteile beiden Seiten zugänglich zu machen, sowohl den Arbeitnehmern als auch den Arbeitgebern.« Und er stellte klar, warum die Gewerkschaftsbewegung auf Einflußnahme in der »Makroebene«, im politischen Entscheidungsprozeß nicht verzichten kann: »Eines ist sicher: Nur der Markt, wie es vielfach propagiert wird, wird keine menschlichen Lösungen zustande bringen. Das kann man an den Beispielen Amerika und Großbritannien deutlich beobachten. Die Marktkräfte brauchen soziale Spielregeln. Ohne soziale Spielregeln werden keine sozialen Ziele erreicht werden können.«[43])

Hätten der ÖGB und der Europäische Gewerkschaftsbund nicht unbeirrt am Ziel der Vollbeschäftigung festgehalten, das für manche »kein Thema« mehr ist, wäre in der zweiten Hälfte der neunziger Jahre Beschäftigung nicht wieder zu einem zentralen »Thema« der europäischen und der österreichischen Politik geworden. Die Gewerkschaftsbewegung ist sich eben dessen bewußt, daß das bestehende Wirtschaftssystem trotz aller Veränderungen und Umbrüche noch immer nach denselben – kapitalistischen – Mustern funktioniert wie vor hundert Jahren. Sie erlebt die Realität des »Kampfes zwischen Arbeit und Kapital« hautnah. Sie sieht deshalb sehr deutlich die Gefahren, die in den »postmodernen« Vorstellungen mancher ihrer Kritiker liegen, die meinen, die zentrale Funktion der Arbeit in der Gesellschaft nehme ab –, und dies und die Zunahme »informeller« Arbeiten seien eine Chance, weil die Menschen dadurch »der ökonomischen Rationalität und äußeren Zwängen« entzogen würden. Die gesamtgesellschaftliche Entwicklung wird unter dem Blickwinkel der »neuen Rollendefinitionen priviligierter Mittelschichten« beurteilt, während in Wirklichkeit mehr Menschen als je zuvor beschäftigt oder arbeitslos sind und »die Stigmatisierung der Arbeitslosigkeit eher zu- als abzunehmen scheint«.[44]) In dieser Situation liefe ein Akzeptieren von Arbeitslosigkeit und informeller Arbeit als wünschenswerter Normalzustand darauf hinaus, der Mehrheit der Menschen, die sich als einzelne nicht wehren können, den Schutz der Kollektivverträge und den Schutz des Rechtes zu entziehen. Die Gewerkschaftsbewegung kann deshalb von ihrem Standpunkt nicht abgehen: »Kampf gegen die Arbeitslosigkeit heißt Kampf gegen die Teilung unserer Gesellschaft, heißt Kampf gegen Vorurteile, die aus Arbeitslosen Täter statt Opfer machen.«[45])

»Gewerkschaften«, sagte Fritz Verzetnitsch im Rückblick auf die hundertjährige Geschichte einer branchenübergreifenden gewerkschaftlichen Zusammenarbeit in Österreich, »waren und sind immer eine Antwort auf eine Welt, die nicht in Ordnung ist.«[46]) Mit »Antwort« ist nicht gemeint, daß sich die Gewerkschaftsbewegung darauf beschränkt, einfach auf Entwicklungen zu reagieren. Sie kann zwar die kapitalistische Wirtschafts- und Gesellschaftsordnung nicht umwandeln, was ihr viele ihrer idealistischen Kritiker enttäuscht übel nehmen. Aber sie stellt – wie unvollkommen auch immer – eine und zunehmend die einzige organisierte »soziale Gegenmacht«[47]) innerhalb des Systems dar. Das Prinzip des ÖGB und seiner Gewerkschaften, Lösungen auf dem Verhandlungsweg zu erreichen, wo immer dies möglich ist, schließt die Bereitschaft zu Kompromissen mit ein, solange diese dem Interesse der Arbeitnehmerinnen und Arbeitnehmer eher dienen als der Verzicht auf eine Regelung durch das Beharren auf dem hundertprozentigen Durchsetzen der Forderung. Das verleitete manche Beobachter zu dem Schluß, die österreichische Gewerkschaftsbewegung habe freiwillig auf ihre Rolle als Gegenmacht verzichtet. Wer weiß, welchen Einsatz es erfordert, Kollektivvertragsverhandlungen zu einem vertretbaren Abschluß zu bringen, einen Sozialplan zu verhandeln oder die Arbeitnehmerinteressen zu wahren, wenn Gesetze geändert oder neu beschlossen werden, wird kaum Anlaß haben, diese Einschätzung zu teilen.

Das Unbehagen mit der Gegenmacht Gewerkschaft liegt letztlich darin begründet, daß sie aufgrund ihres Auftrages nicht bereit sein kann, sich dem »Zeitgeist« anzupassen, nur um »modern« zu erscheinen. Ein Ausdruck dafür waren die Auseinandersetzungen um den 1. Mai, den »Tag der Arbeit« als gesetzlicher Feiertag, die seit Beginn der 90er Jahre nicht mehr nur versteckt und 1999 seitens der Wirtschaftskammer Wien besonders aggressiv geführt wurden. Der Mai-Aufruf des ÖGB-Präsidenten 1997 erklärte den Grund dafür: »Jeder Beschäftigte hat das Recht auf gerechten Anteil an dem, was er miterwirtschaftet hat! Der Tag der Arbeit ist genau der Tag, an dem sich Arbeitgeber und Wirtschaftsfunktionäre daran zu erinnern haben. ... Umverteilung von unten nach oben, Angriffe auf Arbeitnehmerrechte, Philosophien über die gewerkschaftliche Kollektivvertragsautonomie und das Infragestellen des gerechten Anteils der Beschäftigten am Produktivitätszuwachs der Wirtschaft: Sie alle schaffen keine neuen Arbeitsplätze. ... Wir treten gegen das Kapital auf, das keine Arbeit schafft! Wir Gewerkschafter setzten uns bei diesem Engagement für jene ein, die Arbeit suchen, für jene, deren Arbeitsplatz gefährdet ist, und für jene, die Arbeit haben.«[48])

»Das Verhalten der Gewerkschaften beruht«, um nochmals Fritz Klenner zu zitieren, »auf der Verpflichtung, sich Änderungen entgegenzustellen, die die Lebensinteressen davon betroffener Arbeitnehmer entscheidend gefährden könnten. Hinter Neuerungen und auch Veränderungen stehen Interessen. ... Der Fortschritt hat nämlich ein ›Janusgesicht‹ und es ist offen, in welche Richtung er geht. Die Tätigkeit der Gewerkschaften soll ihm seine soziale und humane Balance in bezug auf die Arbeitswelt geben – darum ging es in der Vergangenheit und so wird es in der Zukunft bleiben.«[49])

Die Gewerkschaftsbewegung und die politische Entwicklung seit 1987

Neoliberalismus – Trendsetter gegen Gewerkschaftsbewegung und Sozialstaat

Im Unterschied zu anderen liberalen Wirtschaftstheorien und Gesellschaftskonzepten zielt der Neoliberalismus darauf ab, den Geltungsbereich des Marktprinzipes über seinen ursprünglichen ökonomischen Wirkungszusammenhang hinaus auf die Sphäre politischer Entscheidungen und alle Bereiche des Zusammenlebens in der Gesellschaft auszudehnen. Es geht um die Eroberung der Politik durch die spontanen Kräfte und Werte des Marktes, wie aus den konkreten politischen Forderungen ersichtlich wird, die er erhebt: die Abschaffung des »gewerkschaftlichen Arbeitsmonopoles«, die vorgebliche Entbürokratisierung öffentlicher Institutionen, die Reorganisation des »Volksparteiensystems« und die Einschränkung parlamentarischer Kompetenzen, die Liberalisierung der Märkte, eine Deregulierung und Dezentralisierung des öffentlichen Lebens und die Privatisierung staatlicher Unternehmen.[1]) Diese Forderungen wurden während der achtziger Jahre auch in Europa, und keineswegs nur in Großbritannien, vielfach politikbestimmend und führten dazu, daß notwendige Sanierungen der Staatshaushalte und Wachstumsförderungsmaßnahmen zunehmend zu Lasten des Sozialstaates gingen.

Die Erschütterung des Kapitalismus in den beiden Weltkriegen und in der Wirtschaftskrise der dreißiger Jahre waren die politischen Ursachen für die Entwicklung des Sozialstaates in allen westlichen Industrieländern. Die Nachwirkungen der großen Krise der dreißiger Jahre hatten deutlich gemacht: Der Markt entwickelt keine selbstheilenden Kräfte, eine Deflationspolitik in Form von Lohnsenkungen und Kürzungen der Staatsausgaben vergrößert nur das Desaster und Abwarten bringt keine Lösung. Als Reaktion auf diese Erfahrungen bildete sich nach dem Zweiten Weltkrieg der moderne Wohlfahrtsstaat heraus, in dem Anliegen verwirklicht werden konnten, die Gewerkschaftsbewegung und Sozialdemokratie bereits während der ersten Hälfte des Jahrhunderts durchzusetzen versuchten und für kurze Zeit und regional begrenzt auch durchsetzten. Die österreichische Sozialgesetzgebung von 1918 bis 1921, die unter der Verantwortung des Gewerkschafters Ferdinand Hanusch als dem zuständigen Minister geschaffen worden war, und die international vorbildliche Politik des »Roten Wien« sind Beispiele dafür.[2]) Der Wohlfahrtsstaat der zweiten Hälfte des 20. Jahrhunderts hat drei wesentliche Elemente: Er geht zunächst von der Vorstellung aus, daß der Staat für die Wohlfahrt der Bürger in allen Bereichen, von der Beschäftigungschance über Gesundheit und soziale Sicherheit bis zur Bildung, verantwortlich ist (und dafür verantwortlich gemacht werden soll). Zweitens besitzt er die Legitimation, die gesamtwirtschaftliche Entwicklung auch gegen den Markt zu steuern, und drittens beruht seine Funktionsfähigkeit darauf, daß er seine Bürger über ihre Interessenvertretungen nicht nur bei Parlamentswahlen am demokratischen Entscheidungsprozeß beteiligt.

Der Aufbau des Sozialstaates wurde nach 1945 durch viele politische und wirtschaftliche Faktoren begünstigt. Ein Faktor war die gestärkte Position der europäischen Gewerkschaftsbewegung, ein anderer seine Befürwortung durch die führende Wirtschaftsmacht USA. Von dort kamen auch während der sechziger Jahre die ersten Signale zur Trendwende. Die Politikberatung begann, die Abkehr von einer aktiven Einkommenspolitik zu predigen und für die »Feinsteuerung« der Wirtschaft durch Geld- und Fiskalpolitik zu argumentieren. Das aber brach einen Eckstein aus dem wirtschaftspolitischen Fundament des Sozialstaates und führte letztlich zu den hohen Budgetdefiziten, die der neoliberalen Kritik, der Sozialstaat sei zu teuer und würde wirtschaftlichen Fortschritt verhindern, Vorschub leisten. Wie früh und wie umfassend der Wandel von politischem Grundkonsens und Wertvorstellungen einsetzte, belegt die Tatsache, daß ab 1974 fast alle Nobelpreise für Wirtschaftswissenschaften an Wissenschafter mit neoliberaler Ausrichtung vergeben wurden.

Staatliche Sozialleistungen des 19. Jahrhunderts belasteten die Staatsbudgets wenig, weil sie nur einzelnen Gruppen und nie der gesamten Bevölkerung zugute kamen. Damals, aber auch noch in den zwanziger Jahren wurden sie ausschließlich durch das Abschöpfen von Gewinnen finanziert, auf die Entwicklung des Wirtschaftsprozesses selbst nahm man keinen Einfluß. Daher war die Abhängigkeit der frühen Sozialsysteme von Wirtschaftskrisen und Strukturveränderungen in einem extrem hohen Ausmaß gegeben. Als Musterbeispiel dafür kann die Pensionsversicherung für Arbeiter in Österreich gelten, die 1927 zwar beschlossen, aber trotzdem während der Ersten Republik nie verwirklicht wurde, weil man ihre Einführung an eine »Wohlstandsklausel«, an die Besserung der wirtschaftlichen Gesamtlage und das Sinken der Arbeitslosenzahlen gebunden hatte.[3]) Da die Rechnung »Es muß erst produziert werden, damit verteilt werden kann« nicht aufgegangen war, suchte sich der moderne Sozialstaat eine neue ökonomische Basis. Er ging davon aus, daß umgekehrt die Einkommensentwicklung die Produktion beeinflußt, weil die Produktion umso mehr angekurbelt wird, je mehr die Bevölkerung konsumieren kann. Um das zu erreichen, darf die Einkommensverteilung aber nicht mehr einfach den Marktkräften überlassen werden; der Staat muß eingreifen. Zwei Grundprinzipien des Kapitalismus, der freie Wettbewerb und die Wahrung der bestehenden Eigentumsverhältnisse, wurden damit in Frage gestellt. Aus diesem Grund agiert der Neoliberalismus als entschiedener Gegner des Sozialstaates. Er will zwar dem Staat erlauben, den am Markt Erfolglosen eine Existenzsicherung zuzugestehen, er spricht ihm aber das Recht ab, durch die Kombination von Verteilungs- und Wachstumspolitik das System des Kapitalismus in Frage zu stellen. Der bedeutendste Vertreter des Neoliberalismus, der gebürtige Österreicher Friedrich von Hayek, der erste der Nobelpreisträger seiner Richtung, sprach 1981 offen aus, daß der Abbau des Sozialstaates für ihn kein Nebeneffekt neoliberaler Politik ist, sondern erklärtes Ziel: »Der Begriff der sozialen Gerechtigkeit ist in einer marktwirtschaftlichen Ordnung völlig sinnlos.«[4])

Die Kritik richtet sich gleichermaßen an den demokratischen Sozialstaat und an die mit ihm eng verbundene Gewerkschaftsbewegung: Der Staat sei de facto für das Herausbilden und Bestehen der Gewerkschaft verantwortlich, weil große Interessenorganisationen ohne unterstützende Rahmenbedingungen aufgrund der naturgegebenen Selbstsucht der Menschen gar keine Chance hätten. Nur weil diese Rahmenbedingungen gegeben sind, wären die Gewerkschaften zu übermächtigen Massenorganisationen geworden, die ihre Überlegenheit und ihre Monopolstellung zur Wettbewerbsbeschränkung auf dem Arbeitsmarkt nutzten. Als Konsequenz aus seiner Kritik verfolgt der Neoliberalismus das Ziel, den Arbeitsmarkt »zu »entkartellisieren«, das heißt die Kollektivvertragsautonomie der Gewerkschaften abzuschaffen, um eine umverteilungsneutrale Tarifpolitik zu erreichen, und die Beteiligung der Gewerkschaftsbewegung am politischen Entscheidungsprozeß einzuschränken. Die Angriffe auf den ÖGB, die Kammern als gesetzliche Interessenvertretungen in Selbstverwaltung, besonders auf die Arbeiterkammern, auf die Selbstverwaltung der Sozialversicherung und die Sozialpartnerschaft, aber auch auf das Ausüben von politischen Mandaten durch Funktionäre und leitende Angestellte der Arbeitnehmerinteressenvertretungen, haben hier ihre Wurzeln. Über das Zurückdrängen des Einflusses der Gewerkschaftsbewegung und das Aushöhlen gesamtgesellschaftlicher Konfliktregelungs- und Steuerungsmodelle sollen dem Sozialstaat seine wichtigsten Befürworter und Instrumente entzogen werden.

Zwar wurden manche neoliberale Vorstellungen über (fast) alle Parteigrenzen hinweg salonfähig, aber es bestehen trotzdem nach wie vor deutliche Unterschiede. Die Sozialdemokraten lehnen das gesellschaftspolitische Konzept, das hinter der neoliberalen Ordnung steht, nach wie vor im Grundsatz ab, übernehmen allerdings in vielen Ländern etliche neoliberale Rezepte wie jenes vom schlanken Staat in ihre politische Praxis. In den traditionellen konservativen und bürgerlichen Parteien findet die Ideologie der Neoliberalen wesentlich mehr überzeugte Anhänger, wenn auch nicht überall so politikbeherrschend wie bei den Republikanern der USA oder den britischen Konservativen. Als ihre kompromißlosesten Verfechter treten aber die neugestalteten rechtspopulistischen Parteien von Frankreich bis Österreich auf. Obwohl diese Parteien ihre Anhänger ursprünglich in erster Linie aus Sympathisanten der besiegten faschistischen Systeme rekrutierten, entwickelten sie im Lauf der achtziger Jahre eine Programmatik, die sich in manchen Punkten von den traditionellen rechten Ideologien deutlich unterscheidet. Im Unterschied zum italienischen Mussolini-Faschismus oder den Nationalsozialisten beziehen sie sich weder in ihrer Propaganda noch in ihren Programmen auf eine »antikapitalistische Sehnsucht der Massen«. Harmonie innerhalb der Gesellschaft wird nicht dadurch erwartet, daß eine wahre Volksgemeinschaft den Klassenkampf beendet, vielmehr werden kollektive durch individuelle Interessen ersetzt: Alle werden gleich, wenn jeder das Recht hat, seine persönlichen Interessen in einem freien Markt zu verfolgen. In Aussicht gestellt wird nicht notwendigerweise mehr Wohlstand, in jedem Fall aber mehr Freiheit. Um dieses Programm zu verkaufen, entlehnt man gerne Begriffe, die mit ganz anderer Bedeutung von der politischen Linken oder der Gewerkschaftsbewegung geprägt worden waren – ein Punkt, an dem durchaus Übereinstimmungen mit der Taktik der faschistischen Bewegungen der Zwischenkriegszeit festzustellen sind. Dies gilt etwa für den Slogan vom »Dritten Weg«, der ursprünglich den Versuch umschrieb, ein Gesellschafts- und Politikmodell zu finden, das im demokratischen Rahmen ein Mehr an sozialer Gerechtigkeit schafft und sichert; gemeint war ein Weg, die positiven Elemente der westlichen Demokratien mit sozialistischen Anliegen in Einklang zu bringen. Wann immer seitens der rechtspopulistischen Parteien von einem »Dritten Weg« (oder einer »Dritten Republik«) die Rede ist, handelt es sich dagegen um die Ablehnung eines Kapitalismus, der das Entstehen von Monopolen begünstigt hätte, und der politischen Systeme, die dieses ermöglichen. Und im Einklang mit den neoliberalen Vorstellungen sieht man im »Arbeitsmonopol« der Gewerkschaften das schädlichste Monopol, weil es eine marktgerechte Preisbildung für die Arbeit verhindern würde.

Konsequent hieß es etwa in programmatischen Erklärungen der FPÖ Mitte der neunziger Jahre, an die Stelle kollektivvertraglicher Vereinbarungen müsse die »individuelle und betriebliche Vereinbarungsfreiheit« treten. Aus diesem Grund sahen die FPÖ-Erklärungen das »Zurückdrängen der parteipolitisch orientierten Sozialpartner und Gewerkschaften« als zentrale Aufgabe.[5]) Das

1998 beschlossene neue Parteiprogramm der FPÖ mit seiner verbalen Distanzierung vom Neoliberalismus und die Tatsache, daß auf ihre Initiative die »Freie Gewerkschaft Österreichs« gegründet wurde, stehen dazu nur scheinbar in Widerspruch. Hinter dem Bekenntnis zur »Fairen Marktwirtschaft«, ein Begriff, der, wie FPÖ-Chef Jörg Haider ausdrücklich betonte, von dem (bekannt gewerkschaftsfeindlichen) Unternehmer Frank Stronach stammte, steht letztlich nichts anderes als die Ablehnung des Monopolkapitalismus: »Im Modell der fairen Marktwirtschaft verwirklichen Produzenten und Konsumenten frei von staatlicher Intervention ihre Interessen bestmöglich .... Eine umfassende Deregulierung des Wirtschaftslebens wird als Garantie für die Prosperität der österreichischen Wirtschaft und Stabilität des Arbeitsmarkts angestrebt«. Gleichzeitig wird unter dem Slogan von der »betrieblichen Partnerschaft« eine Unternehmenskultur befürwortet, in der Betriebsverfassungen eine verantwortliche Partnerschaft zwischen Arbeitgebern und Arbeitnehmern über Beteiligungsmodelle regeln«[6]) – ein Hinweis darauf, daß das Ziel des Zurückdrängens von ÖGB und Arbeiterkammern als überbetriebliche Interessenvertretungen unverändert verfolgt wird. Die gegen das Konfliktregelungsmodell der Sozialpartnerschaft gerichtete Forderung nach einer Reduktion der Arbeiterkammerumlage um 50 Prozent und der Wirtschaftskammerumlage II des Beschäftigungsprogrammes der FPÖ vom Frühjahr 1998 bestätigte diese Vermutung.[7])

Auch in der Auffassung über die Rolle des Staates waren bei den politisch relevanten rechtspopulistischen Parteien der neunziger Jahre Übereinstimmungen mit dem Neoliberalismus zu erkennen. Die neoliberale Diagnose zum demokratisch-parlamentarischen Staat ist niederschmetternd. Die Angriffe erfolgen aus zwei Richtungen: einerseits in der Variante der tyrannischen Bürokratie, die den Staat zwar als stark, aber als von den Beamten mißbraucht darstellt, andererseits in der Variante des schwachen Staates, der eine Beute von Interessengruppen, vor allem der Gewerkschaftsbewegung sei, die die Verteilung zu ihren Gunsten und zu Lasten des Wachstums manipuliere. Als endgültige Lösung des Problems der von ihr behaupteten Fehlentwicklung bietet die neoliberale Theorie zwei Modelle an. Entweder soll ein Rat von Weisen die wichtigeren Staatsgeschäfte betreiben oder es soll eine Situation herbeigeführt werden, in der jede staatliche Lenkung unterbleibt. Staatliche Macht existiert dann nur noch, um die Freiheit der Tauschgeschäfte am Markt zu garantieren. Der schlanke Staat muß zu diesem Zweck allerdings äußerst machtvoll sein. Zwar schafft der neue Staat des Neoliberalismus die formale Demokratie nicht ab, er kann aber, wenn es darum geht, die Interessen des freien Marktes zu schützen, zeitweise durchaus zu Methoden der offensiven Diktatur greifen. Das Engagement der neoliberalen Wirtschaftswissenschafter der Chicago-Schule in Chile, die für den Sturz der demokratisch gewählten Regierung Allende Anfang der siebziger Jahre, für die anschließende Diktatur und die folgende Entwicklung zu einem neoliberalen Staat das ideologische Unterfutter lieferten, war eine im wahrsten Sinn mörderische Umsetzung der Theorie in die Praxis. Chiles Diktator Pinochet nahm die Theoretiker beim Wort, als er seine Politik damit rechtfertigte, daß Demokratie zwar gut sei, gelegentlich aber in Blut gewaschen werden müsse.

Das Ende der Nachkriegsordnung in der Weltpolitik

Ab der zweiten Hälfte der achtziger Jahre veränderten sich die hochentwickelten Gesellschaften des Westens mit dem Durchbruch der neuen industriellen Revolution und dem Eindringen neoliberaler Ideologieelemente in die Politik auch sozialdemokratischer Regierungen, wie es etwa in dem vom britischen Premierminister Tony Blair und dem deutschen Kanzler Gerhard Schröder 1999 vorgelegten Programm zur neuen Mitte zum Ausdruck kam.[8]) Gleichzeitig ging in der Weltpolitik jene Phase zu Ende, die durch die Entscheidungen der alliierten Sieger über Hitler gekennzeichnet gewesen war. Die kommunistischen Systeme Ost-, Mittel- und Südosteuropas zerbrachen wirtschaftlich und politisch. Die Wiedervereinigung Deutschlands, der Verzicht der Kommunistischen Partei der Sowjetunion auf ihre Monopolstellung und dann das Ende der »Union der Sozialistischen Sowjetrepubliken« signalisierten die neue Ära. Als Konfliktregelungsmechanismus in dieser Umbruchsituation bot sich die in den siebziger Jahren geschaffene »Konferenz für Sicherheit und Zusammenarbeit in Europa« an, die 1975 in Helsinki Dokumente zur friedlichen Entwicklung Europas und zur Wahrung der Menschenrechte verabschiedet hatte, die in vielen Punkten ignoriert worden waren, an die man jetzt aber anknüpfen konnte. Nach zweijährigen KSZE-Verhandlungen in Wien kam es 1989 zu einer ersten Einigung zwischen den 35 teilnehmenden Staaten, die unter anderem weitere vertrauensbildende Maßnahmen und neue Abrüstungsverhandlungen für konventionelle Waffen vorsah. Das Schlußdokument wurde 1990 in Paris auch von der Sowjetunion unterzeichnet. Es enthielt die Verpflichtung, die Menschenrechte zu beachten, und ein Bekenntnis zu den Grundsätzen der Demokratie, zum Pluralismus und zur Marktwirtschaft.[9])

Der Internationale Bund Freier Gewerkschaften sah allerdings in den Beschlüssen des KSZE-Prozesses gravierende Mängel, weil der sozialen Lage der Menschen und den Gewerkschaftsrechten keine Beachtung geschenkt wurde. Der IBFG befürchtete, daß die »wirtschaftliche und politische Umgestaltung in Osteuropa untergraben werden könne, wenn keine starke soziale Infrastruktur geschaffen werde, um mit dem Wandel fertig zu werden«. Er forderte die Möglichkeit und Anerkennung von Tarifverhandlungen und sprach sich für den Aufbau von Systemen der Sozialpartnerschaft aus, die in der internationalen Konferenzsprache als Systeme der »Dreigliedrigkeit« (der Abstimmung zwischen Regierung, Gewerkschaften und Arbeitgebern) bezeichnet werden. IBFG-Generalsekretär John Vanderveken ließ außerdem die Vermutung durchblicken, daß die mangelnde Beachtung der Gewerkschaftsrechte damit zusammenhängen könnte, daß »einige Regierungen, die zu Fragen der Menschenrechte kein Blatt vor den Mund nehmen, im Hinblick auf die Gewerkschaftsrechte keinen makellosen Ruf haben«.[10])

Das Ende der kommunistischen Parteiherrschaften, der Sturz der chilenischen Diktatur und anderer Militärdiktaturen in Lateinamerika und die sich abzeichnende Demokratisierung vieler Staaten Afrikas ließen Anfang der neunziger Jahre trotz der brutalen Kriege und Bürgerkriege in vielen Teilen der Welt für kurze Zeit Optimismus aufkommen. Wie trügerisch diese Hoffnung war, zeigten die Berichte über die Mißachtung der Gewerkschaftsrechte und die Verfolgung von Gewerkschaftern, die dem 15. IBFG-Weltkongreß 1992 vorlagen.[11]) Der vom Weltkongreß eingerichtete Ausschuß für Menschen- und Gewerkschaftsrechte mußte sich während der folgenden Jahre mit durchschnittlich drei Gewerkschaftsrechtsverletzungen pro Tag beschäftigen[12]), allein 1997 wurden weltweit 299 Gewerkschafterinnen und Gewerkschafter ermordet. Die Verfolgung beschränkte sich keineswegs auf Staaten wie Kolumbien, China, Irak, Kuwait oder Nord- und Südkorea: In den USA wurde mindestens jeder zehnte Arbeiter entlassen, der sich für die Gründung einer Gewerkschaft einsetzte[13]), und 1998 protestierte der Europäische Gewerkschaftsbund dagegen daß in der mit der EU assoziierten Türkei demonstrierende Arbeitnehmer zusammengeschlagen, verletzt und teilweise inhaftiert worden waren.[14]) Wo Gewerkschaftsrechte mißachtet werden, gibt es zumeist

Österreichs Gewerkschaftsbewegung
Stationen in der Globalisierung

1955 Zusammenschluß der zwei US-Gewerkschaftsbünde AFL und CIO. Als Gast dabei: ÖGB-Generalsekretär Anton Proksch

1988 Die Berliner Mauer wird geöffnet – Symbol für das Ende der kommunistischen Systeme Mittel- und Osteuropas

1995 Lichtermeer gegen Ausländerfeindlichkeit – der ÖGB engagiert sich. Der Kampf gegen illegale Ausländerbeschäftigung steht dazu nicht im Widerspruch.

1997 (oben) Der südkoreanische Gewerkschaftsführer Kwon Yang-Kil. Die Regierung beschnitt die Gewerkschaftsrechte massiv. (unten). Entlassene Textilarbeiterinnen in Thailand protestieren vor der österreichischen Botschaft. Die EDEN-Fabrik, in österreichischem Besitz, suchte woanders noch billigere Arbeiter.

auch keinen sozialen Schutz für die Menschen. In einem solchen Klima wird Kinderarbeit ohne Skrupel akzeptiert. So ratifizierte zum Beispiel bis 1998 kein einziger asiatischer Staat die Konvention der Internationalen Arbeitsorganisation aus dem Jahr 1973 über das Arbeitsmindestalter.[15] Aber auch im demokratischen Italien sah sich die Gewerkschaftsbewegung 1999 veranlaßt, eine Kampagne gegen Kinderarbeit zu starten, weil dort rund 500.000 Minderjährige unter 15 Jahren in Fabriken arbeiten.[16] Der Kindersternmarsch zur ILO-Konferenz unter dem Motto »Stoppt die Ausbeutung – wir wollen in die Schule gehen«, den der IBFG und die Arbeitnehmergruppe der ILO im Jubiläumsjahr der UN-Menschenrechtserklärung 1998 organisierten, gab die Initialzündung für eine weltweite Schwerpunktaktion.[17]

Als der IBFG 1990 vor dem Sprengstoff gewarnt hatte, der im Umbruch des ehemaligen kommunistischen Bereiches entstehen mußte, wenn die sozialen Menschenrechte ignoriert wurden, sollte er nur allzu Recht behalten. Ob auf dem Gebiet der ehemaligen Sowjetunion oder auf dem Gebiet des ehemaligen Jugoslawien, das gegen den Widerstand des serbischen Teiles in mehrere Einzelstaaten zerfiel: Das Hineinstoßen der Länder und Menschen in einen ungeregelten Kapitalismus brachte neues Elend und verführte – nicht zum ersten Mal in der Geschichte – dazu, Selbstwertgefühl und Identität in der nationalen Zugehörigkeit zu suchen. Das führte in der Folge zu blutigen Auseinandersetzungen um den Einfluß und die Machtstellung des jeweils eigenen Volkes. Die Politik der westlichen Mächte war auch aus einem zweiten Grund an dieser Entwicklung nicht ganz schuldlos. Sie forcierte in einer sehr frühen Phase im Sinn der deutschen Nationalidee, die schon im 19. Jahrhundert besonders auch unter den slawischen Völkern überzeugte Anhänger gefunden hatte, die Errichtung von neuen Staaten, die sich nach ethnisch definierten Nationalitäten ausrichteten. Diese romantische deutsche Nationalidee berief sich nicht auf Institutionen und Verfassungen, auf Volkssouveränität und Menschenrechte, sondern auf die Geschichte, die Sprache, die Kultur und das gemeinsame Blut. Erst dieses Konzept machte und macht Nationalismus zur zerstörerischen Kraft, wie im Weg Deutschlands (und Österreichs) bis zum Sturz des Nationalsozialismus 1945 nachvollzogen werden kann und wie es die Kriege und Massenmorde auf dem Balkan in den neunziger Jahren des 20. Jahrhunderts wieder bestätigten.[18]

Angesichts die Nähe des Krieges und Österreichs EU-Beitritt, der 1995 vollzogen war, begann eine zum Teil heftige Auseinandersetzung um den Neutralitätsstatus. Jene politischen Kräfte, die Österreichs Neutralität aus unterschiedlichen Gründen nie viel hatten abgewinnen können, erklärten sie zum Auslaufmodell, das seine Funktion erfüllt hätte und nicht mehr gebraucht würde. Der ÖGB sah dagegen nie einen Grund, von der Neutralität abzugehen und den Beitritt zu einem der militärischen Verteidigungsbündnisse, sei es die NATO oder die Westeuropäische Union, zu unterstützen. Für die österreichische Gewerkschaftsbewegung beschränkt sich Sicherheitspolitik nicht auf militärische Aspekte. Sie strebt ein Sicherheitssystem an, das die sozialen und wirtschaftlichen Voraussetzungen für Frieden schafft, und sieht deshalb in einer Stärkung der UNO und der »Organisation für Sicherheit und Zusammenarbeit in Europa«, die aus dem KSZE-Prozeß hervorging, ein viel geeigneteres Mittel als in einer weiteren Aufwertung des militärischen Sektors.[19]) »Der ÖGB hat sich in seinen Grundsätzen dazu verpflichtet, die Unabhängigkeit und Neutralität zu verteidigen und an der Sicherung des Weltfriedens mitzuarbeiten«, erklärte das ÖGB-Präsidium im Frühsommer 1999 und bezog damit Gegenposition zu Aussagen von Wirtschaftskammerpräsident Maderthaner. Das Präsidium erinnerte an Österreichs »langjährige Tradition in der internationalen Friedensvermittlung« und betonte, daß es »nicht um die Abkehr, sondern um die Stärkung unserer Neutralität« gehen müsse.[20])

Daß militärische Interventionen Konflikte nicht lösen, sondern nur unterdrücken und im Regelfall neue Gewalt provozieren, wenn den betroffenen Menschen nicht gleichzeitig ein Hoffnungsschimmer gegeben wird, bewies das militärische Eingreifen der NATO, einmal mit und einmal ohne Zustimmung der UNO, im Golfkrieg Anfang der neunziger Jahre und im Kosovo-Konflikt in den ersten Monaten des Jahres 1999. Der »kritiklose Kriegsjubel und die Schlachtfeldberichterstattung mancher Medien« veranlaßten Hans Sallmutter, den Vorsitzenden der Gewerkschaft der Privatangestellten, zu der Äußerung: »Wer nicht verstanden hat, daß hier Menschen sterben und sich daher nicht zu einer dementsprechend sensiblen Berichterstattung durchringen kann, ist eigentlich ein Fall für den Presserat.« Er forderte in der Berichterstattung »Würde und Respekt für die Betroffenen« ein, »seien es Bewohner des Kosovos, serbische Zivilbevölkerung oder in Kampfhandlungen verwickelte Soldaten Jugoslawiens und der Natostreitmacht«.[21])

Eines der Argumente für den Einsatz von NATO-Bombern gegen Serbien war die Behauptung gewesen, Wirtschaftssanktionen könnten die Vernichtungspolitik gegenüber den Kosovo-Albanern nicht stoppen. Im Bosnienkrieg während der ersten Hälfte der neunziger Jahre hatte sich nach einer Studie des IBFG das Wirtschaftsembargo gegen Serbien allerdings durchaus als wirksame Waffe erwiesen, obwohl es immer wieder auch von NATO-Staaten durchbrochen worden war. Daß die Aggressionspolitik nicht aufhörte, lag nach der Analyse der IBFG-Experten vor allem an der mangelnden Bereitschaft des Westens, die demokratische Opposition Serbiens unzweideutig zu unterstützen.[22])

Die Entwicklung im ehemaligen kommunistischen Bereich barg nicht nur für diese Länder selbst, sondern auch für die westlichen Staaten Europas sozialen und politischen Sprengstoff. Flüchtlingsströme aus den Kriegsgebieten und zahlreiche Menschen, die im reichen Westen bessere Lebenschancen suchten, überschritten die Grenzen trotz aller Versuche einer restriktiven Zuwanderungspolitik mit zum Teil sehr harten Maßnahmen. Denn die wirtschaftliche Transformation nach dem Sturz der alten Systeme war wesentlich härter, als die meisten Ökonomen und Politiker 1989 angenommen hatten. Nur in Polen lag das Bruttoinlandsprodukt 1998 deutlich höher als 1989, in Ungarn, in der Tschechischen Republik, in der Slowakei und in Slowenien befand es sich bestenfalls auf dem Niveau von 1989 und in den anderen osteuropäischen Ländern sah die Situation noch wesentlich schlechter aus.[23]) Dazu kam, daß die staatlichen Sozialleistungen fast überall zurückgeschraubt wurden und das Lohnniveau im Verhältnis zur Preisentwicklung sehr niedrig ist. Bezeichnend für die Einstellung der Regierungen der »Reformländer« war, daß 1993, immerhin vier Jahre nach dem Beginn des Transformationsprozesses, kein einziges unter ihnen die Europäische Sozialcharta ratifiziert hatte.[24]) Die Zuwanderung aus dem Osten und Südosten fiel genau in die Phase grundlegender gesellschaftlicher und wirtschaftlicher Veränderungen, in der sich die Kluft zwischen »Modernisierungsverlierern« und »Modernisierungsgewinnern« immer mehr auftat und Bedrohung durch Arbeitslosigkeit wieder für viele Arbeitnehmer bittere Realität wurde. Die österreichische Gewerkschaftsbewegung sah die Gefahr eines Sozial- und Lohndumpings, das letztlich zu einer Zerreißprobe für die Demokratie führen mußte. Der ÖGB wehrte sich deshalb schon 1990 gegen die von Arbeitgeberseite geforderte volle Liberalisierung des Arbeitsmarktes. Fritz Verzetnitsch befürwortete damals ein Integrationsmodell, das zwar beim Eintritt in den Arbeitsmarkt strengere Zugangsvoraussetzungen erfordere, aber mittel- und langfristig darauf ausgerichtet sei, die Zuwanderer dauerhaft zu integrieren. Er verlangte »einen geordneten Arbeitsmarkt ..., in dem für alle Beschäftigten, gleich ob Österreicher, langjährig beschäftigte Ausländer oder Neuzuwanderer, die österreichischen Arbeits- und Sozialgesetze, einschließlich der Kollektivverträge, gelten«.[25])

Mit Nachdruck forderte der ÖGB damals wie in den kommenden Jahren den Kampf gegen die illegale Beschäftigung von Ausländern zu grotesk niedrigen Löhnen. Er konnte zwar in Sozialpartnerverhandlungen immer wieder Teilerfolge erreichen, am grundsätzlichen Problem änderte sich jedoch nichts: Allein 1997 stellte die Arbeitsinspektion bei ihren Stichprobenkontrollen in 14.452 Betrieben 2.060 Verstöße gegen das Ausländerbeschäftigungsgesetz fest, 3.858 illegal beschäftigte Ausländer wurden aufgefunden. 1998 legte der ÖGB ein Positionspapier gegen die von Unternehmen organisierte illegale Beschäftigung vor. Es war als Grundlage für einen Gesetzesentwurf gedacht, der dann vom Sozialministerium auch ausgearbeitet, aber von der Arbeitgeberseite bekämpft wurde, und dessen Beschlußfassung schließlich am Widerstand der ÖVP im beginnenden Nationalratswahlkampf 1999 scheiterte. Der Gesetzesentwurf richtete sich gegen illegale Beschäftigung nicht nur von Ausländern. An diesem Punkt setzten seine Gegner an, die ihn zu einem »Polizeistaat-Entwurf« gegen Häuslbauer und Nachbarschaftshilfe uminterpretierten – eine Zielrichtung, die zumindest von ÖGB und Arbeiterkammer nie ins Auge gefaßt worden war.[26])

Die neuen demokratischen Gewerkschaften in den »Reformstaaten«, von denen im Laufe eines Jahrzehntes viele bereits Mitglieder des IBFG und der gewerkschaftlichen Berufsinternationalen wurden, sehen in der Wanderbewegung nach Westen ebenfalls ein Problem, da sie »einen schwer verkraftbaren Verlust qualifizierter Arbeitskräfte« bedeutet. Das erklärten die Metallgewerkschafter aus Tschechien, der Slowakei, Ungarn und Slowenien im März 1999 einhellig, als sie mit den der österreichischen Gewerkschaft Metall-Bergbau-Energie und der deutschen IG Metall in Wien ein Memorandum unterzeichneten, das eine enge Kooperation vorsah, um gemeinsam gegen Lohn- und Sozialdumping anzukämpfen. Kernpunkte der Zusammenarbeit sollten der Austausch von Beobachtern, der Aufbau eines Informationsnetzwerkes und gegebenenfalls auch Unterstützung bei Arbeitskonflikten sein.[27]) Der ÖGB stellte seine Erfahrungen und seine Kontakte, die auch während der kommunistischen Zeit nie abgerissen gewesen waren, von Anfang an zur Verfügung, um die Verbindung zwischen den neuen unabhängigen Gewerkschaftsbewegungen, dem IBFG und dem Europäischen Gewerkschaftsbund zu intensivieren. Es ging darum, die Kollegen bei ihrer schwierigen Aufbauarbeit in Konfrontation mit zum Teil gewerkschaftsfeindlich gesinnten Regierungen zu unterstützen. 1990 trafen in Wien erstmals bei einer Konferenz Vertreter der neuen Gewerkschaftsbewegungen mit Vertretern des IBFG, des EGB, des Weltverbandes der Arbeitnehmer und Vertretern westeuropäischer Gewerkschaftsverbände zusammen.[28] Ein Jahr zuvor war die »Konferenz für gewerkschaftliche Zusammenarbeit in Europa« entstanden, eine Plattform des Gedankenaustausches zwischen christlich-sozialen Gewerkschaften zu den sozialen und wirtschaftlichen Problemen Mittel- und Osteuropas. Als Hauptziele der Plattform nannte ÖGB-Vizepräsident Fritz Neugebauer: Alle Bemühungen um freie und demokratische Systeme in allen Ländern Europas zu unterstützen, multinationale und bilaterale Hilfe auf christlich-sozialer Ebene, den Einsatz für eine »gerechte Verteilung des Vermögens der ehemaligen Staatsgewerkschaften in den postkommunistischen Ländern« und das Eintreten für Verfassungen, die sozialpartnerschaftliches Handeln ermöglichen.[29]

Von 1990 bis 1994 führte der ÖGB mehr als 150 Schulungsveranstaltungen mit den Partnergewerkschaften in den Ländern Mittel- und Osteuropas durch[30] und in den folgenden Jahren wurde ein regionales Kooperationsnetz aufgebaut. Burgenländische und ungarische Gewerkschafter beschlossen 1998, nicht nur bei der gewerkschaftlichen Bildung, sondern auch in Fragen der Rechtsangleichung und vor allem in der Sozialpolitik zusammenzuarbeiten, was angesichts der völlig unterschiedlichen Krankenversicherungs- und Pensionssysteme dringend geboten schien.[31] Die ÖGB-Landesexekutive Niederösterreich und die südmährischen Gewerkschaften schlossen sich in einer Arbeitsgemeinschaft zusammen, die 1997 ihre erste Konferenz abhielt. Ende 1998 wurde unter Beteiligung der niederösterreichischen Arbeiterkammer und des Berufsförderungsinstitutes ein Verbindungsbüro der Arbeitsgemeinschaft in Brünn eingerichtet. Seine Aufgabe ist es, die Kontakte zu vertiefen, für einen regelmäßigen Informationsaustausch zu sorgen und den tschechischen Kollegen Hilfestellung in den Bereichen Arbeits- und Sozialrecht zu geben.[32] 1997 begann die intensive Kooperation zwischen der ÖGB-Landesexekutive Steiermark und dem Verband der Freien Gewerkschaften Sloweniens, bei der die Unterstützung in arbeits- und sozialrechtlichen Fragen ebenfalls ein zentraler Schwerpunkt ist. Die beiden Nachbarn vereinbarten auch, eine gemeinsame Stellungnahme zum möglichen EU-Beitritt Sloweniens auszuarbeiten.[33]

Die Vertretung von Arbeitnehmerinteressen im zusammenwachsenden Europa

Nach erfolgreichen Beitrittsverhandlungen und mit dem positiven Ergebnis der Volksabstimmung vom 12. Juni 1994 war Österreich Mitglied der Europäischen Union, zu der sich die Europäische Gemeinschaft, die frühere Europäische Wirtschaftsgemeinschaft, mit den Beschlüssen der Konferenz der Staats- und Regierungschefs in Maastricht 1991 weiterentwickelt hatte. In Maastricht fiel die Entscheidung, daß sich die Union für neue Mitglieder öffnen sollte, vorausgesetzt ihre Regierungssysteme beruhten auf den Prinzipien der Demokratie. Damit war für Österreich und die anderen beitrittswilligen EFTA-Staaten das Signal gesetzt und gleichzeitig den mittel- und osteuropäischen Staaten eine Motivation gegeben, ihre neuen Systeme zu stabilisieren und weiter aufzubauen.

Der ÖGB hatte durch seine aktive Mitgliedschaft im Europäischen Gewerkschaftsbund intensivere Erfahrungen mit der »europäischen Ebene« als die meisten anderen österreichischen Institutionen. Der 1973 als Zusammenschluß von Gewerkschaftsbünden aus EG- und EFTA-Ländern gegründete EGB ist die einzige Gewerkschaftsinternationale, in der von Anfang an überparteiliche, sozialdemokratische und sozialistische und christliche Gewerkschaftsorganisationen kooperierten und der auch mit dem größten italienischen Gewerkschaftbund CGIL ein kommunistischer Verband angehörte.[34] Seine Entwicklung ab 1988 spiegelt gleichzeitig die Entwicklung und die Probleme der freien Gewerkschaftsbewegung in Mittel- und Osteuropa nach dem Ende des Kommunismus wider: 1988 gehörten ihm 35 Gewerkschaftsbünde aus 21 ausschließlich westeuropäischen Staaten an, die 43 Millionen Mitglieder repräsentierten, 1998 waren es 61 nationale Dachverbände aus 28 Ländern mit insgesamt 57 Millionen Mitgliedern.[35] Das starke Ansteigen der Zahl der Gewerkschaftsverbände, während die Zahl der beteiligten Länder nur um sieben zugenommen hatte, zeigt die Zersplitterung der Gewerkschaftsbewegung in der Umbruchsituation der Transformationsstaaten.

Der ÖGB stellte seit 1973 den Vizepräsidenten, zunächst in der Person Alfred Ströers, des Leitenden Sekretärs bis 1987, dem ab 1988 der neue ÖGB-Präsident Fritz Verzetnitsch nachfolgte.[36] 1993 wurde dann Fritz Verzetnitsch als Nachfolger des Generalsekretärs des britischen Gewerkschaftsverbandes TUC, Norman Willis, vom Exekutivkomitee zum EGB-Präsidenten bestellt und von den folgenden Kongressen des Europäischen Gewerkschaftsbundes durch Wahl in seinem Amt bestätigt. Beim 6. EGB-Kongreß in Stockholm regte Fritz Verzetnitsch an, eine »Europäische Gewerkschaftsakademie« einzurichten, um »talentierten Nachwuchs aus den Gewerkschaften für die Interessenvertretung der Arbeitnehmer in den europäischen Institutionen herauszubilden« und so »ein Gegengewicht zu den aus den Eliteschulen des Managements kommenden Beamten und Vertretern der Unternehmer stellen zu können«. Ein Jahr später tagte im Adolf-Czettel-Bildungszentrum der Wiener Arbeiterkammer die Vorbereitungskonferenz zur Gründung der Gewerkschaftsakademie, die dann 1991 vorgenommen wurde. Auch das erste große EGA-Seminar fand in Österreich, im ÖGB-Haus am Kärntner Hafner See, statt.[37])

Weil der ÖGB die Chancen und Probleme einer EU-Mitgliedschaft aus konkreter Erfahrung heraus beurteilen konnte, befürwortete er eine »weitgehende Teilnahme« Österreichs an der europäischen Integration, aber nicht um jeden Preis und mit überlegtem Vorgehen. Die wichtigsten Bedingungen für eine aktive Beteiligung der Gewerkschaftsbewegung zunächst am Weg in den gemeinsamen Binnenmarkt, die ÖGB- und Arbeiterkammervertreter im Juli 1988 erstmals formulierten, wurden der Bundesregierung im Dezember dieses Jahres in Form eines Memorandums übergeben. Denn, so schrieb Fritz Verzetnitsch, »Einfluß nehmen auf den politischen Integrationsprozeß in Europa bedeutet vor allem, die Forderungen an die Bundesregierung zu stellen«, weil »die Politik der europäischen Integration in erster Linie von den Staaten bestimmt« wird. Die Gewerkschaftsbewegung verlangte: Die immerwährende Neutralität Österreichs muß auch im Integrationsprozeß erhalten werden, Mitbestimmung und Sozialrecht der österreichischen Arbeitnehmer sind zu sichern, die Wirtschafts- und Finanzpolitik hat dafür zu sorgen, daß die österreichischen Unternehmen und Wirtschaftsbereiche die Probleme bewältigen können, die sich aus dem verschärften Wettbewerb ergeben werden, die Funktionsfähigkeit der öffentlichen Haushalte und damit des Sozialstaates muß gewahrt bleiben und Qualifikationsanstrengungen sind auf allen Ebenen zu forcieren, da Qualifikation »zu den wichtigsten Faktoren eines Landes zählt«.[38])

Der ÖGB warnte die EU-Euphoriker, die Marktchancen vor allem in der Schweiz, aber auch in Schweden, Norwegen, Finnland und Island, also den Staaten, die wie Österreich zur Europäischen Freihandelszone EFTA gehörten, nicht durch überstürztes Handeln zu verschütten. Er verwies auch auf die Wirtschaftsbeziehungen zu den Ländern des damals noch existierenden kommunistischen »Rates für gegenseitige Wirtschaftshilfe«, des RGW oder COMECON, die ebenso wenig aufs Spiel gesetzt werden dürften. Die Gewerkschaftsbewegung hielt ein gemeinsames Vorgehen der EFTA-Staaten für nowendig, um den Zugang zu wesentlichen Teilen des Binnenmarktes offenzuhalten,[39]) der nach den Plänen der EG 1992/93 Wirklichkeit werden sollte; für die von ihm ausgeschlossenen Länder mußte mit einem Einkommensverlust beim Export von bis zu 10 Prozent gerechnet werden. Tatsächlich erhielt der Binnenmarkt dann die von der EFTA für ihr eigenes Konzept geprägte Bezeichnung »Europäischer Wirtschaftsraum«, blieb aber in seiner Ausformung entgegen den EFTA-Vorstellungen eine Zollunion mit offenen Innengrenzen.[40]) Trotzdem schlossen sich aus wirtschaftlichen Überlegungen alle EFTA-Staaten bis auf die Schweiz dem EWR an und übernahmen damit automatisch etwa 60 Prozent der Gesetzgebung der Europäischen Gemeinschaft, vor allem die Liberalisierung des Dienstleistungs-, Personen- und Kapitalverkehres. Österreich wickelte längst zwei Drittel seines Außenhandels mit EG-Staaten ab, und unter dieser Voraussetzung war die volle Teilnahme am EWR besonders wichtig. Weil diese aber nur mit einem Beitritt zur EG erreicht werden konnte, befürwortete der ÖGB das Beitrittsansuchen Österreichs – wieder mit der Einschränkung, »daß dies mit der Aufrechterhaltung der Neutralität vereinbar ist und keine sozialen Verschlechterungen eintreten dürfen«.[41]) 1993, am gleichen Tag, an dem in Wien die 5. EFTA-Gewerkschaftskonferenz zusammentrat, begann die EG in Brüssel die Verhandlungen mit Österreich und den beiden anderen beitrittswilligen EFTA-Staaten Finnland und Schweden. Die Vorsitzenden der zehn EFTA-Gewerkschaftsverbände begrüßten in ihrer gemeinsamen Erkärung den Beginn der Beitrittsverhandlungen, verlangten aber gleichzeitig, daß »die nötige Information und Beteiligung der Gewerkschaften sichergestellt werden müssen«.[42])

Die zentrale Aufgabe des die EG/EU- und EFTA-Gewerkschaftsverbände umfassenden Europäischen Gewerkschaftsbundes im Integrationsprozeß lag darin, angesichts des Fallens von Wettbewerbshemmnissen und der immer weiter entwickelten Freizügigkeit des Personen- und Warenverkehres für den Schutz der Arbeitnehmer und die Sicherung ihrer Rechte zu kämpfen. Ende 1996 erhielt die Gewerkschaftsbewegung dazu mit Harald Ettl, dem Vorsitzenden der ÖGB-Gewerkschaft Textil, Bekleidung, Leder, einen direkten Ansprechpartner im EU-Parlament, in das er für die SPÖ gewählt wurde.[43]) Er hatte in den folgenden Jahren als Vorsitzen-

Österreichs Gewerkschaftsbewegung
Stationen in Europa

1989 Gipfelkonferenz der EFTA-Gewerkschaftsbünde im Europäischen Gewerkschaftsbund/EGB zur Integration in die EG/EU

1989 Die Kreisky-Kommission erarbeitet auf Anregung des Europäischen Gewerkschaftsinstitutes Vorschläge zur Beschäftigungspolitik.

1993 Eröffnung des ÖGB-Büros in Brüssel. Der ÖGB-Präsident wird auch EGB-Präsident.

1998 Renault Arbeiter aus Belgien, Frankreich und Spanien streiken grenzüberschreitend gegen die Schließung des belgischen Werkes.

1. 1. 1995 Österreich ist EU-Mitglied

1998 Österreichische EU-Präsidentschaft – Beschäftigungsgipfel des EGB in Wien. Rechts neben Bundeskanzler Viktor Klima EGB-Generalsekretär Emilio Gabaglio

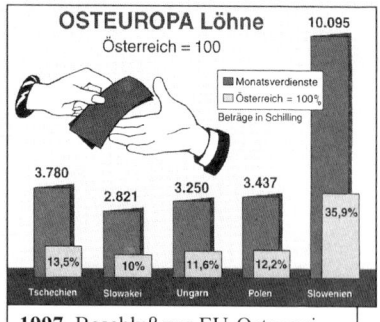

1997 Beschluß zur EU-Osterweiterung. Der ÖGB verlangt einen »Beitrittsfahrplan«, der den Beitrittskandidaten ausreichend Zeit läßt, ihre Standards im notwendigen Maß zu verbessern, um das Sozialgefälle zu reduzieren.

der des Sozialausschusses wesentlichen Anteil daran, daß das Parlament, dessen Kompetenzen während der neunziger Jahre deutlich ausgeweitet wurden, immer wieder Gewerkschaftsanliegen unterstützte. Ein Teil der Gewerkschaftsforderungen war bereits in die 1989 beschlossene »Europäische Sozialcharta« aufgenommen worden, die zu unterzeichnen sich das neoliberale Großbritannien allerdings weigerte.[44]) Nach mühevollen Verhandlungen mit vielen Rückschlägen gelang es dem EGB, nicht nur den »Sozialen Dialog«, die Einbeziehung der Sozialpartner in das EU-System, im Maastricht-Vertrag rechtlich zu verankern, sondern auch in einem Zusatzprotokoll erstmals die »Soziale Dimension« der EU. Ein wesentlicher Schönheitsfehler bestand allerdings darin, daß sich der Inhalt gegenüber dem ursprünglichen Vorschlag der EU-Kommission und den Änderungsvorschlägen des EU-Parlamentes nur stark verwässert wiederfand. Eine Vereinbarung des EGB mit den europäischen Arbeitgeberverbänden, der UNICE, der »Union der europäischen Industrie- und Arbeitgeberverbände«, und der CEEP, der »Europäischen Zentrale der Öffentlichen Wirtschaft«, hatte die positive Entscheidung in Maastricht ermöglicht.[45]) Für die geplante Überarbeitung der Verträge forderte die europäische Gewerkschaftsbewegung, die Sozialcharta und das Zusatzprotokoll und darüber hinaus das Recht auf gewerkschaftliche Organisierung, auf Kollektivvertragsverhandlungen und auf transnationale Gewerkschaftsaktionen in die Gemeinschaftscharta der Europäischen Union, also in die EU-Verfassung, aufzunehmen und sie damit für alle Staaten bindend zu machen.[46]) Beim EU-Gipfel in Amsterdam im Juni 1997 konnte als erster Schritt die Eingliederung des Sozialprotokolles in den Vertragstext erreicht werden.[47])

Die Grundsatzentscheidung für den Zusammenschluß jener EU-Staaten zur Währungsunion, die die entsprechenden »Konvergenzkriterien« erfüllten und sich beteiligten wollten, fiel ebenfalls in Maastricht. Die österreichische und die europäische Gewerkschaftsbewegung teilten das Anliegen, eine einheitliche europäische Währung ohne Wechselkursschwankungen zu erreichen. Sie sahen aber in der Verpflichtung der EU-Mitglieder zu einer extrem restriktiven Budgetpolitik, um Defizite und Neuverschuldung den Konvergenzkriterien anzupassen, die Gefahr eines jahrelang eingeschränkten Handlungsspielraumes für den Sozialstaat. »Ein ausgeglichenes Staatsbudget und eine harte Währung alleine sind noch keine Meßzahl für den Wohlstand«, stellte der Arbeitskreis Wirtschaftspolitik vor dem 13. ÖGB-Bundeskongreß fest.[48]) Da der Euro-Fahrplan auf der neoliberalen Linie blieb, ohne die Entwicklung von Wachstum, Beschäftigung und Arbeitslosigkeit als gleichwertige Kriterien einzubeziehen, entschied sich der ÖGB 1997 gegen eine gemeinsame Aktion mit der Regierung, um für die Währungsunion und die Einführung der neuen gemeinsamen Währung Euro zu werben. Die unterschiedlichen Position wurde von Fritz Verzetnitsch mit dem Satz formuliert: »Die Regierung will den Euro, wir lehnen ihn nicht ab.«[49])

Die Entscheidung, beim Absenken der Budgetdefizite eine Bandbreite zu akzeptieren, die letztlich getroffen wurde, machte es auch Ländern mit »weicherer« Währung möglich, der Währungsunion beizutreten. Ein Ausschluß von so wichtigen EU-Mitgliedern wie Italien durch ein Beharren auf der hundertprozentigen Erfüllung der Vorgaben, wie es von mancher Seite gefordert worden war, hätte die Stabilität der Euro wesentlich mehr gefährdet als das Akzeptieren der Bandbreite. Die Kritiker dieser Entscheidung, die vor allem in der Deutschen Bundesbank sitzen, sahen sich durch den Wertverlust des Euro gegenüber dem Dollar von rund 8 Prozent in den ersten Monaten 1999 bestätigt, obwohl in Wirklichkeit keine Ursache bestand, die Situation zu dramatisieren: Angesichts der geringfügigen Außenhandelsverflechtungen der EU von weniger als zehn Prozent war der Wertverlust unbedenklich, der Euro erreichte vielmehr wieder das durchschnittliche Niveau der europäischen Hartwährungen von 1997/98; gleichzeitig gab es seit 1997 praktisch keine Inflation mehr. Eine Studie der Arbeiterkammer wies nach, welches gefährliche Spiel die neoliberalen Ökonomen spielen, die trotzdem unter dem Vorwand der Inflationsbekämpfung alles versuchen, um die Zinsen hochzuhalten, und einen »Lohnunterbietungswettlauf« befürworten. Denn eine solche Politik führt unweigerlich in die »Deflationsfalle«, zu einem nachhaltigen, mehrere Jahre anhaltenden Rückgang des Preisniveaus, der in weiterer Folge eine Wirtschaftsdepression, eine Krise für Wachstum und Beschäftigung, nach sich zieht. Werden die Zinsen erst dann zurückgenommen, wenn sich das Preisniveau bereits nach unten bewegt, die zu niedrigen Preise die Wirtschaftskraft der Unternehmen schädigen und auf Investitionen verzichtet wird, ist es zu spät. Denn Zinsen können nicht unter Null gesenkt und so in vollem Umfang der Preisentwicklung angepaßt werden, wodurch die Unternehmen immer größere Probleme haben, ihre »nominell fixierten Verbindlichkeiten zu bedienen«, also etwa ihre Kreditschulden entsprechend den Vereinbarungen zurückzuzahlen. Das löste im Japan der neunziger Jahre die Deflationsspirale aus, die 1997/98 zur weltweiten Finanzkrise führte. Im Bereich der EU bestanden Anfang 1999 alle Voraussetzungen, um rechtzeitig entgegenzusteuern, bevor die unmittelbare Gefahr einer Deflation eintreten konnte. Die Gewerkschaftsbewegung forderte deshalb eine Haltungsänderung der verantwortlichen Entscheidungsträger in den europäischen Notenbanken. Sie sah auch nach den ersten Schritten, die die Europäische Zentralbank gesetzt hatte, noch genügend Spielraum für eine weitere Senkung der Leitzinsen in der Euro-Zentrale und trat dafür ein, diesen Spielraum zu nutzen, um die Investitionsbereitschaft der Unternehmen zu erhöhen. Ein Umdenken, so belegten die AK-Experten, wäre auch hinsichtlich der Einstellung zur Inflationsentwicklung notwendig. Um einem Umkippen in Deflation oder zumindest Stagnation vorzubeugen, sollte der Zielwert für die Inflation in der europäischen Währungspolitik deutlich über Null, also etwa bei zwei Prozent, angesetzt werden.[50])

1999 ließ die Arbeiterkammer auch untersuchen, wie sich die Sparpolitik zwischen 1995 und 1997 EU-weit ausgewirkt hatte. Es zeigte sich dabei deutlich, daß die übertriebenen Erwartungen der Neoliberalen in eine unmittelbare Belebung des Wirtschaftswachstums durch die Konsolidierung nicht erfüllt worden waren. Im Gegenteil: Erst der kräftige internationale Konjunkturaufschwung ermöglichte zusammen mit einer Senkung der langfristigen Zinsen und einer geringen Inflationsrate einen günstigen Verlauf. Nur dadurch wurden Wachstum und Beschäftigung weniger beeinträchtigt, als man befürchtet hatte. Die Überzeugung des ÖGB, daß der Erfolg einer Budgetkonsolidierung in erster Linie von der begleitenden Wirtschaftspolitik und der Bereitschaft abhängt, verteilungspolitische Konsequenzen zu berücksichtigen, bestätigte sich eindeutig.[51])

Mit der Wirtschafts- und Währungsunion war nach dem Europäischen Wirtschaftsraum das zweite große Projekt der neunziger Jahre verwirklicht, das der europäischen Integration eine neue Dimension gab. Das dritte, dessen Umsetzung weit in das nächste Jahrtausend hinein stattfinden wird, ist die EU-Osterweiterung. Schon seit Beginn des politischen und wirtschaftlichen Transformationsprozesses Ende der achtziger Jahre waren die Beziehungen zwischen den mittel- und osteuropäischen Ländern und der EG/EU verstärkt worden. Die wichtigsten Instrumente zur Anbindung dieser Staaten waren die »Europaverträge«, Assoziationsabkommen, die die Entwicklung einer Freihandelszone innerhalb von zehn Jahren vorsahen. Ihrem Wunsch nach einer Aufnahme in die EU als Vollmitglieder wurde vom Europäischen Rat in Kopenhagen 1993 Rechnung getragen, der ihnen eine Mitgliedschaft zusagte, soferne sie den damit verbundenen politischen und wirtschaftlichen Verpflichtungen nachkommen könnten und soferne die EU in der Lage wäre, neue Mitgliedstaaten aufzunehmen. Mitte 1997 lag die in der »AGENDA 2000« zusammengefaßte Stellungnahme der EU-Kommission zu den Beitrittsansuchen vor. Ungarn, Polen, Estland, die Tschechische Republik und Slowenien wurden als ausreichend stabil eingestuft, um mit ihnen Beitrittsverhandlungen zu beginnen.[52])

Die Kriterien, nach denen die Kommission wertete, folgten dem neoliberalen Muster. Sie sah den Wettbewerb als Maß aller Dinge und vernachlässigte völlig die gesellschaftlichen Folgen einer reinen Marktwirtschaft, die dem europäischen Sozialmodell in hohem Maße entgegenstehen. Nach Einschätzung der europäischen Gewerkschaftsbewegung müßte dagegen die soziale Konvergenz im Vordergrund stehen – im Interesse der Menschen in den Beitrittsländern und im Interesse der Menschen in den an sie angrenzenden Staaten. Das gilt nicht nur, aber besonders für Österreich mit seiner langen Grenze zu Tschechien, Ungarn und Slowenien, das von einem überhasteten Beitritt besonders negativ betroffen wäre. Denn das Lohnniveau, um eines der zentralen Probleme zu nennen, betrugt in diesen Nachbarstaaten auch noch 1999 nur ein Zehntel bis ein Drittel des österreichischen, eine Annäherung von Lohnniveau und Lebensstandard scheint aber in absehbarer Zeit unrealistisch. Die deutlich unterschiedliche wirtschaftliche und beschäftigungspolitische Ausgangssituation würde ohne Übergangsfristen für die Freizügigkeit der Arbeitskräfte zu einem erheblichen zusätzlichen Druck auf den Arbeitsmarkt führen.[53]) Mit der im Herbst 1997 vom Sozialausschuß des EU-Parlamentes auf Vorschlag von Harald Ettl beschlossenen Stellungnahme zur Osterweiterung machte sich erstmals ein wichtiges EU-Organ die Gewerkschaftsforderungen zu eigen: Der Ausschuß verlangte längere Übergangsfristen bei der Freizügigkeit der Arbeitnehmer und die Umsetzung der Kernbereiche des EU-Arbeits- und Sozialrechtes vor einem Beitritt.[54]) Der ÖGB hielt darüber hinaus weitere qualitative Übergangskriterien für erforderlich, vor allem hinsichtlich der Entwicklung des Arbeitsmarktes, des Lohnniveaus und der Umweltstandards. Um die Fortschritte in Österreich und den Beitrittsländern nachvollziehen und bewerten zu können, sollte außerdem alle fünf Jahre ein »Review-Prozeß« stattfinden, in den beide Seiten einbezogen sind. Denn nur bei sozial verantwortlichen Übergangsbestimmungen besteht die Chance, die Akzeptanz für den Erweiterungsprozeß bei der Bevölkerung Österreichs und den anderen EU-Staaten zu erlangen.[55])

Österreich im Spannungsfeld zwischen Fortschritt und Rückschritt

Der EU-Beitritt war eine wesentliche Voraussetzung für das Beibehalten der Wettbewerbsfähigkeit und der Wachstumsmöglichkeit der österreichischen Wirtschaft. Vom Abschluß des Staatsvertrages bis Mitte der neunziger Jahre konnte Österreich seine Stellung innerhalb der OECD-Staaten entscheidend verbessern, nur Japan erzielte noch bessere Zuwächse bei allen wichtigen Wirtschaftsdaten. Mitte der achtziger Jahre bestand zwar die Gefahr, daß Österreich in der Phase des wirtschaftlich-gesellschaftlichen Umbruches den Anschluß an die Entwicklung verlieren könnte, aber die Schwierigkeiten wurden überwunden[56]): 1998 zählte das Land zu den acht reichsten Industriestaaten der Welt und hatte sich damit gegenüber 1994 um zwei Ränge verbessert. Beim Bruttoinlandsprodukt pro Kopf, dem zentralen Maßstab für den Wohlstand eines Landes, lagen innerhalb der EU nur Luxemburg und Dänemark besser als Österreich.[57]) Das reale Wirtschaftswachstum war von 1989 bis 1998 mit Ausnahme der Jahre 1994, 1995 und 1997 durchwegs höher als im EU-Durchschnitt.[58]) Die durchschnittliche Jahresinflationsrate sank 1992 bis 1997 von 4,1 Prozent auf 1,3 Prozent und erreichte damit den niedrigsten Wert seit 1945.[59]) Die Produktivität stieg so stark an, daß sie 1991 erstmals einen Wert über dem Durchschnitt der OECD-Staaten erreichte, die Industrieproduktivität wuchs von 1987 bis 1997 doppelt so schnell wie im gesamtwirtschaftlichen Durchschnitt[60]) und ab 1995 am schnellsten von allen EU-Staaten.[61]) Das World Economic Forum erklärte Österreich als Wirtschaftsstandort zum Aufsteiger des Jahres 1998, weil es im Vergleich mit 52 Ländern die Rahmenbedingungen für Unternehmen am stärksten verbessert und damit Industrienationen wie Frankreich, Deutschland oder Italien überholt hatte. Neben den durch den EU-Beitritt verstärkten Investitionen ausländischer Konzerne weitete sich ab 1995 nach jahrelangem Stillstand auch die Investitionstätigkeit der österreichischen Industrie wieder aus.[62])

Die hohe Produktivität bewirkte deutliche Steigerungen in der Exportrate. Bei der Exportquote pro Kopf lag Österreich zwar noch

Das reale Wirtschaftswachstum Österreichs und der Europäischen Union 1986 bis 1998 im Vergleich

(jährliche Zuwachsrate des Bruttoinlandsproduktes in Prozent)

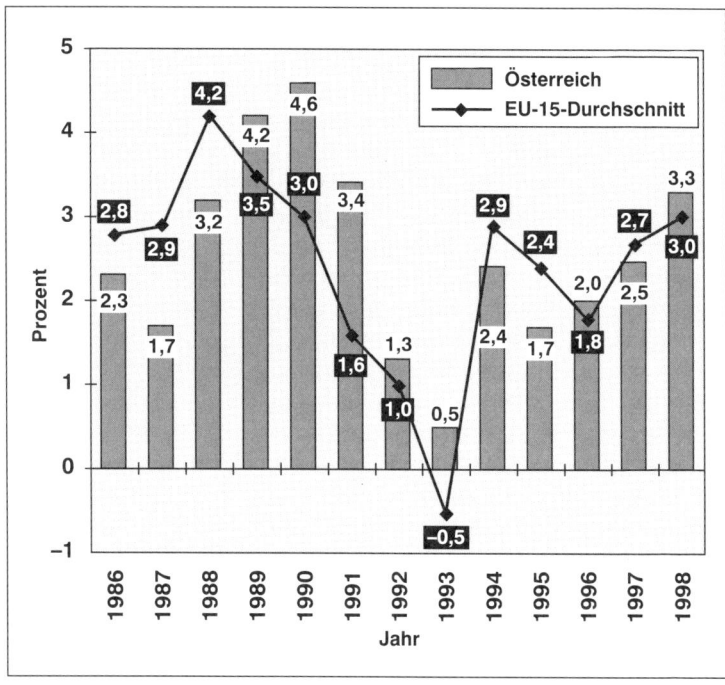

immer hinter anderen kleineren Staaten wie Dänemark, Belgien oder den Niederlanden, überflügelte aber große Nationen wie Deutschland. Gleichzeitig wuchs jener Anteil der gesamten Wirtschaft, der einer internationalen Konkurrenz ausgesetzt ist, von 30 bis 35 Prozent auf 60 bis 65 Prozent des Brutto-Inlandsproduktes.[63]) Zwischen 1980 und 1992 nahm die Gesamtzahl der von der Einkommensstatistik erfaßten Arbeiter und Angestellten um 9,4 Prozent zu, trotzdem gingen Zahl und Anteil der Arbeitslosen nicht zurück, sondern stiegen parallel an, wenn auch die Arbeitslosenrate – nicht zuletzt, weil ihre Zunahme dank der Beschäftigungspolitik der siebziger Jahre von einem niedrigen Sockel ausging – deutlich geringer blieb als in fast allen anderen westlichen Industrieländern. Von 1988 bis zum Jahr 2002 prognostizierte das Institut für Höhere Studien bei einem rascheren Wirtschaftswachstum eine Zunahme der Zahl der unselbständig Erwerbstätigen um rund 70.000 und ein Sinken der Arbeitslosenrate nach der vor dem EU-Beitritt üblichen Berechnung von 7,1 Prozent auf 6,5 Prozent, allerdings bei einer sinkenden Lohnquote im Verhältnis zum Bruttoinlandsprodukt.[64])

Steigende Arbeitslosigkeit trotz Beschäftigungswachstum, die Zunahme der Beschäftigung im Dienstleistungssektor bei gleichzeitigem Rückgang in Industrie und Gewerbe und der überdurchschnittliche Rückgang älterer Beschäftigter zeigten das Ausmaß der Strukturveränderung im Österreich der neunziger Jahre an. Am stärksten betroffen war die Konsumgüterindustrie, wo es zu einem unaufhaltsamen Rückgang der Zahl von Betrieben und Beschäftigten kam.[65]) In den Branchen Textil, Bekleidung, Leder verloren etwa von 1988 bis 1995 24.300 Menschen ihren Arbeitsplatz, allein von 1988 bis 1991 wurden 87 Betriebe geschlossen und von den 329 Textilbetrieben des Jahres 1996 bestanden 1997 nur noch 302. Aber von den Betrieben, die übriggeblieben waren, schrieben 95 Prozent Gewinne, während zwei Jahre zuvor noch 30 Prozent in der Verlustzone gelegen hatten.[66]) Die Strukturveränderung setzte auch lange Zeit stabile und erfolgreiche Unternehmen unter Druck, und Managementfehler, die nachgewiesene Hauptursache von Unternehmenskrisen, hatten weit größere Auswirkungen. Deshalb nahm die Zahl der Insolvenzen trotz der insgesamt guten Wirtschaftsdaten deutlich zu. 1994 erreichten die Insolvenzverbindlichkeiten das bisherige Rekordergebnis von 34,6 Milliarden Schilling. Am stärksten waren die Branchen Bauwirtschaft, Spiel/Sport/Musik/Freizeit, Maschinen und Metall, Textilwirtschaft und Lebens- und Genußmittel betroffen, 1998 wurden 486 Unternehmenspleiten registriert.

Die bisher größte Insolvenz der Zweiten Republik, der Ausgleich des Konsum 1995, war mehr als das »Aus« für ein großes Unternehmen. Das Modell der Konsumgenossenschaft, das die sozialdemokratische Arbeiterbewegung als Zusammenschluß von Konsumenten mit wenig Einkommen geschaffen hatte, um durch gemeinsamen Einkauf die wichtigsten am Markt angebotenen Güter erschwinglich zu machen, verschwand auch als Symbol aus dem Wirtschaftsgeschehen; denn mehr als ein Symbol war der Konsum spätestens ab der in der zweiten Hälfte der achtziger Jahre eingeleiteten »Sanierungsphase« nicht mehr. Für die einen ging ein Stück »Heimat« verloren, als »hätte man ihnen mitgeteilt, daß das Wasser ab sofort aufwärts fließt«[67]). Für die anderen war es »ein bitteres Eingeständnis des Scheiterns ideologischer Wirtschaftskonzeptionen«[68]). Der ÖGB war, obwohl als Organisation ohne rechtliche Verbindung zum Konsum und mit dem Ausscheiden Anton Benyas als Aufsichtsratsvorsitzender 1990 auch ohne Präsenz eines prominenten Gewerkschafters in den Organen[69]), vierfach betroffen: als Vertreter der fast durchwegs gewerkschaftlich organisierten Konsum-Mitarbeiter, durch die große Zahl von Gewerkschaftern in Genossenschaftsfunktionen, als Mehrheitseigentümer der »Bank für Arbeit und Wirtschaft«, von der der Konsum einen 30,36-Prozent-Anteil hielt, der aufgrund eines Syndikatsvertrages nur mit Zustimmung des ÖGB veräußert werden durfte, und in seiner Funktion als Gegenmacht zum neoliberalen Zeitgeist.

Im Konkurrenzkampf um die Marktanteile mit den boomenden großen Handelsketten mußte der Konsum ab Ende der siebziger Jahre regelmäßig Verluste im Tagesgeschäft hinnehmen, die dadurch wachsende Lücke konnte allerdings vorerst noch durch den Verkauf von Liegenschaften geschlossen werden. Ab der zweiten Hälfte der achtziger Jahre sollten mehrere Sanierungsprogramme die Basis für eine erfolgreiche Umstrukturierung legen. Doch sie griffen nicht, wenn auch keineswegs, weil »die eigenen Kosten dank mächtiger Betriebsräte explodierten« und »das Schließen unrentabler Filialen allzuoft politisch verwehrt« war, wie die Medienberichterstattung behauptete.[70]) Die Zeiten, als »der Konsum einen guten Kollektivvertrag, einen besseren als andere Handelsketten« hatte und Genossenschafter gegen das Schließen unrentabler Filialen erfolgreich intervenieren konnten[71]), waren längst vorbei. Der Personalstand wurde von 1988 bis 1991 um 20,5 Prozent reduziert, die Personalkosten sanken von 4,4 Milliarden auf 3,3 Milliarden Schilling und 1994 lagen die Gesamtaufwendungen für das Personal nur 13 Prozent über dem kollektivvertraglichen Mindesttarif, während damals im Branchenschnitt um 20 Prozent überzahlt wurde.[72]) In den folgenden Jahren ging der Personalstand um weitere 4.000 Beschäftigte zurück.

Noch vor dem Ausgleich wurden 15.000 der 17.300 Konsum-Mitarbeiter zur Kündigung angemeldet, und die Betroffenen erfuhren davon aus den Medien, weil man die Betriebsräte ausgeschaltet hatte. »Eine völlig überzogene Aktion und eine völlig falsche Politik«, kritisierte damals ÖGB-Präsident Verzetnitsch.[73]) Damals war die Situation allerdings bereits so verfahren, daß das Management anscheinend keine Chance mehr sah, den Weg in die Insolvenz zu verhindern. Letztlich ausschlaggebend dafür dürften Interessen im Bereich der Bankenpolitik und bei Marktkonkurrenten gewesen sein, die dazu führten, daß das Banken-Konsortium aus Konsum-Kreditgebern einen Überbrückungskredit nicht mehr in vollem Umfang auszahlte – und das trotz der Zustimmung des ÖGB zur Verpfändung der Bawag-Aktien des Konsum. Anton Benya meinte nach seiner Zeugenaussage beim Prozeß gegen die Konsum-Manager im Frühjahr 1999 »sinngemäß«, »diese Handelsketten wären Kunden bei jenen Banken, die letztlich die Auszahlung des Kredites verweigerten, denn »der Konsum hat ein Vermögen gehabt, wenn es nicht so gespielt worden wäre, wäre es auch ohne Ausgleich gegangen«.[74]) Die Gutachter kamen hinsichtlich der Vermögenslage des Konsum zu unterschiedlichen Schlußfolgerungen[75]), aber der unerwartet hohe Betrag, der den Gläubigern nach Abschluß des Ausgleiches zur Verfügung stand, scheint jene zu bestätigen, die meinten, das Vermögen des Konsum sei für eine realistische Sanierungschance noch immer groß genug gewesen. Für die anderen Handelsketten, die sich nach Österreichs EU-Beitritt in einer angespannten Situation befanden, war auf jeden Fall, wie man offen zugab, »der Ausgleich des Konsum ein Glück«.[76]) Und was den Bankensektor betrifft, so spielte der Blick auf die erfolgreiche Konkurrentin Bawag vermutlich wohl auch eine Rolle.

Der »Bankenkrieg« hätte den Konsum fast in den Konkurs statt in den Ausgleich geführt. Damit wäre auch die Chance vertan gewesen, wenigstens einen Teil der Arbeitsplätze beim Verkauf des noch existenten Unternehmens zu erhalten. Der ÖGB verhinderte den Konkurs, indem er den Wert des zum Verkauf stehenden Konsum-Aktienpaketes mit der Abgabe von 15 Prozent aus seinem eigenen Bawag-Aktienbestand erhöhte und so der Ausgleichswert gesichert werden konnte. Neue Partnerin der Bawag wurde die Bayerische Landesbank, weil sie, zum Unterschied von österreichischen Interessenten, die auf dem Erwerb der Aktienmehrheit bestanden, »den weiterhin bestimmenden Einfluß des ÖGB ... nicht nur akzeptiert, sondern ausdrücklich befürwortet hat«.[77])

Der Konsum-Ausgleich war im Juli 1998 abgeschlossen. Da die Erlöse aus dem Verkauf des Vermögens, vor allem aus dem Verkauf der Konsum-Filialen, weit besser ausfielen als erwartet, stand für die Gläubiger ein Betrag zur Verfügung, der die gesetzlich vorgeschriebene Ausgleichsquote deutlich überschritt; die mithaftenden 714.000 Konsumgenossenschafter brauchten finanziell nicht belastet zu werden.[78]) Die für das gute Ergebnis des Ausgleiches so wesentliche Betriebsfortführung war dem raschen Eingreifen der zuständigen Gewerkschaften und der Arbeiterkammern im Interesse der Beschäftigten zu verdanken. Die Gewerkschaften der Privatangestellten, Agrar-Nahrung-Genuß und Handel-Transport-Verkehr sorgten zusammen mit der AK unter anderem dafür, daß die Lohn- und Gehaltszahlungen praktisch nicht unterbrochen wurden: Sie handelten mit der Bawag die Bevorschussung jener Leistungen aus, die im Fall einer Insolvenz vom Insolvenzgeldausgleichsfonds übernommen werden, deren Zahlung aber erst nach dem Nachweis der Ansprüche erfolgen kann.[79])

Zur Vertretung der Interessen der Beschäftigten gegenüber Insolvenzgeldausgleichsfonds, Handelsgericht und Ausgleichsverwaltung wurde in Zusammenarbeit mit den Betriebsratskörperschaften des Konsum das ÖGB/AK-Insolvenzbüro errichtet. Um jene ehemaligen Konsumbeschäftigten der rund 600 Filialen zu unterstützen, die per Paketverkauf andere Handelsketten als Arbeitgeber erhielten, kamen dann eigene Übernahme- und Informationsbüros hinzu, die bei Auffassungsunterschieden und Streitigkeiten zwischen Übernehmern und Übernommenen eingriffen. Das »Arbeitsvertragsrechts-Anpassungsgesetz« bestimmt, daß die Arbeitsverhältnisse beim Erwerb eines insolventen Betriebes nahtlos und ohne irgendwelche Einbußen für die Arbeitnehmer weiterzuführen sind. In der Praxis, und das trifft auch auf den Konsum zu, sah und sieht das allerdings anders aus. In vielen Fällen kam es zum Karriereknick, zu massiven Arbeitszeitveränderungen, zu Einkommenseinbußen und zu starkem Druck der Arbeitgeber. Den größten Schaden hatten aber die rund 4.000 Konsum-Mitarbeiter, die in den ersten Monaten nach Bekanntgabe des Ausgleiches ihren Job verloren. Für sie wurden in mehreren Bundesländern Arbeitsstiftungen eingerichtet, um ihnen durch Aus- und Weiterbildung und aktive Arbeitssuche die Chance zu einem beruflichen Neustart zu geben.[80])

Wie eine Umfrage im Frühjahr 1995 zeigte, wiesen die Konsum-Mitarbeiter fast durchwegs dem Management die Hauptschuld am Niedergang des Unternehmens zu, aber von der Gewerkschaft fühlten sich viele im Stich gelassen und verloren das Vertrauen in ihre Interessenvertretung; die rasch und effizient einsetzende Hilfe konnte daran wenig ändern. 1996 verlor die GPA als Folge der Konsum-Insolvenz 5.000 bis 6.000 Mitglieder.[81]) Gut ausgestiegen sind nur die Gläubiger-Banken, die beim Ausgleich über 90 Prozent ihrer Forderungen befriedigen konnten. Die verantwortlichen Konsum-Manager wurden in erster Instanz wegen »fahrlässiger Krida« verurteilt[82]) und verloren damit vorerst ihre Entschädigungsansprüche.

Die Konsumgenossenschaften hätten ihre wichtige geschichtliche Funktion erfüllt, »auf unvollkommenen Märkten für Wettbewerb gesorgt zu haben«, es ginge ihnen, ob in Österreich, Deutschland oder Frankreich, nicht anders als anderen Institutionen, »die im Wandel der gesellschaftlichen Umwelt ihre Gründung, ihren Aufstieg, ihren Höhepunkt und ihren Rückgang durchlaufen haben«.[83]) So lautete der Tenor der sachlicheren Überlegungen zum Ende des Konsum. Daß genossenschaftliches Einkaufen durch die Einkommens- und Angebotsentwicklung den Mitgliedern nicht mehr die Vorteile bieten kann wie noch in den sechziger Jahren, ist unbestritten. Daß »Marktversagen« – sei es am Güterversorgungsmarkt oder am Arbeitsmarkt – am Ende des 20. Jahrhunderts auszuschließen wäre und damit Eingriffe zum Ausgleich des Versagens überflüssig, wie das viele Kommentare nahelegten, darf hingegen sehr wohl bestritten werden.

Wie tiefgreifend der wirtschaftlich-gesellschaftliche Veränderungsprozeß auch auf Österreichs Innenpolitik durchschlug, zeigte sich an den Wahlergebnissen, aber ebenso an der Entwicklung innerhalb der Regierungsparteien, obwohl die Bundesregierungen von 1987 bis 1999 durchgehend aus einer SPÖ/ÖVP-Koalition gebildet wurden, wobei die SPÖ zuerst mit Franz Vranitzky, dann mit Viktor Klima den Bundeskanzler stellte. Für die ÖVP bedeutete ihre Bündestruktur eine zunehmende Belastung, Versuche, eine neue Organisationsform durchzusetzen, scheiterten aber. Die SPÖ zog auch symbolisch einen Schlußstrich unter ihren Integrationsanspruch für alle demokratischen Gruppen links von der Mitte, indem sie sich 1991 von »Sozialistische Partei« in »Sozialdemokratische Partei« umbenannte. Sie übernahm damit nicht, wie es den Anschein hat, den Traditionsnamen aus der Zeit der Monarchie und der Ersten Republik, denn dieser hatte mit dem Zusatz »Arbeiterpartei« eine klare Deklaration des politischen Standortes enthalten. Auch die parteiinterne Diskussion Anfang der neunziger Jahre, ob die große Mai-Kundgebung der Wiener SPÖ noch zeitgemäß sei, deutete auf den Wunsch hin, Modernität in den Vordergrund zu stellen und den Trend von der Mitgliederpartei zur Wählerpartei zu akzeptieren.

Entgegen den Erwartungen der Kritiker bewiesen Aufmarsch und Kundgebung am 1. Mai auch in den neunziger Jahren ihre hohe Mobilisierungskraft. Da sie der SPÖ und den sozialdemokratischen Gewerkschaften eine öffentlichkeitswirksame Plattform bieten, waren sie und die mit ihr verbundene Tradition der Arbeitsruhe bei den Wiener Verkehrsbetrieben am Vormittag immer schon Angriffsziel der anderen politischen Gruppierungen gewesen. Solange die SPÖ die absolute Mehrheit im Wiener Landtag und Ge-

Österreichs Gewerkschaftsbewegung
Stationen in der Zweiten Republik

1955 Erinnerung und Bilanz nach 10 Jahren ÖGB

1975 Erstmals in der 660jährigen Geschichte der Universität Wien wird einem Betriebsratsobmann – stellvertretend für die Kollegen in der Firma – die Ehrenbürgerschaft verliehen.

1983 Vor dem 10. ÖGB-Bundeskongreß: Der Bundesvorstand bei Kardinal Franz König. Sein Anliegen war die Aussöhnung katholische Kirche – Arbeiterbewegung.

1987/1995 ... Der ÖGB stemmt sich gegen eine neoliberale Ausrichtung von Wirtschafts-, Budget- und Finanzpolitik und verlangt, daß auch sie zur Beschäftigung beitragen.

1998 An dem Wiener Projekt »Betriebe im Klimabündnis« ist auch der ÖGB aktiv beteiligt.

Durch die neuen Technologien forcierte Strukturveränderungen in der Wirtschaft verlangen neue Wege zur Bekämpfung der Arbeitslosigkeit.

1995 Erinnerung und Bilanz nach 50 Jahren. ÖGB-Frauenvorsitzende Irmgard Schmidleithner bei ihrem Statement.

meinderat hielt, bestand allerdings keine Chance für wirksame Gegenstrategien. Bei den Wahlen im Oktober 1996 verlor die SPÖ dann erstmals seit dem Ende der Monarchie bei demokratischen Wahlen in Wien ihre absolute Mehrheit an Mandaten, die FPÖ, bereits seit 1991 zweitstärkste Partei, baute ihren Vorsprung gegenüber der ÖVP deutlich aus und zusätzlich zu den Grünen, die ihre 7 Mandate behielten, kam als neue Partei das Liberale Forum mit 6 Mandaten dazu. Das LIF war 1993 von ehemaligen FPÖ-Abgeordneten gegründet worden, die nicht länger bereit waren, den gesellschafts- und demokratiepolitischen Kurs der Freiheitlichen, vor allem in der Ausländerfrage, mitzutragen, wenn sich auch an ihrer neoliberalen wirtschaftspolitischen Ausrichtung nichts änderte.[84])

1998 setzten die ÖVP, obwohl Koalitionspartner der Sozialdemokraten, die Grünen und das Liberale Forum gemeinsam mit der FPÖ im Gemeinderat gegen die SPÖ den Beschluß durch, daß U-Bahnen, Straßenbahnen und Busse in Zukunft auch am Vormittag des 1. Mai fahren müßten. Das Stillstehen der öffentlichen Verkehrsmittel war übrigens keine Erfindung der Sozialisten: Es war den Straßenbahnern schon 1913 unter dem christlich-sozialen Bürgermeister Richard Weiskirchner zugestanden worden und hatte seitdem mit Ausnahme der von Diktatur und Faschismus geprägten Jahre 1934 bis 1945 zum besonderen Kennzeichen des 1. Mai in Wien gehört. Jetzt kam die Weisung, mit der alten Tradition zu brechen, und zwar zunächst ohne die Personalvertretung einzubeziehen, mit der nach dem geltenden Recht in Fragen der Arbeitszeitänderung das Einvernehmen herzustellen war. Erst nach einer vom ÖGB-Bundesvorstand mit den Stimmen aller Fraktionen unterstützten Streikdrohung kam es zu Verhandlungen, bei denen die Arbeitnehmervertreter eine Abgeltung für die verlorene Freistellung am Vormittag des 1. Mai und andere Zugeständnisse durchsetzten. 1998 fuhren am Tag der Arbeit Ersatzbusse, 1999 waren die Wiener Linien voll in Betrieb. Trotzdem fanden die Straßenbahner Wege, ihren Protest auszudrücken: Mit dem Einsatz von Reinigungsfahrzeugen blockierten sie zu Beginn des Maiaufmarsches demonstrativ die Schienen und sie waren so zahlreich wie schon lange nicht mehr bei der Schlußkundgebung am Rathausplatz anwesend. Nur die freiheitlichen Gewerkschafter blieben 1998 und 1999 voll auf der Linie ihrer Partei und begrüßten die Aufhebung der Verkehrsruhe.[85])

Die Freiheitlichen Arbeitnehmer sind zwar als politische Gruppe im ÖGB anerkannt und in den Bundesvorstand kooptiert, besitzen aber keinen Fraktionsstatus, da sie die Voraussetzungen dafür nicht erfüllen. Die vom 13. Bundeskongreß beschlossenen neuen Statuten des Gewerkschaftsbundes sehen das Erstellen einer Fraktionsordnung vor, in der die Voraussetzungen für die Anerkennung einer politischen Richtung als Fraktion festgeschrieben sind. Die Fraktionsordnung des ÖGB wurde vom Bundesvorstand 1996 in Kraft gesetzt und nennt unter anderem das Bekenntnis zu Demokratie und überparteilichem Gewerkschaftsbund als Kriterium für den Fraktionsstatus.[86]) Der Ring Freiheitlicher und Unabhängiger Arbeitnehmer tat sich mit diesem Bekenntnis immer wieder schwer, nicht nur als seine Mitglieder bei den Auseinandersetzungen um die Verkehrsruhe am 1. Mai die Parteilinie vor die Gewerkschaftsentscheidung stellten. 1992 etwa behaupteten RFA-Funktionäre, die sonst immer vehement gegen die »Zwangsmitgliedschaft« zu Felde zogen, daß »neben den gesetzlichen Vertretungskörpern Arbeiterkammer und Personalvertretung kein Bedarf für eine Gewerkschaft bleibe, die sich nicht nach demokratischen Gesichtspunkten zusammensetze«.[87]) Dahinter steckte die Strategie der FPÖ, sich im Gegensatz zum ÖGB, der seine Aufgabe nicht mehr erfülle[88]), als einzige wahre Arbeitnehmervertretung zu profilieren und so durch Personalabbau, Privatisierungen und Sparpakete besonders verunsicherte Arbeitnehmergruppen anzusprechen. Dies gelang ihr vor allem im öffentlichen Dienst und hier wiederum im Bereich der Polizei, wo zu der allgemeinen Verunsicherung noch ein Imageverlust als Folge der neoliberalen Angriffe auf den Staat und seine Bediensteten dazukam, die von der FPÖ-Politik selbst am schärfsten formuliert wurden.

Aus den Reihen der Polizei stammte auch der erste Vorsitzende der auf Initiative der FPÖ am 1. Mai 1998 gegründeten FGÖ, der Freien Gewerkschaft Österreichs. Ihre Gründung war schon 1996 für den Fall angekündigt worden, daß Gespräche eines freiheitlichen Verhandlungsteams mit dem ÖGB nicht das von der F-Bewegung, wie sie sich damals nannte, gewünschte Ergebnis bringen sollten. Das Forderungspaket der Freiheitlichen Arbeitnehmer war allerdings so angelegt, daß ihm der ÖGB gar nicht zustimmen konnte: Fraktionsstatus, ohne die Voraussetzungen dafür nachgewiesen zu haben, und ab sofort Einbeziehen der Freiheitlichen in die »Gehaltsverhandlungen«. Das hätte erstens die Kompetenz der Gewerkschaften in Frage stellte, die über die Zusammensetzung ihrer Verhandlungsteams autonom entscheiden, und wäre zweitens ein erster Schritt zurück zu den parteigebundenen Richtungsgewerkschaften der Vergangenheit gewesen. »Wir werden nicht zulassen«, lautete deshalb die von Karl Drochter formulierte Antwort des ÖGB; »daß der Gewerkschaftsbund zur Bühne parteipolitischer Auseinandersetzungen wird.« Was die Anerkennung als Fraktion betrifft, wurden die Freiheitlichen auf die Notwendigkeit verwiesen, einen statutenkonformen Antrag vorzulegen, eine Vorgangsweise, die ihnen ja bekannt war, da sie an der Arbeitsgruppe zur Ausarbeitung der Fraktionsordnung aktiv mitgewirkt hatten.[89] Da sich die Freiheitlichen Arbeitnehmer im ÖGB auch später nicht als Fraktion deklarierten, konnten sie auch nicht die vorgesehenen Subventionen und Fortbildungsangebote in Anspruch nehmen[90], womit sie unter anderem den Vorwurf der Diskriminierung begründeten.

Die meisten Kommentatoren interpretierten die FGÖ-Gründung als parteipolitisches Manöver, und nicht mehr. Das lag schon deshalb nahe, weil sich die Initiatoren mit dem Anpeilen von 20.000 zu gewinnenden Mitgliedern bis Jahresende 1999 ein sehr bescheidenes Ziel setzten. Dieses Plansoll dürfte bestenfalls knapp zu erreichen sein, wenn die angegebene Marke von 13.000 Mitgliedern nach einem Jahr Existenz als Maßstab genommen werden kann, die angestrebte Mitgliedschaft von 100.000 Arbeitnehmern im Jahr 2001 scheint dagegen nicht sehr realistisch. In der Privatwirtschaft, wo 1999 nur 0,3 Prozent der Betriebsräte den Freiheitlichen zuzuordnen waren, hatte die FGÖ so gut wie keinen Erfolg, nicht zuletzt wegen des Fehlens der Kollektivvertragsfähigkeit, die zumindest bis April 1999, unter richtiger Einschätzung der Chancen, auch gar nicht beim Sozialministerium beantragt wurde.[91] »Die sind über eine reine Exekutivgewerkschaft nie hinausgekommen«, kritisierte eine Gruppe freiheitlicher Eisenbahner, die sich 1999 von der FGÖ abspaltete und zum Unterschied von dieser ihre Mitglieder nicht auffordern will, aus dem ÖGB auszutreten. Selbst der FGÖ-Vorsitzende erklärte, mit dem Gewerkschaftsbund über FP-Funktionäre in Teilbereichen zusammenarbeiten zu wollen, da »manche sagen, es ist im ÖGB einfacher als bei uns«.[92]

Angesichts dieser Entwicklung bestätigte sich, daß der ÖGB mit Recht gelassen auf die FGÖ-Gründung reagiert hatte. Er verwies nur nüchtern darauf, daß er in dem neuen Verein keine Konkurrenz sehe, da die grundsätzlichen Ziele nicht vergleichbar seien, daß er deshalb den freien Wettbewerb nicht zu fürchten habe und daß an der Glaubwürdigkeit einer Organisation als Arbeitnehmerinteressenvertretung, die mit Bettelbriefen an Unternehmer um finanzielle Unterstützung gestartet war, doch etliche Zweifel aufkommen müßten. Nicht die Gründung der FGÖ sei das Problem, stellten die Präsidenten von ÖGB und Arbeiterkammer fest, sondern die den verschärften Wettbewerb und die massiven Änderungen im Zuge der Globalisierung nutzenden Versuche, Mißgunst zwischen Arbeitnehmern und Gewerkschaft zu säen, und eine gesamtgesellschaftliche Grundstimmung, in der Modernisierung und Menschlichkeit als zwei getrennte Ebenen gesehen werden.[93])

Bereits die Nationalratswahl 1987 signalisierte, daß die Zugehörigkeit zu einer politischen Bewegung von immer mehr Bürgern nicht mehr als Ausdruck einer gesellschaftlichen Grundhaltung gesehen und erlebt wurde und daß damit auch absolute Mehrheiten einer Partei für einem absehbaren Zeitraum vorbei waren. Das Wahlergebnis vom Oktober 1990 bestätigte dies und machte erstmals in der zweiten Republik die FPÖ unter ihrem neuen Obmann Jörg Haider mit seiner rechtspopulistischen, wesentlich am Neoliberalismus orientierten Linie zu einem eigenständigen innenpolitischen Faktor: SPÖ und Grün-Alternative erlitten leichte Verluste, die ÖVP erhebliche, während die FPÖ starke Zuwächse erreichte und die Zahl ihrer Nationalratsmandate von 18 auf 33 steigern konnte. Hatte die FPÖ 1990 ihre Gewinne noch fast ausschließlich auf Kosten der ÖVP erzielt, deren Mandatszahl von 77 auf 60 zurückgegangen war, brach sie bei den Nationalratswahlen im Oktober 1994 auch in die Kernwählerschichten der SPÖ ein, die von den Folgen des wirtschaftlichen Strukturwandels besonders betroffen waren: Die SPÖ, die 1990 noch ihre 80 Abgeordnetensitze von 1987 hatte halten können, verlor 15 Mandate, aber auch die ÖVP mußte den Verlust von weiteren 8 Mandaten hinnehmen. Allerdings waren die Verluste der Regierungsparteien nicht nur auf die Erfolge der FPÖ zurückzuführen, die 9 Mandate dazugewann, sondern auch auf die Erfolge der Grünen, die 13 Mandate erreichten, und des Liberalen Forums, das bei seiner ersten Nationalratswahlkandidatur 11 Mandate schaffte.

Nach dem Wahlergebnis 1994 hätte sich eine Koalition aus ÖVP und Freiheitlichen erstmals auf eine Parlamentsmehrheit von über 50 Prozent stützen können und einzelne VP-Politiker zogen diesen Weg ernsthaft in Erwägung, während die SPÖ ein Zusammengehen mit der Haider-FPÖ prinzipiell ablehnte. Die Mehrheit in der Volkspartei entschied sich aber doch für die Fortsetzung der Zusammenarbeit mit der SPÖ. Allerdings befand sich die Koalition jetzt in einer schwierigeren Situation, da die Regierungsparteien im Nationalrat nicht mehr über eine Zweidrittelmehrheit verfügten und deshalb bei der Beschlußfassung von Gesetzen, die eine Zweidrittelzustimmung erfordern, auf die Unterstützung anderer Fraktionen angewiesen war. Nur knapp ein Jahr später scheiterte die SPÖ-ÖVP-Koalition am Budget 1996 – die ÖVP hatte versucht, sich mit einem radikalen Sparkurs bei Sozialausgaben zu profilieren, den die SPÖ für unangemessen hielt. Aus den vorgezogenen Neuwahlen im Dezember 1995 ging die SPÖ mit einem Plus von 7 Mandaten als Gewinner hervor, während die ÖVP ein Mandat zulegte. Das Liberale Forum überholte mit jetzt 13 Mandaten die Grünen, die auf 8 Mandate zurückfielen. Die FPÖ mußte erstmals wieder ein leichtes Minus an Stimmen hinnehmen, was ihr ein Mandat kostete. Unter diesen Voraussetzungen war es der Gewerkschaftsbewegung eher möglich als zuvor, zumindest die extremsten sozialen Härten, die ursprünglich im Budgetkonsolidierungsprogramm enthalten gewesen waren, abzufangen und durchzusetzen, daß die Lasten gerechter auf die Bevölkerungsgruppen verteilt wurden. Die Grundsatzentscheidung für oder gegen den Sozialstaat und die Frage, wie die Lastenverteilung bei der Absenkung des Budgetdefizites zwischen den Bevölkerungsgruppen zu gewichten war, hatten seit der zweiten Hälfte der achtziger Jahre im Zentrum der Auseinandersetzungen um die Budgetkonsolidierungs- und Steuerreformprogramme gestanden.

Aufgrund einer ÖGB-Initiative und nach den darauf folgenden Verhandlungen war Anfang 1987 eine Lohnsteuerreduktion in Kraft getreten, die eine Entlastung um mindestens 3.360 Schilling mit sich gebracht hatte; an der Abnahme des Steueranteiles von Unternehmen und der Zunahme des Lohnsteueranteiles änderte das aber nichts. Deshalb forderte der ÖGB in der politischen Debatte über die geplante Steuerreform 1989, Schlupflöcher für das Umgehen der Steuerpflicht bei Unternehmen und Kapitalerträgen zu schließen, steuerliche Begünstigungen so zu gestalten, daß sie nicht nur von Bestverdienern genutzt werden konnten, und den Lohnsteueranteil an den Staatseinnahmen zu senken. Bei manchen Detailmaßnahmen war es allerdings bereits als Erfolg zu werten, daß es gelang, geplante einschneidende Verschlechterungen für die Mehrheit der Arbeitnehmer abzuwehren und eine schiefere Verteilung der Lasten zugunsten der hohen Einkommen zu verhindern, etwa die Senkung des Spitzensteuersatzes um 22 Prozentpunkte, jene des niedrigsten Steuersatzes aber nur um einen Prozentpunkt. Als das Verhandlungsergebnis vorlag, wies der ÖGB deshalb deutlich darauf hin, daß es sich um einen Kompromiß handelte, der sich in vielen Punkten keineswegs mit den Vorstellungen der Gewerkschaftsbewegung deckte, und daß die Abwehr von Verschlechterungen schon alleine als Erfolg zu werten sei. Entscheidend war aber, daß eine Lohnsteuersenkung für Arbeitnehmer und Pensionisten mit einem Gesamtvolumen von 17 Milliarden Schilling durchgesetzt werden konnte, wodurch das Belastungsniveau für die Lohnsteuerpflichtigen nach der Reform wieder dem Stand des Jahres 1979 entsprach.[94])

Die Steuerreform 1989 wurde in zwei Etappen und einem Zwischenschritt umgesetzt. Die zweite Etappe, die für den Bundeshaushalt 1994 wirksam wurde, schloß die umfassendste Änderung des Steuersystems in der Zweiten Republik ab. Insgesamt war durch Umschichtungen und Entlastungen ein Steueraufkommen von 60 Milliarden Schilling betroffen. Die Lohnsteuerentlastung entsprach einer monatlichen Erhöhung des Nettoeinkommens um 320 Schilling, Einkünfte bis zu 11.700 Schilling wurden steuerfrei und die Lebensgrundlage für Bürger mit einem Einkommen unter dem steuerlichen Existenzminimum wurde durch eine Negativsteuer verbessert. Parallel dazu kam es zu einer erheblichen Entlastung der Unternehmen in einer Form, die von Arbeitnehmerseite zum Teil kritisch zu hinterfragen war, aber als Kaufpreis für die Lohnsteuerreform hingenommen werden mußte. Die Vermögenssteuer fiel ganz weg, eine Reform der Erbschafts- und Schenkungssteuer als Ausgleich war nur angekündigt. Nach dem Abschaffen der Gewerbesteuer erhielten die Gemeinden durch eine erweiterte Lohnsummensteuer, die Kommunalabgabe, eine andere Finanzierungsquelle, was das Kapital entlastete und den Produktionsfaktor Arbeit zusätzlich belastete. Andere Maßnahmen zur Kompensation der Steuerausfälle waren zum Beispiel die Senkung des Investitionsfreibetrages und das Anheben der Körperschaftssteuer. Trotzdem brachte die Steuerreform eine Entlastung der Unternehmen von weit über 4 Milliarden Schilling.[95])

Das Ziel, den Anteil der Lohnsteuer am Steueraufkommen des Bundes zu senken, konnte kurzfristig erreicht werden: Er ging 1986 bis 1994 von 28,08% auf 25,68% zurück. Aber die Umsatzsteuer, die beim Kauf für den Endverbrauch zu entrichten ist, sank nur bis 1991 leicht und lag 1994 mit einem Anteil von 38,62 Prozent deutlich über dem Prozentsatz des Jahres 1986. 1995 wurde der Anteil der Umsatzsteuer wieder etwas geringer, dafür stieg aber der Anteil der Lohnsteuer massiv und erreichte ein größeres Ausmaß als 1986. Darüber hinaus blieb die Gewinnbesteuerung, obwohl die Einnahmen aus der für unverteilte Gewinne der Aktiengesellschaften und GesmbHs zu entrichtenden Kapitalertragssteuer bis 1995 zunahmen, weit hinter dem Wachstum der Gewinne zurück.[96])

Man war sich auf Arbeitnehmerseite 1989 bewußt gewesen, daß die große Steuerreform »die Budgetkonsolidierung kurzfristig erschweren« mußte, die konjunkturbelebenden Effekte durch die Stärkung der Kaufkraft und die Reform bei den Unternehmenssteuern, die »die Steuererosion bei den Gewinnsteuern stoppen sollte«, waren aber auch unter dem Budgetgesichtspunkt als sinnvoll zu werten, da sie für die Zukunft eine gesündere, flexiblere Einnahmenstruktur und eine Entlastung durch Abnahme der Arbeitslosigkeit erhoffen ließen.[97] Die Folgen des Konjunktureinbruches, der 1993 seinen Höhepunkt erreichte, die Situation in der Regierungskoalition und die 1994 beginnende Ausrichtung des Sparprogrammes auf die Konvergenzkriterien der Wirtschafts- und Währungsunion bewirkten allerdings einen gegenläufigen Trend. Das Defizit des österreichischen Bundesbudgets stieg von 3,3% am Bruttoinlandsprodukt 1992 auf 5% 1995, die Verschuldung des gesamten öffentlichen Sektors – Bund, Länder und Gemeinden – betrug 1992 58,3 Prozent des BIP, 1995 war sie auf 68,5 Prozent angestiegen,[98] und Ende 1995 wurde ein Konsolidierungsbedarf von 100 Milliarden Schilling festgestellt.[99] Wie bei der Einführung der Wirtschafts- und Währungsunion beurteilte die Gewerkschaftsbewegung die Maßnahmen, die zur Budgetkonsolidierung ergriffen wurden, daran, inwieweit es möglich war, die notwendigen Spielräume für den Sozialstaat und seine Verteilungsfunktion zu erhalten. Deshalb lehnten ÖGB und AK den Entwurf für ein »Sparpaket«, das die Regierung im November 1994 vorlegte, wegen seiner einseitigen Ausrichtung auf die Reduktion der Ausgaben für das soziale Netz und damit die Belastung der sozial Schwächeren vehement ab. Nach den ersten Verhandlungsrunden schien es im Frühjahr 1995 so, als ob eine von beiden Regierungsparteien akzeptierbare Lösung gefunden worden wäre, die die Arbeitnehmerseite als »gerade noch tragbaren Kompromiß« hätte hinnehmen können.[100] Doch der Kompromiß hielt nicht, und auch das seitens der Regierung von den Sozialpartnern eingeforderte gemeinsame Gutachten zum Sparprogramm, das im Sommer 1995 formuliert wurde, fand in der Phase des Auseinanderfallens der Koalition keine Berücksichtigung. Es hatte als Kriterien für eine erfolgreiche Budgetkonsolidierung Verteilungsgerechtigkeit, Standortsicherung und die Bereitschaft zu einer aktiven Beschäftigungspolitik genannt.[101]

Das nach den Wahlen im November 1995 von der neuen SPÖ/ÖVP-Koalition eingesetzte Verhandlungsteam einigte sich auf ein Maßnahmenpaket im Ausmaß von etwa 110 Milliarden Schilling für die Jahre 1996 bis 1998. Knapp 60 Prozent des Gesamtbetrages sollte über Einsparungen, der Rest über zusätzliche Einnahmen aufgebracht werden. Von einer durchgängigen sozialen Ausgewogenheit war das Programm allerdings noch immer weit entfernt, etwa wenn die Energiesteuer weitgehend auf die privaten Haushalte überwälzt wurde, während Industrien mit hohem Energieverbrauch Entlastungen erreichten, oder weil die Einschränkungen beim Karenzurlaub ebenso wie die neuen Pensionsregelungen Frauen mehr belasteten als Männer. Außerdem verlangte das Konsolidierungspaket für den öffentlichen Dienst nicht nur den dort Beschäftigten einen nicht unwesentlichen Beitrag ab, sondern zog auch das Einschränken staatlicher Leistungen nach sich. Aber eine gerechtere Verteilung der Lasten, die für das untere Einkommensdrittel möglichst niedrig gehalten wurden und ab dem mittleren Einkommensdrittel zunehmend ansteigen sollten, und wenigstens einige von den Unternehmen eingeforderte Beiträge stellten gegenüber der Linie der Jahre 1994 und 1995 doch einen sozial eher verkraftbaren Kurs dar.[102] Entsprechend nüchtern fiel die Stellungnahme des um die Vorsitzenden der Gewerkschaften und der Landesexekutiven erweiterten ÖGB-Präsidiums aus: »Das vorliegende Programm wird unter Berücksichtigung von Detailvorschlägen des ÖGB und der Verhandlungsziele der Gewerkschaften im öffentlichen Dienst zur Kenntnis genommen. Dieses Konsolidierungsprogramm ist im Kompromiß unterschiedlicher Interessen zustande gekommen und muß als Teil eines Gesamtkonzeptes gesehen werden, welches von Maßnahmen zur Sicherung und Schaffung von Beschäftigung begleitet sein muß.«[103])

Österreich erreichte zwar die Konvergenzkriterien für die Währungsunion, es kam aber aufgrund der wirtschaftlichen und politischen Entwicklung und der Spruchpraxis des Verfassungsgerichtshofes in den folgenden Jahren zu beträchtlichen Abweichungen von den ursprünglichen Budgetplänen. Die wirtschaftlichen Eckdaten entwickelten sich nicht in dem Ausmaß positiv, wie das Ende 1995 erwartet worden war, die Lohnsumme blieb unter den erhofften Werten und es kam zu Steuer- und Beitragsausfällen, die sich vor allem auf die Mittel für das soziale Netz auswirkten. Dazu verringerten das Zurückbleiben der Gewinnsteuern, vor allem weil der Verfassungsgerichtshof die Mindestkörperschaftssteuer aufhob, und das Aufschieben der Einführung der geplanten Lkw-Maut die soziale Ausgewogenheit.[104])

Die Maßnahmen des Budgetkonsolidierungspaketes 1996/97 hatten erheblichen Anteil daran, daß die Lohnsteuerquote, das durch

Lohnsteuerquote Österreich 1988–1999

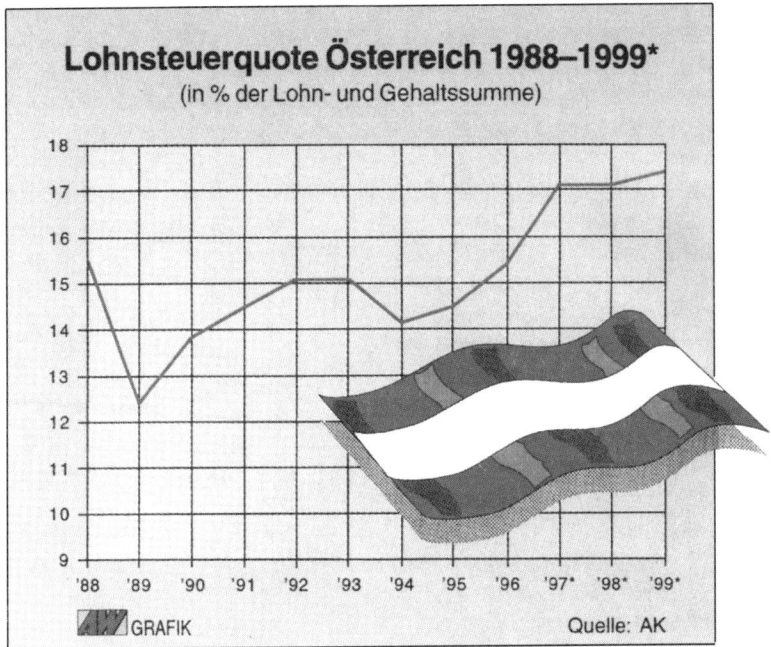

die Lohn- und Gehaltssumme dividierte Lohnsteueraufkommen, in Österreich einen historischen Höchstwert erreichte. Auch die zweite Phase der großen Steuerreform 1994 hatte den Trend zur zunehmenden Belastung der Arbeitnehmer nicht brechen können. Dazu kam: In ganz Europa schlug sich ein Jahrzehnt neoliberaler oder neoliberal beeinflußter Politik in einer Lastenverschiebung vom Kapital zur Arbeit nieder. Durch die hohe Mobilität des Kapitales wurden die Staaten unter Druck gesetzt, bei den Vermögens- und Gewinnsteuern ständig nach unten zu lizitieren, da aber der Steuerbedarf insgesamt nicht geringer wurde, kam es zur Umschichtung auf die Arbeit. Auch in Österreich nahm die durchschnittliche Abgabenbelastung für die unselbständige Arbeit in den neunziger Jahre zu, während die Belastungskurve für selbständige Arbeit so stark sank, daß die Differenz zwischen der Belastung von Arbeit und Kapital größer ist als in jedem anderen OECD-Land. Bei der 1998 einsetzenden Diskussion um eine nächste Steuerreform verlangte die Gewerkschaftsbewegung deshalb auch im

Interesse der Beschäftigungschancen, das Nettoeinkommen der Arbeitnehmer durch eine spürbare Lohnsteuersenkung zu erhöhen und gleichzeitig die lohnsummenabhängigen Steuern billiger zu machen.[105]

Es ging ÖGB und AK vor allem um die Entlastung der kleinen und mittleren Arbeitnehmereinkommen, die im bestehenden Steuersystem benachteiligt waren. Trotz vieler Widerstände hielten die Gewerkschafter deshalb an einem Volumen von 18 Milliarden für die Lohnsteuerreform als Forderung fest. Das würde das Budget nicht unzumutbar belasten, errechneten die Wirtschaftsexperten von AK und ÖGB, weil sich die Lohnsteuersenkung durch höhere Mehrwertsteuereinnahmen aufgrund des stärkeren Inlandskonsums teilweise selbst finanzieren würde[106] Außerdem wurde nachgewiesen, daß die Unternehmen nach der Statistik des Finanzministeriums mit ihren Steuerleistungen Anfang 1998 insgesamt um 32 Milliarden Schilling im Rückstand waren. Es gab also auf jeden Fall genügend Spielraum, ohne die erreichte Budgetkonsolidierung zu gefährden.[107] Hinsichtlich der Lohnsteuersenkung, die im Frühsommer 1999 im Rahmen der Steuerreform 2000 beschlossen wurde, setzte sich die Gewerkschaftsbewegung gegen Pläne durch, die vorzugsweise die Entlastung von Beziehern höherer Einkommen im Auge gehabt hatten: Die Bezieher kleiner und mittlerer Einkommen, besonders auch die Frauen, profitierten am meisten. Für sie sollen 11 Milliarden der insgesamt 17 Milliarden, die für die Lohnsteuersenkung vorgesehen wurden, bereitstehen. Auch die Leistungen aus dem 1998 verabschiedeten Familienpaket, die gleichzeitig mit der Steuerreform voll wirksam werden, begünstigen entgegen den ursprünglichen Konzepten die sozial Schwächeren. 35 der rund 100 Milliarden, die für die Budgetkonsolidierung aufzubringen gewesen waren, waren von den Lohnsteuerpflichtigen gekommen.[108] Mit der Steuerreform 2000 und dem Familienpaket erhielten die Arbeitnehmer jetzt 90 Prozent davon zurück.[109]

Nur in ersten Ansätzen erreicht werden konnte dagegen eine wirksame Steuer auf Spekulationsgewinne durch Aktien und Aktienfonds, wie sie vom ÖGB-Präsidium gefordert worden war: Mit einer Ausdehnung der Spekulationsfrist auf zwei Jahre wurde zwar der Versuch unternommen, diese Gewinne stärker als bisher zu erfassen, der Finanzminister rechnete aber damit, daraus nur gerade jenen Betrag zu lukrieren, den er bisher aus der abgeschafften Börsenumsatzsteuer einnahm. Auch hinsichtlich der Entlastung des Faktors Arbeit konnte kein wesentlicher Fortschritt erzielt werden, vor allem die von Arbeitnehmerseite in diesem Zusammenhang forcierte Wertschöpfungsabgabe blieb unberücksichtigt.[110])

Das radikalste Gegenmodell zum Steuerkonzept der Arbeitnehmerinteresssenvertretungen hatte die FPÖ mit der »flat tax« vorgelegt, die einen eindeutig neoliberalen Ansatz darstellt. Es handelt sich in den Grundzügen um den Übergang zu einem einzigen niedrigen Steuersatz auf einer Bemessungsgrundlage, die keine Abzüge, auch nicht zum Beispiel für die Sozialversicherungsbeiträge zuläßt. Das würde den Faktor Arbeit weiter verteuern, dadurch einen Rationalisierungsdruck auslösen und in der Folge die Arbeitslosigkeit wieder anwachsen lassen. Die massive Entlastung bei hohen Einkommen und die Begünstigung betrieblicher Einkünfte hätten enorme Steuerausfälle zur Folge, die entweder durch hohe Budgetdefizite oder das extreme Einschränken öffentlicher Leistungen kompensiert werden müßten.[111])

Für viele, die keine Steuerexperten sind, wirken Modelle, die niedrigere Steuern und das Abschaffen von Ausnahmen und Steuerschlupflöchern versprechen, natürlich attraktiv. Demgemäß wurde die Flat Tax auch im Nationalratswahlkampf 1999 als »sozial gerecht« verkauft[112]). Ähnliches gilt für den Familienscheck, mit dem die FPÖ bei den Kärntner Landtagswahlen im Frühjahr 1999 punktete. In Kärnten wurde sie im Frühjahr 1999 stimmenstärkste Partei und stellte mit Jörg Haider zum zweiten Mal nach 1989 den Landeshauptmann. Das auch in Österreich spürbare Anwachsen der sozialen Gegensätze und ein Vertrauensverlust für die Regierungsparteien brachte den Freiheitlichen bei fast allen anderen Landtagswahlen und bei den EU-Wahlen ebenfalls überdurchschnittliche Erfolge. Bei den Nationalratswahlen im Herbst 1999 erreichte sie die gleiche Stärke wie die ÖVP. Der Abstand beider Parteien zur SPÖ, die zwar an erster Stelle blieb, aber hohe Verluste hinnehmen mußte, wurde deutlich geringer. Für den ÖGB, dessen 14. Bundeskongreß kurz nach den Nationalratswahlen stattfindet, bedeutet diese Entwicklung die Herausforderung, die Funktion der Gewerkschaftsbewegung als Gegenmacht zu einer unsolidarischen Gesellschaft auch unter stark veränderten innenpolitischen Rahmenbedingungen zu bewahren. Auf jeden Fall wird für den ÖGB weiter gelten: Jede Regierung ist an ihrer Bereitschaft zu messen, die Arbeits- und Lebenschancen der Arbeitnehmer zu sichern und zu verbessern.

Der Kampf um soziale Regeln für Markt und Gesellschaft

Handlungsspielraum für den Sozialstaat

Umverteilung, der Ausgleich von Einkommensunterschieden, ist Voraussetzung für die Funktionsfähigkeit des Sozialstaates. In Österreich und in den meisten anderen westlichen Staaten hat man zwar weitgehend darauf verzichtet, über das Steuern- und Abgabensystem in diesem Sinn Verteilungspolitik zu betreiben, aber durch die Steuerung der Ausgaben und Leistungsangebote wird eine erhebliche Umverteilung der Einkommen zugunsten der sozial Schwächeren bewirkt. Das ist der Hauptgrund, warum sich die Gewerkschaftsbewegung gegen ausgabenlastige Budgetkonsolidierungsprogramme wehrte. Ohne dieses Umverteilungssystem würden den ärmsten 10 Prozent der Haushalte um 50 Prozent weniger an Einkommen zur Verfügung stehen, ein durchschnittliches Haushaltseinkommen wäre um 12 Prozent höher und die am besten situierten Haushalte hätten noch zusätzlich 28 Prozent an finanziellen Ressourcen.[1] Den Haushalten des untersten Einkommensviertels, in dem vor allem Pensionisten, Langzeitarbeitslose und Menschen in Ausbildung zu finden sind, stünde ohne Sozialtransfers überhaupt kein existenzsicherndes Einkommen zur Verfügung. Die ohnehin prekäre Situation alleinerziehender Frauen würde ohne Sozialleistungen für viele unter ihnen zur existentiellen Gefährdung führen: Müßten sie nur von ihrem Erwerbseinkommen, Unterhaltszahlungen und anderen privaten Einkünften leben, fielen zirka zwei Drittel unter die Armutsgefährdungsgrenze. Die Pro-Kopf-Einkommen der Haushalte im obersten Einkommensviertel wären fünfmal so hoch wie im untersten Einkommensviertel, gäbe es keine Sozialtransfers. Dank der Verteilungswirkung reduziert sich der Vorsprung des obersten Einkommensviertels auf ein Drittel, die Sozialleistungen, auf die alle Anspruch haben, eingerechnet.[2]

Daß der überwiegende Teil der Sozialleistungen in Österreich nach sozialversicherungsrechtlichen Grundsätzen oder als Bürgerrecht gewährt wird, verleitet auch manche der Verteidiger des Sozialstaates zu der Kritik, er gehe mit seinen Mitteln zu verschwenderisch um und sei nicht »treffsicher« genug. Die in den neunziger Jahren durchgeführten Verteilungsstudien widerlegen diese Annahme eindeutig: Das unterste Einkommensfünftel der Arbeitnehmerhaushalte bezieht 40 Prozent der Sozialleistungen, das oberste Einkommensfünftel nur 5 Prozent. Was die gebührenfreien aus Steuermitteln finanzierten öffentlichen Angebote, und hier vor allem den Hochschulsektor betrifft, herrschte bei Wirtschaftsexperten dagegen die Meinung vor, sie würden die höheren Einkommen begünstigen und Sparprogramme könnten hier am ehesten ansetzen, etwa durch das Einheben von Studiengebühren.[3]) Auch in der Gewerkschaftsbewegung war die Ansicht verbreitet: »Wenn die Wohnbauförderung hauptsächlich von der wohlhabenden Mittelschicht genützt wird –, wenn Universitäten mit Gratiszugang zum Großteil von Kindern der Wohlhabenden besucht werden, dann ist zu überlegen, ob diese Maßnahmen von der Gesellschaft als ganze zu unterstützen sind.«[4]) Der Irrtum entstand, weil man nur die Tatsache berücksichtigte, daß Familien aus den oberen Einkommensschichten ihre Kinder im Regelfall studieren lassen, während der Anteil der Studenten in den anderen Gruppen deutlich geringer ist. Die umgekehrte Analyse, nämlich zu erheben, aus welchen Einkommens- und Bildungsschichten die Studenten kommen und ob sich daran etwas geändert hat, wurde lange nicht vorgenommen. Eine solche Analyse ergab, daß der Anteil der Studienanfänger aus Arbeitnehmerfamilien, deren Väter noch keine höhere Schule absolvieren konnten, seit der Öffnung des Hochschulzuganges durch die sozialistische Alleinregierung etwa in demselben Ausmaß zugenommen hatte wie der Anteil der Männer ohne Matura unter den Arbeitnehmern zurückgegangen war.[5]) Dies deckt sich mit den Aussagen einer 1999 veröffentlichten Studie, nach der mittlerweile 40,1 Prozent der Studierenden aus Familien stammen, die dem unteren Einkommensdrittel zuzurechnen sind.[6]) Das Einführen von Studiengebühren, die das Budget tatsächlich entlasten, würde also zwar unter Umständen zu einer Verbesserung der volkswirtschaftlichen Umverteilungsstatistik führen, aber einem großen Teil der Arbeitnehmerfamilien die Chance rauben, ihren Kindern eine Topqualifikation zukommen zu lassen. Ganz abgesehen davon müßten die Folgekosten einer solchen Entwicklung, die den vom ÖGB im Interesse von Beschäftigung und Lohnniveau immer wieder geforderten Aufholprozeß Österreichs im High-Tech- und Forschungsbereich[7]) erschweren würde, wohl ziemlich hoch angesetzt werden. Das ist nur ein Beispiel von vielen für die Notwendigkeit, alle Politikbereiche zu vernetzen, um die Beschäftigung zu sichern und den Sozialstaat zu erhalten.

Für seine finanziellen und anderen Sozialleistungen gibt Österreich, von den Gegnern des Sozialstaates gerne als soziales Schlaraffenland bezeichnet, etwa 30 Prozent seines Volkseinkommens aus und liegt damit keineswegs an der Spitze, sondern im Durchschnitt entwickelter westlicher Industriestaaten.[8] Österreichs Sozialversicherungssystem, das Kernstück der sozialen Sicherheit, wurde ab Mitte der achtziger Jahre massiver als je zuvor wechselweise als ineffizient oder unfinanzierbar angegriffen. Im Kreuzfeuer der Kritik stehen dabei vor allem die Existenz von 28 Sozialversicherungsträgern und deren von den großen Organisationen der Sozialpartner beschickte Selbstverwaltung, die garantiert, daß jene, die sie hauptsächlich finanzieren, die Arbeitnehmer und die Arbeitgeber, über den Einsatz der Mittel mitbestimmen können. »Die Selbstverwaltung ... ist die wesentliche Sperre gegen eine drohende Kommerzialisierung«, wie Hans Sallmutter, Nachfolger von Richard Leutner als Präsident des Hauptverbandes der Sozialversicherungsträger und damals noch Obmann der Pensionsversicherungsanstalt der Angestellten, 1993 in der Debatte um die Organisationsreform der Sozialversicherung anmerkte. Darin und in der Tatsache, daß die moderne sozialpartnerschaftliche Selbstverwaltung in Österreich aus einer Tradition hervorgegangen war, in der immer eine enge Verbindung zwischen gesetzlicher Sozialversicherung und Arbeiterbewegung bestanden hatte, dürften die Hauptmotive der Kritiker liegen. Das Kostenargument zieht auf jeden Fall nicht: Bei einem Anfang der neunziger Jahre durchgeführten Vergleich der Verwaltungskosten schnitt das österreichische System deutlich besser ab als die Versicherungseinrichtungen in Deutschland vor der Wiedervereinigung und in der Schweiz, wo er aber überall noch weniger als 10 Prozent ausmachte, während die privaten Versicherungskassen in den USA 20 bis 30 Prozent ihres Umsatzes für Verwaltung ausgaben. Was die 28 Sozialversicherungsträger betrifft, so kam das Managementinstitut, das die Organisation damals im Auftrag des Sozialministeriums durchleuchtete, zu dem naheliegenden Schluß, »in einer Zeit wachsenden Verlangens nach Bürgernähe wäre eine weitere Zentralisierung gerade im Sozialbereich alles andere als wünschenswert«.[9]

Die große Organisationsreform, die mit der 52. Novelle zum Allgemeinen Sozialversicherungsgesetz 1994 in Angriff genommen wurde, brachte eine deutliche Straffung der Organisation, bezog Pensionisten und Behinderte in die Arbeit der Sozialversicherung ein, wies dem Hauptverband neue Koordinationsaufgaben zu und sollte den Versicherten durch Regionalisierung ein besseres Service bieten.[10] Denn zweifellos muß jedes System sozialer Sicherheit immer wieder an die Bevölkerungs- und Beschäftigungsentwicklung angepaßt werden und zweifellos ist der Reformbedarf in Österreich nicht geringer als anderswo. Aber etliche Rezepte, die dafür vorgeschlagen werden, laufen, nicht nur hinsichtlich der Organisation, sondern auch hinsichtlich der Leistungen, de facto auf die Zerschlagung des solidarischen Systems zugunsten einer Notversorgung für Extremsituationen hinaus. Eines dieser Rezepte verlangt im Namen des Wettbewerbes das Umstellen von der Pflichtversicherung auf die Versicherungspflicht, also die Möglichkeit zur freien Wahl der Versicherung, wie sie zum Beispiel in der Schweiz für die Krankenversicherung gilt. Die Erfahrungen zeigten aber, daß ein solches System keineswegs »wirtschaftlicher« ist, es verursacht im Gegenteil Mehrkosten. Denn damit wird eine reine »Zweiklassenmedizin« forciert: Gesunde junge Männer werden über Lockangebote in attraktive Versicherungsverträge geholt, während als »schlechte Risiken« bezeichnete Menschen mit höheren Selbstbehalten und Reduktion auf ein Grundangebot rechnen müssen. In Österreich muß dagegen niemand wegen höheren individuellen Risikos eine höhere Prämie entrichten oder sich mit einem schlechten Grundversorgungsangebot begnügen, was nicht nur sozial gerechter, sondern auch ökonomisch vernünftiger ist. Denn eine »Risikoauslese« erhöht die Kosten des Systems.[11]) Das ist der Hauptgrund für die im Vergleich zu anderen Ländern und Einrichtungen kostengünstige Verwaltung der österreichischen Sozialversicherung.

Die Gewerkschaftsbewegung wehrte sich bisher erfolgreich gegen das Aushöhlen des Sozialstaates durch neoliberale »Modernisierungen«, und zwar in Übereinstimmung zwischen den Fraktionen. Als etwa die ÖVP 1990 die freie Wahl der Sozialversicherung propagierte, verteidigte die Fraktion christlicher Gewerkschafter das Solidaritätsprinzip und kritisierte Überlegungen, die darauf hinauslaufen würden, »für die Reichen bessere soziale Vorsorgemöglichkeiten zu schaffen als für Ärmere und die Risken ungleich zu verteilen«.[12]) Eine Erklärung des ÖGB-Bundesvorstandes von Anfang 1997 faßte die Positionen der Gewerkschaftsbewegung und deren Begründung zusammen: »Die umfassende Solidargemeinschaft in der gesetzlich festgelegten Pflichtversicherung und die Selbstverwaltung in den bestehenden Sozialversicherungsträgern gehören zu den wichtigsten Grundlagen des Sozialstaats und dürfen nicht in Frage gestellt werden. Eine von manchen Gruppen angestrebte Wahlfreiheit für den Versicherten, welchem Versicherungsträger er sich anschließen will, birgt die große Gefahr des Aufweichens der gesamtgesellschaftlichen Solidarität für die gemeinsamen Risiken Alter, Krankheit, Arbeitsunfall und Arbeitslosigkeit, weil der Ausgleich zwischen hohen und geringen Risiken sowie zwischen den unterschiedlichen Einkommensgruppen nicht mehr möglich ist.«[13])

Das Anwachsen der Gesundheitsausgaben zeigte sich in der zweiten Hälfte der neunziger Jahre in allen modernen Sozialstaaten als Problem, dessen Lösung ansteht. In Österreich stiegen sie von 1985 bis 1997 um mehr als 100 Prozent, gleichzeitig nahm auch ihr Anteil am Bruttosozialprodukt ständig zu. Die Pflichtversicherung ist aber daran keineswegs »schuld« –, Österreich nimmt mit diesem Trend auch für den Teilbereich des Gesundheitswesens im internationalen Vergleich eine mittlere Position ein. Rund die Hälfte der gesamten Gesundheitsausgaben werden über die Sozialversicherung finanziert, deren Einnahmen ja wesentlich aus Beiträgen der Arbeitnehmer und Arbeitgeberabgaben kommen und deshalb von der Arbeitsmarktsituation und der Einkommensentwicklung abhängig sind. Um das zu erwartende ungleiche Wachstum von Einnahmen und Ausgaben auszugleichen, erscheinen weder Beitragserhöhungen, die eine Steigerung der Lohnnebenkosten bewirken würden, als geeigneter Weg, noch steigende Selbstbehalte, weil sie dem Prinzip der solidarischen Finanzierung widersprechen. Eine reine Steuerfinanzierung, auch dieser Vorschlag wurde in die Diskussion eingebracht, bedeutet darüber hinaus, daß bei einer restriktiven Budgetpolitik die Gefahr von qualitätsmindernden Leistungskürzungen gegeben wäre; einen Beleg dafür bietet die Verschlechterung des steuerfinanzierten Gesundheitswesens in Dänemark während der neunziger Jahre.

Die beste Methode, das Gesundheitswesen, die gesamte Volkswirtschaft, aber auch die Betriebe hinsichtlich der Krankheitskosten zu entlasten, ist die Prävention. Dieser Erkenntnis entsprach die 50. Novelle zum Allgemeinen Sozialversicherungsgesetz, als sie Ende 1991 Gesundheitsförderung als Pflichtaufgabe in den Leistungskatalog der Krankenkassen aufnahm.[14]) Effiziente Prävention muß in hohem Ausmaß in der Arbeitswelt ansetzen, wo die Menschen einen großen Teil ihrer Lebenszeit verbringen. Die Gewerkschaftsbewegung sieht deshalb im Arbeitnehmerschutz einen wesentlichen Beitrag zur Humanisierung der Gesellschaft. »Prävention ist nicht nur die humanste Form der Kostensenkung, sondern auch die beste Form, menschliches Leid zu verhindern«, betonten Johann Driemer, der Vorsitzende der Gewerkschaft Bau-Holz, und der Präsident der Bundesarbeitskammer, Herbert Tumpel, als sie die Ergebnisse einer Untersuchung über die wirtschaftliche Auswirkung der überdurchschnittlich hohen Gesundheitsrisiken in der Baubranche bekanntgaben. 1997 betrugen, so belegte die Studie, die Kosten für Arbeitsausfälle durch Krankenstände im Bauwesen 5,7 Milliarden Schilling, die Folgekosten von Bauunfällen machten insgesamt 17 Milliarden Schilling aus.[15]) Welche Dimension die menschliche und finanzielle Entlastung erreicht, wenn Arbeitnehmerschutz verstärkt wird, zeigte die Entwicklung seit dem Inkrafttreten des neuen ArbeitnehmerInnenschutzgesetzes Anfang 1995. Die Arbeitsunfälle waren von 1994 bis 1997 um 21,7 Prozent zurückgegangen, die Betriebe hatten sich zwei Milliarden Schilling erspart und die Volkswirtschaft wurde mit 9,5 Milliarden Schilling weniger belastet.[16])

Mit dem »Bundesgesetz über Sicherheit und Gesundheitsschutz am Arbeitsplatz«, das stufenweise bis zum Jahr 2000 für alle Arbeitsstättengrößen Geltung erlangt, war ein seit 1972 verfolgtes Ziel der Gewerkschaftsbewegung erreicht worden: das gleiche Recht auf Gesundheit und Sicherheit am Arbeitsplatz unabhängig von der Größe des Betriebes. Die Notwendigkeit, einer EU-Richtlinie zu entsprechen, die dies als Mindeststandard vorschreibt, hatte die Reform sicher beschleunigt. Diese Richtlinie und das österreichische Gesetz bestimmen auch, das Arbeitnehmer und Belegschaftsvertreter in den Arbeitnehmerschutz einzubeziehen und darüber hinaus Sicherheitsvertrauenspersonen und Arbeitsmediziner als »Präventivfachkräfte« einzubeziehen sind. Da aber kleine Betriebe oft nicht in der Lage sind, den Einsatz von Präventivfachkräften zu organisieren und zu finanzieren, erhielt die Allgemeine Unfallversicherungsanstalt 1999 den Auftrag, für den vorgesehenen Arbeitnehmerschutz in Arbeitsstätten unter 50 Beschäftigten zu sorgen. Das Gesamtbudget der AUVA für Prävention soll nach schrittweiser Ausweitung 1,2 Milliarden Schilling pro Jahr betragen –, ein geringer Betrag, wenn man die aufgezeigte Kostenersparnis in Betracht zieht.[17])

Bei der Pensionsversicherung spielen, natürlich noch mehr als bei der Krankenversicherung, demographische Veränderungen, also das Steigen des Anteiles der Menschen im Pensionsalter an der Gesamtbevölkerung, im Hinblick auf die Leistungsanforderungen eine erhebliche Rolle. Es drängte sich daher die Frage auf, ob eine solche Entwicklung nicht die Finanzierbarkeit des in Österreich bestehenden Pensionsversicherungssystems gefährdet. Ohne die schwierige Situation zu leugnen, verwiesen die Experten der Gewerkschaftsbewegung darauf, daß die entscheidenden Faktoren auch für das Erhalten des Pensionsversicherungssystemes die Bereitschaft zur sozialen Verantwortung des Staates und die wirtschaftliche Entwicklung sind. Produktivität und die Beschäftigungslage bestimmen letztlich den sozialpolitischen Finanzierungsspielraum, wie Richard Leutner klarstellte. Die Pensionsreform, der der ÖGB nach langwierigen Verhandlungen seiner Experten und der Experten der Arbeiterkammer mit der Arbeitgeberseite und Regierungsvertretern Ende 1997 zustimmte, hätte ohne das politische Eingreifen der Gewerkschaftsbewegung keineswegs mehr als »sozial ausgewogen« bezeichnet werden können. Mit dem letztlich erreichten Kompromiß konnten unter anderem jene Sonderbegünstigungen für Bauern und Gewerbetreibende beseitigt werden, die bisher dazu geführt hatten, daß zur Sicherung der Pensionen für diese Bevölkerungsgruppen der höchste Zuschuß an Steuermitteln notwendig war. Eines der zentralen Anliegen war es gewesen, Härten, die bei der Verlängerung des Bemessungszeitraumes auftreten mußten, so weit wie möglich zu verringern. In dieser Hinsicht waren eine geringere Ausdehnung des Bemessungszeitraumes als ursprünglich geplant und das Verschieben des Inkrafttretens um drei Jahre zwei der entscheidenden Erfolge. Der ÖGB-Bundesvorstand gab sich mit dem Erreichten aber nicht zufrieden, sondern forderte, daß »bei auftretenden neuen Härtefällen rasche und zielführende Lösungen beschlossen werden«.[18])

Nicht nur für die Arbeitnehmer in der Privatwirtschaft, auch für die Beschäftigten im öffentlichen Dienst wurde das Pensionssystem verändert. Hier besteht eine besondere Situation, da der Staat als Arbeitgeber – wie viele große Unternehmen – eine Altersvorsorge vorsieht, die über den Rahmen der ASVG-Pension hinausgeht. Im Zuge der Sparprogramme und unter dem Druck der Debatte um die »Beamtenprivilegien« kam es zu Umstellungen und Einschränkungen, die allerdings wesentlich gemäßigter ausfielen als etwa bei der Rücknahme von Betriebspensionen, da die Gewerkschaft öffentlicher Dienst mit ihrem hohen Organisationsgrad ihre Position erfolgreich ausspielte. Die neue Pensionsberechnung, die ab dem Jahr 2000 auch für die Wiener Gemeindebediensteten gelten wird, beginnt ab 2002 mit einer Einschleifregelung bis 2020 wirksam zu werden. Statt des Letztbezuges bildet der Durchschnittsbezug der 18 Jahre mit dem besten Verdienst die Berechnungsgrundlage. Bereits ab dem Jahr 2000 sollen die Beamtenpensionen nur noch um den gleichen Prozentsatz erhöht werden wie die ASVG-Pensionen.[19])

Ein ebenso großes Problem im Hinblick auf die Finanzierbarkeit des Sozialversicherungssystems wie die Verschiebung der Alterspyramide in der Bevölkerung stellt die Entwicklung auf dem Ar-

Österreichs Gewerkschaftsbewegung
Stationen für den Sozialstaat

Demonstration gegen Sozialabbau in Berlin. Eine Politik, die sich nach dem Markt richtet, wurde auch in Europa salonfähig.

1994 Die Arbeitsmarktverwaltung wird als Arbeitsmarktservice aus der Bundesverwaltung ausgegliedert. Der Rechnungshof belegt, daß das Staatsbudget dadurch nicht entlastet wird.

28. Mai 1997 Europäischer Aktionstag für Beschäftigung in Wien. Die Forderungen des ÖGB werden der Bundesregierung überreicht.

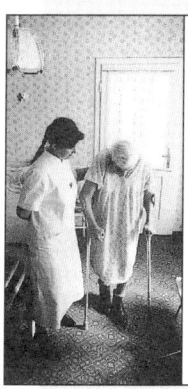

90er Jahre: Angriffe auf die Sozialversicherung. Pflichtversicherung und Selbstverwaltung werden in Frage gestellt. Der ÖGB will Reformen, aber keine, die Sozialstaat und Mitbestimmung gefährden.

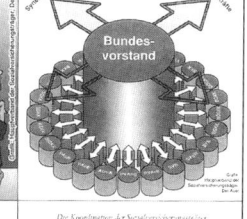

1999 Im Nationalrat protestiert der ÖGB, weil die Aktion Fairness trotz Regierungsbeschluß nicht verwirklicht wurde.

1994–1999 Die Aktion Fairness verlangt die volle arbeits- und sozialrechtliche Angleichung der Arbeiter mit den Angestellten. Die Vorsitzenden der Gewerkschaft Bau-Holz und Metall-Bergbau-Energie, Johann Driemer und Rudolf Nürnberger, bei der Initialzündung 1994.

beitsmarkt dar. Nicht nur aufgrund der Zunahme der Arbeitslosigkeit haben Beschäftigte immer weniger durchgängige Erwerbsbiographien. Durch die Zunahme von Werkverträgen, geringfügiger Beschäftigung, Teilzeit, befristeten Dienstverhältnissen und Scheinselbständigkeit können oft nicht mehr ausreichend Ansprüche aufgebaut werden. Diese Entwicklung setzt das soziale Netz doppelt unter Druck, weil einerseits der Sozialversicherung Einnahmen entgehen und auf der anderen Seite die Betroffenen im Falle von Arbeitslosigkeit oder Krankheit oft auf Sozialhilfe, also auf die Versorgung durch den Staat angewiesen sind, ohne jemals Beiträge gezahlt zu haben.[20]) In dieser Hinsicht gelang im Zusammenhang mit der »Pensionsreform 2000« eine grundlegende sozialpolitische Weichenstellung: Die Sozialversicherungspflicht gilt nunmehr auch für neue Formen der Erwerbsarbeit wie zum Beispiel selbständige Telearbeit. Scheinselbständige mit freien Dienstverträgen und geringfügig Beschäftigte erhielten erstmals die Möglichkeit, in den Schutz der Sozialversicherung einbezogen zu werden.[21])

Durch die zunehmende Kluft zwischen »Modernisierungsgewinnern« und »Modernisierungsverlierern« ist auch in Österreich Armut kein Ausnahmeschicksal mehr, wenn es auch bei uns hoffentlich nie so weit kommen wird wie im Großbritannien der achtziger Jahre, wo zahlreiche Menschen, die sich keine Wohnung mehr leisten konnten, wie im Mittelalter darauf angewiesen waren, daß sie in Kirchenräumen einen Schlafplatz angeboten bekamen. Selbst in Österreichs reicht aber das bestehende Notstands- und Sozialhilfesystem nicht mehr aus, um die Situation zu bewältigen. So ist die Anrechnung des Unterhaltes für Geschiedene auf die Notstandshilfe für viele Frauen ein direkter Weg in die Armutsfalle, wie Roswitha Bachner, die Zentralsekretärin der Gewerkschaft HGPD nicht nachläßt, aufmerksam zu machen.[22]) Der Lösungsansatz »allgemeines Grundeinkommen ohne Arbeit«, der auch von vielen sozial engagierten und verantwortungsbewußten Menschen befürwortet wird, hat einen entscheidenden Pferdefuß: Seine Umsetzung würde dem Sozialstaat 700 Milliarden Schilling kosten, fast so viel, wie das österreichische Bundesbudget für ein Jahr ausmacht. Ein anderes Modell, das zur Diskussion gestellt wird, die negative Einkommenssteuer, würde noch immer 200 Milliarden Schilling erfordern und zudem das Wegfallen aller anderen Sozialleistungen bedeuten.[23]) Auch das von der ÖVP ab 1998 propagierte »Karenzgeld für alle« und noch mehr der zunächst ebenfalls von ÖVP-Seite und dann besonders von der FPÖ forcierte »Kinderbetreuungsscheck« sind gute Beispiele dafür, daß auf den ersten Blick gerecht und fortschrittlich erscheinende Modelle einer Grundsicherung zu weniger und nicht zu mehr sozialer Sicherheit führen können, wenn man nicht sehr genau aufpaßt.

Der finanziell abgesicherte Karenzurlaub ist eine der großen sozialen Errungenschaften der Zweiten Republik. Das Karenzurlaubsgeld war aber nie eine allgemeine Sozialleistung, sondern ist Ersatz für entgangenes Einkommen, das jenen zusteht, die vor der Geburt eines Kinder als Berufstätige in die Finanzierungstöpfe einzahlten. Ursprünglich aus den Mitteln der Krankenversicherung gedeckt, war das Karenzgeld ab 1972 eine Leistung der Arbeitslosenversicherung; später wurden dafür zusätzlich erhebliche Mittel aus dem Familienlasten-Ausgleichsfonds bereitgestellt; Grundlage der FLAF-Finanzierung ist ein Basislohnverzicht der Arbeitnehmer, auch wenn der Betrag von den Arbeitgebern abgeführt wird. Das auf Initiative des ÖGB durchgesetzte »Familienpaket« von 1990 brachte die Elternkarenz, und damit die Möglichkeit, daß sich die Eltern den Karenzurlaub teilen, die Verlängerung des Karenzurlaubes auf zwei Jahre und das Angebot der Teilzeitbeschäftigung bei verringertem Karenzgeld im zweiten und dritten Lebensjahr des Kindes statt der Inanspruchnahme des zweiten Karenzjahres. Die Verkürzung der Karenzzeit für Frauen auf eineinhalb Jahre im Rahmen des »Sparpakets« 1996 führte dazu, daß die Zahl der Arbeitnehmerinnen deutlich zurückging, die Karenzurlaub in Anspruch nahmen.[24])

Dies, die Einschränkung anderer Leistungen für Familien, wie die problematische Umwandlung der Geburtenbeihilfe in einen Mutter-Kind-Bonus oder der Selbstbehalt bei Schulbüchern, und das Lohnsummenwachstum in den neunziger Jahren brachten dem Familienlastenausgleichsfonds Überschüsse ein, die er nach den geltenden gesetzlichen Bestimmungen nicht ausgeben konnte. Ein Teil der Mittel wurde durch die Erhöhung und Änderung der Familienbeihilfe beansprucht, die zusammen mit einer Reform der steuerlichen Familienförderung ab dem Jahr 2000 in vollem Umfang umgesetzt wird. Auslöser war 1997 die Aufhebung von Bestimmungen des Einkommensteuergesetzes 1988 durch den Verfassungsgerichtshof, der entschied, daß Bezieher hoher Einkommen diskriminiert würden, weil die Kosten für den »standesgemäßen Unterhalt der Kinder« bei ihnen durch Familienbeihilfe und Kinderabsetzbetrag nicht ausgeglichen würden. Er verlangte eine steuerliche Abschreibmöglichkeit der Hälfte der einkommensabhängig zu ermittelnden Unterhaltsleistungen, um die »Diskriminierung« der Spitzenverdiener zu beseitigen. Hätten Regierung und Parlament nach dem Spruch des Verfassungsgerichtshofes gehandelt, wäre die Verteilungsfunktion des Sozialstaates auf den Kopf gestellt worden. Nicht zuletzt aufgrund des massiven Widerstandes der Gewerkschaftsbewegung entschied man sich statt dessen für die Entlastung der Familien im Rahmen der Steuerreform 2000 und berücksichtigte dabei besonders Familien mit kleinem Einkommen. Dem Spruch der Höchstrichter trug man insoferne Rechnung, als die Zahl der Spitzenverdiener verringert wurde, deren Unterhaltskosten nicht voll abgedeckt sind. Juristen befürchteten allerdings, daß die Höchstrichter damit nicht zufriedenzustellen wären. Eine haltbare Lösung im Sinne der Funktion des Sozialstaates wird nicht nur in diesem Fall nur zustande kommen, wenn der Gesetzgeber eine grundlegende gesellschaftspolitische Entscheidung trifft.[25]) Denn die individualistische Auslegung des Gleichheitsgrundsatzes der Verfassung, der das Fehlen solcher gesellschaftspolitischer Grundsatzentscheidungen Vorschub leistete, zieht sich seit mehr als einem Jahrzehnt wie ein roter Faden durch die familienpolitische Spruchpraxis der Verfassungsrichter. So ermöglichen sie es 1987, die Dotierung des Heiratsgutes zum Vorteil der Gut- und Bestverdienenden steuerlich abzusetzen, ohne gleichzeitig, wie das der ÖGB-Bundesvorstand forderte, eine Reform der steuerlichen Ausnahmebestimmungen bei »außergewöhnlichen Belastungen« als Hilfestellung für weniger gut Verdienende in Erwägung zu ziehen.[26])

Im Zuge der Diskussion um die Zielrichtung und die Finanzierung der familienpolitischen Leistungen kamen auch die erwähnten Vorschläge im Zusammenhang mit dem Karenzgeld auf den Tisch. Das Modell »Karenzgeld für alle« sah vor, die verschiedenen Leistungen auf einem Niveau von 6000 Schilling zu vereinheitlichen, die Teilfinanzierung des Karenzurlaubsgeldes aus der Arbeitslosenversicherung herauszunehmen und die gesamten Kosten ab dem Jahr 2000 als »reine Familienleistung« unabhängig von früherer Berufstätigkeit aus dem FLAF zu bestreiten. Beim Modell »Kinderbetreuungsscheck« ist überhaupt kein Karenzgeld vorgesehen; er soll dieses und alle anderen Leistungen wie zum Beispiel die Sondernotstandshilfe ersetzen. Beide Varianten würden Frauen Anreize bieten, auf Erwerbsarbeit zu verzichten. Der bis zum vierten Lebensjahr des Kindes gedachte »Kinderbetreuungsscheck« würde den Verzicht junger Frauen auf Erwerbstätigkeit noch zusätzlich fördern, da das Angebot an Kinderbetreuungsplätzen völlig dem »freien Markt« überlassen werden soll, was die Kosten wegen des Nachfragebooms zunächst steigen lassen und dann das Angebot einschränken würde, weil es für viele zu teuer geworden ist. Aus der Armutsforschung weiß man aber mittlerweile, daß der wichtigste Beitrag zur Armutsvermeidung von Familien die Erwerbstätigkeit beider Elternteile ist. Davon abgesehen stellte die Gewerkschaftsbewegung sehr deutlich die Frage nach der verteilungspolitischen Gerechtigkeit solcher Modelle: Wem soll man etwas wegnehmen, um Personen, die bisher noch gar nicht in das Sozialsystem eingezahlt haben, unabhängig von einer Bedarfsprüfung Geldleistungen in nicht unwesentlicher Höhe zukommen zu lassen? Es wären im Endeffekt wohl wieder die Arbeitnehmerinnen und Arbeitnehmer, die dies alles über ihre Steuern und Sozialabgaben finanzieren müßten.[27])

Beide Konzepte stießen aus all diesen Gründen auf den vehementen Widerstand der ÖGB-Frauen. Irmgard Schmidleithner zog heftige Angriffe der Befürworter auf sich, als sie den Plan, den Karenzgeldanspruch nicht mehr als Ersatz für das Arbeitseinkommen Berufstätiger an die Arbeitslosenversicherung zu binden, als »soziales Verbrechen an den berufstätigen Frauen« bezeichnete. »Als familienpolitische Leistung für alle Mütter und Väter«, warnte sie, »könnte es beim Karenzgeld wie bei der Geburtenbeihilfe dazu kommen, daß es einfach gestrichen wird.« Die Position der Gewerkschafterinnen wurde vom ÖGB-Präsidium voll und fraktionsübergreifend mitgetragen. Nach Ansicht von Karl Klein, dem Bundessekretär der Fraktion christlicher Gewerkschafter, ging »die Idee eines ›Karenzgeldes für alle‹ am wirklichen Problem vorbei«; ein solches Angebot würde die Reform des FLAF voraussetzen, und dazu wären »zum gegenwärtigen Zeitpunkt keine Pläne vorhanden«. Der Bundesvorstand setzte sich dafür ein, die gute Dotierung des FLAF zu nutzen, um »die durch das Sparpaket für junge Familien entstandenen Härten zurückzunehmen«, etwa durch das Wiedereinführen der Geburtenbeihilfe oder das Bereitstellen eines ausreichenden Angebots an Kinderbetreuungseinrichtungen. Vor allem aber sollte das Karenzgeld auf das Existenzminimum angehoben und für alle Arbeitnehmerinnen zwei Jahre gezahlt werden – für alle Arbeitnehmerinnen, das heißt auch für die wachsende Zahl der Beschäftigten in »freien« Dienstverhältnissen, die zwar Krankenversicherung zahlen, aber nach der geltenden Regelung bei einer Schwangerschaft nicht einmal entsprechendes Wochengeld bekommen.[28])

Politisch durchsetzbar waren diese Forderungen bis zu den Nationalratswahlen 1999 nicht. Aber es gelang immerhin unter dem

Druck der EU-Vorgaben, den eigenständigen Anspruch auf Väterkarenz und die Möglichkeit zu erreichen, daß ein Teil der Karenzzeit aufgespart werden und bei Bedarf – etwa bei Schulbeginn des Kindes – in Anspruch genommen werden kann. Damit wurde, wenn auch mehrere Monate nach dem Auslaufen der für die Umsetzung in österreichisches Recht vorgesehenen Frist, der EU-Richtlinie über den »Elternurlaub« entsprochen. Diese Richtlinie stützt sich auf eine auf Initiative des Europäischen Gewerkschaftsbundes 1996 abgeschlossene Rahmenvereinbarung der europäischen Sozialpartner, der über ein Jahrzehnt Verhandlungen im Rahmen der ILO vorangegangen waren.[29]) Der Gesamtanspruch an Betreuungszeit und Geld änderte sich durch das Recht auf »Elternurlaub« nicht, obwohl die Arbeitnehmer weniger aus dem FLAF herausbekommen, als sie dort einzahlen. Deshalb müsse die gesamte Finanzierung des Familienlastenausgleiches überlegt werden, forderte das ÖGB-Präsidium, durch eine gerechte Reform müsse man sicherstellen, daß alle, die Leistungen beziehen, auch etwas beitragen. Für »bedürftige Familien, die keinen Anspruch auf Karenzgeld haben«, verlangte der Bundesvorstand eine einkommensabhängige Unterstützung aus Bundes- und Landesmitteln.[30]) In einem ihrer letzten Interviews als ÖGB-Frauenvorsitzende machte Irmgard Schmidleithner klar, daß eine solche Lösung dem Anliegen einer sozialen Grundsicherung weit besser Rechnung tragen würde: »Für Menschen, die nicht unselbständig erwerbstätig waren und finanzielle Unterstützung brauchen, wenn ein Kind geboren wird, ist ein bundeseinheitliches Sozialhilfegesetz notwendig. Das würde dann länger als nur die eineinhalb Jahre, die Karenzgeld gewährt wird, Unterstützung bieten. Damit würde bedürftigen Menschen wirklich geholfen«.[31])

Um die Funktionsfähigkeit jener Bereiche des Sozialsystems sicherzustellen, deren Finanzierung und deren Leistungen mit unselbständiger Erwerbsarbeit verbunden sind, hielt der ÖGB-Bundesvorstand das Umstellen auf eine Wertschöpfungsabgabe für den vernünftigsten und gerechtesten Weg. Das heißt: Neben der Lohnsumme sollten auch Gewinne, Abschreibungen, Kreditzinsen, Mieten und Pachten einen Teil der Abgabenlast tragen. Dadurch könnte der »Faktor Arbeit« im Interesse der Beschäftigten entlastet werden, ohne dem Sozialsystem die notwendigen Mittel zu entziehen. Im Falle des FLAF würde das den Beitrag von 4,5 Prozent auf 2,2 Prozent der Berechnungsbasis halbieren.[32]) Die Mobilisierung einer geschlossenen Abwehrfront gegen die Wertschöpfungsabgabe, unter anderem durch gezielte Fehlmeldungen in den Medien über eine angebliche Einigung auf einen ersten Schritt in diese Richtung während der Verhandlungen zur Steuerreform 2000,[33]) war vorerst angesichts des beginnenden Wahlkampfes erfolgreich.

Die ein Jahrzehnt zunehmende Arbeitslosigkeit stellte steigende Anforderungen an die Leistungen aus der Arbeitslosenversicherung. In der Frage ihrer Finanzierung und der öffentlichen Verantwortung für die Arbeitsmarktverwaltung wurde der politische Richtungskampf besonders deutlich erkennbar. 1993 setzte die ÖVP als Kaufpreis für die notwendige Erhöhung der Arbeitslosenversicherungsbeiträge ab 1994 eine Leistungskürzung durch, wenn sie auch nicht so gravierend ausfiel wie der Sozialabbau in Deutschland, der dort mit den Kosten der Wiedervereinigung argumentiert wurde. Mit der Einigung der politischen Parteien über die Finanzierung der Arbeitslosenversicherung gab es auch grünes Licht für die Ausgliederung der Arbeitsmarktverwaltung aus dem Bundeshaushalt. Eine umfassende Reform der Arbeitsmarktverwaltung war im Koalitionsübereinkommen 1990 festgeschrieben worden, aber die Verhandlungen darüber erwiesen sich als zäh und langwierig, weil die Gewerkschaftsbewegung Plänen zu einer weitreichenden Privatisierung, die die öffentliche Verantwortung extrem eingeschränkt hätte, vehement entgegengetreten war. Auch nach der Entscheidung von 1993 mußten die näheren Details noch in harten Verhandlungen fixiert werden.[34]) Es gelang dabei, klarzustellen, daß auch die ausgegliederte Arbeitsmarktverwaltung im Auftrag des Sozialministeriums tätig zu sein hat, und zwar unter Beteiligung der Sozialpartner in dezentralen, das heißt in größerem Ausmaß auf Verantwortlichkeit in den Bundesländern abgestellten Entscheidungsstrukturen. Mit 1. Juli 1994 wurde aus der AMV das »Arbeitsmarktservice«, kurz AMS, eine Namensänderung, die die Verwaltung durch ein nichtbeamtetes Management und das Image eines modernen Dienstleistungsunternehmens signalisieren sollte. Die Sozialpartner wurden als Eigentümervertreter eingebunden, weil ja die Finanzierung des AMS und seiner Leistungen zum größten Teil aus Mitteln der Arbeitslosenversicherung erfolgt – und damit aus Beiträgen der Arbeitnehmer und Arbeitgeber. Die angesichts der Arbeitsmarktentwicklung erforderliche Konzentration auf arbeitsmarktbezogene Betreuungs- und Leistungsaufgaben wurde durch die Verlagerung von nicht zu diesem Kernbereich zählenden Aufgaben erreicht, vor allem durch die Rückführung des Karenzurlaubsgeldes zur Krankenversicherung.[35])

Wie generell bei der Ausgliederung öffentlicher Leistungen brachte allerdings auch die Neuorganisation der Arbeitsmarktverwaltung keine Kosteneinsparung für das Bundesbudget, sondern Mehrausgaben, wie der Rechnungshof 1999 nachwies.[36]) Sonderprojekte wie die Unterstützung und Förderung von Arbeitsstiftungen für die Arbeitnehmer aus Unternehmen, Branchen und Regionen, die von der wirtschaftlichen Strukturveränderung besonders betroffen sind, oder die 1998 begonnene Beschäftigungsoffensive waren und sind nur mit zusätzlichen Steuermitteln zu bewältigen. Dazu erfolgte ab 1997 die Umschichtung von Mitteln aus der Arbeitslosenversicherung zur Bewältigung der Engpässe bei der Pensionsversicherung, was den Handlungsspielraum der Arbeitsmarktpolitik erheblich einschränkte. ÖGB und AK verlangten deshalb von der Regierung, die für die Beschäftigungsoffensive notwendigen zusätzlichen Mittel in der Höhe von etwa 3,5 Milliarden Schilling mittelfristig zur Verfügung zu stellen und das Abziehen von Mitteln in Richtung Pensionsversicherung im Jahr 2000 auslaufen zu lassen.[37])

Gleiches Recht für alle Arbeitnehmergruppen

Während die Gewerkschaftsbewegung auf der einen Seite darum kämpft, auch für neue Arbeitnehmergruppen wie die Scheinselbständigen und für die zunehmende Zahl der Arbeitnehmerinnen und Arbeitnehmer mit geringfügiger Beschäftigung oder Teilzeitarbeit eine gleichwertige Absicherung durch das Arbeits- und Sozialrecht zu erreichen, besteht auf der anderen Seite noch immer eine gravierende alte Rechtsungleichheit: Die in wesentlichen Bereichen unveränderte Benachteiligung der Arbeiter gegenüber den Angestellten. Von den Beschlüssen des 13. Bundeskongresses ausgehend, trat der ÖGB in der zweiten Hälfte der neunziger Jahre dafür an, sie endgültig zu beseitigen. Die Gewerkschaftsbewegung setzte damit ein Projekt fort, das 1970 mit einem gleichen Arbeitszeitgesetz begonnen und 1973 den gleichen Arbeitnehmerschutz gebracht hatte, dem ein Jahr später gleiche Regelungen für Betriebsräte gefolgt waren, dann 1976 die Angleichung des Urlaubsanspruches, 1977 das Recht auf Pflegefreistellung auch für Arbeiter, 1979 die Arbeiter-Abfertigung und 1984 die Angleichung der Bestimmungen über die Sonn- und Feiertagsruhe. Beim Kündigungsrecht und hinsichtlich der Entgeltfortzahlung im Krankheitsfall sind Arbeiter dagegen auch am Ende des 20. Jahrhunderts schlechter gestellt als Angestellte – und das, obwohl sich die Tätigkeitsprofile in der modernen Arbeitswelt stark angeglichen haben: Die Kündigungsfrist für die Angestellten liegt zwischen sechs

Wochen und fünf Monaten, für die Arbeiter dagegen beträgt sie höchstens zwei Wochen, und im Reinigungsgewerbe haben Arbeiter zum Beispiel im ersten Dienstjahr überhaupt keine Kündigungsfrist. Wird ein Arbeiter oder eine Arbeiterin krank, bekommt er oder sie nur bis zu vier Wochen den Lohn, während Angestellte ihr Gehalt zehn Wochen weiterbeziehen können. Hier hinkt der Sozialstaat Österreich kräftig nach, denn in Deutschland oder in den skandinavischen Ländern wurde die Gleichstellung längst vollzogen.[38])

Die Existenz einer eigenen Angestelltengewerkschaft innerhalb des Gewerkschaftsbundes trug sicher dazu bei, daß der Angleichungsprozeß in Österreich langsamer vor sich ging als anderswo. Fritz Klenner sah aber darin schon 1991 kein unüberwindbares Problem. »Meiner Meinung nach«, schrieb er in einem Leserbrief, »wird es spätestens Ende dieses Jahrhunderts keine Arbeiter und Angestellten, sondern nur Beschäftigte mit gleichen sozialen Rechten geben. Der technische Wandel muß von einem Bewußtseinswandel begleitet sein, den die Gewerkschaftsbewegung im Sinne ihrer traditionellen erzieherischen Aufgabe zu fördern hat«.[39]) Nicht allein Fritz Klenner, auch die größte Arbeitergewerkschaft, die Gewerkschaft Metall-Bergbau-Energie hielt das Ziel, die Gleichstellung innerhalb eines Jahrzehnts zu verwirklichen, zumindest im eigenen Bereich für realistisch. Die MBE stellte sich zur Feier des einhundertjährigen Bestehens der Metallarbeiterorganisation 1990 selbst die Forderung »daß wir bis zum Jahr 2000 versuchen werden, die völlige Gleichstellung auf arbeits- und sozialrechtlichem Gebiet mit Hilfe unserer Kollektivverträge zu erreichen«. Bei den Kollektivvertragsverhandlungen 1994 kam es zur Vereinbarung mit den Arbeitgebern, dieses Ziel bis zum Jahr 2000 schrittweise zu verwirklichen. Ab 1995 galten bereits für Arbeiter aus dem MBE-Organisationsbereich die gleichen Kündigungsfristen wie für die Angestellten[40]), der im Oktober 1998 abgeschlossene Industrie-Kollektivvertrag brachte die Gleichstellung bei der Entgeltfortzahlung im Krankheitsfall[41]). Darüber hinaus wurde auch für die Arbeiter ein Anspruch auf zwei Wochen Bildungskarenz für die Berufsreifeprüfung durchgesetzt.[42]) Der Kollektivvertrag für die E-Wirtschaft vom Dezember des Jahres legte die volle arbeitsrechtliche Gleichstellung fest und zudem eine echte Bildungsfreistellung, das heißt Bildungszeit im Rahmen der bezahlten Arbeitszeit, von einer Woche.[43]) Insgesamt erreichte die Gewerkschaft MBE bis 1999 eine Rechtsangleichung für 200.000 Beschäftigte.[44])

Die Voraussetzungen für diese Erfolge waren in der Metallindustrie besonders günstig, da Vertreter der Gewerkschaft MBE und der Industriesektion der Gewerkschaft der Privatangestellten ein erprobtes Verhandlungsteam bildeten, das eine Tarifgemeinschaft Arbeiter – Angestellte durchgesetzt hatte und sie gegenüber den Arbeitgebern verteidigte.[45]) Solche Voraussetzungen fanden sich sonst nirgends. Deshalb startete der ÖGB mit den Arbeitergewerkschaften 1995/96 die »Aktion Fairness« und forderte »Gerechtigkeit für 1,3 Millionen Arbeiter« durch eine Gleichstellung im Gesetz, eine Forderung, die in das Regierungsübereinkommen nach den Nationalratswahlen 1995 aufgenommen wurde.[46]) Trotz ständigen Nachstoßens des ÖGB geschah jedoch längere Zeit nichts, weil die Arbeitgeberseite sich von Anfang an mit dem Kostenargument gegen die Gleichstellung wehrte. Als Bundeskanzler Viktor Klima sich im Frühjahr öffentlich zu den Anliegen der »Aktion Fairness« bekannte, schienen die Chancen zu steigen.[47]) Das Sozialministerium legte auf Initiative des ÖGB im September den Entwurf für ein »Arbeitsverhältnisgesetz« mit der Angleichung der Arbeiterrechte an das höhere Niveau der Angestellten vor.[48]) In einer Resolution von Ende Oktober steckte der ÖGB-Bundesvorstand seine Linie zu dem Gesetzesvorhaben und zu den Verhandlungspositionen der Arbeitgeberseite ab: »Die ungerechtfertigten Unterschiede zwischen ArbeiterInnen und Angestellten, insbesondere bei Entgeltfortzahlung im Krankheitsfall und Beendigung des Dienstverhältnisses, sind zu beseitigen. Durch eine einheitliche Rechtsquelle soll ein einheitlicher Arbeitnehmerbegriff für das Individualarbeitsrecht geschaffen werden. Das Angestellten-Gesetz soll für angestelltenspezifische Regelungen erhalten bleiben. Ein Gesetzesentwurf, der neben den angesprochenen Themen auch die Bestimmungen über Abfertigung, Aliquotierung von Sonderzahlungen, Fürsorgepflicht, Dienstzeugnis und anderes mehr vereinheitlicht, muß noch in dieser Legislaturperiode verabschiedet werden. Die »Aktion Fairness« heißt für den ÖGB eine Weiterentwicklung des Arbeitsrechtes und nicht eine Verschlechterung.«[49])

Die Arbeitgeberseite behauptete, die Umsetzung der »Aktion Fairness« würde die Unternehmen insgesamt mit 10,5 Milliarden Schilling belasten, allein mit 9 Milliarden für den verbesserten Kündigungsschutz, und könnte deshalb zum Verlust von 28.000 Arbeitsplätzen führen. Der ÖGB verwies im Gegenzug darauf, daß das Einhalten entsprechender Kündigungsfristen und -termine eine Sache der Personalplanung sei, die ja auch bei den Angestellten keine besonderen Schwierigkeiten bereite; Mehrkosten würden daraus überhaupt keine entstehen. Außerdem würden sich die Unternehmen durch die Verlängerung der Entgeltfortzahlung im Krankheitsfall 750 Millionen Schilling an Krankengeld ersparen, so daß die tatsächliche Nettomehrbelastung im Jahr österreichweit und für alle Unternehmen zusammen bei rund 670 Millionen Schilling anzusetzen sei, ein Betrag, der bei einer jährlichen Lohnsumme von 1.000 Milliarden Schilling wohl zu verkraften wäre, ohne daß die Wirtschaft daran zu Grunde gehe.[50])

Im weiteren Verlauf der Verhandlungen lizitierte die Wirtschaftskammer bei jedem Kompromißvorschlag des ÖGB ihren Kaufpreis immer weiter nach oben. So verlangte sie eine weitere Urlaubsaliquotierung, also eine Verringerung des Urlaubsanspruches, oder das Abschaffen eines gesetzlichen Feiertages oder die Anrechnung ärztlich verordneter Kuraufenthalte auf den Urlaub.[51]) Und sie ging auch nicht davon ab, als der ÖGB bei der Kündigungsfrist Ausnahmen für einzelne Branchen zugestand.[52]) Ebenso wenig ließ sich die Arbeitgeberseite von einer Lösungsvariante beeindrucken, die Sozialministerin Lore Hostasch anbot und die der ÖGB auch noch mitgetragen hätte, um einen Schritt weiterzukommen. Sie enthielt finanzielle Zugeständnisse bei den Beiträgen der Arbeitgeber zum Insolvenzgeldsicherungsfonds und nach dem Nachtschwerarbeitsgesetz, die ihnen statt Kosten Mehreinnahmen beschert hätte. Das Angebot sei nicht ausreichend, erklärte die Wirtschaftskammer, Beitragssätze könnten schließlich leicht wieder erhöht werden, wogegen arbeitsrechtliche Auflagen für die Arbeitgeber schwer rückgängig zu machen seien. Es war bewußt darauf angelegt, die Verhandlungen scheitern zu lassen.[53]) Mit dem Einbringen des Gesetzesentwurfes durch ÖGB-Präsident Fritz Verzetnitsch im Nationalrat als SPÖ-Initiativantrag am Ende der Legislaturperiode setzte die Fraktion sozialdemokratischer Gewerkschafterinnen und Gewerkschafter das Signal, daß der ÖGB, einschließlich der christlichen Gewerkschafter, die die ablehnende ÖVP-Haltung nicht mittrugen, »hartnäckig an seiner Forderung festhalten und sich die Fairness auch nicht durch fadenscheinige Gegenangebote abkaufen lassen« werde.[54])

Das Motiv hinter der Ablehnung der »Aktion Fairness« konnten ganz offensichtlich nicht die Kosten sein. Worum es ging, das war die Abwehr von verbesserten sozialen Regelungsmechanismen im Namen der Marktfreiheit. Denn die Kündigungsfristen sind ein ganz bewußter sozialpolitischer Eingriff des Arbeitsrechtes gegen das »Hire-and-fire-Prinzip«. Vom Liberalen Forum wurde die neoliberale Motivation der Ablehnungsfront am deutlichsten ausgesprochen. »Der ÖGB-Vorschlag ist gefährlich und strukturkonservativ«, hieß es in einer Presseaussendung. Und weiter: »Das Arbeitsrecht stamme aus einer Zeit«, die durch moderne Entwicklungen in der Wirtschaft längst überholt sei, die Zunahme der atypischen Beschäftigungsverhältnisse und der neuen Selbständigkeit seien unübersehbare Indizien dafür.«[55])

Der Bundesfrauenausschuß des ÖGB hielt 1996 eine noch viel weitreichendere Definition eines einheitlichen Arbeitnehmerbegriffes für notwendig, als er sich aus dem Angleichen der Arbeiter- an die Angestelltenrechte ergeben würde. Um die Flucht aus dem Arbeitsrecht durch die Zunahme atypischer Beschäftigungsverhältnisse zu stoppen, traten die ÖGB-Frauen für einen Arbeitnehmerbegriff ein, der ausschließlich durch die wirtschaftliche Abhängigkeit gekennzeichnet sein sollte.[56]) Von den rund drei Millionen unselbständig Beschäftigten in Österreich arbeiteten Ende 1998 bereits 500.000 in Teilzeit, davon 57.000 ausschließlich als geringfügig Beschäftigte – damit droht ohne Gegensteuerung ein gespaltener Arbeitsmarkt.[57]) Die auch vom Europäischen Gewerkschaftsbund immer wieder angesprochene arbeits- und sozialrechtliche Gleichstellung von Teilzeit- mit Vollzeitbeschäftigten ist eine der Gegenstrategien, für die auch in der EU Verbündete zu finden sind, wie der österreichische Staat, der immer mehr Teilzeitkräfte einstellt, erfahren mußte. Ein Erkenntnis des Verfassungsgerichtshofes erklärte 1999 schlechtere Regelungen für Teilzeitbeschäftigte beim Vorrücken in die nächste Gehaltsstufe zu einem Verstoß gegen EU-Recht. Die Begründung: »Da überwiegend Frauen teilzeitbeschäftigt sind, sieht die EU in der Ungleichbehandlung von Teilzeitbeschäftigten eine Diskriminierung von Frauen.« Der Bund sah sich gezwungen, rasch zu reagieren. Rückwirkend mit 17. Juni 1998 werden teilzeitbeschäftigte Vertragsbedienstete wie ihre vollzeitbeschäftigten Kolleginnen und Kollegen alle zwei Jahre statt wie bisher nur alle vier Jahre vorrücken. Die Gewerkschaft öffentlicher Dienst geht allerdings davon aus, daß den Vertragsbediensteten Nachzahlungen für einen längeren Zeitraum zustehen, da das EU-Recht für Österreich mit dem Beitritt zum Europäischen Wirtschaftsraum 1994 schlagend geworden war.[58])

Die den Arbeitnehmern abverlangte Flexibilität am Arbeitsmarkt schuf ein hohes Maß an Rechtsungleichheit, und am Problem der Abfertigung zeigt sich dies besonders deutlich. Daß der Abfertigungsanspruch erst nach dreijähriger Betriebszugehörigkeit gegeben ist, wurde festgelegt, als die mehrjährige Beschäftigung bei einer Firma noch der Regelfall war. Aber Ende der neunziger Jahre sah die Situation völlig anders aus: In Österreich wechselten bereits mehr als eine Million Arbeitnehmer einmal jährlich ihren Job, im Durchschnitt also jeder dritte Beschäftigte; damit lag die Mobilität höher als in zwei Drittel der anderen EU-Staaten.[59]) Innerhalb von drei Jahren waren es 60 Prozent aller Arbeitnehmer, die zum Teil nicht nur die Firma, sondern auch die Branche wechselten und deshalb um eine Abfertigung umfielen – und das nicht selten unter Druck. Denn gleichzeitig stieg die Zahl der Kündigungen kurz vor dem Erreichen eines Abfertigungsanspruches. »Bossing« nennt man mittlerweile das Hinausekeln eines Mitarbeiters, um sich die Abfertigung zu ersparen. Der ÖGB und mit ihm die Arbeiterkammer setzten sich deshalb für einen Abfertigungsanspruch ein, der für alle Arbeitnehmer einschließlich der Saisonbeschäftigten vom ersten Tag an besteht, gleichmäßig statt (wie bisher) in Sprüngen ansteigt und bei einem gewollten oder ungewollten Jobwechsel mitgenommen werden kann, also auch bei Selbstkündigung. Um dies zu erreichen, ist die Abfertigung, so fordert der ÖGB, aus den Unternehmen auszulagern.[60])

Vor allem im Gesundheits-, Unterrichts-, Veterinär- und Sozialwesen werden von privaten und öffentlichen Arbeitgebern auch in Österreich zunehmend befristete Dienstverträge abgeschlossen. Nach einer Arbeitskräfteerhebung des ÖGB standen 1995 noch 3,7 Prozent aller unselbständig Beschäftigten in befristeten Dienstverhältnissen, 1997, nur zwei Jahre später, hatte sich der Anteil schon auf 4,3 Prozent erhöht. 59.000 Männer und 75.000 Frauen waren betroffen, und keineswegs immer freiwillig: fast 18 Prozent der Frauen gaben an, daß sie nur deshalb eine befristete Stelle angenommen hatten, weil sie keine Dauerbeschäftigung finden konnten. Diese Entwicklung wird dadurch beschleunigt, daß man die Zulassung befristeter Arbeitsverhältnisse in Österreich im Vergleich zu den meisten anderen EU-Staaten sehr liberal handhabt. Die erstmalige Befristung ist fast grenzenlos möglich, es gibt keine rechtlichen Schranken hinsichtlich der Dauer oder objektiver Erfordernisse. Deshalb ist das EU-weit geltende Rahmenabkommen der europäischen Sozialpartner zur Absicherung der befristeten Dienstverhältnisse, das der Europäische Gewerkschaftsbund durchsetzte und das Fritz Verzetnitsch im März 1999 gemeinsam mit den Repräsentanten der europäischen Arbeitgeberorganisationen in Warschau unterzeichnete, ein wichtiger Schritt. Befristet Beschäftigte dürfen nach diesem Abkommen gegenüber Arbeitnehmern ohne Befristung nicht diskriminiert werden, was zum Beispiel für die

Entgeltfortzahlung im Krankheitsfall eine Rolle spielt, aber auch hinsichtlich der Wartefristen für den Urlaubsantritt. Ein besonderes Problem stellt die Möglichkeit der Kettenverträge dar, also der wiederholten Verlängerung eines befristeten Dienstverhältnisses, da viele Arbeitgeber von den Arbeitnehmern mit der Drohung, den Vertrag nicht zu verlängern, Leistungen einfordern, die mit der regulären Arbeit gar nichts zu tun haben. Nun wurden alle EU-Staaten verpflichtet, den Mißbrauch durch entsprechende gesetzliche Bestimmungen zu bekämpfen.[61])

»Konvergenzkriterium« Beschäftigung

Das Thema »Arbeitslosigkeit« berührte, wie aus mehreren Umfragen in der zweiten Hälfte der neunziger Jahre hervorging, acht von zehn Österreicherinnen und Österreicher am stärksten von allen politischen Fragen. Das war ein Abbild der Angst um den Arbeitsplatz, die in einer Situation zu einer gesellschaftlichen Grundstimmung werden muß, in der die Arbeitslosigkeit trotz positiver Beschäftigung über ein Jahrzehnt kontinuierlich anstieg. 1997 arbeiteten in Österreich um 320.000 unselbständig Beschäftigte mehr als 1983 und 1998 betrug die Beschäftigtenzahl über 3,076 Millionen. Die Arbeitslosenquote blieb neben jener von Luxemburg die niedrigste in der EU und die Jugendarbeitslosigkeit erreichte mit sechs Prozent ebenfalls einen der geringsten Werte im Europavergleich. Trotzdem bedeutete das Ansteigen der Arbeitslosigkeit, von der 1995 im Jahresdurchschnitt 215.716 Menschen betroffen gewesen waren, während für 1998 fast 237.800 registriert wurden, eine unzumutbare menschliche, soziale und volkswirtschaftliche Belastung, die von der Gewerkschaftsbewegung nicht hingenommen werden konnte.[62])

Daß Österreich trotz Zunahme der Arbeitslosigkeit im Europavergleich so gut abschneidet, ist ein Zeichen für das Ausmaß des Beschäftigungsproblemes in der EU. Ende der achtziger Jahre betrug die Zahl der Arbeitslosen EU-weit zwischen 17 und 18 Millionen, Mitte der neunziger Jahre wuchs sie auf 20 Millionen und 1999 war sie mit 17 Millionen wieder auf den noch immer unerträglich hohen Stand von 17 Millionen zurückgegangen. Ein Land mit dieser Bevölkerungszahl wäre das sechstgrößte EU-Mitglied, eine Tatsache, auf die Fritz Verzetnitsch immer wieder aufmerksam machte, wenn er im Namen der österreichischen und der europäischen Gewerkschaftsbewegung eine arbeitschaffende Beschäftigungspolitik einforderte. ÖGB und Europäischer Gewerkschaftsbund wiesen ein Jahrzehnt lang darauf hin, welche Maßnahmen für eine europäische Beschäftigungspolitik unabdingbar sind, die diesen Namen auch verdient. Wie bei der Einführung der gemeinsamen Währung, als ein festgelegtes Höchstmaß erlaubter Budgetdefizite Kriterium für die Teilnahme an der Wirtschafts- und Währungsunion war, so fordert die Gewerkschaftsbewegung, müsse auch für die Reduktion der Arbeitslosigkeit ein EU-weit verbindliches »Konvergenzkriterium« gelten. Ein weiterer Hebel sollte bei der Lohnentwicklung ansetzen, die seit den achtziger Jahren eindeutig hinter der Produktivitätsentwicklung zurückgeblieben war. Denn keine Wirtschaft kann es sich leisten, so positiv eine gute Außenhandelsbilanz sich auch auswirkt, zur Wachstumsförderung nur auf den Export zu setzen, da zur Steigerung der notwendigen Inlandsnachfrage eine Steigerung der Kaufkraft der Bevölkerung unerläßlich ist. Wirtschafts- und Geldmarktpolitik können nicht vollkommen losgelöst von Beschäftigungspolitik betrachtet und betrieben werden – und umgekehrt. Denn erstens belasten hohe Arbeitslosigkeit oder ein Rückgang der Beschäftigung die Staatshaushalte, zweitens verhindert ein niedriges Wirtschaftswachstum den dauerhaften Abbau von Arbeitslosigkeit und drittens sind die hohen Beschäftigungseffekte einer aktiven Infrastruktur-, Forschungs- und Technologiepolitik unbestritten nachgewiesen. Nur wenn alle Politikbereiche ihren Beitrag leisten, ist eine arbeitschaffende Beschäftigungspolitik möglich.[63])

Bereits in Maastricht hatten sich die Staats- und Regierungschefs der EU auf das Einrichten eines »Kohäsionsfonds« zur Finanzierung von Umweltprojekten und Transnationalen (Verkehrs-)Netzen geeinigt, dessen Mittel ab 1994 Staaten zugute kommen sollten, deren Pro-Kopf-Einkommen weniger als 90 Prozent des EU-Durchschnittes beträgt. Die großen Infrastrukturprojekte, die EU-Kommissionspräsident Jacques Delors 1993 in seinem »Weißbuch zur Wiederbelebung von Beschäftigung, Wachstum und Wettbewerbsfähigkeit« vorgesehen hatte und durch die bis zu einer Million dauerhafte Arbeitsplätze entstehen könnten, wurden allerdings stark beschnitten, da ECOFIN, der Rat der Wirtschafts- und Sozialminister, für den das Absenken der Budgetdefizite im Hinblick auf die »Konvergenzkriterien« zur Währungsunion absoluten Vorrang hatte, die Möglichkeit eines Gemeinschaftsdarlehens ablehnte.[64]) Die Gewerkschaftsbewegung ließ allerdings von der Forderung nach einem Umsetzen der wichtigsten Infrastrukturmaßnahmen, vor allem des Ausbaues der Transeuropäischen Netze, nicht ab und stellt sie regelmäßig zur Diskussion.[65]) Was die

ECOFIN-Minister wollten, war ein neoliberales, Deregulierung förderndes »Beschäftigungsprogramm«. Ohne den Rat der Sozialminister zu konsultieren, beschlossen sie, eine Deregulierungsgruppe einzurichten, die diejenigen sozialen Normen ausfindig machen sollte, die die Schaffung von Arbeitsplätzen behindern könnten, und als wichtigstes Expertengremium für die Ausarbeitung des Berichtes über Beschäftigung vorgesehen war, der dem EU-Gipfel in Essen im Dezember 1994 vorzuliegen hatte.[66]) Das soziale Aktionsprogramm der EU-Kommission, das zu diesem Zeitpunkt vorlag, beschränkte sich darauf, innerhalb von drei Jahren weitere Studien zu vergeben, statt konkrete Maßnahmen für den Abbau der damals 18 Millionen Arbeitslosen in Europa vorzusehen. Der Europäische Gewerkschaftsbund unterstellte der Kommission, daß sie die Verantwortung auf die Länder und Sozialpartner abzuschieben versuche,[67]) was ihr allerdings in den folgenden Jahren unter dem Druck der Gewerkschaftsbewegung nicht mehr hundertprozentig gelang.

Der 8. EGB-Kongreß verlangte im Mai 1995 einen »Aktionsplan für Beschäftigung«, der Arbeitgebern und Behörden aller europäischen Staaten konkrete Maßnahmen zur Beseitigung der Arbeitslosigkeit auferlegen sollte.[68]) Gleichzeitig versuchten die einzelnen Gewerkschaftsbünde, die Regierungen ihrer Länder, deren Vertreter ja die Entscheidungen in den EU-Organen zu treffen haben, für das Projekt zu gewinnen. Es dauerte mehr als zwei Jahre und bedurfte zäher Bemühungen und immer wieder der Mobilisierung der Öffentlichkeit, bis der EU-Gipfel von Amsterdam 1997 Beschäftigungspolitik zum Aufgabengebiet der EU erklärte und dies auch im Unionsvertrag festhielt. Der Sondergipfel von Luxemburg im November dieses Jahres setzte dann einen ersten konkreten Schritt in Richtung einer europäischen Beschäftigungspolitik. Er faßte den Beschluß, eine deutliche und dauerhafte Erhöhung der Beschäftigungsquote anzustreben, verpflichtete die EU-Kommission, alle drei Jahre einen Bericht über die Beschäftigungsquote in Europa vorzulegen und forderte von den Mitgliedstaaten »Nationale Aktionspläne für Beschäftigung« mit Vorgaben und einer Fristsetzung ein.[69])

In den Nationalen Aktionsplänen für Beschäftigung, die die EU-Staaten bis Mitte 1998 vorzulegen hatten, spiegelten sich die jeweilige soziale Ausgangslage und die wirtschaftspolitische Ausrichtung der Regierungen wider. Die Palette der angekündigten Maßnahmen reichte vom Absenken der Lohnnebenkosten (Belgien) über Arbeitszeitverkürzung (Frankreich) bis zur Förderung der Teilzeitarbeit (Spanien) und dem Aufstocken der Kindergartenplätze, um die Berufstätigkeit von Frauen zu unterstützen (Niederlande), und fast überall nahm das Bekämpfen der Jugendarbeitslosigkeit einen prominenten Platz ein. Viele der Aktionspläne – aber keineswegs alle – setzten auf Qualifizierungsprogramme als wesentlichen Beitrag zur Verbesserung der Beschäftigungschancen.[70]) Österreichs Beschäftigungsplan lag nach harten Verhandlungen in der Regierung unter Beteiligung der Sozialpartner in seinen Grundzügen im April 1998 fest. Er setzte sich das konkrete Ziel, bis zum Jahr 2002 die Arbeitslosenrate von 4,5 Prozent auf 3,5 Prozent zu senken und 100.000 Jobs zu schaffen, und rechnete dabei damit, daß die Maßnahmen, das erwartete durchschnittliche Ansteigen des Wirtschaftswachstums vorausgesetzt, den angestrebten Effekt bringen könnten.[71]) Denn 2 Prozent Wirtschaftswachstum sind notwendig, um den Beschäftigtenstand zu halten, erst ab dann können die Arbeitslosenzahlen gesenkt werden.[72])

Österreichs Nationaler Aktionsplan legte, wie das der in Luxemburg verabschiedeten EU-Leitlinie entsprach, den Schwerpunkt auf den Ausbau der aktiven Arbeitsmarktpolitik: Der Anteil der Arbeitslosen, die an Schulungsmaßnahmen teilnehmen, sollte bis 2002 von 10 Prozent auf 20 Prozent verdoppelt, die Zahl der Langzeitarbeitslosen halbiert werden und mehr Kinderbetreuungsplätze und größere Verbindlichkeit von Frauenförderungsplänen in den Betrieben sollten die Chancengleichheit erhöhen.[73]) Ebenfalls ein Kernziel: Österreich wollte alle Anstrengungen unternehmen, um seine Stellung als eines der EU-Länder mit der geringsten Jugendarbeitslosigkeit zu halten. Die Jugendausbildung, im besonderen die Lehrlingsfrage, war im Zentrum der Diskussion um das Zustandekommen des Aktionsplanes gestanden und blieb auch in der Phase der Umsetzung ein beherrschendes Thema.

Bereits Mitte der neunziger Jahre machten Experten der Arbeiterkammer darauf aufmerksam, daß sich der stetige Rückgang der Lehrlingszahlen und die sinkende Ausbildungsbereitschaft der Betriebe im letzten Jahrzehnt ungebrochen fortgesetzt hatte und daß der Trend etwa ab 1990 durch das Einschränken oder den Abbau der Lehrwerkstätten im öffentlichen Sektor verschärft worden war, insbesondere im Zuge der Privatisierung der Verstaatlichten Industrie und der Ausgliederung von Bundesbahnen und Post aus dem Budget. Die Kapazität der berufsbildenden Schulen, die bisher den Rückgang der Lehrstellen in den Betrieben aufgefangen hatten, reichte jetzt nicht mehr aus.[74]) Für ÖGB und AK war diese Situation ein Alarmzeichen, denn, so formulierte es Richard

Leutner, der Hauptverhandler des ÖGB für den Nationalen Aktionsplan, »nichts ist in der Gesellschaft schlimmer, als jungen Menschen die notwendige Ausbildung vorzuenthalten«.[75]) Die Arbeitnehmerinteressenvertretungen forderten das Recht auf Ausbildung für alle Jugendlichen ein und schufen in Verhandlungen mit der Arbeitgeberseite und den zuständigen Ministerien die Basis für das Sonderprogramm der Bundesregierung von 1997 »Der Jugend eine Chance«. Da es angesichts des Strukturwandels und neuer Unternehmensstrategien unrealistisch schien, das Problem des Lehrstellendefizites alleine durch quantitative finanzielle Lehrstellenförderung in den Griff zu bekommen, umfaßte das Programm auch Maßnahmen, um ein zusätzliches Ausbildungsangebot an den berufsbildenden Schulen zu schaffen. Darüber hinaus wurde mit dem Ziel, Jugendlichen ohne Lehrstelle den Einstieg in die Berufsausbildung zu sichern, ein neues Modell der Lehrausbildung entwickelt, das Berufsschulunterricht und Praxisausbildung in überbetrieblichen Ausbildungseinrichtungen kombinierte. Unter der Bezeichnung »Lehrlingsstiftungen« bildete dieses neue Modell zusammen mit den »Berufslehrgängen« den Kern des Auffangnetzes für Jugendliche, den ÖGB und AK als Teil des österreichischen Beschäftigungsprogrammes im Juni 1998 nach schwierigen Verhandlungen durchsetzten. Die gesetzliche Grundlagen wurden mit dem Jugendausbildungs-Sicherungsgesetz und Novellierungen der Schulgesetze geschaffen.[76])

Das Sonderprogramm von 1997 hatte sein Ziel erreichen können, obwohl es wegen geringer Umsetzungsbereitschaft von Wirtschafts- und Unterrichtsministerium und auch von der Arbeitgeberseite, die ihm ursprünglich zugestimmt hatte, nur zum Teil verwirklicht worden war.[77]) Im Jänner 1998 präsentierten die beiden Präsidenten der Arbeitnehmerinteressenvertretungen das ÖGB/AK-Konzept gegen die Jugendarbeitslosigkeit, das nicht nur den bisher vernachlässigten Beitrag der berufsbildenden Schulen zur Ausbildungssicherung und das Weiterführen der Lehrlingsstiftungen urgierte, sondern weit darüber hinaus grundlegende Innovationen für die Berufsausbildung enthielt, unter anderem die Berufsfachschule für Jugendliche mit positivem Hauptschulabschluß, die weder eine Lehrstelle im Betrieb noch einen Platz in einer überbetrieblichen Lehrwerkstätte finden.[78]) Eine Untersuchung des Arbeitsmarktservice dokumentierte die Bereitschaft der Jugendlichen, das Angebot einer solchen einfachen Fachschule, in der ein Lehrberuf erlernt werden kann, anzunehmen.[79]) Die Berufslehrgänge des Auffangnetzes enthalten Elemente des Modelles »Berufsfachschule«: Ihre Lehrpläne sind zwar nach den Berufsbildern der Lehrberufe orientiert, um den erwünschten Überstieg in eine betriebliche Lehrstelle zu ermöglichen, sie richten die Ausbildung aber gleichzeitig verstärkt nach Berufsfeldern aus. Dies zielt, wie die Forderung des ÖGB nach Gruppenlehrberufen, darauf ab, den Grundstein für eine breitere Qualifizierung zu legen, die den Anforderungen eines sich rasch verändernden Arbeitsmarktes eher entgegenkommt als eine zu große Spezialisierung in Einzelberufen.[80])

Auf Drängen der Arbeitnehmerseite wurden auch die im ÖGB/AK-Konzept enthaltenen Maßnahmen für den Bereich der berufsbildenden mittleren und höheren Schulen in das Nationale Beschäftigungsprogramm aufgenommen, um einerseits die Zahl der Schulabbrecher zu verringern und andererseits mehr schulische Ausbildungsplätze bereitstellen zu können. Beides diente dazu, den Zustrom auf den Lehrstellenmarkt einzudämmen. Das Angebot für Jugendliche, den positiven Hauptschulabschluß nachzuholen und so ihre Vermittlungschance zu verbessern, ging ebenfalls auf einen Vorschlag von ÖGB und AK zurück.[81]) Der Ausbau der überbetrieblichen Lehrwerkstätten und die Einführung der Berufsfachschule als ergänzende Ausbildungsmöglichkeit bei regionalen Lehrstellenengpässen scheiterten dagegen bis 1999 an erheblichen Widerständen aus unterschiedlichen Motiven.

Die von Wirtschaftskammer und Wirtschaftsministerium forcierte zweijährige Vorlehre, die als Ergebnis der Sozialpartnerverhandlungen Jugendlichen mit Vermittlungsproblemen eine Alternative zur Hilfsarbeit bieten sollte, erwies sich neben der finanziellen Förderung für die Ausbildungsbetriebe vorerst als am wenigsten wirksame Maßnahme des Nationalen Beschäftigungsprogrammes: Bis Ende 1998 war kein einziges Vorlehrverhältnis registriert[82]) und trotz der hohen Förderung aus öffentlichen Mitteln, die alleine 1998 mehr als eine Milliarde Schilling ausmachte, blieb das Lehrstellenangebot der Betriebe auch 1999 wieder rückläufig. Der ÖGB-Bundesvorstand und die Gewerkschaftsjugend sind der Überzeugung, daß der von Gewerkschaftsseite seit Jahrzehnten verlangte finanzielle Lastenausgleich zwischen ausbildenden und nichtausbildenden Betrieben das Kostenargument der Arbeitgeberseite abschwächen könnte, finden aber in dieser Frage beim »Sozialpartner« weniger denn je Diskussionsbereitschaft. Schon 1997 hatte Roland Sperk, der Vorsitzende der Gewerkschaftsjugend, deshalb ausgesprochen, daß ein schulisches System geschaffen werden müsse, sollte es zu keinem solchen Finanzierungsmodell mit der

751

erhofften positiven Auswirkung kommen, »weil wir keine orientierungslosen Jugendlichen ohne Lehrstelle, die keine Zukunftsperspektive haben, brauchen.«[83]) Auf jeden Fall war die Bilanz, die Fritz Verzetnitsch nach dem ÖGB-Bundesvorstand im September 1999 zog, eindeutig: »Hätten wir nicht das Auffangnetz durchgesetzt, dann würden heute tausende Jugendliche auf der Straße stehen. Unsere Jugendlichen haben ein Recht auf Ausbildung. In den Stiftungen und Lehrgängen bekommen sie diese.«[84])

Der Vergleich der vom Arbeitsmarktservice veröffentlichten Beschäftigten- und Arbeitslosenzahlen für April 1998 und April 1999 gab einen ersten Hinweis, daß mit dem österreichischen Beschäftigungsplan nicht nur im Hinblick auf den Kampf gegen die Jugendarbeitslosigkeit der richtige Weg eingeschlagen worden war: Es wurden im April 1999 um 26.000 Beschäftigte mehr und 26.000 Arbeitslose weniger registriert. Das heißt, die Arbeitslosigkeit nahm erstmals seit 1995 nicht weiter zu, sondern ging mit einem Minus von vier Prozentpunkten eindeutig zurück, eine Entwicklung, die sich in den folgenden Monaten fortsetzte. Allerdings waren die Trends bei der Zunahme von Teilzeitjobs und bei der Zunahme der Arbeitslosigkeit von älteren Arbeitnehmern ebenso wie beim Rückgang des Lehrstellenangebotes nach wie vor ungebrochen. Dies belegt, wie notwendig die Lösungsansätze sind, die die Gewerkschaftsbewegung mit ihrer Forderung nach Arbeitszeitverkürzung, nach einem Recht auf Ausbildung für alle Jugendlichen und nach einem gezielten Bekämpfen der überdurchschnittlichen Arbeitslosigkeit unter Älteren aufzeigte. Als kurzfristige Maßnahme wurde das Auffangnetz für Jugendliche abgesichert und dafür gesorgt, daß jene, die nach einem Jahr in einer Lehrlingsstiftung oder einem Berufslehrgang keine Lehrstelle fanden, ihre Ausbildung in diesen Einrichtungen fortsetzen können.[85]) Ende Mai 1999 kam es auf Initiative der Gewerkschaftsbewegung zu einer Sozialpartnereinigung über einen »Pakt für ältere Arbeitnehmer«. Kern ist das Angebot, die Arbeitszeit bis 70 Prozent der Bezüge um die Hälfte zu reduzieren. Dazu kommt für über 45jährige die Anrechnung der Bildungskarenz für die Pension, und ältere Arbeitslose behalten ihr Arbeitslosengeld in ursprünglicher Höhe, wenn sie einen schlechter bezahlten Job annehmen und diesen dann wieder verlieren.[86])

Im EU-Durchschnitt betrug 1998 die Arbeitslosenrate zehn Prozent, für 1999 wurde ein Wert von 9,6 Prozent erwartet und für das Jahr 2000 prognostizierte die EU-Kommission 9,2 Prozent.[87]) Die von der Gewerkschaftsbewegung durchgesetzten Beschäftigungsinitiativen begannen also auch EU-weit langsam zu greifen, allerdings nicht im notwendigen und möglichen Tempo und in einem noch höheren Maß als in Österreich durch die Zunahme von Teilzeitjobs mit geringem Einkommen. Das niederländische »Beschäftigungswunder«, Folge der bewußt geförderten Entwicklung zu einer Teilzeitgesellschaft, in der sich gleichzeitig die Hälfte der über Fünfzigjährigen nicht mehr am Arbeitsmarkt befinden, entspricht ebenso wenig den Vorstellungen der Gewerkschaftsbewegung wie »Beschäftigungswunder«, die durch Niedrigstlöhne vorgegaukelt werden. Nur Löhne, mit denen man sich auch etwas leisten kann, und Vollzeitbeschäftigung können die Grundlage für Stabilität sein.[88])

Der ÖGB hatte über den Bereich der Arbeitsmarkt- und Qualifizierungspolitik hinaus wirtschaftspolitische Impulse für Beschäftigung eingefordert. Im österreichischen Beschäftigungsprogramm wurden aber nur die Infrastrukturinvestitionen wie Hoch- und Tiefbau, Abfallentsorgung oder Wärmedämmung ausdrücklich angesprochen.[89]) Der Stellenwert der Steuer-, Finanz- und Währungspolitik für die Beschäftigungsentwicklung fand dagegen ebensowenig Beachtung wie beim Luxemburger Gipfel. Die Korrektur dieses unzureichenden Ansatzes, der bisher nur mit dem Beschluß der Regierungskonferenz in Amsterdam verlassen worden war, jede politische Aktion der EU im Hinblick auf ihre Beschäftigungseffekte zu analysieren,[90]) erfolgte erst 1999. Noch bei den Vorbereitungsarbeiten zur sozialpartnerschaftlich besetzten Themenkonferenz »Weiterbildung«, die zu Beginn des österreichischen EU-Ratsvorsitzes im Frühsommer 1998 in Wien stattfand, kam es zu heftigen Auseinandersetzungen um ein von Arbeitnehmerseite eingebrachtes Thesenpapier, das auf die Notwendigkeit eines »policy mix« unter starker Einbeziehung der Wirtschaftspolitik verwies, um einen längerfristig haltbaren Beschäftigungseffekt zu erzielen. Ein Jahr später, bei der Tagung des Europäischen Rates in Köln, erklärten dann die Staats- und Regierungschefs die Bekämpfung der Arbeitslosigkeit nicht nur zu einem wichtigen sozialpolitischen, sondern auch zu einem zentralen wirtschaftspolitischen Ziel der EU. Finanzpolitik, Geldpolitik und Lohnentwicklung müßten, so die Finanz- und Sozialminister bei der Vorabstimmung zur Regierungskonferenz, für »ein starkes Beschäftigungswachstum bei Wahrung der Preisstabilität dauerhaft spannungsfrei zusammenwirken«. Der »makroökonomische Dialog« unter Einbindung von Arbeitgebern und Gewerkschaften werde deshalb als dritter Pfeiler in das Gebäude der Beschäftigungspolitik eingefügt.[91])

Trotzdem war der Beschäftigungspakt von Köln nur ein »kleiner Trippelschritt auf einem sehr, sehr langen Weg«, dämpfte EGB- und ÖGB-Präsident Verzetnitsch die von manchen Regierungen und Medien verbreitete Euphorie. Der Pakt gehe zwar in die richtige Richtung, aber von einer Bereitschaft, wie bei der Schaffung der gemeinsamen Währung quantifizierbare Ziele zu verfolgen und diese auch konsequent umzusetzen, sei nach wie vor nichts zu bemerken. Damit der Beschäftigungspakt von 1999 nicht dasselbe Schicksal des Versandens erleidet wie der Beschäftigungspakt des scheidenden EU-Kommissionspräsidenten Jaques Santer von 1996, forderte der EGB die konkrete Verpflichtung zur Koordinierung der Förderungs- und Steuerpolitik und klare Ziele für Investitionen ein. Investitionen zum Beispiel in Forschung und Entwicklung oder in den Ausbau der Transeuropäischen Netze, die die Wirtschaft anzukurbeln, um ein beschäftigungswirksames Wirtschaftswachstum zu erreichen, sollten bei der Berechnung des Budgetdefizits eines Mitgliedslandes nicht berücksichtigt werden; zu diesem Zweck könnte man über EU-Anleihen Geld auftreiben, ohne die Budgets der Mitgliedsländer zu belasten. Um den Konjunkturmotor Inlandskaufkraft, der durch hohe Arbeitslosigkeit geschwächt wird, zu verstärken, verlangte der EGB, daß man sich das konkrete Ziel setzen solle, die durchschnittliche Erwerbsquote in der EU, also den Anteil der Erwerbstätigen an der Bevölkerung, in einem festgelegten Zeitraum von 61 auf 70 Prozent zu erhöhen. Die Kaufkraft auch durch eine entsprechende Lohnpolitik zu stärken, hielt der EGB für umso dringlicher, als die Zurückhaltung der Gewerkschaften bei den Lohnforderungen während der Vorbereitungsphase der Wirtschafts- und Währungsunion keineswegs zur Schaffung von mehr Arbeit geführt hatte.[92])

Politische Steuerung der Weltwirtschaft

Die Analyse, die der Arbeitskreis Wirtschaft dem 13. ÖGB-Bundeskongreß 1995 über die Entwicklung der internationalen Wirtschaft vorlegte, war auch vier Jahre später unverändert aktuell. »Das weltwirtschaftliche Geschehen«, hieß es darin, »wird heute von drei hochentwickelten Zentren bestimmt: Von Japan, den USA und Europa – hier vor allem von Deutschland –, wobei jedes dieser drei Zentren über eine geringer entwickelte Peripherie verfügt. Diesen Zentren stehen als krasser Gegensatz die Entwicklungsländer beziehungsweise die in wirtschaftlicher und gesellschaftlicher Lethargie verharrenden Nachfolgestaaten der Sowjetunion gegenüber. Aus allen diesen Zentren werden derzeit enorme Produktionen nach Südostasien, Osteuropa und Lateinamerika verlegt. Jeder dieser drei Wirtschaftsblöcke ist vertraglich mehr oder weniger mit seiner Peripherie verbunden. Dabei besteht die Gefahr, daß diese drei Blöcke beim Auftreten binnenwirtschaftlicher Probleme sich vom Rest der Welt abschotten, gleichzeitig aber die Vorteile eines offenen Welthandelssystems für ihre Exportprodukte beanspruchen. Die Globalisierung der Märkte wird letztlich zu einem Wettbewerb von drei Gesellschaftssystemen führen. Das würde in letzter Konsequenz – der weltweite Konkurrenzkampf zwänge die Unternehmer zu Kostensenkungen – ein Argument der globalen Abkehr von den Systemen der sozialen Sicherheit bedeuten. ... Diese Entwicklung zeigt deutlich, wohin der neokonservative Ruf nach dem Staatsrückzug führt: Globale Anhäufung unvorstellbarer Reichtümer bei einigen wenigen und Verarmung der Welt insgesamt.[93])

Während der neunziger Jahre nahm die Zahl der steuerfreien Industriezonen, in denen es keinen arbeits- und sozialrechtlichen Schutz für Arbeitnehmer gibt, dramatisch zu, allein von 1991 auf 1995 von 80 auf über 200. Mitte der neunziger Jahre waren von den weltweit zwei Milliarden Arbeitnehmern nur 40 Prozent in sozialrechtlich geschützten Arbeitsverhältnissen tätig. 700 Millionen Menschen fanden nur stundenweise Arbeit, 200 Millionen unterernährte Kinder arbeiten auf Feldern und in Fabriken. Frauen sind von Rechtlosigkeit und Armut besonders betroffen: Sie erhalten im Durchschnitt nur 75 Prozent der Löhne von Männern, ihr Anteil unter den 1,3 Milliarden Armen der Welt beträgt 70 Prozent und drei Viertel ihrer Zeit wenden sie für unbezahlte Arbeit für den Familienverband und die Gemeinschaft auf, in vielen Teilen der Welt ohne jede persönliche soziale Absicherung.[94])

»Die Globalisierung beruht auf politischen und wirtschaftlichen Entscheidungen von Menschen. sie verkörpert keine unbeugsame Naturgewalt, obwohl es derzeit oft den Anschein hat, als sei sie außer Kontrolle geraten«. Mit dieser Feststellung untermauerte die Erklärung der Gewerkschaftskonferenz der G 8-Staaten 1999 vor dem Weltwirtschaftsgipfel in Bonn das Forderungspaket zur dringend notwendigen Regelung der Finanzmärkte. Eine spekulative Kapitalflucht als Konsequenz aus dem »engstirnigen Streben nach Liberalisierung der Finanzmärkte ohne gleichzeitige Entwicklung adäquater nationaler und internationaler Rahmenbedingungen« führte 1997 und 1998 zur Destabilisierung der Weltwirtschaft. Die den von Krisen betroffenen Ländern (vor allem Ostasiens und Lateinamerikas) durch den Weltwährungsfonds aufgezwungene Sparpolitik führte auf den Inlandsmärkten zu verheerenden Folgen und beeinträchtigte die weltweite Nachfrage.[95]) In Brasilien zum Beispiel reduzierten die Unternehmen der Automobilbranche als Folge des Nachfragerückganges ihre Belegschaften von Mitte 1998 bis Anfang 1999 um 17 Prozent. Beobachter erwarteten angesichts der schlechten Wirtschaftslage weitere Massenentlassungen. Gleichzeitig wurden die ohnehin geringen sozialen Auffangstrukturen abgebaut. Anfang Mai 1999 streikten 25.000 Beschäftigte der Werke von Volkswagen, Mercedes-Benz, Ford und Scania als Protest gegen die Annullierung eines Abkommens der Gewerkschaften der Automobilbranche mit Firmen und Provinz- und Zentralregierungen über die Sicherung der Arbeitsplätze.[96])

Die Finanzkrise in Asien war, so formulierte es der Internationale Bund Freier Gewerkschaften, »der Beweis für die Unzulänglichkeit der globalen Lenkung globaler Märkte«. Als Gegenstrategie forderte der IBFG-Vorstand eine wesentlich strengere Kontrolle der Finanzmärkte und eine umfassende Offenlegung der Staatshaushalte, um »den Mißbrauch öffentlicher Gelder für private Zwecke zu verhindern«. Darüber hinaus hielt die Gewerkschaftsinternationale eine globale Steuer auf kurzfristige Kapitalflüsse für notwendig. Transfers in Steuerparadiese sollten mit einem Zusatztarif belegt und aus den Einnahmen Armutsbekämpfung finanziert werden. Insgesamt sollten durch eine Koordination der internationalen Wirtschafts- und Währungspolitik bei gleichzeitigem Ausbau des sozialen Dialoges Fehlentwicklungen wie sie durch die Asienkrise sichtbar geworden waren, eingedämmt werden.[97]) Um die Spirale »die Finanz offeriert Verschuldung, die Regierungen machen Schulden, die Arbeiter bezahlen die Schulden« zu durchbrechen, verlangte der IBFG-Weltkongreß 1996 »sozial gleiche Spielfelder«, wo »gleiche gesetzliche Rahmenbedingungen für ein wirtschaftliches Fairplay sorgen«.[98])

Ab 1995 begannen in der OECD hinter verschlossenen Türen Verhandlungen über einen Vertrag, der es Investoren erleichtern sollte, sich in anderen Ländern zu engagieren und dann unter der Bezeichnung »Multilateral Agreement in Investment«, kurz MAI, bekannt wurde. Wäre er zustande gekommen, hätte er neue Schlupflöcher und ungeahnte Möglichkeiten für internationale Konzerne geboten, Staaten und ihre Politik in die Knie zu zwingen. Denn die Unterzeichner wären dazu verpflichtet gewesen, die Bestimmungen für mindestens zwanzig Jahre einzuhalten und damit ihre nationale Wirtschaftspolitik unabhängig vom Ergebnis demokratischer Wahlen über einen langen Zeitraum auf dieses neoliberale Experiment zu verpflichten. Es handelte sich um einen Versuch, die regulativen Möglichkeiten von Regierungen zu beschränken beziehungsweise eine Öffnung von geschlossenen oder regulierten Märkten zu erzwingen. Während der MAI-Entwurf den Investoren weitgehende Rechte garantierte, wurde den Staaten nur unverbindlich »empfohlen«, ihre Arbeits-, Sozial- und Umweltstandards nicht zu reduzieren, um Investoren anzulocken.[99]) Nach dem Bekanntwerden des Verhandlungsergebnisses verhinderten öffentliche Proteste von Bürgerinitiativen und Gewerkschaften, auch des ÖGB, und die Ablehnung durch das Europäische Parlament, daß das Abkommen wie geplant im April 1998 unterzeichnet wurde. Es kam zum Abbruch der Verhandlungen.[100])

Die mächtige Lobby für einen rigorosen »Schutz« von Investoren zu Lasten von Arbeitnehmern und Sozialstaat läßt sich durch solche Mißerfolge aber keineswegs beirren. Als Ersatz für MAI lief bei der OECD im Frühjahr 1999 ein Arbeitsprogramm unter dem Titel »SG/LINKS« an, dessen Ziele mit MAI fast deckungsgleich waren. Nach diesem Plan hätte zum Beispiel – ebenso wie nach dem MAI-Entwurf – ein in Österreich investierendes ungarisches Unternehmen mit ukrainischen Arbeitnehmern, die nur etwa ein Vierzigstel ihrer österreichischen Kollegen verdienen, in Österreich arbeiten können. Damit aber nicht genug: Alle Investitionsschutzpläne der OECD zielten letztlich auf das Zerschlagen des Sozialstaates ab. Denn sie bezogen auch die Anbieter sozialer Versicherungsleistungen in vollem Umfang ein. Die Folge wäre, daß ein solcher Anbieter staatliche Zuschüsse einklagen könnte, wenn die öffentliche Sozialversicherung wie in Österreich Zuschüsse erhält, oder daß der Staat seine Beträge zur öffentlichen Sozialversicherung streichen müßte. Vorerst konnte eine breite Abwehrfront, in der die Gewerkschaftsbewegung eine zentrale Rolle spielte, eine Beschlußfassung auch der in Nachfolge von MAI geplanten neoliberalen Regulierungen verhindern. Ein vom österreichischen Wirtschaftsministerium vorgesehenes Investitionsschutzabkommen mit Mexico, das die extrem arbeitnehmerfeindlichen Sonderwirtschaftszonen ausdrücklich erlaubt hätte, wurde ebenfalls auf Eis gelegt.[101])

Im Unterschied zu den OECD-Projekten nahm das 1993 unterzeichnete Abkommen der Welthandelsorganisation WTO den Sozialversicherungsbereich dezidiert von den internationalen Liberalisierungsverpflichtungen aus.[102]) Die vom IBFG und von den ÖGB-Bundeskongressen geforderten Sozialklauseln, die das Recht, sich einer Gewerkschaft anzuschließen, das Recht auf Tarifverhandlungen, das Verbot von Zwangs- und Kinderarbeit und das Verbot von Diskriminierung im Beruf im Hinblick auf Rasse, Geschlecht oder Religion für alle internationalen Handelsverträge vorsehen würden,[103]) war dagegen bisher nur schwer und begrenzt durchzusetzen. In dieser Frage fand die Gewerkschaftsbewegung teilweise Unterstützung bei den OECD-Ländern, die Marktanteile an Niedriglohnländer in Asien und Lateinamerika verloren hatten, während die Entwicklungsländer und ein Teil der neuen Industriestaaten heftigen Widerstand leisteten, um ihren zumeist einzigen Wettbewerbsvorteil zu wahren, und auch die international tätige Großindustrie ihre eigenen Interessen verfolgte.[104]) Um den Regierungen wirtschaftlich schwacher Entwicklungsländer gegenüber transnationalen Konzernen mehr Autonomie und Gewicht zu verschaffen und ihnen so eine Änderung ihrer Haltung zu erleichtern, schlug der ÖGB einen internationalen Ausgleichsfonds vor, aus dem sie Unterstützung erhalten sollten, wenn sie aufgrund ihrer Unterentwicklung, aufgrund von Naturkatastrophen oder besonderer geographischer Bedingungen vorerst nicht in der Lage sein würden, die festgelegten Sozial- und Umweltstandards einzuhalten.[105]) Das konnte zwar ebenso wenig erreicht werden wie umfassende und für alle internationalen Handelsverträge zwingend vorgeschriebene Sozialklauseln, aber die zähe Intervention des IBFG und diesmal mit Unterstützung der USA einigte sich die Welthandelskonferenz in Singapur im Dezember 1996 immerhin auf ein Abkommen, das nicht nur das Fallen von Handelsschranken für Informationstechnologien bis zum Jahr 2000 vorsah, sondern erstmals auch über grundlegende Rechte der Arbeitnehmer.[106]) Allerdings wurde dieser erste Erfolg 1999 wieder massiv in Frage gestellt.

Nach dem Scheitern von MAI und der anderen Versuche, ein vergleichbares Abkommen durchzusetzen, soll jetzt ein neuer Anlauf im Rahmen der WTO unternommen werden. Auch in diesem Fall begann man die Vorbereitungsarbeiten in den internationalen Gremien, ohne die Arbeitnehmerseite einzubeziehen. Der ÖGB-Bundesvorstand verlangte im Frühsommer 1999 von der österreichischen Bundesregierung, »die Zustimmung zu einem EU-Verhandlungsmandat beziehungsweise die Unterzeichnung dieses Vertrages davon abhängig zu machen, daß die Rechte der Arbeitnehmer nicht geschwächt werden, sondern eine nachhaltige Stärkung erfahren«. Entscheidend für den ÖGB ist, daß die von der Internationalen Arbeitsorganisation beschlossenen sozialen Mindeststandards auf eine international verbindliche und einklagbare Rechtsbasis gestellt, Anreize an ausländische Investoren durch das Absenken der Standards beim Arbeits-, Sozial-, Umwelt- und Konsumentenschutzrecht wirkungsvoll untersagt und die sozialen Netze und die Bestimmungen zur Steuerung des Arbeitsmarktes von den Deregulierungsverpflichtungen ausgenommen werden. Das geplante Ausschalten der Arbeitnehmervertretungen aus dem vorgesehenen internationalen Streitbeilegungsverfahren ist logische Konsequenz aus dem neoliberalen Strickmuster, nach dem das Abkommen konzipiert wird. »Es ist unannehmbar«, erklärte der Bundesvorstand, »daß ein einzelnes Unternehmen einen Staat bei einem internationalen Schiedsgericht auf entgangene Gewinne infolge der gesetzgeberischen Tätigkeit klagen darf, während dieses Klagerecht den Gewerkschaften vorenthalten bleiben soll«. Darüber hinaus müßten die »autonomen Steuerungsmöglichkeiten im Bereich der österreichischen wie auch der europäischen Wirtschafts- und Sozialpolitik über anerkannte Ausnahmelisten gewahrt« werden.[107])

Trotz einer für die einzelnen Menschen gar nicht mehr zu verarbeitenden Informationsfülle über Ereignisse und Entwicklungen in allen Teilen der Welt sieht sich die Gewerkschaftsbewegung in den Industrieländern vor der schwierigen Aufgabe, ihren Mitgliedern das Bewußtsein zu vermitteln, daß ein Streik in Korea oder eine Entscheidung der WTO ganz konkrete Bezüge zu ihrem eigenen Leben und ihrer eigenen Arbeit hat. Deshalb darf die Gewerkschaftsorganisation ihre internationale Arbeit nicht auf Solidaritätsappelle und die Mitarbeit von Funktionären an internationalen Organisationen beschränken. »Das Bewußtsein der Internationalität unter den Mitgliedern ist nicht dadurch zu erzielen, daß man Delegationen irgendwo hinschickt«, sagte Fritz Verzetnitsch 1989 in einem Interview für die IBFG-Zeitschrift, »sondern durch das Aufarbeiten internationaler Entwicklungen in den Betrieben.« Würden zum Beispiel Betriebe in ein Billiglohnland ausgelagert, wäre es für die Arbeitnehmer wichtig zu wissen, warum das passiert und unter welchen Bedingungen das passiert. Die Gewerkschafter müßten auf die internationale Wirtschaftsentwicklung eingehen, müßten Zusammenhänge und Entwicklungslinien aufzeigen. Und »dabei sollten wir uns«, ergänzte der ÖGB-Präsident, »nicht nur über die großen Konzerne unterhalten, sondern auch über Gegenstrategien«.[108])

Gegenstrategien können nie eindimensional sein. Auch die gewerkschaftliche Gegenstrategie setzte und setzt auf mehreren Ebenen an, von der politischen Intervention im Zusammenhang mit der Vorbereitung internationaler Abkommen über die Förderung einer intensiveren Zusammenarbeit zwischen den Betriebsratskörperschaften großer multinationaler Konzerne bis zu Solidaritätsprojekten von Gewerkschaften, die die weltwirtschaftlichen Zusammenhänge und ihre Konsequenzen von der »Makroebene« in die menschliche Realität herunterholen. Die Gewerkschaft Agrar-Nahrung-Genuß beteiligte sich ab der zweiten Hälfte der achtziger Jahre an dem Projekt der zuständigen Gewerkschaftsinternationalen und des transnationalen gewerkschaftlichen Informationsaustauschzentrums TIE für die Arbeitnehmer in der »Weltschokoladenfabrik«, die von einem gigantischen Konzentrationsprozeß der Schokoladen- und schokoladeverarbeitenden Industrie betroffen waren. Als Folge der Übernahmewelle waren fünf Multis übrig geblieben, die in der ganzen Welt ein Netz von landwirtschaftlichen Betrieben, Plantagen, Fabriken und Handelseinrichtungen besitzen. Kontakte, Informationsaustausch und gemeinsamer Kampf gegen Mißstände waren das Ziel. Über das Kontaktnetz gelang es zum Beispiel, ein in den brasilianischen Häfen zwischen die Säcke mit Kakaobohnen gelegtes hochgiftiges Schädlingsbekämpfungsmittel als Ursache für Schwindelanfälle von Amsterdamer Hafenarbeiter zu orten, das auch für die Arbeitnehmer in der europäischen Verarbeitungsindustrie und letztlich für die Konsumenten gesundheitsschädlich war. Nach Protesten der Gewerkschaft wurde der Einsatz der Phosphintabletten zumindest eingeschränkt.[109] Ab 1997 engagierte sich die ANG auch in der Kampagne »Bittere Orangen«, die sich gegen die Kinderarbeit auf Brasiliens Orangenplantagen und das ständige Verletzen der theoretisch bestehenden arbeitsrechtlichen Bestimmungen für die Plantagenarbeiter richtete. Von einem beliebten Instrument zur Mobilisierung der Konsumenten, dem Boykott, sahen die Organisatoren ab, weil sie die Situation der Lohnarbeiter-Familien durch einen möglichen Verlust von Arbeitsplätzen nicht zusätzlich erschweren wollten, statt dessen setzten sie auf das Propagieren von fair gehandeltem Orangensaft.[110] Die ÖGB-Landesexekutive Oberösterreich gründete gemeinsam mit den Betriebsräten aus drei Papierfabriken 1995 die Arbeitsgruppe »Papier Global«. Seit damals sammelte die Gruppe Informationen über die Globalisierung der Zellstoff- und Papierindustrie, organisierte Veranstaltungen und knüpfte Kontakte zu ausländischen Betriebsratskollegen, besonders intensiv mit Kollegen aus dem lateinamerikanischen Riesenland Brasilien. Wie wichtig der Informationsaustausch auch für die Arbeit der österreichischen Gewerkschafter sein kann, zeigte die Tatsache, daß nur duch die Kontakte mit den brasilianischen Kollegen in Erfahrung gebracht werden konnte, in welch hohem Ausmaß ein in einer österreichischen Papierfabrik vorgesehenes Softwaresystem, das im brasilianischen Konzernunternehmen schon in Betrieb war, zu Arbeitsplatzverlusten führte.[111]) Einen anderen Weg gingen die Gewerkschaft der Privatangestellten, die Gewerkschaft ANG und die Gewerkschaft Hotel, Gastgewerbe, Persönlicher Dienst 1999 mit ihrer Aktion »Fair essen ... für eine bessere Welt – Politisch bewußtes Kantinenessen«. Sie sprachen das Gesundheits- und Umweltbewußtsein an, indem sie diese Kampagne für ein Angebot an biologischen und saisongerechten Produkten aus der jeweiligen Region mit weniger Fleischgerichten und Tee und Kaffee, der ohne Ausbeutung der Arbeiter in den Entwicklungsländern produziert wird, starteten; auch das Orangen-Projekt bezogen sie ein. Ihr Motto: »Wir können der Globalisierung ökologische und soziale Schranken setzen.«[112])

Wirtschafts- und Sozialpartnerschaft auf dem Arbeitnehmerprüfstand

In einer Zeitungsmeldung aus dem Frühjahr 1999 war zu lesen: »Als es wegen des Themas Arbeitsplätze zu einer ideologisch aufgeheizten Auseinandersetzung zwischen SP-Gewerkschaftern und VP-Wirtschaftsvertretern kam, wurde es ... (FPÖ) zu dumm. Die Sozialpartner würden ›wie ein altes Ehepaar keifen, statt die Probleme gemeinsam zu lösen‹. Durch das Hick-Hack würden nur die politischen Interessen über die Interessen der Menschen gestellt, diagnostizierte der Dritte Landtagspräsident.«[113]) In dieser kurzen Meldung finden sich alle Motive wieder, die in der neoliberalen Vorstellungswelt gegen die österreichische Sozialpartnerschaft sprechen und sie deshalb zum erklärten Feindbild machen: Die Sozialpartnerschaft funktioniert nur, weil sich alle an ihr Beteiligten dazu bekennen, daß es unterschiedliche Interessen von Arbeitgebern und Arbeitnehmern gibt, das neoliberale Konzept leugnet dagegen einen solchen grundlegenden Interessengegensatz. Die Sozialpartnerschaft ist ein gesellschaftliches Steuerungsinstrument, das von einem untrennbaren Zusammenhang zwischen den politischen Entscheidungen und den Interessen der Menschen ausgeht, im neoliberalen Denkmuster dagegen ist (fast) jeder seines eigenen Glückes Schmied, die Auseinandersetzung um gesellschaftspolitische Grundsätze und die Folgen der Politikgestaltung hat demgemäß nichts mit den individuellen Interessen der Menschen zu tun; gesamtgesellschaftliche Regeln beeinträchtigen nur ihren Leistungswillen und ihren Freiraum und sind deshalb schädlich.

Ein weiteres entscheidendes Motiv, das erklärt, warum gerade die österreichische Sozialpartnerschaft seit Mitte der achtziger Jahre massiven Angriffen und Abwertungsversuchen ausgesetzt war, ist die im internationalen Vergleich noch immer überdurchschnittlich starke Position der Gewerkschaftsbewegung als wesentliches Hindernis für das Abschaffen sozialer Spielregeln. Ein einheitlicher Gewerkschaftsbund, der verhindert, daß Arbeitnehmergruppen ungehindert gegeneinander ausgespielt werden können, und ein Kammersystem mit gesetzlich definierter Zugehörigkeit, das nicht nur, wie in vielen anderen Industriestaaten, den Unternehmern oder bestenfalls noch den freien Berufe vorbehalten ist, sondern auch den Arbeitnehmern zugestanden wird, schaffen dafür die Voraussetzungen. Mit der Paritätischen Kommission besteht zudem eine zwar informelle, aber institutionalisierte Plattform, um die Interessen zwischen Arbeitnehmern, Arbeitgebern und Regierung abzustimmen.[114] Die Sozialpartnerschaft ist in Österreich eben mehr als ein Konfliktregelungssystem für den Bereich der Arbeitsbeziehungen, sie bezieht vielmehr die Interessenvertretungen der Arbeitgeber und Arbeitnehmer gleichberechtigt in den politischen Entscheidungsprozeß ein. Die Gewerkschaftsbewegung verwendete zur Beschreibung des Systems ursprünglich den Begriff »Wirtschaftspartnerschaft«, um klarzustellen, daß es sich für sie nicht um eine soziale, das heißt gesellschaftliche Partnerschaft handelt, die den Interessengegensatz zwischen Arbeit und Kapital leugnet. Die Zusammenarbeit wird nicht ideologisch, sondern pragmatisch gesehen und richtet sich nach dem Verhalten der Gegenseite nach ihrer Bereitschaft, Konflikte in möglichst fairer Form auszutragen und an gesamtwirtschaftlich vorteilhaften Lösungen mitzuwirken.[115] Da sich letztlich die Bezeichnung »Sozialpartnerschaft« einbürgerte, ging der ÖGB dann dazu über, die Doppelbezeichnung »Wirtschafts- und Sozialpartnerschaft« zu verwenden, die aber mittlerweile den Anforderungen der medialen Kommunikation nach Kurzformeln zum Opfer gefallen ist. Es wäre gerade angesichts der aktuellen Auseinandersetzung um die Rolle der Sozialpartnerschaft wünschenswert, sie wieder fest im gewerkschaftlichen Sprachgebrauch zu verankern.

Ginge es nach den Kritikern der Wirtschafts- und Sozialpartnerschaft, wäre das Urteil über sie längst gesprochen. Sie wäre ein Auslaufmodell, eine Institution, die in der Wiederaufbauphase Österreichs und in einer politischen Landschaft, die von zwei Großparteien dominiert worden war, ihre Berechtigung und ihre Verdienste hatte, aber mit der Veränderung des politischen und wirtschaftlichen Umfeldes quasi automatisch Gestaltungsmöglichkeit und Einfluß verlieren müsse. Die Sozialpartnerschaft sei, so lautet der Tenor der gängigen Analysen in Medien und Wissenschaft, darüber hinaus schon immer ein demokratiepolitisches Problem gewesen, weil sie durch die engen Beziehungen und Verflechtungen der Interessenvertretungen der Arbeitgeber und Arbeitnehmer zu den beiden Großparteien eine Sonderstellung erreicht habe, die das Parlament zum Erfüllungsgehilfen für die Legitimation von mit der Regierung ausgehandelten Kompromissen degradiert und den Spielraum der Kleinparteien im Parlament massiv eingeengt hätte. Mit dem Aufstieg der FPÖ zur »Dritten Kraft«, die mittlerweile alle Kennzeichen einer Massenpartei trage, gehöre aber am Ende der neunziger Jahre des Zweiparteiensystem endgültig der Vergangenheit an und damit auch der Einfluß der Sozialpartnerschaft in der Politikgestaltung.[116]) Der Bedeutungsverlust zeige sich daran, daß »sozialpartnerschaftliche Interessenpolitik nur noch in wenigen Politikfeldern (Lohnpolitik, Arbeitsrecht, Gleichbehandlungs-, Arbeitsmarkt- und Agrarmarktordnungspolitik) zum Tragen« komme. Zudem hätten sich die Einflußgewichte verschoben: Die Regierung verzichte zunehmend darauf, wichtige Entscheidungen, etwa die Zielrichtung einer Steuerreform, schon im Vorfeld mit den Sozialpartnern abzustimmen, mit ihrer späteren Einbindung würden sie auf die »Legitimationsfunktion« reduziert, also darauf, die Regierungslinie abzusegnen. Schließlich führe die veränderte Parteienlandschaft dazu, »daß vormals den Verbänden vorbehaltene Themen nun von den Parteien selbst aufgegriffen werden«.[117])

Die Schlußfolgerungen, die aus solchen nur teilweise zutreffenden Analysen gezogen werden, sind je nach dem Standpunkt der Kommentatoren unterschiedlich. Die Mehrheitsmeinung geht davon aus, eine Sozialpartnerschaft, die »über ihre ›technische‹ Zuständigkeit hinaus als Teil einer konsensorientierten Wirtschaftspolitik mitgestalten soll«, sei »nur beschränkt kompatibel mit einem freien Spiel der politischen Kräfte«.[118]) Die Verbände seien deshalb »gefordert, ihre Profile nicht als staatstragende Tanker durch die Gegend zu schiffen, sondern stärker herauszuarbeiten«. Empfohlen werden auch von Wissenschaftern, denen keineswegs Sympathie für die FPÖ oder generell neoliberale Gesellschaftskonzepte nachzusagen ist, »Angebotsorientierung, organisierte Dezentralisierung und Konzentration auf die Kernaufgaben«[119]), das heißt übersetzt: Schwerpunkt bei den Serviceleistungen und damit Verzicht auf den Anspruch politischer Mitbestimmung, vor allem für die Gewerkschaftsbewegung, da »die Arbeitnehmerorganisationen« ohnehin »eher ihr Verhinderungs- als ihr Gestaltungspotential« einbrächten[120]), Beschränken auf den engeren Bereich der Kollektivverträge und Betriebsvereinbarungen und dabei Verzicht auf übergreifende Abstimmung bei den Arbeitsbeziehungen, also auf Flächenkollektivverträge, denn die Dezentralisierungsempfehlungen laufen darauf hinaus, den Kammern und Gewerkschaften nur mehr eine Rolle als »Ombudsmann und Konfliktlöser« zuzuweisen und die Gestaltung der Arbeitsbeziehungen in die Betriebe zu verlagern.[121]) Kein Wunder, daß sich die FPÖ über die unfreiwilligen Verbündeten aus dem Wissenschaftsbereich erfreut zeigte, wobei sie die grundsätzliche Feststellung der Analysen ignorierte, die »Pflichtmitgliedschaft« bei den Kammern werde in absehbarer Zukunft kaum fallen und deshalb werde die Sozialpartnerschaft zwar weiter an Einfluß verlieren, aber »auch bei veränderten Regierungskonstellationen – etwa mit FPÖ-Beteiligung – ein Stabilisierungs- und Legitimationsfaktor im politischen System sein«.[122])

Daß die Analysen der Wissenschafter nur teilweise die Realität widerspiegeln, belegt gerade die von ihnen als Negativbeispiel angeführte Geschichte der »Sparpakete« der zweiten Hälfte der neunziger Jahre. In Erinnerung geblieben sein dürften nur der Versuch der Regierung in der ersten Vorbereitungsphase, die Sozialpartnerebene zu vernachlässigen, und die vorerst nicht mehr beachtete Studie des Beirates für Wirtschafts- und Sozialfragen aus dem Sommer 1995. Was vor allem dank der zähen Verhandlungen von ÖGB und Arbeiterkammer im Rahmen der Sozialpartnerschaft gegenüber der Ausgangslange zur Eindämmung des Sozialabbaues erreicht werden konnte, scheint nicht nachvollzogen oder nur als ein Abblocken von Veränderungen registriert worden zu sein. Und was die Pensionsreform betrifft, so versuchte man zwar ebenfalls, wie es FCG-Vorsitzender Fritz Neugebauer schilderte, sie »am ÖGB vorbeizuschieben«, aber in einer »sehr guten politischen Geschlossenheit« habe sich der ÖGB »in diese Sozialpartnerschaft wieder zurückkatapultiert und habe ein Reformpaket verhandeln können, das von den Arbeitnehmern zwar Opfer verlangt, aber letztlich doch Akzeptanz gefunden hat«.[123]) Die einseitige Beobachtung mancher Wissenschafter ist vermutlich auf ein grundlegendes Verständnisproblem zurückzuführen, auf die Definition der Wirtschafts- und Sozialpartnerschaft als Konsensmodell und eben nicht als Konfliktregelungsinstrument. Unbestreitbar richtig an den Analysen ist dagegen die Darstellung der Veränderungen im politischen Umfeld und der damit verbundenen Probleme. Daß sich die Wirtschafts-

Österreichs Gewerkschaftsbewegung
Stationen im sozialen Dialog

1955 Beim 3. ÖGB-Bundeskongreß kritisiert Johann Böhm eine Zeitung aus dem Nahbereich der Industriellenvereinigung, die den ÖGB mit einer US-Gangster-»Gewerkschaft« vergleicht.

1984 Renner-Preis der Stadt Wien für ÖGB-Präsident Anton Benya und Rudolf Sallinger, den Präsidenten der Bundeswirtschaftskammer, für ihr »Wirken zum Ausgleich von Gegensätzen im öffentlichen Leben« (rechts: Bürgermeister Leopold Gratz).

1965 Sitzung des Beirates für Wirtschafts- und Sozialfragen der Paritätischen Kommission. Zweiter von links: der spätere Sozialminister Gerhard Weißenberg als Experte der Gewerkschaftsbewegung

Wirtschafts- und Sozialpartnerschaft – ein Instrument, um Interessenkonflikte zu regeln, nicht, um sie unter den Tisch zu kehren.

1995 Durchschnittlich 68% der Bevölkerung halten die Wirtschafts- und Sozialpartnerschaft noch immer für vorteilhaft – die Parteizuordnung ist Signal der gesellschaftspolitischen Auseinandersetzung.

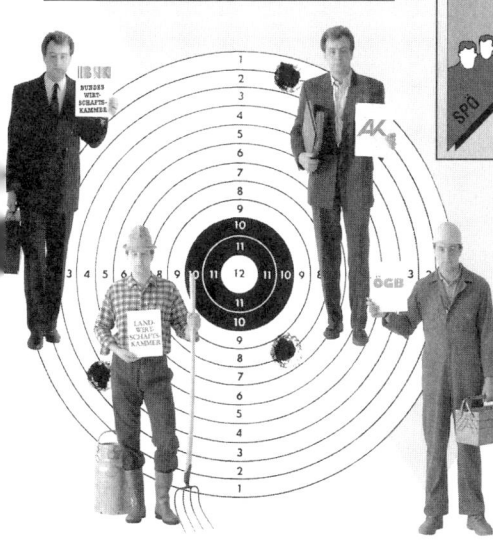

Die »Wirtschafts- und Sozialpartnerschaft« als Zielscheibe des neoliberalen Zeitgeistes. Steuerung unter Einbeziehung der Gewerkschaftsbewegung ist das Feindbild.

partnerschaft dieser neuen Situation aktiv stellen müsse, mahnte Fritz Klenner, ihr Mitbegründer und engagierter Verfechter, schon 1988 ein:»Österreich hat sich nicht zuletzt dank des Gewerkschaftsbundes, der von ihm mitgetragenen Wirtschaftspartnerschaft und der von ihm initiierten Paritätischen Kommission zu einem stabilen wirtschaftlichen und sozialen Staatswesen entwickelt. Nunmehr verläuft die Politik unter veränderten wirtschaftlichen Vorzeichen unter anderen Prämissen. Die Wirtschaftspartner werden unweigerlich Entscheidungen zu treffen haben.«[124])

Mit einem neuen Arbeitsübereinkommen unternahmen die vier Interessenvertretungen, die den Kern der Wirtschafts- und Sozialpartnerschaft bilden, den Versuch, eine funktionsfähige Basis für Konfliktregelung und Kooperation in den neunziger Jahren zu legen. Das Abkommen wurde am 23. November 1992 von Fritz Verzetnitsch für den ÖGB, Heinz Vogler für die Bundeskammer für Arbeiter und Angestellte, Leopold Maderthaner für die Wirtschaftskammer Österreich und Rudolf Schwarzböck für die Präsidentenkonferenz der österreichischen Landwirtschaftskammern unterzeichnet. Damit erhielt die Paritätische Kommission, die weiterhin Schiedsstelle in Konflikten zwischen den Interessenvertretungen blieb, den Finanzminister als neues ständiges Mitglied. Eine wichtige zusätzliche Funktion ergab sich für sie aus dem Verzicht des Preisunterausschusses auf Preisantragsverfahren im »offenen Sektor«: Sie entscheidet über die Wiederaufnahme des Antragssystemes bei besonderen Preisauftriebstendenzen. Da es bereits Anfang der neunziger Jahre Versuche gab, das Kollektivvertragsmonopol des ÖGB und seiner Gewerkschaften in Frage zu stellen, indem zum Beispiel die rechtlich vorhandene Kollektivvertragsfähigkeit der Arbeiterkammern ins Spiel gebracht wurde, hielten die vier Interessenvertretungen ausdrücklich fest, daß es nur dem ÖGB zukomme, im Lohnunterausschuß der Paritätischen Kommission Anträge zu stellen. Der Bedeutung der Umweltpolitik wurde durch das Einsetzen eines eigenen Unterausschusses für Umweltfragen beim Beirat für Wirtschafts- und Sozialfragen Rechnung getragen und Bildung angesichts der Qualifikationsanforderungen im wirtschaftlichen Wandel zum neuen Aufgabenfeld der Wirtschafts- und Sozialpartnerschaft erklärt. Eine »neue Gesprächs- und Verhandlungskultur« bei laufendem Informationsaustausch sollte die Lösungskompetenz auch für die Zukunft gewährleisten. Trotz der Vereinbarung, »Kompromisse nach außen und innen durchzustehen und unterschiedliche Interessen unter Bedachtnahme auf gemeinsame Ziele zu vertreten«,[125]) wurde aber in den folgenden

Jahren »der Ton rauher« und der ÖGB-Präsident sah sich mehrmals veranlaßt »die Paktfähigkeit zu hinterfragen«.[126])

»So kann Sozialpartnerschaft keine Zukunft haben«, stellte Fritz Verzetnitsch fest, als sich die Arbeitgeberseite über ausverhandelte Lösungen in der Frage Lehrlingsausbildung und zum Thema Nachtarbeit hinwegsetzte. Er fügte hinzu, warum die Gewerkschaftsbewegung das Konfliktregelungsmodell der Wirtschafts- und Sozialpartnerschaft trotzdem für unverzichtbar hielt: »Die Alternative ist, daß die Wirtschaft alleine das Vorgehen bestimmt, die Arbeitnehmer sich das nicht gefallen lassen und es zu härteren Auseinandersetzungen kommt.«[127]) Denn die Unternehmer, vor allem die großen und kapitalstarken, fänden auch mit einem »pluralistischen System von Lobbies mächtiger Interessengruppen«, dem Gegenmodell zur Wirtschafts- und Sozialpartnerschaft mit einem starken ÖGB und gesetzlichen Interessenvertretungen, das Auslangen, eingeengt würde nur der Spielraum der Gewerkschaftsbewegung bei der Verteidigung des Sozialstaates. Nachteile hätten also die Arbeitnehmer, aber auch die kleinen Unternehmer,[128]) und die Menschen spürten das trotz aller Unzufriedenheit mit einzelnen Handlungen und Entscheidungen ihrer jeweiligen Interessenvertretung, wie die Zustimmung zu den Kammern bei den Mitgliederbefragungen 1996/1997 dokumentierte. Den Managern der Großunternehmen, allen voran jenen aus der ehemaligen Verstaatlichten Industrie, ist die Wirtschaftskammer mit ihrer auf die überwiegende Mehrheit ihrer Mitglieder, die kleineren Betriebe, ausgerichteten Interessenpolitik dagegen ein Dorn im Auge. Aus einer einflußreichen Gruppe der Vereinigung Österreichischer Industrieller, die als freiwillige Interessenvertretung auf Arbeitgeberseite von Anfang an in das System der Sozialpartnerschaft integriert war, kamen in der zweiten Hälfte der neunziger Jahre und zuletzt 1999 Angriffe auf die Wirtschaftskammer in einer Schärfe, die man bisher nicht kannte: »Wir haben genug davon, ein System am Leben zu erhalten, das uns viel kostet und nichts bringt.«[129]) Dieser Konflikt innerhalb der Interessenvertretungen der Unternehmer zeigte auf, woher die wirkliche Gefahr für die spezielle Form für die Wirtschafts- und Sozialpartnerschaft kommt: von einer Haltungsänderung der Arbeitgeberseite, wenn sie zu der Überzeugung gelangt, daß ein übergreifendes, auf seriösen Kompromissen aufgebautes Konfliktregelungsmodell nicht mehr in ihrem Interesse liegt.

Zweifellos ist das System des »Sozialen Dialoges«, wie ein solcher Konfliktregelungsmechanismus zwischen Arbeitnehmern, Arbeitgebern und Regierungen in der EU genannt wird, oder der »Dreigliedrigkeit«, wie er in der internationalen Konferenzsprache heißt, nicht eins zu eins auf andere Staaten oder die europäische Ebene übertragbar. Aber außerhalb Österreichs fand es trotzdem auch und besonders während der neunziger Jahre eine viel positivere Beurteilung als in seinem Entstehungsland. Für die Gewerkschaftsorganisationen in den Transformationsländern Ost- Mitteleuropas stellte das Grundprinzip der gleichberechtigten Mitsprache der Gewerkschaftsbewegung angesichts der Entwicklung in den postkommunistischen Staaten ein mehr als erstrebenswertes Ziel dar. Bei einem Treffen in Wien schilderten Vertreter von Gewerkschaften des öffentlichen Dienstes aus Slowenien, der Slowakei, Tschechien und Ungarn die Rahmenbedingungen, mit denen sie auch 1998 noch zu kämpfen hatten: »Zum Teil wurde der Soziale Dialog zwischen Dienstgeberseite und den Gewerkschaften gänzlich abgebrochen. Durch gezielte Maßnahmen von Regierungen wird teilweise der Aufbau ›gelber‹ Gewerkschaften und die Zersplitterung in kleine Verbände gefördert.« Eine ihrer Hauptforderungen war deshalb, »eine echte Sozialpartnerschaft nicht nur zu institutionalisieren, sondern auch zu leben«.[130]) Im Prozeß der Europäischen Integration sieht der Europäische Gewerkschaftsbund das Institutionalisieren und Ausgestalten des Sozialen Dialoges als einzige Chance, die politische Entwicklung mitzugestalten. Es ist ein mühsamer Weg, nicht nur wegen der traditionellen Dominanz der Arbeitgeber seit den Zeiten der »Europäischen Wirtschaftsgemeinschaft«. Dazu kam, daß die EU-Kommission und die meisten Regierungen die Kompetenz der Gewerkschaften fast ausschließlich im Bereich der Kollektivvertragspolitik und bestenfalls noch der Sozial- und Arbeitsmarktpolitik sahen. Davon gingen auch die Staats- und Regierungschefs in Maastricht aus, als sie den »Sozialen Dialog« in den EU-Vertrag aufnahmen. Trotzdem wertete der Europäische Gewerkschaftsbund Maastricht, was diesen Punkt betrifft, mit Recht als Erfolg, denn erstmals wurde in einem Rechtstext anerkannt, daß beide Sozialpartner, also auch die Gewerkschaftsbewegung, »beim Bau des europäischen Hauses eine Rolle zu spielen haben«. Um die Durchführung der Sozialcharta und des Zusatzprotokolles über Sozialpolitik vorzubereiten, richtete die EU einen Ausschuß für den sozialen Dialog ein. Darüber hinaus war die rechtliche Grundlage für europäische Sozialpartnervereinbarungen und Kollektivverträge geschaffen.[131])

Allerdings sind zum Verhandeln immer zwei Seiten erforderlich und die Bereitschaft der Arbeitgeber zum Dialog schien nicht immer gegeben. Der zur Diskussion an die Sozialpartner zurückverwiesene europäische Richtlinienentwurf über den Elternurlaub war der erste Testfall für die Funktionsfähigkeit des neuen Instrumentes.[132]) Es bewährte sich dann doch und die Rahmenvereinbarung über den Elternurlaub wurde 1996 unterzeichnet.[133]) Dieser ersten Vereinbarung folgten dann eine Reihe weiterer, zuletzt 1999 das Rahmenabkommen über befristete Dienstverhältnisse.

Erst der EU-Gipfel von Köln im Juni 1999 bezog die Sozialpartner in einem Bereich auch in die gesamtgesellschaftliche Steuerung ein: Der EU-Beschäftigungspakt von Köln setzte sich zum Ziel, die wirtschaftspolitischen Akteure zur besseren Abstimmung ihrer Politik an einen Tisch zu bringen. Mit der verbindlichen und regelmäßigen Beteiligung beider Sozialpartner und damit auch der europäischen Gewerkschaftsbewegung an gemeinsamen Gesprächsrunden des »ECOFIN«, des Rates der Finanz- und Wirtschaftsminister, des Rates der Arbeits- und Sozialminister und Vertretern der Europäischen Zentralbank konnte ein erster Schritt in Richtung eines funktionsfähigen europäischen Regelungsinstruments für den wirtschaftlichen und sozialen Interessenausgleich gesetzt werden. Ob die erste Aufgabe, die dem »Makroökonomischen Dialog« gestellt wurde, das Erarbeiten eines abgestimmten Vorschlags zur Steuerpolitik in der EU, bis zum vorgesehenen Termin Dezember 1999 bewältigt werden kann, erscheint allerdings angesichts des Fehlens konkreter, auch für die Arbeitgeberseite verbindlicher Zielvorhaben fraglich.[134])

Um die Sicherung von »strategischem Eigentum« in österreichischer Hand

Privatisierung zwischen Ideologie und Realität

Wie tiefgreifend der Wandel war, der sich in Österreich ab Mitte der achtziger Jahre vollzog, zeigt die Entwicklung der Eigentumsverhältnisse der österreichischen Wirtschaft. Vom System einer gemischten Wirtschaft mit verstaatlichten, privaten und im Eigentum der öffentlichen Hand befindlichen Unternehmungen, das die Situation in Österreich noch 1987 kennzeichnete und zu dem sich der ÖGB-Bundeskongreß bekannte[1]), ist am Ende des Jahrhunderts fast nichts mehr übrig geblieben. Darüber hinaus hielten es die Koalitionsregierungen für angebracht, auch staatliche Leistungen, die bisher direkt in der Verantwortung der Hoheitsverwaltung gelegen hatten, »auszugliedern« und zum Teil ebenfalls zu privatisieren. Der Bogen spannt sich von der Arbeitsmarktverwaltung über Forschungsleistungen und Museen bis zum Plan, die Universitäten in »vollrechtsfähige« Einrichtungen umzuwandeln.

Es waren die Verluste von fast 12 Milliarden Schilling, die die VOEST-Alpine 1985 schrieb, die nicht nur zu einschneidenden Strukturveränderungen im Verstaatlichtenkonzern ÖIAG mit hohen Arbeitsplatzverlusten führten, sondern auch die ersten Privatisierungsschritte auslösten.[2]) Wenn der ÖGB darauf verwies, daß den Ausgaben des Bundes für die ÖIAG insgesamt ein Mehrfaches an Steuerleistungen und Dividendenzahlungen gegenüberstand und daß zudem bei der Beurteilung auch politisch bedingte Auftragsausfälle wie das rund 1,7 Milliarden-Minus durch den Baustopp des Wasserkraftwerkes Hainburg zu berücksichtigen wären[3]), so hatte er angesichts des veränderten gesellschaftlich-politischen Klimas wenig Chance, Gehör zu finden. Der ÖGB sah im neuen Organisationskonzept der ÖIAG, das klarere Kompetenzen und die Möglichkeit versprach, marktnäher zu agieren, und in der Kooperation mit in- und ausländischen Partnern durchaus einen geeigneten Sanierungsansatz. Aber er verwahrte sich vehement gegen alle Versuche, es über die Köpfe der Betroffenen hinweg und unter Umgehung der dafür vorgesehenen Gremien durchzupeitschen: »Wenn man in einer sehr schwierigen Phase Betriebsräte zu Buhmännern und Verhinderern stempeln will, wird ein glaubwürdiges Miteinander und eine motivierte Belegschaft, die an den Weg aus der Krise glaubt, kaum erreichbar sein.«[4]) Für die unter starkem Druck stehenden Belegschaften und Betriebsräte forderte der 14. Gewerkschaftstag der hauptbetroffenen Gewerkschaft Metall-Bergbau-Energie 1988 die »bestmögliche Unterstützung« ein, »welche die Durchsetzung ihrer Lebensinteressen sowie die Verhinderung eines Lohnabbaus erfordert«.[5])

Mit dem ÖIAG-Finanzierungsgesetz vom 2. Juli 1987 wurden dem Konzern 32,9 Milliarden Schilling zugesagt – dies war als letzter Zuschuß der öffentlichen Hand gedacht. Die weiteren zur Sanierung erforderlichen Mittel sollten durch Eigenleistungen, das heißt Privatisierungen, aufgebracht werden. Alle gesetzlichen Hindernisse für die Veräußerung von Unternehmen oder Anteilsrechten wurden beseitigt. Damit wurde erstmals Privatisierung als notwendiger Beitrag zur Stärkung der Finanzkraft verstaatlichter Unternehmen angesehen.[6]) Darüber hinaus gab es bereits 1987 auch Privatisierungsbeschlüsse hinsichtlich der Banken und ihrer Unternehmungen, der E-Wirtschaft und des Wohnbaues.[7])

Die Vermutung von Fritz Klenner, daß »die Privatisierungsdiskussion durch den neuen Gesetzesbeschluß nicht beendet sein« wird, und seine Voraussage, daß »weitere Zuschüsse für die verstaatlichten Unternehmungen, zumindest zur Kapitalaufstockung, und im Zusammenhang damit der Umfang geforderter Entstaatlichung auch in Zukunft für Konfliktstoff sorgen« würden, sollten sich rasch bewahrheiten.[8] Denn in der Privatisierungsfrage ging es nicht nur um sachliche Entscheidungen, sondern zumindest im selben Ausmaß um grundsätzliche wirtschafts- und gesellschaftspolitische Ausrichtungen. Der ÖGB warnte von Anfang an davor, in der Privatisierung ein Allheilmittel zur Lösung aller Strukturprobleme zu sehen und die Auswirkungen auf die Qualität öffentlicher Leistungen und die politische Gestaltungsmöglichkeit außer acht zu lassen. Er forderte sachlich statt ideologisch motivierte Entscheidungen ein, die der unterschiedlichen Funktion und Bedeutung von öffentlichen Aufgaben, »natürlichen Monopolen«, also gemeinwirtschaftlichen Leistungen, und Industrie und Banken in (ganz oder mehrheitlich) staatlichem Besitz Rechnung tragen.[9] Vor allem der Koalitionspartner ÖVP ging dagegen von der Überzeugung aus, »verstaatlichte Unternehmungen wirtschaften schlechter« und die Privatisierung führe »zu einem Volk von Aktionären und bedeutet mehr Verständnis für marktwirtschaftliche Mechanismen«.[10] Aber auch etliche SPÖ-Politiker und der SPÖ nahestehende Wirtschaftsexperten sahen, bemüht, dem staatskritischen »Zeitgeist« zu entsprechen, die Chance, die »Trennung von politischer und wirtschaftlicher Verantwortung« zu vollziehen.[11] Manche unter ihnen, wie der langjährige Finanzminister Ferdinand Lacina, der seine politische Laufbahn als AK-Experte begonnen hatte, erkannten später die negativen Folgen des unreflektierten Privatisierungskurses, der dazu geführt hatte, daß ausländische Investment- und Pensionsfonds mit ihrer ausschließlichen Ausrichtung auf Aktionärsgewinne einen nicht zu unterschätzenden indirekten Einfluß auf die Unternehmenspolitik von österreichischen Schlüsselindustrien ausüben können. »Da wird nur die kurzfristige Gewinnmaximierung gefördert«, kritisierte Lacina 1999 in einem Interview, »langfristige Strategien bleiben auf der Strecke. Das Sharholder-value-Konzept belohnt letztlich Arbeitsplatzabbau mit Aktienkurssteigerungen.«[12] Es hat seine guten Gründe, daß die Gewerkschaft Metall-Bergbau-Energie für die staatliche Beteiligungsholding ÖIAG, die nach über einem Jahrzehnt Privatisierungsweg als Kernaktionär der wichtigsten dieser Schlüsselindustrien fungiert, ein anderes Konzept einforderte. Die ÖIAG müsse, so die Gewerkschaft, den klaren Auftrag erhalten, sich zukünftig »statt nach dem einseitigen Shareholder-value-Prinzip« an den Vorgaben des österreichischen Aktiengesetzes zu orientieren. Dieses verlangt in seinem Paragraphen 70 von den Unternehmensführungen, nicht nur das Wohl des Unternehmens und die Interessen der Aktionäre zu berücksichtigen, sondern ebenso die Interessen der Arbeitnehmer und öffentliche Interessen.[13])

Ein Musterbeispiel für die Folgen von Privatisierung mit Aufgabe jeder staatlichen Steuerungsmöglichkeit ist das Schicksal des Semperit-Reifenwerkes im niederösterreichischen Traiskirchen und seiner Belegschaft. 1985 verkaufte die Semperit-Holding auf Initiative ihres Mehrheitseigentümers, der damals teilstaatlichen Bank Creditanstalt, 75 Prozent der Anteile des Reifenwerkes an den deutschen Conti-Konzern, 1989 erwarb Conti bis auf 5 Prozent auch die restlichen Aktien. Aus wirtschaftlichen Gründen wäre der Verkauf nicht notwendig gewesen, da das viele Jahre defizitäre Unternehmen dank einer Finanzspritze aus Steuermitteln von 1,2 Milliarden Schilling ab 1984 wieder Gewinne schrieb. Beim Verkauf wurde die Auszahlung der noch nicht beanspruchten Förderungsmittel auch dem neuen privaten Eigentümer garantiert – mit der Auflage, möglichst viele Arbeitsplätze zu erhalten und das Werk mindestens zehn Jahre nicht zu schließen.[14]) In einer Nebenklausel des Fördervertrages sagte Conti zu, Forschung und Entwicklung am Standort Traiskirchen zu belassen und auszubauen. Die Zusage hielt bis 1994, dann verlagerte der Konzern den F&E-Bereich zum Stammsitz nach Hannover. Und auch hinsichtlich der Beschäftigung wurde das Abkommen nicht so ernst genommen: 1990 bis 1995 ging der Personalstand von 3.350 Mitarbeitern auf 2.300 zurück, obwohl fast alle Geschäftsjahre erfolgreich abschlossen.[15]) Nicht nur das Abziehen der F&E-Abteilungen, auch das Abziehen von Gewinnrücklagen zur Aufbesserung der Dividenden für die Aktionäre und die Finanzierung des Kaufes von Mehrheitsanteilen am tschechischen Reifenwerk Barum höhlten die Eigenkapitalbasis von Semperit in dieser Zeit systematisch aus.[16]) Alles deutete darauf hin, daß Conti plante, den Standort Traiskirchen nach dem Auslaufen der Standortgarantie 1995 aufzugeben. Im Juni 1996 erklärte dann der Konzern seine Absicht, die Pkw-Reifenproduktion zu halbieren und die andere Produktionshälfte nach Tschechien zu verlagern, alle in Traiskirchen nicht mehr benötigten Maschinen abzutransportieren und das Werk in ein bis zwei Jahren endgültig zu schließen. Der Kampf um die Erhaltung des Standortes begann.

Interventionen von Bundeskanzler und Finanzminister ließen Conti kalt, aber eine überlegte Strategie der Gewerkschaftsbewegung, unterstützt durch Unterschriftenaktionen und das Erzeugen einer Gegenstimmung über die Massenmedien, erreichte immerhin, daß der Konzern den Standort Traiskirchen »für die nächste Zeit« garantierte und der Abbau des Maschinenparkes vorerst auf einen geringeren Umfang zurückgenommen wurde.[17]) Hinsichtlich der Halbierung der Pkw-Reifenproduktion und dem damit verbundenen Abbau von 1.100 Arbeitsplätzen blieb Konzern-Boß von Grünberg allerdings unnachgiebig. Im Rückblick begründete er seine Haltung damit, daß der angestrebte Verkauf von Conti-Aktien an einen amerikanischen Investmentfonds erst möglich wurde, nachdem er durch die Semperit-Aktion bewiesen hatte, daß er zu knallharten Sanierungsmaßnahmen ohne Rücksicht auf Arbeitsplätze fähig sei.[18]) Und der Plan, Traiskirchen letztlich aufzugeben, wurde anscheinend auch nicht fallen gelassen. 1998 lief das Reifengeschäft glänzend. Es wurde mit Zustimmung des Konzernmanagements eine weit größere Stückzahl produziert und verkauft als 1996 vereinbart, der Mitarbeiterstand hatte sich wieder auf 1.990 erhöht und man erwartete einen Gewinn mit dreistelligem Millionenwert. Trotzdem wurde für 1999 der Abtransport von zusätzlichen Maschinen vorgesehen[19]) und alle Anzeichen deuteten darauf hin, daß das Opfer des Programmes, eines der drei westeuropäischen Conti-Reifenwerke zu schließen und statt dessen weiter in die Billiglohnländer zu verlagern,[20]) Semperit heißen könnte.

Auf Initiative des Betriebsrates mit dem ÖGB und den Gewerkschaften der Chemiearbeiter und der Privatangestellten wurde unter Beteiligung von Arbeitsmarktservice, Unternehmen und Land für rund 300 der gekündigten Mitarbeiterinnen und Mitarbeiter nach schwierigen Verhandlungen Anfang 1997 die »Semperit-Arbeitsstiftung« eingerichtet.[21]) Vorbild für diese und alle anderen Arbeitsstiftungen war die 1987 in Zusammenarbeit zwischen Gesetzgebern, Sozialpartnern, Vorstand und Belegschaftsvertretung geschaffene »Stahlstiftung« für die Mitarbeiter der VOEST-Alpine, die durch das drastische Restrukturierungs- und Privatisierungsprogramm vor dem Verlust ihres Arbeitsplatzes standen. Die finanzielle Basis für die Qualifizierungsprogramme lieferten Beiträge der VOEST-Alpine-Gesellschaften, ihrer Mitarbeiter und des Sozialministeriums, betreut wurde die Stiftung von der Arbeitsmarktverwaltung und den Betriebsratskörperschaften. Eine Idee aus dem Saarland war hier aufgegriffen und zu einem vorbildlichen beschäftigungspolitischen Instrument weiterentwickelt worden. 1995 bestanden in Österreich bereits etwa 40 Arbeitsstiftungen.[22]) Die meisten von ihnen waren und sind auf einzelne Unternehmen oder regional begrenzt. Aber das Instrument erwies sich auch als erfolgreich, wenn es darum ging, bei österreichweiten Strukturveränderungen ganzer Branchen neue Beschäftigungschancen zu eröffnen. So konnte die »Aufleb-Stiftung«, 1994 auf Drängen des ÖGB im Hinblick auf die absehbaren Folgen des EU-Beitritts für die Nahrungs- und Genußmittelbranche eingerichtet, während der folgenden vier Jahre mehr als 87 Prozent der Teilnehmerinnen und Teilnehmer vermitteln. Ende April 1999 wurden 5.200 Menschen aus fast 1.200 Betrieben durch »Aufleb« erfaßt. Der ÖGB forderte eine Verlängerung der Stiftung bis zum Jahr 2002, da der Strukturwandel im Lebensmittelbereich noch voll im Gange war.[23]) Das jüngste Beispiel einer Arbeitsstiftung ist jene für das Waagner-Biró-Werk in Wien, das nach einem Privatisierungsverkauf schließlich 1999 Opfer der Konzernpolitik der österreichischen Auricon-Gruppe geworden war.[24])

Die Auricon-Gruppe hatte in der ersten Hälfte der neunziger Jahre auch die Schiffswerften erworben und den Standort Korneuburg später zugesperrt – für Rudolf Nürnberger, den Vorsitzenden der Gewerkschaft Metall-Bergbau-Energie, ein weiterer Beleg, daß »Privatisierung keine ideologische Frage« ist und »die Probleme damit nicht gelöst« wären.[25])

Die Tatsache, daß die zahlreichen Insolvenzen von Unternehmen in Privatbesitz in der überwiegenden Zahl der Fälle durch Managementfehler zumindest mitverursacht wurden, war und ist ja nicht wegzuleugnen. Als ein »Paradebeispiel« kann die zweitgrößte Insolvenz nach 1945, jene eines der größten Baukonzerne Österreichs, der Maculan-Holding, 1996 gelten, deren Firmen zum Unterschied vom Konsum nicht nur in den Ausgleich, sondern zum Teil in den Konkurs gehen mußten. Eine hektische Expansion hatte zum »Totalabsturz des einstigen Vorzeigeunternehmens« geführt, »dessen Aktien zu den wichtigsten Titeln im Fließhandel der Wiener Börse zählten«: Vor allem durch Firmenakquisitionen in den neuen deutschen Bundesländern, aber auch durch den Einstieg in das Rußlandgeschäft hatte die Maculan-Gruppe den Umsatz zwischen 1989 und 1994 um das Vierfache gesteigert, der Personalstand hatte um das mehr als Dreifache zugenommen. Mißmanagement, insbesondere das falsche Einschätzen der wirtschaftspolitischen Entwicklung in den ehemaligen kommunistischen Staaten, überdimensionierte Baukapazitäten und zunehmender Preisverfall hatten dann in die Verlustzone geführt. 5.000 Arbeitnehmer in

Deutschland und 2.500 in Österreich waren die Opfer. Dazu kam der gnadenlose Konkurrenzkampf in der Baubranche. Die DGB-Gewerkschaft IG Bauen-Agrar-Umwelt äußerte den Verdacht, daß unter Beteiligung der Banken »auf dem Rücken der Bauarbeiter eine rigorose Marktbereinigung betrieben werde«.[26]) Für die betroffenen Arbeiter und Angestellten in Österreich knüpften die Gewerkschaften und die Arbeiterkammer ein Auffangnetz, das die Lohnnachzahlungen und das Fortzahlen der Löhne über mehrere Monate ermöglichte. Wie beim Konsum richteten die zuständigen Gewerkschaften Bau-Holz und der Privatangestellten zusammen mit der AK auch ein Insolvenzbüro ein, um »die Kolleginnen und Kollegen zu unterstützen und laufend zu informieren«.[27]) Und sie erreichten außerdem, daß die Arbeitnehmer in dem am Schluß noch übriggebliebenen Teil des Unternehmens bleiben konnten, ohne rechtliche Risiken einzugehen. Nur dadurch war der Konzern Era-Bau bereit, diese Restfirma zu übernehmen, da die Baustellen, die er nun mit Gewinn fertigstellen konnte, ohne das Know-how der alten Mannschaft wertlos geworden wären.[28])

Gemeinwirtschaft, staatliche Leistungen und Mitbestimmung unter dem Druck der Markteuphorie

Wenn für die Großindustrie gilt, daß Privatisierung kein »Allheilmittel« ist, gilt dies für den gemeinwirtschaftlichen Sektor doppelt – das stellten alle drei ÖGB-Bundeskongresse ab 1987 klar. »Die öffentliche Hand hat auch in Zukunft ihre wesentlichen beschäftigungs-, verteilungs- und sozialpolitischen Aufgaben zu erfüllen«, forderte der 13. Bundeskongreß 1995: »Wenn dabei Ausgliederungen und Privatisierungen in Erwägung gezogen werden, so erfordert dies eine sorgfältige Prüfung. Ausgliederungen sind keine Garantie dafür, daß Leistungen tatsächlich effizienter und kostengünstiger erbracht werden. Der gemeinwirtschaftliche Sektor erfüllt wichtige gesellschaftspolitische, wirtschaftspolitische und ökologische Aufgaben. Wenn die Bereitstellung dieser Leistungen zu kostendeckenden Preisen nicht möglich ist, so sind gemeinwirtschaftliche Tätigkeiten im Hinblick auf ihre Rechtfertigung und Abgeltung klar abzugrenzen.«

Die Einschätzung des ÖGB wurde durch die Entwicklung seit 1987 bestätigt – nicht nur bei den gesamtstaatlichen Leistungen, sondern auch bei den öffentlichen Leistungen im Landes- und Gemeindebereich. Die Ausgliederung der Energieversorgung aus den öffentlichen Haushalten und die gleichzeitige Liberalisierung des

Energiemarktes, die Anfang 1999 begann und 2003 abgeschlossen sein soll[29]), verstärkten den Druck in Richtung Privatisierung. Die Gewerkschaftsbewegung lehnte die Vollprivatisierung dieses Sektors, eines der wichtigsten »natürlichen Monopole« mit gemeinwirtschaftlichen Aufgaben, grundsätzlich ab und forderte, »die Organisation der Energiewirtschaft im Rahmen eines Gesamtenergiekonzeptes, das alle Energieträger umfaßt, zu diskutieren«, konnte die Entwicklung aber nur teilweise einbremsen. In Wien war eine Verschmelzung mit börsennotierten Unternehmen bis Mitte 1999 nicht geplant.[30]) Wiens Bürgermeister und Landeshauptmann Michael Häupl ging nach wie vor davon aus, daß »insbesondere in der Grundversorgung der Menschen öffentliche Wirtschaftsinteressen bestünden«; man solle deshalb »keinen Markt vorgaukeln, wo kein Markt besteht«.[31]) In Oberösterreich faßte man hingegen eine Teilprivatisierung des Energiesektors ins Auge und in der Steiermark wurden Anteile des Energieversorgungsunternehmens an die Electricité de France verkauft. Auf die Folgen, die in der Steiermark bereits zu erkennen waren, machte der oberösterreichische GPA-Landessekretär und AK-Präsident Fritz Freyschlag aufmerksam: Ruinieren der anderen lokalen Stromversorger und Rationalisierungsdruck mit Verlust von Arbeitsplätzen durch die Interessen der Investoren.[32])

Der Grundkonsens der Zweiten Republik, der gemeinwirtschaftlichen Leistungen einen eigenen Stellenwert unabhängig von ihrem kommerziellen Nutzen zumaß, hatte es Gewerkschaftsvertretern ermöglicht, politische Ämter zu übernehmen, ohne in einen unauflösbaren Interessenkonflikt zu geraten. Dies änderte sich, als dieser Grundkonsens ab den achtziger Jahren immer mehr an Bedeutung verlor. Wie weitgehend der Interessengegensatz dort sein konnte, wo neoliberale Konzepte besonders stark forciert wurden, zeigt das Beispiel des Vorsitzenden der steiermärkischen ÖGB-Landesexekutive und SPÖ-Landesrates für Finanzen, Josef Ressel: Er legte 1997 seine Gewerkschaftsfunktion zurück, weil sich – angesichts der geplanten Privatisierungen im Energie-, Banken- und Verkehrsbereich – »seine beiden Aufgaben in ÖGB und Landesregierung nicht mehr vereinbaren« ließen.[33])

Der Vorsitzende der Gemeindebedienstetengewerkschaft, Günter Weninger, als ÖGB-Vizepräsident seit 1997 auch Leiter der Finanzverwaltung der Organisation, zog am 14. Gewerkschaftstag der Gemeindebediensteten im Juni 1999 Bilanz: »Die Leistungen des öffentlichen Dienstes sind auch Transferleistungen für die sozial Schwachen, bei Privatisierungen und Auslagerungen kommt

Personalentwicklung und Ausgliederungen im Bundeshaushalt 1987–2000
(umgerechnet auf vollbeschäftigte Personen)

Bereiche des Bundeshaushalts	1987 Personen	1991 ± %	1991 Personen	1995 ± %	1995 Personen	1998 ± %	1998 Personen	1999 ± %	1999 Personen
Personal des Bundes insgesamt	295.276	+3,5	305.611	-19,1	247.121	-10,3	221.775	-1,3	218.720
Hoheitsverwaltung (inkl. Schulen, Unis)	161.118	+8,1	174.239	+5,8	184.430	+18,8	219.123	-1,4	216.091
Monopole	164	-81,1	31	-22,6	24	-100			
Staatslotterie (Glücksspielmonopol)	119	ab 1991 aus dem Bundeshaushalt ausgegliedert							
Branntweinmonopol	45		31		24				

Bereiche des Bundeshaushalts	1987		1991		1995		1998		1999	
	Personen	± %	Personen	± %	Personen	± %	Personen	± %	Personen	
Bundesbetriebe insgesamt	**63.889**	**+1,5**	**64.875**	**-3,4**	**62.667**	**-95,8**	**2.652**	**-0,9**	**2.629**	
Post	56.885		59.282		57.683		ab 1997 aus dem Bundeshaushalt ausgegliedert			
Bundesforste	3.949		2.765		2.210		ab 1997 aus dem Bundeshaushalt ausgegliedert			
Hauptmünzamt	196	–100	ab 1989 im Eigentum der Österr. Nationalbank							
Bundestheater	2.859	–1,1	2.828	–1,2	2.794	–5,1	2.652		2.629	ab 2000 aus dem Bundeshaushalt ausgegliedert
Eisenbahner	**70.105**		**66.466**	**–100**	ab 1991 aus dem Bundeshaushalt ausgegliedert					

Quelle: Amtsbehelf zum Bundesfinanzgesetz II. Teil, Beilage G 8, veranschlagte Stände. Übernommen aus: Wirtschafts- und Sozialstatistische Taschenbücher des Österreichischen Arbeiterkammertages/der Bundeskammer für Arbeiter und Angestellte

es aber oft zu empfindlichen Tariferhöhungen oder Leistungseinschränkungen. Sie führen aber auch zu Lohndumping, Einkommensverlusten und letztlich auch zu Arbeitsplatzverlusten.«[34]) ÖGB-Vizepräsident Fritz Neugebauer, der Vorsitzende der Gewerkschaft öffentlicher Dienst, machte darauf aufmerksam, daß zudem die erhoffte Entlastung des Bundesbudgets durch Ausgliederungen in der Mehrheit der Fälle keineswegs eingetreten war. Als Beispiel nannte er die Ausgliederung des Arbeitsmarktservice, die gegenüber der früheren Arbeitsmarktverwaltung zu einer 20prozentigen Kostensteigerung geführt hatte. Das sei kein Ausnahmefall, erklärte ein führender Mitarbeiter des Rechnungshofes: »Ausgliederungen – wie etwa der Universitäten – kommen nicht billiger. Im Gegenteil: Es wird mehr Geld benötigt.«[35])

Die Ausgliederung der beiden neben der Energiewirtschaft größten »natürlichen Monopole«, der Österreichischen Bundesbahnen und der Post- und Telegraphenverwaltung, aus dem Bundesbudget wäre auf jeden Fall nicht zu umgehen gewesen, da die EU die »Liberalisierung«, also das Fallen der staatlichen Anbietermonopole, auch für sie vorschreibt, erfolgte aber für die ÖBB noch vor dem EU-Beitritt. Hinsichtlich der Liberalisierung sah der ÖGB das Hauptproblem darin, gleichzeitig die gemeinwirtschaftlichen nicht marktgeeigneten Leistungen zu sichern. So belegte eine AK-Studie, daß der Durchschnittsverbraucher bisher kaum von der Liberalisierung profitierte. Sowohl im Energie- als auch im Telekombereich brachte sie lediglich den Großkunden massive Vorteile.[36]) Für die Beschäftigten bei Bahn und Post bedeutete die Änderung von Unternehmens- und Eigentumsstruktur darüber hinaus auch die Gefährdung des gut ausgebauten und funktionierenden Mitbestimmungssystems. Unter dem Druck der beiden zuständigen Gewerkschaften, die ihren nach wie vor sehr hohen Organisationsgrad in die Waagschale werfen konnten, gelang es, die Mitbestimmung unter den neuen Rahmenbedingungen zu sichern. Als rechtliche Grundlage dafür beschloß der Nationalrat 1997 das Bahn-Betriebsverfassungsgesetz und das Post-Betriebsverfassungsgesetz.

Die ÖBB wurden 1994 nach den Vorgaben des Bundesbahngesetzes 1992 ausgegliedert.[37]) Das Gesetz führte konsequent eine Linie weiter, die bereits ab 1986 mit dem Konzept »Neue Bahn« vorgegeben worden war. Als Argument für den neuen Kurs mußte die angebliche Unwirtschaftlichkeit der »alten Bahn« herhalten. Tatsächlich machten die ÖBB im kaufmännischen Geschäftsbereich durchaus Gewinne. Für den gemeinwirtschaftlichen Bereich, der ab 1983 bei der Rechnungslegung getrennt auszuweisen war, also für nicht kostendeckende Leistungen im gesetzlichen Auftrag, wurde und wird die Differenz von der Republik abgegolten. Die Propaganda gegen die Bahn, die sich nicht nur gegen den gemeinwirtschaftlichen Ansatz, sondern auch gegen die Kultur der Eisenbahner mit ihrer starken Verankerung in Gewerkschaftsbewegung und Sozialdemokratie richtete, machte aus dem Budgetbeitrag zum nicht-kommerziellen Bereich und zu den Investitionen eine unzumutbare Defizitfinanzierung. Die vernünftige Lösung der getrennten Rechnungslegung, die die ÖGB-Bundeskongresse seit 1987 für alle Unternehmen mit teilweise gemeinwirtschaftlichen Aufgaben empfahlen, führt offensichtlich nur dann zu einer positiven Entwicklung, wenn Politik und Gesellschaft die Notwendigkeit gemeinwirtschaftlicher Leistungen akzeptieren. Das Bundesbahngesetz 1992 ging in die Gegenrichtung: Es schrieb den Rückzug des Staates aus wesentlichen Steuerungsstrukturen fest. Die Zustimmungspflicht des Hauptausschusses des Nationalrates zu Tarifangelegenheiten entfiel, und das Weisungsrecht des Verkehrsministers wurde auf verkehrspolitische Fragen beschränkt, wobei zumindest unklar ist, ob Vorgaben für das Unternehmenskonzept, etwa mehr Investitionen vorzunehmen statt weiter zu rationalisieren, zu den »verkehrspolitischen Fragen« zählen.[38])

Immerhin sah das ÖBB-Gesetz, nicht zuletzt, weil das eine Voraussetzung für die Zustimmung der Gewerkschafter gewesen war, keine Ausgliederung und Privatisierung von Unternehmensteilen vor, was Franz Hums, damals Vorsitzender und zugleich Sozialminister, am Gewerkschaftstag der Eisenbahner 1995 als Beleg dafür heranzog, daß man den EU-Richtlinien auch ohne die Filetierung des gemeinwirtschaftlichen Sektors entsprechen könne. Trotzdem gab es – wenn auch bis Mitte 1999 erfolglos – Vorstöße zur gesellschaftlichen Trennung der ÖBB-Bereiche Infrastruktur und Absatz und zur Teilprivatisierung, denen die Gewerkschaft mit dem Hinweis auf die »seinerzeitige Vereinbarung« energisch entgegentrat.[39])

Trotz einer Milliarden-»Starthilfe« als Basis für die Kreditwürdigkeit der ÖBB stellte sich nach wenigen Jahren heraus, so der Nachfolger von Franz Hums als Gewerkschaftsvorsitzender und oberster Personalvertreter der ÖBB, Gerhard Nowak, daß mit der Ausgliederung durch privatwirtschaftliche Steuern und Abgaben und Kreditrückzahlungen für das Unternehmen eine große finanzielle Belastung mit ungewissem Ausgang verbunden war. Der einseitige Rationalisierungskurs des Managements ohne Rücksicht auf den Bedarf erschwerte es zudem, erfolgreich am Markt zu agieren.

Von 1987 bis 1998 gingen bei den ÖBB etwa 18.000 Arbeitsplätze verloren. Die Belegschaftsvertretung hatte die Personaleinsparungen lange Zeit mitgetragen, um ihr Unternehmen unter den neuen Bedingungen abzusichern. Das Resultat war aber keine »bessere Bahn«, kritisierte die Gewerkschaft im Herbst 1998, als ein weiterer Personalabbauplan bekanntgegeben worden war, sondern »weniger Leistung mit schlechterer Qualität«. Nach einer Streikdrohung und unter Einschaltung von Bundeskanzler und Verkehrsminister konnte die Gewerkschaft die Rücknahme der neuen Personaleinsparungspläne und die Zusage von Investitionen insbesondere in den Fahrzeugpark erreichen. Zusätzliches Personal wurde aber kaum zugestanden, obwohl der offene Resturlaub der ÖBB-Bediensteten der Arbeit von 10.000 Beschäftigten für ein Jahr entsprochen hätte.[40])

Vergleichbares spielte sich bei der Ausgliederung der Post- und Telegraphenverwaltung ab, nur daß hier Privatisierung über die Börse als zweiter Schritt dazukam. Durch den Telekommunikationsbereich hatte die Post, trotz der Defizite bei den anderen Geschäftsbereichen, insgesamt immer höhere Milliardengewinne erwirtschaftet. Die Schulden, die sich bis 1996 angehäuft hatten, kamen zustande, weil die Differenz zwischen Einnahmen und Ausgaben unabhängig vom betriebswirtschaftlichen Gewinn an das Staatsbudget abzuliefern war und deshalb die Mittel für Investitionen durch die Aufnahme von Krediten aufgebracht werden mußten.[41]) Das Poststrukturgesetz von 1996 brachte zunächst die Ausgliederung. Die Post- und Telegraphenverwaltung wurde zur »Post und Telekom Austria AG«, kurz PTA, als hundertprozentige Tochter der »Post- und Telekombeteiligungsverwaltungsgesellschaft« PTGB, die im Besitz des Bundes ist und 1997 die Postsparkasse als weitere Tochter dazubekam. Die PTA wiederum gründete die »Mobilkom Austria«, die sich das Handy-Geschäft allerdings von Anfang an mit privaten Lizenznehmern teilen mußte, und später die »Datakom« für das Datenübermittlungsgeschäft.

Mit dem Telekom-Gesetz 1997 sollten gleiche Wettbewerbsbedingungen für alle Anbieter am Markt geschaffen werden, aber es brachte in Wirklichkeit eine Wettbewerbsverzerrung. Denn die PTA erhielt als Marktführer den gesetzlichen Auftrag, alle Dienste flächendeckend bereitzustellen und gemeinwirtschaftliche Leistungen zu erbringen, ohne dafür einen Zuschuß zu erhalten, während sich die Neuanbieter auf die profitablen Bereiche setzen konnten. Und auch hier wieder: Personalabbau als wesentlicher Bestandteil der Rationalisierungsstrategie, ohne parallel dazu die notwendigen Modernisierungsinvestitionen zu tätigen, um die verbliebenen Mitarbeiter zu entlasten.[42]) Erst nach massivem Drängen der Gewerkschaft sagte das Management Mitte 1998 Investitionen zu und genehmigte die Aufnahme von zusätzlichen Kräften zur Überbrückung.[43])

1998 erfolgten die Umwandlung des Telekom-Bereiches mit Mobilkom und Datakom in ein eigenes Tochterunternehmen und dessen Teilprivatisierung: Ein 25-Prozent-Anteil wurde von der Telecom Italia erworben. Ursprünglich war der Börsengang des Gesamtunternehmens für 1999 vorgesehen gewesen, der aber wegen der Probleme im Bereich der »Gelben Post«, des Brief- und Paketdienstes sowie des Busdienstes, keine Erfolgschance hatte. Das Management forcierte – in Mißachtung eines Beschlusses des PTA-Aufsichtsrates – auch die Trennung dieser beiden Bereiche in eigenständige Tochterunternehmen, ein Plan, gegen den Gewerkschaft und Personalvertretung konsequent Widerstand leisten.[44]) Hans-Georg Dörfler, der Vorsitzende der Gewerkschaft der Post- und Fernmeldebediensteten: »Wir sind nicht gegen Umstrukturierungen. Aber vorher muß mir jemand erklären, welche Vorteile eine Zerschlagung von Gelber Post und Bus haben soll.«[45]) Der Kampf der Gewerkschaft gegen die Filetierung war vorerst erfolgreich, obwohl das Management im Juni 1999 einen weiteren Vorstoß unternahm.[46]) Eine Gesetzesnovelle erlaubte mittlerweile zwar die getrennte Privatisierung, schrieb aber die Trennung nicht zwingend vor und verzichtete auf Terminvorgaben.[47]) Gelbe Post und Busdienst blieben zusammen und bildeten ab März 1999 die »Österreichische Post AG«. Allerdings wurde die Vollprivatisierung der Telekom durch den Börsengang für die ersten Jahre nach der Jahrtausendwende fixiert und die anschließende Fusionierung der bisherigen »Konzernmutter«, der Beteiligungsgesellschaft PTGB, mit der PTA geplant.[48])

An dieser Stelle sei angemerkt, daß die PTGB mit dem ÖIAG-Vorstand identisch ist und PTA-Finanzvorstand Johann Ditz, ehemaliger ÖVP-Wirtschaftsminister und Hardliner in der Privatisierungsfrage, noch 1999 in eben diesen ÖIAG-Vorstand wechselt.[49]) Dies schließt die Vermutung nicht ganz aus, daß die vom ÖGB geforderte Linie auf wenig Gegenliebe stoßen wird. Denn auch der gleichzeitig mit Ditz neubestellte SPÖ-nahe ÖIAG-Generaldirektor Rudolf Streicher gilt nicht gerade als Privatisierungsskeptiker.[50]) Streicher war als Minister für Öffentliche Wirtschaft und Verkehr von 1986 bis 1992 der politisch Verantwortliche für das

Umsetzen der ersten beiden Privatisierungsphasen der Verstaatlichten Industrie und später »Sanierungsmanager« bei Steyr-Daimler-Puch.

Die Steyr-Daimler-Puch-AG befand sich wie Semperit im Mehrheitsbesitz der CA und nach der erfolgreichen Sanierung wieder in der Gewinnzone, als ihr Verkauf an den Magna-Konzern des Austro-Kanadiers Frank Stronach im März 1998 über die Bühne ging.[51]) Der Kaufpreis lag um fast eine halbe Milliarde Schilling höher als das erste Offert bei den Vorvereinbarungen im Jänner des Jahres – nur unter dem Wettbewerbsdruck eines besseren Anbotes, meinten die Kommentatoren, weil die endgültige Bilanz für 1997 über dem provisorischen Abschluß ausgefallen war, sagte die CA.[52]) Die Verhandlungen waren in engstem Kreis geführt worden, ohne Einbeziehung des Vorstandes und der Arbeitnehmervertreter. Die Belegschaft hatte zum positiven Geschäftsergebnis durch den Verzicht auf Überstundenzuschläge und die Zustimmung zu einem neuen Arbeitszeitmodell wesentlich beigetragen. »Als es darum ging, aus den wirtschaftlichen Problemen herauszukommen«, kritisierte der Betriebsratvorsitzende der Steyr-Antriebstechnik, Leopold Tatzreiter, »ist die Belegschaftsvertretung für Gespräche gut genug gewesen. Jetzt, wo man das Ganze über den Tisch gibt, redet man überhaupt nicht mit uns. ... So etwas gibt es nicht oft.«[53]) Was bei der Teilprivatisierung des Kernbereiches der Verstaatlichten Industrie hatte verhindert werden können, wurde hier – entgegen allen österreichischen Gepflogenheiten – Realität: Der Eigentümerwechsel fand ohne vorbereitende Kontaktnahme mit Betriebsrat und Gewerkschaften statt. Erhard Koppler, der oberösterreichische Landesvorsitzende der Gewerkschaft Metall-Bergbau-Energie und als VOEST-Betriebsrat selbst von Anfang an mit Privatisierungsproblemen konfrontiert, protestierte im Jänner 1998 gegen diese Vorgangsweise: »Ich sehe schon ein, daß man bei einem solchen Deal Vorsicht an den Tag legen muß, aber wir leben in Österreich und nicht in Kanada, der Eigentümer hätte mit der Belegschaft zumindest reden müssen.«[54]) Daß selbst der Vorstand, trotz guter persönlicher Kontakte von Generaldirektor Streicher zur CA-Spitze und Stronach, aus den Verhandlungen ausgeschaltet gewesen war und Streicher letztlich auch nicht Aufsichtsratspräsident von Magna-Europa wurde, hatte nach seiner Aussage ebenfalls mit unterschiedlichen Vorstellungen über Unternehmenskultur und Unternehmenspolitik zu tun: Er wollte, daß Steyr innerhalb von Magna als selbständige Einheit erhalten bleibt, was Stronachs Plänen zuwiderlief.[55])

Der neue Eigentümer gab sich zwar als sozial eingestellter Patriarch (und erwähnte in diesem Zusammenhang gerne seine Herkunft als Sohn eines kommunistischen Arbeiters), ließ aber von allem Anfang an keinen Zweifel daran, daß er Betriebsrat und Gewerkschaft für höchst überflüssig hielt. Stronachs Politik, in seinen Firmen keine Betriebsräte zuzulassen, war bekannt. Wo er sie dulden mußte, versuchte er, sie und die Gewerkschaft kaltzustellen. So warf er zum Beispiel den Arbeitnehmervertretern vor, sie würden unverantwortlich handeln, weil sie sich öffentlich gegen geplante Kündigungen bei der Steyr-Antriebstechnik zur Wehr setzten und sich nicht durch die Geschäftsführung hinter verschlossenen Türen erpressen ließen.[56]) Für die Arbeitnehmerinnen und Arbeitnehmer neuer oder umstrukturierter Magna-Betriebe ist es gefährlich, den Wunsch nach einem Betriebsrat zu äußern. Im Sommer 1999 wurde aus diesem Grund eine Mitarbeiterin in der Steiermark gekündigt, der ÖGB schaltete das Arbeitsgericht ein. Als die Steyr-Fahrzeugtechnik kurz darauf einen Milliardenauftrag von VW erhielt, der Entwicklung und Produktion umfaßte, und die Entscheidung für den Produktionsstandort anstand, schien es, »als ob Magna der Gewerkschaft die Rute ins Fenster stellen will: entweder sie verhält sich ruhig oder der Standort Steiermark kommt nicht in Frage«. Bei der steiermärkischen Landespolitik fand die Gewerkschaft wenig Unterstützung. Das Ganze kam auch diesmal einem Erpressungsversuch ziemlich nahe. Aber es werde nicht gelingen, »die Gewerkschaften mundtot zu machen«, erklärte der ÖGB-Landesvorsitzende Walter Pöschl deutlich.[57]) Von der zehnprozentigen Gewinnbeteiligung, die der Konzernherr der Belegschaft zu Beginn versprochen hatte, sahen die Mitarbeiter in einigen Teilbetrieben übrigens bis 1999 trotz der unbestreitbaren Unternehmenserfolge nichts.[58])

Die ÖIAG – vom Mantel der Verstaatlichten Industrie zur staatlichen Beteiligungs- und Privatisierungsholding

Im Zusammenhang mit der Privatisierung der Verstaatlichten Industrie und des Bankenbereiches war es von Beginn an Ziel des ÖGB, die wirtschafts- und beschäftigungspolitische Gestaltungsmöglichkeit durch das »Erhalten nationaler Großindustrie und Großbanken mit heimischem Kommandostand« zu sichern.[59]) Es ging ihm darum, daß »die Betriebe der verstaatlichten Industrie

Österreichs Gewerkschaftsbewegung
Stationen im Kampf gegen die Privatisierungseuphorie

1939 Steyr-Daimler-Puch-Generaldirektor Meindl (Dritter von links) bei der Nazi-Führung in Berlin. Österreichs Schwerindustrie war für die Kriegsproduktion von entscheidender Bedeutung, in Linz wurde ein neues Werk errichtet, die spätere VÖEST.

1945 Eine Betriebsrätekonferenz des ÖGB fordert die Verstaatlichung der Schlüsselindustrie.

Mit der Privatisierung von Infrastrukturunternehmen gibt der Staat ab Mitte der 80er Jahre immer mehr Steuerungskompetenz ab.

1946 Verstaatlichung der Schlüsselindustrien mit dem ersten Verstaatlichtengesetz

1986 leitet die SPÖ/ÖVP-Koalition die Privatisierung der Verstaatlichten Industrie ein.

1986 Rund 40.000 Arbeitnehmer demonstrieren in Linz für die Verstaatlichte Industrie.

1996 Protest gegen die Verlagerung der privatisierten Pkw-Reifenproduktion von Semperit Traiskirchen nach Tschechien

1994 Der Regierung werden 750.000 Unterschriften gegen die Zerschlagung der Post übergeben (von links nach rechts: Hans-Georg Dörfler, Vorsitzender der Gewerkschaft der Post- und Fernmeldebediensteten, Bundeskanzler Franz Vranitzky, Vizekanzler Erhard Busek).

1999 Die Gewerkschaftsbewegung verlangt, die Staatsanteile der privatisierten Unternehmen aktiv als »strategisches Eigentum« zu nutzen.

und einzelne Konzernbetriebe der verstaatlichten Banken wieder international konkurrenzfähige Strukturen erhalten«. In dieser Hinsicht waren die Sanierungsmaßnahmen ein voller Erfolg, wie die Ende der neunziger Jahre veröffentlichten Bilanzen und Geschäftsberichte der ehemals verstaatlichten Unternehmungen und das hohe Wachstum der Industrieproduktivität belegen, eine Entwicklung, die fast durchwegs als Erfolg der Privatisierung dargestellt wird. Man vergißt dabei gerne, daß Reorganisation und Umstrukturierung mit großen Opfern der einzelnen Arbeitnehmer erkauft wurden und daß die Sanierung zu einem erheblichen Teil aus Steuermitteln erfolgte. Dabei sind die Folgekosten für die öffentlichen Haushalte durch die Mitfinanzierung von Arbeitsstiftungen und Sozialplänen noch gar nicht berücksichtigt. Und es darf auch nicht vergessen werden, daß die für die Konkurrenzfähigkeit unbedingt notwendige Steigerung der Industrieproduktivität einen Pferdefuß hat: von 1987 bis 1997 gingen dadurch fast 100.000 Industriearbeitsplätze verloren.[60]) So verringerte sich zum Beispiel der Personalstand des ehemaligen VOEST-Alpine-Werkes Linz, in dem 1986 über 23.000 Arbeitnehmer beschäftigt gewesen waren, bis 1988 um 23 Prozent. Von den zusammen 17.787 Arbeitsplätzen, die 1989 in den nach der Aufteilung der VOEST-Alpine AG geschaffenen Unternehmen VA Stahl, VA Industrieanlagenbau und VA Maschinenbau bestanden, blieben Ende 1994 noch 12.194 übrig, wobei das größte prozentuelle Minus im mittlerweile in MCE, Stahlbauabteilung und VA Steinel aufgegliederten Maschinenbaubereich zu verzeichnen war. Unter Berücksichtigung aller Nachfolgefirmen der VOEST-Alpine AG am Standort Linz ging die Beschäftigung von 18.036 Arbeitnehmern im Jahr 1989 auf 13.439 Arbeitnehmer Ende 1994 zurück.[61]) Die Privatisierungserlöse, die allein aus Verkäufen im ÖIAG- und Post/Telekom-Bereich zwischen 1993 und 1999 rund 74 Milliarden Schilling ausmachten, und der Aufbau neuer zukunftsträchtiger Produktionen wurden also mit hohem Einsatz erkauft.

Betriebsratskörperschaften und Gewerkschaft sorgten zwar – gegen zum Teil massiven Widerstand des jeweiligen Managements und begleitet von heftiger Kritik der Verfechter neoliberaler Strategien – für die Errichtung und Finanzierung sozialer Auffangnetze, trugen aber Sanierungskurs und Personalabbau mit, »damit sich nicht eines Tages die Tore für immer schließen«.[62]) Das war »für die Gewerkschaftsbewegung alles andere als leicht«, sie entschied sich aber 1987 dafür – nicht nur im Interesse der Standortsicherung und neuer Voraussetzungen für eine erfolgreiche Beschäftigungspolitik, sondern auch angesichts »der wahrscheinlich einzigen und letzten Chance, ... eine starke Verstaatlichte Industrie zu erhalten«, um damit den Beschäftigten und ihrer Interessenvertretung »möglichst alle Mitbestimmungsrechte, über die sie jetzt verfügen, auch in der neuen Struktur zu sichern« und einen »strategisch wichtigen Teil der österreichischen Gewerkschaftsbewegung« nicht zu verlieren.[63]) Und auch die Zurücknahme der vorbildlichen betrieblichen Sozialleistungen im Bereich der »Verstaatlichten« wurde nicht als endgültig angesehen: Der Sanierungskurs sei notwendig, so Rudolf Nürnberger 1988, »um die Verstaatlichte Industrie wieder in jene positive Vorbildfunktion zu bringen, die ihr aufgrund ihrer Bedeutung zukommt«.[64])

Was diese Anliegen betrifft, wurde die Gewerkschaftsbewegung von der Entwicklung überrollt. Die österreichische Wirtschaft und insbesondere die exportorientierte Industrie geriet ab Beginn der neunziger Jahre einerseits kostenseitig durch die neuen Konkurrenten aus den Reformländern Osteuropas unter Druck, andererseits wettbewerbsseitig durch den technologischen Wettlauf mit den hochindustrialisierten Ländern im europäischen Binnenmarkt. Dazu kamen die Krise des Grundstoffsektors, die weltweite Wirtschaftsrezession, die 1993 ihren Höhepunkt erreichte,[65]) und das Ziel, das hohe Budgetdefizit möglichst rasch abzubauen. Unter diesen Voraussetzungen wurden die Privatisierungskonzepte, zum Teil ohne Rücksichtnahme auf die mittel- und längerfristigen Auswirkungen, in viel größerem Ausmaß durchgezogen, als dies 1987 geplant worden war. Für die Arbeit von Betriebsräten und Gewerkschaften in der österreichischen Großindustrie begann damit eine neue und schwierigere Phase, obwohl sich die Gewerkschaftsbewegung nicht in dem Maß ausschalten ließ, wie es der Wunschvorstellung ihrer neoliberalen Gegner entsprochen hätte. In öffentlichen Aussagen betonen manche Manager aus der ehemaligen »Verstaatlichten« gerne, daß ihnen vor allem die ausländischen Investment- und Pensionsfonds, die im Streubesitz zusammen erhebliche Aktienanteile erwarben, willkommene Partner seien, »um die Macht der Parteien, Betriebsräte und Gewerkschaften in den Unternehmen auf ein erträgliches Maß zu reduzieren«.[66]) Die Realität sieht anders aus. »In Wirklichkeit«, stellte Gustav Zöhrer, Sekretär der Gewerkschaft MBE und Aufsichtsratsmitglied bei Böhler-Uddeholm klar, »können Manager wichtige Entscheidungen nur erfolgreich umzusetzen, wenn die Arbeitnehmervertreter mitziehen. Das galt in der Umstrukturierungsphase genauso wie es jetzt noch gilt. Was sich für die Unternehmen mit ÖIAG-Kernbeteiligung tatsächlich verändert hat, ist, daß der Staat nicht mehr in die Geschäftspolitik eingreift.«[67]) Darüber hinaus konnten die Mitbestimmungsrechte der Betriebsräte auch bei veränderten Unternehmensstrukturen durch die Errichtung von Konzernbetriebsräten gesetzlich abgesichert werden, und der Kollektivvertrag für die Metallindustrie hat noch immer Leitfunktion.

Als erste größere Privatisierungsaktion brachte man von 1987 bis 1989 25 Prozent des Aktienkapitales der OMV an die Börse. Ziel war neben der Kapitalzufuhr durch Aktienverkauf die Konzentration auf den Kernbereich und die Stärkung auf internationalen Märkten. Deshalb veräußerte die ÖIAG von 1986 bis 1989 40 Unternehmen und außerdem nicht betriebsnotwendige Grundstücke und Gebäude und erlöste damit etwa 15 Milliarden Schilling, die die Akquisition und Neugründung von Produktionsstätten und Vertriebsgesellschaften vor allem im Ausland ermöglichten. 1989 erreichte der Konzern das bisher beste operative Ergebnis seiner Geschichte und konnte dem Eigentümer Staat erstmals seit 1981 wieder eine Dividende von 100 Millionen Schilling zahlen.[68])

Die Kapitalausstattung des noch verbliebenen Kernbereiches der ÖIAG ließ allerdings noch immer viel zu wünschen übrig, und die Einnahmen waren unter den Erwartungen gelegen. Denn die Entscheidung über den Finanzierungsrahmen für die »Verstaatlichte« war bei Abschluß des Koalitionsübereinkommens wenig mit Sachlichkeit verknüpft gewesen, und das Festschreiben von Firmennamen und Datum des Verkaufs oder des Ganges an die Börse hatte die Erlöschancen beachtlich gedämpft.[69])

Um weitere Mittel zu beschaffen, entschied man sich, in der Folge auf die Abgabe von Anteilen an die – in Branchenholdings organisierten – großen Konzernunternehmungen der ÖIAG zu verzichten und statt dessen die Konzernholding selbst zu privatisieren. Dazu erfolgte 1990 die Gründung der »Austrian Industries« (AI), die die wesentlichen kapitalmarktfähigen Teile des Konzernes umfaßte und mittelfristig zu mehr als 50 Prozent privatisiert werden sollte. Die schlechten Ergebnisse der Jahre 1992 und 1993, verursacht durch die Stahl- und Aluminiumkrise, aber auch durch problematische Managemententscheidungen, verhinderten die Realisierung. Diese Entwicklung und die damit verbundene weitere Belastung des Bundesbudgets war 1993 der letzte Anstoß für den Beschluß, die noch verbliebenen Beteiligungen an wichtigen österreichischen Industrien mit Ausnahme des Bergbaubereiches zumindest mehrheitlich, zum Teil auch ganz abzugeben. Die Austrian

Industries wurden wieder mit der ÖIAG verschmolzen. Die ÖIAG erhielt den Auftrag, ein Privatisierungskonzept auszuarbeiten und umzusetzen, und zwar unter Berücksichtigung der seit 1991 geltenden gesetzlichen Auflage, dabei, so weit wirtschaftlich vertretbar, auf das Erhalten der österreichischen Industriebetriebe und der industriellen Wertschöpfung zu achten.

1996, als die Privatisierung der Verstaatlichten Industrie weitgehend abgeschlossen war, übertrug man der ÖIAG auch die Umstrukturierung und Privatisierung der staatlichen Monopolbetriebe und anderer Unternehmungen im Staatsbesitz. Bereits erwähnt wurde, daß der ÖIAG-Vorstand die zusätzliche Aufgabe erhielt, als Beteiligungsgesellschaft für den Post- und Telekombereich zu fungieren. Vor allem aber wurden in den folgenden Jahren die Anteilsrechte des Bundes an der Austria Tabak AG, der Österreichischen Salinen AG, der AUA, der Flughafen Wien AG, der Staatsdruckerei und dem Dorotheum in das Eigentum der ÖIAG übergeführt. Für Staatsdruckerei und Dorotheum blieb sie Alleineigentümer, bei den Salinen erfolgte die Privatisierung vollständig, und in den anderen Fällen wurden Beteiligungen in unterschiedlichem Ausmaß gehalten. Was die ehemalige »Verstaatlichte« betrifft, war ein Teil der Unternehmen zu 100 Prozent privatisiert worden, zum Teil behielt die ÖIAG Anteile. In den wesentlichen Industrien des früheren ÖIAG-Konzernes, wie OMV, VA Stahl, VA Tech und Böhler-Uddeholm, hatte sie die Aktienmehrheit zwar abgegeben, blieb jedoch Haupteigentümer und damit als Kernaktionär der jeweils wichtigste einzelne Einflußfaktor auf Hauptversammlungs- und Aufsichtsratsebene.

Neue Instrumente für eine neue Rolle des Staates

Der ÖGB ging auch, als sich die grundlegende Veränderung der Eigentumsverhältnisse abzeichnete, nicht von dem wirtschaftspolitischen Ansatz ab, der Staat müsse »seine Eigentümerrechte verstärkt aktiv wahrnehmen und dazu nutzen, um langfristige strategische und industriepolitische Ziele vorzugeben«.[70]) Da die ursprüngliche Forderung, »die Aktienmehrheit der Tochtergesellschaften der ÖIAG« müsse »im Besitz der Republik Österreich verbleiben«, nicht aufrecht zu erhalten gewesen war, setzte man in der Folge auf »pragmatische Lösungen ..., die der Zukunft der Konzerne und den nationalen Interessen dienen und die Leistungsfähigkeit des österreichischen Kapitalmarktes berücksichtigen«. Das Ziel war dabei nach wie vor das Erhalten und der Aufbau »natio-

ÖIAG, PTGB und ihre Beteiligungen Stand Juni 1999

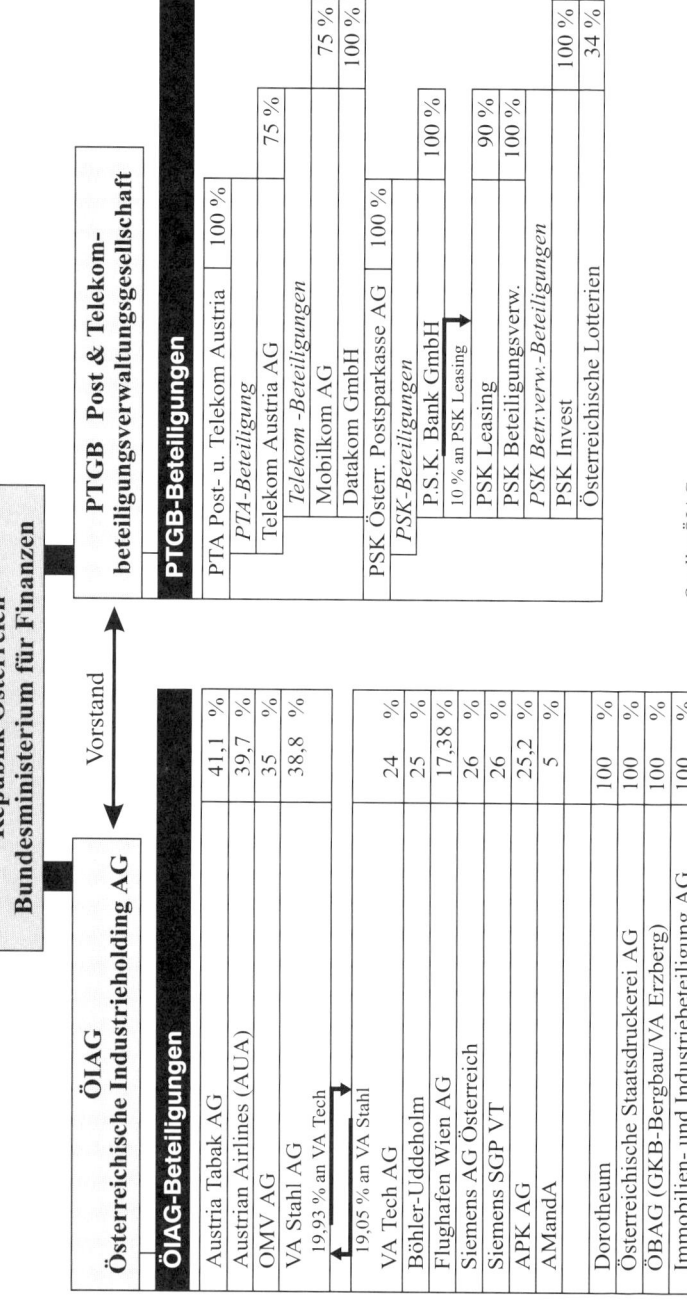

Quelle: ÖIAG

naler Konzerne«, die als österreichischer Stammsitz »einen größtmöglichen Anteil hochqualifizierter Funktionen im Lande sichern«. Daß das Fehlen großer Kapitalien in Österreich die Gefahr mit sich brachte, wesentliche Standortvorteile und Steuerungsmöglichkeiten an ausländische Eigentümer zu verlieren, bestätigte sich im Zuge der Privatisierungsschritte. Deshalb verlangte die Gewerkschaftsbewegung ab Mitte der neunziger Jahre Strategien, »die gewährleisten, daß der österreichische Wertschöpfungsanteil aus den Anbieter- und Nachfragebeziehungen des Bundes, der Länder, der Gemeinden und Institutionen ... möglichst hoch ist«.[71])

Die Entwicklung der industriepolitischen Linie, die sich in den hier zusammengefaßten Beschlüssen der Gewerkschaftstage der Gewerkschaft Metall-Bergbau-Energie von 1988 bis 1996 ebenso widerspiegelt wie in den Leitanträgen der ÖGB Bundeskongresse von 1987 bis 1995, schloß auch eine klare Position zur zukünftigen Rolle der ÖIAG ein. Deshalb war für den ÖGB das 1999 von der Wirtschaftskammer in Spiel gebrachte Konzept untragbar, die ÖIAG auf die Funktion einer »Privatisierungsagentur« zu beschränken und »die Rolle des Kerneigentümers den Pensionsfonds zu übertragen«.[72]) Die Gewerkschaftsbewegung will vielmehr, diesmal in Übereinstimmung mit der SPÖ, die Weiterentwicklung der ÖIAG zu einer starken Beteiligungsholding.[73]) Denn die seit 1993 unveränderten gesetzlichen Privatisierungsauflagen boten keinen ausreichenden Schutz gegen eine sukzessive Aufgabe oder einen Ausverkauf nationaler industrieller Kompetenzen und Wissenszentren. Um das zu verhindern und die dafür notwendige österreichdominierte Eigentümerstruktur gerade bei börsennotierten Unternehmen und Konzernen zu festigen, soll die ÖIAG »als derzeit einziger starker österreichischer Eigentümer, der für diese Unternehmen die Rolle des Kernaktionärs übernehmen kann«, die entsprechenden Rahmenbedingungen erhalten. Dazu wird erstens verlangt, die Funktion der ÖIAG insgesamt einschließlich der Kernaktionärsfunktion verfassungsrechtlich abzusichern, und zweitens nicht nur ein Halten, sondern, wo möglich, ein Erhöhen der 1999 vorhandenen Beteiligungen samt dem Bereitstellen der dafür unabdingbaren finanziellen Basis. Die ÖIAG muß, so der ÖGB und mit ihm im Einklang die Arbeiterkammer, in Zukunft in der Lage sein, bei Kapitalerhöhungen mitzugehen und Aktien zurückzukaufen, nicht zuletzt um sogenannte »feindliche Übernahmen« abzuwehren, das heißt Versuche, sich bei extrem fallenden Aktienkursen ein Unternehmen unter seinem Substanzwert einzuverleiben. Zur Stärkung der Eigenkapitalbasis sollten das »nachrangige Kapital« von 6 Milliarden Schilling, das die ÖIAG als Darlehen der Republik erhielt, in Eigenkapital umgewandelt und die Dividenden nicht mehr abgezogen werden.[74])

Die Notwendigkeit, »strategisches österreichisches Eigentum als wirtschaftspolitische Aufgabe wahrzunehmen und zu bewahren«, wurde 1997 durch das Vorlegen eines Memorandums von der Gewerkschaftsbewegung wieder zum »politischen Thema« gemacht[75]) – für den Bereich der wichtigen Industrien ebenso wie für die anderen Schlüsselsektoren von der Energiewirtschaft, der Telekommunikation, der Bahn und dem Flugverkehr bis zu den Banken. Im Bankensektor wurde nach einem schweren Koalitionskonflikt mit dem Verkauf der Staatsanteile an der Creditanstalt an die Bank Austria und dem gleichzeitig eingeleiteten Rückzug der Anteilsverwaltung der früheren Wiener Zentralsparkasse auf einen unter 20-Prozent-Anteil an der Bank-Austria der entscheidende Privatisierungsschritt gesetzt.[76])

Die Arbeitnehmerinteressenvertretungen konnten bei ihrer Argumentation auf eine Studie des Wirtschaftsforschungsinstitutes verweisen, die belegt, »daß die Eigentumsfrage nicht ganz unbedeutend ist«: Unternehmen eines strategisch bedeutenden Sektors sind nahezu in allen Industrieländern mehrheitlich im Kernbesitz weniger Großaktionäre und mehrheitlich in inländischem Besitz. Außerdem sind die Muttergesellschaft und damit die Konzernspitze multinationaler Konzerne meist im Land der dominierenden Eigentümer angesiedelt, und sie behalten dort üblicherweise auch ihre wertschöpfungsintensiven Unternehmensbereiche wie Topmanagement, Planung, Forschung und Entwicklung und qualitativ hochwertige Fertigung. Das bedeutet, daß – wie im Fall Semperit – bei der Übernahme eines bisher im inländischen Besitz stehenden selbständigen Unternehmens durch ausländische Eigentümer das Risiko des Verlustes an »strategischer« Wertschöpfung an die Muttergesellschaft besteht. Der Wirtschaftsstandort verliert insgesamt an Qualität und Attraktivität, das betreffende Land und seine Arbeitnehmer werden zu »Globalisierungsverlierern«.[77])

Damit Österreich dieses Schicksal erspart bleibt, sieht die Gewerkschaftsbewegung die Zukunft in einer neuen Verantwortung des Staates, die nichts mit einer »Re-Verstaatlichung« zu tun hat. Nach dem Beispiel Deutschlands, das gewiß nicht als wirtschaftspolitisch rückschrittlich eingestuft werden kann, sollten Bundesländer und Großgemeinden unter Miteinbeziehung von Banken, der privaten Industrie und institutioneller Investoren strategische Unternehmenskerne schaffen, die durch sinnvolle wechselseitige

Eigentumsverflechtungen zusätzlich gestärkt werden. Einmal-Einnahmen für das Bundesbudget dürfen bei der Privatisierung von öffentlichem Eigentum nicht das einzig bestimmende Entscheidungskriterium sein,[78]) weil der Verzicht auf strategische Investitionen mittel- und langfristig in vieler Hinsicht teurer ist als der Verzicht auf eine einmalige Einnahme – von der Finanzierung der Arbeitslosigkeit bis zu den Folgekosten, die die Verödung ganzer Regionen durch Unternehmensabsiedelung nach sich ziehen.[79]) Hinsichtlich der gemeinwirtschaftlichen Unternehmen kommt hinzu, daß »Regeln zu setzen« sind, »die es diesen Betrieben erlauben, das große Ausmaß der vom freien Markt nicht erfüllbaren Bedürfnisse der europäischen Bevölkerung abdecken zu können«. Hier geht es, so ÖGB-Präsident Verzetnitsch, nicht nur um den »makroökonomischen Rahmen« für die Gemeinwirtschaft, sondern »um den Gesamtrahmen der Beschäftigungspolitik«.[80])

Gewerkschaftsarbeit unter veränderten Rahmenbedingungen

Gefragt: eine neue Qualität von Innovations- und Bildungspolitik

Anfang 1998 gab die VA Tech bekannt: »Dank intensiver Forschung und Entwicklung, für die allein 1,2 Milliarden Schilling aufgewendet wurden«, habe sie »nun die internationale Marktführerschaft in der Metallurgie erreicht. 22 Prozent des Auftragseinganges, der zuletzt wieder um 5 auf 85 Milliarden Schilling gestiegen ist, stammen aus Innovationen der letzten Jahre.«[1] Seit 1987, als der – durch Zinserträge angelegter Privatisierungserlöse aus der Energiewirtschaft gespeiste – Innovations- und Technologiefonds gegründet worden war, waren Österreichs Aufwendungen für Forschung und Entwicklung kräftig angestiegen. Die technologischen Innovationen und Veränderungen in der Betriebsorganisation hatten entscheidenden Anteil an der sprunghaften Zunahme der Industrieproduktivität.

Trotzdem blieben die Zahl der wie die VA Tech regelmäßig forschenden Unternehmen mit weniger als 800 und der Anteil der außeruniversitären F&E-Aktivitäten noch immer gering. Die Forschungs- und Entwicklungsquote lag auch 1998 noch unter dem EU-Durchschnitt und die Hochtechnologieexporte machten weniger als die Hälfte des Anteiles am Gesamtexport aus, der dem OECD-Durchschnitt entsprochen hätte.[2]) Alle ÖGB-Bundeskongresse seit 1987, die Hauptversammlungen des Österreichischen Arbeiterkammertages, später der Bundesarbeitskammer, und die für die Beschäftigten im F&E-Bereich zuständige Gewerkschaft der Privatangestellten forderten technologiepolitische Maßnahmen und eine effiziente Förderung und Organisation von Forschung und Entwicklung ein, um den Rückstand rascher aufzuholen.[3]) Denn angesichts der neuen industriellen Revolution kommt es im Hinblick auf Wettbewerbsfähigkeit, Beschäftigungschancen und Sicherung des Lohnniveaus »immer mehr auf die gesellschaftliche Organisation der technologischen Entwicklungen und Weiterentwicklungen an beziehungsweise auf die Fähigkeit, die dabei einmal gewonnene Dynamik beizubehalten oder noch zu steigern«.[4])

Mitte der neunziger Jahre stand längst fest, daß die Biotechnologie neben der Mikroelektronik zu den künftigen »Schlüsseltechnologien« zählt. Und es war abzusehen, daß auch die dritte dieser »Schlüsseltechnologien«, die Entwicklung neuer synthetischer Werkstoffe, in Verbindung mit den Möglichkeiten der Mikroelektronik ungeahnte Märkte eröffnen würde.[5]) Unter diesen Voraussetzungen war die Schlußfolgerung einer Studie der Akademie der Wissenschaften, daß Österreich 1998 »den Sprung vom Technologie-Importeur zum Technologie-Entwickler im allgemeinen noch nicht geschafft« habe, als ein sehr ernst zu nehmendes Signal zu werten, zumal im Hinblick auf den Hinweis der Experten, der Sprung zum Technologie-Entwickler sei »die einzige sinnvolle Wettbewerbsstrategie für ein Hochlohnland wie Österreich«. Als den entscheidenden Bremsklotz für die staatlichen Bemühungen um ein langfristiges nationales Innovationssystem wurde die Konzentration der Firmen auf kurzfristige Maximierung der Aktionärsgewinne geortet.[6]) Es entspricht also durchaus auch wirtschaftlicher Vernunft, wenn der ÖGB eine Niedriglohnstrategie als »einen völlig defensiven Ansatz« ablehnt und sich für Investitionen bei der Infrastruktur, beim Umweltschutz, in der Biotechnologie, aber auch bei den sozialen Diensten einsetzt, um nicht die Wachstums-, Beschäftigungs- und Einkommenspotentiale der Zukunft zu verschenken.[7])

Allerdings sieht die Gewerkschaftsbewegung bei voller Anerkennung der Notwendigkeit, die technologische Entwicklung voranzutreiben, so deutlich wie kaum jemand anderer die Probleme, die sich aus der Anwendung der neuen Technologien und der dadurch ausgelösten Veränderung für die Arbeitnehmer und die Vertretung ihrer Interessen ergeben. ÖGB und AK setzten von zwei Seiten an, um hier entgegenzusteuern. Einerseits geht es darum, die Arbeitnehmer und ihre Vertreter dort einzubinden, wo sie durch die Einführung neuer Technologien direkt betroffen sind – im Betrieb. Das Arbeitnehmer-Mitwirkungsmodell, das der Innovations- und Technologiefonds auf Initiative von ÖGB und AK als sozialpartnerschaftliches Programm entwickelte, brachte 1998, zumindest für öffentlich geförderte Technologieprojekte, einen ersten Schritt in diese Richtung.[8]) Andererseits drängen die Arbeitnehmerinteressenvertretungen darauf, die gesellschaftspolitische Dimension von Technologiepolitik zu berücksichtigen, die Forschung über ihre Auswirkung auf Gesellschaft, Arbeit und Umwelt gezielt zu fördern und in der Hochschulausbildung die Kompetenz für Technologiefolgenabschätzung zu vermitteln.[9]) Mit dem Grünbuch »Leben und Arbeiten in der Informationsgesellschaft« legte die EU-Kommission 1996 ein Positionspapier vor, das in diesem Sinn zum Nachdenken über Zusammenhänge und Startegien zur »Versöhnung von sozioökonomischem Fortschritt und technologischen Entwicklungen« aufforderte und vom Europäischen Gewerkschaftsbund zum Anlaß genommen wurde, sich in einer Schwerpunktaktion mit den Herausforderungen auseinanderzusetzen, die die neuen Informations- und Kommunikationstechnologien für die gewerkschaftliche Interessenpolitik bedeuten.[10])

Das EU-Grünbuch geht davon aus, daß im Durchschnitt alljährlich an die 10 Prozent aller Arbeitsplätze verschwinden und durch andere Arbeitsplätze in neuen Produktions- oder Dienstleistungsbereichen oder in neuen Unternehmungen ersetzt werden – in der Regel mit anderen, höheren und breiteren Qualifikationsanforderungen. Der Bildungspolitik kommt daher eine Schlüsselrolle zu.[11]) Demgemäß rückte in der zweiten Hälfte der neunziger Jahre die Bedeutung des Qualifikationsstandards der österreichischen Arbeitnehmerinnen und Arbeitnehmer für die wirtschaftliche und gesellschaftliche Entwicklung wie kaum zuvor als Thema der Politikgestaltung in das öffentliche Bewußtsein –, nicht zuletzt im Zusammenhang mit der Diskussion um Beschäftigungssicherung und Budgetkonsolidierung.[12]) Im Zuge dieser Diskussion zeigte es sich, daß auch in Österreich neoliberale Konzepte salonfähig geworden waren, daß die Akzeptanz der staatlichen Verantwortung für das Bildungswesen mit dem Ziel, den Qualifikationsstandard aller Bevölkerungs- und Berufsgruppen über wirtschaftliche Verwertbarkeit hinaus zu sichern und zu verbessern, keineswegs mehr als selbstverständlich vorausgesetzt werden konnte.

Der 13. ÖGB-Bundeskongreß bezog, anknüpfend an die Beschlüsse der verangegangenen Bundeskongresse, eindeutig Position gegen solche neoliberalen Tendenzen. Er betonte: »Bildung muß .... jedem unbeschränkt zugänglich sein« und »muß auch Beiträge zur Sicherung und zum Ausbau von Demokratie und Frieden leisten«. Sie »ist ein gesamtgesellschaftliches Anliegen, und die Finanzierung muß – auch unter dem Aspekt, strukturelle und soziale Benachteiligungen zu verhindern – als Investition in künftige Generationen fixiert werden«.[13]) Der Begriff »Investition« wurde hier im übertragenen Sinn gebraucht, denn es geht ja gerade darum, Bildung nicht ausschließlich aus dem Blickwinkel einer Investitionsentscheidung zu beurteilen, nach deren Logik sie sich nur bei beruflicher Verwertbarkeit und einem dadurch erzielten entsprechenden Einkommen lohnt; das Risiko, daß die Investition sich nicht rechnet, muß nach der »Humankapitaltheorie« eben in Kauf genommen werden. Außerdem wird beim Investitionsansatz – entgegen der Realität – eine unmittelbare Koppelung zwischen Bildungs- und Beschäftigungssystem vorausgesetzt. Bildung schafft aber nicht quasi automatisch Arbeit, wenngleich es mehr denn je zutrifft, daß das Risiko der Arbeitslosigkeit geringer wird, je besser die Qualifikation ist, so sind dafür eine Reihe von Faktoren verantwortlich, die vielschichtig miteinander zusammenhängen.[14]) Abgesehen davon läßt sich die Effizienz eines Bildungssystems, selbst auf den Aspekt der wirtschaftlichen Verwertbarkeit eingeengt, nicht nach den Kriterien eines kurzfristigen und direkten Markterfolges messen. Nach diesen Kriterien zählt das Bildungswesen zum innovationsarmen Dienstleistungsbereich mit geringen Produktivitätsfortschritten. Unberücksichtigt bleibt, daß seine Leistungen ein »Humankapital« erzeugen, dessen Einsatz die Arbeitsproduktivität in der gesamten Wirtschaft erhöht, weshalb sie als indirekter Beitrag zur volkswirtschaftlichen Wohlfahrt von Bedeutung sind.[15])

Mit seinen Aussagen betonte der 13. Bundeskongreß den Standpunkt der Gewerkschaftsbewegung auch im Hinblick auf die Auseinandersetzungen um die Budgetkonsolidierungsmaßnahmen im Bildungswesen ab 1995. ÖGB und AK widersetzten sich einer undifferenzierten Kürzung der Mittel und neuen Zugangsbeschränkungen, sie traten vielmehr für Reformen ein, die gleichzeitig zu einem effizienteren Einsatz der Ressourcen und zur Unterstützung der Chancengleichheit beim Zugang zu qualifizierter Bildung und ihrer Inanspruchnahme beitragen können.[16]) An den zwei bedeutendsten Innovationen, die im österreichischen Bildungssystem stattfanden, hatte die Gewerkschaftsbewegung wesentlichen Anteil. Es waren dies die Errichtung von Fachhochschul-Studiengängen und die Einführung der Berufsreifeprüfung. Das ursprüngliche Konzept für die Fachhochschul-Studien hatte aus Sicht von Arbeiterkammer und ÖGB mehrere gravierende Mängel. Zunächst war eher an ein paar an der beruflichen Praxis orientierte Lehrgänge im sogenannten »tertiären Sektor« gedacht, nicht an eine gleichwertige Hochschulausbildung. Ferner sollten Steuerung und Kontrolle fast ganz aus der staatlichen Verantwortung ausgelagert werden und ein Mitspracherecht der Interessenvertretungen war nicht vorgesehen. Vor allem aber war der Zugang über die Lehr- und Fachschulausbildung sehr restriktiv geplant. Doch die Arbeitnehmerinteressenvertretungen konnten den größten Teil ihrer wesentlichen Forderungen durchsetzen. Es wurde durch das Gesetz der Auftrag gegeben, eine wissenschaftlich fundierte Berufsausbildung zu vermitteln und damit der Hochschulcharakter klargestellt. Die Anerkennung der Studiengänge wurde an die Genehmigung durch den zuständigen Minister gebunden, die Umwandlung in Fachhochschulen wird durch ihn verordnet; damit war die politische Verantwortung klargestellt und die Kontrollmöglichkeit des Parlamentes gesichert. Die Wirtschafts- und Sozialpartner und damit auch die Arbeitnehmerinteressenvertretungen sind im Steuerungsgremium Fachhochschulrat vertreten. Als wichtigster Erfolg ist aber ein innovativer Schritt zu werten: Erstmals in der Geschichte des österreichischen Bildungswesens wurde eine anerkannte Hochschuleinrichtung geschaffen, die berufliche Qualifikation ausdrücklich als Zugangskriterium benennt.[17]) Nicht umsonst bezeichnete der ÖGB-Tätigkeitsbericht 1993 den Beschluß über das Fachhochschul-Studiengesetz als »Meilenstein der Bildungspolitik«.[18])

In noch größerem Maß als bei den Fachhochschul-Studien gelang es mit der Berufsreifeprüfung, die Lehrausbildung in das österreichische Bildungssystem zu integrieren. Die Berufsausbildung war bisher durch die Schule in keiner Weise akzeptiert gewesen. Deshalb hatte die Gewerkschaftsjugend schon in der zweiten Hälfte der sechziger Jahre ihre Anerkennung als Bestandteil einer Qualifikation auf Maturaniveau gefordert. Franz Mrkvicka, der damals Jugendsekretär des ÖGB gewesen war, fühlte sich den Beschlüssen der Gewerkschaftsjugendkongresse auch in seiner Tätigkeit als Bildungsverantwortlicher der Arbeiterkammer verpflichtet und setzte sich, zuletzt als Nationalratsabgeordneter, engagiert für ihre Verwirklichung ein. Er gab den Impuls für das Gesetz, mit dem 1997 die Berufsreifeprüfung eingeführt wurde, konzipierte es in

Österreichs Gewerkschaftsbewegung
Stationen gegen Bildungsbarrieren

Die neue technologische Revolution veränderte die Qualifikationsanforderungen.

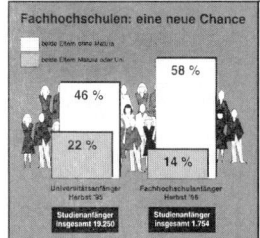

Österreich gibt weniger für F&E aus als ein Multi. ÖGB und AK fordern eine Forschungspolitik, wie sie für ein modernes Industrieland im High-Tech-Zeitalter notwendig ist.

1956 ÖGB-Präsident-Johann-Böhm-Stiftung des ÖGB zur Unterstützung Studierender. AK-Präsident Karl Maisel überreicht dem ÖGB-Präsidenten die Gründungsurkunde (links).

1995 Bereits kurz nach Einführung des Fachhochschul-Studiums zeigt es sich, daß das Ziel von ÖGB und AK, die Hochschulqualifikation für neue Arbeitnehmergruppen zu öffnen, mit diesem Angebot erreicht werden kann (rechts).

1998 Mit einem innovativen Berufsbildungskonzept zeigen ÖGB und AK neue Wege, um den Verlust qualifizierter Lehrplätze auszugleichen.

1999 AK-Präsident Tumpel feiert mit Facharbeitern die bestandene Berufsreifeprüfung. Mit dieser neuen Form der Matura, die die Lehrausbildung anerkennt, wurde 1997 eine seit 30 Jahren aktuelle Forderung der Gewerkschaftsjugend durchgesetzt.

seinen Grundzügen und war entscheidend an seiner Realisierung beteiligt. Die Einführung der Berufsreifeprüfung zählte zu den Maßnahmen des ersten Jugendbeschäftigungsprogrammes der Bundesregierung, sie konnte allerdings vorerst nur für Lehr- und Fachschulabsolventen im Bereich der Erwachsenenbildung und deshalb mit Gebühren für Vorbereitungskurse und Prüfungen angeboten werden. ÖGB und Arbeiterkammer verfolgen Schritt für Schritt das Ziel, sie auch direkt in die Berufsschule zu integrieren, wie es immer vorgesehen war, damit die interessierten Jugendlichen schon während der Lehrausbildung die Chance erhalten, mit der Vorbereitung zu beginnen und vielleicht bereits eine der vier Teilprüfungen abzulegen.[19] Natürlich wird die Berufsreifeprüfung auch weiterhin ein Angebot für Absolventen einer Berufsausbildung ohne Matura bleiben und bleiben müssen, aber auch hier ist das Ziel ein gebührenfreies Angebot im öffentlichen Schulwesen. Um die jungen Arbeitnehmerinnen und Arbeitnehmer finanziell zu entlasten, solange es noch keine gebührenfreien Vorbereitungs- und Prüfungsmöglichkeiten gibt, konnten die Arbeitnehmerinteressenvertretungen – je nach Bundesland in unterschiedlichem Ausmaß – Fördermaßnahmen initiieren. Darüber hinaus verlangte der ÖGB in der Debatte um die Steuerreform 2000, die Kosten für die Berufsreifeprüfung ebenso wie die Kosten für das Nachholen des Hauptschulabschlusses, das Erlernen einer Fremdsprache oder die Förderung von Computer-Grundkursen für ältere Arbeitnehmer steuerlich absetzbar zu gestalten.[20]

Die 1998 eingeführte Möglichkeit einer halbjährigen Bildungskarenz sollte den Arbeitnehmern mehr zeitlichen Spielraum für qualifizierte Weiterbildung bieten. Da aber während dieses halben Jahres als Ersatz für das entfallende Arbeitseinkommen nur ein Betrag in der Höhe des Karenzgeldes gewährt wird, war die Inanspruchnahme vorerst im wesentlichen auf zwei Gruppen beschränkt, für die das Angebot trotzdem Vorteile brachte: Die erste Gruppe umfaßte Frauen nach der im Zuge der Sparprogramme um ein halbes Jahr verkürzten Mütterkarenz. Sie konnten auf diese Weise doch länger bei ihren Kindern bleiben und gleichzeitig durch berufsbezogene Weiterbildung wie EDV oder Bilanzbuchhaltung ihre Chance auf einen guten Wiedereinstieg in die Erwerbsarbeit verbessern. In der anderen Gruppe befanden sich überwiegend eher Gutsituierte und Hochgebildete, und in der Mehrheit Männer. Diese Arbeitnehmer, die in der Lage sind, das Aussteigen aus dem Berufsalltag für ein halbes Jahr finanziell zu verkraften, nutzen die Zeit, um ein Fachhochschul-Studium zu beginnen oder Universitätslehrgänge zu besuchen. Zudem profitieren die Männer weit mehr von finanziellen Beiträgen der Arbeitgeber und öffentlichen Förderungsgeldern als die Frauen, die sich ihre Kurse überwiegend selbst zahlen müssen.[21]) Diese Entwicklung läuft den Intentionen der Gewerkschaftsbewegung völlig zuwider, die zusätzlich zum gesetzlich verankerten Rechtsanspruch auf Bildungsfreistellung, also auf Bildungszeit im Rahmen der bezahlten Arbeitszeit, ab der ersten Hälfte der neunziger Jahre ergänzend die Möglichkeit längerfristiger Karenzierungen gefordert hatte.

ÖGB und Arbeiterkammer warnten immer davor, Bildungsmaßnahmen ohne Rücksichtnahme auf die sozialen und ökonomischen Rahmenbedingungen zu konzipieren, wenn damit neue Zielgruppen außerhalb der Gruppe der traditionellen Bildungskonsumenten angesprochen werden sollen. Ob und inwieweit die gar nicht so seltenen Regelungen über kurzzeitige Bildungskarenz oder in Ausnahmefällen echte Bildungsfreistellungen in den Kollektivverträgen ab 1993[22]) dem Anliegen einer breiteren Weiterbildungsförderung eher Rechnung tragen, konnte bisher noch nicht festgestellt werden. Die verstärkte Kollektivvertragskooperation zwischen der Angestelltengewerkschaft und den Arbeitergewerkschaften ab Mitte der neunziger Jahre könnte in dieser Hinsicht sicher positive Impulse geben. Abgesehen davon bleibt aber die Forderung nach einem gesetzlichen Anspruch aller Arbeitnehmerinnen und Arbeitnehmer auf Bildungszeit weiter aufrecht, und zwar als Teilschritt zu einem in der Verfassung verankerten Grundrecht auf Bildung.

Mitbestimmung unter den Bedingungen der neuen Unternehmensstrategien

1999, 80 Jahre, nachdem das Betriebsrätegesetz in der Ersten Republik beschlossen wurde, und 42 Jahre nach seiner Wiederverlautbarung in der Zweiten Republik, steht die Gewerkschaftsbewegung vor der Herausforderung, das Mitbestimmungsrecht der Arbeitnehmer im Betrieb unter den Bedingungen des Strukturwandels abzusichern oder überhaupt erst zu ermöglichen. Die Eigentumsverhältnisse der Unternehmen gerieten in Bewegung. Fusionen, Betriebsübernahmen, Ausgliederungen, Konzernumstrukturierungen und Internationalisierung kennzeichnen den Umbruch. Bereits Anfang der neunziger Jahre war nicht nur weiterhin ein massives Eindringen von (vor allem deutschem) Auslandskapital in Österreich festzustellen, sondern auch erstmals eine zunehmende Präsenz österreichischer Firmen im Ausland,[23]) die in den folgenden Jahren weiter zunahm. So besaß zum Beispiel die VOEST-Alpine-Eisenbahn AG Ende 1997 elf Produktionsanlagen zwischen Australien, Lettland und Nordamerika.[24]) Unternehmen expandieren zunehmend nicht nur durch eigenes Wachstum, sondern durch die Übernahme von Konkurrenten: Alleine zwischen 1987 und 1991 versiebenfachte sich in Österreich die Zahl der Fusionen und Übernahmen pro Jahr, von 1989 bis 1992 waren Betriebe mit einem Gesamtumsatz von 686 Milliarden Schilling und 300.000 Arbeitsplätzen betroffen.[25]) Parallel dazu kommt es zunehmend zur Veränderung der Arbeitsorganisation, gekennzeichnet durch »Arbeitsverdichtung« für die Belegschaft, die noch im Betrieb verbleibt, und Auslagerungen und Fremdvergaben von Teilen der Produktion und Dienstleistung. Die Folge der Dezentralisierungsstrategie, die durch das Entstehen neuer Dienstleistungsbereiche noch zusätzlich verstärkt wird: Zwischen 1988 und 1995 gingen europaweit fast 223.000 Jobs in Betrieben mit über 100 Beschäftigten verloren, während in Betrieben mit weniger als 100 Beschäftigten 259.000 neue Arbeitsplätze entstanden.[26])

Die Zunahme der Klein- und Mittelbetriebe bringt die Gefahr mit sich, daß die Arbeitnehmermitbestimmung immer mehr zurückgedrängt wird, wenn sich nicht die Voraussetzungen ändern, die auch im österreichischen Arbeitsverfassungsgesetz, in das das Betriebsrätegesetz integriert wurde, nach wie vor in erster Linie auf die Situation zentraler Großbetriebe oder zumindest großer Mittelbetriebe ausgerichtet sind. In Österreich hatten in der zweiten Hälfte der neunziger Jahre fast zwei Drittel aller Betriebe weniger als fünf Beschäftigte. Hier ist die Wahl eines Betriebsrates vom Gesetz gar nicht vorgesehen, und es besteht keine Verpflichtung der Unternehmer, die Beschäftigten zu unterrichten und zu informieren, da eine solche Verpflichtung nur gegenüber dem Betriebsrat gegeben ist.[27]) Auch wenn ein Betriebsrat existiert, scheuen Unternehmen allerdings manchesmal nicht davor zurück, ihre im Gesetz festgeschriebene Informationspflicht zu ignorieren, da sie ja keine Konsequenzen zu fürchten haben. Dies bewiesen die Vorgangsweisen beim Verkauf von Steyr-Daimler-Puch an Magna, aber auch beim Verkauf des Billa-Konzernes an den deutschen Handelsriesen Rewe. Es handelte sich um einen glatten Gesetzesbruch, wie GPA-Vorsitzender Hans Sallmutter aufzeigte, als man sich dafür entschied, die Belegschaft und ihre Vertreter erst nach der perfekt gemachten Transaktion über die neue Lage zu informieren. Aber immerhin – der Gesetzesbruch konnte öffentlich angeprangert werden, und es war eine Instanz da, die, unterstützt von der Gewerkschaft, mit dem neuen Eigentümer über das Absichern der Verträge der Beschäftigten verhandeln konnte, um Verschlechterungen zu verhindern.[28])

Auch in den meisten Betrieben mit mehr als fünf, aber weniger als 50 Beschäftigten gibt es keinen Betriebsrat. Die Tatsache, daß es sich dabei häufig um Familienbetriebe handelt, spielt dabei sicher eine Rolle. Ebenso dürften jedoch die überdurchschnittliche und zunehmende Zahl an prekären, leider keineswegs mehr »atypischen« Beschäftigungsverhältnissen in diesem Bereich und die größere Fluktuation, weil dort schneller gekündigt wird,[29]) dem Interesse und der Möglichkeit der Arbeitnehmer abträglich sein, ihr Recht auf Betriebsratswahl in Anspruch zu nehmen. Dazu kommt, daß in der zweiten Hälfte der neunziger Jahre häufiger als früher die Behinderung von Betriebsratswahlen durch die Unternehmensleitungen zu registrieren war.[30]) Es sind also mehrere Faktoren, die dazu führten, daß 1999 nur in 15.000 der rund 72.400 Betriebe mit mindestens fünf Beschäftigten eine Betriebsratskörperschaft eingerichtet war. In 75 bis 80 Prozent der Unternehmen ab 50 Beschäftigten existierte ein Betriebsrat, darunter in allen 50 Top-Unternehmen Österreichs.[31]) So vehemente Betriebsratsgegner wie der Magna-Konzernherr Frank Stronach stellen im Bereich der Großbetriebe die absolute Ausnahme dar – und das hat gute Gründe: Eine 1998 veröffentlichte Studie der Bertelsmann-Stiftung und der Hans-Böckler-Stiftung belegte, daß Behauptungen, Mitbestimmung der Arbeitnehmer bringe Standortnachteile, keineswegs der Realität entsprechen. Mitbestimmung ist vielmehr ein eindeutiger Standortvorteil.[32])

Um die Mitbestimmung zu sichern und auszuweiten, hält der ÖGB eine neue Arbeitsverfassung für notwendig, die die Betriebsräte vor allem in kleinen Betrieben stärkt.[33]) Die Arbeitnehmervertretung in Großbetrieben soll so gestaltet werden, daß sie durch Dezentralisierungsstrategien nicht so leicht unterlaufen werden kann. Deshalb forderte der ÖGB-Bundesvorstand im Frühjahr 1999 unter anderem, »daß der Zentralbetriebsrat nicht nur auf Unternehmensebene, sondern auch für einen Verbund von Unternehmen, die in wirtschaftlicher Abhängigkeit stehen, gewählt wird«.[34]) Der erste Schritt, um dem Flexibilitätsprinzip in den Großunternehmen im Interesse der Mitbestimmung zu entsprechen, war die gesetzlich verankerte Möglichkeit, einen Konzernbetriebsrat zu bestellen, für die sich der ÖGB seit dem Beginn der Privatisierung der Verstaatlichten Industrie eingesetzt hatte und die in der ersten Hälfte der neunziger Jahre erreicht wurde. Da aber Unternehmen im Europäischen Wirtschaftsraum unbehindert über nationale Grenzen hinaus agieren können, reichten solche Regelungen, die nur innerhalb eines Landes Gültigkeit besitzen, nicht aus. Deshalb verlangte der Europäische Gewerkschaftsbund eine Richtlinie der Europäischen Union zum Schutz der Interessen von Arbeitnehmern in EU-weit tätigen Unternehmen und erreichte sie nach jahrelangen Bemühungen: 1994 verabschiedete der Europäische Rat die Richtlinie zur Einsetzung eines Europäischen Betriebsrates, die ab 1996 in nationales Recht umzusetzen war. Von diesem Zeitpunkt an muß für Belegschaftsvertretungen in mehr als 1.500 europäischen Konzernen die Möglichkeit gegeben sein, über die wirtschaftliche Situation des Konzernes und Entwicklungen, die für die Beschäftigten von Bedeutung sind, informiert zu werden. Etwa 40 österreichische und mehr als 250 internationale Konzerne mit Standorten in Österreich waren davon betroffen, in etwa 40 Prozent von ihnen waren bis 1999 bereits Europäische Betriebsräte tätig.[35])

Der EGB verfolgte von Anfang an das Ziel, die in der Richtlinie noch sehr eng gefaßten und nur auf die Eurobetriebsräte beschränkten Rechte auszuweiten. Die Versuche, darüber eine Einigung auf Sozialpartnerebene zu erreichen, scheiterten 1998 am Wiederstand des europäischen Arbeitgeberverbandes UNICE. Daraufhin präsentierte die EU-Kommission einen eigenen Änderungsentwurf, der – etwa hinsichtlich der Einengung auf Betriebe mit mindestens 50 Beschäftigten – zwar nicht in vollem Umfang den gewerkschaftlichen Erwartungen entsprach, wie ÖGB- und EGB-Präsident Fritz Verzetnitsch darlegte, aber doch wesentliche Verbesserungen gegenüber den geltenden Bestimmungen vorsah. Vor allem war auch an Sanktionen bei schweren Verstößen der Unternehmer gegen die Auskunftspflicht gedacht.[36]) Im Frühjahr 1999 gelang der Durchbruch: Das EU-Parlament billigte die Richtlinie »Zur Information und Anhörung der Arbeitnehmer in der EU«. Damit wird voraussichtlich das einforderbare Recht auf Information und ständige Anhörung, vor allem auch hinsichtlich der Situation und der Entwicklung der Beschäftigung, für über 46 Prozent der Arbeitnehmer und ihre Interessenvertretung im Betrieb und etwa 2,3 Prozent der Unternehmen in der EU Wirklichkeit werden.[37])

Eine andere EU-Initiative, die Regelung der »Europa AG«, eines einheitlichen europäischen Aktienrechtes, brachte allerdings bestehende Mitbestimmungsrechte im Aufsichtsrat in Gefahr. Von allen EU-Staaten ist diese Mitbestimmung in Deutschland und Österreich am stärksten ausgeprägt, doch ähnliche Rechte bestehen auch in Frankreich und Luxemburg. Schweden und Norwegen kennen keinen Aufsichtsrat als reines Kontrollorgan, dem ein Vorstand gegenübersteht, dort sind Vorstand und Kontrolle in einem sogenannten »Board« zusammengefaßt. Aber auch in diesen beiden Ländern haben Betriebsräte ein Mitwirkungsrecht.[38]) Der Entwurf zur »Europa AG« gestand die vollständige Verhandlungsfreiheit bis zum Wegverhandeln der Arbeitnehmermitbestimmung zu, ein Plan, gegen den die Gewerkschaften massiv auftraten. Sie forderten vielmehr eine Bestimmung, die Firmensitzverlegungen wegen Streiks oder sonstiger Probleme mit der Belegschaft einen Riegel vorschieben sollte, und eine eigene Richtlinie zur Beteiligung der Arbeitnehmer in der »Société Européenne«.[39]) Ein Kompromißvorschlag des österreichischen Sozialministeriums versuchte zumindest dem Anliegen Rechnung zu tragen, die bestehende Aufsichtsratsmitbestimmung abzusichern: Es sollte nur dann zulässig sein, sie abzuschaffen, wenn zwei Drittel der Arbeitnehmer dafür stimmen. Durch das Veto Spaniens konnte die Richtlinie allerdings nicht verabschiedet werden.[40]) Noch weitaus schwieriger als innerhalb Europas ist es, Arbeitnehmermitbestimmung für weltweit agierende Unternehmen durchzusetzen. Als erstes Modell kann der Weltbetriebsrat für die 63.000 Mitarbeiter des Volkswagenkonzernes gelten, dessen Einrichtung von der österreichischen Gewerkschaftsbewegung aktiv unterstützt wurde.[41])

Überbetriebliche und überregionale Kollektivvertragspolitik

Das ureigenste Steuerungsinstrument der Gewerkschaftsbewegung zur Regelung der Arbeitsbeziehungen, der Kollektivvertrag, feierte 1996 seine hundertjährige Existenz in Österreich. Als die Buchdrucker zu Kaisers Zeiten den ersten KV abschlossen, galt er, wie alle Kollektivverträge noch über mehr als ein Jahrzehnt, als privatrechtliche Abmachung. Erst die demokratische Republik regelte 1920 des Kollektivvertragswesen in einem eigenen Gesetz. Die Ständestaat-Diktatur beschnitt ab 1934 die freie Arbeitsverfassung erheblich und der braune Faschismus diktierte dann die Arbeitsbedingungen durch seine »Tarifordnung«. Die Zweite demokratische Republik ermöglichte mit dem Kollektivvertragsgesetz von 1947 wieder autonome Vereinbarungen zwischen Gewerkschaften und Arbeitgebern. Weil die Europäische Menschenrechtskonvention von 1958, die mit dem Recht auf gewerkschaftliche Organisation indirekt auch das Recht auf Kollektivvertragsabschlüsse enthält, Verfassungsrang hat, ist dieses grundlegende Gewerkschaftsrecht zusätzlich abgesichert. 1973 wurden die Bestimmungen über das Kollektivvertragswesen mit dem Betriebsrätegesetz und den meisten anderen wichtigen Regelungen über die Mitbestimmung der Arbeitnehmer im Arbeitsverfassungsgesetz zusammengeführt.[42]) Am Ende des 20. Jahrhunderts stehen 98 Prozent der österreichischen Arbeitnehmer in der Privatwirtschaft unter dem Schutz eines Kollektivvertrages. Damit weist Österreich die höchste Deckungsrate in der EU auf, gefolgt von Belgien, Frankreich und Finnland mit über 90 Prozent. Sehr niedrig ist der Geltungsbereich der Kollektivverträge in den USA, wo nur 13 Prozent der Arbeitnehmer in der Privatwirtschaft erfaßt werden.[43]) Hier wie in Großbritannien zeigen sich die Auswirkungen in einer zunehmenden Kluft zwischen Arm und Reich.

Der neoliberale Trend der neunziger Jahre, möglichst alle gesellschaftlichen Steuerungsinstrumente durch den Markt zu ersetzen, macht auch in Europa vor dem Kollektivvertrag nicht halt: Abschlüsse für Branchen oder Sektoren sollen durch betriebliche und konzernbezogene Lohn- und Gehaltspolitik verdrängt werden. Dadurch wird der Deregulierungsprozeß ganz im Sinn der Erfinder weiter beschleunigt, wie das Beispiel Großbritannien zeigt, wo unter der Thatcher-Regierung von Branchen- auf Firmenkollektivverträge umgestiegen wurde: Der Anteil der Arbeitnehmer, die unter dem Schutz eines Kollektivvertrages stehen, sank dramatisch, von 70 Prozent Ende der siebziger Jahre auf 47 Prozent im Jahr 1990. Das bringt nicht nur eine schwierigere Situation für die Arbeitnehmer und ihre Gewerkschaften, sondern durch den Verlust der Koordinierung in der Lohnpolitik auch für die Volkswirtschaft. Das soziale Ungleichgewicht ist in Ländern ohne umfassende Kollektivverträge sehr groß. Die sozial Schwächeren werden noch schwächer und das Betriebsklima wesentlich konfliktgeladener.[44]) Das hinderte aber auch manche Marktbefürworter in Österreich nicht, das System der umfassenden Kollektivverträge, den autonomen Gestaltungsspielraum der Kollektivverträge und die Priorität der Lohnabschlüsse anzugreifen. »Man fragt sich«, hieß es in einem Kommentar zum KV-Abschluß der Gewerkschaft Hotel, Gastgewerbe, Persönlicher Dienst 1999, »warum Arbeitszeitlimits über Kollektivverträge geregelt werden müssen, obwohl ein übergeordnetes Gesetz ohnehin Limits vorgibt. Man fragt sich, warum die Lohnrunden immer in ein lächerliches Gerangel um Zehntelpunkte hinter dem Komma münden. Und man fragt sich, warum die Höhe der Lohnerhöhung alles beherrscht, obwohl es nötig wäre, die un-

Österreichs Gewerkschaftsbewegung
Stationen beim Kollektivvertrag

1920 Mit dem KV-Gesetz 1920 wurden die Verträge rechtlich abgesichert. Hier der KV der Lebensmittelarbeiter von 1923.

1991 Gemeinsamer KV-Abschluß der MBE und der GPA für den Energiebereich.

1868 Früher Tarifvertrag der Buchdrucker.

1910 Schutzmarke der Bäckereiarbeiter für tariftreue Betriebe.

1896/1996 100 Jahre nach dem ersten umfassenden KV der Buchdrucker diskutieren DuP-Vorsitzender Bittner und GPA-Vorsitzender Sallmutter über die aktuelle KV-Politik.

Gültige Kollektivverträge in Österreich
Stand Mitte April 1999

Gewerkschaft (der)	Gültige Kollektivverträge
Privatangestellten (GPA)	423
Agrar, Nahrung, Genuß (ANG)	235
Bau-Holz (GBH)	184
Kunst, Medien, freie Berufe (KMfB)	111
Handel, Transport, Verkehr (HTV)	104
Chemiearbeiter (GdCh)	63
Hotel, Gastgewerbe, persönlicher Dienst (HGPD)	54
Textil, Bekleidung, Leder (TBL)	45
Eisenbahner (GdE)	37
Druck und Papier (DuP)	18
Metall-Bergbau-Energie (MBE)	14
Öffentlicher Dienst (GÖD)	12
Post- und Fernmeldebediensteten (GPF)	12
Gemeindebediensteten (GdG)	4
ÖGB insgesamt	**1.316**

1996 Erst eine Demonstration erreicht die Wiederaufnahme der KV-Verhandlungen für das Metallgewerbe (die MBE-Verhandler mit Rudolf Nürnberger).

1999 Die Gewerkschaften bereiten sich auf zukünftige europäische Kollektivverträge vor.

zähligen Regulierungen und das System in Frage zu stellen. ... Man sollte ernsthaft darüber nachdenken, die Betriebe innerhalb des Gesetzes selbst entscheiden zu lassen, wie die Arbeitszeiten organisiert oder die Lohnerhöhungen verteilt werden.«[45])

Kollektivverträge, die ganze Wirtschaftssektoren oder Branchen erfassen, seien angesichts von Globalisierung, Internationalisierung und Europäisierung für die Wirtschaftsentwicklung hinderlich, wird gerne argumentiert. Eine Studie, die der Wirtschaftssoziologe Franz Traxler im Auftrag der OECD erstellte, belegte das Gegenteil: Solche Kollektivverträge stabilisieren, weil alle Unternehmen von den Lohnerhöhungen betroffen sind, was sie leichter verkraftbar macht als Ist-Lohn-Verhandlungen für einen Betrieb zwischen Gewerkschaft und Unternehmensleitung. Und sie produzieren »hohe öffentliche Güter« wie zum Beispiel den sozialen Frieden. Die Vorteile, die umfassende Kollektivverträge für die Gewerkschaftsbewegung bieten, ließen sich aus den Ergebnissen der Studie deutlich ablesen: Wenn branchenbezogen oder gesamtwirtschaftlich verhandelt wird, kommt es auch bei einem niedrigeren gewerkschaftlichen Organisationsgrad zu Abschlüssen. Wo vorrangig auf betrieblicher Ebene kollektiv verhandelt wird, entsteht dagegen für die Unternehmer ein hoher Anreiz, lieber gleich mit individueller Lohnpolitik oder mit »human ressources management« einzugreifen und sich kollektive Verhandlungen überhaupt zu ersparen.[46]) In Österreich mit seinem hohen Deckungsgrad ist zwar die vollständige Flucht aus dem Kollektivvertrag kaum möglich, wohl aber begann sich in den neunziger Jahren ein Trend zur »Flucht aus dem besseren Kollektivvertrag« zu zeigen, der durch die vermehrten Ausgliederungen von Unternehmensteilen und andere Dezentralisierungsstrategien verstärkt wurde.[47]) Auch Ausgliederungen und Privatisierungen im öffentlichen Bereich trugen etliches dazu bei. Die Gewerkschaft der Privatangestellten protestierte 1998 vehement »gegen den immer öfter vorkommenden Mißbrauch des Kollektivvertragssystems, für jeden aus dem Bundesbereich ausgegliederten Betrieb einen eigenen Betriebskollektivvertrag vorzusehen«. Besonders betroffen war der Forschungsbereich, für den die GPA eine gemeinsame kollektivvertragliche Regelung anstrebte.[48])

Das österreichische Arbeitsverfassungsgesetz ist so gestaltet, daß es Betriebskollektivverträge erst gar nicht zuläßt: Löhne und Gehälter müssen in Verhandlungen zwischen den Interessenvertretungen vereinbart werden. Aber immer mehr Unternehmungen, vor allem dort, wo sie Konzerntöchter sind, sind in eine Konzernstrategie eingebunden, die sich auf KV-Ebene auswirkt. Werden im Konzern vornehmlich Betriebskollektivverträge verhandelt, muß das überall so gehandhabt werden, unabhängig davon, was das nationale Recht bestimmt –, die Drohung des Standortwechsels ist ja immer präsent. Zur »Flucht aus dem besseren Kollektivvertrag« kommt also die »Flucht in die Illegalität«, nicht nur im Bereich der Konzerne. Manche Unternehmen vereinbaren gegen das Gesetz betriebliche Lohn- und Gehaltsschemata, die in einigen Punkten schlechter sind als der entsprechende Kollektivvertrag, obwohl solche Vereinbarungen nichtig sind. In der Frage der Arbeitszeitflexibilisierung und der Sonntagsarbeit kamen Gesetzesbrüche und Vereinbarungen, die der Strategie des ÖGB zuwiderliefen, besonders häufig vor. Das war der Grund dafür, daß der ÖGB dafür kämpfte, den Kollektivvertrag auch gesetzlich zum einzigen Regelungsinstrument für flexible Arbeitszeiten und für Ausnahmen von der Sonn- und Feiertagsruhe zur Sicherung der Arbeitsplätze zu machen.[49]) Auch mit dem Gesetz über Frauennachtarbeit wurde die Regelungsbreite der österreichischen Kollektivverträge ausgeweitet. Den ersten KV, der Ausnahmen vom Frauennachtarbeitsverbot in Betrieben mit Betriebsrat zuließ, schlossen die Gewerkschaft Metall-Bergbau-Energie und die Gewerkschaft der Privatangestellten 1998 für die Metallindustrie ab.[50])

Eine Studie des Europäischen Gewerkschaftsinstitutes, die den Ablauf und das Ergebnis von Kollektivvertragsverhandlungen des Rezessionsjahres 1993 in mehreren EU-Staaten analysierte, belegte, daß überall, unabhängig von der politischen Ausrichtung der Regierungen und der Stärke der Gewerkschaften, Arbeitgeber und Regierungen ihre Positionen hinsichtlich Flexibilität und Verringerung der Arbeitskosten verhärteten und die sozialen Sicherheitssysteme angriffen. Die neoliberale Tendenz, Verhandlungen auf Betriebsebene zu dezentralisieren, beunruhigte vor allem die Gewerkschaften in Deutschland, Frankreich und Belgien. Die EGI-Experten kamen zu dem Schluß, daß Kollektivvertragsverhandlungen selbst in jenen Ländern, in denen Gewerkschaften eine aktive Rolle spielen, nicht mehr als ein strukturpolitisches Instrument genutzt wurden.[51]) Ein Kommentar von Arbeitgeberseite zu dem Tarifabschluß 1999 der deutschen IG Metall griff die Gewerkschaft frontal an, weil sie sich erfolgreich gegen die Zersplitterung des Kollektivvertragsschutzes und gegen ertragsabhängige Lohnbestandteile gewehrt hatte. Man kritisierte, »daß die IG Metall in keiner Weise auf die Interessenunterschiede zwischen den Unternehmen in der Metallindustrie einzugehen bereit war, ... statt dessen an der überkommenen Form des Flächenkollektivvertrages« festhielt und »über eine stärkere Öffnung des Tarifvertrages zugunsten von betrieblichen Verhandlungen« nicht mit sich reden ließ.[52]) Auch die österreichische Gewerkschaft Metall-Bergbau-Energie ließ 1996 nicht mit sich reden, als die Verhandler der Arbeitgeberseite für das Metallgewerbe auf Ist-Löhnen weit unter der Inflationsrate und auf einer Variante der Arbeitszeitflexibilisierung beharrten, die de facto zur Arbeitszeitverlängerung statt zur Arbeitszeitverkürzung geführt hätte. Erst nach einer Großdemonstration vor der Wirtschaftskammer in Wien kehrte die Arbeitgeberseite an den Verhandlungstisch zurück. Rudolf Nürnberger bezeichnete den Abschluß, der dann zustande kam als »Kompromiß im Interesse des sozialen Friedens«.[53])

Nicht nur in der Frage der Arbeitszeitflexibilisierung mußten die Gewerkschaften neue Lösungen suchen, um im Strukturwandel die bestmöglichen Ergebnisse für die Arbeitnehmer zu erzielen. So ging man Ende der neunziger Jahre häufiger vom Grundsatz der einjährigen Laufzeit von Kollektivverträgen ab, und zwar auch in Branchen, wo dies bisher nie zur Diskussion gestanden hatte. 1999 verlangten die Banken als Arbeitgeber erstmals eine zweijährige KV-Laufzeit. Der Kompromiß, den die Gewerkschaft der Privatangestellten nach der Androhung von Betriebsversammlungen im Februar 1999 erzielen konnte, bestand in einer Art »Vorabschluß« für das Jahr 2000: Es wurde eine fixe Abgeltung der Inflationsrate vereinbart und eine weitere Erhöhung bis zu maximal 0,7 Prozent, die im Herbst 1999 auszuverhandeln sein wird.[54]) Für die Bauindustrie und das Bau-Hauptgewerbe war der im April 1999 abgeschlossene Kollektivvertrag der erste mit einer zweijährigen Laufzeit; er sieht eine Anhebung der Mindestlöhne um insgesamt 4,6 Prozent in drei Etappen vor. Da man für die Branche mittelfristig den Verlust von 10.000 Arbeitsplätzen erwartete, war es besonders wichtig, das die GBH einen Fonds durchsetzte, der Bauarbeitern Umschulungsmöglichkeiten bieten soll.[55])

Neue oder stärker in Anspruch genommene Formen der Personalrekrutierung führten dazu, daß der bestehende Kollektivvertragsschutz für ganze Arbeitnehmergruppen nicht mehr ausreiche, und ebensowenig genügten die traditionellen KV-Bestimmungen, um Veränderung der Arbeit durch die neuen Technologien in die Regelung einzubeziehen. 1999 waren in Österreich 20.772 Arbeitnehmer als Leiharbeiter für 700 Überlassungsfirmen beschäftigt. Entsprechend den Bestimmungen des Arbeitskräfteüberlassungsgesetzes werden sie nach dem Kollektivvertrag entlohnt, der für den ausleihenden Betrieb gilt, während der Stehzeiten zwischen den

Aufträgen erhalten sie den ihrer Ausbildung entsprechenden Mindestlohn. 1997 beauftragte der ÖGB die Gewerkschaft Metall-Bergbau-Energie, mit dem Fachverband des Gewerbes einen eigenen KV für Leiharbeiter zu verhandeln, um ihrer Benachteiligung gegenüber Arbeitnehmern, die in einem einzigen Betrieb beschäftigt sind, entgegenzuwirken.[56]) In der Erdölindustrie setzte die GPA 1997 den ersten Kollektivvertrag Österreichs durch, in dem die Rechte bei Telearbeit festgelegt und Regelungen getroffen wurden, um diese Rechte zu sichern.[57])

Die Strategie der Konzerne und die Europäische Integration machten das Abstimmen der Gewerkschaftsarbeit über die nationalen Grenzen hinzu immer dringlicher. Seit die Verträge von Maastricht 1993 die Möglichkeit eines Europäischen Kollektivvertrages eröffnet hatten, begannen deshalb in fast allen europäischen Gewerkschaftsausschüssen Gespräche und Kontaktnahmen für einen Euro-KV. In Maastricht war Lohnpolitik als Verhandlungsgegenstand allerdings ausdrücklich ausgenommen worden. Ein Grund dafür lag in den unterschiedlichen gesetzlichen und politischen Rahmenbedingungen und Organisationsstrukturen für die Tarifverhandlungen in den einzelnen Ländern, aber ausschlaggebend dürfte die Intervention der multinationalen Konzerne gewesen sein, die kein Interesse daran hatten, sich verbindlichen Regelungen von außen zu unterwerfen.[58]) Trotzdem begannen die europäischen gewerkschaftlichen Berufsverbände gegen Ende der neunziger Jahre, sich durch bessere Koordination zwischen ihren Mitgliedsgewerkschaften auf eine zukünftige europäische Lohnpolitik vorzubereiten, die angesichts der gemeinsamen Währung und der Konzernstrategien wahrscheinlich trotz aller Schwierigkeiten unvermeidbar sein wird.

Der erste EU-weite Kollektivvertrag wurde 1998 zwischen der Europäischen Föderation der Gewerkschaften des Agrarsektors EFA und dem entsprechenden Arbeitgeberverband GEOPA/COPA abgeschlossen. Er enthält unter anderem eine Empfehlung an die nationalen Tarifparteien, eine jährliche Jahresarbeitszeit von 1827 Stunden nicht zu überschreiten. In der Metallindustrie entstanden 1997 die ersten Tarifkommissionen, in denen Gewerkschafter aus verschiedenen Ländern gemeinsam am Verhandlungstisch sitzen. Delegationen der Gewerkschaften aus Nordrhein-Westfalen, Belgien und Holland sind seitdem bei den Kollektivvertragsverhandlungen der jeweils anderen Organisationen beteiligt. Eine ähnliche Kooperationsform strebt der Europäische Metallgewerkschaftsbund auch im deutsch-französisch-schweizerischen Dreieck und in der bayrisch-tschechischen Region an.[59]) Die europäische Gewerkschaftsorganisation der Metallindustrie wird auf jeden Fall eine der ersten sein, die europäische Kollektivverträge auch im Lohnbereich verhandeln muß.[60]) Die Zusammenarbeit der Baugewerkschaften Österreichs, Deutschlands und der Schweiz, die in Zukunft auch auf Frankreich und Italien ausgeweitet werden sollte, begann 1998. 1999 vereinbarten die drei Organisationen »eine intensivere und grenzüberschreitende Koordination der Kollektivvertrags beziehungsweise Tarifpolitik für mehr als drei Millionen Arbeitnehmer«.[61])

Aufrechterhalten einer solidarischen und produktivitätsorientierten Lohnpolitik

Die Grundsätze der Lohnpolitik des ÖGB, von denen die jährlichen Kollektivvertragsverhandlungen ausgehen, wurden durch den 13. Bundeskongreß 1995 wieder bestätigt. Solidarische Lohn- und Einkommenspolitik, das heißt »auch für schwächere Gruppen durch die Kraft starker Gewerkschaften eine positive Einkommensentwicklung zu garantieren«. Dadurch soll »eine gleichmäßige Verbesserung des Lebensstandards aller Arbeitnehmer erreicht werden, ob sie nun im privaten oder im öffentlichen Sektor, in vor dem Wettbewerb geschützten oder diesem ausgesetzten Bereichen oder in Branchen mit raschem oder langsameren Produktivitätszuwachs beschäftigt sind«. Um die im internationalen Vergleich in Österreich relativ großen Einkommensunterschiede zwischen den Branchen zu verringern, war es Ziel der Kollektivvertragsverhandlungen, die KV-(Mindest-)Löhne- und -Gehälter etwas stärker anzuheben als die Ist-Löhne und -Gehälter. Außerdem ging es darum, »unbegründeten Differenzen zwischen Kollektivverträgen der Industrie und des Gewerbes entgegenzutreten«. Allerdings waren die gesamtgesellschaftlichen Bedingungen in den achtziger und neunziger Jahren für einen Abbau der Lohn- und Einkommensunterschiede zwischen den Branchen nicht günstig: Während der achtziger Jahre ging die Beschäftigung zurück und bis einschließlich 1998 war dann eine deutliche Beschäftigungszunahme von einem gleichzeitigen Ansteigen der Arbeitslosigkeit begleitet. Gerade in den schrumpfenden Wirtschaftszweigen mit niedrigerem Einkommensniveau mußte daher auf die Beschäftigung Rücksicht genommen werden.[62])

Solidarische Lohn- und Einkommenspolitik, das heißt auch, »für Bezieher kleiner Einkommen etwas überdurchschnittliche Lohn-

und Einkommenszuwächse anzustreben« und sich darum zu bemühen, »daß Männer und Frauen für gleichwertige Leistungen auch gleiche Löhne und Gehälter erhalten«. 1990 hatte der ÖGB-Bundesvorstand das Ziel vorgegeben, bei den Kollektivvertragsverhandlungen einen Mindestlohn von 10.000 Schilling durchzusetzen, genauer ein Einkommen von 10.000 Schilling pro Monat bei Vollerwerbstätigkeit, berechnet als ein Vierzehntel des Jahreseinkommens. 1994 war das Ziel für fast alle Arbeitnehmer mit Vollzeitbeschäftigung erreicht. Damals legte der Bundesvorstand einen Mindestlohn von 12.000 Schilling als nächstes Ziel fest. Ein überwiegender Teil der 350.000 Arbeitnehmer, die mit einem geringeren Einkommen leben mußten, waren Frauen.[63] Das stärkere Ansteigen der Frauenverdienste gegenüber den Männerverdiensten von 1980 bis 1996 war nachweisbar ein Erfolg der solidarischen Lohnpolitik der Gewerkschaften; die Veränderung der Beschäftigungsstruktur allein hätte das nicht bewirkt. Trotzdem blieb die Kluft zwischen Männer- und Fraueneinkommen in den neunziger Jahren nicht nur weiter extrem hoch, sondern erweiterte sich wieder. Denn obwohl die Gewerkschaften in den Kollektivvertragsverhandlungen nach und nach das Abschaffen der Frauenlohngruppen durchsetzten, blieb die unterschiedliche Bewertung von Frauen- und Männerarbeit bestehen, für Frauenarbeitsplätze typische Kriterien wie psychische Belastung, Monotonie und Genauigkeit werden bei der Bewertung nicht berücksichtigt.[64]

Männer verdienen nicht nur mehr als Frauen, ihre Einkommen steigen auch mit zunehmendem Alter deutlich schneller. Das Gehalt männlicher Angestellter von 55 bis 59 Jahren lag 1999 im Durchschnitt bei 40.118 Schilling, für ältere Frauen betrug das Durchschnittseinkommen dagegen trotz fast gleicher Gehälter zu Beginn der Berufslaufbahn nur 22.721 Schilling. Bei den älteren Arbeitern lag das mittlere Einkommen um 24 Prozent über dem Einstiegslohn, während ältere Arbeiterinnen kaum mehr verdienen als die jüngeren Kolleginnen. Darüber hinaus wachsen die Einkommen der Männer rascher als jene der Frauen: 1987 stieg das Durchschnittseinkommen bei Männern um 1,2 Prozent, bei Frauen blieb es mit einer Zunahme um 0,3 Prozent fast unverändert.[65] Eine wesentliche Ursache für das Auseinanderdriften von Männer- und Fraueneinkommen liegt neben der Unterbewertung von Frauenarbeitsplätzen sicher in der Zunahme der Teilzeitbeschäftigung. Im Dienstleistungsbereich gab es 1998 kaum mehr Vollzeitarbeitsplätze und die hier überwiegend beschäftigten Frauen mußten oft zwei, drei Arbeitsverhältnisse suchen, um ihre sozialen

Grundbedürfnisse zu sichern. In der Reinigungsbranche, wo der Kampf um Arbeitsstunden immer heftiger wurde, konnte man fast nur mehr Arbeitsangebote von 25 Wochenstunden mit einem Lohn von 6.906 Schilling finden.[66])

Schon von 1972 bis 1991 war die Ungleichheit der Einkommensverteilung größer geworden, wenn die Auseinanderentwicklung im internationalen Vergleich auch noch sehr gering blieb. Am meisten ins Auge fiel dabei die Verschiebung von Einkommensanteilen zu den älteren Jahrgängen[67]) – nicht zuletzt eine Folge der steilen Lohn- und Gehaltskurven. Sowohl in Kollektivverträgen als auch in den Dienstverträgen des öffentlichen Dienstes vereinbarten etliche Gewerkschaften angesichts dieses Problems eine andere, flachere Verteilung des Lebenseinkommen. Der 1994 vorbereitete, 1996 unterzeichnete und 1997 in Kraft getretene Kollektivvertrag für rund 80 Prozent der Industrieangestellten sah beispielsweise höhere Gehälter für Berufseinsteiger vor und mit zunehmenden Beschäftigungsjahren eine Abflachung der Gehaltskurve. Während der folgenden Jahre wurden von der GPA für die meisten vom Kollektivvertrag 1997 nicht erfaßten Industriebranchen ähnliche Bedingungen ausgehandelt. Auch der KV der Handelsangestellten von 1999 hob die niedrigeren Anfangsbezüge über den Durchschnitt an.[68]) Im Bereich des öffentlichen Dienstes kam es ebenfalls zu Vereinbarungen über höhere Anfangsgehälter und geringere Steigerungsraten. Die Gewerkschaft öffentlicher Dienst einigte sich 1998 mit der Regierung über die Aufnahme eines solchen Schemas im Vertragsbedienstetenrecht.[69]) Das von der Gewerkschaft der Gemeindebediensteten wesentlich mitgestaltete und ab dem Jahr 2000 geltende neue Wiener Dienstrecht, das in wesentlichen Punkten mit dem Bundesdienstrecht abgestimmt wurde, sieht nicht nur eine flachere Gehaltskurve vor, sondern berücksichtigt erstmals die Lebensverdienstsumme, die um 300.000 Schilling höher sein soll als bisher, aber bei Leistungsbeurteilung mit Sanktionsmöglichkeiten.[70])

Produktivitätsorientierte Lohnpolitik orientiert das Einkommen nicht an kurzfristigen Schwankungen der wesentlichen wirtschaftlichen Eckdaten, sondern strebt eine dem mittelfristigen Wachstum, dem gesamtgesellschaftlichen Produktivitätswachstum, entsprechende stetige Reallohn- und Realeinkommensentwicklung an.[71]) Aber Lohnpolitik ist zweifellos eine höchst komplexe und daher schwierige Aufgabe, denn sie muß neben dem Ziel der Lohn- und Gehaltsverbesserung auch die Verteilung innerhalb der Löhne und Gehälter berücksichtigen, eben solidarische Lohnpolitik sein, und auch auf gewerkschaftliche Ziele wie Beschäftigung, Arbeitszeitverkürzung und Wirtschaftswachstum Bedacht nehmen. Diese Zielsetzungen sind in ihrer aktuellen Bedeutung gegeneinander abzuwägen, um von Situation zu Situation die Prioritäten festzulegen.[72]) In Zeiten rückläufiger Beschäftigung, wie zum Teil in den achtziger Jahren, und steigender Arbeitslosigkeit, wie während der gesamten neunziger Jahre, hat Beschäftigung Priorität, in Zeiten einer Wirtschaftskrise und der folgenden Aufschwungphase die Förderung des Wirtschaftswachstums, wobei hier wieder im Auge zu behalten ist, daß das Erhalten der Kaufkraft der Arbeitnehmer einen ebenso wichtigen Faktor darstellt wie Produktivitätssteigerung und Exportchancen. Wird die Einkommensschere größer, ist es Hauptanliegen, einer solchen Entwicklung entgegenzusteuern. Der Tariflohnindex von 1989 bis 1998[73]) spiegelt die unterschiedlichen Prioritäten wider. Bei den KV-Verhandlungen 1989 bis 1991 wurde ein Nachziehen der Löhne und Gehälter für die starken Produktivitätszuwächse 1988 und 1989 erreicht.[74]) Im Jahr der Wirtschaftskrise 1993, als die Produktion um 0,3 Prozent zurückging und der Produktivitätszuwachs nur 0,2 Prozent betrug, konnten für Österreich im Gegensatz zu den meisten anderen Ländern Reallohnverluste vermieden werden, weil die vorangegangenen guten Kollektivvertragsabschlüsse nachwirkten. Eine Reallohnerhöhung war aber angesichts der Probleme der Exportwirtschaft nicht drinnen.[75])

In der Folge ging es darum, durch eine maßvolle Lohnpolitik die Exportchancen der Industrie und die Qualität des Wirtschaftsstandortes wieder zu verbessern und damit gleichzeitig Beschäftigungsimpulse zu setzen. Das schlug sich in Export- und Produktionszuwächsen, in gesunkenen Lohnstückkosten und in der erhöhten Stundenproduktivität nieder.[76]) Da das Ziel, einen kollektivvertraglichen Mindestlohn von 12.000 Schilling zu erreichen, aufrecht geblieben war, die niedrigsten Lohnstufen bevorzugt behandelt und generell die KV-Löhne mit Priorität angehoben wurden, ging der Ist-Lohn um mehr als 10 Prozent zurück.[77]) Auch die sogenannte »Verteilungsoption«, die die Gewerkschaft Metall-Bergbau-Energie 1997 und 1998 für die Arbeiter der Metall- und der Erdölindustrie aushandelte und die dann auch für den Bereich der Energieversorgung und der Papierindustrie übernommen wuirde, sollte »zur Verbesserung der Lohnstruktur beitragen«, indem »insbesondere niedrige und einvernehmlich als zu niedrig angesehene Löhne stärker berücksichtigt werden«. Sie ermöglichte eine individuelle Ist-Lohn-Erhöhung über eine Betriebsvereinbarung nach dem Arbeitsverfassungsgesetz, die bis zu einer festgelegten Fallfrist abgeschlossen sein mußte: Die Betriebe hatten die Wahl zwischen einer generellen, einheitlichen Ist-Lohn-Erhöhung oder einer etwas niedrigeren generellen Ist-Lohn-Erhöhung plus 0,5 Prozent der gesamten Lohnsumme, die zusätzlich individuell verteilt wurden. 1998 nahmen weniger Betriebe als 1997 die Option in Anspruch, für 1999 sah Rudolf Nürnberger eine sehr geringe Chance, sie zu erneuern, da der Verhandlungsspielraum wegen der kaum existierenden Inflation klein wurde.[78])

Angesichts der behutsamen Lohnpolitik des ÖGB und seiner Gewerkschaften erscheint es fast zynisch, wenn nicht nur die Arbeitgeber, die sich natürlich eine optimale Ausgangsbasis für die Verhandlungen schaffen wollen, »Maßhalten« einmahnen, sondern wenn auch Wirtschaftsforscher, die es besser wissen müßten, Wettbewerbsfähigkeit, Standortqualität und Arbeitsplätze durch die Lohnabschlüsse in Gefahr sehen. Regelmäßig wird die Erhöhung der Lohnkosten und der Lohnnebenkosten als das entscheidende Wettbewerbshindernis bekämpft. Die durchschnittlichen Kosten einer Arbeitsstunde, Lohnkosten und Lohnnebenkosten zusammengerechnet, lagen in Österreich 1996 tatsächlich um 20 Prozent höher als im EU-Durchschnitt, aber niedriger als in Deutschland, das trotzdem »Exportweltmeister« war. Denn die Lohnkosten für eine Arbeitsstunde machen einen immer geringeren Anteil an den gesamten Produktionskosten eines Industrieunternehmens aus und ihre Aufteilung in Lohnkosten und Lohnnebenkosten ist für die internationale Wettbewerbsposition eines Landes auch nicht relevant. Entscheidend sind vielmehr die gesamten Arbeitskosten je produziertes Stück, die Lohnstückkosten. Die sogenannte »relative Lohnstückkostenposition« stellt den Maßstab für die preisliche Wettbewerbsfähigkeit dar – und sie wird nicht nur von den Arbeitskosten, sondern auch von der Produktivität und dem Wechselkurs bestimmt. Nur das Zusammenspiel aller drei Faktoren ergibt ein korrektes Bild.

Österreich steht, was die Kritiker an der Entwicklung von Lohnkosten und Lohnnebenkosten immer ignorieren, hinsichtlich seiner nach diesen Kriterien festgestellten Wettbewerbsposition im internationalen Vergleich sehr gut da. Während der achtziger Jahre verbesserte sich die relative Lohnstückkostenposition ständig, weil die Zunahme der Kosten pro Arbeitsstunde durch überdurchschnittliche Produktivitätssteigerungen mehr als ausgeglichen wurde. Die Stundenproduktivität in der österreichischen Industrie wuchs während der neunziger Jahre in einem Ausmaß, das nur von Finnland und Irland übertroffen wurde. Die österreichischen Arbeitskosten stiegen zwar während der ersten Hälfte der neunziger Jahre stärker als im Durchschnitt der Handelspartner, aber das war fast ausschließlich der Aufwertung des Schillings zuzuschreiben, und mit der Abwertung des Schillings war in der zweiten Hälfte der neunziger Jahre nur mehr ein unterdurchschnittlicher Arbeitskostenanstieg zu verzeichnen. Das alles bewirkte, daß die Lohnstückkosten in Schilling von 1987 bis 1994 insgesamt nicht anstiegen und in den folgenden Jahren sogar leicht sanken. Die positive Entwicklung der Lohnstückkosten und der Ertragslage der Unternehmen, deren Gewinne und deren Eigenkapital höher geworden sind, dazu die geringe Unternehmensbesteuerung, die praktisch nicht vorhandene Vermögensbesteuerung und ein niedriges Zinsniveau stellen dem Wirtschaftsstandort Österreich das beste Zeugnis aus. Die Klagen der Unternehmer und ihrer Interessenvertretungen über die Gefährdung der Wettbewerbsfähigkeit durch hohe Löhne und Gehälter und hohe Lohnnebenkosten hat also wenig bis nichts mit der realen Situation zu tun. Ganz abgesehen davon, daß die von Arbeitgeberseite angegebene Höhe der Lohnnebenkosten nicht stimmt, weil sie 13. und 14. Monatsbezug den Lohnnebenkosten zurechnen, obwohl es sich eindeutig um fixe Einkommensbestandteile und damit um Direktlohn handelt.[79]) »Wenn immer wieder von Senkung der Lohnnebenkosten gesprochen wird, so bedeutet das schlicht und einfach, zum selben Lohn länger arbeiten zu müssen oder alternativ auf Sozialleistungen zu verzichten«, stellte die Gewerkschaft der Chemiearbeiter in einer Presseaussendung dazu fest.[80])

Eine weitere Behauptung wird immer wieder in den Raum gestellt, um Umverteilung zugunsten des Unternehmenssektors zu begründen: Die Unternehmen würden durch Lohn- und Lohnnebenkosten so stark belastet, daß sie praktisch gezwungen seien, mit möglichst wenig Mitarbeitern auszukommen. Die Lohn- und Gehaltserhöhungen, die die Gewerkschaften in den Kollektivvertragsverhandlungen durchsetzen, seien daher die Hauptursache für die steigende Arbeitslosigkeit. Richard Leutner verwies im Zusammenhang mit der Diskussion um die Lohnsteuerreform darauf, daß selbst die OECD, die lange Zeit ebenfalls diese These vertrat, anderer Ansicht geworden ist, seit eine von ihr in Auftrag gegebene Studie die Haltlosigkeit der Niedriglohnargumentation nachwies: »Aus der Studie ist klar ersichtlich, daß geringerer Lohn überhaupt nicht mit geringerer Arbeitslosigkeit zusammenhängt. In Wahrheit ist praktisch das Gegenteil der Fall.«[81]) Warum Niedriglöhne und große Einkommensunterschiede in einer Gesellschaft keine zusätzlichen Arbeitsplätze schaffen und letztlich auch den Unternehmen schaden, kann erklärt werden: Bei Lohnsenkungen verfällt die Produktivität oft noch schneller als der Lohn, weil die Leistungsmotivation fehlt. Bei sinkenden Löhnen investieren die Unternehmer außerdem immer weniger in die Aus- und Weiterbildung ihrer Beschäftigten, was die Konsequenz hat, daß die Zahl der Arbeitnehmer mit geringer oder veralteter Qualifikation rascher wächst als die Nachfrage nach unqualifizierten Arbeitskräften.[82]) Mit einer Niedriglohnstrategie kann ein modernes hochentwickeltes Industrieland ganz sicher seine Wettbewerbsfähigkeit nicht verbessern.

Arbeitszeit: Flexibilisierung ja – Ausbeutung nein

Das Ziel, die Arbeitszeit in Richtung 35-Stunden-Woche zu verkürzen, das alle ÖGB-Bundeskongresse von 1987 bis 1995 und die Kongresse des Europäischen Gewerkschaftsbundes bestätigten, stößt bei der Unternehmerseite, aber auch häufig in den Medien auf keine besondere Gegenliebe. Relevante Verkürzungen der Wochenarbeitszeit konnten während der neunziger Jahre in den Kollektivvertragsverhandlungen nur in Ausnahmefällen erreicht werden. Erst die Verankerungen in den wichtigsten Kollektivverträgen wäre aber in der österreichischen Tradition die Basis für den Abschluß des vom ÖGB angepeilten Generalkollektivvertrages, der wiederum der entsprechenden Novellierung des Arbeitszeitgesetzes vorangeht. In Frankreich, wo staatliches Eingreifen die Verhandlungsautonomie der Wirtschafts- und Sozialpartner wesentlich stärker begrenzt als in Österreich, wurde die 35-Stunden-Woche 1998 per Gesetz eingeführt. Nach Auskunft der Regierung brachte das schon im ersten Jahr, in dem noch nicht alle Unternehmen zur Umsetzung verpflichtet waren, ein Plus von 57.000 Arbeitsplätzen.[83]) Auch der österreichischen Gewerkschaftsbewegung war der Beschäftigungseffekt von generellen Arbeitszeitverkürzungen immer bewußt. In ihrem Referat nach der Wahl zur Frauenvorsitzenden des ÖGB im Juni 1999 rief deshalb Renate Csörgits das Ziel der 35-Stunden-Woche bei vollem Lohnausgleich als Gegenstrategie zur Arbeitslosigkeit wieder in Erinnerung, um das es während der schwierigen neunziger Jahre »sehr leise geworden« war.[84]) Eine Arbeitszeitverkürzung, deren Effekt durch eine sehr hohe Zahl regelmäßig geleisteter Überstunden neutralisiert wird, und dies wäre in Österreich nicht auszuschließen, würde allerdings wenig Sinn machen.

Die Abwehrargumente der Unternehmerseite gegen eine generelle Arbeitszeitverkürzung laufen darauf hinaus, Österreichs Arbeitnehmerinnen und Arbeitnehmer hätten ohnehin geringe Arbeitszeiten. Ihre in sich logische Schlußfolgerung ist, daß eine weitere Verkürzung der Wochenarbeitszeit der Wirtschaft nur schaden würde, und jahrelang verwies man auch gerne auf den vorgeblich hohen Ausfall durch Krankenstände und Urlaub. Die Realität, zu der die Entwicklung während der neunziger Jahre führte, sieht anders aus. Eine Erhebung von EUROSTAT, dem Statistischen Zentralamt der EU, belegte: Österreichs männliche Arbeitnehmer hatten 1997 zusammen mit ihren Kollegen aus Großbritannien mit 41 Wochenstunden die längste tatsächliche Arbeitszeit in Europa.[85])

Die Unterschiede im Ausmaß der Teilzeitarbeit verzerren zwar den Durchschnittswert für die Arbeitszeit und sind dafür verantwortlich, daß die Niederlande und Dänemark mit 17 und 13 Prozent teilzeitbeschäftigten Männern auch die mit Abstand niedrigsten Wochenarbeitszeiten aufweisen, während in Österreich 1997 fast 97 Prozent der Männer vollzeitbeschäftigt waren. Das allein erklärt aber den Unterschied keineswegs. Denn in Belgien haben zum Beispiel nur wenig mehr männliche Arbeitnehmer Teilzeitverträge als in Österreich, und trotzdem liegt dort die Arbeitszeit um 2,5 Wochenstunden niedriger. Dafür sind zwei Gründe verantwortlich: Zunächst befanden sich die Krankenstände in Österreich Ende der neunziger Jahre mit 13,2 Tagen pro Jahr auf dem niedrigsten Stand aller Zeiten, vor allem weil die Menschen durch die zunehmende Angst um den Arbeitsplatz unter Druck gerieten. So gaben bei einer Befragung 60 Prozent der Handelsangestellten in Oberösterreich an, aus Angst um den Job auch bei Krankheit arbeiten zu gehen. Eine noch wichtigere Rolle spielt aber die Zunahme der regelmäßig geleisteten Überstunden. 1987 waren davon 12 Prozent der Frauen und 23 Prozent der Männer betroffen, 1991 bereits 16 Prozent der Frauen und 29 Prozent der Männer und 1997 leisteten mehr als eine Million Arbeitnehmer, ein Drittel aller unselbständig Beschäftigten, regelmäßig Überstunden, 25 Prozent der Frauen und 39 Prozent der Männer. Das hat nichts mehr mit der Notwendigkeit einer flexiblen Reaktion auf Markt- und Auftragsschwankungen zu tun, sondern hängt damit zusammen, daß Betriebe und auch der öffentliche Dienst Überstunden zunehmend von vorne herein in die Arbeitsorganisation einplanen. Das Arbeitsvolumen, das mit regelmäßigen finanziell entschädigten Überstunden bewältigt wurde, entsprach 1997 rechnerisch mehr als 60.000 Arbeitsplätzen.[86]) Die Überstundenleistungen stiegen von 1995 bis 1998 um 20 Prozent an.[87])

Angesichts dieser Situation bezeichnete der ÖGB-Präsident die »drastische Reduktion von Überstunden« als absolut notwendige arbeitsmarktpolitische Maßnahme, obwohl er sich der Schwierigkeiten bewußt war, weil »es durchaus auch Widerstand in den eigenen Reihen gibt«. Eine Möglichkeit, die diskutiert wurde, um dem Ziel näherzukommen, sieht vor, daß permanente Überstunden ab einer bestimmten Höhe zwingend in Freizeit abgegolten werden müssen. Eine andere Möglichkeit bestünde darin, solche Überstunden steuerlich zu verteuern.[88]) Um die Saisonarbeitslosigkeit im Gastgewerbe zu senken, die in das Budget des Arbeitsmarktservice jährlich ein Milliarden-Loch reißt, schlug die Gewerkschaft Hotel, Gastgewerbe, Persönlicher Dienst vor, 80 der im Schnitt 300 anfallenden Überstunden nicht finanziell abzugelten, sondern sie in beschäftigungsverlängernde Zeiten umzuwandeln, was den Arbeitnehmern außerdem mehr Pensions- und Krankenversicherungszeiten brächte.[89]) Der Gewerkschaft Bau-Holz gelang es 1996, ein Jahresbeschäftigungsmodell für nicht durchgehend beschäftigte Bauarbeiter im Kollektivvertrag zu verankern und damit die Verlängerung des Dienstverhältnisses für diese Gruppe bis zu sechs Wochen zu erreichen. Die positiven Auswirkungen auf die Beschäftigungslage am Bau zeigten sich bereits bis Mitte Jänner 1997. Die Arbeitgeberseite stellte das Jahresbeschäftigungsmodell trotzdem regelmäßig in Frage und verlangte eine weitere Ausdehnung der Wochenarbeitszeit für die Sommermonate mit einer stärkeren Arbeitszeitflexibilisierung. Die GBH warnte vor den Folgen. Einerseits würde dies »unweigerlich zu einer stärkeren Belastung der Gesundheit der Bauarbeiter führen und zugleich die Unfallhäufigkeit erhöhen«, andererseits verkürze die Flexibilisierung im Sommer die Bautätigkeit auf wenige Monate im Jahr und führe unweigerlich zur vermehrten Winterarbeitslosigkeit.[90])

Der EGB-Kongreß 1995 prägte für die Position der Gewerkschaftsbewegung den Begriff der »positiven Flexibilisierung«. Damit war ein Konzept gemeint, das davon ausgeht, daß nicht nur die Arbeitgeber flexible Arbeitskräfte brauchen, sondern die Arbeitnehmer auch flexible Arbeitgeber, die bereit und in der Lage sind, sich den Bedürfnissen der Arbeitnehmer anzupassen, damit der Beruf besser mit familiären und privaten Verpflichtungen in Einklang gebracht werden kann.[91]) Die Diskussion um die Arbeitszeitgestaltung nahm während der neunziger Jahre auch in Österreich an Heftigkeit zu. Im Sommer 1996 faßte der ÖGB, ausge-

Österreichs Gewerkschaftsbewegung
Stationen im Kampf um Lohn und Zeit

1958 Handelsangestellte fordern den freien Samstagnachmittag.

1997 Protest gegen Sonntagsöffnung im Multiplex-Zentrum. De ÖGB wehrt sich gegen Arbeitszeitflexibilisierung, d gemeinsame Freizeit verhindert.

1997 Gewerkschafterinnen gegen Mc Jobs. Die Zunahme von Teilzeitjobs mit geringem Einkommen trifft vor allem Frauen.

1998 50-Stunden-Woche und kei Lohnerhöhung – gegen dieses »Flexibilisierungsangebot« wehre sich die Maler und Anstreicher.

Niedriglohnstrategie bei hohem Produktivitätszuwachs wie um 1930 schadet den Arbeitnehmern und der Wirtschaft. Deshalb will der ÖGB eine produktivitätsorientierte Lohnpolitik.

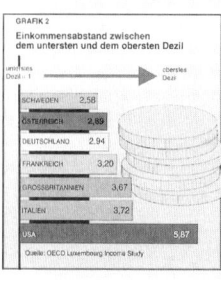

1996 In Österreich ist die Kluft zwischen den Ärmsten und den Reichsten geringer als anderswo. Der Grund: Sozialstaat und solidarische Lohnpolitik.

hend von den Beschlüssen des Bundeskongresses 1995 seine Zielvorstellungen in dieser Frage im »Leitbild Arbeitszeit – Lebenszeit« zusammen. Die zwei Eckpunkte der Gewerkschaftsposition waren: Erstens soll das Arbeitszeitgesetz auch künftig den Rahmen für die Arbeitszeit festlegen. Zweitens soll aber innerhalb dieses Rahmens der Kollektivvertrag flexiblere branchen- und betriebsspezifische Regelungen zulassen können, wo natürlich auch weitere Schritte der Arbeitszeitverkürzung von Bedeutung sind. Es ging also darum, den Spielraum des Kollektivvertrages auszuweiten, ohne die grundlegenden Bestimmungen des Arbeitszeitgesetzes zu unterlaufen.[92])

Die Unternehmervertreter, die sich in dieser Frage eindeutig neoliberalen Konzepten verschrieben, forderten dagegen, daß flexible Arbeitszeit firmenweise eingeführt werden darf – ohne Schutz durch Kollektivverträge, nur per Betriebsvereinbarung oder gar per Einzelvertrag mit den Beschäftigten. Der Druck, dem die einzelnen Arbeitnehmer durch Sorge um den Arbeitsplatz und die Abhängigkeit von der Unternehmensleitung ohnehin ausgesetzt sind, aber auch die Drucksituation, in der die Betriebsräte stehen, sollte für einen Flexibilisierungswettbewerb zwischen den Betrieben zum Nachteil der Arbeitnehmer ausgenützt werden. 1997, nach mehrmonatigen Verhandlungen, gelang es dem ÖGB, seinen Standpunkt durchzusetzen. Mit der Novellierung des Arbeitszeitgesetzes wurden zwar die Flexibilisierungsmöglichkeiten, die teilweise schon bestanden hatten, erweitert, aber ohne Änderung der täglichen Normalarbeitszeit von acht Stunden und der wöchentlichen Normalarbeitszeit von 40 Stunden und nur dann, wenn vorher Gewerkschaft und Arbeitgeber die Spielregeln in einem Kollektivvertrag festgelegt haben. So kann der Ausgleich für Flexibilisierungsschritte je nach den Besonderheiten der Branche gestaltet werden, sei es in Form einer Arbeitszeitverkürzung, sei es in Form der Einführung von Lebensarbeitszeitformen, sei es, indem die Arbeitnehmer mehr Freiräume erhalten, oder sei es durch das Bereitstellen von Bildungszeit. Der erste Kollektivvertrag, der die neuen gesetzlichen Möglichkeiten in die Praxis umsetzte, war der mit 1. März 1997 in Kraft getretene KV für das Metallgewerbe.[93])

Besonders heftig umstritten war die Neuregelung der Sonn- und Feiertagsruhe im Arbeitsruhegesetz, die gleichzeitig mit der Novelle zum Arbeitszeitgesetz erfolgte. Viele befürchteten ein Abgehen von dem Grundsatz des arbeitsfreien Sonn- und Feiertages und vergaßen dabei, daß Ausnahmegenehmigungen schon bisher nicht nur für die Krankenversorgung, den Freizeitbereich oder den Fremdenverkehr möglich waren, sondern auch, wenn »technologische Notwendigkeiten« ins Treffen geführt wurden. Bisher war das Sozialministerium die einzige Instanz gewesen, die Sonn- und Feiertagsarbeit genehmigen konnte, und zwar immer nur für das gesamte Bundesgebiet. Mit der Gesetzesnovelle wurde auch der Kollektivvertrag ermächtigt, bei Vorliegen dringender wirtschaftlicher Bedürfnisse und zur Arbeitsplatzsicherung Sonn- und Feiertagsarbeit zuzulassen. Dies brachte für die Arbeitnehmer mehrere Vorteile. Zunächst kann die Ausnahmeregelung auf bestimmte Unternehmen begrenzt werden, ferner besteht die Möglichkeit, ausgleichende Maßnahmen wie arbeitnehmerfreundliche Schichtplanung oder eine Begrenzung der Häufigkeit der Sonntagsarbeit festzulegen, und schließlich gibt es bessere Chancen, die oft sehr weitherzige Interpretation des Ausnahmegrundes »technologische Notwendigkeit« einzuschränken.[94])

Die Debatte um die Sonntagsarbeit war deswegen so heftig, weil es sich nicht um irgendeinen freien Tag handelte, sondern um den einheitlich festgelegten Ruhetag der Gesellschaft, um gleichzeitige und daher gemeinsame Freizeit. Die Position der Gewerkschaftsbewegung, die das Grundprinzip der Sonntagsruhe in Allianz mit den Kirchen verteidigte, war eindeutig: Der Tausch des arbeitsfreien Sonntages gegen einen freien Wochentag »ist der Schlüssel zu jener Tür, an der groß das Schild ›Arbeit rund um die Uhr‹ hängt. Wenn man hier konsequent weiterdenkt, kommt man automatisch zum 24-Stunden-Arbeitstag. Wir müssen uns die Möglichkeit erhalten, daß die Familien und die Gemeinschaft einander begegnen können. Daher wollen wir nicht die totale Verfügbarkeit. Alle Pläne, daß der einzelne rund um die Uhr dem Produktionsprozeß untergeordnet wird, sind das genaue Gegenteil von dem, was wir wollen. Der freie Sonntag und die Feiertage gehören zur Kultur des gesellschaftlichen und familiären Zusammenlebens. Das ist besonders in einer Zeit wichtig, in der es ohnehin spürbare Trends zur Auflösung der Gesellschaft und zur Ausbreitung der Ellbogenmentalität gibt.«[95]) Das immer wieder vorgebrachte Gegenargument, Sonntagsarbeit diene der Rettung von Unternehmen und damit der Arbeitsplatzsicherung, konnte der Schweizer Gewerkschafter Charles Steck mit einem eindrücklichen Beispiel widerlegen: »Alle Unternehmen, die in der Schweiz Sonntagsarbeit eingeführt haben, gibt es nicht mehr.«[96])

Weil Gewerkschafter die Realität kennen, erwies sich auch die Befürchtung mancher, vor allem der Verbündeten aus dem kirchlichen Bereich, als unbegründet, das Genehmigungsrecht durch die

Kollektivverträge werde im Interesse der Arbeitsplatzsicherung zur Liberalisierung führen. Die Gewerkschaften gingen vielmehr mit ihrer neuen Befugnis sehr verantwortungsvoll um und räumten dem freien Sonntag hohe Priorität ein. Niederösterreichs Landeshauptmann und der Wirtschaftsminister waren in dieser Frage weniger konsequent. Der Landeshauptmann genehmigte den offenen Sonntag im Multiplex, einem Kino- und Freizeitzentrum in Wiener Neudorf, der Wirtschaftsminister kam am offenen Sonntag demonstrativ zu Besuch. Da die Genehmigung zwar das Offenhalten umfaßte, nicht aber den Einsatz von Arbeitnehmern, wurde von den beteiligten Geschäftsleuten ein Trick gefunden, um ihre Mitarbeiter zu Gesellschaftern einer Scheinfirma zu erklären, für die ja das Arbeitszeitgesetz nicht gilt.[97]) Nach heftigen Auseinandersetzungen und Protestaktionen klagte die niederösterreichische Arbeiterkammer einen der im Multiplex angesiedelten Betriebe wegen unlauteren Wettbewerbes mit Hilfe von Umgehungskonstruktionen. Sowohl das lokale Gericht als auch das Oberlandesgericht bestätigten die Gewerkschaftslinie.[98]) Aber der Kampf um menschengerechte Lösungen bei der Liberalisierung der Ladenöffnungszeiten, der mit einem Urteil des Verfassungsgerichtshofes aus dem Jahr 1988 für das durchgehende Offenhalten am Samstag begonnen hatte[99]), wird sicher nicht zu Ende sein.

Organisation für die Zukunft

Daß der Mensch im Mittelpunkt zu stehen hat, muß als Vermächtnis an neue Generationen weitergegeben werden

Da jede gesellschaftliche Institution und Einrichtung bei längerem Bestand Abnützungserscheinungen unterworfen ist, müssen auch die Gewerkschaften eine kritische Einstellung zu ihrer Tätigkeit haben und die Motivation zu immer neuen Leistungen im Rahmen der gegebenen Möglichkeiten aufbringen. ... Wie immer der Weg der Gewerkschaften weitergehen wird, eines muß ihrer Tätigkeit immer voranstehen: Sie und ihr Organisationsapparat sind nicht Selbstzweck, sie haben für die Mitglieder und darüber hinaus für alle Arbeitnehmer da zu sein. Daß der Mensch im Mittelpunkt zu stehen hat, muß als Vermächtnis an neue Generationen weitergegeben werden.

Fritz Klenner

Es gehört zur guten Tradition der Organisationskultur des ÖGB, zu Beginn jedes Bundeskongresses vor dem Eintreten in die politische Tagesordnung der verstorbenen Kolleginnen und Kollegen zu gedenken, die für die Gewerkschaftsbewegung Verantwortung übernommen hatten, und so ihren Beitrag für die Gemeinschaft zu würdigen. Im Sinne dieser Tradition und im Sinne Fritz Klenners soll der Abschnitt, der sich mit der aktuellen Entwicklung der Organisation von ÖGB und Arbeiterkammern befaßt, mit der Erinnerung an einige Menschen aus der Gewerkschaftsbewegung beginnen, die zum Teil noch bis in die achtziger Jahre hinein die Diskussion zur Standortbestimmung und die politische Kultur Österreichs mitprägten. Gemeinsam war ihnen das Bekenntnis zur überparteilichen und einheitlichen Gewerkschaftsbewegung. Die Vielfalt der Persönlichkeiten, Biographien und weltanschaulichen Überzeugungen zeigt die Vielfalt der Impulse, die die Lebendigkeit der Gewerkschaftsorganisation und ihrer Geschichte ausmachen.

Ohne Fritz Klenner, der in der Reihe der prägenden Gewerkschafter als einer der ersten zu nennen ist, wäre diese Geschichte wohl nie geschrieben worden – und sicher nicht vom Grundsatz ausgehend »Geschichtliche Erkenntnis ist eine teilnehmende Erkenntnis«. Er gehörte nicht zu jenen, die heikle Themen ausließen oder Fakten im Interesse einer beschönigenden Darstellung geglättet hätten. Aber er lehnte jene falsche historische Objektivität ab, die vorgibt, ihrem Gegenstand gegenüber neutral zu sein. Denn die distanzierende Sonde der Wissenschaft benötigt um der gesellschaftlichen, demokratischen und menschlichen Verantwortung willen die Sonde der teilnehmenden Erkenntnis als Korrektiv. Die folgenden »Lebensbilder« (um einen altmodischen, aber noch immer treffenden Ausdruck zu gebrauchen) versuchen, diesem Anspruch gerecht zu werden.[1])

Vermittler von Erkenntnis und Grundsätzen

Franz Senghofer (1904 bis 1998), der große Arbeiterbildner, leitete von 1946 bis 1971 das ÖGB-Bildungsreferat und war ab 1959 gleichzeitig Leitender Sekretär des ÖGB. Bereits mit 17 Jahren machte die Bankangestelltengewerkschaft ihn, der als Laufbursche einer Bank gearbeitet hatte, zu einem ihrer Sekretäre. Er blieb für seine Gewerkschaft als Bildungsfunktionär weiter aktiv, als er 1925 in die Sozialistische Bildungszentrale wechselte, deren Leiter Josef Luitpold Stern für seine Arbeit auch in der Bildungsorganisation des ÖGB prägend wurde und dessen Andenken er mit der Benennung des Erwachsenenbildungspreises des ÖGB lebendig hielt. Unter Franz Senghofer entstanden nach 1945 die Gewerkschaftsschulen in Wien und in zahlreichen Städten Österreichs. Er war Mitbegründer des Berufsförderungsinstitutes der Arbeitnehmerinteressenvertretungen und Initiator des Ausbaues der Betriebsbüchereien, der ÖGB-Filmstelle und des Sozialtourismus. Die Übernahme des Wiener Volkstheaters durch den ÖGB ging ebenfalls maßgeblich auf seine Initiative zurück. Gemeinsam mit Direktor Leon Epp durchbrach er dort den Brecht-Boykott der Wiener Bühnen und begründete mit der Wiener Arbeiterkammer und Stadt Wien als Partner die Aktion »Volkstheater in den Außenbezirken«. Denn die Aufgabe der gewerkschaftlichen Bildungsarbeit sah Franz Senghofer nicht nur in der fachlichen Qualifikation der Funktionäre, sondern in der Bildung des »ganzen Menschen«, die für ihn Voraussetzung für die überzeugte und politisch bewußte Vertretung der gewerkschaftlichen Idee war.[2])

Fritz Klenner (1906 bis 1997) gestaltete weit mehr als die Hälfte der über 100jährigen Geschichte der österreichischen Gewerkschaftsbewegung mit und wurde gleichzeitig zu ihrem bedeutendsten Chronisten. Er war 1956 bis 1959 gemeinsam mit Anton Benya Stellvertretender ÖGB-Generalsekretär, 1960 bis 1979 Obmann der ÖGB-Kontrollkommission, 1963 bis 1972 Generaldirektor und dann bis 1981 Aufsichtsratsvorsitzender der Bank für Arbeit und Wirtschaft. Wie die meisten Arbeitnehmerfamilien konnten sich auch die Eltern Fritz Klenners im Österreich der zwanziger Jahre ein teures Studium für ihren Sohn nicht leisten. Deshalb absolvierte er nach dem Besuch der Unterstufe der Realschule eine Lehre als Bankkaufmann. Er schloß sich der Sozialistischen Arbeiterjugend und der freien Gewerkschaftsbewegung an und war bis 1934 Betriebsrat und Funktionär des Bundes der Bank- und Sparkassengehilfen. In der Zeit der »Ständestaat«-Diktatur und des braunen Faschismus stand er aktiv zu den in Illegalität und Untergrund gedrängten Gesinnungsfreunden. Nach der Rückkehr aus Krieg und Gefangenschaft betraute der Leitende Sekretär des ÖGB, Anton Proksch, ihn, der in der Ersten Republik bereits ehrenamtlicher Redakteur und Bildungsreferent gewesen war, mit dem Aufbau des Pressewesens des Gewerkschaftsbundes. Während seiner Tätigkeit als Pressereferent von 1945 bis 1955 gründete und leitete er den Verlag des ÖGB und schuf damit eine entscheidende Voraussetzung für die Bildungs- und Informationsarbeit der Gewerkschaften. Neben seinen vielfältigen organisatorischen, wirtschaftlichen und politischen Tätigkeiten – er war von 1956 bis 1971 auch SPÖ-Nationalratsabgeordneter und maßgeblich an der Formulierung des SPÖ-Parteiprogrammes von 1958 beteiligt – fand Fritz Klenner Zeit und Kraft für eine umfangreiche Tätigkeit als Autor. Mit seinen Büchern wollte er nicht so sehr Wissenschafter und politische Kommentatoren beeindrucken (was ihm nebenbei auch noch gelang), sondern Gewerkschaftsmitgliedern und –funktionären und darüber hinaus möglichst vielen Arbeitnehmern Anstöße zum Mitdenken geben und Mut zum »kritischen Optimismus« machen. Dies gilt besonders für seine Arbeit als Gewerkschaftshistoriker, deren Ergebnisse er ab 1951 bis zum Stand von 1978 in einem großen dreibändigen Werk veröffentlichte. 1987 folgte die einbändige Ausgabe, die neue Forschungsergebnisse berücksichtigte und die Entwicklung bis zum 11. ÖGB-Bundeskongreß einbezog. Dabei, sagte Hans Fellinger, zeichnete Fritz Klenner aus, »daß er stets nicht nur die Vergangenheit der Gewerkschaftsbewegung erforscht, sondern auch über künftige Entwicklungen nachgedacht hat«.[3])

Josef Hindels (1916 bis 1990) zählte nach den Worten Alfred Dallingers »zu jener Generation in der Geschichte der Arbeiterbewegung, die die Menschen persönlich beeindrucken konnte – und dies nicht nur durch Worte, sondern durch ihre Beispielwirkung auch in den sogenannten kleinen Dingen des Lebens«. Er war von 1953 bis 1970 der für die Bildungsarbeit zuständige Zentralsekretär der Gewerkschaft der Privatangestellten, aber weit über diesen Wirkungskreis hinaus für Generationen von jungen Menschen in Gewerkschaftsbewegung und Sozialdemokratie Vermittler einer antifaschistischen, kapitalismuskritischen, für Solidarität und Internationalismus eintretenden politischen Bildung. Josef Hindels, durch die sozialdemokratischen Jugendorganisationen der Ersten Republik geprägt, wurde als Siebzehnjähriger zum ersten Mal wegen Beteiligung am Kampf gegen den autoritären »Ständestaat« verhaftet. Er engagierte sich in der illegalen österreichischen Arbeiterbewegung und dann in der freigewerkschaftlichen Exilorganisation in Schweden; seine Eltern wurden von den Nazis ermordet. Der Widerstand gegen Hitler-Deutschland war für ihn eines der wichtigsten Ereignisse in der Geschichte Österreichs und auch in der Geschichte der österreichischen Gewerkschaftsbewegung. Sein großes Anliegen war es, daß das Wissen darüber nicht in Vergessenheit gerät. Auch mit Büchern wie »Österreichs Gewerkschaften im Widerstand« und seinem Einsatz im Rahmen des Bundes sozialdemokratischer Freiheitskämpfer und Opfer des Faschismus, an dessen Spitze in der zweiten Hälfte der neunziger Jahre der ehemalige Leitende ÖGB-Sekretär Alfred Stroer trat, leistete er dazu einen entscheidenden Beitrag.[4])

Hans Fellinger (1929 bis 1998) war als Leiter des ÖGB-Pressereferates Autor des Vorwortes zur ersten Ausgabe dieses Buches. Zusammen mit Gottfried Duval, dem späteren Chefredakteur des Grundsatz- und Diskussionsorganes der Gewerkschaftsbewegung »arbeit&wirtschaft« verfaßte er das Personen- und Sachregisters der ersten zwei Bände von Fritz Klenners großer Gewerkschaftsgeschichte. Er kam als Werkstudent frühzeitig in Berührung mit der Gewerkschaftsbewegung. 1953 begann er seine Arbeit im ÖGB-Pressereferat, für das er von 1972 bis 1989 verantwortlich war. Als Schüler Fritz Klenners hatte er in den sechziger Jahren großen Anteil an der Modernisierung der Gewerkschaftspresse. Er war mit ihm darüber hinaus in dem gemeinsamen Anliegen der »so wichtigen Aufarbeitung unserer Vergangenheit« verbunden und sah deshalb in dem »wachsenden Interesse für unsere Wurzeln, das in den satten Jahren der Hochkonjunktur zu verschwinden schien« ein positives Signal. Mit »seiner« Panoramaseite in der ÖGB-Mitgliederzeitschrift »Solidarität«, die die gewerkschaftliche Chronik Monat für Monat festhielt, schrieb er selbst ein Stück Zeitgeschichte der österreichischen Gewerkschaftsbewegung. Wie Fritz Klenner ging es ihm darum, sich mit »kritischem Optimismus« an die gewerkschaftlichen Vertrauenspersonen zu wenden, »denn nur wenn auch sie diese Haltung mittragen, können die Gewerkschaften die Chancen zugunsten der Arbeitnehmer nützen, die ihnen ... neue Technologien eröffnen«.[5])

Gründer und Gestalter

Josef Battisti (1900 bis 1990) war einer der »Gründerväter« des ÖGB. Mit dem Gründungspräsidenten Johann Böhm verband ihn die gemeinsame Arbeit für die Baugewerkschaft der Ersten Republik, wo ihm die Einigung aller Zimmerergehilfen in einer Organisation gelang. Von 1934 bis 1938 spielte er bei der Neuorganisation der in die Illegalität gedrängten freien Gewerkschaftsbewegung eine bedeutende Rolle. 1945 fand in Josef Battistis Wohnung jene Besprechung der Vertrauensmänner der ehemaligen Freien Gewerkschaften statt, bei der die Grundlagen für die Errichtung des ÖGB festgelegt wurden. Bei der offiziellen Gründung führte er zusammen mit Johann Böhm den Vorsitz. Er selbst übernahm aber keine leitende Funktion für die Gesamtorganisation, sondern widmete sich ganz »seiner« Bau- und Holzarbeitergewerkschaft, als deren stellvertretender Obmann er maßgeblich an der Schaffung der Bauarbeiterurlaubskasse beteiligt war.

Erwin Altenburger (1903 bis 1984), der als junger Schuhmacher den Weg zur christlichen Gewerkschaftsbewegung gefunden hatte, war vom ersten Bundeskongreß des ÖGB 1948 bis 1975 Vizepräsident des Gewerkschaftsbundes, und von 1952 bis 1975 Vorsitzender der von ihm gegründeten Fraktion christlicher Gewerkschafter. Während der Ersten Republik engagierte er sich als Mitarbeiter der Zentrale der christlichen Gewerkschaften und dann in dem vom »Ständestaat« eingerichteten »Gewerkschaftsbund der österreichischen Arbeiter und Angestellten«. Als bekannter Gegner des Nationalsozialismus wurde er im März 1938 von der SS verhaftet. Nachdem er freigelassen worden war, bildete er mit Lois Weinberger eine Zelle der österreichischen Widerstandsbewegung. 1945 setzten er und Weinberger sich gemeinsam mit dem sozialistischen Gewerkschafter Johann Böhm für die Gründung eines einheitlichen und überparteilichen Gewerkschaftsbundes ein. Auch in seiner politischen Tätigkeit – er war 1947 bis 1949 Minister der Regierung Figl und langjähriger ÖVP Nationalratsabgeordneter – standen für Erwin Altenburger die Ideen der katholischen Soziallehre im Vordergrund. Die Haltung Johann Böhms, dessen Todestag sich 1999 zum vierzigsten Mal jährte, war auch seine Leitlinie für die Arbeit in der Gewerkschaftsbewegung: »Wir werden uns nicht zur gegensätzlichen Weltanschauung bekennen, aber wir müssen in gegenseitiger Achtung gemeinsam das Beste für die Arbeitnehmer erreichen.«

Josef Zak (1905 bis 1991) wurde 1945, noch in der Gründungsphase, zum Kassier des ÖGB berufen und war 1959 bis 1971 als Leitender Sekretär für die Geschäftsbereiche Finanzen, Rechtsgeschäfte, Liegenschaftsverwaltung und Personalangelegenheiten zuständig. Im Auftrag der Republik Österreich übernahm er bereits in der unmittelbaren Nachkriegszeit die Aufgabe, das Vermögen der nationalsozialistischen Deutschen Arbeitsfront festzustellen und bis zur Rückgabe an die rechtmäßigen Eigentümer, darunter vor allem die Rechtsnachfolger der Gewerkschaften der Zwischenkriegszeit, zu verwalten. Seine Kompetenz als anerkannter Finanzexperte – er war über lange Zeit auch Vorstandsvorsitzender der Arbeiterbank, der späteren BAWAG – erwarb sich der gelernte Eisendreher Josef Zak, der seine Tätigkeit für die Gewerkschaftsbewegung als Jugendobmann des Metallarbeiterverbandes der Ersten Republik begonnen und dann von 1927 bis 1934 eine Lehrlingsschutzstelle der Wiener Arbeiterkammer geleitet hatte, durch Weiterbildung und praktische Erfahrung. 1945 stellte er diese Kompetenz sofort dem ÖGB zur Verfügung.

Hertha Firnberg (1909 bis 1994), die Wissenschaftsministerin der SPÖ-Alleinregierungen unter Bruno Kreisky von 1970 bis 1983, begann ihre Laufbahn im Bereich der Arbeitnehmerinteressenvertretungen. Von 1948 bis 1969 leistete die Sozial- und Wirtschaftshistorikerin mit ergänzendem Statistikstudium als leitende Sekretärin, Leiterin der Statistikabteilung und später Leiterin der Studienbibliothek der niederösterreichischen Arbeiterkammer einen wesentlichen Beitrag für die interessenpolitische Grundlagenarbeit. Bereits in der Ersten Republik Mitglied der Sozialdemokratie, machte Hertha Firnberg ihr Siedlungshaus in den Jahren des Faschismus zum Sammelpunkt vieler Regimegegner. Vor dem Beginn ihrer Tätigkeit in der AK Niederösterreich arbeitete sie kurz für die Stadt Wien und dann als Bibliothekarin und Assistentin an der Universität Wien. Neben ihren anderen politischen Funktionen setzte sich Hertha Firnberg als Vorsitzende des Bundesfrauenkomitees der SPÖ von 1966 bis 1981 vehement für die Chancengleichheit der Frauen in Bildung und Arbeitswelt ein. Ihre bleibenden Verdienste für die Bildungspolitik waren die bewußte Öffnung der Universitäten auch für Frauen und für Jugendliche aus einkommensschwächeren Arbeitnehmerfamilien und die Demokratisierung des Hochschulbereiches. Kompetent, unbequem und engagiert, verschaffte sie sich bei Professoren und Regierungskollegen das notwendige Gehör. Karl Waldbrunner, Hertha Firnberg und Anton Benya seien jene österreichischen Politiker gewesen, sagte Nationalratspräsident Heinz Fischer, »die Bruno Kreisky am meisten respektierte«.

Grete Rehor, geborene Daurer (1910 bis 1987), die Sozialministerin der ÖVP-Alleinregierung unter Bundeskanzler Klaus von 1966 bis 1970, war die erste Frau mit einem Ministeramt in der österreichischen Geschichte. Während der Ersten Republik gehörte sie als Delegierte der Hauptstelle der christlichen Gewerkschaftsjugend dem Jugendbeirat der Wiener Arbeiterkammer an, dem ersten österreichischen überparteilichen »Jugendparlament«, in dem der spätere Leitende Sekretär des ÖGB und Sozialminister Anton Proksch die Lehrlingssektion des Bundes der Freien Gewerkschaften vertrat. Der Jugendbeirat initiierte mit Unterstützung aller Fraktionen 1930 die Aktion »Jugend in Not« für die große Zahl der Jugendlichen, die in der Wirtschaftskrise keine Chance auf Ausbildung und Arbeit hatten. Aus dieser Aktion ging die Einrichtung »Jugend am Werk« hervor[6], die mit ihrer Erfahrung wesentlich zum Aufbau des »Auffangnetzes« für Jugendliche ohne Lehrstelle in der zweiten Hälfte der neunziger Jahre beitragen konnte. Der Einsatz für die sozial Benachteiligten war für Grete Rehor Konsequenz ihres christlichen Glaubens. Nach 1945 wirkte sie als Funktionärin der Textilarbeitergewerkschaft, zu deren stellvertretenden Vorsitzenden sie gewählt wurde, und als stellvertretende Vorsitzende der ÖGB-Frauenabteilung am Aufbau des einheitlichen, überparteilichen Gewerkschaftsbundes mit.

Wilhelm Hrdlitschka (1910 bis 1994), von 1964 bis 1975 Präsident der Wiener Arbeiterkammer und des Österreichischen Arbeiterkammertages, kam 1929 als »Ingenieurschüler« über die Hospitantengruppe des Bundes der Industrieangestellten zur freien Gewerkschaftsbewegung. Noch während seiner Ausbildung am Wiener Technologischen Gewerbe-Museum erlernte er das Schlosserhandwerk, konnte aber in Österreich keine Arbeit finden und nahm deshalb einen Techniker-Posten in der Sowjetunion an, aus der er 1938 zurückkehrte. Während der Nazi-Zeit stand er als »politisch verdächtig« unter Meldepflicht bei der Gestapo. Nach der Rückkehr aus der russischen Kriegsgefangenschaft war Wilhelm Hrdlitschka zunächst für die Gewerkschaft der Privatangestellten tätig, wechselte 1956 als Zentralsekretär zur Gewerkschaft der Chemiearbeiter und wurde 1962 zu deren Vorsitzendem gewählt. Er war einer der führenden Industrieexperten der Gewerkschaftsbewegung und brachte sein Verhandlungsgeschick und seine Kompetenz auch in seine Aufgaben im Bereich der Verstaatlichten Industrie ein, zuletzt bis 1985 als Aufsichtsratsvorsitzender der ÖIAG.

Erich Hofstetter (1912 bis 1987), Leitender Sekretär des ÖGB von 1959 bis 1983, schloß sich bereits ab Beginn seiner Ausbildung als Druckerlehrling der freien Gewerkschaftsbewegung an. Er war Jugendvertrauensmann, besuchte die Arbeitermittelschule und wurde Funktionär der SAJ, der Sozialistischen Arbeiterjugend.

In der Wirtschaftskrise der dreißiger Jahre traf ihn wiederholt das Schicksal der Arbeitslosigkeit. Nach dem Zweiten Weltkrieg arbeitete er zunächst im Betriebsreferat der SPÖ und kam dann 1956 als Sekretär in den ÖGB. Als Leitender Sekretär war er für den Aufgabenbereich Organisation, für die Koordination der Arbeit der Gewerkschaften und der Landesexekutiven zuständig und er vertrat den ÖGB im wichtigsten Gremium der Wirtschafts- und Sozialpartnerschaft, der Paritätischen Kommission. Für die SPÖ übte er von 1962 bis 1971 ein Nationalratsmandat aus und wirkte noch bis zum 11. Bundeskongreß des ÖGB als Bundessekretär der Fraktion sozialistischer Gewerkschafter. Erich Hofstetter, den eine langjährige Freundschaft mit Anton Benya verband, stand selbst nie im Vordergrund, aber er konnte vieles bewirken.

Fred Margulies (1917 bis 1986), eine Zeit lang Vorsitzender der Arbeitsgemeinschaft für gewerkschaftliche Einheit im ÖGB, die sich nach dem Einmarsch der Warschauer-Pakt-Truppen in die ČSSR von der kommunistischen Fraktion getrennt hatte, war bereits während seines Maschinenbaustudiums politisch aktiv. Er emigrierte 1938 in das damalige Palästina und schloß seine Hochschulausbildung in Haifa ab. Der Schwerpunkt seiner gewerkschaftlichen und wissenschaftlichen Tätigkeit lag bei der Entwicklung der Automation und ihren sozialen Auswirkungen. Von 1967 bis 1980 war er in der Gewerkschaft der Privatangestellten hauptamtlich mit diesem Aufgabenbereich befaßt. Als Lehrbeauftragter der Technischen Universität Wien und Geschäftsführer der Arbeitsgemeinschaft für Automatisierungstechnik und durch seine wissenschaftlichen Publikationen leistete Fred Margulies einen wichtigen Beitrag zum Brückenschlag zwischen Gewerkschaftsbewegung und Wissenschaft. Sein engagiertes Eintreten für Demokratie und Mitbestimmung wurde über die fraktionellen Grenzen hinweg anerkannt.

Adolf Czettel (1924 bis 1988), von 1976 bis 1988 als Nachfolger Wilhelm Hrdlitschkas Präsident der Wiener Arbeiterkammer und des Österreichischen Arbeiterkammertages und Wiener Landesvorsitzender der Gewerkschaft Metall-Bergbau-Energie, begann seine gewerkschaftliche Laufbahn als Bildungsreferent des Betriebsrates der Firma, in der er als Maschinenschlosser arbeitete. Von Anfang an sah er den Zugang zu Bildung und Wissen als einen Grundstein für fortschrittliche Veränderungen im Sinne der Arbeitnehmer. Unter seiner Leitung erhielten Bildung und Kultur in der Arbeiterkammer einen neuen interessenpolitischen Stellenwert. Er war gleichzeitig einer der ersten, die den Dialog zwischen Wirtschaftsinteressen und Umweltanliegen als wesentlich erkannten und forcierten. Als SPÖ-Nationalratsabgeordneter und Präsident des Hauptverbandes der österreichischen Sozialversicherungsträger spielte Adolf Czettel auch eine bedeutende Rolle im Bereich der Sozialpolitik. In der Sache konsequent, aber in der Verhandlungsführung konziliant und kompromißfähig, war er einer der herausragenden Repräsentanten der Wirtschafts- und Sozialpartnerschaft.

Alfred Dallinger (1926 bis 1989), der Vorsitzende der Gewerkschaft der Privatangestellten und bedeutende Sozialminister der achtziger Jahre, starb zusammen mit GPA-Zentralsekretär Richard Wonka bei einem Flugzeugabsturz. Der kritische Vordenker in vielen Bereichen, der sich während seiner Drogistenlehre der Gewerkschaftsjugend angeschlossen hatte, blieb nur in einer einzigen Frage »Traditionalist«: Er lehnte eine weitere Organisationsentwicklung in Richtung Industriegruppen ab, »weil daraus nichts anderes entstehen kann als Unruhe in den eigenen Reihen«.[7]) Gleichzeitig zeichnete er aber als Sozialminister für die Angleichung der Arbeiter- an die Angestelltenrechte bei der Sonn- und Feiertagsruhe verantwortlich. Viele der zunächst oft als »utopisch« angesehenen Ideen und Vorstellungen Alfred Dallingers wurden später zu Forderungen der gesamten Gewerkschaftsbewegung, etwa die paritätische Mitbestimmung oder die von mancher Seite als »Maschinensteuer« abqualifizierte Wertschöpfungsabgabe. »Der aufrechte Sozialist und Antifaschist«, so charakterisierte ihn Fritz Verzetnitsch, »bekämpfte die Arbeitslosigkeit und nicht die Arbeitslosen, er bekämpfte die Ausländerfeindlichkeit und nicht die Ausländer, und er wollte echte Mitbestimmung.«[8])

Leopold Summerauer (1930 bis 1990) war ab 1958 Bundessekretär der Katholischen Arbeitnehmerbewegung Österreichs und als Präsidiumsmitglied der Fraktion christlicher Gewerkschafter auch Mitglied des ÖGB-Bundesvorstandes. Der Absolvent der Ingenieurschule für Maschinenbau verdiente sich seinen Lebensunterhalt als Bäckereiarbeiter, bis er 1948 die Aufgabe eines Sekretärs der Katholischen Arbeiterjugend der Erzdiözese Wien übernahm. Von 1955 bis 1958 war er dann Sekretär und Redakteur der Bundesführung der Katholischen Arbeitnehmerbewegung. Für die Interessen behinderter Mitmenschen setzte er sich auch in seinen Wortmeldungen im ÖGB-Bundesvorstand und in seiner publizistischen Tätigkeit vehement ein. Die Aussöhnung von Arbeitnehmern und Kirche, die zu einem entscheidenden Faktor des inneren Friedens der Zweiten Republik wurde, machte Leopold Summerauer zu seinem Lebensziel. Deshalb war ihm das Zustandekommen des »Sozialhirtenbriefes der katholischen Bischöfe Österreichs«, dessen Veröffentlichung im Mai 1990 er noch miterleben durfte, ein besonderes Anliegen.

Johann Gassner (1933 bis 1985), nach der HTL-Matura zunächst als Hilfsarbeiter im Straßenbau tätig, bis er als Beamter in die niederösterreichische Straßenbauverwaltung aufgenommen wurde, war von 1975 bis 1985 Bundesvorsitzender der Fraktion christlicher Gewerkschafter. Als der prononcierte ÖVP-Politiker – er war Nationalratsabgeordneter und stand einige Zeit an der Spitze des ÖAAB – diese Funktion übernahm, befürchteten manche im ÖGB, dies sei ein Signal, daß die christliche Fraktion die von Erwin Altenburger vorgegebene Linie verlassen wolle, die Anliegen der gemeinsamen Gewerkschaftsbewegung über parteipolitische Interessen zu stellen. Er konnte diese Bedenken sehr rasch ausräumen und erwies sich als verläßlicher Gewerkschafter mit festverankerter weltanschaulicher Grundlage in der christlichen Sozialehre. Noch kurz vor seinem Tod nahm Johann Gassner an der Festveranstaltung zum 40jährigen Gründungsjubiläum des ÖGB am Wiener Westbahnhof teil, wo er gemeinsam mit Anton Benya »in offener Diskussion auch Antworten für die Zukunft der Arbeit und die Rolle der Gewerkschaften« suchte.

Die Konfrontation der Gewerkschaftsbewegung mit den Umbrüchen auf dem Arbeitsmarkt

Mitgliederstand und Organisationsdichte von Gewerkschaften spiegeln die Bedingungen wider, unter denen die Vertretung von Arbeitnehmerinteressen stattfindet – und gleichzeitig die Fähigkeit gewerkschaftlicher Organisation, die Arbeitnehmerinnen und Arbeitnehmer immer wieder neu davon zu überzeugen, daß sie die Gewerkschaftsbewegung brauchen. In Zeiten so grundlegender Umbrüche in Gesellschaft, Wirtschaft und Arbeitsmarkt, wie sie seit den achtziger Jahren vor sich gehen, wird dies besonders deutlich.

Neue Produktionsformen und neue Ansätze der Betriebsorganisation, die Auslagerung von Unternehmensteilen, das Schrumpfen ehemals beschäftigungsintensiver Branchen, Privatisierungen und Ausgliederungen, der Rückgang der Beschäftigung in der Sach-

ÖGB-Mitgliederbewegung 1987 bis 1998

Datum	Männer	in %	Frauen	in %	insgesamt
31. 12. 1987	1.141.783	69,1	511.056	30,9	1.652.839
31. 12. 1988	1.135.884	69,1	507.702	30,9	1.643.586
31. 12. 1989	1.133.488	68,9	510.920	31,1	1.644.408
31. 12. 1990	1.132.588	68,9	512.253	31,1	1.644.841
31. 12. 1991	1.126.102	68,7	512.077	31,3	1.638.179
31. 12. 1992	1.122.218	68,7	511.262	31,3	1.633.480
31. 12. 1993	1.109.955	68,7	506.061	31,3	1.616.016
31. 12. 1994	1.093.775	68,4	505.360	31,6	1.599.135
31. 12. 1995	1.081.721	68,3	501.635	31,7	1.583.356
31. 12. 1996	1.048.089	68,3	486.964	31,7	1.535.053
31. 12. 1997	1.022.958	68,3	474.626	31,7	1.497.584
31. 12. 1998	1.008.925	68,2	471.091	31,8	1.480.016

In dieser und den folgenden statistischen Übersichten wurden die Prozentwerte auf eine Kommastelle gerundet, daher können bei einigen Prozentsummen leichte Abweichungen entstehen – *Statistik bis 1986 siehe Seiten 566–569.*

güterproduktion insgesamt, die Zunahme vor allem des produktionsnahen nicht-traditionellen Dienstleistungssektors und veränderte Qualifikationsanforderungen in beiden Bereichen hatten auch ihre Auswirkungen auf den ÖGB. Dazu kam das bisher unbekannte Auseinanderklaffen von Beschäftigungsentwicklung und Arbeitslosigkeit als Folge des Strukturwandels und ein Beschäftigungswachstum, das mit der Zunahme der Zahl ausländischer Arbeitnehmer und der Arbeitnehmer in atypischen Arbeitsverhältnissen verbunden war – von den Gewerkschaften aus unterschiedlichen Gründen besonders schwer zu erfassende Arbeitnehmergruppen.

Die Zahl der ÖGB-Mitglieder ging von 1987 bis 1998 insgesamt um 10,5 Prozent zurück, die Organisationsdichte blieb im internationalen Vergleich zwar noch immer überdurchschnittlich, nahm aber um 11,2 Prozentpunkte, von 59,3 Prozent auf 48,1 Prozent, ab.[9] Ein genaueres Hinschauen zeigt allerdings, daß es sich nicht um eine lineare Entwicklung handelte, sondern daß es nach Einbrüchen durchaus gelang, den negativen Trend wieder abzuschwächen und manchesmal sogar umzukehren.

Im Zeitabschnitt zwischen dem 11. und dem 12. Bundeskongreß und auch noch im Jahr 1992 blieb der Mitgliederstand im wesentlichen stabil. In den Jahren der sich aufbauenden Hochkonjunktur konnten sogar leichte Zunahmen erzielt werden und die Verluste aller anderen Jahre lagen deutlich unter einem Prozent, so daß der Gesamtrückgang in den fünf Jahren von 1987 bis 1991 nicht mehr als 0,9 Prozent ausmachte. Dies erscheint umso bemerkenswerter, als damals durch den Personalabbau in den gut organisierten industriellen Großbetrieben als Folge der voll einsetzenden Strukturkrise der produzierenden Industrie viele Arbeitnehmer in die Kleinbetriebe des Gewerbes abwanderten und dort als Mitglieder verloren gingen.[10]) Besonders betroffen waren neben der Stahl- und Eisenproduktion die Branchen Textil, Bekleidung und Leder durch einen immer deutlicheren Schrumpfungsprozeß und die Lebensmittelindustrie, wo die Arbeitnehmer einem scharfen Rationalisierungstrend ausgesetzt waren. Anfang der neunziger Jahre verstärkte die Abwanderung von Produktionen in die nun geöffneten – und durch ein Wirtschaftsabkommen mit der EU im Gegensatz zu Österreich begünstigten – Billiglohnländer Osteuropas vor allem die Probleme der Gewerkschaft Textil, Bekleidung, Leder. Unter diesen Rahmenbedingungen kam es trotz guter Beschäftigungslage und Wirtschaftsaufschwung zu einem stetigen Rückgang der Mitglieder in den betroffenen »Arbeitergewerkschaften«. Das hatte entsprechende Auswirkungen auf die Mitgliederentwicklung in den Bundesländern mit Problemindustrien. Außerdem trug der anhaltende Entindustrialisierungstrend in Wien zum Mitgliederrückgang bei, mit dem auch die Angestelltengewerkschaften, allerdings in weit geringerem Umfang, konfrontiert waren. Zuwächse gab es hingegen nach wie vor im Bereich des öffentlichen Dienstes, aber sie blieben unter den Werten der vorangegangenen Phasen. Hier waren die Folgen der geringeren Personalaufnahmen im Bundesdienst aufgrund der Budgetkonsolidierungsmaßnahmen und der Einsatz der neuen Technologien in den Verwaltungsbereichen der Länder zu spüren.

Trotz der insgesamt nur sehr geringen Mitgliederverluste ging aber von 1987 bis 1991 die Organisationsdichte von 59,3 Prozent auf 54,7 Prozent und damit um 4,6 Prozentpunkte deutlich zurück. Denn bei einem gleichzeitigen Beschäftigtenzuwachs von 7,6 Prozent bewirkte auch der nur leichte Rückgang, daß sich die Differenz zwischen Mitglieder- und Beschäftigtenentwicklung auf 8,5 Prozent erweiterte; die Gewerkschaftsbewegung wurde von dem nicht immer in seiner ganzen Dimension erkannten Strukturwandel getroffen. Der Beschäftigtenzuwachs kam überwiegend durch den Einsatz von Teilzeitkräften und ausländischen Arbeitnehmern

Verteilung der ÖGB-Mitglieder auf die Bundesländer 1987, 1997 und 1998

Bundesland	31. 12. 1987 Mitglieder	Anteil	31. 12. 1997 Mitglieder	Anteil	31. 12. 1998 Mitglieder	Anteil
Wien	519.919	31,5%	452.090	30,2%	438.930	29,7%
Niederösterreich	273.861	16,6%	257.060	17,2%	259.265	17,5%
Burgenland	48.421	2,9%	47.790	3,2%	48.136	3,3%
Oberösterreich	291.157	17,6%	269.708	18,0%	267.126	18,0%
Salzburg	77.073	4,7%	72.793	4,9%	72.959	4,9%
Steiermark	230.207	13,9%	205.134	13,7%	202.366	13,7%
Kärnten	98.259	5,9%	88.351	5,9%	88.179	6,0%
Tirol	81.410	4,9%	75.126	5,0%	73.818	5,0%
Vorarlberg	32.532	2,0%	29.532	2,0%	29.237	2,0%
ÖGB gesamt	**1.652.839**	**100%**	**1.497.584**	**100%**	**1.480.016**	**100%**

zustande – und beide Gruppen sind über die traditionelle gewerkschaftliche Organisationsarbeit kaum zu erfassen. Bei den Gastarbeitern aus den zusammenbrechenden kommunistischen Staaten kam die negative Erfahrung mit ihren heimischen parteikontrollierten Gewerkschaften als Organisationshindernis hinzu. Auch die Zunahme der Zahl der Arbeitnehmer in Klein-, Mittel- und Dienstleistungsbetrieben stellte die gewerkschaftliche Organisationsarbeit vor eine neue Herausforderung. Darüber hinaus waren von der um über 12 Prozent ansteigenden Arbeitslosigkeit erstmals auch durch die Gewerkschaften bisher gut ansprechbare Arbeitnehmergruppen betroffen.

In der Phase zwischen dem 12. und dem 13. ÖGB-Bundeskongreß beschleunigte sich der Strukturwandel, der jetzt als nächste Gruppe den Angestelltenbereich voll zu erfassen begann. Große industrielle Einheiten wurden durch Auslagerungen zerschlagen und die meisten Arbeitergewerkschaften mußten wieder deutliche Mitgliederverluste hinnehmen. Bei den Bundes-, Landes- und vor allem Gemeindebediensteten konnte die Mitgliederbasis zwar noch erweitert werden, aber verschärfte Rationalisierungsmaßnahmen bei den Österreichischen Bundesbahnen und erstmals Ausgliederungen und Privatisierungstendenzen bei der Post trugen ebenfalls zu dem Mitgliederrückgang von 3,3 Prozent bei. Er erreichte zwar damit das bis dahin höchste Ausmaß in der Zweiten Republik, überschritt aber pro Jahr nicht die 1-Prozent-Marke. Dagegen nahm die Organisationsdichte mit einem Minus von 3,1 Prozentpunkten auf den Stand von 51,6 Prozent weniger stark ab, als es angesichts dieser Entwicklung und einem Ansteigen der Arbeitslosenzahlen um 16,6 Prozent zu erwarten gewesen wäre. Das war darauf zurückzuführen, daß die Beschäftigtenzahl als Folgewirkung der Wirtschaftsrezession mit 2,4 Prozent wesentlich geringer anstieg als in den vorangegangenen Jahren, was die Kluft zwischen Mitglieder- und Beschäftigtenentwicklung auf 5,7 Prozent einengte.

Die Zeit nach dem 13. Bundeskongreß, von 1995 bis 1998, war einer der schwierigsten Abschnitte in der an Schwierigkeiten reichen Geschichte der österreichischen Gewerkschaftsbewegung. Der sich noch rascher vollziehende Strukturwandel, der Rückgang der öffentlichen Aufträge und der Wohnbauaufträge für die Bauwirtschaft mit den »Sparpaketen« der Bundesregierung und die Einbrüche bei den Industrieangestellten durch Rationalisierungen und Auslagerungen verursachten einen Mitgliederrückgang um 6,5 Prozent. Die Gewerkschaft der Privatangestellten und die Gewerkschaft Agrar-Nahrung-Genuß hatten 1996/97 die hohen Mitgliederverluste im Gefolge der Konsuminsolvenz zu verkraften: ein Minus von 5.000 bis 6.000 Mitgliedern für die GPA und ein Minus von 1.000 Arbeitsplätzen in der Lebensmittelindustrie. Auch durch die Insolvenzen in der Bauwirtschaft wurden viele Arbeitsplätze vernichtet und die Gewerkschaft Öffentlicher Dienst mußte, zusätzlich zur verkleinerten Rekrutierungsbasis durch eine Aufnahmesperre im öffentlichen Dienst, rund 2.000 Austritte aus Protest gegen die »Sparpakete« zur Kenntnis nehmen. Allerdings konnte der Rückgang der Mitgliederzahlen durch eine erfolgreiche Werbeaktion schon 1997 um 22 Prozent verringert werden. 1998 gelang es, ihn gegenüber dem Vorjahr zu halbieren und ihn damit auf einen Umfang zu reduzieren, wie er das letzte Mal 1993 zu verzeichnen gewesen war.

Die Probleme des Jahres 1996 und ihre Auswirkungen führten bei einem gleichzeitigen leichten Beschäftigtenzuwachs von 0,3 Prozent dazu, daß sich die Organisationsdichte ab 1995 mit einem Rückgang um 3,5 Prozentpunkte auf 48,1 Prozent wieder etwas stärker verringerte als in der ersten Hälfte der neunziger Jahre. Die Differenz zwischen Mitglieder- und Beschäftigtenentwicklung erweiterte sich auf 6,8 Prozent, wenn sie auch nicht das hohe Ausmaß des Zeitabschnittes von 1987 bis 1991 erreichte. Für 1998 signalisierte die Entwicklung der Organisationsdichte noch deutlicher als das Eindämmen des Mitgliederrückganges die realistische Chance einer Trendumkehr: Sie nahm nur mehr um 0,9 Prozent-

ÖGB-Mitgliederstand nach Gewerkschaften 1987, 1997 und 1998

	Gewerkschaft (der)	31. 12. 1987		31. 12. 1997		31. 12. 1998	
		Mitglieder	Anteil	Mitglieder	Anteil	Mitglieder	Anteil
01	Privatangestellten	344.382	20,8 %	301.579	20,1 %	298.044	20,1 %
02	Öffentlicher Dienst	227.151	13,7 %	228.330	15,2 %	229.778	15,5 %
03	Gemeindebediensteten	166.984	10,1 %	177.146	11,8 %	176.623	11,9 %
04	Kunst, Medien, freie Berufe	17.575	1,1 %	15.969	1,1 %	16.202	1,1 %
05	Bau- und Holzarbeiter (87) Bau-Holz	184.224	11,1 %	171.584	11,5 %	166.733	11,3 %
06	Chemiearbeiter	58.010	3,5 %	39.182	2,6 %	37.941	2,6 %
07	Eisenbahner	115.731	7,0 %	105.627	7,0 %	103.432	7,0 %
08	Druck und Papier	23.005	1,4 %	18.973	1,3 %	18.023	1,2 %
09	Handel, Transport, Verkehr	37.385	2,3 %	36.062	2,4 %	35.715	2,4 %
10	Hotel, Gastgewerbe, Persönlicher Dienst	50.867	3,1 %	50.977	3,4 %	50.320	3,4 %
15 (87)/11	Post- und Fernmeldebediensteten	77.485	4,7 %	79.394	5,3 %	78.436	5,3 %
11 (87)	Land-Forst-Garten	18.805	1,1 %				
12 (87)	Lebens- und Genußmittelarbeiter	42.404	2,6 %				
11+12 (87)/12	LFG + LUGA Agrar-Nahrung-Genuß	61.209	3,7 %	46.284	3,1 %	44.432	3,0 %
13	Metall-Bergbau-Energie	245.122	14,8 %	206.241	13,8 %	205.898	13,9 %
14	Textil, Bekleidung, Leder	43.709	2,6 %	20.236	1,4 %	18.439	1,2 %
ÖGB gesamt		**1.652.839**	**100 %**	**1.497.584**	**100 %**	**1.480.016**	**100 %**

punkte ab und die Kluft zwischen Mitglieder- und Beschäftigtenentwicklung engte sich auf 1,9 Prozent ein.

Dem tiefgreifenden wirtschaftlichen Veränderungsprozeß zwischen 1987 und 1998 nicht nur als erste, sondern durchgehend am stärksten ausgesetzt waren die Arbeitergewerkschaften, deren Mitgliederstand zwischen 1987 und 1998 um 17,9 Prozent abnahm. Bei der Reihung nach der Mitgliederstärke rückten die beiden größten Arbeitergewerkschaften, die Gewerkschaft Metall-Bergbau-Energie und die Gewerkschaft Bau-Holz jeweils um eine Position nach unten, die MBE von der zweiten auf die dritte Stelle, die GBH von der vierten auf die fünfte. Daß die Organisationskraft des ÖGB im Arbeiterbereich trotzdem erhalten blieb, zeigt der Vergleich mit der Entwicklung des Arbeiteranteiles an den unselbständig Beschäftigten: Letzterer ging um 5,9 Prozentpunkte zurück, während sich der Anteil an den ÖGB-Mitgliedern nur um 3,6 Prozentpunkte verringerte.[11]) Der Mitgliederstand bei den Angestellten reduzierte sich um 13,2 Prozent, die GPA blieb trotzdem stärkste Einzelgewerkschaft, ab 1994 gefolgt von der Gewerkschaft Öffentlicher Dienst an zweiter Stelle. Die Gruppe der öffentlich Bediensteten im ÖGB konnte ihren Mitgliederstand mit einem kleinen Plus von 0,2 Prozent von 1987 bis 1998 stabil halten, was auf die Zuwächse bei der GÖD, der Gewerkschaft der Gemeindebediensteten und der Gewerkschaft der Post- und Fernmeldebediensteten bis Mitte der neunziger Jahre zurückzuführen ist, während sich bei der Gewerkschaft der Eisenbahner schon zu Anfang des Jahrzehntes Ausgliederung und Personalreduktionen bei der Mitgliederzahl, wenn auch nicht hinsichtlich der Organisationsdichte, bemerkbar machten.

Ein für die Gewerkschaftsbewegung wichtiger und positiver Trend war die Zunahme des Frauenanteiles von 1987 bis 1998 um fast ein Prozent durch den um 2,7 Prozentpunkte geringeren Rückgang der Zahl der weiblichen Gewerkschaftsmitglieder gegenüber der Gesamtentwicklung. Denn entsprechend den Veränderungen der Beschäftigtenstruktur, die sich besonders bei den Gewerkschaften der Chemiearbeiter, Textil, Bekleidung, Leder und Druck und Papier bemerkbar machte, verringerte sich zwar die Zahl der Arbeiterinnen massiv, aber ihr Anteil unter den Gewerkschaftsmitgliedern sank um weniger Prozentpunkte als ihr Anteil an den unselbständig Erwerbstätigen. Die Gewerkschaften Handel, Transport, Verkehr und Bau-Holz konnten den Prozentsatz an weiblichen Mitgliedern sogar leicht steigern und das Minus bei den Gewerkschaften Hotel, Gastgewerbe, Persönlicher Dienst und Agrar-Nahrung-Genuß, aber auch Metall-Bergbau-Energie lag deutlich

Verteilung der ÖGB-Mitglieder auf die drei Arbeitnehmergruppen 1987, 1997 und 1998

Gliederung	31. 12. 1987 Mitglieder	Anteil	31. 12. 1997 Mitglieder	Anteil	31. 12. 1998 Mitglieder	Anteil
Arbeiter	**703.531**	**42,6%**	**589.539**	**39,3%**	**577.501**	**39,0%**
Männer	537.294	32,5%	466.361	31,1%	458.100	30,9%
Frauen	166.237	10,1%	123.178	8,2%	119.401	8,1%
Angestellte	**361.957**	**21,9%**	**317.548**	**21,2%**	**314.246**	**21,2%**
Männer	207.944	12,6%	182.672	12,2%	181.039	12,2%
Frauen	154.013	9,3%	134.876	9,0%	133.207	9,0%
Öffentlich Bedienstete	**587.351**	**35,5%**	**590.497**	**39,4%**	**588.269**	**39,7%**
Männer	396.545	24,0%	373.925	25,0%	369.786	25,0%
Frauen	190.806	11,5%	216.572	14,4%	218.483	14,8%
ÖGB gesamt	**1.652.839**	**100%**	**1.497.584**	**100%**	**1.480.016**	**100%**

unter drei Prozentpunkten. Ein nur ganz leichtes Minus im Angestelltenbereich, also bei den Gewerkschaften der Privatangestellten und Kunst, Medien, freie Berufe, und eine deutliche Steigerung im öffentlichen Dienst konnten zudem den Rückgang bei den Arbeiterinnen wettmachen. Die hohe Steigerungsrate bei den Gewerkschaften Öffentlicher Dienst und der Gemeindebediensteten kamen hier in vollem Umfang zum Tragen, da die Gewerkschaften der Eisenbahner und der Post- und Fernmeldebediensteten ihren Frauenanteil nicht nur hielten, sondern leicht verbesserten. Vor allem bestätigen die gegenüber der Gesamtsituation des ÖGB geringere Abnahme der Organisationsdichte und eine nur unwesentlich höhere Differenz zwischen Mitgliederrückgang und Beschäftigtenzunahme trotz des ständig wachsenden Anteiles an Frauen mit Teilzeitarbeit oder geringfügiger Beschäftigung den Stellenwert der gewerkschaftlichen Frauenpolitik für die Gesamtorganisation, den Karl Drochter beim ÖGB-Bundeskongreß 1995 deutlich gemacht hatte.

Die für die Zukunft der Gewerkschaftsorganisation so wichtige Gruppe der Jugendlichen wurde zusammen mit dem Arbeiterbereich vom wirtschaftlich-gesellschaftlichen Veränderungsprozeß am stärksten erfaßt. Von 1987 bis 1997 ging der Mitgliederstand der Österreichischen Gewerkschaftsjugend um 41,3 Prozent zurück, der Anteil der Jugendlichen an den Gewerkschaftsmitgliedern sank von

Die ÖGB-Bundesfrauenkongresse und die ÖGB-Frauenvorsitzenden 1987 bis 1999

	Motto	Vorsitzende
10. ÖGB-Bundesfrauenkongreß 2.–4. Juni 1987	Selbstbewußt – offensiv – erfolgreich. Mit den ÖGB-Frauen in die Zukunft	Hilde Seiler
11. ÖGB-Bundesfrauenkongreß 29.–31. Jänner 1991	Mehr Arbeitsplätze – Mehr Chancengleichheit – Mehr Solidarität	Irmgard Schmidleithner
12. ÖGB-Bundesfrauenkongreß 31. Mai bis 2. Juni 1995	50 Jahre ÖGB-Frauen – Erkämpftes weiterentwickeln	
13. ÖGB-Bundesfrauenkongreß 7.–10. Juni 1999	Frauenkompetenz statt Männerwirtschaft	Renate Csörgits

7,7 Prozent auf 3,3 Prozent. Die Gewerkschaftsjugend war als Interessenvertretung der jugendlichen Hilfsarbeiter und Lehrlinge gegründet und, mit Ausnahme der kleinen Schülergruppe der Privatangestellten, im wesentlichen zu einer Organisation der Lehrlinge geworden, nachdem Jugendschutzgesetze, bessere Bildungsvoraussetzungen und soziale Rahmenbedingungen und veränderte Arbeitsanforderungen die Hilfsarbeitertätigkeit von Jugendlichen zur Randerscheinung gemacht hatten. Ab den achtziger Jahren ging dann als Folge neuer Qualifikationsbedürfnisse in den Betrieben und deren abnehmende Bereitschaft, gesamtgesellschaftliche Verantwortung zu übernehmen, die Zahl der Lehrlinge drastisch zurück; sie nahm von 1987 bis 1998 um 20 Prozent ab. Das eingeschränkte Angebot und darüber hinaus die Erfahrung, daß gute Chancen am Arbeitsmarkt für Fachkräfte mit Lehrausbildung immer weniger wurden, förderten die Entscheidung für eine schulische Erstausbildung. Die Erwerbsquote unter den 15- bis 19jährigen Jugendlichen – und damit das traditionelle Organisationspotential der ÖGJ – ging 1987 bis 1997 von 53,2 auf 42,6 Prozent zurück.[12] Der gegenüber der prozentuellen Abnahme der Zahl der Lehrlinge mehr als doppelt so hohe Verlust an ÖGB-Mitgliedern ist vor allem daraus zu erklären, daß sich mit der Verlagerung der Ausbildungswege in Richtung Schule auch die Zusammensetzung der Gruppe der Lehrlinge änderte. In einer Reihe von Lehrberufen stellten jetzt ausländische Jugendliche und Jugendliche mit sozialen Integrationsproblemen einen hohen Anteil, zu denen der Zugang erst gefunden werden mußte. Außerdem begannen immer mehr Jugendliche die Lehre erst mit 16 Jahren oder später, womit sie zumindest für die letzte Phase der Lehrzeit aus der Organisationsstatistik der ÖGJ hinausfielen, da die über 18jährigen nicht mehr als Mitglieder der Jugendorganisation geführt werden. Und auch die von der ÖGJ betreuten Jugendvertrauensräte sind immer häufiger älter als achtzehn.[13])

Der Verlust der Lehrwerkstätten der Großindustrie mit ihrer hochwertigen und am Arbeitsmarkt gefragten Ausbildung und das Schrumpfen ganzer Produktionsbereiche trafen besonders die Jugendorganisationen der Arbeitergewerkschaften, die allerdings auch 1997 noch über 60 Prozent der ÖGJ-Mitglieder stellten. Aber auch die GPA-Jugend, konfrontiert mit den Umbrüchen im Büro- und Verwaltungsbereich, dem Wegfallen von Ausbildungsangeboten in Unternehmen wie dem Konsum oder Julius Meinl und dem Trend, im Verkauf billige angelernte Teilzeitkräfte einzusetzen, verlor zu einem etwa gleich hohen Prozentsatz. Im Bereich der vier Gewerkschaften des öffentlichen Dienstes verringerte sich die Zahl der jugendlichen Gewerkschaftsmitglieder zwar nicht um über 40 Prozent, aber doch um fast ein Drittel: Hier schlugen sich die Zurücknahme der Lehrlingsausbildung bei Bahn und Post und viele Jahre ebenso in der Bundes- und Landesverwaltung nieder.

Eine offenere Jugendarbeit, die den Ausdrucksformen der Jugendkultur am Ende des 20. Jahrhunderts und der Tatsache Rechnung trägt, daß ein gewerkschaftsnahes privates Umfeld der Jugendlichen nicht mehr vorausgesetzt werden kann, aber auch erste Schritte, sich nicht nur im Lehrlingsbereich als Interessenvertretung junger Menschen in Ausbildung zu profilieren, brachten 1998 die Trendumkehr. Nachdem sich der Mitgliederrückgang der ÖGJ schon 1997 abgeschwächt hatte, konnte er 1998 ganz gestoppt werden. Die Gewerkschaftsjugend organisierte um 2.000 Jugendliche mehr als im Vorjahr und erreichte damit ein Mitgliederplus von insgesamt 4,2 Prozent – ein Ergebnis, das durch Zuwächse in allen Bundesländern und fast allen Gewerkschaften zustande kam.

Aus der Mitgliederentwicklung des ÖGB läßt sich alles in allem auf jeden Fall nicht schließen, daß die Gewerkschaftsbewegung keine Chance habe, den Strukturwandel zu verkraften und mit der Beschäftigungsentwicklung Schritt zu halten – und daß dies für die österreichische Gewerkschaftsbewegung noch weit mehr gelte als für die Gewerkschaftsorganisationen in vergleichbaren Ländern. Als Maßstab für solche Prognosen werden neben der geringen »Streikbereitschaft« in erster Linie der Rückgang der Organisationsdichte seit den achtziger Jahren und die Einbindung des ÖGB in das von ihm wesentlich mitgestaltete Sozialstaatssystem der Zweiten Republik herangezogen. Auch die internationalen Vergleiche, die zumeist die bemühteren politologischen Analysen untermauern, können allerdings aufgrund des statistischen Instrumentariums, das ihnen zur Verfügung steht, die unterschiedlichen Organisationsstrukturen und Organisationsbedingungen nicht berücksichtigen und verzerren deshalb das Bild. So ergibt die Berechnung der Organisationsdichte durch den ÖGB, ILO-Experten und österreichische Wissenschafter drei unterschiedliche Werte, wobei die ILO-Angabe für 1995 um 10 Prozent unter dem ÖGB-Wert und die dritte Statistik noch weiter darunter liegt.[14]) Offengelegt ist aber nur die Berechnungsmethode des ÖGB. Die ÖGB-Statistik geht seit 1945 vom durchschnittlichen Beschäftigtenstand des Jahres inklusive Karenzgeldbezieherinnen und -beziehern und Präsenzdienern aus, weil sich in ihm Abgänge durch Arbeitslosigkeit und Pensionierungen ebenso niederschlagen wie Neueintritte in den Arbeitsmarkt.

Unterschiedliche Angaben zur Organisationsdichte sind übrigens nicht nur für Österreich festzustellen. Für die französischen Gewerkschaften wiesen die ILO-Experten zum Beispiel 1995 einen Organisationsgrad von knapp über 9 Prozent aus, während eine vom ÖGB veröffentlichte Statistik 12 Prozent angab.[15]) Wie verzerrend sich die unterschiedlichen Organisationsbedingungen auf das statistische Bild auswirken können, zeigt das Beispiel der skandinavischen Länder. Dort sind die Gewerkschaften direkt in die Arbeitslosenversicherung[16]) und dadurch viel unmittelbarer als in Österreich in das sozialstaatliche System eingebunden, was erstens die Behauptung widerlegt, die Vernetzung des ÖGB mit dem österreichischen Sozialstaat müsse ihm zum Nachteil gereichen, sondern im Gegenteil eher eine stärkere direkte Mitwirkung als Lösungsansatz nahelegt. Zweitens hält dadurch in Skandinavien die Organisationsdichte auch bei zunehmender Arbeitslosigkeit.

Mit einem Problem sind die Gewerkschaften in allen Industriestaaten, wenn auch in unterschiedlichem Ausmaß konfrontiert: Bei einer Zunahme des Beschäftigtenstandes, die wesentlich auf geringfügiger Beschäftigung beruht, kann der Abstand zwischen Mitgliederzahl und Beschäftigung nur verringert werden, wenn es die Gewerkschaftsbewegung schafft, auf diese Arbeitnehmergruppen einzugehen und für sie soziale Regeln durchzusetzen. In den USA, wo die »Mac-Job«-Entwicklung am weitesten fortgeschritten ist, sank der immer schon weit hinter den starken europäischen Gewerkschaften liegende Organisationsgrad nach den Berechnungen des Arbeitsministeriums der Union 1998 auf den niedrigsten Wert seit 1948. Der Zuwachs von 0,6 Prozent beim Gewerkschaftsbund AFL-CIO, was immerhin 100.000 neue Mitglieder bedeutete, war noch zu gering, um den Trend zu brechen.[17])

Die Organisationsgeschichte des ÖGB seit 1987 dokumentiert, daß durchaus Chancen bestehen, die Mitgliederentwicklung wieder in einem größeren Ausmaß dem Beschäftigungstrend anzupassen, wenn es auch nicht in wenigen Jahren erreichbar erscheint, die Kluft zwischen Mitglieder- und Beschäftigungsentwicklung in vollem Umfang zu schließen, die sich in der zweiten Hälfte der achtziger Jahre öffnete. Neue Formen der Organisationsarbeit, wie sie von den ÖGB-Bundeskongressen initiiert wurden und immer stärker in der Gewerkschaftsbewegung zum Tragen kommen, und das Fordern und Durchsetzen von sozial- und arbeitsrechtlichen Leistungen für neue Arbeitnehmergruppen beeinflußten den positiven Trend des Jahres 1998 vermutlich nicht unerheblich mit.

Neue Wege zu den Arbeitnehmern

Die Beschlüsse, die die Bundeskongresse seit 1987 zur Organisationsarbeit faßten, lassen sich nach ihrer Zielrichtung drei Gruppen zuordnen: Der erste Schwerpunkt umfaßte Maßnahmen und Aktivitäten, um den Kontakt der Mitglieder zu ihrer Gewerkschaft zu stärken und darüber hinaus die Bedeutung des ÖGB als Interessenvertretung auch für Nichtmitglieder bewußt zu machen. Zweitens ging es darum, zusätzlich zum traditionellen »Mitgliederreservoir« bisher wenig oder gar nicht betreute Arbeitnehmergruppen anzusprechen, um sie für die Gewerkschaftsbewegung zu erhalten oder zu gewinnen. Der dritte Schwerpunkt lag darin, den Funktionären jene Hilfestellung zu geben, die sie benötigen, um ihre Aufgaben als Arbeitnehmerinteressenvertreter angesichts der Anforderungen im Strukturwandel bestmöglich bewältigen zu können.

Gerade auch unter den veränderten Rahmenbedingungen wurde der Stellenwert der traditionellen Serviceleistungen des ÖGB für seine Mitglieder sichtbar. Dies gilt natürlich für den gewerkschaftlichen Rechtsschutz, aber ebenso für die Unterstützung der Mitglieder in besonderen Notfällen, bei Arbeitslosigkeit oder wenn sie von Katastrophen betroffen sind. Dafür und für andere Unterstützungen wendete der ÖGB 1997 einen Betrag von 107,3 Millionen Schilling auf. Dazu kamen in diesem Jahr fast 23 Millionen Schilling, die als Leistungen aus der Solidaritätsversicherung bei Freizeitunfällen, Spitalsaufenthalten und Todesfällen an die Beitragszahler zurückflossen. Da der Mitgliedsbeitrag nach der Einkommenshöhe festgelegt wird, verringern Phasen einer restriktiveren Lohnpolitik bei gleichzeitiger Zunahme der Arbeitslosigkeit, wie sie Mitte der achtziger Jahre und verstärkt in der zweiten Hälfte der neunziger Jahre zu verzeichnen waren, zusätzlich zu Mitgliederrückgängen die Spielräume des ÖGB-Budgets. Trotzdem hielt der Gewerkschaftsbund auch in diesen Situationen an der sozialen Staffelung fest, weil »wir das gültige System gerecht finden«, wie Günter Weninger als Finanzverantwortlicher erklärte. Abgesehen davon sollten notwendige Ausgabensenkungen nach Weningers Aussage »nicht auf Kosten einer effizienten Betreuung der Mitglieder erfolgen«, sondern durch Investitionen in eine effizientere Organisation der inneren Verwaltung.[18])

Hier, wie auch bei Kommunikation, Information und Service begann der ÖGB in den neunziger Jahren, die Möglichkeiten der elektronischen Medien intensiv zu nutzen. So wurde den Gewerkschaftsmitgliedern 1996 ein äußerst kostengünstiger Internet-Zugang, einschließlich einer persönlichen E-Mail-Adresse, angeboten und die Präsenz des ÖGB, aber auch anderer europäischer Gewerkschaften im »weltweiten Netz« ist kurz vor Beginn des Jahres 2000 fast schon eine Selbstverständlichkeit. Die Live-Übertragung der Diskussion zwischen Rudolf Nürnberger und dem neoliberal eingestellten Flugunternehmer Niki Lauda im Internet, die im Rahmen des Ende 1998 begonnenen Forums »Konfrontation der Ideen« stattfand, zeigte die Möglichkeiten einer neuen Form interessenpolitischer Informationsarbeit auf.[19]) Ein anderer unkonventioneller »Beitrag zur Bewußtseinsbildung« war die ebenfalls 1999 vom ÖGB zusammen mit dem Österreichischen Rundfunk produzierte CD-Edition »Grenzen des Marktes«.[20])

Auch wenn der ÖGB also die Notwendigkeit sah, sich der Kommunikationstechnologien der Informationsgesellschaft in vollem Umfang zu bedienen, um präsent zu sein, setzte er nach wie vor auf das persönliche Gespräch »vor Ort« oder zumindest über Telefon als das wichtigste Medium der Gewerkschaftsarbeit. Denn, so formulierte es Fritz Verzetnitsch, »wer nicht mit den Menschen redet, mit dem redet bald niemand mehr«.[21]) Durch die zunehmende Verlagerung von politischer Information und Politikwerbung zu den elektronischen Medien kann zwar eine große Breitenwirkung erzielt werden, aber das Bedürfnis der Menschen nach dem »Gespräch live« kommt zu kurz. Als eine Möglichkeit, diese Lücke zu schließen, setzte man verstärkt Telefon-Hotlines ein. Auch der ÖGB nutzte dieses Instrument, etwa bei der Veröffentlichung der ÖGB-Bilanz für 1997, nach der sich Günter Weninger im September 1998 erstmals Fragen der Mitglieder zur Finanzgebarung stellte. Darüber hinaus wurden Hotlines eingerichtet, um unabhängig von der Mitgliedschaft konkrete Hilfestellung zu bieten. Das gilt zum Beispiel für die »Arbeitnehmerschutz-Hotline« zum »Europäischen Jahr für Sicherheit, Arbeitshygiene und Gesundheitsschutz am Arbeitsplatz« 1993, oder die 1996 angebotene Hotline der Gewerkschaftsjugend für alle Schüler und Lehrlinge, die Probleme mit »rechtem Gedankengut im Unterricht« hatten.[22])

    Ein verstärktes Bemühen um die Arbeitnehmer in Klein- und Mittelbetrieben zählte zu den Programmpunkten, die Fritz Verzetnitsch bei seiner ersten Wahl zum ÖGB-Präsidenten 1987 besonders in den Vordergrund stellte. Die Mitgliederwerbeaktion nach dem 11. Bundeskongreß war ein erster Schritt in diese Richtung. Das Ziel einer kontinuierlichen Betreuung, das man als Voraussetzung für den Werbeerfolg erkannt hatte,[23]) ließ sich allerdings nicht im notwendigen Umfang verwirklichen. Eine der Hauptursachen lag darin, daß sich die Zielgruppe im folgenden Jahrzehnt durch die Dezentralisierung von Großbetrieben und die Auslagerung von Unternehmensleistungen zu kleineren Dienstleistern und Produktionseinheiten über den traditionellen Bereich der in Österreich schon immer überwiegenden Klein- und Mittelbetriebe hinaus erweiterte. Die Ansätze von 1987 genügten nicht mehr. Eine »besondere Gewerkschaftspolitik« für die Beschäftigten in diesem mittlerweile 99 Prozent aller Unternehmen umfassenden Sektor wurde immer dringlicher, »da vor allem Klein- und Mittelbetriebe ein besonderes Terrain von Offensiven sind, die auf eine soziale Deregulierung abzielen«. Das Modellprojekt »Wien, Raum Süd«, das die ÖGB-Betriebsarbeit mit dem Institut für Arbeitsmarktbetreuung und -forschung 1996 unter Nutzung der sozialpartnerschaftlichen Kooperationsmöglichkeiten startete, zeigte einen Weg auf, den Kontakt herzustellen und zu halten. Die Ziele: Service für kleine Privatbetriebe, für ausgegliederte Unternehmenseinheiten und für selbständige Kleinbetriebe, die aus Ausgliederungen hervorgegangen sind, bei wirtschafts- und arbeitsmarktpolitischen Problemen. Vor allem aber eine konzentrierte Betreuung der in diesen Betrieben Beschäftigten und darüber hinaus problemgerechte Hilfestellung für die ausländischen Arbeitnehmerinnen und Arbeitnehmer und die Arbeitslosen der Region.[24])

Daß Arbeitnehmerinnen und Arbeitnehmer mit ausländischer Staatsbürgerschaft oder Herkunft und in »atypischen Arbeitsverhältnissen« selbst nach langer Zeit eines absolut gewerkschaftsfeindlichen Klimas zu gewinnen sind, zeigte das Beispiel des britischen Gewerkschaftsverbandes TUC. Er hatte in der neoliberalen Ära nach 1979 fast die Hälfte seines Mitgliederstandes eingebüßt und konnte 1998 erstmals wieder seine Basis ausweiten. Die Trendumkehr gelang hauptsächlich durch den Beitritt von teilzeitbeschäftigten Frauen und Arbeitnehmern aus ethnischen Minderheiten, die verstärkt den Schutz der Gewerkschaft suchten.[25]) In Österreich waren es vor allem die Gewerkschaft Hotel, Gastgewerbe, Persönlicher Dienst und die Gewerkschaft Bau-Holz, beide mit besonders hohem Ausländeranteil in ihrem Organisationsbereich, die sich aktiv auch an die Kolleginnen und Kollegen mit nichtdeutscher Muttersprache wendeten. Das erfordert viel Einfühlungsvermögen, um bei den inländischen Mitgliedern, unter denen ohnehin häufig Abwehrhaltung und Konkurrenzangst gegenüber den ausländischen Beschäftigten zu finden sind, nicht den Eindruck zu erwecken, ihre Gewerkschaft würde sie im Stich lassen, und sie damit zu verlieren. Forderungen der FPÖ, die 1997 verlangte, Ausländer aus der Bauwirtschaft zu verbannen, richteten sich unter diesen Bedingungen eindeutig gegen die gewerkschaftliche Organisationsarbeit. Der FPÖ-Vorstoß wurde vom GBH-Hauptvorstand als Versuch, »die Kollegen auf der Baustelle gegeneinander auszuspielen und ihre Solidarität zu zerschlagen«, ... »aufs schärfste verurteilt«. Gleichzeitig appellierte die Gewerkschaftsführung »an alle Arbeitnehmerinnen und Arbeitnehmer, diesem Doppelspiel der FPÖ nicht in die Falle zu gehen«.[26])

Die angestrebte Integration neuer Arbeitnehmergruppen in die Gewerkschaftsbewegung muß nicht nur im Fall der ausländischen Arbeitnehmer erhebliche Widerstände in den eigenen Reihen überwinden. Sicher spielen dabei auch Vorurteile, die Versuchung, sie zu akzeptieren statt sie zu bekämpfen, und »Festungsmentalität« eine Rolle –, nicht umsonst forderte der 13. Bundeskongreß »Bewußtseinsarbeit ... auch in der Gewerkschaftsorganisation« ein.[27]) Aber die Abwehrhaltung ist auch Reaktion auf die sehr reale Betroffenheit durch den Mißbrauch von Ausländern oder Gruppen wie den »abhängigen Selbständigen« zur Durchlöcherung von Sozialsystem und Arbeitnehmerrechten.

Die »abhängigen Selbständigen«, beschönigend gerne als »neue Selbständige« bezeichnet, erkaufen sich ihre scheinbare Autonomie mit dem Verzicht auf Arbeitslosenversicherung und Urlaubs- und Weihnachtsgeld und so in Wirklichkeit mit besonders starker wirtschaftlicher Abhängigkeit. 1999 konnten in Österreich erstmals einige unter ihnen gewonnen werden, sich gewerkschaftlich zu organisieren. Sie schlossen sich in der »Fachgruppe Gesundheitsberufe« der Gewerkschaft Kunst, Medien, freie Berufe zusammen und setzten sich als Ziel, zunächst in Kooperation mit anderen Gewerkschaften einheitliche Honorarrichtlinien zu erreichen, die auch für »Freie« verbindlich anzuwenden sind.[28] Dieses Ziel deckt sich mit der im Rahmen eines Seminares des Europäischen Gewerkschaftsbundes erarbeiteten Empfehlung zur Integration der atypisch Beschäftigten in die gewerkschaftlichen Strukturen: Die Hilfestellung durch die Gewerkschaften müsse hier den Schwerpunkt darauf legen, »möglichst viele unsichere Arbeitsverträge wasserdicht zu machen, so daß sie den herkömmlichen Verträgen ähnlicher werden«.[29]

Die formale Voraussetzung für die gewerkschaftliche Organisation der neuen Arbeitnehmergruppen, von »Arbeitslosen, die noch keiner unselbständigen Erwerbstätigkeit nachgehen konnten«, aber auch von Schülerinnen und Schülern und Studierenden, »welche die Absicht haben, unselbständig erwerbstätig zu werden«, wurde mit der Änderung der ÖGB-Statuten durch den 12. Bundeskongreß geschaffen.[30] Vorher war die Mitgliedschaft von freiberuflich Tätigen zwar durch die Festlegung des Organisationsbereiches der Gewerkschaft Kunst, Medien, freie Berufe, nicht aber in den Statuten vorgesehen gewesen. Und die Schüler und Studierenden, die seit der Ersten Republik durch die Angestelltengewerkschaft betreut wurden, zählten nicht als Mitglieder. Nach der bis 1991 geltenden Regelung hätten sie höchstens als außerordentliche Mitglieder aufgenommen werden können, wie es ein Antrag der Gewerkschaft Öffentlicher Dienst beim Bundeskongreß 1987 anregte.[31]

Mit den Beschlüssen des 13. Bundeskongresses erhielt die Gewerkschaftsjugend mit allen gewerkschaftlichen Jugendorganisationen die neue Aufgabe, zusätzlich zu den Lehrlingen und anderen jugendlichen Arbeitnehmern bis zum 19. Lebensjahr, zu Arbeitnehmern in einem Ausbildungsverhältnis, zu Präsenz- oder Zivildienern und zu Jugendfunktionären auch »Schüler und Studenten ... ohne Altersbegrenzung« zu betreuen. Allerdings schätzte der Bundeskongreß die Situation realistisch genug ein, um festzustellen, daß die ÖGJ »bei der Suche nach den richtigen Wegen ... viel Toleranz und Unterstützung« durch die Gesamtorganisation benötigen würde und daß die einzelnen Gewerkschaften, gerade auch, was die Gruppe der Schüler und Studierenden betrifft, »über unterschiedliche Voraussetzungen zur Zielgruppenbetreuung ... verfügen«.[32]) So blieb der Schwerpunkt der Schülerarbeit vorerst bei der Jugendorganisation der Gewerkschaft der Privatangestellten, aber sie begann in Werbung und Information, die ÖGJ stärker in den Vordergrund zu stellen. Mit der Beteiligung an den großen Schülerdemonstrationen in der zweiten Hälfte der neunziger Jahre, vor allem aber mit eigenen unkonventionellen Aktionen gelang es, sich im Bereich der Zielgruppe deutlicher zu positionieren. Im Frühjahr 1999 wurde zum Beispiel eine Kampagne gegen die Zeitbelastung der Schüler mit der »Belagerung« des Unterrichtsministeriums für 59 Stunden und 28 Minuten eingeleitet – exakt die nach einer GPA-Umfrage berechnete durchschnittliche »Schülerarbeitszeit« an Österreichs Oberstufen.[33]) Für die ÖGJ bot die AK/ÖGB-Aktion »Arbeitswelt und Schule« einen Anknüpfungspunkt in Richtung Schülerbetreuung. In ihrem Rahmen war etwa die Wiener Gewerkschaftsjugend in die Umsetzung des »Planspieles Wirtschaft« eingebunden, das dazu entwickelt wurde, den Jugendlichen einen realistischen Blick auf die Funktionsweise der Wirtschaft und die Struktur der Arbeitswelt zu ermöglichen.

Zentraler Aufgabenbereich der ÖGJ blieb aber die Arbeit mit der traditionellen Kernzielgruppe der Lehrlinge, die nicht zuletzt durch die Zurücknahme oder das Wegfallen der Ausbildung in den Lehrwerkstätten der gut organisierten Großbetriebe wesentlich schwieriger geworden war. Ansätze der Öffnung der gewerkschaftlichen Jugendarbeit auch für Nichtmitglieder und ab 1998 der Kontakt zu den Jugendlichen aus den Berufslehrgängen und Lehrlingsstiftungen, die keinen betrieblichen Ausbildungsplatz gefunden hatten, stellten neue Anforderungen, brachten aber auch neue Chancen. Zur Betreuung der Präsenz- und Zivildiener arbeitete die Gewerkschaftsjugend mit der »Plattform für Zivildiener« und der »Vereinigung Demokratischer Soldaten Österreichs« zusammen. Gemeinsam forderten sie 1998 eine – bisher fehlende – bundesweite Interessenvertretung für beide Gruppen und legten dazu ein Modell vor. »Verantwortung und gelebte Demokratie werden immer wieder gefordert«, begründete ÖGJ-Vorsitzender Albert Maringer diesen Vorstoß, »dazu müssen aber auch für alle Lebensbereiche die Rahmenbedingungen geschaffen werden«.[34]) Das Informationsservice für die Jugendvertrauensräte wurde auf Anregung der ÖGJ ausgeweitet. Ab September 1995 erhielten sie an ihre Wohnadresse regelmäßig die Zeitschrift der Bildungsorganisationen von ÖGB und Arbeiterkammern, die zu diesem Zweck um eine eigene Seite der Gewerkschaftsjugend erweitert wurde. Damit konnten entsprechend den Vorgaben des 13. Bundeskongresses auch jene Jugendvertrauensräte einbezogen werden, die in Betrieben mit einem Betriebsrat ohne gewerkschaftliches Engagement tätig sind.[35]

Die ÖGB-Jugendkongresse und die ÖGJ-Vorsitzenden 1987 bis 1999

	Motto	*Vorsitzender*
19. ÖGB-Jugendkongreß 9.–10. November 1985	Bildung – keine Angst vor Morgen!	Fritz Svihalek
20. ÖGB-Jugendkongreß 26.–27. Oktober 1987	Mehr Berufsschule – Arbeit für die Jugend	Gustav Zöhrer
21. ÖGB-Jugendkongreß 4.–5. November 1989	Zeit für neue Zeiten	Gerald Gerstbauer
22. ÖGB-Jugendkongreß 29.–30. Juni 1991	Let's do it!	Roland Sperk
23. ÖGB-Jugendkongreß 25.–26. September 1993	Bewegung für Toleranz – gegen Rechtsextremismus und Fremdenhaß	
24. ÖGB-Jugendkongreß 10.–11. Juni 1995	Wir haben Rechte: Das Recht – auf Mitsprache – auf Demokratie – über unser Leben zu bestimmen	
25. ÖGB-Jugendkongreß 20.–21. September 1997	Wir fordern Jugendausbildung – statt Arbeitslosigkeit und hemmungslosen Kapitalismus	Albert Maringer
26. ÖGB-Jugendkongreß 29. Mai 1999	Dialog und »Umverteilung« zwischen den Generationen – Young and Old Together?	

Im Unterschied etwa zu Deutschland, wo Betriebsrat und gewerkschaftliche Betriebsorganisation parallel laufen, entschied sich der ÖGB trotz der veränderten Rahmenbedingungen dafür, daß »Funktionär der Gewerkschaft auch künftig jemand sein ... soll, der zugleich Betriebsrat, Personalvertreter, Jugendvertrauensrat oder Mitglied eines gewerkschaftlichen Betriebsausschusses ist oder dies zumindest einmal war«. Deshalb ist ein möglichst hoher Anteil an Betrieben mit gewählten und in die Gewerkschaftsbewegung eingebundenen Belegschaftsvertretungen eine Grundvoraussetzung für Organisationskraft und den breiten Zugang zu den Arbeitnehmern. Angesichts der steigenden Zahl an Betrieben, in denen diese Voraussetzungen nicht oder nicht mehr gegeben sind, maß der 13. Bundeskongreß der Überzeugungsarbeit und der Hilfestellung, um in neuen Unternehmen die Wahl eines Betriebsrates zu erreichen und »gewerkschaftsferne« Betriebsräte an die Organisation zu binden, einen besonderen Stellenwert zu. »Entscheidend ist«, hieß es im Leitantrag Organisation, »daß die Beziehung zwischen den Betriebsräten und der Gewerkschaft intensiviert wird, oder intensiv bleibt«. Dazu wurden auch neue Formen der Betreuung wie Kontakte zu Sicherheitsvertrauenspersonen in Betrieben ohne Betriebsrat, der Aufbau einer Gruppe von Behindertenvertrauenspersonen, das Angebot von Studienzirkeln oder das verstärkte Fördern des Einsatzes von Kultur-, Bildungs- und Freizeitberatern vorgesehen[36]) – Aufgaben, die besonders die gewerkschaftliche Bildungsarbeit forderten. Sie sollte direkt mit der Betriebsräteberatung verknüpft werden und »möglichst viele Handlungsfelder betrieblicher Interessenvertretung abdecken«.[37])

Das vom ÖGB-Bildungsreferat forcierte Modell der »Studienzirkel« wurde bereits im Rahmen der Aktion »Mitgestalter der Zukunft« im Vorfeld des 12. Bundeskongresses erfolgreich eingesetzt. Es handelt sich um für alle Mitglieder offene Diskussionsgruppen, in denen maximal 15 Teilnehmerinnen und Teilnehmern sich, unterstützt von Moderatoren, Wissen und Information erarbeiten. Die ÖGB-Landesexekutive Oberösterreich nutzte dieses Instrument, als sie unter dem Slogan »Zeit für neue Zeiten« Vorschläge und Ideen zur Arbeitszeitgestaltung diskutieren ließ, die Sektion Industrie der Gewerkschaft der Privatangestellten regte in ähnlicher Form einen Diskussionsprozeß zu Lohn- und Gehaltsfragen an.[38]) Bis 1995 wurden dann in fast allen Bundesländern Studienzirkel für Mitglieder angeboten und darüber hinaus begannen mehrere Gewerkschaften mit eigenen Mitgliederseminaren. Die Öffnung der traditionsreichen Gewerkschaftsschulen führte dazu, daß bereits Mitte der neunziger Jahre 30 Prozent der Teilnehmer Mitglieder waren, die noch keine Funktion als Arbeitnehmerinteressenvertreter ausübten.[39]) Die neu konzipierte Zeitschrift »Bildungsinfo« der Arbeiterkammern und des ÖGB, die ursprünglich für die Bildungs- und Kulturbeauftragten der Betriebsräte und interessierte Betriebsratsvorsitzende reserviert war, geht mittlerweile nicht nur an Jugendvertrauensräte, sondern kann von jedem Gewerkschaftsmitglied beim ÖGB-Bildungsreferat angefordert werden.[40])

Gewerkschaftliche Bildungsarbeit beschränkte sich, seit sie besteht, nie auf tagesaktuelle Themen. »Da organisiertes gewerkschaftliches Handeln die Einsicht in gemeinsame Interessen voraussetzt«, stellte auch der von Siegfried Dohr, dem Vorsitzenden der Gewerkschaft Öffentlicher Dienst, geleitete Arbeitskreis »Bildung, Freizeit, Kultur, Medien« vor dem 13. Bundeskongreß wieder fest, »hat gewerkschaftliche Bildungsarbeit mehr den je die Aufgabe, den Arbeitnehmern die Erkenntnis gemeinsamer Grundinteressen zu vermitteln«. Sie soll dazu beitragen, das demokratische Bewußtsein zu stärken und Arbeitnehmern ihre Situation in der Gesellschaft bewußt machen.[41]) Dazu bedarf es aber nicht nur der Wissensvermittlung und der Diskussion, sondern auch emotionaler Zugänge, die Gemeinsamkeit erleben lassen. Die vom ÖGB-Bildungsreferat ab 1988 veranstalteten »Kultur- und Bildungscocktails« versuchen einen solchen emotionalen Zugang zu öffnen. Mit Musik, Literatur, szenischen Darstellungen und Bildern wurden Epochen der österreichischen Geschichte aus Arbeitnehmersicht beleuchtet –, etwa 1991 unter dem Motto »Für Kaiser, Volk und Vaterland ... Was Kriege wem kosten am Beispiel 1914 bis 1918«.

Die innovativen Ansätze und darüber hinaus die Notwendigkeit, Wissen und soziale Fähigkeiten an eine Zielgruppe weiterzugeben, die sehr unterschiedliche Voraussetzungen mitbringt, stellen an Referenten und Moderatoren besondere Anforderungen; hohe Expertenkompetenz und praktische Erfahrung in der Organisation reichen dazu nicht aus. Deshalb forderte der 11. Bundeskongreß, die Referentenausbildung »auszubauen und zu intensivieren«, was 1989 zur Gründung der AK/ÖGB-Referentenakademie führte. Sie sollte, entsprechend der Aufgabenstellung der gewerkschaftlichen Bildungsarbeit, nicht nur Methodik und Didaktik vermitteln, sondern auch die Auseinandersetzung mit aktuellen politischen Themen einbeziehen. Ab 1997 veranstaltete die Referentenakademie im Karl-Weigl-Bildungshaus der Wiener Arbeiterkammer einmal pro Jahr das Symposium »Impulse für die gewerkschaftliche Bildungsarbeit«, das auch eine österreichweite Projektpräsentation umfaßt.[42])

Die Referentenakademie und die Sozialakademie, deren Ausbildungskonzept bis Mitte der neunziger Jahre vollständig überarbeitet wurde, stellen zwei Schwerpunkte der gesamtösterreichischen, branchenübergreifenden Bildungskooperation von ÖGB und Arbeiterkammern im Rahmen des gemeinsamen ÖGB/AK-Bildungsprogrammes dar. Die Sozialakademie blieb zwar das Zentrum der Führungskräfteausbildung für die österreichische Gewerkschaftsbewegung, konnte aber den zunehmenden Qualifikationsbedarf vor allem in den großen Bundesländern nicht mehr alleine abdecken. Deshalb richteten die Arbeiterkammern in Abstimmung mit den ÖGB-Landesexekutiven in Niederösterreich mit der »Betriebsräteakademie« und in Oberösterreich mit der »Zukunftswerkstätte« eigene längerfristige Internatskurse ein, während die »Otto-Möbes-Akademie« in der Steiermark ein völlig neues Schulungskonzept erhielt.[43]) Ebenfalls ein neues und angesichts der veränderten Rahmenbedingungen im öffentlichen Dienst dringend notwendiges Angebot intensiver Führungskräfteschulung stellten die von der Gewerkschaft der Gemeindebediensteten ab der ersten Hälfte der neunziger Jahre geführten Lehrgänge für Personalvertreter dar.[44])

Das Karl-Weigl-Bildungshaus, der Standort der Sozialakademie, übernahm immer stärker die Funktion eines gewerkschaftspolitischen Dialogzentrums. Das ab 1996 jährlich abgehaltene, nach dem ersten Leiter des ÖGB-Bildungsreferates benannte Franz-Senghofer-Symposium oder Seminare der Europäischen Gewerkschaftsakademie sind zwei Beispiele, die in diese Richtung weisen. Der Dialogcharakter und die Auseinandersetzung mit aktuellen gewerkschaftspolitischen Themen trat auch bei den Seminaren und Workshops für Führungskräfte der Arbeitnehmerinteressenvertretungen und Absolventinnen und Absolventen der Sozialakademie und der regionalen »Akademiestufen« der gewerkschaftlichen Bildung immer mehr in den Vordergrund. Unter dem Titel »ÖGB/AK-Spezialseminare fanden sie erstmals im Herbst 1993 statt. Spitzenvertreter der Gewerkschaftsbewegung und Experten aus dem In- und Ausland stellen sich in diesem Rahmen der Diskussion mit den Teilnehmern, so 1994, als sich Belegschaftsvertreter kurz nach der EU-Volksabstimmung eine Woche lang mit der »Gewerkschaftlichen Zusammenarbeit in Europa« beschäftigten. Bereits damals nahm eines der zentralen Themen der gewerkschaftlichen Bildungsarbeit der neunziger Jahre, die Bestellung und die Arbeit von Euro-Betriebsräten, einen breiten Raum ein.[45])

Für zwei andere vom 13. Bundeskongreß besonders angesprochene »Handlungsfelder betrieblicher Interessenvertretung«, die Tätigkeit von Sicherheitsvertrauenspersonen und von Behindertenvertrauenspersonen, wurden in der zweiten Hälfte der neunziger Jahre eigene Bildungsangebote entwickelt. Sicherheitsvertrauenspersonen sind zwar keine Interessenvertreter wie Betriebsräte oder Behindertenvertreter, aber nach den Bestimmungen des Arbeitnehmerschutzgesetzes 1995 »Arbeitnehmer mit besonderer Funktion«, die die Arbeitnehmer und die Belegschaftsorgane in allen Fragen der Sicherheit und des Gesundheitsschutzes zu informieren, zu beraten und zu unterstützen haben. Sie werden mit Zustimmung des Betriebsrates oder, wenn keiner existiert, mit Zustimmung von zwei Dritteln der Arbeitnehmer im Betrieb bestellt und sind gegenüber dem Arbeitgeber nicht weisungsgebunden; sie wurden damit zu wichtigen Ansprechpartnern der Gewerkschaftsbewegung. Arbeiterkammern, ÖGB und Gewerkschaften bieten ihnen seit 1996 als Kooperationsprojekt für ihre – nach dem Gesetz verpflichtende – Ausbildung österreichweit Programme an.[46])

Nicht nur als Vermittlungsinstanz für Spezialwissen und gewerkschaftliche Politik, auch als »Schnittstelle zwischen der Gewerkschaftsorganisation und der Öffentlichkeit« wird die Funktion der Bildungsarbeit gesehen.[47]) Ihr Beitrag ist unverzichtbar, ob es sich um Mitgliederwerbeaktionen oder darum handelt, Impulse und Erfahrungen weiterzugeben. Zur Vorbereitung der Mitgliederwerbeaktion 1997 organisierte der ÖGB über die Bildungsarbeit Multiplikatorenseminare, durch die die Teilnehmer erfolgversprechende Kommunikationsstrategien kennen lernten und in die Lage versetzt wurden, auch andere mit der Anwendung dieser Strategien vertraut zu machen.[48]) Bei der gewerkschaftlichen Führungskräfteausbildung zählen Projektmanagement und Kommunikationsfähigkeit längst zu den Basiskompetenzen, die in Theorie- und Praxisphasen weiterentwickelt werden – unter Einschluß der Auseinandersetzung mit neuen, auf andere und veränderte Wirtschafts- und Arbeitsstrukturen zugeschnittene Aktionsformen zur Durchsetzung von Arbeitnehmerinteressen, wie der von amerikanischen Gewerkschaften und Umweltorganisationen eingesetzten Kampagnenstrategie.[49])

Instrumente der Interessenvertretung – Instrumente der Beteiligung

Unterschiedliche Organisationsdichte, unterschiedliche gewerkschaftliche Organisationsformen, unterschiedliche Finanzkraft und unterschiedliche Konfliktregelungskulturen sind zu berücksichtigen, um die Brauchbarkeit traditioneller und neuer »Instrumente der Interessenvertretung«, wie sie der 13. Bundeskongreß nannte, jeweils im konkreten Fall zu überprüfen. Das gilt besonders für Instrumente wie die Kampagne mit stark aktionistischen Elementen, die aber vor allem für Gewerkschaften mit geringer Organisationsdichte und für Branchen mit einem hohen Anteil an Arbeitnehmern in atypischen Arbeitsverhältnissen auch in Österreich wichtig werden. Kampagnen sind nichts anderes als größere zeitlich begrenzte Aktionen, die sich aller Formen moderner Öffentlichkeitsarbeit bedienen, die Mitglieder als »Aktivisten an der Front« einsetzen und Verbündete außerhalb der eigenen Interessengruppe mobilisieren. »Aktionismus« und Provokation waren in der österreichischen Gewerkschaftsbewegung lange Zeit so gut wie ausschließlich Privileg der Jugendorganisation. Die letzte dieser Kampagnen startete die ÖGJ 1998 unter dem Motto »Deine Ausbildung ist unser Bier«. Mit Straßenaktion und Unterschriftensammlung auf Bierdeckeln warb sie um Zustimmung zu dem von ihr ausgearbeiteten Modell für einen Lastenausgleich zwischen ausbildenden Betrieben und Betrieben, die keine Lehrlinge aufnahmen.[50] In den neunziger Jahren begannen auch einige Gewerkschaften und der ÖGB, sich solcher öffentlichkeitswirksamer Mittel zu bedienen.

Die Gewerkschaft Hotel, Gastgewerbe, Persönlicher Dienst konnte mit der Kampagne »Na servus in Österreich« Anfang der neunziger Jahre die Fünf-Tage-Woche in der Fremdenverkehrswirtschaft durchsetzen. Und eine über vierzehn Monate laufende Kampagne, bei der Gewerkschaftsmitglieder unter anderem entsprechend dem Slogan »Mindestkonsumation für höheren Mindestlohn« das billigste Angebot konsumierten und mit den Anwesenden über ihre Forderungen diskutierten, erreichte 1998 den von der Arbeitgeberseite lange verweigerten Abschluß von Kollektivverträgen in sieben Bundesländern. »Heute ist Gewerkschaftsarbeit ohne wirksame Öffentlichkeitsarbeit nicht mehr möglich«, faßte HGPD-Vorsitzender Rudolf Kaske die Erfahrungen zusammen, »genauer gesagt: Wenn es die Gewerkschaften nicht schaffen, ihre Anliegen und Forderungen zu einem öffentlichen, von den Medien aufgenommenen Thema zu machen, dann haben sie es schwer, sich durchzusetzen«.[51]) Auch beim Kampf um das Semperitwerk Traiskirchen spielte die Mobilisierung der Öffentlichkeit eine große Rolle: Die Chancen für das Erhalten des Standortes stiegen, als sich immer mehr Massenmedien für die Solidarität der österreichischen Konsumenten mit den Arbeitern in Traiskirchen einsetzten. Hätten sich allerdings die Arbeiter selbst, wie es dem Kampagnenkonzept entsprechen würde, dem geplanten Abtransport der Maschinen entgegengestellt, wäre das zwar zweifellos öffentlichkeitswirksam gewesen, hätte ihnen aber höchstens die Gefahr eingebracht, ihre Abfertigung zu verlieren. Mit dem Ausarbeiten eines Planes, den Abtransport der Maschinen ohne direkte Beteiligung der Semperit-Arbeiter zu verhindern, und seinem Zuspielen an das Conti-Management unterlief aber die Gewerkschaft der Chemiearbeiter erfolgreich die Strategie des Konzernes.[52])

Nicht nur die Gewerkschaft HGPD oder die Chemiearbeiter, viele Gewerkschaften sahen sich in den neunziger Jahren angesichts der härteren Gangart der Arbeitgeberseite gezwungen, zur Durchsetzung ihrer Forderungen öffentlich Druck zu machen, wenn sie dabei auch traditionellere Wege gingen. Von der Gewerkschaft Handel, Transport, Verkehr organisierte Demonstrationen und Straßenblockaden der LKW-Fahrer aus Protest gegen unzumutbare Arbeitszeiten und Lohnbedingungen, eine Protestdemonstration der in der Gewerkschaft Bau-Holz organisierten Maler und Anstreicher in der Wiener Innenstadt für einen Kollektivvertragsabschluß, eine Unterschriftenaktion der Postgewerkschaft, um das Interesse an einem funktionierenden Postdienst gegen negative Privatisierungsfolgen zu mobilisieren, oder eine Solidaritäts-Menschenkette in Klagenfurt auf Initiative der Gewerkschaft der Privatangestellten, die zur Unterstützung der Handelsangestellten auf die überlangen Öffnungszeiten am Karsamstag aufmerksam machte, sind nur einige Beispiele.[53]) Die Gewerkschaft Metall-Bergbau-Energie mußte Ende 1996 nach Abbruch der Kollektivvertragsverhandlungen zu einer Großdemonstration aufrufen, um die Arbeitgeberseite des Metallgewerbes erstmals seit Jahrzehnten mit einer Kampfmaßnahme an den Verhandlungstisch zurückzuzwingen.[54])

Für die Unterstützung interessenpolitischer Anliegen können neue Formen der Öffentlichkeitsarbeit entscheidend sein. Die Kampagne, die 1996 unter dem Slogan »Aktion Fairness« mit einer Unterschriftenaktion der Arbeitergewerkschaften für die sozial- und arbeitsrechtliche Gleichstellung der Arbeiter mit den Angestellten eingeleitet wurde, brachte 1,2 Millionen Unterstützungserklärungen, eine hohe Zustimmung in der Bevölkerung einschließlich der Angestellten, die Berücksichtigung des Anliegens im Koalitionsübereinkommen und einen Gesetzesentwurf. Das vorläufige Scheitern der Verhandlungen veranlaßte den ÖGB, bei der letzten Sitzung des Nationalrates vor den Wahlen im Herbst 1999 »Aktion Fairness«-Sticker zu verteilen, die sich alle SPÖ-Abgeordneten, wenige FP-Abgeordnete und einige Grüne und Liberale demonstrativ anhefteten. Auf der Besuchergalerie bildeten Gewerkschafter mit Buchstaben-T-Shirts ein lebendes Transparent.[55]) Europaweite, längerfristige Kampagnen sind wegen der unterschiedlichen gewerkschaftlichen Organisationsstrukturen und Aktionskulturen nur schwer durchzuziehen, aber nicht unmöglich. Übernationale Streiks stoßen dagegen fast immer an diese Grenzen. Ein europaweiter Proteststreik fand erstmals 1997 statt, als die belgischen, französischen und spanischen Beschäftigten des Autoerzeugers Renault gemeinsam gegen die Schließung des belgischen Werkes Vilvoorde und die angekündigten Massenentlassungen in Frankreich protestierten.[56])

Die europaweite Kampagne, die der Europäische Gewerkschaftsbund seit Anfang der neunziger Jahre führte – wenn man die Ausgangslage betrachtet, gar nicht so erfolglos –, war die Kampagne für Beschäftigung.[57]) Ein Instrument, das der EGB dabei einsetzte, das von ihm und den Gewerkschaftsinternationalen aber auch punktuell genutzt wurde, waren europaweite, gleichzeitig in allen EU-Staaten abgehaltene »Aktionstage«, um auf die nationalen Regierungen und über sie auf die Organe der Europäischen Union Druck auszuüben. Beim »Europäischen Aktionstag für Beschäftigung« am 27. Mai 1997 überreichte eine ÖGB-Delegation der Bundesregierung das Gewerkschaftsmemorandum zur Beschäftigungspolitik, am Nachmitag lud eine mit einem »dünnen sozialen Netz« überzogene »Straße der kreativen Ideen« zum Mitdenken und Mitmachen ein. Es folgte am 28. Mai der Tag der Bundesländer, an dem die Gewerkschaften mit den Landes- und Bezirksorganisationen des ÖGB die unterschiedlichsten Veranstaltungen durchführten. An den Grenzen Oberösterreichs, Salzburgs, Tirols und Vorarlbergs protestierten die ÖGB-Landesorganisationen gemeinsam mit Delegationen des Deutschen Gewerkschaftsbundes gegen die mangelnde Bereitschaft der EU-Politik, effektive Maßnahmen zur Bekämpfung der Arbeitslosigkeit zu setzen.[58])

Die unterschiedliche Aktionskultur zeigte sich beim europäischen Aktionstag der Eisenbahner 1998: In sechs Ländern kam es

Streikstatistik Österreich 1987 bis 1999

Jahr		Beteiligte	Streik-stunden	Gewerkschaft (der)
1987	gesamt	7.203	38.575	
	nach Gewerkschaften	1.069	4.276	Privatangestellten
		3.762	26.412	Öffentlicher Dienst
		27	1.512	Bau- und Holzarbeiter
		2.345	6.375	Metall-Bergbau-Energie
1988	gesamt	24.252	68.335	
	nach Gewerkschaften	321	2.472	Privatangestellten
		23.709	60.045	Öffentlicher Dienst
		222	5.818	Metall-Bergbau-Energie
1989	gesamt	3.715	23.887	
	nach Gewerkschaften	610	152	Privatangestellten
		2.983	23.064	Öffentlicher Dienst
		9	2	Lebens- und Genußmittelarbeiter
		113	669	Metall-Bergbau-Energie
1990	gesamt	5.274	70.962	
	nach Gewerkschaften	51	514	Privatangestellten
		2.790	15.045	Öffentlicher Dienst
		54	48	Handel, Transport, Verkehr
		1.567	37.608	Lebens- und Genußmittelarbeiter
		812	17.747	Metall-Bergbau-Energie
1991	gesamt	92.708	466.731	
	nach Gewerkschaften	142	5.072	Privatangestellten
		92.456	455.961	Öffentlicher Dienst
		70	5.600	Kunst, Medien, freie Berufe
		39	98	Metall-Bergbau-Energie
1992	gesamt	18.039	181.502	
	nach Gewerkschaften	17	1.490	Privatangestellten
		18.000	180.000	Öffentlicher Dienst
		22	6	Chemiearbeiter
1993	gesamt	7.512	131.363	
	nach Gewerkschaften	6.312	22.163	Bau-Holz
		1.200	109.200	Handel, Transport, Verkehr
1994		–	–	
1995	gesamt	60	894	
	nach Gewerkschaften	60	894	Metall-Bergbau-Energie
1996		–	–	
1997	gesamt	25.800	15.300	
	nach Gewerkschaften	25.800	15.300	Öffentlicher Dienst
1998		–	–	

Quelle: ÖGB-Nachrichtendienst. Als Jahresüberblick zusammengestellt in den Wirtschafts- und Sozialstatistischen Taschenbüchern des Österreichischen Arbeiterkammertages/der Bundeskammer für Arbeiter und Angestellte.

zu streikähnlichen Maßnahmen, in Österreich wurden von den Gewerkschaftern Flugzettel verteilt. Wilhelm Haberzettel, der stellvertretende Vorsitzende der Gewerkschaft der Eisenbahner, erklärte die Motivation: »Grundsätzlich kann man sagen, daß es in allen Ländern, wo Kampfmaßnahmen ergriffen wurden, den klassischen sozialen Dialog, wie er in Österreich Usus ist, nicht gibt. Die Franzosen und Belgier müssen streiken, damit sie erst einmal an den Verhandlungstisch kommen.«[59]) Obwohl auch in Österreich das Klima insgesamt rauher wurde und man neue Wege beschritt, um Mitglieder und Öffentlichkeit zu mobilisieren, setzte also die österreichische Gewerkschaftsbewegung bei der Vertretung von Arbeitnehmerinteressen grundsätzlich weiter auf nüchterne Sachargumente und Verhandeln. Ausdruck dieser politischen Kultur ist die auch zwischen 1987 und 1999 im Vergleich zu anderen Staaten extrem geringe Streikhäufigkeit. Der ÖGB sah und sieht das als Beweis für seine Stärke, die nicht zuletzt auf die gute Ausstattung seiner Streikkasse, des »Solidaritätsfonds« zurückzuführen ist. Seine Dotierung sei »die Garantie dafür«, heißt es regelmäßig bei der Offenlegung der ÖGB-Bilanzen, »daß die schärfste gewerkschaftliche Waffe, der Streik, in Österreich selten eingesetzt werden muß«.

EUROSTAT, das statistische Amt der Europäischen Union errechnete, daß Österreich, gemessen an der Zahl der jährlich pro tausend Arbeitnehmer verlorenen Arbeitstage, zwischen 1983 und 1992 zusammen mit Luxemburg im gesamten EU-Raum am wenigsten von Streiks betroffen war und von 1988 bis 1992 überhaupt den niedrigsten Verlust an Arbeitstagen aufwies.[60]) Von den folgenden Jahren gab es in drei gar keine Arbeitsniederlegung, in den anderen blieben Streiks Einzelerscheinungen. Auch noch zu den »streikarmen« Ländern zählten nach EUROSTAT 1988 bis 1992 die Niederlande und Deutschland, das aber immerhin mehr als das Dreifache an Zeitausfall durch Arbeitsniederlegungen zu verzeichnen hatte.

»Wohlmeinenden« Aufforderungen, auch der ÖGB und seine Gewerkschaften müßten wieder »kämpferischer« werden, begegnete Rudolf Nürnberger im Gleichklang mit Wilhelm Haberzettel mit dem Hinweis, daß in Österreich »gleichwertige, teilweise sogar bessere Ergebnisse« möglich waren als in Deutschland, »wo die Metallarbeiter seit Jahren auf die Straße gehen müssen, um einen Abschluß zu bekommen«.[61]) Fritz Verzetnitsch sah in der Priorität für die Verhandlungsstrategie außerdem keinen Widerspruch zur Kampfbereitschaft: »Die Gewerkschaft ist immer eine Kampforganisation; nur spielt sich der Kampf in unterschiedlichen

Formen ab.« Das gelte nicht nur für die Alternative »Verhandeln oder Streik«, sondern im Computerzeitalter auch für die Mittel, mit denen ein Streik durchgeführt wird.[62]) Was der ÖGB-Präsident damit meinte, demonstrierten die Finanzbeamten bei ihrem Warnstreik gegen Personalabbau und drohende Gehaltskürzungen 1997: Sie erschienen pünktlich »wie im Normaldienst« an ihrem Arbeitsplatz, schalteten aber einen halben Tag lang ihre PCs nicht ein und hoben kein Telefon ab.[63])

Es wird von Freunden der Gewerkschaftsbewegung befürchtet und von ihren Gegnern erhofft, daß die geringe »Streikerfahrung« in Österreich die Mobilisierungskraft der Gewerkschaften geschwächt habe und die Bereitschaft kaum mehr gegeben sei, sich an Arbeitsniederlegungen zu beteiligen oder diese als Kampfmittel zu akzeptieren. Beides scheint nicht im befürchteten oder erhofften Ausmaß zuzutreffen. Eine Umfrage der ÖGB-Landesexekutive Kärnten von 1997 widerlegte die These, die Mehrheit der Arbeitnehmer würde Streiks ablehnend gegenüberstehen: Zwei Drittel der Kärntner Arbeitnehmerinnen und Arbeitnehmer sprachen sich für Warnstreiks als geeignetes gewerkschaftliches Kampfmittel aus, »wenn es die Notwendigkeit verlangt«.[64]) Und was die Mobilisierungskraft betrifft, bewies die Gewerkschaft Metall-Bergbau-Energie bei der Protestaktion gegen den Abbruch der Kollektivvertragsverhandlungen für das Metallgewerbe 1996, daß es gelingen konnte, innerhalb kürzester Zeit 6.000 Demonstranten vor die Zentrale der Wirtschaftskammer zu bringen.[65])

Ob Verhandlung, Kampagne, Aktion, Demonstration oder Streik – der ÖGB vertritt wie beim Zustandekommen von Kollektivvertragsabschlüssen den Standpunkt, daß die Entscheidung darüber, welches »Instrument der Interessenvertretung« wann, wie und wie lange eingesetzt wird, alleiniges Recht der Gewerkschaftsbewegung zu sein hat. Die Möglichkeit, im Rahmen der Spielregeln des demokratischen Staates alle geeigneten Mittel bis hin zum Streik zur Durchsetzung von Arbeitnehmerinteressen anzuwenden, wird als Freiheitsrecht, nicht als Schutzrecht verstanden. Deshalb gibt es in Österreich zum Unterschied von vielen anderen europäischen Ländern auch kein »positives Streikrecht«, also eine Gesetzesbestimmung, die Streiks ausdrücklich »erlaubt«, wohl aber den Grundsatz, daß Arbeitsniederlegungen nicht strafbar sind.[66]) Das entspricht dem – mittlerweile oft durchlöcherten, aber noch immer gültigen – Grundprinzip der österreichischen Verfassung von 1921, daß der Staat zwar die Spielregeln vorgeben muß, die ein humanes und demokratisches Austragen von gesellschaftlichen Konflikten sichern, selbst aber nicht die Aufgabe hat, das Ergebnis dieser Auseinandersetzungen zu bestimmen.[67] Gerade deshalb lehnte es aber der ÖGB immer ab, sich auf die sogenannten gewerkschaftlichen Kernaufgaben zu beschränken, und mischt sich bewußt in den politischen Entscheidungsprozeß ein, um die Arbeitnehmerinteressen zu wahren. Welche Situation eintreten kann, wenn ein Staat, auch ein demokratischer, arbeitnehmerfeindliche Rahmenbedingungen setzt, zeigte das Beispiel Großbritannien, wo sich manche Gewerkschaften unter dem Druck der neoliberalen Politik gezwungen sahen, Streikverzichtsklauseln in ihren Kollektivverträgen zu akzeptieren.[68]

Zu einem Versuch, die Entscheidungsfreiheit der Gewerkschaftsbewegung über ihre Kampfmittel einzuschränken, kam es während der neunziger Jahre auch auf der Ebene der Europäischen Union. Veranlaßt durch eine illegale Aktion französischer Bauern, die 1995 aus Protest gegen die Öffnung der Grenzen für ausländische Agrarprodukte Ladungen spanischer LKW-Fahrer vernichtet hatten, und ein Urteil des Europäischen Gerichtshofes, legte die EU-Kommission einen Verordnungsentwurf zum Schutz des freien Warenverkehrs vor, der auch die volle Streik- und Demonstrationsfreiheit in Frage stellte. Der Vorstoß scheiterte am Widerstand des Europäischen Gewerkschaftsbundes und des EU-Parlamentes. Als EGB-Präsident ging Fritz Verzetnitsch in die Öffentlichkeit und verlangte, es müsse innerhalb der EU garantiert sein, »daß das Streikrecht umfassend ist und nicht durch die Freizügigkeit des Warenverkehrs ausgehebelt werden kann«. Der Ausschuß für Beschäftigung und soziale Angelegenheiten des EU-Parlamentes blockierte den Kommissionsentwurf und setzte nach Verhandlungen zwischen den EU-Gremien und dem EGB eine Regelung durch, die Streik- und Demonstrationsfreiheit als nationale Rechte unangetastet ließ.[69] Damit war klargestellt, so Harald Ettl, Autor der Ausschußstellungnahme, das keine »Art höheres Recht der EU« bestehe, etwa Straßenblockaden abzubrechen, »wenn die Demonstration in einem Mitgliedstaat zurecht anerkannt wurde«.[70]

Der ÖGB mußte und muß sich noch immer die Kritik gefallen lassen, er fordere zwar von Gesellschaft, Staat und Wirtschaft demokratische Rechte und Mitbestimmung, sei aber nicht bereit, die »innere Demokratie« der eigenen Organisation weiterzuentwickeln. Vor allem die begrenzten Mitwirkungsrechte der Gewerkschaftsmitglieder ohne besondere Funktion bei der Delegation in Entscheidungsgremien und offene Wahlen boten eine breite Angriffsfläche. Ab Beginn der neunziger Jahre war in dieser Hinsicht

861

allerdings ein grundlegender Wandel zu verzeichnen. Er setzte 1991 mit der Entscheidung des 12. Bundeskongresses ein, nicht nur für die Zukunft die Durchführung geheimer Wahlen durch das Herabsetzen der für einen Antrag notwendigen Delegiertenzahl zu erleichtern, sondern die Leitungs- und Kontrollorgane des ÖGB bereits selbst erstmals in geheimer Wahl zu bestellen.[71]) In den Folgejahren entschieden auch die Gewerkschaftstage nach diesem Vorbild. Der 13. Bundeskongreß machte dann »gleiche, unmittelbare, geheime und persönliche Wahlen für jede Gliederung des ÖGB« zur Regel. Offene Abstimmungen sind seit 1995 nur mehr bei Mitgliederversammlungen und Zustimmung durch eine Zweidrittelmehrheit vorgesehen.[72])

Was die Beteiligung der Mitglieder betrifft, leitete der 13. Bundeskongreß eine »sanfte Revolution« ein. Die Gewerkschaften wurden verpflichtet – als ein ihren Mitgliedern zustehendes Recht – zumindest alle vier Jahre, also de facto im Vorfeld jedes Bundeskongresses, Mitgliederversammlungen durchzuführen. Ferner »muß jedes Mitglied regelmäßig die Möglichkeit haben, sich an der Wahl von Organen oder Delegierten seiner Gewerkschaft zu beteiligen«. Wahlen von Organen und Delegierten sind außerdem nach den ab 1995 geltenden ÖGB-Statuten als »Gewerkschaftswahlen, bei denen nur Gewerkschaftsmitglieder wahlberechtigt sind, durchzuführen«. Die erste Gewerkschaft, für die sich die Notwendigkeit ergab, aus der Statutenänderung praktische Konsequenzen zu ziehen, war die Gewerkschaft Metall-Bergbau-Energie: Bisher waren die Delegierten zum Gewerkschaftstag aus den Betrieben ausschließlich aufgrund ihrer Betriebsratsfunktion bestellt worden, 1996 mußten sich MBE-Betriebsräte aus Unternehmen, deren Belegschaft zu weniger als 50 Prozent organisiert war, erstmals der Wahl der von ihnen vertretenen Gewerkschaftsmitglieder stellen. Auch das Recht der Mitglieder auf Teilnahme und Mitentscheidung bei Mitgliederversammlungen brachte neue Organisationsanforderungen. Wenn sie zum Beispiel auf viele und weit verstreute Arbeitsstellen verteilt sind, müssen Möglichkeiten wie die Briefwahl ins Auge gefaßt werden, um ihnen die Inanspruchnahme ihres Rechtes zu sichern.[73]) Die Gewerkschaft der Gemeindebediensteten ging bei der Einbeziehung der Mitglieder in Entscheidungsprozesse über die vom Bundeskongreß festgelegten Mindeststandards hinaus, als sie 1996 im Bereich des Wiener Krankenanstaltenverbundes ein Referendum zu Arbeitszeit und Diensteinteilung durchführte, an dem sich 60 Prozent der Mitglieder beteiligten und dessen Ergebnis als bindende Vorgabe für die Verhandlungen mit dem

Gewerkschaftstage und Gewerkschaftsvorsitzende 1984 bis 1999

Gewerkschaft (der)		Gewerkschaftstage		Motto	Vorsitzende
01	Privatangestellten	11.	4.–7. November 1986	Arbeit für alle – Mitbestimmung erweitern – Zukunft gestalten	Alfred Dallinger
		GPA-Vorständekonferenz Mitte März 1989			Lore Hostasch
		12.	6.–9. November 1990	Angestellte – mit uns die Zukunft gestalten für ein soziales Europa	
		13.	7.–11. November 1994	Es gibt vieles, für das es sich lohnt, organisiert zu sein	Hans Sallmutter
		14.	9.–12. November 1998	GPA ... weil es nicht egal ist	
02	Öffentlicher Dienst	10.	12.–14. November 1985	Erreichtes sichern – die Zukunft gestalten	Rudolf Sommer
		11.	13.–17. November 1989	Zukunftsorientiert und erfolgreich in die 90er Jahre	Siegfried Dohr
		12.	17.–22. Oktober 1993	Im Dienste Österreichs – für Europas Zukunft	
		13.	27.–31. Oktober 1997	Starker Partner – Sichere Zukunft	Fritz Neugebauer

863

Gewerkschaft (der)		Gewerkschaftstage		Motto	Vorsitzende
03	Gemeinde-bediensteten	11.	11.–15. Mai 1987	Bereit für die Zukunft	Rudolf Pöder
		12.	15.–19. April 1991	Solidarität ist unser Erfolg	Günter Weninger
		13.	8.–12. Mai 1995	Bewährt – Bewahrt – Bewegt	
		14.	7.–11. Juni 1999	Kommunale Dienstleistungen – Arbeit schaffen für ein soziales Europa	
04	Kunst, Medien, freie Berufe	11.	10.–12. Juni 1986	Kultur sichert Freiheit, Fortschritt und Frieden	Stefan Müller
		12.	19.–21. Juni 1990	Mit einer starken Mediengewerkschaft KMfB in das Jahr 2000	
		13.	20.–24. Juni 1994	Vorwärts in die Zukunft mit der KMfB	Paul Fürst
		14.	15.–19. Juni 1998	In die Zukunft mit KMfB	Ernst Körmer
05	Bau- und Holz-arbeiter/Bau-Holz	12.	1.–4. Oktober 1986	Bauen & Umwelt	Josef Hesoun
		13.	3.–5. Oktober 1990	Die Arbeit und ihr gesellschaftlicher Stellenwert	
		14.	16.–18. November 1994	Kampf gegen die Arbeitslosigkeit – mit einer effizienten Sozialpolitik in eine sichere Zukunft	Johann Driemer
		15.	25.–27. November 1998	Gemeinsam gestalten – solidarisch bewegen – offensiv handeln	

Gewerkschaft (der)	Gewerkschaftstage		Motto	Vorsitzende
06 Chemiearbeiter	12.	2.–4. Oktober 1985	Aufstieg – Fortschritt – Sicherheit	Erwin Holzbauer
	13.	3.–6. Oktober 1989	Es liegt in unserer Hand – arbeiten und leben in einer Gesellschaft mit Zukunft	
	14.	6.–8. Oktober 1993	Der Mensch im Mittelpunkt – 90 Jahre Gewerkschaft der Chemiearbeiter	Gerhard Linner
	15.	7.–10. Oktober 1997	3 vor 2000 – Umdenken – Gesellschaft verändern	
07 Eisenbahner	13.	9.–11. September 1987	Gemeinsam und dynamisch in die Zukunft	Hans Schmölz
Erw. GdE-Zentralleitung 19. Juni 1989				Franz Hums
	14.	25.–27. September 1991	Immer in Bewegung!	
	15.	26.–29. September 1995	Zusammenhalten – gemeinsam die Zukunft gestalten	
außerordentlicher 3. Juni 1997				Gerhard Nowak
	16.	20.–24. September 1999	Fortschritt durch Stärke und Einigkeit	Wilhelm Haberzettel (designiert)
08 Druck und Papier	13.	8.–10. Mai 1985	Arbeit für alle	Herbert Bruna
	14.	17.–18. Mai 1989	4 Jahre Arbeit – 4 Jahre Erfolg	
	15.	2.–4. Juni 1993	Druck und Papier – seit 1842	Franz Bittner
	16.	21.–23. Mai 1997	Arbeit besitzen, Arbeit teilen	

Gewerkschaft (der)		Gewerkschaftstage		Motto	Vorsitzende
09	Handel, Transport, Verkehr	11.	13.–17. Mai 1986	Sichere Zukunft für alle	Robert Zehenthofer
		12.	17.–19. Mai 1990	Probleme der Zukunft bewältigen	Peter Schneider
		13.	18.–20. Mai 1994	90 Jahre HTV und kein Stillstand	
		14.	27.–29. Mai 1998	Ja zur Zukunft mit starken Gewerkschaften	
10	Hotel, Gastgewerbe, Persönlicher Dienst	2.	27.–28. April 1987	Für menschenwürdige Arbeitsplätze	Franz Erwin Niemitz
		3.	11.–12. März 1991	Zeit für neue Zeiten	
		4.	2.–4. April 1995	Der Mensch im Mittelpunkt der Dienstleistungen	Rudolf Kaske
		5.	22.–24. März 1999	Mit uns in die Zukunft – HGPD, die Dienstleistungsgewerkschaft	
15	Post- und Fernmeldebediensteten	11.	19.–22. Mai 1987	Erfolgreich weiterarbeiten	Norbert Tmej
		12.	14.–17. Mai 1991	Auch in Zukunft gemeinsam handeln	Hans-Georg Dörfler
11		13.	15.–19. Mai 1995	Für die Post der Zukunft	
		14.	14.–18. Juni 1999	Wandel braucht Gewerkschaft. Gewerkschaft hat Zukunft.	
11	Lebens- und Genußmittelarbeiter	11.	25.–27. Juli 1985	Arbeit schaffen – Umwelt schützen – gesicherte Zukunft	Josef Staribacher
		12.	17.–19. Oktober 1989	Kein Tag ohne uns!	Leopold Simperl

Gewerkschaft (der)		Gewerkschaftstage	Motto	Vorsitzende
12		Land-Forst-Garten	11.	26.–27. September 1986	Arbeit sichern – Umwelt pflegen	Erich Dirngrabner
	LFG-Zentralvorstand 31. Jänner 1990			Josef Wegerer
		12.	19.–20. Oktober 1990		*Fusionsbeschluß mit LUGA für 1991*
12	LUGA+LFG: Agrar-Nahrung-Genuß	1.	15.–18. Juni 1993	Gemeinsam in die Zukunft	Leopold Simperl
		2.	10.–12. November 1997	Arbeit schaffen – Zukunft sichern	
13	Metall-Bergbau-Energie	13.	7.–9. Mai 1984	Bildung – Arbeit – Frieden. Grundlagen weiteren Fortschritts	Karl Sekanina
	MBE-Zentralvorstand März 1995			Sepp Wille (bis 1987)
		14.	13.–15. Juni 1988	Mit Kraft die Zukunft meistern	Rudolf Nürnberger
		15.	24.–27. Mai 1992	Wir verwirklichen soziale Qualität	
		16.	2.–5. Juni 1996	Neue Arbeit – Neue Chancen – neue Wege	
14	Textil, Bekleidung, Leder	12.	5.–6. November 1984	Soziale Sicherheit und Arbeit für alle durch starke Gewerkschaften	Harald Ettl
		13.	14.–15. November 1988	Mit Solidarität zum Erfolg – Arbeit – soziale Sicherheit	
		14.	16.–17. November 1992	Höhere Löhne – bessere Arbeitsbedingungen – mehr Lebensqualität	
		15.	25.–26. März 1996	Auch 100 Jahre später – für Brot und Rosen	
	außerordentlicher 22. Juni 1998			*Fusionsbeschluß mit M-B-E für 2000*

Dienstgeber anerkannt wurde.[74]) Die Erfahrungen aus diesem Pilotprojekt nützte die Gewerkschaft dann für die Vorbereitung der großen Dienstrechtsreform der Stadt Wien: 80 Prozent der Vorschläge kamen von Magistratsmitarbeitern.[75])

Daß »Einschränkungen des aktiven und passiven Wahlrechts auf bestimmte Organe und Delegiertenfunktionen zulässig« sind und etwa die Wahl der Delegierten zu den ÖGB-Bundeskongressen den Gewerkschaftsvorständen vorbehalten ist[76]), erscheint vernünftig. Es würde wenig Sinn machen, Delegierte zu entsenden, die nicht in der Lage sind, die beschlossenen Grundsatzentscheidungen für die Gesamtorganisation verantwortlich umzusetzen. Dazu kommt der Vorrang, den der ÖGB der Repräsentativität als Auswahlkriterium für die Bestellung von Gremien im Interesse seiner Funktionsfähigkeit einräumt. Die Einschränkungsklausel erleichtert eine entsprechende Beteiligung von Frauen, wie sie der 13. Bundeskongreß ausdrücklich vorsah, aber auch von anderen weniger starken Arbeitnehmergruppen. Da es sich dabei eher selten um mit Gremienarbeit vertraute »Experten« handeln kann, forderte der Bundeskongreß die Weiterbildungsbereitschaft aller ein, die in diese Arbeit eingebunden werden.[77]) Es ist deshalb nur konsequent, wenn sich der ÖGB-Bundesvorstand dafür entschied, den »Ständigen Ausschuß für die gewerkschaftliche Bildungsarbeit«, den er im Auftrag des Bundeskongresses einzurichten hatte, mit dem ebenfalls zu bestellenden »Demokratieausschuß« zusammenzulegen.[78])

Der ÖGB und der Reformprozeß in den Arbeiterkammern

»So wie zwei gute Fußballer durch einen gelungenen Doppelpaß Erfolge erzielen, so könnte man auch das Zusammenspiel von Arbeiterkammer und Gewerkschaft sehen«. Mit diesem Beispiel beschrieb Lore Hostasch als neugewählte AK-Präsidentin Ende 1994 Aufgabenteilung und Zusammenarbeit zwischen der gesetzlichen Arbeitnehmerinteressenvertretung und der Gewerkschaftsorganisation.[79]) Die Zeit ab 1987 war, um im Bild zu bleiben, durch Versuche gekennzeichnet, den »Doppelpaß« zu verhindern, gleichzeitig aber durch einen Reformprozeß, der für die Arbeiterkammern, deren gesetzliche Grundlage von einigen kleineren Novellierungen abgesehen noch aus dem Jahr 1954 stammte, die Voraussetzungen schuf, um ihren Part im Interesse der Arbeitnehmer auch unter den veränderten gesellschaftlichen Rahmenbedingungen zu spielen.

Die Gewerkschafter, die die Arbeiterkammern verlangt und 1920 durchgesetzt hatten, hatten zwei Funktionen der gesetzlichen Interessenvertretung gesehen, die am Ende des 20. Jahrhunderts nach wie vor aktuell sind, wenn auch für ein viel breiteres Politikfeld als in der Ersten Republik: Einerseits sollten sie den »Gewerkschaften ein Apparat sein, die Wirtschaft zu durchleuchten, sozialpolitisch das Gestrüpp gesetzlicher Einrichtungen zu durchdringen und arbeitsrechtlich alles verteidigen zu helfen«. Andererseits anerkannte der Staat durch ihre Existenz »die uneingeschränkte gesellschaftliche und menschliche Gleichberechtigung« der Arbeitnehmer[80]) Denn mit ihnen stand auch den Arbeitnehmern ein Instrument zur Verfügung stand, um über die Beteiligung an Wahlen hinaus die Möglichkeit der Mitwirkung in Staat und Gesellschaft in Anspruch zu nehmen, wie es die österreichische Verfassung vorsieht. Damit die Arbeiterkammern beide Funktionen erfüllen können, ist allerdings eine Voraussetzung notwendig: die Form der demokratischen Selbstverwaltung, für deren Organe alle Arbeitnehmerinnen und Arbeitnehmer das Wahlrecht besitzen, weil ihnen das Gesetz die »Kammerzugehörigkeit« zuerkannt hat.[81]) Die sogenannte »Pflichtmitgliedschaft« ist also in Wirklichkeit ein Bürgerrecht wie die Bürgerschaft in einer politischen Gemeinde. Nur die demokratische Selbstverwaltung in dieser Form garantiert die interessenpolitische Unabhängigkeit und das umfassende Vertretungsmandat gegenüber dem Staat, was ebenso für die Wirtschaftskammern, die Landwirtschaftskammern und die anderen Kammern gilt, die allerdings als berufsständische Einrichtungen für die Konfliktregelung zwischen »Arbeit« und »Kapital« keine maßgebliche Rolle spielen.

Die Forderung nach dem Abschaffen der »Zwangsmitgliedschaft« bei den großen Kammern, die erstmals 1987 zu einem Thema der österreichischen Innenpolitik gemacht wurde, entlarvte sich von Anfang an als Versuch, die Durchsetzungskraft der Gewerkschaftsbewegung und die Funktionsfähigkeit der Wirtschafts- und Sozialpartnerschaft zugunsten der »Marktfreiheit« zu schwächen. Sie wurde im Rahmen des »Anti-Privilegien-Volksbegehrens« erhoben, das der neue FPÖ-Obmann Jörg Haider initiierte und das sich unter anderem auch gegen die Verstaatlichte Industrie richtete. AK-Präsident Adolf Czettel analysierte damals die hinter der vorgeschobenen Privilegiendebatte liegenden Motive der Haider-Politik: »Die Kammern, die er schwächen möchte, und auf nichts anderes läuft das Ganze ja hinaus, das sind die drei großen Kammern, die in den letzten drei Jahrzehnten im Rahmen der Sozialpartnerschaft eine entscheidende Rolle gespielt haben ... Wenn man, wie Haider sagt, diese entscheidende Rolle der Kammern in der Sozialpartnerschaft in Frage stellt, dann will man eine ganz erhebliche Veränderung in der österreichischen Politik. ... In den Ländern, die man mit Österreich vergleichen kann und die keine Arbeiterkammern kennen, müssen eben die Gewerkschaften eine große Anzahl von Experten beschäftigen ... Wäre das auch bei uns so, dann wäre das Geld erheblich knapper, die Schlagkraft der Gewerkschaften wäre entscheidend geringer.«[82])

Die Kampagne gegen den »Kammerstaat« mit seinen »Privilegienrittern« und die »Zwangsmitgliedschaft«, deren Angriffsschwerpunkt die Arbeiterkammern waren, wurde über ein Jahrzehnt konsequent durchgezogen und prägte die Auseinandersetzungen vor zwei Nationalratswahlen – jener 1990 und jener 1994. Die äußerst großzügigen und zum Teil nicht nachvollziehbaren Bezüge- und Pensionsregelungen von einzelnen AK-Spitzenfunktionären, hochstilisiert zum österreichweiten »AK-Skandal«, boten der FPÖ ideale und aggressiv genutzte Wahlkampfmunition gegen die SPÖ. Gleichzeitig heizte die starke Abnahme der Wahlbeteiligung bei den AK-Wahlen 1989 und noch mehr 1994 die Diskussion um die »Pflichtmitgliedschaft« weiter an und erleichterte es, die Repräsentativität der Wahlergebnisse und damit die Selbstverwaltung in Zweifel zu ziehen.[83]) Die Wahlbeteiligung sank 1989 österreichweit unter die 50-Prozent-Marke, 1995 erreichte sie gerade die 30-Prozentmarke, wobei 1989 der stärkste Einbruch in Wien zu verzeichnen war, während 1994 der prozentuelle Rückgang in den anderen Bundesländern höher lag.

Eine sachliche politische Auseinandersetzung um die Ursachen des Rückganges der Wahlbeteiligung hatte angesichts des AK-feindlichen Meinungsklimas im Herbst 1994 keine Chance durchzudringen. Im Rückblick erscheint es deshalb umso notwendiger, die Entwicklung nüchtern zu dokumentieren: Der Rückgang der in Österreich traditionell hohen Wahlbeteiligung war ab den achtziger Jahren ein allgemeiner Trend, der auch die Nationalratswahlen nicht ausnahm, bei denen 1983 noch über 92 Prozent der Bürgerinnen und Bürger ihre Stimme abgegeben hatten, während es 1990 nur mehr 84,9 Prozent und 1994 78 Prozent waren; in der Großstadt Wien ging die Beteiligung von über 85 Prozent auf 67,4 Prozent und dann auf 66,5 Prozent zurück. Dieser Trend wurde von den meisten Politologen und Soziologen als »Normalisierung der demokratischen Verhältnisse« begrüßt, ein Standpunkt, den die Arbeitnehmerinteressenvertretungen nie teilten. Ihr Demokratieverständnis schließt die Verpflichtung des politischen Systems ein, alle Voraussetzungen zu schaffen, um möglichst vielen Menschen die Beteiligungschance zu eröffnen. Genau dazu sollte die 1992 durchgeführte Reform der AK-Wahlordnung dienen, durch die erstmals auch Arbeitslose, geringfügig Beschäftigte und Frauen in Karenz das Wahlrecht erhielten. Das führte für 1994 zusammen mit dem Anstieg der Beschäftigtenzahlen zur Zunahme des Wählerpotentiales um mehr als 30 Prozent. Zieht man in Betracht, daß die Beteiligung an den AK-Wahlen, für deren Vorbereitung und Durchführung ja nicht die Rahmenbedingungen einer staatlichen Wahl zur Verfügung stehen, in der Zweiten Republik immer um mindestens 25 Prozent unter jener bei den Nationalratswahlen gelegen hatte und zudem vielen unter den neuen Wahlberechtigten die Tatsache ihrer AK-Zugehörigkeit noch gar nicht bewußt war, zeigt sich die Vielfalt der Faktoren, die den hohen Rückgang der Wahlbeteiligung 1994 verursachten. Dazu kamen zwei weitere Faktoren: Erstens ist hier die Zunahme der Zahl von Arbeitnehmern mit ausländischer Staatsbürgerschaft zu nennen, die ja bei den AK-Wahlen, nicht aber bei den Nationalratswahlen wahlberechtigt sind. Zweitens stieg der Anteil jener Arbeitnehmergruppen unter den AK-Wahlberechtigten, zu denen sich die Gewerkschaften, deren Unterstützung bei den AK-Wahlen immer unverzichtbar war, gerade erst den Zugang zu erschließen begannen. Daß die Debatte um die Bezüge der AK-Spitzenvertreter einen wesentlichen Faktor darstellte, bleibt dabei unbestritten.[84])

Das wahltaktische Kalkül der FPÖ ging auf jeden Fall 1994 auf: Ihren Erfolgen standen sowohl bei den Nationalrats- als auch bei den eine Woche früher abgehaltenen AK-Wahlen deutliche Stimmen- und Mandatsverluste der Sozialdemokraten gegenüber, wenn auch der Zuwachs der Freiheitlichen Arbeitnehmer bei der AK-Wahl deutlich geringer ausfiel als jener der FPÖ bei der Nationalratswahl und die sozialdemokratischen Gewerkschafter bundesweit ihre absolute Mehrheit halten konnten. Wahlanalysen belegten später außerdem, daß die Diskussion über die AK die Wählerentscheidung bei weitem nicht in dem Ausmaß beeinflußt hatte, wie manche vermuteten oder behaupteten. Trotzdem machte man, zum Teil auch von SPÖ-Seite, Heinz Vogler, den korrekten und integren Präsidenten der Bundeskammer für Arbeiter und Angestellte und Spitzenkandidaten der FSG in Wien, politisch für die SPÖ-Verluste verantwortlich. Der Druck auf den AK-Präsidenten eskalierte durch eine anscheinend gezielte Medienmanipulation: Die positive Antwort auf eine Frage nach seiner Einschätzung von ersten Teilergebnissen für die FSG während der Nacht der Stimmenauszählung

Die Arbeiterkammerwahlen 1921 bis 1994

	Wahlberechtigte Arbeitnehmer	Stimmenanteil		Anteile der wahlwerbenden Gruppen					
		abgegeben	gültig	Freie Gewerkschaften/Fraktion sozialistischer (sozialdemokratischer) Gewerkschafter (**FSG**)	Christlichsoziale/Österreichischer Arbeiter- und Angestelltenbund (**ÖAAB**)	(deutsch-)Nationale/Verband der Unabhängigen/Freiheitliche Arbeitnehmer (**FA**)	Kommunisten/Fraktion Gewerkschaftliche Einheit/Gewerkschaftlicher Linksblock (**GE/GLB**)	Arbeitsgemeinschaft Gewerkschaftliche Einheit (**GE**)	Neutrale/sonstige
1921	844.802		65,8%	84,0%	11,8%	1,2%	2,7%		0,2%
1926	826.234		66,2%	78,8%	10,4%	7,8%	2,8%		0,2%
1949	1.114.312		81,3%	64,4%	14,2%	11,7%	9,7%		
1954	1.317.624.		72,1%	68,6%	16,0%	2,5%	9,9%		3,0%
1959	1.496.198		65,3%	68,4%	18,6%	3,7%	6,6%		3,0%
1964	1.660.593		63,3%	66,5%	21,4%	3,6%	6,6%		1,9%
1969	1.661.207		62,4%	68,0%	23,5%	5,0%	2,6%		0,9%
1974	1.913.906		64,4%	63,4%	29,1%	4,6%	2,4%	0,3%	0,2%
1979	1.970.025		61,1%	64,3%	31,0%	3,2%	1,2%	0,3%	0,02%
1984	2.000.547		63,6%	58,7%	36,5%	2,5%	1,4%	0,8%	0,1%
1989	2.039.176		48,0%	59,8%	29,1%	7,7%	1,7%	1,6%	0,1%
1994*)	2.675.166	31,0%	29,3%	54,3%	26,1%	14,4%	1,1%	1,8%	2,3%

*) Die Wahlbeteiligung wurde 1994 erstmals nach dem Anteil der abgegebenen Stimmen ausgewiesen.

wurde, ohne ein angekündigtes zweites Interview durchzuführen, im Radio-Morgenjournal als Stellungnahme zum Gesamtergebnis und zur niederen Wahlbeteiligung wiedergegeben, was natürlich Unverständnis und wütende Reaktionen hervorrief. Um der Institution nicht zu schaden, trat Heinz Vogler nicht mehr zur Wiederwahl durch die Vollversammlung der AK Wien an, seine Nachfolgerin wurde Lore Hostasch, die bisherige Vorsitzende der Gewerkschaft der Privatangestellten und des parlamentarischen Sozialausschusses.[85])

Das Kalkül, die Arbeiterkammern über die Kampagne gegen die »Zwangsmitgliedschaft« aus dem »bedeutsamen, demokratisch organisierten wirtschaftlichen Block«[86]) der Arbeitnehmerinteressenvertretung herauszubrechen und das System der Wirtschafts- und Sozialpartnerschaft zu unterlaufen, erwies sich hingegen als Fehleinschätzung. Bereits 1990 waren, nicht nur bei der FPÖ, Vorstellungen über eine »Urabstimmung zur Pflichtmitgliedschaft« in den Kammern herumgegeistert. Dazu kam es nicht, weil seriöse verfassungsrechtliche Gutachten darauf aufmerksam machten, daß die Aufhebung der gesetzlichen Zugehörigkeit keine bloße Organisationsreform darstellen würde, sondern die Abschaffung der Kammern zur Folge hätte, für die es nach der österreichischen Verfassung keine freiwillige Mitgliedschaft geben kann.[87]) Die Regierungsparteien sahen schließlich im Koalitionsabkommen 1994 die Durchführung von Mitgliederbefragungen in allen Kammern bis Ende 1996 vor, die dazu notwendige Änderung des Datenschutzgesetzes wurde aber erst nach dem Bruch der Koalition im November 1995 beschlossen. Obwohl keineswegs klar war, worüber nach den Vorstellungen der Regierung eigentlich abgestimmt werden sollte und welche Konsequenzen die Ergebnisse der Befragung haben könnten, und die Mitgliederbefragung zudem in das nächste Koalitionsübereinkommen nicht mehr aufgenommen wurde, führten alle Kammern die Befragungen letztlich durch – und alle mit eindeutig positivem Votum für die jeweilige Institution.

Die Arbeiterkammern stellten den AK-Zugehörigen im ersten Halbjahr 1996 in allen Bundesländern die Frage, um die es in der ganzen Auseinandersetzung wirklich ging: »Sind Sie dafür, daß die Kammern für Arbeiter und Angestellte als gesetzliche Interessenvertretung aller Arbeitnehmerinnen und Arbeitnehmer bestehen bleibt?« Das Ergebnis war ein überwältigender Vertrauensbeweis: Bei einer Beteiligung von mehr als zwei Dritteln beantworten über 90 Prozent der Arbeitnehmerinnen und Arbeitnehmer in ganz Österreich die Frage mit »Ja« – unter dem verstärkten

Druck auf Sozialleistungen und Arbeitsbedingungen hatte eine stabile, starke Interessenvertretung an Stellenwert gewonnen. Entscheidend für die hohe Beteiligung war die Unterstützung durch den ÖGB mit seinen Gewerkschaften, durch die Betriebsräte und die Personalvertretungen bei dem Bemühen, möglichst viele Arbeitnehmer unmittelbar in den Betrieben anzusprechen. Darauf nahm Lore Hostasch Bezug, als sie nach der Mitgliederbefragung feststellte: »Ich sehe in diesem Ergebnis die Chance, gemeinsam mit den Gewerkschaften eine starke Arbeitnehmerpolitik zu betreiben.[88])

Mit den Angriffen auf die Arbeiterkammern war – unausgesprochen oder ausgesprochen – immer auch der ÖGB gemeint. Symptomatisch dafür ist ein Journalistenkommentar in einem keineswegs als populistisch eingestuften Blatt aus dem Jahr 1990, in dem es hieß: »Arbeiterkammer und Gewerkschaftsbund gehen wie blinde Zwillinge einher. Dort das sture Festhalten an der Zwangsmitgliedschaft, hier das starre Fernhalten demokratischer Urabstimmungen.«[89]) Daß der Ruf nach »Urabstimmungen« im ÖGB in einem Atemzug mit dem Abschaffen der gesetzlich geregelten Zugehörigkeit bei der AK genannt wird, ist konsequent. Denn in beiden Fällen geht es um ein Einschränken oder den Verlust der Legitimität und damit des Handlungsspielraumes der Arbeitnehmerinteressenvertretungen. Der ÖGB muß nämlich, will er Kampforganisation sein, nicht nur auf die Repräsentativität Rücksicht nehmen, sondern auch verschiedene Demokratieebenen, die er selbst nicht oder nur ungenügend beeinflussen kann, zur Kenntnis nehmen und in seine demokratiepolitischen Überlegungen mit einbeziehen – von basisdemokratischen Entscheidungen in kleinen Gruppen, die es durchaus gibt, über Wahlen nach dem Verhältniswahlrecht, wo dies die Gewerkschaftsstruktur ermöglicht, bis zu den Betriebsratswahlen auf gesetzlicher Grundlage. Urabstimmungen würden alle diese verschiedenen Ebenen übergehen, sie dadurch ausschalten und damit das notwendige Zusammenspiel der Kräfte in der Gesamtorganisation zerstören.[90])

Die Angriffe auf die Arbeitnehmerinteressenvertretungen wechselten sich ab. 1991, während das neue Arbeiterkammergesetz in beschlußreife Form gebracht wurde und rechtzeitig vor dem 12. Bundeskongreß, war der ÖGB an der Reihe. Wie bei jeder Kampagnentaktik, die Personen als Zielscheiben herausgreift, um Institutionen zu bekämpfen, versuchte man, das Image des Spitzenrepräsentanten zu schädigen und persönliche Entscheidungen zu skandalisieren – zum Teil mit Schlagworten, die an nationalsozialistische Propaganda erinnerten (was vielen, die sie verwendeten, wohl gar nicht bewußt war). Es wurden außerdem Gerüchte lanciert, Fritz Verzetnitsch hätte bei den erstmals geheimen Neuwahlen der ÖGB-Spitze durch den Bundeskongreß auch wegen der Bedenken mancher Gewerkschaften gegen die geplante Organisationsreform geringe Chancen. Seine Wiederwahl mit 96 Prozent der Delegiertenstimmen machten diese Kampagne allerdings zu einem Mißerfolg. Daß sich die Wortwahl neolibraler Attacken gegen die Arbeitnehmerinteressenvertretungen gleicht, auch wenn sieben Jahre dazwischen liegen, bewiesen übrigens die FPÖ 1992 und Frank Stronach 1999: Erstere wurde 1992 wegen Ehrenbeleidigung und Rufschädigung verurteilt, weil sie die Arbeiterkammer mit der Mafia in Verbindung gebracht und durch ihre Aussagen die Existenzberechtigung der AK in Frage gestellt hatte[91]), letzterer meinte 1999, ein Nachgeben gegenüber dem ÖGB, der für die Installierung von Betriebsräten in den österreichischen Magna-Betrieben kämpfte, »wäre genauso, wie wenn man Schutzgeldzahlungen an die Mafia leistet«.[92])

Die Strategie, um die Arbeitnehmerposition zu schwächen, setzte allerdings keineswegs nur auf einer Ebene an. Eine Methode, die immer wieder versucht wurde, bestand darin, AK und ÖGB gegeneinander auszuspielen, etwa wenn es hieß, zwei Arbeitnehmerinteressenvertretungen seien unnötig oder die AK solle sich aus der Umklammerung durch den ÖGB befreien, oder indem man die Aufgabenteilung zwischen der gesetzlichen und der freiwilligen Interessenvertretung in Frage stellte – bis hin zur Kritik daran, daß die Arbeiterkammern ihre Kollektivvertragsfähigkeit nicht in Anspruch nehmen. Auch in der Diskussion um die Reform der Arbeiterkammern, die 1989 etwa zeitgleich mit den ersten Schritten zur Organisationsreform des ÖGB einsetzte, wurden Tendenzen erkennbar, die gesetzliche Interessenvertretung von der Gewerkschaftsbewegung abzukoppeln. Heinz Vogler stellte sich ihnen entschieden entgegen. Am 12. ÖGB-Bundeskongreß formulierte er die Position, die sich dann auch in den Verhandlungen um das neue Arbeiterkammergesetz durchsetzte: »Wenn immer wieder aus verschiedenen Ecken die Argumentation vorgebracht wird: Ist denn diese Gemeinsamkeit ÖGB und Arbeiterkammer zeitgemäß?, wäre es nicht überlegenswert, diese Beziehungen zu verdünnen oder überhaupt diese Beziehungen zu zerstören?, dann kann unsere Antwort als Gewerkschafter nur die sein, daß wir allen jenen, die das verlangen, eine klare Abfuhr erteilen. Wir lassen uns von niemandem auseinanderdividieren, denn das wäre der Ruin.«[93]) Das neue

Arbeiterkammergesetz, das Ende 1991 beschlossen wurde und 1992 in Kraft trat, legte in seinem Paragraphen 6 die Zusammenarbeit mit den »kollektivvertragsfähigen freiwilligen Berufsvereinigungen« und den »Organen der betrieblichen Interessenvertretung« einschließlich der finanziellen Unterstützung als Arbeitsauftrag fest. »Damit wird«, betonte Heinz Vogler, »auch nach außen sichtbar dokumentiert, daß die Arbeiterkammern ein Teil der österreichischen Gewerkschaftsbewegung sind.«[94])

Mit den Bestimmungen des Paragraphen 6 wurde auch die traditionell enge Kooperation im Bereich der gewerkschaftlichen Bildungsarbeit abgesichert, wie es der 12. ÖGB-Bundeskongreß gefordert hatte.[95]) Von diesen Grundlagen ausgehend, bereiteten Experten aus ÖGB, Gewerkschaften und Arbeiterkammern in einem dreijährigen intensiven Diskussionsprozeß das »Gemeinsame ÖGB/AK-Bildungsprogramm« vor. Es erhielt 1996 die Zustimmung des ÖGB-Präsidiums und des Vorstandes der Bundeskammer für Arbeiter und Angestellte, kurz Bundesarbeitskammer oder BAK, wie der Österreichische Arbeiterkammertag ab 1992 hieß. Das Bildungsprogramm beschreibt zunächst die Angebote. Sie reichen von Diskussions- und Studienzirkeln, »Grundkursen für ArbeitnehmervertreterInnen und zukünftige ArbeitnehmervertreterInnen« und der Gewerkschaftsschule über das gemeinsame Zentralkursprogramm, die gewerkschaftliche Führungskräfteausbildung und Seminare für Arbeitnehmervertreter mit besonderen Aufgaben wie die Vertretung im Aufsichtsrat bis zur Referentenakademie, Angeboten für Lehrer und Schüler über die Aktion »Arbeitswelt und Schule« und dem Bereitstellung von Lern- und Informationsmaterialien. Weiters legt das Programm fest, wie die Teilnahmebedingungen zu gestalten sind, welche der Institutionen jeweils als Anbieterin auftreten soll und wo jeweils die Verantwortlichkeit gegeben ist. Die österreichweite Koordination erfolgt im Rahmen des »ÖGB-BAK-Ausschusses für gewerkschaftliche Bildungsarbeit« und auch in etlichen Bundesländern wurden nach 1996 entsprechend der Intention des Programmes bereits gemeinsame Ausschüsse eingerichtet.[96])

Noch mit Beteiligung Fritz Klenners und auf besonderen Wunsch des ÖGB-Präsidenten, der auch vom Österreichischen Arbeiterkammertag befürwortet wurde, begann Ende der achtziger Jahre der Aufbau des »Institutes zur Erforschung der Geschichte der Gewerkschaften und der Arbeiterkammern« als Kooperationsprojekt zwischen dem ÖGB und der AK Wien. Vordringlich war es, die Aussagen und Berichte der Zeitzeugen als Mitträger und Mitentscheider gewerkschaftlichen Handelns zu erfassen und zu bewahren, eine Arbeit, die deshalb die erste Phase der Institutstätigkeit dominierte. Die Erfassung und Sicherung des Quellenmateriales zur Geschichte der Arbeitnehmerinteressenvertretungen in Österreich in Abstimmung mit dem ÖGB-Archiv und den Archiven und Dokumentationseinrichtungen der Arbeiterkammern, die Analyse von Entwicklungslinien und das Einbringen von Gewerkschaftsthemen in die zeitgeschichtliche Forschung sind drei der Aufgabenschwerpunkte des Institutes. Der vierte ist die Unterstützung der gewerkschaftlichen Bildungsarbeit dort, wo es darum geht, »Gewerkschaftsidentität« über tagesaktuelle Bezüge hinaus zu vermitteln.[97]) Andere neue Gebiete der Zusammenarbeit zwischen ÖGB, Gewerkschaften und AK, die sich in den neunziger Jahren ergaben, waren zum Beispiel die Gründung des AK/ÖGB-Insolvenzschutzverbandes zur Hilfestellung für die von Firmeninsolvenzen betroffenen Arbeitnehmer, die Unterstützung der Pendleranliegen in der Ostregion, Information und Beratung für die Wahl oder die Tätigkeit von Behindertenvertrauenspersonen oder die Vertretung der Interessen der österreichischen Arbeitnehmerinnen und Arbeitnehmer auf der Ebene der Europäischen Union.[98])

Eine zusätzliche Aufgabe, die die Arbeiterkammern durch das Arbeiterkammergesetz 1992 ebenfalls erhielten, der kostenlose Rechtsschutz in arbeits- und sozialrechtlichen Angelegenheiten auch durch gerichtliche Vertretung für alle AK-zugehörigen Arbeitnehmer, berührte eine der wesentlichen Leistungen der Gewerkschaften für ihre Mitglieder. Mit ihrer Rechtsschutztätigkeit erkämpften die 14 Gewerkschaften des ÖGB von 1986 bis 1996 rund 10 Milliarden Schilling an vorenthaltenen Löhnen und Gehältern und anderen gegenüber dem Arbeitgeber bestehenden Ansprüchen.[99]) Es konnte daher nicht ausbleiben, daß es zunächst in manchen Bereichen zu Problemen bei der Abstimmung der Aktivitäten kam, obwohl der Rechtsschutz von Anfang an als eines der zentralen Kooperationsfelder gesehen wurde, wie aus dem Kommentar zum Paragraphen 6 hervorgeht, den Josef Cerny, der Direktor der Wiener Arbeiterkammer und damit des Büros der Bundesarbeiterkammer, verfaßte. Nach den Anfangsschwierigkeiten fand man weitgehend den Weg zu einer sinnvollen Zusammenarbeit. Die Abstimmung erfolgt in gemeinsamen Referentenbesprechungen und in einigen Bundesländern entstanden auch gemeinsame Rechtsschutzbüros von ÖGB und AK.[100]) Außenstehenden stellte sich 1999 die Situation folgendermaßen dar: »Die Arbeiterkammer weist Ratsuchende darauf hin, daß ja die Kollegen vom ÖGB die Kollek-

Österreichs Gewerkschaftsbewegung
Stationen mit der Arbeiterkammer

1920/21 Die Arbeiterkammern werden auf Initiative der Freien Gewerkschaften eingerichtet. Von den ersten Wahlen bis 1930 ist Franz Domes, der Obmann des Metallarbeiterverbandes und der Reichskommission der Freien Gewerkschaften, Präsident der Wiener Arbeiterkammer und des Österreichischen Arbeiterkammertages.

1934–1938 Die demokratisch gewählte autonome Selbstverwaltung der Arbeiterkammern wird abgeschafft. Sie bleiben als Geschäftsstellen des staatlich kontrollierten »Gewerkschaftsbundes der österreichischen Arbeiter und Angestellten« bestehen.

1938–1945 Die Arbeiterkammern werden aufgelöst. Ihr Eigentum geht an die Deutsche Arbeitsfront.

1945 In der zweiten demokratischen Republik werden die Arbeiterkammern wiedererrichtet.

1995 Erinnerung an die AK-Gründung beim 13. ÖGB-Bundeskongreß.

1976 ÖGB-Präsident Benya AK-Präsident Czettel, GPA-Vorsitzender Dallinger und Sozialminister Häuser besuchen eine AK-Ausstellung.

Ab 1986: Das Bürgerrecht der Arbeitnehmer auf AK-Zugehörigkeit wird in Frage gestellt.

1996 Die Arbeitnehmer votieren mit einem eindeutigen »Ja« für die Existenz der AK.

Mit dem AK-Gesetz 1992 erhielt die Kooperation zwischen AK und ÖGB in der gemeinsamen Gewerkschaftsbewegung eine rechtliche Grundlage.

tivverträge ausgehandelt haben, deshalb auch besser darüber Bescheid wüßten. Die AK hat deshalb mit fast allen Einzelgewerkschaften vereinbart, daß auch Nicht-Gewerkschaftsmitglieder einschlägig beraten werden; die Gewerkschaften dürfen dafür etwas verlangen, und die Arbeiterkammer ersetzt diese Kosten.[101])

Der schwersten Belastungsprobe war das »Doppelpaßspiel ÖGB-AK« in den Monaten nach der AK-Wahl 1994 ausgesetzt, als es darum ging, zu verhindern, daß die im neuen Koalitionsübereinkommen vorgesehenen Mitgliederbefragungen und die gleichermaßen geplante Rechnungshofkontrolle der Kammern in einer Form realisiert würden, die die Entscheidungsunabhägigkeit der Selbstverwaltung gegenüber dem Staat eingeschränkt oder gefährdet hätte, und der ÖGB sich gleichzeitig in der Intensivphase der Diskussion um die Zielrichtung seiner Organisationsreform im Vorfeld des 13. Bundeskongresses befand. Die Bildungssekretäre und -sekretärinnen des ÖGB befürchteten, die Zurückhaltung, die der Gewerkschaftsbund zunächst zeigte, was öffentliche Stellungnahmen zur Reformdiskussion betrifft, könnte den Eindruck erwecken, er würde die Regierungslinie ohne Widerstand akzeptieren und die Lösung der Probleme als alleinige Angelegenheit der Arbeiterkammern betrachten. Deshalb verabschiedeten sie im Jänner 1995 eine Resolution, die von den »führenden Gremien der Gewerkschaftsbewegung« ein »klares Bekenntnis zu *einer* geschlossenen Arbeitnehmerbewegung« einforderte, »mit deutlicher Bestimmung der AK als Institution der Gewerkschaftsbewegung«, und ebenso eine »klare Positionierung der die AK leitenden Gewerkschaftsfunktionäre in der Reformdiskussion«.[102])

Nicht erst das Engagement der Gewerkschaften bei den Mitgliederbefragungen, sondern schon die Grundsatzentscheidungen des 13. Bundeskongresses im Herbst 1995 bewiesen, daß die Belastungsprobe letztlich – in Anerkennung der unterschiedlichen Profile und Leistungsschwerpunkte – zu einem stärkeren Zusammenrücken statt zu dem von manchen erwarteten Auseinanderdriften der Arbeitnehmerinteressenvertretungen geführt hatte. Der Bundeskongreß sprach sich für »klare und unverwechselbare Leistungsprofile, sowohl für die Arbeiterkammern als auch für die Gewerkschaften« aus, »die sich aus einer gut überlegten und von beiden Institutionen voll akzeptierten Form der Zusammenarbeit ergeben«. Und er stellte fest: »Gut überlegt ist eine Zusammenarbeit, wenn sie von den besonderen Merkmalen und Rahmenbedingungen der beiden Institutionen ausgeht.« Die eigenständige Profilierung der AK stößt aber nach Überzeugung des Gewerkschaftsbundes an eine

Grenze: Sie darf das interessenpolitische Primat des ÖGB nicht gefährden – das machte der 13. Bundeskongreß deutlich: »Beim Vorschlag für die konkrete Form der Zusammenarbeit wird davon ausgegangen, daß dem ÖGB die führende Rolle bei der Arbeitnehmerpolitik in Österreich zukommt.«[103]) Andererseits wird es von vielen ihrer Befürworter gerade als Aufgabe der AK gesehen, »für die Feinabstimmung zwischen den politischen Parteien und den Interessen der Arbeitnehmerinnen und Arbeitnehmer« zu sorgen[104]), und sie muß darüber hinaus die ihr zugehörigen Arbeitnehmer zur Teilnahme an Wahlen motivieren. Das aber läßt sich nur mit interessenpolitischer Profilierung erreichen, da es schwer zu vermitteln wäre, warum man für Serviceleistungen wählen soll. An diesem Punkt setzte die Kampagne gegen die Zusammenarbeit der Arbeitnehmerinteressenvertretungen 1997 neuerlich an.

1997 trat Herbert Tumpel, einer der Leitenden Sekretäre des ÖGB, als Kandidat der FSG die Nachfolge von Lore Hostasch an, die zur Sozialministerin berufen worden war. Diese Entscheidung interpretierte man mancherseits als Versuch, »die Arbeiterkammer jetzt ans Gängelband des ÖGB« zu hängen, eine Art Parallelschaltung von ÖGB und AK herbeizuführen[105]). Daß auch alle aktiven und früheren AK-Präsidenten (in Wien und den meisten Bundesländern) und auf jeden Fall alle Präsidenten der Bundesarbeitskammer führende Gewerkschafter waren oder sind, ignorierte man dabei. Herbert Tumpel stellte dazu klar: »Die Arbeiterkammer ist eine eigenständige Organisation. Wir werden aber wie in der Vergangenheit den Kurs des fruchtbaren Zusammenwirkens von Gewerkschaften und Arbeiterkammern fortsetzen.« Und für den ÖGB machte Karl Drochter deutlich, daß gerade die interessenpolitische Profilierung in Richtung einer arbeitsplatzschaffenden Beschäftigungspolitik in den ersten Stellungnahmen des neuen AK-Präsidenten als ein »wichtiges Signal« (und keineswegs als Konkurrenzansage an den ÖGB) gewertet werde.[106]) Es lag vielmehr im Interesse des ÖGB, gerade auch den politischen »Verstärkereffekt« für die Gewerkschaftsbewegung zu sichern, wie es Fritz Verzetnitsch während des 13. Bundeskongresses zum Ausdruck gebracht hatte: »Es geht um politisches Gewicht«, hatte er vor den Delegierten erklärt, »und dieses Gewicht muß sich die Arbeiterkammer in der Reformkraftkammer neu holen. Wir werden ihr helfen, auch die schwersten Gewichte zu heben.«[107])

Die Hauptversammlung der Bundesarbeitskammer hatte sich bei ihrer ersten Tagung nach den Wahlen 1994 vorgenommen, »... die mit dem Arbeiterkammergesetz 1992 eingeleitete Reform mit den

Zielen mehr Demokratie, mehr Transparenz, mehr Kontrolle und mehr Leistung für die ArbeitnehmerInnen fortzusetzen und weiter zu vertiefen«. Eines Anstosses von Außen, wie ihn die Regierungsparteien politisch für opportun erachteten, hätte es also nicht bedurft. Schon 1992 war eine strikte Regelung über Funktionsgebühren und Pensionen mit einem mehrstufigen Kontrollsystem bis zur Genehmigung durch die Aufsichtsbehörde eingeführt worden, um unvertretbare Vertragsgestaltungen in Zukunft österreichweit zu verhindern. Diese gesetzlichen Bestimmungen wurden in den folgenden Jahren durch Richtlinien, die die Organe der Bundesarbeitskammer verabschiedeten und die auch die leitenden AK-Angestellten einbezogen, weiter verschärft. Ab dem Inkrafttreten des »Bezügebegrenzungsgesetzes« 1997, der entsprechenden Novellierung des AK-Gesetzes und der Änderung der autonomen AK-Richtlinien gelten für die AK-Präsidenten die gleichen Regelungen wie für alle Politiker. Was die Rechnungshofkontrolle betrifft, so ist diese ab 1997 möglich und wurde bis 1999 bereits in einigen Arbeiterkammern durchgeführt. Die AK sieht in dieser zusätzlichen Kontrolle zwar einen grundsätzlichen Widerspruch zu der verfassungsmäßig gewährleisteten Autonomie ihrer Selbstverwaltung, betrachtet sie aber gleichzeitig als einen weiteren Beitrag zu der angestrebten Transparenz der finanziellen Gebarung. Es wird allerdings darauf zu achten sein, daß dabei die interessenpolitische Unabhängigkeit der Selbstverwaltung gewahrt bleibt, wie es der gesetzliche Prüfauftrag ausdrücklich vorsieht.[108])

Der bis 1999 letzte große Reformschritt erfolgte mit der Neugestaltung des Arbeiterkammerwahlrechtes 1998. Die einzelnen Arbeiterkammern können innerhalb eines festgelegten Zeitrahmens den Wahlzeitraum eigenständig festsetzen und angesichts der Veränderungen in der Arbeitswelt entfällt die Trennung in die Wahlkörper der Arbeiter, Angestellten und Verkehrsbediensteten. Vor allem aber bringt die Reform, auf die Erfahrungen aus den Mitgliederbefragungen aufbauend, »die AK-Wahl näher zu den Mitgliedern«, wie Herbert Tumpel das Wesentliche kurz zusammenfaßte. Wo immer dies möglich ist, wird ab den AK-Wahlen 1999/ 2000 – unter Rücksichtnahme auf die jeweilige Arbeitssituation und ohne großen Aufwand für die Wahlberechtigten – in den Betrieben gewählt werden können, es besteht das Angebot der Briefwahl und erstmals dürfen auch Lehrlinge teilnehmen. Die Kandidatur für ein Mandat als Kammerrat wurde, wie bei den Nationalratswahlen, schon ab 19 Jahren freigegeben – die österreichische Staatsbürgerschaft vorausgesetzt.[109])

Im Entwurf zur Gesetzesnovelle war vorgesehen gewesen, daß auch AK-zugehörige Arbeitnehmerinnen und Arbeitnehmer, die keine österreichische Staatsbürgerschaft besitzen, für die Kandidatur bei der AK-Wahl zugelassen werden, wenn sie sonst alle Voraussetzungen mitbringen, die auch für die Kandidatur österreichischer Staatsbürger gilt. Das hätte der Forderung des 13. ÖGB-Bundeskongresses nach dem passiven Wahlrecht »aller Ausländer zu den Organen der Interessenvertretung«, gleichermaßen für Betriebsrats- und für AK-Wahlen, entsprochen, die gestellt worden war, um das »Demokratiedefizit« zu beseitigen, das durch die unterschiedliche Behandlung von EWR/EU-Staatsbürgern, die in beiden Fällen Österreichern rechtsgleich sind, und Arbeitnehmern anderer Herkunft entstanden war.[110] Eine entsprechende Änderung des Arbeitsverfassungsgesetzes und der Betriebsratswahlordnung konnte allerdings bis 1999 nicht durchgesetzt werden und das passive Wahlrecht für AK-zugehörige Ausländer fand wegen des Widerstandes von ÖVP-Seite nicht die notwendige einstimmige Befürwortung im Ministerrat.[111] Dies führte nicht nur zum Weiterbestehen des »Demokratiedefizites«, sondern auch zu neuen Problemen für die AK. In Vorarlberg, wo die Wahlen bereits im Frühjahr 1999 stattfanden, nutzten die »Grünen«, die unter der Bezeichnung »Gemeinsam« antraten, die Situation, die durch die verweigerte Gesamtregelung entstanden war, und fochten das Wahlergebnis an, weil die Hauptwahlkommission die Kandidatur von zwei türkischen Staatsbürgern auf ihrer Liste abgelehnt hatte, da diese ja nicht aus einem EU-Land kommen. Die »Grünen« gehen dagegen davon aus, daß türkischen Gastarbeitern aufgrund des Assoziationsvertrages, der zwischen der EU und der Türkei besteht, das passive Wahlrecht nicht vorenthalten werden darf, und zwar unabhängig von den Bestimmungen des AK-Gesetzes.[112] Rechtsunsicherheit für alle AK-Wahlen des ersten Halbjahres 2000 und Wahlkämpfe, in denen die »Ausländerfrage« hochgespielt wird, wären die Folge, wenn es der Gewerkschaftsbewegung und ihren Fraktionen nicht gelingt, eine politische Lösung durchzusetzen und den Mitgliedern zu vermitteln, die den Intentionen des 13. ÖGB-Bundeskongresses Rechnung trägt.

Weichenstellung für die gewerkschaftliche Organisation

Debatten, auch zum Teil heftige Auseinandersetzungen um Organisationsformen und die Zuordnung der Berufsgruppen zu den Gewerkschaften sind auch in Österreich so alt wie die Gewerkschaftsbewegung selbst, weil es immer darum ging, unter den jeweiligen Rahmenbedingungen die bestmögliche Organisationsbasis für die gewerkschaftliche Interessenvertretung zu finden, und es dazu unumgänglich ist, sich von gewohnten Vorstellungen zu trennen. Auch im Vorfeld des 12. und des 13. ÖGB-Bundeskongresses, die angesichts des Strukturwandels in Wirtschaft und Arbeitswelt in der ersten Hälfte der neunziger Jahre die Weichen für die fünfte grundlegende Organisationsreform in der Geschichte der österreichischen Gewerkschaftsbewegung stellten, blieben solche Debatten nicht aus.

In einem Grundsatzbeitrag zu dieser Diskussion – es war eine seiner letzten publizierten Arbeiten – gab Fritz Klenner einen Überblick über die Entwicklung der Organisationsleitlinien seit 1893, als die »Reichskommission der Freien Gewerkschaften« mit der Aufgabe, als Steuerungsorgan für die »Industriegruppenbildung« zu fungieren, gegründet wurde. Die Gewerkschaftskommission war aber nur eine lose Zusammenfassung der angeschlossenen Zentralorganisationen – 1927 noch immer 51 an der Zahl, 30 Arbeiter- und 21 Angestelltengewerkschaften. 1928 fand mit der Umwandlung der Kommission in den »Bund der Freien Gewerkschaften Österreichs« mit eigenem Vereinsstatut die zweite grundlegende Organisationsreform statt. Die Gewerkschaften blieben dabei eigene Vereine, deren Zahl sich bis 1931, als der letzte legale Kongreß der Freien Gewerkschaften abgehalten werden konnte, auf 42 reduzierte. Darüber hinaus warben neben den großen sozialdemokratisch orientierten Freien Gewerkschaften die Kommunisten und ebenfalls in Dachorganisationen zusammengeschlossene christlichen und deutschnationale Gewerkschaften um Mitglieder und Einfluß. Den nächsten Schritt setzten die in die Illegalität gedrängten Freien Gewerkschaften von 1934 bis 1938 mit dem Aufbau einer zentralistischen teilweise vom Industriegruppenprinzip ausgehenden Organisation, der der ebenfalls Großgruppen zusammenfassende »Gewerkschaftsbund der österreichischen Arbeiter und Angestellten« des »Ständestaates« gegenüberstand. Nach der Niederlage des Faschismus erfolgte 1945 die vierte Weichenstellung mit der Gründung des einheitlichen und überparteilichen ÖGB, der die nunmehr 16 Gewerkschaften in einem einzigen Verein umfaßte und einen Kompromiß im Hinblick auf die grundsätzlich noch immer angestrebte Industriegruppenorganisation fand: Das Prinzip »Ein Betrieb – eine Gewerkschaft« wurde für Bahn und Post und die beiden neugegründeten Gewerkschaften der Hoheitsverwaltung verwirklicht. Für den Bereich der Privatwirtschaft galt dagegen ab 1951 die Richtlinie »In einem Betrieb höchstens eine Gewerkschaft der Arbeiter und eine Gewerkschaft der Angestellten« bis zum Erreichen der einheitlichen Betriebsorganisation. Ab der zweiten Hälfte der sechziger Jahre, als die Wirtschaftsentwicklung die Zahl der Arbeitnehmer mit Angestelltenstatus immer mehr ansteigen ließ, während die Zahl der Arbeiter zurückzugehen begann, brach die Diskussion um das Industriegruppenprinzip mehrmals auf, blieb aber ohne Folgen. Denn der ÖGB stand weiter zu der 1951 getroffenen Entscheidung, grundlegende Organisationsänderungen, wenn irgendwie möglich, nur »im Einvernehmen mit den beteiligten Gewerkschaften anzustreben«. Anton Hueber, der Sekretär der Gewerkschaftskommission von 1894 bis 1928, hatte diesen Grundsatz so formuliert: »Es ist ... Aufgabe der Gewerkschaften, als Erzieher zu fungieren, und sie dürfen daher keine gewaltsame Entscheidung erzwingen.«[113])

Auch der 12. ÖGB-Bundeskongreß ging 1991 in diesem Sinn vor. Er beauftragte den Bundesvorstand, einen »Ständigen Organisationsausschuß« aus Vertretern der Gewerkschaften einzusetzen, und gab ihm eine klare Aufgabenstellung mit auf den Weg.[114]) Er sollte bei seiner Arbeit an Vorschlägen zur Weiterentwicklung der Organisationsstruktur von folgenden zentralen Fragen ausgehen: Wie können der ÖGB und seine Gewerkschaften die Interessen der Mitglieder besser wahrnehmen? – Wie kann eine zeitgemäße Vertretung der Arbeitnehmer und insbesondere der Gewerkschaftsmitglieder aussehen und wie können die abzusehenden Tendenzen der sozialen, wirtschaftlichen und technologischen Entwicklung in einem solchen Konzept berücksichtigt werden? – Wie kann die Entwicklung der gewerkschaftlichen Interessenvertretung und der gewerkschaftlichen Serviceleistungen gestärkt werden? Die Vorschläge sollten sich nicht darauf beschränken, bloß »organisatorische Grenzsteine« zwischen den einzelnen Gewerkschaften zu versetzen, sondern die Zuordnung war »vernetzt in einer grundsätzlichen Diskussion um Organisation, Form und Inhalt der gewerkschaftlichen Organisation« zu klären.[115]) Denn angesichts der Problemstellung durch die Veränderung der Unternehmensstrukturen hätte eine Reduktion auf die Entscheidung »Industriegruppenprinzip ja oder nein« mittlerweile zu kurz gegriffen. Es ging hier darum, zu klären, welche Gewerkschaft zum Beispiel für die ausgelagerte Software eines Automobilkonzernes zuständig sein sollte oder für die Organisation der aus Lebensmittelkonzernen ausgelagerten Fuhrparks.[116])

1993, nach mehr als eineinhalb Jahren Beratung legte der Ständige Organisationsausschuß dem Bundesvorstand das Modell »intensive Kooperation« vor, der den Auftrag zur weiteren Detaillierung erteilte. Die strategischen Schwerpunkte des Konzeptes waren: Gemeinsames Auftreten in den »Grenzbereichen zwischen den Gewerkschaften«, die Beseitigung der schwer begründbaren Unterschiede zwischen Gewerkschaften, beispielsweise durch die Gewährung gleichwertiger Leistungen, und die Beseitigung der historisch entstandenen, aber nicht sachlich begründbaren arbeits- und sozialrechtlichen Bestimmungen für Arbeiter und Angestellte.[117])

Der Ständige Organisationsausschuß leistete die Vorarbeit, der 13. ÖGB-Bundeskongreß beschloß dann 1995 die konkrete Zielsetzung: »Die 14 Gewerkschaften des ÖGB kommen überein, durch Kooperation und Konzentration der Kräfte in einigen wenigen Bereichen, die sich an den Überbegriffen Produktion, Dienstleistung und öffentliche Dienste orientieren, unter Einbeziehung aller bestehenden Gewerkschaften des ÖGB diese Neuorganisation zu gestalten«. Er stellte gleichzeitig aber klar, daß »diese Veränderung kein künstliches Produkt sein« dürfe, und legte deshalb folgende Umsetzungsschritte fest:

Die *Zuordnung neu entstehender Betriebe bzw. Branchengruppen* sowie mögliche Zusammenschlüsse von Gewerkschaften haben bereits nach der neu festgelegten Struktur zu erfolgen.

Die Kooperation zwischen den Gewerkschaften ist vorrangiges Handlungsprinzip.

Ab 1996 werden alle Kollektivvertragsverhandlungen mit den Arbeitgebern von allen in der jeweiligen Branche derzeit zuständigen Gewerkschaften gleichzeitig bzw. gemeinsam geführt werden.

Gemeinsame Betreuung bei gemeinsamen Problemen. Betriebsvereinbarungen, Kurzarbeitsvereinbarungen oder Sozialpläne sollen nach Absprache von jener Gewerkschaft ausgehandelt werden, die die besten Voraussetzungen dafür aufweist. Präsentiert und unterschrieben werden die Vereinbarungen aber gemeinsam von der GPA und der jeweiligen »Arbeitergewerkschaft«.

Bildung von Arbeitsgemeinschaften für Aufgaben, die mehrere Gewerkschaften betreffen und ständig anfallen.

Ein Aktionsprogramm zur rechtlichen Gleichstellung von Arbeitern und Angestellten. Die »Aktion Fairness« ist also, neben ihrer sozial- und demokratiepolitischen Bedeutung, auch ein wichtiger Beitrag zur ÖGB-Organisationsreform.[118])

Das Konzept der Arbeitsgemeinschaften knüpfte an Formen der Zusammenarbeit an, die im ÖGB bereits Tradition hatten: die gewerkschaftsübergreifenden Fachgruppen wie jene für die Gesundheitsberufe und die Branchenkonferenzen, etwa für die Bereiche Industrie, Gewerbe, Dienstleistung, Bauwirtschaft, Verkehr und Kommunikation und Öffentlicher Dienst. Darüber hinaus waren 1995 bereits Pilotprojekte wie Bürogemeinschaften verschiedener Gewerkschaften oder Modellversuche in Bezirkssekretariaten im Entstehen.[119]) Mit dem Beschluß des 13. Bundeskongresses wurde »für alle Aufgaben, die mehrere Gewerkschaften betreffen und ständig anfallen« eine neue Qualität der Zusammenarbeit vorgesehen und bis Mitte 1999 bereits in vieler Hinsicht verwirklicht, die unter anderem auch bessere Voraussetzungen für die Betreuung von Arbeitnehmern auch durch Ausgliederung entstandenen Unternehmen mit sich bringt. Die ab 1996 durchgeführten gemeinsamen Kollektivvertragsverhandlungen, auch dort, wo es über diese Aufgabe hinaus noch zu keiner verbindlich festgelegten Kooperation gekommen war, brachten vielfach bedeutende Schritte zur Rechtsgleichheit der Arbeiter mit den Angestellten. Nicht für alle war dabei die KV-Kooperation Neuland. Für die Beschäftigten der Mineralölwirtschaft verhandeln etwa bereits seit Ende der siebziger Jahre die Gewerkschaft Metall-Bergbau-Energie, der der Bereich Bohrung und Förderung zugeordnet ist, die Gewerkschaft der Chemiearbeiter, die die Arbeitnehmer des Bereiches Verarbeitung vertritt, und die Gewerkschaft der Privatangestellten gemeinsam.[120])

Die Gewerkschaft Druck und Papier und die Gewerkschaft der Post- und Fernmeldebediensteten sahen zwar in einer Fusion »derzeit keinen Vorteil«, legten aber in einem Verbundvertrag im Jänner 1998 die gemeinsame Betreuung von Arbeitnehmergruppen fest, für die es noch keine oder keine bundesweiten Kollektivverträge gab, wie in den Bereichen Telearbeit, Privatfernsehen oder der neu entstehenden Multi-Media-Betriebe. Die beiden Gewerkschaftsvorsitzenden Franz Bittner und Hans-Georg Dörfler werteten dies als Schritt zu einem neuen Gewerkschaftstypus.[121]) Bis zum 14. Bundeskongreß sollte die Beteiligung der Gewerkschaft der Privatangestellten und der Gewerkschaft Kunst, Medien, freie Berufe an dem Verbund fixiert sein. Damit wurden auch die beiden Gewerkschaften einbezogen, die zusammen mit »Druck und Papier« bereits Ende der siebziger Jahre für den speziellen Bereich des Journalismus die »Arbeitsgemeinschaft Publizistik und Medien« bildeten.[122])

Auch noch 1998 kam der Kooperationsvertrag zwischen den Gewerkschaften der Eisenbahner, Handel, Transport, Verkehr und Hotel, Gastgewerbe, Persönlicher Dienst zustande. Es war hier ebenfalls vorerst nicht an Zusammenlegung gedacht, die drei Gewerkschaften wollten vielmehr eine Arbeitsgemeinschaft aufbauen, um dort, wo es zwischen ihnen Überschneidungen gibt und sie ähnliche Sparten mit gleichen Berufsproblemen betreuen, Ressourcen zu bündeln und Synergieeffekte zu nutzen.[123])

Der im August 1998 zwischen der Gewerkschaft Agrar-Nahrung-Genuß, der Gewerkschaft Bau-Holz und der Gewerkschaft der Chemiearbeiter vereinbarte Kooperationsvertrag ging mit seiner Zielsetzung über die Zusammenarbeit in Teilbereichen hinaus. Die drei Gewerkschaften streben in Abstimmung mit dem ÖGB mittelfristig eine Kooperation auf allen Ebenen und in allen Tätigkeitsbereichen an und wollen eine gemeinsame Arbeitsstruktur aufbauen. Die Vorsitzenden – Johann Driemer für die Gewerkschaft Bau-Holz, Gerhard Linner für die Chemiegewerkschaft und Leopold Simperl für Agrar-Nahrung-Genuß – erwarteten, durch das gemeinsame Agieren in den Branchen ihres Organisationsbereiches, die »eine natürliche thematische Ergänzung bilden« die Position der Interessenvertretung nicht nur auf Branchenebene zu stärken, sondern auch die Zusammenarbeit mit den anderen Gewerkschaften innerhalb des ÖGB zu verbessern.[124])

Eine intensive Kooperation, die ab dem Jahr 2000 zur Fusion mit der Gewerkschaft Metall-Bergbau-Energie führen wird, fixierte die Gewerkschaft Textil, Bekleidung, Leder bei ihrem außerordentlichen Gewerkschaftstag im Juni 1998. Das Zusammengehen der TBL mit der Metallgewerkschaft ist die dritte Fusion, die seit 1945 vollzogen wurde, um den wirtschaftlichen Strukturveränderungen Rechnung zu tragen: Bereits 1978 vereinigten sich die Gewerkschaft Persönlicher Dienst und die Gewerkschaft gastgewerblicher Arbeitnehmer zur Gewerkschaft Hotel, Gastgewerbe, Persönlicher Dienst und 1991 entstand die Gewerkschaft Agrar-Nahrung-Genuß, nachdem die Gewerkschaft Land-Forst-Garten als autonome Fachgruppe der Gewerkschaft der Lebens- und Genußmittelarbeiter beigetreten war. Die TBL, die durch Rationalisierung, Produktionsveränderung und Produktionsverlagerung seit den achtziger Jahren einen erheblichen Teil ihrer Mitgliederbasis verlor, befand sich 1998 in einer ähnlichen Situation wie die Land- und Forstarbeiter zehn Jahre zuvor. »Das ist nicht das Ende unserer traditionsreichen Gewerkschaft, an deren Spitze Ferdinand Hanusch und Grete Rehor gestanden sind«, kommentierte TBL-Vorsitzender Harald Ettl zum Fusionsbeschluß. »In die Vergangenheit zu schauen«, sei zwar »interessant und lehrreich«, aber das dürfe »den Blick in die Zukunft nicht verstellen und nicht verklären«. Man sei vielmehr vor die Aufgabe gestellt, »die Zeichen der Zeit zu erkennen«.[125])

Bis zum 14. Bundeskongreß des ÖGB im Herbst 1999, der schon über 50 Jahre nach dem ersten Bundeskongreß des neugegründeten Österreichischen Gewerkschaftsbundes zusammentrat, sollen die vom Bundeskongreß 1995 beschlossenen Schritte der Organisationsreform weitgehend durchgeführt sein.[126]) Damit ist die Neustrukturierung für den ÖGB aber keineswegs abgeschlossen. »In der österreichischen Gewerkschaftsorganisation wird in den nächsten 10 bis 15 Jahren kein Stein auf dem anderen bleiben, es soll einmal eine einzige Betreuung pro Betrieb erfolgen, was aber nicht eine einzige Gewerkschaft pro Betrieb bedeutet«, so charakterisierte Fritz Verzetnitsch 1998 die zu erwartende weitere Entwicklung. Für die Gewerkschaft der Privatangestellten sah der ÖGB-Präsident auch unter diesen veränderten Rahmenbedingungen eine wichtige Funktion: »Die GPA ist heute eine Dienstleistungsgewerkschaft, die es auch in zehn oder 20 Jahren noch geben wird, da der Dienstleistungssektor stärker wird.«[127]) Das Ziel der gewerkschaftlichen Organisationsvernetzungen im Dienstleistungsbereich ist kein »österreichischer Sonderfall«. Dazu sind allerdings zum Beispiel in Deutschland einschneidendere Organisationsreformen notwendig als in Österreich, da dort bisher ein Teil der Angestellten und öffentlich Bediensteten, wenn auch ein kleinerer, außerhalb des Deutschen Gewerkschaftsbundes in der »Deutschen-Angestellten-Gewerkschaft« organisiert war, die das vom DGB voll umgesetzte Industriegruppenprinzip abgelehnt hatte. Mit der für Herbst 1999 geplanten Fusion der DAG mit einer Reihe von Gewerkschaften, die dem Deutschen Gewerkschaftsbund angehören, entsteht im DGB die neue Dienstleistungsgewerkschaft »Verdi«.[128])

Einer weiteren Entwicklung wird in den kommenden Umsetzungsphasen der ÖGB-Organisationsreform im Bereich des öffentlichen Dienstes besonders Rechnung zu tragen sein: der Verlagerung von bisher gesamtstaatlichen Verantwortungsbereichen auf die regionale Ebene durch die österreichische »Bundesstaatsreform«, die Neuregelung der Kompetenzen von Bund und Ländern. Bisher

Österreichs Gewerkschaftsbewegung
Zusammenschluß – Station 6

1978/79 Aus den Gewerkschaften Gastgewerblicher Arbeitnehmer und Persönlicher Dienst entsteht die Gewerkschaft Hotel, Gastgewerbe, Persönlicher Dienst.

1990/91 Aus den Gewerkschaften der Lebens- und Genußmittelarbeiter und Land-Forst-Garten entsteht die Gewerkschaft Agrar-Nahrung-Genuß.

Kooperationsvertrag der Gewerkschaften ANG, Bau-Holz und der Chemiearbeiter

1998/99

Fusionsbeschluß der Gewerkschaften Metall-Bergbau-Energie und Textil, Bekleidung, Leder für das Jahr 2000

Die Kooperation der Gewerkschaften Kunst, Medien, freie Berufe und der Privatangestellten mit der Gewerkschaft Druck und Papier hat im Medienbereich eine lange Tradition (hier 1981 bei einem gemeinsamen KV-Abschluß). 1999 wird der Verbund DuP-Post um KMfB und GPA erweitert.

Wie immer der Weg der Gewerkschaften weitergehen wird, eines muß ihrer Tätigkeit immer voranstehen: Sie und ihr Organisationsapparat sind nicht Selbstzweck, sie haben für die Mitglieder und darüber hinaus für alle Arbeitnehmer da zu sein. *Fritz Klenner*

wurden die Lohnverhandlungen für alle Landesbediensteten von der Bundesregierung und der Gewerkschaft öffentlicher Dienst geführt. Ab 1999 können die Bundesländer aber die Besoldung und das Dienstrecht jeweils selbst bestimmen.[129]) Damit dadurch nicht das Bemühen des ÖGB unterlaufen wird, regionale Ungleichheit zwischen Arbeitnehmergruppen zu verringern, sind neue Kooperations- und Koordinationsformen notwendig. Darüber hinaus steht die gesamte Gewerkschaftsbewegung einschließlich der Arbeiterkammern vor der Herausforderung, Strategien zu entwickeln, die die »Regionalisierung« vieler Entscheidungsbereiche berücksichtigen.

Gewerkschaftliche Organisationsreform bedeutet also wesentlich mehr als nur die strukturelle Neuordnung der Gewerkschaften und sie würde ihren Zweck verfehlen, würde sie ihren Schwerpunkt nach dem Motto »Weniger Gewerkschaften und weniger Funktionäre« setzen. Ihr Erfolg ist, so der ÖGB-Präsident, danach zu beurteilen, ob »von der gezielten Kooperation und den verstärkten gemeinsamen Aktivitäten die Gewerkschaftsmitglieder noch mehr profitieren und somit die Arbeitnehmerinteressenvertretung auch für Außenstehende interessanter wird«. Um das zu erreichen, bedarf es einer großen Zahl engagierter Menschen. Gerade in wirtschaftlich schwierigen Zeiten und im Hinblick auf die zu erwartende Zunahme europäischer Kollektivverträge sind mehr und nicht weniger Ansprechpartner notwendig. Fritz Verzetnitsch sah deshalb nicht den mindesten Anlaß, der populären Forderung nach »weniger Funktionären« nachzugeben. Ebensowenig ließ er die Kritik gelten, die Kooperationsabsprachen zwischen den Gewerkschaften ohne Fusion seien nichts anderes als »Fassadenkosmetik«: »Die Gewerkschaftsmitglieder müssen sich in ihrer Organisation vertreten fühlen, was beim Zusammengehen einzelner Gewerkschaften durch branchenspezifische Anforderungen zu berücksichtigen ist. Oberstes Ziel ist die bessere Vertretung der Mitglieder. Es geht nicht um die Frage der Zahl der Gewerkschaften, sondern darum, die beste Organisationsreform für die Fragen der Zukunft zu finden.«[130])

Die ÖGB-Bundeskongresse – Stationen und Weichenstellungen

Die ÖGB-Bundeskongresse und die ÖGB-Leitung 1987 bis 1999

	Motto	Präsident und Vizepräsident(inn)en	Leitende Sekretäre/ Verantwortliche für die Geschäftsbereiche
11. ÖGB-Bundeskongreß 5.–10. Oktober 1987	Bildung – Arbeit – Freizeit – die Chancen nützen	*Präsident* Fritz Verzetnitsch *VizepräsidentInnen* Alfred Dallinger Josef Hesoun Rudolf Nürnberger Rudolf Pöder Hilde Seiler Rudolf Sommer	Karl Drochter *(Organisation)* Herbert Tumpel *(Finanzen)*
12. ÖGB-Bundeskongreß 14.–18. Oktober 1991	Mitgestalter der Zukunft – ÖGB	*Präsident* Fritz Verzetnitsch *VizepräsidentInnen* Josef Hesoun Lore Hostasch Fritz Neugebauer Rudolf Nürnberger Irmgard Schmidleithner Günter Weninger	Karl Drochter Herbert Tumpel
13. ÖGB-Bundeskongreß 17.–20.Oktober 1995	Die Zukunft Österreichs gemeinsam bestimmen	*Präsident* Fritz Verzetnitsch *VizepräsidentInnen* Johann Driemer Fritz Neugebauer Rudolf Nürnberger Irmgard Schmidleithner Hans Sallmutter Günter Weninger	Karl Drochter Herbert Tumpel
ÖGB-Bundesvorstand 13. März 1997			Karl Drochter *(Leitender Sekretär – Organisation)* Günter Weninger *(Verantwortung für den Geschäftsbereich Finanzen)* Richard Leutner *(Verantwortung für den Geschäftsbereich Grundsatz)*
14. ÖGB-Bundeskongreß 12.–18. Oktober 1999	Sicherheit im Wandel		

Der 11. ÖGB-Bundeskongreß 1987

Der Kongreß stand im Zeichen einer Wachablöse. Nach 24jähriger Präsidentschaft kandidierte Anton Benya nicht mehr. Zu seinem Nachfolger wurde der damals 42jährige Fritz Verzetnitsch gewählt. In Verzetnitschs Geburtsjahr 1945 hatte Anton Benya gerade die Funktion eines Betriebsratsobmannes für die Belegschaft der Firma Ingelen übernommen. In seinem »Bilanzreferat« über die 24 Jahre, in denen er an der Spitze des ÖGB gestanden war, betonte der scheidende Präsident den unveränderten Vorrang des Zieles der Vollbeschäftigung für die Gewerkschaftspolitik.

Der neue Präsident nannte neben einer Beschäftigungspolitik im Arbeitnehmerinteresse verstärkte Bemühungen um die gewerkschaftliche Organisation der Arbeitnehmerinnen und Arbeitnehmer in Klein- und Mittelbetrieben und den Ausbau der betrieblichen Mitbestimmung als wesentliche zukünftige Arbeitsschwerpunkte. »Wenn Mitbestimmungsrechte vor Fabrikstoren oder Bürotüren haltmachen, dann haben wir – so glaube ich – nur eine Freizeit- oder Wochenenddemokratie, aber noch lange nicht die wirkliche Demokratie in diesem Lande erreicht ... Es sollte doch zum Nachdenken anregen: Derselbe Arbeitnehmer, der es als Staatsbürger aufgrund seines politischen Engagements, aufgrund von Wahlen bis zum Abgeordneten oder gar Bundeskanzler bringen und damit die politische Richtung eines ganzen Landes wesentlich beeinflussen kann, soll als Arbeitnehmer – und in diesen Tagen ist das von besonderer Bedeutung – oder als Betriebsrat die wirtschaftlichen Entscheidungen seines eigenen Betriebes nicht mitbestimmen dürfen. Das sollten einmal all jene überlegen, die heute über die Rolle der Betriebsräte oder über die Mitbestimmung reden ... Wir stehen vor immer komplexeren Arbeitsabläufen und Arbeitsprozessen. Das macht es meiner Meinung nach auch notwendig, den einzelnen Arbeitnehmer deutlicher als bisher in die Gestaltung seiner Arbeitsbedingungen mit einzubeziehen; das darf aber nicht gegen die Bemühungen der Betriebsräte oder Personalvertreter gerichtet sein. Die Beteiligung der einzelnen Arbeitnehmer an der Gestaltung ihrer eigenen Arbeit muß die Mitbestimmungsaufgabe der betrieblichen Interessenvertretung ergänzen und vor allem verstärken. Dabei ... dürfen wir nicht auf unsere ausländischen Arbeitnehmer vergessen.«

Zur Beschlußfassung waren sechs Leitanträge des Bundesvorstandes, 185 Anträge der Gewerkschaften, eine Resolution der Frauenabteilung und zwei Resolutionen der Jugendabteilung eingebracht. Die Forderung nach einer umfassenden Arbeitszeitverkürzung als wesentlichen Betrag zur Beschäftigungssicherung, die durch den Abschluß eines Generalkollektivvertrages zur Einführung der 35-Stunden-Woche erreicht werden sollte, zählte zu den zentralen Anliegen.[131])

Der 12. ÖGB-Bundeskongreß 1991

Die Entwicklung seit 1987 war durch steigende Arbeitslosigkeit trotz hohen Beschäftigungswachstums gekennzeichnet. Um diesem Trend entgegenzusteuern, stand die Beschäftigungspolitik deshalb 1991 wie auch beim folgenden ÖGB-Bundeskongreß im Zentrum der gewerkschaftlichen Zielsetzung. Damit in engem Zusammenhang erhielten neue Bereiche zunehmende interessenpolitische Bedeutung: die Forschungsarbeit, der technologische Wandel, der Transitverkehr und die neuen Energienutzungsmöglichkeiten. Dazu trat eine umfassende Diskussion um die Mitgliedschaft in der Europäischen Union. Bei den Beitrittsverhandlungen gewann nicht zuletzt die Transitfrage in Verbindung mit dem Ausbau des Bahnnetzes und des Kommunikationswesens eine besondere Dimension, zumal die Umweltbelastung durch den Transit in den betroffenen Gebieten die Toleranz der Bevölkerung überschritt.

In seinem Hauptreferat nannte Präsident Verzetnitsch Vollbeschäftigung, Arbeitszeitverkürzung, gerechte Einkommen sowie Produkt- und Dienstleistungsqualität als vorrangige Ziele der ÖGB-Wirtschaftspolitik. Die Tatsache, daß etwa 180.000 Beschäftigte, in der Mehrheit Frauen, noch immer weniger als 10.000 Schilling verdienten, bezeichnete er als »Schande«: Mit Niedriglöhnen habe Österreich keine Zukunft in Europa.

In diesem Sinne setzte sich der ÖGB das rasche Durchsetzen eines Mindestlohnes von 10.000 Schilling und in der Folge sein Anheben auf 12.000 Schilling zum Ziel. Weitere wichtige Beschlüsse und Forderungen des 12. Bundeskongresses waren die 35-Stunden-Woche, ein höherer Überstundenzuschlag, damit Überstunden für die Unternehmen weniger interessant werden, höhere Strafen für Betriebe, die Schwarzarbeiter beschäftigen, und Milderung der Steuerprogression. 13 Leitanträge des Bundesvorstandes, 242 Anträge der Gewerkschaften und ein Initiativantrag standen zur Beschlußfassung.[132])

Die 96 Prozent der Stimmen, die Fritz Verzetnitsch trotz der Angriffe auf ihn bei den erstmals geheimen Wahlen erhielt, bezeichnete ANG-Vorsitzender Leopold Simperl, der Berichterstatter der

Wahlkommission, als »die einzige richtige Antwort der Delegierten auf das ... seit Monaten vorhandene Medienspektakel«.[133])

Der 13. ÖGB-Bundeskongreß 1995

Dieser Bundeskongreß fand durch die vorzeitige Auflösung der Regierungskoalition und die vierte Briefbombenserie gegen sozial und human engagierte Demokratinnen und Demokraten in einer innenpolitisch angespannten Situation statt. Nicht nur im Verlauf der Fraktionskonferenzen, sondern auch bei der Eröffnung des Kongresses wurde die Wahlkampfatmosphäre spürbar: ÖVP-Vizekanzler Schüssel protestierte dagegen, daß er nicht als Eröffnungsredner vorgesehen war, was Fritz Verzetnitsch zu der Klarstellung veranlaßte, bei den Kongressen des ÖGB seien immer schon ausschließlich Bundeskanzler, Sozialminister und Bundespräsident zu Eröffnungsreferaten eingeladen, und zwar unabhängig von deren Parteizugehörigkeit.

Das Verhältnis des ÖGB zur Regierung war Inhalt des Leitantrages »Demokratie«. Er bestätigte die unveränderte Position des ÖGB, daß jede Regierung danach zu beurteilen sei, wie weit sie bereit ist, die Interessen der Arbeitnehmer zu berücksichtigen. Abgelehnt wurden Tendenzen in Richtung Dritte Republik. Ausdrücklich unterstrichen wurde das Bekenntnis zum humanen Asylauftrag, zur Integration und zur politischen Gleichstellung in der Arbeitswelt. Ein Initiativantrag »gegen Terrorismus und Extremismus in Worten und Taten« unterstrich die demokratische und antifaschistische Position des Gewerkschaftsbundes.

Insgesamt lagen dem Kongreß 13 Anträge des ÖGB-Bundesvorstandes und 157 Anträge der Gewerkschaften zur Beratung und Beschlußfassung vor. Im Zentrum stand wieder die Forderung nach einer Beschäftigungspolitik, die das Wiedererreichen der Vollbeschäftigung zum Ziel hat. Im Bereich Sozialpolitik waren die verschiedenen Formen der Arbeitszeit, die Möglichkeiten der Arbeitszeitverkürzung und die Gleichberechtigung für berufstätige Frauen Schwerpunkte. Das grundsätzliche Bekenntnis zur Budgetkonsolidierung war mit der Forderung verbunden, die durch die »Sparprogramme« entstehenden Belastungen seien von allen Bevölkerungsgruppen zu tragen und dürften nicht die Arbeitnehmer einseitig benachteiligen.

Im Hinblick auf die begonnene Organisationsreform des ÖGB, zu der der Bundeskongreß die nächsten Konkretisierungsschritte beschloß, nannte Josef Staribacher als Vorsitzender des Ständigen

Organisationsausschusses den Grundsatz, nach dem vorgegangen werden sollte: »Erarbeiten, nicht diktieren«.[134])

Ausblick: Der 14. ÖGB-Bundeskongreß 1999

»Der Wandel findet statt, ihn sozial und sicher zu gestalten, ist Aufgabe der Gewerkschaften.« So leitete Fritz Verzetnitsch das ÖGB-Jahrbuch für 1999 ein, das den Titel »Die Zukunft der Arbeit« trägt. Er sprach in diesem Beitrag die »großen Themen« an, die dann im Zentrum des 14. Bundeskongresses standen:

Sicherheit im Wandel. »Wer glaubt, daß das, was vor 100 Jahren Schwerpunkt der politischen Forderungen war, nämlich der 8-Stunden-Tag, auch die Forderung für das dritte Jahrtausend sein könnte, der wird sich wiederfinden in einer völlig unterschiedlichen Einschätzung, wann und wie man den 8-Stunden-Tag erleben will. Das setzt aber trotzdem voraus, daß es Sicherheit gibt, daß dieser 8-Stunden-Tag als Maxime, als eine dementsprechende Grundforderung, rechtlich auch abgesichert ist.«

Wirtschaft statt Herrschaft. »Wir wollen eine Wirtschaft, an der möglichst viele teilnehmen können und die man auch mitgestalten kann, und nicht die Herrschaft bestimmter Monopole, bestimmter multinationaler Zusammenschlüsse, die der einzelne nicht mehr durchschauen kann.«

Einkommen statt Almosen. »Wir wollen ordentliche Einkommen. Alle jene, die nach Lohnreduktion rufen und selbst in Wirklichkeit ihre Gewinne oder ihre Einkommen an den steigenden Aktienkursen orientieren, die lade ich ein, ein ganzes Jahr lang mit dem Einkommen, das sie den unteren Einkommensbeziehern zugestehen, auszukommen – dann wird es wahrscheinlich eine Änderung ihrer Einstellung geben.«

Arbeit statt Beschäftigung. »Geringfügige Beschäftigungen können für einen gewissen Lebenszyklus, für eine bestimmte persönliche Situation sinnvoll sein, aber sie sichern natürlich nicht die berufliche Entwicklung für das ganze Leben. In einer Zeit, wo immer mehr Eigenvorsorge in den Vordergrund gerückt wird, muß man wissen, daß die Persönlichkeitsentwicklung wichtig ist, aber daß gleichzeitig der Gemeinschaftsgedanke wichtiger denn je ist. Die Solidarität brauchen wir auch im dritten Jahrtausend.«

Zukunft statt Vergangenheit. »Das Entscheidende ist, daß wir uns auch auf die zukünftigen Herausforderungen vorbereiten. Da ist es sicherlich notwendig, durch verstärkte Kooperation zusammenzuarbeiten. Wenn zum Beispiel Metall und Textil einen Gewerkschaftsverbund darstellen, wenn Post und Druck, wenn Handel, Transport, Verkehr sowie Hotel, Gastgewerbe, persönlicher Dienst und die Eisenbahner, wenn die Bauarbeiter mit den Chemiearbeitern und mit den Lebensmittelarbeitern einen Verbund darstellen, dann sind wir auf dem richtigen Weg. Der kann allerdings nicht darin enden, daß wir eine neue Organisation einfach auf ein Blatt Papier zeichnen. Sondern schaffen wir eine Organisation mit Menschen für Menschen.«[135])

XV. Chronik

Die Gewerkschaftsbewegung und
die gesellschaftlich-politische Entwicklung
vom Frühkapitalismus
bis zum Ende des zweiten Jahrtausends

Die Themen des ÖGB im Bild

Internationale Entwicklung	Österreich	Arbeiterbewegung/ Gewerkschaftsbewegung Wirtschaftssysteme
1000		**1300**

Das Deutsche Reich ist ein Wahlkönigtum. Es gibt oft mehrere Kandidaten und Kriege zwischen Sieger und Unterlegenem. Die deutschen Könige beanspruchen Titel und Macht des römischen Kaisers, die mit Einfluß in Italien und auf die Politik des Papsttums verbunden sind. – Habsburger als deutsche Könige: 1273–1291: Rudolf I. ab 1298: Albrecht I.	*bis 1246: Babenbergerherrschaft (Markgrafen, dann Herzöge) in Ober- und Niederösterreich (= Österreich) 1252–1276: Přemysl Ottokar II. von Böhmen Herzog von Österreich und Steiermark, Herrschaft über Kärnten und Krain ab 1273: Habsburger in Österreich (Rudolf von Habsburg), ab 1282 auch in der Steiermark*	Entstehung der Zünfte als zunächst freiwillige lokale solidarische Interessenorganisationen der Handwerker gegenüber dem Adel **1072** Zunftordnung in Venedig. – Erste Zünfte im Deutschen Reich: **1106** Schiffer von Worms **1128** Schuhmacher von Würzburg **1149** Bettziechenweber von Köln **1158** Schuhmacher von Magdeburg In Österreich ist die Entwicklung langsamer
1000/1121 Die Wikinger entdecken Nordamerika	**1002** Erste nachweisliche Königsschenkung österreichischer Gebiete an die Babenberger	
nach 1000 Deutsche Kolonisierung in Osteuropa. Ungarn wird christlich. Christlicher Normannenstaat in Unteritalien	**1039–1063** Aus mehreren Marken entsteht die Mark Österreich	
1032 Burgund und die Schweiz kommen zum Deutschen Reich	**1175** Die Bevölkerung leidet unter Adelsfehden	**1288** Die Bruderschaft der Steinmetze in Wien wird erstmals als Zunft genannt
1042/44 Böhmen und Ungarn werden dem Kaiser lehenspflichtig	**1241** Der Angriff der Mongolen wird abgewehrt **1278** Schlacht von Dürnkrut, Sieg des neuen deutschen Königs Rudolf von Habsburg über Přemysl Ottokar, der das Erbe der Babenberger beansprucht	**nach 1200** Die Zünfte gewinnen zunehmend Einfluß. Sie setzen den Zunftzwang durch (keine Arbeit und keinen Meisterstatus für zunftlose Handwerker) Erste Auseinandersetzungen zwischen Gesellen und Meistern in den Zünften
1066 Eroberung Englands durch die französischen Normannen		
1096–1291 Kreuzzüge gegen Islam und Ketzer		
1113–1125 Erstes russisches Großreich	**1282/86** Die Söhne König Rudolfs werden mit den Babenbergerländern belehnt, Kärnten fällt an die Grafen von Görz-Tirol	**nach 1200** Erste Organisationen zunftloser (zumeist abhängiger) Handwerker in den europäischen Wirtschaftszentren (z. B. Pariser Becken) Erste gewerkschaftliche Kämpfe um bessere Löhne (Streik als Kampfmittel/ Bestimmungen gegen Streikbrecher)
1198 Erbliche Königswürde für Böhmen an Ottokar I. Přemysl		
1215 Das englische Feudalparlament erzwingt vom König Rechte (»Magna Charta«)	*Die Anfänge der kapitalistischen Wirtschaft*	
1218 Die Grafen von Habsburg erhalten die Reichsvogtei Uri in der Schweiz	*Neue/verbesserte Produkte und Produktionstechniken:* Braunkohle, Seidenweberei, Papier, Baumwolle	
1284 Genua ist nach dem Sieg über Pisa führende Handelsmacht am Mittelmeer	Wichtige Siedlungen werden zu Städten mit eigenem Recht	**1280** Aufstand der flandrischen Textilhandwerker gegen die patrizischen Kaufleute und Verleger, von denen sie (als Eigentümer der Rohstoffe) abhängig sind
ab 1288 Gründung des Osmanischen Reiches der Türken	**um 1200** Blütezeit des Bürgertums in den flandrischen Städten (Gent, Brügge) und in Oberitalien (Pisa, Venedig, Genua)	**1299** In Böhmen bestimmt die Kuttenberger Bergordnung die Einrichtung von Knappschaftskassen zur gegenseitigen Unterstützung der Bergleute

Internationale Entwicklung	Österreich	Arbeiterbewegung/ Gewerkschaftsbewegung Wirtschaftssysteme
1300		**1400**

Internationale Entwicklung

Zwei Habsburger sind in diesem Jahrhundert deutsche Könige bzw. römische Kaiser (Albrecht I. und Friedrich III.). Dominiert wird die Reichsherrschaft vom Haus Luxemburg

Wirtschaftskrise in ganz Europa

ab 1300 In Ober- und Mittelitalien entstehen nach und nach z. T. einflußreiche Kleinstaaten

ab 1307 Siegreicher Unabhängigkeitskrieg der Schweizer Urkantone gegen Habsburg

1308–1342 Karl I. von Anjou König von Ungarn, dann Sigmund von Brandenburg

ab 1310 Böhmen fällt an das Haus Luxemburg

1322 Schlacht von Mühldorf im deutschen Thronstreit. Niederlage für Habsburg

1328 Aussterben der Kapetinger in Frankreich. Neues Königshaus Valois (bis 1589)

ab 1339 Hundertjähriger Krieg England gegen Frankreich um den französischen Königsthron

1356 Karl IV. setzt als Reichsverfassung die »Goldene Bulle« in Kraft (Regelung der Königswahl und der Rechte der Kurfürsten)

1367–1370 Erfolgreicher Krieg der Hanse gegen Dänemark um die Handelsmacht im Norden

ab 1380 Der Mongolenführer Timur erobert ein Großreich bis nach Rußland und Damaskus

1389 Niederlage der vereinigten Serbenfürsten am Amselfeld (Kosovo) gegen die Türken

Österreich

Im Lauf des Jahrhunderts erwerben die Habsburger in Kämpfen und durch Erbschaft Kärnten, Krain, Südtirol, große Teile Vorarlbergs, Gebiete in Italien und den Zugang zur Adria. Um die Herrschaft in den Stammländern und in den neuen Besitzungen kommt es immer wieder zu z. T. blutigen Auseinandersetzungen. Letztlich kristallisieren sich drei Herrschaftsgebiete heraus: Österreich (Ober- und Niederösterreich, Salzkammergut), Steiermark (plus Kärnten, Krain) und ab 1363 Tirol und Vorarlberg

1358–1365 Unter Herzog Rudolf IV., dem Stifter, Baubeginn des gotischen Wiener Stephansdomes und Gründung der Universität Wien

1396 Türkengefahr. Erstmals Einberufung des österreichischen Landtages. Nach der Niederlage Ungarns dringen die Türken bis in die Steiermark vor

Anfänge der kapitalistischen Wirtschaft

Neue/verbesserte Produktionstechniken: Trittwebstuhl, Walkmühle (England, Mill = Fabrik), Hammerwerke (z. T. mit Wasserantrieb), Sägemühle, Drahtziehen (Nadeln), Papierproduktion mit Wasserradantrieb

Beginn staatlicher Wirtschaftspolitik: Steuern in Form von Geld, Gesetze zur Lohnbeschränkung in einigen Staaten

Beginn des Frühkapitalismus (Italien, Flandern, Pariser Becken, Böhmen), z. B. 30.000 abhängige Hand-

Arbeiterbewegung/Gewerkschaftsbewegung Wirtschaftssysteme

Gründung von Gesellenverbänden (Bruderschaften, Gesellenladen, Gesellenzechen) der abhängigen zünftischen Handwerker. Keine Solidarisierung mit den nichtzünftischen Handwerkern

1347 München verbietet die Bruderschaften

Zunehmende Konflikte zwischen Meistern und Gesellen, z. B.

1329 Streik der Gürtlergesellen von Breslau (erster bekannter Streik im Deutschen Reich)

1351 Lohnstreik der Webergesellen in Speyer

1371 Streik der Wollwebergesellen in Siena

1349 Lohnstreik der Gerbergesellen in Paris

1387 Streik der Straßburger Schuhmachergesellen

1389 Streik der Schneidergesellen von Konstanz (u. a. um Koalitionsrecht) Proteste und Streiks der zunftlosen Handwerker und Lohnarbeiter, die ohne wirtschaftliche und politische Rechte sind, gegen die Politik der Zünfte, z. B.

1323–1328 sozialer Aufstand in Flandern

1378 streikartiger Aufstand in der Textilindustrie von Florenz

werker der Textilindustrie von Florenz
Die Zünfte erreichen die Mitherrschaft in den Städten (Ratssitze). Sie werden zu Arbeitgeberorganisationen. Auf die Wirtschaftskrise reagieren sie mit »Schließung« (u. a. weniger Meisterstellen und Werkstätten)

1348 Erste »Schließung« in Österreich

Internationale Entwicklung	Österreich	Arbeiterbewegung/ Gewerkschaftsbewegung Wirtschaftssysteme
1400		**1500**

Mit Albrecht II. (1438 bis 1439) wieder ein Habsburger Kaiser. Kaiserwürde mit einer Ausnahme bis 1806 bei den Habsburgern. 1440–1493: Friedrich III. (Kaiser ab 1452) ab 1486 Maximilian I (bis 1493 König)	Österreich, ab 1453 Erzherzogtum (rechtliche Korrektheit umstritten) Weiter Herrschaftsteilung zwischen den Habsburger-Linien: Österreich, Steiermark/Kärnten, Tirol/Vorarlberg Albrecht V. bzw. II. ist von 1437 bis 1439 auch König von Böhmen und Ungarn, dann unter seinem jungen Sohn Ladislaus Postumus Erbkriege	Gesellenverbände in ganz Europa, zum Teil schon überregionalem Charakter **1411** Erstes nachgewiesenes Auftreten von Gesellenbruderschaften in Österreich Weitere Zunahme von Arbeitskonflikten zwischen den Berufsgruppen und in den Zünften. Neben Lohnforderungen Forderungen nach Beschäftigung und einer humanen Arbeitszeitgestaltung auch schon gesellschaftspolitische Forderungen
um 1400 Mit den Feuerwaffen Söldnerheere statt Ritterheere		
1401 Vereinigtes Reich Polen, Litauen, Weißrußland, Ukraine		
1419–1433/36 Hussitenkriege (Aufstand der Anhänger des 1415 hingerichteten Reformators Jan Hus) in Böhmen und Mähren	**1423** Im Tiroler Landtag erstmals auch Vertreter von Bauern, Bürgern und Landesherrschaft	
1429–1453 Sieg Frankreichs im 100jährigen Krieg mit England	**1407** Blutiger Erbschaftsstreit der Habsburgerbrüder	*Anfänge der kapitalistischen Wirtschaft* *Neue/verbesserte Produktionstechniken*: Um 1480 in fast allen Gewerben mit Kraftbedarf Wasserradantrieb, Verbesserung des Spinnrads, erste Hochöfen, Buchdruck mit beweglichen Lettern (Gutenberg)
1444 –1481 Die Türken erobern nach dem Sieg über Ungarn Griechenland, Byzanz und Balkan-Gebiete. 1453 Ende Ostroms	**1419–1433/36** Beteiligung an den Hussitenkriegen (Herzog Albrecht hat Mähren als Lehen)	
ab 1471/80 Böhmen und Ungarn unter den polnischen Jagellonen	**1453–1490** Kämpfe mit dem Ungarnkönig Mathias Corvinus, 1485 macht er Wien zu seiner Residenz. 1490 Rückeroberung durch die Habsburger	
ab 1462 Russisches Großreich, Befreiung von den Tartaren		*Beginn staatlicher Wirtschaftspolitik*: Reform der Zunftordnung (u. a. Geldstrafen für minderwertige Produkte), in Frankreich direkte Kopf- und Vermögenssteuer Blütezeit der Zünfte. Auch in Deutschland Modernisierung der Stadtrechte (Römisches Recht)
1474 Vereinigung der spanischen Reiche Kastilien und Aragonien	**ab 1461 bis 1463** Bruderkrieg zwischen Kaiser Friedrich und Erzherzog Albrecht, seit 1466 Regent der Vorlande, um die Herrschaft in Österreich Zunehmende Fehden zwischen Landesfürsten, Adel und Städten. Plünderungen, Raubrittertum	
1455–1485 Rosenkriege in England, dann Tudor-Herrschaft		
1492 Vertreibung der Mauren aus Spanien		
1416 Portugal läßt den Seeweg nach Ostafrika/ Indien suchen	**1472–1482** Wieder Einfälle der Türken in der Steiermark	**vor 1500** Der Frühkapitalismus setzt in ganz Europa ein, auch in Ost- und Mitteleuropa (z. B. Leobener Eisenhandelsgesellschaft als Aktiengesellschaft, Börsengründung in Antwerpen Aus Handwerkern werden rechtlose Lohnarbeiter (um 1430 werden z. B. die Leinenweber am Bodensee von der Ravensburger Handelsgesellschaft abhängig)
1492 Columbus sucht im Auftrag Spaniens den Seeweg nach Indien und entdeckt Amerika	**1477** Erzherzog Maximilian heiratet Maria von Burgund, Flandern und Brabant	
1499 Die Schweiz löst sich vom Deutschen Reich. Verzicht der Habsburger auf ihre Ansprüche	**1496/97** Doppelhochzeit Habsburg mit Kastilien-Aragon Beginn der spanischen Linie der Habsburger	

Internationale Entwicklung	Österreich	Arbeiterbewegung/ Gewerkschaftsbewegung Wirtschaftssysteme
1500		**1600**

Deutsche Könige bzw. römische Kaiser bis 1519: Maximilian I. 1519–1556: Karl V. 1531–1564: Ferdinand I. 1562–1576: Maximilian II. ab 1576: Rudolf II.	*Die Dreiteilung der Habsburgerherrschaft bleibt aufrecht: Österreich, Steiermark/Kärnten, Tirol/Vorarlberg ab 1526 sind die Habsburger auch Könige von Böhmen und Ungarn*	**1525/26** Aufstand der Bauern, Bergknappen und kleinen Handwerker in Tirol unter Führung von Michael Gaismair mit einem sozialrevolutionären Programm (u. a. Abschaffung der Zünfte, Verstaatlichung der Bergwerke) Überall in Europa Repressionen gegen die Gesellenorganisationen
1516 Karl von Habsburg (später Kaiser Karl V.) wird als Karl I. König von Spanien	**1522** Teilung des Hauses Habsburg in eine österreichische und eine spanische Linie	
bis 1516 (seit 1494) Erfolglose Kämpfe der Habsburger mit Frankreich um Besitz in Italien	**1525–1597** Aufstand der Bauern auch in den Habsburgerländern, z. T. in Verbindung mit Reformation und Gegenreformation	**1525** Aufstand der Bergknappen von Schladming/ Steiermark. Die Stadt wird als Strafe niedergebrannt
1519 Erste Weltumsegelung durch den Portugiesen Magalhães		**1525** In Meran (Südtirol) tagt das erste österreichische Bauernparlament. 25-Punkte-Forderung der Bauern und Bergknappen aus dem Gasteinertal
1521/33 Eroberung des Aztekenreiches in Mexiko und des Inkareiches in Peru durch Spanier	**1526** Durch Heiratspolitik fallen Ungarn und Böhmen an Habsburg. Der Großteil Ungarns de facto lange türkisch	
ab 1520 Serbien und ein Großteil Ungarns werden neuerlich türkisch. 1599 Rückeroberung Raabs durch ein Reichsheer	**1526** Erste Türkenbelagerung Wiens	*Beginn staatlicher Wirtschafts- und Sozialpolitik*: 8-Stunden-Tag für Arbeiter in Spanien
	1535 Aufbau der habsburgischen Militärgrenze am Balkan	
1519/1530 Mit Luthers 95 Thesen Beginn der Reformation im Deutschen Reich. Evangelisches Bekenntnis am Reichstag von Augsburg	**bis 1550** Ausbreitung der Reformation im habsburgischen Herrschaftsgebiet. Katholische Gegenreformation unter Führung der Habsburger	Durch ihr starkes Abschotten (verstärkte »Schließung«) und das Ablehnen technischer Neuerungen erstarren die Zünfte in ganz Europa
1551 Juden müssen sichtbar einen gelben Tuchlappen tragen (kaiserliche Verordnung)	***Beginn der Sozialgesetzgebung*** Reform des österreichischen Bergrechtes (Festsetzung von Höchstlöhnen, Sicherung der Verproviantierung), 1575: Verbot der Kinderarbeit in den ungarischen Bergwerken	Ausdehnung der Lehrzeit z. B. in England auf 7 Jahre, in Nürnberg auf 10 Jahre
1555 Augsburger Religionsfrieden. Religionsfreiheit für die Fürsten, Religionszwang für die Untertanen		Im österreichischen Bergbau: Frühe Formen der Aktiengesellschaft sind bereits verbreitet
1572 Ermordung der Hugenotten in Paris (Bartholomäusnacht)	***Anfänge der kapitalistischen Wirtschaft*** *Neue/verbesserte Produktionstechniken*: Bohrmaschinen, vorwiegend für Geschützrohre, kommen auf, Schraubstock, Verbreitung des Spinnrades	Aus freien Handwerkern und Knappen werden auch im Bergbau abhängige Arbeiter (1541 am steirischen Erzberg 51 Stunden Wochenarbeitszeit). Parallele Entwicklung im Baugewerbe
1581 Die Niederlande sagen sich von Spanien los		
1588 Vernichtung der spanischen Flotte (Armada) durch England		In den Zentren des Frühkapitalismus (Oberitalien, England) entstehen die ersten Großproduktionsstätten in Armenhäusern und Asylen

901

Internationale Entwicklung	Österreich	Arbeiterbewegung/ Gewerkschaftsbewegung Wirtschaftssysteme
1600 — 1700		
Deutsche Könige bzw. römische Kaiser bis 1612: Rudolf II. 1612–1619: Matthias 1619–1637: Ferdinand II. 1637–1657: Ferdinand III. ab 1658: Leopold I.	*ab 1637: Ober- und Niederösterreich, das Salzkammergut, Steiermark und Kärnten unter einem Landesherrn Tirol/Vorarlberg weiter getrennte Herrschaft unter den Habsburgern Könige von Böhmen und Ungarn: Matthias, Ferdinand II., Ferdinand III., Leopold I.*	Die Bergarbeitervereine sind schon gut organisierte, durchsetzungskräftige Berufsverbände, die sich ein Sozialrecht erkämpft haben, das teilweise die Sozialgesetze des späten 19. Jahrhunderts vorwegnimmt
1607 Gründung der ersten englischen Kolonie in Nordamerika (Virginia)		**1683** In Wien wird ein Unterstützungsverein der königlichen Rechnungs- und Kontrollbeamten gegründet
1608 Gründung von Quebec (Kanada) als Kolonie Frankreichs	**ab 1600** Harte Gegenreformation unter Rudolf II. Aufstände in Oberösterreich und Ungarn. Ungarn und Böhmen erreichen Zusage der Religionsfreiheit	In Frankreich werden alle Vereinigungen von Gesellen und Arbeitern verboten
1619 Gründung von Battavia auf Java durch die niederländische ostindische Kompagnie		
1618–1648 Dreißigjähriger Krieg (böhmisch-pfälzischer Krieg, niedersächsisch–dänischer Krieg, schwedischer Krieg, französisch-schwedischer Krieg). Die Bevölkerung des Deutschen Reiches verringert sich von 18 Millionen auf 7 Millionen	**1612** Gegenreformation in Salzburg unter Erzbischof Markus Sittikus von Hohenems	*Anfänge der kapitalistischen Wirtschaft*
	1618 Aufstand der evangelischen Stände in Prag wegen Nichteinhaltung der Toleranzzusage – Beginn des Dreißigjährigen Krieges	*Neue/verbesserte Produktionstechniken*: Einsatz von Sprengmitteln (z. B. am Erzberg), Weißblechfabrikation (Erzgebirge)
bis 1648 Unabhängigkeitskampf der Niederlande gegen Spanien	**1608** »Bruderkrieg im Haus Habsburg« um die Besitzteilung zwischen Rudolf II. und Erzherzog Matthias. Neuer Teilungsvertrag	*Beginn staatlicher Wirtschafts- und Sozialpolitik*: Tabaksteuer und Tabakmonopol in England. Der Merkantilismus wird die herrschende Wirtschaftsideologie
1629 Ende des Krieges zwischen Schweden und Polen. Schweden wird Großmacht		
1641 Beginn des englischen Bürgerkrieges (Parlamentspartei mit Oliver Cromwell, Hinrichtung von König Charles I. Stuart 1649)	**1625/26** Bauernaufstand in Oberösterreich gegen Rekatholisierung und bayrische Besatzung	*Kapitalverkehr*: In den Niederlanden sind erstmals Schecks in Gebrauch, Gründung der Bank von Amsterdam als erste mitteleuropäische Girozentrale, Gründung der Bank von England
	1649 Österreich führt ein stehendes Heer ein	
1652 Seekriege zwischen den Niederlanden und England	**1682** 2. Türkenbelagerung Wiens. Rettung Wiens unter Führung des Polenkönigs Johann Sobieski	
1659 Madras in Indien wird Hauptsitz der englischen Ostindischen Handelskompagnie		In England kann bereits ein Viertel der arbeitenden Bevölkerung der Arbeiterklasse zugerechnet werden (Kennzeichen: Lohnarbeit und Armut)
bis 1699 Kämpfe mit den Türken. Unter Prinz Eugen von Savoyen Vertreibung der Türken aus Ungarn und Teilen des Balkans	*Beginn der Sozialgesetzgebung* Einführung kostenloser ärztlicher Versorgung in den staatlichen Salinen und Bergwerken. Im Salzbergwerk Hall in Tirol bereits Altersversorgung, Witwen- und Waisenpension	Die Handwerksgesellen sind jetzt auch in Österreich lohnabhängige gewerbliche Facharbeiter (Bezeichnung »Knechte«)

Internationale Entwicklung	Österreich	Arbeiterbewegung/ Gewerkschaftsbewegung Wirtschaftssysteme
1700		**1739**

Deutsche Könige bzw. römische Kaiser bis 1705: Leopold I. 1705–1711: Josef I. 1711–1740: Karl VI.	*Österreich (spätere Bundesländer ohne das Bistum Salzburg, anderen Kirchenbesitz und das ungarische Burgenland) unter einem gemeinsamen Landesherren. Dieser ist gleichzeitig König von Böhmen und Ungarn und römischer Kaiser*	Die Gesellenbruderschaften entwickeln sich immer mehr in Richtung einer Gewerkschaftsorganisation In ganz Europa kämpfen die Bruderschaften an zwei Fronten: gegen die Zunftmeister und gegen die Konkurrenz der frühkapitalistischen Großbetriebe (Lohnforderungen, Proteste gegen Rationalisierungsmaßnahmen, closed-shop-Bestrebungen, d. h. Zugang zu Beschäftigung nur für die Mitglieder der Bruderschaft)
1701 Roma und Sinti werden vom Kaiser für vogelfrei erklärt		
1705 Niederschlagung eines Aufstandes bayrischer Bauern gegen die österreichische Besetzung	**1703/04** Ungarischer Aufstand gegen Steuern und neuerliche Unterdrückung der Religionsfreiheit	
1707 Vereinigung Englands und Schottlands zu Großbritannien	**1713/1723** Pragmatische Sanktion (Töchter Josephs I. und Karls VI. als erbberechtigt erklärt)	
1700–1721 Nordischer Krieg. Rußland erhält von Schweden Ostseeprovinzen und Baltikum	**1729–1732** Nach Aufstand Ausweisung von 10.000 Evangelischen aus Salzburg (u. a. nach Ostpreußen und Nordamerika)	**1715/22** Aufstand der Wiener Schuhknechte als Folge der Restriktionen durch die Niederösterreichische Regierung, unmenschliche Arbeitsbedingungen und schlechte Bezahlung (2 Hinrichtungen, 7 Erschießungen während des Aufstandes)
1700–1714 Spanischer Erbfolgekrieg zwischen Habsburg und Frankreich um das Erbe der spanischen Krone. Spanien kommt an das Haus Anjou		
1715–1725 Krieg Habsburgs gegen Spanien und Frankreich. Anerkennung der Anjou als spanische Könige, Niederlande, Mailand und Sizilien an Habsburg	*Anfänge der kapitalistischen Wirtschaft* *Neue/verbesserte Produktionstechniken, Forschungsergebnisse:* Wagenfederung, atmosphärische Dampfmaschine, Voraussetzungen für Kokshochofen, wissenschaftliche Grundlagen der Eisenhüttenkunde, elektrische Leiter, Walzbleche, Schreibmaschinen für Blinde, Porzellanerzeugung (Meißen, Wien = später Augarten)	**1731/32** Handwerkspatente mit Koalitionsverbot und Auflösung der Bruderschaften, Koalition von Gesellen und Arbeitern gilt als Schwerverbrechen, für das die Todesstrafe droht. Die Bruderschaften bestehen nur noch als Unterstützungsvereine weiter Die österreichischen Gesellenbruderschaften nehmen keine Manufaktur-Facharbeiter auf (später auch keine Industriearbeiter)
1709/10 Sieg Rußlands über Schweden. Die baltischen Staaten kommen zu Rußland		
bis 1723 Tibet und die Mongolei kommen an China		
1733–1735/38 Polnischer Erbfolgekrieg Österreich/ Rußland gegen Frankreich/ Spanien. Die Habsburger verlieren Lothringen und bekommen die Toskana	*Beginn staatlicher Wirtschafts-, Arbeitsmarkt- und Sozialpolitik:* Wiener Stadtbank als staatliches Kreditinstitut, in Europa erstes Papiergeld = Banknoten (1718), Beschränkung der Rechte der Zünfte durch Gesetze und Förderung der Manufakturen, z. B.: 1732: Legalisierung der Arbeit von Gesellen, in Manufakturen durch die Generalhandwerksord-	nung für Wien, Niederösterreich und Oberösterreich Befreiung der Manufakturen vom Zunftzwang (Fabrikprivilegien), u. a. für Arbeiter kein Berufsnachweis Erste österreichische Manufakturen (z. B. Linzer Wollzeugfabrik mit 8000 Arbeitern)
1718/1737–1739 Nach dem Sieg über die Türken unter Prinz Eugen gehen im 2. Türkenkrieg der Großteil des Balkans und Ungarns wieder verloren		

Internationale Entwicklung	Österreich	Arbeiterbewegung/ Gewerkschaftsbewegung Wirtschaftssysteme
1740		**1799**

Deutsche Könige bzw. römische Kaiser 1742–1745: Karl VII. von Wittelsbach (Bayern) 1745–1765: Franz I. von Lothringen (verh. mit Maria Theresia) 1765–1790: Joseph II. 1790–1792: Leopold II. ab 1792: Franz II.	*Landesherren von Österreich, Böhmen und Ungarn: Maria Theresia, Joseph II., Leopold II., Franz II. (ab 1792)*	In den großen Privatmanufakturen des Habsburgerreiches entstehen Unterstützungseinrichtungen der Arbeiter ohne Beteiligung der Unternehmer (z. B. »Liebesversammlung« der Fabrikstaglöhner der Schwechater Cotton- und Barchentfabrik). Sie sind neben den Bruderschaftskassen die Vorläufer der gewerkschaftlichen Unterstützungseinrichtungen
1740/76 Abschaffung der Folter in Preußen und in Österreich	**1748** Gemeinsame österreichisch-böhmische Zentralbehörde. Ungarn bleibt eigenständig	
1740–1745 1. und 2. Schlesischer Krieg Preußen gegen Österreich um den Besitz Schlesiens	**1763** Die Habsburger müssen Schlesien endgültig an Preußen abtreten	
1741–1748 Österreichischer Erbfolgekrieg, Anerkennung Maria Theresias, aber Gebietsverlust	**1774** Allgemeine Schulordnung für Österreich, die Volksschulen werden zu Staatsschulen	**1758–1796** In Wien Unterstützungskassen Angehöriger freier Berufe Wien (wie Musiker, Juristen), der Handlungsdiener und der Pflichtschullehrer
1756–1763 Siebenjähriger Krieg (= 3. Schlesischer Krieg)	**1779** Nach dem bayrischen Erbfolgekrieg kommt das Innviertel zu Österreich	
Auch Krieg zwischen England und Frankreich um die Kolonien. Stärkung Englands und Rußlands	**1781** Toleranzpatent Josephs II. für alle evangelischen Bekenntnisse und die orthodoxe Kirche	**1791/99** Koalitionsverbot in Frankreich und England
1772/1793/1797 1., 2. und 3. Teilung Polens zwischen Habsburg, Preußen und Rußland	**1784** Widerstand gegen die Zentralisierungsmaßnahmen Josephs II. in den Niederlanden und Ungarn (Amtssprache Deutsch)	der chemischen Großindustrie), Lithographie, erste Serienproduktion (Waffen)
1775/83 Amerikanischer Unabhängigkeitskrieg, Anerkennung der Unabhängigkeit der USA durch England		*Beginn staatlicher Wirtschafts-, Arbeitsmarkt- und Sozialpolitik.* Auch in Österreich (1. Staat Mitteleuropas) Papiergeld, Tabakmonopol (1784), Steuerdekret Josephs II. (Festlegung von für alle geltende Normen, revolutionärstes Gesetz vor der französischen Revolution), Aufhebung der Binnenzölle und Privatmauten
ab 1790 Französische Revolution. Frankreich wird Republik (1792), Hinrichtung König Ludwigs XVI. und Marie Antoinettes (1793)	*Beginn der Sozialgesetzgebung* Teilweises Verbot der Arbeit von Kindern unter 9 Jahren in Manufakturen (1787–1790), Unterstützungsleistungen in den staatlichen Manufakturen (Finanzierung aus Beitrag des Unternehmens und Lohnanteil der Arbeiter)	
1792–1997 1. Koalitionskrieg gegen das revolutionäre Frankreich, Sieg Frankreichs. Die französische Armee in Tirol, Kärnten		Erste erfolgreiche Manufaktur(neu)gründungen im Habsburgerreich – z. B.: Linzer Baumwollfabrik (50.000 Arbeiter), private Schwechater Cotton- und Barchentfabrik (25.000 Arbeiter) Staatliche »Nadelburg« in Wiener Neustadt (= 1. Metallwarenfabrik)
1799 Napoleon Bonaparte macht sich zum 1. Konsul. Beginn 2. Koalitionskrieg. Kriegserklärung an Österreich	*Entwicklung der kapitalistischen Wirtschaft* Adam Smith: Erste Theorie des modernen Kapitalismus	
	Neue/verbesserte Produktionstechniken, Forschungsergebnisse: Hobelmaschine, in England erste Koks-Hochöfen und Erfindung der Dampfmaschine, Dampfschiffe, Sodafabrikation (Beginn	Extreme Zunahme der Frauen- und Kinderarbeit mit Löhnen unter dem Existenzminimum

Internationale Entwicklung	Österreich	Arbeiterbewegung/ Gewerkschaftsbewegung Wirtschaftssysteme
1800		**1847**

Deutsche Könige bzw. römisch-deutsche Kaiser bis 1806: Franz II. Mit dem Verzicht Franz II. auf die Kaiserwürde unter dem Druck Napoleons Ende des römisch-deutschen Kaiserreiches ab 1815: Deutscher Bund aus 29 souveränen Staaten als gleichberechtigte Mitglieder. Der Kaiser von Österreich ist Vorsitzender des Bundestages (= Bundesregierung), hat aber keinen Vorrang	*Landesherren von Österreich (ab 1803/16 einschließlich Salzburg), Böhmen und Ungarn: Franz I. (ab 1804 Kaiser von Österreich), Ferdinand I. ab 1810: Fürst Metternich Staatskanzler und Außenminister*	**1802** Lohnstreik der Schiffsbauer in London
		1826 Aufstände der englischen Baumwollarbeiter
		1824–1829 Aufhebung des Koalitionsverbotes in England, erste Gewerkschaftsgründungen
	1810 Nach der Niederlage der Tiroler (gegen Frankreich und Bayern) wird der Anführer Andreas Hofer hingerichtet	**ab 1830** sociétés de résistance in Frankreich. Gewerkschaftliche Forderungen, Beteiligung ungelernter Arbeiter
1800 Errichtung des Vereinigten Königreiches von Großbritannien und Irland	**1805** Napoleon in Wien	
	1804 Fertigstellung der ersten Trinkwasserleitung Wiens (Albertinische Wasserleitung)	**1834** National Trades Union der Handwerker in den USA
1804 Napoleon krönt sich zum Kaiser der Franzosen		**1824/42/46** Kranken- und Sterbekasse und Unterstützungsverein der Linzer Buchdrucker, Unterstützungsverein der Wiener Buchdrucker Bildungsvereine deutscher Wandergesellen im Ausland als Vorläufer der Arbeiterbewegung
bis 1815 Kriege mit Frankreich bis zur endgültigen Niederlage Napoleons (Waterloo)	**1811** Allgemeines Bürgerliches Gesetzbuch als Grundlage des Zivilrechtes	
1811 Die südamerikanischen Länder Uruguay, Paraguay, Kolumbien und Venezuela erreichen ihre Unabhängigkeit von Spanien	**1817/34/36** Perfektionierung des von Metternich aufgebauten Polizeistaates, Zensur, Unterdrückung	
	1845/47 Lebensmittelteuerung und Entlassungswelle	
1814/15 Frankreich wieder Königtum. Wiener Kongreß. Anerkennung der Neutralität der Schweiz. »Heilige Allianz« der absoluten Monarchien	*Anfänge der Sozialgesetzgebung* Verbot der Kinderarbeit unter 12 Jahren, Arbeitszeitbeschränkung für Kinder unter 16 Jahren auf 12 Stunden täglich (1842)	**1834–1836/1844** Aufenthalt Karl Weitlings (vom späteren »Bund der Kommunisten«) in Wien. Verfolgung der Anhänger
		bis 1840 In Österreich nur selten Aufbegehren der Arbeiter gegen die drückenden Arbeits- und Lebensbedingungen
1830 Revolution in Frankreich. Erfolge für das Bürgertum	*Beginn der ersten industriellen Revolution* *Neue Technologien und Produktionsmethoden:* u. a. Telegraph, Dampflokomotive, Elektromotor, Photographie, Gummi – extreme Steigerung der Produktivität	**1842** Die Neugründung von Fabrikskassen wird in Österreich untersagt
1833 Zentraluntersuchungskommission des Deutschen Bundestages gegen das Aufbegehren		**1844** Die Arbeiter von Rochdale (England) gründen die erste Konsumgenossenschaft
ab 1839 Krieg Ägyptens gegen die Türkei mit Unterstützung Frankreichs. Österreich, England auf der Seite der Türkei		**1844–1846** Streiks in den böhmischen Kattunfabriken werden vom Militär niedergeschlagen
	1816 Gründung der Österreichischen Nationalbank	
1846 Polnischer Aufstand in Krakau von österreichischen Truppen niedergeschlagen	**1847** 16 Stunden durchschnittliche Arbeitszeit, keine Sonntagsruhe, Industriearbeiter erhalten die höchsten Löhne	**1845–1847** Arbeiterunruhen und Demonstrationen in den industriellen Vorstädten Wiens

Internationale Entwicklung	Österreich	Arbeiterbewegung/ Gewerkschaftsbewegung Wirtschaftssysteme
1. 1. 1848	**REVOLUTION IN EUROPA**	**31. 12. 1848**
ab 23. Februar Revolution in Frankreich, Sturz der Monarchie **5. März** In Heidelberg fordern Revolutionäre Pressefreiheit **18. März** Revolution in Deutschland und in Mailand **18. Mai** Das erste freigewählte Parlament im Gebiet des Deutschen Bundes, die Nationalversammlung, tritt in der Frankfurter Paulskirche zusammen. Auch unter den österreichischen Abgeordneten ist kein Arbeiter vertreten. Reichsverweser (Regierungschef) ist Erzherzog Johann von Österreich **Juli** In der Paulskirche in Frankfurt a. M. erster gesamtdeutscher Reichstag (Nationalversammlung) **25. Juli** Schlacht bei Custozza. Sieg der kaiserlichen Armee über die italienischen Revolutionäre Goldfunde in Kalifornien – Massenauswanderung aus Europa **ab 19. Oktober** Verfassungsdiskussion in der Deutschen Nationalversammlung – Spaltung in »Großdeutsche« (Einbeziehung Österreichs) und »Kleindeutsche« (Führung Preußens) **31. Oktober** Die kaiserlichen Truppen werfen die Revolution in Wien nieder. Sie wurde nur noch von der Mobilgarde der Arbeiter und wenigen Studenten verteidigt (in den letzten Tagen 360 Tote, davon 240 Fabrikarbeiter) **ab 22. November** Österreichischer Reichstag in Kremsier **Dezember** Franz Joseph I. neuer Kaiser. Große nationale Revolution in Ungarn	*Kaiser von Österreich, König von Böhmen und Ungarn: Ferdinand I., Franz Joseph I. Regierungschefs ab 20. März: Graf Kolowrat-Liebsteinsky, Graf Ficquelmont, Freiherr von Pillersdorf, Freiherr von Dobelhoff-Dier, Freiherr von Wessenperg-Ampringen Regierungschef ab 21. November: Felix Fürst Schwarzenberg* **März** Ausbruch der Revolution in Wien, Staatskanzler Metternich flieht nach London Demonstrationen in Linz, Graz und Innsbruck gegen die hohen Lebensmittelpreise In Wien Revolutionsregierung aus Bürgern und Studenten (Sicherheitsausschuß) **April/Mai** Die vom Kaiser erlassene undemokratische Verfassung wird von den Revolutionären abgelehnt. Wieder Aufstände in Wien **12. Juni** Niederschlagung des Pfingstaufstandes in Prag **22. Juli** Eröffnung des ersten gewählten Parlamentes Österreichs (Reichstag) in Wien **23. August** Lohnkürzungen für Arbeiter, besonders für Frauen und Kinder **7./9. September** Aufhebung der bäuerlichen Untertänigkeit durch den Reichstag. Rechtskraft durch kaiserliche Bestätigung **28. September** Aufstand in Budapest. Krieg mit der ungarischen Revolutionsarmee **Oktober** Blutige Kämpfe in Wien nach Solidarisierung gegen Truppeneinsatz in Ungarn	**29. Februar** Karl Marx und Friedrich Engels veröffentlichen das Kommunistische Manifest **13. März** Sturm der Wiener Arbeiter auf die Fabriken. Brutales Vorgehen auch der revolutionären Bürgerwehr gegen die Arbeiter **10. April** Massendemonstration der englischen Arbeiterbewegung von Bürgerwehren auseinandergetrieben **30. April** Gründung eines Typographenvereines (300 Mitglieder) Zusammenschluß der deutschen Arbeitervereine in der »Arbeiterverbrüderung« **Mai** Die Arbeiter setzen durch: aktives Wahlrecht für den österreichischen Reichstag, einheitlicher Lohntarif für Wiener Buchdrucker und Schriftgießer, Geltung des Wiener Schriftgießertarifs in allen größeren Städten **Juni** Arbeiterrevolution in Paris. Sie wird blutig niedergeschlagen **24. Juni** Erster Allgemeiner Arbeiterverein in Wien unter Vorsitz des Schuhmachergehilfen Friedrich Sander **23. August** Brutales Vorgehen der Bürgergarde bei der Demonstration der Wiener Arbeiter gegen die Lohnkürzungen (822 Tote, 300 Verwundete) **26. August** Der Buchdruckerverein »Gutenberg« bekennt sich zum Solidaritätsprinzip **August/September** Karl Marx spricht in zwei Versammlungen der Wiener Arbeiter **Oktober** Der Allgemeine Arbeiterverein wird aufgelöst

Internationale Entwicklung	Österreich	Arbeiterbewegung/ Gewerkschaftsbewegung Wirtschaftssysteme
1849		**1866**

1850–1866: Deutscher Bund (Wiederherstellung gegen Preußen durchgesetzt, nach Niederlage Österreichs gegen Preußen aufgelöst)

1849 Demokratischer Mai-Aufstand in Dresden

1850/64 Kriege Deutscher Bund, Österreich, Preußen gegen Dänemark um Schleswig-Holstein. Preußische Verfassung. Parlamentarische Selbstregierung in Australien

ab 1850 Auswanderungswelle nach USA wegen politischer Unterdrückung

ab 1851/52 Nach Staatsstreich 2. Französisches Kaiserreich unter Napoleon III.

1853–1856 Krimkrieg (Rußland gegen Türkei, Frankreich, Großbritannien)

1858 Indien britisches Vizekönigtum

1859–1861 Italienischer Unabhängigkeitskrieg unter Garibaldi. Österreich verliert die Lombardei, Gründung des Königreiches Italien (ohne Rom, Venedig)

1860 England und Frankreich besetzen Peking

1861–1865 Bürgerkrieg in den USA: Sieg der Nordstaaten; Verbot der Sklaverei

1861 Aufhebung der Leibeigenschaft in Rußland

1862 Polnischer Aufstand gegen Rußland scheitert

1866 Krieg Preußen/ Italien gegen Österreich/ Sachsen. Niederlage Österreichs (Königgrätz)

Kaiser von Österreich, König von Böhmen und Ungarn: Franz Joseph I. Regierungschefs: bis 1852: Felix Fürst Schwarzenberg, 1852–1859: Graf Boul-Schauenstein, 1859 bis 1860: Graf Recherg, 1860–1865: Erzherzog Rainer, 1865: Graf Mensdorff-Pouily, ab 1865: Graf Belcredi

1849 Unterwerfung Ungarns. Auflösung des Reichstages von Kremsier. »Neoabsolutismus«

1852–1854 Attentate und Verschwörungen gegen politische Unterdrückung

1859 Sturz des neoabsolutistischen Innenministers Bach. Gewerbefreiheit

1860 Erste Verfassung mit Parlament (Oktoberdiplom). Delegierung durch Landtage

1861 Stärker zentralistische Verfassung (Februarpatent).

Unternehmer-Interessenvertretung
Wiener Handelskammer durch kaiserliche Verordnung (1849)

Beginn der Sozialgesetzgebung
1862 Enquete über Arbeiterfrage ergebnislos: Für Arbeiter weiter nur lokale Armenunterstützung

Die industrielle Revolution
um 1850 Beginn der industriellen Massenproduktion, Bahnnetze

Neue Technologien und Produktionsmethoden:
Wasserturbine, Dampfpflug, Rotations-Schnellpresse, Gasmotor, Siemens-Martin-Stahl, U-Bahn mit Druckluftbetrieb in London

1849 Graz: Gründung eines Vereines der Buchdrucker und Schriftsetzer

1850 Demonstrationen und Streiks der Arbeiter beim Bau der Semmeringbahn wegen überhöhter Lebensmittelpreise

1852 Auflösung des Vereines »Gutenberg«, nur noch Unterstützungskasse der Buchdrucker. Gründung von katholischen Gesellenvereinen

1854 Koalitionsverbot durch Deutschen Bundestag

1858 In Wien: Gründung des Allgemeinen Unfallvereines für Buchdrucker und Schriftgießer

1860 In Wien: Gründung des Vereines der Lithographen, Buchdrucker und Schriftgießer. USA: Nationaler Metallarbeiterverein

1862/63 Gründung eines Konditorengehilfenvereines. Gründung eines Wiener Arbeiterbildungsvereines wegen »subversiver Tendenzen« und sozialdemokratischer Politik untersagt

1863 Ferdinand Lasalle gründet den »Allgemeinen deutschen Arbeiterverein«

1864 Gründung der 1. Sozialistischen Internationale durch Karl Marx in London. Anerkennung der Arbeitergewerkschaften und Streikrecht in Frankreich. Gründung eines Konsumvereines der Webergesellen in Wien

1865 Fachverband des Unfallvereines »Hermania« der Buchdrucker in Wien. Allgemeiner Beamtenverein für die gesamte österreichische Monarchie. Deutscher Tabakarbeiterverein

907

Internationale Entwicklung	Österreich	Arbeiterbewegung/ Gewerkschaftsbewegung Wirtschaftssysteme
1867		**1892**
Kolonialkriege in Afrika, Asien	*Kaiser und König: Franz Joseph I.*	**1867** Das erste Buch des »Kapitals« von Karl Marx erscheint
1867 Norddeutscher Bund unter Führung Preußens	*ab 1867: Doppelmonarchie Österreich-Ungarn: Länder der Stephanskrone*	**1891** Papst-Enzyklika »Rerum Novarum« zur »Arbeiterfrage«
1868 Wahlrecht für Afro-Amerikaner in den USA	*(= Ungarn), im Reichsrat vertretene Königreiche und Länder inkl. Böhmen etc.*	**1867** Allgemeiner Arbeiterbildungsverein in Wien-Gumpendorf und Fachvereine (z. B. Maler, Kürschner, Bäcker)
1869 Eröffnung des Suez-Kanals	*(= Österreich)*	
1870/71 Deutsch-Französischer Krieg. Niederlage Napoleons III. Frankreich wieder Republik »2. Deutsches Kaiserreich« unter Führung Preußens	*Kaiserliche Regierungen der österreichischen Reichshälfte: 1867/68: Carl Auersperg, 1870: Taaffe I, Plener, Hasner, 1871: Potocki, Hohenwart, Holzgethan, 1871–1879: Auersperg, 1879: Stromayr, ab 1879: Taaffe II*	**1868** Gründung weiterer Fachvereine. Erster allgemeiner Arbeitertag in Wiener Neustadt
1871 Pariser Commune (revolutionäre sozialistische Stadtregierung) mit Hilfe der deutschen Armee blutig niedergeschlagen		**1869** 1.300 gewerkschaftlich organisierte Buchdrucker in Wien. Erfolge der Zeitungssetzer im Kampf gegen Sonntagsarbeit. Demonstration von 25.000 Arbeitern vor dem Wiener Parlament für Koalitionsfreiheit
1877/78 Nach Krieg Rußlands und Rumäniens gegen die Türkei Befreiung der Balkanstaaten	**1867** Neue Verfassung für Österreich mit Grundrechten. Delegierung der Abgeordneten zum Reichstag (Parlament) durch die Landtage. Der Kaiser ist dem Parlament nicht verantwortlich	
1878 Okkupationsrecht für Österreich-Ungarn in Bosnien-Herzegowina (Friede von Berlin)	**1873** Direkte Wahl des Reichsrates (Zensuswahlrecht). Börsenkrach in Wien – Wirtschaftskrise	**1870/71** »Internationale« als Lied der Pariser Kommunarden. Anerkennung von Kollektivverträgen in England. Koalitionsfreiheit in Österreich durchgesetzt. Hochverratsprozeß gegen Organisatoren der Demonstration von 1869. Auflösung der Arbeitervereine, später Neugründung
1882 Bündnis Österreich-Ungarn mit Deutschland (Zweibund), dann auch mit Italien (Dreibund)	**1879/85/91** Reichsratswahlen. Deutschliberale (»Linke«) stärkste Fraktion, aber Mehrheit der »Rechten«, 1885 erstmals Christlichsoziale (2 Mandate)	
Beginn der Sozialgesetzgebung	**1884–1891** Gegen die Arbeiterbewegung gerichteter Ausnahmezustand in Österreich	**1875** Einheitliche sozialistische (ab 1880 sozialdemokratische) Arbeiterpartei Deutschlands (Teilnahme an Reichstagswahlen ab 1875). Legalisierung von Streiks in England
Gewerbeinspektorengesetz (1883), Schutzbestimmungen für Fabrikarbeiter in der Gewerbeordnung, u. a. 11-Stunden-Tag (1885), Kranken- und Unfallversicherungsgesetz (1888/1890)		
	1888/89 Sozialdemokratische Arbeiterpartei Österreich (SDAP)	
Industrielle Revolution	**1889** 1. Mai als Weltfeiertag der Arbeit (Beschluß der Zweiten Sozialistischen Internationale)	**1879/80** Sozialistische Arbeiterparteien in Frankreich, Spanien
Erste Fließbandproduktion und erstes E-Werk in den USA, Dynamit (Alfred Nobel), Zelluloid, Telefon, Fahrrad, Otto-Benzinmotor, elektrisches Licht, Elektrolokomotive, elektrische Straßenbahn, Lochkarten-Auswertungsapparat, Film	**1890** Große 1. Mai-Demonstration der Arbeiter in Wien: Forderung nach 8-Stunden-Tag	**1881** US-Gewerkschaftsverband American Federation of Labor (AFL)
	1892 Christlichsozialer Arbeiterverein für Wien, Niederösterreich	**1882** 235 Arbeitervereine, davon 85 Gewerkschaften in Österreich
		1883 Sozialistische Fabian Society in England

Internationale Entwicklung	Österreich	Arbeiterbewegung/ Gewerkschaftsbewegung Wirtschaftssysteme
1893		**1906**
Kolonialkriege auch unter Beteiligung der neuen Weltmacht USA	*Kaiser und König: Franz Joseph I. Kaiserliche Regierungen der österreichischen Reichshälfte: bis 1893: Taaffe II, 1893–1895: Windischgrätz, 1895: Kilemannsegg, 1895 bis 1897: Badeni, 1897/98: Gautsch I, 1898/99: Thun-Hohenstein, 1899: Clary-Aldringen, 1899/1900: Wittek, 1900–1904: Koerber I, 1905/06: Gautsch II, 1906: Hohenlohe-Schillingsfürst, ab 1906: Beck*	**1893/94** 1. Reichskongreß der Freien Gewerkschaften: »Reichskommission der freien (sozialdemokratischen) Gewerkschaften Österreichs« (Dachorganisation von 200 selbständigen Vereinen)
1894/95 Japanisch-chinesischer Krieg. Weltausstellung in Antwerpen		**1895** Zusammenschluß der syndikalistischen Gewerkschaften in Frankreich (C, G.D.T.)
1895 Frankreich erobert Madagaskar. Deutschland überholt Großbritannien in der Industrieproduktion		
1896 Überfall Italiens auf Abessinien (Äthiopien); Niederlage Italiens		**1896** 2. Reichskongreß der Freien Gewerkschaften Österreichs (rund 136.000 Mitglieder, Organisationsgrad ca 2 Prozent). Während des Jahres: 160 Streiks mit 62.109 beteiligten Arbeitern
1898 Gründung der Sozialdemokratischen Partei Rußlands. Die USA besetzen Kuba, Philippinen und Hawaii	**1893** Nationaltschechische Demonstrationen in Prag	
	1897 Reichsratswahlen mit Wahl einer »allgemeinen Kurie« ohne Zensus (72 Mandate für 5.000.000 Wähler). Erstmals 14 Sozialdemokraten im Reichsrat, Christlichsoziale 30 Mandate, Deutschnationale gestärkt	**1897/98** Aktion für italienische Gastarbeiter (Beratung beim Abschluß von Arbeitsverträgen)
1900 Boxeraufstand gegen europäische Politik in China		**1899** Der Deutsche Reichstag lehnt Zuchthausstrafe für Streikführer ab. Erste unternehmerhörige »Gelbe Gewerkschaft« in Frankreich
1901 Gründung des Internationalen Arbeitsamtes. Beginn der Aufschlusses der persischen Ölfelder. Südafrika (nach Niederlage der Buren) britische Kolonie	**um 1900** Pro-Kopf-Einkommen 50 Prozent unter dem englischen	**vor 1900** Beginn der nationalen Spaltung der Freien Gewerkschaften – eigene tschecho-slawische Gewerkschaftskommission
	Unternehmer-Interessenvertretung Gründung des Bundes Österreichischer Industrieller (1897)	**1900** 3. Reichskongreß der Freien Gewerkschaften (ca. 540.00 Mitglieder). Erste Sitzung des Gewerkschaftsrates in Ungarn
1902/06 Allgemeines Frauenwahlrecht in Australien, Finnland		
1905 Erste russische Revolution (die Arbeiterbewegung wird blutig zurückgedrängt, aber eine Verfassung durchgesetzt)	*Beginn der Sozialgesetzgebung* Sonntagsruhesetz auch für das Handelsgewerbe (1895), Einführung von Gewerbegerichten unter Mitwirkung von Arbeitervertretern (1896)	**1900/06** Gründung der britischen Arbeiterpartei (Labour Party)
1906 Erste Marokkokrise durch Landung deutscher Truppen in Tanger. Aufstand gegen das US-Protektorat in Kuba		**1901** Gründung des internationalen Gewerkschaftsbundes (IGB) in Amsterdam
Die industrielle Revolution Dieselmotor, Flugzeug, Auto, Schallplatte, Naturstoffsynthese, elektrische Glühlampe, Radiotechnologie, Relativitätstheorie (Einstein), Gasturbine, Beginn der Atomkernphysik	**1905** In Österreich: 225 Freie und 30 Christliche Gewerkschaften. Demonstration von 250.000 Arbeitern in Wien für das allgemeine Wahlrecht	**1903** 4. Reichskongreß der Freien Gewerkschaften
		1905–1907 Zunehmend Kollektivvertragsabschlüsse durch Freie Gewerkschaften: 84 – 448 – 727
	1906 Gründung der christlichen Reichsgewerkschaftskommission	

Internationale Entwicklung	Österreich	Arbeiterbewegung/ Gewerkschaftsbewegung Wirtschaftssysteme
1907		**1914**
1907 Dreibündnis Großbritannien–Frankreich–Rußland **1908** Annexion von Bosnien-Herzegowina durch Österreich-Ungarn: Balkankrise – Kriegsgefahr Anerkennung Bulgariens als unabhängiges Königreich Der Kongo wird Kolonie Belgiens **1909** Stärkung der britischen Labour Party durch Beitritt der Bergarbeitergewerkschaft Demokratische Wahlrechtsreform in Schweden **1911** Republikanisch-demokratische Revolution in China **1912/13** Niederlage der Türkei gegen die Balkanstaaten. Die Türkei verliert fast alle europäischen Gebiete **1914** Ermordung des Thronfolgers in Sarajewo. Kriegserklärung Österreich-Ungarns an Serbien	*Kaiser und König: bis 1916: Franz Joseph I. Kaiserliche Regierungen der österreichischen Reichshälfte: bis 1908: Beck, 1908 bis 1911: Bienerth-Schmerling, 1911: Gautsch III, ab 1911: Stürgkh* **1907** Nach Einführung des allgemeinen Wahlrechts für Männer: SDAP zweitstärkste Partei im Reichsrat **1908** Beginn der Wirtschaftskrise mit hoher Arbeitslosigkeit **1911** Letzte Reichsratswahlen. SDAP bleibt zweitstärkste Partei. Deutschnationale am stärksten Teuerungsdemonstrationen in ganz Österreich – Militär gegen Wiener Arbeiter **1912** Als Folge der Balkankrise Massenentlassungen, Preisanstieg **1914** Auflösung des Reichsrates – Notverordnungsrecht	**1909** Reichskongreß der Christlichen Gewerkschaften **1910** Trennung fast aller Freien Gewerkschaften in deutsche und tschechoslawische Organisationen (Ausnahmen: Eisenbahner, Tabakarbeiter) **1911** Mitglieder der Freien Gewerkschaften: ca. 500.00 **1912** Für 17 Prozent der österreichischen Arbeiter bestehen kollektivvertragliche Regelungen *Technologie und Produktion* Betongußverfahren, Motorflug, Doppelkolbenmotor, rasche Entwicklung der Biochemie, Dieselauto, synthetischer Kautschuk, nichtrostender Stahl (Kruppstahl), Fließband bei Ford, fabrikmäßige Herstellung von Hochvakuum-Radioröhren **1913** Industrieproduktion gegenüber 1861 um 86% gesteigert
1914	**ERSTER WELTKRIEG**	**1918**
Mittelmächte (Österreich-Ungarn, Deutschland und Türkei) gegen Entente (Frankreich, England, Rußland, dann USA und Verbündete) Weitgehende Aufhebung des Arbeiterschutzes in fast allen kriegführenden Staaten (Ausnahme Großbritannien) **1917** Sieg der Bolschewiki in der Oktoberrevolution. Rußland beginnt Friedensverhandlungen **1918** Sieg der Entente, der gegen die Mittelmächte Deutschland, Österreich-Ungarn, Türkei verbündeten Westmächte	*Kaiser und König: bis 1916: Franz Joseph I. 1916–1918: Karl I. Kaiserliche Regierungen der österreichischen Reichshälfte: bis 1916: Stürgkh, 1916: Koerber II, 1916–1917: Clam-Martinic, 1917/18: Seidler, 1918: Husarek, Lammasch* **ab 1914** Betriebe unter dem Kriegsdienstleistungsgesetz, Aufhebung sozialer Errungenschaften **1917** Wiedereinberufung des Reichsrates **1918** Zusammenbruch der Versorgung/Zusammenbruch der Habsburgermonarchie	**ab 1914** Burgfrieden = Verzicht der Arbeiterbewegung auf Opposition gegen die Kriegsregierung **1915/16** Die Gewerkschaften haben seit 1913 60 Prozent ihrer Mitglieder verloren. Trotz Kriegsrecht immer wieder Streiks **1916** Friedrich Adler tötet Ministerpräsident Stürgkh. Sein Prozeß wird zur Anklage gegen den Krieg **1917** Der Internationale Gewerkschaftsbund fordert Frieden **1917/18** Streikbewegung der österreichischen Arbeiter – Friedensforderung

Internationale Entwicklung	Österreich	Arbeiterbewegung/ Gewerkschaftsbewegung Wirtschaftssysteme
1918		**1933**
1918 Selbständige Nationalstaaten auf dem Gebiet der ehemaligen Habsburgermonarchie **1919** Friedensverträge für Österreich mit harten Bedingungen (St. Germain). Vernichtung der Rätebewegung (Deutschland, Ungarn) **1920** Aufnahme Österreichs in den Völkerbund **1921** Washingtoner Abkommen: Verbot von Giftgaseinsatz **1922** Italien: Beginn der faschistischen Herrschaft, Mussolini Ministerpräsident **1923** Besetzung des Ruhrgebietes durch Frankreich. Rechtsradikaler Putsch in München (mit Hitler) scheitert **1924** Beginn der stalinistischen Herrschaft in der Sowjetunion. Blutige Unterdrückung des Aufstands der Kaffeearbeiter in Brasilien **1925** Konferenz von Locarno: Versuch der Stabilisierung Europas unter Beteiligung der deutschen Republik **1929** Kursstürze an der Börse von New York – Weltwirtschaftskrise **1930** Freundschaftsvertrag Österreich – faschistisches Italien **1933** Hitler deutscher Reichskanzler einer konservativen Koalition. Austritt Deutschlands und Japans aus dem Völkerbund *Arbeits- und Sozialgesetzgebung* Unter dem Gewerkschafter Ferdinand Hanusch fortschrittliche Sozialgesetzgebung, u. a. 8-Stundentag in Fabriken (1918–1920/21)	*12. November 1918: Ausrufung der demokratischen Republik Bundeskanzler (bis 1920 Staatskanzler): Koalition Sozialdemokraten, Christlichsoziale 1918 bis 1920: Renner, Mayr; Bürgerliche Koalitionen 1920/21: Mayr, 1921/22 und 1929/30: Schober, 1922: Breisky, 1922/23 und 1926/27: Seipel, 1924 bis 1926: Ramek, 1929: Streeruwitz, 1930: Vaugoin, 1930/31: Ender 1931/32: Buresch, ab 1933: Dollfuß* **1918–1920** Der 1. Mai wird Staatsfeiertag **1922** Völkerbundanleihe zur Sanierung der österreichischen Währung (extremer Budgetsparkurs verstärkt sozialen Druck) **1923–1925** Zunahme der Arbeitslosigkeit von 111.000 auf 145.000 **1926** Linzer Programm der Sozialdemokratie. Ende der Völkerbundkontrolle über Österreich **1929** Verfassungsänderung (Volkswahl und Stärkung des Bundespräsidenten). Zusammenbruch der Bodenkreditanstalt **1930** Korneuburger Eid der Heimwehren (mit faschistischem Programm) **1931** Ein Heimwehrputsch in der Steiermark scheitert **1933** Auflösung des Parlaments durch Bundeskanzler Dollfuß. Er regiert mit Notverordnungen Verbot des sozialdemokratischen Republikanischen Schutzbunds, Abbau sozialer Rechte	**1919** 1. Kongreß der Freien Gewerkschaften in der österreichischen Republik **1920** Errichtung der Arbeiterkammern **1921** Mitglieder Freie Gewerkschaften 1,079.777, Christliche Gewerkschaften 140.000 **1923** Massenkundgebung der Gewerkschaften in Wien und Industriegebieten gegen Lohnabbau und Arbeitslosigkeit. 2. Kongreß der Freien Gewerkschaften in Wien. Linzer Programm der christlichen Arbeiterbewegung **1924** 954.000 gewerkschaftlich organisierte Arbeitnehmer in Österreich, davon Freie Gewerkschaften 828.000, Christliche Gewerkschaften 80.000, Deutschnationale 46.000 **1927** Arbeiterdemonstration gegen den Freispruch für rechtsextreme Mörder (Brand des Wiener Justizpalastes, 90 Tote). Als Protest 3 Tage Generalstreik Justizmord an den Gewerkschaftern Sacco und Vanzetti in den USA **1928** 3. Kongreß der Freien Gewerkschaften, engerer Zusammenschluß als Bund der Freien Gewerkschaften; die Verbände bleiben aber eigenständige Vereine. Der Mitgliederstand ist auf 776.168 zurückgegangen **1930** Antiterrorgesetz gegen Gewerkschaften **1931–1933** Mitgliederrückgang bei Freien, Zunahme bei den Christlichen Gewerkschaften. Gelbe (»Unabhängige«) Gewerkschaften in enger Verbindung zu den Heimwehren

911

Internationale Entwicklung	Österreich	Arbeiterbewegung/ Gewerkschaftsbewegung Wirtschaftssysteme
1934		**1938**
1934/35 Diplomatische Beziehungen zwischen den USA und Sowjetrußland werden aufgenommen. Hitler macht sich zum Diktator Deutschlands. Für NS-Deutschland gelten die antisemitischen Nürnberger Gesetze **1935** Das faschistische Italien überfällt Abessinien **1936** Einmarsch deutscher Truppen in die entmilitarisierte Zone des Rheinlandes. Anti-Kominternpakt NS-Deutschland–Japan. Die Achse Berlin–Rom entsteht (Achsenmächte) **1936** Beginn des Bürgerkrieges der Faschisten unter General Franco gegen die demokratische spanische Regierung. Unterstützung der spanischen Demokraten durch Freiwillige, auch aus Österreich **1937** Austritt Italiens aus dem Völkerbund **1938** Mit Zustimmung der Westmächte Angliederung des Sudetengebietes an Deutschland	**12. Februar 1934** Aufstand der sozialdemokratischen Arbeiterbewegung gegen die Vernichtung der Demokratie. Verbot der SDAP und ihrer Organisationen **1. Mai 1934** Auf faschistischer Grundlage beruhend wird eine Ständestaat-Verfassung eingeführt. Alle Parteien sind verboten, an ihre Stelle tritt die »Vaterländische Front«. *Auch formales Ende der ersten demokratischen Republik* **25. Juli** Nationalsozialistischer Putschversuch, Ermordung von Bundeskanzler Dollfuß. Nachfolger Schuschnigg setzt den autoritären Kurs fort **1936** Prozeß gegen 28 Revolutionäre Sozialisten in Wien. Abkommen zwischen dem Ständestaat und Hitler. Schuschnigg wird von Hitler erpreßt **1938** Einmarsch der Deutschen Wehrmacht in Österreich – Ende der Selbständigkeit Österreichs. Nationalsozialistische Herrschaft	**1934** Auflösung der Freien Gewerkschaften. Erste illegale Konferenz der Freien Gewerkschaften **1934** Errichtung des Gewerkschaftsbundes der Österreichischen Arbeiter und Angestellten als Einheitsgewerkschaft der Ständestaat-Diktatur. Die Arbeiterkammern bleiben formal bestehen, werden aber zu Geschäftsstellen der Einheitsgewerkschaft **1935** Umwandlung der Christlichen Gewerkschaften in Kulturvereine. Provisorische Bundesleitung der illegalen Freien Gewerkschaften wird gebildet (Obmann Karl Mantler von den Lebens- und Genußmittelarbeitern) **1937** Anerkennung des illegalen Bundes der Freien Gewerkschaften als Mitglied des Internationalen Gewerkschaftsbundes **1938** Vertrauensmännerkonferenz der Freien Gewerkschaften im Floridsdorfer Arbeiterheim in Wien. Die Regierung lehnt das Angebot zur Kooperation gegen Nazi-Deutschland ab
1939	**ZWEITER WELTKRIEG**	**1945**
1939 Nichtangriffspakt Hitler-Stalin. NS-Deutschland löst mit dem Überfall auf Polen den Zweiten Weltkrieg aus. Wichtigste Verbündete: Italien, Japan. Westliche Allianz unter Führung von Großbritannien, dann USA **1941/43** NS-Deutschland beginnt den Krieg gegen die UdSSR, Niederlage in Stalingrad **1945** Alliierter Vormarsch, Befreiung der Konzentrationslager	Holocaust, Gesinnungsterror **1943** Moskauer Erklärung der Anti-Hitler-Allianz über die Wiederherstellung der eigenständigen Republik Österreich Die positive Behandlung Österreichs wird von der Bereitschaft zum Widerstand abhängig gemacht **ab 1941** Verstärkte Aktivität von Widerstandszellen in den Betrieben (u. a. Sabotage der Kriegsproduktion)	**ab 1938** Deutsche Arbeitsfront (DAF) mit Führerprinzip: Der Unternehmer ist der Führer, die Arbeitnehmer sind die Gefolgschaft. Auflösung von Arbeiterkammern und Wirtschaftskammer. Das Vermögen aller Arbeitnehmer- und Unternehmervertretungen fällt an die DAF **1939** In der Emigration wird eine Auslandsvertretung der österreichischen Freien Gewerkschaften errichtet

Internationale Entwicklung	Österreich	Arbeiterbewegung/ Gewerkschaftsbewegung Wirtschaftssysteme
1945		**1954**

1945

1945
Konferenz von Jalta: Die Alliierten beschließen die Atlantik-Charta (Wiederherstellung der souveränen Rechte der von Hitler gewaltsam einverleibten Völker)
April Mussolini wird in Mailand hingerichtet, Hitler verübt in Berlin Selbstmord
Mai Eroberung Berlins durch russische Truppen. Deutsche Kapitulation
Ende des Zweiten Weltkrieges in Europa

Juni Abschluß der Konferenz von San Francisco: 50 Staaten gründen die Vereinten Nationen
Juli/August Dreimächtekonferenz in Potsdam. Die weitere Behandlung Deutschlands wird festgelegt, Ultimatum an Japan mit Aufforderung zur bedingungslosen Kapitulation
August Abwurf der ersten Atombomben auf die japanischen Städte Hiroshima und Nagasaki – bedingungslose Kapitulation Japans
Ende des Zweiten Weltkrieges

Verstaatlichungsprogramm der britischen Labour-Regierung unter Premierminister Attlee
Griechenland: Bürgerkrieg Monarchisten–Kommunisten
Polen muß seine Ostgebiete an die UdSSR abtreten und erhält dafür die deutschen Gebiete östlich der Oder-Neisse-Grenze
Bürgerkrieg in China zwischen Kuomintang und Kommunisten, Gründung der Arabischen Liga
November Beginn des ersten Nürnberger Kriegsverbrecherprozesses

März/April Befreiung Österreichs von der NS-Herrschaft durch die Armeen der Alliierten
27. April Die provisorische Regierung unter Staatskanzler Renner erläßt die Proklamation über die Wiederherstellung der demokratischen Republik Österreich
5. Mai Aufruf des Staatsamtes für soziale Verwaltung an die Arbeitnehmer, die Arbeit unverzüglich wieder aufzunehmen
4. Juli Erstes Kontrollabkommen der Alliierten über Österreich. Oberste Gewalt ist die »Alliierte Kommission für Österreich« (Alliierter Rat, Exekutivkomitee und verschiedene Stäbe)
September Eintreffen amerikanischer, britischer und französischer Truppen in Wien. 1. Länderkonferenz in Wien. Die provisorische Regierung wird erweitert
Oktober Dringender Hilferuf der 3. Länderkonferenz an die Alliierten: Im kommenden Winter droht eine Katastrophe durch Hunger, Frost und Seuchen
11. November Erste demokratische Parlamentswahlen nach 14 Jahren. Mandate: SPÖ 76, ÖVP 85, KPÖ 4 Bis 1947 Konzentrationsregierung ÖVP/SPÖ/KPÖ, Bundeskanzler: Leopold Figl
20. Dezember Wahl Karl Renners zum Bundespräsidenten durch die Nationalversammlung

Arbeits- und Sozialgesetzgebung
Als erste Arbeits- und Sozialgesetze der 2. Republik treten das Feiertagsruhegesetz und das Opferfürsorgegesetz in Kraft

15. April Gründung des überparteilichen Österreichischen Gewerkschaftsbundes in Wien – provisorischer erster Vorsitzender: Johann Böhm
30. April Anerkennung des ÖGB durch die sowjetische Besatzungsmacht
ab Juni Stunde der Gewerkschaften in Radio Wien
August Die Arbeiterkammern werden mit dem Wiederinkraftsetzen des Gesetzes von 1920 neu errichtet und konstituieren sich
September Verbindungsstelle des ÖGB für die Bundesländer außerhalb der sowjetischen Zone in Salzburg
Erste Tagung des ÖGB im Wiener Konzerthaus
Beitritt des ÖGB zum Weltgewerkschaftsbund WGB (freie westliche und kommunistische Gewerkschaftszentralen)
8. Oktober Der Alliierte Rat gestattet die Bildung von Gewerkschaften in ganz Österreich
Dezember Eine Betriebsräte- und Vertrauenspersonenversammlung stimmt dem Forderungsprogramm des ÖGB-Bundesvorstandes zu (u. a. Forderung nach Verstaatlichung der Schlüsselindustrien)

Technologie und Produktion
Elektronenschleuder, Mikrowellen-Spektroskopie auf Grundlage der Radartechnik, bereits 9 Fernsehprogramme in den USA, 24zylindrige Rotationspresse (Druck von 1,2 Millionen Zeitungen in einer Stunde)

Internationale Entwicklung	Österreich	Arbeiterbewegung/ Gewerkschaftsbewegung Wirtschaftssysteme
1946 **Jänner** Eröffnung der ersten Vollversammlung der Vereinten Nationen in London **Juni** Vorbereitung der Friedensverträge mit Italien, Rumänien Ungarn, Bulgarien, Finnland **September** Abkommen zwischen Österreich und Italien über Südtirol, benannt nach den beiden verhandelnden Außenministern (Gruber-de Gasperi-Abkommen)	Jahr des Hungers; erst ab Ende 1947 Ansteigen der Lebensmittelrationen *Arbeits- und Sozialgesetzgebung* Bauarbeiterurlaubsgesetz, Arbeitslosenfürsorgegesetz, Arbeitsgerichtsgesetz, Arbeiterurlaubsgesetz *Verstaatlichte Industrie* Erstes Verstaatlichtengesetz: Verstaatlichung der Schlüsselindustrien (Vorbehalte der Sowjets)	Die Mitgliederzahl des ÖGB überschreitet die Millionengrenze (1.118.501 Mitglieder) **Februar** Erste Sitzung der Hauptversammlung des Österreichischen Arbeiterkammertages **Juni** Mehrstündiger Streik der Wiener Straßenbahner gegen die Hungerrationen USA: Seit Kriegsende 42 große Streiks von 500.000 Arbeitern
1947 **Februar** Die Sonderbeauftragten für Österreich treten in London zusammen – Keine Einigung in der Frage des »Deutschen Eigentums« **Juli** 16 europäische Staaten, darunter Österreich, bei der Pariser Konferenz über den Marshall-Plan, das wirtschaftliche Wiederaufbauprogramm für Europa. Den ÖGB vertritt ÖGB-Generalsekretär Proksch Kommunistischer Staatsstreich in der Tschechoslowakei	*Rückzug der KPÖ aus der Regierung. Erste ÖVP-SPÖ-Koalitionsregierung (Figl/Schärf) – Große Koalition ÖVP-SPÖ bis 1966* Währungsschutzgesetz *Arbeits- und Sozialgesetzgebung* Kollektivvertragsgesetz, Betriebsratsgesetz, Arbeitsinspektionsgesetz, Sozialversicherungs-Überleitungsgesetz, Opferfursorge- und Wiedereinstellungsgesetz *Verstaatlichte Industrie* Verstaatlichung der Elektrizitätswirtschaft	**Februar** Die Arbeiterorganisationen erhalten ihr von »Ständestaat« und Nationalsozialisten konfisziertes Vermögen zurück **August** 1. Preis- und Lohnabkommen zwischen Österreichischem Gewerkschaftsbund/Arbeiterkammer–Bundeswirtschaftskammer/Landwirtschaftskammer/Industriellenvereinigung im »Wirtschaftsdirektorium« Wiederverlautbarung des Betriebsrätegesetzes von 1919 *Technologie* Düsenflugzeug mit Überschallgeschwindigkeit
1948 **April** In den USA wird das Gesetz über die Europahilfe (Marshall-Plan/ERP) beschlossen **Mai** Proklamation des Staates Israel **Juni** Beginn der Blockade Berlins; DDR als kommunistischer deutscher Staat **Dezember** Die UN-Generalversammlung befürwortet mit 37 gegen 6 Stimmen kommunistischer Staaten die Aufnahme Österreichs in die Vereinten Nationen	**April** Beitritt Österreichs zur OEEC (Organisation für europäische wirtschaftliche Zusammenarbeit) **Juli** Marshall-Plan – Hilfe für Österreich (Abkommen USA–Österreich) **August** Beitritt Österreichs zur Weltbank und zum Internationalen Währungsfonds *Arbeits- und Sozialgesetzgebung* Landarbeitsgesetz, Jugendbeschäftigungsgesetz, Ernährungsbeihilfengesetz	**Februar** Ergebnis der ersten Betriebsratswahlen liegt vor: Sozialisten 71,7%, Kommunisten 8,9%, Volkspartei 5,3%, Parteilose 14,2% **18.–23. Mai** 1. ÖGB-Bundeskongreß **September** 2. Preis- und Lohnabkommen **Oktober** Treffen europäischer Gewerkschafter mit US-Außenminister Marshall (den ÖGB vertreten Johann Böhm und Anton Proksch)

Internationale Entwicklung	Österreich	Arbeiterbewegung/ Gewerkschaftsbewegung Wirtschaftssysteme
1949 Beschluß zur Gründung des Europarates in Straßburg Konsultativrat der ERP-Länder in Paris **Oktober** Ausrufung der Deutschen Demokratischen Republik als zweiter (kommunistischer) deutscher Staat Nordatlantikpakt (NATO) (USA, Kanada und zehn westeuropäische Staaten) Osteuropäischer Wirtschaftsrat (UdSSR, Staaten Osteuropas)	Gründung der VdU (Nachfolgepartei wird später die FPÖ) *9. Oktober Nationalratswahlen. Mandate: ÖVP 77, SPÖ 67, VdU 16, Linksblock = Kommunisten und Linkssozialisten 5* Die Westmächte verzichten auf das »Deutsches Eigentum« festgestellten Unternehmen *Arbeits- und Sozialgesetzgebung* Arbeitslosenversicherungsgesetz, Kinderbeihilfengesetz, Novellierung des Feiertagsruhegesetzes	**September** Der ÖGB-Bundesvorstand verlangt von der sowjetischen Besatzungsmacht, daß sie die Betriebe, die sie verwaltet, übergibt **Oktober** Austritt des ÖGB aus dem Weltgewerkschaftsbund **28. November bis 9. Dezember** IBFG-Gründungskonferenz in London, der ÖGB ist Mitglied **23./24. Oktober** Arbeiterkammerwahlen. Mandate Österreich gesamt: SPÖ 508, ÖVP 120, VdU 117, Linksblock 56
1950 **Jänner** Anerkennung der kommunistischen Regierung Chinas durch Großbritannien. Wiederaufnahme der Staatsvertragsverhandlungen in London. US-Präsident Truman beauftragt die amerikanische Atomenergiekommission, an der Wasserstoffbombe zu arbeiten **Juni** Ausbruch des Koreakrieges (Ost-West-Konflikt) **Dezember** General Eisenhower wird neuer alliierter Oberbefehlshaber in Europa	**März** Die Regierung fordert Erleichterungen des Besatzungsregimes (u. a.: Truppenreduktion, Aufhebung der Zensur) **Mai** Abschaffung der Todesstrafe **Juli** 454.000 Heimatlose in Österreich **Oktober** Vollbeschäftigung in der Stahl- und Eisenbahnindustrie **Dezember** Industrieproduktion und Exporte erstmals deutlich über dem Vorkriegsstand	**Februar** Der ÖGB-Bundesvorstand kündigt Lohnforderungen an, falls die Preise nicht wie vereinbart gesenkt werden **Juni** Auflösung der Zentrallohnkommission nach vier Jahren **September/Oktober** Massenproteste gegen das 4. Preis- und Lohnabkommen, kommunistischer Generalstreikversuch **Dezember** Eine Delegation des Internationalen Bundes Freier Gewerkschaften setzt sich für den Abschluß des Staatsvertrages ein
1951 **April** Gründung der Montanunion, aus der die Europäische Wirtschaftsgemeinschaft/EWG hervorgeht **Juli** Die Westmächte beenden den Kriegszustand mit Deutschland **September** Unterzeichnung des Friedensvertrages mit Japan **November** Feuereinstellung in Korea	*Mai Erste Direktwahl des Bundespräsidenten. Wahl von Theodor Körner (SPÖ)* **Oktober** Die Regierung verlangt die Wiederaufnahme der Staatsvertragsverhandlungen **Oktober** Höchster Beschäftigtenstand seit 1918 *Arbeits- und Sozialgesetzgebung* Mindestlohntarifgesetz, Wohnungsbeihilfengesetz. Volle steuerliche Absetzbarkeit der Sozialversicherungsbeiträge	**Februar** Delegation des US-Gewerkschaftsverbandes CIO beim ÖGB. Neue Unterstützungsordnung des ÖGB **März** In Barcelona streiken 300.000 Arbeiter **Juli** 5. Preis- und Lohnabkommen **1. bis 5. Oktober** 2. ÖGB-Bundeskongreß. Der französische Gewerkschaftsführer Léon Jouhaux erhält den Friedensnobelpreis

Internationale Entwicklung	Österreich	Arbeiterbewegung/ Gewerkschaftsbewegung Wirtschaftssysteme
1952 **Jänner** Unruhen beim Suezkanal **Februar** Atombombenarsenal: USA 1000, UdSSR über 100 **März** Vorschlag der Westmächte: Kurzvertrag mit Österreich **Mai** Aufhebung des Besatzungsstatutes für Westdeutschland **November** Eisenhower wird zum Präsidenten der USA gewählt **Dezember** Die UN-Vollversammlung tritt für die Freiheit Österreichs ein	**Jänner** Die Internationale Flüchtlingsorganisation IRO beendet ihre Tätigkeit in Österreich **Juni** Erklärung Bundeskanzlers Figl: Schäden durch Besatzung von mehr als Milliarde Dollar. Wieder Schiffahrt zwischen Wien und Linz gestattet **Oktober** Rücktritt der Regierung (keine Einigung über das Budget) *Arbeits- und Sozialgesetzgebung* Angleichung der Rentenbestimmungen für Arbeiterwitwen mit denen für Angestelltenwitwen	**März** Die Sowjets verbieten in ihrer Zone zwei Plakate des ÖGB, die den Staatsvertrag fordern **April** 10-Punkte-Programm des ÖGB zur Wirtschaftspolitik. 20.000 Bauarbeiter demonstrieren für Vollbeschäftigung **Mai/Juni** 2. österreichisches Gewerkschaftstreffen in der Steiermark mit 30.000 Teilnehmern **Juli** Protestreik der Wiener Handelsangestellten für gesetzliche Ladenschlußregelung
1953 **März** Tod Stalins, Nachfolger als KPdSU-Sekretär Chruschtschow **Juni** Arbeiteraufstand in der DDR – er wird blutig unterdrückt **Juli** Waffenstillstand im Koreakrieg **August** Die Westmächte lassen ihren »Kurzvertrag« für Österreich unter der Bedingung fallen, daß die Sowjets keine weiteren Schwierigkeiten machen **November** Unruhen in Triest (35 Jahre Besetzung durch Italien)	*22. Februar* Nationalratswahlen. Mandate: *ÖVP 74, SPÖ 73, VdU 14, KPÖ 4* **Juni** Ende der ständigen Kontrolle durch die Sowjets an der Demarkationslinie **August** Die Sowjets heben die Sonderzensur in ihrer Zone auf *November Regierung mit Kanzler Julius Raab* *Arbeits- und Sozialgesetzgebung* Jugendeinstellungsgesetz zur Bekämpfung der hohen Jugendarbeitslosigkeit	**April** ÖGB und AK initiieren die Einrichtung des Theodor-Körner-Stiftungsfonds zur Förderung von wissenschaftlichen und künstlerischen Projekten **30. August bis 6. September** Feier »60 Jahre Gewerkschaftsbewegung in Österreich« beim 3. Österreichischen Gewerkschaftstreffen in Wien **30. Oktober** Der ÖGB ruft zu 5 Minuten Arbeitsruhe in den Betrieben auf (Protest gegen das Verschleppen des Staatsvertrages)
1954 **Mai** Niederlage der Franzosen im Indochinakrieg (Vietnam) **Juli** Einigung über einen Waffenstillstand im Indochinakrieg **Oktober** In den Pariser Verträgen werden die Souveränität Westdeutschlands und die Aufnahme der Bundesrepublik Deutschland in die NATO fixiert Mao Tse-tung Präsident der Volksrepublik China	**Jänner** England und Frankreich verzichten auf Einhebung von Besatzungskosten **September** Die Wirtschaft nähert sich der Hochkonjunktur *Arbeits- und Sozialgesetzgebung* Heimarbeitsgesetz, Jugendwohlfahrtsgesetz, Rentenbemessungsgesetz, Familienlastenausgleichsgesetz, Novellierung des gegen die Gewerkschaften gerichteten »Antiterrorgesetzes« von 1930	**Jänner** Der ÖGB verlangt von der Regierung rasche Maßnahmen gegen Arbeitslosigkeit **April** Das Ergebnis der Betriebsratswahlen für 340.000 Arbeitnehmer vom September 1953 bis März 1954 liegt vor (SPÖ 62,3%, ohne Parteizuordnung 26,3%, alle anderen weniger als 6%) **Oktober** Arbeiterkammerwahlen. Mandate: SPÖ 569, ÖVP 139, KPÖ 58, VdU 19, Sonstige 25

Internationale Entwicklung	Österreich	Arbeiterbewegung/ Gewerkschaftsbewegung Wirtschaftssysteme
1955		**1969**
1955 **Jänner** Abkommen Österreich–CSSR über die Donauschiffahrt **Mai** Warschauer Pakt (kommunistisches Militärbündnis) **Juli** Wirtschaftsabkommen Österreich–UdSSR Zypernkrise (offener Konflikt zwischen Großbritannien, Griechenland und der Türkei) Die USA verkünden »Politik der Stärke« Beginn der Atomrüstung *Arbeits- und Sozialgesetzgebung* Bäckereiarbeiterschutzgesetz, Allgemeines Sozialversicherungsgesetz ASVG	**März** Die Bundesregierung erklärt die Absicht Österreichs, bündnisfrei zu bleiben **15. Mai** Abschluß des Österreichischen Staatsvertrages **Juli** Letzte Sitzung des Alliierten Rates **August** Übergabe der USIA-Betriebe, der DDSG und der sowjetischen Mineralölverwaltung an Österreich Abzug der Besatzungstruppen **26. Oktober** Verfassungsgesetz über die immerwährende Neutralität Österreichs **Dezember** Österreich wird Mitglied der UNO	**Februar** Protest der Bäckereiarbeiter wegen Verschleppung des Bäckereiarbeiterschutzgesetzes **April** Eine sozialistische Betriebsrätekonferenz fordert den Verbleib der (unter sowjetischer Kontrolle stehenden) USIA-Betriebe im Eigentum Österreichs **20.–24. Mai** 4. Weltkongreß des IBFG in Wien **18.–22. Oktober** 3. ÖGB-Bundeskongreß **Jahresende** Das ÖGB-Präsidium fordert Verhandlungen über Preisstabilisierung Die US-Gewerkschaftsverbände AFL und CIO vereinigen sich zur AFL/CIO
1956 Wirtschaftsabkommen USA–Österreich Krise um den Suez-Kanal (Großbritannien und Frankreich gegen Ägypten) Der Aufstand in Ungarn wird durch die UdSSR niedergeschlagen (190.000 Flüchtlinge) Arbeiteraufstand in Posen (Polen)	Beitritt Österreichs zum Europarat *13. Mai Nationalratswahlen. Mandate: ÖVP 82, SPÖ 74, FPÖ 6, KPÖ 3* Wien wird Sitz der Internationalen Atomenergiekommission *Arbeits- und Sozialgesetzgebung* Das Allgemeine Sozialversicherungsgesetz (ASVG) tritt in Kraft	**19.– 21. Mai** 4. Gesamtösterreichisches Gewerkschaftstreffen Der ÖGB koordiniert mit einem IBFG-Komitee Hilfsmaßnahmen für Ungarn Bei Eumig: 45-Stunden-Woche mit vollem Lohnausgleich Der Verfassungsgerichtshof bestätigt die Gültigkeit der 48-Stunden-Woche in Österreich
1957 Handelsabkommen Österreich–UdSSR Beginn der Südtirolspannungen zwischen Österreich und Italien Syrienkrise (Syrien beschuldigt die USA des Umsturzversuches) UdSSR: erfolgreiche Versuche mit Interkontinentalraketen NATO: Einsatz von Mittelstreckenraketen für Mitteleuropa	*5. Mai Adolf Schärf (SPÖ) wird zum Bundespräsidenten gewählt* **Oktober** Wien wird Sitz der Internationalen Atomenergiebehörde **Dezember** Beitritt zur Europäischen Menschenrechtskonvention *Arbeits- und Sozialgesetzgebung* Mutterschutzgesetz, Gewerbliches Selbständigen-Pensionsversicherungsgesetz	Der ÖGB setzt die Ungarn-Hilfe und die Hilfe für Flüchtlinge fort **27. März** Konstituierende Sitzung der Paritätischen Kommission für Preis- und Lohnfragen als Abstimmungsorgan zwischen Wirtschafts- und Sozialpartnern und Regierung **September** Tagung des Atomenergieausschusses des IBFG in Wien

917

Internationale Entwicklung	Österreich	Arbeiterbewegung/ Gewerkschaftsbewegung Wirtschaftssysteme
1958 Die französische Regierung stürzt über den Algerienkonflikt; de Gaulle wird Staatspräsident Gründung der Vereinigten Arabischen Republik Ägypten/Syrien Bürgerkrieg im Libanon	**April** Weltbankanleihe für Österreich in Höhe von 10,76 Millionen Dollar **Mai** Die SPÖ beschließt ein neues Parteiprogramm **September** Der Landtag Tirols fordert Autonomie für Südtirol	Der ÖGB fordert die schrittweise Einführung der 45-Stunden-Woche und die Bekämpfung der strukturellen Arbeitslosigkeit **Oktober** Im Bergbau 45-Stunden-Woche bei vollem Lohnausgleich Arbeitsgemeinschaft zu Folgen der Fließbandarbeit konstituiert
1959 Nikita Chruschtschow, der Nachfolger Stalins, verkündet für die UdSSR die Möglichkeit der friedlichen Koexistenz Kubanische Revolution unter Fidel Castro gegen den Diktator Batista Der Südtirolkonflikt Österreich–Italien verschärft sich. Außenminister Bruno Kreisky vertritt die Position Österreichs vor der UN-Generalversammlung	*11. April Nationalratswahlen. Mandate: ÖVP 79, SPÖ 78, FPÖ 8; die KPÖ ist nicht mehr im Nationalrat vertreten ÖVP/SPÖ-Koalitionsregierung Raab III* Die USA stellen Österreich Vermögenswerte von 6 Millionen Dollar zurück Bäckereiarbeiterstreik in ganz Österreich	**Februar** Der General-Kollektivvertrag über die Einführung der 45-Stunden-Woche tritt in Kraft **Mai** Tod von ÖGB-Präsident Johann Böhm. Sein Nachfolger wird Franz Olah **21.– 25. September** 4. ÖGB-Bundeskongreß **12./13. Oktober** Arbeiterkammerwahlen. Mandate Österreich gesamt: FSG 569, ÖAAB 161, FA 31, GE 40, Sonstige 15
1960 Gründung der Europäischen Freihandelsassoziation EFTA. Zollsenkung der EFTA-Staaten Südtirolresolution der UNO Erste Atombombe Frankreichs Kongo-Konflikt, UN-Intervention USA: Neuer Präsident John F. Kennedy UdSSR: Neues Staatsoberhaupt Leonid Breschnew	Österreich ist EFTA-Mitglied *Regierung Raab IV (personell unverändert)* **November** Konstituierende Sitzung der staatlichen Wirtschaftskommission *Arbeits- und Sozialgesetzgebung* Säuglingsbeihilfe, Geburtenbeihilfe, Karenzurlaubsgeld, 7. ASVG-Novelle (Rentenreform)	**Februar** Das ÖGB-Präsidium beschließt einen Hilfsfonds für Entwicklungsgebiete **März** Konferenz der dem IBFG angehörenden Gewerkschaftsverbände der EFTA-Länder in Wien **November** Der ÖGB fordert eine Wirtschaftskommission Spanien: Das Franco-Regime erklärt Lohnstreiks zur militärischen Rebellion
1961 Die Südtirolverhandlungen scheitern vorerst. Bombenterror in Südtirol Bau der Berliner Mauer durch die DDR Treffen zwischen US-Präsident Kennedy und UdSSR-Ministerpräsident Chruschtschow in Wien	*Regierung Gorbach I* Organisatoren des Bombenterrors in Südtirol sind rechtsgerichtete österreichische Gruppen *Arbeits- und Sozialgesetzgebung* Novelle zum Bauarbeiterurlaubsgesetz, Novelle zum Mutterschutzgesetz, Krankenpflegegesetz	Franz Olah legt sein Nationalratsmandat nieder, ÖGB-Vizepräsident Friedrich Hillegeist folgt ihm im Mandat ÖGB-Präsident Olah und Wirtschaftskammerpräsident Julius Raab schließen ein Abkommen über den Ausbau der Paritätischen Kommission

Internationale Entwicklung	Österreich	Arbeiterbewegung/ Gewerkschaftsbewegung Wirtschaftssysteme
1962 UdSSR-Protest gegen ein Ansuchen Österreichs um EWG-Assoziation Entspannung im Südtirolkonflikt Ende des Algerienkrieges. Algerien wird unabhängig Kuba-Krise: USA–UdSSR DDR: Zuchthausstrafe für einen Gewerkschaftsredakteur aus der BRD wegen angeblicher Spionage – internationale Proteste	Koalitionskrise *18. November* Vorgezogene Nationalratswahlen (Mandate: ÖVP 81, SPÖ 76, FPÖ 8). Schwierige Koalitionsverhandlungen *Arbeits- und Sozialgesetzgebung* Änderung des Kinder- und Jugendbeschäftigungsgesetzes (Anpassung an das Übereinkommen der Internationalen Arbeitsorganisation über das Verbot der Kinderarbeit)	**Mai** Der Metallarbeiterstreik ist der größte Lohnkonflikt seit 1945 Lohn-Preis-Stillhalteabkommen zwischen den Wirtschafts- und Sozialpartnern Der Kongreß des Deutschen Gewerkschaftsbundes lehnt jede Notstandsgesetzgebung ab **Mai** 2. Europäische Konferenz der Christlichen Gewerkschaften **Juli** 7. IBFG-Weltkongreß in West-Berlin
1963 Atomversuchsbegrenzung Schwere Kämpfe in Vietnam Bürgerrechtsbewegung in den USA für die Rassenintegration Mord an US-Präsident Kennedy. Nachfolger Lyndon B. Johnson	*Regierung Gorbach II, Franz Olah wird Innenminister* *28. April* Wiederwahl Adolf Schärfs zum Bundespräsidenten *Arbeits- und Sozialgesetzgebung* Beschluß des Studienförderungsgesetzes	**März** Franz Olah legt die ÖGB-Präsidentschaft zurück **23.–27. September** 5. ÖGB-Bundeskongreß. Wahl Anton Benyas zum ÖGB-Präsidenten 1. Weltjugendtreffen des IBFG in Wien
1964 Zypernkonflikt Griechenland–Türkei; Einsatz von UNO-Truppen unter Beteiligung Österreichs Spannungen zwischen Frankreich und den anderen fünf EWG-Staaten Kossygin nach Chruschtschow UdSSR-Ministerpräsident Indien: Hungerdemonstrationen	*Rücktritt der Regierung Gorbach. Es folgt die Regierung Klaus I* Rücktritt von Franz Olah als Innenminister Ausschluß Olahs aus der SPÖ Volksbegehren zur Rundfunkreform *Arbeits- und Sozialgesetzgebung* Änderung des Urlaubsgesetzes (Krankheit unterbricht Urlaub)	Nach dem Bericht der ÖGB-Kontrollkommission legt Franz Olah alle Gewerkschaftsfunktionen nieder **27. September** Arbeiterkammerwahlen. Mandate Österreich gesamt: FSG 555, ÖAAB 180, GE 37, FA 27, Parteifreie 11 General-KV: Mindesturlaub auf 3 Wochen verlängert und Höchsturlaub (auch für Arbeiter)
1965 NATO-Austritt Frankreichs Grenzkrieg Israel–Jordanien Beginn des direkten Truppeneinsatzes der USA in Vietnam Verschärfte Rassenunruhen in den USA Chinesische Kulturrevolution	*23. Mai* Franz Jonas (SPÖ) wird zum Bundespräsidenten gewählt Der 26. Oktober wird zum Nationalfeiertag erklärt *Arbeits- und Sozialgesetzgebung* Dienstnehmerhaftpflichtgesetz, Novellen zum Familienlastenausgleichs- und Kleinrentnergesetz (Leistungserhöhungen)	Der Vorstand der Gewerkschaftsjugend verlangt ein modernes Berufsausbildungsgesetz Funktionsperiode der Betriebsräte auf drei Jahre verlängert Der Widerstand der bolivianischen Zinnarbeiter gegen die Militärdiktatur wird blutig unterdrückt

Internationale Entwicklung	Österreich	Arbeiterbewegung/ Gewerkschaftsbewegung Wirtschaftssysteme
1966 Der Südtirolkonflikt verschärft sich wieder – Bombenanschläge Die Südtiroler Volkspartei akzeptiert das »Südtirolpaket« der italienischen Regierung Beschluß über den Abzug des NATO-Hauptquartiers aus Frankreich Weltweite Proteste gegen den Vietnamkrieg Blutige Rassenunruhen in den USA. Erster schwarzer Minister	Südtirolkonflikt: Bomben in Wien *6. März: Nationalratswahlen. Mandate:ÖVP 85, SPÖ 74, FPÖ 6. ÖVP-Alleinregierung Klaus II* Auseinandersetzung um die Einreise von Otto Habsburg ***Arbeits- und Sozialgesetzgebung*** Herabsetzung der Altersgrenze für Frühpension, ASVG-Novelle (Kosten für Spitalsaufenthalt ohne zeitliche Begrenzung) ***Verstaatlichte Industrie*** Neuordnung (ÖIG-Gesetz)	**Juli** Der ÖGB fordert eine Lohnsteuersenkung Lohnstreik der Salinenarbeiter **August bis November** Arbeitsniederlegungen und Protest des ÖGB wegen der Einreise Otto Habsburgs nach Österreich (bisher noch keine Verzichtserklärung der Habsburger auf den Herrschaftsanspruch in Österreich) Massive Proteste im belgischen Kohlerevier gegen den Abbau von Sozialleistungen
1967 Wien Hauptsitz der UN-Entwicklungsorganisation UNIDO Von Österreich und Italien wird nach der Zustimmung der SVP das »Südtirolpaket« ausgehandelt Militärputsch in Griechenland, Rechtsdiktatur 6-Tage-Krieg zwischen Israel und den arabischen Nachbarstaaten Bürgerkrieg in Nigeria (Biafrakonflikt), Hungerkatastrophe	Neues Rundfunkgesetz tritt in Kraft (ÖVP/FPÖ-Beschluß 1966) Bruno Kreisky als Nachfolger Bruno Pittermanns neuer SPÖ-Parteivorsitzender 26. Oktober: Der Nationalfeiertag ist erstmals bezahlter arbeitsfreier Staatsfeiertag ***Arbeits- und Sozialgesetzgebung*** 21. ASVG-Novelle mit wesentlichen Verbesserungen, Familienlastenausgleichsgesetz	**März/April** Kritik von ÖGB und AK an der geplanten Steuerreform **Juli** Die Frauenvorsitzende des ÖGB, Rosa Weber, verunglückt bei einer Bergtour tödlich **November** 1. Personalvertreterwahl im Bundesdienst. Mandate: FCG 172, FSG 80, Andere 19 **24. bis 29. September** 6. ÖGB-Bundeskongreß. Der ÖGB fordert die Einführung der 40-Stunden-Woche
1968 Der Einmarsch der Warschauer-Pakt-Truppen in der ČSSR beendet den Reformkurs des »Prager Frühlings« Ermordung von Friedensnobelpreisträger Martin Luther King und US-Senator Robert Kennedy Richard Nixon wird US-Präsident Höhepunkt des Vietnamkrieges Eskalation von palästinensischen Terroraktionen und israelischen Gegenschlägen	*Regierungsumbildung: Kabinett Klaus III* Abschaffung der Standgerichtsbarkeit Studenten- und Schülerdemonstrationen (»68er-Bewegung«) Das Wahlalter (aktives Wahlrecht) wird auf 19 Jahre gesenkt Das verstaatlichte Stahlunternehmen VÖEST ist der größte Devisenbringer Österreichs ***Arbeits- und Sozialgesetzgebung*** Statt Kinderbeihilfe einheitliche und höhere Familienbeihilfe	**Februar** Der ÖGB-Bundesvorstand fordert die Kodifikation des Arbeitsrechtes ÖGB und Österreichischer Arbeiterkammertag verlangen die Reform der Sozialgerichtsbarkeit **21. August** 5 Minuten Arbeitsruhe als Sympathiekundgebung für den Freiheitskampf des Volkes in der ČSSR Der ÖGB bildet Aktionskomitee für Flüchtlingshilfe **November** Der IBFG-Vorstand verurteilt die politische Einmischung der UdSSR in der ČSSR

Internationale Entwicklung	Österreich	Arbeiterbewegung/ Gewerkschaftsbewegung Wirtschaftssysteme
1969 Einigung Österreich–Italien über die weitere Vorgangsweise in der Südtirolfrage Atomsperrvertrag unterzeichnet Frankreich: Rücktritt de Gaulles SPD/FDP-Koalition in der Bundesrepublik Deutschland, neuer Bundeskanzler ist Willi Brandt Demonstrationen gegen den Vietnamkrieg in den USA	Anti-Schah-Demonstrationen in Wien Volksbegehren zur Einführung der 40-Stunden-Woche *Arbeits- und Sozialgesetzgebung* Arbeitsmarktförderungsgesetz, Berufsausbildungsgesetz *Verstaatlichte Industrie* Novellierung des ÖIG-Gesetzes in Verhandlung Der IBFG verurteilt die Unterdrückung spanischer Arbeiter	Verurteilung Franz Olahs wegen Unterschlagung von Gewerkschaftsgeldern Der ÖGB-Bundesvorstand fordert ein modernes Arbeitszeitgesetz **Juli** 9. IBFG-Weltkongreß **21./22. September** Arbeiterkammerwahlen. Mandate: FSG 560, ÖAAB 195, FPÖ 40, GE 11, Parteifreie 4 Der US-Verband AFL/CIO tritt aus dem IBFG aus

1970   **1986**

Internationale Entwicklung	Österreich	Arbeiterbewegung/ Gewerkschaftsbewegung Wirtschaftssysteme
1970 Beginn der SALT-Konferenz USA–UdSSR zur Begrenzung der strategischen Waffen in Wien Deutsch-polnischer Vertrag (De-facto-Anerkennung der Oder-Neisse-Grenze zwischen Deutschland und Polen) Unruhen in Polen, Rücktritt von Staats- und Parteichef Gromulka VR China: Kernwaffenversuche	*März Nationalratswahlen. Mandate: SPÖ 81, ÖVP 79, FPÖ 6 Mandate. – SPÖ-Minderheitsregierung Kreisky I* *Arbeits- und Sozialgesetzgebung* 25. ASVG-Novelle (Verbesserungen bei den Pensionen), Novelle zum Arbeitszeitgesetz-Novelle (Verkürzung auf 43 Stunden) Die Regierung Klaus plant Fusion Stickstoffwerke mit ÖMV	Protest des Betriebsrates der Stickstoffwerke gegen die geplante Fusionierung mit der ÖMV Paritätische Kommission fordert preisdämpfende Maßnahmen Der ÖGB-Bundesvorstand verurteilt den Terror der spanischen Regierung gegen Streikende General-KV über die schrittweise Einführung der 40-Stunden-Woche
1971 Beginn der Verhandlungen Österreich–EWG Internationale Währungskrise Kurt Waldheim wird Generalsekretär der UNO Aufnahme der Volksrepublik China in die UNO und Ausschluß des antikommunistischen chinesischen Staates Taiwan Beginn der Kontroverse um die wirtschaftliche Nutzung der Atomenergie in der Bundesrepublik Deutschland Chile: Verstaalichung des Bergbaues inkl. US-Kupferminen	25. April Wiederwahl von Franz Jonas zum Bundespräsidenten *10. Oktober Nationalratswahlen. Mandate: SPÖ 93 (absolute Mehrheit), ÖVP 80, FPÖ 10. – Erste SPÖ-Alleinregierung unter Bruno Kreisky* ÖGB-Präsident Anton Benya wird 1. Nationalratspräsident Kürzung des Präsenzdienstes beim Bundesheer auf 6 Monate *Arbeits- und Sozialgesetzgebung* Novelle Betriebsrätegesetz, Novelle Arbeiterurlaubsgesetz (z. T. Angleichung an die Angestellten), Starthilfe für junge Ehepaare	**Jänner** Diskussion um die Anerkennung der Freiheitlichen Arbeitnehmer als ÖGB-Fraktion **März** ÖGB/AK-Symposium über elektronische Datenverarbeitung **24.– 26. Juni** Weltwirtschaftskonferenz des IBGF in Genf **20. bis 24 September** 7. ÖGB-Bundeskongreß Freizeit-Unfallversicherung für alle ÖGB-Mitglieder *Verstaatlichte Industrie* 1. Hauptversammlung der Österreichischen Industrie Aktiengesellschaft ÖIAG

Internationale Entwicklung	Österreich	Arbeiterbewegung/ Gewerkschaftsbewegung Wirtschaftssysteme
1972 Freihandelsabkommen zwischen Österreich und der EWG Vertrag über Rüstungsbegrenzung (SALT I) Vietnam: Vietcong-Offensive Terroranschlag radikaler Palästinenser während der Olympischen Sommerspiele in München Grundvertrag BRD–DDR	Währungspolitische Stabilisierungsmaßnahmen Konflikt um die Errichtung zweisprachiger (Deutsch/Slowenisch) Ortstafeln in Kärnten *Arbeits- und Sozialgesetzgebung* 42-Stunden-Woche, Arbeitnehmerschutzgesetz, Bauarbeiter-Urlaubsgesetz, Novelle Familienlastenausgleichsgesetz (Gratisschulbuch, Schülerfreifahrten)	Die Unterstützungsordnung des ÖGB wird neu geregelt Der ÖGB-Bundesvorstand fordert die Erweiterung der betrieblichen und überbetrieblichen Mitbestimmung ÖGB-Präsident Anton Benya fordert eine Änderung des Rundfunkgesetzes
1973 Die EFTA-Staaten Großbritannien, Irland und Dänemark werden EWG-Mitglieder Österreich unterzeichnet die Menschenrechtsakte der UNO Österreich wird für eine Periode Mitglied des UNO-Sicherheitsrates Preiserhöhung durch OPEC-Staaten; Erdölboykott Konferenz für Sicherheit und Zusammenarbeit in Europa (KSZE) in Helsinki Truppenabbaugespräche NATO–Warschauer Pakt in Wien 4. Israelisch-Arabischer Krieg (Yom-Kippur-Krieg)	Benzinpreiserhöhung und Geschwindigkeitsbegrenzung für Kraftfahrzeuge Einführung der Mehrwertsteuer Eine große Lohn- und Einkommenssteuerreform tritt in Kraft Das Volljährigkeitsalter wird auf 19 Jahre herabgesetzt, das passive Wahlrecht auf 21 Jahre Palästinenseranschlag in Marchegg (jüdische UdSSR-Emigranten als Geiseln) Waffenstillstand im Vietnamkrieg Chile: Sturz der demokratisch gewählten Regierung Allende, wirtschafts- und gesellschaftspolitisch neoliberale Militärdiktatur	Im VÖEST-Aufsichtsrat gibt es erstmals eine Drittelvertretung der Betriebsräte Der ÖGB-Bundesvorstand fordert eine Drittelvertretung des Betriebsrates auch im Aufsichtsrat von GesmbHs und Genossenschaften Die europäischen Mitgliedsorganisationen im IBFG gründen den Europäischen Gewerkschaftsbund (EGB) Jugendvertrauensrätegesetz *Verstaatlichte Industrie* Fusion der vier großen Stahlgesellschaften der Verstaatlichten Industrie im Rahmen der ÖIAG
1974 Weltweite Rezession (1. Ölkrise) Ende der Militärdiktatur in Griechenland Ende der faschistischen Diktatur in Portugal nach 40 Jahren (Nelkenrevolution) Nach Watergate-Affäre 1973: Rücktritt von US-Präsident Nixon, Nachfolger Gerald Ford	*24. April* Bundespräsidentenwahlen: neuer Präsident Rudolf Kirchschläger (SPÖ-Kandidat) Der Zivildienst wird eingeführt *Arbeits- und Sozialgesetzgebung* Entgeltfortzahlungsgesetz für Arbeiter beschlossen, Verbesserung von Karenzurlaubsgeld und Mutterschutz, verbessertes Sozialabkommen Österreich–BRD	Der ÖGB-Bundesvorstand fordert Lohnfortzahlung für Arbeiter im Krankheitsfall **28./29. September** Arbeiterkammerwahlen. Mandate Österreich gesamt: FSG 531, ÖAAB 239, FA 29, GE neu 1, GLB = GE alt 10 Arbeitsverfassungsgesetz (beschlossen 1973) in Kraft Spanien: Kerkerstrafen für 10 Gewerkschafter

Internationale Entwicklung	Österreich	Arbeiterbewegung/ Gewerkschaftsbewegung Wirtschaftssysteme
1975 Tod Francos, Ende der faschistischen Diktatur in Spanien nach 34 Jahren, unter König Juan Carlos beginnt die Demokratisierung Konferenz zur Lösung des Zypernkonfliktes Griechenland–Türkei in Wien Die USA kündigen ihre Mitgliedschaft bei der Internationalen Arbeitsorganisation ILO/IAO *Arbeits- und Sozialgesetzgebung* Die 40-Stunden-Woche tritt in Kraft, Beschluß der Familienrechtsreform (rechtliche Gleichstellung der Frau in der Ehe), Ausländerbeschäftigungsgesetz	*4. Oktober Nationalratswahlen (unveränderter Mandatsstand gegenüber 1971) weiter SPÖ-Alleinregierung* Terroranschlag auf den Wiener OPEC-Sitz In Wien wird der türkische Botschafter ermordet Die Strafrechtsreform (u. a. Fristenlösung für einen Schwangerschaftsabbruch) tritt in Kraft Lohnfortzahlung im Krankheitsfall für Heimarbeiter, Novelle zum Bäckereiarbeitergesetz (Aufhebung Nachtarbeitsverbot bei verkürzter Nettoarbeitszeit)	Der ÖGB-Bundesvorstand fordert die Arbeiterabfertigung und 4 Wochen Mindesturlaub **15. bis 19. September** 8. ÖGB-Bundeskongreß Treffen von 200 führenden Gewerkschaftern aus Ost- und Westeuropa in Genf (Forderung nach Humanisierung der Arbeitswelt) Konflikt der argentinischen Gewerkschaften mit Staatspräsident Péron *Verstaatlichte Industrie* Schaffung der Vereinigten Österreichischen Edelstahlwerke (Änderung des ÖIAG-Gesetzes)
1976 USA und UdSSR vereinbaren Begrenzung der unterirdischen Kernexplosionen Friedensdemonstration irischer Frauen Jimmy Carter neuer US-Präsident China: Tod Mao Tse-Tungs, teilweise Änderung der chinesischen Politik Weiter Bürgerkrieg in Angola	Erhöhung der Mehrwertsteuer Volksgruppengesetz: Proteste Jugoslawiens, Anschläge in Kärnten *Arbeits- und Sozialgesetzgebung* 32. ASVG-Novelle (Verbesserung bei Arbeitslosengeld und Karenzurlaubsgeld), das Urlaubsgesetz tritt in Kraft (Vereinheitlichung des Urlaubsrechtes und schrittweise Erweiterung des Urlaubsanspruches auf 5 Wochen, Pflegefreistellung)	Einigung der Wirtschaftspartner über die neue Marktordnung Der ÖGB ist nun auch im Getreide- und Milchwirtschaftsfonds vertreten Erste Konferenz der bedeutendsten spanischen Untergrundgewerkschaft UGT nach 34 Jahren auf spanischem Boden 1. Sitzung der neuen Industriekommission
1977 Das Freihandelsabkommen EWG–EFTA tritt in Kraft Erste freie Wahlen in Spanien seit 1936 KSZE-Folgetreffen in Belgrad USA: Jimmy Carter (Demokratische Partei) neuer US-Präsident UdSSR: KPdSU-Generalsekretär Breschnew wird Staatsoberhaupt	*Regierungsumbildung* Einführung der Volksanwaltschaft Wirtschaftliches Maßnahmenpaket der Bundesregierung (u. a. Luxussteuer, Lkw-Steuer) Neutralitätswidriges Waffengeschäft mit Syrien wird bekannt, Rücktritt von Verteidigungsminister Lütgendorf	General-Kollektivvertrag zu Teilen des neuen Urlaubsgesetzes 2. Ost-West-Treffen europäischer Gewerkschafter in Genf *Neue Technologien* Durchbruch der Gen-Chirurgie, in der BRD liefern Kernkraftwerke 10% der elektrischen Energie, technische Anwendung von Titan

Internationale Entwicklung	Österreich	Arbeiterbewegung/ Gewerkschaftsbewegung Wirtschaftssysteme
1978 Erstes Friedensabkommen Israel–Palästinenser (Camp David) Militärische Besetzung des Südlibanon durch Israel Krieg zwischen Vietnam und Kambodscha Verbesserungen bei der Lehrausbildung (Berufsausbildungsgesetz-Novelle)	Neues SPÖ-Parteiprogramm Die Verhandlungen über die Lohnsteueranpassung werden erfolgreich abgeschlossen *Volksabstimmung über die Inbetriebnahme des Kernkraftwerkes Zwentendorf (eine knappe Mehrheit spricht sich dagegen aus)* Fusion der Konsumgenossenschaften zum Konsum Österreich	ÖGB und Europäischer Gewerkschaftsbund fordern Vollbeschäftigung Der ÖGB-Bundesvorstand will eine Lohnsteueranpassung 1979 Der ÖGB befürwortet die Inbetriebnahme des Kernkraftwerkes Zwentendorf Jugendkonferenz des EGB in Wien
1979 Aufhebung der Visumpflicht zwischen Österreich und Ungarn Breschnew und Carter unterzeichnen in Wien das Abrüstungsabkommen SALT II Nachrüstungsbeschluß der NATO Bruno Kreisky tritt vor der UN-Vollversammlung für die Anerkennung der Palästinensischen Befreiungsorganisation PLO ein Friedensvertrag zwischen Ägypten und Israel Iran: Sturz des Schah-Regimes, der Iran wird »Islamische Republik« Einmarsch sowjetischer Truppen in Afghanistan Sturz der Somoza-Diktatur in Nicaragua	**6. Mai** *Nationalratswahlen. Mandate: SPÖ 95, ÖVP 77, FPÖ 11* *SPÖ-Alleinregierung Kreisky IV* Mehr als 40 Vereine stehen politisch »rechts von der Demokratie« Neues Konsumentenschutzgesetz Insolvenzrechtsänderungsgesetz (Unterbindung vorschneller Liquidationen, Beschleunigung notwendiger Konkursverfahren) ***Arbeits- und Sozialgesetzgebung*** Arbeiter-Abfertigungsgesetz (Gleichstellung von Arbeitern mit Angestellten beim Abfertigungsanspruch), Gleichbehandlungsgesetz (gegen die Diskriminierung von Frauen bei der Entgeltfortzahlung)	**10./11. Juni** Arbeiterkammerwahlen. Mandate gesamt: FSG 534, ÖAAB 252, FA 20, GLB 4 Der ÖGB-Bundesvorstand fordert den Aufbau neuer Produktionen, die Sicherung der Energieversorgung und eine umfassende Sozialgerichtsbarkeit **10. bis 14. September** 9. ÖGB-Bundeskongreß Einschränkung der Gewerkschaftsrechte durch die neoliberale britische Regierung Thatcher Der 3. EGB-Kongreß fordert die Bekämpfung der Arbeitslosigkeit und Arbeitszeitverkürzung um 10% bei vollem Lohnausgleich Gründung einer freien demokratischen Gewerkschaftsorganisation in Portugal
1980 Wiedereintritt der USA in die Internationale Arbeitsorganisation Österreichs Sozialminister Gerhard Weißenberg IAO-Präsident Weltweite Friedensbewegung gegen die Rüstungsspirale Tod des jugoslawischen Staatspräsidenten Tito	**18. Mai** *Wiederwahl Rudolf Kirchschläger zum Bundespräsidenten* Entscheidung der Bundesregierung gegen einen Panzerverkauf an die chilenische Diktatur Arbeitslosenrate: unter 2% Militärische Befreiungsaktion für US-Geiseln in Teheran scheitert	**März** Auftrag an die ÖGB-Steuerkommission, Vorschläge für eine umfassende Steuerreform auszuarbeiten **April** Weltgewerkschaftskonferenz über Entwicklungsfragen in Belgrad Eintägiger Generalstreik in Italien gegen Regierungspolitik

Internationale Entwicklung	Österreich	Arbeiterbewegung/ Gewerkschaftsbewegung Wirtschaftssysteme
1981 Demonstrationen gegen Auf- und Nachrüstung der NATO in West-Berlin, Rom, Paris, London, Brüssel, Stockholm, Oslo Terroranschläge auf eine Synagoge in Antwerpen Beginn der Abrüstungsgespräche USA–UdSSR in Genf Militärdiktatur in Polen, Ausnahmezustand USA: Der neue Präsident Ronald Reagan (Republikanische Partei) forciert neoliberale Wirtschafts- und Gesellschaftspolitik	Jänner Unterzeichnung Datenschutzkonvention des Europarates 1. Mai Ermordung des Wiener Verkehrsstadtrates Hans Nittel Skandal um den Bau des Wiener Allgemeinen Krankenhauses Neues Mediengesetz, Freigabe des Benzinpreises *Arbeits- und Sozialgesetzgebung* Nachtschicht-Schwerarbeitsgesetz, Sozialversicherungsabkommen Österreichs mit Griechenland Sozialenzyklika von Papst Johannes Paul II. »Laborem exercens«	Der ÖGB-Bundesvorstand fordert ein Festhalten an der Hartwährungspolitik ÖGB und AK sprechen sich gegen eine Benzinpreisfreigabe aus Der ÖGB bekennt sich zur Fortsetzung der Wirtschafts- und Sozialpartnerschaft IBFG-Weltjugendtreffen in Sevilla/Spanien Polen: Todesstrafe für Streiks in Schlüsselbetrieben AFL/CIO-Großdemonstration gegen die Wirtschafts- und Sozialpolitik der Reagan-Regierung
1982 In den 24 OECD-Staaten sind 30 Millionen Menschen arbeitslos Proteste gegen das Kriegsrecht in Polen Bürgerkrieg im Libanon / Einmarsch der israelischen Truppen Krieg um die Falklandinseln zwischen Argentinien und Großbritannien Die Militärdiktatur in Chile steht vor dem wirtschaftlichen Bankrott	Verstärkte Auswirkung der Weltwirtschaftskrise auf Österreich »WBO-Skandal« (Veruntreuung von Genossenschaftsgeldern) Volksbegehren gegen den Bau des Wiener Konferenzzentrums Friedensdemonstration in Wien *Arbeits- und Sozialgesetzgebung* Beschäftigungsprogramme der Bundesregierung, Novelle Kinder- und Jugendbeschäftigungsgesetz	ÖGB-Präsident Benya fordert eine international abgestimmte Politik der Arbeitszeitverkürzung unter Berücksichtigung der nationalen Besonderheiten Wiedereintritt des US-Gewerkschaftsbundes AFL/CIO in den IBFG Der Europäische Gewerkschaftsbund macht die neoliberale Wirtschaftspolitik vieler europäischer Regierungen für die Zunahme der Arbeitslosigkeit verantwortlich
1983 Die Außenminister der NATO-Staaten beschließen, in den nächsten 5 bis 6 Jahren 1.400 von 6.000 atomaren Sprengköpfen aus Europa abzuziehen 77 Verletzte bei einem IRA-Bombenanschlag auf das Kaufhaus Harrods in London Philippinen: 500.000 demonstrieren gegen den Diktator Marcos Krieg Vietnam–Kambodscha	*24. April* Nationalratswahlen. *Mandate: SPÖ 90 (Verlust der absoluten Mehrheit), ÖVP 81, FPÖ 12 Nach Rücktritt Bundeskanzler Kreiskys: Kleine Koalition SPÖ/FPÖ (Bundeskanzler Fred Sinowatz, Vizekanzler Norbert Steger)* *Arbeits- und Sozialgesetzgebung* Etappenweise Verlängerung des Mindesturlaubes von vier auf fünf Wochen, beginnend mit 1. Jänner 1984	Erste österreichische Bundesarbeitstagung für Jugendvertrauensräte **3. bis 7. Oktober** 10. ÖGB-Bundeskongreß Kampagne des Europäischen Gewerkschaftsbundes für Beschäftigung BRD: Großdemonstration der Stahl- und Werftarbeiter gegen Schließungen und Entlassungen Argentinien: Generalstreik

925

Internationale Entwicklung	Österreich	Arbeiterbewegung/ Gewerkschaftsbewegung Wirtschaftssysteme
1984 Frankreich: Stahlkrise in Lothringen US-Plan einer weltraumgestützten Raketenabwehr (SDI – Krieg der Sterne) Neuer KPdSU-Generalsekretär Tschernenko Ende der Militärregierung in Argentinien, Rückkehr zur Demokratie Unterstützungsaktion des IBFG für die unabhängigen schwarzen Gewerkschaften in Südafrika Streiks und Massenaussperrungen in Deutschland. Solidaritätserklärung des	Auseinandersetzung um den geplanten Bau eines Donaukraftwerks bei Hainburg, im Dezember besetzen Umweltschützer die Au *Arbeits- und Sozialgesetzgebung* 3. Etappe des Arbeiter-Abfertigungsgesetzes (volle Angleichung des Abfertigungsanspruches an jenen der Angestellten), 1. Etappe der Erhöhung des Mindesturlaubes und des Urlaubes nach 25 Dienstjahren ÖGB-Bundesvorstandes für die Gewerkschaften IG Metall und IG Druck und Papier	Der ÖGB spricht sich für den Bau von Hainburg zur Nutzung der umweltfreundlichen Wasserkraft und Sicherung der Arbeitsplätze des Großbauvorhabens aus **Mai** Großdemonstration der Gewerkschaft Bau-Holz für den Bau von Hainburg Auseinandersetzung um das Offenhalten der Geschäfte am 8. Dezember **8./9. April** Arbeiterkammerwahlen. Mandate gesamt: FSG 502, ÖAAB 317, FA 13, GLB 5, GE 3 EGB-Beschäftigungskonferenz in Straßburg
1985 Die EG (Europäische Gemeinschaft) wird zum stärksten Wirtschaftsraum der Erde Gorbatschow neuer Parteichef der KPdSU; Liberalisierungsprozeß in der Sowjetunion Ende der Militärdiktaturen in vielen Staaten Südamerikas, nicht aber in Chile	Bautenminister Karl Sekanina tritt als Regierungsmitglied zurück Überfall von Nahost-Terroristen am Flughafen Wien-Schwechat Weinskandal (wegen Nachweises von unerlaubten Glykolzusätzen) *Arbeits- und Sozialgesetzgebung* 40. ASVG-Novelle (Pensionsreform)	Karl Sekanina tritt als Vorsitzender der Gewerkschaft Metall-Bergbau-Energie und als ÖGB-Vizepräsident zurück Feiern zum 40. Jahrestag der ÖGB-Gründung In Österreich werden die ersten Kollektivverträge mit einer kürzeren Wochenarbeitszeit als 40 Stunden abgeschlossen
1986 Spanien und Portugal werden Mitglieder der Europäischen Gemeinschaft Im Atomkraftwerk Tschernobyl in der Sowjetunion der bisher größte Kernreaktorunfall 72. Weltarbeitskonferenz der IAO in Genf *Arbeits- und Sozialgesetzgebung* Die dritte Etappe der Erhöhung des Mindesturlaubes und des Urlaubes nach 25 anrechenbaren Dienstjahren tritt in Kraft	***8. Juni*** *Wahl Kurt Waldheims (ÖVP-Kandidat) zum Bundespräsidenten nach einem nationalistischen Wahlkampf* ***Juni:*** *Franz Vranitzky folgt Fred Sinowatz als Bundeskanzler. Ende der SPÖ/FPÖ-Koalition* ***23. November*** *Nationalratswahlen. Mandate: SPÖ 80, ÖVP 77, FPÖ 18 (plus ein Drittel), Grüne 8 (erste Kandidatur)* Medienkampagne gegen das Sozialversicherungs- und Sozialhilfesystem (»Sozialschmarotzer«)	In der Diskussion um die Verluste der VOEST lehnt der ÖGB pauschale Angriffe ab und spricht sich gegen eine allgemeine Privatisierung aus Novelle zum Arbeitsverfassungsgesetz (u. a. längere Funktionsperiode des Betriebsrates, Zentraljugendvertrauensräte) Proteste des Deutschen Gewerkschaftsbundes gegen geplante Einschränkung des Streikrechtes IBFG-Protest gegen das Verbot des türkischen Gewerkschaftsdachverbandes DISK

Internationale Entwicklung	Österreich	Arbeiterbewegung/ Gewerkschaftsbewegung Wirtschaftssysteme
1987		**1999**
1987 Bundespräsident Waldheim wegen Verdachtes im Zusammenhang mit NS-Verbrechen in den USA auf der »Watchlist« Bürgerrechtsdemonstrationen in osteuropäischen Staaten und UdSSR Eskalation im Golfkrieg Iran–Irak *Verstaatlichte Industrie* Erster Privatisierungsbeschluß	Große Koalition SPÖ/ÖVP mit Franz Vranitzky als Bundeskanzler und ÖVP-Außenminister Alois Mock als Vizekanzler Eröffnung des Konferenzzentrums bei der Wiener UNO-City, in Zukunft der Tagungsort für ÖGB-Bundeskongresse *Arbeits- und Sozialgesetzgebung* Neues Arbeits- und Sozialgerichtsgesetz	**5. bis 10. Oktober** 11. ÖGB-Bundeskongreß. Fritz Verzetnitsch wird als Nachfolger Anton Benyas zum Präsidenten gewählt Der ÖGB fordert einen General-KV zur schrittweisen Einführung der 35-Stunden-Woche **achtziger Jahre** Die neue technologische Revolution setzt voll ein: Elektronik, Biotechnologie
1988 Beginn des Rückzuges der UdSSR-Truppen aus Afghanistan Jugoslawien: verschärfter Nationalitätenkonflikt im Kosovo Neuer US-Präsident George Bush. Weiter neoliberaler Kurs	Gedenkjahr »50 Jahre nach dem Beginn der nationalsozialistischen Herrschaft über Österreich« *Arbeits- und Sozialgesetzgebung* Arbeitskräfteüberlassungsgesetz (gesetzliche Regelung der Leiharbeit)	Nach dem Tod von Adolf Czettel wird Heinz Vogler neuer Präsident der Wiener Arbeiterkammer und des Österreichischen Arbeiterkammertages Sozialpartnereinigung über Flexibilisierung der Ladenöffnungszeiten
1989 Ungarn öffnet die Grenze für DDR-Bürger, die über Österreich nach der BRD ausreisen wollen Öffnung der Berliner Mauer Zerschlagung der Opposition in China Zustimmung der EG- und EFTA-Außenminister zur Errichtung eines »gemeinsamen Europäischen Wirtschaftsraums« (EWR) Der Rat der EG-Arbeits- und Sozialminister verabschiedet die nach Zustimmung durch das Europäische Parlament verbindlichen europäischen Arbeitnehmerschutzrichtlinien Chile: Generalstreik (Freilassung von Gewerkschaftern gefordert) Japan: Neuer Gewerkschaftsdachverband Shin-Rengo	Der Ministerrat beschließt ein Beitrittsansuchen Österreichs an die EG Erste FPÖ-Landesregierung in Kärnten Lkw-Nachtfahrverbot *Arbeits- und Sozialgesetzgebung* Elternkarenzurlaubsgesetz, Aufhebung von Teilen des Ladenschlußgesetzes durch die Novelle zum Arbeitslosenversicherungsgesetz u. a. Erhöhung bei Niedriglöhnen, verlängerte Bezugsdauer, verkürzte Anwartschaft für Jugendliche, 47. ASVG-Novelle (Verlängerung der Zahlung von Krankengeld) Ungarn: Die Führer der Gewerkschaftsverbände unterstützen die Proteste der Bevölkerung gegen die Preiserhöhungen	Tod des Vorsitzenden der Gewerkschaft der Privatangestellten und Sozialministers Alfred Dallinger und des GPA-Zentralsekretärs Richard Wonka bei einem Flugzeugabsturz **11./12. Juni** Arbeiterkammerwahlen. Mandate Österreich gesamt: FSG 510, ÖAAB 258, FPÖ 63, GLB 4, GE 5 Gipfeltreffen der Gewerkschaftsbünde der EFTA-Länder in Wien Vorbereitende Tagung zur vom ÖGB initiierten Gründung der Europäischen Gewerkschaftsakademie EGA in Wien Erstes Folgetreffen der Konferenz für gewerkschaftliche Zusammenarbeit in Europa KGZE Im Gillette-Konzern erster gesamteuropäischer Betriebsrat

Internationale Entwicklung	Österreich	Arbeiterbewegung/ Gewerkschaftsbewegung Wirtschaftssysteme
1990 Deutsche Wiedervereinigung, Ende der kommunistischen Systeme in Mittel- und Osteuropa, Zerfall Jugoslawiens Litauen erklärt Selbständigkeit und Austritt aus der UdSSR Gorbatschow unterzeichnet das KSZE-Schlußdokument (Mehrparteiensystem, Marktwirtschaft) 2. Golfkrieg: Einfall des Irak in Kuweit, NATO-Krieg gegen den IRAK mit UNO-Beschluß	8.000 Flüchtlinge in Bundesbetreuung sollen in den Arbeitsmarkt eingegliedert werden Fachbezogener Englischunterricht an der Berufsschule *7. Oktober* Nationalratswahlen. *Mandate: SPÖ 80, ÖVP 60, FPÖ 33, Grüne 10 Weiter Koalition SPÖ/ÖVP* ***Arbeits- und Sozialgesetzgebung*** Familienpaket (Verbesserungen für berufstätige Eltern mit Kleinkindern), Novelle zum Gleichbehandlungsgesetz, Novelle zum Ausländerbeschäftigungsgesetz	Der ÖGB fordert einen geordneten Arbeitsmarkt, in dem für in- und ausländische Arbeitnehmer das Sozial- und Arbeitsrecht und die Kollektivverträge gleich gelten Einwöchiger Streik bei Steyr-Daimler-Puch Der ÖGB-Bundesvorstand fordert 10.000 Schilling Mindestlohn In KV-Verhandlungen seit 1987 Arbeitszeitverkürzung auf 38,5 bis 38 Wochenstunden für 1,1 Millionen Arbeitnehmer Gründung der Europäischen Gewerkschaftsakademie
Honduras: Ein Streik der Bananenarbeiter wird blutig niedergeschlagen	In Mittel- und Osteuropa Wiederbeginn einer freien Gewerkschaftsbewegung	IBFG-Konferenz zu Mittel- und Osteuropa in Wien
1991 Golfkrieg gegen Irak nach UN-Beschluß unter Führung der USA Ministerkonferenz des Europarates in Wien zum Thema Europäische Wanderungsbewegungen Nach Ende der UdSSR: Gemeinschaft unabhängiger Staaten (GUS)	Die SPÖ ändert ihren Namen in »Sozialdemokratische Partei Österreichs« Österreich will in den Europäischen Wirtschaftsraum (EWR) Kritische Erklärung Bundeskanzlers Vranitzky zur Rolle Österreichs in der Zeit des Faschismus ***Arbeits- und Sozialgesetzgebung***	**14. bis 18. Oktober** 12. ÖGB-Bundeskongreß. Erstmals geheime Wahl der ÖGB-Organe 7. EGB-Kongreß in Luxemburg Konferenz des Internationalen Bundes Freier Gewerkschaften in Wien Südafrika: Rücknahme der Rassentrennung und Anerkennung von Gewerkschaftsrechten nach Verhandlungen zwischen den demokratischen Gewerkschaften und der Arbeitgebervereinigung
Türkische Regierung verhängt für einen Monat landesweites Streikverbot, über 100.000 Arbeitnehmer betroffen	50. ASVG-Novelle (Reform der Sozialversicherung) Regierungseinigung über Abschaffen der Ruhensbestimungen	
1992 EG-Kommissionspräsident Jacques Delors erklärt gegenüber dem Vorstand des Europäischen Gewerkschaftsbundes, die nächste EG-Erweiterung soll durch Beitritt Österreichs erfolgen Zerfall Jugoslawiens, Anerkennung Sloweniens und Kroatiens, dann Bosniens als selbständige Staaten, Beginn eines grausamen Krieges	*24. Mai* Thomas Klestil *wird zum Bundespräsidenten gewählt* ***Gesetzliche Fortschritte für Arbeitnehmer*** Neuregelung der Familienbesteuerung, Novelle zum Berufsausbildungsgesetz und zur Gewerbeordnung (erster Schritt zur vom ÖGB geforderten Herausnahme der Berufsausbildung aus dem Gewerberecht)	**1. Jänner** Das 1991 beschlossene neue Arbeiterkammergesetz tritt in Kraft. Die Kooperation mit dem ÖGB wird gesetzlich abgesichert Gewerkschaftsgipfel der EFTA-Staaten in Helsinki 15. IBFG-Weltkongreß Europäischer Betriebsrat beim Volkswagen-Konzern

Solidarität Dezember 1993: Hundert Jahre nach Gründung der Reichskommission der Freien Gewerkschaften Österreichs

Titelseite der Weihnachtsnummer 1952 der Zeitschrift »ÖGB-Bildungsfunktionär«, gestaltet von dem bedeutenden Künstler Otto Rudolf Schatz, einem Freund des großen Arbeiterbildners Josef Luitpold Stern

Solidarität März 1993: Bericht zum 15. Weltkongreß des Internationalen Bundes der Freien Gewerkschaften in Caracas/Venezuela

Freiheit, Demokratie und Frieden sind unteilbare Menschenrechte!

Die Öffentlichkeit blickt gebannt auf den Krieg am Persischen Golf. Die gewaltsame Besetzung Kuwaits und der drohende Einsatz von Giftgas durch den Irak, wie er schon einmal gegen das kurdische Volk erfolgte, der irakische Raketenterror gegen Israel und andere Länder, die vielen menschlichen Opfer der militärischen Auseinandersetzung sowie eine große Umweltkatastrophe sind nur ein Teil der Folgen dieses Krieges.
Die demokratischen Regierungen und Bewegungen in Estland, Lettland und Litauen sowie in Kroatien und Slowenien werden eingeschüchtert und unter Druck gesetzt. Menschenrechte sind unteilbar.
Unsere Solidarität gilt daher den nach Frieden, Freiheit und Gerechtigkeit strebenden Völkern!

*olidarität März 1991: Stellungnahme des ÖGB zum Golfkrieg und
 m politischen Umbruch in Osteuropa*

Solidarität Oktober 1991: Österreichs EU-Beitritt ist in Vorbereitung

Solidarität Jänner 1989: Arbeitszeitverkürzung und Kampf gegen Arbeitslosigkeit sind im Strukturwandel zentrale Themen

Solidarität April 1992: Die Gleichberechtigung der Frauen in Arbeitswelt und Gesellschaft muß immer wieder neu eingefordert werden

Solidarität

DIE ILLUSTRIERTE DES ÖGB 804 ♦ September 1998

LOHNSTEUER
Der ÖGB fordert eine deutliche Senkung der Lohnsteuer bei kleinen und mittleren Einkommen

AUSBILDUNG
Mit abgeschlossener Lehre und ein paar Prüfungen kann man studieren

Endspurt zur Lehrstelle

Gewinnspiel! Brüsselreise für Neugierige! Seite 22

olidarität September 1998: Das Problem des Lehrstellenmangels t so akut wie seit Jahrzehnten nicht mehr. ÖGB und AK setzen n Auffangnetz für Jugendliche ohne Lehrstelle durch

Solidarität Juli 1996: Die Unterstützung durch ÖGB und Gewerkschaften bei den Mitgliederbefragungen trägt wesentlich zum positiven Ergebnis in dieser Grundsatzentscheidung und die Existenz der Arbeiterkammern bei

Solidarität November 1997: Veränderte Arbeitsbedingungen durch Unternehmensfiletierung, neue Arbeitsorganisation, zunehmende Teilzeitbeschäftigung und Scheinselbständigkeit stellen neue Anforderungen an die Organisation der Gewerkschaften

Solidarität November 1991: Im Oktober tagte der 12. ÖGB-Bundeskongreß

Solidarität September 1995: Ankündigung des 13. ÖGB-Bundeskongresses
im Oktober 1995

Solidarität Juli/August (links) und Juni (rechts).
1999: Gesellschaftspolitische Positionsbestimmung zum
14. ÖGB-Bundeskongreß im Oktober 1999

Zukunft
statt Vergangenheit

Wir leben in Zeiten des Wandels: Die Internationalisierung nimmt zu, die Arbeitswelt verändert sich rasend schnell. Arbeitnehmerinnen und Arbeitnehmer kommen dabei zunehmend unter Druck.

Wir wollen Wirtschaft statt Herrschaft. Wir wollen Arbeit mit einem Einkommen mit dem man auch auskommen kann. Wir wollen Gemeinschaft statt Egoismus. In Österreich, in Europa und International. Deine Solidarität war noch nie so wichtig. Du bist nicht allein.

www.oegb.or.at

ÖGB | Österreichischer Gewerkschaftsbund
Sicherheit im Wandel der Zeit

Solidarität Juli/August 1996: Absage an die neoliberale Strategie gegen eine kollektive, gemeinsame Interessenvertretung der Arbeitnehmer in Betrieb, Wirtschaft und Gesellschaft

Internationale Entwicklung	Österreich	Arbeiterbewegung/ Gewerkschaftsbewegung Wirtschaftssysteme
1993 Beginn der Beitrittsverhandlungen Österreichs zur EG (gemeinsam mit Schweden und Finnland) Konferenz der Staats- und Regierungschefs der EG in Maastricht. Aus der EG wird die »Europäische Union« (EU) Teilung der Tschechoslowakei: Tschechische Republik und Slowakische Republik UNO-Menschenrechtskonferenz in Wien Dauerkrieg Türkei–Kurden	»Lichtermeer« gegen FPÖ-Anti-Ausländer-volksbegehren Gründung des Liberalen Forums (LIF) durch FPÖ-Mandatare Briefbombenterror mit ausländerfeindlichem Hintergrund Steuerreformpaket (u. a. Entlastung niedriger Einkommen) *Arbeits- und Sozialgesetzgebung* Nachtschicht-Schwerarbeitsgesetz in Kraft, Bundespflegegeldgesetz, 51. ASVG-Novelle (Pensionsreform), Beschäfti-	Beteiligung des ÖGB am »Lichtermeer« Aufruf der Sozialpartner zu einer »Bedenkminute gegen Gewalt« 5. EFTA-Gewerkschaftskonferenz in Wien Eröffnung des ÖGB-Büros in Brüssel (AK-Büro seit 1991) ÖGB-Präsident Fritz Verzetnitsch wird Präsident des EGB Europäischer Aktionstag für Beschäftigung des EGB Gesetzliche Regelung des Konzernbetriebsrates gungssicherungsgesetz (ältere Arbeitnehmer)
1994 Europäischer Wirtschaftsraum (EWR), Österreich ist Mitglied Positiver Abschluß der Beitrittsverhandlungen Österreich–EU Italien: Rechter Wahlsieg, Regierung Berlusconi *Arbeits- und Sozialgesetzgebung* ASVG-Novelle i. K. (Reform der Sozialversicherungsorganisation), Arbeitszeitgesetz-Novelle (z. T. Flexibilisierung), Novelle zum Arbeitsmarktförderungsgesetz	*12. Juni* EU-Volksabstimmung: 66,58 % für den Beitritt *9. Oktober* Nationalratswahlen. Mandate: SPÖ 65, ÖVP 52, FPÖ 42, Grüne 13, LIF 11 *Die Große Koalition SPÖ/ÖVP wird weitergeführt, verliert aber die Zweidrittel-Mehrheit im Parlament* Im Regierungsübereinkommen Mitgliederbefragung in den Kammern vorgesehen und Rechnungshofkontrolle fixiert Programm zur Absenkung des Budgetdefizites (Sparpaket)	Der ÖGB tritt für ein Ja bei der Volksabstimmung über den EU-Beitritt ein **2./3. Oktober** AK-Wahlen. Mandate gesamt: FSG 461, ÖAAB 238, FA 118, GE 9, andere 16 Rückgang der Wahlbeteiligung von 48 auf 30% Lore Hostasch wird neue Präsidentin der AK Wien und der Bundesarbeitskammer Das »Sparpaket« wird vom ÖGB als sozial unausgewogen abgelehnt
1995 Lübeck: Explosion einer in Österreich abgeschickten Briefbombe China und Frankreich: oberirdische Atombombentests Rußland: Tschetschenien-Krieg Nahost-Friedensprozeß: Autonomie-Vertrag für Palästinenser Neue transatlantische Agenda wird von der EU und den USA unterzeichnet	*1. Jänner* Österreich ist Mitglied der EU Mordanschlag auf Roma im burgenländischen Oberwart **Oktober** Scheitern der Budgetverhandlungen SPÖ–ÖVP *17. Dezember* vorgezogene Nationalratswahlen. Mandate: SPÖ 72 (damit Wahlsieger), ÖVP 53, FPÖ 41, Grüne 8, LIF 9. Wieder Koalition SPÖ/ÖVP	**17. bis 20. Oktober** 13. ÖGB-Bundeskongreß. Beschluß zu einer umfassenden Organisationsreform Start der »Aktion Fairneß« (ÖGB-Kampagne zur Gleichstellung Arbeiter–Angestellte) 8. EGB-Kongreß. Wahl von ÖGB-Präsident Verzetnitsch zum EGB-Präsidenten IBFG-Kampagne gegen die Wiederaufnahme von Atomtests

945

Internationale Entwicklung	Österreich	Arbeiterbewegung/ Gewerkschaftsbewegung Wirtschaftssysteme
1996 In den USA schafft Bill Clinton die Wiederwahl zum Präsidenten Die Zahl der Arbeitslosen in der EU blieb im Durchschnitt bei über 11 Prozent (das sind fast 20 Millionen Arbeitslose) EU-Regierungskonferenz in Turin In London, Belfast und Dublin demonstrieren hunderttausende Menschen für den Frieden in Nordirland	Der Nationalrat beschließt das Wahlrecht für die Wahlen zum EU-Parlament SPÖ und ÖVP einigen sich auf ein 100-Milliarden-Schilling-Paket zur Budgetsanierung Der Nationalrat beschließt das Sparpaket II *13. Oktober Wahlen zum EU-Parlament. Mandate: ÖVP 7, SPÖ 6, FPÖ 6, Grüne 1, LIF 1 Nachwahlen zu den Nationalratswahlen 1995 (Verlust eines Mandates der ÖVP an die FPÖ)*	Mitgliederbefragungen in den Arbeiterkammern: bei hoher Beteiligung eine hohe Zustimmung zum Weiterbestand der AK Gemeinsamer Maßnahmenkatalog der Wirtschafts- und Sozialpartner für eine Beschäftigungsoffensive 16. IBFG-Weltkongreß – Thema: »Kampf gegen die Folgen der Globalisierung der Wirtschaft« *Arbeits- und Sozialgesetzgebung* Einführung der leistungsorientierten Krankenhausfinanzierung
1997 Wahlen in Großbritannien: Wahlsieger Labour-Party Die NATO und die EU beschließen die Erweiterung nach Osten Die britische Kronkolonie Hongkong wird Bestandteil Chinas *Arbeits- und Sozialgesetzgebung* Pensionsreform für Beamte und im ASVG-Bereich, Arbeitszeitgesetz-Novelle (Flexibilisierung auf kollektivvertraglicher Grundlage)	*Jänner Rücktritt Bundeskanzler Vranitzkys, Nachfolger Viktor Klima, AK-Präsidentin Hostasch Sozialministerin* Regierungsklausur in Rust: weitere Sparmaßnahmen, Ausbildungsoffensive für Jugendliche Frauen- und Gentechnik-Volksbegehren »Integrationspaket« (Integration hat Vorrang vor dem Neuzuzug)	**Februar** Herbert Tumpel, Leitender Sekretär des ÖGB, neuer AK-Präsident **27. Mai** EGB-Aktionstag für Beschäftigung, ÖGB-Memorandum an die Bundesregierung Einigung der Wirtschafts- und Sozialpartner zur Arbeitszeitflexibilisierung EGB-Demonstration beim EU-Beschäftigungsgipfel Luxemburg **Dezember** Gemeinsamer Verein ÖGB/Katholische Kirche zur Bekämpfung von Rassismus
1998 EU-Sondergipfel in Luxemburg: Nationale Aktionspläne für Beschäftigung (NAP) in allen EU-Staaten **Juli** Österreich übernimmt den Vorsitz der Europäischen Union Viertagekrieg USA/Großbritannien gegen den Irak Nationaler Aktionsplan für Beschäftigung beschlossen	*19. April Wiederwahl Thomas Klestils zum Bundespräsidenten* Historikerkommission zur Aufarbeitung der Arisierung und der Zwangsarbeit in der NS-Zeit Erstes gewerkschaftliches Kontaktbüro Österreich–Tschechien	**19. April** Der ÖGB fordert die rasche Realisierung des NAP für Österreich Arbeitnehmermitwirkungsmodell des Innovations- und Technologiefonds (Initiative von ÖGB und AK) Der ÖGB fordert ein Verhindern von Sozialdumping bei der EU-Osterweiterung Kooperation zwischen den ÖGB-Gewerkschaften
bis Oktober 1999 *13. Juni EU-Wahlen. Mandate: ÖVP 7, SPÖ 7, FPÖ 5, Grüne 2*	Beschluß der Steuerreform 2000 *3. Oktober Nationalratswahlen. Madate: SPÖ 65, ÖVP 52, FPÖ 52, Grün 14; das LIF scheidet aus*	Die ÖGB-Forderung nach Lohnsteuerentlastung wird mit der Steuerreform 2000 verwirklicht **11. bis 15. Oktober** 14. ÖGB-Bundeskongreß.

Anmerkungen zu den Seiten 31–66

Kapitel I. Vorläufer der Gewerkschaftsbewegung

[1]) Garhofer Emil: Hundert Jahre österreichische Gewerbepolitik. In: Hundert Jahre österreichische Wirtschaftsentwicklung 1848–1948. Wien 1949, S. 483
[2]) Philippovich Stefan: Arbeitsrecht im Bergbau. Innsbruck 1935, S. 50
[3]) Krahl Willi: Der Verband der Deutschen Buchdrucker, Band I. Berlin 1916, S. 81 f.
[4]) Vester Michael: Die Entstehung des Proletariats als Lernprozeß. Frankfurt/Main 1970, S. 63 ff.
[5]) Hautmann Hans, Kropf Rudolf: Die österreichische Arbeiterbewegung vom Vormärz bis 1945. Wien 1974, S. 19
[6]) Weidenholzer Josef: Der sorgende Staat. Wien 1985, S. 35
[7]) ebenda, S. 35 f.
[8]) Hautmann, Kropf: Die österreichische Arbeiterbewegung, S. 19
[9]) Gvatter Karl: Lang war der Weg und steinig. Wien 1949, S. 18
[10]) Hautmann, Kropf: Die österreichische Arbeiterbewegung, S. 20
[11]) Aufzählung der Unterstützungsvereine nach:
Klenner Fritz: Die österreichischen Gewerkschaften – Vergangenheit und Gegenwartsprobleme. Wien 1951, S. 33
Alle Zitate, Statistiken usw., deren Quelle nicht ausdrücklich erwähnt ist, wurden der dreibändigen Gewerkschaftsgeschichte des Autors entnommen und für die zeitlich weiterführenden Abschnitte aus Material der ÖGB-Referate, insbesondere des ÖGB-Archivs, ergänzt.
[12]) Hoffmann Viktor: Die Anfänge der österreichischen Baumwollwarenindustrie in den österreichischen Alpenländern im 18. Jahrhundert. Beiträge zur neueren österreichischen Wirtschaftsgeschichte, Bd. 2. Archiv für österreichische Geschichte 110/2. Wien 1926, S. 477–560
[13]) Ruppert Wolfgang: Die Fabrik. München 1983, S. 47
[14]) Eggbrecht Arne, Flemming Jens, Meyer Gert, Müller Achatz von, Oppolzer Alfred, Paulingi Akos, Schneider Helmuth: Geschichte der Arbeit – Vom alten Ägypten bis zur Gegenwart. Köln 1980, S. 210 f.
[15]) ebenda, S. 214
[16]) Braunthal Julius: Geschichte der Internationale, Band 1. Hannover 1961, S. 41
[17]) ebenda
[18]) Pribram Karl: Geschichte der österreichischen Gewerbepolitik von 1740–1860, 1. Band. Leipzig 1907, S. 583 ff.
[19]) Steiner Herbert: Karl Marx in Wien – Die Arbeiterbewegung zwischen Revolution und Restauration 1848. Wien 1978, S. 8
[20]) Weidenholzer Josef: Sozialpolitik als Gesellschaftspolitik (Habilitation). Linz 1982, S. 76
[21]) Hautmann, Kropf: Die österreichische Arbeiterbewegung, S. 21
[22]) Marx Karl: Grundrisse der politischen Ökonomie (Fotomechanischer Nachdruck der Moskauer Ausgabe 1939 und 1941). Frankfurt a. M., Wien o. D., S. 712
[23]) Brügel Ludwig: Soziale Gesetzgebung in Österreich von 1848 bis 1918. Wien, Leipzig 1919, S. 147
[24]) Deutsch Julius: Geschichte der österreichischen Gewerkschaftsbewegung. Wien 1908, S. 12

947

25) Bauer Stefan: Die Arbeitergesetzgebung in Österreich. In: Handwörterbuch für Staatswissenschaften, Band 1. Jena 1923, S. 507
26) Weber Wilhelm: Die sozialpolitische und sozialrechtliche Entwicklung in Österreich 1848 bis 1948. In: 100 Jahre österreichische Wirtschaftsentwicklung, herausgegeben von Hans Mayer. Wien 1959, S. 518
   Brügel: Soziale Gesetzgebung in Österreich, S. 137 f.
27) Hautmann, Kropf: Die österreichische Arbeiterbewegung, S. 22
28) Brügel: Soziale Gesetzgebung in Österreich, S. 27 f.
29) Deutsch: Geschichte der österreichischen Gewerkschaftsbewegung 1908, S. 15
30) Zitiert nach: Otruba Gustav: Wiener Flugschriften zur Sozialfrage 1848, Teil 1, Materialien zur Geschichte der Arbeiterbewegung Nr. 9. Wien 1978, S. 76
31) Zitiert nach: Weidenholzer: Sozialpolitik als Gesellschaftspolitik, S. 114
32) ebenda
33) ebenda
34) Vgl. Deutsch Julius: Geschichte der österreichischen Gewerkschaftsbewegung, I. Band. Wien 1929, S. 30 ff. Hier ist auch der volle Wortlaut wiedergegeben.
35) Vgl. ebenda, S. 36. Deutsch berichtet von zünftlerischen Tendenzen in Wiens Arbeiterverein.
36) Aufruf vom 4. September 1848. Zitiert nach: Deutsch: Geschichte der österreichischen Gewerkschaftsbewegung I 1929, S. 44
37) Steiner: Karl Marx in Wien, S. 27 f.
38) ebenda, S. 191
39) Böhm Wilhelm: Konservative Umbaupläne im alten Österreich. Wien 1967, S. 83
40) Vajda Stephan: Felix Austria. Wien 1980, S. 502
41) Geißler Franz: Die Entstehung und Entwicklung der Handelskammern in Österreich. In: Hundert Jahre österreichische Wirtschaftsentwicklung 1848–1948. Wien 1949, S. 71 f.
42) Werner Karl Heinz: Österreichische Industrie- und Außenhandelspolitik 1848 bis 1948. In: Hundert Jahre österreichische Wirtschaftsentwicklung 1848–1948. Wien 1949, S. 339
43) Novotny Alexander: 1848 – Österreichs Ringen um Freiheit und Völkerfrieden vor hundert Jahren. Graz, Wien 1948, S. 188 f.
44) Brügel Ludwig: Geschichte der österreichischen Sozialdemokratie, I. Band. Wien 1922, S. 73
45) Bauer: Arbeitergesetzgebung in Österreich, S. 508.
   Lederer Max: Grundriß des österreichischen Sozialrechtes. Wien 1929, S. 80
46) Ebert Kurt: Die Anfänge der modernen Sozialpolitik in Österreich. Wien 1975, S. 55 ff.
47) Matis Herbert: Leitlinien der österreichischen Wirtschaftspolitik 1848–1918. In: Die Habsburgermonarchie 1848–1918, Band 1, Die wirtschaftliche Entwicklung (herausgegeben von Alois Brusatti). Wien 1973, S. 33
48) Zöllner Erich: Geschichte Österreichs von den Anfängen bis zur Gegenwart. Wien 1974, S 404 f.
49) Ebert: Anfänge der modernen Sozialpolitik, S. 17 f.

Anmerkungen zu den Seiten 67–206

Kapitel II. **Die Gewerkschaftsbewegung in der österreichisch-ungarischen Monarchie**

[1]) Lein Anton: Die inneren Verhältnisse der österreichisch-ungarischen Monarchie am Vorabend des großen Völkerringens. In: Österreich am Vorabend des Ersten Weltkrieges (herausgegeben vom Institut für Österreichkunde). Graz, Wien 1964, S. 33 ff.

[2]) Klein: Die inneren Verhältnisse der österreichisch-ungarischen Monarchie, S. 38

[3]) Walter Friedrich: Österreichische Verfassungs- und Verwaltungsgeschichte von 1500–1955 (aus dem Nachlaß herausgegeben von Adam Wandruszka). Band 59 der Veröffentlichungen der Kommission für neuere Geschichte Österreichs. Wien, Graz, Köln 1972, S. 230 f.

[4]) Weidenholzer: Der sorgende Staat, S. 130 f.

[5]) Werner: Österreichische Industrie- und Außenhandelspolitik, S. 400 ff.

[6]) Die Gründung des »Zweiten deutschen Kaiserreiches« erfolgte erst 1871 unter der Führung Preußens und unter Ausschluß der Habsburger.

[7]) Weber: Sozialpolitische und sozialrechtliche Entwicklung, S. 598

[8]) Brügel Ludwig: Geschichte der österreichischen Sozialdemokratie, II. Band. Wien 1922, S. 141

[9]) Manisch Ernst: Der kranke Mann an der Donau. – Marx und Engels über Österreich. Wien 1978, S. 231 f.

[10]) Kann Robert A.: Geschichte des Habsburgerreiches 1526–1918. Wien 1977, S. 315 f.

[11]) Otto-Bauer-Werkausgabe, I. Band. Wien 1975, S. 926

[12]) Pellar Brigitte: Staatliche Institutionen und gesellschaftliche Interessengruppen in der Auseinandersetzung um den Stellenwert der Sozialpolitik und um ihre Gestaltung (Diss.). Wien 1982, S. 145

[13]) Pollak Walter: Das Ende der Monarchie. In: Tausend Jahre Österreich, 1. Band. Wien 1974, S. 15

[14]) Brügel: Geschichte der österreichischen Sozialdemokratie II, S. 204

[15]) Den Irredentismus betreffend. Der Irredentismus ist die Geisteshaltung der »Irredents«, einer politischen Unabhängigkeitsbewegung, die den Anschluß abgetrennter Gebiete an das Mutterland anstrebt: ursprünglich italienische Unabhängigkeitsbewegung.

[16]) Deutsch: Geschichte der österreichischen Gewerkschaftsbewegung 1908, S. 125 f.

[17]) Schumpeter Joseph A.: Kapitalismus, Sozialismus und Demokratie. Bern 1950, S. 248

[18]) Kann: Geschichte des Habsburgerreiches, S. 316

[19]) Mommsen-Reindl Margarete: Österreich – Die christlichsoziale Partei. In: Lexikon zur Geschichte der Parteien in Europa, herausgegeben von Frank Wende. Stuttgart 1981, S. 447

[20]) Weidenholzer: Sozialpolitik als Gesellschaftspolitik, S. 181

[21]) Tapié Victor-Lucien: Die Völker unter dem Doppeladler. Graz 1975, S. 323

[22]) Brügel: Geschichte der österreichischen Sozialdemokratie, III. Band. Wien 1922, S. 295

[23]) Geißler Franz: Österreichische Handelskammerorganisation in der Zwischenkriegszeit. Wien 1980, S. 25
[24]) Mommsen-Reindl: Die christlichsoziale Partei, S. 447
[25]) Otto-Bauer-Werkausgabe, Band 8. Wien 1980, S. 289
[26]) Funder Friedrich: Aufbruch zur christlichen Sozialreform. Wien 1953, S. 58
[27]) Schwimmer Walter, Klingler Ewald: Die christlichen Gewerkschaften in Österreich. Wien 1975, S. 23
[28]) Tapié: Die Völker unter dem Doppeladler, S. 323
[29]) Silberbauer Gerhard: Österreichs Katholiken und die Arbeiterfrage. Graz, Wien, Köln 1969, S. 84 f.
[30]) Mommsen-Reindl: Die christlichsoziale Partei, S. 447
[31]) Silberbauer: Österreichs Katholiken und die Arbeiterfrage, S. 102 ff.
[32]) Otto-Bauer-Werkausgabe, Band I, S. 926
[33]) Mommsen-Reindl: Die christlichsoziale Partei, S. 446
[34]) Klein: Die inneren Verhältnisse der österreichisch-ungarischen Monarchie, S. 40 f.
[35]) Silberbauer: Österreichs Katholiken und die Arbeiterfrage, S. 175
[36]) Spitzmüller A. von: Biographisches über Steinbach. In: Neue österreichische Biographie II. Wien 1950, S. 55
[37]) Walter: Österreichische Verfassungs- und Verwaltungsgeschichte, S. 250
[38]) Klein: Die inneren Verhältnisse der österreichisch-ungarischen Monarchie, S. 38
[39]) Helmer Oskar: 50 Jahre erlebte Geschichte. Wien 1957, S. 47
[40]) Walter: Österreichische Verfassungs- und Verwaltungsgeschichte, S. 251
[41]) ebenda, S. 252
[42]) Vajda: Felix Austria, S. 562
[43]) Hautmann, Kropf: Die österreichische Arbeiterbewegung, S. 83
[44]) Kleindel Walter: Österreich-Daten zur Geschichte und Kultur. Wien, Heidelberg 1978 (in der Folge zitiert als »Kleindel: Österreich-Daten 1978«). Auf diese Chronik wurde bei der Erarbeitung des Textes des öfteren zurückgegriffen.
[45]) Vajda: Felix Austria, S. 563
[46]) ebenda
[47]) ebenda, S. 564
[48]) Zöllner Erich: Geschichte Österreichs. Wien 1966, S. 480
[49]) ebenda, S. 481
[50]) Hautmann, Kropf: Die österreichische Arbeiterbewegung, S. 48
[51]) Werner: Österreichische Industrie- und Außenhandelspolitik, S. 400 f.
[52]) Hautmann, Kropf: Die österreichische Arbeiterbewegung, S. 69
[53]) Kann: Geschichte des Habsburgerreiches, S. 416
[54]) Tapié: Die Völker unter dem Doppeladler, S. 282 f.
[55]) Brusatti Alois: Die wirtschaftliche Situation Österreich-Ungarns am Vorabend des Ersten Weltkrieges. In: Österreich am Vorabend des Ersten Weltkrieges, S. 64 f., S. 69
[56]) Werner: Österreichische Industrie- und Außenhandelspolitik, S. 368 f.
[57]) ebenda
[58]) Silberbauer: Österreichs Katholiken und die Arbeiterfrage, S. 77 und S. 81 f.
[59]) Brusatti: Die wirtschaftliche Situation Österreich-Ungarns, S. 66 f.

[60]) ebenda, S. 67, S. 69
[61]) Matis Herbert: Österreichs Wirtschaft 1848–1913. Berlin 1972, S. 435 f.
[62]) Werner: Österreichische Industrie- und Außenhandelspolitik, S. 370
[63]) Klein: Die inneren Verhältnisse der österreichisch-ungarischen Monarchie, S. 37 f.
[64]) Wessely Kurt: Österreich-Ungarns Wirtschaft vor dem Ersten Weltkrieg. In: Der Donauraum, Jg. 12. Wien 1967, S. 22
[65]) März Eduard: Österreichische Industrie- und Bankenpolitik in der Zeit Franz Joseph I. Wien 1968, S. 289
[66]) Müller Peter: Österreich seit 1848. In: Hundert Jahre österreichische Wirtschaftsentwicklung, S. 13
[67]) Stolper Gustav: Die Lösung des Handelsbilanzproblems. In: Der österreichische Volkswirt, 6. April 1912/4. Jahrgang. Wien 1912, S. 544
[68]) Tapié: Die Völker unter dem Doppeladler, S. 319
[69]) Müller: Österreich seit 1848, S. 15
[70]) Musil Robert: Der Mann ohne Eigenschaften. Hamburg 1952, S. 35
[71]) Petzold Alfons: Der Kranke. In: Pfad in der Dämmerung. Wien 1947, S. 219
[72]) Brügel: Geschichte der österreichischen Sozialdemokratie II, S. 154 ff.
[73]) ebenda
[74]) Silberbauer: Österreichs Katholiken und die Arbeiterfrage, S. 64 und S. 70
[75]) ebenda, S. 191 f.
[76]) Ebert: Anfänge der modernen Sozialpolitik, S. 145 und S. 216
[77]) ebenda, S. 263
[78]) Pellar: Staat – Interessengruppen – Sozialpolitik, S. 48 und S. 61
[79]) ebenda, S. 658
[80]) Victor Adlers Aufsätze, Reden und Briefe. Wien 1923, S. 217 f.
[81]) Weidenholzer: Sozialpolitik als Gesellschaftspolitik, S. 87
[82]) Mensch Michael: Arbeiterexistenz in der Spätgründerzeit, Wien 1984, S. 23
[83]) Hautmann, Kropf: Die österreichische Arbeiterbewegung, S. 77
[84]) Kralik Emil: Sozialpolitische Rückschau über das Jahr 1889–1890. In: Österreichischer Arbeiterkalender für das Jahr 1891.
[85]) Brügel Ludwig: Geschichte der österreichischen Sozialdemokratie, IV. Band. Wien 1923, S. 136
[86]) Kunschak Leopold: Der 1. Mai und die christliche Arbeiterschaft. In: Der jugendliche Arbeiter, Wien, Mai 1946
[87]) Kautsky Karl: Das Erfurter Programm in seinem grundsätzlichen Teil erläutert. Stuttgart 1912, S. 213
[88]) Weidenholzer: Der sorgende Staat, S. 219
[89]) ebenda, S. 241
[90]) Grandner Magdalena: Die kooperative Gewerkschaftspolitik in der Kriegswirtschaft. (Diss.) Wien 1982, S. 4
[91]) Mommsen Hans: Die Sozialdemokratie und die Nationalitätenfrage im habsburgischen Vielvölkerstaat. Wien 1963, S. 215
[92]) Tapié: Die Völker unter dem Doppeladler, S. 321
[93]) Mommsen: Die Sozialdemokratie und die Nationalitätenfrage, S. 219
[94]) ebenda, S. 269

95) ebenda, S. 221
96) ebenda, S. 234
97) Sandkühler Hans-Jörg (Herausgeber): Austromarxismus – Texte zur Ideologie des Klassenkampfs. Frankfurt a. M. 1970, S. 7 f.
98) Lederer: Österreichisches Sozialrecht, S. 268
99) Borkowetz Franz: Kollektivvertragsgesetz. Wien 1971, S. VII
100) Weißenberg Gerhard: Querschnitt durch das österreichische Sozialrecht. Wien 1955, S. 16
101) Braunthal: Geschichte der Internationale, Band I, S. 340 ff.
102) Günsche Karl-Ludwig, Lantermann Klaus: Kleine Geschichte der Sozialistischen Internationale. Bonn/Bad Godesberg 1977, S. 70
103) Braunthal: Geschichte der Internationale, Band I, S. 352
104) Günsche, Lantermann: Kleine Geschichte der Internationale, S. 71
105) ebenda, S. 72
106) Arbeiter-Zeitung vom 5. August 1914
107) Bauer Otto: Die österreichische Revolution. Wien 1965, S. 68
108) Magaziner Alfred: Die Wegbereiter. Wien 1975, S. 154
Bourdet Yvon, Kreissler Felix, Haupt Georges, Steiner Herbert: Dictionnaire biographique du Mouvement Ouvrier International – l'Autriche. Paris 1971, S. 239 f.
109) Pellar: Staat – Interessengruppen – Sozialpolitik, S. 173
110) Grandner: Gewerkschaftspolitik in der Kriegswirtschaft, S. 133
111) Matis: Österreichische Wirtschaftspolitik bis 1918, S. 6
112) Pellar: Staat – Interessengruppen – Sozialpolitik, S. 176
113) Grandner: Gewerkschaftspolitik in der Kriegswirtschaft, S. 73
114) ebenda
115) ebenda, S. 77
116) ebenda
117) Deutsch: Geschichte der österreichischen Gewerkschaftsbewegung II 1932, S. 11
118) ebenda, S. 17
119) ebenda, S. 25
120) ebenda, S. 26
121) Zöllner: Geschichte Österreichs 1966, S. 485
122) ebenda, S. 486
123) Kann: Geschichte des Habsburgerreiches, S. 438
Walter: Österreichische Verfassungs- und Verwaltungsgeschichte, S. 254
124) Brügel J. W. (Herausgeber): Friedrich Adler vor dem Ausnahmegericht. Wien/Frankfurt/Zürich 1967, S. 9
125) ebenda
126) Magaziner: Die Wegbereiter, S. 155
127) Kann: Geschichte des Habsburgerreiches, S. 438
128) Vajda: Felix Austria, S. 567
129) Walter: Österreichische Verfassungs- und Verwaltungsgeschichte, S. 254 f.
130) ebenda, S. 255
131) Brügel: Soziale Gesetzgebung in Österreich, S. 248
132) Walter: Österreichische Verfassungs- und Verwaltungsgeschichte, S. 255

[133]) Günsche, Lantermann: Kleine Geschichte der Internationale, S. 81
[134]) ebenda
[135]) ebenda, S. 77
[136]) ebenda und S. 80
[137]) ebenda, S. 77
[138]) ebenda, S. 81 ff.
[139]) ebenda, S. 84
[140]) Neck Rudolf: Arbeiterschaft und Staat im Ersten Weltkrieg 1914–1918 (A. Quellen). Wien 1968, S. 197
[141]) ebenda, S. 199 ff.
[142]) ebenda, S. 189
[143]) ebenda, S. 201
[144]) ebenda, S. 199
[145]) ebenda, S. 205 f.
[146]) ebenda, S. 203
[147]) Braunthal Julius: Die Arbeiterräte in Deutschösterreich, ihre Geschichte und ihre Politik. Wien 1919, S. 4
[148]) Günsche, Lantermann: Kleine Geschichte der Internationale, S. 85
[149]) Deutsch: Geschichte der österreichischen Gewerkschaftsbewegung II 1932, S. 46–51
[150]) Günsche, Lantermann: Kleine Geschichte der Internationale, S. 86
[151]) ebenda, S. 84 f.
[152]) Bauer: Die österreichische Revolution, S. 66
[153]) Kleindel: Österreich-Daten 1978, S. 309
[154]) Deutsch: Geschichte der österreichischen Gewerkschaftsbewegung II 1932, S. 41 f.
[155]) Walter: Österreichische Verfassungs- und Verwaltungsgeschichte, S. 311
[156]) Kleindel: Österreich-Daten 1978, S. 311
[157]) Kann: Geschichte des Habsburgerreiches, S. 430
[158]) Deutsch: Geschichte der österreichischen Gewerkschaftsbewegung II 1932, S. 62 f.
[159]) Walter: Österreichische Verfassungs- und Verwaltungsgeschichte, S. 257 f.
[160]) Bauer: Die österreichische Revolution, S. 106 f.
[162]) Brief Seipels an einen deutschen Kollegen, 17. 12. 1918. Bauer-Nachlaß HHSdA, Neues PA. Präsidialakte, S. 262 f. und S. 544, zitiert in Kulemann Peter: Am Beispiel des Austromarxismus. Hamburg 1979, S. 217
[162]) Kleindel: Österreich-Daten 1978, S. 314 und S. 317

Anmerkungen zu den Seiten 207–216

Kapitel III. **Sozialdemokratische Partei und Freie Gewerkschaften**

[1]) Selig, Perlmann: Eine Theorie der Gewerkschaftsbewegung. Berlin 1949, S. 60
[2]) Marx Karl, Engels Friedrich: Werke Band 29. Berlin 1963, S. 231 und S. 238
[3]) Selig, Perlmann: Theorie der Gewerkschaftsbewegung, S. 197
[4]) ebenda, S. 72 f.

5) Lenin Wladimir Iljitsch: Über die Gewerkschaftsbewegung. Berlin 1970, S. 11
6) Otto-Bauer-Werkausgabe, Band 6. Wien 1979, S. 240 f.
7) Hautmann, Kropf: Die österreichische Arbeiterbewegung, S. 137
8) Weissel Erwin: Die Ohnmacht des Sieges. Wien 1976, S. 171
9) In der Weimarer Verfassung der deutschen Republik wurde im Artikel 165 ein Reichswirtschaftsrat verankert, realisiert wurde davon nur die Institution der Betriebsräte.
10) Huppert Stephan im »Lebensmittelarbeiter« vom Jänner 1920.
11) Hautmann, Kropf: Die österreichische Arbeiterbewegung, S. 138

Anmerkungen zu den Seiten 217–298

Kapitel IV. Die Gewerkschaftsbewegung bis zum Ende der ersten demokratischen Republik

1) Gulick Charles A.: Österreich von Habsburg bis Hitler, I. Band. Wien 1948, S. 77 f.
2) Stadler Karl R.: Die Gründung der Republik. In: Österreich 1918–1938. Wien 1983, S. 74
3) Kann: Geschichte des Habsburgerreiches, S. 446
4) Silberbauer: Österreichs Katholiken und die Arbeiterfrage, S. 260 f.
5) Braunthal Julius: Kommunisten und Sozialdemokraten. Wien 1920, S. 7
6) Hautmann, Kropf: Die österreichische Arbeiterbewegung, S. 123
7) Ströer Alfred: Solidarität international – Der ÖGB und die internationale Gewerkschaftsbewegung. Wien 1977, S. 19 ff.
8) Otto-Bauer-Werkausgabe, Band 2. S. 42
9) Stadler: Die Gründung der Republik, S. 53
10) Weissel: Die Ohnmacht des Sieges, S. 368
11) ebenda, S. 415
12) Funder Friedrich: Vom Gestern ins Heute. Wien 1971, S. 472 f.
13) Hanusch Ferdinand: Geleitwort zu Brügel, Soziale Gesetzgebung in Österreich, S. VIII
14) Lederer: Österreichisches Sozialrecht, S. 34 und S. 93
15) Lösch Andrea: Staatliche Arbeitsmarktpolitik nach dem Ersten Weltkrieg als Instrument der Verdrängung von Frauen aus der Erwerbsarbeit. In: Zeitgeschichte, herausgegeben von Weinzierl Erika, 14. Jahrgang, Heft 8. Wien 1987, S. 324
16) Lösch: Verdrängung von Frauen, S. 326
17) Lederer: Österreichisches Sozialrecht, S. 37
18) ebenda, Anmerkung 1
19) Pellar: Staat – Interessengruppen – Sozialpolitik, S. 201
20) Silberbauer: Österreichs Katholiken und die Arbeiterfrage, S. 265
21) Lederer: Österreichisches Sozialrecht, S. 35
22) Deutsch: Geschichte der österreichischen Gewerkschaftsbewegung II 1932, S. 98
23) ebenda, S. 113
24) Silberbauer: Österreichs Katholiken und die Arbeiterfrage, S. 263 f. und S. 266

[25]) In der Zweiten Republik hat jedes der neun Bundesländer eine eigene Arbeiterkammer. Die Koordinierung der Tätigkeit und die Vertretung gegenüber dem Bund ist die Aufgabe des »Österreichischen Arbeiterkammertags« ÖAKT (ab 1992 »Bundeskammer für Arbeiter und Angestellte« BAK), dessen/deren Hauptversammlung mindestens zweimal jährlich zusammentritt.

[26]) Gesetz vom 20. Februar 1920 über die Errichtung von Kammern für Arbeiter und Angestellte (Arbeiterkammern), Staatsgesetzblatt für die Republik Österreich vom 9. März 1920

[27]) Lederer: Österreichisches Sozialrecht, S. 36, Anmerkung 2

[28]) Deutsch: Geschichte der österreichischen Gewerkschaftsbewegung II 1932, S. 124 f.

[29]) ebenda, S. 115 f. und S. 126

[30]) ebenda, S. 108

[31]) Botz Gerhard: Die »Juli-Demonstranten«, ihre Motive und die quantifizierbaren Ursachen des 15. Juli 1927. In: Die Ereignisse des 15. Juli 1927, Band 5 der Veröffentlichungen der »Wissenschaftlichen Kommission des Theodor-Körner-Stiftungsfonds und des Leopold-Kunschak-Preises zur Erforschung der österreichischen Geschichte der Jahre 1913 bis 1938«. Wien 1979, S. 50 bis 55

[32]) Robert A. Kann: Österreich, das Erbe und die Erben. In: Vom Justizpalast zum Heldenplatz, herausgegeben von Jedlicka Ludwig, Neck Rudolf. Wien 1975, S. 25

[33]) Stern Carola u. a. (Herausgeber): Lexikon zur Geschichte und Politik im 20. Jahrhundert, 1. Band. Köln 1971, S. 325

[34]) ebenda, S. 59

[35]) Leichter Otto: Glanz und Elend der Ersten Republik. Wien 1964, S. 102 f.

[36]) Ausch Karl: Als die Banken fielen – Zur Soziologie der politischen Korruption. Wien 1968, S. 321 f.

[37]) ebenda, S. 337 f.

[38]) ebenda, S. 336

[39]) Benedikt Heinrich, Wandruszka Adam u. a.: Geschichte der Republik Österreich. Wien 1954, S. 407 ff.

[40]) Stadler Karl R.: Opfer verlorener Zeiten. Wien 1974, S. 43

[41]) ebenda, S. 44

[42]) Bauer Otto: Der Aufstand der österreichischen Arbeiter, Sozialistische Monatshefte, Folge 20. Wien 1947, S. 18 ff.

[43]) Zernatto Guido: Die Wahrheit über Österreich. New York/Toronto 1938, S. 107

[44]) Kreissler Felix: Von der Revolution zur Annexion – Österreich 1918 bis 1938. Wien 1970, S. 193

[45]) Vajda: Felix Austria, S. 580 f.

[46]) Jagschitz Gerhard: Bundeskanzler Engelbert Dollfuß. In: Vom Justizpalast zum Heldenplatz. Wien 1975, S. 239

[47]) Kreissler: Von der Revolution zur Annexion, S. 193

Anmerkungen zu den Seiten 299–311

Kapitel V. Die christlichen Gewerkschaften von ihren Anfängen bis 1934

[1]) Bebel August: Aus meinem Leben, I. Band. Stuttgart 1910, S. 26
[2]) Silberbauer: Österreichs Katholiken und die Arbeiterfrage, S. 69 f.
[3]) ebenda, S. 74
[4]) Schwimmer, Klinger: Die christlichen Gewerkschaften, S. 22
[5]) Silberbauer: Österreichs Katholiken und die Arbeiterfrage, S. 100
[6]) ebenda, S. 149
[7]) Schwimmer, Klinger: Die christlichen Gewerkschaften, S. 61 f.
[8]) ebenda, S. 60
[9]) Silberbauer: Österreichs Katholiken und die Arbeiterfrage, S. 140 f.

Anmerkungen zu den Seiten 313–368

Kapitel VI. Die illegale Gewerkschaftstätigkeit und die Zeit der Unterdrückung

[1]) Dirngrabner Erich: Die gewerkschaftliche Organisation der Land-, Forst- und Gartenarbeiter in Gegenwart und Vergangenheit, Skriptum Gewerkschaftskunde – Spezialinformation 11 für die Verwendung im Rahmen der Bildungsarbeit des ÖGB und der Kammern für Arbeiter und Angestellte. Wien 1986, S. 26
[2]) Schwimmer, Klingler: Die Christlichen Gewerkschaften, S. 239 ff.
[3]) Leichter Otto: Österreichs Freie Gewerkschaften im Untergrund. Wien 1963, S. 19 f.
[4]) Julius war der illegale Deckname Karl Mantlers.
[5]) Leichter: Österreichs Freie Gewerkschaften im Untergrund, S. 74
[6]) Botz Gerhard: Die Eingliederung Österreichs in das Deutsche Reich – Planung und Verwirklichung des politisch-administrativen Anschlusses (1938 bis 1940), 2. ergänzte Auflage. Linz 1976, S. 23 f.
[7]) ebenda, S. 26
[8]) Schuschnigg Kurt: Austrian Requiem, S. 12
Nazi Conspiracy and Aggression, Band 5, S. 710 ff.
Office of United States Chief of Counsel for Prosecution of Axis Criminality, Washington 1947 (US Government)
[9]) Schuschnigg: Austrian Requiem, S. 23 ff.
[10]) Botz: Die Eingliederung Österreichs in das Deutsche Reich, S. 28 f.
[11]) ebenda, S. 29
[12]) ebenda
[13]) Hindels Josef: Österreichs Gewerkschaften im Widerstand 1934–1938. Wien 1976, S. 139
[14]) Gedye George Eric Rowe: Als die Bastionen fielen. Wien 1948, S. 225
[15]) Nach der Darstellung Otto Leichters am 3. März – siehe Österreichs Freie Gewerkschaften im Untergrund, S. 122
[16]) Gedye: Als die Bastionen fielen, S. 251 f.

17) Slavik Felix: Die Floridsdorfer Konferenz. Zitiert in: Erwin A. Schmidl, März 1938 – der deutsche Einmarsch in Österreich. Wien 1987, S. 91
18) Schmidl: März 1938, S. 92
19) Danimann Franz (Herausgeber): Finis Austria. Wien 1978, S. 56 ff.
20) Festgehalten in einem Stenogramm, das in den Akten des NS-»Reichskommissars für die Wiedervereinigung Österreichs mit dem Deutschen Reich« aufgefunden wurde.
21) Botz: Die Eingliederung Österreichs in das Deutsche Reich, S. 29 f.
22) Rosar Wolfgang: Deutsche Gemeinschaft – Seyss-Inquart und der Anschluß. Wien 1971, S. 258
23) ebenda, S. 264
24) ebenda, S. 267
25) ebenda, S. 261
26) Klenner Fritz: Eine Renaissance Mitteleuropas. Wien 1978, S. 199
27) Rosar: Deutsche Gemeinschaft, S. 273
28) Reichhold Ludwig: Kampf um Österreich. Wien 1984, S. 356
29) Steurer Leopold: Südtirol zwischen Rom und Berlin 1919–1939. Wien 1980, S. 310–313
30) ebenda, S. 296 f.
31) Zernatto: Die Wahrheit über Österreich, S. 321 ff.
32) Interview mit Kabesch Erich, in: Der Privatangestellte vom März 1986
33) Fein Erich : Die Steine reden. Wien 1975, S. 16.
34) Steiner Herbert: Gestorben für Österreich – Widerstand gegen Hitler – Eine Dokumentation. Originalausgabe: Wien/Frankfurt/Zürich 1968
35) Vogl Friedrich (Herausgeber): Österreichische Eisenbahner im Widerstand. Wien 1968, S. 32
36) Schausberger Norbert: Der Griff nach Österreich. Wien 1978, S. 580
37) Botz: Die Eingliederung Österreichs in das Deutsche Reich, S. 110 ff.
38) Schausberger: Der Griff nach Österreich, S. 558
39) Kreisky Bruno: Zwischen den Zeiten. Berlin 1986, S. 283
40) Hindels: Österreichs Gewerkschaften im Widerstand, S. 425
41) Verosta Stephan: Politische und völkerrechtliche Aspekte der Besetzung Österreichs. In: Vom Justizpalast zum Heldenplatz, S. 192
42) Papanek Ernst: Die Kinder von Montmorency. Wien/München/Zürich 1980, S. 52 ff.
43) Vogl: Österreichs Eisenbahner im Widerstand, S. 33
44) Molden Otto: Der Ruf des Gewissens, der österreichische Freiheitskampf 1938–1945/Freiheit 05. Wien 1958, S. 136 ff.
45) Hindels: Österreichs Gewerkschaften im Widerstand, S. 363
46) ebenda, S. 365
47) Stadler Karl R.: Adolf Schärf, Mensch – Politiker – Staatsmann. Wien/München/Zürich 1982, S. 174
48) Hindels: Österreichs Gewerkschaften im Widerstand, S. 354
49) Stadler Karl R.: Österreich 1938–1945 im Spiegel der NS-Akten. Wien 1966, S. 13
50) Molden: Der Ruf des Gewissens, S. 14
51) Hindels: Österreichs Gewerkschaften im Widerstand, S. 349 f.
52) Weinzierl Erika : Der österreichische Widerstand. In: Österreich – Die Zweite Republik, 1. Band, herausgegeben von Weinzierl Erika und Skalnik Kurt. Graz/Wien/Köln 1972, S. 123 f.

53) Goldner Franz: Die österreichische Emigration 1938 bis 1945. Wien 1972, S. 210
54) Weinzierl: Der österreichische Widerstand, S. 124 ff.
55) Stadler: Österreich 1938–1945, S. 402 f.
56) Weinzierl: Der österreichische Widerstand, S. 124
57) Steiner Herbert: Zum Tode verurteilt, Österreicher gegen Hitler, eine Dokumentation. Wien 1964, S. 14 f.
58) Vogl Friedrich: Widerstand im Waffenrock. Wien 1968, S. 157
59) Steiner: Zum Tode verurteilt, S. 15

Anmerkungen zu den Seiten 369–441

Kapitel VII. **Wiedergeburt und Wiederaufbau**

1) Schausberger Norbert: Sieben Jahre deutsche Kriegswirtschaft in Österreich (1938–45). In: Jahrbuch 1986 des Dokumentationsarchivs des österreichischen Widerstandes. Wien 1985, S. 54
2) Lahodynsky Otmar: Der Proporz-Pakt. Wien 1987, S. 54
3) Es gab einen Befehl der Roten Armee, wonach alle Zivilpersonen nach acht Uhr abends nicht das Haus verlassen durften. Wer ohne Legitimation angetroffen wurde, hatte schwerste Folgen zu gewärtigen.
4) Helmer: 50 Jahre erlebte Geschichte, S. 204 f.
5) Einleitung des russischen Geschichtsforschers Genadi Kuranow zur sowjetischen Ausgabe von Steiner Herbert: Gestorben für Österreich – Widerstand gegen Hitler – Eine Dokumentation. Originalausgabe, Wien/Frankfurt/Zürich 1968
6) Interview Paul Lendvais mit Bruno Kreisky. In: Europäische Rundschau, Nr. 80/2. Wien, S. 22
7) Lahodynsky: Der Proporz-Pakt, S. 18
8) Hirsch Bettina: Anton Proksch und seine Zeit. Wien 1977, S. 94
9) Nasko Siegfried: Karl Renner in Dokumenten und Erinnerungen. Wien 1982, S. 186 f.
10) Hellmut Andics: 50 Jahre unseres Lebens. Wien 1968, S. 530
11) UNRRA = United Nations Relief and Rehabilitation Administration (Verwaltung der Vereinten Nationen für Beseitigung der Not und für Wiederherstellung guter Lebensbedingungen)
12) European Recovery Program = Europäisches Wiederaufbau-Programm.
13) Kienzl Heinz: Mehr als ein Strohhalm. 40 Jahre Marshall-Plan. In: arbeit&wirtschaft, Nr. 7/8 1987
14) Erinnerungsvermerk über die Vorfälle am Dienstag, dem 26. September 1950 im Bundeskanzleramt. Beilage eines Schreibens des Bundesministers für Inneres Oskar Helmer an Vizekanzler Dr. Adolf Schärf vom 2. Mai 1954.
15) Aufzeichnung des Polizeipräsidenten in Wien Josef Holaubek als Anlage zu einem Schreiben an Vizekanzler Dr. Adolf Schärf vom 18. Mai 1954.
16) Aufzeichnungen Josef Holaubek, S. 1.
17) Kausel Anton, Nemeth Nándor, Seidel Hans: Österreichisches Volkseinkommen 1913 bis 1963. Wien 1965, S. 6.

Anmerkungen zu den Seiten 443–492

Kapitel VIII. Gewerkschaftsarbeit und Wirtschaftsprobleme in einem freien Land

1) Neuhauser Gertrud: Die verbandsmäßige Organisation der österreichischen Wirtschaft. In: Verbände und Wirtschaftspolitik in Österreich. Berlin 1966, S. 78
2) Lahodynsky: Der Proporz-Pakt, S. 97 f.
3) Butschek Felix, Busch G., Wüger Michael: Historischer Rückblick, Ausblick auf Arbeitsmarkt und private Nachfrage. In: Wirtschaftliche Perspektiven Österreichs in den achtziger Jahren. Wien 1984, S. 61
4) Volksblatt, 13. September 1964
5) Neuhauser Gertrud: Die verbandsmäßige Organisation der österreichischen Wirtschaft, S. 129 f.
6) Bericht des Seminars Aspen Institute for Humanistic Studies und der Zentralsparkasse und Kommerzialbank Wien, April 1985, S. 41
7) Kramer Helmut: Perspektiven der weltwirtschaftlichen Entwicklung bis Anfang der neunziger Jahre. In: Wirtschaftliche Perspektiven Österreichs in den achtziger Jahren. Wien, S. 19
8) Finanzschuldenbericht 1987 der Österreichischen Postsparkasse, S. 40
9) ebenda, S. 42
10) ebenda, S. 45
11) Delapina Thomas, Tischler Wolfgang: Der Lohnanteil am österreichischen Volkseinkommen 1954–1984. In: arbeit&wirtschaft, Nr. 8/86, S. 38 f.
12) ebenda, S. 38

Anmerkungen zu den Seiten 493–542

Kapitel IX. Die großen Themen der Zweiten Republik

1) Die Presse, vom 18./19. Juli 1987, S. 5.
2) BVerfGE 34, 307, 317.
3) Der aktuelle Diskussionsstand zusammengefaßt in: Pelinka Anton: Modellfall Österreich? Möglichkeiten und Grenzen der Sozialpartnerschaft. Wien 1981
4) ebenda, S. 64
5) ebenda, S. 67
6) ebenda, S. 97
7) Gerlich Peter, Grande Edgar, Müller Wolfgang C. (Hrsg.): Sozialpartnerschaft in der Krise – Leistungen und Grenzen des Neokorporatismus in Österreich. Wien/Köln/Graz 1985
8) Pellar: Staat – Interessengruppen – Sozialpolitik, S. 61
9) Lehmbruch Gerhard: Sozialpartnerschaft in der vergleichenden Politikforschung. In: Sozialpartnerschaft in der Krise, S. 107
10) Tálos Emmerich: Zur Entwicklung und Entwicklungsdynamik kooperativkonzentrierter Politik in Österreich. In: Sozialpartnerschaft in der Krise, S. 83
11) Müller Wolfgang C.: Die Rolle der Parteien bei Entstehung und Entwicklung der Sozialpartnerschaft. Ebenda, S. 176
    Lehmbruch: Vergleichende Politikforschung, S. 106
12) Müller: Die Rolle der Parteien, S. 196

[13]) Fach Wolfgang, Gierszewski Gerd: Vom »sanften« zum »strengen« Korporatismus. Zur Handlungsrationalität der österreichischen Sozialpartnerschaft. In: Sozialpartnerschaften in der Krise, S. 282

[14]) ebenda, S. 283

[15]) Chaloupek Günther: Sozialpartnerschaft in der Zeit des Übergangs. In: Sozialpartnerschaft in der Krise, S. 343

[16]) Nowotny Ewald: Wirtschafts- und Sozialpartnerschaft und Finanzpolitik, ebenda, S. 328 f.

[17]) Farnleitner Johann: Sozialpartnerschaft trotz Krise, ebenda, S. 350 ff.

[18]) ECO-Journal: Kritiker meinen, die Sozialpartnerschaft mit ihrer extremen Kompromißbereitschaft verhindere den echten Fortschritt. Was sagen Sie dazu?
Tarabusi: Ich glaube kaum, wenn beide Partner sich der vollen wirtschaftlichen Verantwortung bewußt sind, daß die Sozialpartnerschaft nachteilig ist. Es ist ganz klar, daß man sich bewußt sein muß, daß man nicht dort Strukturerhaltung betreiben kann, wo gewisse Branchen oder Produktionszweige nicht mehr am Leben zu erhalten sind. Da muß man umdenken, Konsequenzen ziehen und sich auch zu Schließungen durchringen. Gleichzeitig sollte jedoch gemeinsam über neue Bereiche und damit neue Arbeitsplätze nachgedacht werden.
Mit Agostino Tarabusi sprach Hedi Cech.
(Auszug aus einem Interview mit Agostino Tarabusi, Vorstandsmitglied des Schweizerischen Gewerkschaftsbundes in: Die Presse vom 29. Mai 1987.)

[19]) »Das Fehlen jeder Sanktionsmöglichkeit, verbunden mit dem in allen Organen der Paritätischen Kommission geltenden Grundsatz der Einstimmigkeit, bedeutet einen weiteren e r h e b l i c h e n D r u c k a u f d i e A r b e i t n e h m e r v e r t r e t e r z u r E r z i e l u n g von Kompromißlösungen.« (Lachs Thomas: Wirtschaftspartnerschaft in Österreich. Wien 1976, S. 64)

[20]) Benya Anton: Gewerkschaften in der Gesellschaft von heute. Wien 1975, S. 27 f.

[21]) Marin Bernd: Die Paritätische Kommission. Wien 1982, S. 306

[22]) Gatscha Otto: Bruno Pittermann und die Verstaatlichte Industrie. In: Bruno Pittermann, herausgegeben von Fischer Heinz und Gratz Leopold, Wien 1985, S. 90 f.

[23]) Lahodynsky: Der Proporz-Pakt, S. 75

[24]) Wiener Zeitung vom 7. November 1965

[25]) Jedlicka Ludwig: Die Außenpolitik der Ersten Republik. In: Diplomatie und Außenpolitik Österreichs, herausgegeben von Erich Zöllner. Wien 1977, S. 155 f.

[26]) Meyer August: Das Syndikat. Wien 1986, S. 14

[27]) ebenda, S. 74 f.

[28]) Im Februar 1987 beschloß der Deutsche Gewerkschaftsbund, sich schrittweise und unter möglichst günstigen Bedingungen von den Mehrheitsanteilen seiner großen Unternehmen zu trennen. Betroffen sind neben dem Wohnungsbaukonzern »Neue Heimat« die Versicherungsgruppe »Volksfürsorge« sowie die »Bank für Gemeinwirtschaft« (BfG). Ausgeschlossen von diesem Rückzug bleiben nur Betriebe, »die unmittelbar den Aufgaben der Gewerkschaften dienen«, wie die »Büchergilde Gutenberg«, die »Union-Druckerei« und der Autofahrerclub ACE. Der DGB-Vorstand beschloß, eine Arbeitsgruppe einzusetzen, die sich mit der Zukunft dieser Betriebe beschäftigt.

[29]) Klenner Fritz: Das Unbehagen in der Demokratie. Wien 1956, S. 77

[30]) Gumpelmaier Erich: Mit uns nicht. Betriebsratsarbeit in krisenhaften Zeiten. Wien 1986, S. 52.
[31]) Schasching Johann: Entscheidung im Spannungsfeld von Wirtschaft und Ethik. In: Klose Alfred, Weiler Rudolf: Menschen im Entscheidungsprozeß. Wien 1971, S. 282

Anmerkungen zu den Seiten 543–624

Kapitel X. **Der Österreichische Gewerkschaftsbund Die Organisation und ihre Entscheidungsstrukturen**

[1]) Hirche Kurt: Die Finanzen der Gewerkschaften. Düsseldorf 1972, S. 415
[2]) Reichhold Ludwig: Die Geschichte der christlichen Gewerkschaften Österreichs. Wien 1987, S. 583 ff.
[3]) Pelinka Anton: Gewerkschaften im Parteienstaat, Berlin 1980, S. 160
[4]) Fritz Verzetnitsch wurde als Nachfolger von Anton Benya vom 11. ÖGB-Bundeskongreß 1987 gewählt.
[5]) Pelinka: Gewerkschaften im Parteienstaat, S. 162
[6]) ebenda, S. 90

Anmerkungen zu den Seiten 625–647

Kapitel XI. **Die Präsidenten des ÖGB**

[1]) Magaziner Alfred: Ein Sohn des Volkes – Karl Maisel erzählt aus seinem Leben. Wien 1977, S. 80
[2]) Pollak Walter (Hrsg.): Tausend Jahre Österreich, Band 3. Wien 1974, S. 463
[3]) Hillegeist Friedrich: Mein Leben im Wandel der Zeit. Wien 1974, S. 131 f.
[4]) Interviews Kurt Vorhofers mit Friedrich Hillegeist. In: Kleine Zeitung am Sonntag, 16. März 1969, S. 3

Anmerkungen zu den Seiten 649–664

Kapitel XII. **An der Schwelle eines neuen Zeitalters**

[1]) Balkhausen Dieter: Computerzeit oder: Die Angst vor kommenden Dingen. In: Gewerkschaftliche Monatshefte 3/86. Düsseldorf, S. 155
[2]) Haefner Klaus: Mensch und Computer im Jahre 2000. Basel 1984, S. 325
[3]) Gorz André: Zur Strategie der Arbeiterbewegung im Neokapitalismus. Frankfurt a. Main 1967, S. 214
[4]) Plasser Fritz, Ulram Peter A.: Der reaktive Wähler. In: Journal für Sozialforschung, Nr. 2/1987. Wien, S. 153
[5]) ebenda, S. 139
[6]) Wirtschaftsperspektiven, S. 134
[7]) Wirtschaftswoche, Nr. 49, vom 6. Dezember 1985, Düsseldorf. Interview mit Generalsekretär Heiner Geißler.

Anmerkungen zu den Seiten 667–896

Kapitel XIII. Die österreichische Gewerkschaftsbewegung zwischen dem 11. und dem 14. ÖBG-Bundeskongreß

Die Herausforderung an die Gewerkschaftsbewegung am Ende des 20. Jahrhunderts

1) Verzetnitsch Fritz: Hundert Jahre sind nicht genug. In: arbeit&wirtschaft, herausgegeben vom österreichischen Arbeiterkammertag bzw. von der Bundesarbeitskammer und dem österreichischen Gewerkschaftsbund, 1/1995, S. 6 ff. (in der Folge zitiert als »Verzetnitsch: Hundert Jahre«)
2) Brockhaus Enzyklopädie in vierundzwanzig Bänden – Elfter Band. Mannheim 1990, S. 438 f.
3) Klenner Fritz: Die Gewerkschaftsbewegung in der sich verändernden Welt. arbeit&wirtschaft 12/1986, S. 10 ff. (in der Folge zitiert als »Klenner: Gewerkschaftsbewegung in sich verändernder Welt«)
4) Verzetnitsch: Hundert Jahre
5) Pellar Brigitte, Riess Gerhard: Geschichte – nicht ohne uns – Die ersten 100 Jahre der Gewerkschaft Agrar, Nahrung, Genuß. Mohl Verlag, Wien 1992, S. 178 (in der Folge zitiert als »Pellar, Riess: ANG«)
6) Gewerkschaften verlassen die Festung – Bericht über ein Seminar des Europäischen Gewerkschaftsbundes und der Regionalorganisation Südeuropa am 6. und 7. November 1995 in Brüssel. In: Freie Gewerkschaftswelt, Zeitschrift des Internationalen Bundes Freier Gewerkschaften/IBFG, Nr. 12 (Dezember) 1995, S. 5 (in der Folge zitiert als »Gewerkschaften verlassen die Festung«)
7) Verzetnitsch: Hundert Jahre
8) ebenda
9) Deckstein Dagmar: ILO-Studie: Gewerkschaften müssen Global Players werden. Aus: Süddeutsche Zeitung vom 5. 11. 1997. Wiedergegeben in: Bildungsinfo – Bildungsinformation der Arbeiterkammern und des ÖGB Nr. 1/1998, S. 12 (in der Folge zitiert als »Global Players«, Zeitschrift als »AK/ÖGB-Bildungsinfo«)
10) Klenner: Gewerkschaftsbewegung in sich verändernder Welt
11) Global Players
12) Horak Kurt: Den Sprachlosen eine Stimme geben – Bericht über eine Umfrage der Sozialwissenschaftlichen Studiengesellschaft (SWS) über die Einstellung zur österreichischen Demokratie und ihren Institutionen. In: arbeit& wirtschaft 11/1995, S. 12 f. (in der Folge zitiert als »Horak: Den Sprachlosen eine Stimme«)
13) Klenner: Gewerkschaftsbewegung in sich verändernder Welt
14) Vanderveken John: Ausblick auf die neunziger Jahre (Interview mit dem Generalsekretär des Internationalen Bundes Freier Gewerkschaften). In: Freie Gewerkschaftswelt, Nr. 1 (Jänner) 1990, S. 2 f.
15) Global Players
16) 13. ÖGB-Bundeskongresses vom 17.–20. Oktober 1995: Beschlossene Anträge – Anträge des Bundesvorstandes, Leitantrag Demokratie. Verlag des Österreichischen Gewerkschaftsbundes, Wien 1996, Anträge des Bundesvorstands, S. 244 ff. (in der Folge zitiert als »13. Bundeskongreß: Leitantrag Demokratie«)
17) Horak: Den Sprachlosen eine Stimme

[18]) Dem Gedanken der Menschenrechtserziehung gewidmet – Luitpold-Stern-Preis 1998 an amnesty international. In: ÖGB-Nachrichtendienst Nr. 2944 vom 18. 6. 1998, S. 8 f.
[19]) Die Herausforderung der Globalisierung – Dokument zum Kongreß des Internationalen Bundes Freier Gewerkschaften 1996. In: Freie Gewerkschaftswelt Nr. 1 (Jänner) 1996, S. 1, 3
[20]) Mitschrift Brigitte Pellar bei der abschließenden Podiumsdiskussion der »Armutskonferenz« in Salzburg im Oktober 1998
[21]) Schwarz Wolfgang: Österreichs Zukunft gemeinsam bestimmen – Inhaltliche Erneuerung und organisatorischer Aufbruch. Bericht über den 13. Bundeskongreß des ÖGB. In: arbeit&wirtschaft 11/1995, S. 18 ff. (in der Folge zitiert als »Schwarz: 13. ÖGB–Bundeskongreß«)
[22]) Tätigkeitsbericht des Internationalen Bundes Freier Gewerkschaften für den Zeitraum 1991–1994/95. In: Freie Gewerkschaftswelt Nr. 6 (Juni) 1996
[23]) 2.000 demonstrieren für mehr Beschäftigung – Verzetnitsch: Arbeitslose liegen nicht in der Hängematte. In: ÖGB-Nachrichtendienst vom 16. Juli 1998, S. 6
[24]) U. a. Verzetnitsch nach Arbeitslosenprotesten: Die Situation in Österreich ist nicht zu unterschätzen. In ÖGB-Nachrichtendienst vom 12. Februar 1998, S. 1 f.
[25]) U. a. Auch in Zukunft keine Gesellschaft des Verzichts – Auszug aus einem Referat von Präsident Anton Benya auf dem 10. Bundeskongreß des ÖGB. In: arbeit&wirtschaft 4a/1985, S. 22
[26]) Verzetnitsch: Hundert Jahre
[27]) Politisches Buch – Kein Ende der Sozialpartnerschaft in Sicht – Stabilisierungsfaktor im österreichischen politischen System. Bericht über die Präsentation der Studie »Zukunft der Sozialpartnerschaft« (Signum Verlag, Wien 1999, Autoren: Gudrun Biffl, Gerda Falkner, Jörg Flecker, Ferdinand Karlhofer, Bernhard Kittel, Manfred Krenn, Peter Rosner, Hubert Sickinger, Emmerich Tálos, Brigitte Unger). In: Wiener Zeitung vom 19. 4. 1999, S. 4 (in der Folge zitiert als »Kein Ende der Sozialpartnerschaft«)
[28]) Global Players
[29]) Engel Reinhard: Jeder Arbeitnehmer ein Freiberufler? – Das Ende des klassischen Arbeitsplatzes (Interview mit dem kalifornischen Unternehmensberater William Bridges über sein Buch »Job Shift«). In: arbeit&wirtschaft 7–8/1998, S. 18 ff.
[30]) Karlhofer Ferdinand: Abschied von der »großen Zahl«? – Die Mitgliederentwicklung der Gewerkschaften in Europa. Vorabdruck aus dem Kurswechselbuch »Gewerkschaften in Österreich«, herausgegeben von Ferdinand Karlhofer und Josef Schmee, Wien 1997. In: arbeit&wirtschaft 3/1997, S. 26 ff. (in der Folge zitiert als »Karlhofer: Abschied«)
[31]) Mayer Frederick: (Gastkommentar) ÖGB – ein kreatives internationales Fundament. In: arbeit&wirtschaft 12/1993, S. 54
[32]) Lengauer Stephan, Zeiner Ernst: Arbeitsbeziehungen, Wettbewerb und Well-Being. In: Schreckenender Berta, Rosian Ingrid (Hg.): Arbeit im Modernisierungsprozeß – Kurswechsel Buch des Beirats für gesellschafts-, wirtschafts- und umweltpolitische Alternativen (BEIGEWUM), Wien 1995, S. 125 ff. (in der Folge zitiert als »Lengauer, Zeiner: Arbeitsbeziehungen«)
[33]) 13. ÖGB-Bundeskongreß: Bericht des Arbeitskreises Demokratie. Verlag des Österreichischen Gewerkschaftsbundes, Wien 1995, S. 20 (in der Folge zitiert als »13. ÖGB–Bundeskongreß: Arbeitskreis Demokratie«)

34) AK Wien (Herausgeber): Entgeltsysteme im Wandel – Herausforderungen für die gewerkschaftliche Lohnpolitik. Wien 1995, S. 40
35) Lengauer, Zeiner: Arbeitsbeziehungen
36) Hartmann Hans: Adressat: Europas Gewerkschaften. Rezension des Buches »Gegenfeuer« von Pierre Bourdieu. In: arbeit&wirtschaft 6/1998, S. 45
37) Global Players
38) Gabaglio Emilio: Die Zeit der beschäftigungspolitischen Rhetorik ist vorbei – Plädoyer für einen »dritten Weg« und ein europäisches Bündnis für Arbeit. In: Frankfurter Rundschau vom 19.5.1999
39) Wirtschaftswoche Nr. 19 vom 6. Dezember 1985
40) Die Industrie vom 19. 1. 1983
41) zusammengefaßt nach: Leichensring Kai: Gewerkschaftliche Arbeitspolitik in der Krise – Zur Rolle der Interessenvertretungen der Arbeitnehmer am Schnittpunkt zwischen gesellschaftlicher Produktion und Reproduktion im Übergang zum Postfordismus. Dissertation, Wien 1989
42) Karlhofer: Abschied
43) Die Marktkräfte brauchen soziale Spielregeln – A&W-Gespräch mit BAK-Präsident Herbert Tumpel. In: arbeit&wirtschaft 4/1997, S. 8 f.
44) Zusammengefaßt nach Zilian Hans Georg: Arbeitslos in der Arbeitsgesellschaft. In: Kurswechsel Buch des Beirats für gesellschafts-, wirtschafts- und umweltpolitische Alternativen (BEIGEWUM), Wien 1995, S. 101 f.
45) Verzetnitsch: Hundert Jahre
46) ebenda
47) Mai-Aufruf des ÖGB-Präsidenten: Klares »Ja« zum 1. Mai als Festtag der Arbeit. In: ÖGB-Nachrichtendienst vom 28. April 1997, S. 1
48) ebenda
49) Klenner: Gewerkschaftsbewegung in sich verändernder Welt

Die Gewerkschaftsbewegung und die politische Entwicklung seit 1987

1) Die Darstellung des Neoliberalismus, seiner Grundsätze, Ziele und Auswirkungen, erfolgt, wo nicht anders angegeben, auf Grundlage von:
   Schui Herbert, Ptak Ralf, Blankenburg Stephanie, Bachmann Günter, Kotzur Dirk: Wollt ihr den Totalen Markt? – Der Neoliberalismus und die extreme Rechte. Droemersche Verlagsanstalt Th. Knaur Nachf., München 1997
   Es handelt sich um die Ergebnisse einer Studie, die von der Hans-Böckler-Stiftung des Deutschen Gewerkschaftsbundes finanziert wurde. Drei der fünf Mitglieder des Wissenschafterteams sind ehemalige Betriebsräte und gewerkschaftliche Vertrauenspersonen, die ihre Berufstätigkeit als Facharbeiter begannen und dann über den Zweiten Bildungsweg die wissenschaftliche Laufbahn einschlugen.
2) Siehe die Kapitel »Das sozialpolitische Werk der Ersten Republik«, »Die Gewerkschaftsorganisation im Aufwind« sowie »Im Kampf gegen die Not«, S. 217–246
3) Göhring Walter, Broessler Agnes (mit wissenschaftlicher Beratung durch den Bereich Sozialpolitik der Kammer für Arbeiter und Angestellte für Wien): Sozialpolitik in Österreich seit 1848. Mappe VII der Reihe »AK/ÖGB-Materialien für Erwachsenenbildung und Schule« des Institutes zur Erforschung der Geschichte der Gewerkschaften und der Arbeiterkammern, herausgegeben von Karl Drochter und Franz Mrkvicka. Kammer für Arbeiter und Angestellte für Wien 1994, Folien-Begleittexte S. 22 f.

[4] Hayek: Ungleichheit ist nötig (Interview mit Stefan Baron). In: Wirtschaftswoche Nr. 11, 1981
[5] Freiheitliches Bildungswerk: Freiheitliche Thesen zur politischen Erneuerung Österreichs. Wien 1994, S. 10
[6] Die Auszüge aus dem FPÖ-Parteiprogrammentwurf 1998 sind zitiert nach: Holzinger Lutz: Haider-Buch und FPÖ-Programm: Gemeinsames Markenzeichen in den Retourgang. In: arbeit&wirtschaft 3/1998, S. 41 ff.
[7] FPÖ/HAIDER/Beschäftigungsprogramm: Haider: Arbeit schaffen – Steuern senken. APA Originaltext-Service 0108 vom 15. 4. 1998
[8] Zeuner Bodo: Der Bruch der Sozialdemokraten mit der Arbeiterbewegung – Das Tony Blair/Gerhard Schröder-Papier und die politischen Antworten, die die Gewerkschaften darauf geben müßten. In: Frankfurter Rundschau vom 17. 6. 1999, S. 21 f.
[9] Die Darstellung der internationalen Entwicklung in diesem Kapitel und allen folgenden Kapiteln beruht, wenn nicht anders angegeben auf: Gysling Erich: Weltrundschau (für die Jahre 1987–1998). Jeunesse Verlagsanstalt, Vaduz 1995 bis 1999 (in der Folge zitiert als »Gysling: Weltrundschau 87–98«)
[10] Warnsignale in Osteuropa nicht beachtet (Bericht über die Konferenz der Gewerkschaftsvertreter aus KSZE-Staaten in Kopenhagen am 8. Juni 1990). In: Freie Gewerkschaftswelt Nr. 11/1990, S. 4
[11] Die dunklen Punkte der Welt. In: Freie Gewerkschaftswelt 5/1993, S. 3 (in der Folge zitiert als »Dunkle Punkte«)
[12] Rückblick (IBFG-Tätigkeitsbericht 1992 bis 1996). In: Freie Gewerkschaftswelt Nr. 6/1996, S. 1
[13] ebenda / Dunkle Punkte / Jahrestreffen der ILO – Kritik an China und Kolumbien – IBFG: 1997 wurden 299 GewerkschafterInnen ermordet. In: ÖGB-Nachrichtendienst Nr. 2944 vom 18. 6. 1998, S. 13
[14] Türkei soll Probleme nicht mit Polizeiknüppel lösen: Europäischer Gewerkschaftsbund protestiert gegen Gewalteinsatz. In: ÖGB-Nachrichtendienst Nr. 2929 vom 12. 3. 1998, S. 14
[15] Bisher wichtigste Konvention wurde 1973 beschlossen – Internationale Bestimmungen gegen Kinderarbeit: 49 Staaten ratifizierten. In: ÖGB-Nachrichtendienst Nr. 2943 vom 12. 6. 1998, S. 14
[16] 500.000 Kinder arbeiten in Fabriken – Italiener wehren sich gegen Kinderarbeit. In: Wiener Zeitung vom 17. 4. 1999, S. 14
[17] Menschenrechte – Arbeitnehmerrechte. In: AK/ÖGB-Bildungsinfo Nr. 3 vom September 1998, S. 3
[18] Schule Hagen: Staat und Nation in der europäischen Geschichte Verlag C. H. Beck, limitierte Sonderauflage, München 1999, S. 336 f.
[19] ÖGB: NATO-Beitritt würde nur Aufrüstung bringen – Soziale Aspekte stärker beachten. In: ÖGB-Nachrichtendienst Nr. 2933 vom 26. 3. 1998, S. 14
[20] ÖGB-Präsidium kritisiert Maderthaner-Aussagen – ÖGB: Keine Abkehr von der Neutralitätspolitik! In: ÖGB-Nachrichtendienst Nr. 2986 vom 10. Juni 1999
[21] Der Krieg ist nicht die Lösung des Krieges – GPA-Vorsitzender erschüttert über Balkankrieg. Pressedienst des ÖGB Nr. 145 vom 25. 3. 1999
[22] Serbien: Die Auswirkungen der Sanktionen. In: Freie Gewerkschaftswelt Nr. 3/1995, S. 1
[23] Chaloupek Günther: Zehn Jahre nach der Wende – Ergebnisse des wirtschaftlichen Transformationsprozesses in Mittel- und Osteuropa. In: arbeit&wirtschaft 9/1999, S. 40

[24]) EGB legt Europarats-Gipfel Forderungspaket vor. In: ÖGB-Nachrichtendienst Nr. 2714, S. 8
[25]) Ausländerbeschäftigung: ÖGB für Integration statt Rotation. In: arbeit&wirtschaft 6/1990, S. 3
[26]) Kurz berichtet. In: arbeit&wirtschaft 12/1992, S. 51 / ÖGB-Position zum »sauberen Arbeitsplatz«: Will die Wirtschaftskammer »schwarze Schafe« schützen? In: ÖGB-Nachrichtendienst Nr. 2933 vom 26. 3. 1998, S. 10 f. / Zur Diskussion gestellt: Gesetz gegen die von Unternehmen systematisch organisierte Schwarzarbeit. AK aktuell Spezial Nr. 4b/99 / SPÖ: VP schützt die »Falotten«. In: Neue Kärntner Tageszeitung vom 3. 4. 1999, S. 26 f. / ÖGB-Kritik an VP (Kurzmeldung). In: Oberösterreichische Nachrichten vom 10. 5. 1999, S. 2
[27]) Metaller-Block gegen »Kapital-Tourismus« – Europäische Gewerkschaften wollen bei Lohnpolitik eng kooperieren. In: Kurier vom 27. 3. 1999, S. 21 / Metaller rüsten auf – Enge Kooperation mit Ost-Gewerkschaften beschlossen. In: Salzburger Nachrichten vom 27. 3. 1999, S. 10
[28]) Schwarz Wolfgang: Wiener Ost-West-Konferenz des IBFG: Gewerkschaftsbrücken in den Osten. In: arbeit&wirtschaft 12/1990, S. 12–15
[29]) Ziele für eine europäische Gewerkschaftspolitik – Verzetnitsch: Europa ist mehr als ein wirtschaftlicher Begriff. In: ÖGB-Nachrichtendienst Nr. 2742 von 1994, S. 14
[30]) Drochter: Weitere Zusammenarbeit und Strukturhilfe – Gewerkschaftliche Kooperation in Mittel- und Osteuropa. In: ÖGB-Nachrichtendienst Nr. 2752 von 1994, S. 18
[31]) Gewerkschaftstreffen Burgenland – Ungarn. In: ÖGB-Nachrichtendienst Nr. 2959 vom 5. 11. 1998, S. 15
[32]) Ettl: Osterweiterung nicht via »Ho-ruck« – Verzetnitsch: Kein Platz für Goldgräber im Osten. In: ÖGB-Nachrichtendienst Nr. 2908 vom 18. 9. 1997, S. 1 bis 4 / »Position der Gewerkschaft deutlich machen« – Brünn: ÖGB NÖ und AK schaffen Gewerkschafts-Verbindungsbüro. In: ÖGB-Nachrichtendienst Nr. 2960 vom 12. 11. 1998, S. 5 f. / 2. Konferenz n. ö. und südmährische Gewerkschafter – Brünn: Osterweiterung muß richtig vorbereitet werden. In: ÖGB-Nachrichtendienst Nr. 2964 vom 10. 12. 1998, S. 5 f.
[33]) Steiermark – Slowenien: Gewerkschaftliche Zusammenarbeit. In: arbeit&wirtschaft 6/1997, S. 45
[34]) 6. EGB-Kongreß in Stockholm: Für ein soziales Europa. In: arbeit&wirtschaft 7–8/1988, S. 46 (in der Folge zitiert als »6. EGB-Kongreß«)
[35]) ebenda / Der EGB (Kasten). In: arbeit&wirtschaft 4/1998, S. 25
[36]) Gewerkschaften zur Mitarbeit bereit. In: Zeitzeichen Juli/August 1988
[37]) 6. EGB-Kongreß, S. 47 / Gewerkschafter planen eine Europaakademie. In: Der Standard vom 28. 6. 1989 / Nachtnebel Karl-Heinz: Um die soziale Dimension (Interview mit Hubert Schmiedbauer). In: Weg und Ziel 7–8/1991, S. 327
[38]) ÖGB zur Integration: Österreich ist kein Bittsteller. In: ÖGB-Nachrichtendienst Nr. 2447 vom 21. 7. 1988, S. 1 / ÖGB-Memorandum an die Bundesregierung überreicht. (Kurzmeldungen »Namen und Daten«). In: ÖGB-Nachrichtendienst Nr. 2467 1988, S. 15 / Verzetnitsch Fritz: Herausforderung Europa. In: Solidarität, Zeitschrift des ÖGB, November 1988, S. 4 f. (in der Folge zitiert als »Verzetnitsch: Herausforderung Europa«)
[39]) Verzetnitsch: Herausforderung Europa, S. 5
[40]) Gewerkschaftlicher EFTA-Gipfel in Wien für stärkere Zusammenarbeit. In: arbeit&wirtschaft 3/1989, S. 6

[41]) Zourek Heinz: Vom Europa der Zwölf zum Europa der 24? In: Solidarität Juli/August 1991, S. 8 f.
[42]) Gemeinsame Erklärung der EFTA-Gewerkschaftsvorsitzenden (Kasten). In: arbeit&wirtschaft 3/1993, S. 16
[43]) Fischill Franz: Hand in Hand mit den Gewerkschaften – Seit 11. November 1996 gehört der Vorsitzende der Gewerkschaft Textil, Bekleidung, Leder – Harald Ettl – dem EU-Parlament an. Eine erste Zwischenbilanz. In: arbeit&wirtschaft 4/1998, S. 16 f.
[44]) Verankerung des sozialen Bereichs in Europa. In: Freie Gewerkschaftswelt Nr. 5/1995, S. 3 (in der Folge zitiert als »Verankerung des sozialen Bereichs«) / Maastricht: Sieg für die soziale Dimension Europas. In: Freie Gewerkschaftswelt Nr 1/1992, S. 4
[45]) Warum sagen die Gewerkschaften ja zu Maastricht? In: Freie Gewerkschaftswelt Nr. 11/1992, S. 3 (in der Folge zitiert als »Ja zu Maastricht«)
[46]) Analysen und Aktionswege für den EGB. In: Freie Gewerkschaftswelt Nr. 9/1994, S. 6 (in der Folge zitiert als »Analysen EGB«) / Schwarz Wolfgang: 8. Ordentlicher EGB-Kongreß in Brüssel: EGB fordert eine offene, starke und soziale Europäische Union. In: arbeit&wirtschaft 6/1995, S. 41 (in der Folge zitiert als »Schwarz: 8. EGB-Kongreß«) / Verankerung des sozialen Bereichs
[47]) Tüchler Ernst: Bisherige Entwicklung im Bereich EU-Beschäftigungspolitik (Kasten). In: arbeit&wirtschaft 1/1998, S. 29 (in der Folge zitiert als »Tüchler: EU-Beschäftigungspolitik«)
[48]) 13. ÖGB-Bundeskongreß: Bericht des Arbeitskreises Wirtschaftspolitik. Verlag des österreichischen Gewerkschaftsbundes, Wien 1995, S. II/21 (in der Folge zitiert als »13. ÖGB–Bundeskongreß: Arbeitskreis Wirtschaftspolitik«)
[49]) ÖGB-Präsident Fritz Verzetnitsch im Kurier-Interview – Euro-Werbung: Der ÖGB wird eigene Wege gehen. In: ÖGB-Nachrichtendienst Nr. 2918 vom 20. 11. 1997, S. 7 f.
[50]) Chaloupek Günther, Rosner Peter, Zipser Wolfgang: Risken der Deflation und Wege zu ihrer Vermeidung. Kammer für Arbeiter und Angestellte für Wien 1999 / AK-Chef warnt vor Deflation – Wertverlust des Euro gegenüber dem Dollar unbedenklich. In: Der Standard vom 20. 3. 1999, S. 28 / Höhere Löhne gegen Deflationsgefahr. In: Die Presse vom 20. 3. 1999, S. 21 / Tumpel sieht Zinssenkungspotential in Europa – AK warnt vor Deflationsgefahr für Wachstum und Beschäftigung. In: Wiener Zeitung vom 22. 3. 1999, S. 5
[51]) Rossmann Bruno: Europa: Gesamtwirtschaftliche Auswirkungen der Budgetkonsolidierung. In: arbeit&wirtschaft 9/1999, S. 20–22
[52]) Beer Elisabeth: Osterweiterung der EU – die große Herausforderung für wen? In: arbeit&wirtschaft 12/1997, S. 36–38
[53]) ebenda, S. 39 f.
[54]) EU-Sozialausschuß stimmt für Ettl-Stellungnahme – Ettl: Ein Schritt in Richtung soziale EU-Osterweiterung. In: ÖGB-Nachrichtendienst vom 30. 10. 1997
[55]) Leutner Richard: Ostöffnung darf nicht zu einer neuen Wanderungsbewegung auf dem Arbeitsmarkt führen – EU-Osterweiterung – AGENDA 2000 der Europäischen Kommission als Ausgangspunkt. In: arbeit&wirtschaft 5/1998, S. 8–11/ Leutner fordert alle fünf Jahre einen »Review-Prozeß«: ÖGB EU-Osterweiterung nur mit Übergangsbestimmungen. In: ÖGB-Nachrichtendienst vom 3. 9. 1998
[56]) Der innenpolitische Überblick ist, wo nicht anders angegeben, zusammengefaßt nach: Abel Rudolf: VOEST, Menschen und ihr Werk – 50 Jahre aus der Sicht der Belegschaft. Herausgeber und Verleger: Betriebsratskörperschaften der VA Stahl Linz GmbH, Linz 1995, S. 247 ff. (in der Folge zitiert als »Abel: VOEST«) APA-Jahresrevue/Innenpolitik 1988–1998

[57]) Grubelnik Klaus: Österreichs beeindruckende Aufholjagd – Das Paradoxon des Erfolgs. In: Format vom 22. 5. 1999, S. 3
[58]) Delapina Thomas: Wachstum. Heft 3 der Skriptenreihe »Wirtschaft« des ÖGB und der Bundeskammer für Arbeiter und Angestellte. Verlag des Österreichischen Gewerkschaftsbundes 1999, Wien S. 4
[59]) Konjunkturprognose für 1996 bis 1997: Deutliche Verlangsamung des Wirtschaftswachstums. In: ÖGB-Nachrichtendienst Nr. 2838 1996, S. 14 / Jahres-Inflation sank 1997 in Österreich auf 1,3 Prozent. In: ÖGB-Nachrichtendienst Nr. 2926 vom 5. 2. 1998, S. 6 f.
[60]) Chaloupek Günther: Denkfalle Globalisierung. In: arbeit&wirtschaft 1/1997, S. 16 (in der Folge zitiert als »Chaloupek: Denkfalle«)
[61]) Gute Bilanz der »Österreich AG« – AK: Wirtschaftsstandort steht hervorragend da« / Wirtschaft: Nachholbedarf im öffentlichen Sektor, F&E, Verkehr, Unis. In: Kurier vom 8. 6. 1999, S. 19
[62]) Österreich ist Wirtschaftsaufsteiger des Jahres: Multis bauten Standorte mit Milliarden-Investitionen aus. In: ÖGB-Nachrichtendienst Nr. 2949 vom 20. 7. 1998, S. 7 ff.
[63]) Probleme bei Leistungsbilanz noch nicht ganz überwunden – WIFO: Wettbewerbsfähigkeit Österreichs ist Erfolgsstory. In: ÖGB-Nachrichtendienst Nr. 2914 vom 30. 10. 1997, S. 10
[64]) Arbeitslosenrate soll auf 6,5 Prozent sinken: Österreichs Wirtschaft wächst in den nächsten fünf Jahren rascher. In: ÖGB-Nachrichtendienst Nr. 2926 vom 5. 2. 1998, S. 5 f.
[65]) Mesch Michael: Hochkonjunktur 1987 – 1990 – Wo die Einkommen wuchsen. In: arbeit&wirtschaft 7–8/1992, S. 48 ff.
[66]) Bericht über den 14. Gewerkschaftstag der Gewerkschaft Textil, Bekleidung, Leder (TBL). In: arbeit&wirtschaft 1/1993, S. 5 / Bericht über den 15. Gewerkschaftstag der Gewerkschaft TBL. In: ÖGB-Nachrichtendienst vom 4. 4. 1996, S. 10 / Aussage des Präsidenten des Fachverbandes der Textilindustrie. In: ÖGB-Nachrichtendienst vom 20. 5. 1998, S. 15
[67]) Holzinger Lutz: Konsum-Ausgleich: Beschäftigte als Hauptopfer. In: arbeit& wirtschaft 2/96, S. 26 (In der Folge zitiert als »Holzinger: Konsum-Ausgleich«)
[68]) Fieber Alexander: Der Unschuld andere Seite. In: Die Presse vom 20. 5. 1999, S. 20
[69]) Gewerkschaft nimmt Gerharter in die Mangel. In: Kurier vom 23. 2. 1995, S. 17 / Schließe Kauf der Bawag-Aktien nicht aus, Interview mit ÖGB-Präsident Fritz Verzetnitsch. In: News vom 23. 3. 1995, S. 27 (in der Folge zitiert als »Verzetnitsch-Interview News«)
[70]) Engel Reinhard: Ausverkauf einer Idee. In: Die Zeit vom 17. 3. 1995, S. 30 / Yvon Paul: Willkommener Tod – Konsum-Prozeß. In: profil vom 26. 4. 1999, S. 17 f. (in der Folge zitiert als »Yvon: Willkommener Tod)
[71]) Konsum starb keines natürlichen Todes. In: Der Standard vom 20. 5. 1999, S. 25 / Benya: »Konsum war ja nicht Luft«. In: Kurier vom 20. 5. 1999, S. 13
[72]) Holzinger: Konsum-Ausgleich, S. 36
[73]) Verzetnitsch-Interview News
[74]) Anton Benya: Konsumpleite wäre zu verhindern gewesen. In: Neue Kronen Zeitung vom 20. 5. 1999, S. 29 / Ein Tag für Präsidenten. In: Salzburger Nachrichten vom 20. 5. 1999, S. 20
[75]) Yvon: Willkommener Tod / Schuldsprüche in der Causa Konsum Österreich. In: Neue Zürcher Zeitung vom 26. 5. 1999, S. 11
[76]) ebenda

77) ÖGB-Nachrichtendienst Nr. 2840 1995, S. 9; Nr. 2811 1995, S. 11; Nr. 2794 1995, S. 10 f.
78) Gläubiger der Konsum-Pleite erhielten Quote von 51 Prozent. In: Salzburger Nachrichten vom 11. 7. 1998, S. 10 / Konsum-Ausgleich ist nun erfüllt. In: Wiener Zeitung vom 4. 7. 1997, S. 9
79) Gmundner Hans: Komplettservice für Opfer des Konsum-Ausgleichs – Lokalaugenschein im ÖGB/AK-Insolvenzbüro. In: arbeit&wirtschaft 6/95, S. 34 ff.
80) ebenda / Holzinger: Konsum-Ausgleich, S. 36 ff. / Konsum-Insolvenz: Dauerfolgen. In: arbeit&wirtschaft 10/96, S. 7 / Gekündigte Konsum-Mitarbeiter: Stadt Wien bietet Hilfe an. In: Die Presse vom 26. 7. 1995, S. 8 / Stiftung für Konsum-MitarbeiterInnen setzt Betreuung für weitere vier Monate fort. In: ÖGB-Nachrichtendienst Nr. 2861 vom 19. 9. 1996, S. 9
81) OGM-Umfrage bei 180 Filialleitern – So sehen es die Mitarbeiter. In: Cash Nr. 4 vom April 1995, S. 4 / Weber Ernst: 1,535.035 ÖGB-Mitglieder, Jeder fünfte Österreicher ist gewerkschaftlich organisiert. In: arbeit&wirtschaft 9/97, S. 7
82) Schuldsprüche in der Causa Konsum Österreich. In: Neue Zürcher Zeitung vom 26. 5. 1999, S. 11
83) Brozda Johann, Nillson Jerker: Konsum Österreich – ein Fall und seine Struktur. In: ZS für das gesamte Genossenschaftswesen Nr. 2, Vanderhoek & Ruprecht 1997, S. 93
84) Die Darstellung der innenpolitischen Entwicklung beruht, wo nicht anders angegeben auf:
Kleindel Walter (Erstautor), Ackerl Isabella, Kodek Günter K (Herausgabe, Bearbeitung, Ergänzung): Österreich – Daten zur Geschichte und Kultur. Ueberreuter, Wien 1995 (in der Folge zitiert als »Kleindel, Ackerl, Kodek: Österreich – Daten 1995«)
APA-Jahresrevue. Austria Presseagentur 1988–1998
85) Hofer K.: Der 1. Mai und die Wiener Verkehrsbetriebe. In: arbeit&wirtschaft 5/1998, S. 26 f. / Anzenberger Andreas: Für Straßenbahnbetrieb am 1. Mai ist Lösung in Sicht. In: Kurier vom 30. 3. 1999, S. 10 / Schwarz Walter: Tramway-Vollbetrieb am 1. Mai in Sicht – Schwierige Verhandlungen vor historischer Lösung. In: Salzburger Nachrichten vom 7. 4. 1999, S. 4 / Fieber Alexander: Tag der Arbeit in Wien – Häupl: Wir werden die Demütigung wieder rückgängig machen. In: Die Presse vom 3. 5. 1999, S. 11
86) Gewerkschaften sind und bleiben überparteilich: Der Bundesvorstand regelte die Fraktionsordnung des ÖGB. In: ÖGB-Nachrichtendienst Nr. 2872 vom 5. 12. 1996, S. 5
87) GPA-Vorsitzende Hostasch: RFA greift Gewerkschaften an. In: arbeit&wirtschaft 11/1992, S. 3
88) Scharfe Antwort des Leitenden ÖGB-Sekretärs – Drochter: F-Angriffe nicht neu, aber menschenverachtend! In: ÖGB-Nachrichtendienst Nr. 2890 vom 28. 4. 1997
89) Dokumentation – Gewerkschaftsarbeit ist Knochenarbeit« – Nürnberger: Die F soll gründlich nachdenken. ÖGB-Nachrichtendienst Nr. 2872a vom 5. 12. 1996 / Die Antwort des ÖGB auf die Forderungen des Rings Freiheitlicher Arbeitnehmer. In: ÖGB-Nachrichtendienst Nr. 2889 vom 24. 4. 1997, S. 7 f.
90) ÖGB-Präsident Fritz Verzetnitsch bei Buchpräsentation: FGÖ ist »Parteiorganisation« und keine Gewerkschaft. In: ÖGB-Nachrichtendienst Nr. 2937 vom 30. 4. 1998, S. 14 (in der Folge zitiert als »Buchpräsentation«)

[91] F-Gewerkschaft weiter auf Schäfchensuche. In: Oberösterreichische Nachrichten vom 10. 4. 1999, S. 2 / Jerolitsch Monika: FP-Gewerkschaft: »Werden bei Exekutive Nummer 1«. In: Kleine Zeitung vom 18. 4. 1999, S. 2
[92] Haller Patricia: Kleinlauter Kleindienst: Warum die FP-nahe Gewerkschaft nicht boomt. In: Kurier vom 3. 6. 1999, S. 2
[93] FGÖ: Keine Konkurrenz zum ÖGB, sondern eine gelbe Gewerkschaft. Beilage zum ÖGB-Nachrichtendienst vom 29. 2. 1998 / Buchpräsentation, S. 13 f.
[94] Muhm Werner: Steuer – Neunzig werden gewinnen. In: Solidarität vom Jänner 1989, S. 4 f. (in der Folge zitiert als »Muhm: Steuer 90«)
[95] Rossmann Bruno: Bundeshaushalt 1994 – Schwache Konjunktur und Steuerreform. In: arbeit&wirtschaft 1/1994, S. 27 f. (in der Folge zitiert als »Rossmann: Bundeshaushalt 1994«)
[96] Rossmann Bruno, Streissler Agnes: Das Budget – Politik in Zahlen. A&W Spezial, Folge 81, Beilage zu: arbeit&wirtschaft 2/1996, S. 12 f.
[97] Muhm: Steuer 90, S. 5
[98] ebenda, S. 7
[99] Rossmann Bruno: Hart, notwendig, ausgewogen – Sparpaket II. In: arbeit&wirtschaft 4/1996, S. 8 (in der Folge zitiert als »Rossmann: Sparpaket II«)
[100] Leutner Richard: Sparpaket 1995 – Auswirkungen im Bereich Soziales und Familie. In: arbeit&wirtschaft 5/1995, S. 10–13
[101] Rossmann, Sparpaket II
[102] ebenda
[103] Standort Österreich sichern – Beschluß des erweiterten Präsidiums des Österreichischen Gewerkschaftsbundes. In: Solidarität, die Illustrierte des ÖGB, vom April 1996, S. 3
[104] Rossmann Bruno: Der Bundeshaushalt 1997 – Maastricht-Kriterien erreicht. In: arbeit&wirtschaft 5/1998, S. 14–18
[105] Farny Otto: Das Motto der Steuerreform 2000: Arbeit entlasten! Einkommen sichern! Gerechtigkeit schaffen! In: arbeit&wirtschaft 3/1999, S. 10 ff.
[106] Bei kleinen und mittleren Einkommen ansetzen: Lohnsteuersenkung finanziert sich selbst. In: ÖGB Nachrichtendienst Nr. 2932 vom 19. 3. 1998, S. 1 f. (in der Folge zitiert als »Lohnsteuersenkung finanziert sich selbst«) / Richard Leutner: Die Basis ist vorhanden – Lohnsteuersenkung ist doppelt gerechtfertigt. In: ÖGB-Nachrichtendienst Nr. 2955 vom 8. 10. 1998, S. 1 f. / Stocker Ulrich: ÖGB urgiert Steuerreform und Wertschöpfungstaxe. In: Kurier vom 11. 3. 1999, S. 9
[107] Spielräume für entlastende Steuerreform gegeben – AK: Unternehmen schulden dem Staat 32 Milliarden Schilling an fälligen Steuern. In: ÖGB-Nachrichtendienst Nr. 2948 vom 25. 7. 1998
[108] Leutner Richard: Steuerreform 2000 – ÖGB erreicht 17 Milliarden Schilling Lohn- und Einkommenssteuersenkung. In: arbeit&wirtschaft 5/1999, S. 16 bis 20 (in der Folge zitiert als »Leutner: Steuerreform 2000«)
[109] Galley J., Wöber F., Stefan G.: Steuer Coup. In: News Nr. 12 vom 25. 3. 1999, S. 12
[110] ebenda (Kasten) / Kleinere und mittlere Einkommen entlasten: Gerechte Steuerreform mit 1. Jänner 2000. In: ÖGB-Nachrichtendienst Nr. 2971 vom 18. 2. 1999, S. 2 / Leutner: Steuerreform 2000, S. 19
[111] Predl Margit: Flat Tax – Weder einfach noch gerecht, sondern einfach ungerecht. In: arbeit&wirtschaft 1/1999, S. 34–37
[112] Steuerreform: Kritik eint die Opposition. In: Der Standard vom 25. 3. 1999, S. 9

Der Kampf um soziale Regeln für Markt und Gesellschaft

[1] Rossmann Bruno: Umverteilung durch den Staat (Zusammenfassung der im Auftrag des Parlamentes vom Wirtschaftsforschungsinstitut erstellten und von A. Goger koordinierten Studie »Umverteilung durch öffentliche Haushalte in Österreich«. In: arbeit&wirtschaft 2/1997, S. 10–15 (in der Folge zitiert als »Roßmann: Umverteilung«)

[2] Giorgi Liane, Steiner Hans: Verteilungseffekte der Sozialleistungen (Ergebnisse der von der EU initiierten europaweiten Studie »European Household Panel Survey«, einer Längsschnitterhebung, bei der jährlich dieselben Haushalte befragt werden. Österreich ist seit 1995 beteiligt, die Erhebung für Österreich wurde vom Interdisziplinären Forschungszentrum Sozialwissenschaften IFS/ICCR in Zusammenarbeit mit den Meinungsforschungsinstituten FESSEL und IFES und in Abstimmung mit dem Österreichischen Statistischen Zentralamt durchgeführt). In: arbeit&wirtschaft 11/1997, S. 24–27

[3] Rossmann: Umverteilung, S. 14 f.

[4] 13. ÖGB-Bundeskongreß: Arbeitskreis Wirtschaftspolitik, S. II/69

[5] Berechnungen der Autorin auf Basis der Hochschulstatistik und der Volkszählungsdaten 1971 bis 1991

[6] Studie sieht keine Alternative zum gebührenfreien Hochschulzugang (Zusammenfassung der Ergebnisse einer im Auftrag des Wissenschaftsministeriums von den Ökonomen Richard Sturm und Gerhard Wohlfahrt, Institut für Volkswirtschaft an der Universität Graz, durchgeführten Studie); Austria Presse Agentur APA0257 vom 16. 6. 1999

[7] Siehe Abschnitt »Gewerkschaftsarbeit unter veränderten Rahmenbedingungen«, Kapitel »Gefragt: eine neue Qualität von Innovations- und Bildungspolitik«

[8] Leutner Richard: »... sozial nicht ausgewogen!« – Wir wollen einen gerechten Anteil am Volkswohlstand! (Interview mit Siegfried Sorz) In: arbeit&wirtschaft 10/1997, S. 10

[9] Sallmutter Hans: Selbstverwaltung in der Sozialversicherung – Bekenntnis zur Reform – Den Anforderungen der Gesellschaft anpassen. In: Wiener Zeitung vom 11. 8. 1993

[10] Leutner Richard: Sozialstaat und soziales Netz: Grundlage der Demokratie – Erreichtes in der Sozialpolitik (II). In: arbeit&wirtschaft 9/1994, S. 14 (in der Folge zitiert als »Leutner: Erreichtes in der Sozialpolitik II«)

[11] Ivansits Helmut, Streissler Agnes: Zweitbeste Kompromißlösung – Ökonomie und Gesundheit am österreichischen Beispiel. In: arbeit&wirtschaft 6/1999, S. 34–38 (in der Folge zitiert als »Ivansits, Streissler: Ökonomie und Gesundheit«)

[12] FCG gegen freie Wahl der Sozialversicherung. In: Neues Volksblatt vom 13. 7. 1990

[13] Resolution des ÖGB-Bundesvorstandes. In: arbeit&wirtschaft 3/1997, S. 4 f.

[14] Leutner: Erreichtes in der Sozialpolitik II, S. 12 f.

[15] Bau-Enquete (Teil 2): Prävention ist humanste Form der Kostensenkung – Bauenquete (Teil 3) Driemer & Tumpel: Arbeit darf nicht die Gesundheit kosten. ÖGB-Pressedienst Nr. 159, Nr. 160 vom 12. 4. 1999 / Die Presse vom 13. 4. 1999, S. 21

[16] Czeskleba Renate, Heider Alexander: Recht auf Gesundheit und Sicherheit am Arbeitsplatz: 1,2 Milliarden für die Prävention – Arbeitsmedizinische und sicherheitstechnische Betreuung für alle. In: arbeit&wirtschaft 2/1999, S. 22 bis 27

[17]) ebenda
[18]) Erfolg der Vernunft – Die Einigung zur Pensionsreform. In: arbeit&wirtschaft 11/1997, S. 4–9 (in der Folge zitiert als »Pensionsreform 1997«)
[19]) Die Presse vom 13. 4. 1999, S. 10
[20]) Keine Chance auf Festeinstellung – Einsteiger arbeiten oft ohne soziales Netz (Bericht über eine Gewerkschaftstagung in Inzell/Bayern zum Thema »Atypische Arbeitsverhältnisse in Deutschland, Italien und Österreich«). In: Der Standard vom 10. 4. 1999, S. 44
[21]) Pensionsreform 1997
[22]) Täglich Alles vom 29. 4. 1999, S. 3
[23]) Streissler Agnes: Familienpolitik aus Arbeitnehmersicht. In: arbeit&wirtschaft 12/1998, S. 40 f (in der Folge zitiert als »Streissler: Familienpolitik«)
[24]) Himsl Doris: Karenzgeld für alle. Unveröffentlichtes Manuskript, erstellt in Zusammenarbeit mit der Abteilung Frauen und Familie der Kammer für Arbeiter und Angestellte für Wien. Wien 1999
[25]) Predl Margit: Steuerliche Familienförderung neu: Für jedes Kind 6000 Schilling zusätzlich – Richterspruch war Auslöser der Reform. In: arbeit&wirtschaft 6/1998, S. 24 ff. / Die wichtigsten Ergebnisse der Steuerreform 2000. Sonderbeilage zum ÖGB-Nachrichtendienst Nr. 2977 vom 6. April 1999
[26]) Bericht über die Sitzung des ÖGB-Bundesvorstandes vom 10. September 1987. In: arbeit&wirtschaft 11/1987, S. 3
[27]) Streissler: Familienpolitik
[28]) ÖGB-Nachrichtendienst: Nr. 2950 vom 3. 9. 1998, S. 13 / Nr. 2966 vom 14. 1. 1999, S. 15/ Nr. 2951 vom 10. 9. 1998, S. 5 / Nr. 2971 vom 18. 2. 1999, S. 3/ Nr. 2975 vom 18. 3. 1999, S. 5
[29]) Drei Monate »Elternurlaub«, Zusammenfassung des vom Europäischen Gewerkschaftsbund 1998 herausgegebenen Leitfadens zum Elternurlaub. In: Wiener Zeitung vom 31. 7. 1998, S. 2
[30]) ÖGB-Nachrichtendienst: Nr. 2971 vom 18. 2. 1999, S. 2 / Nr. 2975 vom 18. 3. 1999, S. 4.
[31]) ÖGB-Nachrichtendienst Nr. 2986 vom 10. 6. 1999, S. 10
[32]) Stocker Ulrich: ÖGB urgiert Steuerreform und Wertschöpfungstaxe. In: Kurier vom 11. 3. 1999, S. 9
[33]) Wirtschafts Blatt vom 19. 3. 1999 / Mündliche Information durch Otto Farny, Leiter der Abteilung Steuerpolitik der Kammer für Arbeiter und Angestellte für Wien / Ivansits, Streissler: Ökonomie und Gesundheit
[34]) Rossmann: Bundeshaushalt 1994, S. 26, S. 29
[35]) Leutner Richard: Sozialstaat und soziales Netz – Erreichtes in der Sozialpolitik. In: arbeit& wirtschaft 7–8/1994, S. 11 f. / Unbürokratischer Bürokratieabbau – Das Arbeitsmarktservice feierte mit seinen »Vätern« den 1. Geburtstag. In: arbeit&wirtschaft 11/1995, S. 5
[36]) siehe Abschnitt »Um die Sicherung von »strategischem Eigentum« in österreichischer Hand«, Kapitel »Gemeinwirtschaft, staatliche Leistungen und Mitbestimmung unter dem Druck der Markteuphorie«
[37]) Lohnsteuersenkung finanziert sich selbst, S. 2
[38]) Kramser Annemarie, Gstöttner Margit: Aktion Fairness – Fairness für alle. In: Solidarität Nr. 814 Juli–August 1999, S. 6 / Bachner fordert Gleichstellung bei Kündigungsfristen – Arbeiter dürfen nicht länger benachteiligt werden. ÖGB-Pressedienst Nr. 227 vom 1. Mai 1998

[39]) Klenner Fritz: Entscheidend für die Gewerkschaftsbewegung ist, ob sie die Herausforderung dieses Jahrzehnts bewältigt (Leserbrief). In: arbeit&wirtschaft 7–8/1991, S. 3

[40]) Nürnberger Rudolf: Gleiche Rechte für alle bis zum Jahr 2000! (Interview mit Kurt Horak). In: arbeit&wirtschaft 3/1994, S. 19

[41]) Leutner Richard: Eine Initiative des ÖGB: Gerechtigkeit für 1,3 Millionen Arbeiter – Das Projekt der Umsetzung der »Aktion Fairness«. In: arbeit& wirtschaft 12/1998, S. 11 (in der Folge zitiert als »Leutner: Gerechtigkeit«)

[42]) Arbeiter – Angestellte: Arbeitsrechtliche Gleichstellung durchgesetzt! KV 98 Industrie und Bergbau (Wandzeitung). Gewerkschaft Metall – Bergbau – Energie, Österreichischer Gewerkschaftsbund Info 4/6

[43]) E-Wirtschaft: Etappensieg der »Aktion Fairness«. In: arbeit&wirtschaft 3/1999, S. 8

[44]) Nürnberger: Aktion Fairness und Abfertigung umsetzen – HGPD-Gewerkschaftstag eröffnet. ÖGB-Pressedienst Nr. 138 vom 23. 3. 1999

[45]) Tarifeinheit, angemessene Ist-Lohnrunde – Vor Lohnrunde: Treffen von 500 Betriebsräten. In: ÖGB-Nachrichtendienst Nr. 2860 vom 12. 6. 1996, S. 1

[46]) Arbeitsklima-Index – alarmierende Werte: ArbeiterInnen im Job oft sehr unzufrieden. In: ÖGB-Nachrichtendienst Nr. 2930 vom 5. 3. 1998, S. 1 / Leutner: Gerechtigkeit, S. 10, S. 14

[47]) Verzetnitsch: Gemeinsamer Kampf – Arbeiter und Angestellte forderten gleiche Rechte. In: ÖGB-Nachrichtendienst Nr. 2937 vom 30. 4. 1998, S. 1 f.

[48]) Hostasch übergab Entwurf den Sozialpartnern – Gleiche Rechte für Arbeiter und Angestellte: Erstentwurf. In: ÖGB-Nachrichtendienst Nr. 2952 vom 17. 9. 1998, S. 7

[49]) Resolution des ÖGB-Bundesvorstandes: ÖGB fordert Gerechtigkeit, Sicherheit, Solidarität. In: ÖGB-Nachrichtendienst Nr. 2958 vom 30. 10. 1998, S. 3 f.

[50]) Leutner: Gerechtigkeit, S. 13 / ÖGB erwartet Umsetzung der »Aktion Fairness« – Walter Nettig irrt sich um neun Milliarden Schilling. In: ÖGB-Nachrichtendienst Nr. 2972 vom 25. 2. 1999, S. 1 f.

[51]) Verzetnitsch: Wirtschaft will Fairness verhindern – Sozialpartnerverhandlungen zur »Aktion Fairness« gescheitert. Austria Presse Agentur APA-Originaltextservice 0199 vom 10. 6. 1999

[52]) »Längere Kündigungsfrist muß nicht für alle Arbeiter gelten«. In: Die Presse vom 9. 3. 1999, S. 19

[53]) Kramser, Gstöttner: Aktion Fairness, S. 7 / Die Verhandlungen zwischen Wirtschaft und ÖGB sind gescheitert – Zwist um Aktion Fairness. In: Wirtschafts Blatt vom 11. 6. 1999, S. 20 / Riesen-Koalitionswirbel um Anlagenrecht und Aktion Fairness. In: Die Presse vom 12. 6. 1999, S. 21

[54]) Aktion Fairness: Verzetnitsch bringt Initiativantrag ein. Austria Presse Agentur APA-Originaltextservice 0270 vom 17. 6. 1999 / Verzetnitsch: Wir lassen uns die Fairness nicht abkaufen. In: arbeit&wirtschaft 9/1999, S. 10

[55]) Leutner: Gerechtigkeit S. 11 / Aktion Fairness: LIF-Kier: »ÖGB-Vorschlag ist strukturkonservative Alibi-Aktion. Austria Presse Agentur APA-Originaltextservice 0315 vom 17. 6. 1999

[56]) ÖGB-Bundesfrauenausschuß verlangt: »Teilt endlich die Arbeit auf mehr Menschen auf!« In: ÖGB-Nachrichtendienst Nr. 2862 vom 26. 9. 1996, S. 2

[57]) Wirtschaftsforscherin Biffl warnt vor gespaltenem Arbeitsmarkt – Viele Unternehmer wollen sich Sozialkosten sparen. ÖGB-Pressedienst Nr. 142 vom 24. 3. 1999

[58]) Leeb Markus: Öffentlicher Dienst – Milliarden erfochten – VfG-Urteil bringt Staatsdienern mehr Geld. In: News Nr. 18 vom 6. 5. 1999
[59]) Format vom 3. 5. 1999, S. 18
[60]) AK für Reform der Abfertigung. In: Neue Zeit Graz vom 24. 3. 1999, S. 7 / Resolution des ÖGB-Bundesvorstandes. In: arbeit&wirtschaft 7–8/1999, S. 5 (in der Folge zitiert als »ÖGB-Bundesvorstand: Frühsommer 1999«) / Pesendorfer David: Kammer-Jammer: Chefs feuern munter wie nie! – Nach »Mobbing« von Kollege zu Kollege kommt nun »Bossing«. In: Täglich Alles vom 15. 3. 1999, S. 9
[61]) Jobs mit Befristung nehmen rasant zu. In: Salzburger Nachrichten vom 19. 3. 1999, S. 10 / Rahmen für neue Arbeitsform – EU-Sozialpartner sichern befristete Arbeitsverhältnisse ab. In: Der Standard vom 19. 3. 1999, S. 26
[62]) Leutner Richard: Nationaler Aktionsplan für Beschäftigung Österreich (NAP): Bekämpfung der Arbeitslosigkeit – Das politische Grundanliegen der Österreicherinnen und Österreicher. In: arbeit&wirtschaft 6/1998, S. 10 (in der Folge zitiert als »Leutner: NAP«) / Wirtschafts- und sozialstatistisches Taschenbuch der Bundeskammer für Arbeiter und Angestellte 1999, S. 120 und S. 136 f.
[63]) Zuletzt zusammengefaßt bei: Verzetnitsch urgiert Konsequenz. In: arbeit&wirtschaft 6/1999, S. 40
[64]) Analysen EGB / Welche Aussichten hat das soziale Europa? In: Freie Gewerkschaftswelt Nr 1/1995, S. 8
[65]) Ettl: TEN-Finanzierung attraktiver machen – Eine Million dauerhafte Arbeitsplätze möglich. In: ÖGB-Nachrichtendienst Nr. 2967 vom 21. 1. 1999, S. 3
[66]) Analysen EGB
[67]) Gewerkschaftsdruck auf EU-Kommission – Bisher größter europäischer Kongreß – Ruf nach Programmen gegen Arbeitslosigkeit. In: Der Standard vom 10. 5. 1995, S. 3
[68]) Schwarz: 8. EGB-Kongreß, S. 41
[69]) Tüchler: EU-Beschäftigungspolitik / Leutner: NAP, S. 10
[70]) Beschäftigungspläne der EU-Länder. In: ÖGB-Nachrichtendienst Nr. 2936 vom 23. 4. 1998, S. 3 f.
[71]) Leutner: NAP, S. 10 f.
[72]) Tumpel Herbert: Beschäftigungsstrategien für Österreich und Europa. In: arbeit&wirtschaft 12/1997, S. 18
[73]) Leutner: NAP, S. 11
[74]) Kaizar Inge: Initiative Berufsausbildung – Bildungspolitische Maßnahmen gegen Jugendarbeitslosigkeit. In: arbeit&wirtschaft 12/1996, S. 40–43
[75]) Leutner Richard: Nationaler Aktionsplan (NAP) – Auffangnetz für Jugendliche geknüpft. In: AK/ÖGB-Bildungsinfo Nr. 2 vom Juni 1998, S. 3 (in der Folge zitiert als »Leutner: Auffangnetz«)
[76]) ebenda / Tätigkeitsbericht der AK Wien für das Jahr 1997. Kammer für Arbeiter und Angestellte für Wien 1998, S. 26 f.
[77]) Neoliberalismus keine Strategie für Bildungspolitik – ÖGB: Lehrlingspaket II nur Geschenk an die Unternehmer. In: ÖGB-Nachrichtendienst Nr. 2928 vom 19. 2. 1998, S. 12 / Tätigkeitsbericht der AK Wien 1997, S. 26 f.
[78]) Recht auf Bildung für die Jugend – für eine qualifizierte Berufsausbildung – gegen Jugendarbeitslosigkeit. Unterlage des ÖGB-Pressereferates zur Pressekonferenz von ÖGB-Präsident Fritz Verzetnitsch und AK-Präsident Herbert Tumpel zur Präsentation des ÖGB/AK-Konzeptes gegen Jugendarbeitslosig-

keit am 7. 1. 1998 / Verzetnitsch, Tumpel mit Maßnahmenbündel – Berufsfachschule: Neues Angebot für die Lehrstellensuchenden. In: ÖGB-Nachrichtendienst Nr. 2923 vom 15. 1. 1998, S. 17 / Berufsbildungsbericht: ÖGB urgiert Berufsfachschule. In: ÖGB-Nachrichtendienst Nr. 2931 vom 12. 3. 1998, Verzetnitsch betont Beschäftigungsinitiative: Berufsfachschule »Puffer« zur Lehrlingsausbildung. In: ÖGB-Nachrichtendienst Nr. 2933 vom 26. 3. 1998, S. 1 f. / Tätigkeitsbericht der AK Wien für das Jahr 1998. Kammer für Arbeiter und Angestellte für Wien 1999, S. 21

[79]) Hofstätter Maria: Strukturwandel bringt weniger Lehrstellen. In: arbeit&wirtschaft 12/1997, S. 5

[80]) Leutner: Auffangnetz, S. 20 / 1. Bilanz zum österreichischen Beschäftigungsplan. In: AK/ÖGB-Bildungsinfo 1/1999, S. 2

[81]) Leutner: Auffangnetz, S. 2, S. 16 / Tätigkeitsbericht der AK Wien 1998, S. 23

[82]) ebenda

[83]) ÖGJ: Wirtschaft hat endgültig versagt! In: ÖGB-Nachrichtendienst Nr. 2907 vom 11. 9. 1997

[84]) Verzetnitsch fordert Initiativen für Jugendliche – Staatliche Programme geben Jugendlichen Chance am Arbeitsmarkt. APA, OTS-Presseaussendung Nr. 0140 vom 8. 9. 1999

[85]) Neues Lehrlingsnetz schon fix – alte Lehrgänge werden verlängert – Finanzierung steht. In: Der Standard vom 29. 5. 1999, S. 26

[86]) Der Standard vom 29. 5. 1999, S. 26

[87]) Brüssel: Mehr Arbeit bei langsamerem Wachstum. In: arbeit&wirtschaft 6/1999, S. 41

[88]) Verzetnitsch: Fünf Punkte für mehr Arbeitsplätze (Presseaussendung). APA Originaltextservice 210 vom 31. 5. 1999

[89]) Leutner: NAP, S. 11

[90]) Erne Roland, Agathonos-Mähr Bettina, Gauper Ortrun: Soziale Demokratie im Zeitalter der Globalisierung. In: arbeit&wirtschaft 5/1998, S. 22 f. (in der Folge zitiert als »Erne, Agathonos-Mähr, Gauper: Demokratie/Globalisierung«)

[91]) ÖGB-Nachrichtendienst Nr. 2985 vom 4. 6. 1999, S. 8 f.

[92]) ÖGB-Nachrichtendienst Nr. 2986 vom 10. 6. 1999, S. 3 f.

[93]) 13. ÖGB-Bundeskongreß: Arbeitskreis Wirtschaftspolitik, Wien 1995, S. II/6 f.

[94]) 13. ÖGB-Bundeskongreß: Bericht des Arbeitskreises Internationale Politik. Verlag des Österreichischen Gewerkschaftsbundes, Wien 1995, S. VI/18 / (in der Folge zitiert als »13. ÖGB-Bundeskongreß: Arbeitskreis Internationale Politik«) / Weltkongreß des IBFG tagte in Brüssel: Kampf gegen die Folgen der Globalisierung der Wirtschaft. In: ÖGB-Nachrichtendienst Nr. 2851 vom 4. 7. 1996, S. 14 (in der Folge zitiert als »IBFG 1996«) / Wachstum ohne Arbeitsplatzschaffung sollte nicht sein – UNO: Beschäftigung als Brücke zwischen Wachstum und Entwicklung. In: ÖGB-Nachrichtendienst Nr. 2854 vom 25. 7. 1996, S. 16

[95]) Frankfurter Rundschau vom 12. 5. 1999, S. 15

[96]) Der Standard vom 8. 5. 1999

[97]) IBFG: Steuern auf Spekulationsgewinne. In: arbeit&wirtschaft 3/1998, S. 44

[98]) IBFG 1996

[99]) Mark-Ungericht Bernhard: Die Deregulierung der Welt und das MAI – Schutz von Lebensinteressen oder Schutz von Investitionen? In: arbeit&wirtschaft 2/1998, S. 20–24

[100]) Erne, Agathonos-Mähr, Gauper: Demokratie/ Globalisierung, S. 20
[101]) Ettl kritisiert OECD: MAI soll durch die Hintertür kommen. In: ÖGB-Nachrichtendienst Nr. 2985 vom 4. 6. 1999, S. 6 f.
[102]) Tüchler Ernst: Klingt es nicht höhnisch? (Leserbrief). In: arbeit&wirtschaft 5/1998, S. 39 f.
[103]) 13. ÖGB-Bundeskongreß: Arbeitskreis Internationale Politik, S. VI/18 / IBFG 1996
[104]) OECD-Länder wollen Sozialklauseln durchsetzen: Sozialstandards als Waffe gegen Wettbewerbsdruck. In: ÖGB-Nachrichtendienst Nr. 2858 vom 29. 8. 1996, S. 4
[105]) 13. ÖGB-Bundeskongreß: Arbeitskreis Internationale Politik, S. VI/19
[106]) Singapur: WTO-Kompromiß über »Sozialklauseln«. In: arbeit&wirtschaft 2/1997, S. 45 / Internationale Gewerkschaftsbewegung offensiv: Die Gewerkschaften stellen sich der Globalisierung. In: ÖGB-Nachrichtendienst Nr. 2890 vom 23. 4. 1997, S. 13
[107]) ÖGB-Bundesvorstand: Frühsommer 1999, S. 5
[108]) Interview mit ÖGB-Präsident Verzetnitsch: Hauptziel Vollbeschäftigung. In: Freie Gewerkschaftswelt Nr. 3/1999, S. 4
[109]) Pellar, Riess: ANG, S 201 f.
[110]) Der bittere Nachgeschmack des Orangensaftes: Immer öfter Kinderarbeit auf Orangenplantagen. In: ÖGB-Nachrichtendienst Nr. 2903 vom 31. 7. 1997, S. 14
[111]) Sturm Walter: Internationale Gewerkschaftsarbeit an der Basis: »Papier Global« – Globalisierung von unten. In: arbeit&wirtschaft 10/1998, S. 40 ff.
[112]) AK/ÖGB-Bildungsinfo Nr. 3 (September) 1999, S. 15
[113]) Arbeitsplätze – Sozialpartner wie keifende Eheleute. In: Kleine Zeitung Graz vom 28. 4. 1999, S. 10
[114]) Klenner Fritz: Umfrage über Wirtschafts- und Sozialpartnerschaft: Ein gutes Zeugnis. In: arbeit&wirtschaft 3/1988, S. 27 (in der Folge zitiert als »Klenner: Umfrage«)
[115]) Klenner Fritz: Geschichte der Gewerkschaften in der Zweiten Republik. ÖGB/AK-Skriptenreihe »Gewerkschaftskunde« Nr. 3, Verlag des Österreichischen Gewerkschaftsbundes, Wien Mitte der achtziger Jahre
[116]) Hartmann Christoph: ... in Eurem Bunde der Dritte (Kommentar). In: Finanznachrichten vom 11. 3. 1999, Politik, S. 1 f. (in der Folge zitiert als »Hartmann: Der Dritte«) Abschiednehmen im Nationalrat – Hubinek möchte Rolle der Sozialpartner zurückdrängen – Schüssel verteidigt. In: Der Standard vom 6. 7. 1990 / Spudlich Helmut: Bis daß der Wähler Euch scheidet – Die Sozialpartnerschaft muß sich in den demokratischen Prozeß einfügen. In: Der Standard vom 21. 11. 1989
[117]) Kein Ende der Sozialpartnerschaft
[118]) Hartmann: Der Dritte, S. 1
[119]) Kein Ende der Sozialpartnerschaft
[120]) Zornig Gabi: »Die Sozialpartnerschaft bleibt – was verschwindet ist der Mythos« (Bericht über die Präsentation der Studie »Zukunft der Sozialpartnerschaft«). In: Kurier vom 17. 4. 1999
[121]) Fröschl Hermann: Null Vision, nur Taktik (Kommentar zum Lohnabschluß im Tourismus). In: Salzburger Nachrichten vom 30. 4. 1999, S. 9 (in der Folge zitiert als »Fröschl: Null Vision«)

122) Sozialpartnerschaft: Ende des Mythos. In: Neue Freie Zeitung vom 21. 4. 1999, S. 3 / Kein Ende der Sozialpartnerschaft
123) Neugebauer Fritz: Nicht ohne Sozialpartner! (Interview mit Siegfried Sorz). In: arbeit&wirtschaft 7–8/1999, S. 9
124) Klenner: Umfrage, S. 27
125) Die Sozialpartnerschaft vereinbarte neue Ziele. In: arbeit&wirtschaft 12/1992, S. 3 f.
126) Verzetnitsch Fritz: Ellenbogengesellschaft (im »aktuellen A&W-Gespräch mit dem ÖGB-Präsidenten«). In: arbeit&wirtschaft 11/1996, S. 4
127) Paktfähigkeit der WK gefährdet: ÖGB ist und bleibt eine Kampforganisation! In: ÖGB-Nachrichtendienst Nr. 2867 vom 31. 10. 1999
128) AK-Studie – Sozialpartnerschaft am Scheideweg (Autor: Franz Traxler). In: Glück auf! Zeitschrift der Gewerkschaft Metall-Bergbau-Energie 6/1996, S. 12
129) Kammer, willst du ewig leben? In: Format vom 14. 6. 1999, S. 74 f.
130) Internationales Gewerkschaftstreffen fordert Regierungen zu echter Sozialpartnerschaft auf. In: ÖGB-Nachrichtendienst Nr. 2941 vom 4. 6. 1998, S. 14
131) Ja zu Maastricht
132) Verankerung des sozialen Bereichs
133) Drei Monate Elternurlaub (Kasten »Hintergrund«). In: Wiener Zeitung vom 31. 7. 1998, S. 2
134) ÖGB-Nachrichtendienst Nr. 2985 vom 4. Juni 1999

Um die Sicherung eines »strategischen Eigentums« in österreichischer Hand

1) 11. ÖGB-Bundeskongreß vom 5.–9. Oktober 1987: Angenommene Anträge und Resolutionen – Anträge des Bundesvorstandes, Antrag »Wirtschaftspolitik«, S. 11. Verlag des Österreichischen Gewerkschaftsbundes, Wien 1988, S 11 (in der Folge zitiert als »11. ÖGB-Bundeskongreß: Antrag Wirtschaftspolitik«)
2) siehe Seite 533 f.
3) Tumpel Herbert: Die Wirtschaftssituation ist besser als ihr Ruf – Hürden, aber keine Hindernisse. In: arbeit&wirtschaft 3/1986, S. 15 f.
4) Muhm Werner: Wirtschaftspolitik nach dem 11. Bundeskongreß. In: arbeit&wirtschaft 1/1988, S. 13
5) Protokoll des 14. Gewerkschaftstages der Gewerkschaft Metall-Bergbau-Energie vom 13.–15. 6. 1988, Antrag 2, S. 109
6) Die Darstellung der Privatisierung der verstaatlichten Unternehmungen und der Entwicklung der ÖIAG erfolgt, wo nicht anders angemerkt, auf Grundlage von:
Passweg Miron: Privatisierung in Österreich – Geschichte der ÖIAG. – Unveröffentlichtes Manuskript zur Vorbereitung der Arbeitsunterlagen für den 14. ÖGB-Bundeskongreß 1999. Wirtschaftspolitische Abteilung der Kammer für Arbeiter und Angestellte für Wien, 30. 4. 1999 (in der Folge zitiert als »Passweg: ÖIAG«)
Abel, VOEST, S. 250–258
7) Muhm Werner: Wirtschaftspolitik: Halbzeit der Koalitionsregierung. In: arbeit&wirtschaft 12/1988, S. 20 (in der Folge zitiert als »Muhm: Wirtschaftspolitik Halbzeit«)

[8]) siehe Seite 298
[9]) Die Darstellung der Grundsätze des ÖGB zur Privatisierungsfrage in diesem Absatz und den folgenden Absätzen beruht, wenn nicht anders angemerkt, auf folgenden Quellen und Aufsätzen:
11. ÖGB-Bundeskongreß: Antrag Wirtschaftspolitik, S. 11 f., S. 13 ff.
12. ÖGB-Bundeskongreß: Bericht des Arbeitskreises »Wirtschaftspolitik – Einkommenspolitik, Steuerfragen, Integrationspolitik«. Verlag des Österreichischen Gewerkschaftsbundes, Wien 1991, S. 268 ff. (in der Folge zitiert als »12. Bundeskongreß: Arbeitskreis Wirtschaftspolitik«)
13. ÖGB-Bundeskongreß: Beschlossene Anträge und Resolutionen – Anträge des Bundesvorstandes, Leitantrag Wirtschaftspolitik. Verlag des Österreichischen Gewerkschaftsbundes, Wien 1996, S. 154 f., S. 159 f., S. 161 ff.
Leodolter Sylvia: Privatisierung – ein Allheilmittel? A&W Spezial Folge 42, Wien 1990 (in der Folge zitiert als »Leodolter: Privatisierung«)
Muhm: Wirtschaftspolitik Halbzeit, S. 21
[10]) Muhm: Wirtschaftspolitik Halbzeit, S. 20 f.
[11]) Goldmann Wilhelmine: Verstaatlichte Industrie heute. In: arbeit&wirtschaft 11/1986, S. 15 f.
[12]) Christl Reinhard: Einmarsch der Kapitalisten – Shareholder value. In: profil vom 19. April 1999, S. 61 f. (in der Folge zitiert als »Christl: Einmarsch der Kapitalisten«)
[13]) Zukunft der ÖIAG: Antrag 4 der Gewerkschaft Metall-Bergbau-Energie an den 14. ÖGB-Bundeskongreß im Oktober1999 (in der Folge zitiert als »Gewerkschaft MBE 1999«)
[14]) Pribyl Herbert: Semperit und die Folgen. In: Gesellschaft und Politik Nr. 4 vom Dezember 1996, S. 16 (in der Folge zitiert als »Pribyl: Semperit«) / Scharsach Herta: Semperit-Reifen noch heuer voll an Conti. In: Die Presse vom 11. 4. 1989
[15]) Keine Klage gegen Continental. In: Wirtschafts Blatt vom 27. 7. 1996, S. 12 / Pribyl: Semperit, S. 17 f.
[16]) Dengg Ingrid: Contis Cash-cow. In: Wirtschaftswoche vom 1. 6. 1995, S. 28 f.
[17]) Schulmeister Stephan: Der Kompromiß zwischen Mutter Conti und ihrer Tochter. In: Der Standard vom 14. 10. 1996 (Abendausgabe), S. 31 (in der Folge zitiert als »Schulmeister: Der Kompromiß«)
[18]) Christl: Einmarsch der Kapitalisten, S. 59
[19]) Bachner Michael: Semperit wird von Conti ausgebremst. In: Kurier vom 30. 12. 1998, S. 20
[20]) Wieder Zittern um Semperit. In: Die Presse vom 12. 11. 1998, S. 19 / Semperit-Arbeitsstiftung greift. In: Wiener Zeitung vom 18. 7. 1997, S. 9
[21]) ebenda
[22]) Abel: VOEST, S. 211, S. 261 ff.
[23]) Kurier vom 21. 5. 1999, S. 17
[24]) Stefan Gerald: Gerichtsakt Launig vs. Häupl. In: News vom 27. 5. 1999, S. 94 f. / Vavra C.: Waagner-Biró schrieb 1998 rund 100 Mio. S. Verlust. In: Kurier vom 13. 4. 1999, S. 18 / ORF-Hörfunk, Radio Wien, Stadtjournal mittags vom 12. 4. 1999 / Holley-Spiess Evelyn: Waagner Biro: Sozialplan fix. In: Wirtschafts Blatt vom 1. 6. 1999, S. 13
[25]) ÖGB-Nachrichtendienst Nr. 2697 vom 17. 6. 1993, S. 6
[26]) Pollak Herbert: Maculan: Aufstieg und Fall des Bau-Tycoons. In: Die Presse vom 17. 10. 1996, S. 3 / Maculan – Zweitgrößter Insolvenzfall seit 1945. In:

Österreichische Bauzeitung Nr. 11 vom 16. 3. 1996, S. 5 / Der Aufstieg und Fall des Bauunternehmers Alexander Maculan. In: Frankfurter Allgemeine, Zeitung für Deutschland vom 1. 3. 1996

[27] Gewerkschaft richtet Insolvenzbüro ein. In: Kurier vom 6. 3. 1996, S. 17

[28] Schnurrer Norbert: Schutz vor dem Pleitegeier – Arbeiterkammer und Gewerkschaftsbund gründen Insolvenzschutzverband. In: arbeit&wirtschaft 2/1998, S. 15 (in der Folge zitiert als »Schnurrer: Schutz vor dem Pleitegeier«)

[29] Bericht des Österreichischen Rundfunks, Sender Ö1, Morgenjournal vom 16. 7. 1999

[30] Widerstand der Gewerkschaft gegen Privatisierungspläne (Bericht über den 14. Gewerkschaftstag der Gemeindebediensteten im Juni 1999). In: Kurier vom 5. 6. 1999, S. 11

[31] Verzetnitsch: Gemeinwirtschaft mit umfassender Bedeutung (Bericht über ein internationales Arbeitsseminar des europäischen Zentralverbandes der öffentlichen Wirtschaft/CEEP). In: ÖGB-Nachrichtendienst Nr. 2984 vom 27. 5. 1999, S. 2 f. (in der Folge zitiert als »Verzetnitsch: Gemeinwirtschaft«)

[32] Achleitner Josef: Energie AG: Auch Arbeiterkammer will Österreich-Lösung, VP lockt mit Angebot. In: Oberösterreichische Nachrichten vom 17. 6. 1999, S. 16

[33] Steirischer ÖGB-Chef tritt demnächst zurück. In: ÖGB-Nachrichtendienst vom 5. 6. 1997

[34] Aussendung der »Austria Presse Agentur« APA OTS0239 vom 10. Juni 1999

[35] Die Presse vom 29. 5. 1999, S. 10

[36] Muhm Werner: Wie weiter mit der ÖIAG? (Interview mit Lutz Holzinger). In: arbeit&wirtschaft 5/1999, 36 f. (in der Folge zitiert als »Muhm: ÖIAG«)

[37] Die Darstellung der ÖBB-Ausgliederung beruht, wenn nicht anders angemerkt auf:
Leisch Wilfried: Unsere Bahn? – Was geschieht bei den österreichischen Bundesbahnen. In: arbeit&wirtschaft 1/1998, S. 8–14

[38] Pollak Herbert: Weichensteller Caspar – ÖBB, Verkehrsminister Einem verlangt vom ÖBB-Chef ein neues Unternehmenskonzept und überschreitet damit seine Kompetenzen. In: Profil Nr. 39 vom 21. 9. 1998, S. 58

[39] Rascher Abschluß der ÖBB-Reform gefordert – 15. Eisenbahner-Gewerkschaftstag: Franz Hums wieder Vorsitzender. In: ÖGB-Nachrichtendienst Nr. 2910 vom 5. 10. 1995, S. 4 / Haberzettel: ÖBB müssen Gesamtunternehmen bleiben – Eisenbahnergewerkschaft wird Trennung der ÖBB nicht dulden. In: ÖGB-Nachrichtendienst vom 22. 1. 1998 / Gewerkschaft sagt aber strikt nein – IV will Teilung von ÖBB in Infrastruktur und Absatz. In: Wiener Zeitung vom 28. 4. 1999, S. 5

[40] Eisenbahner wie Post? Erst entlassen, dann einstellen. In: Oberösterreichische Nachrichten vom 7. 8. 1998, S. 9 / Keine ÖBB-Kapazitäten für mehr Schienenbeförderung. In: ÖGB-Nachrichtendienst Nr. 2955 vom 8. 10. 1998, S. 3

[41] Die Darstellung der Post-Ausgliederung beruht, wenn nicht anders angemerkt, auf:
Leisch Wilfried: Zwischen Vergangenheit und Zukunft – Die neue Post. In: arbeit&wirtschaft 10/1997, S. 36–42

[42] Zahlenangaben für 1998 nach: Post: Busse bald selbständig. In: Kurier vom 11. 6. 1999, S. 23 (in der Folge zitiert als »Post: Busse bald selbständig«)

[43] Post: Konflikt wird in letzter Minute weitgehend bereinigt. In: ÖGB-Nachrichtendienst Nr. 2947 vom 16. 7. 1998, S. 4

[44]) Postgewerkschaft: Ditz gräbt Kriegsbeil aus. In: ÖGB-Nachrichtendienst Nr. 2958 vom 30. 10. 1998, S. 14 f. / Bus bleibt in der Post AG – Ausgliederung scheiterte an der Gewerkschaft. In: Kurier vom 4. 3. 1999, S. 19
[45]) Post: Streit um Dreiteilung. In: Kurier vom 24. 10. 1998, S. 20
[46]) Post: Busse bald selbständig
[47]) Post: Streit um Dreiteilung / Post-Privatisierung jetzt ohne Zeitdruck – Ministerrat stimmt zu. In: Kleine Zeitung vom 20. 11. 1998, S. 29
[48]) Post baut Schulden zügig ab. In: Salzburger Nachrichten vom 4. 3. 1999, S. 10
[49]) Post: Busse bald selbständig
[50]) Lampl Andreas: Alte Bekannte in der neuen ÖIAG. In: Format Nr. 19 vom 10. 5. 1999, S. 87
[51]) Abentheuer Karl: Zwischenbilanz – Ex-Steyr-Chef Streicher will ÖIAG-Boß werden. In: News Nr. 26 vom 25. 6. 1998, S. 82 (in der Folge zitiert als »Zwischenbilanz News«)
[52]) Magna kauft Steyr für 4 Mrd. S. – Für CA »höchstes und bestes Gebot«. APA 0335 vom 24. 3. 1998 / Creditanstalt verkauft Steyr-Beteiligungen nun doch an Magna – Stronach stockt Angebot auf vier Milliarden auf. In: Der Standard vom 24. 3. 1988, S. 1 / Baburek Günter: Zum Glück gezwungen. In: Der Standard vom 24. 3. 1988, S. 30
[53]) SDP-Magna: Gewerkschaft über Art des Steyr-Verkaufes »sauer«. APA0241 vom 12. 1. 1998
[54]) Steyr-Betriebsrat will Standortgarantie. In: Die Presse vom 13. 1. 1998, S. 17
[55]) Zwischenbilanz News, S. 81 / Rudolfs Apotheose – Steyr-Deal. Warum SDP-Boß Streicher seines Aufstiegs zum Magna-Europa-Präsidenten nicht so recht froh wird. In: profil Nr. 6 vom 2. 2. 1998, S. 54 f.
[56]) Der Streit um Steyr wird noch weite Kreise ziehen! In: Gewinn Nr. 3, 3/1999, Rubrik »Meinung«, S. 26 / Stronach Frank: Fühle mich sehr ungerecht behandelt (Interview mit Reinhard Christl). In: profil Nr. 14 vom 3. 4. 1999, S. 72
[57]) Diskussion um einen Milliardenauftrag von VW an die Steyr-Fahrzeugtechnik. In: ORF-Rundfunk, Sender Ö1, Abendjournal vom 23. 7. 1999
[58]) Steyr-BR will Stronach klagen. In: ÖGB-Nachrichtendienst Nr. 2970 vom 11. 2. 1999, S. 15 / Auskunft Gewerkschaft Metall-Bergbau-Energie über den aktuellen Stand im Juli 1999
[59]) Muhm: Wirtschaftspolitik Halbzeit, S. 20
[60]) Chaloupek: Denkfalle, S. 16
[61]) Abel: VOEST, S. 260 f.
[62]) ebenda, S. 256 (Zitat des damaligen VOEST-Betriebsratsobmannes und späteren VA-Zentralbetriebsratsvorsitzenden Erhard Koppler 1986), S. 261
[63]) Goldmann Wilhelmine: Die Strukturreform der Verstaatlichten Industrie. In: arbeit&wirtschaft 12/1997, S. 16
[64]) Mit Kraft die Zukunft meistern! – Aus dem Referat Rudolf Nürnbergers auf dem Gewerkschaftstag. In: arbeit&wirtschaft 9/1988, S. 19
[65]) Beer Elisabeth, Moser Josef: Die Zukunft der österreichischen Industrie sichern! in: arbeit&wirtschaft 11/1993, S. 27, S. 32
[66]) Christl: Einmarsch der Kapitalisten, S. 60
[67]) Interview mit der Autorin am 21. 7. 1999
[68]) Leodolter: Privatisierung, S. 1, S. 6
[69]) Muhm: Wirtschaftspolitik Halbzeit, S. 20
[70]) 12. ÖGB-Bundeskongreß: Arbeitskreis Wirtschaftspolitik, S. II/68

[71]) Protokoll des 14. Gewerkschaftstages der Gewerkschaft Metall-Bergbau-Energie vom 13. bis 15. 6. 1988: Antrag 1: Wirtschaftspolitik (Schwerpunktantrag), S. 199 / Protokoll des 15. Gewerkschaftstages der Gewerkschaft Metall-Bergbau-Energie vom 25. bis 27. 5. 1992: Antrag 1 »Wirtschaftspolitik« (Schwerpunktantrag), S. 180 / Protokoll des 16. Gewerkschaftstages der Gewerkschaft Metall-Bergbau-Energie vom 3.–5. 6. 1996: Antrag 1 (Leitantrag), S. 189

[72]) Positionsstreit um die Zukunft der ÖIAG (Stellungnahme Wirtschaftskammer-Generalsekretär Günter Stummvoll). ORF-Radio Ö1-Morgenjournal vom 3. 3. 1999

[73]) Lampl Andreas: Alte Bekannte in der neuen ÖIAG. In: Format Nr. 19 vom 10. 5. 1999, S. 79 / Passweg: ÖIAG

[74]) Gewerkschaft MBE 1999 / Muhm: ÖIAG

[75]) ÖGB-AK-Betriebsrätekonferenz: Privatisierung ist kein Allheilmittel. In: arbeit &wirtschaft 7–8 / 1997, S. 9 (in der Folge zitiert als »ÖGB-AK-Betriebsrätekonferenz«)

[76]) ÖGB-Präsident zur CA: vernünftiger Kompromiß. In: ÖGB-Nachrichtendienst Nr. 2776 vom 18. 1. 1997, S. 1 f.

[77]) Holzinger Lutz: Globalisierungstendenzen in der österreichischen Wirtschaft: Wer zahlt, schafft an – Eigentümerstrukturen sind nicht gleichgültig. In: arbeit &wirtschaft 3/1997, S. 18–21 / BAK-Forderung: Erhaltung von strategisch wichtigem Eigentum. In: ÖGB-Nachrichtendienst Nr. 2877 vom 23. 1. 1997, S. 9 f. / Passweg: ÖIAG

[78]) ebenda

[79]) ÖGB-AK-Betriebsrätekonferenz

[80]) Verzetnitsch: Gemeinwirtschaft, S. 2

Gewerkschaftsarbeit unter veränderten Rahmenbedingungen

[1]) VA Tech: Forschung lohnt sich (Kurzmeldung). In: arbeit&wirtschaft 1/1998, S. 33

[2]) Passweg Miron, Lang Roland: Standort-, Industrie- und Technologiepolitik Skriptum Wirtschaft 8, herausgegeben vom Österreichischen Gewerkschaftsbund, Referat Bildung, Freizeit, Kultur, und der Bundeskammer für Arbeiter und Angestellte. Verlag des Österreichischen Gewerkschaftsbundes, Wien 1999, S. 30 f. (in der Folge zitiert als »Passweg, Lang: Standort-, Industrie- und Technologiepolitik«)

[3]) Frühe Beispiele aus dem in dieser Arbeit behandelten Zeitraum:
11. ÖGB-Bundeskongreß vom 5.–9. Oktober 1987: Angenommene Anträge und Resolutionen, Anträge des Bundesvorstandes, Antrag 5 »Technologie, Forschung, Wissenschaft«. Verlag des Österreichischen Gewerkschaftsbundes, Wien 1988, S. 51–58 (in der Folge zitiert als »11. ÖGB-Bundeskongreß: Antrag Technologie«)
ÖAKT verlangt: Förderungslandschaft Österreichs reformieren (Rubrik »Namen und Daten«). In: ÖGB-Nachrichtendienst Nr. 2605 1991, S. 15
Forderungen der Gewerkschaft der Privatangestellten u. a.:
Verbesserung der außeruniversitären Forschung gefordert – GPA NÖ fordert: Forschung muß in Österreich abgesichert werden. In: ÖGB-Nachrichtendienst Nr. 2932 vom 19. 3. 1998, S. 5
Forschungsgipfel ist unumgänglich. In: ÖGB-Nachrichtendienst vom 22. 5. 1998

Forschung und Entwicklung: Österreich rückt ins Abseits. In: arbeit&wirtschaft 6/1998, S. 15

[4]) Verzetnitsch Fritz: Arbeit im Wandel – Was muß getan werden? Wer trägt die Kosten? In: arbeit&wirtschaft 12/1997, S. 10

[5]) 13. ÖGB-Bundeskongreß: Arbeitskreis Wirtschaftspolitik

[6]) Noch kein Sprung vom Technologie-Importeur zum -Entwickler: Chancen auf Themenführerschaft in bestimmten Industriebereichen – Die »Delphi«-Studie skizziert elf Hoffnungsgebiete für den Industriestandort Österreich. In: ÖGB-Nachrichtendienst Nr. 2935 vom 9. 4. 1998, S. 7 f.

[7]) Ruf nach Lohnzurückhaltung gefährdet Aufschwung: Verzetnitsch: Beste Bedingungen für Österreichs Wirtschaft. In: ÖGB-Nachrichtendienst Nr. 2947 vom 30. 7. 1998, S. 3

[8]) Passweg, Lang: Standort-, Industrie- und Technologiepolitik, S. 29 / Innovations- und Technologiefonds startet Pilotprojekt – Verzetnitsch: Arbeitnehmer in Technologieprojekte einbinden. In: ÖGB-Nachrichtendienst vom 22. 1. 1998

[9]) 11. ÖGB-Bundeskongreß: Antrag Technologie, S. 56 / 13. Bundeskongreß: Arbeitskreis Wirtschaftspolitik, S. II/64 / AK der neunziger Jahre – Programm des österreichischen Arbeiterkammertages. Eigenverlag Wien 1990, S. 19 ff. / Programm 2000 der Bundeskammer für Arbeiter und Angestellte. Eigenverlag, Wien o. D., S. 49 f.

[10]) Pichler Heinz: Franz-Senghofer-Symposion: Die globale Informationsgesellschaft. In: arbeit&wirtschaft 11/1996, S. 33 / Bildung und Informationsgesellschaft. In: AK/ÖGB – Bildungsinfo Nr. 3 vom September 1996, S. 12

[11]) Mesch Michael: Bestimmungsfaktoren der Beschäftigungsentwicklung im tertiären Sektor. In: Mesch Michael (Hrsg) »Neue Arbeitsplätze in Österreich – Die Beschäftigungsentwicklung im österreichischen Dienstleistungssektor. Eine Studie im Auftrag der Kammer für Arbeiter und Angestellte für Wien«, Manzsche Verlags- und Universitätsbuchhandlung Wien 1998, S. 48 (in der Folge zitiert als »Mesch: Bestimmungsfaktoren«)

[12]) Tätigkeitsberichte der AK Wien für die Jahre 1995. Kammer für Arbeiter und Angestellte für Wien, Wien 1996, S. III.1.2 / Tätigkeitsbericht der AK Wien 1997, S. 26

[13]) 13. ÖGB-Bundeskongreß: Anträge des Bundesvorstandes, Leitantrag Demokratie, S. 204 f.

[14]) Kaizar Inge: Referatsunterlage zum Glöckel-Sympisium 1997 zum Thema »Ist Bildung eine Investition in die Zukunft?«, unveröffentlichtes Manuskript. Kurzzusammenfassung in: Tätigkeitsbericht der AK Wien 1997, S. 54

[15]) Mesch: Bestimmungsfaktoren, S. 28

[16]) Tätigkeitsbericht der AK Wien 1995, S. III. 1. 2

[17]) Mrkvicka Franz: Fachhochschulstudium – das erste Gesetz ist beschlossen. In: arbeit&wirtschaft 6/1993, S. 18 f.

[18]) Tätigkeitsbericht des Österreichischen Gewerkschaftsbundes für das Jahr 1993: Bericht des Referates für Berufsbildung im ÖGB. Verlag des Österreichischen Gewerkschaftsbundes, Wien 1994, S. I/45

[19]) Mrkvicka Franz: Recht auf Ausbildung muß mehr sein als ein Schlagwort (Interview mit Brigitte Pellar). In: arbeit&wirtschaft 9/1997, S. 20–23

[20]) Simonitsch Wolfgang: ÖGB will Pauschalierung auch für Unselbständige – Erlernen einer Fremdsprache, Computerkurse und Höherqualifizierung sollen nach Ansicht von Verzetnitsch von der Steuer absetzbar sein. In: Kleine Zeitung Graz vom 31. 3. 1999, S. 9

[21] Ninz Lydia: Frauen und Gutsituierte nehmen die neue Möglichkeit in Anspruch – Bildung als Alibi für längere Karenzzeit. In: Der Standard vom 25. 5. 1999, S. 17
[22] Tölle Michael: Überblick über die Regelungen zu Bildungskarenz und Bildungsfreistellung in den österreichischen Kollektivverträgen seit 1993. Unveröffentlichtes Manuskript, Wien o. D.
[23] Beer Elisabeth, Ederer Brigitte, Goldmann Wilhelmine, Lang Roland, Passweg Miron, Reitzner Rudolf N.: Wem gehört Österreichs Wirtschaft wirklich? Studie der Kammer für Arbeiter und Angestellte für Wien über die Eigentumsverhältnisse in der Österreichischen Wirtschaft. Orac, Wien 1991
[24] Kurzmeldung in arbeit&wirtschaft 12/1997, S. 34
[25] Beer Elisabeth: Fusionen und Auslandsübernahmen in Österreich. In: arbeit&wirtschaft 4/1994, S. 25
[26] Giffinger Eduard, Vlastós Michael: Klein- und Mittelbetriebe – Veränderungen der Arbeitsorganisation und die Haltung der Gewerkschaften. In: arbeit&wirtschaft 10/1997, S. 16–19 (in der Folge zitiert als »Giffinger, Vlastós: Klein- und Mittelbetriebe«)
[27] ebenda, S. 19
[28] Arbeitnehmervertreter wurden zu spät informiert – Sallmutter: Billa verstieß gegen das Arbeits-Verfassungsgesetz. In: ÖGB-Nachrichtendienst Nr. 2854 vom 25. 7. 1996, S. 7
[29] Giffinger, Vlastós: Klein- und Mittelbetriebe, S. 19 / Friedinger D., Stefan G.: Vor allem Kleinbetriebe verzichten auf Betriebsrat – Stronach ist laut ÖGB Extrembeispiel – 57.500 Betriebe sind ohne Betriebsräte. In: Wirtschafts Blatt vom 16. 8. 1999, S. 42 (in der Folge zitiert als »Betriebe ohne Betriebsräte«)
[30] Mehr Schutz für Betriebsräte. In: Neue Zeit vom 8. 4. 1999, S. 8
[31] Betriebe ohne Betriebsräte
[32] Ettl: Rechte des Euro-Betriebsrates ausbauen – ArbeitnehmerInnenmitbestimmung bringt Standortvorteile. In: ÖGB-Nachrichtendienst Nr. 2944 vom 18. 6. 1998, S. 4
[33] R. Leutner: »Keine Willkür in der Arbeitswelt!«. In: arbeit&wirtschaft 9/1999, S. 11
[34] Verzetnitsch vor dem Bundesvorstand: Oberstes Ziel ist es, Arbeitsplätze zu schaffen. In: ÖGB-Nachrichtendienst Nr. 2975 vom 18. 3. 1999, S. 5
[35] ÖGB-Veranstaltung: Allianzen über Grenzen hinweg – Termin: »Fünf Jahre Europäische Betriebsräte: Bilanz und Ausblick«. ÖGB-Pressedienst Nr. 149 vom 31. März 1999
[36] Brüssel schlägt EU-weite Arbeitnehmermitsprache vor: Unterrichts- und Anhörungspflicht in allen Betrieben ab 50 Beschäftigten. In: ÖGB-Nachrichtendienst Nr. 2961 vom 19. 11. 1998, S. 9 / Verzetnitsch: EU auf dem richtigen Weg. Ebenda / Brüssel: EU will starke Betriebsräte. In: arbeit&wirtschaft 1/1999, S. 15
[37] Straßburg: Künftig mehr sehen und hören. In: arbeit&wirtschaft 6/1999, S. 40 f.
[38] Die Europa AG (Kasten). In: arbeit&wirtschaft 3/1999, S. 24
[39] ÖGB-Präsident zur Europäischen AG: EU-Mindeststandards für die Mitbestimmung. In: ÖGB-Nachrichtendienst Nr. 2951 vom 10. 9. 1998, S. 1 f.
[40] Die Europa AG
[41] »Wirtschaft statt Herrschaft«. In: Diskurs Nr. 3–4 1999, S. 17
[42] Bereits seit hundert Jahren gibt es in Österreich Kollektivverträge – Die Buchdrucker waren im Kampf um Kollektivverträge bahnbrechend. In: ÖGB-Nachrichtendienst Nr. 2871 vom 28. 11. 1996

[43]) Traxler Franz, Institut für Wirtschaftssoziologie an der Universität Wien: Interview. In: Solidarität Extra »Kollektivverträge: es geht um Ihr Geld«, Frühjahr 1999, S. 8 (Die Ausgabe der Solidarität wird in der Folge zitiert als »Solidarität Extra: Kollektivverträge«)
[44]) ebenda, S. 3 ff.
[45]) Fröschl: Null Vision
[46]) Traxler Franz: Tarifverhandlungen und industrieller Wandel: Ein Fall von Disorganisation? Eine vergleichende Studie von achtzehn OECD-Ländern. Zitiert nach: Klein Karl: Kollektivvertragspolitik in der Krise? In: arbeit&wirtschaft 6/1997, S. 20 (in der Folge zitiert als »Klein: Kollektivvertragspolitik«)
[47]) Klein: Kollektivvertragspolitik, S. 21
[48]) GPA zu Forschungs- und Entwicklungs-Institutionen: Situation der MitarbeiterInnen ist nicht sehr erfreulich. In: ÖGB-Nachrichtendienst vom 17. 12. 1998
[49]) Klein: Kollektivvertragspolitik, S. 22
[50]) Sozialpartner zeigen erneut Handlungsfähigkeit – Metallindustrie: Frauen-Nachtarbeit jetzt durch Kollektivvertrag geregelt. In: ÖGB-Nachrichtendienst Nr. 2933 vom 26. 3. 1998, S. 6
[51]) Verhandeln in der Rezession. In: Freie Gewerkschaftswelt Nr. 11/1994, S. 8
[52]) Hans-Hagen Härtel: Stillstand in der Tarifpolitik. In: Wirtschaftsdienst 3/1999, S. 135
[53]) Gier und Rücksichtslosigkeit der Arbeitgeber siegten – Metaller-KV-Verhandlungen zum ersten Mal seit Jahrzehnten gescheitert. In: ÖGB-Nachrichtendienst Nr. 2868 vom 7. 11. 1996, S. 3 f. (In der Folge zitiert als »Gier und Rücksichtslosigkeit«) / Verzetnitsch vor 6.000 Demonstranten: Zum sozialen Frieden gehören immer zwei!« In: ÖGB-Nachrichtendienst Nr. 2871 vom 28. 11. 1996, S. 1 ff. (In der Folge zitiert als »Verzetnitsch vor Demonstranten«)
[54]) Neuer KV für die Bankangestellten. In: ÖGB-Nachrichtendienst vom 18. 2. 1999, S. 15
[55]) Reibungslose Lohnabschlüsse für Bau und Fremdenverkehr. In: Salzburger Nachrichten vom 24. 4. 1999
[56]) Leiharbeiter sollen mehr Rechte erhalten. In: Die Presse vom 5. 5. 1999, S. 21
[57]) Regelung für Arbeitsmittel und Arbeitszeit erreicht – Die GPA hat für »Telearbeit« erstmals einen KV durchgesetzt. In: ÖGB-Nachrichtendienst vom 15. 5. 1997
[58]) Klein Karl: Europäische Kollektivverträge – Vom Sozialen Dialog bis zur Vereinbarung. In: arbeit&wirtschaft 10/1994, S. 9
[59]) Erne Roland: Europäischer Gewerkschaftsbund feiert seinen 25. Geburtstag: Neue Zeiten – Neue Gewerkschaften? In: arbeit&wirtschaft 4/1998, S. 25
[60]) Die aktuelle Entwicklung im Sozialen Dialog (Kasten). In: arbeit&wirtschaft 6/1997, S. 23
[61]) Bessere Koordination der drei Gewerkschaften – Bauarbeiter in Österreich, Deutschland und der Schweiz rücken zusammen. In: ÖGB-Nachrichtendienst Nr. 2947 vom 30. 7. 1998, S. 3 / Baugewerkschaften koordinieren grenzüberschreitende Tarifpolitik. ÖGB-Pressedienst Nr. 124 vom 18. 3. 1999
[62]) 13. ÖGB-Bundeskongreß: Arbeitskreis Wirtschaftspolitik, S. II/38 f.
[63]) ebenda
[64]) Einkommen '96: Die Kluft wächst. In: arbeit&wirtschaft 11/1997, S. 19
[65]) Einkommen steigen bei Männern im Alter schneller – AK: Männliche Angestellte vervierfachen Einkommen, Frauen bringen es nur auf das Doppelte. In: Kurier vom 6. 3. 1999, S. 21

66) Immer mehr Frauen müssen von Mac Jobs leben: ÖGB: Kaum mehr Vollzeitarbeitsplätze im Dienstleistungsbereich vorhanden. In: ÖGB-Nachrichtendienst Nr. 2965 vom 17. 12. 1998, S. 8 (in der Folge zitiert als »Mac Jobs«)
67) Auseinanderentwicklung in Österreich noch gering – IHS-Studie: Ungleichverteilung der Arbeitseinkommen nimmt zu. In: ÖGB-Nachrichtendienst Nr. 2867 vom 31. 10. 1996, S. 10
68) Anfangsbezug für Berufseinsteiger wird erhöht – Industrie: Mehr Gehalt für Junge – dann abflachende Gehaltskurve. In: ÖGB-Nachrichtendienst Nr. 2851 vom 4. 7. 1996, S. 4 f. / Modernes und flexibles Entgeltsystem ab Mai 1997 – GPA: KV »Entgelt Neu« für Industrieangestellte. In: ÖGB-Nachrichtendienst Nr. 2868 vom 7. 11. 1996, S. 5 / Die neuen Mindestgrundgehälter um bis zu acht Prozent erhöht – GPA: Flachere Gehaltskurve für die Angestellten am Bau ab 1. Mai 1999. In: ÖGB-Nachrichtendienst Nr. 2981 vom 6. 5. 1999, S. 9 f. / KV-Handel: Im Schnitt 1,95 Prozent mehr ab 1. Jänner – GPA: Niedrige Einkommen wurden diesmal besonders berücksichtigt. In: ÖGB-Nachrichtendienst Nr. 2870 vom 21. 11. 1996, S. 8
69) Harte Verhandlungen zwischen Regierung und Beamten: GÖD fordert 3,7 Prozent Erhöhung der Beamtenbezüge. In: ÖGB-Nachrichtendienst Nr. 2958 vom 30. 10. 1998, S. 13 f.
70) Die Presse vom 13. 4. 1999, S. 10
71) 13. ÖGB-Bundeskongreß: Arbeitskreis Wirtschaftspolitik, S. II/38
72) Chaloupek Günther: Einkommensverteilung und Lohnpolitik: Der Spielraum ist größer geworden. In: arbeit&wirtschaft 7–8/1989, S. 16 (in der Folge zitiert als »Chaloupek: Spielraum«)
73) Tariflohnindex (prozentuelle Verschiebung gegenüber dem Vorjahr). In Wirtschafts- und sozialstatistisches Taschenbuch 1999 der Bundeskammer für Arbeiter und Angestellte, Wien 1999, S. 214
74) Begründung bei: Chaloupek: Spielraum, S. 15
75) Im Rezessionsjahr stagnierten die Einkommen der Österreicher – 1993 gab es keine Reallohnzuwächse – im internationalen Vergleich stiegen die heimischen Arbeitnehmer aber noch sehr gut aus (Analysen von Georg Kovarik und Alois Guger). In: Der Standard vom 24. 6. 1994
76) Die Industrie ist für eine »maßvolle« Lohnrunde – ÖGB: Die Grundsätze der Lohnpolitik bleiben. In: ÖGB-Nachrichtendienst Nr. 2858 vom 29. 8. 1996, S. 5 / Einkommenspolitik »solidarisch, produktivitätsorientiert« – Lohnpolitik der Gewerkschaften auch weiterhin mit »Augenmaß«. In: ÖGB-Nachrichtendienst Nr. 2904 vom 14. 8. 1997, S. 2
77) Mac Jobs
78) GMBE-Vorsitzender Nürnberger gibt sich »relativ zufrieden« – Metallindustrie: Übersicht über die Verteilungsoption. In: ÖGB-Nachrichtendienst Nr. 2925 vom 29. 1. 1998, S. 7 f. / Neuer Kollektivvertrag für Erdölindustrie, ebenda, S. 6 / Jandrasits Franz: Lohnrunde: Wenig Lust auf Option. In: Kurier vom 22. 7. 1999, S. 15
79) Wirtschaftsstandort Österreich: Forderungen nach Sozialabbau ungerechtfertigt (Studie »Wirtschaftsstandort Österreich: Gute Bedingungen für Österreichs Wirtschaft, Bundeskammer für Arbeiter und Angestellte, Wien 1998«, zusammengefaßt von Bruno Rossmann). In: arbeit&wirtschaft 3/1998, S. 18–21
80) »Lohnnebenkosten bei weitem nicht so hoch, wie Unternehmer behaupten! ÖGB-Pressedienst Nr. 134 vom 22. 3. 1999
81) OECD-Studie bestätigt Argumentation der Gewerkschaft – Leutner: Niedrige Löhne bewirken eher hohe Arbeitslosigkeit. In: ÖGB-Nachrichtendienst Nr. 2966 vom 14. 1. 1999, S. 13

[82]) Bosch Gerhard: Streit um Löhne: Hilft mehr Ungleichheit den Arbeitslosen – Billig ist nicht immer gut. In: Die Zeit vom 8. 1. 1998, S. 2 f.
[83]) Frankreich: 1,6 Millionen Beschäftigte arbeiten bereits kürzer – 35-Stunden-Woche bringt 57.000 Jobs. In: Wirtschafts Blatt vom 29. 5. 1999, S. 16
[84]) Wechsel an der Spitze der ÖGB-Frauen: Renate Csörgits neue Vorsitzende, aber alte Forderungen bleiben – Nicht klagen, fordern und umsetzen«. In: Die Presse vom 10. 6. 1999, S. 7
[85]) Buchinger Elisabeth: Arbeitszeit: Europameister Österreich. In: arbeit&wirtschaft 6/1999, S. 18
[86]) ebenda, S. 18 ff.
[87]) Bachner Michael: Überstunden statt Zeit und Muße. In: Kurier vom 27. 7. 1999, S. 15
[88]) Teilzeitkräfte von Weiterbildung nicht ausschließen – Verzetnitsch: Überstunden als Teil der Arbeitsmarktpolitik. In: ÖGB-Nachrichtendienst Nr. 2945 vom 25. 7. 1999, S. 17 f.
[89]) Überstunden als Beschäftigungszeiten. In: ÖGB-Nachrichtendienst vom 21. 1. 1999
[90]) Die Bilanz der Gewerkschaftsarbeit im Bau-Holz-Bereich – Bau-Holz: Beschäftigung ist weiterhin das wichtigste Ziel. In: ÖGB-Nachrichtendienst Nr. 2874 vom 19. 12. 1996, S. 8 f. / Ziel der Gewerkschaft Bau-Holz ist Jahresbeschäftigung: 50-Stunden-Woche: Gesundheitliche Belastung und weniger Einkommen. In: ÖGB-Nachrichtendienst Nr. 2881 vom 20. 2. 1997, S. 4 f. / Jahresbeschäftigungsmodell am Bau nicht gescheitert – GBH: Baubeschäftigung mit politischen Entscheidungen. In: ÖGB-Nachrichtendienst Nr. 2969 vom 4. 2. 1999, S. 4 f.
[91]) Schwarz: 8. EGB-Kongreß, S. 41
[92]) Leutner Richard: Nur mit Kollektivvertrag: Spielregeln der Arbeitszeitgestaltung. In: arbeit&wirtschaft 5/1997, S. 8
[93]) ebenda, S. 8 ff.
[94]) ebenda, S. 11 f.
[95]) Verzetnitsch: Sonntag ist Kulturgut. In: ÖGB-Nachrichtendienst Nr. 2884 vom 13. 3. 1997, S. 8 / Arbeitsfreier Sonntag bleibt Grundprinzip – Bei Zulassung von Ausnahmen wird sehr restriktiv vorgegangen (Sonderbeilage). In: ÖGB-Nachrichtendienst Nr. 2886a vom 27. 3. 1997
[96]) Miller Arno: Sonntagsarbeit: Schrittweise Opferung eines Rechts. In: arbeit&wirtschaft 12/1997, S. 15 ff.
[97]) Klein Christoph: Gott Mammon und der siebente Tag – Ein Jahr nach der Novelle des Arbeitsruhegesetzes. In: arbeit&wirtschaft 11/1998, S. 8 / Es gibt keinen Grund, Ladenschlußzeiten auszuweiten: Sallmutter-Kritik an Farnleitners Spaziergang im Multiplex. In: ÖGB–Nachrichtendienst vom 11. 12. 1997
[98]) Aus für faule Tricks bei Multiplex-Sonntagsarbeit. In: Neue Zeit vom 14. 4. 1999, S. 39
[99]) Ladenschluß: Annehmbarer Kompromiß statt hartem Muß. In: arbeit&wirtschaft 7–8/1988, S. 26–30

Organisation für die Zukunft

[1]) Die Kurzbiographien wurden, soweit nicht anders angegeben, auf Grundlage von Materialien des Archives des Österreichischen Gewerkschaftsbundes und des Institutes zur Erforschung der Geschichte der Gewerkschaften und der Arbeiterkammern des Österreichischen Gewerkschaftsbundes und der Kammer für Arbeiter und Angestellte für Wien zusammengestellt

[2]) Lackinger Franz-Josef: In memoriam Prof. Franz Senghofer. In: arbeit&wirtschaft 3/1998, S. 6 f.

[3]) Fellinger Hans: Fritz Klenner – Kritischer Optimist und Gewerkschafter mit Weitblick. In: arbeit&wirtschaft 1/1998, S. 5 / Klenner Fritz: Die österreichischen Gewerkschaften, Vergangenheit und Gegenwartsprobleme, Erster Band bis 1928, Verlag des Österreichischen Gewerkschaftsbundes, Wien 1951, Biographischer Klappentext der dreibändigen Gesamtausgabe von 1979 / Die österreichische Gewerkschaftsbewegung – Entstehung, Entwicklung, Zukunft. Verlag des Österreichischen Gewerkschaftsbundes, Wien 1987, S. XVI (Das Vorwort von 1987 ist in dieser Ausgabe abgedruckt – in der Folge zitiert als »Klenner 1987: Vorwort«)

[4]) ergänzend Hindels Josef: Erinnerungen eines linken Sozialisten, herausgegeben vom Dokumentationsarchiv des österreichischen Widerstandes und dem Bund sozialdemokratischer Freiheitskämpfer und Opfer des Faschismus, Wien 1966

[5]) Duval Gottfried: In memoriam Hans Fellinger. In: arbeit&wirtschaft 4/1998, S. 12 / Klenner 1987: Vorwort

[6]) Kimmel Anton: Jugendparlament der Ersten Republik – Der Jugendbeirat der Arbeiterkammer Wien 1924–1938. Schriftenreihe »Österreichprofile«, herausgegeben von Fritz Klenner und Erich Pogats. Europaverlag, Wien 1965

[7]) Klenner Fritz: Gewerkschaftliche Organisationsstruktur – Die unendliche Diskussion. In: arbeit&wirtschaft 4/1991, S. 9 f. (in der Folge zitiert als »Klenner: Organisationsstruktur«)

[8]) Horak Kurt: Nur wer den Mut zu träumen hat, hat die Kraft zu kämpfen! – Alfred Dallinger. In: arbeit&wirtschaft 4/1989, S. 4 f.

[9]) Die Darstellung der Entwicklung von Mitgliederstand und Organisationsdichte des ÖGB stützt sich auf die jährliche Mitgliedstatistik des ÖGB-Bundesvorstandes und die in den Wirtschafts- und sozialstatistischen Taschenbüchern des Österreichischen Arbeiterkammertages bzw. der Bundeskammer für Arbeiter und Angestellte veröffentlichte Beschäftigungsstatistik des Hauptverbandes der österreichischen Sozialversicherungsträger

[10]) Die Hintergrunddarstellung zur Entwicklung von Mitgliederstand und Organisationsdichte basiert, wo nicht anders angegeben, auf den von Karl Drochter als zuständigem Leitendem Sekretär des ÖGB verfaßten, in den ÖGB-Tätigkeitsberichten, in »arbeit&wirtschaft« und im »ÖGB-Nachrichtendienst« veröffentlichten Analysen

[11]) Der Vergleich zwischen dem Mitgliederanteil der Arbeitergewerkschaften im ÖGB und dem Anteil der Arbeiter an den unselbständig Beschäftigten stellt nur einen Richtwert dar, da die Beschäftigtenstatistik des Hauptverbandes der österreichischen Sozialversicherungsträger eine andere Zuordnung vornimmt als die ÖGB-Statistik: Die im Bereich des öffentlichen Dienstes beschäftigten Arbeiter sind in der jeweiligen Gewerkschaft der Gruppe »öffentlich Bedienstete« organisiert, während die Statistik des Hauptverbandes auch diese Arbeitnehmer als »Arbeiter« ausweist. Ein entsprechender Vergleich für die Gruppen der Angestellten und Beamten konnte überhaupt nicht vorgenommen werden, da, abgesehen von den Zuordnungsunterschieden, beide Gruppen in der Statistik des Hauptverbandes zusammengefaßt sind.

[12]) Ergebnisse der Mikrozensuserhebungen des Österreichischen Statistischen Zentralamtes, veröffentlicht in den Wirtschafts- und sozialstatistischen Taschenbüchern des Österreichischen Arbeiterkammertages bzw. der Bundeskammer für Arbeiter und Angestellte

[13]) Mündliche Erläuterung der Entwicklung der Gewerkschaftsjugend durch Stefan Maderna, ab Herbst 1998 ÖGJ-Jugendsekretär

[14]) Global Players / Karlhofer: Abschied, S. 28
[15]) Global Players / Grafik »Gewerkschaften in Europa – Organisationsgrad in Prozent«. In: Solidarität, die Illustrierte des ÖGB, Nr. 772 vom Oktober 1995, S. 8
[16]) Karlhofer: Abschied, Anmerkung S. 31
[17]) Gewerkschaftlicher Organisationsgrad. In: ÖGB-Nachrichtendienst Nr. 2969 vom 4. 2. 1999, S. 15
[18]) Schanza Claudia: ÖGB-Bilanz 1997 – Wofür Ihr ÖGB-Beitrag verwendet wird. (inkl. Interview mit Günter Weninger). In: Solidarität Nr. 804 vom September 1998 S. 8–11 (in der Folge zitiert als »Weninger: ÖGB-Bilanz 1997«) / In arbeit&wirtschaft und Solidarität veröffentlichte ÖGB-Bilanzen seit 1987
[19]) Der Anschluß an die Informationsgesellschaft – Kostengünstiger Internet-Zugang für die Mitglieder des ÖGB! In: ÖGB-Nachrichtendienst Nr. 2856 vom 8. 8. 1996, S. 3 f. / Erstmals Übertragung im Internet: Konfrontation der Ideen mit Nürnberger und Lauda. In: ÖGB-Nachrichtendienst Nr. 2973 vom 4. März 1999, S. 7
[20]) Grenzmarken zum Aufhorchen. In: Wiener Zeitung vom 17. Juni 1999, S. 7
[21]) Paktfähigkeit der WK gefährdet: ÖGB ist und bleibt eine Kampforganisation! In: ÖGB-Nachrichtendienst Nr. 2867 vom 31. Oktober 1996, S. 1 (in der Folge zitiert als »ÖGB bleibt Kampforganisation«)
[22]) Weninger: ÖGB-Bilanz 1997 / Arbeitnehmerschutz ist mehr als »Gemeinsam Sicher«. In: »arbeit&wirtschaft 1/1994, S. 9 / Der Prozeß – ÖGJ hilft jungen DemokratInnen. In: AK/ÖGB-Bildungsinfo Nr. 3 vom September 1996, S. 3
[23]) Steier Herbert: Der Gewerkschaftsbund soll stärker werden. In: arbeit&wirtschaft 11/1997, S. 22–28
[24]) Giffinger, Vlastós: Klein- und Mittelbetriebe, S. 18, S. 20
[25]) Classen Dieter: Gewerkschaften wieder »in«. In: Die Presse vom 5. 5. 1999, S. 26
[26]) Auf ausländische Arbeitnehmer kann nicht verzichtet werden – Gewerkschaft Bau-Holz: Der Mensch hat für uns Vorrang. In: ÖGB-Nachrichtendienst Nr. 2883 vom 6. 3. 1997, S. 3
[27]) 13. ÖGB-Bundeskongreß: Leitantrag Demokratie, S. 259
[28]) Die »Neuen Selbständigen« organisieren sich: Fachgruppe »Gesundheitsberufe« in der Gewerkschaft KMfB gegründet. In: ÖGB-Nachrichtendienst Nr. 2968 vom 28. 1. 1999, S. 11
[29]) Gewerkschaften verlassen ihre Festung
[30]) 12. ÖGB-Bundeskongreß vom 14. bis 18. Oktober 1991: Beschlossene Anträge – Anträge des Bundesvorstandes, Antrag 9 »Änderung der Statuten des ÖGB. Verlag des Österreichischen Gewerkschaftsbundes, Wien 1992, S. 75
[31]) 11. ÖGB-Bundeskongreß vom 5. bis 9. Oktober 1987: Angenommene Anträge und Resolutionen, Anträge der Gewerkschaften zur Änderung der Statuten, Antrag 5, S. 74. Verlag des Österreichischen Gewerkschaftsbundes, Wien 1988
[32]) 13. ÖGB-Bundeskongreß: Anträge des Bundesvorstandes, Antrag des Bundesvorstandes zur Organisationsentwicklung des ÖGB. Verlag des Österreichischen Gewerkschaftsbundes, Wien 1996, S. 11 f. (in der Folge zitiert als »13. ÖGB–Bundeskongreß: Antrag Organisationsentwicklung«)
[33]) 49-Stunden-Woche – der totale Kinderwahnsinn! In: täglich Alles vom 7. 5. 1999, S. 12 f. / Schul-Versager oder –Versagen. In: Die ganze Woche Nr. 20/99 vom 19. 5. 1999, S. 8 f. / Stromstoß für 35-Stunden-Woche. In: Kurier vom 26. 5. 1999, S. 2

[34]) Förderung der demokratischen Mitbestimmung – ÖGJ: Neues Vertretungsmodell für Präsenz- und Zivildienst. In: ÖGB-Nachrichtendienst Nr. 2949 vom 20. 6. 1998, S. 12 f.
[35]) Tätigkeitsbericht der AK Wien 1995, S. VI. 1. 11 / 13. ÖGB-Bundeskongreß: Antrag Organisationsentwicklung, S. 11
[36]) 13. ÖGB-Bundeskongreß, ebenda, S. 10 f, S. 18 ff.
[37]) 13. ÖGB-Bundeskongreß: Leitantrag Bildung, Freizeit, Kultur, Medien, S. 230
[38]) Studienzirkel – neue Modelle gewerkschaftlicher Bildungsarbeit. In: AK/ÖGB-Bildungsinfo 2/1991, S. 2 f. / Diskussionskultur im ÖGB – Basisbeteiligung vor und nach dem 12. Bundeskongreß. In: AK/ÖGB-Bildungsinfo 3/1991, S. 2 f.
[39]) 13. ÖGB-Bundeskongreß, Arbeitskreispapier Gewerkschaftliche Bildungsarbeit. Verlag des Österreichischen Gewerkschaftsbundes, Wien o. D., S. VI/14 (in der Folge zitiert als »13. ÖGB–Bundeskongreß: Arbeitskreis Gewerkschaftliche Bildungsarbeit«)
[40]) ÖGB-Bildung, Freizeit, Kultur – Mitgliederinfo 2/99, S. 10
[41]) Herausforderung an die Bildungsarbeit – Arbeitskreis »Bildung« setzt Bildungsschwerpunkte. In: AK/ÖGB-Bildungsinfo 3/1995, S. 2 f. / 13. ÖGB-Bundeskongreß: Arbeitskreis Gewerkschaftliche Bildungsarbeit, S. V/6, S. V/8
[42]) 11. ÖGB-Bundeskongreß: Anträge des Bundesvorstandes des ÖGB, Antrag 3 »Kultur-, Bildungs- und Freizeitpolitik«, S. 44 / 5 Jahre REFAK – Neue Impulse in der Gewerkschaftlichen Bildungsarbeit: die Referentenakademie. In: AK/ÖGB-Bildungsinfo 4/1994, S. 4 / ÖGB/AK-Referentenakademie – 2. Symposion »Impulse für die gewerkschaftliche Bildungsarbeit« wieder ein voller Erfolg! In: AK/ÖGB-Bildungsinfo 3/1998, S. 14
[43]) Österreichischer Gewerkschaftsbund, Referat für Bildung, Freizeit, Kultur, Bundeskammer für Arbeiter und Angestellte (Herausgeber): Gemeinsames ÖGB/AK-Bildungsprogramm – Zielsetzung, Aufgaben, Kriterien für die Durchführung, das Angebot und seine Weiterentwicklung, organisatorischer Rahmen - mit Zustimmung des Präsidiums des österreichischen Gewerkschaftsbundes vom 13. Juni 1996 und des Vorstandes der Bundeskammer für Arbeiter und Angestellte vom 13. Mai 1996. Verlag des Österreichischen Gewerkschaftsbundes, Wien o. D., S. 5 (in der Folge zitiert als »Gemeinsames ÖGB/AK–Bildungsprogramm«) / AK/ÖGB-Bildungsinfo 2/1996, S. 12
[44]) 13. ÖGB-Bundeskongreß, Arbeitskreispapier Gewerkschaftliche Bildungsarbeit, S. VI/13
[45]) Gemeinsames ÖGB/AK–Bildungsprogramm, S. 5, S. 10 / Greif Wolfgang: Gewerkschaftliche Zusammenarbeit in Europa – Traum oder Wirklichkeit? In: arbeit&wirtschaft 9/1994, S. 37 f.
[46]) Janda Franz: Sicherheitsvertrauensperson? – Aber sicher! In: arbeit&wirtschaft 1/1999, S. 26 f.
[47]) 13. ÖGB-Bundeskongreß, Arbeitskreis Gewerkschaftliche Bildungsarbeit, S. V/8
[48]) Multiplikatorenseminar zur ÖGB-Werbeaktion 1997: Eine Öffentlichkeitsarbeit »mit ganz anderen Mitteln«. In: ÖGB-Nachrichtendienst Nr. 2874 vom 19. 12. 1996, S. 13
[49]) Gerhard Gstöttner-Hofer, Greif Wolfgang, Kaiser Erwin, Deutschbauer Petra (Herausgeber): Mobilisierung und Kampagnenfähigkeit – Impulse für die gewerkschaftliche Interessendurchsetzung. Publikation anläßlich des IV. Forums Jägermayrhof der ÖGB-Landesexekutive Oberösterreich. Verlag des Österreichischen Gewerkschaftsbundes, Wien 1998 (in der Folge zitiert als »Gstöttner, Greif u. a.: Kampagnenfähigkeit«)

50) 10. Oktober: Straßenaktion der Gewerkschaftsjugend – ÖGJ-Kampagne unter dem Motto »Deine Ausbildung ist unser Bier«. In: ÖGB-Nachrichtendienst Nr. 2955 1998, S. 12
51) Gstöttner, Greif u. a.: Kampagnenfähigkeit, S. 67–77
52) Schulmeister: Der Kompromiß
53) Die Frächter. In: Falter vom 11. 6. 1999, S. 7 /Solidarität für die Forderungen der Bau-Holz-Gewerkschaft: Maler und Anstreicher demonstrierten für Mindestlohn. In: ÖGB-Nachrichtendienst vom 2. 7. 1998, Gewerkschaft und AK fordern Strukturreform der Post: Aktionswoche »Ihre Post ist in Gefahr«. In: arbeit&wirtschaft 11/1994, S. 7 f ./ Menschenkette: Solidarität ist unabkömmlich. In: arbeit&wirtschaft 5/1997, S. 29
54) Gier und Rücksichtslosigkeit / Verzetnitsch vor Demonstranten
55) Mehr als 300.000 unterschrieben für die »Aktion Fairness«: Arbeitergewerkschaften übergaben Petition an den Bundeskanzler. In: ÖGB-Nachrichtendienst Nr. 2859 vom 5. 9. 1996, S. 4 / Haller Patricia, Leitner Karin: Alois Mocks Abschiedsrede ... «. In: Kurier vom 17. 7. 1999, S. 2 f.
56) Renault: Beschäftigte protestieren europaweit! (Kasten). In: ÖGB-Nachrichtendienst Nr. 2884 vom 13. 3. 1997, S. 18 / EGB-Präsident im ORF-Journal zu »Renault« – Verzetnitsch: Kampf der Willkür des Kapitals. In: ÖGB-Nachrichtendienst Nr. 2885 vom 20. 3. 1997, S. 6 f.
57) EGB startete permanente Kampagne (Interview mit Emilio Gabaglio als Gast des 12. ÖGB-Bundeskongresses). In: Kongreß-Spiegel zum 13. ÖGB-Bundeskongreß als Sonderausgabe des ÖGB-Nachrichtendienstes Nr. 2612 vom Oktober 1991, S. 12
58) Europas Gewerkschaften alarmieren: 27. Mai: Aktionstag des ÖGB am Ballhausplatz. In: ÖGB-Nachrichtendienst Nr. 2892 vom 15. 5. 1997, S. 1 f.
59) Holzinger Lutz: Fairer Wettbewerb? – Die Eisenbahnergewerkschaft kämpft für die Gleichstellung der Bahn mit der Schiene. In: arbeit&wirtschaft 1/1999, S. 11
60) Österreichs Streikstatistik 1993 – Kein Land der Streiks. In: arbeit&wirtschaft 9/1994, S. 8 f.
61) Aktionäre für ÖGB-Vizepräsident Nürnberger kein »rotes Tuch«. In: Wiener Zeitung vom 11. 3. 1999, S. 5
62) ÖGB bleibt Kampforganisation, S. 2
63) ÖGB-Präsident Verzetnitsch: Verständnis für die Finanzbeamten. In: ÖGB-Nachrichtendienst Nr. 2893 vom 22. 5. 1997, S. 7 / 3. Juni: Warnstreik der Finanzbeamten. In: ÖGB-Nachrichtendienst Nr. 2894 vom 30. 5. 1997
64) Starke Gewerkschaften sind wichtig: 66,6 Prozent befürworten laut einer ÖGB-Umfrage Warnstreiks. In: ÖGB-Nachrichtendienst Nr. 2911 vom 9. 10. 1997 / ÖGB-Umfrage: Für die Mehrheit sind Streiks denkbar. In: arbeit&wirtschaft 12/1997
65) Verzetnitsch vor Demonstranten
66) Greif Wolfgang: Arbeitnehmervertretung in Österreich, Skriptum Gewerkschaftskunde 6, herausgegeben vom Österreichischen Gewerkschaftsbund und der Bundeskammer für Arbeiter und Angestellte. Verlag des Österreichischen Gewerkschaftsbundes, Wien 1999, S. 6. / Klein Karl: Gewerkschaften sind Kampforganisationen – Eine Antwort auf Tálos: »Zwangskammerstaat?«. In: arbeit&wirtschaft 11/1996, S. 22 f. (in der Folge zitiert als »Klein: Antwort auf Tálos«)
67) Dvořák Hans: Die österreichische Bundesverfassung I, Skriptum Staat und Verfassung 4, herausgegeben vom Österreichischen Gewerkschaftsbund, Re-

ferat für Bildung und Arbeitswissenschaft und dem Österreichischen Arbeiterkammertag. Verlag des Österreichischen Gewerkschaftsbundes, Wien o. D., S. 10 ff.
68) Todd Ron: Wir unterwerfen uns nicht! (Gespräch des Generalsekretärs der britischen »Transport and General Worker's Union« als Gast des 11. ÖGB-Bundeskongresses mit Gottfried Duval). In: arbeit&wirtschaft 12/1987, S. 34
69) Freier EU-Warenverkehr darf nicht an Streikrecht rühren – EGB-Präsident Verzetnitsch verlangt Garantien gegen »Aushebelung«. In: arbeit&wirtschaft 2/1998, S. 45 / Keine Beschneidung der ArbeitnehmerInnenrechte – Ettl: Streikrecht bleibt weiterhin unangetastet. In: ÖGB-Nachrichtendienst vom 28. 5. 1998
70) Blockade: Demo-Recht steht über Freiheit des Warenverkehrs – Ettl: Sonst dürfte ja auch die Tour de France nicht stattfinden. In: ÖGB-Nachrichtendienst vom 18. 6. 1998
71) 12. ÖGB-Bundeskongreß: Anträge des Bundesvorstandes, Antrag 9 »Änderung der Statuten des ÖGB«, S. 81 / Protokoll des 12. Bundeskongresses des Österreichischen Gewerkschaftsbundes vom 14.–18. Oktober 1991. Verlag des Österreichischen Gewerkschaftsbundes, Wien 1992, S. 381 f.
72) 13. ÖGB-Bundeskongreß: Antrag des Bundesvorstandes »Statuten des ÖGB«, § 14 Wahlordnung, S. 70
73) ebenda / ebenda § 17 Rechte der Mitglieder, S. 73 / persönliche Informationen durch Mitarbeiter der Gewerkschaft Metall-Bergbau-Energie und des ÖGB
74) 1. Referendum in Form von basisdemokratischer Abstimmung – GdG-Thein zu Diensteinteilung und Arbeitszeit: »Ihre Meinung zählt«. In: ÖGB-Nachrichtendienst Nr. 2873 vom 12. 12. 1996
75) Die Presse vom 13. 4. 1999, S. 10
76) 13. ÖGB Bundeskongreß: Antrag des Bundesvorstandes »Statuten des ÖGB«, § 14 Wahlordnung, S. 70, § 7a Zusammensetzung des Bundeskongresses, S. 61
77) 13. ÖGB Bundeskongreß: Antrag Organisationsentwicklung, S. 28
78) 13. ÖGB Bundeskongreß: Leitantrag Bildung, Kultur, Freizeit, Medien, S. 229 / Auskunft ÖGB-Bildungssekretär Franz-Josef Lackinger
79) Hostasch Lore: Doppelpaß – das Zusammenspiel zwischen ÖGB und AK (Interview mit Siegfried Sorz). In: arbeit&wirtschaft 1/1995, S. 11
80) Forderung des Kongresses der Freien Gewerkschaften und Aussage Anton Huebers, des Sekretärs der Reichskommission der Freien Gewerkschaften, zitiert nach Pellar Brigitte: Die Kammern für Arbeiter und Angestellte, Skriptum Gewerkschaftskunde 7, herausgegeben vom Österreichischen Gewerkschaftsbund und der Bundeskammer für Arbeiter und Angestellte. Verlag des Österreichischen Gewerkschaftsbundes, Wien 1999, S. 4, S. 22 (in der Folge zitiert als »Skriptum Arbeiterkammern«)
81) Arbeiterkammer-Gesetz, Stand 1. Jänner 1999: Vorbemerkung. Bundeskammer für Arbeiter und Angestellte, Wien 1999 (in der Folge zitiert als »AK-Gesetz 1999«) / Klein: Antwort auf Tálos, S. 25
82) Fleckerlteppich – AK-Präsident Adolf Czettel im Interview mit Friederike Stadlmann zum »Haider-Volksbegehren«. In: Solidarität 7/1987, S. 9 ff.
83) Die Darstellung der politischen Auseinandersetzungen um die Arbeiterkammern ab 1987 ist, wo nicht anders angegeben, aufgrund der Medienberichte zusammengefaßt, die von der Sozialwissenschaftlichen Dokumentation der Kammer für Arbeiter und Angestellte für Wien zur Verfügung gestellt wurden.
84) Cerny Josef: Arbeiterkammerwahl 1994. In: arbeit&wirtschaft 11/1994, S. 10 bis 14 (in der Folge zitiert als »Cerny: AK-Wahl 1994«) / Berechnungen und Analysen der Autorin

[85]) Cerny: AK-Wahl 1994, S. 10–15 / Persönliche Erinnerungen der Autorin
[86]) Anton Hueber, Sekretär der Reichskommission der Freien Gewerkschaften Österreichs bis 1928. Zitiert nach: Skriptum Arbeiterkammern, S. 20
[87]) Cerny: AK-Wahl 1994, S. 16 f.
[88]) Tumpel Herbert, Cerny Josef: Vorwort zur Ringmappe »Arbeiterkammerrecht«. Herausgeber und Verleger: Bundeskammer für Arbeiter und Angestellte, Wien 1999 (in der Folge zitiert als »Tumpel, Cerny: AK-Recht«) / Cerny Josef: »Ja zur AK« – Vertrauensbeweis und Arbeitsauftrag. In: arbeit &wirtschaft 9/1996, S. 20–24 (in der Folge zitiert als »Cerny: Ja zur AK«)
[89]) Danninger Karl: Die blinden Zwillinge. Kommentar. In: Der Standard vom 9. 6. 1990
[90]) Klein: Antwort auf Tálos, S. 23 f.
[91]) AK: FPÖ wegen Ehrenbeleidigung und Rufschädigung verurteilt. APA184 5 11 0171 vom 3. Juli 1992
[92]) Himmelbauer M., Nikbakhsh M.: Der Krieg der Arbeitswelten. In: Format vom 16. 8. 1999, S. 66 f.
[93]) 12. ÖGB-Bundeskongreß vom 14.–18. Oktober 1991, Stenographisches Protokoll. Verlag des Österreichischen Gewerkschaftsbundes, Wien 1992, S. 42
[94]) Zitiert nach: Skriptum Arbeiterkammern, S. 23
[95]) 12. ÖGB-Bundeskongreß, Anträge des Bundesvorstandes, Antrag 3 »Bildung, Kultur, Freizeit, Medien«, S. 32
[96]) Gemeinsames ÖGB/AK–Bildungsprogramm
[97]) AK-Jahrbuch 1990. Verlag der Kammer für Arbeiter und Angestellte für Wien 1991, S. 328 f. / Tätigkeitsberichte der Kammer für Arbeiter und Angestellte für Wien für die Jahre 1992 bis 1998
[98]) Schnurrer: Schutz vor dem Pleitegeier / Drei Viertel der Pendlerwünsche durchgesetzt: Späte Abendverbindungen und bessere Informationen für Pendler. In: ÖGB-Nachrichtendienst Nr. 2941 vom 28. 5. 1998, S. 10 f. / Für behinderte Menschen wird der Arbeitsmarkt immer enger: ÖGB und AK helfen bei der Wahl von Betriebsräten für Behinderte. In: ÖGB-Nachrichtendienst Nr. 2939 vom 14. 5. 1998, S. 13 f. / Kommentar zu Paragraph 6 des Arbeiterkammergesetzes 1992. In: Ringmappe Arbeiterkammergesetz 1. Auflage 1992. Bundeskammer für Arbeiter und Angestellte, Wien 1992, S. 24
[99]) ÖGB: In zehn Jahren rund zehn Mrd. S. erstritten. In: ÖGB-Nachrichtendienst vom 15. 5. 1997
[100]) AK-Gesetz 1999, S. 22 / Skriptum Arbeiterkammern, S. 14
[101]) Recht-haberisch. In: ECO-Wirtschaftsmagazin 3–4/1999, S. 4 f.
[102]) Resolution der BildungssekretärInnen der Gewerkschaften und des ÖGB zur AK. In: AK/ÖGB-Bildungsinfo 2/1995, S. 2 f.
[103]) 13. ÖGB-Bundeskongreß: Antrag Organisationsentwicklung, S. 35
[104]) Anton Pelinka, Referat vor der Vollversammlung der Kammer für Arbeiter und Angestellte für Wien am 5. Mai 1995. Zitiert in Cerny: Ja zur AK, S. 25
[105]) Interview mit Herbert Tumpel. ORF, Ö1-Mittagsjournal vom 15. 3. 1997 / Arbeiterkammer muß bei Arbeitsplatzfragen mitreden – Tumpel ist neuer Präsident der Wiener Arbeiterkammer. In: ÖGB-Nachrichtendienst Nr. 2881 vom 20. 2. 1997, S. 3
[106]) ebenda
[107]) Schwarz: 13. ÖGB-Bundeskongreß, S. 25
[108]) Tumpel, Cerny: AK-Recht / Skriptum Arbeiterkammern, S. 50 f.

[109]) AK-Reform vom Ministerrat beschlossen: Präsident Tumpel zufrieden über nächsten Schritt der AK-Reform. In: ÖGB-Nachrichtendienst Nr. 2936 vom 23. 4. 1998, S. 12 (in der Folge zitiert als »AK-Reform 1998«) / AK-Gesetz 1999, Abschnitt 5 »Wahl der Vollversammlung«, S. 40–68 / Wahlordnung - Verordnung des Bundesministeriums für Arbeit und Soziales über die Durchführung der Wahl der Vollversammlung der Kammern für Arbeiter und Angestellte. Verlag der Kammer für Arbeiter und Angestellte für Wien, Wien o. D.
[110]) 13. ÖGB-Bundeskongreß: Leitantrag Demokratie, S. 260 f.
[111]) AK-Reform 1998 / Skriptum Arbeiterkammern, S. 35
[112]) Enzelsberger Ernest F.: AK-Wahlanfechtung: Alles ist möglich – Langwieriges Rechtsverfahren – Unsicherheit in den anderen Bundesländern. In: Vorarlberger Nachrichten vom 5. 5. 1999, S. 5
[113]) Klenner: Organisationsstruktur, S. 6–11 / Einleitung Fritz Klenners zu Beginn dieses Bandes
[114]) 12. ÖGB-Bundeskongreß – Anträge des Bundesvorstandes, Antrag 7 »Weiterentwicklung der Organisationsstruktur des ÖGB, S. 69 ff.
[115]) ÖGB-Organisationsreform: Intensive Kooperation als Lösungsansatz – Helmut Tomasek, der für den »Ständigen Organisationsausschuß des ÖGB-Bundesvorstandes zuständige ÖGB-Sekretär, nahm vor kurzem zum aktuellen Stand der Diskussion über eine Organisationsreform des ÖGB und seiner Gewerkschaften Stellung. In: arbeit&wirtschaft 9/1993, S. 4 f. (in der Folge zitiert als »Organisationsreform: Tomasek«)
[116]) Giffinger/Vlastós: Klein- und Mittelbetriebe; S. 20
[117]) Organisationsreform: Tomasek
[118]) 13. ÖGB-Bundeskongreß: Antrag Organisationsentwicklung, S. 4 ff., S. 30 ff.
[119]) Schwarz: 13. Bundeskongreß, S. 24
[120]) Kasten »Gemeinsam sind sie stärker«. In: Solidarität Extra: Kollektivverträge, S. 7
[121]) Neue Form der Gewerkschaftskooperation: »Post« & »Druck u. Papier« nunmehr im Verbund. In: ÖGB-Nachrichtendienst Nr. 2925 vom 29. 1. 1998, S 1 f.
[122]) Rubrik Kurzberichte. In: arbeit&wirtschaft 4/1990, S. 6
[123]) Künftig pro Betrieb eine einzige gewerkschaftliche Betreuung: Bei den Gewerkschaften bleibt kein Stein auf dem anderen. In: ÖGB-Nachrichtendienst Nr. 2936 vom 23. 4. 1998, S. 5 / 14. HTV-Gewerkschaftstag – Verzetnitsch: Abfertigung auch bei Selbstkündigung. In: ÖGB-Nachrichtendienst Nr. 2941 vom 4. 6. 1998, S. 3 / 5. Ordentlicher Gewerkschaftstag der Gewerkschaft Hotel, Gastgewerbe, Persönlicher Dienst vom 22. bis 24. März 1999, Zentrale Berichte/Berichte Bundesländer 1995–1998, S. 8
[124]) Wichtiger Schritt zur Bewältigung der neuen Herausforderungen – ANG-GBH-Chemie: Gemeinsamer Weg in das neue Jahrtausend. In: ÖGB-Nachrichtendienst Nr. 2950 vom 3. 9. 1998, S. 4 f.
[125]) Bacher Sepp: Kooperationen, Fusionen, Verbund: ÖGB-Reform ist voll im Gang. In: arbeit&wirtschaft 9/1998, S. 9 (in der Folge zitiert als »Bacher: ÖGB-Reform«)/ Klenner: Organisationsstruktur, S. 10 / Pellar, Riess: ANG, S. 122
[126]) Verzetnitsch: »Für die Zukunft gerüstet«. In: ÖGB-Nachrichtendienst Nr. 2950 vom 3. 9. 1998, S. 5
[127]) ÖGB-Nachrichtendienst Nr. 2936 vom 23. 4. 1998, S. 5
[128]) »Keine Nivellierung, die niemandem Nutzen bringt« – Die Deutsche-Angestellten-Gewerkschaft wird 50 Jahre alt und verabschiedet sich in die Dienst-

leistungsgewerkschaft. In: Frankfurter Allgemeine Zeitung für Deutschland vom 12. 4. 1999, S. 18

[129]) Kleine Zeitung von 26. 5. 1999

[130]) Bacher: ÖGB-Reform, S. 9 / ÖGB-Nachrichtendienst Nr. 2925 vom 29. 1. 1998, S. 1 f.

[131]) Zusammengefaßt nach:
Protokoll des 11. Bundeskongresses des Österreichischen Gewerkschaftsbundes vom 5. bis 9. Oktober 1987, Verlag des Österreichischen Gewerkschaftsbundes, Wien 1988
11. ÖGB-Bundeskongreß: Angenommene Anträge und Resolutionen. Verlag des Österreichischen Gewerkschaftsbundes, Wien o. D.
Broessler Agnes, Duval Gottfried, Göhring Walter: ÖGB-Stationen vom ersten Kongreß ins nächste Jahrhundert. A&W Spezial, Beilage zu arbeit&wirtschaft 6/1998, S. 14 f. (in der Folge zitiert als »Stationen«)

[132]) Zusammengefaßt nach:
Stationen, S. 15
Moravec Ernst: 12. Bundeskongreß des ÖGB – Eine Bewegung in Bewegung. In: arbeit&wirtschaft 12/1991, S. 6–11
Protokoll des 12. ÖGB-Bundeskongresses

[133]) Protokoll 12. Bundeskongreß, S. 417

[134]) Zusammengefaßt nach:
Protokoll des 13. Bundeskongresses des Österreichischen Gewerkschaftsbundes vom 17.–20. Oktober 1995. Verlag des Österreichischen Gewerkschaftsbundes, Wien 1996
Schwarz: 13. Bundeskongreß, S. 18–25

[135]) Fritz Verzetnitsch über die Zukunft der Arbeit: Sicherheit im Wandel (Interview mit Walter Kratzer und Michael Weber). In: Kratzer Walter, Reiss Sabine, Weber Michael (Redaktion): Die Zukunft der Arbeit, Jahrbuch des ÖGB 1999. Verlag des Österreichischen Gewerkschaftsbundes, Wien 1998, S. 13 f.

Anmerkung zu den Seiten 897–946

Chronik: Die Gewerkschaftsbewegung und die gesellschaftlich-politische Entwicklung vom Frühkapitalismus bis zum Ende des zweiten Jahrtausends

[1]) Zusammengestellt u. a. auf Grundlage von:
Horke Gertraude: Soziologie der Gewerkschaften, Europaverlag, Wien 1977
Klenner Fritz: Die österreichischen Gewerkschaften, Vergangenheit und Gegenwartsprobleme. Verlag des Österreichischen Gewerkschaftsbundes, 1. Band (Von den Anfängen bis 1928) Wien 1951, 2. Band (1928 bis 1953) Wien 1953, 3. Band (1953 bis 1978) Wien 1979
Gewerkschaftliche Chronik. In: Tätigkeitsberichte des Österreichischen Gewerkschaftsbundes für die Jahre 1948 bis 1998. Verlag des Österreichischen Gewerkschaftsbundes, Wien 1949–1999
Vom 1. bis zum 10. ÖGB-Bundeskongreß – Die wichtigsten Beschlüsse der Bundeskongresse des ÖGB 1948 – 1983; Zeittafeln – Die Geschichte der Gewerkschaftsbewegung in der Zweiten Republik im Rahmen der wirtschaftli-

chen, sozialen und politischen Entwicklung 1945–1987. Beilage zum Skriptum Gewerkschaftskunde 3, herausgegeben vom Österreichischen Gewerkschaftsbund und dem Österreichischen Arbeiterkammertag. Verlag des Österreichischen Gewerkschaftsbundes, Wien 1988

Hautmann, Kropf: Die österreichische Arbeiterbewegung

Pellar Brigitte: 40 Jahre GPA/ Dokumentationen. In: Der Privatangestellte, Zeitung der Gewerkschaft der Privatangestellten, Nummern Jänner 1985 bis Oktober 1986

Pellar, Riess: ANG

Stein Werner: Der große Kulturfahrplan – Die wichtigsten Daten der Weltgeschichte – Politik, Kunst, Religion Wirtschaft. Erweiterte Auflage, Herbig Verlagsbuchhandlung, München, Berlin 1987

Kleindel, Ackerl, Kodik: Österreich – Daten 95

APA-Jahresrevue/ Innenpolitik 1988–1998

Gysling: Weltrundschau 87–98

Kulturgeschichtliche Zeittafel (Quellen: Heichen Paul: Die Kulturgeschichte in Hauptdaten, Berlin 1893 / Kraus Franz Xaver: Synchronistische Tabellen zur Kirchengeschichte, Trier 1894 / Steinberg S. H.: Historical Tables, London 1839 / Stein: Kulturfahrplan, Berlin 1951). In: Görlich Ernst J.: Weltgeschichte vom Altertum bis zur Jetztzeit. Wilhelm Köhler Verlag, Minden (Westfalen) o. D.

Der illustrierte Ploetz – Weltgeschichte in Daten und Bildern von den Anfängen bis zur Gegenwart. Verlag Ploetz KG, Würzburg 1973

Zöllner: Geschichte Österreichs

Personenregister

Abel Heinrich 303
Ackermann Manfred 319
Adler Friedrich 163, 184, 185
Adler Max 214
Adler Victor 57, 82, 83, 107, 110, 111, 130, 135, 142, 162, 203, 209, 212, 216
Alexander III. (Zar) 91
Allende Salvador 691
Altenburger Erwin 302, 557, 598, 611, 612, 613, 620, 621, 642, 828, 833
Altmann Karl 378
Andics Hellmut 392
Androsch Hannes 622
Auersperg Adolf 77
Auersperg Carlos 77
Austerlitz Friedrich 162

Bachler Reinhold (Schispringer und Erzbergarbeiter) 642
Bachner Roswitha 734
Badeni Kasimir 87
Battisti Cesare 380
Battisti Josef 827
Bauer Otto 77, 86, 147, 205, 224, 286
Bebel August 299
Beck Ludwig 340
Beck Max Wladimir 89
Belcredi Richard 78
Benya Anton 20, 21, 120, 304, 454, 457, 460, 464, 514, 521, 522, 612, 613, 614, 615, 617, 618, 621, 622, 625, 634, 635, 639, 640, 641, 642, 643, 644, 645, 647, 677, 710, 765, 825, 829, 831, 833, 878, 892
Berchtold Leopold 94
Biedermann Karl 364
Bismarck Otto von 91
Bittner Franz 806, 865, 886

Blair Tony 691
Blöch (Polizeiagent) 80
Böck Hans 621
Böhm Johann 20, 21, 211, 283, 284, 380, 381, 382, 383, 384, 389, 400, 405, 406, 409, 418, 435, 438, 443, 444, 453, 493, 592, 604, 607, 608, 609, 610, 613, 625, 626, 627, 628, 629, 630, 631, 632, 639, 644, 645, 765, 827, 828,
Boschek Anna 35, 130
Bourdieu Pierre 680
Braunthal Alfred 436
Braunthal Julius 193
Brecht Bertold 825
Breschnew Leonid 596
Brestow (sowjetischer Landeskommandant für NÖ) 426
Bridges William 678
Briefs Götz 572
Brown Irving 436
Bruna Herbert 865
Brunner (Arbeiter) 56
Buresch Karl 287
Busek Erhard 785
Buttinger Josef 294

Cerny Josef 877
Chaloupek Günther 518
Chruschtschow Nikita 440, 595
Ciano Galeazzo 333, 344
Clam-Martinic Heinrich 185, 186
Clark W. Mark 391
Csörgits Renate 817, 841
Cuningham (Oberst) 229
Czernin Ottokar 185, 190, 191, 197
Czettel Adolf 646, 700, 831, 869, 878
Czettel Hans 634

997

Dallberg (Baron) 303
Dallinger Alfred 621, 826, 832, 863, 878, 891
Danneberg Robert 163
Daurer Heinrich 635
Deutsch Julius 55
Dichand Hans 637
Dietrich Karl 612
Dirngrabner Erich 867
Ditz Johann 782
Dohr Siegfried 852, 863
Dollfuß Engelbert 289, 290, 292, 293, 294, 297, 298, 357, 368, 376
Domes Franz 165, 201, 878
Dörfler Hans–Georg 782, 785, 866, 886
Driemer Johann 730, 733, 864, 887, 891
Drochter Karl 646, 647, 676, 716, 840, 880, 891
Dubcek Alexander 596
Dulles Allan 375
Dulles John Foster 440
Duncker Franz 221
Duval Gottfried 22, 827

Eisner Kurt 220
Eksl Josef 588
Ender Otto 286
Engels Friedrich 53, 57, 82, 207
Epp Leon 825
Escherich Georg 220, 272
Ettl Harald 701, 706, 861, 867, 888

Falk Kurt 637
Farnleitner Johannes 519
Feathers Victor 388
Fellinger Hans 588, 826, 827
Ferdinand I. (Kaiser) 60
Fiala Gottlieb 380, 381, 382, 384, 431, 604, 630
Figl Leopold 377, 415, 416, 426, 440, 604, 636, 828

Fink Jodok 236
Firnberg Hertha 829
Fischböck Hans 332
Fischer Ernst 416
Fischer Heinz 829
Flöttl Karl 434
Franco Francisco 328
Franz Ferdinand (Erzherzog) 93
Franz II. (I.) Kaiser 39, 47
Franz Joseph I. (Kaiser) 60, 87, 89, 91, 185, 267
Freyschlag Fritz 776
Frühbauer Erwin 459
Fugger (Familie) 32
Fürst Paul 864

Gabaglio Emilio 681, 702
Gaismair Michael 35
Gasperschitz Alfred 617
Gassner Johann 620, 621, 833
Gautsch Paul 88
Geißler Heiner 661, 682
Glaise-Horstenau Edmund 330, 333, 343, 344
Glotz Peter 652
Gorbach Alfons 636
Gorbatschow Michael 660
Göring Hermann 344, 345, 348, 349, 350, 352, 535
Götel Andreas 380
Gottlieb Anton 380
Gratz Leopold 765
Grey Edward 94
Grießner Isidor 457
Gromyko Andrej 595
Gruber Karl 415
Grünberg Hubertus von 773
Gulick Charles 218

Haberzettel Wilhelm 859, 865
Habsburg-Lothringen Otto 455
Haider Franz 381
Haider Jörg 480, 690, 718, 725, 869, 870

Hamann (Hauptkassier der Allgemeinen Deutschen Metallarbeiter-Gewerkschaft) 207
Hanslik (NS-Offizier) 364
Hanusch Ferdinand 211, 232, 233, 235, 236, 239, 240, 563, 888
Harriman Avarell 405
Harun ar-Raschid 540
Häupl Michael 776
Häuser Rudolf 458, 621, 878
Hayek Friedrich von 688
Helmer Oskar 88, 372, 379, 415, 416, 426
Hemala Franz 303, 308, 309, 311
Henderson Arthur 416
Herlitzka Ernst K. 295
Hesoun Josef 864, 891
Heydrich Reinhard 349
Hillegeist Friedrich 323, 339, 612, 613, 631, 638, 642
Himmler Heinrich 349
Hindels Josef 353, 826
Hirche Kurt 551
Hirsch Max 221
Hitler Adolf 271, 289, 329, 331, 332, 333, 334, 336, 337, 340, 343, 344, 345, 346, 349, 352, 353, 354, 357, 358, 359, 360, 362, 363, 365, 368, 375, 438, 627, 691
Hofer Andreas 364
Hofstetter Erich 606, 612, 618, 621, 623, 646, 830, 831
Hohenwart Karl Siegmund 77, 78, 84, 87
Holaubek Josef 416, 420
Holzbauer Erwin 865
Honner Franz 605
Horn Otto 612
Horthy Nikolaus 221, 271, 289
Hostasch Lore 743, 863, 868, 873, 874, 880, 891

Hötzendorf Conrad 92
Hrdlitschka Wilhelm 457, 830, 831
Hueber Anton 129, 130, 142, 157, 199, 200, 212, 216, 282, 626, 639, 646, 884
Hums Franz 780, 865
Hunna Robert 380
Hurdes Felix 357, 362
Husarek 202
Huth, Alfred 364

Igler Hans 532
Innitzer Theodor 302

Janisch Wilhelm 380
Jaurès Jean 160, 162
Jeschko Walter 635
Jonas Franz 582
Josef II. (Kaiser) 145
»Julius« (Deckname für Karl Mantler zur Zeit der illegalen Freien Gewerkschaften Österreichs) 325

Kabesch Erich 347
Kamitz Reinhard 448
Kandl Heinrich 417
Kann Robert A. 269
Kanzler Rudolf 272
Kapp Wolfgang 221
Karl I. (Kaiser) 185, 203, 204, 205
Karl VI. (Kaiser) 37, 39
Karlhofer Ferdinand 678
Käs Ferdinand 364
Kaske Rudolf 855, 866
Kautsky Karl 125
Keel 127
Kennedy John F. 447
Keyes (Generalleutnant) 394, 395
Keynes John Maynard 681
Kienzl Heinz 511
Klaus Josef 454, 455, 615, 829
Klein Karl 737

Klenner Fritz 20, 592, 612, 615, 618, 619, 633, 635, 640, 670, 672, 673, 685, 741, 766, 823, 824, 825, 826, 827, 876, 883
Klima Viktor 702, 713, 742
Klingler Hans 599, 620
Koerber Ernest 100, 185
Kolping Adolf 299
König Franz 467, 616, 714
Koppier Erhard 783
Koren Stephan 517
Körmer Ernst 864
Körner Theodor 377, 594, 630
Kostroun Ludwig 357
Kotthof Hermann 541
Kramer Helmut 489
Kreisky Bruno 339, 353, 375, 440, 458, 466, 479, 480, 484, 517, 594, 620, 702, 829
Kristan (slowakischer Redakteur »Eisenbahner«) 144
Kunschak Leopold 86, 281, 302, 303
Künzli Arnold 519
Kwon Yang-Kil (Gewerkschafter aus Südkorea) 693

Lacina Ferdinand 771
Lammasch Heinrich 204
Lapin (russischer Botschafter) 389
Las Josef 635
Lassalle Ferdinand 70, 78, 80, 118, 207
Legien Karl 127
Lengauer Stephan 679
Lenin Wladimir Iljitsch 188, 189, 196, 213
Leo XIII. (Papst) 301
Leutner Richard 676, 728, 732, 749, 750, 816, 891
Ley Robert 356
Lichtenstein (Fürst) 539
Liechtenstein Alois 78, 84, 105
Linner Gerhard 865, 887

Louis (Ludwig) Philipp I. (Bürgerkönig) 53
Lueger Karl 82, 86, 302, 527
Luitpold Stern Josef 675, 824

Maderthaner Leopold 418, 695, 766
Maisel Karl 357, 362, 496, 613, 626, 627, 641, 798
Malenkow Georgi Maksimilionowitsch 440
Mantler Karl (»Julius«) 211, 323, 357, 362, 630
Margulies Fred 831
Margutti Albert 185
Maria Theresia (Kaiserin) 37, 39
Maringer Albert 849
Marshall George 211, 405
Marx Karl 42, 49, 53, 70, 76, 79, 80, 82, 85, 118, 132, 207, 300
Mataja Victor 109
Matejka Viktor 363
Mayer Frederick 679
Meindl (SGP-Generaldirektor NS-Zeit) 785
Merstallinger Josef 118
Metternich Clemens Wenzel 48, 54
Migsch, Alfred 357, 362
Miklas Wilhelm 345, 348
Mock Alois 480
Moik Wilhelmine 594
Molden Fritz 539
Molotow Wjatscheslaw Michailowitsch 439, 440
Mrkvicka Franz 797
Müller Stefan 864
Musil Robert 102
Mussolini Benito 271, 289, 297, 329, 330, 343, 346, 348, 689

Napoleon I. (Kaiser) 46
Neugebauer Fritz 302, 698, 764, 863, 891

Niemitz Franz Erwin 866
Nikolaus II. (Zar) 88, 92, 184
Nowak Gerhard 780, 865
Nowotny Ewald 519
Nürnberger Rudolf 733, 774, 787, 806, 809, 815, 859, 867, 891

Oberwinder Heinrich 61, 79, 118
Olah Franz 20, 30, 447, 453, 456, 595, 605, 612, 613, 618, 619, 625, 632, 633, 634, 635, 636, 637, 638, 639, 641, 642, 645

Palmer (General) 604
Pankratow (Oberst) 421
Papanek Ernst 354
Papen Franz 329, 330
Pelinka Anton 510
Pergen Johann Anton 47
Pernerstorfer Engelbert 81, 82
Petzold Alfons 102
Peukert Josef 80, 81, 118
Pfeffer 380
Pfrimer Walter 287, 288
Philippe 53
Pichler Josef 192
Pinochet Augusto 691
Pipelka Robert 380
Pittermann Bruno 529, 531
Pleiger Paul 535
Pöder Rudolf 864, 891
Popp Adelheid 35, 140
Pöschl Walter 784
Potocky Alfred 75
Proft Gabriele 163
Prokop Kurt 588, 589, 636
Proksch Anton 21, 381, 383, 405, 604, 640, 647, 693, 825, 829

Raab Julius 287, 333, 410, 440, 443, 444, 447, 609, 610, 629, 631
Ramek Rudolf 261

Raschke Rudolf 364
Rauscher Franz 383
Rehor Grete 302, 829, 830, 888
Reichhold Ludwig 557
Renner Karl 160, 163, 200, 205, 216, 236, 259, 267, 282, 286, 289, 376, 377, 391, 392, 765
Ressel Josef 776
Reumann Jakob 127
Ribbentrop Joachim 344
Rothschild (Bankhaus) 527
Rott Hans 338, 340

Sabel Charles 659
Sailer Karl-Hans 339, 347
Saillant Luis 399
Sallinger Rudolf 457, 460, 514, 518, 765
Sallmutter Hans 695, 728, 801, 806, 891
Sander Friedrich 57, 58
Santer Jaques 754
Schäffle Albert 526
Schärf Adolf 359, 363, 416, 440, 630
Scheu Andreas 61, 79, 118
Schmerling Anton 65
Schmidleithner Irmgard 676, 714, 737, 738, 841, 891
Schmidt Guido 330, 333
Schmitz Richard 347, 349
Schmitz Wolfgang 455
Schmölz Hans 865
Schneider Peter 866
Schober Johannes 257, 259
Schönfeld Eduard 191, 192
Schorsch Johann 282
Schröder Gerhard 691
Schultze-Delitzsch Hermann 70, 78
Schuschnigg Kurt 297, 330, 331, 332, 333, 334, 336, 337, 338, 339, 340, 342, 343, 344, 345, 346, 347, 348, 349, 353, 357, 368, 376
Schwarzböck Rudolf 418, 766

Schwarzenberg Felix 59, 65
Seidel Hans 372
Seidler Ernst 186, 200, 201
Seiler Hilde 841, 891
Seiller (Oberstleutnant) 229
Seipel Ignaz 109, 204, 236, 259, 261, 286
Sekanina Karl 642, 645, 867
Senghofer Franz 580, 582, 612, 636, 824, 825, 853
Seyss-Inquart Arthur 331, 332, 333, 343, 344, 345, 347, 348, 349, 351
Sik Ota 596
Simperl Leopold 866, 867, 887, 893
Sinowatz Fred 480, 490, 623
Slama Viktor Th. 615
Slavik Felix 339
Smeykal Johann 380, 382
Smitka Johann 127, 128
Sommer Rudolf 891
Sperber Manès 540
Sperk Roland 751
Stadler Karl. R. 294, 362
Stalin Jossif Wissarionowitsch 440
Staribacher Josef 459, 866, 894
Staud Johann 211, 302, 316, 330, 334, 338, 340, 347
Steck Charles 822
Steger Norbert 480
Stein (deutscher Botschafter) 344
Stellmacher Hermann 80
Stewart Michael 532
Stolper Gustav 100
Streicher Rudolf 782
Ströer Alfred 267, 599, 606, 612, 618, 621, 623, 699, 827
Stronach Frank 690, 783, 802
Stummvoll Günter 682
Stürgkh Karl 92, 183, 184, 185, 186
Summerauer Leopold 832

Swift (US-General) 416
Swiridow N. P. 423, 426
Szokoll Karl 363

Taaffe Eduard 73, 78, 87, 105, 107
Tálos Emmerich 678
Tandler Julius 236
Tatzreiter Leopold 783
Tauschinsky Hippolyt 79
Teleki Paul 223
Thatcher Margret 805
Thun Leo 84
Tinbergen Jan 622
Tisza István 94
Tmej Norbert 866
Tolbuchin Fjodor I. 364, 374
Tomschik Josef 143
Traxler Franz 807
Tumpel Herbert 642, 646, 647, 683, 717, 730, 798, 880, 881, 891

Uhlirs Julius 380

Vajda Stephan 297
Vanderveken John 673, 692
Verzetnitsch Fritz 418, 562, 606, 642, 646, 667, 670, 671, 676, 677, 684, 685, 696, 699, 700, 702, 704, 710, 717, 743, 745, 746, 754, 759, 766, 767, 793, 803, 818, 632, 845, 846, 859, 860, 861, 875, 880, 888, 890, 891, 892, 893, 895
Vittinghof-Schell (Baron) 303
Vitzthum Anton 319, 380
Vogelsang Karl 84, 105, 300, 301
Vogler Heinz 418, 766, 871, 873, 875, 876
Vranitzky Franz 480, 713, 785

Waldbrunner Karl 529, 829
Watzek, Adolf 333, 338
Weber Max 436

Wedenig, Karl 620
Wedral Adolf 304
Wegerer Josef 867
Weigelt Adolf 380
Weigl Karl 636
Weinberger, Lois 302, 382, 384, 556, 828
Weiskirchner Richard 715
Weißenberg Gerhard 765
Weninger Günter 776, 845, 846, 864, 891
Wilhelm I. (Kaiser) 91
Wilhelm II. (Kaiser) 203
Wille Sepp 867
Willis Norman 700

Wilson Woodrow 203, 224, 230
Windischgrätz Alfred 59
Wirlandner Stephan 406
Wöhr (Kaplan) 303
Wondrack, Gertrude 459
Wonka Richard 832

Zak Josef 549, 612, 634, 828
Zehenthofer Robert 866
Zeilinger Ferdinand 424
Zeiner Ernst 679
Zernatto Guido 296, 346
Zita (Frau Karls I. v. Österreich-Ungarn) 205
Zöhrer Gustav 787

Sachregister

Anmerkung: *STLR* = *Staaten- und Länderregister*

Abfertigungen 466, 487, 498, 505, 740, 744, 745, 856
Absolutismus 25, 26, 32, 40, 47, 48, 54, 59, 60, 62, 64, 65, 66, 76, 84, 93, 99, 163, 183, 516
Achsenmächte (Achse Berlin-Rom ab 1936) 330, 346, 348
Adel/Aristokratie 32, 34, 142, 183, 205, 300
Agrarpolitik 78, 221, 253, 257, 274, 436, 521, 525, 763
Akademien für Arbeitnehmervertreter *Betriebsräteakademie der AK Niederösterreich* 853; *Europäische Gewerkschaftsakademie* 700, 853; *Otto-Möbes-Akademie der AK Steiermark* 853; *Sozialakademie der AK Wien/Karl-Weigl-Bildungshaus* 581, 582, 647, 852, 853; *Zukunftswerkstätte der AK Oberösterreich* 853; – siehe auch »gewerkschaftliche Bildungsarbeit«, »ÖGB/AK-Kooperationen«
Aktien/-gesellschaften/-kurse/-gewinne/-handel/-recht; Aktionäre 95, 98, 111, 169, 225, 271, 531, 533, 534, 671, 711, 720, 724, 770, 771, 776, 787, 789, 791, 792, 794, 804, 895; *Europäische Aktiengesellschaft* 803, 804; *shareholder value* 771, 772; – siehe auch »Börse«, »Staatliche Unternehmensbeteiligungen (Österreich)«
Aktion Fairness des ÖGB 733, 742, 743, 856, 857, 885, 886; – siehe auch »Gleichberechtigung/der Arbeiter (mit den Angestellten)«

Alliierte (gegen Hitler, im Zweiten Weltkrieg) 331, 352, 360, 361, 364, 365, 368, 369, 374, 375, 385, 386, 390, 438
Alliierte Behörden *Alliierte Hochkommissare* 385, 423, 426, 438, 604; *Alliierte Kommission* 378, 379, 386, 393; *Alliierte Kontrollabkommen für Österreich* 378, 383, 417, 423; *Alliierter Rat* 378, 379, 385, 394–396, 415, 417, 420, 422, 491, 606; *Alliiertes Exekutivkomitee* 378
Ältere Arbeitnehmer/Menschen 675, 752
Altersversorgung, Alters-/Pensionsversicherung 39, 40, 41, 96, 113, 181, 240, 278, 481, 485, 593, 494, 498, 500, 503, 504, 567, 565, 613, 650, 658, 687, 698, 719, 722, 728, 729, 731, 734, 740, 764, 791, 819, 870; *Betriebspensionen* 732, 881; *Pensionsfonds* 771, 787, 791; – siehe auch »Gesetze (ausgewählte)«, »Sozialgesetzgebung, österreichische«
Amnestie 74, 200, 352, 339
Amnesty International – siehe »Soziale Bewegungen«
Anarchismus, Anarchisten 80, 81, 82, 118, 119, 207, 210, 301, 318
Angestellte, Privat- 41, 70, 109, 113, 134, 235, 239, 263, 264, 280, 290, 291, 314, 325, 328, 339, 421, 431, 458, 477, 486, 498, 544, 551, 554, 563–565, 567, 576, 577, 600–603, 631, 651, 652, 670, 708, 728, 740, 741, 742, 775, 800, 806, 837, 840, 856, 863, 881; *leitende* – 504, 505, 506, 534, 573, 598–603, 688, 881
Annexion 91, 101, 139, 188, 194, 351, 354, 363, 367, 368;

Bosniens und der Herzegowina
91, 101, 139; *Österreichs* 351,
354, 363, 367, 368
**Anschluß (Österreichs
an Deutschland)** *Anschluß-
bestrebungen nach 1918* 28,
203, 224, 227, 228, 253, 255,
288, 289, 358; *Anschlußpolitik
und -propaganda der Nationalsozialisten* 288, 297, 328, 331,
333, 336, 343, 344, 345, 347,
348, 352; *Anschlußverbot* 224,
229, 230, 259, 288, 335;
»Anschluß«vollzug 1938 269,
349, 350, 351, 352, 361, 370,
391, 392, 535, 588
**Antidemokratische Bestrebungen
in der Zwischenkriegszeit**
221, 248, 249, 266, 267, 269,
272, 281, 285, 289, 292, 296,
297, 313, 316, 319; – siehe
auch »Faschismus«, »Heim-
wehren«, »Nationalismus«,
»Rechtsradikale Bewegun-
gen«
**Antikriegsopposition im Ersten
Weltkrieg (Zimmerwalder
Bewegung)** – siehe »Friedens-
bemühungen/-initiativen«
**Antisemitismus (Juden-
verfolgung/-vernichtung)**
39, 55, 80, 83, 85, 86, 329, 349,
351, 360, 367, 370
Appeasement-Politik 346, 353,
354, 355
Arbeiter 35, 36, 37, 39, 42, 43,
47, 50, 71, 89, 98, 110, 112,
114, 120, 121, 133, 134, 190,
191, 219, 247, 288, 303, 421,
477, 479, 498, 504, 554, 559,
561, 563–565, 567, 572, 577,
579, 585, 589, 592, 605, 610,
611, 614, 615, 618, 638, 670,
671, 674, 708, 740, 741, 742,
743, 775, 800, 832, 840, 856,
857, 881, 885, 886
Arbeiterbewegung 79, 103, 105,
109, 114, 125, 127, 148, 163,
207, 216, 224, 226, 227, 247,
296, 298, 397, 508, 512, 523,
527, 538, 540, 643, 646;

– siehe auch »Christliche
Arbeiterbewegung«, »Parteien«,
»ÖGB-Fraktionen«, »Richtungsgewerkschaften«, »sozialdemokratische Arbeiterbewegung«
Arbeiterbildungsvereine 68, 69,
70, 74, 79, 115, 116, 118, 119,
135, 208, 303, 304
**Arbeiterkammern (Kammern
für Arbeiter und Angestellte)**
61, 62, 70, 238, 239, 260, 314,
317, 319, 334, 348, 394, 407,
417, 418, 457, 465, 467, 480,
482, 493, 495, 504, 514, 515,
518, 565, 578, 581, 589, 602,
630, 642, 646, 668, 672, 673,
675, 678, 683, 688, 690, 697,
698, 700, 704, 705, 711, 712,
716, 718, 719, 720, 721, 723,
724, 726, 732, 740, 741, 745,
749, 750, 751, 762, 764, 765,
771, 775, 779, 791, 795, 796,
797, 799, 800, 824, 825, 829,
830, 831, 849, 852, 853, 854,
868–882, 890, 894;
AK-Reform (ab 1990) 868, 875,
879, 880, 881; *Jugendbeirat
der Wiener Arbeiterkammer
(1. Republik)* 829; – siehe
auch »Interessenvertretungen,
gesetzlich eingerichtete,
öffentlich-rechtliche«,
»ÖGB/AK-Kooperationen«
**Arbeiterkammertag, Öster-
reichischer/ab 1992 Bundeskammer für Arbeiter und
Angestellte (Bundesarbeits-
kammer/BAK)** 266, 433, 445,
452, 456, 460, 474, 564, 586,
591, 630, 636, 646, 658, 660,
683, 730, 766, 794, 829, 830,
831, 848, 858, 871, 876– 880,
885, 886, 890, 895
**Arbeiterklasse (Proletariat,
Lohnabhängige, Arbeitnehmer,
unselbständig Erwerbstätige)**
32, 34, 36, 37, 42, 43, 47, 52,
53, 59, 61, 62, 73, 77, 79, 103,
123, 124, 126, 146, 159, 188,
210, 213, 219, 220, 231, 301,
418, 528, 618, 670, 672, 678,

1005

708, 719, 727, 728, 730, 763, 801, 802, 877, 899
Arbeiterkulturbewegung 103, 580
Arbeiterschutzmaßnahmen – siehe Sozialgesetzgebung, Sozialpolitik
Arbeitervereine 49, 50, 57, 58, 66, 67, 69, 75, 80, 81, 86, 108, 115, 116, 121, 129, 132, 133, 572
Arbeitervertreter 74, 106, 109, 121, 124, 146, 523
Arbeitgeber – siehe Unternehmer
Arbeitnehmerschutz, Arbeitsschutz 106, 107, 315, 502, 671, 730, 731, 740, 808, 854, 846, 866, 878; – siehe auch »Frauenbeschäftigung«, »Gesundheits-«, »Gesetze«, »ÖGB/AK-Kooperationen«, »Sozialgesetzgebung, österreichische«, »Unfall-«
Arbeitsbedingungen/-verhältnisse 38, 52, 55, 63, 72, 117, 125, 132, 138, 157, 164, 174, 175, 199, 210, 235, 290, 315, 325, 385, 406, 494, 499, 501, 502, 578, 661, 669, 670, 671, 672, 680, 874; – siehe auch »Arbeitsformen« »atypische/unsichere Beschäftigungsverhältnisse«
Arbeitsbeziehungen 672, 677; – siehe auch »Kollektivverträge«, »Wirtschafts- und Sozialpartnerschaft«
Arbeitsbücher 64, 75, 149, 181, 235
Arbeitseinstellungen – siehe Streiks
Arbeitsformen 502; *Akkordarbeit* 173, 507; *flexible Arbeit* 500, 651, 659, 660, 670, 680, 808, 809, 821, 822; *Nachtarbeit* 52, 70, 106, 235, 498, 501, 743, 808; *Schichtarbeit* 106, 113, 136, 137, 498, 501, 507; *Schwerarbeit* 498, 507; *Telearbeit* 734, 810, 886; – siehe auch »Arbeitszeit/-gestaltung«
Arbeitshäuser 37, 38, 43, 45, 52, 56, 81
Arbeitsinspektion (Fabriksinspektion, Gewerbeinspektion) 36, 70, 101, 106, 124, 235, 237, 234, 289, 315, 697
Arbeitskämpfe 68, 69, 136, 152, 153, 210, 251, 285, 676, 697; – siehe auch »Lohnkämpfe«, »Streiks«
Arbeits- und Produktionskosten *Lohnkosten* 815; *Lohnnebenkosten* 730, 748, 815, 816; *Lohnstückkosten* 814, 815, 816; *Produktionskosten* 815; – siehe auch »Wettbewerbs-«, »Wirtschaftsstandort/Standortpolitik«
Arbeitslosigkeit, Arbeitslose/-nrate/-nzahl 39, 42, 44, 45, 53, 62, 81, 95, 117, 133, 138, 139, 140, 166, 167, 170, 231, 233–235, 241, 247, 250, 252, 260–262, 265, 266, 270, 275, 276, 279, 280, 296, 327, 358, 360, 396, 451, 452, 462, 465, 468, 473, 477, 479, 482, 484, 485, 487–489, 491, 493, 501–503, 536, 562, 564, 566, 567, 570, 571, 582, 585, 601, 603, 622, 624, 639, 650, 653, 663, 670, 671, 673, 674, 676, 677, 679, 684, 685, 687, 696, 704, 708, 709, 714, 721, 725, 726, 729, 730, 734, 739, 746, 747, 749, 752, 753, 760, 779, 793, 796, 811, 814, 816, 817, 819, 830, 832, 836, 843, 844, 845, 846, 848, 850, 864, 871; *Bekämpfung der* – 166, 205, 206, 234, 250, 266, 267, 270, 284, 290, 358, 360, 452, 462, 487, 491, 532, 536, 601, 624, 655, 663, 749, 753, 866, 867; – siehe auch »Arbeitsmarkt«, »Beschäftigtenstand«
Arbeitslosenunterstützung/-versicherung 39, 42, 50, 127, 132, 139, 170, 171, 205, 233, 239, 265, 278, 274, 283, 289, 314, 484, 485, 729, 730, 734, 735, 736, 737, 739, 740, 843, 847
Arbeitsmarkt 38, 96, 105, 117, 168, 175, 177, 178, 181, 203, 206, 232, 233, 389, 451, 469,

470, 472, 477, 485, 488, 489, 491, 571, 652, 659, 660, 662, 663, 668, 669, 679, 688, 690, 696, 697, 706, 713, 730, 732, 734, 739, 744, 750, 751, 753, 754, 759, 762, 843; -*monopol der Gewerkschaften* 686, 688; -*politik* 45, 49, 132, 270, 451, 464, 477, 493, 503, 658, 661, 706, 753, 763, 768, 769; – siehe auch »Beschäftigungs-«, »Monopole«

Arbeitsmarktverwaltung (AMV)/ Arbeitsmarktservice (AMS) 733, 739, 740, 752, 770, 773, 778, 819; – siehe auch »Arbeitsvermittlungsanstalten ...«

Arbeitsmedizin 498, 502, 731

Arbeitsorganisation, Veränderung der 37, 38, 659, 668, 680, 801, 807, 887; siehe auch »Arbeitsformen«, »wirtschaftlich-gesellschaftliche Strukturveränderungen«

Arbeitspausen 108, 137, 158, 172, 498

Arbeitsstiftungen – siehe »Beschäftigungspolitik/-sicherung«

Arbeits- und Dienstrecht 33, 36, 38, 39, 41, 43, 45, 46, 49, 63, 64, 71, 72, 75, 76, 77, 104, 107, 115, 117, 121, 136, 142, 150, 157, 165, 171, 175, 176, 187, 210, 215, 231, 235, 236, 237, 239, 264, 297, 314, 315, 356, 390, 392, 414, 451, 464, 493, 494, 495, 497, 498, 502, 504, 505, 506, 528, 548, 561, 562, 580, 590, 640, 650, 652, 684, 685, 697, 698, 700, 706, 733, 740, 741, 742, 744, 757, 759, 763, 810, 844, 868, 869, 890; – siehe auch »Arbeits- und Dienstvertrag/-srecht«, »Gesetze«, »Kollektivverträge«

Arbeits- und Dienstvertrag/-srecht 43, 45, 46, 49, 71, 72, 117, 156, 171, 172, 239, 315, 493, 505, 508, 673, 689, 690, 731, 733, 734, 737, 742, 745, 746, 756, 769, 804, 813, 821, 848; – siehe auch »atypische/ unsichere Beschäftigungsverhältnisse«, »Kollektivverträge«

Arbeitsvermittlung 108, 139, 150, 171, 176, 206, 232, 233, 284, 291, 314, 332, 359, 385

Arbeitsvermittlungsanstalten (Arbeitsämter, Arbeitsnachweise, Industrielle Bezirkskommission) 108, 150, 206, 232, 233, 291, 314, 385; – siehe auch »Arbeitsmarktverwaltung (AMV)/Arbeitsmarktservice (AMS)«

Arbeitszeit/-gestaltung 39, 43, 45, 51, 52, 58, 59, 63, 71, 103, 106, 108, 111, 112, 114, 136, 137, 157, 158, 171, 173, 174, 199, 237, 264, 265, 278, 290, 291, 506, 608, 683, 712, 713, 715, 716, 740, 783, 807, 808, 809, 810, 817, 818, 819, 820, 821, 822, 851, 856, 862, 894; – siehe auch »Freizeit-«, »Gesetze (ausgewählte)«, »Sonn- und Feiertagsarbeit/-ruhe«, »Sozialgesetzgebung, österreichische«

Arbeitszeitverkürzung 51, 52, 55, 71, 84, 106, 112, 113, 119, 120, 121, 123, 124, 125, 127, 136, 137, 144, 153, 158, 181, 186, 187, 235, 236, 237, 265, 278, 284, 446, 449, 450, 454, 456, 473, 487, 496, 497, 500, 503, 506, 520, 521, 524, 600, 601, 608, 610, 615, 622, 624, 650, 651, 653, 658, 660, 748, 752, 809, 813, 817, 818, 893, 894, 895

Archive, Aktenbestände 376, 368, 829, 877

Armut/-sgefährdung/-bekämpfung, Armengeld, Sozial- und (Sonder-)Notstandshilfe 62, 674, 675, 676, 726, 734, 736, 737, 738, 755, 756; – siehe auch »soziale Bewegungen«

Atomkrieg, atomare Rüstung 615, 664

1007

Attentate 80, 92, 118, 184, 185, 298, 362, 363, 364, 627
atypische/unsichere Beschäftigungsverhältnisse 673, 802, 834, 847, 855; *Leiharbeit* 503, 809, 810; *Saisonarbeit* 110, 819; *Zeitverträge, befristete Dienstverträge* 745, 746, 769; – siehe auch »geringfügige Beschäftigung«, »Scheinselbständigkeit«, »Teilzeitbeschäftigung«
Aufstände *Aufstand der Matrosen von Cattaro 1918* 196, 219; *Februar-Aufstand der österreichischen Arbeiter 1934* 211, 242, 267, 271, 296, 315, 319, 321, 331, 352, 358, 399, 626, 640; *Ungarn-Aufstand 1956* 584–587
Ausbeutung, Ausbeuter 52, 80, 104, 105, 177, 199, 303, 359
Ausgliederung *von Einrichtungen/ Unternehmen aus dem Bundeshaushalt* 733, 739, 749, 769, 770, 775, 776, 777, 779, 780, 781, 785, 789, 807, 833, 836; *von Unternehmensteilen* 671, 800, 807, 833, 837, 846, 885, 886, 887
Ausländische Arbeitnehmer (Fremdarbeiter, Gastarbeiter), Ausländer/-feindlichkeit/ Kampf gegen – 87, 89, 174, 278, 370, 451, 459, 472, 489, 564, 565, 675, 693, 696, 697, 715, 832, 834, 835, 841, 846, 847, 850, 871, 882, 894; *Ausländerintegration* 675, 696, 697, 894; – siehe auch »Illegale Beschäftigung«, »Wahl/-ordnungen/-recht«
Außenhandel (Exporte, Importe) 95, 97, 132, 167, 168, 169, 248, 249, 261, 266, 277, 379, 404, 452, 463, 468, 478, 488, 490, 520, 531, 536, 593, 595, 659, 701, 704, 708, 747, 755, 793, 794, 814; – siehe auch »Zölle, Zollpolitik«
Außenpolitik, außenpolitische Ziele: *österreichische* 65, 90, 95, 101, 160, 161, 202, 203, 227, 228, 297, 329, 334, 336, 342, 343, 345, 346, 435, 436, 437, 439, 440, 441, 461, 462, 463, 470; *der BRD* 375; *der Großmächte seit 1945* 375, 390, 409, 410, 437, 439, 461, 462, 555, 592, 593, 595, 596, 597, 650, 654, 660; *nationalsozialistische* 288, 298, 329, 331, 334, 336– 339, 343, 348, 351, 354, 355, 357, 359
Auslandsbeteiligungen/-investitionen österreichischer Unternehmen 744, 800
Auslandskapital (in der österreichischen Wirtschaft) 259, 282, 350, 407, 535, 657
Ausnahmezustand 80, 82, 83, 92, 118, 119, 164, 165, 182, 200, 281, 285, 289, 293, 295, 301, 316, 318, 337
Aussperrungen 43, 153, 251, 285, 546, 576, 605
Austrofaschismus 272, 273, 280, 288, 297, 298, 320, 324, 330, 358; – siehe auch »Heimwehren«, »Faschismus«
autoritärer Kurs: *in Österreich 1933 1938* 24, 27, 211, 226, 270, 285, 289, 290, 296, 302, 377, 493, 626, 715, 804, 825, 826, 828, 878, 883; *in den südosteuropäischen Staaten* 223, 352

Banken 94, 96, 98, 99, 101, 167, 170, 224, 232, 264, 271, 436, 453, 461, 474, 475, 525, 529, 530, 539, 540, 633, 710, 711, 712, 770, 771, 772, 773, 776, 784, 790, 792; *Bankenkrisen/ -zusammenbrüche* 261, 262, 275, 276, 283, 285, 286; *Notenbanken* 98, 164, 168, 433, 448, 475, 511, 525, 704, 705; – siehe auch »Aktien ...«, »Unternehmen, einzelne bedeutende«
Bauernbefreiung 46, 52, 53, 60, 96
Beamte, öffentlich Bedienstete 40, 41, 113, 164, 231, 251, 260,

1008

265, 280, 291, 317, 331, 341, 362, 457, 485, 512, 513, 514, 544, 545, 551, 554, 564, 565, 566, 567, 600, 601, 602, 651, 652, 690, 716, 732, 744, 840, 860; *leitende* – 512, 599–602; *Gemeindebedienstete* 732
Befreiung vom Faschismus 29, 361, 369, 374, 377, 596
Befähigungsnachweis 98
Behindertenmitsprache 728, 821, 873, 877**;** – siehe auch »Mitbestimmung«, »Vertrauenspersonen der Arbeitnehmer«
Benya-Preis – siehe Förderungspreise
Berufe, diverse: *Advokaturs- und Notariatsbeamten* 241, 242, 243; *Anstreicher und Vergolder* 116; *Arsenalarbeiter* 191, 196; *Ärzte* 40; *Bäckereiarbeiter* 116, 149, 235; *Bankangestellte* 232, 233, 264, 290, 328; *Bauarbeiter* 44, 121, 133, 153, 157, 166, 243, 286, 319, 626, 627, 731, 809, 828; *Bauern, Landwirte* 34, 35, 77, 86, 222, 236, 273, 288, 310, 313, 314, 352, 485, 503, 512, 513, 514, 732; *Bautischler* 109; *Bergarbeiter* 32, 34, 35, 113, 120, 125, 134, 136, 137, 142, 235, 243, 278, 288, 299, 642; *Bildende Künstler* 40; *Blumenarbeiterinnen* 243; *Blumenbinder*; *Brauereiarbeiter* 117, 241; *Buchbinder* 116, 119, 243; *Buchdrucker* 36, 37, 41, 48, 54, 64, 69, 126, 133, 156, 243; *Bühnenarbeiter* 243; *Chemiearbeiter* 147, 158, 243, 282; *Dienstboten, Hausgehilf(inn)en* 38, 41, 43, 134, 138, 163, 239, 240, 242, 244; *Drechsler* 116; *Drucker und Formenstecher* 116; *Eisenbahner* 109, 144, 148, 164, 223, 243, 246, 251, 265, 289, 290, 291, 295, 302, 307, 368, 548, 576, 586, 717; *Erdölarbeiter* 157; *Finanzbeamte* 860; *Friseure* 242, 243; *Futteralmacher* 119; *Gärtner* 282; *Beschäftigte im Gast- und Schankgewerbe* 36, 158, 144, 251; *Gemeindebedienstete* 418; *Gießereiarbeiter* 147; *Glasarbeiter* 116, 133, 166, 243, 282; *Gold- und Silberschmiede, Juweliere* 41, 116, 158; *Graphische Arbeiter* 157, 223, 224, 263; *Handelsarbeiter* 134, 224, 243; *Handschuharbeiter* 110, 116, 145; *Hausbesorger* 245, 307; *Heimarbeiter* 37, 42, 43, 100, 110, 111, 114, 235, 240, 244, 486; *Holzarbeiter* 116, 121, 134, 170, 244, 303; *Hutmacher* 116, 144, 244; *Industrieangestellte* 242, 244, 253; *Juristen* 40; *Kanalräumer* 245; *Kartonagenarbeiter* 119, 243, 245; *Kaufleute* 40; *Kaufmännische Angestellte (Handelsangestellte, Handlungsgehilfen)* 41, 70, 134, 239, 244, 321, 813, 818; *Kontrollbeamte* 48; *Krankenpfleger(innen)* 242, 244, 245; *Kürschner* 157, 244; *Land- und Forstarbeiter* 42, 96, 98, 107, 133, 134, 219, 240, 244, 303, 313, 314, 317, 494, 348, 558; *Lebens- und Genußmittelarbeiter* 241, 244; *Lederarbeiter* 36, 51, 133, 147, 244, 282; *Ledergalanteriearbeiter* 110, 119, 243, 245; *Lehrer* 40, 41, 446, 581; *Lithographen* 116, 158, 244; *Lokomotivführer* 143; *Maschinenfabriksarbeiter* 251; *Maschinisten und Heizer* 144; *Matrosen* 196, 219; *Maurer* 56, 109, 116, 119; *Meerschaum- und Massabildhauer* 119; *Metallarbeiter* 116, 119, 133, 134, 143, 145, 146, 148, 166, 167, 171, 172, 174, 175, 177, 179, 180, 181, 185, 186, 187, 190, 198, 201, 207, 244, 252, 260, 264, 278, 283, 304, 306, 308, 325, 383, 640; *Metalldrucker* 110; *Möbeltischler* 110; *Musiker* 40; *Musikinstrumentenmacher* 116,

633; *Perlmutterdrechsler* 110; *Poliere* 244; *Polizisten* 245, 269, 716; *Portiere* 245, 307; *Porzellan- und Tonarbeiter (Keramiker)* 133, 167, 241, 244; *Postbedienstete* 242, 244, 251, 548; *Rastrierer* 119, 243; *Rauchfangkehrer* 244; *Rotgerber* 116; *Salinenarbeiter* 308; *Sattler, Taschner und Riemer* 116, 119, 244, 283, 303; *Arbeiter und Angestellte im Schaugewerbe* 235; *Schiffahrtsangestellte* 163; *Schlossereiarbeiter* 55; *Schmiedegesellen* 46; *Schmuckfederarbeiterinnen* 243; *Schriftgießer* 54, 64, 133, 243; *Schneidergehilfen, Schneidereiarbeiter (auch Arbeiter in der Bekleidungsindustrie)* 51, 110, 114, 116, 157, 244; *Schuldiener* 245; *Schuster (Schuharbeiter, Schuhknechte)* 37, 51, 110, 116, 118, 244, 604; *Gesellen in der Seidenwarenerzeugung* 39; *Seifensiedergesellen* 56; *Setzer* 54, 70; *Soldaten* 186, 189, 191, 196, 215, 220, 232, 233, 250, 544, 849; *Sozialarbeiter* 675, 676; *Sozialversicherungsangestellte* 244; *Spinner* 136; *Steinmetze* 116, 119; *Stockdrechsler* 136; *Stukkateure* 116, 243; *Straßenbahner* 109, 211, 264, 715; *Süßwarenarbeiter* 251; *Tabakarbeiter* 148, 244, 306, 307; *Textilarbeiter* 134, 146, 148, 158, 167, 199, 232, 244; *Tramwaykutscher* 251; *Transportarbeiter* 223, 224, 244; *Uhrmacher* 116, 157; *Verkehrsbedienstete* 223, 224, 236, 244, 264, 269, 419, 526; *Versicherungsangestellte* 245, 325; *Vertreter (Handelsagenten)* 245; *Weber* 38, 55, 66, 71, 136, 232; *Xylographen (Holzschneider)* 245; *Zahntechnikergehilfen* 245; *Zeitungsbeamte* 245; *Zeugmacher* 56; *Ziegelarbeiter* 110, 111; *Zimmerleute* 109, 145;
– siehe auch »Gewerkschaftsorganisationen«, »ÖGB-Gewerkschaften«
Berufsberatung 233
Berufsförderungsinstitut/-e der Arbeiterkammern und des ÖGB 583, 698, 825
Berufsreifeprüfung – siehe »Bildung«
Berufsstruktur 562, 651, 652, 662, 663
Besatzungsmächte/-politik 1945–1966 120, 365, 369, 371–379, 381, 382, 383, 384, 385, 389, 392, 393, 394, 397, 398, 400–402, 414, 415, 416, 418–428, 435, 438, 441, 460, 461, 495, 528, 553, 586, 587, 591, 603–605, 607; – siehe auch »Alliierte Behörden«, »Staatsvertrag«
Besatzungskosten 397, 398, 402, 409, 591
Besatzungsstreitkräfte 371, 378, 379, 387, 393, 416, 435, 438, 440, 441
Besatzungszonen, Zonengrenzen (Demarkationslinien) 379, 383, 394, 396; *amerikanische Zone* 383, 392, 419; *britische Zone* 383; *französische Zone* 383; *russische Zone* 382, 384, 417, 419, 421, 422, 424, 425, 426, 428, 436, 528
Beschäftigtenstand, Erwerbsquote, Beschäftigung/-sentwicklung 38, 53, 117, 131, 133, 134, 234, 254, 260, 274, 285, 356, 391, 446, 460, 462, 475, 477, 482, 485, 488, 489, 518, 528, 536, 541, 565, 571, 572, 576, 577, 617, 618, 619, 621, 622, 657, 658, 659, 684, 690, 704, 705, 708, 709, 728, 732, 752, 754, 772, 781, 811, 814, 835, 837, 841, 842, 843, 844, 871, 893
Beschäftigtenstruktur 133, 134, 179, 486, 502, 567, 619, 651, 652, 744, 801, 802, 841, 844, 847, 883; – siehe auch »atypische/unsichere Beschäftigungsverhältnisse«, »geringfügige

Beschäftigung«, »Teilzeitbeschäftigung«
Beschäftigungspolitik/-sicherung
433, 446, 449, 454, 458, 459, 465, 467, 468, 477, 479, 490, 518, 536, 609, 650, 669, 674, 676, 677, 678, 679, 681, 683, 685, 686, 690, 697, 702, 704, 708, 712, 714, 722, 723, 727, 732, 740, 746–754, 775, 784, 786, 787, 793, 794, 795, 799, 813, 815, 822, 880, 892, 893, 894; *Arbeitsstiftungen* 672, 712, 740, 773, 774, 818; *europäische Beschäftigungspolitik* 681, 746, 747, 748, 749, 752, 753, 754, 769, 837, 857, 861; *Nationale Aktionspläne für Beschäftigung/ NAP (Österreich)* 749, 750, 751, 752, 753, 830, 849; *(andere EU-Staaten)* 748, 749
Beschwerdekommissionen/-stelle 175, 176, 180
Betriebsräte, Personalvertretungen 186, 215, 233, 239, 254, 285, 293, 314, 318, 385, 389, 422, 424, 428, 430, 493, 495, 505, 506, 530, 532, 451, 542, 554, 557, 573, 577, 578, 580, 589, 606, 608, 610, 612, 640, 641, 668, 710, 712, 714, 715, 716, 717, 731, 740, 760, 770, 773, 781, 782, 783, 784, 786, 787, 788, 800, 801, 802, 803, 804, 821, 825, 831, 851, 853, 854, 862, 874, 875, 876, 882, 892; *Europäischer Betriebsrat* 803, 854; *Weltbetriebsrat* 804
Betriebsstillegungen/-einschränkungen/-zerstörungen (Schließungen, Insolvenzen, Konkurse/Ausgleiche) 52, 95, 164, 166, 170, 180, 198, 233, 250, 260, 276, 277, 364, 369, 371, 385, 402, 473, 526, 533, 539, 702, 709–713, 774, 837
Betriebsversammlung 671
Bettgeher (Schlafgänger) 112, 113
Bildung: 58, 589, 668, 686, 694, 777, 796, 841, 850, 867, 891; *Berufsaus-* 32, 104, 106, 109, 234, 250, 282, 418, 477, 562, 563, 582, 589, 594, 640, 642, 650, 652, 659, 661, 712, 726, 749, 751, 797, 799, 817, 826, 841, 850; *Berufsbildende Schulen* 749, 750, 751; *Berufsfachschule* 751; *Berufslehrgänge* 750, 752, 849; *Berufsreifeprüfung* 741, 797, 799; *-sfreistellung/-zeit* 741, 800, 821; *-skarenz* 741, 752, 799, 800; *Fort-/Weiter-/Umschulung* 72, 500, 581, 582, 583, 622, 653, 663, 712, 753, 799, 800, 809, 817, 821, 825, 830, 849, 868; *(Fach-)Hochschul-/Universitäts-* 446, 491, 589, 630, 631, 641, 661, 662, 727, 770, 777, 779, 795, 797, 799, 825, 829; *Lehrlingsaus-/Berufsschule* 104, 106, 109, 283, 562, 670, 671, 751, 752, 767, 797, 799, 841, 842; *Pflichtschul-* 680, 750, 751, 799; *Volks-/Erwachsenen-* 103, 481, 799, 824; *-swesen/-spolitik* 58, 68, 616, 650, 752, 795, 796, 829, 842, 849; *-skosten/ -gebühren/-finanzierung* 283, 670, 727, 729, 730, 735, 750, 751, 799, 800, 855; *-zugang/ Recht auf Bildung* 750, 752, 796, 797, 800, 841; – siehe auch »Beschäftigungspolitik«, »gewerkschaftliche Bildungsarbeit«, »Lehrlinge, Lehrverhältnis«, »Menschenrechte, Grundrechte«, »Qualifikation/-sbedarf, Qualifizierungspolitik«, »Uni-versitäten«
Börse, Finanzmärkte 774, 755, 756, 776, 781, 788; *-nzusammenbrüche* 77, 78, 85, 87, 117, 261, 275, 299; – siehe auch »Aktien ...«, »Wirtschaftskrisen/ -depressionen«
Börsenzusammenbrüche – siehe »Wirtschaftskrisen«
Boykottmaßnahmen 221, 224, 351, 399, 595, 596; – siehe auch »Solidaritätsaktionen«, »Wirtschaftskriege«

1011

Branchen – siehe »Wirtschaftssektoren/-zweige«
Bruderladen 51, 63, 107
Bruttoinlandsprodukt 707, 708, 709
Budget (-politik/-situation) 32, 53, 100, 168, 247, 255, 256, 258, 273, 285, 286, 395, 402, 407, 449, 452, 468, 475, 478, 480–483, 489, 491, 518, 534, 633, 653, 687, 700, 703, 716, 718, 722, 724, 727, 730, 740, 756, 777, 786, 788, 793
Budgetdefizite 687, 703, 704, 719, 721, 747, 754, 787
Budgetsanierung/-konsolidierung, Sparpakete 260, 411, 432, 475, 480, 482, 491, 556, 656, 657, 672, 682, 686, 703, 704, 705, 716, 718, 719, 721, 722, 724, 726, 727, 732, 735, 737, 756, 764, 795, 796, 799, 832, 835, 837, 864, 894
Bundesstaatsreform, österreichische – siehe »Verfassungen/ Verfassungsrecht«
Bürgerinitiativen, Initiativgruppen – siehe »Soziale Bewegungen«
Bürgerrechte, Grundrechte 869; siehe auch »Menschenrechte, Gewerkschaftsrechte«
Bürgertum 31, 32, 79, 82, 286, 300, 362; *Klein-* 77, 85, 86, 300, 310
Burgfriedenspolitik im Ersten Weltkrieg 162, 166, 172, 173, 184, 187, 188, 200, 308

Christen, Vereinigte 86
Christliche Arbeiterbewegung 85, 124, 132, 133, 207, 239, 299, 301–307, 310
Christliche Arbeitervereine 132, 133, 299, 301, 303, 307; *Katholische Arbeiterjugend* 832
Christlicher Freiheitsbund 329, 345
Christlich-soziale Arbeiterorganisationen 86, 132, 133, 149, 211, 281, 302, 303, 311, 329, 340, 345, 380, 382, 384; – siehe auch »Gewerkschafts...«, »Parteien«, »ÖGB-Fraktionen«, »Richtungsgewerkschaften«
Christlichsoziale Bewegung 83, 84, 86, 149, 304, 323, 329
Christlichsoziale Partei siehe »Parteien«
Closed Shop (gewerkschaftlicher Koalitionszwang) 151, 578, 579
Comecon, RGW 701

Deflation/-sbekämpfung 686, 704, 705
Demokratie, Demokratisierung 27, 29, 54, 65, 93, 96, 194, 211, 230, 266, 267, 361, 376, 377, 386, 419, 441, 464, 493, 494, 516, 580, 581, 638, 653, 668, 669, 672, 674, 675, 676, 686, 688, 689, 690, 691, 692, 694, 696, 699, 715, 756, 796, 804, 829, 831, 872, 874, 880, 881; *– in der Gewerkschaftsbewegung* 553, 564, 572–576, 605, 638, 692, 697, 797, 861, 862, 868, 873, 874, 875, 893; *Demokratieverteidigung* 210, 267, 291, 197, 894; *Parlamentarische Demokratie* 76, 86, 96, 118, 187, 213, 215, 273, 353, 377, 386, 395, 516; *Rätedemokratie* 187, 193, 194, 220; *demokratische Selbstverwaltung (Kammern, Sozialversicherung)* 869
Demonstrationen, Protestaktionen, Kampagnen 43, 46, 50, 51, 57, 59, 65, 72, 74, 75, 88, 89, 97, 118, 120, 139, 140, 177, 182, 192, 211, 212, 219, 252, 258, 260, 261, 265, 266, 267, 269, 278, 334, 336, 337, 340, 415, 416, 418, 419, 425, 426, 427, 438, 480, 582, 594, 671, 676, 733, 785, 854, 855, 856, 857, 875, 880; *europäische Aktionstage (des Europäischen Gewerkschaftsbundes)* 733, 857
Deputationen/Delegationen: *Regierungs-* 326, 440; *Arbeiter-/ Gewerkschafts-* 191, 211, 283,

334, 337, 340, 394, 415, 405, 438, 594, 606
Deregulierung 668, 670, 678, 683, 686, 688, 689, 690, 691, 748, 759, 805, 846
Deutsche Arbeitsfront (DAF) der NSDAP 29, 320, 328, 356, 549, 828, 878
Deutsches Eigentum 391, 395, 400, 527; *von der russischen Besatzungsmacht verwaltetes – (u. a. USIA-Betriebe)* 391, 417, 419, 423, 427, 435, 527, 605
Deuschnationalismus, deutschnationales Lager 85, 86, 88, 90, 104, 132, 133, 186, 202, 226, 287, 288, 289, 304, 535
Dezentralisierung 668, 670, 678, 679, 680, 686, 763, 764, 801, 802, 807, 846, 890; – siehe auch »Ausgliederung von Unternehmensteilen«
Diktaturen 223, 224, 271, 272, 577, 633, 691, 692, 715; – siehe auch »autoritärer Kurs«, »Faschismus«, »Kommunismus«, »Neoliberalismus«
Dreigliedrigkeit (Verhandlungssystem der) – siehe »Wirtschafts- und Sozialpartnerschaft«

EFTA – Europäische Freihandelsassoziation – siehe »Internationale Abkommen/Verträge«, »Internationale Gipfeltreffen und Konferenzen«, »Staatenbündnisse und Internationale Organisationen/Einrichtungen«
EGB (Europäischer Gewerkschaftsbund) – siehe »Gewerkschaftsbünde/-zentralen, europäische«, »Gewerkschaftskongresse/-konferenzen, europäische Ebene«
Eigentum/-sstrukturen 46, 84, 487, 527, 538, 542, 618, 687; *Eigentum an Produktionsmitteln* 668, 669; – siehe auch »Gemeinwirtschaft«, »staatliche Unternehmens(Industrie)beteiligungen«
Einberufung (zum Kriegsdienst) 167, 175, 176, 177, 178, 179, 182, 183, 196, 308
Einheitlichkeit der Gewerkschaftsbewegung, Prinzip der 213, 284, 305, 308, 310, 381, 384, 508, 557, 604, 627, 650, 762, 828, 833
Einigungsämter 104, 187, 237, 238, 498
Einigungsbestrebungen (in der Arbeiterbewegung) 79, 81, 82, 83, 119, 143, 145, 146, 148, 226, 457, 726; – siehe auch »Richtungsstreitigkeiten«
Einkommen 98, 284, 470, 477, 485, 486, 487, 492, 515, 617, 622, 653, 668, 672, 687, 713, 719, 725, 726, 727, 730, 734, 735, 736, 737, 753, 794, 796, 870, 871, 895; *selbständige –/ Unternehmens-* 720, 722, 725: *Grundeinkommen ohne Arbeit* 676, 734, 738; *Mindesteinkommen/Forderung nach Anhebung des -s* 670; – unselbständige Einkommen siehe »Löhne und Gehälter«
Einkommens(um)verteilung – siehe »Verteilungspolitik, Einkommens(um)verteilung«
Emigration, Flüchtlinge 120, 294, 322, 360, 364, 365, 369, 370, 397, 489, 592, 595, 597
Enteignung 80, 253
Ententestaaten (im Ersten Weltkrieg) 28, 168, 175, 197, 202, 204, 220, 231, 347, 354, 387, 418
Entfremdung (und Aufhebung der –) 38, 652, 664
Entlassungen und Kündigungen, Personalabbau/Kündigungsrecht/-schutz 35, 43, 101, 103, 121, 164, 167, 173, 176, 261, 264, 295, 314, 315, 350, 362, 424, 425, 506, 541, 692, 710, 711, 716, 740, 741, 742, 744,

1013

756, 760, 772, 777, 781, 786, 802, 839
Entnazifizierung 376, 386, 389, 400
Entwicklungshilfe/-politik 461, 594, 597, 622, 636, 655; – siehe auch »Entwicklungsländer« (STLR)
Ernährungsprobleme (Hungerkatastrophen, Lebensmittelknappheit) 37, 46, 52, 62, 71, 97, 168, 169, 170, 177, 178, 183, 184, 185, 186, 189, 190, 193, 198, 199, 201, 219, 231, 247, 252, 254, 255, 256, 369, 370, 376, 389, 390, 394, 399, 400, 404, 406, 412, 526, 581, 604; *Bekämpfung der* – 177, 194, 197, 254–257, 391–394, 400, 404, 406, 414, 581, 604
Erster Mai – siehe Mai, Erster
EU (Europäische Union) – siehe »Aktien-«, »Währung«, »Gerichte«, »Parlamente«, »EU/EG-Staaten« (STLR)
EU-Assoziationsverträge *Assoziationsabkommen (Europaverträge) mit osteuropäischen Staaten* 706, 835; *Assoziationsabkommen mit der Türkei* 692, 882
EU-Beitritte *Österreichs* 695, 699, 700, 701, 707, 709, 711, 774, 853, 893; *EFTA-Staaten, EU-Osterweiterung (Ost- und Mitteleuropäische Staaten)* 699, 702, 705, 706, 707, 893; *AGENDA 2000* 706
EU-Organe/Gremien/Konferenzen *Ausschuß für den Sozialen Dialog* 768; *Ecofin – Rat der Finanz- und Wirtschaftsminister* 769; *Europäischer Rat* 753, 803; *Europäische Zentralbank* 705, 769; *EU-Kommission* 703, 706, 747, 752, 768, 795, 803, 861; *Rat der Arbeits- und Sozialminister* 748, 769; *Regierungskonferenzen/EU-Gipfel (Maastricht 1991)* 699, 703, 747, 768, 810, *(Kopenhagen 1993)* 706, *(Amsterdam 1997)* 703, 748, 753, *(Luxemburg 1997)* 748, 749, 753, 769, *(Köln 1999)* 753, 769; *Sozial- und Gleichbehandlungsministerrat (Innsbruck 1997)* 676; Themenkonferenz »Weiterbildung« (Wien 1998) 753
EU-Recht/Leitlinien/Pakte/ Grün- und Weißbücher 701, 744; *Beschäftigungspakt Köln 1999* 769; *Europäische Sozialcharta* 696, 703, 768; *Grünbuch Leben und Arbeiten in der Informationsgesellschaft* 795; *Leitlinie zur Beschäftigungspolitik 1997* 748, 749; *Richtlinie zum Arbeitnehmerschutz* 731; *Richtlinie zur Einsetzung eines Europäischen Betriebsrates* 803; *Richtlinie über den Elternurlaub* 738; *EU-Vertrag (Gemeinschaftscharta)* 703, 748, 768; *Weißbuch zur Wiederbelebung von Beschäftigung, Wachstum und Wettbewerbsfähigkeit* 747; *Zusatzprotokoll über Sozialpolitik* 703, 768
Europäische Gewerkschaftskooperationen *der Baugewerkschaften Deutschland, Österreich, Schweiz* 811; *der Metallgewerkschaften Deutschland, Österreich, Slowakei, Slowenien, Tschechien, Ungarn* 697; *Gewerkschaftliche Arbeitsgemeinschaft (Verbindungsbüro) Niederösterreich–Südmähren* 698
Europäische Integration 700, 702, 705, 768, 810; – siehe auch »EU-Beitritte«
Europäische Sozialpartnervereinbarungen 768; *Rahmenvereinbarung über den Elternurlaub* 738, 769; *Rahmenübereinkommen zur Absicherung der befristeten Dienstverhältnisse* 745, 769
Europäische Wirtschafts- und Währungsunion – siehe »Währungsunion, europäische«

Fabriken – siehe Industriebetriebe
Facharbeiter, qualifizierte Arbeitskräfte 110, 115, 125, 167, 171, 174, 208, 249, 250, 260, 418, 512, 513, 599–602, 639, 642, 651
Fachhochschulen – siehe »Bildung«
Familienleistungen/-politik (Leistungen für Familien mit Kindern) 722, 724, 725, 733, 734, 735, 736, 737, 738; *FLAF-Familienlastenausgleichsfonds* 734, 735, 736, 737, 738; *Kinderbeihilfen* 258, 259, 494; – siehe auch »Karenzurlaub/-sgeld, Geburtenbeihilfe«
Faschismus, faschistische Systeme 30, 120, 124, 222, 223, 246, 248, 271, 272, 273, 281, 282, 288, 289, 296, 297, 298, 315, 320, 335, 340, 346, 347, 348, 349, 350, 351, 360, 398, 428, 586, 594, 627, 633, 650, 657, 689, 715, 826, 883; – siehe auch »Austrofaschismus«, »autoritärer Kurs«, »Heimwehren«, »Nationalsozialismus«
Feudalismus, Feudalsystem 25, 31, 34, 46, 53, 77, 78, 89, 95, 97, 99, 141, 314
FGÖ – Freie Gewerkschaft Österreichs – siehe »Richtungsgewerkschaften«
Finalindustrie, -produktion 346, 372, 452, 528, 532, 534
Finanzmärkte, Finanzpolitik 687, 704, 705, 714, 753, 755, 756, 789, 799, 816
FLAF – Familienlasten-Ausgleichsfonds – siehe »Familienleistungen/-politik«
Flüchtlinge 675, 696, 894
Förderungspreise *Anton-Benya-Preis zur Förderung der Facharbeit* 642; *Luitpold-Stern-Preis (Volks-, Arbeiter- und Erwachsenenbildungspreis des ÖGB)* 675, 824; *Theodor-Körner-Stiftungsfonds zur Förderung von wissenschaftlichen und künstlerischen Projekten* 630
Forschung und Entwicklung 491, 536, 661, 662, 677, 678, 727, 747, 754, 770, 772, 792, 793, 794, 795, 893
Forschungseinrichtungen – siehe »Institute, Forschungseinrichtungen«
FPÖ – Freiheitliche Partei Österreichs – siehe »Neoliberalismus«, »Parteien, österreichische«
Frauenarbeit, -beschäftigung/-sprobleme 38, 39, 49, 52, 63, 70, 106, 110, 114, 130, 133, 140, 154, 175, 177, 180, 181, 233, 234, 235, 237, 280, 477, 489, 502, 505, 550, 566, 567, 571, 605, 676, 683, 722, 724, 726, 736, 737, 749, 750, 808, 812, 820, 847, 894
Frauenbewegung/-politik 35, 116, 140, 163, 180, 674, 676, 738, 743, 744, 829, 840; – siehe auch »gewerkschaftliche Frauenorganisation«
Freischaffende/Freie Berufe 40, 134, 512, 513, 415
Freizeit, Freizeitgestaltung (Arbeitsruhe, Urlaub/-sanspruch) 36, 182, 235, 325, 326, 453, 487, 496, 498, 506, 549, 550, 562, 583, 613, 616, 618, 652, 655, 664, 731, 740, 743, 746, 818, 820, 822, 828, 847, 848; – siehe auch »Sonn- und Feiertagsarbeit/-ruhe«
Freizügigkeit der Arbeitskräfte – siehe »Arbeitsmarkt/-politik«
Fremdarbeiter, Gastarbeiter – siehe »Ausländische Arbeitnehmer«
Fremdenfeindlichkeit – siehe »Rassismus und Fremdenfeindlichkeit«
Friedensbewegungen/-forderungen/-initiativen 159–163, 169, 175, 178, 181, 182, 185, 186, 192, 194, 196, 198, 199, 200, 201, 202, 307, 320, 398, 543, 544, 594, 695, 796

1015

Friedensbedingungen/-verhandlungen 182, 188, 197, 201, 202, 203, 221, 226, 230, 253, 354, 691, 692
Friedensverträge: *nach dem Ersten Weltkrieg* 28, 196, 197, 221, 227, 229, 230, 235, 236, 253, 255, 256, 258, 288, 336, 354; *nach dem Zweiten Weltkrieg* 437
Fusionen und Übernahmen (von Unternehmen/Konzernen) 671, 801

Gehilfenversammlungen/-ausschüsse 107, 108
Gemeindeverwaltung(en) 60, 96, 100, 101, 108, 194, 196, 269, 287, 288, 289, 526, 634, 720, 721, 791, 792, 864, 869
Gemeinwirtschaft 224, 225, 334, 526, 527, 528, 535, 537, 538, 540, 542, 585, 611, 771, 775, 776, 779, 780, 781, 785, 793; – siehe auch »Genossenschaften«, »Monopole«, »Staatsbetriebe«, »Verstaatlichte Unternehmungen«
Generalstreik 143, 159, 160, 161, 192, 193, 195, 211, 212, 221, 265; – siehe auch »Streiks, politische«
Generalstreikversuch, kommunistischer 1950 410, 414, 432, 438, 583, 605, 606, 621, 629, 638
Genossenschaften 63, 266, 300, 303, 526; *Konsum-* 66, 70, 246, 303, 641, 709–713, 837; *Landwirtschaftliche –* 526, *Produktiv-* 70, 116, 132; *Wohnbau-* 526, 537–540; *Zwangs-, gewerbliche* 64, 71, 98, 107, 108, 109; – siehe auch »Unternehmen, einzelne bedeutende«
Gerichte 36, 37, 150, 182, 184, 193, 195, 268, 270, 331, 366, 367, 626; *Arbeits-* 498; *Gewerbe-* 70, 71, 181, 558; *Handelsgericht* 712; *Höchst- (Oberste –, Verfassungs-, Verwaltungs-)* 107, 150, 151, 291, 292, 434, 435, 455, 507, 635, 722, 734, 735, 736, 744, 822; *Schieds-* 58, 70, 104, 153; *Europäischer Gerichtshof* 861
Gerichtserkenntnisse/-urteile 36, 74, 80, 146, 151, 184, 268, 270, 295, 339, 366, 367, 368, 434, 455, 458, 598, 635, 712, 722, 734, 735, 736; – siehe auch »Unterdrückung und Verfolgung«
Gerichtsprozesse/-verfahren 60, 73, 74, 80, 184, 295, 331, 339, 618, 635
geringfügige Beschäftigung 734, 740, 744, 840, 843, 895
Gesellen, Gehilfen, gewerbliche Facharbeiter 33, 34, 36, 37, 38, 39, 41, 43, 46, 73, 98, 107, 110, 114
Gesellenordnungen 34, 36
Gesellen- und Bergarbeiterorganisationen (Brüderschaften, Knappschaften etc.) 31, 34, 36, 37, 38, 41, 46, 299
Gesellschafts- und wirtschaftspolitische Konzepte *Keynesianismus* 681; *Postmoderne* 683; *sozialdemokratische* 681, 682, 688, 691; – siehe auch »Katholische Soziallehre«, »Kapitalismus«, »Neoliberalismus«, »Sozialismus«
Gesetze, österreichische (ausgewählte): *Dezemberverfassung 1867 mit Staatsgrundgesetz* 67, 68, 69, 93, 615; *Verfassungsgesetz über die Reichsvertretung 1867* 67; *1896* 87; *1907* 89; *Bundesverfassungsgesetz der Republik Österreich 1918, 1920, 1929, 1945* 69, 203, 214, 337, 273, 281, 289, 377, 434, 791, 805, 860, 873; *Neutralitätsgesetz 1955* 267, 438, 439; *Kriegswirtschaftliches Ermächtigungsgesetz 1917* 219, 289; *Notverordnungen aufgrund des Gesetzes von 1917* 1933/43

92, 285, 289–292, 295, 316, 337; *Aktiengesetz* 772; *Gesetz über die Vorbereitung der Sozialisierung 1919* 224, 527; *Verstaatlichungsgesetze 1946, 1947* 391, 526, 527; *Gesetze zur Organisation der Verstaatlichten Industrie 1949–1986* 456, 528, 529–537; *ÖIAG-Finanzierungsgesetz 1987* 770; *Bahnverfassungsgesetz* 779; *Bundesbahngesetz 1992* 779; *Postbetriebsverfassungsgesetz* 779; *Poststrukturgesetz 1996* 781; *Telekom-Gesetz 1997* 781; *Hofkanzleidekret über die Einführung des Zwölfstündigen Maximalarbeitstags 1842* 51, 52; *Gewerbeordnung 1859 mit Novellen 1883/85 (u. a. elfstündiger Maximalarbeitstag in Fabriken)* 58, 63, 64, 65, 72, 85, 97, 104, 106, 107, 108, 112, 128, 236; *Achtstundentagsgesetze 1918, 1919* 120, 235, 236, 239; *Arbeitszeitgesetz (Zweite Republik)* 120, 740, 808, 817, 819, 821; *Frauen-Nachtarbeitsgesetz* 743; *Bundesgesetz über Sicherheit und Gesundheitsschutz am Arbeitsplatz (Arbeitnehmerschutzgesetz 1995)* 731, 854; *Krankenversicherungsgesetz 1888, 1918, 1920, 1921* 107, 108, 232, 239, 240; *Unfallversicherungsgesetze 1889, 1920, 1921* 107, 108, 237; *Arbeitslosenversicherungsgesetz 1920* 233, 239, 290, 312; *Pensionsversicherungsgesetz der Privatangestellten 1906* 113; *Arbeiterversicherungsgesetz 1927* 240; *Allgemeines Sozialversicherungsgesetz (ASVG) 1955 mit laufenden Novellen* 496, 498, 503, 507, 728, 730, 732; *Angestelltengesetz* 742; *Ausländerbeschäftigungsgesetz* 697; *Arbeitskräfteüberlassungsgesetz* 809; *Arbeitsrechtsanpassungsgesetz* 712; *Jugendausbildungs-Sicherungsgesetz* 750; *Gewerbeinspektorengesetz 1882 und Erste Republik* 105, 235, 239; *Einigungsamtsgesetz 1919* 237, 238; *Arbeits- und Sozialgerichtsgesetz 1986* 498; *Koalitionsgesetz 1870* 73, 74, 75, 104, 115; *Kollektivvertragsgesetz Zweite Republik* 504, 548, 804; *Betriebsrätegesetz 1919, 1947* 215, 235, 236, 237, 390, 493, 800, 801; *Jugendvertrauensrätegesetz 1972/73* 283, 564; *Arbeitsverfassungsgesetz (ArbVG) 1973, mit Novellen* 464, 497, 505, 561, 590, 801, 802, 805, 807, 814, 882; *Arbeiterkammergesetze 1920, 1954, 1992 (mit Novellen bis 1998)* 238, 290, 493, 563, 762, 868, 869, 871, 874, 875, 876, 877, 878, 880, 881, 882; *Bezügebegrenzungsgesetz* 881

Gesundheitspolitik/-wesen 235, 686, 730, 731, 740, 745, 779, 818, 862; *Prävention* 730, 731; – siehe auch »Arbeitnehmerschutz«, »Gesetze, österreichische«, »Krankenunterstützung/ -versicherung«, »Unfall/ -vorsorge/-versicherung«

Gewerbe, Gewerbetreibende, gewerbliche Wirtschaft 33, 36, 52, 58, 86, 109, 236, 332, 433, 469, 477, 485, 487, 503, 536, 583; *Klein- und mittelständisches –* 33, 47, 77, 78, 97, 99, 102, 106, 108, 109, 113, 154, 220, 272, 303, 309, 564, 566, 572, 579, 652, 658, 659, 732

Gewerbesektion des Wiener Arbeiterbildungsvereins 70

Gewerkschaften (Fach-/Einzel-) außer Österreich *(Deutschland) IG Bauen-Agrar-Umwelt* 775, 811; *DAG – Deutsche Angestelltengewerkschaft* 888; *Dienstleistungsgewerkschaft VERDI im Deutschen Gewerkschaftsbund* 888; *IG Metall* 697, 808; *(Schweiz) Baugewerkschaft*

1017

811; *(Slowakei) Metallgewerkschaft* 697; *(Slowenien) Metallgewerkschaft* 697; *(Tschechien) Metallgewerkschaft* 697; *(Ungarn) Metallgewerkschaft* 697; *(Zypern) Tourismusgewerkschaft* 671
gewerkschaftliche Bildungs- und Kulturarbeit 128, 131, 306, 385, 386, 499, 549, 550, 551, 561, 562, 570, 580, 581, 582, 583, 602, 647, 671, 675, 698, 712, 717, 825, 826, 849, 851, 852, 853, 868, 876, 877, 878, 879; *Betriebsbüchereien, Büchereiwesen* 582, 583, 825; *Gemeinsames ÖGB/AK-Bildungsprogramm* 582, 853, 876; *Gewerkschaftsschule* 386, 581, 583, 825, 852; *ÖGB/AK-Referentenakademie* 852, 853, 876; *ÖGB/AK-Spezialseminare* 853; *Arbeitswelt und Schule (u. a. Lehrerfortbildung)* 849, 876; – siehe auch »Akademien für Arbeitnehmervertreter«
gewerkschaftliche Exilorganisationen 223, 350, 360, 397
gewerkschaftliche Fachblätter 54, 59, 125, 127, 144, 146, 147, 223, 242, 515, 538, 586–589
gewerkschaftliche Frauenorganisation 35, 116, 125, 126, 129, 130, 131, 133, 138, 139, 140, 163, 179, 271, 281, 544, 545, 552, 560, 561, 570, 594, 624, 676, 714, 737, 738, 744, 830, 839, 840, 841
gewerkschaftliche Illegalität 1934–1945 30, 104, 211, 311, 318, 328, 332, 341, 349, 353, 357, 358, 359-363, 380, 382, 397, 398, 640, 827, 883
gewerkschaftliche Informationsarbeit (Medien- und Öffentlichkeitsarbeit) 54, 68, 80, 125, 127, 130, 133, 143, 145, 147, 148, 186, 215, 305, 322, 339, 342, 383, 388, 422, 429, 515, 538, 546, 550, 551, 562, 563, 573, 586–590, 602, 638, 697, 727, 825, 827, 845, 846, 856; – siehe auch »Demonstrationen, Protestaktionen, Kampagnen«
gewerkschaftliche Jugendorganisation 280, 283, 302, 306, 383, 545, 546, 550, 551, 561–563, 582, 587, 624, 639, 640, 641, 646, 799, 829; *ÖGJ – Österreichische Gewerkschaftsjugend* 283, 320, 562, 582, 594, 639, 751, 797, 829, 832, 840, 841, 842, 848, 849, 850, 855
gewerkschaftliche Organisationsformen, Österreich bis 1934: 843, 883; *Bezirksvereine/-verbände* 126, 129; *Landesvereine/-verbände* 126, 127; *Lokal-(Orts)vereine/-verbände* 117, 126, 127, 132, 135, 146, 166, 241, 242, 283, 304, 307, 667; *Zentral(Reichs)vereine/-verbände* 133, 135, 147, 148, 149, 241, 242, 263, 279, 305, 306, 684; – siehe auch »Industriegruppenprinzip« »Organisationsreformen (in der österreichischen Gewerkschaftsbewegung)«
gewerkschaftliche Rechtsvertretung/-r Rechtsschutz 132, 175, 550, 600–603, 844, 877
gewerkschaftliche Unterstützungseinrichtungen bis 1934 41, 50, 58, 63, 64, 70, 107, 108, 119, 126, 127, 130, 131, 135, 139, 169, 170, 208; – siehe auch »Unterstützungskassen/-vereine«
gewerkschaftliche Verbindungsstelle in Salzburg 1945 383
gewerkschaftliche Versicherungs- und Unterstützungseinrichtungen (Mitgliederservice) nach 1945 549, 550, 618, 630, 631, 678, 763, 844, 884; *Johann-Böhm-Stiftungsfonds* 630, 631; *Solidaritätsversicherung* 550, 551, 845; *Sozialtourismus* 825
gewerkschaftliche Vertrauensmänner/-personen – siehe »Vertrauenspersonen der Arbeitnehmer«

gewerkschaftliche Zentralorgane 133, 148, 215, 305, 322, 388, 429, 586, 587, 727
gewerkschaftlicher Organisationsapparat 30, 134, 145, 165, 572–577, 602, 605, 644, 673, 675, 823, 830, 889
gewerkschaftliche/-r Organisationsgrad/-dichte 26, 28, 115, 124, 131, 133, 136, 137, 139, 143, 208, 429, 564–572, 579, 678, 732, 807, 833, 835, 836, 837, 839, 840, 843, 844, 855
gewerkschaftlicher Rechtsstatus (Kollektivvertragsfähigkeit, Vereinsstatus) 549, 557, 564, 685, 688, 717, 871, 875, 876;
– siehe auch »Koalitionsrecht«, »Interessenvertretungen, freie«
gewerkschaftlicher Zentralismus (Zentralisierungsbestrebungen) 30, 119, 125, 126, 129, 132, 142, 145, 147, 201, 213, 307, 323, 382, 388, 430, 508, 510, 546, 548, 550, 551, 573–575, 577, 614, 679, 680, 762
gewerkschaftliches Finanzwesen (Finanzierung der Gewerkschaftsarbeit) 118, 121, 139, 170, 171, 180, 212, 252, 280, 282, 307, 316, 324, 401, 413, 495, 538, 543, 548–553, 602, 605, 633, 634, 679, 711, 717, 845, 859
gewerkschaftlich Unorganisierte (Nichtmitglieder) 71, 151, 565, 566, 576, 577, 578, 590, 599, 600, 844; siehe auch »Gewerkschaftsmitglieder/Mitgliederwerbung«
Gewerkschaftsangestellte 550, 573, 606
Gewerkschaftsbewegung/ Gewerkschaften, europäische 673, 677, 680, 701, 746, 749, 844, 845
Gewerkschaftsbewegung, internationale 126, 134, 146, 159, 200, 209, 210, 222–224, 253, 254, 256, 257, 305, 323–325, 360, 396–406, 435, 436, 590–594, 599, 622, 633, 653–655, 660, 673
Gewerkschaftsbewegung, nationale und regionale (außer Österreich): *afrikanische* 597; *amerikanische (USA)* 138, 224, 397, 398, 399, 405, 581, 679; *asiatische* 597; *australische* 121, 138, 397; *belgische* 138, 397; *chinesische* 396; *dänische* 138, 252, 397; *deutsche bis 1993* 128, 137, 138, 208, 211, 304; *in der Bundesrepublik Deutschland* 302, 517, 537, 538, 540, 541, 547, 551, 559, 575, 577, 593, 682, 697, 775, 811, 857, 888; *englische (britische)* 127, 138, 209, 252, 388, 396, 397; *in Entwicklungsländern* 594, 597; *(ost)europäische, kommunistische* 435, 436, 698, 835, 836; *(west)europäische* 127, 146, 222, 405, 406, 461, 462, 598, 645, 648; *französische* 45, 138, 187, 388, 396, 843; *isländische* 397; *italienische* 138, 597, 598, 699; *jugoslawische* 222, 225; *kanadische* 397, 672; *koreanische* 693; *lateinamerikanische* 396; *Luxemburgs* 397; *Maltas* 397; *neuseeländische* 183, 397; *niederländische (holländische)* 138, 253, 397, 591; *norwegische* 253, 397; *der mittel- und osteuropäischen Staaten (Transformationsstaaten)* 698, 699; *polnische* 307, 308; *rumänische* 222; *schwedische* 138, 397; *schweizerische* 128, 138, 397, 581, 811; *skandinavische* 252, 672, 843; *slowakische* 697; *slowenische* 306, 307, 697, 698; *sowjetische* 398, 435, 593; *spanische* 397; *südmährische* 698; *tschechische/Habsburgermonarchie* 127, 141, 149, *tschechoslowakische ab 1918* 225, 322; *tschechische* 697; *ungarische* 132, 222, 223, 593, 697, 698; *zypriotische* 671

1019

Gewerkschaftsbund, Österreichischer – siehe ÖGB
Gewerkschaftsbünde/-zentralen, europäische (gesamt und interregional): *Beratender Gewerkschaftsausschuß für den europäischen Wiederaufbau* 405; *EFA – Europäische Föderation der Gewerkschaften des Agrarsektors* 810; *EFTA-Gewerkschaftsverbände (Zusammenschluß)* 701; *EGB – Europäischer Gewerkschaftsbund* 599, 665, 676, 677, 681, 683, 692, 698, 699, 700, 701, 702, 703, 706, 738, 744, 745, 746, 747, 754, 768, 769, 795, 803, 819, 848, 857, 861; *ERO – Europäische Regionalorganisation des IBFG* 599; *Europäischer Metallgewerkschaftsbund* 810; *Konsultativkomitee der EFTA* 461; *Interregionaler Gewerkschaftsrat Bayern-Westösterreich-Norditalien* 676; *Europäische Gewerkschaftsausschüsse der Fachinternationalen* 810, 857
Gewerkschaftsbünde/-zentralen/-einrichtungen, internationale: *Fachinternationalen (Internationale Berufssekretariate/IBS, christliche-)* 127, 324, 396, 594, 598, 697, 760; *Internationaler Bund Christlicher Gewerkschaften (IBCG)/Weltverband der Arbeitnehmer (WVA)* 306, 398, 590, 598, 698; *Internationaler Bund Freier Gewerkschaften (IBFG)* 44, 139, 140, 211, 398, 401, 435, 436, 546, 590–595, 598, 599, 653, 655, 660, 673, 676, 692, 694, 696, 697, 698, 756, 757, 758, 759; *Internationaler Gewerkschaftsbund (IGB)* 222, 223, 224, 253, 254, 256, 257, 323, 324, 325, 360, 396, 586; *Weltgewerkschaftsbund (WGB) – bis 1948* 211, 397, 401; *– kommunistisch* 397, 398, 436, 591, 645, 652, 653; *Transnationales gewerkschaftliches Informationsaustauschzentrum (TIE)* 760
Gewerkschaftsbünde/-zentralen, nationale (außer Österreich) 146, 200, 205, 653; *American Federation of Labour (AFL)/USA* 224, 397, 399, 405; *AFL-CIO/USA* 405, 693, 844; *Britischer Gewerkschaftsbund – Trades Union Congress (TUC)* 396, 397, 398, 700, 847; *Confederazione Generale Italiana desl Lavoro (CGIL)* 599, 699; *Congress of Industrial Organization (CIO/USA)* 405; *Confederazione Italiana Sindicati Lavoratori (CISL)* 598; *Deutscher Angestelltenbund* 541; *Deutscher Gewerkschaftsbund (DGB) – vor 1933* 221, *– BRD* 398, 512, 537, 538, 541, 545, 547, 551, 559, 575, 577, 593, 682, 775, 857, 888; *Generalkommission der Gewerkschaften Deutschlands* 127, *Gewerkschaftsrat der schweizerischen Gewerkschaften* 127, 397; *Unione Italiana del Lavoro (UIL)* 598, *Verband der Freien Gewerkschaften Sloweniens* 698; *Zentralrat der sowjetischen Gewerkschaften* 593
Gewerkschaftsbünde/-zentralen, österreichische (bzw. österreichische Reichshälfte/Monarchie): *Bund der Freien Gewerkschaften Österreichs (1928–1934)* 130, 279, 280, 283, 287, 296, 580, 626, 644, 829, 883; *(illegal 1934–1938)* 211, 323–328, 334, 335, 339, 340, 827; *Gewerkschaftsbund der österreichischen Arbeiter und Angestellten/Einheitsgewerkschaft (staatlich 1934–1938)* 30, 209, 211, 311, 314, 318, 321, 322, 323, 325, 328, 334, 340, 348, 356, 645, 828, 878, 883; *Österreichischer Gewerkschaftsbund/ÖGB (ab 1945)* 30, 120, 140, 164, 211,

267, 280, 283, 284, 302, 310, 353, 368, 379, 384, 388, 394, 401, 405, 406, 408–411, 414, 418, 423, 427, 432, 433, 436, 438, 443, 445, 446, 447–462, 464, 467, 469, 470, 471, 472, 474, 475, 483, 497, 499, 504, 506, 508, 511, 513, 514, 515, 518, 521, 522, 526, 532, 536, 538, 539, 540, 543–627, 629, 631–634, 636–651, 655, 657–662, 667, 670–679, 683, 684, 688, 690, 693, 695, 696, 697, 698, 702–706, 709, 710, 711, 712, 714, 715, 716, 717, 719–724, 727, 732, 733, 735, 740, 741, 742, 743, 746, 749, 750, 751, 753, 754, 757, 758, 759, 762, 764, 765, 767, 770, 771, 773, 774, 776, 779, 782, 784, 793, 794, 795, 796, 797, 799, 800, 803, 806, 810, 811, 815, 817, 818, 819, 825, 827, 828, 829, 830, 833–868, 874, 875, 876, 878, 879, 880, 883–896; *Provisorische Kommission der (Freien) Gewerkschaften Österreichs* 109; *Reichkommission der (Freien) Gewerkschaften Österreichs (1893–1918)* 119, 124, 125, 127, 130, 132, 136, 140, 141, 144, 146, 147, 148, 153, 157, 164, 165, 167, 171, 172, 178, 179, 180, 178, 180, 181, 186, 193, 195, 198, 200, 212, 251, 584, 626, 644, 667, *(1918–1928)* 130, 214, 215, 221, 232, 241, 242, 243, 245, 250, 253, 254, 256, 257, 265, 266, 269, 270, 280, 626, 644, 649, 878, 884; *Reichsgewerkschaftskommission beim Reichsverband nichtpolitischer Vereinigungen christlicher Arbeitnehmer* 306, 307; *(Reichs)Zentralkommission der christlichen Gewerkschaften Österreichs* 141, 302, 306, 307; *Tschechoslowakische Gewerkschaftskommission (freigewerkschaftlich)* 140, 141, 142, 144, 145, 146; *Wiederaufbaukommission (illegal ab 1934)* 309; *Zentral(Siebener)-Komitee (illegal ab 1934)* 321, 323

Gewerkschaftsfunktionäre und -funktionärinnen 30, 130, 134, 135, 143, 145, 146, 163, 165, 177, 195, 202, 208, 211, 265, 268, 293, 314, 319, 350, 388, 389, 430, 431, 436, 499, 517, 530, 540, 543, 558–560, 562, 572–576, 580, 582, 587, 594, 603, 610, 613, 614, 627, 628, 631, 640, 643, 644, 649, 650, 710, 734, 776, 783, 784, 841, 844, 848, 850, 862, 863, 864, 865, 866, 868, 878, 879; – siehe auch »Personenregister«

Gewerkschafts-Kartellverträge 263

Gewerkschaftskongresse/-konferenzen, europäische Ebene *Gewerkschaftskonferenzen der Marshall-Plan-Länder 1948* 405, 406; *Gipfeltreffen der EFTA-Gewerkschaftsbünde Wien 1989* 702; *5. EFTA-Gewerkschaftskongreß 1993* 701; *EGB-Kongress* 817; *6. EGB-Kongreß Stockholm 1988* 706; *EGB-Beschäftigungsgipfel Wien 1998* 702; *Erste Osteuropakonferenz IBFG/EB/WVA Wien 1990* 698; *Konferenz für gewerkschaftliche Zusammenarbeit in Europa 1991 (christliche Gewerkschaften)* 698

Gewerkschaftskongresse/ -konferenzen, internationale Ebene: *(bis 1918) Fachkongresse* 127; *Internationaler Gewerkschaftskongreß Glasgow 1892* 204; *Fünfte internationale Konferenz der Sekretäre der gewerkschaftlichen Landeszentralen 1905* 146; *internationale Konferenz der christlichen Gewerkschaften Zürich 1908* 306; *(1918–1938) Erster IGB-Kongreß 1919* 223; *IGB-Kongreß 1936* 325; *sonstige IGB-Kongresse* 224; *(ab 1945)*

1021

Internationale Gewerkschaftskonferenz London 1945 396; *WGB-Gründungskongreß 1945* 396; *2. WGB-Kongreß Mailand 1949* 397, 400; *IBFG-Gründungskongreß London 1949* 397, 398, 400; *4. IBFG-Kongreß 1955* 590, 591, 594; *15. IBFG-Kongreß 1992* 692; *IBFG-Vorstandskonferenz Wien 1973* 594; *IBFG-Weltfrauenkonferenz 1963* 140; *6. IBFG-Weltfrauenkonferenz Wien 1994* 676; *1. IBFG-Weltjugendtreffen Wien 1963* 546; *Kongreß des Internationalen Bundes der christlichen Fabrik- und Transportarbeiterverbände Wien 1961* 594; *Gewerkschaftskonferenz der G 8-Staaten 1999* 755

Gewerkschaftskongresse/ -konferenzen, nationale Ebene (außer Österreich): *britischer Gewerkschaftskongreß 1891* 209; *Kongresse der Gewerkschaften Deutschlands 1872–1910* 136, 140, 208, 210

Gewerkschaftskongresse/ -konferenzen, ÖGB: *Gründungskongreß (Vertrauensleutekonferenz) 1945* 381, 384, 630; *Bundeskongresse – 1. 1948* 384, 603–607, 828, 888, *– 2. 1951* 411, 412, 607, 608, *– 3. 1955* 435, 608, 609, 610, 613, 765, *– 4. 1959* 446, 461, 610, 611, 612, 628, 641, *– 5. 1963* 613, 614, 641, *– 6. 1967* 606, 614, 615, 616, *– 7. 1971* 487, 550, 616, 617, 618, 619, 624, *– 8. 1975* 544, 606, 619, 620, 621, *– 9. 1979* 499, 544, 621, 622, 623, *– 10. 1983* 120, 499, 544, 581, 598, 606, 623, 624, 644, 646, 659, 714, *– 11. 1987* 536, 564, 589, 606, 646, 667, 775, 780, 794, 834, 844, 846, 848, 852, 891, 892, *– 12. 1991* 606, 775, 780, 794, 834, 836, 840, 844, 848, 851, 862, 874, 875, 876, 880, 883, 884, 891, 893, *– 13. 1995* 674, 675, 676, 680, 715, 740, 754, 775, 780, 794, 796, 811, 819, 837, 844, 847, 848, 850, 851, 855, 862, 868, 878, 879, 880, 882, 883, 885, 886, 888, 891, 893, 894, 895, *– 14. 1999* 888, 891, 895, 896; *Bundesvorstandssitzungen – Oktober 1947* 408, 409, *– Februar 1951* 547, *– April 1970* 449, *Anfang 1997* 729, *Herbst 1997* 732, *Frühjahr 1998* 715; *Präsidium Frühjahr 1999* 695; *Frauenkongresse – 2. 1955/ 9. 1983* 561, *– 12. 1995* 140, 841, *– 10. 1987/11. 1991/13. 1999* 841; *Jugendkongresse – 19. 1985* 850, *– 20. 1987* 283, 850, *– 21. 1989/22. 1991/23. 1993/24. 1995/25. 1997/26. 1998* 850; *Konferenz der Gewerkschaftsobmänner März 1948* 604; *Vorständekonferenz Oktober 1946* 394; *ÖGJ-Schülerkongreß Kärnten* 283

Gewerkschaftskongresse/ -konferenzen, österreichische bis 1938 (bzw. österreichische Reichshälfte der Monarchie): *(bis 1918) Reichskongresse der (Freien) Gewerkschaften Österreichs   Erster 1893* 127, 128, 130, 202, 280, *– Zweiter 1896* 142, *– Vierter 1903* 157, *außerordentlicher 1905* 145, *– Fünfter 1907* 157, 212, *– Sechster 1910* 147, *– Siebenter 1913* 242; *(freigewerkschaftliche Vertrauensmännerkonferenz 1905; (freigewerkschaftlicher) Arbeitertag 1916* 175; *Erweiterte Vorständekonferenz der Freien Gewerkschaften 1918* 199, 200, *Kongresse der Christlichen Gewerkschaften Österreichs – Erster 1909* 302, 306, 307, *Zweiter 1911* 307; *Wiener Gewerkschaftskonferenzen* 126, 153; *Kongreß der tschechischen Gewerkschafts- und Bildungsvereine 1987* 143, 144; *Landes-*

gewerkschaftskongreß Brünn 1910 146; *(1918–1934) Deutschösterreichische Gewerkschaftskongresse (der Freien Gewerkschaften) – Erster 1919* 242, *– Zweiter 1923* 216, 259, *– Dritter 1928* 280, 281, 626, *– Vierter 1931* 282, 283, 626, 883, *– zusammen* 289; *Vorständekonferenzen der Freien Gewerkschaften – 1920* 216, *– 1933* 290, *– (1934–1938, freigewerkschaftlich illegal) Konferenz in Bratislava 1934* 310; *Konferenz in Prag 1936 (»Salzburger Konferenz«)* 323, *Konferenz der Wiener Betriebsvertrauensmänner 1936* 335; *Konferenz der Gewerkschaftsobmänner und Hauptvertrauensmänner 1937* 336; *Floridsdorfer Arbeiterkonferenz 1938* 211, 320, 338–340

Gewerkschaftskongresse/ -konferenzen, österreichische der Fach-/Einzelgewerkschaften: *Fach- und Arbeitertage* 125, 126; *Verbandstage/-sitzungen der Freien Gewerkschaften allg.* 163, 180, *– der Eisenbahner* 144, *– der Handlungsgehilfen (Komis)* 71, *– der Hutmacher* 145, *– der Metallarbeiter* 146, 166, 201; *(Gewerkschaftstage Zweite Republik ab 1984), der Gewerkschaft der Privatangestellten – 11. 1986/ 12. 1990/ 13. 1994/14. 1998* 863; *der Gewerkschaft Öffentlicher Dienst – 10.1985/11. 1989/ 12. 1993/13. 1997* 863; *der Gewerkschaft der Gemeindebediensteten – 11. 1987/12. 1991/13. 1995* 864, *– 14. 1999* 776, 864; *der Gewerkschaft Kunst, Medien, freie Berufe – 11. 1986/12. 1990/13. 1994/ 14. 1998* 864; *der Gewerkschaft der Bau- und Holzarbeiter (Bau-Holz) – 12. 1986/13. 1990/ 14. 1994/15. 1998* 864; *der Gewerkschaft der Chemiearbeiter – 12. 1985/13. 1989/ 14. 1993/15. 1997* 865; *der Gewerkschaft der Eisenbahner – 13. 1987/14. 1991* 865 *– 15. 1995* 780, 865, *– außerordentlicher 1997/16. 1999* 865; *der Gewerkschaft Druck und Papier – 13. 1985/14. 1989/15. 1993/ 16. 1997* 865; *der Gewerkschaft Handel, Transport, Verkehr – 11. 1986/12. 1990/13. 1994/ 14. 1998* 866; *der Gewerkschaft Hotel, Gastgewerbe, Persönlicher Dienst – 2. 1987/3. 1991/ 4. 1995/5. 1999* 866; *der Gewerkschaft der Post- und Fernmeldebediensteten – 11. 1987/ 12. 1991/13. 1995/14. 1999* 866; *der Gewerkschaft der Lebens- und Genußmittelarbeiter – 11. 1985/12. 1989* 866; *der Gewerkschaft Land-Forst-Garten – 11. 1985/12. 1990* 867; *der Gewerkschaft Agrar-Nahrung-Genuß – 1. 1993/2. 1997* 867; *der Gewerkschaft Metall-Bergbau-Energie – 12. 1984* 867, *– 13. 1988* 770, 791, 867, *– 14. 1992/15. 1996* 791, 867; *Gewerkschaft Textil, Bekleidung, Leder – 12. 1984/ 13. 1988/14. 1992/15. 1996/ außerordentlicher 1988* 867, 887, 889; *Vorständekonferenz der Gewerkschaft der Privatangestellten März 1989* 863; *Erweiterte Zentralleitung der Gewerkschaft der Eisenbahner 19. Juni 1989* 865; *Zentralvorstand der Gewerkschaft Land-Forst-Garten 31. Jänner 1990* 867; *Zentralvorstand der Gewerkschaft Metall-Bergbau-Energie März 1995* 867

Gewerkschaftskooperationen und Zusammenschlüsse im ÖGB 880, 885, 886, 887, 889, 890, 895; *Arbeitsgemeinschaften* 885; *Branchenkonferenzen* 886; *gewerkschaftsübergreifende*

Fachgruppen 848, 886; *Zusammenschlüsse* 887, 895, 896;
– siehe auch »Organisationsreformen (in der österreichischen Gewerkschaftsbewegung)«
Gewerkschaftsmitglieder 126, 144, 147, 157, 172–174, 208, 217, 253–255, 283, 284, 324, 431, 495, 515, 543, 550, 551, 554, 555, 562, 564–579, 599, 600, 614, 618, 630, 639, 674, 675, 677, 678, 679, 710, 839, 840, 842, 862, 884, 890 ; *Mitgliederausschluß* 431, 607; *Mitgliederbetreuung* 566–568, 580, 658, 663, 678, 679, 763, 844, 845, 884, 885, 889; *Mitgliederkataster* 532; *Mitgliederstand* 115, 116, 119, 121, 122, 133, 135, 138, 140, 141, 145, 149, 178, 179, 241, 246, 278, 279, 284, 306, 308, 326, 385, 566–568, 575, 590, 599, 619, 639, 650–653, 672, 678, 679, 681, 712, 833, 834, 835, 839, 840, 844; *Mitgliederstruktur* 114, 115, 124, 125, 128, 129, 131, 133, 135, 179, 564, 568, 573, 836, 840; *Mitgliederwerbung/-beitritt* 62, 134, 208, 310, 316, 552–555, 564, 572, 573, 578, 579, 590, 600, 607–609, 614, 658, 663, 671, 837, 844, 854, 889, 892
Gewerkschaftsorgane, Österreich bis 1938: *Auslandsvertretung der österreichischen Freien Gewerkschaften* 360; *Bezirksverbände der Gewerkschaftskommission* 144; *Bundesleitung der illegalen Freien Gewerkschaften* 321–326, 334, 339; *Bundesvorstand des Bundes der Freien Gewerkschaften* 283, 287; *Gewerkschaftsvorstände* 199, 200, 242; *Kronlands-Zentralleitungen der Gewerkschaftskommission* 129, 144, 146; *Landesexekutiven des Bundes der Freien Gewerkschaften* 280; *Landesgewerkschaftskommissionen der Freien Gewerkschaften* 144, 243, 281; *Ortsverbände der Gewerkschaftskommission* 122; *Verhandlungsstelle der illegalen Freien Gewerkschaften in der Tschechoslowakei* 322
Gewerkschaftsorganisationen (Fachvereine/-verbände) bis 1938 27, 28, 39, 48, 69, 70, 72, 74, 75, 82, 104, 105, 114, 118, 124, 129, 132, 133, 135, 143, 144, 146, 149, 151, 157, 158, 165, 167, 207, 208, 241, 242, 296, 304–306, 316, 319, 321, 395, 381, 641, 644, 667, 670; *der Anstreicher und Vergolder* 116; *der Bäcker* 116; *der Bankangestellten/Bank- und Sparkassengehilfen* 824, 825; *der Bauarbeiter* 133, 242, 283, 319, 626, 627, 827; *des Beamten/öff. Angestellten* 41, 242, 244, 245, 280; *der Bergarbeiter* 135, 243, 278, 279, 283; *der Bildhauer (u. Gießer = Stukkateure)* 116, 243; *der Blumen- und Schmuckfederarbeiterinnen* 243; *der Brauereiarbeiter* 117, 300; *der Buchbinder* 116, 119, 243; *der Buchdrucker, Schriftgießer und Lithographen* 54, 69, 118, 125, 133, 170, 243, 804; *des Bühnenpersonals* 243; *der Chemiearbeiter* 147, 243, 283; *der Drechsler* 116; *der Drucker und Formenstecher* 116; *der Eisenbahner* 143, 148, 223, 243, 246, 295, 302, 307, 586; *der Exekutiv- und Sicherheitsorgane* 245; *der Friseure* 243; *der Futteralmacher* 119, 242; *der Gärtner und Blumenbinder* 282; *der Arbeiter und Angestellten in gemeinwirtschaftlichen Betrieben* 245; *der Gießereiarbeiter* 147, *der Glasarbeiter* 116, 133, 243, 283; *der graphischen Arbeiter* 222, 223; *der Handelsangestellten/kaufmännischen Angestellten* 818; *der Handels-,

Transport- und Verkehrsarbeiter 222, 223, 244; *der Handschuhmacher* 116, 145; *der Hausbesorger und Portiere* 245, 307; *der Hausgehilfinnen* 163, 242, 244; *der Heimarbeiterinnen* 244; *der Holzarbeiter* 116, 134, 170, 244, *der Hotel- Gast- und Kaffeehausangestellten* 244; *der Hutmacher* 116, 144, 244; *der Industrieangestellten* 830; *der Juweliere, Gold- und Silberschmiede* 116, 244; *der Kanalräumer* 245; *der Keramiker (Porzellan- und Tonarbeiter)* 133, 241, 244; *des Krankenpflegepersonals* 242, 244, 245; *der Kürschner* 244; *der Land- und Forstarbeiter* 244, 315; *der Lebens- und Genußmittelarbeiter* 241, 244; *der Lederarbeiter* 133, 147, 244, 283; *der Ledergalanterie- und Kartonagenarbeiter* 119, 243, 245; *der Lithographen* 244; *der Lokomotivführer* 143; *der Maschinisten und Heizer* 244; *der Maurer und Steinmetze* 116, 119; *der Meerschaum- und Massabildhauer* 119; *der Metallarbeiter* 116, 119, 133, 134, 142, 145, 146, 148, 166, 170, 173, 174, 177, 187, 190, 201, 207, 244, 252, 265, 278, 283, 304, 306, 308, 325, 828, 829, 878; *der Musikinstrumentenmacher* 116; *der Poliere* 244; *der Post-, Telephon-, Telegraphen- und Rohrpostbediensteten* 242, 244; *der Privatangestellten (verschiedener Berufsgruppen und Branchen)* 116, 241, 246, 252, 273, 280, 319, 323, 325, 348; *der Rauchfangkehrer* 244; *der Rotgerber* 116; *der Sattler, Taschner und Riemer* 116, 119, 244, 283; *der Schuhmacher* 116, 118, 244; *der Soldaten* 216; *der Sozialversicherungsangestellten* 244; *der Tabakarbeiter* 148, 244, 307, 308; *der Textilarbeiter (einschl. Schneider)* 116, 134, 145, 147, 232, 244, 307, 888; *der Uhrmacher* 116; *der Verkehrsbediensteten* 133; *der Xylographen* 245; *der Zahntechnikergehilfen* 245; *der Zimmerer* 146

Gewerkschaftsrechte – siehe »Menschenrechte«

Gewerkschaftsschule – siehe »gewerkschaftliche Bildungsarbeit«

Gewerkschaftsstatuten, (-regulative, -geschäftsordnungen): *Regulative der Gewerkschaftskommission und der Freien Gewerkschaften* 129, 131, 132, 171; *Statuten des ÖGB* 267, 320, 430, 543, 544, 548, 554, 555, 560, 569, 579, 607, 615, 616, 618, 620, 621, 624, 637, 638, 645, 715, 848, 862; *Geschäftsordnung des ÖGB* 555, 557; *Fraktionsordnung des ÖGB 1996* 716, 717; *Geschäfts- und Wahlordnungen der Gewerkschaften* 544, 554, 557, 574

Gewerkschaftreffen *3. gesamtösterreichisches 1953* 383, 591; *4. Gesamtösterreichisches* 546

Gewerkschaftsunternehmungen: *in Österreich* 538, 539, 450, 588, 589, 710, 711, 825; *in der Bundesrepublik Deutschland* 537, 538, 538

Gewinn/-e, Profit-/-maximierung, Kapitalerträge 48, 166, 167, 169, 173, 355, 392, 454, 469, 470, 536, 537, 669, 672, 687, 709, 719, 720, 721, 724, 771, 794, 816, 895

Gleichberechtigung, Gleichbehandlung/-spolitik 736, 763; – *der Arbeiter mit den Angestellten* 733, 740, 741, 742, 743, 832, 856, 857, 885, 886; – *der Frauen* 35, 139, 179, 180, 463, 498, 502, 560–561, 605, 651, 676, 722, 724, 749, 868, 812,

1025

894; *der Nationalitäten* 68, 218, 219; – siehe auch »Aktion Fairness«, »Frauenbewegung«
Globalisierung/Internationalisierung (der Wirtschaft) 755, 792, 800, 807; – siehe auch »Investitionsschutzabkommen/-verträge, geplante«, »Markt-«, »Wettbewerbs-«
Großgrundbesitz(er) 77, 92, 95, 99, 106, 227, 271
Großkapital 271, 273, 280, 283, 622; – siehe auch »Auslandskapital«, »Banken«
Großunternehmen/-industrie, (multinationale) Konzerne 110, 154, 169, 275, 371, 372, 390, 418, 452, 468, 572, 652, 658, 663, 671, 756, 758, 760, 784, 787, 788, 792, 801, 802, 804, 805, 807, 808, 810, 835, 840, 842, 846
Grundeinkommen ohne Arbeit – siehe Einkommen
Grundstoff- und Investitionsgüterindustrie 372, 452, 462, 490, 491, 528, 531, 536, 787
Gutachten, Begutachtung 61, 62, 136, 434, 469, 521, 542, 563; – siehe auch »Studien, Forschungsergebnisse«

Habsburger-Dynastie (Haus Habsburg) 25, 27, 60, 76, 161, 181, 183, 184, 185, 205, 220, 226, 227, 250, 267, 455, 456, *»Fall Habsburg«* 205, 454
Handels- und Gewerbekammern (Bundeswirtschaftskammer/Wirtschaftskammer Österreich, Kammern der gewerblichen Wirtschaft/Wirtschaftskammern) 61, 71, 72, 74, 75, 167, 234, 266, 291, 407, 410, 418, 433, 443, 444, 445, 447, 449, 450, 451, 457, 460, 465, 475, 487, 496, 497, 504, 506, 514, 515, 519, 549, 563, 579, 609, 685, 690, 743, 751, 765, 766, 767, 791, 809, 860, 869

Handwerk(er) 32–37, 43, 46, 77, 87, 98, 114, 302; *Handwerksmeister* 32–34, 37, 43, 110–112; – siehe auch »Gesellen«, »Gewerbe«
Heimwehren, Heimwehrbewegung 221, 271–273, 275, 278, 281, 283, 285, 289, 292, 301, 314, 315, 322, 329, 357, 362, 428, 495, 535; – siehe auch »Austrofaschismus«, »Paramilitärische Verbände«, »Parteien«
Hilfsarbeiter, ungelernte Arbeitskräfte 87, 110, 114, 150, 154, 208, 233, 234, 235, 429, 512–514, 573, 599–603, 652
Hinterbliebenenfürsorge (Witwen- und Waisenunterstützung/-versicherung) 39–41, 50, 109, 132, 181, 232, 550
Hohenzollern-Dynastie
Humanisierung der Arbeitswelt (menschengerechte Arbeitsgestaltung) 499, 500, 502, 616–618, 653, 662

IBFG – Internationaler Bund Freier Gewerkschaften – siehe »Gewerkschaftsbünde/-zentralen, internationale«
illegale Beschäftigung 693, 697, 893; siehe auch »Ausländische Arbeitnehmer«, »Beschäftigungspolitik/-sicherung«
Illegalität der Arbeiterbewegung 1934–1945 294, 296, 297, 317–319, 321, 323, 332–337, 347–350, 353, 357–359, 363, 376, 385, 386, 399–441, 825, 826, 827; – siehe auch »gewerkschaftliche Illegalität«
Imperialismus, imperialistische Politik 91, 92, 227, 298, 342–344, 350–353, 355, 359, 360, 397, 399, 596
Industriegruppenorganisation/-prinzip 30, 128, 129, 241, 242, 280, 283, 321–323, 380, 381, 545, 547, 576, 577, 603, 607, 614, 651, 832, 883, 884, 888; – siehe auch »Organisations-

reformen (in der österreichischen Gewerkschaftsbewegung)«
Industrie/-produktion/-investition/-politik, Industriebetriebe, Fabriken 37, 42, 44, 47, 56, 63, 78, 99, 106, 113, 120, 135, 199, 235, 236, 249, 266, 274, 275, 469, 478, 479, 515, 536, 694, 707, 722, 741, 771, 775, 815, 837; – siehe auch »Finalindustrie/-produktion«, »Großunternehmen/-industrie«, »Grundstoff- und Investitionsgüterindustrie«, »Unternehmungen, diverse«, »Verstaatlichte Unternehmungen/-industrie«
Industriestaaten – siehe STLR
Industriezentren 95, 97, 100, 121, 129, 145, 190, 191, 220, 228, 277, 279, 294
Inflation/-sbekämpfung, inflationäre Entwicklung 168, 173, 177, 247, 251, 252, 255, 256, 257, 259, 260, 261, 265, 274, 393, 407, 410, 411, 412, 413, 418, 419–422, 432, 443, 449, 458, 462, 463, 468, 470, 471, 472, 476, 477, 483, 485, 704, 705, 809; – siehe auch »Währung«
Information/-spolitik 419–422; – siehe auch »gewerkschaftliche Informationsarbeit«, »Massenkommunikation/-medien«
Insolvenzen – siehe Betriebsstillegungen
Insolvenzhilfe für Arbeitnehmer *Insolvenzentgeltausgleichs-(sicherungs)fonds* 712, 743; *ÖGB/AK-Insolvenzbüros (Konsum, Maculan)* 712, 775, *ÖGB/AK-Insolvenzschutzverband* 877
Institute, Forschungseinrichtungen *Akademie der Wissenschaften* 794; *Arbeitsgemeinschaft für Sozialforschung* 457; *Bertelsmann-Stiftung* 802; *Europäisches Gewerkschaftsinstitut* 808; *Hans-Böckler-Stiftung* 802; *IFES-Institut für empirische Sozialforschung* 429, 511, 538, 541, 599, 657; *IHS-Institut für höhere Studien* 482, 708; *Institut für Arbeitsmarktbetreuung und -forschung* 846; *Institut zur Erforschung der Geschichte der Gewerkschaften und der Arbeiterkammern der Kammer für Arbeiter und Angestellte für Wien und des ÖGB* 876, 877; *Militärwissenschaftliches Institut* 368; *Verein für soziologische und ökonomische Studien* 460; *WIFO – Österreichisches Wirtschaftsforschungsinstitut* 448, 488, 489, 503, 517, 525, 792; – siehe auch »paritätische Gremien Arbeitnehmer–Arbeitgeber/Beirat für Wirtschafts- und Sozialfragen«, »Universitäten«
Interessenkonflikte/-unterschiede 34, 76, 87, 105, 209, 216, 219, 236, 301, 305, 309, 318, 385, 504, 508, 524, 574, 585, 601, 629, 662, 667, 669, 670, 672, 683, 776; – siehe auch »Klassengesellschaft«, »Klassenkampf«
Interessenvertretung (kollektive der Arbeitnehmer) 34, 37, 41, 114, 156, 206, 456, 497, 512, 516, 530, 651, 654, 662, 679, 680, 686, 688, 689, 690, 764, 784, 792, 797, 807, 809, 870, 873, 875, 877, 880; – siehe auch »Arbeiterkammern«, »Gesellenorganisationen«, »gewerkschaftliche -«, »Gewerkschafts-«, »Kollektivverträge«
Interessenvertretungen, freie – siehe »gewerkschaftlich ...«, »Gewerkschafts ...«, »ÖGB«, »Unternehmerorganisationen«
Interessenvertretungen, gesetzlich eingerichtete, öffentlich-rechtliche (Kammern) 238, 290, 291, 414, 433, 434, 443, 445, 508, 512, 515, 517, 521, 523–525, 548, 563, 572, 578,

1027

688, 762, 764, 869, 870, 873; *gesetzlich festgelegte Zugehörigkeit* 716, 762, 869, 870, 871, 873, 874, 877, 878; – siehe auch »Arbeiterkammern«, »Handelskammern (Wirtschaftskammern)«, »Landwirtschaftskammern«, »Rechnungshof«

Internationale Abkommen/ Verträge, Deklarationen (außer EU) (chronologisch): *UN-Menschenrechtserklärung 1948* 694; *Interimsabkommen über Hilfeleistungen USA–Österreich 1948* 401; *Marshall-Plan-Abkommen 1948* 211, 405, 406; *Handelsvertrag UdSSR–Österreich 1955, Römische Verträge (EURATOM-EGKS-, EWG-Gründung)* 460; *Stockholmer Vertrag, zur EFTA-Gründung 1959* 461; *Abkommen über die Bildung der OECD 1960* 461; *Freihandelsabkommen EG–EFTA 1972* 462, 463; *Interimsabkommen EG-Österreich 1973* 461, 462; *ILO-Konvention über das Arbeitsmindestalter 1973* 694; *Erklärung der Konferenz für Sicherheit und Zusammenarbeit in Europa Helsinki 1975* 691; *Vertrag über Sicherheit und Zusammenarbeit in Europa (KSZE-Schlußdokument) 1990* 692; *internationale Handelsverträge (90er Jahre)* 757, 758

Internationale Arbeiterbewegung 82, 121, 146, 147, 148; – siehe auch »Gewerkschaftsbewegung, internationale«

Internationale Arbeiterbewegung, Organisationen der: *Dritte (kommunistische) Internationale* 188; *Sozialistische Jugendinternationale* 354; *Zweite (sozialistische) Internationale* 83, 108, 147, 148, 159, 163, 188, 189, 204, 212; *Internationale Vereinigung der Arbeiterbildungsorganisationen* 582;

– siehe auch »Gewerkschaftsbünde, internationale«

Internationale Arbeitsorganisationen (IAO/ILO) 44, 507, 672, 673, 674, 678, 680, 694, 738, 758, 843

Internationale Gipfeltreffen und Konferenzen (außer Gewerkschaftsbewegung) *Wiener Kongreß 1815* 48; *Berliner Konferenz zur Arbeiterfrage 1872* 104, 105; *Berliner Kongreß 1878* 89; *Weltfriedenskonferenz San Francisco 1945 (UNO-Gründung)* 396; *Potsdamer Konferenz der Alliierten 1945* 390; *Alliierte Außenministerkonferenzen 1949 und 1954* 739; *UN-Vollversammlung 1952* 437; *Botschafterkonferenz der Alliierten Wien 1955* 441; *Gipfelkonferenz der Regierungschefs der EFTA-Staaten Wien 1977* 463; *Symposium der Internationalen Arbeitsorganisation Wien 1977* 507; *KSZE-Konferenz für Sicherheit und Zusammenarbeit in Europa Helsinki 1975* 691; *KSZE-Verhandlungen Wien 1987 bis 1989* 691; *KSZE-Abschlußkonferenz Paris 1990* 692; *Welthandelskonferenz Singapur 1996* 758; *Weltwirtschaftsgipfel Bonn 1999* 755

internationale Hilfsaktionen 252, 253, 398, 591–597; *für Österreich* 253, 392, 399, 402, 407, 412, 581; – siehe auch »Solidaritätsaktionen, internationale«

Internationale Organisationen/ Einrichtungen – siehe »Internationale Arbeitsorganisation«, »Staatenbündnisse, internationale Organisationen/Einrichtungen (außer Europäische Union)«

Internationalismus, internationale Solidarität 27, 53, 142, 146, 147, 148, 159, 169, 201, 304, 680, 681

Investitionen 100, 452, 468, 477, 487, 510, 531, 536, 704, 753, 754, 757, 792, 793, 796
Investitionsschutzabkommen/-verträge, geplante 757; *MAI – Multilateral Agreement in Investment* 756, 757, 758; *Österreich–Mexiko* 757; *SG/LINKS* 757
Investment- und Pensionsfonds 771, 773, 787; – siehe auch »Aktien-«, »Altersversorgung«
Invaliditätsunterstützung/-versicherung 50, 58, 70, 107, 113, 116, 119, 181, 234, 240, 277

Jacobiner 47, 48
Jännerstreik 1918 169, 177, 182, 189, 197, 200, 219
Jugendbeschäftigungsprogramme/-aktionen 750, 751, 799, 830, 849; siehe auch »Beschäftigung«, »Bildung«
Jugendliche/-Arbeitnehmer 235, 280, 282, 305, 383, 560, 561, 562, 570, 622, 675, 829, 832, 841; – siehe auch »Christliche Arbeitervereine«, »gewerkschaftliche Jugendorganisationen«, »Lehrlinge«
Jugendvertrauensräte 270, 283, 561, 582, 590, 842, 849, 851
Justizpalastbrand (Demonstrationen gegen das Schattendorf-Urteil 1927) 253–257, 259, 267

Kaiserreich, römisch-deutsches 25, 65
»Kalter Krieg« (Ost-West-Spannungen) 375, 409, 410, 437, 438, 654
Kamarille, kaiserliche 59, 60, 92
Kammern – siehe »Interessenvertretungen, gesetzlich eingerichtete«
Kapitalismus, kapitalistisches Wirtschafts- und Gesellschaftssystem 32, 36–38, 46, 48, 58, 76–78, 80, 84, 94, 95, 159, 187, 224, 239, 252, 2 70, 272, 286, 468, 510, 520, 651–655, 661, 663, 664, 667, 668, 669, 681, 682, 683, 684, 687, 688, 689, 690, 694; – siehe auch »Monopole«, »Neoliberalismus«
Kapitalkonzentration 100, 392, 393, 462, 622
Kapital/-basis, Eigenkapital (-mangel/-schwäche/-ausstattung) 98, 102, 170, 275, 535, 537, 772, 788, 791, 816
Karenzurlaub/-sgeld, Geburtenbeihilfe, Wochengeld 722, 733–738, 799, 843; – siehe auch »Familienleistungen/-politik«, »Frauenarbeit/-beschäftigung«
Kartelle 98, 167, 688
Kathedersozialisten 103
katholische Soziallehre/christliche Soziallehre 467, 833, 828
katholische Sozialreformbewegung 77, 83, 86, 105, 124, 299, 301
Kaufkraft 71, 98, 252, 253, 255, 260, 264, 274, 387, 392, 435, 449, 450, 451, 474, 477, 479, 483, 617, 618, 669, 681, 687, 699, 721, 754, 814
Kinderarbeit 38, 39, 44, 51, 52, 63, 71, 84, 104, 106, 180, 235, 694, 758, 760
Kinderbetreuungsplätze 737, 749, 750; – siehe auch »Familienleistungen«
Kinderbeihilfen – siehe »Familienleistungen/-politik«
Kinderschutzrecht 44, 51, 63, 104, 106, 180, 235, 694
Kirchen 674, 676, 822, 832; *römisch-katholische* 124, 363, 456, 467, 616, 657, 714, 734
Klassengesellschaft 43, 49, 53, 59, 79, 80, 87, 159, 218, 219, 301, 508, 652, 655, 663, 668, 669, 670, 689
Klassenkampf/-bewegung 80, 82, 195, 208–210, 213, 214, 225, 273, 309, 310, 508, 510, 629; – siehe auch »Kommunismus«, »Sozialismus«

1029

Klein- und Mittelbetriebe 801, 802, 835, 836, 846, 892; – siehe auch »Gewerbe«
Klerikalismus 77, 83
Koalitionsrecht 30, 37, 46, 49, 65, 69, 70, 72, 74, 75, 82, 84, 105, 115, 117, 164, 173, 175, 194, 285, 290, 383, 467, 493, 570, 571, 667
Kollektivverträge (Tarifverträge), Kollektivvertragsverhandlungen/-politik 56, 117, 120, 138, 151, 156, 159, 168, 172, 178, 181, 210, 238, 263, 294, 295, 302, 314, 316, 317, 326, 383, 392, 408–410, 414, 460, 462, 466, 468, 469, 483, 484, 493, 500, 504–507, 509, 517, 522, 523, 543, 545, 546, 551, 552, 572, 578, 616, 648, 649, 652, 668, 671, 672, 683, 684, 685, 688, 689, 692, 697, 703, 710, 741, 742, 764, 766, 768, 788, 800–814, 816, 819, 821, 822, 856, 860, 875, 876, 879, 885, 886, 889, 890; *General-* 120, 446, 449, 453, 457, 496, 497, 503, 506, 570, 649, 809, 810, 817, 835, 893; *Europäische –* 768, 810, 811
Kommunismus, kommunistische Bewegungen/-Systeme 195, 205, 211, 213, 216, 221, 222, 224, 231, 253, 271, 286, 302, 318, 320, 322, 324, 333, 338, 340, 341, 348, 353, 364, 377, 378, 385, 388, 410, 414, 416–420, 421, 431, 438, 604, 605, 668, 691, 692, 693, 694, 698, 699, 831; – siehe auch »Gewerkschaftsbewegungen, nationale und regionale«, »Gewerkschaftsbünde/-zentralen, internationale«, »kommunistische Staaten Mittel- und Osteuropas«, »Parteien«, »ÖGB-Fraktionen«, »Richtungsgewerkschaften«, »Revolutionen«
Kommunistisches Manifest 53
Kongresse, Konferenzen, internationale sozialistische (chronologisch): *Paris 1889* 83, 108, 119, 121, 122, 123; *Brüssel 1891* 209; *Zürich 1893 (geplant für 1892)* 209; *Stuttgart 1907* 159, 212, 213; *Kopenhagen 1910* 147, 148, 159; *Basel 1912* 160; *Zimmerwald 1915* 188; *Stockholm 1917* 189; *Kopenhagen 1935 (Jugend)* 354; – siehe auch »Gewerkschaftskongresse/-konferenzen, internationale«
Kongresse, Konferenzen, österreichische (chronologisch): *Konferenz von St. Ägyden in Föhrenwald am Steinsee 1917* 191; *Linzer Arbeiterrätekonferenz 1919* 214; *gesamtösterreichische Arbeiterrätekonferenz Wien 1919* 214, 215; *(inoffizielle) Konferenz zur Frage der Verstaatlichten Industrie 1962* 530; – siehe auch »Gewerkschaftskongresse/-konferenzen, ÖGB«, »Parteitage«
Konkurse – siehe »Betriebsstillegungen«
Konservative, Konservativismus 78, 83, 85, 89, 97, 226, 300, 362, 363, 669, 688, 689; – siehe auch »Neoliberalismus«, »Parteien«
Konsuminsolvenz – siehe »Betriebsstillegungen«, »Genossenschaften«, »Unternehmen, einzelne bedeutende«
Konsumentenberatung/-schutz 433, 616, 759
Konsum/-gesellschaft, Verbraucherwirtschaft, Konsumenten 392, 429, 433, 452, 459, 460, 468, 469, 470, 477, 612, 616, 687, 689, 690, 701, 709, 720, 722; *Ablehnung der –* 479
Kooperationen – siehe »Europäische Gewerkschaftskooperationen«, »Gewerkschaftskooperationen im ÖGB«, »ÖGB/AK-Kooperationen«, »ÖGB-Organisationsreform«

Konvergenzkriterien – siehe
»Währungsunion, europäische«,
»Beschäftigungspolitik/-sicherung«
Konzentrationslager 222, 302,
320, 357, 358, 360, 362, 367,
368, 376, 380, 633; *Auschwitz*
368, *Buchenwald* 362, 368;
Dachau 368, *Mauthausen* 368;
Anhaltelager Wöllersdorf 626
**Krankenunterstützung/
-versicherung** 39, 42, 49, 50,
58, 63, 70, 96, 107, 108, 112,
115, 119, 132, 170, 180, 145,
233, 239, 240, 477, 485, 504,
529, 544, 698, 710, 712, 728,
729, 730, 731, 734, 735, 737,
739, 743, 818, 819
Kredite 101, 166, 167, 168, 232,
275, 276, 411, 539, 704, 705,
742, 743
Kriege (chronologisch): *Bauernkriege 1525/26* 35, 36; *Dreißigjähriger Krieg 1618–1648* 32;
Napoleonische Kriege bis 1815
25; *Krieg Österreich – Sardinien
1859* 65; *Österreichisch-Preußischer Krieg 1866* 25, 26, 66;
*Okkupationskrieg in Bosnien-
Herzegowina 1878* 89, 90;
Balkankriege 1912/1913 91,
141, 160, 161; *Erster Weltkrieg
1914–1918* 27, 28, 93, 94, 97,
102, 109, 113, 127, 141, 158,
159, 182, 206, 231, 241, 246,
247, 271, 279, 289, 306, 307,
317, 353, 354, 370, 378, 398,
406, 418, 432, 471, 527, 650,
686, 694, 852; *Russischer
Bürgerkrieg 1917/1918* 197;
*Polnisch-Russischer Krieg 1919/
1920* 229; *Spanischer Bürgerkrieg 1936–1939* 296, 327,
Zweiter Weltkrieg 1939–1945
166, 167, 182, 217, 276, 316,
350–352, 355, 356, 359, 366,
368–371, 377, 385, 387, 388,
398, 399, 406, 432, 437, 471,
478, 516, 516, 526, 527, 626,
627, 640, 654, 668, 682, 686,
830; *Korea-Krieg 1950–1953*
409, 410, 439; *sowjetische
Militäraktion gegen den
Ungarnaufstand 1956* 592, 595;
*anglo-französische Militäraktion
in Ägypten 1956 (Suez-Krise)*
593; *Einmarsch der Warschauer-
pakt-Truppen in der CSSR 1968*
596, 597, 831; *Golfkrieg Anfang
90er Jahre* 695; *Kriege auf dem
Gebiet des ehemaligen Jugoslawien 90er Jahre* 694, 695,
696 – *Bosnien-Krieg* 696 –
Kosovo-Krieg 1999 695; *Kriege
und Bürgerkriege Anfang der
90er Jahre* 692; – siehe auch
»Militär/-einsatz«
Kriegsgesetzgebung 163, 164,
168–170, 178, 181, 182, 189,
194, 198, 231, 378; – siehe auch
»Sozialabbau«
Kriegsheimkehrer 182, 232, 233,
250, 389, 583
Kriegsopfer 162, 164, 166, 174,
368
Kriegswirtschaft 92, 162, 164,
166, 168, 170, 178, 194, 198,
205, 206, 219, 231, 232, 247,
308, 355, 356, 527, 640
**Kultur, Kulturentwicklung/
-einrichtungen** 102, 103, 580,
581, 583, 623, 664, 825;
– siehe auch »gewerkschaftliche
Bildungs- und Kulturarbeit«
Kurzarbeit 101, 117, 167, 168,
259, 260, 261, 885

Landwirtschaftskammern 407,
418, 433, 443, 444, 445, 457,
514, 515, 766, 869
Lebenshaltungskosten 272, 274,
277, 321, 379, 399, 400, 402,
404, 425
**Lebenshaltungskostenindex/
Verbraucherpreisindex** 252,
258, 261, 263–265, 412–414,
469, 472, 475
Lebensstandard (Soziale Lage) 26,
45, 47, 52, 54, 62, 103, 111, 255,
411, 412, 476, 479, 491, 527,
536, 544, 605, 609, 615, 622,
655, 662–664, 694, 696, 697

Lehrlinge, Lehrverhältnis 33, 38, 104, 108, 237, 280, 283, 560, 562, 563, 565, 633, 639, 640, 749, 750, 751, 752, 767, 799, 829, 830, 841, 849, 855, 881; – siehe auch »Bildung«, »gewerkschaftliche Jugendorganisation«
Liberale, Liberalismus 33, 36, 53, 60, 62, 70, 76, 79, 82, 84, 85, 97, 105, 207, 272, 299, 300, 301, 685, 857; – siehe auch »Parteien«
Liberalisierung der Märkte 686, 687, 696, 700, 706, 755, 757, 775, 776, 779, 822; – siehe auch »Globalisierung«, »Märkte«
Löhne und Gehälter (unselbständige Einkommen) 35–39, 43, 46, 51, 52, 54, 55, 59, 63, 69, 70, 72, 98, 103, 107, 108, 110, 114, 117, 123–125, 137, 140, 141, 153, 156–158, 165, 170, 175, 177, 179, 180, 185, 198, 199, 210, 233, 235, 250, 252, 254, 260, 264, 266, 275, 284, 290, 291, 303, 314, 325, 326, 340, 356, 386, 393, 406–411, 418, 429, 433–435, 448, 449, 454, 460, 462–471, 473, 477, 483–486, 492, 500, 505, 506, 508, 515, 535, 590, 605, 609, 610, 617, 622, 628, 652, 653, 658, 670, 671, 672, 706, 709, 710, 711, 712, 720, 722, 723, 724, 735, 737, 743, 747, 758, 770, 776, 779, 783, 794, 807, 808, 811, 812, 813, 814, 816, 817, 847, 848, 867, 877, 890; – siehe auch »Steuern (Staatseinnahmen), Abgaben«
Lohnbewegungen/-Kämpfe/-verhandlungen 70, 125, 131, 136, 137, 153, 175, 179, 180, 199, 252, 253, 255, 257, 258, 263, 264, 265, 274, 284, 307, 385, 393, 411, 432, 470, 484, 505, 522, 523, 549, 605, 628, 671, 672, 716, 888; – siehe auch »Kollektivverträge«, »Streiks«

Lohnkosten – siehe »Arbeitskosten«
Lohnniveau *Hochlohnländer/-politik* 793; *Niedriglohnpolitik/Lohndumping* 693, 696, 697, 702, 706, 759, 773, 820, 835, 843, 895
Lohn- und Einkommenspolitik, gewerkschaftliche 136, 262, 263, 386, 406, 435, 463, 464, 474, 483, 506, 518, 519, 605, 609, 610, 615, 620, 628, 649, 669, 671, 672, 675, 687, 704, 710, 719, 720, 723, 724, 727, 753, 754, 763, 794, 805, 807, 810, 811, 813, 814, 815, 816, 817, 820, 851, 890, 893, 895; *Mindestlohnpolitik des ÖGB und seiner Gewerkschaften* 810, 812, 814, 893
Luitpold-Stern-Preis – siehe »Förderungspreise«

Mai, Erster (Tag der Arbeit) 119, 120, 121, 157, 158, 200, 334; *Maidemonstrationen der sozialdemokratischen Arbeiterbewegung 1890* 112, 119–124, *– 1914* 93, *– 1918* 200, *– Zweite Republik* 685, 713, 715, 716; *Maifeier der christlichen Arbeiterschaft 1893* 124
Manufakturen 32, 33, 37–39, 42, 43, 45, 99
Märkte, (»freie, soziale«) Marktwirtschaft 248, 433, 462, 463, 477, 478, 481, 490, 532, 533, 667, 668, 669, 681, 682, 683, 685–692, 706, 710, 712, 713, 733, 736, 755, 776, 845, 861, 869; – siehe auch »Außenhandel«, »Investitionsschutzabkommen«, »Kapitalismus«, »Konsumgesellschaft«, »Wirtschaftspolitik«, Globalisierung«, »Wettbewerb«
Marshall-Plan (ERP-European Recovery Program) 211, 389, 397, 401–406, 410, 436, 528, 605
Marxismus, Marxisten 79, 80, 115, 118, 145, *Austromarxismus* 214

Massenkommunikationsmittel/ -medien (Plakate, Presse, Radio, Fernsehen, CD, CD-ROM, Internet etc.), Medienpolitik 106, 123, 132, 166, 224, 236, 295, 317, 318, 334, 335, 340, 348, 349, 419, 421, 422, 438, 516, 546, 583, 586–589, 608, 609, 616, 619, 635, 637, 638, 763, 795, 845; *ORF* 596, 845, 873, 886; *RAVAG* 419, 422, 423, 587; – siehe auch »Presseerzeugnisse, diverse«
Massenbewegungen/-organisationen 77, 83, 88, 219, 572, 573, 604
Maßregelung 125, 362, 550, 605
Meinungs- und Gewissensfreiheit (demokratische Freiheitsrechte) 36, 60, 68, 69, 81, 299
Menschenrechte, Grundrechte/ Verletzung der –, Kampf für – 44, 46, 56, 593, 674, 675, 691, 692, 694, 800, 804; *Gewerkschaftsrechte/Arbeitnehmerrechte* 182, 675, 692, 693, 694, 750, 752, 796, 797, 800, 841, 847, 860, 861
Merkantilismus 32
Mieterschutz 231, 314
Militär/-einsatz 27, 32, 37, 43, 54, 59, 60, 65, 75–77, 89, 92, 97, 110, 118, 122–125, 167, 170, 171, 173, 174, 181, 189, 191, 196, 197, 204, 219, 221, 222, 293, 331, 344–346, 348–350, 352, 359, 366, 370–372, 374, 378, 385, 396, 503, 550, 589, 692, 695, 831; – siehe auch »Kriege« »Kriegsgesetzgebung«, »Staatenbündnisse«, »Unterdrückung und Verfolgung«
Mitbestimmung/-srecht, -möglichkeit (der Arbeitnehmer) in Wirtschaft und Politik 35, 36, 82, 104, 107, 175, 205, 206, 238, 283, 335, 411, 434, 444, 462, 464, 468, 497, 499, 501, 504–506, 520, 530, 533, 541, 542, 600, 601, 607, 608, 628, 661–663, 678, 679, 682, 683, 684, 688, 728, 731, 733, 763, 765, 778, 779, 795, 797, 800, 801, 802, 803, 804, 809, 821, 831, 832, 861, 863, 868, 873, 877, 892, 895; *im Aufsichtsrat* 803, 876; – siehe auch »Betriebsrat«, »Gutachten«, »Kollektivverträge«, »Paritätische Gremien«, »Wirtschafts- und Sozialpartnerschaft«
Mitgliederbefragungen *Arbeiterkammern 1996* 873, 874, 878, 879, 881; *Kammern insgesamt 1996–1997* 767, 873; *ÖGB 1985* 546
Ministerien (im letzten Hauptabschnitt) *Arbeitsministerium der USA* 844; *Finanzministerium* 753, 790; *Sozialministerium* 686, 697, 728, 739, 742, 743, 753, 765, 773, 804, 878, 880, 881; *Unterrichtsministerium* 849; *Wirtschaftsministerium* 751, 757
Mittelmächte (im Ersten Weltkrieg) 167, 181, 189, 197, 202, 224, 248
Monopole 686, 688, 689, 690, 691, 766, 771, 776, 777, 779, 789, 895; siehe auch »Arbeitsmarkt«, »Gemeinwirtschaft«, »Kollektivverträge«, »Neoliberalismus«
Multinationale Konterne – siehe »Großunternehmen«

Nationalismus 99, 162, 164, 167, 201, 218, 219, 225, 226; *deutscher* – siehe »Deutschnationalismus«; *slawischer* 93; 99, 141, 185, 201, 694; – siehe auch »Nationalitätenkonflikt«
Nationalitäten (der Habsburgermonarchie) 26, 69, 170, 174, 185, 202, 218, 219, 225, 694; – siehe auch »Nationalitätenkonflikt«, »Parteien«
Nationalitätenkonflikte 27, 59, 77, 80, 87, 89, 90, 92, 94, 120, 141, 148, 175, 181, 183, 185, 186, 191, 200, 202, 203, 218, 220; – *in der Gewerkschaftsbewegung*

27, 127, 141, 149, 201, 307, 308; *im ehemaligen Jugoslawien ab 1989* 694, 695, 696
Nationalsozialismus 29, 211, 246, 267, 284, 288, 296–298, 302, 318, 320, 332, 335, 338, 341, 342, 348, 350, 354, 355, 357, 362, 367, 376, 378, 438, 535, 598, 627, 689, 691, 694, 785, 804, 825, 826, 828, 830, 875, 878; *österreichischer* – 225, 313, 328–331, 333, 337, 338, 340, 342, 345, 348, 390, 400, 419; – siehe auch STLR, »Deutschland, nationalsozialistisches«, »Faschismus«, »Paramilitärische Verbände«, »Parteien«, »Polizei«
Nationalsozialistische Betriebsgemeinschaften 356
Neoliberalismus, Neokonservativismus, neoliberale Politik 669, 680, 681, 682, 683, 685–691, 703, 704, 705, 706, 710, 714, 716, 718, 723, 724, 729, 734, 735, 736, 743, 748, 755, 756, 757, 759, 761, 763, 776, 786, 795, 796, 805, 808, 821, 845, 847, 861, 875; *Chicago-Schule* 691; – siehe auch »Kapitalismus«, »Sozialstaat«, »Wirtschaftspolitik«
Neutralität, neutrale Staaten 94, 167, 187, 228, 252, 440; *österreichische* – 229, 267, 320, 438, 440, 441, 487, 543, 695, 700, 701
Nobelpreis für Wirtschaftswissenschaften 687, 688
Notstandsarbeiten/-hilfen 199, 206, 250, 284, 734

ÖBB – Österreichische Bundesbahnen 749, 779, 780, 781, 792, 836
OECD – siehe »Staatenbündnisse und Internationale Organisationen«
Öffentlicher Dienst 134, 469, 498, 686, 716, 722, 732, 776, 777, 818, 835, 837, 863, 888; – siehe auch »Beamte«, »Gewerkschaftsorganisationen bis 1938«, »ÖGB-Gewerkschaften«
Öffentliche Verwalter 389, 390
ÖGB-Abteilungen: *Frauenabteilung (auch in Gewerkschaften und Gebietsorganisationen)* 544, 545, 546, 552, 560, 561, 624, 676, 737, 830, 892; *Jugendabteilung (auch in Gewerkschaften und Gebietsorganisationen)* 282, 385, 545, 546, 552, 561–563, 582, 624, 646, 892
ÖGB/AK-Kooperation/-sprojekte 712, 868, 876, 877, 878, 879; – siehe auch »Akademien für Arbeitnehmervertreter«, »Arbeitnehmerschutz«, »gewerkschaftliche Bildungsarbeit«, »gewerkschaftlicher Rechtsschutz«, »Insolvenzhilfe für Arbeitnehmer«, »Institute, Forschungseinrichtungen«, »Presseerzeugnisse«
ÖGB-Bundeskongresse – siehe »Gewerkschaftskongresse/-konferenzen ÖGB«
ÖGB-Fraktionen und -Minderheitsgruppen 381, 382, 398, 456, 495, 517, 544, 545, 555–559, 573, 574, 610, 620, 715, 882, 894; *Arbeitsgemeinschaft (Ring) freiheitlicher (und unabhängiger) Arbeitnehmer/FA* 457, 465, 480, 715, 716, 717, 871, 872; *Arbeitsgemeinschaft für gewerkschaftliche Einheit* 465, 480, 555, 831, 872; *Arbeitsgemeinschaft parteifreier Betriebsräte* 419, 420, 457, 555, 574; *Fraktion Christlicher Gewerkschafter (christliche Gewerkschafter Zweite Republik)* 302, 381–384, 389, 457, 495, 517, 544, 547, 553– 557, 559, 595, 598, 599, 610, 616, 620–622, 642, 644, 729, 737, 743, 764, 828, 832, 833; *Fraktion kommunistischer Gewerkschafter (kommunistische*

Gewerkschafter Zweite Republik/bis 1969 Gewerkschaftliche Einheit, dann Gewerkschaftlicher Linksblock) 379, 382–384, 388, 397, 398, 410, 428–430, 457, 465, 481, 495, 496, 553, 555, 557, 574, 575, 583, 604, 605, 607, 611, 612, 616, 621, 629, 630, 831, 872; *Fraktion Sozialistischer Gewerkschafter, ab 1991 Fraktion Sozialdemokratischer GewerkschafterInnen (sozialistische/sozialdemokratische Gewerkschafter in der Zweiten Republik)* 380–383, 418, 454, 457, 458, 464, 466, 481, 495, 496, 517, 553–560, 595, 605, 613, 617, 620, 634, 643, 644, 646, 647, 713, 743, 761, 831, 871, 873, 880; Katholische Arbeiter(Arbeitnehmer)bewegung 549, 832

ÖGB-Gewerkschaften 380, 451, 474, 483, 501, 505, 522, 544–553, 557, 561–565, 573–576, 582, 578, 602, 603, 605, 607, 610, 627, 641, 644–647, 651, 667, 671, 684, 711, 722, 764, 775, 787, 815, 839, 848, 851, 854, 859, 862, 870, 874, 875, 876, 877, 879, 883, 884, 885, 886, 890, 892, 893, 894, 895; *Gewerkschaften der Privatangestellten (bis 1962 Gewerkschaft der Angestellten in der Privatwirtschaft)* 339, 431, 459, 544, 545, 547, 551, 562, 567, 568, 578, 604, 631, 642, 651, 695, 711, 712, 741, 742, 773, 775, 776, 781, 788, 794, 800, 801, 806, 807, 808, 810, 813, 826, 830, 831, 832, 835, 837–842, 848, 849, 851, 856, 858, 863, 873, 878, 883, 885, 887, 888, 889; *Gewerkschaften des öffentlichen Dienstes* 544, 554, 567, 651, 652, 667, 722, 836, 842; *GÖD – Gewerkschaft Öffentlicher Dienst (bis 1979 Gewerkschaft der öffentlich Bediensteten)* 302, 431, 544, 545, 554, 555, 568, 617, 732, 744, 779, 806, 813, 837, 838, 839, 840, 842, 848, 852, 858, 863, 890; *Gewerkschaft der Gemeindebediensteten* 544, 545, 551, 554, 568, 651, 752, 776, 806, 813, 838, 839, 842, 853, 862, 864, 868; *GdE – Gewerkschaft der Eisenbahner (bis 1949 Gewerkschaft der Eisenbahnbediensteten)* 459, 544, 545, 554, 567, 583, 594, 651, 777, 780, 781, 806, 838, 839, 840, 842, 857, 859, 865, 884, 887; *Gewerkschaft der Post- und Telegraphenbediensteten (bis 1979 Gewerkschaft der Post- und Fernmeldebediensteten)* 544, 545, 551, 554, 568, 583, 651, 652, 782, 806, 838, 839, 840, 842, 856, 866, 884, 886, 889, 896; *Gewerkschaft Kunst, Medien, freie Berufe (bis 1975 Gewerkschaft Kunst und freie Berufe, bis 1954 Gewerkschaft der Angestellten der freien Berufe)* 431, 545, 547, 568, 806, 838, 839, 848, 858, 864, 886, 887, 889; *Arbeitergewerkschaften* 544, 547, 567, 577, 604, 652, 742, 800, 835, 836, 839, 842, 856, 883, 884, 885; *GBH – Gewerkschaft Bau-Holz (bis 1991 Gewerkschaft der Bau- und Holzarbeiter)* 379, 430, 431, 545, 567, 633, 634, 638, 730, 733, 775, 806, 809, 811, 819, 827, 838, 839, 847, 856, 858, 864, 887, 889, 896; *GdCh – Gewerkschaft der Chemiearbeiter (bis 1964 Gewerkschaft der Arbeiter der chemischen Industrie)* 431, 545, 551, 568, 773, 806, 816, 830, 838, 839, 856, 858, 865, 886, 887, 889, 896; *DuP – Gewerkschaft Druck und Papier (bis 1965 Gewerkschaft der Arbeiter der graphischen und papierverarbeitenden Gewerbe)* 69, 431, 545, 568, 587, 806, 838, 839,

865, 886, 887, 889, 896; *HTV – Gewerkschaft Handel, Transport, Verkehr (bis 1970 Gewerkschaft der Bediensteten in Handel, Transport und Verkehr)* 431, 545, 568, 636, 711, 806, 838, 839, 856, 858, 866, 887, 889, 896; *Gewerkschaft gastgewerblicher Arbeitnehmer bis 1977 (bis 1965 Gewerkschaft der Arbeiter im Hotel- und Gastgewerbe)* 545, 614, 619, 887, 889; *Gewerkschaft persönlicher Dienst bis 1977 (bis 1966 Gewerkschaft der Arbeiter der persönlichen Dienstleistungen, bis 1953 Gewerkschaft der Arbeiter für persönliche Dienstleistungen und der Vergnügungsbetriebe)* 545, 619, 887, 889; *HGPD – Gewerkschaft Hotel, Gastgewerbe, persönlicher Dienst ab 1978* 545, 568, 619, 734, 761, 805, 806, 819, 838, 839, 847, 855, 856, 866, 887, 889, 896; *LFG – Gewerkschaft Land-Forst-Garten (bis 1982 Gewerkschaft der Arbeiter in der Land- und Forstwirtschaft)* 545, 548, 568, 838, 867, 887, 889; *LUGA – Gewerkschaft der Lebens- und Genußmittelarbeiter* 431, 432, 459, 545, 568, 630, 838, 858, 866, 887, 889; *ANG – Gewerkschaft Agrar, Nahrung, Genuß ab 1991* 711, 760, 761, 806, 837, 838, 839, 867, 887, 893, 889, 896; *MBE – Gewerkschaft Metall-Bergbau-Energie (bis 1978 Gewerkschaft der Metall- und Bergarbeiter)* 422, 432, 466, 545, 562, 567, 568, 627, 640, 642, 645, 646, 683, 733, 741, 742, 770, 771, 772, 774, 783, 787, 788, 791, 806, 808, 809, 810, 821, 831, 838, 839, 856, 858, 860, 862, 867, 886, 887, 889, 895, 896; *TBL – Gewerkschaft Textil, Bekleidung, Leder (bis 1976 Gewerkschaft der Textil-,* *Bekleidungs- und Lederarbeiter)* 432, 459, 545, 568, 603, 604, 703, 806, 830, 835, 838, 839, 867, 887, 889, 895, 896

ÖGB-Gewerkschaften, Gewerkschaftstage – siehe »Gewerkschaftskongresse/-konferenzen österreichische der Fach-/Einzelgewerkschaften«

ÖGB-Gewerkschaften, Organe; *Bezirksorganisationen* 561; *Fachgruppen und Sektionen* 498, 557, 573, 582, 638; *Gewerkschaftstage* 536, 544, 576, 770, 776, 780, 791, 862–867; *Gewerkschaftsvorstände* 429, 552, 576, 604, 607, 634, 646, 868; *Landesorganisationen* 560, 776; *Mitgliederversammlungen* 862; *Ortsgruppen* 582; *Schiedsgerichte* 607; *Vorständekonferenzen* 863; *Zentralvorstände/Zentralleitungen* 865, 867

ÖGB – internationale Aktivitäten 590–599, 693, 695, 697, 698, 699, 757, 759, 760, 761

ÖGB-Organe/Gremien: *Aktionsausschuß und provisorische Leitung 1945* 380, 382; *Arbeitskreise zur Bundeskongreß-Vorbereitung* 616, 623, 754, 852; *Ausschuß des ÖGB und der Bundesarbeitskammer für gewerkschaftliche Bildungsarbeit* 876; *Ausschüsse des Bundesvorstandes – für Demokratie und gewerkschaftliche Bildungsarbeit* 868, *– Ständiger Organisationsausschuß des ÖGB* 854, 884, 885, 894, 895; *Bezirksorganisationen (-ausschüsse, -konferenzen, -sekretariate)* 559–561, 588, 857; *Bundesfrauenausschuß* 744; *Bundesfrauenkongreß* 140, 560, 561, 624, 841; *Bundeskongreß* 436, 559, 565, 574, 603–624, 674, 675, 676, 680, 715, 740, 757, 769, 775, 780, 794, 796, 811, 819, 824, 828, 834, 836, 837, 840, 844, 846, 847, 848, 850, 851, 852, 854,

855, 862, 868, 874, 875, 876, 879, 880, 882, 883, 884, 885, 886, 888, 891 – 896; *Bundesvorstand* 382, 394, 400, 408, 429, 431, 446, 455, 456, 458, 462, 464, 467, 544, 547, 548, 552, 555, 556, 559, 560, 565, 576, 595, 604, 606, 607, 610, 611, 616–618, 623, 634, 635, 645, 715, 729, 732, 736, 737, 738, 739, 742, 751, 752, 758, 802, 812, 832, 868, 891, 892, 893, 894; *Generalsekretariat/ Leitende Sekretäre* 544, 606, 612, 613, 618, 621, 624, 636, 640, 646, 676, 891; *Jugendkongreß* 283, 624, 797, 850; *Kontrollausschüsse (Landes-)* 544; *Kontrollkommission (zentrale)* 544, 551, 612, 618, 619, 634, 635, 825, 862; *Landesexekutiven (-konferenzen, -sekretariate)* 419, 427, 554, 559, 560, 561, 582, 598, 606, 613, 698, 722, 760, 776, 784, 831, 851, 853, 857, 860; *Präsidium (mit Präsident, Vizepräsidenten)* 382, 383, 395, 428, 455, 544, 556, 557, 574, 596, 606, 612, 613, 620, 621, 624, 626, 634, 635, 676, 695, 722, 724, 737, 738, 876, 891; *Sekretariate* 544, 560, 573; *Vorständekonferenz* 394

ÖGB-Referate/-Einrichtungen 573; *Referat für Betriebsarbeit* 846; *Bildungsreferat* 550, 552, 581, 582, 583, 587, 589, 636, 824, 852; *ÖGB-Archiv* 877; *Organisationsreferat* 646; *Referat für Öffentlichkeitsarbeit/ Pressereferat (+ Werbung)* 422, 550, 552, 587, 827; *Sozialpolitisches Referat* 550, 552; *Wirtschaftspolitisches (= volkswirtschaftliches) Referat* 446, 511, 552, 646

ÖGB-Service- und Freizeiteinrichtungen (einschließlich Gewerkschaften) 549, 550, 551, 561, 583, 602, 616; *Erholungs- und Urlaubsheime* 549, 550

ÖGJ – Österreichische Gewerkschaftsjugend – siehe »gewerkschaftliche Jugendorganisation«

ÖIAG – Österreichische Industrieaktiengesellschaft – siehe«Verstaatlichte Industrie und staatliche Industriebeteiligungen«

Okkupation: – *Bosniens und der Herzegowina* 90, 91; – *Österreichs durch Hitler-Deutschland* 348–353

Opfer des NS-Regimes 366–369

Organisationsreformen (in der österreichischen Gewerkschaftsbewegung) 883; *Organisationsreform ÖGB ab 1991* 824, 854, 875, 879, 883, 884, 885, 890, 894, 895, 896; – siehe auch »gewerkschaftliche Organisationsformen«

Österreich (Monarchie, Erste Republik, »Ständestaat«, unter nationalsozialistischer Herrschaft, Zweite Republik) – siehe »autoritärer Kurs«, »Nationalsozialismus«, »Regierungen, österreichische«, STLR

Österreichische Industrieholding AG – siehe »Verstaatlichte Industrie und staatliche Industriebeteiligungen«

Österreichische Volkspartei (ÖVP) – siehe »Parteien«

Paramilitärische Verbände (Wehrverbände) 222, 268, 272, 329, 344, 345; *SA* 328, 344, 350; *SS* 344, 349, 356; – siehe auch »Heimwehren«, »Republikanischer Schutzbund«

Paritätische Gremien Arbeitnehmer – Arbeitgeber 108, 205, 206, 210, 225, 232, 252, 450; *Ständiger Arbeitsbeirat im k.k. Handelsministerium* 108, 109; *Beschwerdekommissionen ab 1917* 175, 180, (1918–1934); *Industrielle Bezirkskommissionen* 232, 233, 314; *Paritätische*

1037

Indexkommission 258, 265; *(Zweite Republik) Paritätische Kommission für Preis- und Lohnfragen* 408, 418, 443–447, 449, 452, 454, 466, 470, 484, 508, 509, 511, 521–525, 583, 610, 613, 762, 766, 831; *Lohnunterausschuß der PK* 445, 521, 522, 523, 766; *Preisunterausschuß der PK* 444, 445, 451, 521–523, 766; *Unterausschuß für Umweltfragen der PK* 766; *Beirat für Wirtschafts- und Sozialfragen der PK* 445, 448, 454, 455, 457, 466, 467, 518, 523, 524, 764, 765, 766, 829; *Paritätische Industriekommission* 474, 475; *Verbändekomitee* 448, 517, 525; *Wirtschaftsdirektorium* 418, 433, 434, 443, *Wirtschaftskommission* 408, 443, 608; – siehe auch »Wirtschafts- und Sozialpartnerschaft«

Parlamente, Parlamentarismus 35, 81, 84, 107, 118, 509, 616, 656, 657, 678, 686, 797; – siehe auch »Demokratie«

Parlamente, österreichische: *(bis 1918) Landtage* 61, 65, 68, *Reichstag der nichtungarischen Länder 1848* 54, 58; *Reichstag von Kremsier 1848* 60, 62; *Reichsrat der österreichischen Reichshälfte ab 1867 (Abgeordnetenhaus und Herrenhaus)* 25, 35, 61, 62, 65, 66, 67, 68, 73, 87, 88, 89, 90, 113, 180, 183, 185, 186, 201, 203, 212; *Kurien des RR* 85, 87, 88; *(1918–1933) Provisorische Nationalversammlung 1918/1919* 203, 221, 235; *Konstituierende Nationalversammlung 1919/1920* 35, 205, 215, 224, 230, 235, 236; *Nationalrat ab 1920* 163, 239, 240, 258, 266, 273, 274, 282, 285, 286, 287, 289; *(Zweite Republik) Landtage* 633, 634, 713, 715; *Bundesversammlung* 377; *Bundesrat* 377, 558; *Nationalrat* 377, 380, 408, 441, 459, 456, 458, 459, 464, 475, 480, 486, 497, 519, 526, 529, 533, 534, 558, 627, 628, 633, 634, 636, 639, 641, 678, 697, 718, 719, 725, 731, 736, 737, 743, 763, 779, 780, 797, 825, 826, 828, 831, 833, 870, 871, 873, 882, 894

Parlamente (Europa, nationale außer Österreich): *EU-Parlament* 702, 703, 706, 725, 757, 803, 861; *(Deutschland) Deutscher Reichstag* 162, 328, 335; *(Frankreich) Nationalversammlung* 46, 440; *(Ungarn) Nationalversammlung* 222

Parlamentsabgeordnete/-fraktionen 35, 113, 147, 159, 162, 163, 172, 183, 193, 266, 285, 286, 455, 459, 465, 633, 678, 719

Parlamentsausschaltungen: *Österreich 1849* 60; *Österreich 1914* 92, 113, 172, 180, 183, 184; *Deutschland 1932*, 328; *Österreich 1933* 267, 285, 289, 290, 291

Parteibindung der Gewerkschaften 82, 118, 127, 207, 210, 212–215, 224, 308, 309, 310, 553, 626; – siehe auch »ÖGB-Fraktionen«, »Richtungsgewerkschaften«

Parteien 77, 83, 88, 89, 286, 290, 291, 519, 535, 616, 619, 656, 686, 688, 718, 880; *konservative und bürgerliche* 688, 689

Parteien, österreichische: *(bis 1938) Christlichsoziale Arbeiterpartei* 302, 304; *Christlichsoziale Partei* 78, 81, 83, 86–90, 108, 109, 202, 205, 217, 220, 221, 228, 236, 239, 240, 272, 273, 274, 281, 285, 288, 291, 302, 309, 310, 322, 349, 353, 376, 379, 527, 535, 715, 872; *Deutscher Nationalverband/-, Deutsche bürgerliche Partien* 89, 90, 147, 202; *Großdeutsche Partei* 272, 287, 288, 289; *Heimatblock* 273; *Konservative*

1038

Parteien(hohenart klub, Feudal-/Klerikal-Konservative) 77, 78, 83, 85, 89, 97, 98, 105, 106; *Kommunistische Partei Österreichs/KPÖ* 88, 213, 214, 226, 245, 265, 273, 318, 320, 322, 324, 333, 338; *Liberale Erfassungspartei/ – Deutschliberale* 65, 68, 77, 78, 85, 87, 104; *Nationalitätenparteien der österreichischen Reichshälfte (Italiener, Polen, Ruthenen, Slowenen/-Kroaten bzw. Südslawische Union, Tschechen)* 78, 89, 90, 146; *österreichische Nationalsozialistische Deutsche Arbeiterpartei/NSDAP* 287, 288, 289, 297, 313, 328, 329, 330, 333, 342, 345, 348; *Revolutionäre Sozialisten* 294, 319, 321, 333, 338, 341, 347, 349, 357, 362, 376, 385; *Sozialdemokratische Arbeiterpartei/SDAP* 61, 78, 79, 80, 82, 83, 86, 88, 89, 90, 93, 113, 119, 121, 128, 130, 142, 146–148, 159, 164, 166, 171, 172, 175, 184, 188, 189, 193–195, 200, 202, 204, 205, 207, 209, 214, 218, 220, 221, 225, 226, 228–230, 234, 239, 253, 257, 266, 268, 269, 272, 274, 279, 282, 286, 289, 292, 293, 295, 296, 301, 309, 318, 350, 359, 376, 377, 535, 825, 830, 883; *Sozialdemokratische Nationalitätenparteien in der österreich-ungarischen Monarchie (Bosnien, Herzegowina, Kroatien, Slawonien, Tschechen, Ungarn)* 144, 145, 147, 160, 161; *Vaterländische Front* 296, 312, 327, 329, 330, 332, 336, 339–341, 344, 345, 347, 357, 376; *(Zweite Republik) Demokratische Fortschrittliche Partei Österreichs/Freiheitliche Partei Österreichs/FPÖ* 379, 453, 454, 458, 459, 480, 512, 518, 675, 689, 690, 715, 716, 718, 719, 724, 725, 734, 761, 763, 764, 765, 847, 869, 870, 871, 873, 875, 887; *Grüne/Alternative* 480, 512, 518, 519, 715, 718, 719, 725, 743, 857, 882; *Kommunistische Partei Österreichs/KPÖ (Linksopposition, Volksopposition)* 377, 380, 382, 388, 414, 415, 416, 424, 441, 453, 457, 459, 553, 556, 583; *Liberales Forum/LIF* 715, 718, 719, 725, 743, 857; *Österreichische Volkspartei/ÖVP* 57, 377, 379, 382, 422, 423, 432, 441, 447, 453, 459, 466, 480, 490, 495, 497, 512, 513, 517, 518, 524, 528, 532, 553, 556, 559, 610, 616, 629, 637, 656, 697, 713, 715, 718, 719, 721, 725, 729, 734, 739, 743, 762, 763, 765, 771, 782, 785, 828, 829, 833, 882, 894; *Bauernbund der ÖVP* 372, 553; *Österreichischer Arbeiter- und Angestelltenbund/ÖAAB der ÖVP* 457, 465, 480, 495, 518, 553, 556, 557, 656, 833, 872; *Wirtschaftsbund der ÖVP* 456, 761; *Sozialistische Partei Österreichs, ab 1991 Sozialdemokratische Partei Österreichs//SPÖ* 78, 373, 377, 379, 418, 422, 423, 428, 441, 447, 453–458, 465, 466, 480, 490, 512, 513, 517, 518, 524, 529, 530, 531, 539, 540, 553–555, 559, 619, 633, 634, 637, 643, 656, 703, 713, 715, 718, 719, 721, 725, 727, 743, 771, 762, 765, 773, 780, 782, 785, 791, 825, 826, 829, 830, 831, 870, 871, 894; *Verband der Unabhängigen/VdU (Wahlpartei der Unabhängigen/WdU)* 379, 419, 420, 441, 496, 608, 872

Parteien, sonstige: *(Deutschland) – CDU – Christlich Demokratische Union* 682, *– FDP – Freie Demokratische Partei* 682, *– Sozialdemokratische Partei/SDP* 80, 162, 187, 208, 210, 299, 691; *(Großbritannien) – Konservative Partei* 689; *(Rußland/Sowjetunion) – Bolschewiki* 184, 188–

1039

190, – *KPdSU-Kommunistische Partei der Sowjetunion* 189, 197, 223, 253, 440, 596, 691, – *Liberale Demokraten* 187, – *Menschewiki* 187, 188, – *Sozialrevolutionäre* 187, 188, 197; *(Tschechoslowakei)* – *Tschechoslowakische Sozialdemokratische Arbeiterpartei* 225, – *KPC* 596; *(USA)* – *Republikanische Partei* 689; – siehe auch »Sozialdemokratische und Sozialistische Arbeiterbewegung«
Parteiprogramme: *sozialdemokratische* 80, 82, 249, 359, 826; *christlichsoziale* 86, 303; *der FPÖ* 689, 690
Parteitage: *christlichsoziale Österreich* 303, 310; *sozialdemokratische Österreich* 79, 82, 119, 130, 204, 286, 292, 293; *sozialdemokratische Deutschland* 208, 210
Pazifismus 354, 355
Pensionen – siehe »Altersversorgung«, Hinterbliebenenfürsorge«
Personalvertretungen – siehe »Betriebsräte«, Personalvertretungen«
Polizei, Sicherheitsdienste/Einsatz der –: 49, 54, 60, 66, 70, 72, 75, 81, 97, 110, 117, 123, 124, 168, 182, 259, 260, 292, 294, 309, 327, 340, 349, 375, 377, 415, 416, 421, 422, 425, 426, 428; *Gestapo* 339, 357, 362, 367, 627; siehe auch »Unterdrückung und Verfolgung«
Post- und Telekom-(Fernmelde-)-Unternehmen, österreichische 777, 779, 785; *Österreichische Post- und Telegraphenverwaltung* 749, 781, 836; *Datakom GmbH* 781, 782, 790; *Gelbe Post (Brief- und Paketpost)* 782; *Mobilkom Austria* 781, 782, 790; *Österreichische Post AG* 782, 786; *PTA – Post und Telekom Austria AG* 781, 782, 790; *PTGB – Post- und Telekombeteiligungsverwaltungsgesellschaft* 781,

782, 789, 790; *Telekom Austria* 779, 781, 786, 789, 790; – siehe auch »Verstaatlichte Industrie/Staatsunternehmen und staatliche Industrie-/Unternehmensbeteiligungen«, »Privatisierung/-sbestrebungen«
Präsenzdienst/-diener, Soldaten 843, 848, 849
Preise, Preisentwicklung, Preispolitik 33, 52, 65, 73, 97, 101–103, 140, 169, 177, 198, 199, 248, 250, 252, 254, 257, 258, 263–265, 274, 386, 393, 406, 408, 410, 411, 414, 418, 434, 435, 444, 446, 449–451, 458–460, 463, 471, 472, 518, 522, 523, 609, 628, 696, 704, 766, 775; siehe auch »Lebenshaltungskostenindex«, »Teuerung«
Preis- und Lohnabkommen 257, 406, 411–413, 418, 429, 432, 433; *erstes* 408; *zweites* 409; *drittes* 409; *viertes* 410, 414, 418, 420, 430; *fünftes* 411, 420, 433
Presseerzeugnisse, gewerkschaftliche und andere/Nachrichtenagenturen: *Arbeiterkalender österreichischer* 79, 115, 117, 123, 125; *Arbeiter-Zeitung* 111, 162, 163, 182, 193, 215, 339, 354, 539; *Arbeit & Wirtschaft (Herausgeber ÖGB und Österreichischer Arbeiterkammertag/Bundesarbeitskammer)* 450, 464, 485, 488, 536, 587, 837; *Austria Presse Agentur/APA* 587; *Bildungsinfo – Bildungsinformation der Arbeiterkammern und des ÖGB* 849, 852; *Brünner Arbeiterzeitung* 82, *Bundespressedienst* 422; *Christlich-soziale Arbeiterzeitung* 302, 306; *Deutschösterreichische Tageszeitung/Dötz* 288, 612; *Die Gewerkschaft* 130; *Gleichheit* 81, 110; *Die Industrie* 604; *Kleine Zeitung* 638; *Kronen*

1040

Zeitung 637; *Monatsschrift für christliche Sozialreform* 301; *Neue Freie Presse* 95, 122; *Neue Rheinische Zeitung* 58; *Neue Züricher Zeitung* 427, 637; *The New Leader* 428; *New York Herald's Tribune* 427; *Öffentliche Sicherheit* 294; *Österreichische Monatshefte* 556; *Der österreichische Volkswirt* 100; *Prawda* 428; *Reichspost* 228; *Solidarität – Die Zeitschrift des ÖGB* ...; *TASS-Agentur* 394; *Times* 123; *Das Vaterland* 84, 86, 300, 301; *Der Volkswille* 98; – siehe auch »gewerkschaftliche Fachblätter«, »gewerkschaftliche Zentralorgane«

Privatisierung/-sbestrebungen 454, 456, 527, 530, 532–535, 585, 657, 686, 716, 739, 749, 757, 770, 771, 774, 775, 776, 779–793, 807, 833, 836

Privatunternehmen/-wirtschaft/-industrie 32, 42, 527, 528, 537, 541, 545, 732, 792, 805; – siehe auch »Selbständige«

Privilegien/-abbau/-diskussion 32, 33, 34, 36, 38, 869, 870

Produktionsentwicklung/-planung 260, 369, 392, 432, 475, 530, 814

Produktionsmethoden/-prozesse 32, 39, 42, 43, 45, 48, 98, 99, 532, 622, 652, 659, 660, 668, 887; – siehe auch »Technologische Entwicklung«

Produktionsverlagerungen 772, 773, 755, 887; – siehe auch »Globalisierung«, »Märkte«, »Wettbewerb«

Produktivität/-sentwicklung 406, 435, 450, 463, 472, 483, 484, 487, 660, 680, 685, 707, 708, 732, 747, 796, 813, 815, 816, 817, 820; – siehe auch »Technologische Entwicklung«

Profite, Gewinne 48, 166, 167, 169, 173, 355, 392, 454, 469, 470, 536, 537, 669

Propaganda/-methoden, -mittel, 80, 152, 191, 287, 318, 335, 341, 360, 364, 419, 426, 875; – siehe auch »Massenkommunikationsmittel«

Putschversuche: *rechter Kapp-Putsch in Deutschland* 211; *Juli-Putsch der österreichischen Nationalsozialisten 1934* 298, 312, 328, 351; *Pfrimer-Putsch der steirischen Heimwehren* 287

Qualifikation/-sbedarf, Qualifizierungspolitik 680, 700, 749, 795, 796, 797, 799, 817, 821, 833, 841; – siehe auch »Beschäftigungspolitik/-sicherung«, »Bildung«, »Jugendbeschäftigungsprogramme«

Radialdemokraten, Linksliberale 46, 57, 207

Rahmenabkommen/-vereinbarungen der europäischen Sozialpartner 738, 744, 745, 769

Rassismus und Fremdenfeindlichkeit/Kampf gegen - 351, 355, 675, 894; – siehe auch »Antisemitismus«, »Ausländische Arbeitnehmer«

Rätebewegung, Rätedemokratie 182, 186, 187, 189, 191, 193, 194, 195, 211, 213, 214, 215, 216, 221, 222, 226, 378; – siehe auch »Revolutionen, russische«

Räterepubliken: *Berliner* 205; *Bayrische* 205, 221, 222; *Ungarische* 222-225

Rationalisierung/-sdruck/-sstrategie 42, 51, 52, 235, 262, 270, 404, 450, 462, 500, 663, 680, 725, 776, 780, 781, 820, 835, 836, 837, 890; – siehe auch »Technologische Entwicklung«

Rationierung (von Lebensmitteln und Bedarfsgütern) 168, 177, 182, 191, 198, 199, 252, 255, 257, 370, 392, 393, 399

1041

Rechnungshof/-kontrolle 733, 740, 779, 879, 881
Rechtsextremismus/Rechtsextreme Bewegungen, Rechtspopulismus 30, 120, 124, 222, 246, 247, 268, 271, 274, 276, 279, 280, 281, 283, 286–293, 296, 297, 298, 689, 850, 894; – siehe auch »Austrofaschismus«, »Faschismus«, »Heimwehren«, »Nationalsozialismus«, »Neoliberalismus«, »paramilitärische Verbände«
Rechtspopulismus 689, 690, 718, 725; – siehe auch »Familien-«, »Neoliberalismus«, »Parteien, österreichische«, »Steuern«
Regierung (als Institution) 67, 189, 508, 509, 512, 513, 517, 622; *Österreichische Bundesregierung* 433, 434, 445, 513, 521, 522, 533, 549, 603, 643, 718, 762, 763, 890
Regierungen, österreichische *(chronologisch): Schwarzenberg (1848–1852)* 60, 62, *Belcredi (1865–1867)* 44; *Österreichisch-Ungarische Gesamtregierungen ab 1867 (1872, 1914)* 91, 93, 104; *Carlos Auersperg* (1867–1868) 70, 77, *Taaffee I (1868–1870)* 70; *Potocki (1870–1871)* 75; *Hohenwart (1871)* 73, 77, *Adolf Auersperg (1871–1879)* 77, *Taaffee II »Eiserner Ring« (1879–1893)* 78, 97, 106, 108, 122, 301, *Windischgrätz (1893–1985)* 113; *Badeni (1985–1897)* 87; *Gautsch I (1897–1989)* 88; *Körber I (1900–1904)* 76, 101; *Beck (1906–1909)*; 89; *Bienerth-Schmerling (1980–1911)* 113; *Gautsch III (1911)* 113, *Stürgkh (1911–1916)* 101, 164, 173, 174, 180, 183, 184, 185; *Körber II (1916)* 185; *Clam-Martinic (1916–1917)* 168, 175, 179, 185, 186; *Seidler (1917–1918)* 184, 194, 195, 197, 198, 199; *Hussarek (Juli bis Okt. 1918)* 202; *Lammasch (Okt. bis Nov. 1918)* 203, 204; *Renner I, II, III – sozialdemokratisch-christlich-soziale Koalitionsregierungen (1918–1920)* 41, 204, 209, 211, 226–229, 234, 239, 240, 271; *bürgerliche Koalitionsregierungen (1920–1928/39)* 232, 240, 246, 263; *Schober I, II (1921–1922)* 257, 258, 259; *Seipel I, II, III (1922–1924)* 259, 260, 261; *Ramek I, II (1924–1926)* 261, 266; *Seipel IV, V (1927–1929)* 268, 269, 271, 275, 278; *Ender (1930–1931)* 285; *Buresch I, II, (1931–1932)* 287; *Dollfuß I, II, III (1932–Juli 1934)* 289–295, 297, 298, 310, 312, 315; *Schuschnigg I–V (1934 bis 11. März 1938)* 298, 329, 349, 352; *Seyss-Inquart (12./13. März 1938)* 349; *Provisorische Staatsregierung, Renner (April bis Dezember 1945)* 59, 368, 374, 377, 390, 392; *Konzentrationsregierungen 1945 bis 1947: Figl I* 377, 378, 392; *Koalitionsregierungen ÖVP/SPÖ 1947–1966* 378, 443, 445, 453, 454, 478, 497, 529, 531, 616, 637; *Figl I, II, III (1947–1953)* 379, 393, 395, 405, 406, 411, 414, 415, 416, 420, 423, 426, 427, 428, 529, 828; *Raab I–V (1952–1961)*, 436, 439, 440, 442, 443, 453, 454, 529, 530, 609, 610, 631; *Gorbach I, II (1961–1964)* 447, 453, 454, 470, 633, 637; *Klaus I (1964–1965/66)* 531; *Alleinregierungen 1966–1983* 454, 457, 616; *ÖVP-Alleinregierung 1966–1970: Klaus II* 454, 457, 497, 517, 425, 615, 616, 829; *SPÖ-Minderheitsregierung 1970–1971: Kreisky I* 458, *SPÖ-Alleinregierungen 1971–1983: Kreisky II, III, IV* 459, 460, 461, 465, 466, 467, 471, 474, 475, 479, 517, 524, 618, 727, 829; *Koalitionsregierung SPÖ/FPÖ 1983–1986: Sinowatz/Vranitzky*

478, 623; *Koalitionsregierungen SPÖ/ÖVP 1987–1999: Vranitzky 1987–1997* 480, 481, 515, 520, 556, 656, 700, 713, 718, 719, 721, 769, 785, 873, 881, 894; *Klima* (1997–1999) 700, 704, 713, 724, 725, 732, 733, 736, 750, 769, 792, 799, 882

Regierungsübereinkommen/ -erklärungen/-programme 69, 202, 205, 239, 454, 459, 480, 529, 530, 532, 535, 733, 733, 739, 785, 788, 857, 873, 879

Regionalisierung – siehe »Dezentralisierung«

Reparationsforderungen/ -leistungen 189, 194, 197, 226, 358, 371, 390, 391, 400, 401, 403, 527, 528, 593, 605

Republikanischer Schutzbund 216, 266, 269, 272, 290, 292–296, 358, 377, 640; – siehe auch »Parteien«, »Sozialdemokratische Arbeiterbewegung«

Revolution, revolutionäre Bewegung, – Entwicklung 35, 58, 80, 82, 126, 189, 191, 195, 210, 213, 218–221, 224–226, 230, 231, 254, 508

Revolutionen, einzelne: *Amerikanische Revolution, Amerikanischer Unabhängigkeitskrieg (1763–1783)* 46; *Französische Revolution (1789-1799)* 46, 47, 48, 53, 218; *Revolution von 1848 (Österreich, Frankreich, Deutschland, Ungarn)* 26, 35, 41, 49, 53, 58, 61, 62, 92, 218; *Russische Revolutionen 1905* 88, 188, 170, 182, 195, 217, 219, 220, 230; *Februarrevolution 1917* 184, 185, 187, 188, 189; *Oktoberrevolution* 190

Richtungsgewerkschaften *(bis 1938) Christliche Gewerkschaften* 86, 141, 149, 150, 217, 222, 224, 234, 245, 246, 263, 272, 279, 280, 291, 299, 302, 304–309, 314–316, 348, 384, 549, 557, 650, 829, 872, 883; *Freie (sozialdemokratische) Gewerkschaften* 30, 35, 92, 115, 117–119, 127, 132, 133, 136, 140, 143, 144, 146–149, 153, 161, 164, 171, 175, 178, 180, 193–195, 198–201, 207–209, 212, 215, 216, 218, 223, 224, 239, 241, 249, 257, 259, 260, 263, 265, 266, 268, 269, 272, 274, 279–284, 287, 289, 290, 293, 295, 296, 301, 304–310, 312–315, 317, 328, 333–351, 353, 357, 358, 360, 363, 377, 380, 384, 386, 398, 549, 557, 650, 825, 829, 830, 872, 883, 884; *Gelbe (»unabhängige«) Gewerkschaften* 153, 279, 280, 281, 308, 309, 314, 608, 609, 768; *Heimwehrgewerkschaften* 272, 279, 280, 308, 314, 536; *Kommunistische (rote) Gewerkschaftsopposition* 245, 265, 320, 322, 324, 384, 828, 872, 883; *Liberale Gewerkschaften* 218, 222; *(Deutsch)Nationale Gewerkschaften* 224, 246, 263, 312, 872, 883; *Nichtpolitische Gewerkschaften* 208, 209, 223, 303–306; *(Zweite Republik) FGÖ – Freie Gewerkschaft Österreichs (FPÖ-Gründung)* 690, 716, 717; *(Europa) Richtungsgewerkschaften der 90er Jahre* 699

Richtungsstreitigkeiten (politisch-weltanschauliche) in der sozialdemokratischen Arbeiter- und Gewerkschaftsbewegung 60, 61, 70, 75, 79–81, 84, 85, 108, 115, 117–119, 207, 208, 225, 226

Rohstoff- und Materialversorgung (der Industrie) 39, 97, 168, 170, 198, 247–250, 256, 257, 345, 350, 369, 371, 388, 389, 391, 395

Rüstungsindustrie, militärische Aufrüstung 101, 163, 164, 166, 168, 173–175, 177, 178, 182, 191, 192, 220, 223, 231, 307, 317, 350, 355, 358, 361, 410, 439, 493, 594, 664; – siehe auch »Kriegswirtschaft«

Sabotage, Sabotageaktionen 181, 351, 362, 364, 394, 422
Sanierungsprogramme für Unternehmen 710, 711, 786
Scheinselbständigkeit (freie Dienstverhältnisse, informelle Arbeit, Werkverträge) 684, 731, 733, 734, 737, 740, 744, 847
Schleichhandel, Schwarzhandel 198, 215, 254, 255, 393, 407, 409
Schlichtung/-sstellen (bei Arbeitskonflikten) 71, 154, 187, 235, 236, 504, 507, 585
Schutzzölle – siehe »Zölle, Zollpolitik«
Schwarze Listen 43, 150, 151, 152, 314
Selbständige 40, 135, 485, 512, 513, 514, 587
Selbstverwaltung, demokratische (Kammern, Sozialversicherung)/Repräsentanten der – 668, 728, 733, 794, 869, 879, 880, 881, 882
Sicherheitsvertrauenspersonen – siehe »Vertrauenspersonen der Arbeitnehmer«
Slawische Völker/Nationen (der Habsburgermonarchie) 26, 58, 59, 77, 78, 80–82, 85, 141, 143–148, 160, 161, 174, 181, 183, 185, 196, 200, 202, 203, 220; – siehe auch »Nationalitäten«, »Nationalitätenkonflikt«, »Parteien«
Solidarität/-sanktionen, solidarisches Handeln 41, 42, 50, 51, 121, 126, 138, 148, 159, 220, 223–225, 252, 253, 255, 256, 298, 327, 379, 397, 400, 579, 590–598, 643, 668, 675, 676, 677, 725, 729, 730, 760, 811, 813, 820, 826; *Entsolidarisierung* 668; – siehe auch »Boykottmaßnahmen«, »Internationale Hilfsaktionen«, »Lohnpolitik, gewerkschaftliche«
Sonn- und Feiertagsarbeit/-ruhe 70, 84, 105, 107, 158, 172, 173, 291, 740, 808, 820, 821, 822, 832, 856; – siehe auch »Freizeit«
Sowjets – siehe »Rätebewegung«
Sozialabbau (Reduktion, Rücknahme sozialer Leistungen) 106, 173, 181, 231, 259, 260, 261, 264, 274, 275, 278–280, 285, 290, 291, 313, 314, 316, 325, 326, 334, 338, 498, 502, 535, 585, 653, 682, 694, 696, 697, 729, 733, 739, 764, 787, 846; – siehe auch »Neoliberalismus«, »Sozialstaat«
Sozialausgaben (Finanzierung der Sozialleistungen) 493, 494, 499, 502, 726, 730, 731, 828
Sozialdemokratische Arbeiterpartei Österreichs/SDAP – siehe »Parteien«
sozialdemokratische und sozialistische (Arbeiter-)Bewegung 46, 47, 66, 70, 77, 78, 81, 84–86, 103, 105, 108, 115, 116, 120, 121, 124, 127, 142, 146, 147, 160–162, 184, 187, 191, 196, 197, 204, 207, 209, 218, 222–225, 253, 266, 270, 271, 274, 279, 280, 296, 297, 299, 303, 304, 337, 339, 340, 353, 354, 357, 359, 362, 363, 376, 686, 681, 688, 713, 727, 780, 826, 829; *Betriebsreferat der SPÖ* 830; – siehe auch »Arbeiterbildungsvereine«, »Arbeitervereine«, »Aufstände«, »Burgfrieden/-spolitik« »Demonstrationen«, »Einigungsbestrebungen«, »Friedensbewegungen«, »Gerichtserkenntnisse«, »Gerichtsprozesse«, »Gewerkschaftsbünde«, »Gewerkschaftskongresse«, »Illegalität der Arbeiterbewegung«, »Internationale Arbeiterbewegung«, »Kongresse, Konferenzen« »Nationalitätenkonflikt«, »Parteien«, »Parteiprogramme«, »Rätebewegung«, »Republikanischer Schutzbund«, »Richtungsgewerkschaften«

Sozialdemokratische Jugend-, Kultur- und Sportorganisationen/-einrichtungen 294, 296, 340, 625, 824, 825, 830
Soziale Bewegungen (neue und traditionelle) 674, 675, 676; *Amnesty International* 675; *Armutskonferenzen* 676; *SOS Mitmensch* 675
Sozialer Dialog (in der EU) – siehe »Wirtschafts- und Sozialpartnerschaft«
sozialer Friede 283, 336, 387, 432, 441, 468, 478, 479, 490, 505, 508, 510, 520, 572, 623, 627, 629–631, 807, 809
Sozialgesetzgebung/Sozialrecht (Österreich, EU) 36, 49–52, 54, 61, 64, 65, 67, 69, 78, 82–85, 98, 103–108, 109, 113, 138, 173, 175, 176, 179, 180, 181, 198, 199, 221, 225, 230–235, 237, 238, 239, 279, 290, 291, 313, 314, 449, 452, 464, 482, 483, 484, 493, 494, 496, 498, 499, 502, 504, 505, 570, 578, 613, 616, 617, 628, 650, 656, 657, 684, 685, 686, 696, 697, 698, 700, 703, 706, 726, 736, 738, 740, 741, 757, 759, 768, 809, 844; – siehe auch »EU-Recht«, »Gesetze, österreichische, einzelne bedeutende«, »Sozialversicherung«
Sozialisierung (Sozialisierungsprogramm 1. Republik) 162, 225, 229, 231, 233, 234, 240, 254, 527
Sozialismus, sozialistische Weltanschauung 189, 209, 214, 223, 254, 286, 308, 337, 338, 354, 510, 517, 689, 691, 713; siehe auch »Klassenkampf«, »Kommunismus«, »Kommunistisches Manifest«, »Marxismus«, »Rätebewegung«
Sozialistische/Sozialdemokratische Partei Österreichs/SPÖ – siehe »Parteien«
Sozialpartnerschaft – siehe »Wirtschafts- und Sozialpartnerschaft«

Sozialpläne 672, 684, 786, 885
Sozialpolitik, sozialpolitische Forderungen 61, 62, 97, 103, 109, 123, 133, 180, 181, 185, 187, 199, 207, 213, 221, 230, 231, 240, 278, 299, 301, 493–517, 550, 616, 617, 623, 628, 662–664, 671, 687, 698, 738, 740, 757, 758, 759, 768, 775, 808, 819, 821, 844, 861, 863, 864, 869, 873, 894; – siehe auch »Sozialgesetzgebung«, »Gleichberechtigung«
Sozialpolitische Grundsatzerklärungen der katholischen Kirche *Sozialenzykliken, päpstliche* 124, 301, 302, 467; *Sozialhirtenbrief der katholischen Bischöfe Österreichs* 832; – siehe auch »katholische Sozialehre«
Sozialstaat, Wohlfahrtsstaat, soziale Spielregeln (System der sozialen Sicherheit, staatliche Leistungen) 211, 232, 241, 280, 585, 589, 590, 610, 613, 616, 645, 664, 668, 669, 671, 679, 680, 681, 682, 685, 688, 694, 696, 700, 703, 706, 719, 721, 725, 726–740, 755, 757, 767, 820, 843, 874, 947
Sozialversicherung 39, 58, 70, 107, 108, 113, 132, 181, 231, 233, 237, 239, 240, 278, 290, 291, 313, 326, 413, 477, 481, 483, 484, 489, 493, 494, 496, 498, 501, 503, 504, 519, 520, 525, 540, 550, 578, 586, 618, 628, 688, 693, 724, 726, 728, 729, 730, 732, 733, 757, 831; – siehe auch »Altersversorgung«, »Invaliditätsunterstützung«, »Krankenunterstützung«, »Unfallvorsorge«
Sparpaket 721
Staatenbündnisse und Internationale Organisationen/Einrichtungen: *Deutscher Bund* 65; *EFTA – Europäische Freihandelsassoziation* 453, 461, 462, 463, 699, 701, 702, 705; *EGKS –*

1045

Europäische Gemeinschaft für Kohle und Stahl (Montanunion) 440, 462, *EURATOM – Europäische Atomgemeinschaft* 462; *EWG-Europäische Wirtschaftsgemeinschaft* 448, 453, 460, 461, 469, 599, 611, 614, 618; *KSZE-Konferenz für Sicherheit und Zusammenarbeit in Europa/ OSZE-Organisation für Sicherheit und Zusammenarbeit in Europa* 691, 692, 695; *NATO – Nordatlantikpakt* 450, 461, 695, 696; *Norddeutscher Bund* 80; *OECD – Organisation für wirtschaftliche Zusammenarbeit und Entwicklung* 461, 468, 469, 471, 473, 474, 479, 490, 707, 723, 755, 756, 757, 758, 794, 807, 816; *OECD – Organisation für europäische wirtschaftliche Zusammenarbeit* 410; *OPEC – Organisation erdölexportierender Staaten* 488; *RGW – Rat für gegenseitige Wirtschaftshilfe* 472, 701; *UNO – Vereinte Nationen* 44, 396, 397, 401, 437, 438, 694, 695; *UNRRA-UN-Hilfsorganisation* 401; *Völkerbund* 246, 248, 353, 396; *Warschauer Pakt* 555, 596, 597; *Westeuropäische Union* 695; *Zweibund Österreich-Ungarn– Deutsches Reich* 91, 94; *Weltwährungsfonds* 755; *WTO – Welthandelsorganisation* 755, 757, 758, 759; – siehe auch »Internationale Arbeitsorganisation«, STLR

Staatliche Unternehmens(Industrie)beteiligungen (strategisches Eigentum) 771, 785, 789, 791, 792, 793; *(Konzern- und Holdingstrukturen) – ÖIAG – Österreichische Industrieaktiengesellschaft* 770, 771, 772, 782, 787, 788, 789, 790, 791, 792, 830 – *AI – Austrian Industries* 788, 789 – *Österreichische Industrieholding AG* 790; – siehe auch »Ausgliederung/aus dem Bundeshaushalt«, »Privatisierung«, Post- und Telekom-(Fernmelde-)Unternehmen«, »Verstaatlichte Unternehmungen«

Staatsbetriebe/-unternehmungen 32, 36, 38, 40, 95, 99, 122, 234, 303, 350, 372, 527, 536, 537, 686, 789; siehe auch »Gemeinwirtschaft«, »Verstaatlichte Unternehmungen«, »Verstaatlichung«

Staatsvertrag, österreichischer 375, 378, 388, 401, 428, 435– 441, 452, 461, 532

Staatshaushalte – siehe »Budget«

Stände, ständische Gesellschaftsordnung/-s Bewußtsein 31, 34, 37, 115, 126, 214, 273, 312, 313, 316, 332

»Ständestaat« – siehe »autoritärer Kurs«, »Österreich«, STLR

Statistische Ämter/-Behörden: *Arbeitsstatistisches Amt im k.k. Handelsministerium* 108, 109, 111, 113, 133, 134, 138, 140, 154, 155, 158, 159, 199; *Arbeitsstatistisches Amt in New York* 138; *Bundesamt für Statistik* 252; *EUROSTAT – Statistisches Zentralamt der EU* 818, 859; *Österreichisches Statistisches Zentralamt* 478, 487, 528; *Statistische Zentralkommission* 177

Steuern/Abgaben, Staatseinnahmen, Steuerpolitik 32, 96, 107, 259, 260, 261, 266, 395, 407, 409, 432, 460– 463, 470, 471, 475, 476, 481, 482, 484, 485, 486, 537, 602, 633, 681, 714, 719–724, 725, 726, 730, 732, 734, 735, 736, 739, 753, 755, 756, 763,-769, 772, 780, 786, 799, 816, 893; *Lohnsteuer/ -aufkommen/-quote* 709, 722, 723, 724, 735, 743, 816; – siehe auch »Arbeitskosten«, »Verteilungspolitik, Einkommens(um)-verteilung«, »Wertschöpfungsabgabe«, »Wirtschaftspolitik«

Steuerfreie Industriezonen 755, 756
Streiks 35, 36, 39, 42, 50, 51, 69, 71, 74, 75, 88, 105, 110, 113, 116–118, 124–126, 131, 137, 138, 140, 149, 152–156, 175, 177, 178, 186, 187, 199, 212, 251, 252, 263, 264, 265, 285, 289, 290, 307, 325, 334, 394, 406, 423, 432, 453, 465, 510, 583–586, 604, 605, 667, 697, 759, 781, 804, 843, 857, 858, 859, 860, 861
Streiks/Arbeitsniederlegungen, politische 144, 159–161, 170, 175, 177, 178, 182, 186, 187, 189–197, 199, 200, 210–212, 220, 222, 269, 279, 292, 293, 295, 324, 597
Streikregulative 127, 129, 131, 552
Streikstatistik 154, 155, 252, 551, 584, 604, 605
Streikunterstützung (Streikkassen, Solidaritätsfonds) 50, 51, 105, 116, 125, 126, 127, 131, 132, 137, 154, 212, 251, 265, 550, 551, 859
Studien, Untersuchungen, Forschungsergebnisse (zu sozialen und wirtschaftlichen Fragen) seit 1823 50, 62, 101, 106, 109, 111, 113, 124, 132–135, 154, 155, 198, 199, 235, 236, 253, 255, 256, 285, 314, 386, 387, 401, 429, 430, 436, 456, 459, 466, 467, 482, 484, 488, 511–515, 523, 528, 541, 542, 589, 590, 599–603, 657, 658, 672, 673, 674, 675, 678, 680, 681, 696, 702, 704, 705, 708, 709, 712, 721, 726, 727, 728, 730, 731, 737, 740, 745, 750, 765, 792, 801, 807, 816, 818, 826, 829
Südtirolpolitik/-problem 27, 229, 230, 345, 597

Technologische Entwicklung (Neue Technologien, High Tech), Technologiepolitik 42, 51, 98, 110, 114, 152, 262, 404, 405, 450, 467, 478, 490, 491, 500, 501, 503, 532, 539, 546, 589, 599, 600, 650–655, 658, 662–664, 668, 672, 714, 727, 747, 782, 792, 793, 794, 795, 799, 827, 835, 845, 893
Teilzeitbeschäftigung 477, 734, 735, 740, 744, 749, 752, 753, 818, 820, 840, 842, 847, 912
Teuerung 52, 64, 97, 101, 102, 103, 140, 169, 173, 177, 180, 190, 198, 199, 251, 252, 254, 257, 258, 264, 265, 266, 275, 321, 387, 407, 408, 414, 418, 433, 435
Todesstrafe Hinrichtungen 36, 37, 46, 47, 59, 80, 196, 295, 358, 361, 362, 364, 366, 367, 368

Überparteilichkeit, Prinzip der 30, 310, 368, 381, 384, 450, 460, 465, 554, 557, 558, 559, 578, 579, 604, 613, 615, 617, 627, 650, 716, 762, 828, 883
Überstunden 109, 125, 135, 173, 186, 198, 199, 235, 252, 290, 333, 783, 817, 818, 819, 893
Umweltfragen, Umweltschutz/-politik 487, 491, 501, 519, 520, 590, 591, 623, 657, 662, 674, 706, 714, 757, 759, 766, 775, 794, 795, 831, 864, 866, 867, 893
Unabhängigkeitsbestrebungen 161, 185, 201, 227; *österreichische* - 289, 297, 298, 333, 334, 336, 337, 338, 340, 345, 347, 353, 438
Unfallvorsorge/- versicherung 39, 42, 49, 63, 107, 113, 132, 239, 550, 618, 729, 731, 819
Universitäten 680, 714, 770, 777, 779, 831; – siehe auch »Bildung«
Unterdrückung und Verfolgung 30, 37, 38, 40, 46, 47, 49, 50, 53, 57, 60, 65, 66, 70, 72, 74, 75, 81–83, 97, 104, 105, 110, 111, 117–119, 123–125, 132, 164, 172, 175, 182, 191, 192,

194, 208, 211, 223, 224, 244, 279, 282, 285, 290, 292, 293, 295–297, 301, 312, 315, 317, 319, 320, 324, 326, 327, 334, 335, 337, 339, 340, 344, 349, 350, 351, 355, 357, 358, 360–362, 365, 367–369, 376, 378, 493, 495, 626, 633, 640, 650, 691, 692, 693, 694, 830, 831

Unternehmen/Konzerne, einzelne bedeutende *AI – Austrian Industries* 788, 789; *Alpin Montan Gesellschaft* 100, 225, 249, 262, 279, 280, 657; *Aluminiumwerke Ranshofen* 372; *ATW – Austria Tabak AG* 789, 790; *AUA – Austrian Airlines* 789, 790; *Augarten Porzellanfabrik* 40; *Auricon-Gruppe* 774; *BA – Bank Austria* 790; *BAWAG – Bank für Arbeit und Wirtschaft (vorm. Arbeiterbank)* 539, 540, 633, 710, 711, 712, 825, 828 ; *Bayerische Landesbank* 711; *Berndorfer Krupp-Werke* 153; *Billa-Konzern* 801; *Böhler-Uddeholm* 787, 789, 790; *CA – Creditanstalt* 276, 277, 285, 286, 772, 783, 792; *Chemie Lenzing (vorm. Zellwollfabrik Lenzing)* 372; *Chemie Linz (vorm. Stickstoffwerke)* 372, 417; *Conti-Konzern* 772, 773, 856; *Datakom GmbH* 781, 790; *DDSG – Donaudampfschifffahrtsgesellschaft* 422; *Eléctricité de France* 776; *Era-Bau* 775; *Flughafen Wien AG* 789, 790; *Gesiba – Gemeinwirtschaftliche Siedlungs- und Baustoffanstalt* 225; *Gräf & Stift* 608, 609; *Ingelen* 640; *Konsum Österreich (vorm. GÖC – Großeinkaufsgesellschaft österreichischer Konsumvereine)* 539, 641, 709–713, 837; *Linzer Wollzeugfabrik* 38, 40; *Maculan-Holding* 774; *Magna-Konzern* 783, 784, 801, 802, 875; *Julius Meinl* 842; *ÖBAG – Österreichische Bergbau AG (mit GKB-Bergbau/VA Erzberg)* 642, 790; *OMV – Österreichische Mineralölverwaltung AG* 788, 789, 790; *Österreichische Salinen AG* 789; *Österreichische Staatsdruckerei AG* 790; *PSK – Österreichische Postsparkasse* 781, 790; *Rax-Werke* 417, 423; *Reichswerke Hermann Göring* 350, 371, 527, 535, 785; *Renault* 702, 857; *Rewe* 801; *Schoeller-Bleckmann-Stahlwerke* 422–425; *Schwechater Kotton- und Barchentfabrik* 38, 42; *Semperit-Reifenwerk Traiskirchen (siehe auch Conti-Konzern)* 772, 773, 783, 792, 756, 785; *SGP – Simmering Graz Pauker AG/-Werke* 582, 790; *Steyr-Daimler-Puch AG/Steyr-Werke (siehe auch Magna-Konzern)* 251, 307, 421, 783, 784, 785, 801; *Siemens AG Österreich (vorm. Siemens & Halske* 627, 790; *Telekom Italia* 782; *VOEST-Alpine (vorm. VÖST, vorm. Hermann Göring-Werke Linz)* 372, 417, 419, 527, 532, 533, 770, 773, 785, 786; *VOEST-Alpine Eisenbahn AG* 801; *VOEST-Alpine Industrieanlagenbau* 786; *VOEST-Alpine Maschinenbau* 786; *VA – VOEST-Alpine Stahl* 786, 789, 790; *VA Tech – VOEST-Alpine Technologie* 789, 790, 793; *Volkswagen-Konzern* 784, 804; *Waagner Biró* 774; *Wienerberger Ziegelfabriks-Aktien- und Baugesellschaft* 110; *Wiener Verkehrsbetriebe* 713, 715; *Zentralsparkasse der Gemeinde Wien* 792; – siehe auch »Post- und Telekom-(Fernmelde-)-Unternehmen, österreichische«, »ÖBB – Österreichische Bundesbahnen«

Unternehmerorganisationen, -vertreter, europäische und nationale (außer Österreich) 700, 745; *GEOPA/COPA – europäischer Arbeitgeberverband des Agrarsektors* 810; *CEEP – Europäische Zentrale* *der öffentlichen Wirtschaft* 703; *UNICE – Union der europäischen Industrie- und Arbeitgeberverbände* 703, 803; *Verband der Arbeitgeberverbände im Deutschen Reich* 356

Unternehmer/-organisationen, -vertreter, österreichische 31, 105, 108, 109, 126, 150, 151, 153, 154, 157, 175, 177, 186, 199, 200, 224, 228, 252, 258, 266, 334, 340, 418, 512, 522, 523, 558, 579, 671, 672, 678, 679, 683, 685, 690, 697, 712, 728, 730, 732, 739, 741, 742, 746, 750, 762, 763, 797, 816, 817, 821, 854, 856, 877; *Buchdruckergremium* 54; *Bund der österreichischen Industriellen* 153, 170; *Hauptstelle der Arbeitergeberorganisationen der österreichischen Industrie* 151–153, 181; *Industrieller Klub* 170; *Vereinigung österreichischer Industrieller (Monarchie: Reichsverband der österreichischen Industrie, Erste Republik: Hauptverband der österreichischen Industrie)* 170, 222, 263, 325, 407, 418, 460, 474, 515, 609, 612, 629, 682, 765, 767; *Verband der Arbeitgeberverbände im Deutschen Reich* 356; *Zentralverband der Industriellen Österreichs* 170; – siehe auch »Handelskammern/Wirtschaftskammern«, »Landwirtschaftskammern«, »Zünfte, Zunftwesen«

Unterstützungskassen/-vereine 40, 42, 48, 51, 58, 62, 63, 64, 69, 70, 72, 104, 107, 116, 119, 128, 136, 171, 208, 304

Urlaub/-sanspruch/-recht – siehe »Freizeit-«

Vereins- und Versammlungsfreiheit, Vereinsrecht 49, 60, 67, 71, 117, 304, 337, 328, 339, 543, 564, 569, 575, 576, 615; – siehe auch »Gesetze, einzelne wichtige«

Verfassungen, Verfassungsrecht 54, 56, 60, 65, 67, 69, 88, 92, 181, 183, 188, 193, 194, 215, 219, 222, 239, 267, 274, 282, 289, 291, 292, 297, 312, 315, 332, 377, 379, 434, 507, 509, 511, 531, 616, 694, 698, 718, 736, 791, 804, 805, 869, 881, 888, 890; – siehe auch »Gerichte«, »Gesetze, einzelne wichtige«

Verkehr/-sbedienstete/-sinfrastruktur/-spolitik 747, 754, 792, 881, 893; – siehe auch »ÖBB – Österreichische Bundesbahnen«

Verstaatlichte Unternehmungen (Verstaatlichte Industrie und verstaatlichte Banken) in Österreich 372, 391. 422, 456, 474, 479, 480, 518, 526, 536, 537, 540, 541, 542, 611, 618, 623, 624, 656, 657, 749, 767, 770, 771, 783–789, 792, 830, 869; – siehe auch »Banken«, »Gesetze, einzelne wichtige«, »Staatsbetriebe«, »Unternehmen, einzelne bedeutende«

Verstaatlichung 35, 95, 391, 526, 528, 611, 785; – siehe auch »Sozialisierung«

Verteilungspolitik, Einkommen(sum)verteilung 429, 433, 458, 462, 469, 477, 482–487, 489, 502, 509, 516, 578, 618, 652, 662, 663, 668, 674, 682, 685, 686, 687, 688, 690, 705, 719, 720, 721, 722, 723, 725, 726, 727, 736, 737, 775, 811, 813, 814, 816, 820

Verträge und Abkommen bis 1938: (chronologisch): *Ausgleichsvertrag mit Ungarn 1867* 68; *Berliner Vertrag 1878* 90, 91; *Zweibundvertrag Österreich–Deutschland 1879* 91, 93; *Dreikaiservertrag 1881* 91; *Geheimvertrag Österreich–Deutschland über Anschluß 1919* 228; *Internationales Übereinkommen von Washington 1919* 234; *Staats-*

1049

vertrag über die wirtschaftliche und finanzielle Wiederaufrichtung Österreichs 1922* 259; *Römische Protokolle 1934* 330; *Juliabkommen Österreich–Deutschland 1936* 329, 330, 332, 333, 336; *Hitler-Mussolini-abkommen (Achsenvertrag) 1936* 330; *»Berchtesgadener Abkommen Österreich–Deutschland 1938* 331, 332, 335, 336, 352, 343, 345, 349; *Südtirol-Abkommen Deutschland–Italien 1939* 346; – siehe auch »Friedensverträge«

Vertrauenspersonen der Arbeitnehmer *gewerkschaftliche Vertrauensmänner/-personen* 129, 151, 158, 164, 165, 174, 181, 192, 195, 265, 282, 293, 307, 319, 326, 327, 328, 334, 335, 338, 339, 348, 358, 361, 380, 383, 384, 385, 389, 415, 430, 561, 570, 583, 586, 585, 605, 616, 625, 631, 639, 640, 650; *Behindertenvertrauenspersonen* 851, 873, 877; *Sicherheitsvertrauenspersonen* 731, 851, 854

Volksabstimmungen/-befragungen/-begehren 340, 345, 347, 349, 350, 457, 566, 497, 675, 676, 699, 853, 869; – siehe auch »Ausländische Arbeitnehmer«, »EU-Beitritte/Österreichs«, »Frauenbewegung/-politik«, »Parteien, österreichische« »Rassismus und Fremdenfeindlichkeit«

Volkswirtschaft, gesamtwirtschaftliche Entwicklung 100, 166, 168, 170, 249, 260, 261, 271, 173, 275, 284, 353, 412, 449, 452, 453, 475, 478, 478, 482, 524, 535, 536, 536, 542, 550, 668, 686, 727, 730, 731; *BIP – Bruttoinlandsprodukt* 476, 481, 482, 483, 484, 487, 488, 491, 668, 696, 708, 709, 731; *BNP – Bruttonationalprodukt* 98, 411, 453, 468, 470, 473, 475;

BSP – Bruttosozialprodukt 478, 479, 491, 578

Vollzeitbeschäftigung 753, 812, 892, 893, 894; siehe auch »Beschäftigungspolitik/-sicherung«, »Lohnniveau«

Wahlen, österreichische: *Arbeiterkammerwahlen* 563, 870, 871, 880, 881, 882 – *1921* 239, 872, 878 – *1926/1949* 872 – *1954* 495, 496, 872 – *1959/1964* 872 – *1969* 457, 872 – *1974* 465, 872 – *1979* 872 – *1984* 480, 872 – *1989* 870, 872 – *1994* 870, 872, 879, 880 – *1999/2000* 881, 882; *Arbeiterratswahlen 1919* 214; *1921* 216; *Betriebsrats- und Personalvertretungswahlen* 429, 554, 640, 802, 851, 874, 882, 894 – *1927* 269; *um 1930* 285 – *1953/54* 495, 596; *Bundespräsidentenwahlen 1951* 377; *Landtags- und Gemeinderatswahlen 678 – 1932* 288; *1945* 377, 378; *1964* 626, *1989 (Kärnten)* 725, *1996 (Wien)* 713, 714, *1999 (Kärnten)* 725; *Nationalratswahlen Erste Republik – 1920* 238 – *1930* 273, 274, 285; *Nationalratswahlen Zweite Republik* 678, 871, 870, 882 – *1945* 377, 378, 627 – *1949* 379 – *1959* 453 – *1966* 454 – *1970* 458 – *1971* 459, 617 – *1983* 479, 870 – *1986* 480, 718 – *1990* 718, 870 – *1994* 718, 870 – *1995* 719, 721, 894 – *1999* 697, 725, 737, 739; *Reichsratswahlen 1873* 77; *1907* 89, 212; *1911* 89, 90, 219; *Reichstagswahlen 1848* 54; *Wahlen zur konstituierenden Nationalversammlung 1919* 35; *Werksgemeinschaftswahlen 1936* 327, 328, 640; *zum EU-Parlament 1996* 702, 703, 725 – *1999* 725

Wahlordnungen, -recht 35, 54, 51, 62, 67, 68, 70, 80, 84, 85, 87, 88, 89, 113, 144, 145, 183, 194, 196,

220, 212, 234, 267, 282, 338, 341, 554, 560, 561, 572–574, 670, 882; *AK-Wahlordnung/ -recht* 862, 869, 871, 872, 881, 882, 884; *Passives Wahlrecht für ausländische Arbeitnehmer bei Betriebsrats- und AK-Wahlen* 882, 892, 894; – siehe auch »Arbeiterkammern«, »Gesetze«
Wahlrechtskampf 1905/06 35, 54, 88, 92, 139, 211, 212, 667, 668
Währung, Währungspolitik 168, 169, 247, 254, 255, 256, 258, 261, 265, 277, 345, 350, 371, 406, 408, 413, 414, 687, 703, 753, 756, 815, 816; – siehe auch »Inflation« »Inflationsbekämpfung«
Währungsunion, europäische/ Euro 703, 704, 705, 721, 722, 747, 754; 810
Werksgemeinschaften (des »Ständestaates«) 326, 327, 328, 356, 640
Werkverträge – siehe »Arbeits- und Dienstvertragsrecht«
Wertschöpfung/-sabgabe 536, 738, 791, 832
Wettbewerb/-sfähigkeit/-sstrategien 679, 687, 700, 706, 707, 708, 710, 712, 716, 717, 729, 747, 794, 815, 816, 817, 887; – siehe auch »Auslagerungen/ von Unternehmensteilen«, »Fusionen und Übernahmen«, »Produktionsverlagerungen«, »Rationalisierung«
Widerstand (gegen Hitler) 320, 335, 353, 355, 357–368, 385, 395, 396, 398, 627, 633, 680, 826, 828; – siehe auch »Illegalität der Arbeiterbewegung«, »Opfer des NS-Regimes«
Wiederaufbau/-periode (in der Zweiten Republik) 30, 371, 372, 375, 388, 392, 432, 443, 451, 478, 495, 516, 528, 529, 538, 581, 583, 605, 762
Wiedervereinigung Deutschlands 691, 693, 728, 739

wirtschaftlich-gesellschaftliche Strukturveränderungen, Industrialisierung, industrielle Revolution/-Entwicklung 26, 33, 36, 42, 44, 45, 47–49, 62, 76, 97, 98, 112, 114, 248, 249, 259, 270, 371, 372, 390, 432, 457, 467, 468, 475, 623, 650, 654, 656, 663, 664, 668, 670, 671, 672, 673, 678, 682, 683, 691, 709, 713, 714, 718, 725, 795, 833, 844, 884, 885, 887; – siehe auch »Beschäftigtenstruktur«, »atypische/ unsichere Beschäftigungsverhältnisse«, »Globalisierung«, »Technologische Entwicklung«
Wirtschaftsabkommen – siehe »Internationale Abkommen/ Verträge«
Wirtschaftsaufschwünge, -(Hoch-)Konjunktur 95, 100, 101, 116, 117, 124, 167, 246, 355, 429, 439, 448, 463, 467, 472, 474, 505, 518, 521, 585, 629, 650, 705, 827, 834
Wirtschaftskriege/-blockaden 92, 100, 168, 221, 222, 225, 227, 253, 696; – siehe auch »Boykottmaßnahmen«
Wirtschaftskrisen/-depressionen/ -rezessionen 50, 52, 75, 77, 78, 85, 87, 95, 97, 100, 102, 117, 134, 140, 141, 166, 167, 171, 181, 233, 245, 247, 248, 254–256, 259, 261, 266, 270, 271, 275, 279, 282, 284, 286, 299, 300, 307, 344, 471, 475, 479, 480, 482, 487–490, 492, 493, 499, 501, 516, 518, 524, 527, 533, 623, 645, 673, 686, 687, 704, 705, 721, 755, 756, 787, 808, 814, 835, 837
Wirtschaftspolitik/-planung 32, 33, 36, 53, 60, 62, 76, 77, 84, 97, 134, 163, 167–169, 192, 198, 205, 206, 214, 225, 232, 247, 248, 250, 252, 266, 300, 301, 345, 350, 356, 393, 394, 408, 414, 418, 432–434, 436, 446, 452, 466, 471, 472, 475, 476,

1051

478, 481, 487, 491, 494, 517, 518, 523, 524, 550, 593, 609, 611, 613, 614, 621–624, 680, 681, 687, 688, 690, 700, 704, 705, 714, 753, 756, 759, 763, 769, 775, 785, 791, 793, 837, 893

Wirtschaftsstandort/Standortpolitik (betriebliche, nationale) 669, 689, 731, 772, 773, 774, 791, 792, 802, 815

Wirtschaftsstruktur/Strukturpolitik 46, 53, 99, 205, 247, 436, 452, 467, 472, 474, 475, 477, 478, 480, 518 527, 532, 534, 538, 541, 563, 567, 584, 585, 623, 624, 650, 651, 653, 654, 657–659, 678, 709, 747, 753, 754, 769, 883, 884; – siehe auch »Währung«

Wirtschaftssektoren, Branchen (ausgewählte) *Dienstleistungssektor* 794, 795, 796, 812, 833, 836, 866, 888; *Sachgüterproduktion* 795, 833; *Automobilbranche* 756; *Bauwirtschaft* 709, 809, 837; *Energiewirtschaft* 741, 770, 776; *Erdölindustrie* 814; *Fremdenverkehr* 449, 488, 671, 825; *Handel* 710, 711, 712, 820, 823; *Lebens- und Genußmittel* 709; *Maschinen und Metall (Industrie und Gewerbe)* 709, 742, 788, 808, 809, 814, 821; *Papier- und Zellstoffindustrie* 714, 760; – siehe auch »ÖBB – Österreichische Bundesbahnen«, »Post- und Telekom- (Fernmelde)unternehmen«, »Verkehr«

Wirtschafts- und Sozialpartner/ -schaft 408, 418, 434, 443, 447, 448, 450–452, 454, 457, 460, 463, 467, 475, 479, 490, 496, 497, 504, 505, 508, 525, 570, 572, 576, 600, 601, 668, 678, 684, 688, 690, 692, 697, 698, 703, 720, 721, 723, 724, 728, 739, 749, 751, 752, 753, 761, 769, 761, 762, 764, 766, 767, 773, 793, 795, 797, 803, 817, 831, 832, 846, 869, 870, 873; *österreichisches Sozialpartnerübereinkommen 1992* 418, 766; *Dreigliedrigkeit (Arbeitnehmer, Arbeitgeber und Regierungen auf internationaler Ebene)* 692, 767, 768; *Sozialer Dialog (europäische Ebene)* 703, 753, 745, 756, 767, 768, 769; – siehe auch »Europäische Sozialpartnervereinbarungen«, »Paritätische Gremien Arbeitnehmer– Arbeitgeber«

Wirtschaftsstruktur 46, 53, 99, 205, 247, 436, 452, 472, 474, 475, 477, 478, 527, 538, 563, 567, 585, 623, 650, 651, 653, 654, 657–659; – siehe auch »Strukturpolitik, wirtschaftliche«, »Währungspolitik/ -planung«

Wirtschaftswachstum, Wachstumspolitik 449, 452, 455, 462, 469–471, 473, 474, 476, 478, 479, 481, 485, 490, 519, 614, 618, 628, 657, 660, 680, 688, 690, 704, 705, 707, 708, 747, 749, 794, 813, 814

WTO 758, 759

Zensur 59, 80, 81, 184, 187, 191, 192, 208, 290, 334, 335, 337, 338

Zivildienst/-diener 848, 849

Zölle, Zollpolitik 26, 47, 62, 92, 95–97, 169, 247, 248, 269, 271, 273, 275

Zünfte, Zunftwesen 31–38, 43, 98, 108, 115

Staaten(-unionen) und Länderregister (STLR)

Afrika 692
Asien, asiatische Staaten 694, 756, 758; *(Süd)ostasien* 755
Australien 121, 138, 397

Balkan(staaten) 26, 90–92, 100, 160, 161, 183, 226, 355, 694, 695, 696
Bayern 205, 221, 222, 272, 676, 677, 711, 811
Belgien 100, 138, 188, 397, 410, 699, 701, 702, 703, 708, 748, 805, 808, 810, 818, 857, 859
Berchtesgaden 331, 333, 335
Berlin 90, 104, 105, 205, 211, 221, 227, 330, 366, 439, 693, 733, 785; *Potsdam* 368, 390
Böhmen 28, 33, 50, 59, 71, 77, 87, 96, 89, 90, 91, 111, 113, 125, 127, 129, 141, 143–145, 147, 149, 150, 167, 171, 227, 229, 230, 288, 365
Bosnien 90, 91, 94, 160, 696
Brasilien 756, 760, 761
Bulgarien 92, 188, 190, 228, 596
Burgenland 227, 268, 351, 374, 383, 489, 569, 599, 698, 836

Chile 691, 692
China 396, 673, 692

Dänemark 101, 138, 147, 148, 150, 160, 354, 397, 461, 491, 706, 707, 708, 818
Deutschland *bis 1933* 25, 28, 32, 33, 53, 79, 80, 92, 94, 99, 101, 103, 108, 121, 128, 238, 161, 162, 170, 180, 182, 188, 189, 196, 197, 202, 203, 207, 210, 222, 224, 226, 227, 246, 249, 256, 271, 299, 317, 336, 493, 535, 656, 657; *1933–1945 – nationalsozialistisches, ab 1938 plus Österreich* 288, 289, 297, 298, 328, 331, 336, 338, 342, 368–371, 375, 378, 386, 390, 395, 396, 399, 493, 494, 527, 535, 580, 596, 598, 627, 650, 689, 691, 694, 785, 826, 830, 878; *besetztes nach 1945* 400, 439; *Bundesrepublik bis 1990, Deutschland nach Wiedervereinigung* 375, 410, 439, 440, 478, 481, 488, 491, 502, 507, 535–540, 547, 656, 657, 677, 682, 691, 693, 694, 704, 707, 708, 713, 728, 739, 741, 748, 753, 754, 755, 769, 772, 775, 792, 801, 808, 810, 811, 857, 859, 888; *Deutsche Demokratische Republik* 367, 597; *Neue Deutsche Bundesländer* 774; *Nordrhein-Westfalen* 810; *Saarland* 773
Entwicklungs- und Schwellenländer (Dritte Welt) 461, 488, 594, 597, 622, 655, 657, 660, 754, 758
Estland 706
Europa 669, 673, 677, 681, 683, 686, 691, 696, 698, 699, 700, 702, 703, 705, 706, 723, 733, 754, 759, 760, 768, 783, 793, 810, 845, 846, 860, 863, 864, 882
Europäischer Binnenmarkt/ Europäischer Wirtschaftsraum (EWR), Länder des 700, 701, 705, 733, 744, 787, 803, 882
EU (EG)/-Staaten (Europäische Union, ehem. Europäische Gemeinschaft/-en) 451, 462, 463, 468, 677, 683, 692, 694, 699, 701–709, 738, 744, 745, 746, 747, 748, 749, 752, 753, 758, 759, 767, 768, 769, 774, 793, 795, 803, 805, 808, 810,

1053

811, 815, 818, 835, 846, 848, 853, 857, 859, 861, 863, 864, 871, 877, 882, 893; – siehe auch »EU-Beitritte«, »EU-Organe/ Gremien«, »EU-Recht«, »Währungsunion, europäische«

Finnland 197, 491, 691, 700, 701, 805, 815
Frankreich 28, 42, 46–48, 53, 59, 91, 92, 95, 100, 102, 121, 138, 160–162, 169, 188, 226, 229, 253, 254, 259, 346, 347, 353, 354, 360, 382, 387, 396, 399, 406, 410, 481, 502, 528, 592, 677, 680, 689, 691, 702, 707, 713, 748, 776, 804, 805, 808, 810, 811, 817, 843, 857, 859, 861

Galizien 28, 76, 77, 96, 102, 112, 129, 141, 145, 158, 181, 183, 228
Großbritannien 42, 43, 83, 91, 95, 99, 101, 127, 138, 153, 161, 169, 180, 188, 205, 109, 229, 259, 330, 346, 347, 353, 354, 360, 365, 374, 375, 383, 386, 387, 396, 397, 405, 410, 416, 461, 469, 481, 532, 593, 669, 683, 686, 699, 703, 734, 805, 818, 847, 861

Herzegowina 90, 91, 160

Industriestaaten (westliche, demokratische Mächte) 140, 471, 472, 475, 478, 488, 489, 497, 515, 576, 622, 624, 651, 653, 655, 659, 668, 670, 671, 672, 676, 686, 689, 694, 696, 699, 707, 708, 728, 843, 848
Industriezonen, steuerfreie (Sonderwirtschaftszonen) 755, 757
Irak 692, 695
Irland 815
Island 397, 410, 700
Italien 28, 32, 33, 90, 138, 174, 181, 188, 195, 196, 204, 230, 249, 259, 271, 272, 281, 282, 288, 289, 297, 328, 330, 346, 347, 349, 351, 398, 410, 461, 598, 599, 604, 659, 689, 692, 694, 699, 704, 707, 782, 811; *Norditalien* 676

Japan 30, 32, 401, 470, 476, 481, 502, 515, 704, 707, 754
Jugoslawien (ehemaliges) 203, 223, 226, 228, 258, 272, 287, 352, 437, 460, 694, 695

Kalifornien 678
Kanada 397, 502, 672, 783
Kärnten 129, 227, 272, 303, 383, 569, 599, 600, 700, 725, 836, 856, 860
Kolumbien 692
kommunistische Staaten Mittel- und Osteuropas (Ostblockstaaten) – siehe »Ost- und Mitteleuropäische Staaten«, »Rußland«
Korea (Nord-, Süd-) 409, 410, 439, 692, 693, 759
Kosovo 695, 696
Kuwait 692, 695

Lateinamerika 692, 755, 758, 760
Luxemburg 707, 748, 749, 753, 804, 859

Mähren 28, 76, 100, 129, 137, 145, 149, 150, 167, 227, 229, 304, 365; *Südmähren* 698
Mexiko 757

Nachfolgestaaten (der Donaumonarchie außer Österreich) 27, 201 202, 203, 219, 225, 228, 248, 250, 264, 275
Niederlande (Holland) 100, 138, 188, 225, 397, 410, 481, 699, 703, 708, 748, 749, 753, 760, 768, 810, 818, 859
Niederösterreich 41, 47, 74, 75, 86, 96, 100, 129, 150, 167, 171, 174, 191, 193, 227, 238, 287,

303, 304, 306, 312, 383, 417,
423, 427, 569, 599, 600, 634,
637, 698, 772, 773, 774, 785,
820, 822, 829, 833, 836, 853,
856
Norwegen 360, 397, 410, 461, 462,
502, 589, 700, 804

Oberösterreich 119, 191, 193, 214,
227, 292, 294, 304, 368, 383,
417, 419, 421, 569, 599, 760,
776, 785, 786, 818, 836, 851,
853, 857
Österreich *Habsburgermonarchie bis 1867* 25, 26, 31, 66; *österreichisch-ungarische Monarchie 1867–1918 (Donaumonarchie, Doppelmonarchie)* 25–27, 66, 67, 206, 219, 222, 226, 227, 229, 247, 279, 254, 264, 276, 299, 300, 313, 650; *österreichische Reichshälfte der österreichisch-ungarischen Monarchie (Cisleithanien) 1867–1918* 25, 27, 39, 54, 66–68, 70, 88, 100, 111, 121, 138, 143, 160, 175, 178, 180, 188, 199, 212, 218, 234, 240, 241, 252, 299, 667, 714; *Republik (Deutsch-)Österreich (Erste Republik) 1918–1934* 27, 28, 41, 57, 61, 88, 97, 103, 109, 134, 139, 159, 163, 166, 173, 176, 203, 206, 218, 298, 308, 314, 370, 376, 377, 390, 467, 549, 580, 583, 622, 626, 627, 629, 633, 639, 640, 644, 686, 687, 713, 869, 872, 878; *»Ständestaat« 1934–1938* 27, 29, 270, 296, 350, 353, 357, 371, 377, 493, 516, 580, 626, 640, 650, 715, 804, 825, 826, 828, 878, 833; *als Teil von NS-Deutschland (Land Österreich, Ostmark, Alpen- und Donaureichsgaue) 1938–1945* 339, 368, 370, 371, 375, 395, 399, 428, 493, 496, 535, 580, 596, 598, 599, 627, 633, 649; *Republik Österreich (Zweite Republik) ab 1945* 29, 88, 97, 120, 205, 239, 258, 282, 283,
287, 310, 339, 353, 360, 368,
369–664, 667, 670, 671, 672,
673, 675, 678, 679, 683, 684,
687–691, 693, 694, 695, 696,
697, 699, 700, 701, 703, 706,
707–725, 726–731, 734, 738,
744, 745, 746, 749, 753, 757–
762, 766, 768, 769, 771, 774,
775, 783, 789, 791–795, 800,
801, 804, 805, 806, 808, 809,
811, 814–819, 825, 826, 828,
829, 830, 832, 835, 842, 843,
847, 849, 852, 854, 855, 856,
858, 859, 860, 869, 870, 871,
872, 873, 874, 878, 880, 881,
882, 883, 888, 891, 893
Österreichische Bundesländer
227, 238, 452, 525, 599, 600,
640, 721, 725, 739, 775, 776,
791, 792, 835, 836, 842, 851,
853, 857, 870, 873, 876, 877,
880, 888, 890; *Ostösterreich* 221, 370, 371, 405, 436, 877; *Westösterreich* 221, 676, 677
Ost- und Mitteleuropäische Staaten (kommunistische Staaten, Transformationsländer) 368, 377, 397, 436,
437, 460, 472, 488, 553, 555,
591–597, 660, 679, 691, 692,
696, 697, 698, 699, 705, 706,
755, 758, 768, 774, 787, 835

Palästina (später Israel) 831
Philippinen 44
Polen 188, 197, 225, 228, 359, 397,
597, 696, 706, 745
Portugal 140, 461
Preußen 25, 65, 66

Rumänien 95, 183, 188, 197, 223,
228, 437
Rußland: *zaristisches bis 1917* 80,
88, 91–95, 161, 181, 183, 188,
317; *revolutionäres 1917* 185,
187, 188, 189; *Union der Sozialistischen Sowjetrepubliken (Sowjetunion, UdSSR) 1917–1991* 182, 190, 195–197, 225,
230, 252, 253, 266, 360, 364,
365, 372–374, 367–369, 381,

1055

384, 386–390, 392, 394, 396, 399, 416, 417, 419, 421, 423, 428, 435, 440, 461, 472, 487, 528, 531, 592, 593, 595–597, 660, 691, 692, 694, 830; ab 1991 691, 774; *Nachfolgestaaten der Sowjetunion* 694, 754

Salzburg 129, 227, 299, 304, 287, 569, 599, 836, 857
Schlesien 28, 100, 125, 129, 137, 150, 227, 304
Schweden 100, 138, 188, 360, 397, 410, 461, 462, 481, 482, 491, 502, 508, 700, 701, 804, 826
Schweiz 83, 138, 188, 209, 306, 360, 363, 375, 397, 410, 440, 451, 461, 462, 476, 481, 491, 581, 674, 700, 701, 728, 729, 810, 811, 822, 823
Serbien (Republik Jugoslawien) 90–92, 94, 95, 160, 161, 695, 696
Singapur 758
Skandinavien, skandinavische Staaten 672, 741, 843
Slowakei 696, 697, 768
Slowenien 696, 697, 698, 706, 768, 810
Spanien 140, 296, 327, 397, 702, 749, 804, 857, 861
Steiermark 100, 125, 129, 191, 192, 227, 272, 278, 280, 287, 294, 304, 305, 367, 383, 417, 419, 422, 569, 599, 698, 699, 776, 784, 790, 836, 853
Sudetenländer 100, 227, 228, 230, 288
Südtirol 27, 229, 230, 346, 597

Thailand 693
Tirol 129, 227, 272, 303, 351, 370, 383, 569, 598, 599, 676, 678, 836, 857
Tschechische Republik (ehem. Tschechoslowakei/CSSR) 200, 201, 203, 225, 227, 228, 230, 249, 259, 321–323, 335, 359, 397, 400, 553, 555, 596, 597, 696, 697, 698, 706, 768, 772, 785, 811, 831

Türkei (vorm. Osmanisches Reich) 90–92, 95, 160, 190, 460, 692, 882

UdSSR (Union der sozialistischen Sowjetrepubliken) – siehe »Rußland«
Ukraine 197, 398, 757
Ungarn (1867–1918 ungarische Reichshälfte der Habsburgermonarchie Transleithanien) 25, 28, 60, 66, 80, 88, 96, 97, 140, 160, 180, 184, 185, 191, 192, 194, 196, 200–202, 222, 225, 228, 229, 231, 249, 271, 272, 288, 330, 351, 374, 398, 437, 591–596, 696, 697, 698, 706, 757, 768

Vereinigte Staaten von Amerika (USA) 46, 95, 119, 121, 138, 169, 190, 197, 202, 225, 226, 229, 234, 275–277, 360, 365, 374, 375, 383, 396, 398, 401, 405, 406, 410, 412, 415, 416, 419, 436, 439, 469, 481, 482, 491, 502, 528, 581, 669, 679, 683, 687, 689, 692, 693, 728, 754, 758, 765, 773, 805, 843, 844
Vorarlberg 100, 129, 227, 370, 383, 489, 569, 599, 836, 857, 882

Westeuropa, westeuropäische (Industrie-)Staaten 225, 248, 252, 276, 330, 347, 353, 354, 410, 411, 439, 449, 471, 474, 475, 479, 487, 488, 490, 508, 516, 565, 624, 653, 659, 668, 671, 672, 676, 699
Wien 36, 40, 41, 47, 48, 55, 57, 60, 69, 71, 73, 79, 100, 108, 109, 117, 142, 149, 150, 154, 167, 169, 172, 174, 179, 181, 182, 186, 191, 193, 208, 211, 227, 238, 250, 269, 287, 291, 294, 318–320, 334, 338, 366, 374, 382, 417, 421, 430, 440, 446, 462, 467, 489, 569, 587, 590, 591, 599, 600, 632–634,

641, 675, 685, 686, 691, 697, 698, 700, 702, 713, 714, 715, 732, 733, 753, 765, 768, 774, 776, 790, 792, 809, 813, 825, 829, 830, 831, 832, 833, 836, 846, 852, 856, 862, 873, 876, 877, 878, 880 (*Wien-Floridsdorf* 192, 319, 320, 338, 416, 417)

Zypern 671

Danksagung

Dieses Buch ist das Ergebnis der Arbeit, des Mitdenkens und der kollegialen Unterstützung vieler Menschen. Ihnen allen sei an dieser Stelle herzlich gedankt:

Peter Autengruber und *Birgit Janischevski* vom Lektorat des ÖGB-Verlages, die bei der Betreuung der Autorin die Geduld nie verloren und mithalfen, das Projekt zu einem guten Ende zu führen.

Den Kolleginnen und Kollegen vom ÖGB-Archiv und von Bibliothek und Dokumentation der Wiener Arbeiterkammer für ihre selbstverständliche Kooperation.

Den Kolleginnen aus den Sekretariaten in ÖGB, Gewerkschaften und AK Wien, die mir mit Auskünften und organisatorischer Hilfe zur Seite standen, stellvertretend für sie alle seien *Erika Führer* und *Barbara Wech* vom ÖGB und *Elisabeth Tuschl* und *Ingrid Nachtelberger* aus der AK genannt.

Beatrix Darmstädter, die weit über ihre Verpflichtung hinaus bei den Archiv- und Korrekturarbeiten kompetent und hilfreich war, und *Susanne Schöberl,* die sich ebenfalls für das Korrekturlesen zur Verfügung stellte.

Allen FunktionärInnen und ExpertInnen aus ÖGB, Gewerkschaften und AK Wien, die mir ihr Wissen und ihre Erfahrungen zur Verfügung stellten und zum Teil als Co-AutorInnen mitwirkten. Es würde den Rahmen dieser Seite sprengen, jede/n von ihnen zu nennen. Deshalb bitte ich, mir zu verzeihen, wenn ich hier nur ein kollektives „Danke" sagen kann.

Gottfried Duval, der sich für die kritische und doch freundschaftliche Durchsicht des neuen Abschnittes zur Verfügung stellte, und *Josef Cerny,* der diese Arbeit für das Kapitel zu den Arbeiterkammern übernahm.

Walter Göhring und *Sabine Lichtenberger* vom ÖGB/AK-Geschichtsinstitut neben ihrer inhaltlichen Mitarbeit für die Sachregisteradaption im Rahmen des Institutes. Sie wurde von den jungen Zeithistorikern *Walter Amtmann, Elisabeth Gerhalter, Alexandra Stefan* und *Mojmir Stransky* bestens durchgeführt.

Fritz Verzetnitsch, Karl Drochter und dem ÖGB-Bundesvorstand, die das Projekt ermöglichten, und *Fritz Fadler,* dem Direktor des ÖGB-Verlages, der auch weiter zu ihm stand, als es den ursprünglich geplanten Umfang und Zeitrahmen deutlich überschritt.

Und ganz besonders auch dem Kollegen- und Freundeskreis in der AK-Direktion Bildung für die moralische Unterstützung auch in schwierigen Phasen.

Brigitte Pellar *Wien, im Dezember 1999*

... auch im OGBver.lag

öS 268,–, 2. Auflage 1998

Karin Holzer
Johann Böhm
Eine Biographie

Johann Böhm (1886–1959), aus einfachen Verhältnissen stammend, war die große Integrationsfigur der österreichischen Gewerkschaftsbewegung nach 1945.

Es gelang ihm zusammen mit Gleichgesinnten, den einheitlichen Gewerkschaftsbund ins Leben zu rufen und den Zusammenhalt der österreichischen Arbeiterschaft im ÖGB, dessen erster Präsident er war, in den schwierigen Nachkriegsjahren zu garantieren.

Die vorliegende Biographie liefert Annäherungen an das Lebenswerk eines bedeutenden Gewerkschafters und Sozialdemokraten.

... auch im OGBver.lag

öS 268,–, 2. Auflage 1998

Walter Göhring

Die Gelben Gewerkschaften Österreichs in der Zwischenkriegszeit

Das Buch bietet eine umfassende Zusammenstellung der Entwicklung und der Strategien der Unabhängigen Gewerkschaften Österreichs in der Zwischenkriegszeit. Sie wurden zur Bekämpfung vor allem der Freien Gewerkschaften Österreichs, aber auch der Christlichen Gewerkschaften mit finanzieller und personeller Hilfe seitens einzelner Unternehmer gegründet. Das mit zahlreichen Dokumenten unterlegte Buch will zum Nachdenken anregen und Diskussionen dahingehend in Gang setzen, daß sich derartige Entwicklungen nicht wiederholen.